München

Augsburg · Dachau · Erding · Freising · Ingolstadt · Landshut · Rosenheim · Wasserburg

Stadtatlas

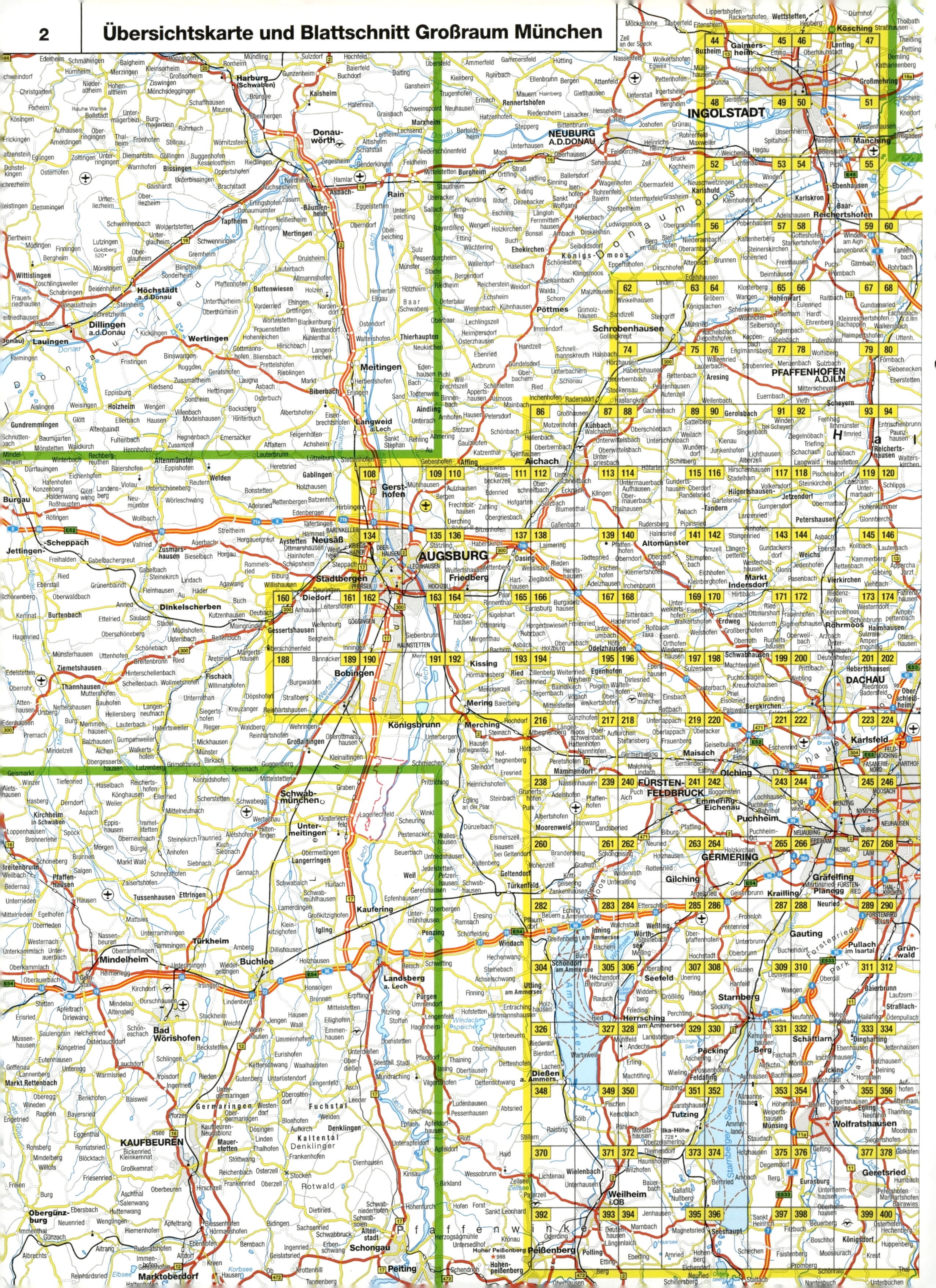
INGOLSTADT
Neuburg a.d.Donau
Donauwörth
Höchstädt a.d.Donau
Dillingen a.d.Donau
Lauingen
Wertingen
Meitingen
Schrobenhausen
Pfaffenhofen a.d.Ilm
Aichach
Gersthofen
Neusäß
AUGSBURG
Friedberg
Stadtbergen
Dinkelscherben
Bobingen
Königsbrunn
Mering
Altomünster
Markt Indersdorf
DACHAU
Karlsfeld
Fürstenfeldbruck
Olching
Puchheim
Germering
Gilching
Gräfelfing
Krailling
Planegg
Gauting
Pullach im Isartal
Grünwald
Starnberg
Berg
Schäftlarn
Herrsching am Ammersee
Tutzing
Wolfratshausen
Geretsried
Weilheim i.OB
Peißenberg
Schwabmünchen
Landsberg a. Lech
Buchloe
Mindelheim
Bad Wörishofen
KAUFBEUREN
Schongau
Peiting
Marktoberdorf
Dießen a. Ammers.
Manching
Kösching
Gaimersheim
Reichertshofen
Scheyern
Maisach
Eichenau
Emmering
Kaufering
Türkheim
Schwabhausen
Zusmarshausen
Burgau
Gundremmingen
Wittislingen
Thannhausen
Krumbach
Weißenhorn
Ammersee
Starnberger See
Pfaffenwinkel
Donau
Lech
Isar
44 45 46 47 48 49 50 51 52 53 54 55 56 57 58 59 60 62 63 64 65 66 67 68 74 75 76 77 78 79 80 86 87 88 89 90 91 92 93 94
108 109 110 111 112 113 114 115 116 117 118 119 120 134 135 136 137 138 139 140 141 142 143 144 145 146
160 161 162 163 164 165 166 167 168 169 170 171 172 173 174 188 189 190 191 192 193 194 195 196 197 198 199 200 201 202
216 217 218 219 220 221 222 223 224 238 239 240 241 242 243 244 245 246 260 261 262 263 264 265 266 267 268
282 283 284 285 286 287 288 289 290 304 305 306 307 308 309 310 311 312 326 327 328 329 330 331 332 333 334
348 349 350 351 352 353 354 355 356 370 371 372 373 374 375 376 377 378 392 393 394 395 396 397 398 399 400

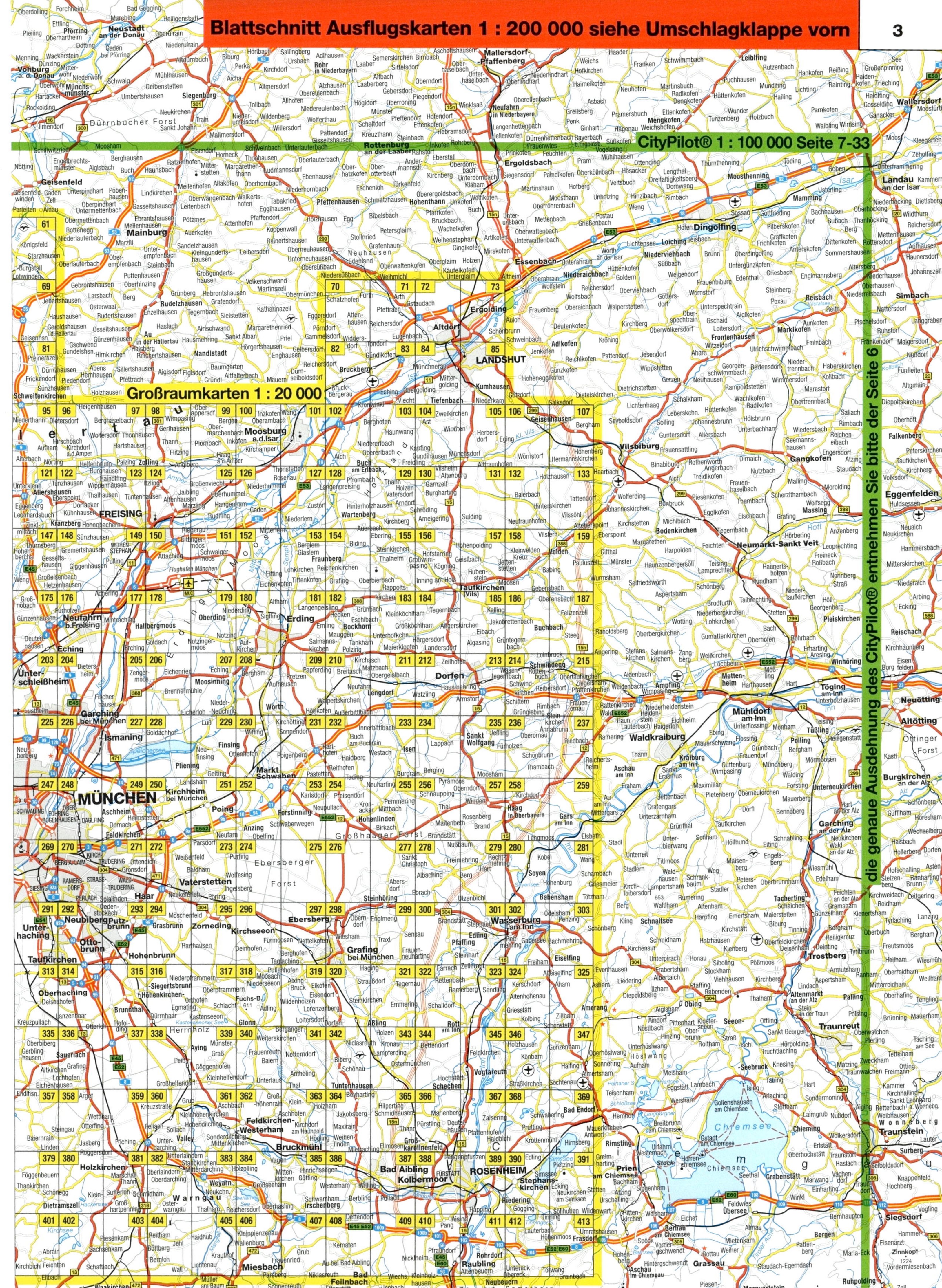
CityPilot® 1 : 100 000 Seite 7-33
Großraumkarten 1 : 20 000
die genaue Ausdehnung des CityPilot® entnehmen Sie bitte der Seite 6
MÜNCHEN
LANDSHUT
ROSENHEIM
FREISING
Erding
Dorfen
Dingolfing
Mühldorf am Inn
Wasserburg am Inn
Ebersberg
Vaterstetten
Moosburg a.d.Isar
Mainburg
Vilsbiburg
Waldkraiburg
Bad Aibling
Kolbermoor
Traunstein
Chiemsee

Die GPS-genauen ADAC StadtAtlanten:

Kurzinformation für eilige Nutzer:

- GPS-Handempfänger auf **"WGS 84"** und **"UTM"** einstellen.
- Zur GPS-Navigation dient das **rote Gitter** (Maschenweite 2000 m, Feineinteilung 100 m).
- Die Angaben im Straßenregister beziehen sich auf das blaue Suchgitter.

GPS steht für "Global Positioning System". Gemeint ist damit die exakte Positionsbestimmung mithilfe von Satellitensignalen und einem Empfangsgerät, dem GPS-Handempfänger.
Mit der **UTM-Kartenprojektion** ("Universale-Transversale-Mercator-Projektion") ist es möglich, die Erdoberfläche zwischen 84° nördlicher und 80° südlicher Breite, in 60 Zonen unterteilt, abzubilden. Deutschland liegt größtenteils in den Feldern 32U und 33U innerhalb der beiden Zonen 32 und 33. (siehe Abb. unten)

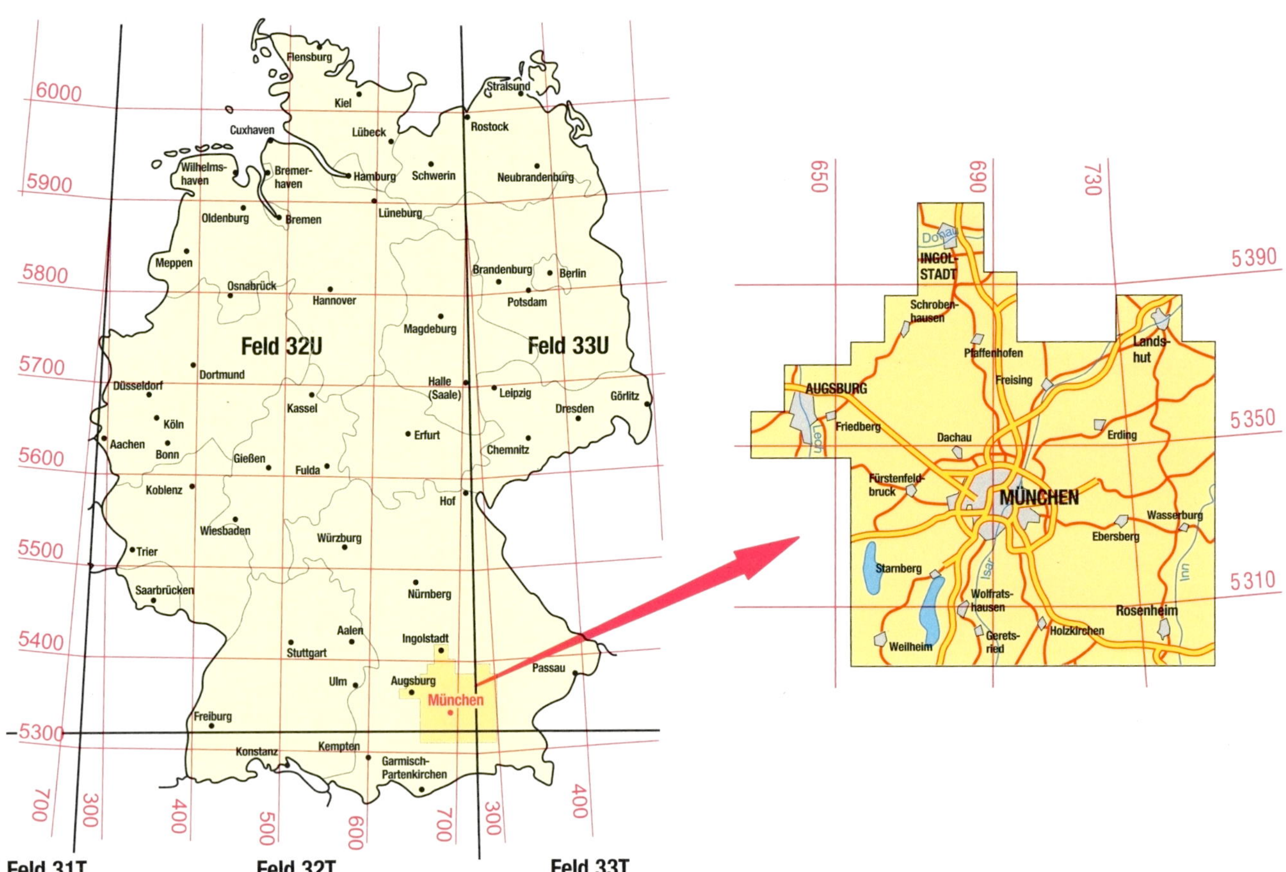

Zur Feinorientierung dient das UTM-Gitter, ein Koordinatensystem, das für einen bestimmten Punkt den Abstand zum Äquator bzw. zum Bezugsmeridian (9° bzw. 15° östl. Länge) in Metern angibt. Dieses UTM-Gitter finden Sie, zusätzlich zum gewohnten blauen Suchnetz des Straßenregisters, in diesen Atlas rot eingedruckt. Bezugssystem ist, gemäß international üblichen Standards bei der GPS-gestützten Navigation, das Rotationsellipsoid "WGS 84" (die Erde ist aufgrund ihrer Rotation um die eigene Achse keine Kugel, sondern leicht abgeplattet). Handelsübliche GPS-Handempfänger ermitteln bei der Positionsbestimmung die UTM-Koordinaten mit einer Genauigkeit von unter 20 Metern.
Diese Koordinaten lassen sich im ADAC StadtAtlas problemlos lokalisieren.

Sie finden in den Großraumkarten im Maßstab 1 : 20 000, neben dem blauen Suchnetz des Straßenregisters, ein rot angelegtes UTM-Gitter mit einer Maschenweite von 2000 Metern.
Die "East"- bzw. Rechtswerte (E), sowie die "North"- bzw. Hochwerte (N) - im Abstand von 2000 Metern - können Sie am Koordinatenschnittpunkt des UTM-Gitters ablesen. Im Beispiel sind diese Zahlenwerte rot markiert. Die Feinorientierung erfolgt mittels der im 100-Meter-Abstand angelegten Skalierung auf den roten Gitterlinien. Ihr Standort befindet sich im Schnittpunkt von Rechts- und Hochwert.
Exemplarisch durchgeführt haben wir das im nebenstehenden Kartenausschnitt für einen Ortspunkt mit den Koordinaten ⌖ E: 290380 m / N: 5362300 m.

Die Umweltzonen – Was Sie als Autofahrer wissen sollten

Eine Umweltzone – warum überhaupt?
Um die Belastungen durch Feinstaub und andere gesundheitsschädliche Luftschadstoffe in den Ballungszentren zu reduzieren, werden seit Januar 2008 bundesweit Umweltzonen eingerichtet. In diesen neu geschaffenen Umweltzonen dürfen also Fahrzeuge, die besonders viel Feinstaub emittieren, künftig nicht mehr fahren.

Wie erkenne ich eine Umweltzone?
Neue Verkehrszeichen der Straßenverkehrsordnung informieren über den Beginn und das Ende einer Umweltzone. Auf einem Zusatzschild werden alle Plaketten farbig abgebildet, mit denen Fahrzeuge in der Umweltzone freie Fahrt haben.

Beginn der Umweltzone

Ende der Umweltzone

Freistellung vom Verkehrsverbot

Wer darf in der Umweltzone fahren?
Nur Fahrzeuge, die eine der angezeigten Plaketten besitzen. Lediglich Oldtimer-Fahrzeuge (gemäß § 2 Nr. 22 FZV) und Fahrzeuge mit befristeten Ausnahmegenehmigungen sind von der Kennzeichnungspflicht ausgenommen; mit diesen Fahrzeugen dürfen die Umweltzonen auch ohne Plakette befahren werden. Für alle anderen Fahrzeuge besteht also grundsätzlich ein Fahrverbot – keine Plakette heißt also, das Auto abstellen und die Innenstadt mit den öffentlichen Verkehrsmitteln, mit dem Fahrrad oder zu Fuß erreichen.

Zu welcher Schadstoffgruppe gehört mein Fahrzeug?
Zwei Ziffern entscheiden darüber, ob Sie die Umweltzone befahren dürfen oder nicht. Die Plakettenzuordnung für die in Deutschland zugelassenen Fahrzeuge ergibt sich aus der Emissionsschlüsselnummer; die Nummer ist in den Fahrzeugpapieren eingetragen oder ggf. in der Zertifizierung der Partikelfilternachrüstung angegeben.
In Fahrzeugpapieren, die vor dem 1. Oktober 2005 ausgestellt wurden, finden Sie die Emissionsschlüsselnummer im Fahrzeugschein im Feld „Schlüsselnummern zu 1" an der 5. und 6. Stelle des 6-stelligen Codes.
In Fahrzeugpapieren, die nach dem 1. Oktober 2005 ausgestellt wurden, ist die Emissionsschlüsselnummer im Feld 14.1 der Zulassungsbescheinigung Teil I zu finden. Es sind die letzten beiden Zahlen der Ziffernreihe.
Sehen Sie hierzu auch die Schlüsselnummernübersicht für die Fahrzeugklasse M1/Personenwagen.

Wo bekommt man eine Plakette und wo ist sie gültig?
Ausgabestellen für die Plaketten sind die Zulassungsbehörden und die für die Durchführung der Abgasuntersuchung anerkannten Stellen wie z. B. Kfz-Werkstätten, der TÜV oder die DEKRA. Touristen oder Halter von Fahrzeugen, die im Ausland zugelassen sind, können bei den obengenannten Stellen ebenfalls eine Plakette erhalten.
Die Plaketten gelten bundesweit in jeder Umweltzone. Die Internetseite des Umweltbundesamtes (UBA) gibt einen Überblick zu allen bestehenden und geplanten Umweltzonen in Deutschland.
→ http://www.env-it.de/umweltbundesamt/luftdaten/download/public/html/Umweltzonen/index.htm

… übrigens
Bei Verstößen gegen das Fahrverbot werden 80 Euro Bußgeld fällig. Dies gilt auch für parkende Fahrzeuge.

Basis für die Gebietsdarstellungen der Umweltzonen sind die Informationen der Städte und des Umweltbundesamtes:
→ http://gis.uba.de/website/umweltzonen/index.html

Schadstoffgruppen

Fahrzeugklasse M 1/Für die Personenbeförderung ausgelegte und gebaute Kraftfahrzeuge mit höchstens acht Sitzplätzen außer dem Fahrersitz.

	1	2	3	4
Plakette	keine Plakette	2	3	4
Diesel-Motor Diesel, Biodiesel	**Euro 1** oder schlechter	**Euro 2** oder **Euro 1** mit Partikelfilter	**Euro 3** oder **Euro 2** mit Partikelfilter	**Euro 4** oder **Euro 3** mit Partikelfilter
mit Filter		**Stufe PM 01**[1.] 19, 20, 23, 24 **Stufe PM 0**[1.] 14, 16, 18, 21, 22, 34, 40, 77	**Stufe PM 0**[1.] 28, 29 **Stufe PM 1**[1.] 14, 16, 18, 21, 22, 25 bis 27, 34, 35, 40, 41, 71, 77	**Stufe PM 1**[1.] 27[3], 49 bis 52 **Stufe PM 2**[1.] 30, 31, 36, 37, 42, 44 bis 48, 67 bis 70 **Stufe PM 3**[1.] 32, 33, 38, 39, 43, 53 bis 66 **Stufe PM 4**[1.] 44 bis 70
ohne Filter		25 bis 29, 35, 41, 71	30, 31, 36, 37, 42, 44 bis 52, 72	32, 33, 38, 39, 43, 53 bis 70, 73 bis 75 **Stufe PM 5**[1.]
Otto-Motor Benzin, Gas, Ethanol	**ohne** geregelten Katalysator	wird nicht zugeteilt	wird nicht zugeteilt	**Euro 1** mit geregeltem Katalysator oder besser
				01, 02, 14, 16, 18 bis 70, 71 bis 75, 77[2.]

1. Die Bezeichnungen „PM 0" bis „PM 5" entsprechen den Partikelminderungsstufen (Partikelfilter).
2. Im Falle von Gasfahrzeugen nach Richtlinie 2005/55/EG (vormals 88/77/EWG)
3. Pkw mit Schlüsselnummer „27" bzw. „0427" und der Klartextangabe „96/69/ EG I" mit einer zulässigen Gesamtmasse (zGM) von mehr als 2500 kg ist nach Anhang 2 Abs. 1 Nr. 4 n) der Kennzeichnungsverordnung eine grüne Plakette zuzuteilen. Dies aber nur dann, wenn nachgewiesen wird, dass der Pkw die Anforderungen der Stufe PM 1 der Anlage XXVI StVZO einhält.

Quelle: Bundesgesetzblatt 2007 Teil I Nr. 61 vom 7.12.2007

CityPilot®

Der CityPilot® ist eine Stadtdurchfahrtskarte im Maßstab 1 : 100 000 (grüner Kartenteil Seite 7-33) mit der Sie ohne aufwändiges Blättern schnell und problemlos auf den Durchgangsstraßen in Ihr Zielgebiet gelangen.

Wenn Sie nicht wissen wo Ihr Zielgebiet liegt, suchen Sie im Straßenverzeichnis nach der entsprechenden Gemeinde, bzw. Straße. Die dort angegebene Seitenzahl zeigt im CityPilot® Ihr Zielgebiet. Kennen Sie dagegen die ungefähre Lage Ihres Zielgebietes schon, dann können Sie sofort im CityPilot® -ohne lästiges Blättern- den Durchgangsstraßen bis in das Zielgebiet folgen.

Im Zielgebiet angekommen, schlagen Sie für detaillierte kartographische Informationen die dort angegebene Seite auf. Die gelb unterlegten Seitenzahlen führen Sie zu den Großraumkarten im Maßstab 1 : 20 000 (Seite 44-413), orange-farbig unterlegte Seitenzahlen zu den Cityplänen im Maßstab 1 : 10 000 (Seite 36-42).

Übersichtskarte

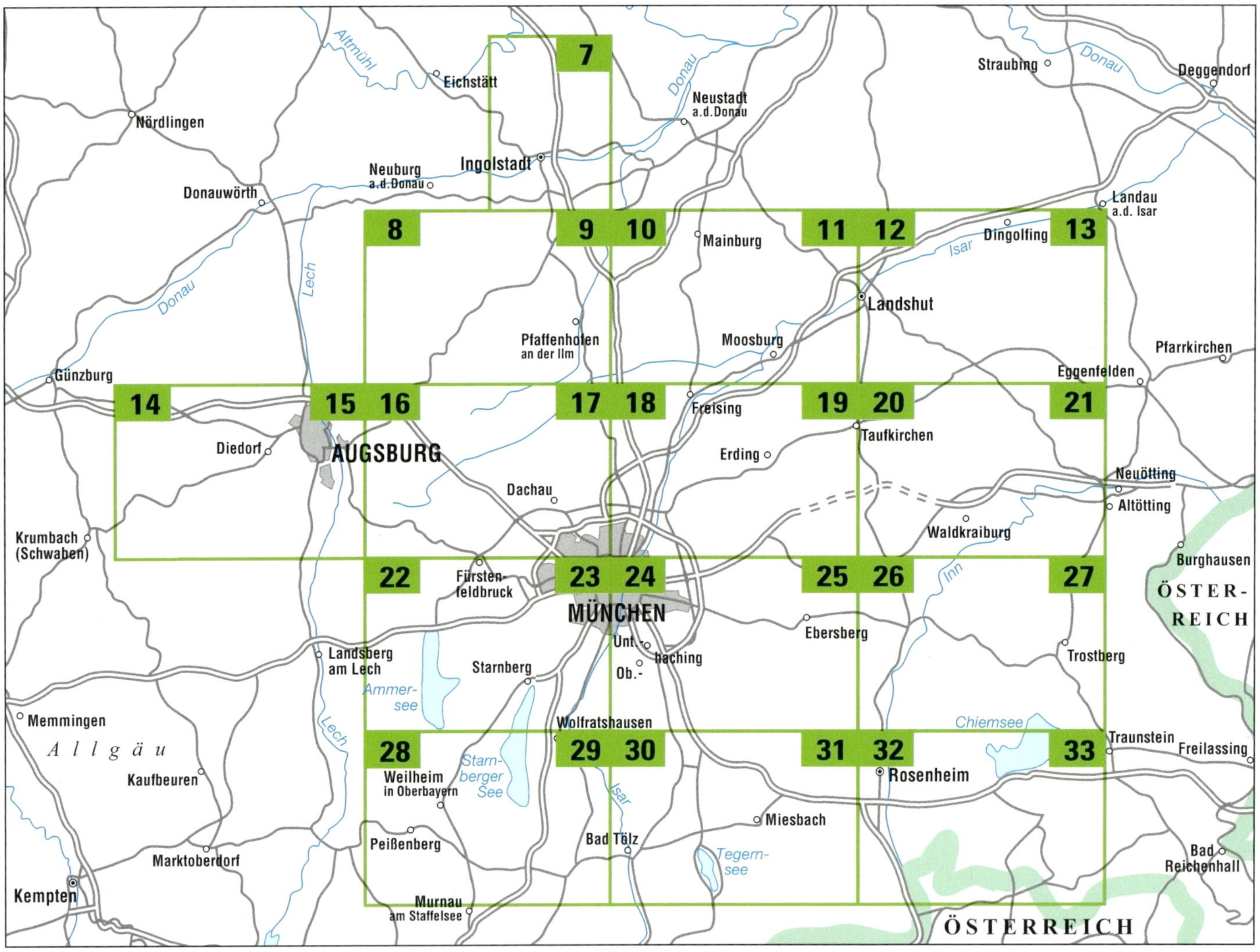

Zeichenerklärung für den CityPilot®

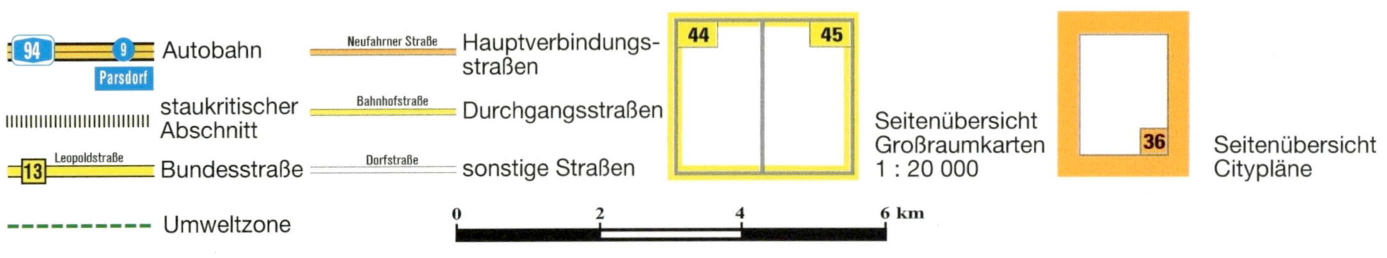

Maßstab 1 : 100000

Schafhausen
Hirnstetten
Irlahüll
Grampersdorf
Arnbuch
Kirchbuch
Buch
Grösdorf
Pfahldorf
Kipfenberg
Sornhüll
Gelbelsee
Dörndorf
Bitz
Pondorf
Winden
Böhming
Rappers-zell
Rieshofen
Pfalzpaint
Altmühl
Breitenhill
Megmannsdorf
Arnsberg
Denkendorf
Altenberg
Zandt
Gungolding
Schönbrunn
Walting
Inching
Attenzell
Krut
Dunsdorf
Biberg
Schelldorf
Bettbrunn
Hofstetten
Appertshofen
Stammham
Böhmfeld
Hitzhofen
Westerhofen
Kasing
Köschinger Forst
Lippertshofen
Tauberfeld
Wettstetten
Hepberg
Gaimersheim
Kösching
Eitensheim
Etting
Lenting
Demling
Buxheim
Oberhaunstadt
Audi AG
Gunvor-Raffinerie
Interpark Großmehring/Kösching
Mühlhausen
Dünzlau
Großmehring
Pettenhofen
Gew.-geb. Westpark
Liebfrauenmünster
ADAC
Mailing
Irgertsheim
Friedrichshofen
Feldkirchen
Kleinmehring
Irgertsheimer See
INGOLSTADT
Donau
Bayernoil-Raffinerie
Audi Sportpark
Kothau
Gerolfing
Haunwöhr
Schafirrsee
Ringsee
Westenhausen
Jagdschloss Schloss Grünau
Knoglersfreude
Spitalhof
Unsernherrn
Rothenthurm
Niederfeld
Lindach
Hundszell
Unterbrunnenreuth
Oberstimm
Gew.-/Ind.-geb. Manching Am Bahnhof
Hagau
Weichering
Manching
Seehof
Pichl
Keltisches
44
45
46
47
48
49
50
51
39
9
E45
13
16a
16
299
59
60
61
62
DB

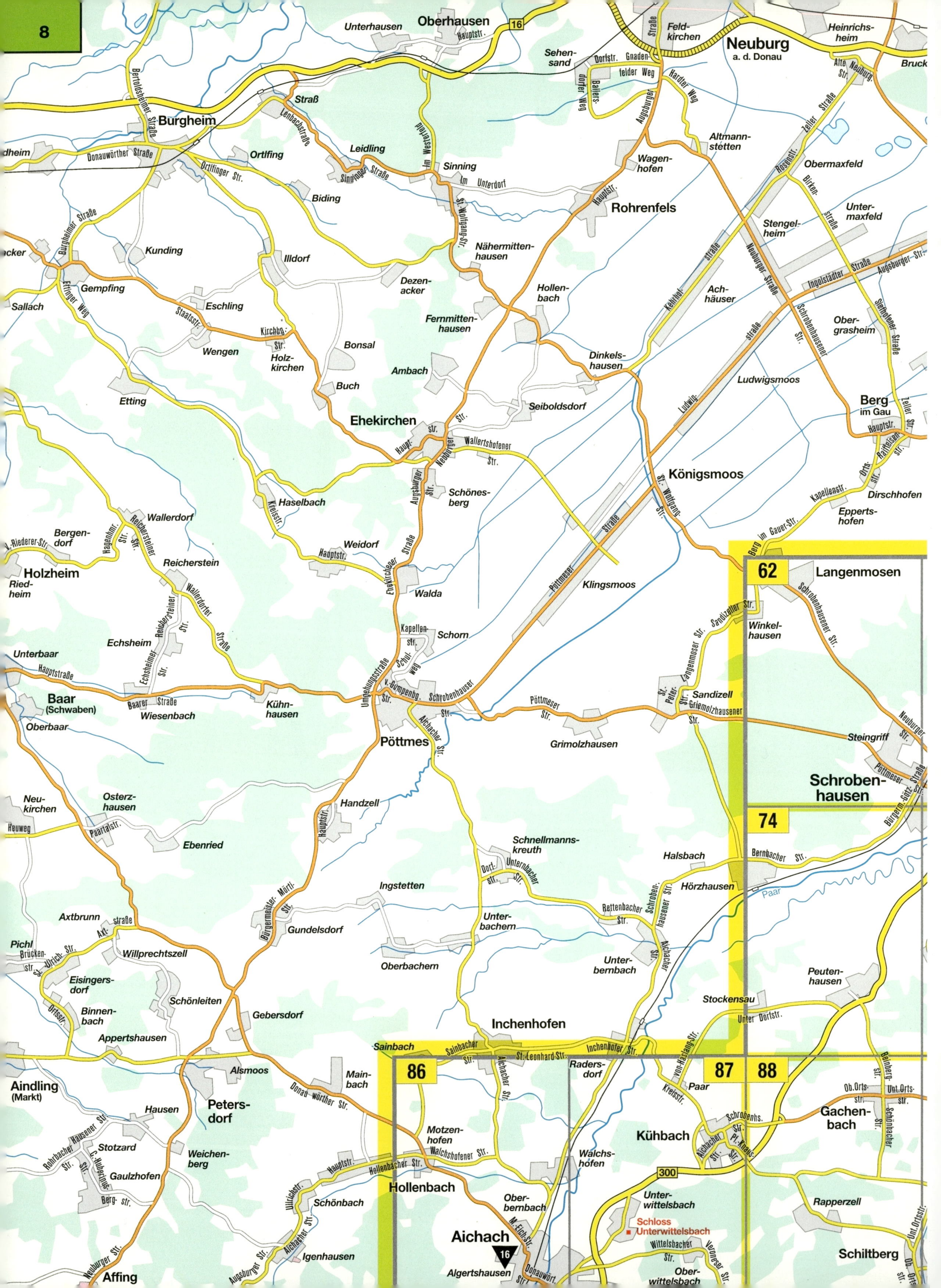
Oberhausen
Unterhausen
Neuburg
a. d. Donau
Feldkirchen
Heinrichsheim
Bruck
Sehensand
Burgheim
Straß
Ortlfing
Leidling
Sinning
Biding
Wagenhofen
Altmannstetten
Obermaxfeld
Rohrenfels
Untermaxfeld
Stengelheim
Kunding
Illdorf
Nähermittenhausen
Gempfing
Sallach
Eschling
Dezenacker
Hollenbach
Achhäuser
Obergrasheim
Fernmittenhausen
Wengen
Holzkirchen
Bonsal
Dinkelshausen
Ambach
Ludwigsmoos
Buch
Etting
Seiboldsdorf
Berg
im Gau
Ehekirchen
Königsmoos
Dirschhofen
Haselbach
Schönesberg
Eppertshofen
Wallerdorf
Bergendorf
Weidorf
Holzheim
Riedheim
Reicherstein
Langenmosen
Walda
Klingsmoos
Winkelhausen
Echsheim
Schorn
Unterbaar
Baar
(Schwaben)
Wiesenbach
Kühnhausen
Sandizell
Oberbaar
Pöttmes
Grimolzhausen
Steingriff
Schrobenhausen
Neukirchen
Osterzhausen
Handzell
Heuweg
Ebenried
Schnellmannskreuth
Halsbach
Hörzhausen
Ingstetten
Paar
Axtbrunn
Gundelsdorf
Unterbachern
Pichl
Willprechtszell
Oberbachern
Unterbernbach
Eisingersdorf
Peutenhausen
Stockensau
Schönleiten
Binnenbach
Gebersdorf
Inchenhofen
Appertshausen
Sainbach
Aindling
(Markt)
Alsmoos
Mainbach
Radersdorf
Paar
Petersdorf
Hausen
Gachenbach
Kühbach
Stotzard
Motzenhofen
Weichenberg
Walchshofen
Gaulzhofen
Hollenbach
Unterwittelsbach
Rapperzell
Oberbernbach
Schönbach
Schloss
Unterwittelsbach
Aichach
Schiltberg
Igenhausen
Oberwittelsbach
Affing
Algertshausen
62
74
86
87
88
16
300

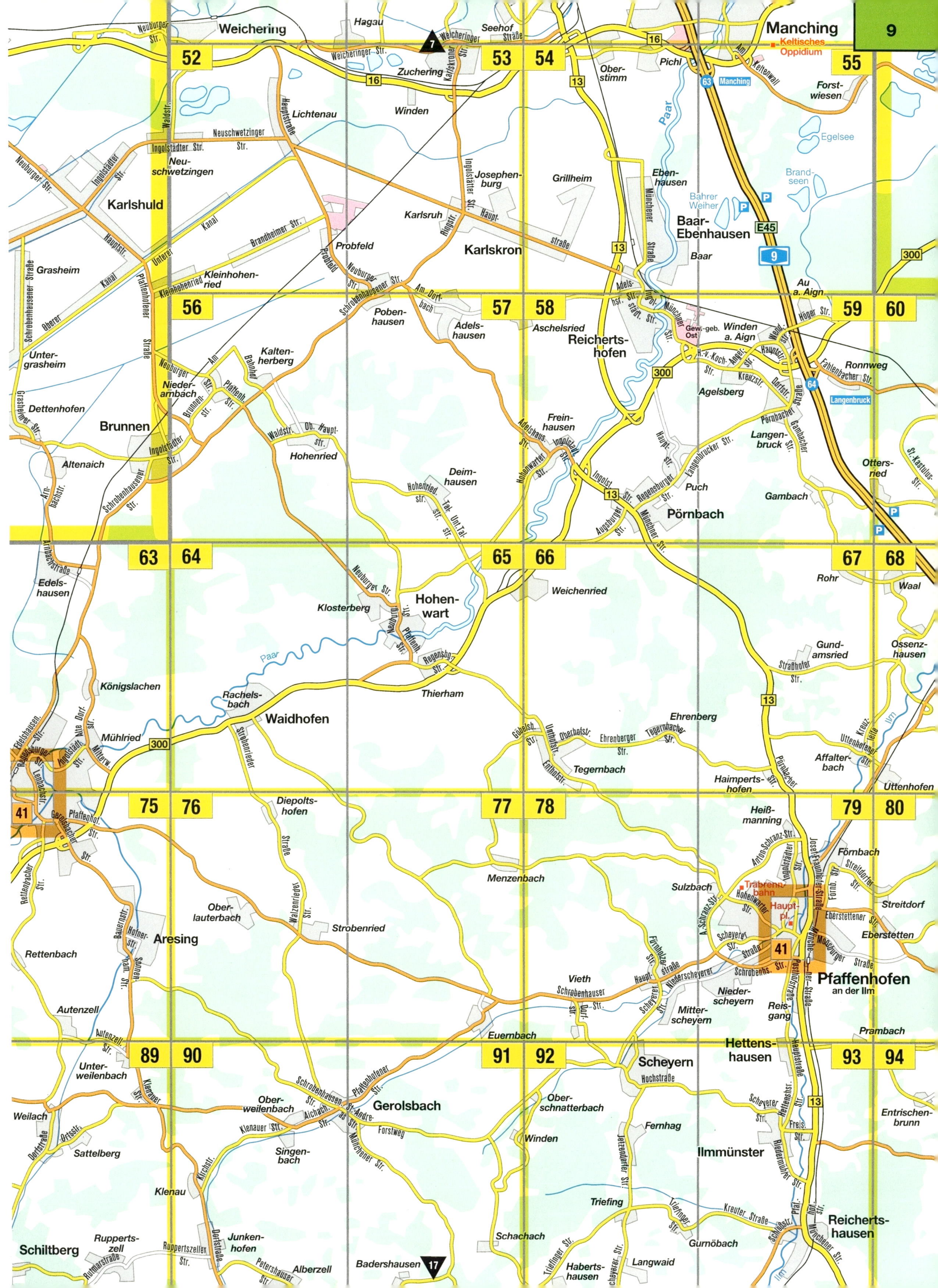
Weichering
Hagau
Seehof
Manching
Keltisches Oppidium
52
53
54
55
Zuchering
Winden
Lichtenau
Ober-stimm
Pichl
Manching
Forst-wiesen
Egelsee
Neu-schwetzingen
Karlshuld
Josephen-burg
Grillheim
Eben-hausen
Brand-seen
Bahrer Weiher
Karlsruh
Probfeld
Karlskron
Baar-Ebenhausen
Baar
Grasheim
Kleinhohen-ried
Au a. Aign
56
57
58
59
60
Poben-hausen
Adels-hausen
Aschelsried
Reicherts-hofen
Gew.-geb. Ost
Winden a. Aign
Ronnweg
Unter-grasheim
Kalten-herberg
Nieder-arnbach
Agelsberg
Langenbruck
Dettenhofen
Brunnen
Hohenried
Frein-hausen
Langen-bruck
Altenaich
Deim-hausen
Puch
Otters-ried
Gambach
Pörnbach
63
64
65
66
67
68
Edels-hausen
Klosterberg
Hohen-wart
Weichenried
Rohr
Waal
Paar
Gund-amsried
Ossenz-hausen
Königslachen
Rachels-bach
Thierham
Waidhofen
Ehrenberg
Mühlried
Tegernbach
Affalter-bach
Haimperts-hofen
Uttenhofen
41
75
76
77
78
79
80
Diepolts-hofen
Heiß-manning
Förnbach
Menzenbach
Sulzbach
Trabrenn-bahn
Haupt-pl.
Streitdorf
Ober-lauterbach
Strobenried
Eberstetten
Rettenbach
Aresing
Vieth
Nieder-scheyern
Pfaffenhofen an der Ilm
Mitter-scheyern
Reis-gang
Autenzell
Euernbach
Prambach
89
90
91
92
93
94
Unter-weilenbach
Hettens-hausen
Scheyern
Weilach
Ober-weilenbach
Gerolsbach
Ober-schnatterbach
Entrischen-brunn
Fernhag
Sattelberg
Singen-bach
Winden
Ilmmünster
Klenau
Triefing
Reicherts-hausen
Schiltberg
Rupperts-zell
Junken-hofen
Schachach
Gurnöbach
Habert-shausen
Langwaid
Badershausen
Alberzell
7
17
16
13
300
63
64
E45
9

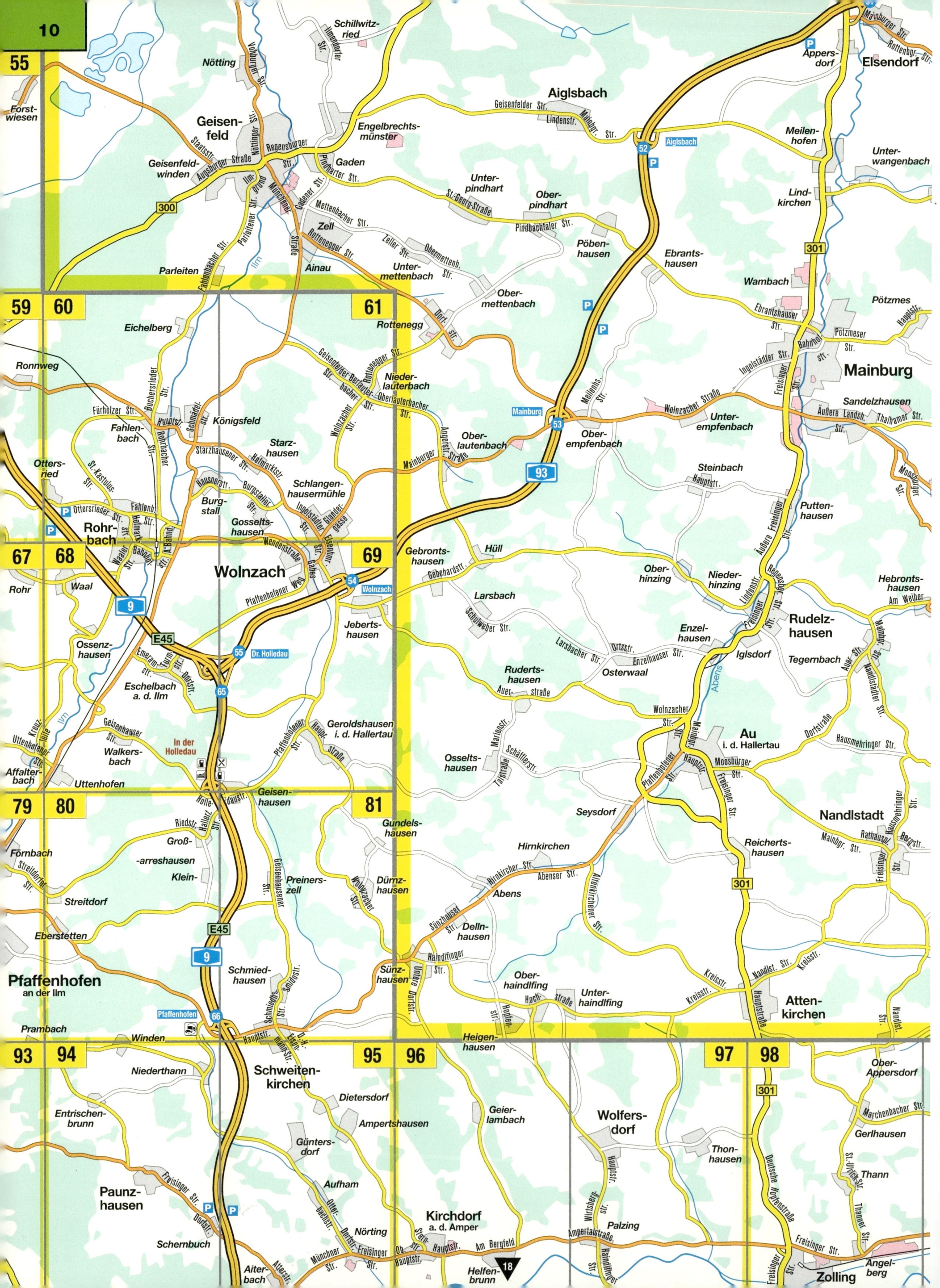
55
59
60
61
67
68
69
79
80
81
93
94
95
96
97
98
Geisenfeld
Aiglsbach
Elsendorf
Mainburg
Wolnzach
Rohrbach
Au i. d. Hallertau
Nandlstadt
Attenkirchen
Pfaffenhofen an der Ilm
Schweitenkirchen
Paunzhausen
Kirchdorf a. d. Amper
Wolfersdorf
Zolling
Rudelzhausen
Engelbrechtsmünster
Nötting
Schillwitzried
Forstwiesen
Geisenfeldwinden
Gaden
Zell
Ainau
Parleiten
Unterpindhart
Oberpindhart
Pöbenhausen
Ebrantshausen
Appersdorf
Meilenhofen
Unterwangenbach
Lindkirchen
Wambach
Pötzmes
Untermettenbach
Obermettenbach
Rottenegg
Niederlauterbach
Eichelberg
Ronnweg
Königsfeld
Fahlenbach
Starzhausen
Schlangenhausermühle
Burgstall
Gosseltshausen
Ottersried
Oberlautenbach
Oberempfenbach
Unterempfenbach
Sandelzhausen
Steinbach
Puttenhausen
Gebrontshausen
Hüll
Oberhinzing
Niederhinzing
Hebrontshausen
Larsbach
Jebertshausen
Enzelhausen
Iglsdorf
Tegernbach
Rudertshausen
Osterwaal
Rohr
Waal
Ossenzhausen
Eschelbach a. d. Ilm
In der Holledau
Geroldshausen i. d. Hallertau
Walkersbach
Affalterbach
Uttenhofen
Osseltshausen
Seysdorf
Geisenhausen
Gundelshausen
Reichertshausen
Förnbach
Groß-arreshausen
Klein-
Preinerszell
Dürnzhausen
Hirnkirchen
Abens
Streitdorf
Dellnhausen
Eberstetten
Schmiedhausen
Sünzhausen
Oberhaindlfing
Unterhaindlfing
Prambach
Winden
Heigenhausen
Niederthann
Dietersdorf
Geierlambach
Oberappersdorf
Entrischenbrunn
Ampertshausen
Güntersdorf
Thonhausen
Gerlhausen
Thann
Aufham
Nörting
Palzing
Schernbuch
Aiterbach
Helfenbrunn
Angelberg
Mainburg
Aiglsbach
Wolnzach
Dr. Holledau
Pfaffenhofen
300
301
93
9
E45
52
53
54
55
65
66
18

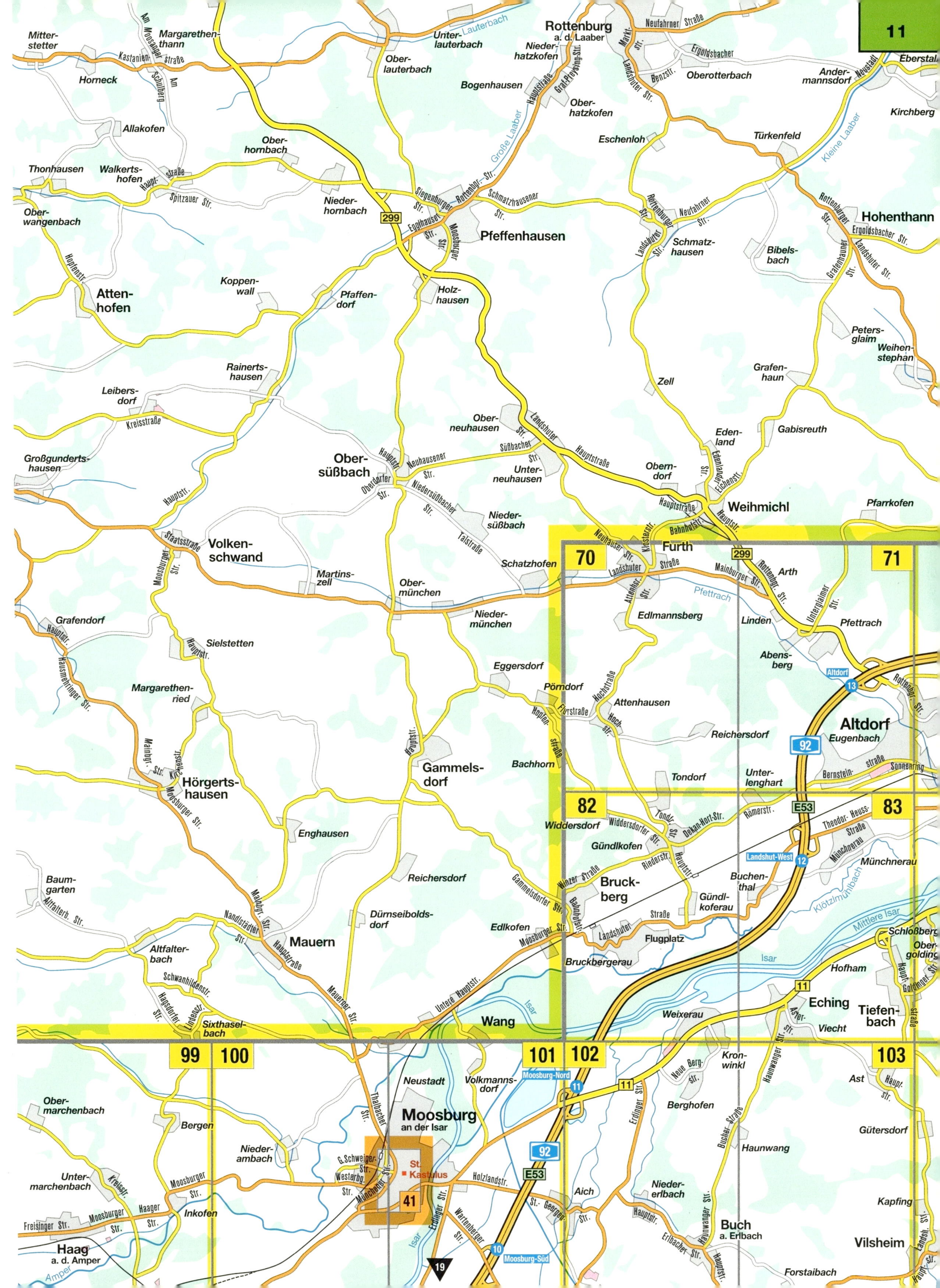
Mitter-
stetter
Margarethen-
thann
Kastanien-
straße
Horneck
Allakofen
Thonhausen
Walkerts-
hofen
Ober-
wangenbach
Spitzauer Str.
Atten-
hofen
Koppen-
wall
Ober-
hornbach
Nieder-
hornbach
Unter-
lauterbach
Lauterbach
Ober-
lauterbach
Rottenburg
a. d. Laaber
Nieder-
hatzkofen
Bogenhausen
Ober-
hatzkofen
Große Laaber
Neufahrner Straße
Ergoldsbacher
Oberotterbach
Ander-
mannsdorf
Eberstal
Kirchberg
Eschenloh
Türkenfeld
Kleine Laaber
299
Pfeffenhausen
Schmatzhausener
Str.
Schmatz-
hausen
Hohenthann
Bibels-
bach
Holz-
hausen
Pfaffen-
dorf
Peters-
glaim
Weihen-
stephan
Rainerts-
hausen
Leibers-
dorf
Kreisstraße
Grafen-
haun
Zell
Ober-
neuhausen
Landshuter
Gabisreuth
Eden-
land
Obern-
dorf
Großgunderts-
hausen
Ober-
süßbach
Neuhausener
Süßbacher
Unter-
neuhausen
Hauptstraße
Weihmichl
Pfarrkofen
Nieder-
süßbach
Volken-
schwand
Martins-
zell
Ober-
münchen
Schatzhofen
Furth
70
71
Arth
Pfettrach
Edlmannsberg
Linden
Nieder-
münchen
Grafendorf
Sielstetten
Eggersdorf
Abens-
berg
Altdorf
13
Pörndorf
Attenhausen
Margarethen-
ried
Reichersdorf
Altdorf
Eugenbach
92
Gammels-
dorf
Bachhorn
Tondorf
Unter-
lenghart
Sonnenring
Hörgerts-
hausen
82
83
Widdersdorf
E53
Enghausen
Gündlkofen
Landshut-West
12
Münchnerau
Baum-
garten
Reichersdorf
Bruck-
berg
Buchen-
thal
Gündl-
koferau
Klötzlmühlbach
Dürnseibolds-
dorf
Edlkofen
Flugplatz
Mittlere Isar
Schloßberg
Mauern
Altfalter-
bach
Bruckbergerau
Isar
Hofham
11
Eching
Tiefen-
bach
Weixerau
Viecht
Sixthasel-
bach
Wang
99
100
101
102
103
Neustadt
Volkmanns-
dorf
Moosburg-Nord
Kron-
winkl
Ast
Ober-
marchenbach
Bergen
Moosburg
an der Isar
Berghofen
Gütersdorf
Nieder-
ambach
St.
Kastulus
92
Haunwang
Unter-
marchenbach
Holzlandstr.
E53
41
Aich
Nieder-
erlbach
Kapfing
Inkofen
Buch
a. Erlbach
Haag
a. d. Amper
Amper
10
Moosburg-Süd
19
Vilsheim
Forstaibach

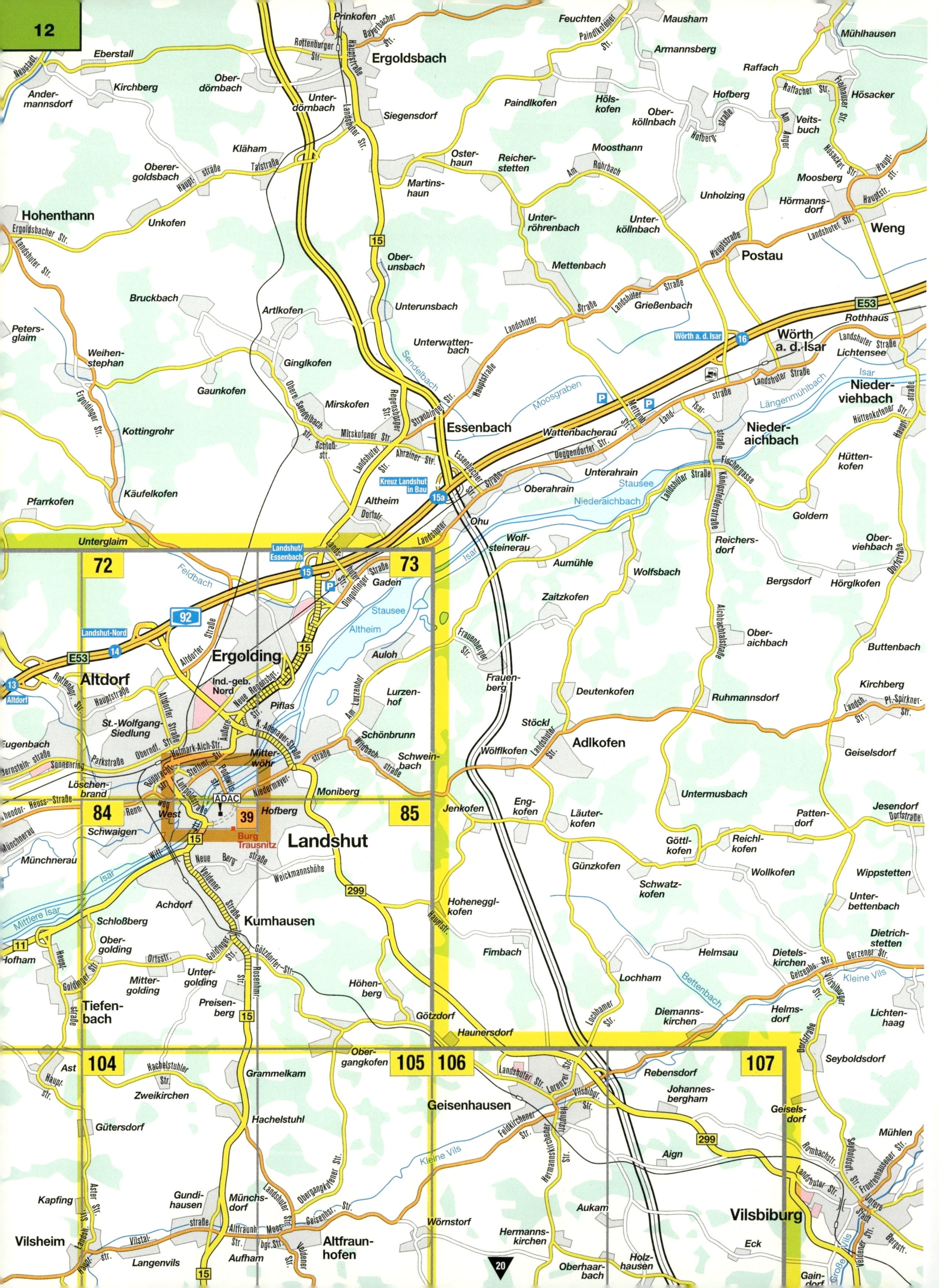

Ergoldsbach
Hohenthann
Essenbach
Wörth a. d. Isar
Postau
Weng
Niederviehbach
Niederaichbach
Altdorf
Ergolding
Landshut
Kumhausen
Adlkofen
Tiefenbach
Geisenhausen
Vilsbiburg
Altfraunhofen
Vilsheim

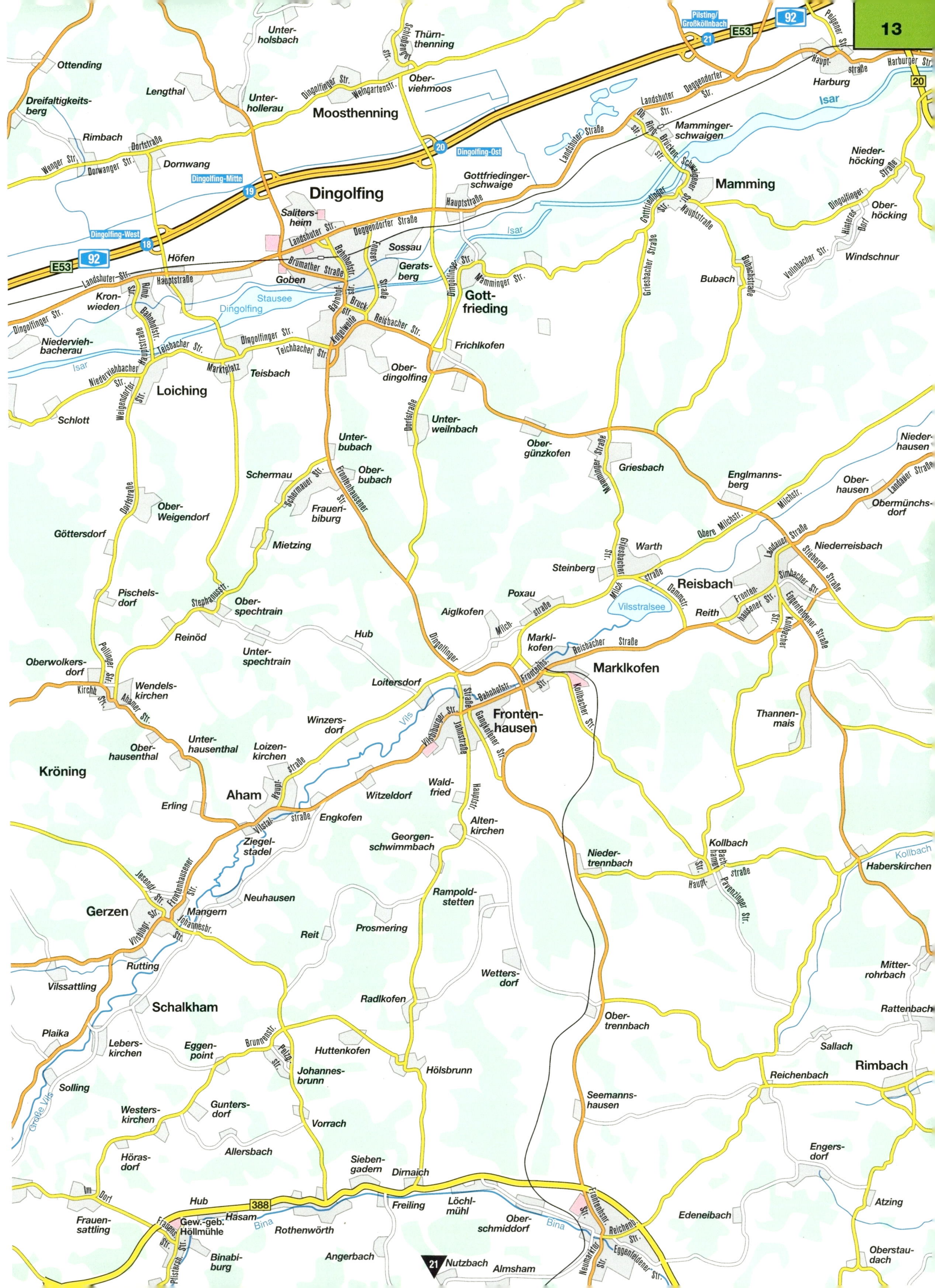
Ottending
Dreifaltigkeits-
berg
Lengthal
Unter-
holsbach
Thürn-
thenning
Unter-
hollerau
Ober-
viehmoos
Moosthenning
Pilsting/
Großköllnbach
21
E53
92
Harburg
Isar
20
Rimbach
Dornwang
Dingolfing-Mitte
19
Dingolfing
20
Dingolfing-Ost
Gottfriedinger-
schwaige
Mamminger-
schwaigen
Mamming
Nieder-
höcking
Ober-
höcking
Saliters-
heim
Dingolfing-West
18
Höfen
Sossau
Gerats-
berg
Goben
Bubach
Windschnur
E53
92
Kron-
wieden
Stausee
Dingolfing
Gott-
frieding
Niedervieh-
bacherau
Isar
Frichlkofen
Teisbach
Ober-
dingolfing
Loiching
Schlott
Unter-
weilnbach
Unter-
bubach
Ober-
günzkofen
Nieder-
hausen
Schermau
Ober-
bubach
Griesbach
Englmanns-
berg
Ober-
hausen
Ober-
Weigendorf
Frauen-
biburg
Obermünchs-
dorf
Göttersdorf
Mietzing
Warth
Niederreisbach
Steinberg
Pischels-
dorf
Ober-
spechtrain
Poxau
Reisbach
Vilsstralsee
Reith
Aiglkofen
Reinöd
Hub
Markl-
kofen
Unter-
spechtrain
Marklkofen
Oberwolkers-
dorf
Wendels-
kirchen
Loitersdorf
Fronten-
hausen
Thannen-
mais
Winzers-
dorf
Vils
Unter-
hausenthal
Loizen-
kirchen
Ober-
hausenthal
Kröning
Aham
Wald-
fried
Witzeldorf
Erling
Engkofen
Alten-
kirchen
Ziegel-
stadel
Georgen-
schwimmbach
Kollbach
Nieder-
trennbach
Kollbach
Haberskirchen
Neuhausen
Rampold-
stetten
Gerzen
Mangern
Reit
Prosmering
Rutting
Mitter-
rohrbach
Vilssattling
Wetters-
dorf
Radlkofen
Schalkham
Ober-
trennbach
Rattenbach
Plaika
Lebers-
kirchen
Eggen-
point
Huttenkofen
Sallach
Johannes-
brunn
Hölsbrunn
Rimbach
Reichenbach
Solling
Große Vils
Westers-
kirchen
Gunters-
dorf
Vorrach
Seemanns-
hausen
Höras-
dorf
Allersbach
Engers-
dorf
Sieben-
gadern
Dirnaich
Hub
388
Frauen-
sattling
Gew.-geb.
Höllmühle
Hasam
Freiling
Löchl-
mühl
Ober-
schmiddorf
Bina
Bina
Edeneibach
Atzing
Rothenwörth
Binabi-
burg
Angerbach
21
Nutzbach
Almsham
Oberstau-
dach

Dürrlauingen
Mönstetten
Waldkirch
Hennhofen
Altenmünster
Welden
Winterbach
Rechberg-
reuthen
Baiers-
hofen
Eppishofen
Mindelaltheim
Hafen-
hofen
Eichen-
hofen
Glött
Dorfanger
Unter-
schöneberg
Reutern
Konzenberg
Landens-
berg
Neumünster
Wörle-
schwang
Laugna
Halden-
wang
Glöttweng
Burgau
Roßhaupten
Röfingen
Wollbach
Burgauer See
Burgau
Zusmarshausen
69
8
E52
70
Streitheim
Scheppach
Auerbach
Mindel
Roth-
see
Roth
Jettingen-Scheppach
Zusmarshausen
Horgau
Gabel-
bachergreut
Frei-
halden
Gabelbach
Jettingen
Steinekirch
Ried
Grünenbaindt
Lindach
Eberstall
Ober-
waldbach
Neuhäder
Oberdorf
Agawang
Schönen-
berg
Flein-
hausen
Au
Häder
Buch
Anried
Dinkelscherben
Kemnat
Ettelried
Burtenbach
Oberschöne-
berg
Mödishofen
Usters-
bach
Hagenried
Reiten-
buch
Breiten-
bronn
Schönebach
Oberhagenried
Münsterhausen
(Markt)
Uttenhofen
Aretsried
Ried
300
Edelstetten
Ziemetshausen
(Markt)
Thann-
hausen
Wollmets-
hofen
Fischach
Muttershofen
Vorder-
schellenbach
Willmats-
hofen
Oberrohr
Schmutter
Atten-
hausen
Ursberg
Netters-
hausen
Bauhofen
Langen-
neufnach
Tronetshofen
Hellers-
berg
Bayers-
ried
Burg
Haberts-
weiler
Siegertshofen
Zusam
Memmen-
hausen
Eden-
hausen
300
Lauterbach
Mickhausen
Premach
Balzhausen
Neufnach
Ruhfelden
Mindelzell
Aichen
Walkerts-
hofen
Münster
Hasel
Birkach
Haselbach
Grimolds-
ried
Obergesserts-
hausen

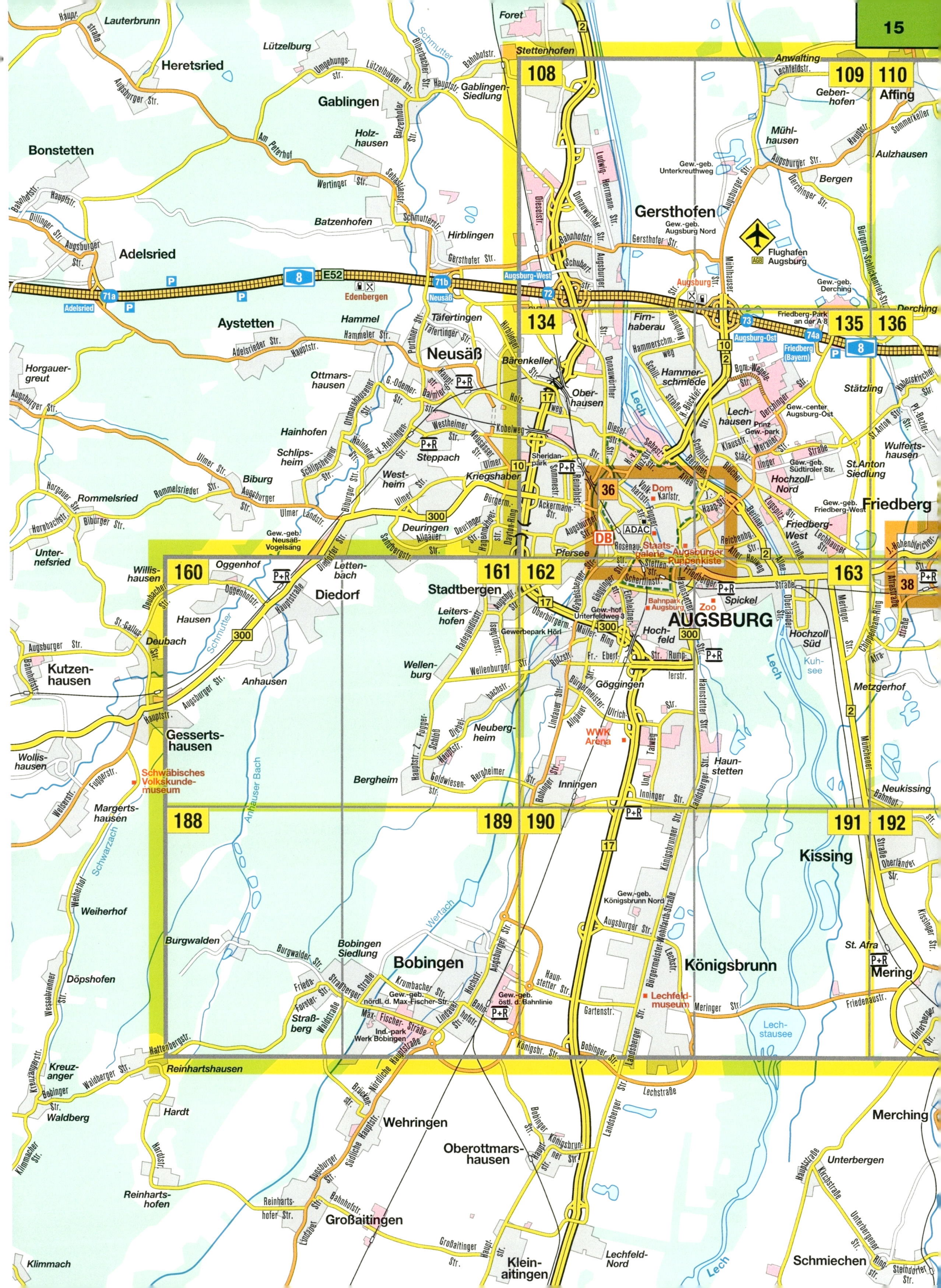

Lauterbrunn
Heretsried
Lützelburg
Gablingen
Gablingen-Siedlung
Holzhausen
Foret
Stettenhofen
Bonstetten
Batzenhofen
Hirblingen
Adelsried
Aystetten
Hammel
Edenbergen
Täfertingen
Neusäß
Bärenkeller
Oberhausen
Horgauergreut
Ottmarshausen
Hainhofen
Schlipsheim
Steppach
Westheim
Kriegshaber
Biburg
Rommelsried
Deuringen
Pfersee
Unternefsried
Willishausen
Oggenhof
Lettenbach
Diedorf
Stadtbergen
Leitershofen
Hausen
Deubach
Kutzenhausen
Anhausen
Wellenburg
Gessertshausen
Wollishausen
Schwäbisches Volkskundemuseum
Margertshausen
Neuberg-heim
Bergheim
Weiherhof
Burgwalden
Bobingen Siedlung
Bobingen
Döpshofen
Straßberg
Kreuzanger
Waldberg
Reinhartshausen
Hardt
Wehringen
Oberottmarshausen
Reinhartshofen
Großaitingen
Klimmach
Kleinaitingen
Lechfeld-Nord
Gersthofen
Gew.-geb. Augsburg Nord
Gew.-geb. Unterkreuthweg
Flughafen Augsburg
Anwalting
Gebenhofen
Affing
Mühlhausen
Aulzhausen
Bergen
Gew.-geb. Derching
Derching
Friedberg-Park an der A 8
Firnhaberau
Hammerschmiede
Lechhausen
Stätzling
Gew.-center Augsburg-Ost
Prinz Gew.-park
Wulfertshausen
Gew.-geb. Südtiroler Str.
Hochzoll-Nord
St. Anton Siedlung
Gew.-geb. Friedberg-West
Friedberg
Friedberg-West
Dom
ADAC
DB
Staatsgalerie
Augsburger Puppenkiste
Spickel
Zoo
Bahnpark Augsburg
AUGSBURG
Hochfeld
Göggingen
Gew.-hof Unterfeldweg 3
Gewerbepark Hörl
Hochzoll Süd
Kuhsee
Metzgerhof
WWK Arena
Haunstetten
Inningen
Neukissing
Kissing
Gew.-geb. Königsbrunn Nord
Königsbrunn
Lechfeld-museum
St. Afra
Mering
Lechstausee
Merching
Unterbergen
Schmiechen
Gew.-geb. östl. d. Bahnlinie
Gew.-geb. nördl. d. Max-Fischer-Str.
Ind.-park Werk Bobingen
Schmutter
Lech
Wertach
Anhauser Bach
Schwarzach
Augsburg-West
Augsburg-Ost
Friedberg (Bayern)
Adelsried
Neusäß
Augsburg
8
E52
2
10
17
300
71a
71b
72
73
74a
108
109
110
134
135
136
160
161
162
163
188
189
190
191
192
36
38
P+R

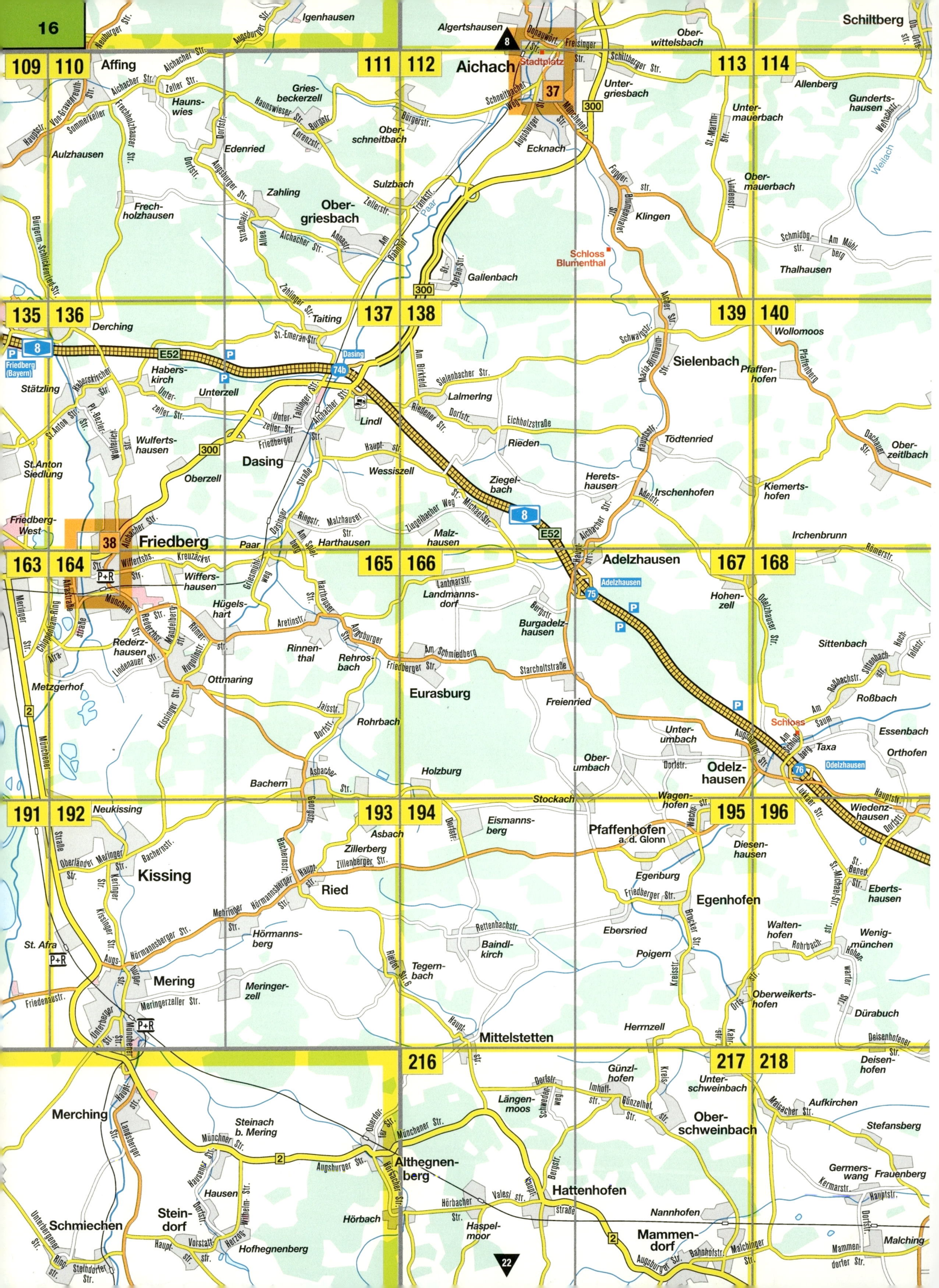

109
110
111
112
113
114
135
136
137
138
139
140
163
164
165
166
167
168
191
192
193
194
195
196
216
217
218
Igenhausen
Affing
Aulzhausen
Frechholzhausen
Edenried
Zahling
Griesbeckerzell
Hauns-wies
Obergriesbach
Oberschneitbach
Sulzbach
Algertshausen
Aichach
Stadtplatz
37
Ecknach
Untergriesbach
Oberwittelsbach
Schiltberg
Allenberg
Gundertshausen
Untermauerbach
Obermauerbach
Klingen
Schloss Blumenthal
Gallenbach
Thalhausen
Weilach
Paar
Derching
Taiting
Friedberg (Bayern)
Stätzling
Habers-kirch
Unterzell
Dasing
Lindl
Lalmerlng
Rieden
Wessiszell
Wulfertshausen
St.Anton Siedlung
Oberzell
Friedberg-West
38
Friedberg
Paar
Harthausen
Malzhausen
Ziegelbach
Heretshausen
Irschenhofen
Tödtenried
Sielenbach
Pfaffenhofen
Wollomoos
Oberzeitlbach
Kiemertshofen
Irchenbrunn
Wiffershausen
Hügelshart
Rederzhausen
Ottmaring
Metzgerhof
Rinnenthal
Rehrosbach
Rohrbach
Bachern
Eurasburg
Holzburg
Landmannsdorf
Burgadelzhausen
Adelzhausen
Freienried
Unterumbach
Oberumbach
Odelzhausen
Hohenzell
Sittenbach
Roßbach
Essenbach
Orthofen
Schloss
Taxa
Wiedenzhausen
Neukissing
Kissing
St. Afra
Mering
Meringerzell
Asbach
Zillerberg
Ried
Hörmannsberg
Eismannsberg
Stockach
Baindlkirch
Tegernbach
Mittelstetten
Pfaffenhofen a. d. Glonn
Wagenhofen
Egenburg
Egenhofen
Ebersried
Poigern
Herrnzell
Diesenhausen
Ebertshausen
Waltenhofen
Wenigmünchen
Oberweikertshofen
Dürabuch
Deisenhofen
Merching
Steinach b. Mering
Hausen
Steindorf
Schmiechen
Hofhegnenberg
Althegnenberg
Hörbach
Haspelmoor
Längenmoos
Günzlhofen
Hattenhofen
Unterschweinbach
Oberschweinbach
Nannhofen
Mammendorf
Aufkirchen
Stefansberg
Germerswang
Frauenberg
Malching
E52
8
74b
75
76
300
2
22
P+R
Dasing
Adelzhausen
Odelzhausen

Schiltberg
Junkenhofen
Alberzell
Badershausen
Schachach
Habertshausen
Langwaid
115
116
117
118
119
120
Hirschenhausen
Kemmoden
Lausham
Niernsdorf
Eck
Priel
Stadelham
Hilgertshausen-Tandern
Gumpersdorf
Pischelsdorf
Deutldorf
Steinkirchen
Untermarbach
Obermarbach
Randelsried
Volkersdorf
Jetzendorf
Mittelmarbach
Hohenkammer
Tandern
Hilgertshausen
Petershausen
Asbach
Sollern
Herschenhofen
Glonnbercha
Pipinsried
Ziegelberg
Ainhofen
141
142
143
144
145
146
Wagenried
Kollbach
Weißling
Altomünster
(Markt)
Gundackersdorf
Aufhausen
Asbach
Lauterbach
Weichs
Ebersbach
Brigitten Kloster
Langenpettenbach
Arnzell
Jedenhofen
Stumpfenbach
Giebing
Ramelsbach
Bachenhausen
Eichhofen
Glonn
Kammerberg
Unterzeitlbach
Markt Indersdorf
Rettenbach
Vierkirchen
Indersdorf
Kloster Indersdorf
Pasenbach
Viehbach
Hof
169
170
171
172
173
174
Kleinberghofen
Hirtlbach
Biberbach
Karpfhofen
Oberndorf
Guggenberg
Eisenhofen
Großinzemoos
Riedenzhofen
Gaggers
St.Peter
Schönbrunn
Amperpettenbach
Arnbach
Unterweikertshausen
Erdweg
Röhrmoos
Großberghofen
Niederroth
Sigmertshausen
Sulzrain
Welshofen
Walkertshofen
Lotzbach
Oberroth
Ampermoching
Altstetten
Schwabhausen
b. Dachau
Unterweilbach
Rumeltshausen
Oberweilbach
Ottershausen
197
198
199
200
201
202
Deutenhofen
Stetten
Sulzemoos
Pellheim
Prittlbach
Hebertshausen
Machtenstein
Puchschlagen
77
Sulzemoos
Oberbachern
Etzenhausen
Unterbachern
Lauterbach
Kreuzholzhausen
KZ-Gedenkstätte Dachau
Dachau-Ost
Einsbach
Priel
Deutenhausen
37
E53
92
Palsweis
Eisolzried
Bergkirchen
Schloss Dachau
Rottbach
Maisach
Günding
ADAC
Oberschleißheim
2
219
220
221
222
223
224
Feldgeding
Dachau
E52
8
Überacker
Neuhimmelreich
Regattastrecke
Dachau/Fürstenfeldbruck
Amper
471
304
Dreieck M.-Feldmoching
78
11
Gew.-park Geiselbullach
Geiselbullach
Gröbenried
Karlsfeld
Gew.-geb. Bajuwarenstraße
E52
99
Neu-Esting
Maisach
Gemlinden
Gew.-geb. MAN/MTU
Feldmoching
P+R
471
Dreieck M.-Eschenried
79
9a
Eschenried
Dreieck M.-Allach
10
Gröben-
Olching
23
E52
9
M.-Ludwigsfeld
Ludwigsfeld
99
304
8

Kirchdorf a. d. Amper
Nörting
Helfenbrunn
Zolling
Angelberg
Aiterbach
Niernsdorf
Unterkienberg
Schlipps
Deutldorf
Oberallershausen
Burghausen
Wippenhausen
Haindlfing
Amper
Allershausen
Hohenkammer
Eglhausen
Thalhausen
Tüntenhausen
Goldshausen
Freising
Marzling
Isar
Gew.-park Kranzberg
Kranzberg
Leonhardsbuch
Vötting
Weihenstephan
Dom St. Maria
Lerchenfeld
ADAC
Zinklmiltach
Weißling
Giesenbach
Sünzhausen
Freising-Ost
Lauterbach
Gremerthausen
Freising-Mitte
Attaching
Appercha
Kammerberg
Gesseltshausen
Giggenhausen
Pulling
Bachenhausen
Jarzt
Weng
Großeisenbach
Viehbach
Fahrenzhausen
Hetzenhausen
Massenhausen
Achering
Flughafen München (Franz-Josef-Strauß)
Großnöbach
Bergfeld
Oberndorf
Fürholzen
Freising-Süd
Amperpettenbach
Logistikpark Römerweg
Mintraching
Hallbergmoos
Schloss Birkeneck
Günzenhausen
Sulzrain
Kreuz-Neufahrn
Eching-Ost
Goldach
Haimhausen
Eching
Neufahrn b. Freising
Ottershausen
Erching
Lohhof
Gew.-geb. Unterschleißheim-Lohhof
Unterschleißheim
Dietersheim
Eichenried
Lohhof-Süd
Garching-Nord
Technische Universität München
Hochbrück
Gew.-geb. Hartwiesen
Gew.-geb. Garching Hochbrück
Fischerhäuser
Garching b. München
Lustheim
Neues und Altes Schloss Oberschleißheim
Oberschleißheim
Garching-Süd
Eicherloh
Regattastrecke
Dreieck M.-Feldmoching
M.-Neuherberg
M.-Fröttmaning-Nord
Kreuz München-Nord
Allianz Arena
Neuherberg
Speichersee
Neufinsing
Ismaning
Feldmoching
Hasenbergl
Harthof
M.-Fröttmaning-Süd
M.-Freimann
Unterföhring
Fischteiche
Ludwigsfeld
119 120 121 122 123 124
145 146 147 148 149 150
173 174 175 176 177 178
201 202 203 204 205 206
223 224 225 226 227 228

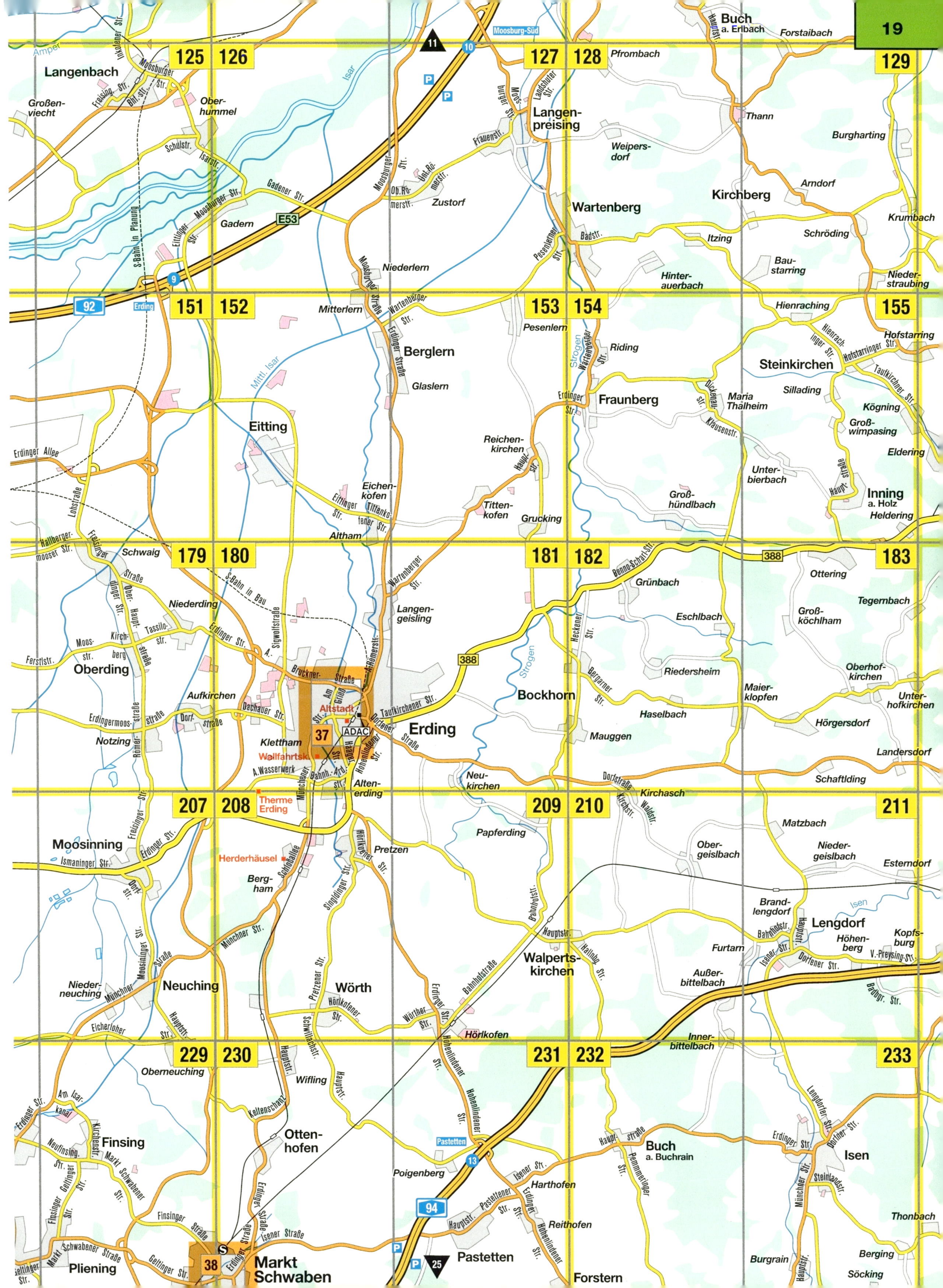
125
126
127
128
129
151
152
153
154
155
179
180
181
182
183
207
208
209
210
211
229
230
231
232
233
Langenbach
Großen-
viecht
Ober-
hummel
Gadern
Amper
Isar
Moosburg-Süd
Buch
a. Erlbach
Forstaibach
Pfrombach
Langen-
preising
Thann
Burgharting
Weipers-
dorf
Zustorf
Wartenberg
Kirchberg
Arndorf
Krumbach
Schröding
Itzing
Niederlern
Hinter-
auerbach
Bau-
starring
Nieder-
straubing
Mitterlern
Berglern
Pesenlern
Riding
Hienraching
Hofstarring
Steinkirchen
Glaslern
Fraunberg
Maria
Thalheim
Silladig
Kögning
Groß-
wimpasing
Eldering
Eitting
Reichen-
kirchen
Unter-
bierbach
Groß-
hündlbach
Inning
a. Holz
Heldering
Eichen-
kofen
Titten-
kofen
Grucking
Altham
Schwaig
Niederding
Oberding
Aufkirchen
Notzing
Klettham
Grünbach
Ottering
Tegernbach
Eschlbach
Groß-
köchlham
Langen-
geisling
Riedersheim
Oberhof-
kirchen
Bockhorn
Maier-
klopfen
Unter-
hofkirchen
Haselbach
Hörgersdorf
Erding
Altstadt
ADAC
Wallfahrtsk.
Mauggen
Landersdorf
Neu-
kirchen
Schaftlding
Alten-
erding
Kirchasch
Therme
Erding
Moosinning
Herderhäusel
Papferding
Pretzen
Matzbach
Ober-
geislbach
Nieder-
geislbach
Esterndorf
Berg-
ham
Brand-
lengdorf
Lengdorf
Furtarn
Höhen-
berg
Kopfs-
burg
Walperts-
kirchen
Außer-
bittelbach
Nieder-
neuching
Neuching
Wörth
Hörlkofen
Inner-
bittelbach
Oberneuching
Wifling
Finsing
Otten-
hofen
Pastetten
Buch
a. Buchrain
Isen
Poigenberg
Harthofen
Reithofen
Thonbach
Markt
Schwaben
Pliening
Pastetten
Forstern
Burgrain
Berging
Söcking
Erding
E53
92
94
388
11
10
9
13
25
37
38

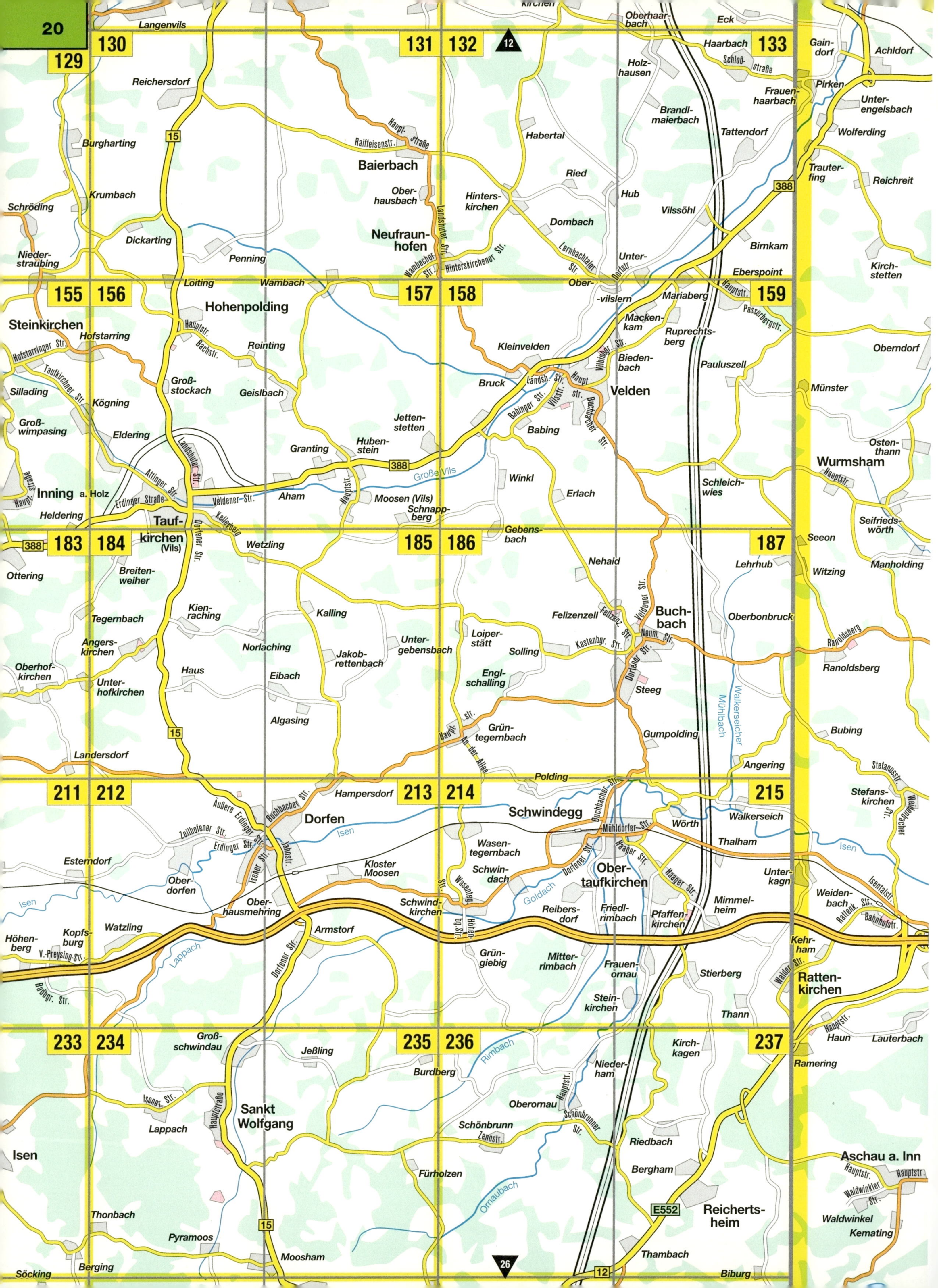
129
130
131
132
133
155
156
157
158
159
183
184
185
186
187
211
212
213
214
215
233
234
235
236
237
Langenvils
Oberhaarbach
Eck
Haarbach
Gaindorf
Achldorf
Reichersdorf
Holzhausen
Schloßstraße
Frauenhaarbach
Pirken
Unterengelsbach
Brandlmaierbach
Tattendorf
Wolferding
Burgharting
Hauptstraße
Raiffeisenstr.
Habertal
Baierbach
Ried
Trauterfing
Reichreit
Schröding
Krumbach
Oberhausbach
Hinterskirchen
Hub
Vilssöhl
Dombach
Dickarting
Neufraunhofen
Landshuter Str.
Birnkam
Niederstraubing
Penning
Wambacher Str.
Hinterskirchener Str.
Lernbachtaler Str.
Unterdorfstr.
Kirchstetten
Eberspoint
Loiting
Wambach
Obervilslern
Mariaberg
Hauptstr.
Passerbergstr.
Steinkirchen
Hohenpolding
Mackenkam
Ruprechtsberg
Hofstarring
Hofstarringer Str.
Bachstr.
Reinting
Kleinvelden
Vilbiburger Str.
Biedenbach
Pauluszell
Oberndorf
Taufkirchner Str.
Großstockach
Geislbach
Bruck
Landsh. Str.
Velden
Münster
Silladding
Kögning
Babinger Str.
Vilsstr.
Buchbacher Str.
Großwimpasing
Eldering
Jettenstetten
Babing
Ostenthann
Granting
Hubenstein
Wurmsham
Attinger Str.
Große Vils
Winkl
Schleichwies
Inning a. Holz
Erdinger Straße
Veldener Str.
Aham
Moosen (Vils)
Erlach
Heldering
Schnappberg
Seifriedswörth
Kellerberg
Taufkirchen (Vils)
Dorfener Str.
Wetzling
Gebensbach
Seeon
Ottering
Breitenweiher
Nehaid
Lehrhub
Witzing
Manholding
Kienraching
Kalling
Felizenzell
Felizenz. Str.
Veldener Str.
Buchbach
Oberbonbruck
Tegernbach
Loiperstätt
Raroldsberg
Angerskirchen
Norlaching
Jakobrettenbach
Untergebensbach
Solling
Kastenbgr. Str.
Neum. Str.
Ranoldsberg
Oberhofkirchen
Haus
Eibach
Englschalling
Dorfener Str.
Steeg
Unterhofkirchen
Walkerseicher Mühlbach
Algasing
Bubing
Grüntegernbach
Haupt-str.
An der Allee
Gumpolding
Landersdorf
Angering
Stefanusstr.
Polding
Hampersdorf
Stefanskirchen
Weidenbacher Str.
Buchbacher Str.
Dorfen
Schwindegg
Äußere Erdinger Str.
Wörth
Walkerseich
Zeilhofener Str.
Isen
Wasentegernbach
Mühldorfer Str.
Thalham
Erdinger Str.
Jahnstr.
Haager Str.
Esterndorf
Kloster Moosen
Schwindach
Oberdorfen
Isener Str.
Dorfener Str.
Obertaufkirchen
Unterkagn
Isentalstr.
Goldach
Mimmelheim
Weidenbach
Oberhausmehring
Schwindkirchen
Wasenteg.
Reibersdorf
Friedlrimbach
Pfaffenkirchen
Bahnhofstr.
Rattenk. Str.
Armstorf
Höhenbg. Str.
Watzling
Kopfsburg
Höhenberg
V.-Preysing-Str.
Lappach
Dorfener Str.
Grüngiebig
Mitterrimbach
Frauenornau
Kehrham
Stierberg
Walder Str.
Rattenkirchen
Badbgr. Str.
Steinkirchen
Thann
Großschwindau
Jeßling
Rimbach
Niederham
Kirchkagen
Haun
Lauterbach
Burdberg
Ramering
Isener Str.
Hauptstraße
Sankt Wolfgang
Oberornau
Hauptstr.
Schönbrunner Str.
Lappach
Schönbrunn
Zenostr.
Riedbach
Isen
Aschau a. Inn
Fürholzen
Bergham
Hauptstr.
Waldwinkler Str.
Ornaubach
Reichertsheim
Thonbach
Waldwinkel
Kemating
Pyramoos
Moosham
Thambach
Söcking
Berging
Biburg
12
15
26
388
E552

Gangkofen
Massing
Egglkofen
Bodenkirchen
Neumarkt-
Sankt Veit
Unter-
dietfurt
Gerats-
kirchen
Schönberg
Niedertauf-
kirchen
Nieder-
bergkirchen
Oberberg-
kirchen
Loh-
kirchen
Pleiskirchen
Rohrbach
Erharting
Zangberg
Mettenheim
Töging
a. Inn
Winhöring
Ampfing
Heldenstein
Mühldorf
a.Inn
Teising
Waldkraiburg
Polling
Tüßling
Kraiburg
a. Inn
Oberneu-
kirchen
Unterneu-
kirchen
Binabi-
burg
Angerbach
Nutzbach
Aich
Treidlkofen
Almsham
Frauen-
haselbach
Oberndorf
Hofthambach
Hilling
Ober-
wiesbach
Unter-
wiesbach
Wolfsegg
Schernegg
Mainbach
Hirsarling
Hochholding
Bonbruck
Willaberg
Piesenkofen
Elsen-
bach
Grafing
Oberdiet-
furt
Erdmanns-
dorf
Michlbach
Moosvogl
Gottholbing
Vordersarling
Passels-
berg
Tegernbach
Blinden-
haselbach
Hörbering
Zailach
Obermais-
bach
Wifling
Harpolden
Feichten
Gewerbegeb.
Rottfeld
Sägmühle
Aich
Margarethen
Fraßbach
Hauzen-
bergersöll
Teising
Roßbach
Küblgrub
Haunerts-
hofen
Brandhub
Asenwinkel
Lerch
Hanging
Fränking
Hund-
ham
Hundham
Untert-
halham
Ellwichtern
Höll
Oberthann
Mitter-
-buchbach
Eisel-
harting
Aspertsham
Brodfurth
Unter-
Georgen-
berg
Stetten
Irl
Oberrott
Hütting
Wald
b. Winhoring
Langolding
Samets-
hausen
Loipfind
Wotting
Dirnlech
Güntering
Bach
Klebing
Kothingbuch-
bach
Hoch-
straß
Gumatten-
kirchen
Eberharting
Kainrading
Perlesham
Wimberg
Schoß-
bach
Aresing
Atzging
Unter-
mößling
Aufham
Salmans-
kirchen
Fixing
Maxing
Unterhart
Letzenberg
Lochheim
Ober-
mößling
Aidenbach
Neu-
fahrn
Hart-
hausen
Hart
Dorfen
Industriegeb.
Hirsch a. Hart
Hart
Industriepark
Inntal
Unterholz-
hausen
Höch-
felden
Hölzling
Nieder-
heldenstein
Altmühldorf
Ecksberg
Oberholz-
hausen
Weiding
Haigerloh
Unter-
flossing
Ober-
flossing
Monham
Heiligenstatt
Hasel-
bach
Howaschen
Föhren-
winkel
Ebing
Neue
Heimat
Buch
Litzlkirchen
Ecking
Frauen-
dorf
Grünbach
Pürten
Mörmoosen
Walten-
berg
Kieferting
Thann
Niederndorf
Gutten-
burg
Münch-
berg
Obermör-
moosen
Waitz-
graming
Wenk
Sankt
Erasmus
Ensdorf
Ecking
Stauderer
Holzhausen
Gasteig
Lohen
Jackhub
Rott
Isen
Inn
Bina
Innwerkkanal
Mühldorf a. Inn
Nord
Mühldorf a. Inn
West
Waldkraiburg/
Ampfing
Töging a. Inn
94
299
388
12
E552
13
19
20
21
27

238
239
240
260
261
262
282
283
284
304
305
306
326
327
328
16
28
Schmiechen
Steindorf
Hofhegnenberg
Eresried
Steinbach
Heinrichshofen
Egling a. d. Paar
Dünzelbach
Wabern
Pestenacker
Walleshausen
Eismerszell
Hausen
Jedelstetten
Kaltenberg
Geltendorf
Petzenhausen
Schwabhausen b. Landsberg
St. Ottilien
Geretshausen
Eresing
Ramsach
Pflaumdorf
Schöffelding
Windach
Steinebach
Hechenwang
Finning
Entraching
Hofstetten
Hagenheim
Memmingen
Obermühlhausen
Dettenhofen
Thaining
Issing
Dettenschwang
Nassenhausen
Mammendorf
Malching
Luttenwang
Adelshofen
Grunertshofen
Pfaffenhofen
Puch
Aich
Landsberied
Moorenweis
Jesenwang
Fürstenfeld
Schöngeising
Kottgeisering
Grafrath
Mauern
Türkenfeld
Zankenhausen
Eching a. Ammersee
Greifenberg
Inning am Ammersee
Etterschlag
Inning a. Ammersee
Walchstadt
Waldbrunn
Wörthsee
Steinebach
Meiling
Güntering
Oberalting
Buch a. Ammersee
Schondorf a. Ammersee
Hechendorf
Seefeld
Schloss Seefeld
Breitbrunn a. Ammersee
Pilsensee
Drößling
Utting a.Ammersee
Lochschwab
Schloss Renzenried
Frieding
Herrsching a. Ammersee
Mühlfeld
Andechs
Kloster Andechs
Riederau
Erling
Lachen
Dießen a. Ammersee
Machtlfing
Ammersee
Wörthsee
Amper
Steinbach
Museumseisenbahn
E54
96
471
2
27
28
29
30
31

MÜNCHEN
Fürstenfeldbruck
Olching
Gröbenzell
Emmering
Puchheim
Eichenau
Germering
Alling
Gilching
Gräfelfing
Planegg
Krailling
Neuried
Gauting
Pullach i. Isartal
Weßling
Starnberg
Starnberger See
Baierbrunn
Schäftlarn
Berg
Pöcking
Icking
Straßlach-
Dingharting

MÜNCHEN
245 246
247 248
249 250
267 268
269 270
271 272
289 290
291 292
293 294
311 312
313 314
315 316
333 334
335 336
337 338
40
MILBERTSHOFEN
MOOSACH
NYMPHENBURG
NEUHAUSEN
SCHWABING
MAXVORSTADT
BOGENHAUSEN
SENDLING
UNTERGIESING
HARLACHING
SOLLN
BERG AM LAIM
TRUDERING
RIEM
RAMERSDF.
PERLACH
THALKIRCHEN
OBERSENDLING
Unterföhring
Aschheim
Kirchheim b.München
Feldkirchen
Heimstetten
Parsdorf
Grub
Dornach b. Aschheim
Englschalking
Dagfling
Salmdorf
Ottendichl
Weißenfeld
Hergolding
Vaterstetten
Gronsdorf
Kirchtrudering
Eglfing
Waldtrudering
Haar
Keferloh
Neukeferloh
Grasbrunn
Putzbrunn
Neubiberg
Unterbiberg
Ottobrunn
Riemerling
Hohenbrunn
Harthausen
Unterhaching
Pullach i. Isartal
Grünwald
Geiselgasteig
Bavaria Filmstadt
Burg Grünwald
Oberhaching
Furth
Taufkirchen
Deisenhofen
Neukirchstockach
Höhenkirchen-Siegertsbrunn
Brunnthal
Otterloh
Faistenhaar
Dürrnhaar
Hofolding
Hofoldinger Forst
Lanzenhaar
Straßlach-Dingharting
Hailafing
Großdingharting
Dingharting
Kleindingharting
Holzhausen
Oberbiberg
Gumpertshausen
Altkirchen
Sauerlach
Lochhofen
Arget
Endlhausen
Deining
Aying
Peiß
Feringasee
Isar
Olympiapark
Englischer Garten
Marienplatz
Theresienwiese
Deutsches Museum
Gasteig
Tierpark Hellabrunn
Alpenbauer Sportpark
Trabrennbahn Daglfing
Messe München
Westend
Frankfurter Ring
Mittlerer Ring
Wasserburger Landstraße
Rosenheimer Landstraße
Tegernseer Landstraße
Tölzer Straße
Wolfratshauser Str.
Münchner Str.
Oberhachinger Straße
Putzbrunner Str.
A 8
A 9
A 94
A 99
E45
E52
E54
Kreuz München-Ost
Kreuz München-Süd
Autobahnring Ost
M.-Freimann
M.-Frankfurter Ring
M.-Schwabing
M.-Zamdf.
M.-Daglfing
M.-Steinhsn.
M.-Riem
M.-Am Moosfeld
M.-Laim
M.-Sendling
M.-Sendling-Süd
M.-Ramersdorf
M.-Perlach
Neubiberg
Unterhaching-Ost
Taufkirchen-Ost
Ottobrunn
Hohenbrunn
Haar
Feldkirchen-West
Feldkirchen-Ost
Kirchheim bei München
Aschheim/Ismaning
Sauerlach
Hofoldinger Forst
Parsdorf
Vaterstetten
Gew.-geb. Aschheim Nord-Ost
Gew.-geb. Kirchheim Heimstetten
Gew.-geb. Park UP
Gew.-geb. Brunnthal Nord
Gew.-geb. Hohenbrunn
Gew.-geb. Potzham
Gew.-geb. am Eglfinger Weg

Pliening
Markt Schwaben
Pastetten
Burgrain
251
252
253
254
255
Forstern
Schnaupping
Ottersberg
Poing
Buchschachen
Weiher
Niesberg
Pemmering
Mittbach
Angelbrechting
Forstinning
Neupullach
Hohenlinden
Fahrnbach
Maithenbeth
Anzing
Schwaberwegen
Birkach
Kreith
Neufarn
Obelfing
273
274
275
276
277
Schützen
Purfing
Sankt Christoph
Niederaltmannsberg
Baldham
Wolfesing
Ingelsberg
Abersdorf
Endorf
Pöring
Dachsberg
Steinhöring
Tulling
Zorneding
Ebersberg
Eggerfeld
Eglharting
295
296
297
298
299
St. Sebastian
Hintsberg
Moosstefflfeld
Kirchseeon
Traxl
Buch
Grafing b. München
Lauterbach
Taglaching
Frauenneuharting
Falkenberg
Pienzenau
317
318
319
320
321
Straußdorf
Jakobneuharting
Oberpframmern
Moosach
Alxing
Tegernau
Tal
Bruck
Oberelkofen
Eisendorf
Egmating
Lorenzberg
Steinkirchen
Hirschbichl
Schalldorf
Emmering
Bruckhof
Glonn
Dorfen
Aßling
339
340
341
342
343
Berganger
Haslach
Hohenthann
Weiterskirchen
Münster
Baiern
Dettendorf
Biberg
Piusheim
Göggenhofen
Antholing
Schönau
Ostermünchen
Unterlaus
Großhelfendorf
Wallfahrtsk. M.-Himmelfahrt
Tuntenhausen

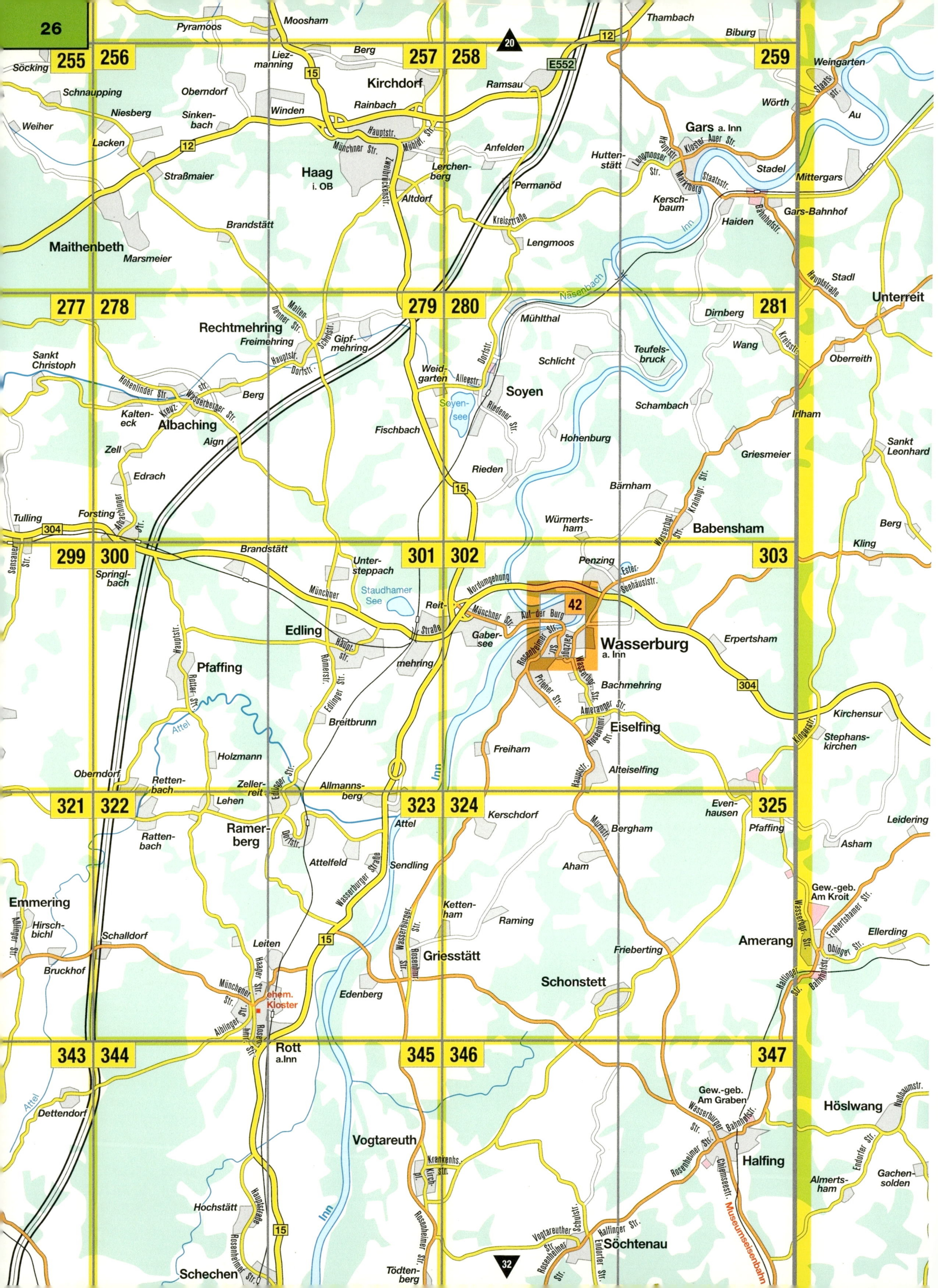
255
256
257
258
259
277
278
279
280
281
299
300
301
302
303
321
322
323
324
325
343
344
345
346
347
20
32
42
Pyramoos
Moosham
Thambach
Biburg
Söcking
Berg
Liez-manning
Kirchdorf
Ramsau
E552
Weingarten
Schnaupping
Oberndorf
Rainbach
Wörth
Weiher
Niesberg
Sinken-bach
Winden
Gars a. Inn
Au
Lacken
Haag i. OB
Anfelden
Hutten-stätt
Stadel
Mittergars
Straßmaier
Lerchen-berg
Permanöd
Kersch-baum
Gars-Bahnhof
Altdorf
Haiden
Brandstätt
Lengmoos
Maithenbeth
Marsmeier
Stadl
Unterreit
Rechtmehring
Freimehring
Gipf-mehring
Mühlthal
Dirnberg
Sankt Christoph
Wang
Weid-garten
Schlicht
Teufels-bruck
Oberreith
Berg
Soyen
Kalten-eck
Albaching
Soyen-see
Schambach
Irlham
Aign
Fischbach
Hohenburg
Sankt Leonhard
Zell
Griesmeier
Edrach
Rieden
Bärnham
Tulling
Forsting
Würmerts-ham
Babensham
Berg
Kling
Brandstätt
Springl-bach
Unter-steppach
Penzing
Staudhamer See
Reit-
Edling
Gaber-see
Wasserburg a. Inn
Erpertsham
Pfaffing
mehring
Bachmehring
Eiselfing
Kirchensur
Breitbrunn
Stephans-kirchen
Attel
Holzmann
Freiham
Alteiselfing
Oberndorf
Retten-bach
Zeller-reit
Allmanns-berg
Lehen
Kerschdorf
Even-hausen
Leidering
Ramer-berg
Attel
Pfaffing
Ratten-bach
Bergham
Asham
Attelfeld
Sendling
Aham
Emmering
Ketten-ham
Gew.-geb. Am Kroit
Hirsch-bichl
Raming
Ellerding
Schalldorf
Amerang
Leiten
Griesstätt
Frieberting
Bruckhof
Schonstett
Edenberg
ehem. Kloster
Rott a.Inn
Attel
Dettendorf
Gew.-geb. Am Graben
Höslwang
Vogtareuth
Halfing
Gachen-solden
Almerts-ham
Hochstätt
Inn
Museumseisenbahn
Söchtenau
Schechen
Tödten-berg

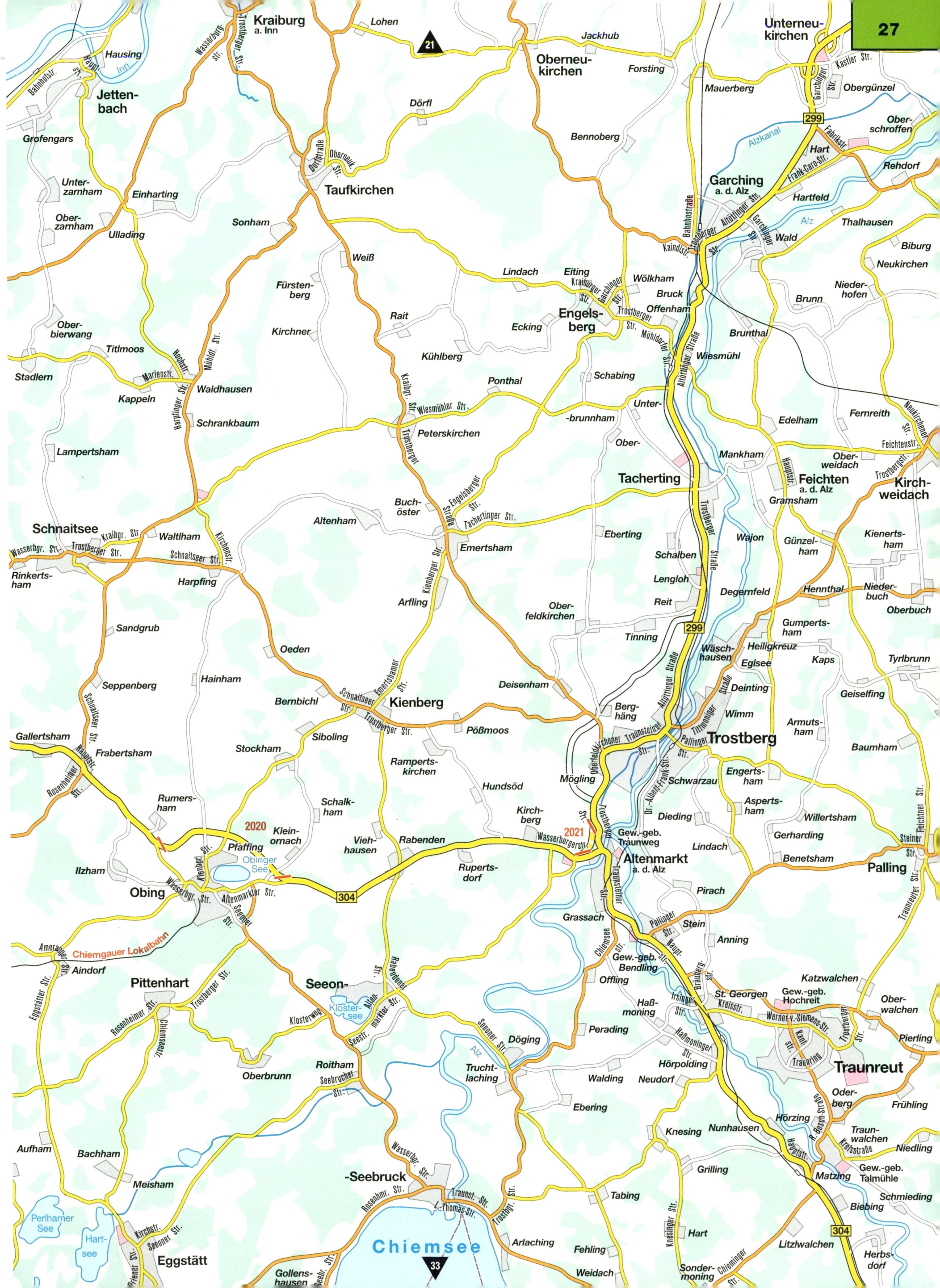
Kraiburg a. Inn
Lohen
21
Jackhub
Unterneu-kirchen
Hausing
Inn
Jetten-bach
Oberneu-kirchen
Forsting
Mauerberg
Kastler Str.
Obergünzel
Dörfl
299
Ober-schroffen
Grofengars
Bennoberg
Alzkanal
Hart
Rehdorf
Taufkirchen
Garching a. d. Alz
Unter-zarnham
Einharting
Hartfeld
Ober-zarnham
Sonham
Alz
Thalhausen
Ulllading
Wald
Biburg
Weiß
Neukirchen
Lindach
Eiting
Wölkham
Fürsten-berg
Bruck
Nieder-hofen
Offenham
Brunn
Engels-berg
Rait
Ecking
Kirchner
Brunthal
Ober-bierwang
Titlmoos
Kühlberg
Wiesmühl
Schabing
Stadlern
Ponthal
Waldhausen
Kappeln
Unter-brunnham
Fernreith
Schrankbaum
Edelham
Peterskirchen
Ober-
Lampertsham
Mankham
Ober-weidach
Tacherting
Feichten a. d. Alz
Kirch-weidach
Buch-öster
Gramsham
Altenham
Schnaitsee
Eberting
Waltlham
Wajon
Günzel-ham
Kienerts-ham
Emertsham
Schalben
Rinkerts-ham
Harpfing
Lengloh
Degernfeld
Hennthal
Nieder-buch
Arfling
Reit
Ober-feldkirchen
Oberbuch
Gumperts-ham
Sandgrub
Tinning
299
Oeden
Heiligkreuz
Wäsch-hausen
Eglsee
Kaps
Tyrlbrunn
Seppenberg
Hainham
Deisenham
Deinting
Geiselfing
Bernbichl
Kienberg
Berg-häng
Wimm
Armuts-ham
Gallertsham
Siboling
Pößmoos
Trostberg
Baumham
Frabertsham
Stockham
Ramperts-kirchen
Schwarzau
Engerts-ham
Mögling
Hundsöd
Asperts-ham
Rumers-ham
Schalk-ham
Kirch-berg
Dieding
Willertsham
2020
Klein-ornach
2021
Gerharding
Pfaffing
Vieh-hausen
Rabenden
Gew.-geb. Traunweg
Lindach
Obinger See
Altenmarkt a. d. Alz
Benetsham
Palling
Ilzham
Ruperts-dorf
Obing
304
Pirach
Grassach
Stein
Anning
Chiemgauer Lokalbahn
Gew.-geb. Bendling
Aindorf
Pittenhart
Seeon-
Offling
Katzwalchen
Gew.-geb. Hochreit
St. Georgen
Ober-walchen
Haß-moning
Kloster-see
Perading
Döging
Alz
Pierling
Trucht-laching
Hörpolding
Traunreut
Roitham
Oberbrunn
Walding
Neudorf
Ober-berg
Frühling
Ebering
Hörzing
Knesing
Nunhausen
Traun-walchen
Niedling
Aufham
Bachham
Grilling
Gew.-geb. Talmühle
-Seebruck
Matzing
Meisham
Schmieding
Tabing
Biebing
Perlhamer See
Hart-see
Arlaching
Hart
304
Litzlwalchen
Chiemsee
Fehling
Eggstätt
Herbs-dorf
Weidach
Gollens-hausen
33
Sonder-moning

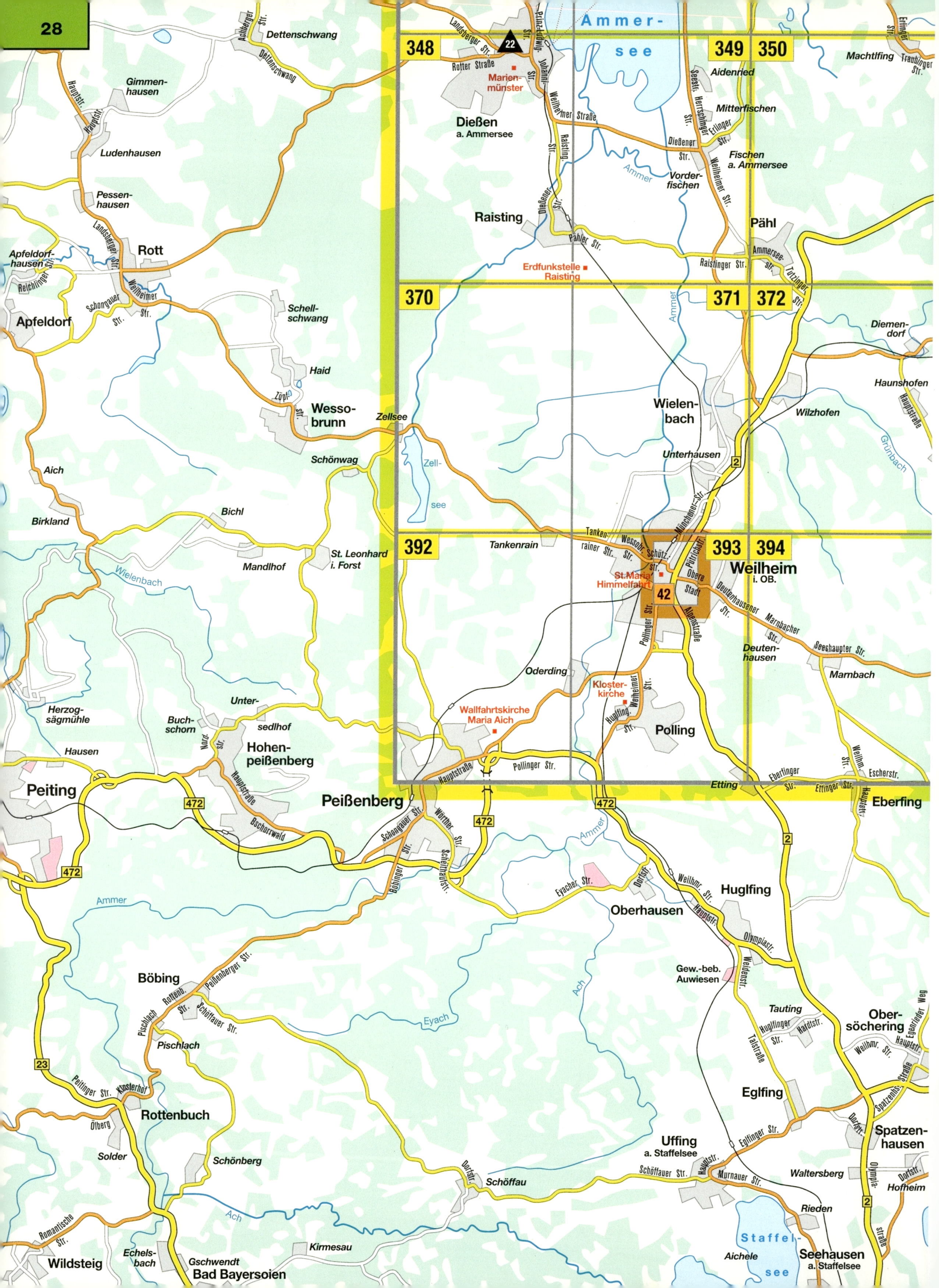
Ammer-
see
348
349
350
370
371
372
392
393
394
22
42
Dettenschwang
Achberger Str.
Dettenschwang
Gimmen-
hausen
Hauptstr.
Ludenhausen
Pessen-
hausen
Landsberger Str.
Rott
Apfeldorf-
hausen
Reichlinger Str.
Schongauer Str.
Weilheimer Str.
Apfeldorf
Schell-
schwang
Haid
Zöpf
Wesso-
brunn
Zellsee
Schönwag
Zell-
see
Aich
Birkland
Bichl
Mandlhof
St. Leonhard
i. Forst
Wielenbach
Herzog-
sägmühle
Unter-
sedlhof
Buch-
schorn
Nord-Str.
Hohen-
peißenberg
Hauptstraße
Bschorrwald
Hausen
Peiting
472
Peißenberg
Schongauer Str.
Wörther Str.
Schlotthauser Str.
Böbinger Str.
Hauptstraße
Pollinger Str.
Ammer
Landsberger Str.
Rotter Straße
Prinz-Ludwig-Str.
Johannis-Str.
Marien-
münster
Dießen
a. Ammersee
Weilheimer Straße
Raisting. Str.
Raisting
Dießener Str.
Pähler Str.
Erdfunkstelle
Raisting
Aidenried
Seestr.
Herrschinger Str.
Mitterfischen
Erlinger Str.
Dießener Str.
Fischen
a. Ammersee
Vorder-
fischen
Weilheimer Str.
Pähl
Raistinger Str.
Ammersee-Str.
Tutzinger Str.
Machtlfing
Traubinger Str.
Erlinger Str.
Diemen-
dorf
Haunshofen
Hauptstraße
Wilzhofen
Grünbach
Wielen-
bach
Unterhausen
2
Münchener Str.
Tankenrain
Tanken-
rainer Str.
Wessobr. Str.
Schütz. str.
Pütrichstr.
Obere Stadt
St. Maria
Himmelfahrt
Weilheim
i. OB.
Deutenhausener Str.
Marnbacher Str.
Alpenstraße
Pollinger Str.
Deuten-
hausen
Seeshaupter Str.
Marnbach
Oderding
Kloster-
kirche
Weilheimer Str.
Hugfing. Str.
Polling
Wallfahrtskirche
Maria Aich
Etting
Eberfinger Str.
Ettinger Str.
Weilhm. Str.
Escherstr.
Hauptstr.
Eberfing
Eyacher Str.
Dorfstr.
Weilhmr. Str.
Hauptstr.
Huglfing
Oberhausen
Olympiastr.
Gew.-beb.
Auwiesen
Weidenstr.
Ach
Böbing
Peißenberger Str.
Rottenb. Str.
Schöffauer Str.
Pischlach
Pischlach
Eyach
23
Peitinger Str.
Klosterhof
Rottenbuch
Ölberg
Solder
Schönberg
Tauting
Huglfinger Str.
Hardtstr.
Talstraße
Ober-
söchering
Egenrieder Weg
Hauptstr.
Weilhmr. Str.
Straße
Spatzenh. Str.
Eglfing
Eglfinger Str.
Uffing
a. Staffelsee
Schöffauer Str.
Hauptstr.
Murnauer Str.
Dorfstr.
Schöffau
Spatzen-
hausen
Dorfstr.
Olympia-
straße
Waltersberg
Dorfstr.
Hofheim
Rieden
Romantische Str.
Wildsteig
Echels-
bach
Gschwendt
Bad Bayersoien
Kirmesau
Staffel-
see
Aichele
Seehausen
a. Staffelsee

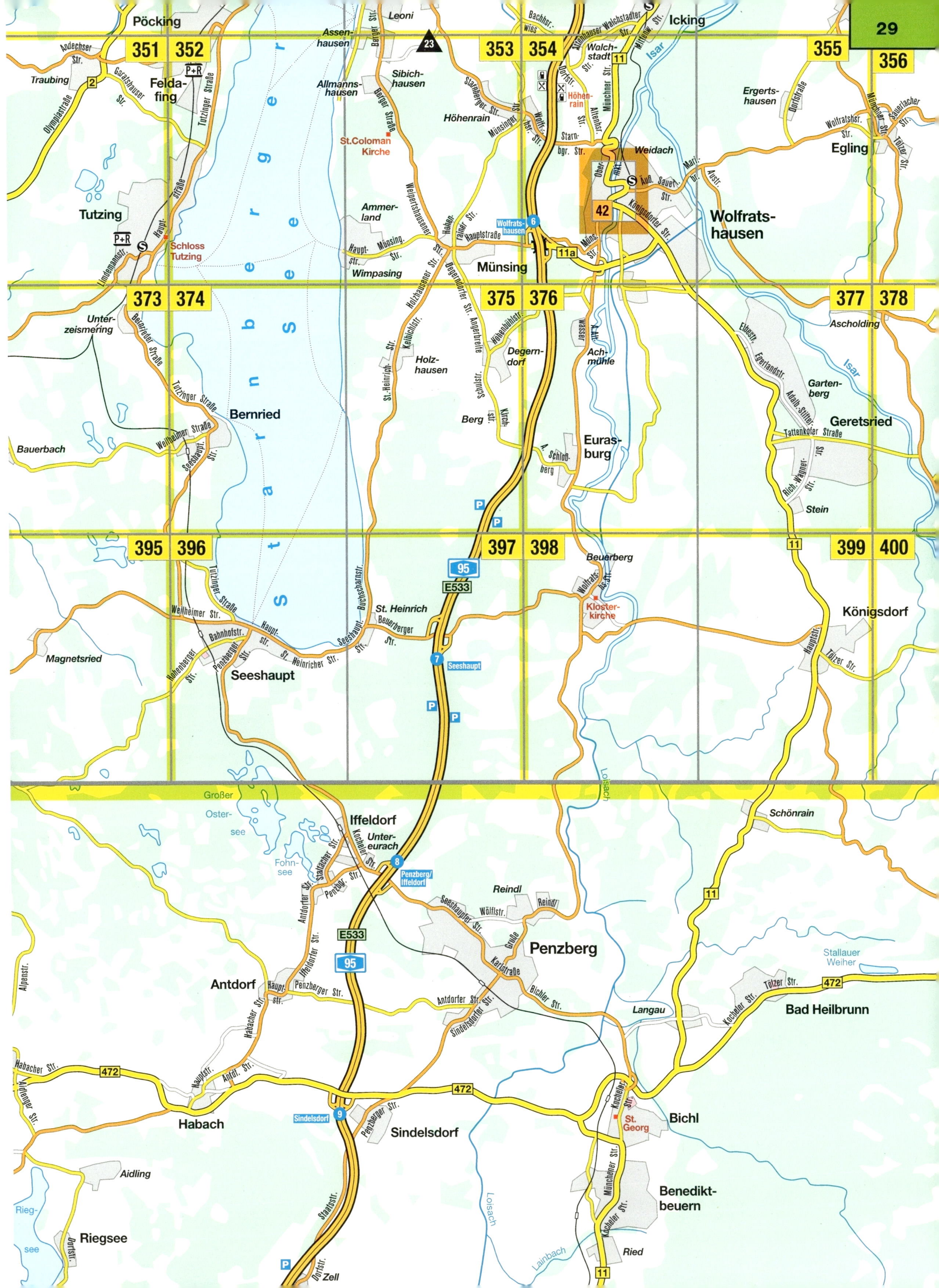
Pöcking
Icking
Feldafing
Traubing
Tutzing
Schloss Tutzing
Leoni
Assenhausen
Allmannshausen
Sibichhausen
St.Coloman Kirche
Höhenrain
Ammerland
Wimpasing
Münsing
Wolfratshausen
Weidach
Egling
Ergertshausen
Unterzeismering
Bernried
Bauerbach
Holzhausen
Degerndorf
Berg
Achmühle
Eurasburg
Ascholding
Gartenberg
Geretsried
Stein
Starnberger See
Magnetsried
Seeshaupt
St. Heinrich
Beuerberg
Klosterkirche
Königsdorf
Großer Ostersee
Fohnsee
Iffeldorf
Untereurach
Penzberg/Iffeldorf
Reindl
Penzberg
Schönrain
Stallauer Weiher
Antdorf
Langau
Bad Heilbrunn
Habach
Sindelsdorf
Bichl
St. Georg
Aidling
Benediktbeuern
Riegsee
Ried
Zell
Isar
Loisach
Lainbach
351
352
353
354
355
356
373
374
375
376
377
378
395
396
397
398
399
400

355 356 357 358 359 360
377 378 379 380 381 382
399 400 401 402 403 404
Endlhausen
Lochhofen
Arget
Egling
Thanning
Atten-
ham
Moosham
Fraßhausen
Berg
Baiernrain
Stein-
gau
Wettlkam
Erlach
Otterfing
Holzkirchen
Föching
Kreuz-
straße
Grub
Valley
Unter-
darching
Linden
Lochen
Ascholding
Harmatinger
Weiher
Isar
Geretsried
Schönegg
Petershofen
Klosterkirche
M. Himmelfahrt
Dietramszell
Ober-
mühltal
Klein-
-hartpenning
Groß-
Sufferloh
Oster-
warngau
Mittel-
-darching
Ober-
Bairawies
Königsdorf
Kirchsee
Warngau
Piesenkam
Sachsenkam
Gewerbegeb.
Sachsenkam
Schaftlach
Wall
Ellbach
Gew.-geb.
Im Farchet
Bad Tölz
Isar-
stausee
Tölz
Marktstr.
Greiling
Waakirchen
Reichers-
beuern
Hausdörfel
Moosrain
Festen-
bach
Louisenthal
Gmund
a. Tegernsee
Finster-
wald
Dürn-
bach
Gewerbegeb.
Reintal/Am
Weiherpark
Marienstein
Stallauer
Weiher
Gaißbach
Mühl
Wackers-
berg
Ostin
Am See
Tegernsee
Sankt Quirin
Leeberg
Gew.-geb.
Steinbach
Steinbach
Arzbach
Rain
Obergries
Schlegl-
dorf
Bad Wiessee
Abwinkl
Weißach
Rottach-Egern
Raitrain
Lenggries
Gulgenhöfe

Unterlaus
Groß-helfendorf
361
362
363
364
365
Tunten-hausen
Wallfahrtsk. M.-Himmelfahrt
Lauser Str.
Groß-höhenrain
Aschhofer Str.
Glonn
Beyharting
Tatten-hausen
Aschbach
Feldkirchen-
-Westerham
Glonner Str.
Münchener Str.
Westerhamer Str.
Rosenheimer Str.
Miesbacher Str.
Aiblinger Straße
Feldolling
Vagener Straße
Kirchdorf
Münchener Straße
Aiblinger Straße
Groß-karolinenfeld
Mietraching
Bruckmühl
Heufeld-mühle
Heufeld
383
384
385
386
387
Fentbacher Str.
Westerhamer Str.
Vagen
Münchener Str.
Mitten-kirchen
Waith
Götting
Walther Str.
Aiblinger Str.
Irschenberg-Str.
Kurhaus
37
Kolbermoorer Straße
Kolbermoor
Ellmosener Straße
Holzolling
Weyarn
98
Kloster St. Peter u. Paul
Großseeham
Hauptstr.
Neukirchen
Seehammer See
Bad Aibling
Berbling
Berblinger Str.
Mangfall
Au
E45
E52
Miesbacher Str.
Irschenberg
99
8
405
406
407
408
409
Dettendorf
100a
Bad Aibling
Rosenheim-West
Feilnbacher Straße
472
Miesbach
Wachlehen
Bergham
Müntau
Harzberg
Rosenheimer Str.
Bayrischzeller Str.
Miesbacher Str.
Niklasreuth
Miesbacher Straße
Hauptstr.
Niklasreuter Str.
Au
Bad Feilnbach
Münchner Straße
Wiechs
Müller
Schwein-tal
Parsberg
Sonnen-reuth
Hundhamer Str.
Kufsteiner Str.
Kleinthal
307
Wörnsmühl
Dorfstr.
Miesbacher Str.
Kleinholz-hausen
Agatharied
Tiefenbach
Wörnsmühler Str.
Trat-berg
Holz
Gew.-geb. Ost
Leitzach
Feilnbacher Str.
Derndorf
Aiblinger Str.
Litzldorf
Freudenreich
Hausham
Tegernseer Str.
Rain
Moosrain
Hundham
Schwarzenberg
Greisbach
Dürnbach
Elbach
Westenhofen
Schlierach
Schliersee Str.
Schliersee
Rathausstr.
Abwinkel
Krains-berg
Schlier-see
Oberleiten
Marbach
Fischbachau
Birkenstein
Leitzachtalstr.
Fischhausen
Neuhauser Str.
Auracher Str.
Hammer
Alpenstr.
Wendelstein
Neuhaus
Bayrischzeller Str.
Aurach
Deutsche Alpenstraße
Dorf
Josefsthal
Waldschmidstr.
Osterhofen
Geitau
Rottach-Egern
L.-Thoma-Str.
Kalkofen
Hag-rain
Rottach
Oberach
Bayrischzell
Sudelfeld-Str.

366
367
368
369
388
389
390
391
410
411
412
413
Schechen
Söchtenau
Tattenhausen
Mühlstätt
Tödtenberg
Rinssee
Bad Endorf
Hemhof
Schwabering
Deutelhausen
Großkarolinenfeld
Hofstätter See
Prutting
Pfaffenhofen a. Inn
Bamham
Antwort
Rimsting
Hirnsberg
Sims-
see
Greimharting
Otterkring
Westerndorf St. Peter
Rosenheim
Schloßberg
Max-Josefs-Platz
Haidholzen
Moosen
Pinswang
Siggenham
Kolbermoor
Fürstätt
ADAC
Stephanskirchen
Kastenau
Neukirchen a. Simssee
Riedering
Prutdorf
Söllhuben
Oberwöhr
Kaltwies
Niedermoosen
Aising
Happing
Kohlstatt
Westerndorf
Pang
Thansau
Lauterbach
Umratshausen
Pfraundorf
Raubling
Höhenmoos
Rohrdorf
Achenmühle
Frasdorf
Höhenberg
Törwang
Geisenkam
Grainbach
Haindorf
Altenmarkt a. Inn
Altenbeuren
Kirchdorf a. Inn
Neubeuern
Steinkirchen
Aschau a. Chiemgau
Aufham
Hohenaschau
Aich
Reischenhart
Kleinholzhausen
Derndorf
Großholzhausen
Eßbaum
Brückl
Samerberg
Roßholzen
Bach
Litzldorf
Sonnenholz
Holzmann
Nußdorf a. Inn
Achen
Schwarzenstein
Brannenburg
Degerndorf
Weidach
Überfilzen
Grattenbach
Milbing
Sankt Margarethen
Steinach
Innerwald
Flintsbach a. Inn
Fischbach
Huben
Berg
Sachrang
Scheiben
Moosbauer
Grenzhub
Erl
Weidau
Winkel
ÖSTERREICH
Niederndorferberg
Tatzelwurm
Mühlgraben
Niederaudorf
Wildbichl
Inn
Prien
Mangfall
Rosenheim-West
Dr. Inntal
Rosenheim
Rohrdorf
Reischenhart
Brannenburg
Fradorf
E45
E60
E52
93
8
15
15a
15n

Chiemsee
Eggstätt
Breitbrunn a. Chiemsee
Gstadt a. Chiemsee
Fraueninsel
Frauenchiemsee
Herrenchiemsee
Schloss
Herreninsel
Prien a. Chiemsee
Bernau a. Chiemsee
Übersee
Grassau
Staudach-Egerndach
Marquartstein
Unterwössen
Schleching
Reit im Winkl
Kössen
Chieming
Grabenstätt
Traunstein
Vachendorf
Bergen
Nußdorf
Seeon
Arlaching
Hochstätt
Rottau
Oberwössen
Seegätterl
Winklmoos-Alm
Weitsee
Mittersee
Lödensee
Seehaus
Tiroler Ache
Große Ache
Schwarzlofer
Dürrnbach
Urschlauer Achen
Gr. Wappbach
Moosbach
Deutsche Alpenstraße
305
307
304
8
E52
E60
106
107
108
109
110

A B C D
1 2 3 4 5 6

Berliner A.
Lechhauser Str.
Otto-Lindenmeyer-Str.
Haag-Straße
Schäfflerbachstr.
Schäffler-bach-str.
Nagahama-Allee
Provinostr.
Textil- u. Industrie-mus. TIM
Sanderstr.
Wolframstr.
Th.-Wiedemann-Str.
Nagahama-
Argonstr.
Bergmühlstr.
Jakobertorpl.
Jakoberstr.
Jakoberwallstr.
Jakobermauer
Oblatterwallstr.
Stadtgraben
Gänsbühl
1=Beim Pfaffenkeller
2=Am Schwalbeneck
3=Mettlochgasse
4=Schlachthausg.
5=Schäffleräßchen
6=Hardergäßle
7=Kuttlergäßchen
8=Bauerntanzgäßchen
9=Geißgäßch.
10=A.d. Brühl.-br.
11=Am Hinteren Perlachberg
Forsterstr.
Vogeltor
Oberer Graben
Mittlerer Graben
Unterer Graben
Pilgerhausstr.
Karlstr.
Leonhardsbg.
Maximilianstr.
Rosengasse
Remboldstr.
Friedberger Str.
Torwallstr.
Prinz-str.
Gärtnerstr.
Provino-
Schwibbogenmauer
Spitalg.
Milchberg
Ulrichspl.
Eserwallstr.
Bismarckstr.
Neidhartstr.
Konrad-Adenauer-Allee
Schießgrabenstr.
Theo.-Heuss-Pl.
Frauentorstr.
Stephanspl.
Hoher Weg
Dom
Jesuitengasse
Fuggerstr.
Grottenau
Kennedy-Pl.
Königspl.
ADAC
Schaezlerstr.
Volkhartstr.
Hermanstr.
Halderstr.
Bahnhofstr.
Prinzregentenstr.
Viktoriastr.
Augsburg Hbf.
Güterabfertig
Stettenstr.
Gögginger Str.
Rosenaustr.
Kongresshalle
Stadtgarten
Wittelsbacher Park
Gesundbrunnen
Senkelbachstr.
Klinkerberg
Langenmantelstr.
Badstr.
Schwimmschulstr.
Holzbachstr.
Familienbad
Sportbad
Rosenaustr.
Pferseer Str.
Perzheimstr.
Luitpoldbrücke
Kleingärten
Hessenbachstr.
Wertach
Stadionstr.
Nibelungenstr.
Siegfriedstr.
Sieglindenstr.
Finanzamt
Altenheim
Dammstr.
Frölichstr.
Tierschutzverein
Nördlinger Str.
R1,R2,R4
R6,R7,R8
R11
R6
R4
R1,R2
R7,R8
134
162

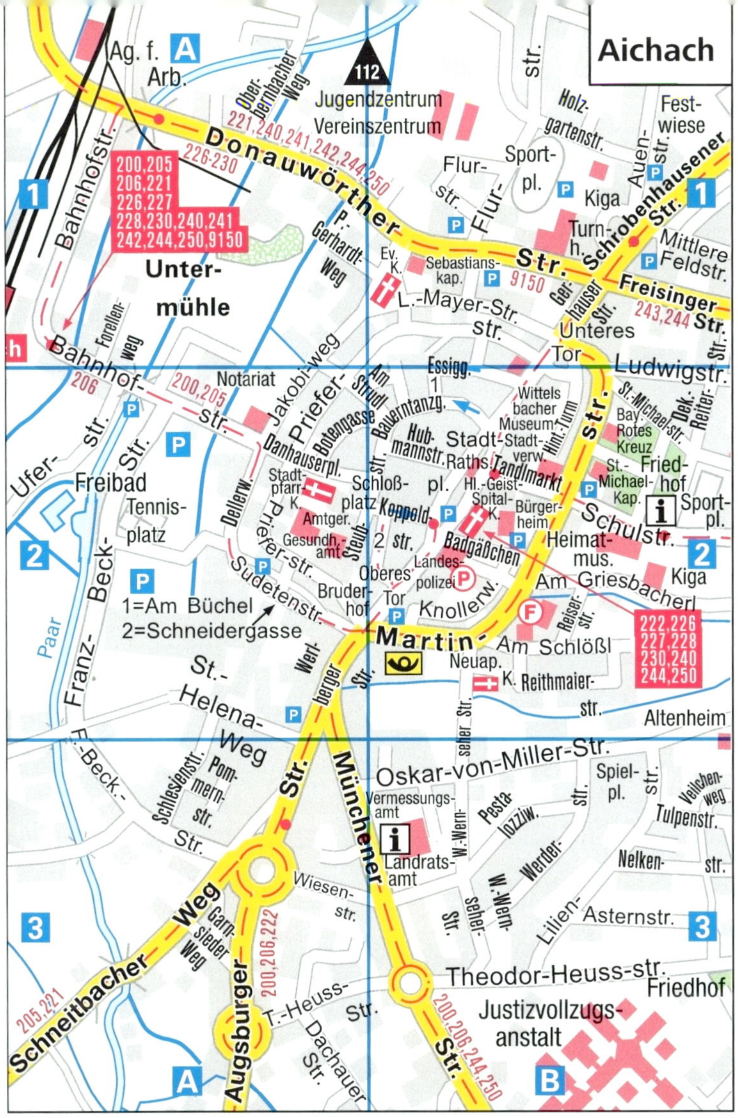

Aichach
Donauwörther Str.
Unter-mühle
Bahnhofstr.
Jugendzentrum Vereinszentrum
Fest-wiese
Kiga
Schrobenhausener Str.
Freisinger Str.
Mittlere Feldstr.
Unteres Tor
Ludwigstr.
Notariat
Freibad
Tennis-platz
Schloß-platz
Stadtpl.
Am Griesbacherl
1=Am Büchel
2=Schneidergasse
Martin-
Am Schlößl
Reithmaier-str.
Altenheim
Oskar-von-Miller-Str.
Vermessungs-amt
Landrats-amt
Asternstr.
Münchener Str.
Augsburger Str.
Schneitbacher Weg
Theodor-Heuss-str.
Friedhof
Justizvollzugs-anstalt
Paar
St.-Helena-Weg
Sudetenstr.

Bad Aibling
Thürhamer Str.
1=Johann-Meishammer-Str.
Glonn
Mühlbach
Berufs-schule
Zeller Weg
Röntgen-str.
Eislauf-platz
Sport-platz
Bauhof
Turnh.
Münchener Str.
Ellmosener Str.
Harthauser-Str.
Kolpingstr.
Rosenheimer Str.
Kolbermoorer Str.
Kurhaus
Heimat-mus.
Kurpark
Tennis-pl.
Mini-golfpl.
Bad Aibling
Gartenstr.
Lindenstr.
Prof.-K.-Huber-Str.
Geschw.-Scholl-Str.
2=Weißenburger Str.
3=Griesgasse
4=Ratholdussteig
5=Mamertus-Perzlmayer-Str.
Alten-heim
Kiga
Volks-fest-pl.

Dachau Stadt
Dachau
Kap.
Pacelli-str.
Kolping-str.
Freisinger Str.
Pflegezentr.
ehem. Papierfabrik
Mittermayer-str.
L.-Thoma-Str.
Ostenstr.
Friedhof
1=Pfarrplatz
2=Kirchgassl
3=Zur Scheierlmühle
4=Zur Alten Schießstatt
5=Apothekerg.
6=Meisenweg
Schloss
Hofgarten
Festplatz
Kiga
Amper
Schleißheimer Str.
Münchner Str.
Mühlbach
Stadtwerke
Stadtbücherei
BRK
Lindenallee
Engl. Garten
Brunngartenstr.

Erding
Anton-Bruckner-Str.
Am Stadion
Friedhof
St.-Paul-K.
Sportfeldstr.
Freisinger Str.
5=Pfendtnergasse
6=Maurermeistergasse
7=Hinter den Mauern
Gießereistr.
Landratsamt
Stadt-halle
Lange Zeile
Schrannenpl.
1=Aeferleinw.
2=Nagelschmiedg.
3=Kleiner Pl.
4=Kaminkehrerg.
Landshuter Str.
Dorfener Str.
Museum Erding
Grüner Markt
Haager Str.
Münchener Str.
Finanz-amt
Landwirtsch.-amt
Stadtpark
Busbhf.
Erding
Heilig-Geist-stift
VHS

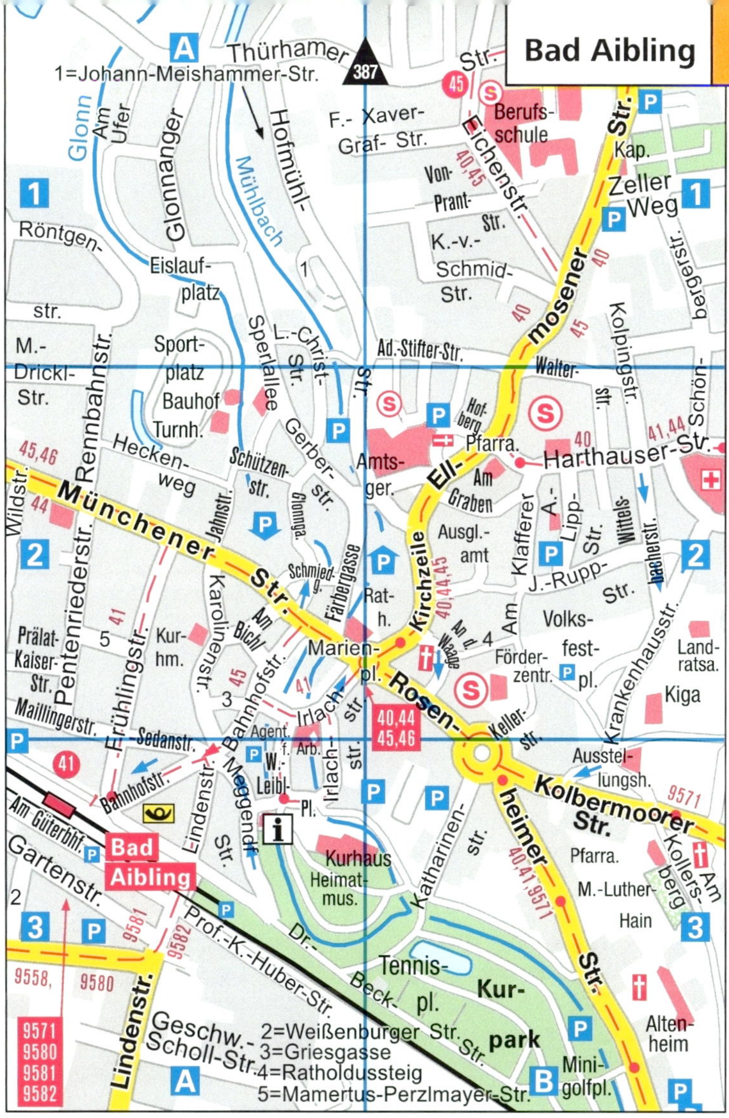

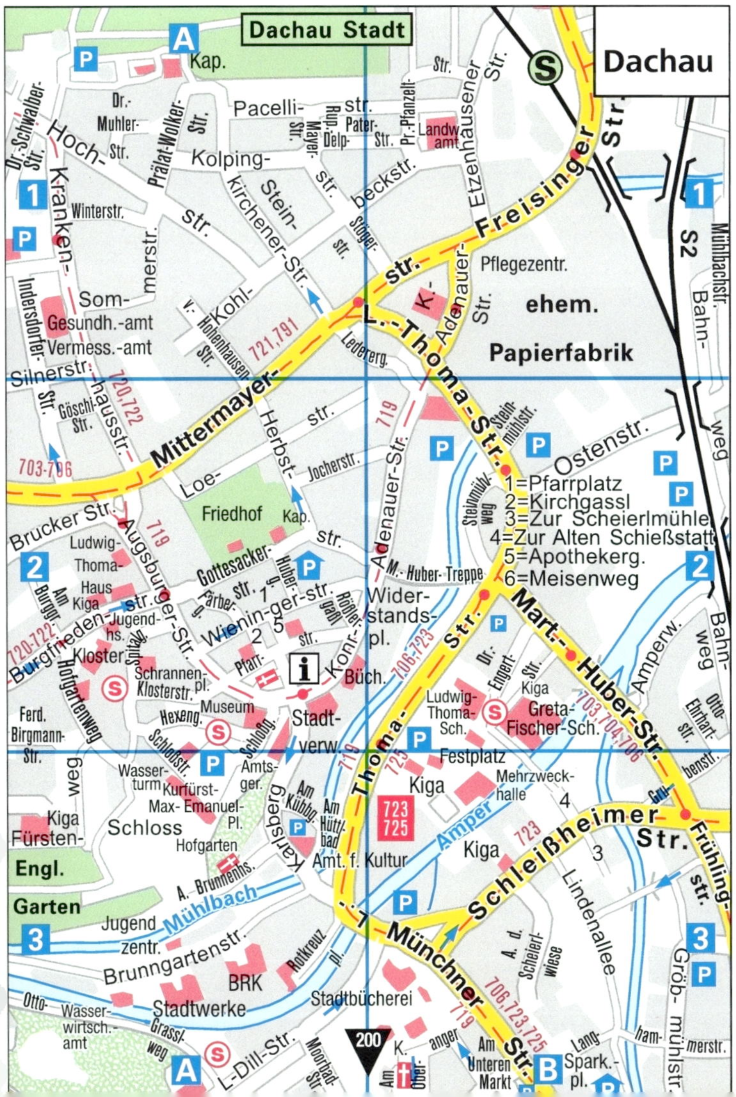

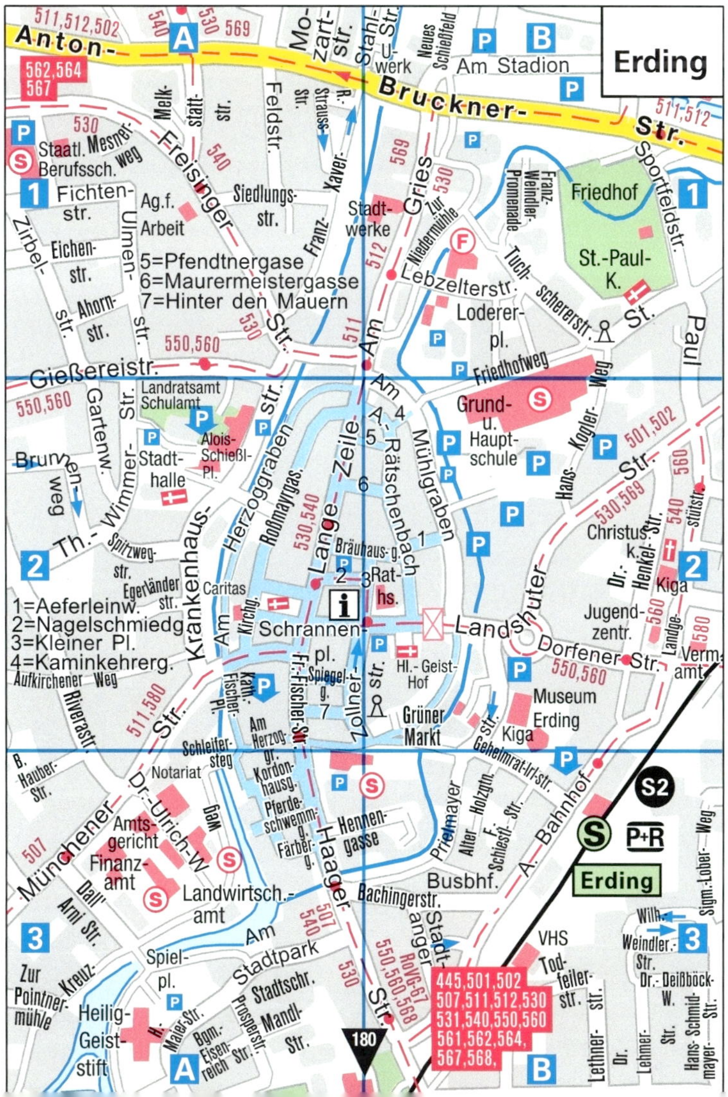

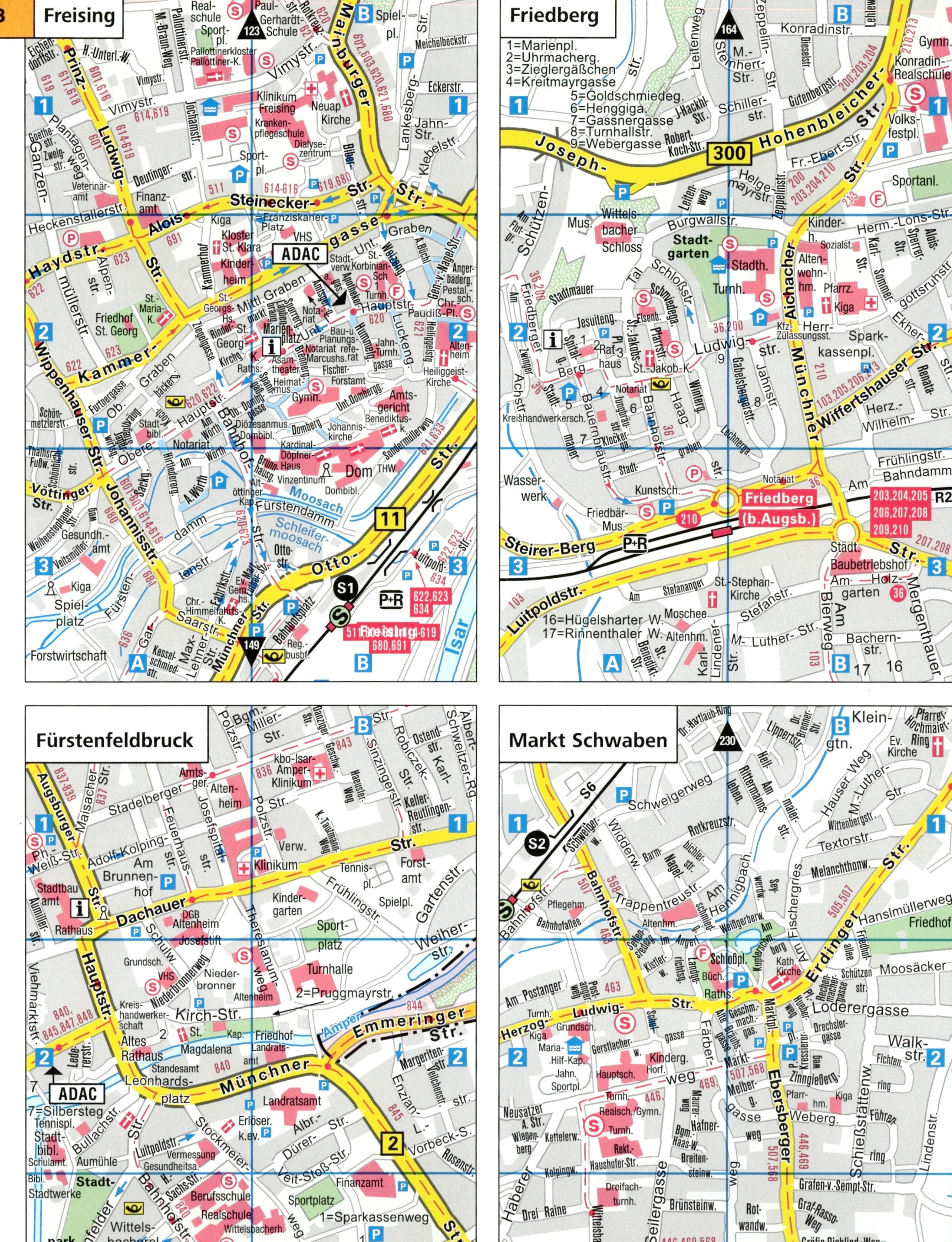
Freising
Prinz-Ludwig-Str.
Vimystr.
Klinikum Freising
Steinecker-Str.
Mainburger Str.
Alois-Str.
Haydstr.
ADAC
Kammergasse
Wippenhauser Str.
Johannisstr.
Bahnhof-Str.
Dom
Moosach
Fürstendamm
Schleifermoosach
Otto-Str.
Münchner Str.
Isar
Freising
Forstwirtschaft
Friedberg
1=Marienpl.
2=Uhrmacherg.
3=Zieglergäßchen
4=Kreitmayrgasse
5=Goldschmiedeg.
6=Henggiga.
7=Gassnergasse
8=Turnhallstr.
9=Webergasse
Hohenbleicher Str.
Joseph-
Wittelsbacher Schloss
Stadtgarten
Ludwig-Str.
Aichacher Str.
Münchner Str.
Wiffertshauser Str.
Friedberg (b.Augsb.)
Steirer-Berg
Luitpoldstr.
16=Hügelsharter W.
17=Rinnenthaler W.
Fürstenfeldbruck
Augsburger Str.
Dachauer Str.
Hauptstr.
Klinikum
Kinder-garten
Sportplatz
Turnhalle
2=Pruggmayrstr.
Amper
Emmeringer Str.
Münchner Str.
ADAC
7=Silbersteg
Leonhardsplatz
Landratsamt
Finanzamt
1=Sparkassenweg
Stadtpark
Oskar-von-Miller-Str.
Bahnhofstr.
Fürstenfeldbruck
Markt Schwaben
Schweigerweg
Bahnhofstr.
Trappentreustr.
Ludwig-Str.
Herzog-
Erdinger Str.
Loderergasse
Ebersberger Str.
Wallberg-Str.
1=Maria-Adelberger-Str.
Friedhof
Moosäcker
Drei Raine
Haberer

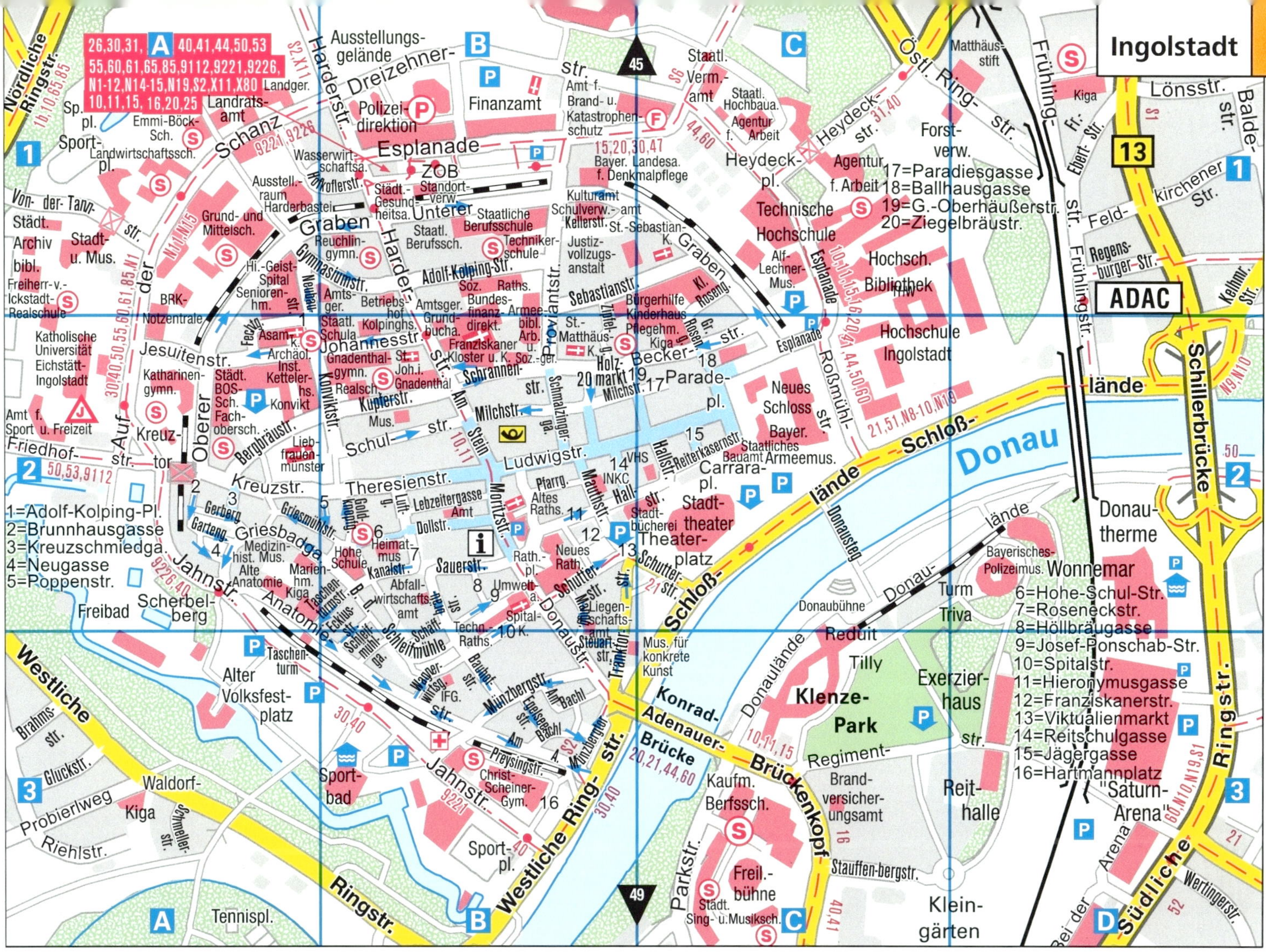

Ingolstadt

1=Adolf-Kolping-Pl.
2=Brunnhausgasse
3=Kreuzschmiedga.
4=Neugasse
5=Poppenstr.

6=Hohe-Schul-Str.
7=Roseneckstr.
8=Höllbräugasse
9=Josef-Ponschab-Str.
10=Spitalstr.
11=Hieronymusgasse
12=Franziskanerstr.
13=Viktualienmarkt
14=Reitschulgasse
15=Jägergasse
16=Hartmannplatz

17=Paradiesgasse
18=Ballhausgasse
19=G.-Oberhaußerstr.
20=Ziegelbräustr.

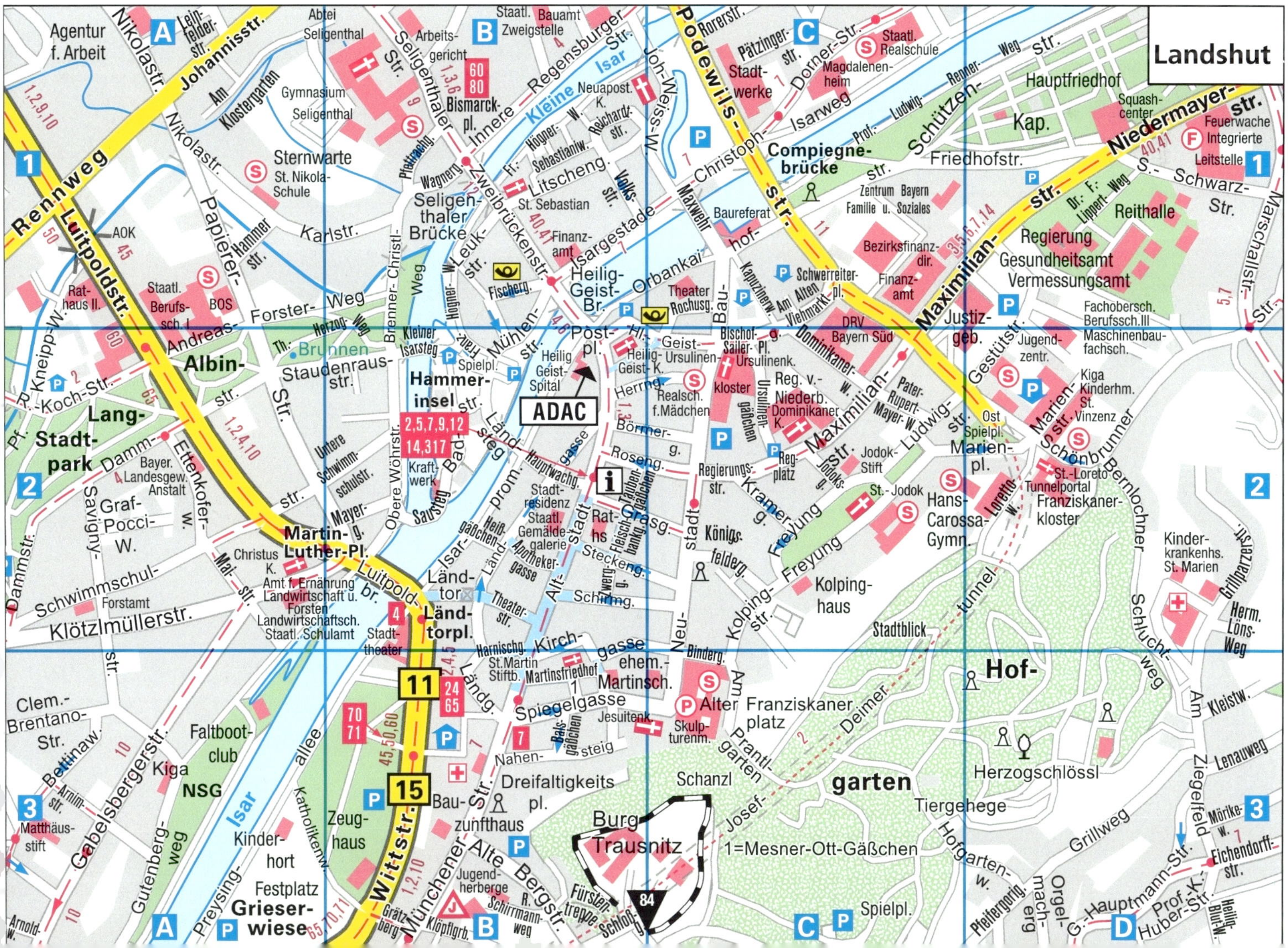

Donau
Klenze-Park
Technische Hochschule
Hochschule Ingolstadt
Neues Schloss
Stadttheater
Konrad-Adenauer-Brücke
Schillerbrücke
Donautherme
Wonnemar
Saturn-Arena
Reithalle
Exerzierhaus
Alter Volksfestplatz
Freibad
Sportbad
Westliche Ringstr.
Südliche Ringstr.
ZOB
Polizeidirektion
Finanzamt
Landratsamt
Ausstellungsgelände
Esplanade
ADAC

Landshut

1=Mesner-Ott-Gäßchen

Isar
Kleine Isar
Hofgarten
Burg Trausnitz
Herzogschlössl
Hammerinsel
Stadtpark
Grieser Wiese
Hauptfriedhof
Compiegne-Brücke
Seligenthaler Brücke
Heilig-Geist-Br.
Ländtorpl.
Martin-Luther-Pl.
Regierung
Gesundheitsamt
Vermessungsamt
Sternwarte
Stadtwerke
ADAC

Englischer Garten
Haus d. Kunst
Prinzregentenstraße
Hofgarten
Odeonspl.
Residenz
National-th.
Maximilianstraße
Marienpl.
Isartor
Sendlinger Tor
Karlspl. (Stachus)
Königspl.
Maximiliansplatz
Alter Bot. Garten
München-Hbf.
Sonnenstraße
Blumenstr.
Frauenstraße
Zweibrückenstr.
Ludwigsbrücke
Museumsinsel
Deutsches Mus.
Isar
Lehel
Gasteig
Rosenheimer Str.
Rosenhmr. Pl.
Widenmayerstr.
Oettingenstr.
Viktualienmarkt
Gärtnerplatz
Fraunhoferstr.
Neuhauser Str.
Brienner Str.
Ludwigstr.
Barer Str.
Arcisstr.
Gabelsberger-str.
Karlstr.
Sophienstr.
Elisenstr.
Bayerstraße
Schwanthalerstraße
Landwehrstr.
Goethestr.
Lindwurmstr.
Innenstadt Klinikum der LMU
Goethepl.
Nußbaumstr.
Müllerstr.
Reichenbachstr.
Sendlinger Str.
Herzog-Wilhelm-Str.
Lenbachpl.
O.-v.-Miller-Ring
V.-d.-Tann-Str.
F.-J.-Strauß-Ring
Th.-Wimmer-Ring
Karl-Scharnagl-Ring
Steinsdorfstr.
Maximilianeum Bay. Landtag
Max-Planck-Str.
Wiener Str.
Erhardtstraße
Cornelius-brücke
Marsstraße
Seidlstr.
Dachauer Str.
Türkenstr.
Pinakothek Moderne
Karolinenpl.
Hofgarten
ADAC
BOB
S27
S1-8
U4,U5
U3,U6
U1,U2,U7
247
269
A
B
C
D
1
2
3
4
5
6

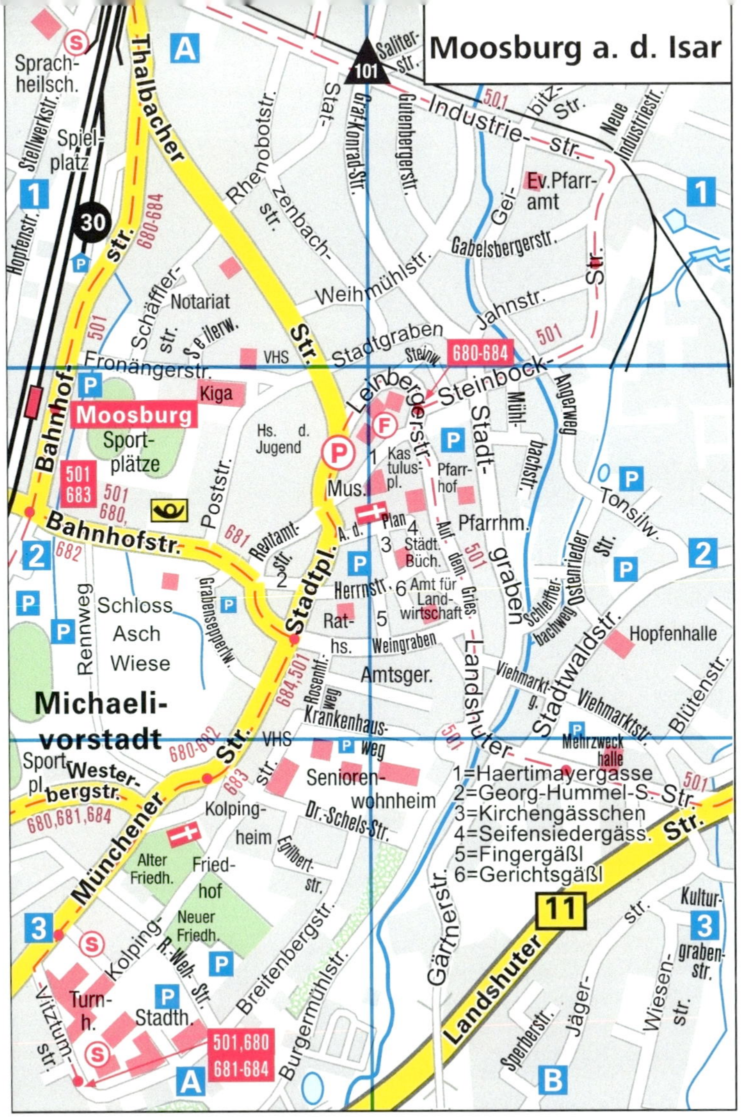
Moosburg a. d. Isar
Thalbacher Str.
Bahnhofstr.
Stadtpl.
Münchener Str.
Landshuter Str.
Industrie-str.
Stadtgraben
Steinbock-str.
Stadtwaldstr.
Viehmarktstr.
Michaeli-vorstadt
Schloss Asch Wiese
Sport-plätze
Moosburg
Hopfenhalle
Alter Friedh.
Neuer Friedh.
Fried-hof
1=Haertimayergasse
2=Georg-Hummel-S.
3=Kirchengässchen
4=Seifensiedergäss.
5=Fingergäßl
6=Gerichtsgäßl
501,680
681-684

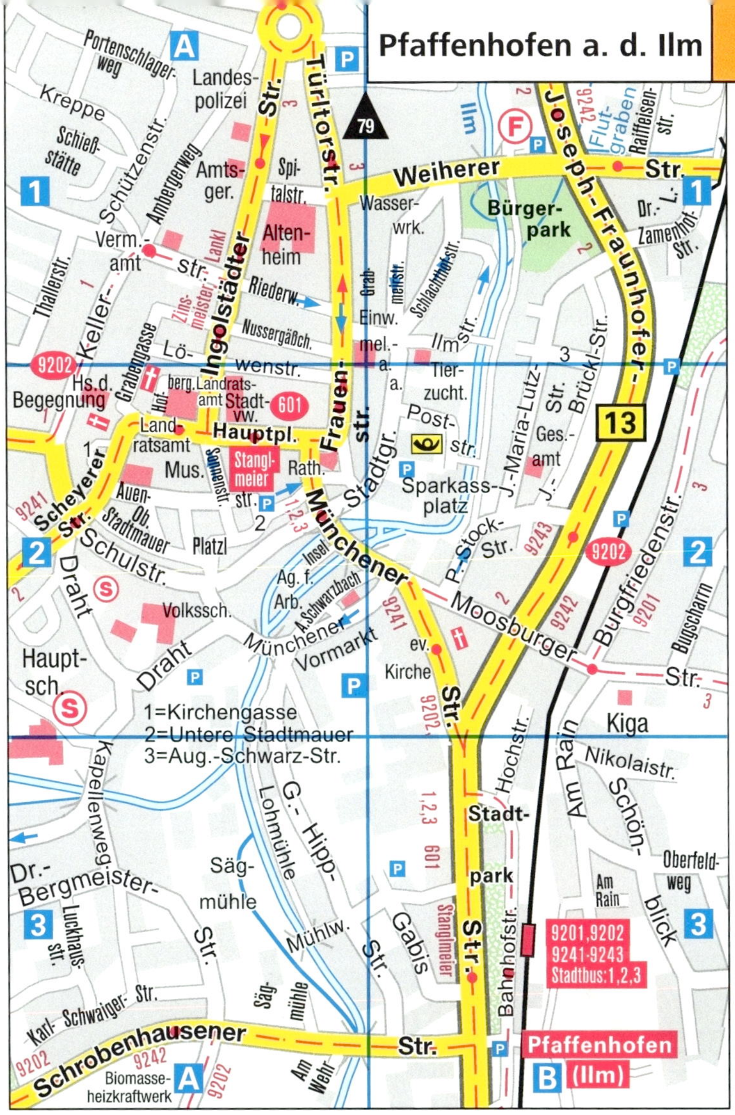
Pfaffenhofen a. d. Ilm
Ingolstädter Str.
Türltorstr.
Weiherer Str.
Joseph-Fraunhofer-Str.
Hauptpl.
Münchener Str.
Moosburger Str.
Schulstr.
Draht
Bürger-park
Stadt-park
Sparkass-platz
Schrobenhausener Str.
Sägmühle
1=Kirchengasse
2=Untere Stadtmauer
3=Aug.-Schwarz-Str.
9201,9202
9241-9243
Stadtbus:1,2,3
Pfaffenhofen (Ilm)
Biomasse-heizkraftwerk

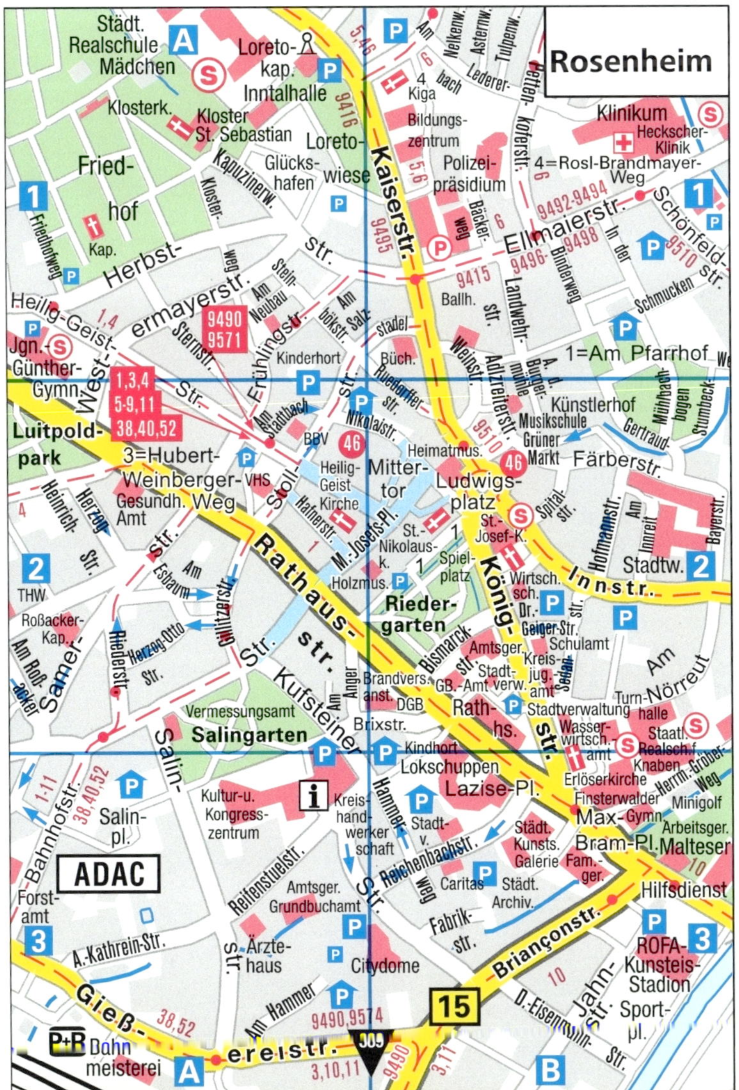
Rosenheim
Kaiserstr.
Ellmaierstr.
Rathausstr.
Königstr.
Innstr.
Kufsteiner Str.
Gießereistr.
Brianconstr.
Friedhof
Luitpold-park
Mitter-tor
Ludwigs-platz
Max-Josefs-Pl.
Salingarten
Riedergarten
Lokschuppen
Lazise-Pl.
Klinikum
Inntalhalle
Kultur-u. Kongress-zentrum
Citydome
1=Am Pfarrhof
3=Hubert-Weinberger-Weg
4=Rosl-Brandmayer-Weg
ADAC

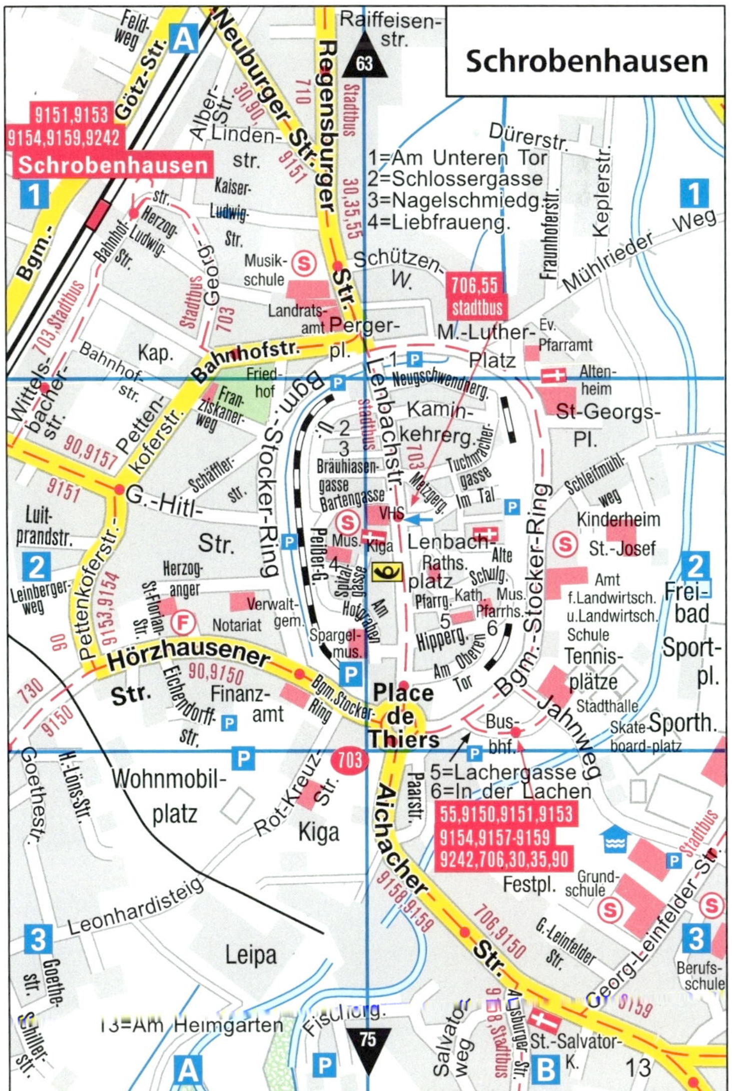
Schrobenhausen
Neuburger Str.
Regensburger Str.
Bahnhofstr.
Lenbachstr.
Bgm.-Stocker-Ring
Hörzhausener Str.
Aichacher Str.
Place de Thiers
Lenbach-platz
St.-Georgs-Pl.
M.-Luther-Platz
Wohnmobil-platz
Leipa
Leonhardisteig
1=Am Unteren Tor
2=Schlossergasse
3=Nagelschmiedg.
4=Liebfraueng.
5=Lachergasse
6=In der Lachen
13=Am Heimgarten
Schrobenhausen
9151,9153
9154,9159,9242

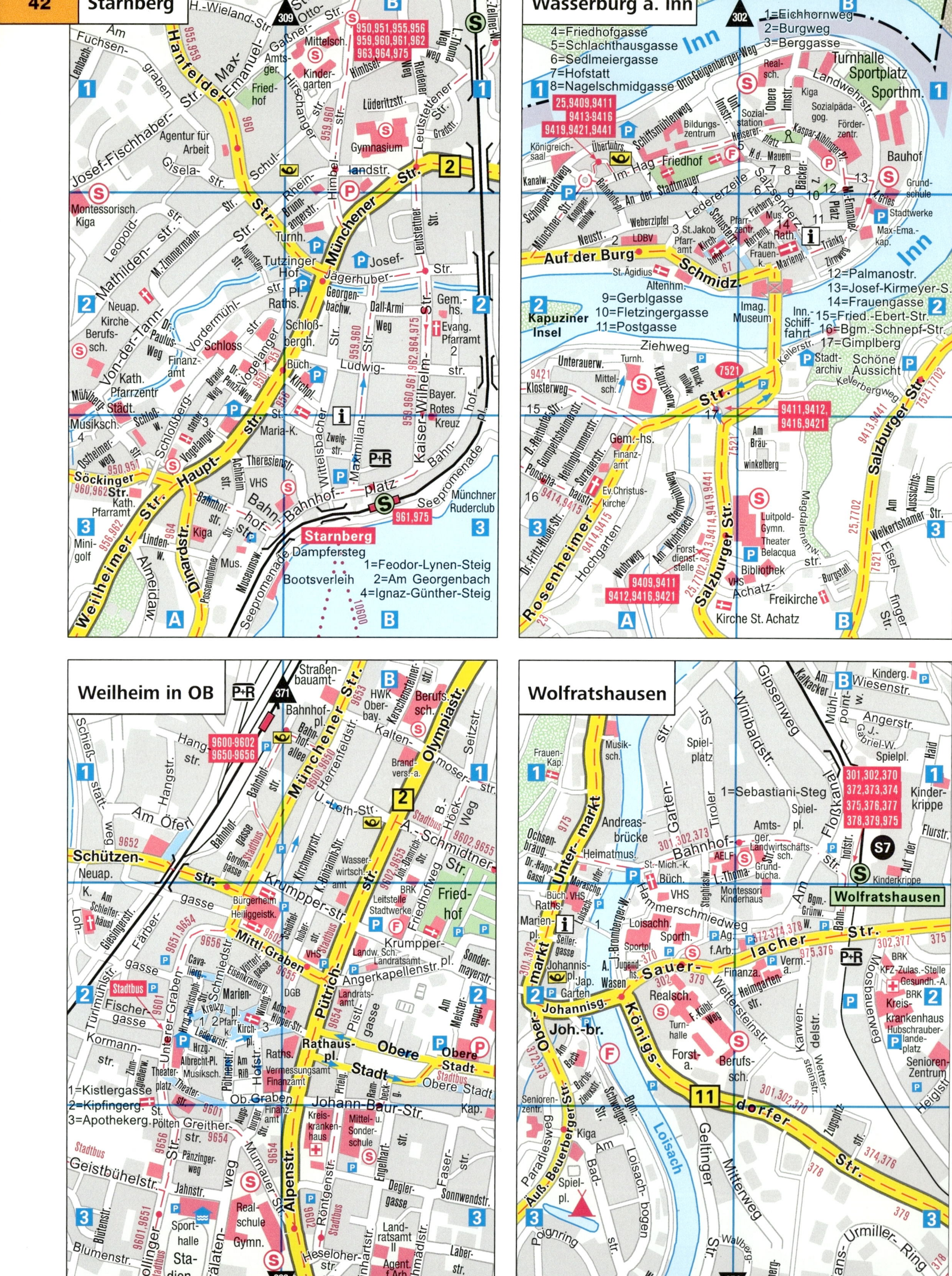
Starnberg
1=Feodor-Lynen-Steig
2=Am Georgenbach
4=Ignaz-Günther-Steig
Wasserburg a. Inn
1=Eichhornweg
2=Burgweg
3=Berggasse
4=Friedhofgasse
5=Schlachthausgasse
6=Sedlmeiergasse
7=Hofstatt
8=Nagelschmidgasse
9=Gerblgasse
10=Fletzingergasse
11=Postgasse
12=Palmanostr.
13=Josef-Kirmeyer-S.
14=Frauengasse
15=Fried.-Ebert-Str.
16=Bgm.-Schnepf-Str.
17=Gimplberg
Weilheim in OB
1=Kistlergasse
2=Kipfingerg.
3=Apothekerg.
Wolfratshausen
1=Sebastiani-Steg

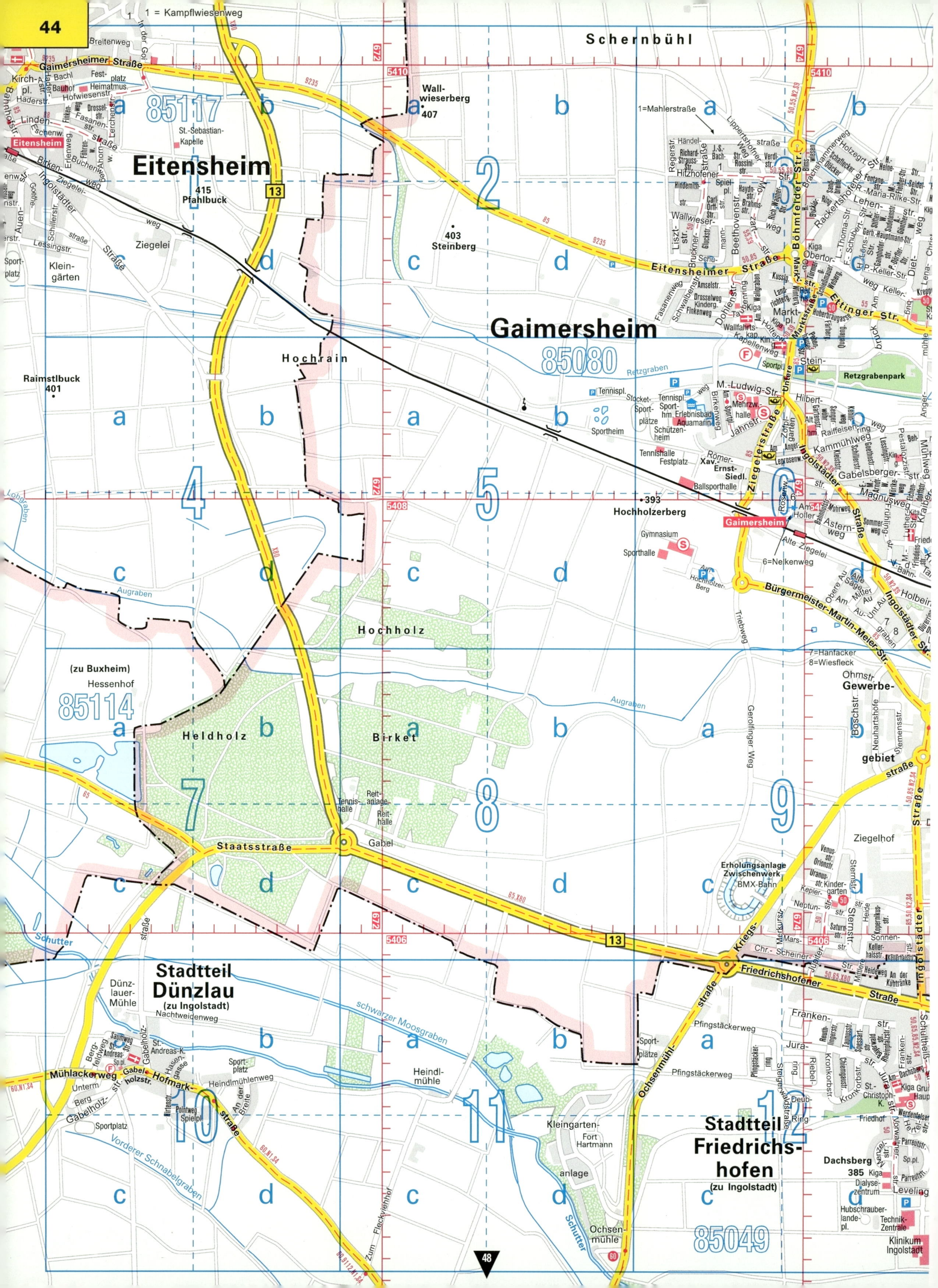
1 = Kampflwiesenweg
Schernbühl
Eitensheim
85117
St.-Sebastian-Kapelle
415 Pfahlbuck
Ziegelei
Klein-gärten
Wall-wieserberg 407
403 Steinberg
Gaimersheim
85080
1=Mahlerstraße
Eitensheimer Straße
Gaimersheimer Straße
Hochrain
Raimstlbuck 401
Retzgraben
Retzgrabenpark
Sportheim
Tennishalle
Festplatz
Ballsporthalle
393 Hochholzerberg
Gymnasium
Sporthalle
6=Nelkenweg
Bürgermeister-Martin-Meier-Str.
7=Hanfacker
8=Wiesfleck
Hochholz
Augraben
(zu Buxheim)
Hessenhof
85114
Heldholz
Birket
Gerolfinger Weg
Gewerbe-gebiet
Ziegelhof
Staatsstraße
Gabel
Erholungsanlage Zwischenwerk
BMX-Bahn
Friedrichshofener Straße
Schutter
Stadtteil Dünzlau
(zu Ingolstadt)
Dünz-lauer-Mühle
Nachtweidenweg
schwarzer Moosgraben
Mühlackerweg
Heindlmühlenweg
Heindl-mühle
Pfingstäckerweg
Sportplatz
Vorderer Schnabelgraben
Kleingarten-anlage
Fort Hartmann
Ochsen-mühle
Stadtteil Friedrichs-hofen
(zu Ingolstadt)
85049
Dachsberg 385
Friedhof
Dialyse-zentrum
Hubschrauber-lande-pl.
Technik-Zentrale
Klinikum Ingolstadt
Leveling
48

Wettstetten
85139
Adlmannsberg
Am Wettstetter Weg
Segelflugplatz
Stadtteil Etting (zu Ingolstadt)
85101
(zu Lenting)
Möselfeld
Weinberghöhe 389
Weinbergstr.
Riedmühle
Rohrmühle
Im Schneller
Industriegebiet
85057
Mitterfeld
Güterverkehrszentrum
Audi AG
Ingolstadt
85055
Am Roten Kreuz
Gewerbegebiet Westpark
Hindenburgpark
Cityplan S.39
Ingolstadt-Nord
Kraiberg Ruine
Blumhof
Wasserwerk
Gewerbegebiet
Baugebiet "Westerberg"
Theodor-Heuss-Str.
Richard-Wagner-Str.
Neuburger Straße
Kipfenberger Straße
Ettinger Straße
Hepberger Straße
Dr.-Ludwig-Kraus-Straße
ICE-Strecke München-Nürnberg-Berlin

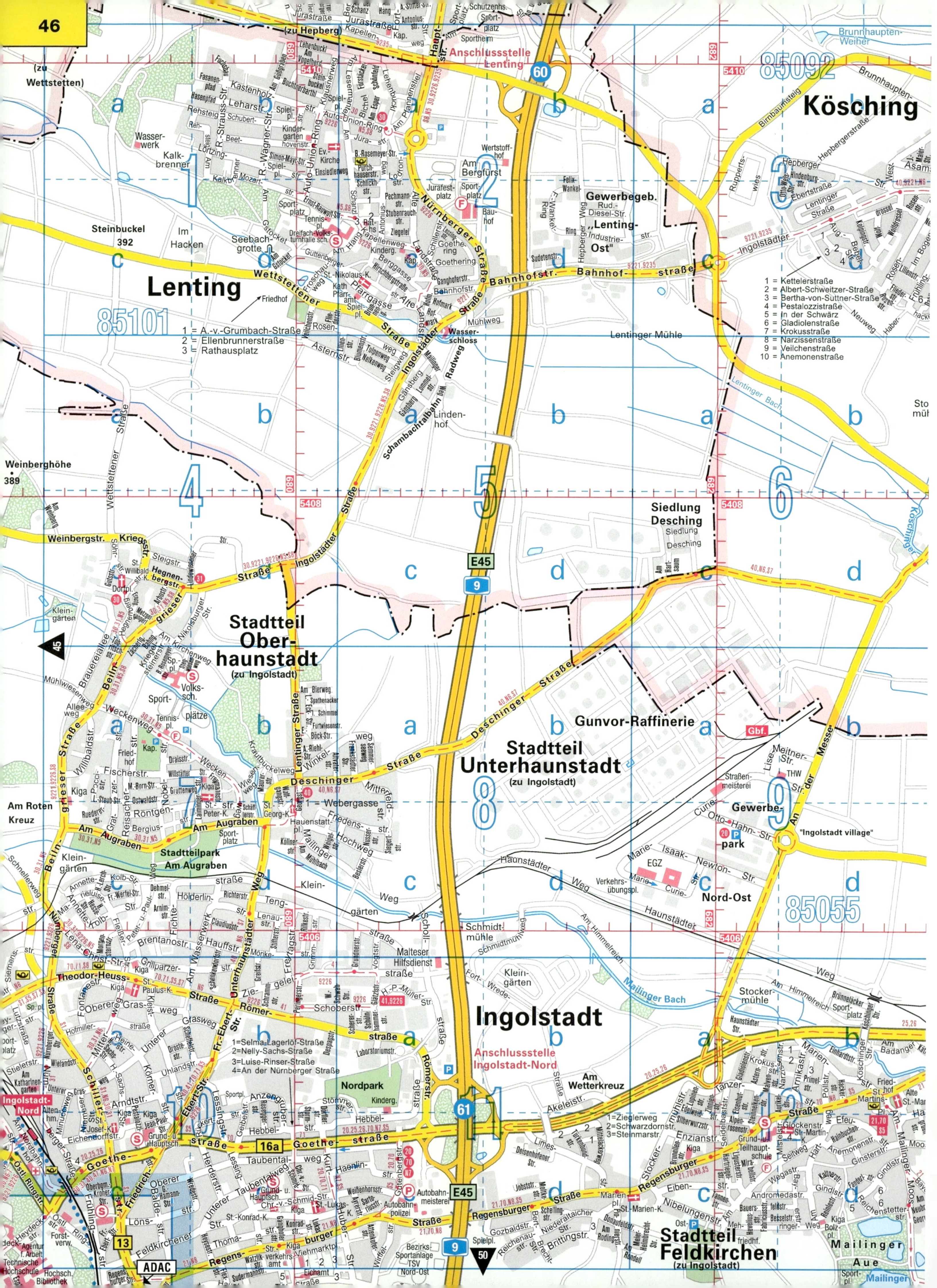
Kösching
85092
Lenting
85101
Gewerbegeb. Rud.-Diesel-Str. „Lenting-Ost"
Anschlussstelle Lenting
Steinbuckel 392
Weinberghöhe 389
Siedlung Desching
Stadtteil Oberhaunstadt (zu Ingolstadt)
Stadtteil Unterhaunstadt (zu Ingolstadt)
Gunvor-Raffinerie
Gewerbepark Nord-Ost
"Ingolstadt village"
85055
Ingolstadt
Anschlussstelle Ingolstadt-Nord
Am Wetterkreuz
Stadtteil Feldkirchen (zu Ingolstadt)
Mailinger Aue
Stadtteilpark Am Augraben
Nordpark
Am Roten Kreuz
Lentinger Mühle
Lentinger Bach
Mailinger Bach
Brunnhaupten-Weiher
Nürnberger Straße
Wettstettener Straße
Ingolstädter Straße
Bahnhofstraße
Deschinger Straße
Goethestraße
Regensburger Straße
Haunstädter Weg
Theodor-Heuss-Straße
Römerstraße
Schambachtalbahn
E45
9
60
61
16a
1 = A.-v.-Grumbach-Straße
2 = Ellenbrunnerstraße
3 = Rathausplatz
1 = Kettelerstraße
2 = Albert-Schweitzer-Straße
3 = Bertha-von-Suttner-Straße
4 = Pestalozzistraße
5 = In der Schwärz
6 = Gladiolenstraße
7 = Krokusstraße
8 = Narzissenstraße
9 = Veilchenstraße
10 = Anemonenstraße
1 = Webergasse
1=Selma-Lagerlöf-Straße
2=Nelly-Sachs-Straße
3=Luise-Rinser-Straße
4=An der Nürnberger Straße
1=Zieglerweg
2=Schwarzdornstr.
3=Steinmarstr.
ADAC
45
50
Ingolstadt-Nord

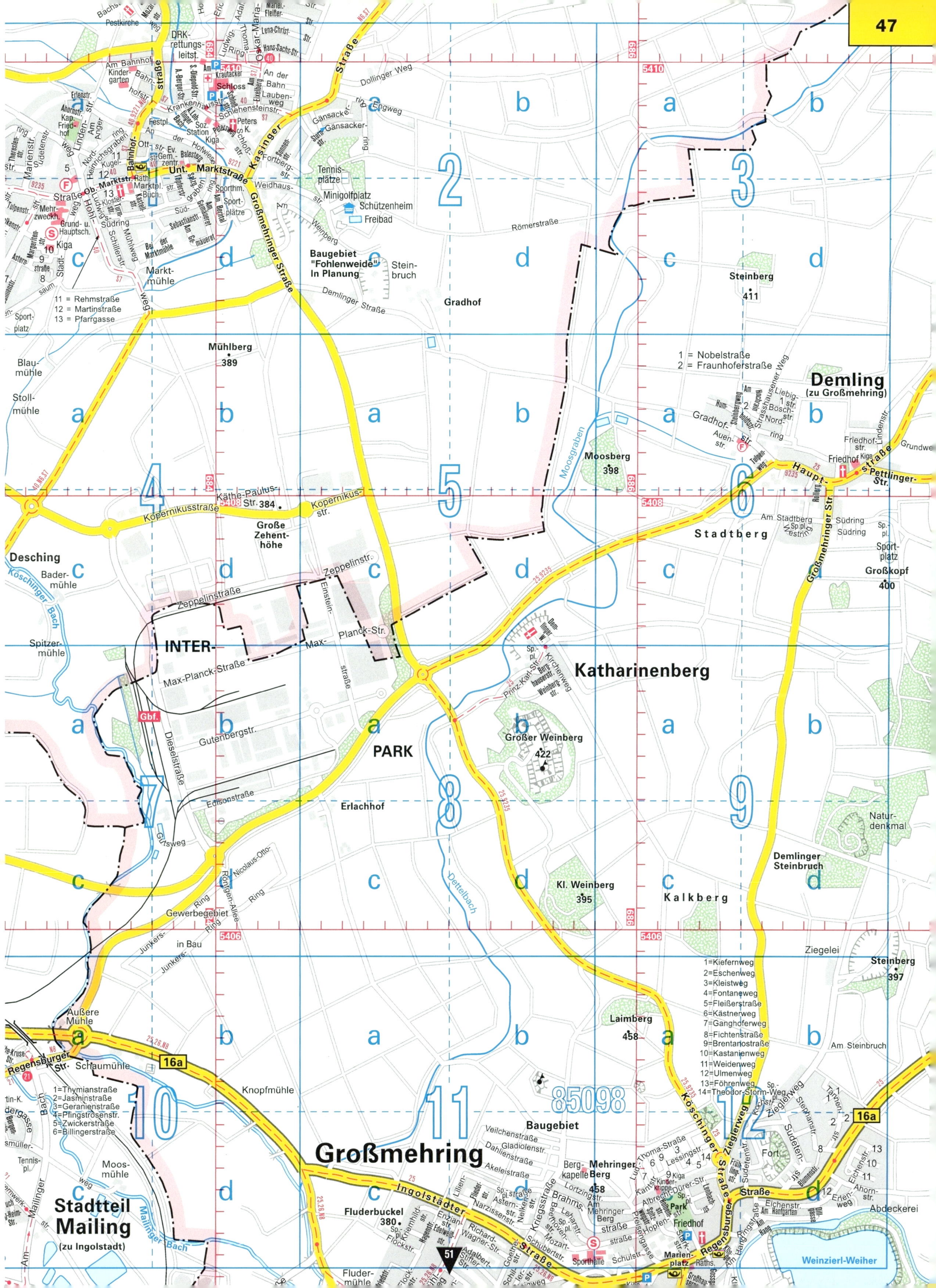
Demling
(zu Großmehring)
Katharinenberg
Großmehring
Stadtteil
Mailing
(zu Ingolstadt)
Desching
INTER-
PARK
85098
Stadtberg
Kalkberg
Steinberg
411
Mühlberg
389
Moosberg
398
Große
Zehent-
höhe
384
Großer Weinberg
422
Kl. Weinberg
395
Laimberg
458
Großkopf
400
Steinberg
397
Fluderbuckel
380
Baugebiet
"Fohlenweide"
In Planung
Gradhof
Erlachhof
Demlinger
Steinbruch
Natur-
denkmal
Weinzierl-Weiher
Großmehringer Straße
Ingolstädter Straße
Regensburger Str.
Köschinger Straße
Kopernikusstraße
Zeppelinstraße
Max-Planck-Straße
Gutenbergstr.
Dieselstraße
Edisonstraße
Römerstraße
Dollinger Weg
Demlinger Straße
Moosgraben
Dettelbach
Köschinger Bach
Mailinger Bach
Gewerbegebiet
in Bau
Baugebiet
Tennis-
plätze
Minigolfplatz
Schützenheim
Freibad
Stein-
bruch
Blau-
mühle
Stoll-
mühle
Bader-
mühle
Spitzer-
mühle
Äußere
Mühle
Schaumühle
Knopfmühle
Moos-
mühle
Fluder-
mühle
Markt-
mühle
Ziegelei
Am Steinbruch
Abdeckerei
11 = Rehmstraße
12 = Martinstraße
13 = Pfarrgasse
1 = Nobelstraße
2 = Fraunhoferstraße
1=Thymianstraße
2=Jasminstraße
3=Geraniенstraße
4=Pfingstrosenstr.
5=Zwickerstraße
6=Billingerstraße
1=Kiefernweg
2=Eschenweg
3=Kleistweg
4=Fontaneweg
5=Fleißerstraße
6=Kästnerweg
7=Ganghoferweg
8=Fichtenstraße
9=Brentanostraße
10=Kastanienweg
11=Weidenweg
12=Ulmenweg
13=Föhrenweg
14=Theodor-Storm-Weg
16a
51

44
85049
Golfplatz
Schaumühle
Spitzl-mühle
Golfplatz
2=Lauberfleckstraße
3=Braunbauergassl
4=Wacholderweg
5=Emkenstraße
6=Krautäckerstraße
7=Hedwig-Dohm-Straße
8=Schneiderweg
9=Wagnerstraße
10=Melbergasse
1=Ullmannstraße
11=Schwester-Sebaldina-Straße
Milanweg
Zwischen-werk Gerolfing
Wasserwerk
Tirolerholz
Klein-gärten
Stadtteil Gerolfing
(zu Ingolstadt)
Obere Hopfenwerhl
Fischerholz
Schafirrsee
Schleifer Schütt
Donau
Alte Aich
Faschinenschütt
Ziegelschütt
Stanglettenschütt
Schanzschütt
Felberschlag
Fort Rosenschwaig
Brunnen
Reitverein St.-Georg
Kapelle
Oberschwaig
Rosenschwaig
86706
Weichering
Kläranlage
Finster-etten
Stadtteil Hagau
(zu Ingolstadt)
Zu den Schwaigen
Ladestraße
Bahnhofstraße
Ach
52

Ingolstadt
Stadtteil Haunwöhr
(zu Ingolstadt)
Stadtteil Knoglersfreude
(zu Ingolstadt)
Stadtteil Hundszell
(zu Ingolstadt)
Stadtteil Oberbrunnenreuth
(zu Ingolstadt)
Stadtteil Unterbrunnenreuth
(zu Ingolstadt)
Stadtteil Spitalhof
(zu Ingolstadt)
Donau
Baggersee
Donaustausee
Cityplan S.39
85051
1=Dorothea-Schlözer-Straße
2=Weishauptstraße
3=Stattlerstraße
4=Moshammerstraße
5=Simone-de-Beauvoir-Straße
6=Simone-Weil-Straße
7=Leonore-Kühn-Straße
8=Hildegard-von-Bingen-Straße
9=Hannah-Arendt-Straße
10=Erasmusstraße
11=Thomas-Morus-Straße
12=Am Moosgraben
1=Elisabeth-Winkelmann-Str.
2=Lilly-Reich-Straße
1 = Eckenerstr.
2 = Plüschowstr.
3=Rathenaustraße
4=Margarethenweg
5=Beim Schmalzbuckel
6=Jochen-Klepper-Straße
7=Hesseloherstraße
8=Anna-Hofmann-Straße
9=Carl-Zuckmayr-straße
1=Bertha-Kipfmüller-Straße
2=Helfenzriederstraße
1 = Am Wegfeld
2 = Hemmeterstraße
45
50
53

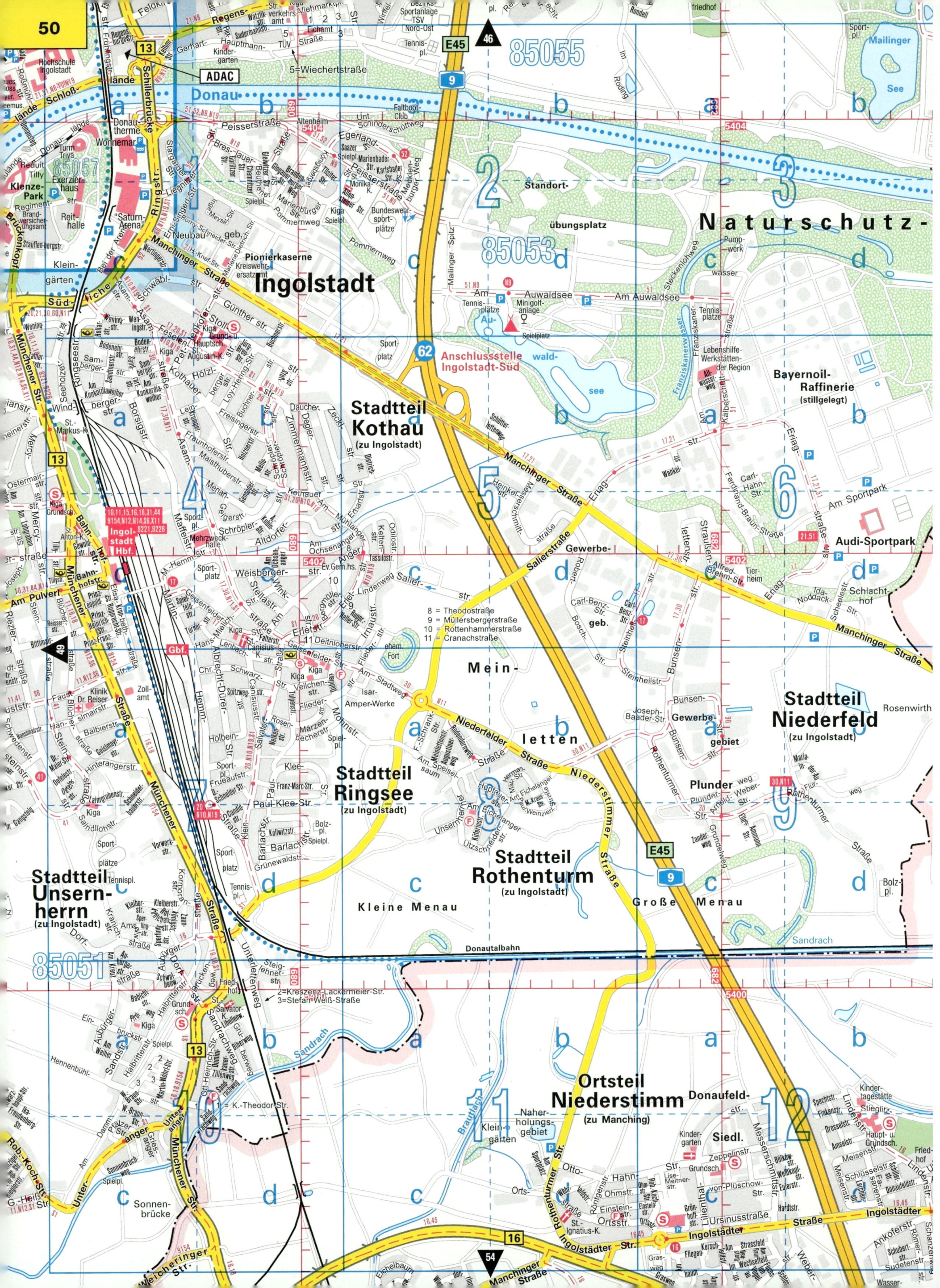
Ingolstadt
Naturschutz-
Stadtteil Kothau (zu Ingolstadt)
Stadtteil Ringsee (zu Ingolstadt)
Stadtteil Rothenturm (zu Ingolstadt)
Stadtteil Niederfeld (zu Ingolstadt)
Stadtteil Unsernherrn (zu Ingolstadt)
Ortsteil Niederstimm (zu Manching)
Anschlussstelle Ingolstadt-Süd
Bayernoil-Raffinerie (stillgelegt)
Audi-Sportpark
Pionierkaserne
Standort-übungsplatz
Mailinger See
Auwaldsee
Donau
Donautalbahn
Kleine Menau
Große Menau
Mein-letten
Manchinger Straße
Münchener Str.
Niederfelder Straße
Niederstimmer Straße
Ingolstädter Straße
Sandrach
85055
85053
85057
85051
8 = Theodostraße
9 = Müllersbergerstraße
10 = Rottenhammerstraße
11 = Cranachstraße
2=Kreszenz-Lackermeier-Str.
3=Stefan-Weiß-Straße
5=Wiechertstraße
1 = K.-Theodor-Str.
ADAC
Ingolstadt Hbf.
Rosenwirth
Schlachthof

Großmehring
85098
Klein-
mehring
Manching
85077
Donau
Südliche Entlastungsstraße
Roßschütt
Auf der Sulz
Geiß-
schütt
Innere
Auschütt
Obere Au
Naturschutz-
gebiet
Natur-
schutzgebiet
NSG
Sauschütt
Ochsen-
schütt
gebiet
Ochsenschüttstraße
Rosenwirth
Romerhof
Alte Donau
Kiesstraße
Gewerbegebiet
"Am Bahnhof"
Königsaue
Rottmanns-
harter
Straße
Rott-
mannshart
Donautalbahn
Lindacher
See
Lindach
Kapelle
Dürre
Au
Riedelmoos
362
363
360
Flugplatz
Ingolstadt/
Manching
WTD 61
Riedelmoosgraben
(zu Ernsgaden)
Kläranlage
Bauhof
Neubaugeb.
"Altenfeld"
Geisenfelder
Straße
Niederfelder
Gbf.
Müllverwertungs-
anlage
Kutten-
reichsee
Zentral-
Kläranlage
Klein-
gärten
Bayern-
werk
AG
Süd-
straße
Nordstr.
Fluder-
mühle
Anger-
mühle
Mailinger Bach
Köschinger B.
Nibelungenstraße
Gensberg
Weinzierl-
Weiher
Klär-
anlage
Werkstoffhof
Donaustraße
Sportplätze
Ufer-
strasse
Nibelungen-
halle
Festplatz
Dammweg
Marien-
platz
Raths.
Hirs
Ach
Lindacher Straße
16a
16
47
55

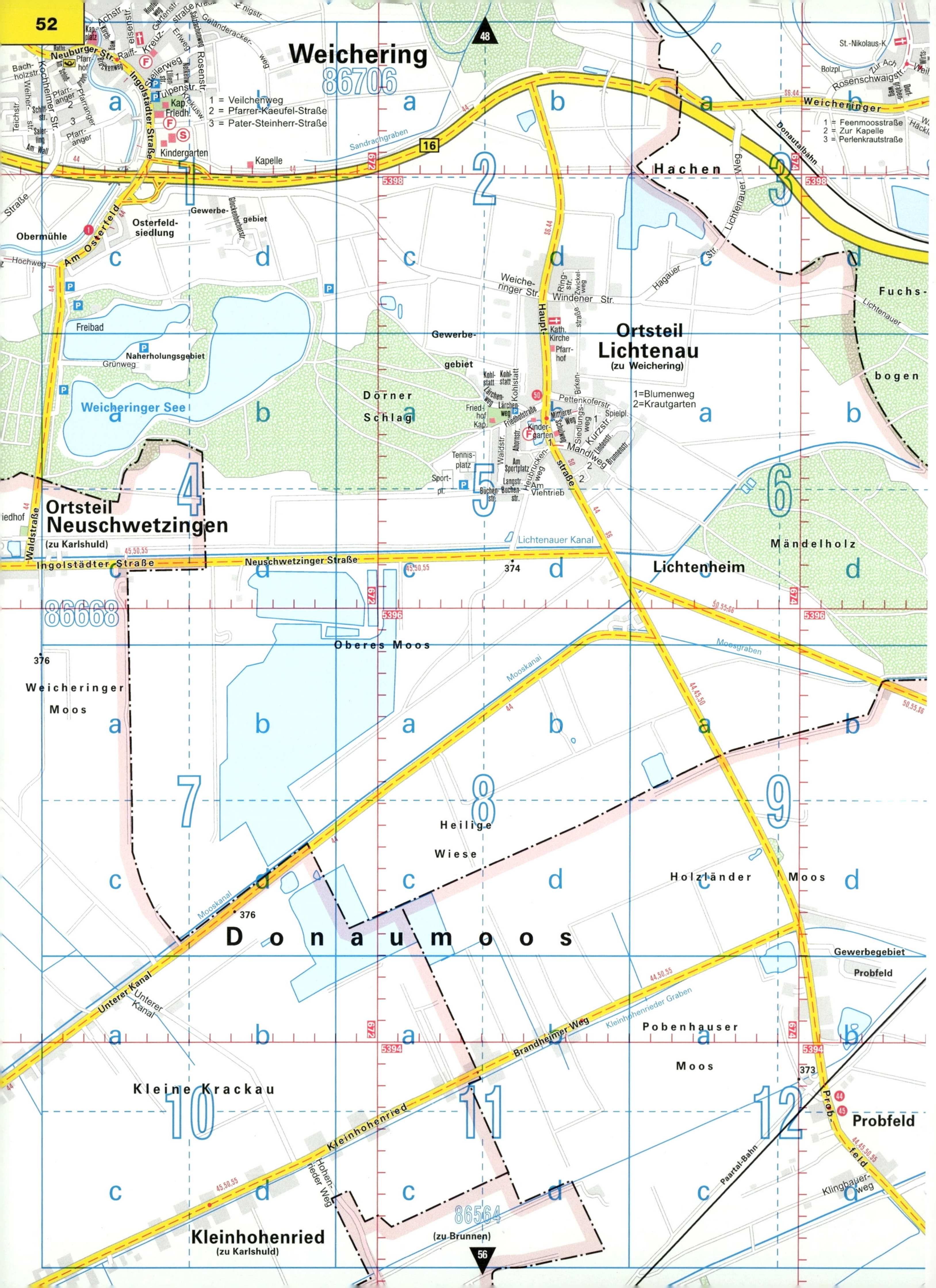
Weichering
86706
1 = Veilchenweg
2 = Pfarrer-Kaeufel-Straße
3 = Pater-Steinherr-Straße
Neuburger Str.
Ingolstädter Straße
Kindergarten
Kapelle
Sandrachgraben
16
48
Hachen
Lichtenauer Weg
Donautalbahn
Weicheringer
St.-Nikolaus-K.
Rosenschwaigstr.
1 = Feenmoosstraße
2 = Zur Kapelle
3 = Perlenkrautstraße
Obermühle
Am Osterfeld
Osterfeld-siedlung
Gewerbe-gebiet
Hochweg
Freibad
Naherholungsgebiet
Grünweg
Weicheringer See
Dörner Schlag
Gewerbe-gebiet
Weicheringer Str.
Windener Str.
Hagauer Str.
Hauptstraße
Kath. Kirche
Pfarrhof
Ortsteil Lichtenau
(zu Weichering)
1=Blumenweg
2=Krautgarten
Pettenkoferstr.
Mittlerer Weg
Siedlungsweg
Kurzstr.
Lindenstr.
Brunnenstr.
Mandlweg
Kindergarten
Friedhofstraße
Waldstr.
Sportplatz
Tennisplatz
Am Viehtrieb
Fuchsbogen
Lichtenauer
Ortsteil Neuschwetzingen
(zu Karlshuld)
Waldstraße
Ingolstädter Straße
Neuschwetzinger Straße
Lichtenauer Kanal
374
Lichtenheim
Mändelholz
86668
Oberes Moos
Moosgraben
Mooskanal
376
Weicheringer Moos
Heilige Wiese
Holzländer Moos
Donaumoos
Gewerbegebiet Probfeld
Unterer Kanal
Brandheimer Weg
Kleinhohenrieder Graben
Pobenhauser Moos
Kleine Krackau
Kleinhohenried
Hohenrieder Weg
373
Probfeld
Paartal-Bahn
Klingbauerweg
86564
(zu Brunnen)
Kleinhohenried
(zu Karlshuld)
56

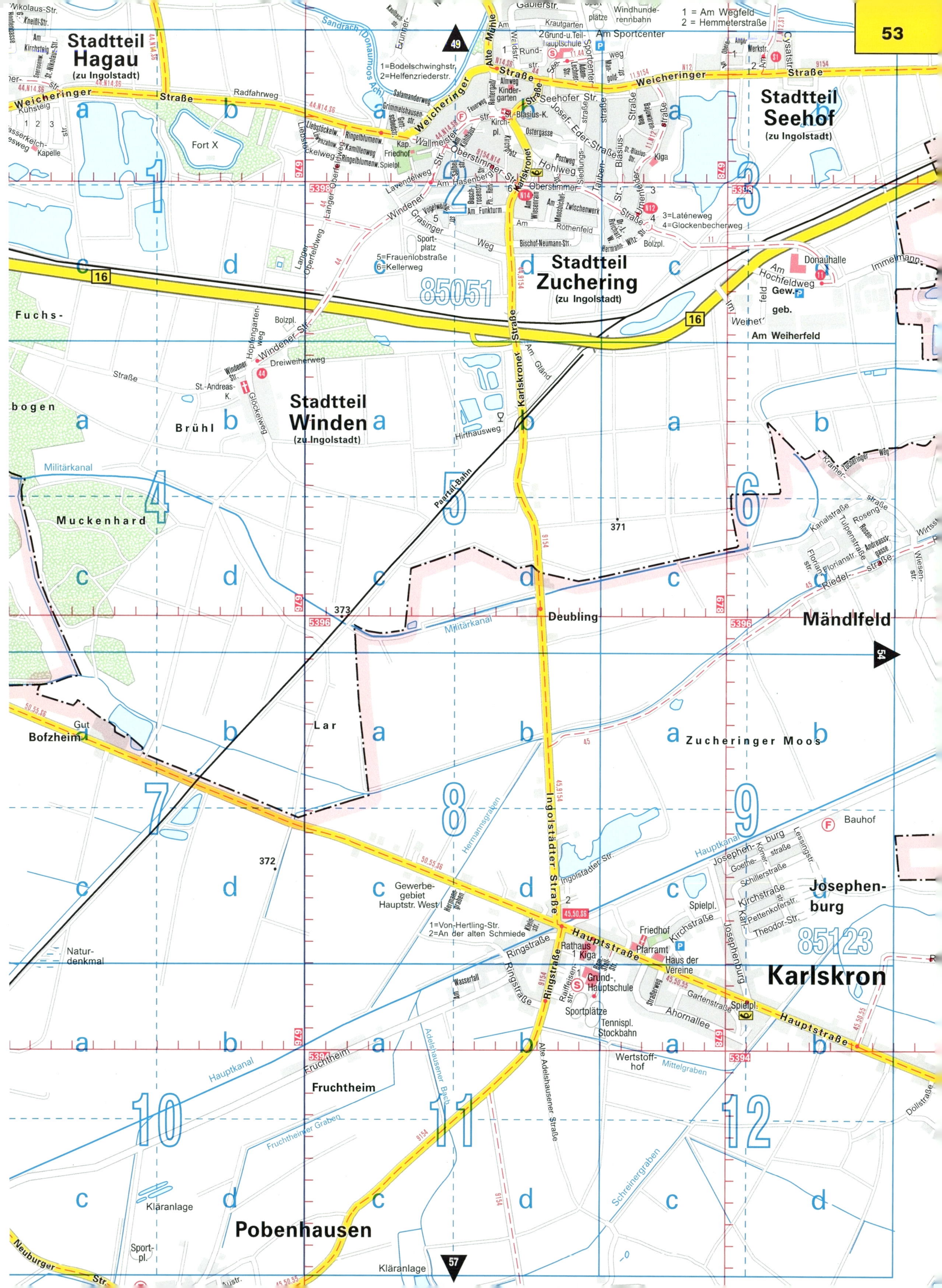
Stadtteil Hagau
(zu Ingolstadt)
Stadtteil Seehof
(zu Ingolstadt)
Stadtteil Zuchering
(zu Ingolstadt)
Stadtteil Winden
(zu Ingolstadt)
1 = Am Wegfeld
2 = Hemmeterstraße
1=Bodelschwinghstr.
2=Helfenzriederstr.
3=Laténeweg
4=Glockenbecherweg
5=Frauenlobstraße
6=Kellerweg
1=Von-Hertling-Str.
2=An der alten Schmiede
Weicheringer Straße
Fort X
Radfahrweg
Sandrach (Donaumoos Ach)
Am Sportcenter
Windhunde-rennbahn
Donauhalle
Am Hochfeldweg
Gew.-geb.
Am Weiherfeld
85051
Fuchs-
bogen
Brühl
Muckenhard
Militärkanal
Paartal-Bahn
Karlskroner Straße
Dreiweiherweg
Hirthausweg
Deubling
Mändlfeld
Lar
Bofzheim
Zucheringer Moos
Ingolstädter Straße
Gewerbe-gebiet Hauptstr. West I
Hauptstraße
Hauptkanal
Bauhof
Josephen-burg
85123
Karlskron
Rathaus
Grund-, Hauptschule
Sportplätze
Tennispl.
Stockbahn
Friedhof
Pfarramt
Haus der Vereine
Natur-denkmal
Fruchtheim
Wertstoff-hof
Mittelgraben
Adelshausener Bach
Alte Adelshausener Straße
Schreinergraben
Fruchtheimer Graben
Kläranlage
Pobenhausen
Neuburger Str.
Sport-pl.
Dollstraße
373
371
372
16
49
54
57
1
2
3
4
5
6
7
8
9
10
11
12

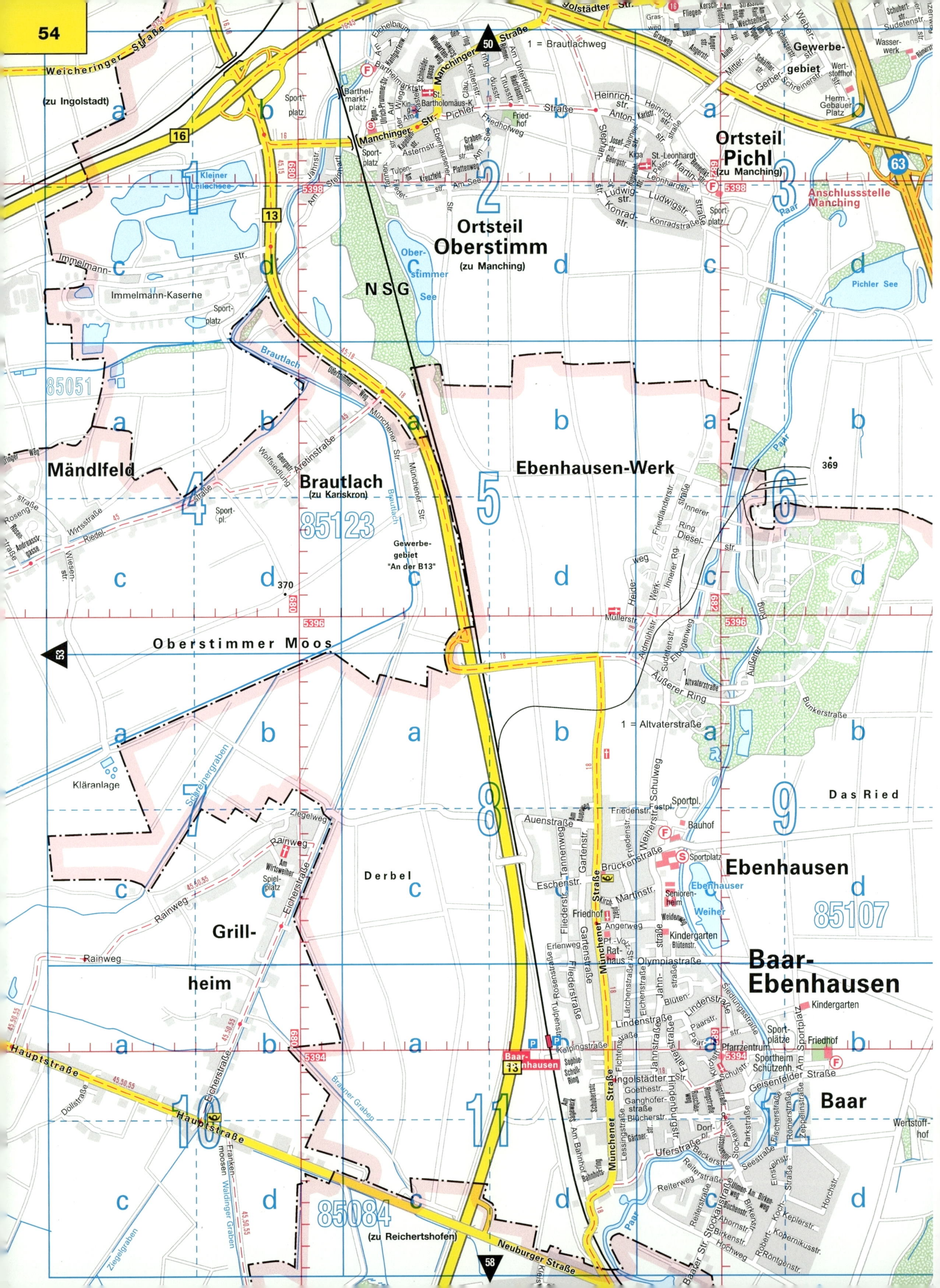

Ortsteil Oberstimm
(zu Manching)
Ortsteil Pichl
(zu Manching)
Anschlussstelle Manching
1 = Brautlachweg
Immelmann-Kaserne
Kleiner Leilachsee
Oberstimmer See
NSG
Pichler See
Gewerbegebiet
Mändlfeld
Brautlach
(zu Karlskron)
Ebenhausen-Werk
Gewerbegebiet "An der B13"
Oberstimmer Moos
1 = Altvaterstraße
Kläranlage
Das Ried
Derbel
Grillheim
Ebenhausen
Baar-Ebenhausen
Baar
(zu Ingolstadt)
(zu Reichertshofen)
Weicheringer Straße
Manchinger Straße
Münchener Straße
Hauptstraße
Neuburger Straße
Ingolstädter Straße
85051
85123
85107
85084

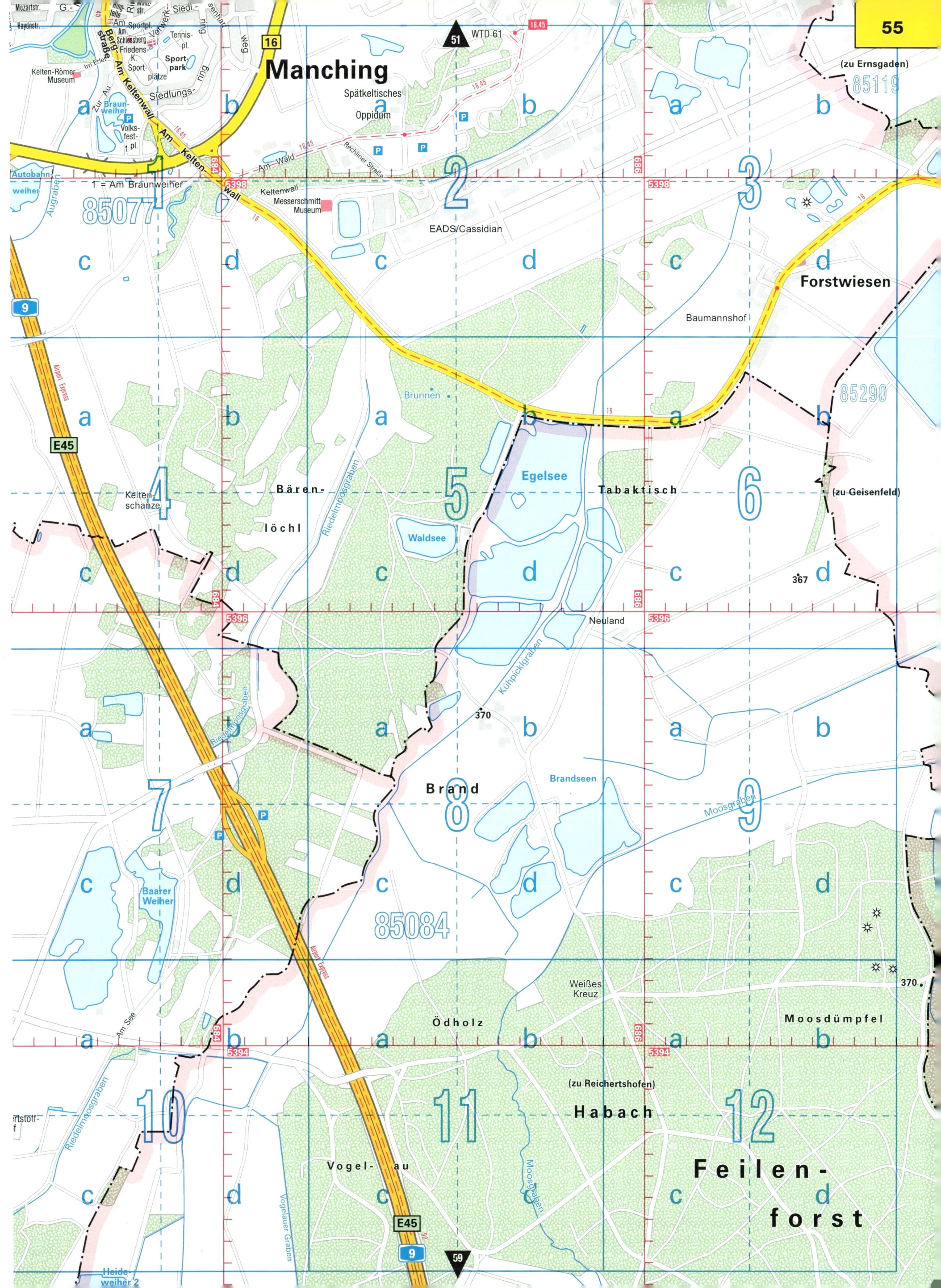

Manching
Spätkeltisches Oppidum
WTD 61
Kelten-Römer Museum
Braunweiher
Volksfestpl.
Sportpark
Tennispl.
Sportplätze
Siedlungsring
Am Keltenwall
Bergstraße
1 = Am Braunweiher
85077
Autobahnweiher
Augraben
Am Wald
Rechliner Straße
Keltenwall
Messerschmitt Museum
EADS/Cassidian
(zu Ernsgaden)
85119
Forstwiesen
Baumannshof
Brunnen
85290
Egelsee
Tabaktisch
(zu Geisenfeld)
Kelten-schanze
Bären-löchl
Riedelmoosgraben
Waldsee
367
Neuland
Kühpicklgraben
370
Brand
Brandseen
Moosgraben
Baarer Weiher
85084
Airport Express
Weißes Kreuz
Ödholz
Moosdümpfel
370
Am See
(zu Reichertshofen)
Habach
Feilen-forst
Vogel-au
Vogelauer Graben
Moosgraben
Heideweiher 2
E45
9
16
51
59

Kleinhohenried
(zu Karlshuld)
52
86668
Hauptkanal
Paartal-Bahn
Pobenhausener Mühlbach
Trat
Ries
378
Schinderb
Ringwall
Kulturdenkmal
Hönighausen
Bavariastraße
Neuburger Straße
Am Bahnhof
Gbf
Naturdenkmal
Niederarnbach
Kaltenherberg
Hasenberg
444
Schloßpl.
Schloß
Naturdenkmal
Schindberg
404
Kaltenherberger Weg
Oberer Dorfweg
Pfaffenhofener Str.
Bahnhofstraße
Pobenhausener Straße
Eichenweg
Reitberger Weg
1 = Am Grasfeld
Naturdenkmal
Asch-
brunn
Mantelberg
441
Naturdenkmal
Mühlbach
Brunnener Straße
Schönbergweg
Naturdenkmal
Kläranlage
Lindbüchel
Sportplatz
Geribauernberg
431
1 = Kiefernweg
2 = St.-Stefan-Straße
Baugebiet
Am Anger
3=Mantelbergweg
Waldstraße
Untere Hauptstr.
Obere Hauptstraße
Friedhof
Kiga
Alte Str.
Lindenstraße
Adelshauser Weg
Albersbachweg
Hochstr.
Kastanienallee
86564
Ingolstädter Straße
Karlshulder Straße
Gewerbering Brunnen
Brunnen
(zu VG Schrobenhausen)
420
Hohenried
Dürrnberg
Mühlfeld
Gröbener Weg
Kiga
Süd
Umgehungsstr.
N.D.
Netzholz
Kalten-
thal
Schneckenlücke
449
Kohlstadt
Tontauben
Schießplatz
Ödberg
442
Hohenwarter Weg
Haidforst
Kaltenthal
Kelten-
schanze
Gurgelabschneiderweg
Giddelberger
Schlag
Siebenweg
64

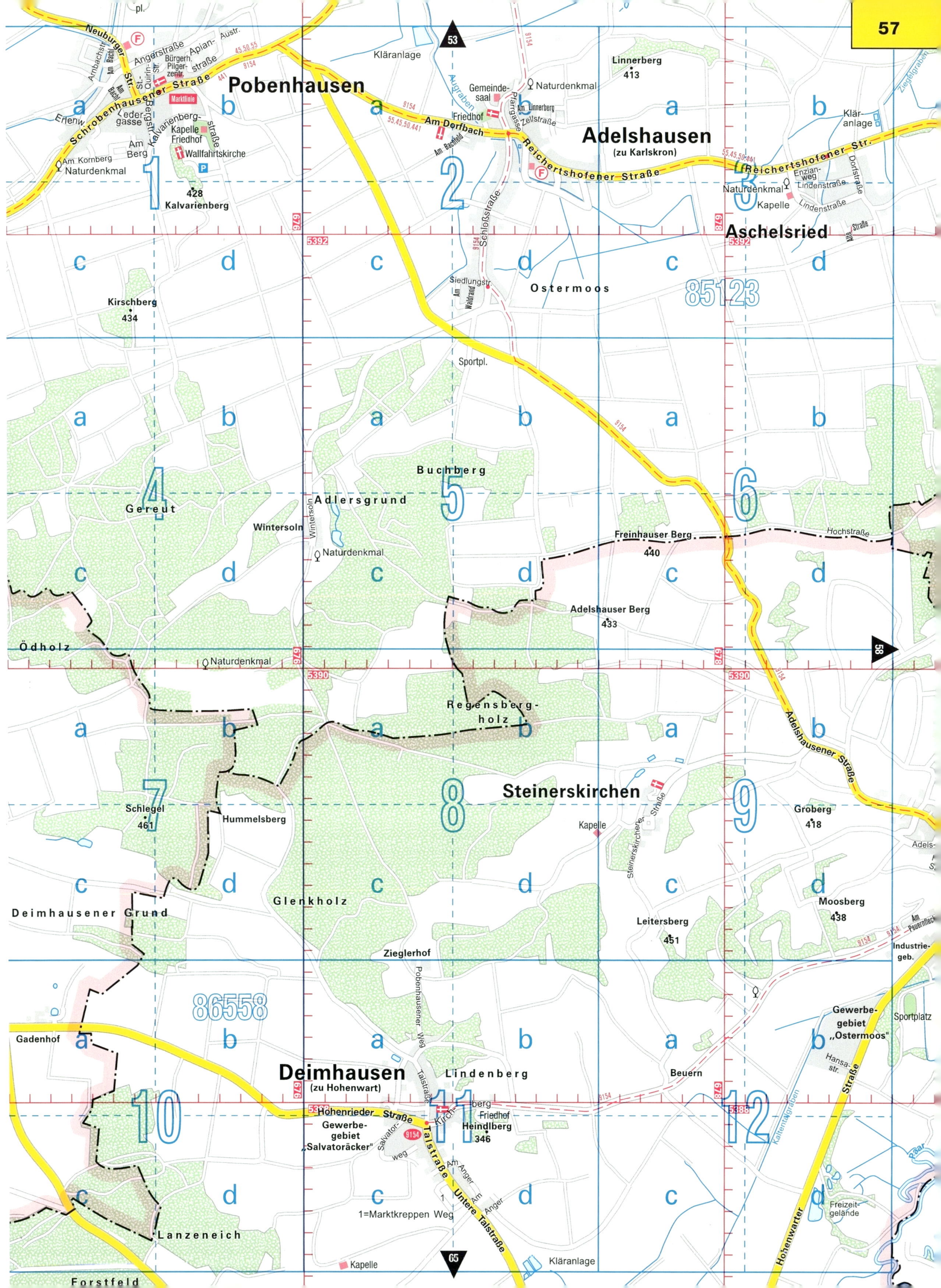

Pobenhausen
Neuburger Str.
Schrobenhausener Straße
Angerstraße
Apianstraße
Kalvarienberg
Kapelle
Friedhof
Wallfahrtskirche
Naturdenkmal
428
Kalvarienberg
Kläranlage
Gemeindesaal
Friedhof
Am Dorfbach
Reichertshofener Straße
Schloßstraße
Siedlungsstr.
Ostermoos
Linnerberg
413
Adelshausen
(zu Karlskron)
Aschelsried
Kapelle
Lindenstraße
Kirschberg
434
85123
Sportpl.
Buchberg
Adlersgrund
Gereut
Wintersoln
Freinhauser Berg
440
Hochstraße
Adelshauser Berg
433
Ödholz
Regensbergholz
Adelshausener Straße
Steinerskirchen
Kapelle
Groberg
418
Schlegel
461
Hummelsberg
Deimhausener Grund
Glenkholz
Leitersberg
451
Moosberg
438
Zieglerhof
Industriegeb.
86558
Gadenhof
Deimhausen
(zu Hohenwart)
Lindenberg
Beuern
Gewerbegebiet „Ostermoos"
Sportplatz
Hohenrieder Straße
Gewerbegebiet „Salvatoräcker"
Friedhof
Heindlberg
346
Talstraße
Untere Talstraße
1=Marktkreppen Weg
Lanzeneich
Freizeitgelände
Hohenwarter Straße
Kapelle
Kläranlage
Forstfeld

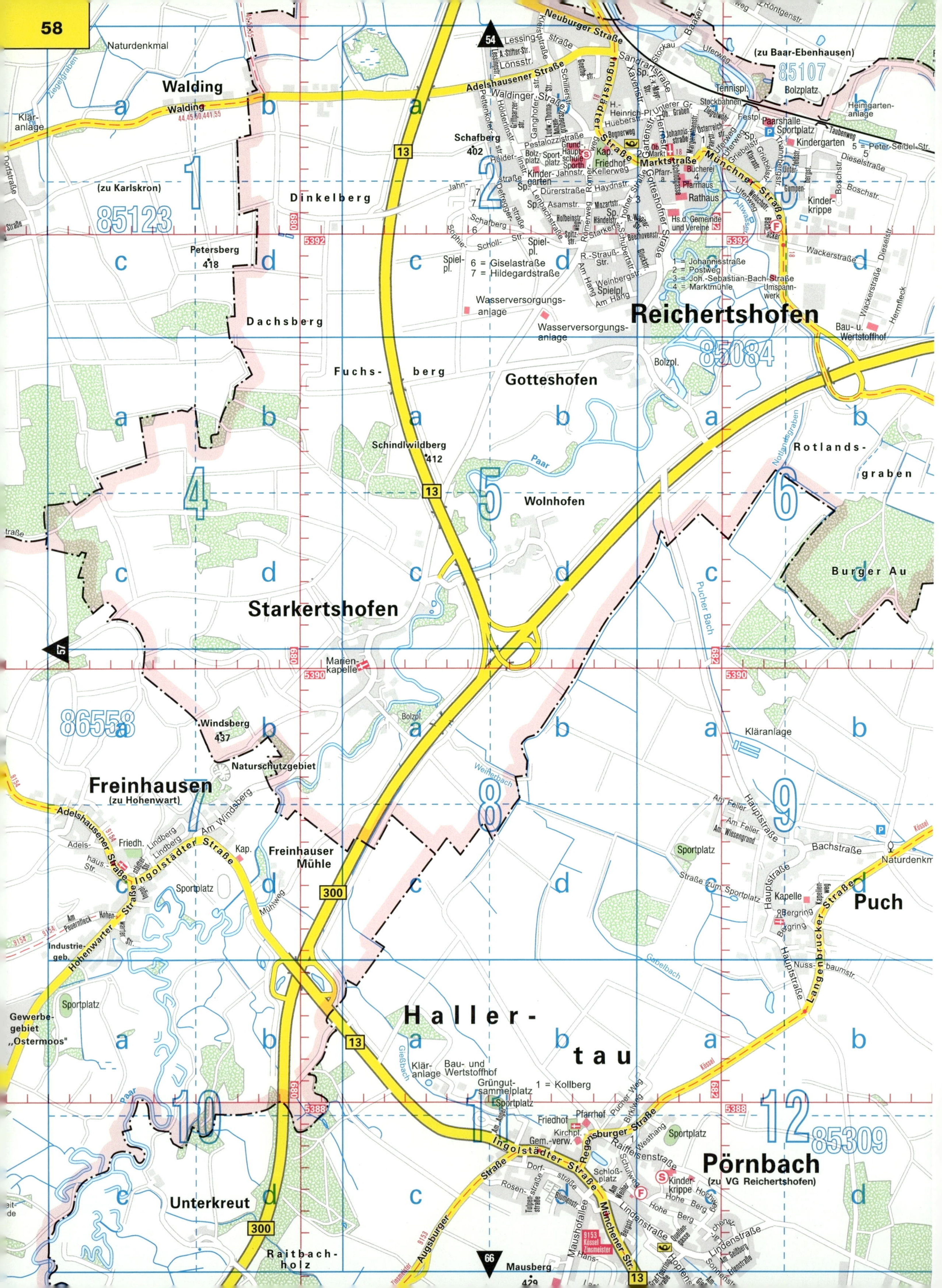
Naturdenkmal
Walding
Kläranlage
(zu Karlskron)
85123
Petersberg
418
Dinkelberg
Dachsberg
Fuchs- berg
Schafberg
402
Adelshausener Straße
Neuburger Straße
Ingolstädter Straße
Marktstraße
Münchner Straße
(zu Baar-Ebenhausen)
85107
Tennispl.
Bolzplatz
Paarshalle
Sportplatz
Kindergarten
Heimgarten-anlage
Peter-Seidel-Str.
Dieselstraße
Boschstr.
Kinder-krippe
Rathaus
Pfarrhaus
Bücherei
Hs.d. Gemeinde und Vereine
Wackerstraße
1 = Johannisstraße
2 = Postweg
3 = Joh.-Sebastian-Bach-Straße
4 = Marktmühle
5 = Peter-Seidel-Str.
6 = Giselastraße
7 = Hildegardstraße
Umspann-werk
Wasserversorgungs-anlage
Reichertshofen
85084
Bau- u. Wertstoffhof
Bolzpl.
Gotteshofen
Schindlwildberg
412
Paar
Wolnhofen
Rotlands-graben
Notlandsgraben
Burger Au
Starkertshofen
Pucher Bach
Marienkapelle
5392
5390
5388
680
682
57
54
66
13
300
86558
Windsberg
437
Naturschutzgebiet
Freinhausen
(zu Hohenwart)
Adelshausener Straße
Ingolstädter Straße
Am Windsberg
Kap.
Freinhauser Mühle
Sportplatz
Industriegeb.
Hohenwarter Straße
Mühweg
Weiherbach
Kläranlage
Am Feller
Hauptstraße
Bachstraße
Naturdenkm
Sportplatz
Straße zum Sportplatz
Kapelle
Bergring
Puch
Langenbrucker Straße
Nussbaumstr.
Gabelbach
Gewerbe-gebiet „Ostermoos"
Sportplatz
Haller-tau
Kläranlage
Bau- und Wertstoffhof
Grüngut-sammelplatz
Sportplatz
1 = Kollberg
Gießbach
Pucher Weg
Birkweg
Friedhof
Pfarrhof
Kirchpl.
Gem.-verw.
Regensburger Straße
Raiffeisenstraße
Sportplatz
Schloßplatz
Kinderkrippe
Pörnbach
(zu VG Reichertshofen)
85309
Hohe Berg
Lindenstraße
Münchener Str.
Augsburger Straße
Maushofallee
Unterkreut
Raitbach-holz
Mausberg
429
1
2
3
4
5
6
7
8
9
10
11
12
a
b
c
d

Freizeitanlage "Heidweiher" Sp. mit Jungenzeltplatz
Heide weiher 2
Heide-weiher 1
Au am Aign
Großholz
Blaues Kreuz
Högermühle
Kläranlage
Höger Straße
Hög
Kinder-garten
Friedhof
Pfarrhof
Forststraße
Schlag-wiesen
Winden am Aign
Kläranlage
Kompostierung und Wertstoffhof
Dörfl
Bolzplatz
Moosgraben
Gabisweg
Fuchsberg
417
Agelsberg
Herr-von-Koch-Straße
Angerstraße
1=Am Dorfweiher
Hauptstraße
Wendenstraße
Sportplatz
Tennispl. u. Stockbahnen Sportplatz
Am Dorf-pl.
Autohof
Anschlussstelle Langenbruck
Kläranlage
8 = Logistikring
Gew. gebiet Ronnweg
Ronnweg
Fahlenbacher Straße
1=Summererweg
Langenbrucker Weg
Kreuzstraße
Bolzplatz
Lechleitel-holz
Seeried
Langenbruck
Dorfstraße
Pfarrhof
Volksschule
Friedhof
Sportplatz
Pörnbacher
1=Bussardstraße
Naturdenkmal
Koschelberg
436
Kalksand-Steinwerk
Hölle
Fuchsberg
Hummelberg
Schützen-verein
Schießstand
Sport-plätze
Tennis-platz
Kirchberg
425
Naturdenkmal Sankt Kastl
Kastlberg
495
Stöffel
Kapelle
Gmeindel
Eigelbach
Bolz-platz
Stockbahn
Vereinsheim
Mandelholz
Ottersried
Friedhof
Gambach (zu Rohrbach)
85296
An der Sulz
Steinlberg
487
E45
9
300
64
5392
5390
5388
55
60
67

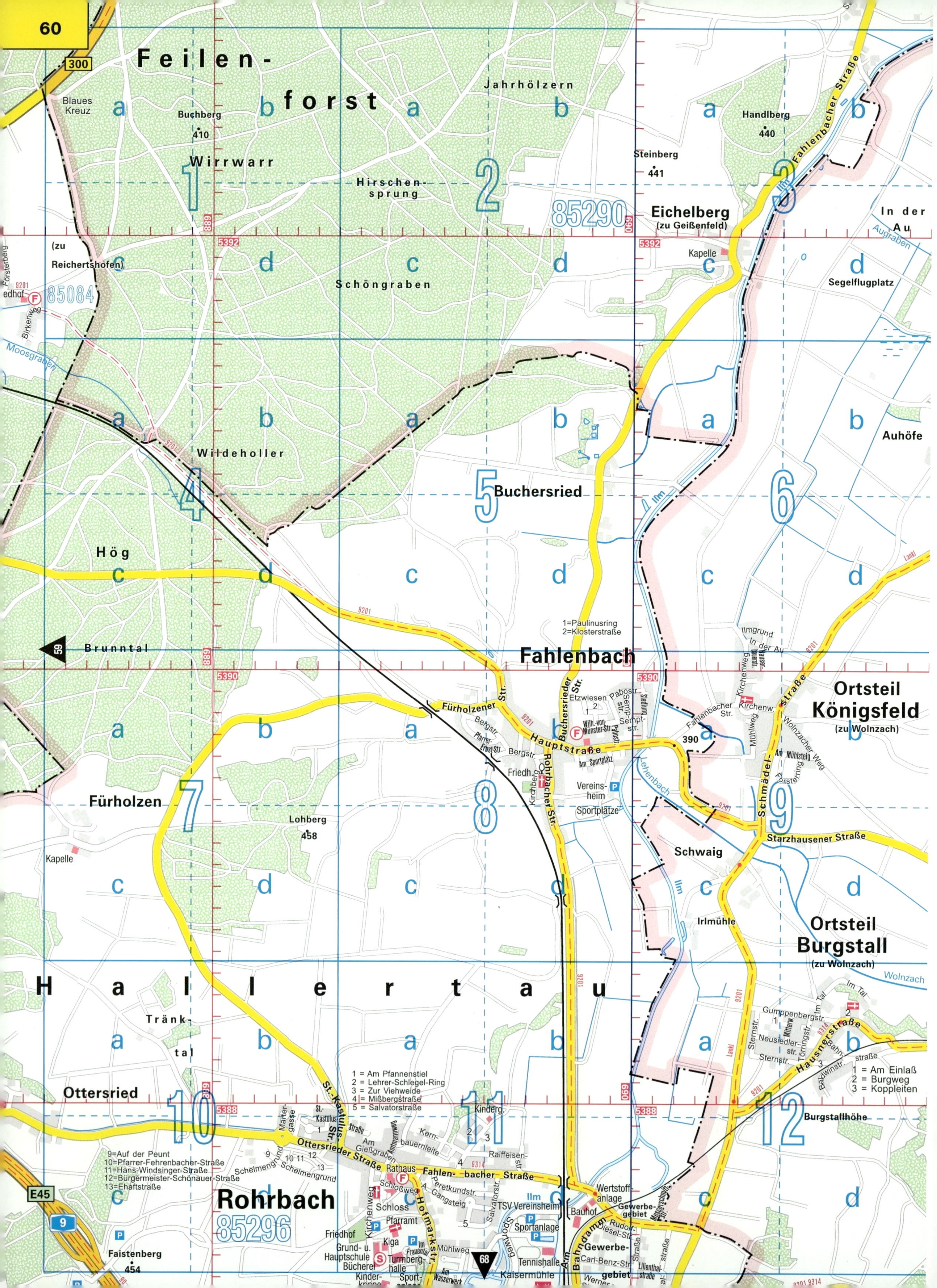
Feilen-forst
Blaues Kreuz
Buchberg 410
Wirrwarr
Hirschen-sprung
Jahrhölzern
Steinberg 441
Handlberg 440
85290
Eichelberg (zu Geißenfeld)
Kapelle
In der Au
Augraben
Segelflugplatz
(zu Reichertshofen)
Schöngraben
85084
Moosgraben
Birkenweg
Wildeholler
Buchersried
Auhöfe
Hög
Brunntal
1=Paulinusring
2=Klosterstraße
Fahlenbach
Fahlenbacher Straße
Ortsteil Königsfeld (zu Wolnzach)
Fürholzener Str.
Hauptstraße
Bergstr.
Friedh.
Rohrbacher Str.
Buchersrieder Str.
Etzwiesen
Vereins-heim
Sportplätze
Lehenbach
390
Fürholzen
Kapelle
Lohberg 458
Schwaig
Starzhausener Straße
Schmädel-Straße
Irlmühle
Ortsteil Burgstall (zu Wolnzach)
Wolnzach
Hallertau
Tränk-tal
Ottersried
1 = Am Pfannenstiel
2 = Lehrer-Schlegel-Ring
3 = Zur Viehweide
4 = Mißbergstraße
5 = Salvatorstraße
Gumppenbergstr.
Hausnerstraße
1 = Am Einlaß
2 = Burgweg
3 = Koppleiten
Burgstallhöhe
9=Auf der Peunt
10=Pfarrer-Fehrenbacher-Straße
11=Hans-Windsinger-Straße
12=Burgermeister-Schönauer-Straße
13=Ehaftstraße
Ottersrieder Straße
Rohrbach
85296
Schloss
Pfarramt
Friedhof
Grund- u. Hauptschule Bücherei
Kiga
Turnhalle
Fahlenbacher Straße
TSV Vereinsheim
Sportanlage
Tennishalle
Kaisermühle
Bauhof
Wertstoffanlage
Gewerbegebiet
Faistenberg 454
E45
9
300
59
68

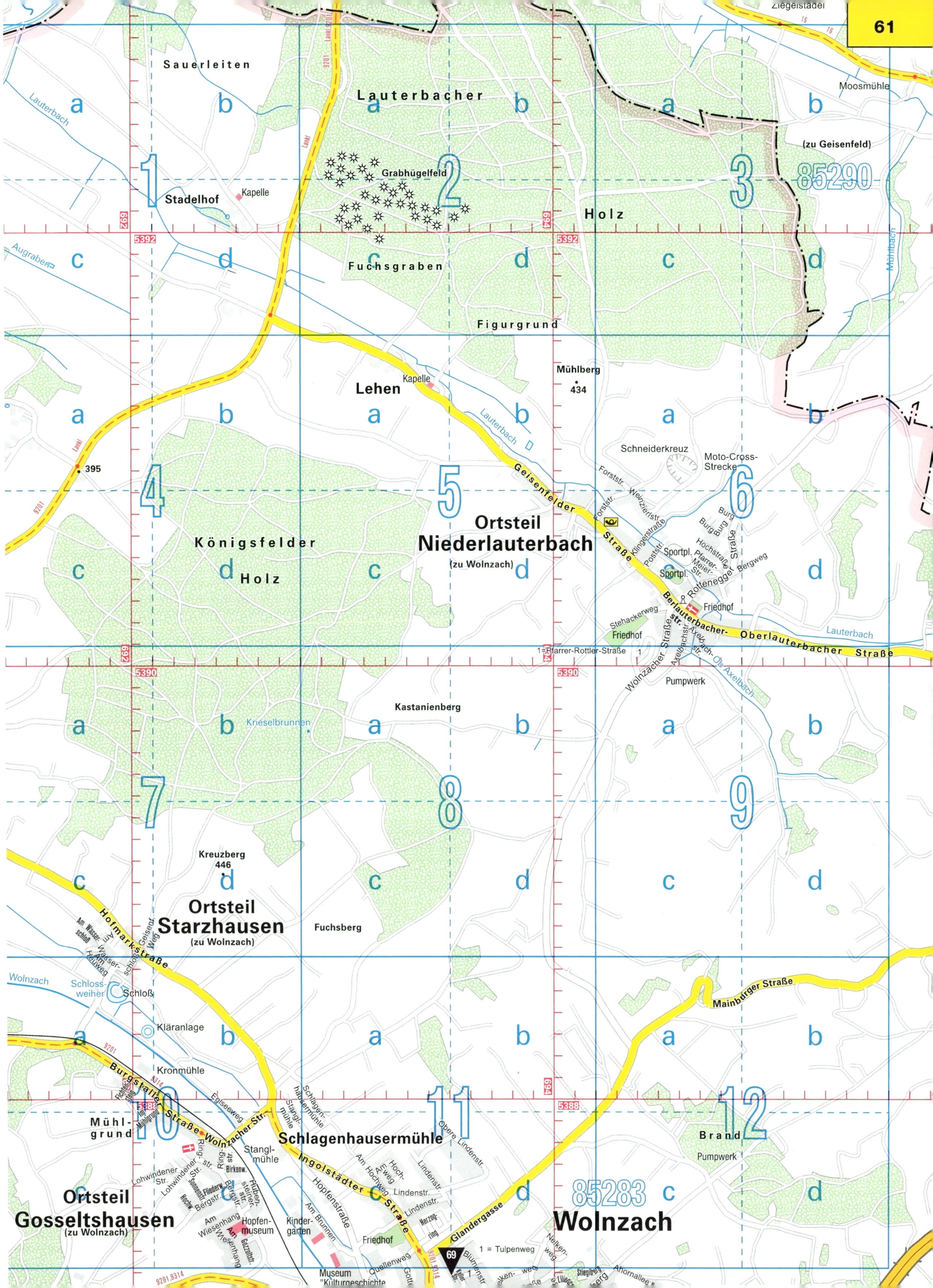

Ziegelstadel
Moosmühle
Sauerleiten
Lauterbach
Lauterbacher
(zu Geisenfeld)
85290
Grabhügelfeld
Stadelhof
Kapelle
Holz
Augraben
Fuchsgraben
Mühlbach
Figurgrund
Mühlberg
434
Lehen
Kapelle
Lauterbach
Schneiderkreuz
Moto-Cross-Strecke
395
Geisenfelder Straße
Ortsteil
Niederlauterbach
(zu Wolnzach)
Königsfelder
Holz
Sportpl.
Friedhof
Berlauterbacher-Str.
Oberlauterbacher Straße
Lauterbach
1=Pfarrer-Rottler-Straße
Wolnzacher Straße
Axelbach
Pumpwerk
Kastanienberg
Krieselbrunnen
Kreuzberg
446
Ortsteil
Starzhausen
(zu Wolnzach)
Fuchsberg
Hofmarkstraße
Wolnzach
Schlossweiher
Schloß
Kläranlage
Mainburger Straße
Kronmühle
Burgstaller Straße
Wolnzacher Str.
Egliseeweg
Mühlgrund
Schlagenhausermühle
Stanglmühle
Brand
Pumpwerk
Ingolstädter Straße
Ortsteil
Gosseltshausen
(zu Wolnzach)
Hopfenmuseum
Kindergarten
Friedhof
Glandergasse
85283
Wolnzach
1 = Tulpenweg
Museum "Kulturgeschichte

86571
Langenmosen
(zu VG Schrobenhausen)
Moosberg
415
Kläranlage
Hohenberg
417
Mülldeponie
Launer Graben
Gipfelberg
408
Naba-fleck
Winkelhausen
Sandizeller Straße
Römerstraße
Neuburger Str.
Schrobenhausener Straße
Berg-im-Gauer-Straße
1=Schneidergasse
2=Goethestraße
3=Kapellenweg
Zur Naba
Jahr-holz
Kastenholz
Heiliggeistholz
452
Hagenauer
Forst
Häsellache
Vogelherd
Sommerau
Gut Weil
Pöttmeser Straße
Ortsteil Steingriff
(zu Schrobenhausen)
Kreis-altenheim
Sportplatz
425
426
74

Zinnfeld
Falterfeld
Höhenfeld
Hubholz
86564
(zu Brunnen)
Ortsteil
Edelshausen
(zu Schrobenhausen)
1=Blumenstr.
Brunnen
Arnbachstraße
Malvenstr.
Rosenstraße
Natur-
denkmal
Kinder-
garten
Figur-
weg
Am
berg
Lang-
Friedhof
Sankt-
Mauritius-
Str.
Kap.
ehem.
Wasser-
schloss
Wasser-
werk
Pullfeldstraße
Straße
Linden
Kapelle
Sommerfeldstraße
Sommerfeldstr.
Bachwiesenweg
Arnbach
Prielfeld
Gaishof
In der Scherau
Kapelle
Sport-
platz
Tennis-
platz
436
Schernauwald
Höhenau
Kapelle
86579
Mini-
golf
SSV Frei-
zeitgelände
450
St.-Bernhard-
Kirche
Königslachen
(zu Schrobenhausen)
Haid a. Rain
(zu Waidhofen)
Sandhof-
siedlung
Schieß-
stand
86529
Schrobenhausen
Paartal-Bahn
Königslachener
Weg
Reit-
halle
Sandhof
Aumühle
Paar
404
Pump-
werk
Seniorenzentrum
Haus
Nikolaus
Friedhof
BRK
Kreis-
krankenhaus
1 = Josef-Sattler-Straße
Kläranlage
An der
Hanfröste
An der
Schanze
Wertstoff-
hof
Stadtteil
Mühlried
(zu Schrobenhausen)
300
Kohlholz
Kleingärten
Gaisberg-
weg
Recycling-
hof
Stadtwerke
Carl-Poellath-Str.
Neuburger Str.
Edelshausener Straße
Regensburger Str.
Königslachener
Högenauer Weg
Arnolds-
mühle
Cityplan S.41
Gutshof
Leinfelder
Ingolstädter Str.
Alte Dorfstraße
Mitter-
Erlenweg
Ulmenweg
Tannen-
weg
Sportheim
Tennis-
platz
Sport-
plätze
Pfarrzentr.
Kiga
Spielpl.
Rinderhofer Breite
Rudolf-
Diesel-
Str.
14=Xaver-Haas-
Straße
2=Kiefernweg
3=Am Griesgraben
5=Bürgermeister-Neff-Weg
Rinderhof
Schrobenhausen
Dürerstr.
Keplerstr.
Schützen-
Perger-
M.-Luther-
Mühlrieder
August-Böhm-Str.
M.-Sommer-Str.
Bgm.-Götz-Str.
Lindenstr.
Gutshof
Birken-
weg
Flieder-
str.
Gartenstr.
St.-Ursula-Str.
Schön-
Neuer W.
64
75

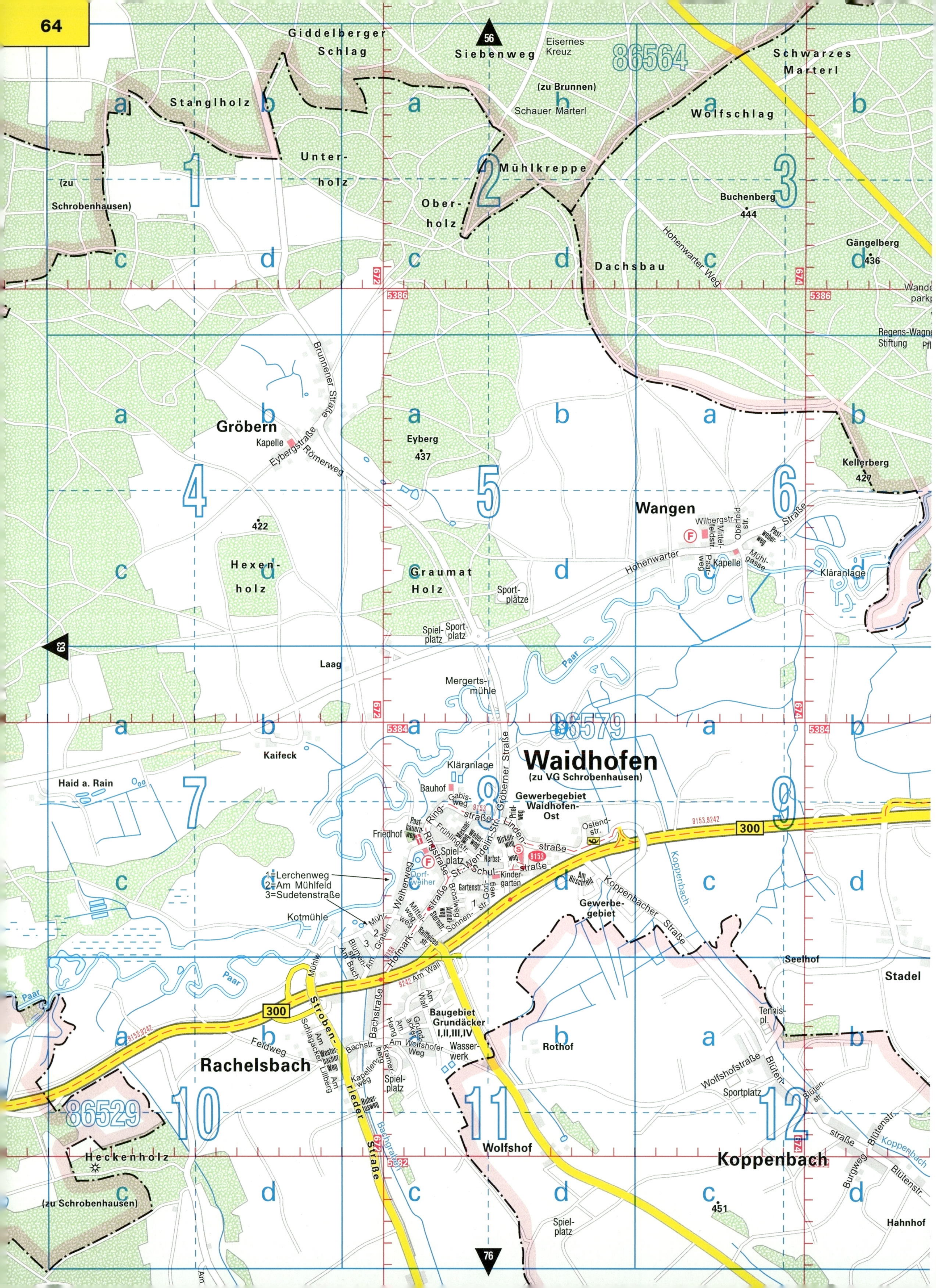
Giddelberger Schlag
Siebenweg
Eisernes Kreuz
86564
Schwarzes Marterl
Stanglholz
(zu Brunnen)
Schauer Marterl
Wolfschlag
Unter-holz
Mühlkreppe
(zu Schrobenhausen)
Ober-holz
Buchenberg
444
Gängelberg
436
Dachsbau
Hohenwarter Weg
5386
672
674
Wandelpark
Regens-Wagner-Stiftung
Brunnener Straße
Gröbern
Kapelle
Eybergstraße
Römerweg
Eyberg
437
Kellerberg
427
422
Wangen
Wilbergstr.
Mittelfeldstr.
Oberfeldstr.
Postweberweg
Straße
Paarweg
Kapelle
Mühlgasse
Kläranlage
Hohenwarter
Hexenholz
Graumat Holz
Sportplätze
Spielplatz
Sportplatz
63
Laag
Paar
Mergertsmühle
5384
Kaifeck
86579
Waidhofen
(zu VG Schrobenhausen)
Kläranlage
Gröberner Straße
Haid a. Rain
Bauhof
Gabisweg
Ringstraße
Priel-weg
Gewerbegebiet Waidhofen-Ost
Ostendstr.
Linden-straße
Friedhof
Postbauernweg
Frühlingsstr.
Spielplatz
Birkenweg
Herbst.
Schulstraße
Kindergarten
St.-Wendelin-Str.
300
Dorfweiher
1=Lerchenweg
2=Am Mühlfeld
3=Sudetenstraße
Weiherweg
Gartenstr.
Brosiweg
Am Hirschfeld
Koppenbacher Straße
Koppenbach
Gewerbegebiet
Kotmühle
Mühlw.
Graben
Hofmark
Raiffeisenstr.
Sonnenstr.
Am Bach
Blumenstr.
Am Wall
Seelhof
Stadel
Paar
Bachstraße
Baugebiet Grundäcker I,II,III,IV
Feldweg
Strobenrieder Straße
Am Schlagacker
Am Westerbacher Weg
Lilberg
Rachelsbach
Bachstr.
Kapellenweg
Kramerberg
Hang
Am Wolfshofer Weg
Wasserwerk
Spielplatz
Huberusweg
Rothof
Tennispl.
Wolfshofstraße
Blütenstraße
Sportplatz
Blütenstr.
86529
Heckenholz
(zu Schrobenhausen)
Wolfshof
Koppenbach
Burgweg
Blütenstr.
451
Spielplatz
Hahnhof
76
Am

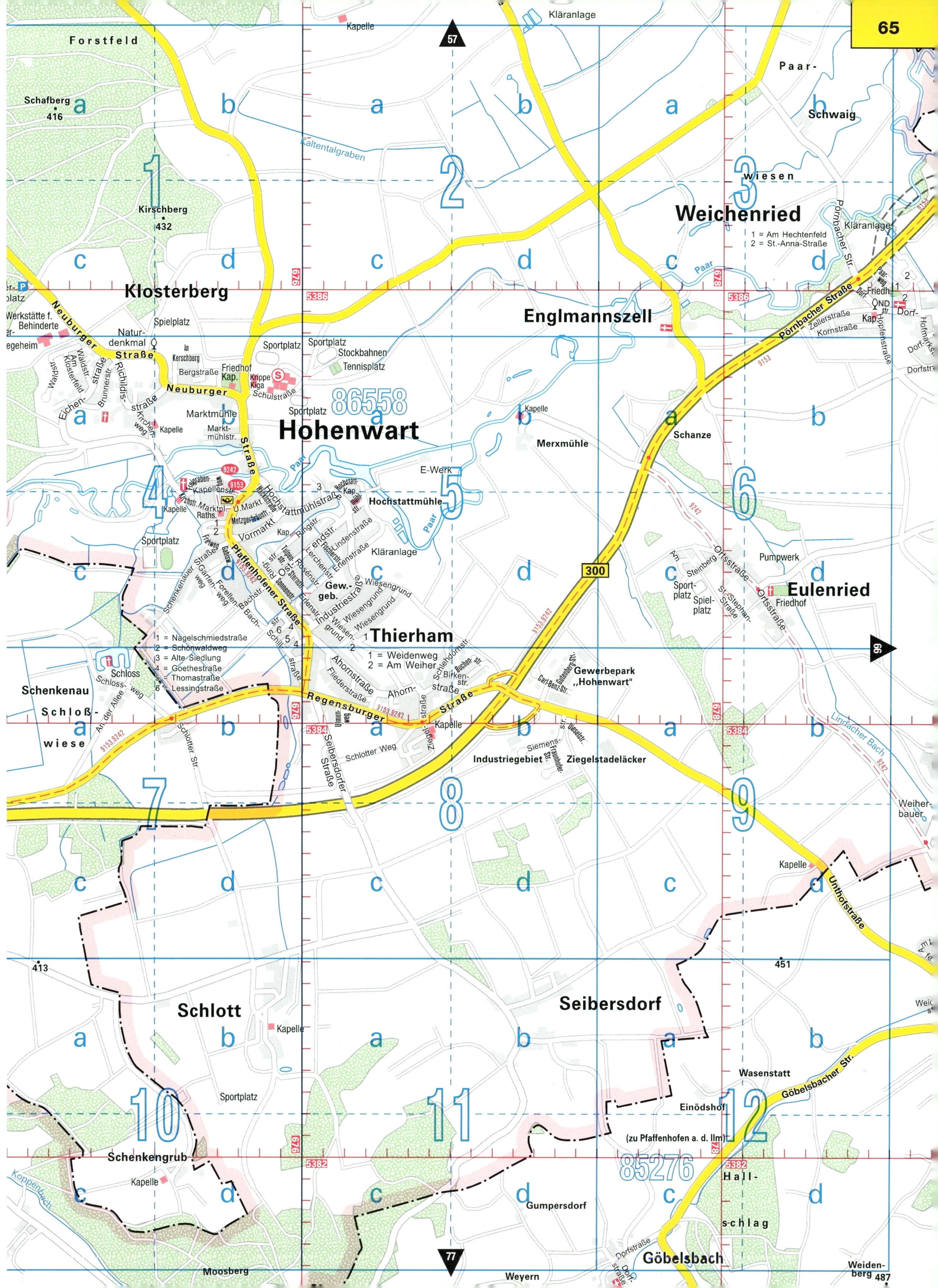
Forstfeld
Schafberg
416
Kirschberg
432
Klosterberg
Werkstätte f. Behinderte
Neuburger Straße
Spielplatz
Naturdenkmal
Sportplatz
Stockbahnen
Tennisplatz
Friedhof
Kap.
Krippe
Kiga
Schulstraße
Bergstraße
Marktmühle
Marktmühlstr.
Kapelle
86558
Hohenwart
Paar
E-Werk
Hochstattmühle
Hochstattmühlstraße
Kläranlage
Gew.-geb.
Wiesengrund
Industriestraße
Thierham
1 = Weidenweg
2 = Am Weiher
1 = Nagelschmiedstraße
2 = Schönwaldweg
3 = Alte Siedlung
4 = Goethestraße
5 = Thomastraße
6 = Lessingstraße
Schloss
Schlossweg
Schenkenau
Schloß-wiese
An der Allee
Schlotter Str.
Regensburger Straße
Pfaffenhofener Straße
Seibersdorfer Straße
Schlotter Weg
Ahornstraße
Friederstraße
Birkenstraße
Industriegebiet
Ziegelstadeläcker
Gewerbepark „Hohenwart"
Merxmühle
Schanze
Kaltentalgraben
Kläranlage
Englmannszell
Weichenried
1 = Am Hechtenfeld
2 = St.-Anna-Straße
Paar-Schwaig
wiesen
Pörnbacher Straße
Pörnbacher Str.
Zellerstraße
Kornstraße
Hopfenstraße
Dorfstraße
Pumpwerk
Eulenried
Friedhof
Ortsstraße
Am Steinberg
Sportplatz
Spielplatz
Lindacher Bach
Weiherbauer
Unthofstraße
300
Kapelle
413
451
Schlott
Seibersdorf
Sportplatz
Wasenstatt
Einödshof
(zu Pfaffenhofen a. d. Ilm)
Göbelsbacher Str.
85276
Schenkengrub
Kapelle
Koppenbach
Gumpersdorf
Hall-schlag
Göbelsbach
Dorfstraße
Moosberg
Weyern
Weidenberg
487
57
69
77
5386
5384
5382
678
679
9153
9242

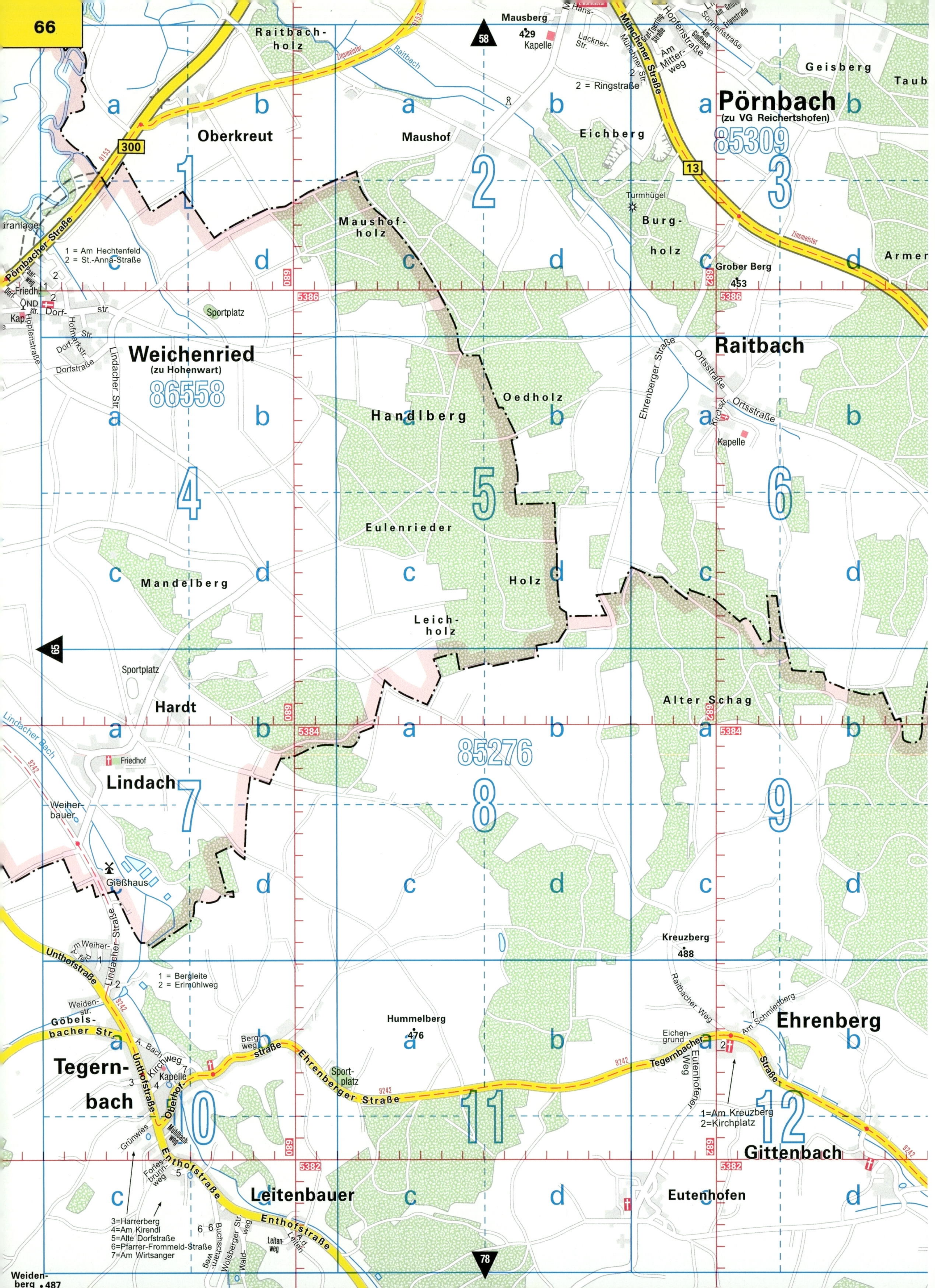
58
65
78
Raitbach-holz
Oberkreut
Maushof
Mausberg
429
Kapelle
Pörnbach
(zu VG Reichertshofen)
85309
Geisberg
Eichberg
Turmhügel
Burg-holz
Grober Berg
453
Maushof-holz
1 = Am Hechtenfeld
2 = St.-Anna-Straße
2 = Ringstraße
Pörnbacher Straße
Münchener Straße
Hopfenstraße
Sonnenstraße
Lackner-Str.
Am Mitter-weg
Sportplatz
Weichenried
(zu Hohenwart)
86558
Lindacher Str.
Dorfstraße
Raitbach
Ehrenberger Straße
Ortsstraße
Kapelle
Handlberg
Oedholz
Eulenrieder
Holz
Leich-holz
Mandelberg
Sportplatz
Hardt
Alter Schag
Lindach
Friedhof
Weiher-bauer
Gießhaus
85276
Lindacher Bach
Kreuzberg
488
Raitbacher Weg
Hummelberg
476
1 = Bergleite
2 = Erlmühlweg
Ehrenberg
Am Schmiedberg
Eichen-grund
Tegernbacher Straße
Eutenhofener Weg
1=Am Kreuzberg
2=Kirchplatz
Gittenbach
Eutenhofen
Tegern-bach
Göbels-bacher Str.
Unterhofstraße
Untere Straße
Kirchweg
Kapelle
Oberhof-straße
Ehrenberger Straße
Sport-platz
Berg-weg
Enthofstraße
Leitenbauer
Grünwies
3=Harrerberg
4=Am Kirendl
5=Alte Dorfstraße
6=Pfarrer-Frommeld-Straße
7=Am Wirtsanger
Weiden-berg 487
300
13
9242
1
2
3
4
5
6
7
8
9
10
11
12

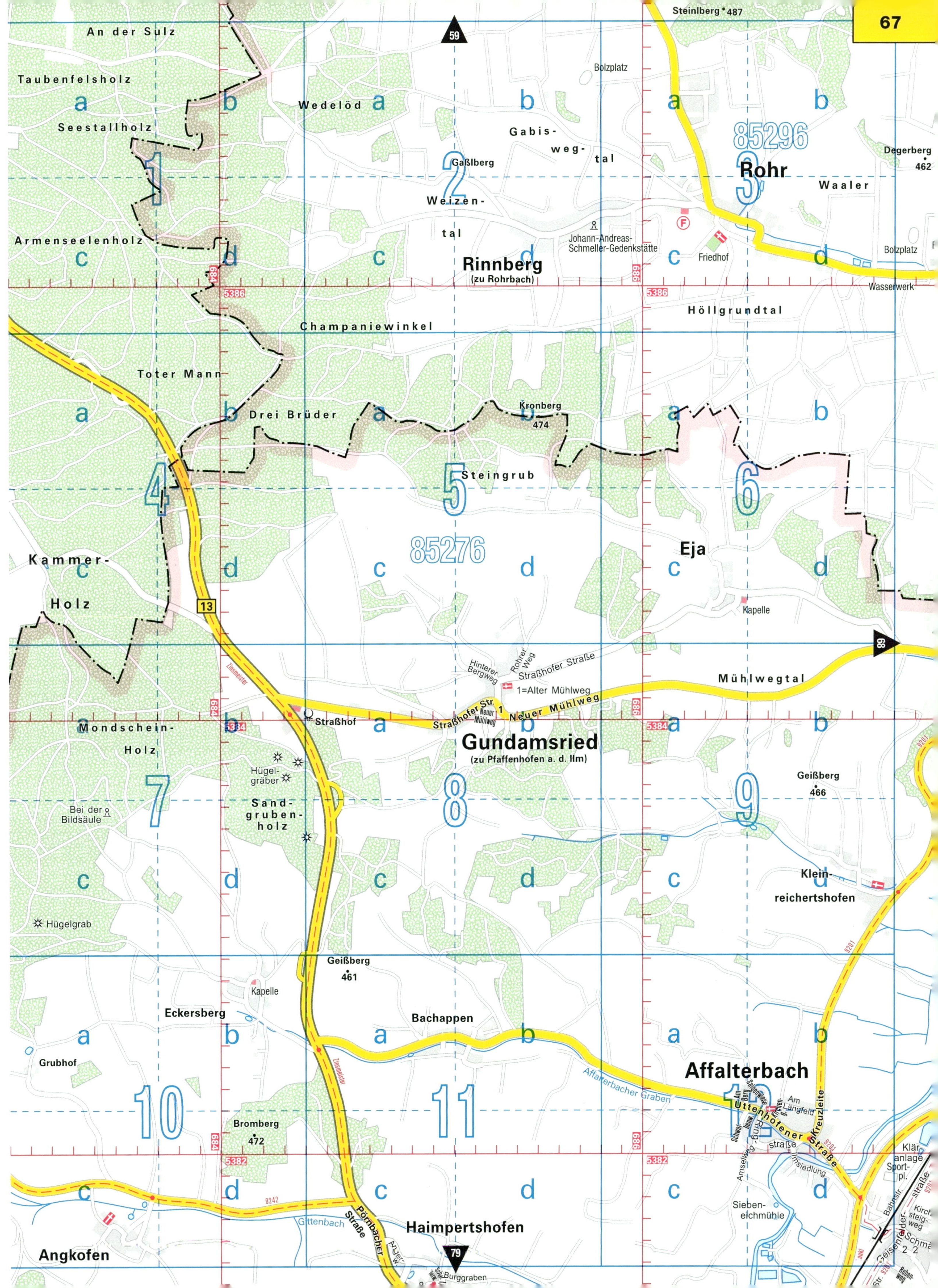

59
Steinlberg 487
An der Sulz
Taubenfelsholz
Seestallholz
Wedelöd
Bolzplatz
Gabis-
weg-
tal
85296
Rohr
Degerberg
462
Waaler
Gaßlberg
Weizen-
tal
Johann-Andreas-
Schmeller-Gedenkstätte
Friedhof
Bolzplatz
Armenseelenholz
Rinnberg
(zu Rohrbach)
Wasserwerk
Höllgrundtal
Champaniewinkel
Toter Mann
Drei Brüder
Kronberg
474
Steingrub
85276
Eja
Kammer-
Holz
13
Kapelle
69
Hinterer
Bergweg
Rohrer
Weg
Straßhofer Straße
1=Alter Mühlweg
Mühlwegtal
Straßhof
Straßhofer Str.
Neuer Mühlweg
Gundamsried
(zu Pfaffenhofen a. d. Ilm)
Mondschein-
Holz
Hügel-
gräber
Sand-
gruben-
holz
Geißberg
466
Bei der
Bildsäule
Klein-
reichertshofen
Hügelgrab
Geißberg
461
Kapelle
Eckersberg
Bachappen
Grubhof
Affalterbach
Affalterbacher Graben
Uttenhofener
Kreuzleite
Am Längfeld
Straße
Anselweg
Insiedlung
Klär-
anlage
Sport-
pl.
Bromberg
472
Sieben-
eichmühle
Bahnstr.
Kirch-
steig-
weg
Angkofen
Ottenbach
Pörnbacher
Straße
Haimpertshofen
79
Burggraben
1
2
3
4
5
6
7
8
9
10
11
12

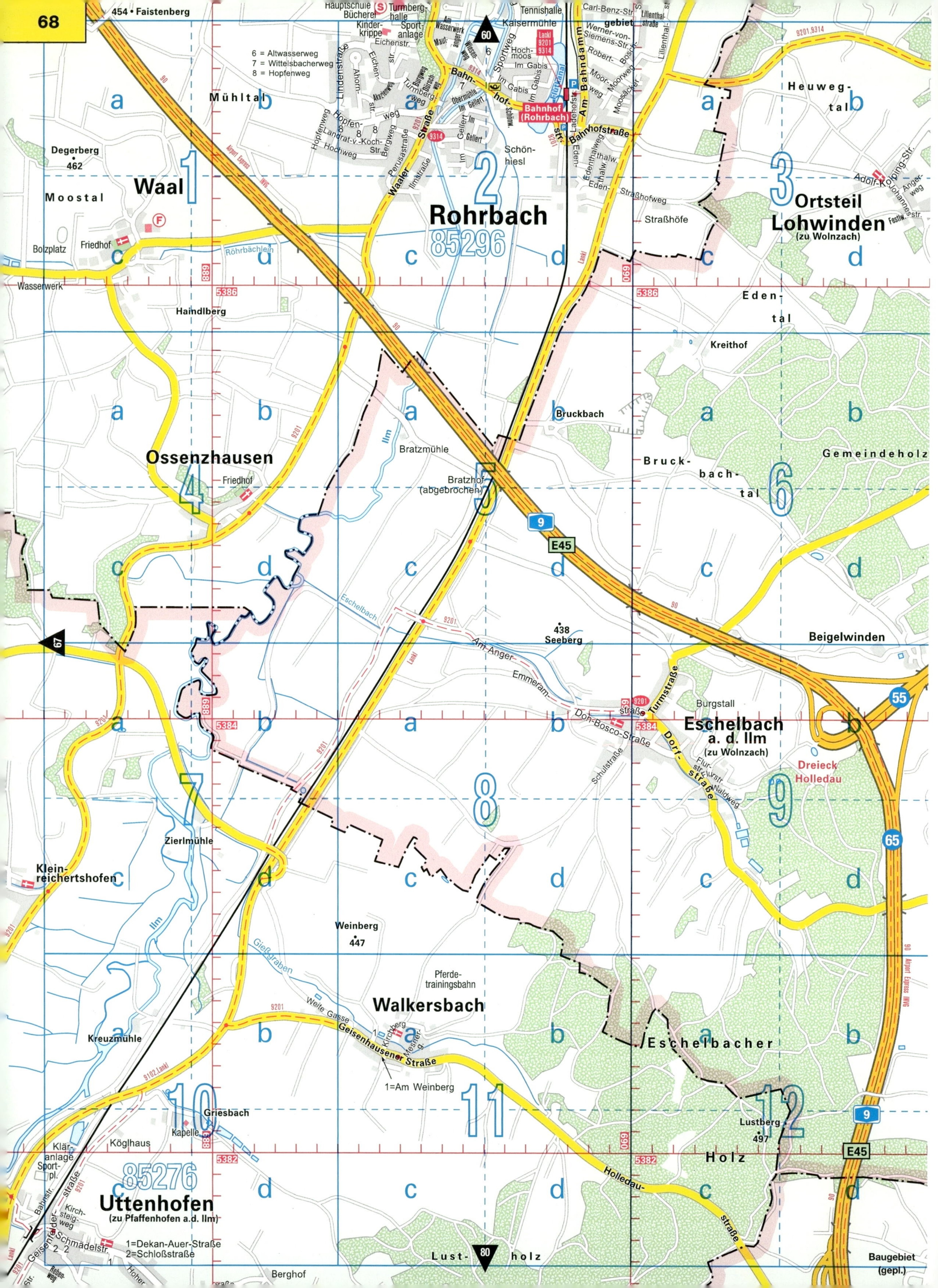

454 • Faistenberg
6 = Altwasserweg
7 = Wittelsbacherweg
8 = Hopfenweg
Mühltal
Degerberg
462
Waal
Moostal
Bolzplatz
Friedhof
Wasserwerk
Röhrbächlein
Haindlberg
Rohrbach
85296
Bahnhof (Rohrbach)
Schönhiesl
Tennishalle
Kaisermühle
Straßhöfe
Heuwegtal
Ortsteil Lohwinden
(zu Wolnzach)
Edental
Kreithof
Bruckbach
Bruckbachtal
Gemeindeholz
Ossenzhausen
Friedhof
Bratzmühle
Bratzhof (abgebrochen)
Ilm
Eschelbach
438
Seeberg
Beigelwinden
Burgstall
Eschelbach a. d. Ilm
(zu Wolnzach)
Dreieck Holledau
Zierlmühle
Kleinreichertshofen
Weinberg
447
Pferdetrainingsbahn
Walkersbach
1=Am Weinberg
Kreuzmühle
Griesbach
Kapelle
Köglhaus
Kläranlage
Sportpl.
85276
Uttenhofen
(zu Pfaffenhofen a.d. Ilm)
1=Dekan-Auer-Straße
2=Schloßstraße
Eschelbacher Holz
Lustberg
497
Lustholz
Berghof
Baugebiet (gepl.)
Hollendaustraße
60
67
80
E45

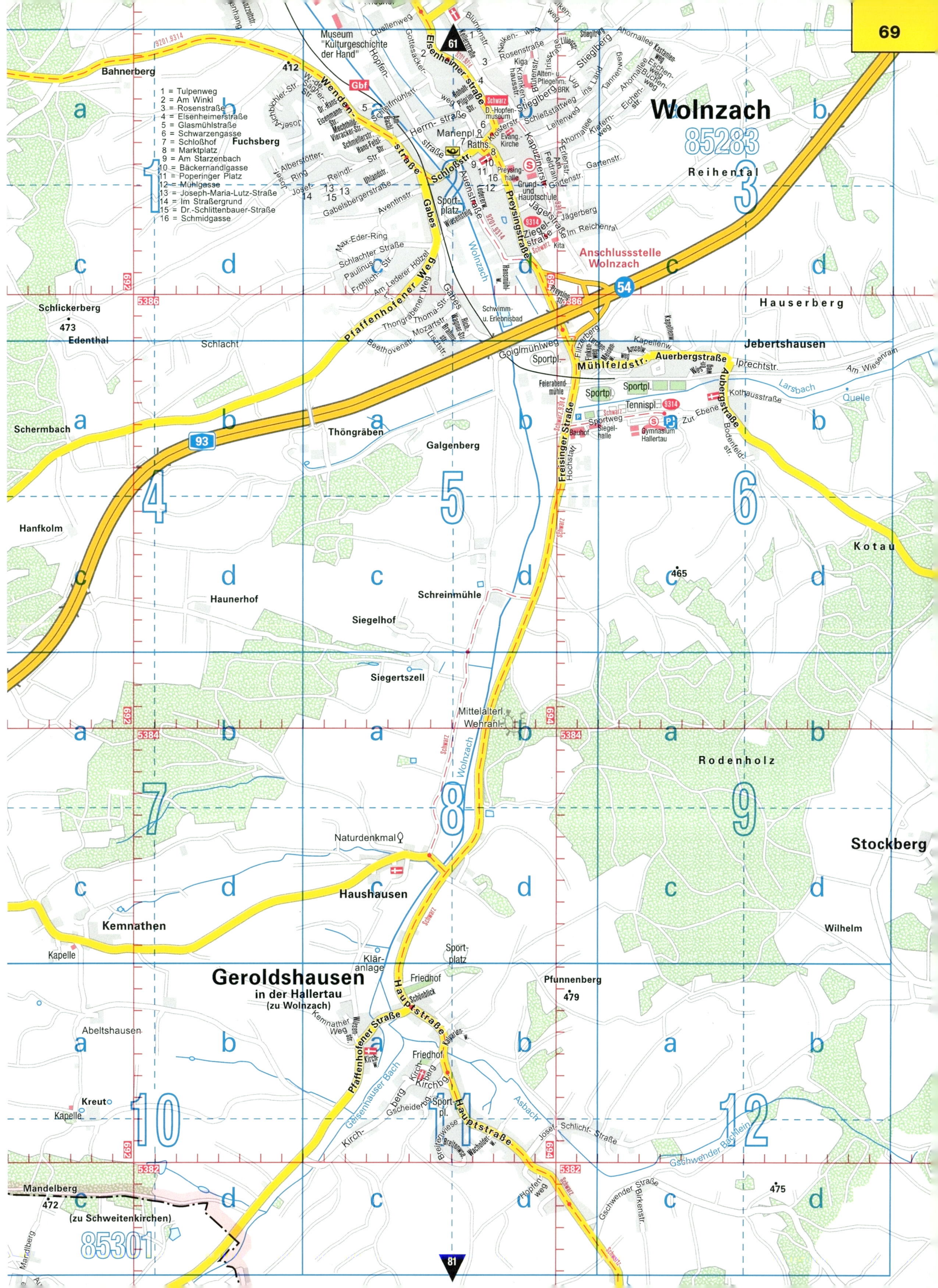
Wolnzach
85283
1 = Tulpenweg
2 = Am Winkl
3 = Rosenstraße
4 = Elsenheimerstraße
5 = Glasmühlstraße
6 = Schwarzengasse
7 = Schloßhof
8 = Marktplatz
9 = Am Starzenbach
10 = Bäckernandlgasse
11 = Poperinger Platz
12 = Mühlgasse
13 = Joseph-Maria-Lutz-Straße
14 = Im Straßergrund
15 = Dr.-Schlittenbauer-Straße
16 = Schmidgasse
Museum "Kulturgeschichte der Hand"
Bahnerberg
412
Fuchsberg
Reihental
Anschlussstelle Wolnzach
54
Hauserberg
Schlickerberg
473
Edenthal
Schlacht
Jebertshausen
Schermbach
93
Thöngräben
Galgenberg
Hanfkolm
Kotau
465
Haunerhof
Schreinmühle
Siegelhof
Siegertszell
Mittelalterl. Wehranl.
Rodenholz
Naturdenkmal
Stockberg
Haushausen
Kemnathen
Kapelle
Wilhelm
Geroldshausen
in der Hallertau
(zu Wolnzach)
Pfunnenberg
479
Abeltshausen
Kreut
Mandelberg
472
(zu Schweitenkirchen)
85301
475
Wendenstraße
Pfaffenhofener Weg
Elsenheimer Straße
Preysingstraße
Stieglberg
Schloßstr.
Freisinger Straße
Mühlfeldstr.
Auerbergstraße
Iprechtstr.
Kothausstraße
Am Wiesenrain
Larsbach
Quelle
Sportpl.
Tennispl.
Gymnasium Hallertau
Bauhof
Feierabend-mühle
Goiglmühlweg
Schwimm- u. Erlebnisbad
Wolnzach
Hauptstraße
Pfaffenhofener Straße
Kemnather Weg
Friedhof
Kläranlage
Sport-platz
Asbach
Geisenhauser Bach
Gschwender Bächlein
Gschwender Straße
Birkenstr.
Josef-Schlicht-Straße
Hopfenweg
61
81

Furth
84095
84107
84079
Vordersteig
Schlucking
Dorfmühle
(zu Weihmichl)
Mitterhaid
Hinterhaid
Vorderhaid
Wasserturm
Feldmann
Reisgang
3 = Nußbaumstraße
4 = Holunderstr.
5=Am Pfarrfeld
Siedlung Entwies
Maristen Gymnasium
Kloster
Kiga
Pfarrhof
Gem.-verw.
5=Am Rathaus
Rannertshofen
Schatzhofen
Mühlhof
Landshuter Straße
Neuhauser Straße
Klosterstraße
Hauptstr.
Sportplatz
Stockbahnen
Caritas Altenheim
Kläranlage
Kindsmühle
Niederarth
Furtner Bach
Further Bach
Mühlbach
Hügelgrab
Entwies
Frohnberg
1=Beim Jägerwirt
2=Weidenweg
3=Brunnenstraße
4=Erlenweg
Friedhof
Höllkreut
Kiesgrube
Hebenstreit
Hochkreut
Schlagmann
Edlmannsberg
Attenhauser Straße
Kreutulrich
Kreutbartl
Berghaus
Unterpisat
Buchgraben
Oberpisat
Eckenhausen
Schlagkreuth
Stubenreith
Kollmann
Kreut
Buchberg
Hack
Buch
Langmaier
Solomann
Boybeck
Gredhaus
Pörndorf
Sportpl.
Attenhausen
(zu Bruckberg)
Asang
Beutelhausen
Hochstraße
1 = Sternstraße
Echenlohe
Hopfenstraße
Sonnen-
Angerweg
Wasserwerk
Hader
Winklmaier
Am Kornfeld
Reichersdorf
Hetzenweb
Bachhorn
Kehlhof
Prügelried
Reith
Oberlenghart
Kapelle
Tondorf

82

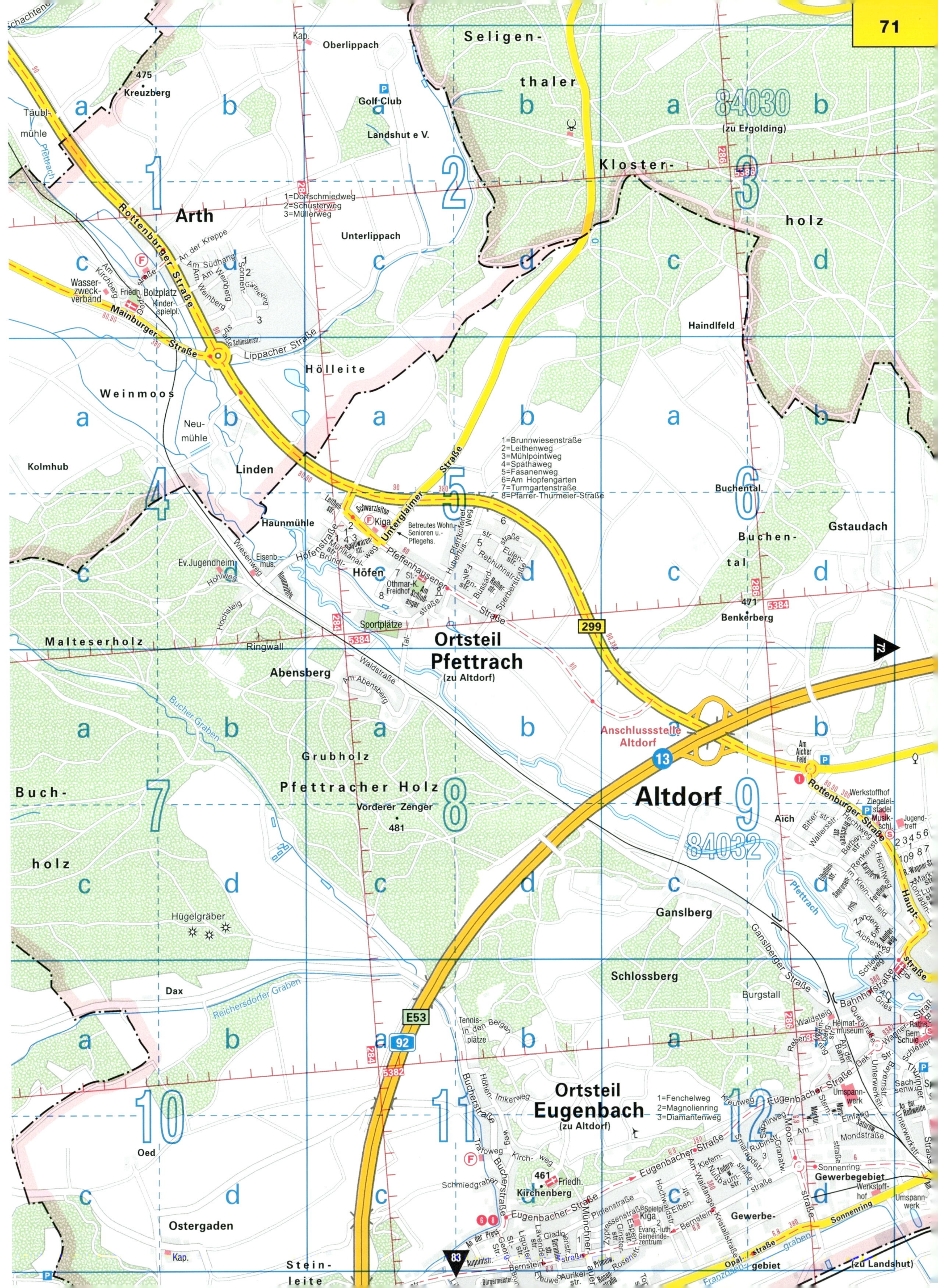

Oberlippach
Seligen-
thaler
Golf-Club
Landshut e V.
84030
(zu Ergolding)
Kloster-
holz
Kreuzberg
475
Täubl-
mühle
Arth
1=Dorfschmiedweg
2=Schusterweg
3=Müllerweg
Unterlippach
Rottenburger Straße
Mainburger Straße
Lippacher Straße
Haindlfeld
Hölleite
Weinmoos
Neu-
mühle
Linden
Kolmhub
Haunmühle
Unterglaimer Straße
1=Brunnwiesenstraße
2=Leithenweg
3=Mühlpointweg
4=Spathaweg
5=Fasanenweg
6=Am Hopfengarten
7=Turmgartenstraße
8=Pfarrer-Thurmeier-Straße
Buchental
Buchen-
tal
Gstaudach
Benkerberg
471
Ev.Jugendheim
Höfen
Pfeffenhausener Straße
Sportplätze
Malteserholz
Ringwall
Abensberg
Ortsteil
Pfettrach
(zu Altdorf)
299
Anschlussstelle
Altdorf
13
Grubholz
Pfettracher Holz
Vorderer Zenger
481
Buch-
holz
Altdorf
84032
Aich
Ganslsberg
Hügelgräber
Schlossberg
Burgstall
Dax
Reichersdorfer Graben
E53
92
Ortsteil
Eugenbach
(zu Altdorf)
1=Fenchelweg
2=Magnolienring
3=Diamantenweg
Oed
Ostergaden
Kirchenberg
461
Gewerbegebiet
Eugenbacher Straße
Stein-
leite
(zu Landshut)

Reitberg
Feldbach
Kopfham
Galgenberg
444
Hart-
tal
Kreuth
Hart
Stehberg
Stehberg
(Steberlberg)
Brenneisen
Bauhof
Seligenthaler Klosterholz
Gstaudach
Am
Klosterholz
Klosterholzweg
Anschlussstelle
Landshut-Nord
Almenhof
E53
92
14
299
5386
5384
Ergolding
84030
Friedhof
Peters-
kirche
Lindenstraße
Landshuter Str.
Kiga
am Bründl
Schinderbach
1=Postwirtstraße
2=Pf.-Kienberger-Straße
3=An der Bachweide
Mattarelloallee
Altdorfer Straße
Baugebiet
"Zwischen den Bahnen"
Am Industriegleis
Industriegebiet
Ergolding
Industrie-
gebiet
Nord
Konrad-Adenauer-Straße
Industriestraße
Siemensstr.
Bauhof des
Straßen-
bauamtes
Hascherkeller
Am Banngraben
Schlacht-
hof
Postfracht-
zentrum
Bayerwald-
siedlung
1=Falkensteinstraße
2=Zwieseler Straße
19=Felix-Dahn-Straße
20=August-Sperl-Straße
21=Ina-Seidel-Straße
22=Clara-Viebig-Straße
23=Johann-Schmeller-Straße
24=Joseph-Schlicht-Straße
25=Ricarda-Huch-Straße
26=Paul-Heyse-Straße
27=Franz-von-Kobell-Straße
28=Prälat-Schweiger-Weg
29=Amalienstraße
30=Margarethenstraße
1=Pfarrer-Simon-Huber-Straße
2=Johannes-Brahms-Weg
3=Paul-Hindemith-Weg
4=Gustav-Mahler-Weg
5=Antonio-Vivaldi-Weg
6=Robert-Schumann-Weg
7=Pfarrer-Johann-Haderer-Straße
8=Giuseppe-Verdi-Straße
9=Frederic-Chopin-Straße
10=Maurice-Ravel-Straße
11=Hadrianstraße
12=Hauslweg
13=Bertold-Brecht-Straße
14=Lessingweg
15=Uhlandstraße
16=Metzgergasse
17=Bäckergasse
18=Augustusstraße
84032
Altdorf
Friedhof
St.-Wolfgang-
Siedlung
Kleingärten
Altdorfer
Straße
Ergoldinger Straße
Sportanl.
ETSV
09
Sporthalle
3=Feuerbachstraße
Eichamt
Hofmark-Aich-Straße
Regensburger
Brücke
Äußere Regensburger Straße
Sportzentrum
Bauhof
Markt Altdorf
2=Bürgermeister-Preißer-Ring
Pumpwerk
Bauamtliche
Betriebe
Gewerbegebiet
Umspann-
werk
Äußere Parkstraße
Park-
straße
1=Wilhelm-Dieß-Str.
Oberndorfer-
straße
Landshut (Bay.)
Hbf.
ZOB
Berliner
Brücke
Mainburger
Brücke
Seligenthaler
Str.
Nikola
84034
Löschen-
brand
2=Robert-Stolz-Weg
Bahnbetriebswerk
Luitpoldstr.
Rupprechtstr.
Nikolastr.
84

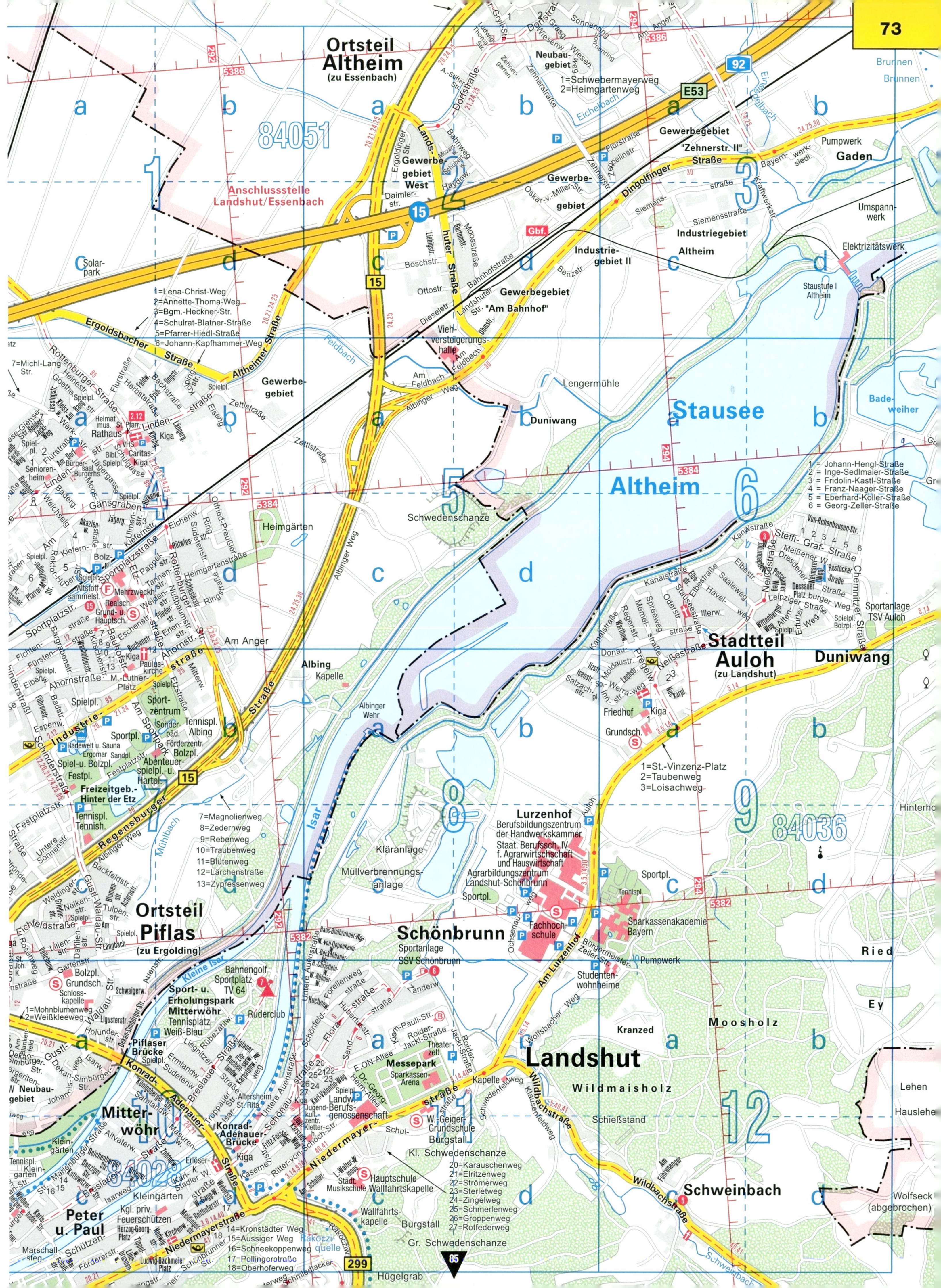
Ortsteil
Altheim
(zu Essenbach)
84051
Anschlussstelle
Landshut/Essenbach
Solar-
park
Gewerbe-
gebiet
West
Neubau-
gebiet
1=Schwebermayerweg
2=Heimgartenweg
Eichelbach
E53
92
15
Gewerbegebiet
"Zehnerstr. II"
Dingolfinger
Straße
Gaden
Pumpwerk
Umspann-
werk
Elektrizitätswerk
Staustufe I
Altheim
Industriegebiet
Altheim
Industrie-
gebiet II
Gewerbegebiet
"Am Bahnhof"
Gbf.
Vieh-
versteigerungs-
halle
1=Lena-Christ-Weg
2=Annette-Thoma-Weg
3=Bgm.-Heckner-Str.
4=Schulrat-Blatner-Straße
5=Pfarrer-Hiedl-Straße
6=Johann-Kapfhammer-Weg
7=Michl-Lang-
Str.
Ergoldsbacher
Straße
Altheimer Straße
Feldbach
Lengermühle
Duniwang
Stausee
Altheim
Bade-
weiher
1 = Johann-Hengl-Straße
2 = Inge-Sedlmaier-Straße
3 = Fridolin-Kastl-Straße
4 = Franz-Naager-Straße
5 = Eberhard-Koller-Straße
6 = Georg-Zeller-Straße
Schwedenschanze
Heimgärten
Am Anger
Albing
Kapelle
Albinger
Wehr
Stadtteil
Auloh
(zu Landshut)
Duniwang
Sportanlage
TSV Auloh
Friedhof
Kiga
Grundsch.
1=St.-Vinzenz-Platz
2=Taubenweg
3=Loisachweg
Sport-
zentrum
Sportpl.
Tennispl.
Albing
Freizeitgeb.-
Hinter der Etz
7=Magnolienweg
8=Zedernweg
9=Rebenweg
10=Traubenweg
11=Blütenweg
12=Lärchenstraße
13=Zypressenweg
Regensburger
Isar
Mühlbach
Kläranlage
Müllverbrennungs-
anlage
Lurzenhof
Berufsbildungszentrum
der Handwerkskammer
Staat. Berufssch. IV
f. Agrarwirtschaft
und Hauswirtschaft
Agrarbildungszentrum
Landshut-Schönbrunn
Sportpl.
84036
Hinterho
Sparkassenakademie
Bayern
Fachhoch-
schule
Ortsteil
Piflas
(zu Ergolding)
Schönbrunn
Sportanlage
SSV Schönbrunn
Ried
Studenten-
wohnheime
Pumpwerk
Bahnengolf
Sportplatz
TV 64
Sport- u.
Erholungspark
Mitterwöhr
Tennisplatz
Weiß-Blau
Ruderclub
1=Mohnblumenweg
2=Weißkleeweg
Kranzed
Moosholz
Ey
Landshut
Wildmaisholz
Schießstand
Lehen
Hauslehe
Messepark
Sparkassen-
Arena
Piflaser
Brücke
Konrad-
Adenauer-
Brücke
Mitter-
wöhr
84028
Neubau-
gebiet
Landw.
Berufs-
genossenschaft
W.-Geiger-
Grundschule
Burgstall
Kl. Schwedenschanze
20=Karauschenweg
21=Elritzenweg
22=Strömerweg
23=Sterletweg
24=Zingelweg
25=Schmerlenweg
26=Groppenweg
27=Rotfederweg
Hauptschule
Wallfahrtskapelle
Wallfahrts-
kapelle
Burgstall
Gr. Schwedenschanze
Hügelgrab
Schweinbach
Wildbachstraße
Wolfseck
(abgebrochen)
Kleingärten
Kgl. priv.
Feuerschützen
Peter
u. Paul
Niedermayerstraße
14=Kronstädter Weg
15=Aussiger Weg
16=Schneekoppenweg
17=Pollingerstraße
18=Oberhoferweg
Rakoczi-
quelle
299
85

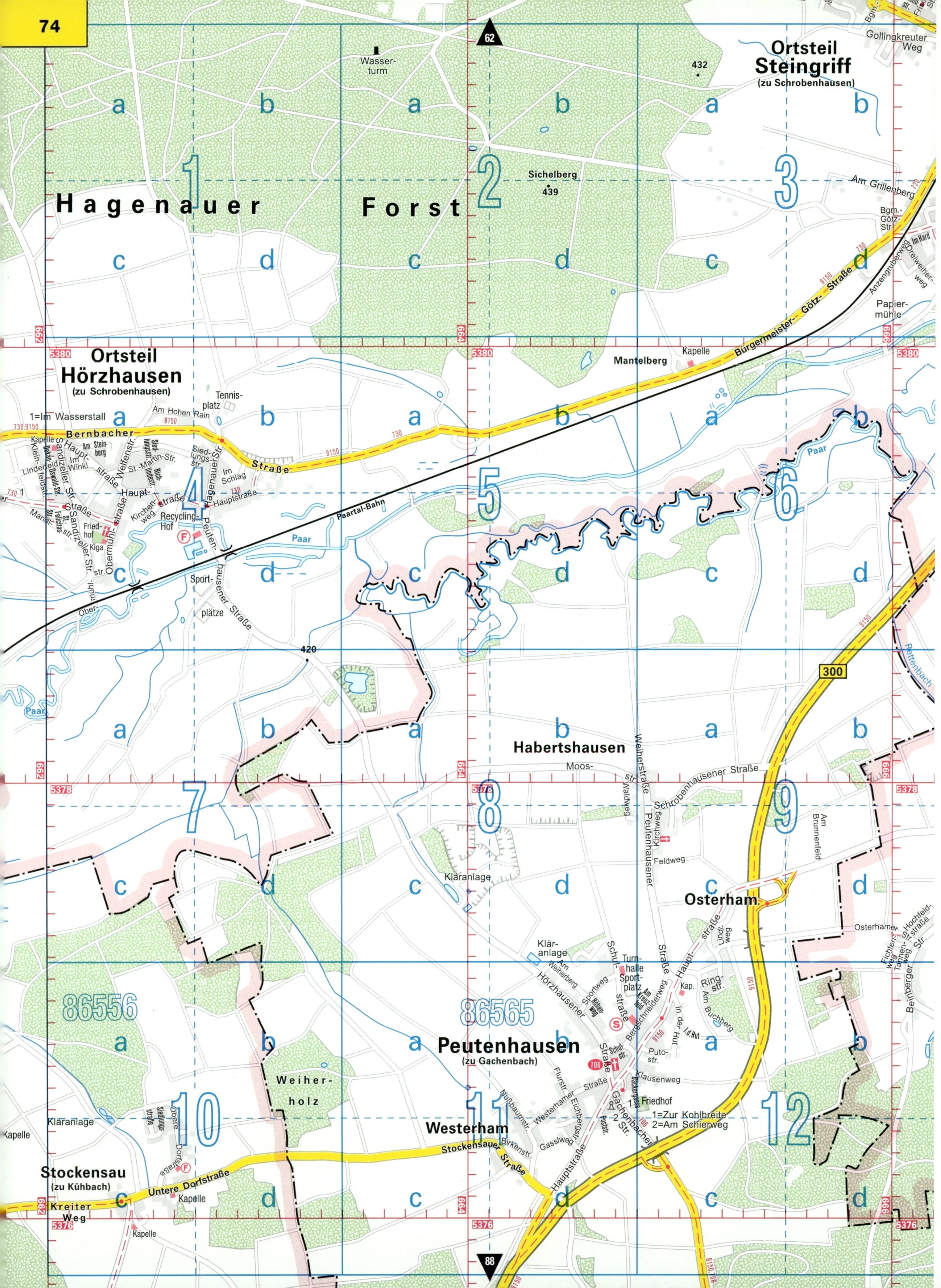

62
Wasser-turm
Ortsteil Steingriff
(zu Schrobenhausen)
Gollingkreuter Weg
432
Sichelberg
439
Hagenauer Forst
Am Grillenberg
Bgm.-Götz-Str.
Im Hard
Dreiweiher-weg
Anzengruberweg
Papier-mühle
Bürgermeister-Götz-Straße
Ortsteil Hörzhausen
(zu Schrobenhausen)
Mantelberg
Kapelle
Tennis-platz
1=Im Wasserstall
Am Hohen Rain
Bernbacher Straße
Paartal-Bahn
Paar
Recycling-Hof
Friedhof
Kiga
Sport-plätze
Peutenhausener Straße
Ober-
420
300
Reitenbach
Habertshausen
Moos-str.
Waldweg
Weiherstraße
Peutenhausener Straße
Schrobenhausener Straße
Kirchweg
Feldweg
Am Brunnenfeld
Kläranlage
Osterham
Osterhamer
Hochfeld-straße
Beinberger Str.
Klär-anlage
Schulstraße
Turn-halle
Sport-platz
Hörzhausener Straße
Sportweg
Hauptstraße
Ring-str.
Am Buchberg
Kap.
86556
86565
Peutenhausen
(zu Gachenbach)
Weiher-holz
Klausenweg
Friedhof
1=Zur Kohlbreite
2=Am Schierweg
Gachenbacher Str.
Westerham
Westerhamer Straße
Nußbaumstr.
Birkenstr.
Gassiweg
Stockensauer Straße
Kläranlage
Kapelle
Obere Dorfstraße
Untere Dorfstraße
Stockensau
(zu Kühbach)
Kreiter Weg
Kapelle
88

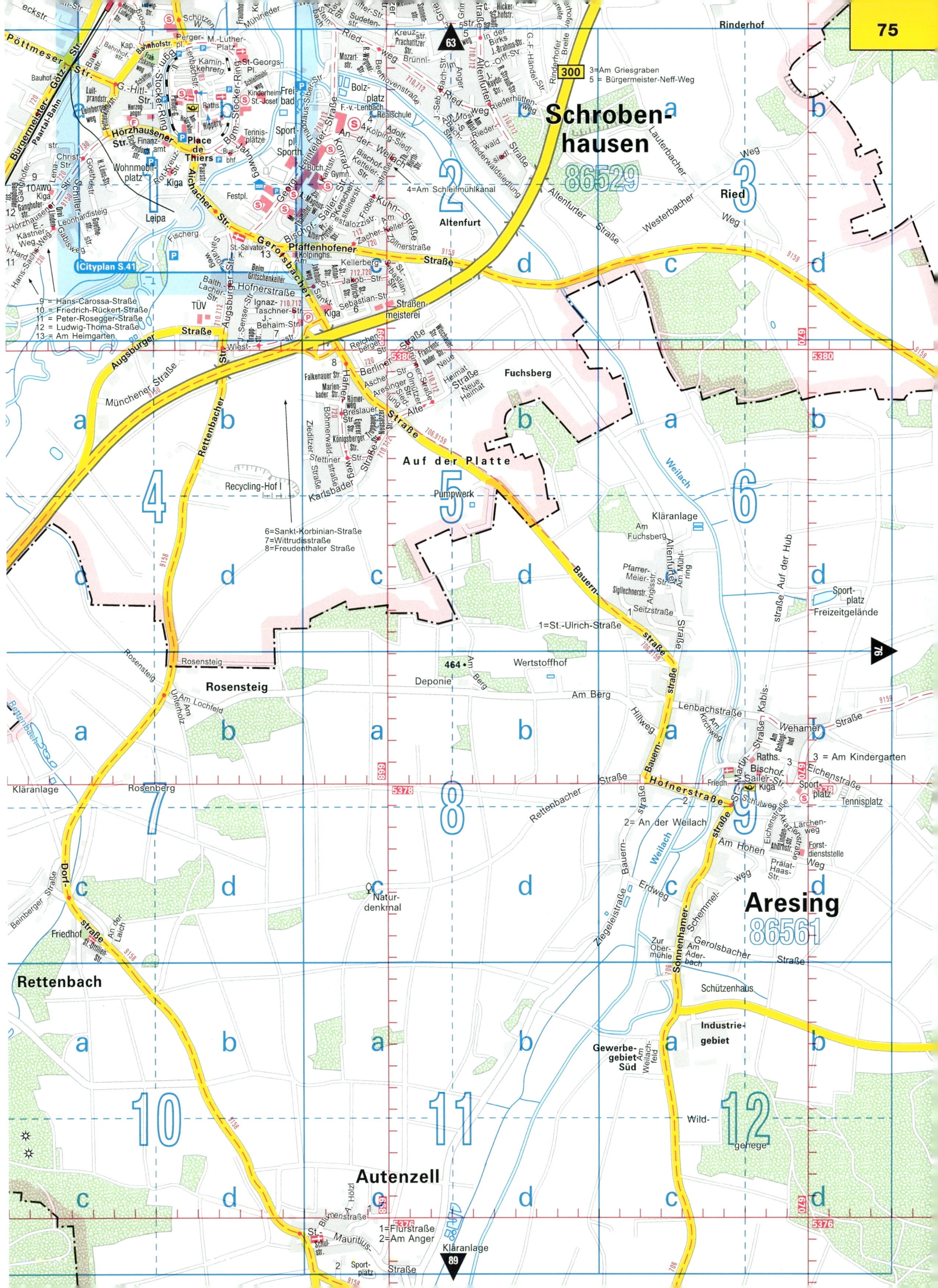
Schrobenhausen
86529
Aresing
86561
Rinderhof
Ried
Altenfurt
Fuchsberg
Auf der Platte
Pumpwerk
Kläranlage
Rosensteig
Rosenberg
Deponie
Wertstoffhof
Rettenbach
Autenzell
Industriegebiet
Gewerbegebiet Süd
Schützenhaus
Wildgehege
Freizeitgelände
Cityplan S.41
Leipa
Recycling-Hof I
Natur-denkmal
Friedhof
3=Am Griesgraben
5 = Bürgermeister-Neff-Weg
4=Am Schleifmühlkanal
6=Sankt-Korbinian-Straße
7=Wittrudisstraße
8=Freudenthaler Straße
9 = Hans-Carossa-Straße
10 = Friedrich-Rückert-Straße
11 = Peter-Rosegger-Straße
12 = Ludwig-Thoma-Straße
13 = Am Heimgarten
1=St.-Ulrich-Straße
2= An der Weilach
3 = Am Kindergarten
1=Flurstraße
2=Am Anger
Augsburger Straße
Münchener Straße
Rettenbacher Straße
Bauernstraße
Hofnerstraße
Gerolsbacher Straße
Altenfurter Straße
Westerbacher Weg
Lauterbacher Weg
Weilach
Am Berg
Lenbachstraße
Wehamer Straße
Sonnenhamer Straße
Mauritiusstraße
63
89
76
300

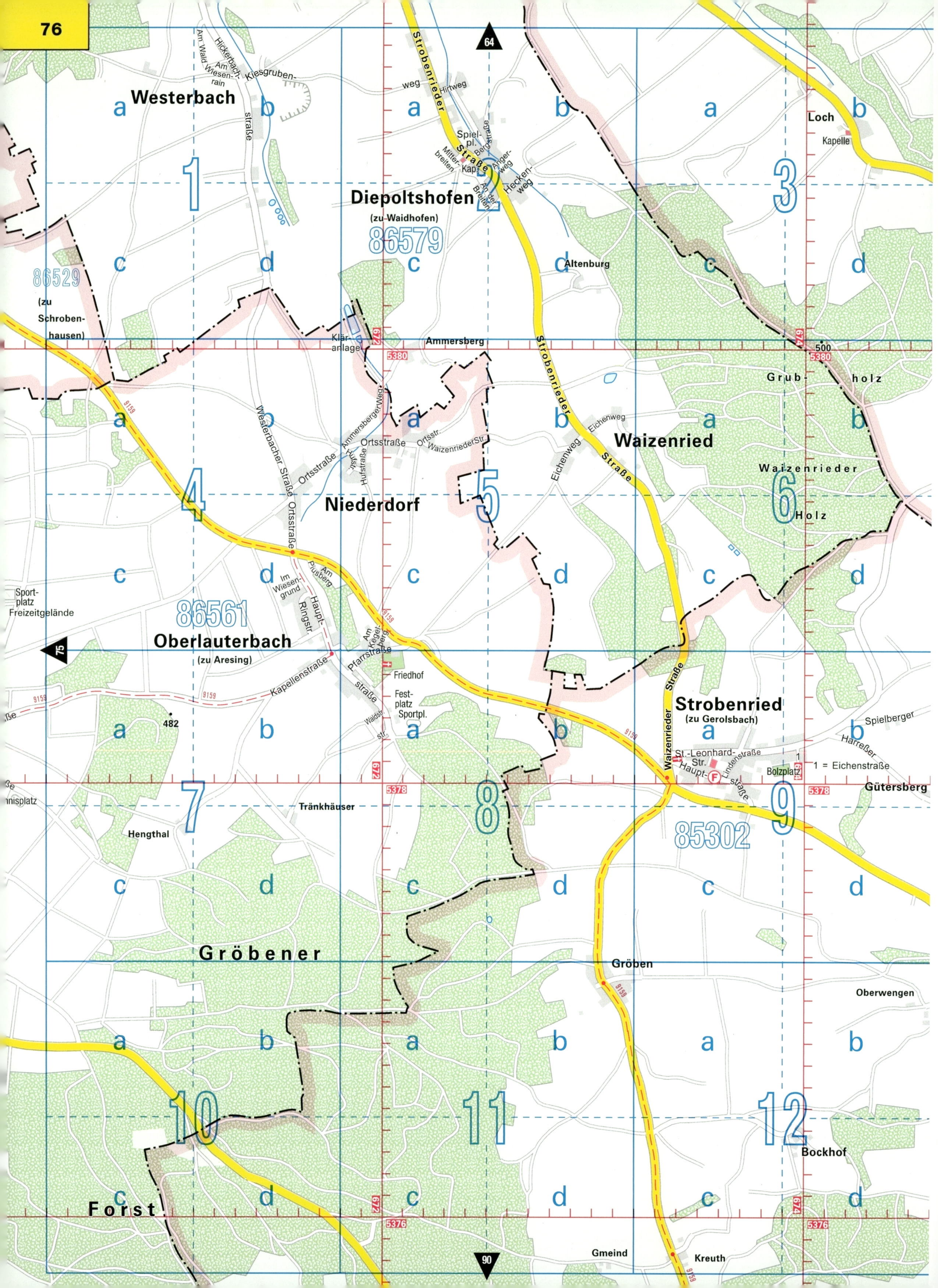

Westerbach
Diepoltshofen
(zu Waidhofen)
86579
86529
(zu Schrobenhausen)
Altenburg
Loch
Kapelle
Ammersberg
Kläranlage
Grub-holz
Waizenried
Waizenrieder Holz
Niederdorf
86561
Oberlauterbach
(zu Aresing)
Sportplatz
Freizeitgelände
Friedhof
Festplatz
Sportpl.
Strobenried
(zu Gerolsbach)
1 = Eichenstraße
Bolzplatz
Gütersberg
Spielberger
Harreßer
Tränkhäuser
Hengthal
85302
Gröbener
Gröben
Oberwengen
Bockhof
Forst
Gmeind
Kreuth
Strobenrieder Straße
Westerbacher Straße
Ortsstraße
Kapellenstraße
Pfarrstraße
Waizenrieder Straße
Eichenweg
St.-Leonhard-Str.
Hauptstraße
Lindenstraße
Hirtweg
Kiesgrubenweg
Hickerbachstraße
Am Wald
Am Wiesenrain
Heckenweg
Angerweg
Bergstraße
Mitterbreiten
An der Breiten
Ammersberger Weg
Hufstr.
Im Wiesengrund
Am Plusberg
Ringstr.
Am Kegelberg
Waldstr.
482
500
64
75
90

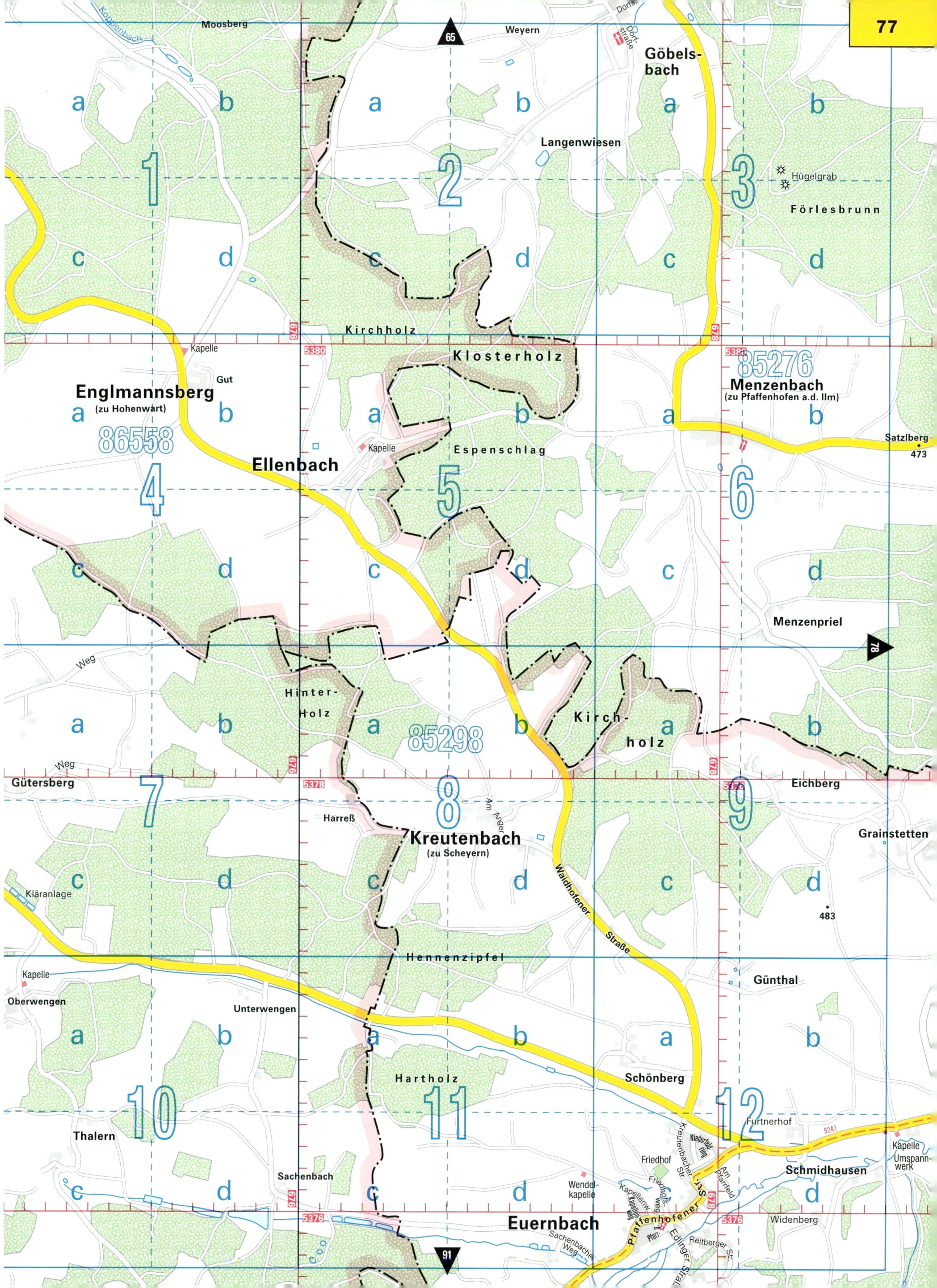

65
Moosberg
Koppenbach
Weyern
Dorfstraße
Göbelsbach
Langenwiesen
Hügelgrab
Förlesbrunn
Kirchholz
Klosterholz
85276
Menzenbach
(zu Pfaffenhofen a.d. Ilm)
Kapelle
Gut
Englmannsberg
(zu Hohenwart)
86558
Ellenbach
Kapelle
Espenschlag
Satzlberg
473
Menzenpriel
78
Weg
Hinter-
Holz
85298
Kirch-
holz
Weg
Gütersberg
Eichberg
Harreß
Am Anger
Kreutenbach
(zu Scheyern)
Grainstetten
Kläranlage
Waidhofener Straße
483
Hennenzipfel
Kapelle
Oberwengen
Günthal
Unterwengen
Hartholz
Schönberg
Thalern
Furtnerhof
9241
Kapelle
Umspannwerk
Niederfeldring
Kreutenbacher Str.
Friedhof
Am Pfarrfeld
Schmidhausen
Sachenbach
Wendelkapelle
Kapellenweg
Friedhofsweg
Pfaffenhofener Str.
Euernbach
Widenberg
Sachenbacher Weg
Edlinger Straße
Reitberger Str.
91
5380
5378
5376
676
678

66
Kurz
Enthofstraße
Schneidberg
485
Hallertau
Frauenbrünnel
Hinter
Holz
Schönthaler Berg
501
Stocket
Wasser-werk
Köhlhof
Brunnhof
Sätzlwald
Wolfsberg
Kienhöfe
Buchhof
Ebenhof
Kapelle
Satzlberg
473
Kleineberhof
Doderhof
Tabichau
Pernzhof
Sulzbach
Sulzbach
Schusterschlag
77
Schabenberg
Klamm
Holzried
Schleiferholz
Fürholzen
Kap.
Sulzbacher
Holz
Höflmaier
Grainstetten
Leichtelhäuser
Gemeindeholz
Öd
478
Gumelsberg
Ziegelei
Edenhub
Fürholzener Straße
Schneidgasse
Froschbach
Daselmühle
Werkstraße
Hauptstraße
Mitterscheyern
Kapelle
Gneisdorf
Voglried
(zu Scheyern)
1=Bachgrund
Niederscheyerer-Straße
Bergstraße
Schrobenhausener Str.
Kreppe
85298
Kapelle
Umspann-werk
Gerolsbach
Dorf-straße
Scheyerer Straße
Spielpl.
Mühltal
Schmidhausen
Vieth
Pudelbach
Fuchsberg
Hammerschmiede
Gänsberg
478
Buchsberg
92
Plöcking
9241
5380
5378
5376
680
682

67
Burggraben
1=Wimmerweg
Haimpertshofen
Pörnbacher Straße
Frechmühle
Weingarten
23=Tafelmayrstraße
Mooswiesen
Heißmanning
Pallertshausen
Weinstraße
Anton-Schranz-Straße
Luitpoldstraße
85276
Pfaffenhofen
an der Ilm
Kläranlage
Förnbach
Streitdorfer Straße
Lettenberg
484
Tierheim
Zum Staberl
1 = Geschwister-Scholl-Straße
2 = Am Ziegelstadl
3 = Oskar-Maria-Graf-Straße
Wasserwerk
Weinbergweg
KFZ-Zulassungsstelle
Friedhof
Kapelle
Freibad
22 = Am Windsteig
Annesberg
497
Altenstadt
Kindergarten
Heimgarten
Alpenvereinsheim "Holledauer Hütte"
Streitdorf
Trabrennbahn
Finanzamt i.Bau
Sportplätze
Stadion
17 = Jakob-Sanwald-Straße
18 = Hans-Kohlmann-Straße
19 = Dr.-Hans-Eisenmann-Straße
20 = Am Temmelacker
21 = Eberstettener Weg
Hohenwarter Straße
Kiga
Jugendkulturzentrum
4 = Annabergweg
5 = Egerländerstr.
6 = Sulzbacher Str.
Volksfestplatz
Schindhauser Graben
80
Eberstettener Straße
Weihern
Bürgerpark
Weiherer Str.
Königsberger Str.
Berufssch.
Museum
Hauptpl.
22 = Am Teich
23 = Alexander-von-Humboldt-Straße
24 = Doktor-Hans-Müller-Ring
25 = Hirseweg
26 = Linsenweg
Eberstetten
Scheyerer Str.
Realsch.
Gymnasium
Adolf-Rebl-Schule
Moosburger Str.
16 = Brunhuberweg
Radlhöfe
Gerolsbach
7 = Bertolt-Brecht-Str.
8 = Hermann-Hesse-Str.
9 = Thomas-Mann-Str.
Schulzentrum
Sportplätze
Abenteuerspielplatz
Schrobenhausener Straße
Pfaffenhofen (Ilm)
Cityplan S.41
Moosburger Straße
Kuglhof
14=Bürgermeister-Stocker-Straße
15=Balthasar-Kraft-Straße
Gesundheitsamt
Kreiskrankenhaus
Waldweg
Galgenholz
Friedhof
10 = Pappelweg
11 = Radlweg
12 = Gartenstraße
13 = Kirchenweg
Reisgang
(zu Hettenshausen)
Posthof
Mühlweg
Niederscheyern
Münchener Straße
Oberholz
Jahnhöhe
Umspannwerk
Washof
Hagberg
93

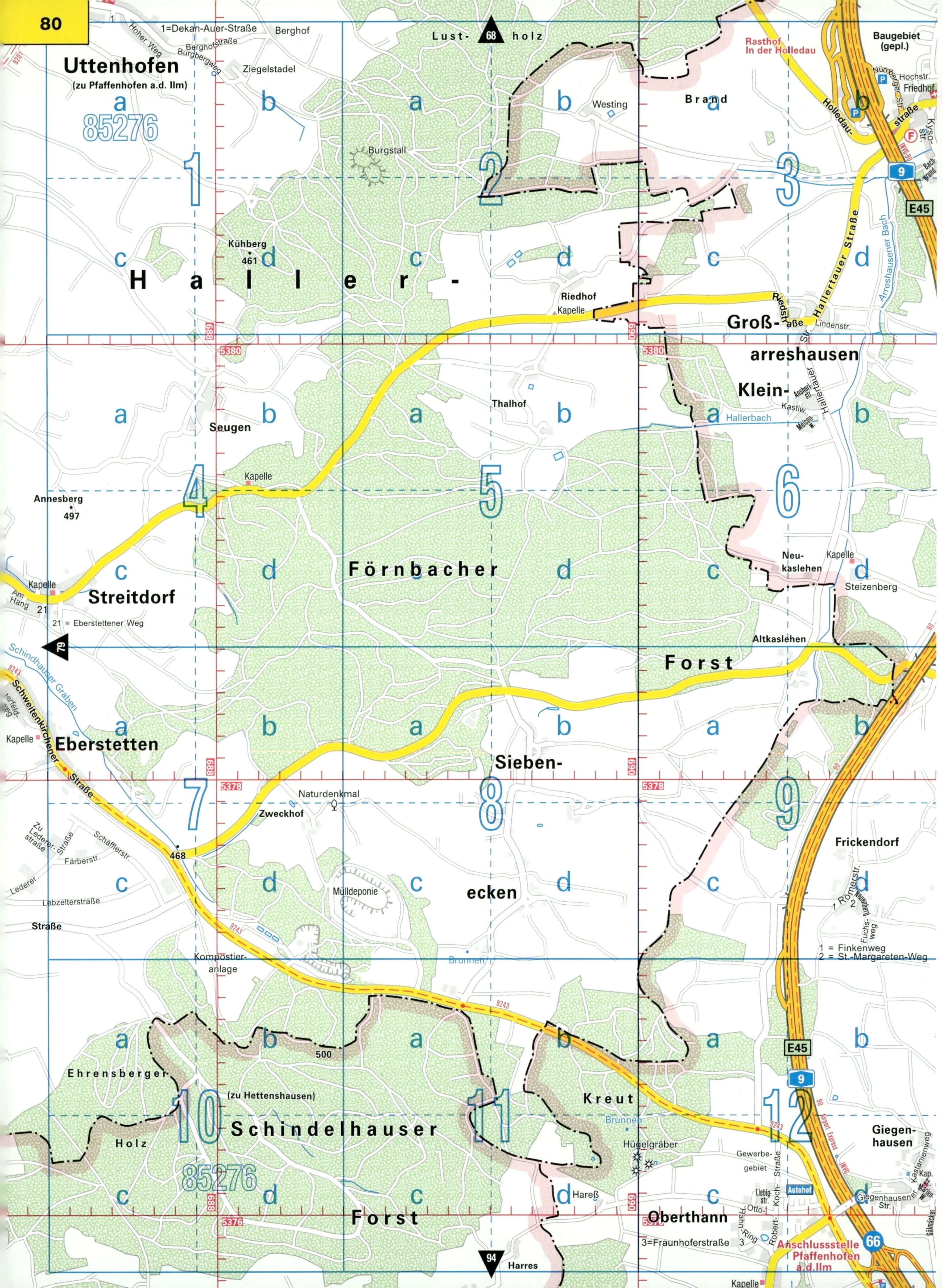
Uttenhofen
(zu Pfaffenhofen a.d. Ilm)
85276
1=Dekan-Auer-Straße
Berghof
Hoher Weg
Berghofstraße
Burgbergweg
Ziegelstadel
Lust- holz
68
Westing
Rasthof In der Holledau
Baugebiet (gepl.)
Brand
Burgstall
Kühberg 461
Haller-
Riedhof
Kapelle
Hallertauer Straße
Groß-
arreshausen
Lindenstr.
Klein-
Hallerbach
Thalhof
Seugen
Kapelle
Annesberg 497
Förnbacher
Forst
Neu-kaslehen
Steizenberg
Altkaslehen
Streitdorf
21 = Eberstettener Weg
79
Schindhauser Graben
Eberstetten
Schweitenkirchener Straße
Sieben-
ecken
Naturdenkmal
Zweckhof
468
Mülldeponie
Frickendorf
1 = Finkenweg
2 = St.-Margareten-Weg
Lebzelterstraße
Kompostier-anlage
Brunnen
Ehrensberger
Holz
500
(zu Hettenshausen)
Schindelhauser
Forst
85276
Kreut
Hügelgräber
Hareß
Oberthann
3=Fraunhoferstraße
Gewerbe-gebiet
Autohof
Anschlussstelle Pfaffenhofen a.d.Ilm
66
Giegen-hausen
94
Harres
Kapelle
E45
9
5380
5378
5376

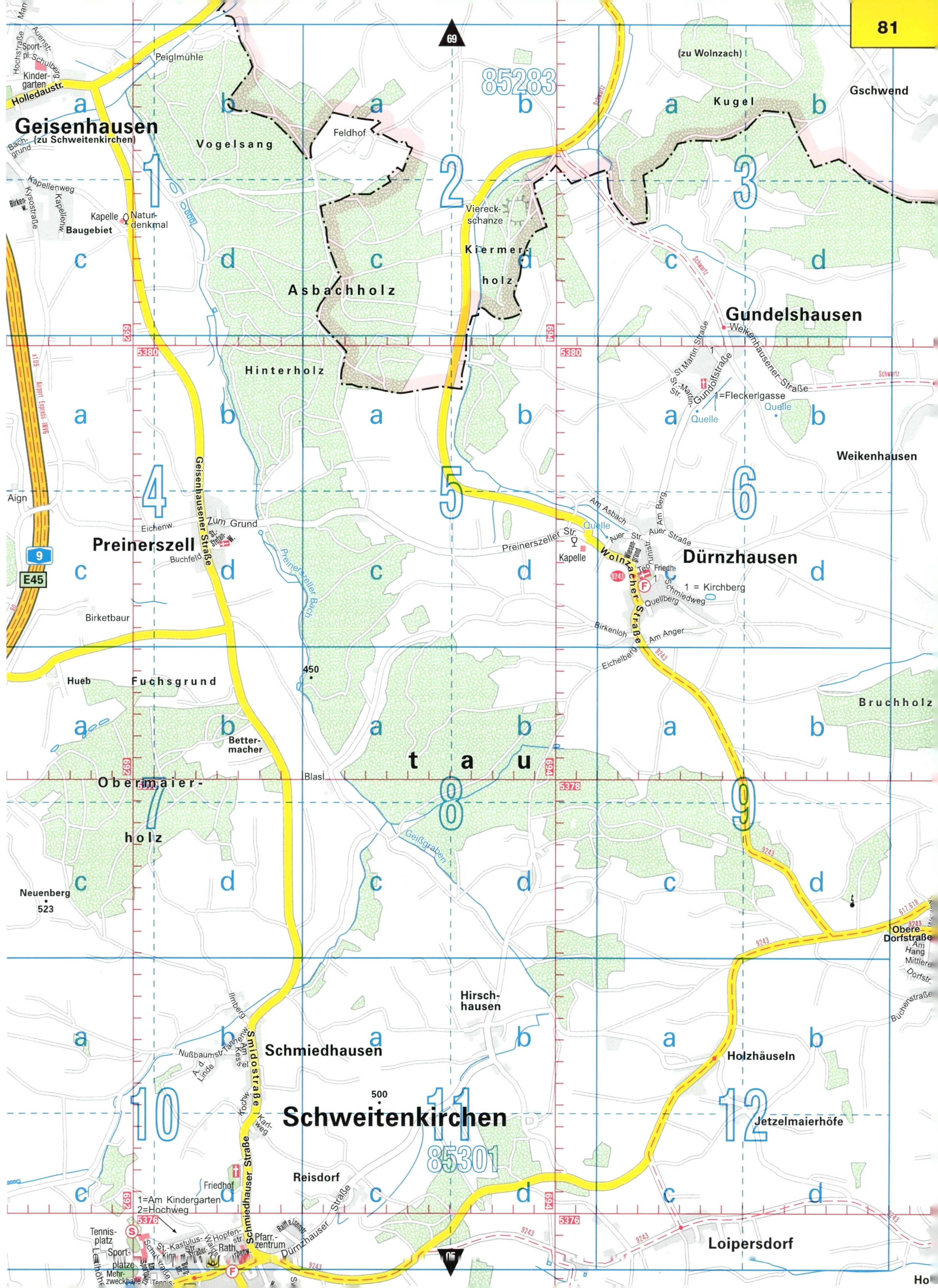

69
85283
Geisenhausen
(zu Schweitenkirchen)
Holledaustr.
Peiglmühle
Vogelsang
Feldhof
(zu Wolnzach)
Kugel
Gschwend
Kapellenweg
Kapelle
Naturdenkmal
Baugebiet
Viereckschanze
Kiermerholz
Asbachholz
Gundelshausen
Weikenhausener Straße
St.-Martin-Straße
Gundolfstraße
1=Fleckerlgasse
Quelle
Hinterholz
Weikenhausen
Aign
Preinerszell
Eichenw.
Zum Grund
Buchfeld
Geisenhausener Straße
Preinerszeller Bach
Preinerszeller Str.
Kapelle
Am Asbach
Auer Straße
Am Berg
Dürnzhausen
Wolnzacher Straße
Schmiedweg
Quellberg
1 = Kirchberg
Birkenloh
Am Anger
Eichelberg
Birketbaur
E45
9
Hueb
Fuchsgrund
450
Bettermacher
Bruchholz
Obermaier-holz
Blasl
t a u
Geißgraben
Neuenberg
523
Obere Dorfstraße
Am Hang
Mittlere Dorfstr.
Buchenstraße
Hirschhausen
Schmiedhausen
Holzhäuseln
Smidostraße
Nußbaumstr.
Illmberg
500
Schweitenkirchen
Jetzelmaierhöfe
85301
Reisdorf
Friedhof
1=Am Kindergarten
2=Hochweg
Schmiedhauser Straße
Dürnzhauser Straße
Pfarrzentrum
Tennisplatz
Sportplätze
Mehrzweckhalle
Loipersdorf
9243
5380
5378
5376
692
694

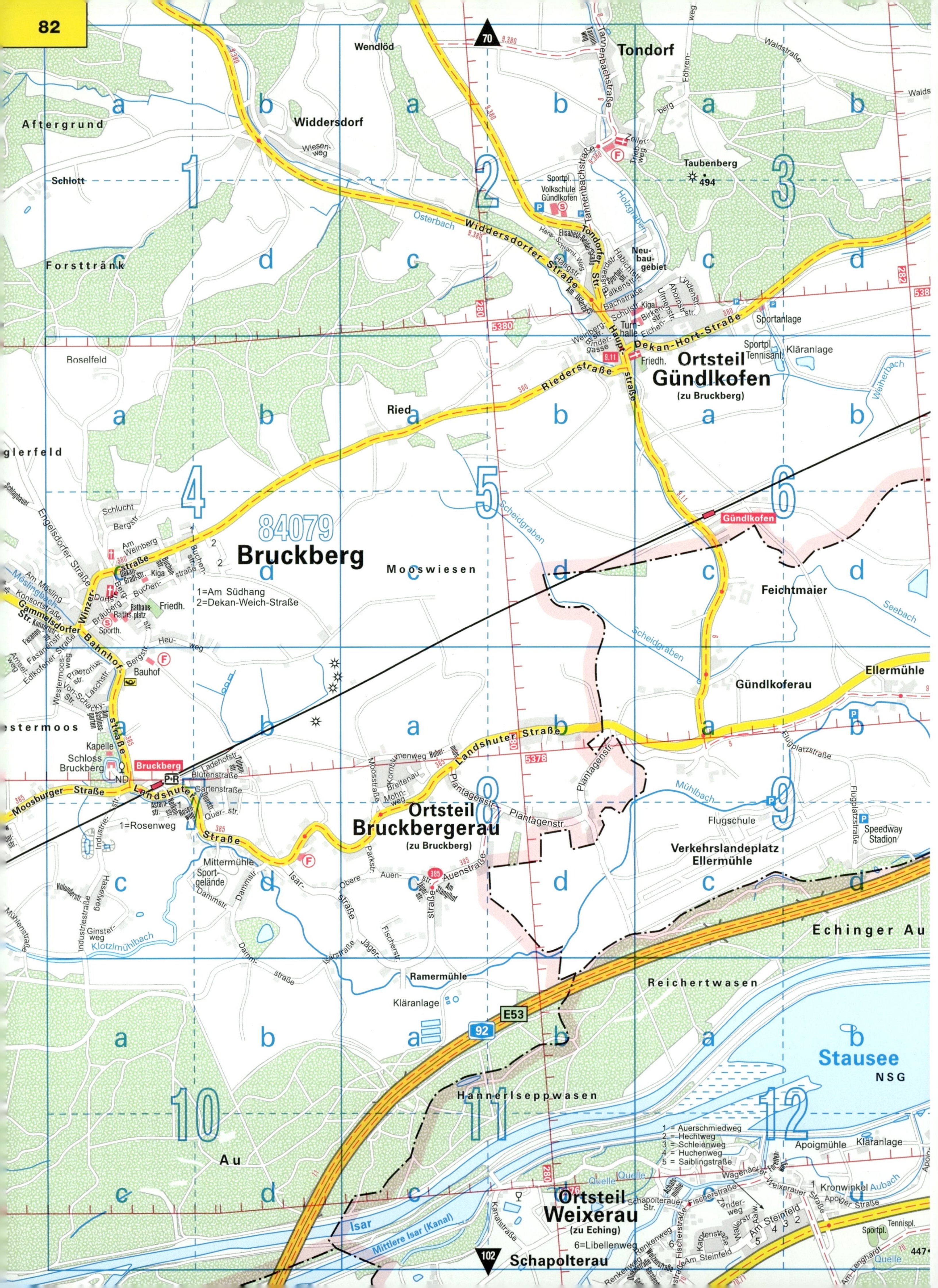

Tondorf
Wendlöd
Widdersdorf
Aftergrund
Schlott
Taubenberg
494
Forsttränk
Osterbach
Widdersdorfer Straße
Tondorfer Str.
Neubaugebiet
Dekan-Hort-Straße
Sportanlage
Kläranlage
Ortsteil Gündlkofen
(zu Bruckberg)
Riederstraße
Boselfeld
Ried
Schlucht
84079
Bruckberg
Mooswiesen
Scheidgraben
Gündlkofen
Feichtmaier
Seebach
1=Am Südhang
2=Dekan-Weich-Straße
Friedh.
Bauhof
Gündlkoferau
Ellermühle
Landshuter Straße
Kapelle
Schloss Bruckberg
Moosburger Straße
1=Rosenweg
Ortsteil Bruckbergerau
(zu Bruckberg)
Plantagenstr.
Mühlbach
Flugschule
Verkehrslandeplatz Ellermühle
Speedway Stadion
Mittermühle
Sportgelände
Echinger Au
Klotzlmühlbach
Ramermühle
Kläranlage
Reichertwasen
E53
92
Stausee
NSG
Hannerlseppwasen
Au
1 = Auerschmiedweg
2 = Hechtweg
3 = Schleienweg
4 = Huchenweg
5 = Saiblingstraße
Apoigmühle
Kläranlage
Kronwinkel
Isar
Mittlere Isar (Kanal)
Ortsteil Weixerau
(zu Eching)
6=Libellenweg
Schapolterau
70
102

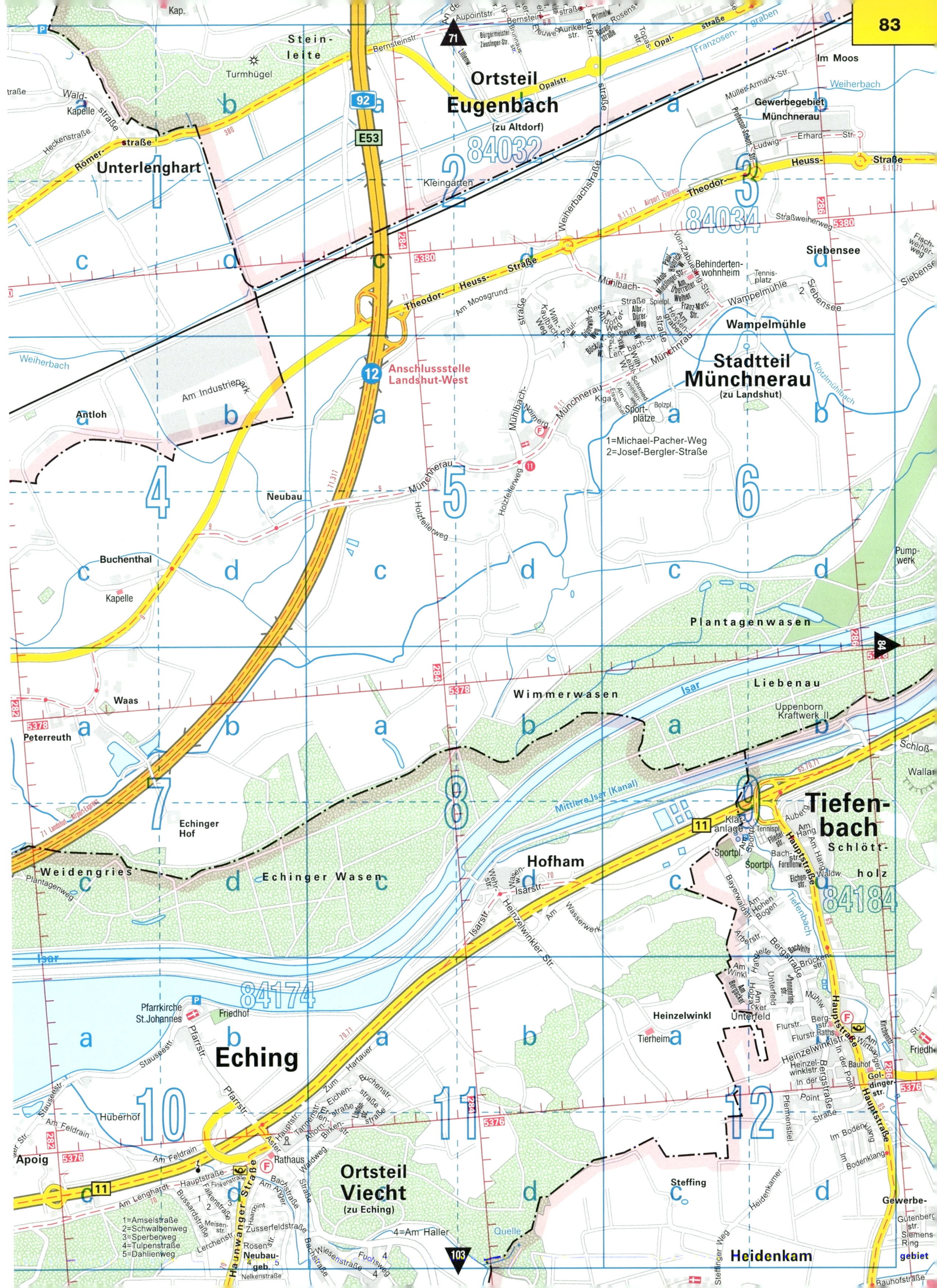

Ortsteil
Eugenbach
(zu Altdorf)
Unterlenghart
Stein-leite
Turmhügel
Wald-Kapelle
Römer-straße
Heckenstraße
Opalstr.
Bernsteinstr.
84032
84034
Kleingärten
Theodor-Heuss-Straße
Weiherbachstraße
Gewerbegebiet Münchnerau
Ludwig-Erhard-Str.
Müller-Armack-Str.
Professor-Schott-Str.
Im Moos
Weiherbach
Franzosengraben
Siebensee
Straßweiherweg
Behinderten-wohnheim
Tennis-platz
Wampelmühle
Am Moosgrund
Am Industriepark
Antloh
Anschlussstelle Landshut-West
Stadtteil
Münchnerau
(zu Landshut)
Klötzlmühlbach
Mühlbachstraße
Münchnerau
1=Michael-Pacher-Weg
2=Josef-Bergler-Straße
Sportplätze
Kiga
Neubau
Holzfeilerweg
Buchenthal
Kapelle
Pumpwerk
Plantagenwasen
Waas
Peterreuth
Wimmerwasen
Isar
Liebenau
Uppenborn Kraftwerk II
Mittlere Isar (Kanal)
Echinger Hof
Weidengries
Plantagenweg
Echinger Wasen
Hofham
Isarstr.
Heinzelwinkler Str.
Am Wasserwerk
Tiefen-bach
Schlött-holz
Kläranlage
Sportpl.
Hauptstraße
Tiefenbach
84184
84174
Pfarrkirche St.Johannes
Friedhof
Eching
Pfarrstr.
Stauseestr.
Huberhof
Am Feldrain
Apoig
Rathaus
Ortsteil
Viecht
(zu Eching)
Heinzelwinkl
Tierheim
Unterfeld
Steffing
Heidenkam
Gewerbegebiet
Quelle
1=Amselstraße
2=Schwalbenweg
3=Sperberweg
4=Tulpenstraße
5=Dahlienweg
4=Am Haller
Haunwanger Straße
Zusserfeldstraße
Neubaugeb.
Am Lenghardt
Bussardstraße
E53
92
11
71
84
103

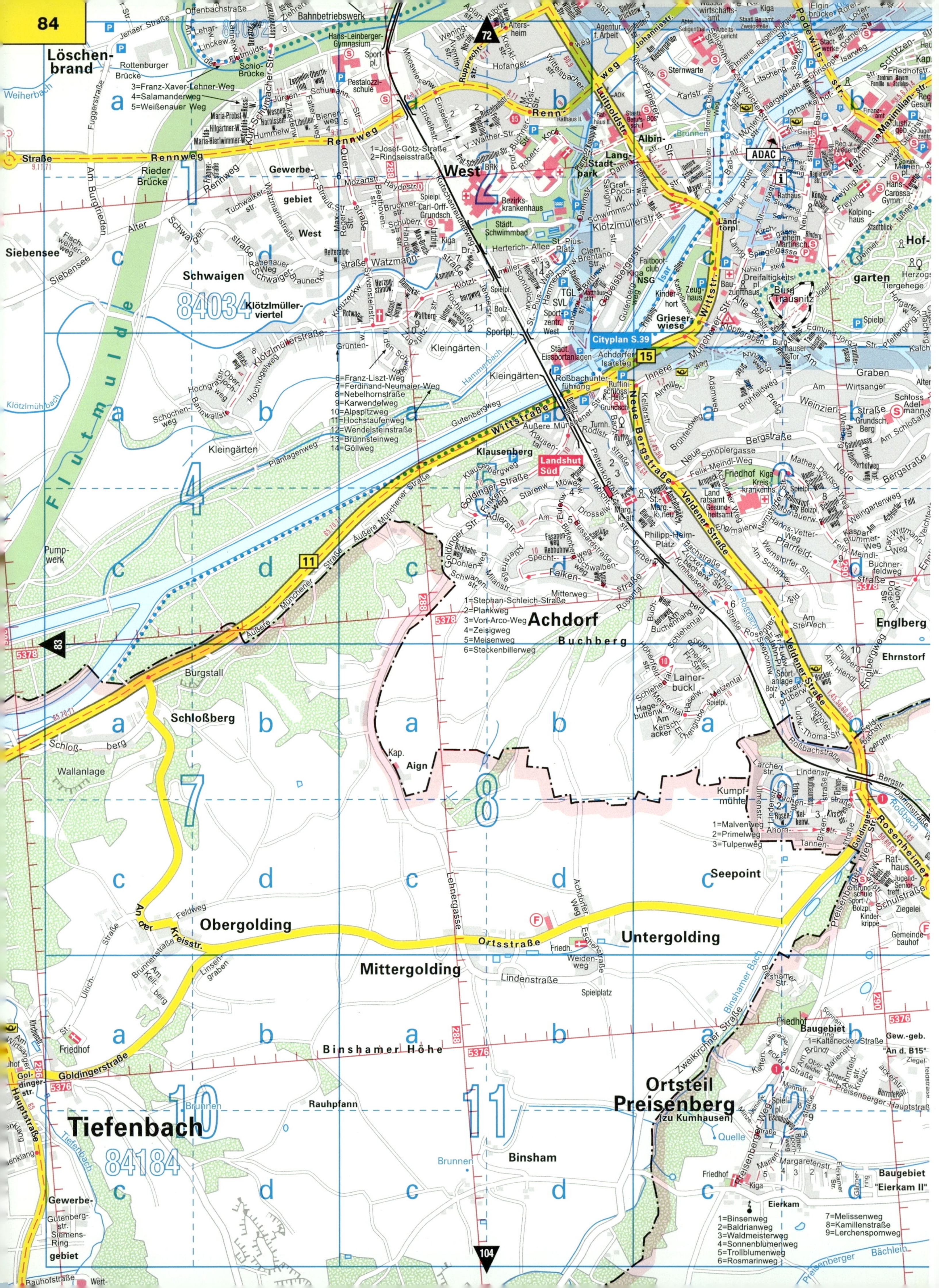

Löschen-brand
Rottenburger Brücke
Weiherbach
3=Franz-Xaver-Lehner-Weg
4=Salamanderweg
5=Weißenauer Weg
Rennweg
Rieder Brücke
Am Burgrieden
Siebensee
Schwaigen
84034
Klötzlmüller-viertel
Gewerbe-gebiet
West
1=Josef-Götz-Straße
2=Ringseisstraße
Bezirks-krankenhaus
Städt. Schwimmbad
Kleingärten
Flutmulde
Klötzlmühlbach
6=Franz-Liszt-Weg
7=Ferdinand-Neumaier-Weg
8=Nebelhornstraße
9=Karwendelweg
10=Alpspitzweg
11=Hochstaufenweg
12=Wendelsteinstraße
13=Brünnsteinweg
14=Göllweg
Plantagenweg
Gutenbergweg
Hammerbach
Wittstraße
Klausenberg
Landshut Süd
Pumpwerk
Äußere Münchener Straße
11
83
5378
Burgstall
Schloßberg
Wallanlage
1=Stephan-Schleich-Straße
2=Plankweg
3=Von-Arco-Weg
4=Zeisigweg
5=Meisenweg
6=Steckenbillerweg
Achdorf
Buchberg
Kap.
Aign
Lainer-buckl
Kumpf-mühle
1=Malvenweg
2=Primelweg
3=Tulpenweg
Seepoint
Obergolding
Untergolding
Mittergolding
Ortsstraße
Lindenstraße
Spielplatz
Lehnergasse
Binshamer Höhe
Rauhpfann
Binsham
Brunnen
Tiefenbach
84184
Goldingerstraße
Friedhof
Gewerbe-gebiet
Ortsteil Preisenberg (zu Kumhausen)
Quelle
Baugebiet
1=Kaltenecker Straße
Gew.-geb. "An d. B15"
Baugebiet "Eierkam II"
Eierkam
1=Binsenweg
2=Baldrianweg
3=Waldmeisterweg
4=Sonnenblumenweg
5=Trollblumenweg
6=Rosmarinweg
7=Melissenweg
8=Kamillenstraße
9=Lerchenspornweg
Cityplan S.39
15
Lang-Stadt-park
Grieser-wiese
Burg Trausnitz
Hofgarten
ADAC
Neue Bergstraße
Veldener Straße
Englberg
Ehrnstorf
Rosenheimer Str.
Graben
Friedhof
Kreis-krankenh.
72
104

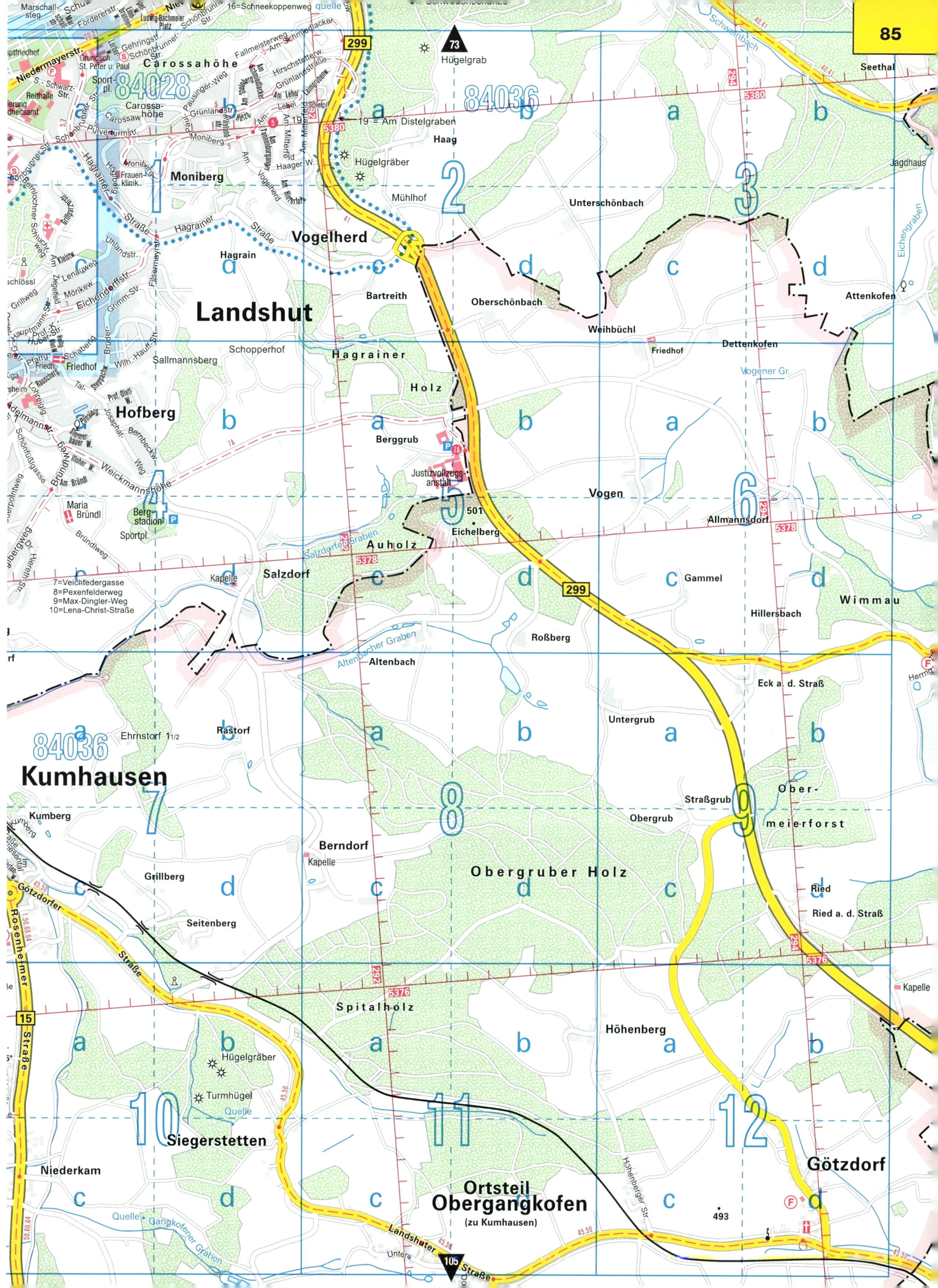
Landshut
84028
84036
Kumhausen
Carossahöhe
Moniberg
Vogelherd
Hagrain
Hofberg
Hügelgrab
Haag
Hügelgräber
Mühlhof
Unterschönbach
Oberschönbach
Weihbüchl
Attenkofen
Jagdhaus
Seethal
Bartreith
Schopperhof
Sallmannsberg
Hagrainer Holz
Friedhof
Dettenkofen
Vogener Gr.
Berggrub
Justizvollzugsanstalt
Vogen
Allmannsdorf
Eichelberg
501
Auholz
Salzdorf
Kapelle
Gammel
Wimmau
Hillersbach
Roßberg
Altenbach
Altenbacher Graben
Eck a. d. Straß
Untergrub
Rastorf
Ehrnstorf 1 1/2
Kumberg
Straßgrub
Obergrub
Obermeierforst
Berndorf
Grillberg
Obergruber Holz
Ried
Ried a. d. Straß
Seitenberg
Spitalholz
Höhenberg
Hügelgräber
Turmhügel
Quelle
Siegerstetten
Niederkam
Götzdorf
Ortsteil Obergangkofen (zu Kumhausen)
493
Höhenberger Str.
Landshuter Straße
Rosenheimer Straße
Götzdorfer Str.
Gangkofener Graben
Maria Bründl
Bergstadion
Sportpl.
Weickmannshöhe
Hagrainer Straße
Niedermayerstr.
19 = Am Distelgraben
16=Schneekoppenweg
7=Veichtedergasse
8=Pexenfelderweg
9=Max-Dingler-Weg
10=Lena-Christ-Straße
299
294
292
15
73
105
5380
5378
5376
1 2 3 4 5 6 7 8 9 10 11 12

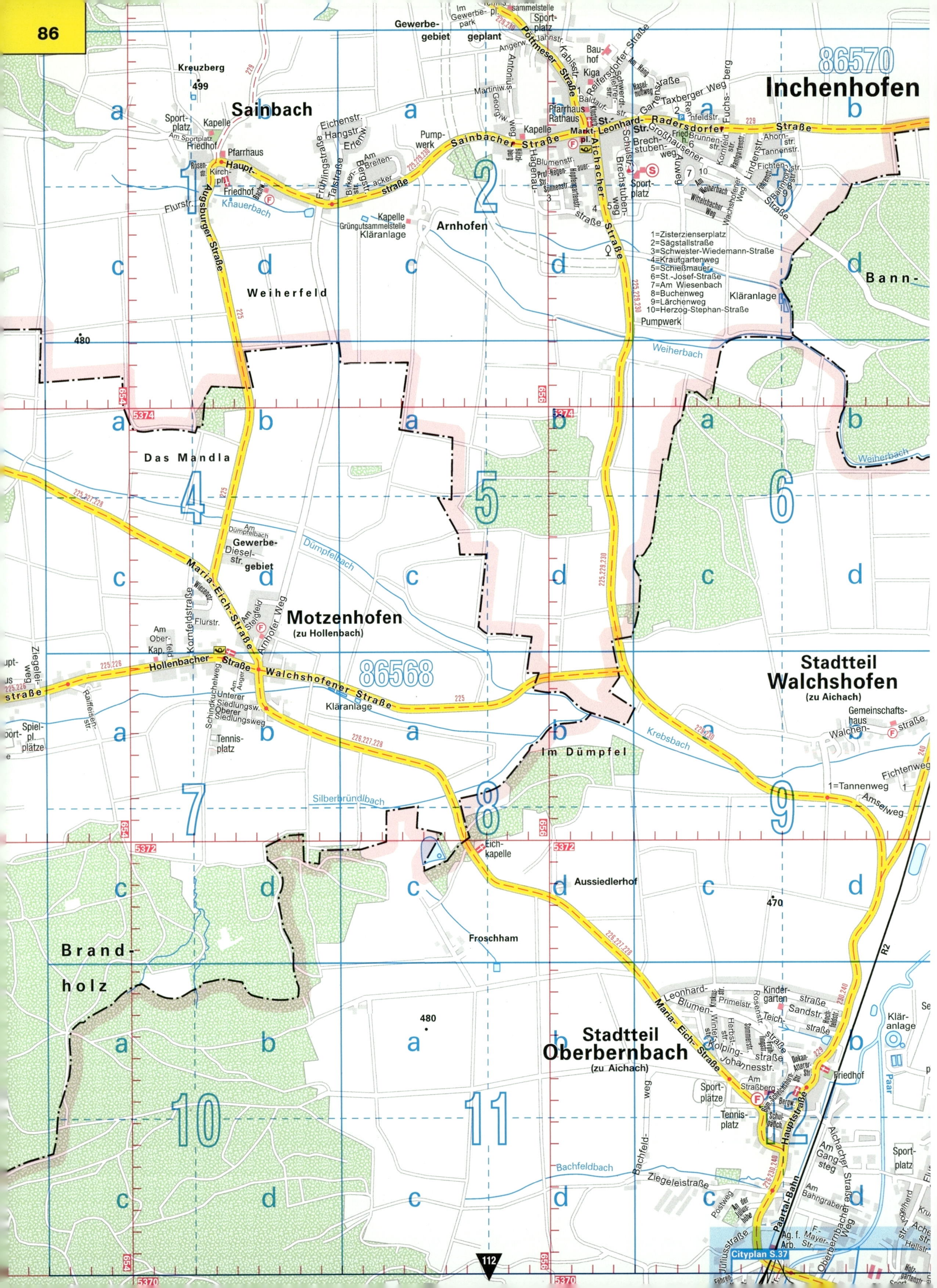

Cityplan S.37
112

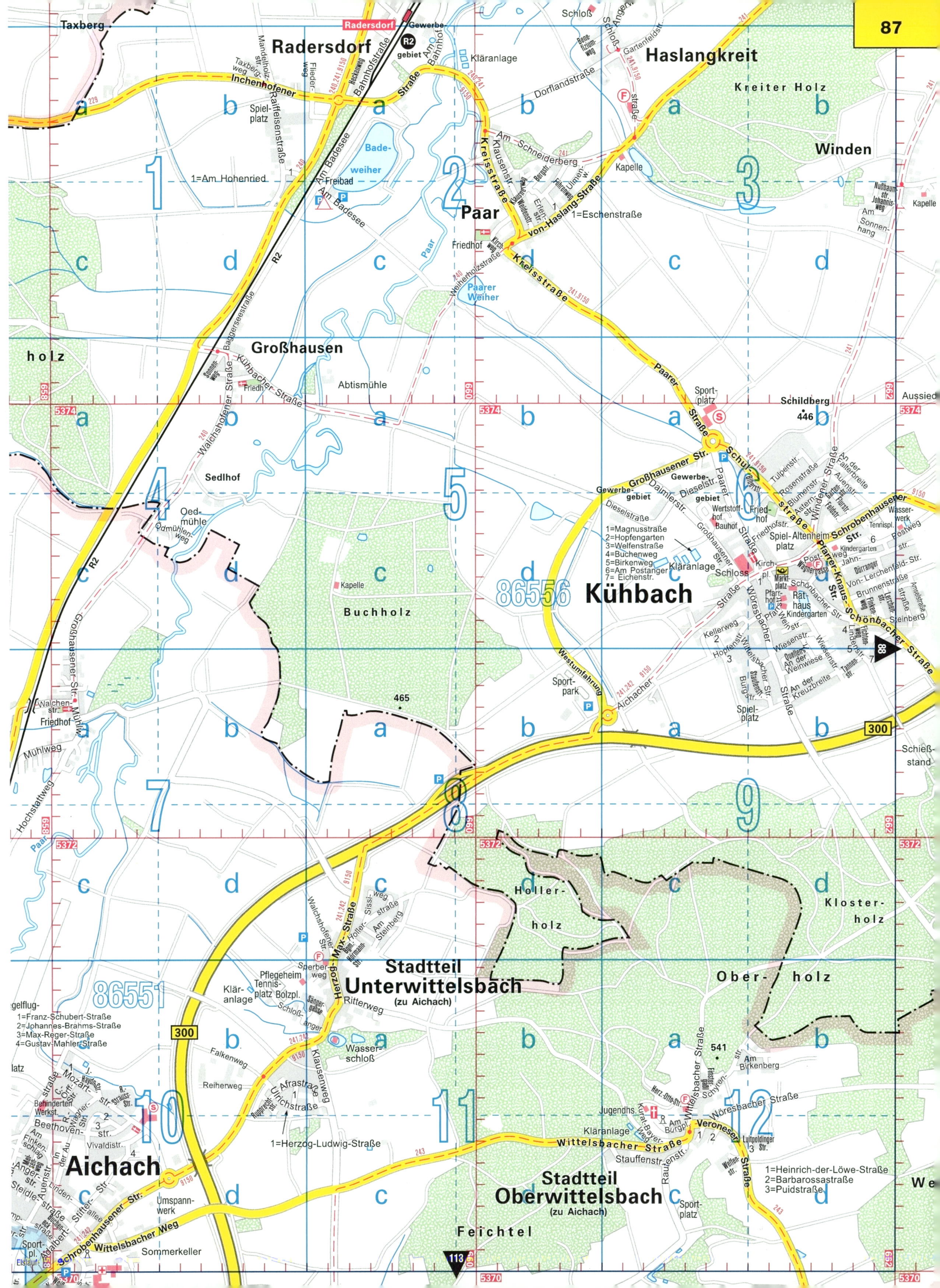

Taxberg
Radersdorf
Haslangkreit
Kreiter Holz
Winden
Inchenhofener Straße
Bade-weiher
Freibad
Am Badesee
Kläranlage
Paar
Friedhof
Kreisstraße
von-Haslang-Straße
1=Am Hohenried
1=Eschenstraße
Kapelle
Paarer Weiher
Großhausen
Abtismühle
Kühbacher Straße
Sport-platz
Schildberg
446
Paarer Straße
Schulstraße
Großhausener Str.
Sedlhof
Oedmühle
Buchholz
Kapelle
86556
Kühbach
1=Magnusstraße
2=Hopfengarten
3=Welfenstraße
4=Buchenweg
5=Birkenweg
6=Am Postanger
7= Eichenstr.
Kläranlage
Schloss
Rathaus
Kindergarten
Schönbacher Straße
Schrobenhausener Str.
Westumfahrung
Sport-park
Aichacher Str.
465
300
Schieß-stand
Hollerholz
Klosterholz
Oberholz
Stadtteil Unterwittelsbach (zu Aichach)
Herzog-Max-Straße
Walchshofener Str.
Pflegeheim
Wasserschloß
Ritterweg
86551
1=Franz-Schubert-Straße
2=Johannes-Brahms-Straße
3=Max-Reger-Straße
4=Gustav-Mahler-Straße
Falkenweg
Reiherweg
Ulrichstraße
Klausenweg
1=Herzog-Ludwig-Straße
541
Am Birkenberg
Wöresbacher Straße
Jugendhs.
Kläranlage
Wittelsbacher Straße
Veroneser Straße
Stauffenstr.
1=Heinrich-der-Löwe-Straße
2=Barbarossastraße
3=Puidstraße
Aichach
Schrobenhausener Str.
Wittelsbacher Weg
Umspannwerk
Sommerkeller
Stadtteil Oberwittelsbach (zu Aichach)
Sport-platz
Feichtel
113
88

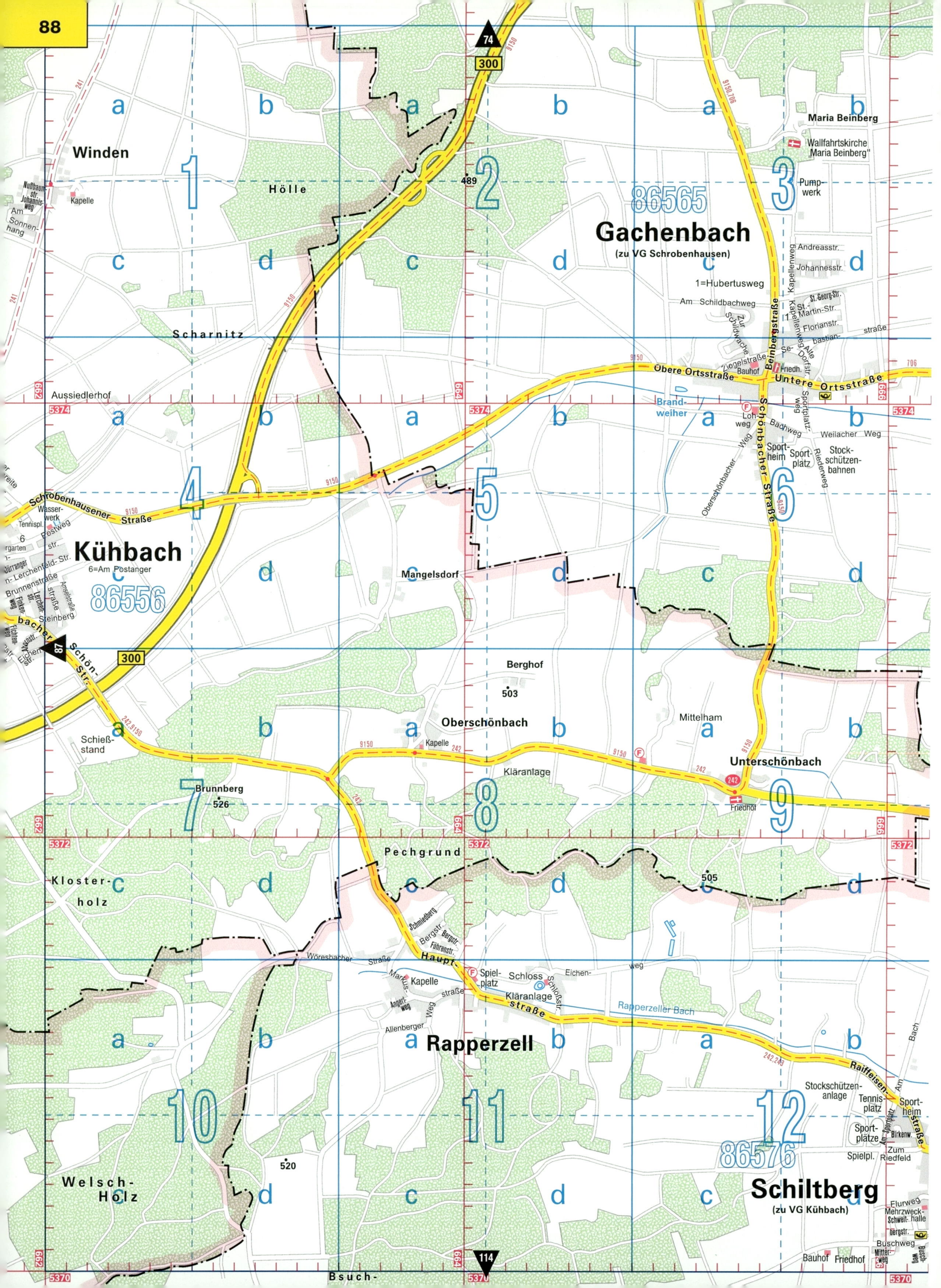

Winden
Hölle
Scharnitz
Aussiedlerhof
Gachenbach
(zu VG Schrobenhausen)
86565
Maria Beinberg
Wallfahrtskirche „Maria Beinberg"
Pumpwerk
Andreasstr.
Johannesstr.
1=Hubertusweg
Am Schildbachweg
Beinbergstraße
Obere Ortsstraße
Untere Ortsstraße
Bauhof
Friedh.
Brandweiher
Lohweg
Bachweg
Weilacher Weg
Sportheim
Sportplatz
Stockschützenbahnen
Riederweg
Oberschönbacher Weg
Schönbacher Straße
Schrobenhausener Straße
Kühbach
6=Am Postanger
86556
Mangelsdorf
Berghof
503
Mittelham
Oberschönbach
Kapelle
Kläranlage
Unterschönbach
Friedhof
Schießstand
Brunnberg
526
Pechgrund
Klosterholz
505
Schmiedberg
Bergstr.
Föhrenstr.
Wöresbacher Straße
Hauptstraße
Spielplatz
Schloss
Eichenweg
Schloßstr.
Kläranlage
Rapperzeller Bach
Markusstraße
Angerweg
Allenberger Weg
Rapperzell
Raiffeisenstraße
Stockschützenanlage
Tennisplatz
Sportheim
Sportplätze
Spielpl.
Zum Riedfeld
86576
Schiltberg
(zu VG Kühbach)
Flurweg
Mehrzweckhalle
Buschweg
Bauhof
Friedhof
520
Welsch-Holz
Bsuch-
300
74
87
114

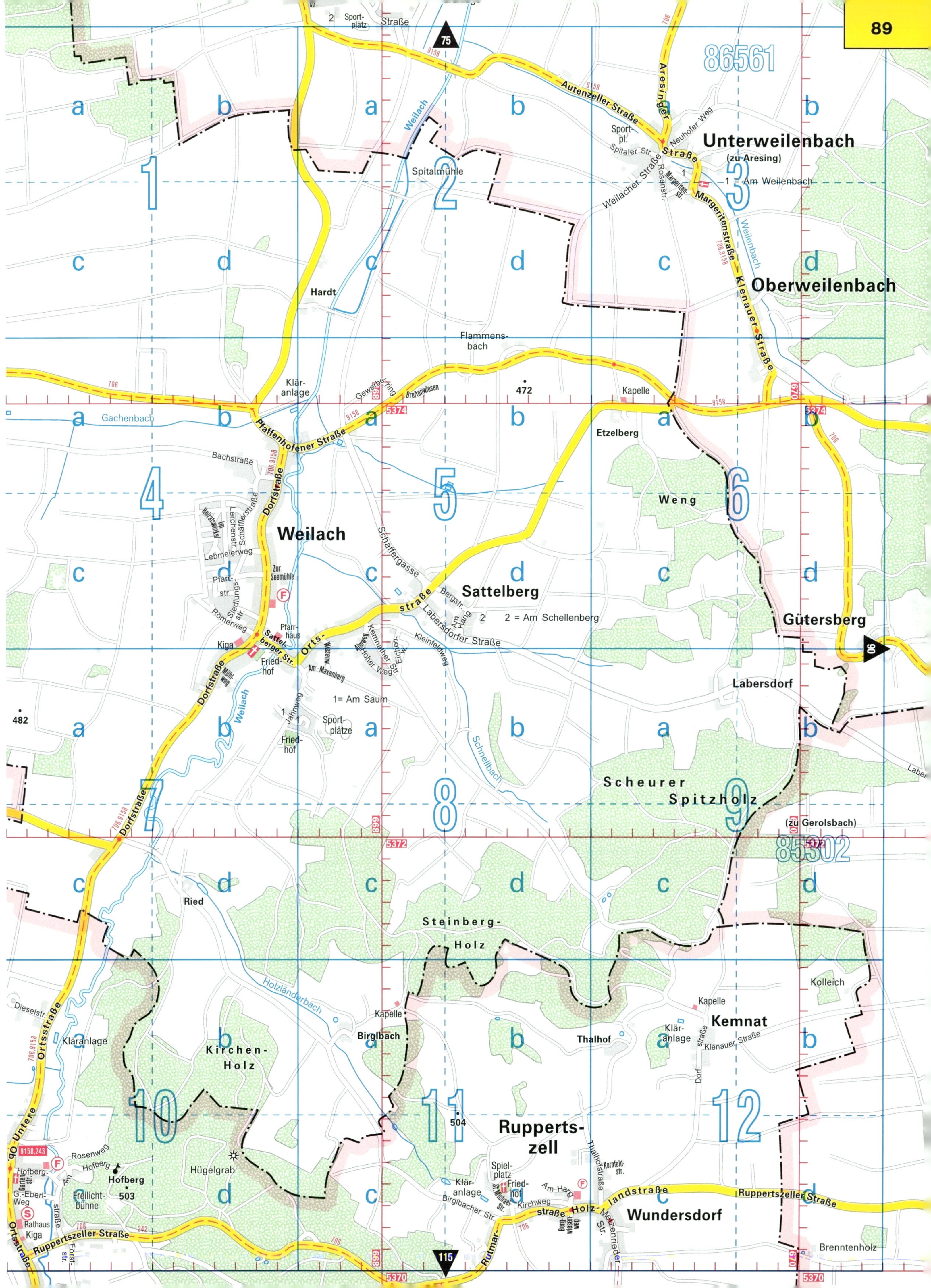

75
86561
Unterweilenbach
(zu Aresing)
1 = Am Weilenbach
Autenzeller Straße
Aresinger Straße
Neuhofer Weg
Sport-pl.
Spitaler Str.
Weilacher Straße
Rosenstr.
Margeritenstr.
Margeritenstraße
Klenauer Straße
Weilenbach
Oberweilenbach
Spitalmühle
Weilach
Hardt
Flammens-bach
Klär-anlage
Gewerbering
Breitenwiesen
472
Kapelle
Etzelberg
Gachenbach
Pfaffenhofener Straße
Bachstraße
Dorfstraße
Weilach
Schäfferstraße
Lerchenstr.
Lebmeierweg
Zur Seemühle
Pfarr-str.
Siedlungs-str.
Römerweg
Kiga
Pfarr-haus
Sattelberger Str.
Friedhof
Ortsstraße
Schäffergasse
Sattelberg
Bergstr.
Am Hang
2 = Am Schellenberg
Labersdorfer Straße
Kleinfeldweg
Kemnather Str.
Am Maxenberg
Weng
Gütersberg
90
Labersdorf
482
1= Am Saum
Jahnweg
Sport-plätze
Friedhof
Schnellbach
Scheurer Spitzholz
(zu Gerolsbach)
85302
Ried
Steinberg-Holz
Holzländerbach
Kapelle
Birglbach
Thalhof
Kolleich
Kapelle
Kemnat
Klär-anlage
Klenauer Straße
Dorfstraße
Dieselstr.
Kläranlage
Kirchen-Holz
504
Rupperts-zell
Rosenweg
Hofberg
Hofberg
503
Hügelgrab
Freilicht-bühne
Rathaus
Kiga
Ortsstraße
Ruppertszeller Straße
Spiel-platz
Klär-anlage
Birglbacher Str.
Kirchweg
Am Hang
Thalhofstraße
Kornfeld-str.
Holz-landstraße
Wundersdorf
Ruppertszeller Straße
Rutmar-
115
Brenntenholz
5374
5372
5370

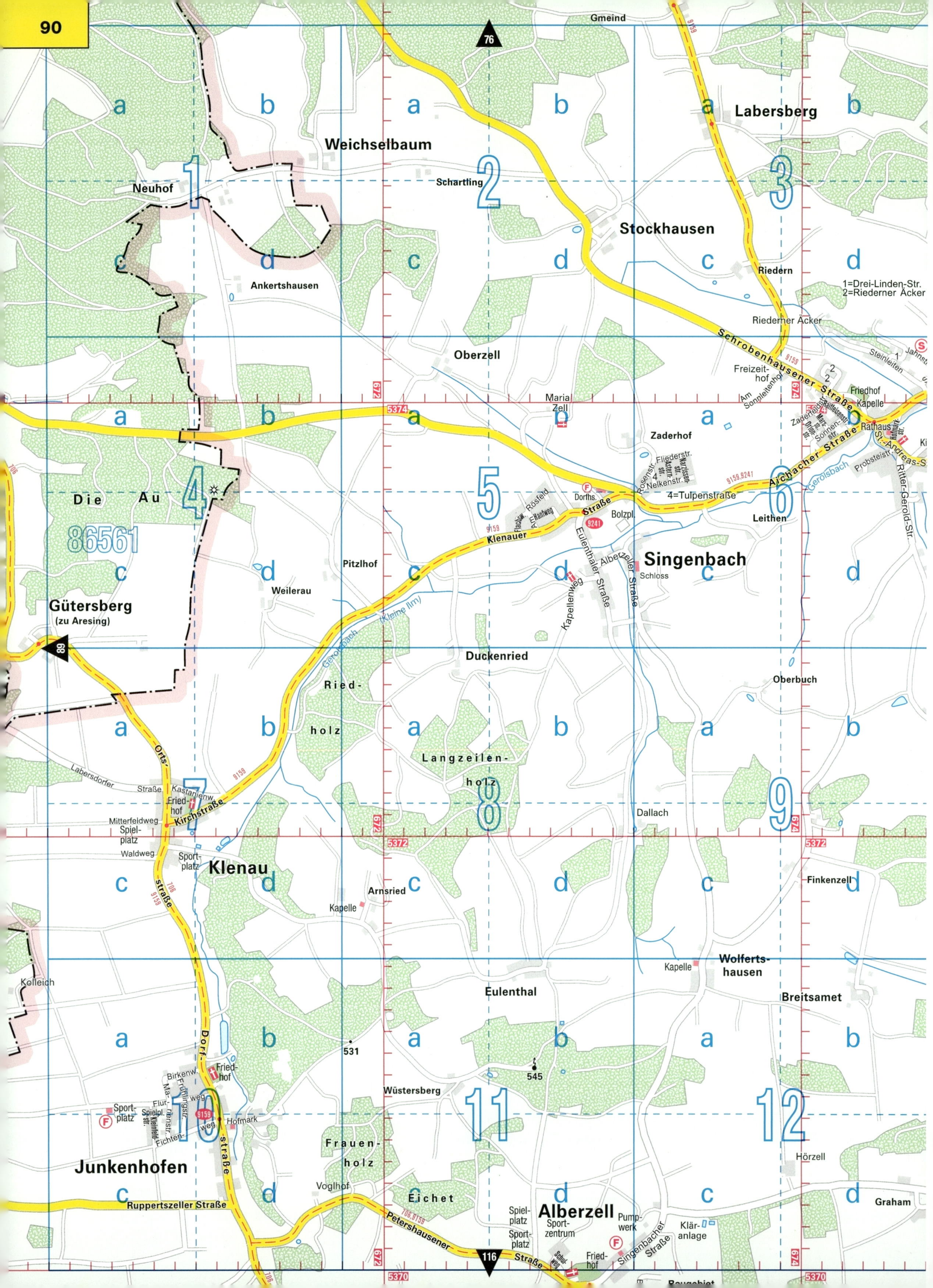
Gmeind
76
Weichselbaum
Labersberg
Neuhof
Schartling
Stockhausen
Ankertshausen
Riedern
1=Drei-Linden-Str.
2=Riederner Äcker
Riederner Äcker
Schrobenhausener Straße
Oberzell
Freizeit-hof
Friedhof
Kapelle
Maria Zell
Zaderhof
Rathaus
Die Au
86561
Dorfhs.
Straße
4=Tulpenstraße
Aichacher Straße
Klenauer
Bolzpl.
Leithen
Singenbach
Schloss
Pitzlhof
Weilerau
Gütersberg
(zu Aresing)
Eulenthaler Straße
Alberzeller Straße
Kapellenweg
Duckenried
Oberbuch
Ried-holz
Langzeilen-holz
Labersdorfer Straße
Kirchstraße
Mitterfeldweg
Spiel-platz
Waldweg
Sport-platz
Klenau
Dallach
Arnsried
Kapelle
Finkenzell
Kolleich
Kapelle
Wolferts-hausen
Eulenthal
Breitsamet
531
545
Wüstersberg
Dorfstraße
Fried-hof
Hofmark
Junkenhofen
Frauen-holz
Hörzell
Voglhof
Eichet
Ruppertszeller Straße
Alberzell
Spiel-platz
Sport-zentrum
Sport-platz
Pump-werk
Klär-anlage
Graham
Petershausener Straße
116
Fried-hof
Singenbacher Straße

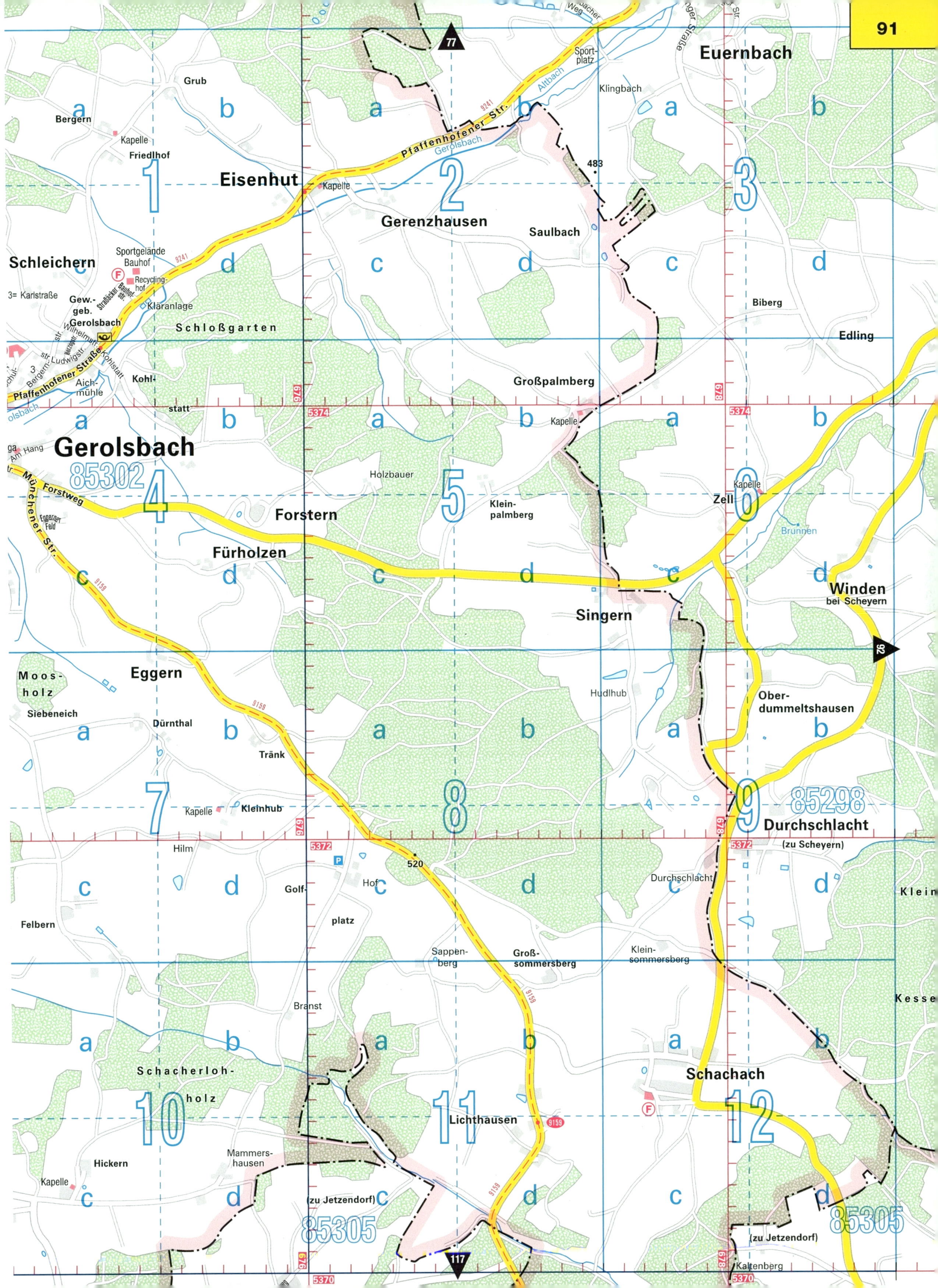
Euernbach
Grub
Bergern
Kapelle
Friedlhof
Eisenhut
Kapelle
Gerenzhausen
Pfaffenhofener Str.
Gerolsbach
Altbach
Sport-
platz
Klingbach
483
Saulbach
Schleichern
Sportgelände
Bauhof
Recycling-
hof
Kläranlage
3= Karlstraße
Gew.-
geb.
Gerolsbach
Schloßgarten
Biberg
Edling
Großpalmberg
Kohl-
statt
Aich-
mühle
Pfaffenhofener Straße
Kapelle
Gerolsbach
85302
Am Hang
Forstweg
Münchener Str.
Eggerner Feld
Holzbauer
Forstern
Klein-
palmberg
Kapelle
Zell
Brunnen
Fürholzen
Singern
Winden
bei Scheyern
Moos-
holz
Eggern
Siebeneich
Dürnthal
Tränk
Hudlhub
Ober-
dummeltshausen
Kapelle
Kleinhub
85298
Durchschlacht
(zu Scheyern)
Hilm
520
Golf-
platz
Hof
Durchschlacht
Klein
Felbern
Sappen-
berg
Groß-
sommersberg
Klein-
sommersberg
Kesse
Branst
Schacherloh-
holz
Schachach
Lichthausen
Hickern
Mammers-
hausen
Kapelle
(zu Jetzendorf)
85305
85305
(zu Jetzendorf)
Kaltenberg
77
92
117
9241
9159
676
678
5374
5372
5370

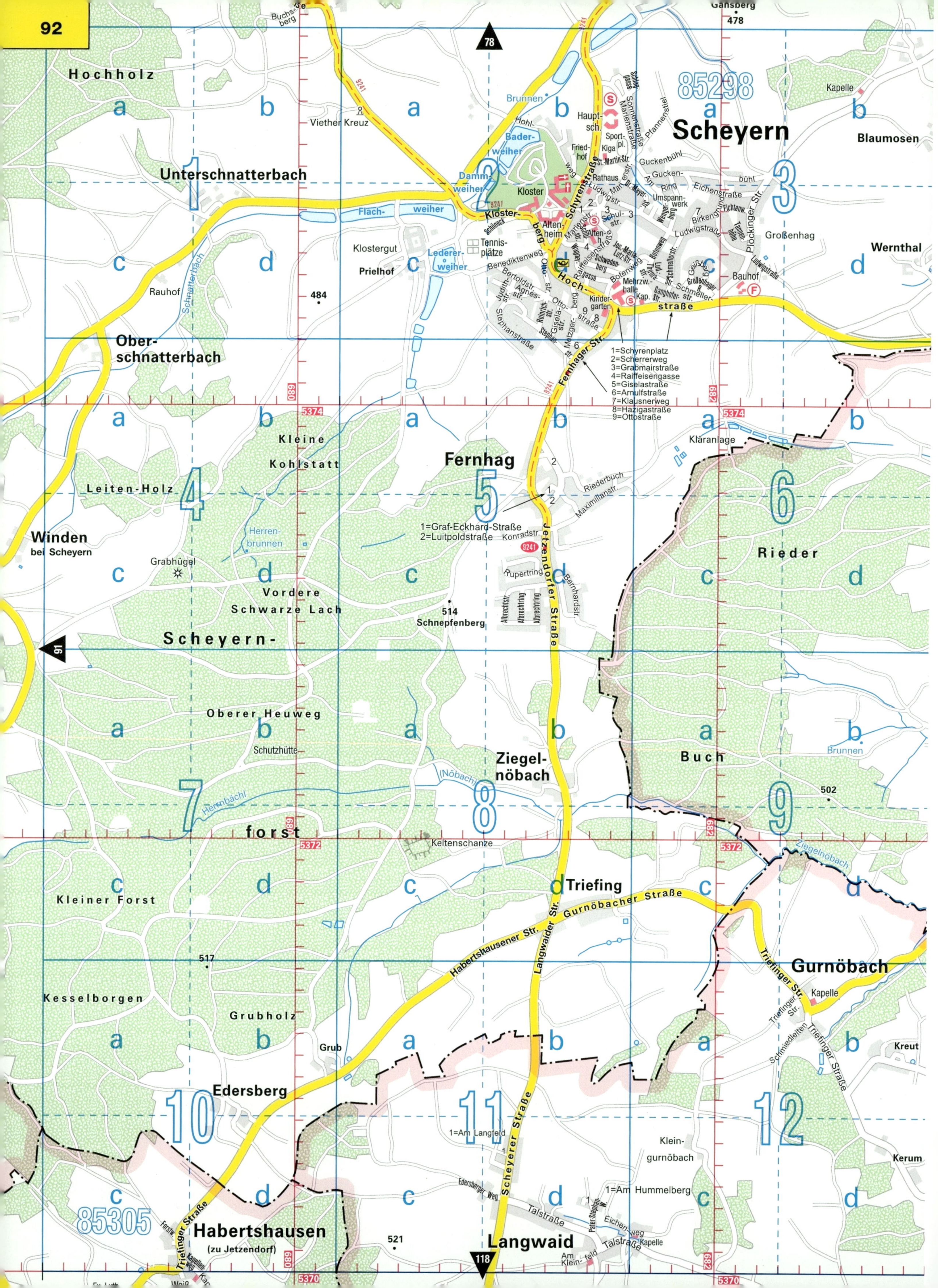

Hochholz
Unterschnatterbach
Ober-schnatterbach
Rauhof
Viether Kreuz
Klostergut
Prielhof
Scheyern
85298
Blaumosen
Großenhag
Wernthal
Bauhof
Kloster
1=Schyrenplatz
2=Scherrerweg
3=Grabmairstraße
4=Raiffeisengasse
5=Giselastraße
6=Arnulfstraße
7=Klausnerweg
8=Hazigastraße
9=Ottostraße
Kläranlage
Kleine Kohlstatt
Leiten-Holz
Winden bei Scheyern
Grabhügel
Herren-brunnen
Fernhag
1=Graf-Eckhard-Straße
2=Luitpoldstraße
Rieder
Vordere Schwarze Lach
514
Schnepfenberg
Scheyern-
forst
Oberer Heuweg
Schutzhütte
Ziegel-nöbach
Buch
Brunnen
502
Keltenschanze
Triefing
Kleiner Forst
Gurnöbacher Straße
Habertshausener Str.
Langwaider Str.
Jetzendorfer Straße
517
Kesselborgen
Grubholz
Grub
Gurnöbach
Kapelle
Kreut
Edersberg
1=Am Langfeld
Klein-gurnöbach
Kerum
1=Am Hummelberg
85305
Habertshausen (zu Jetzendorf)
521
Langwaid
Scheyerer Straße
Triefinger Straße
Talstraße
Eichenweg
Ziegelnöbach
484
478
Gansberg
78
91
118

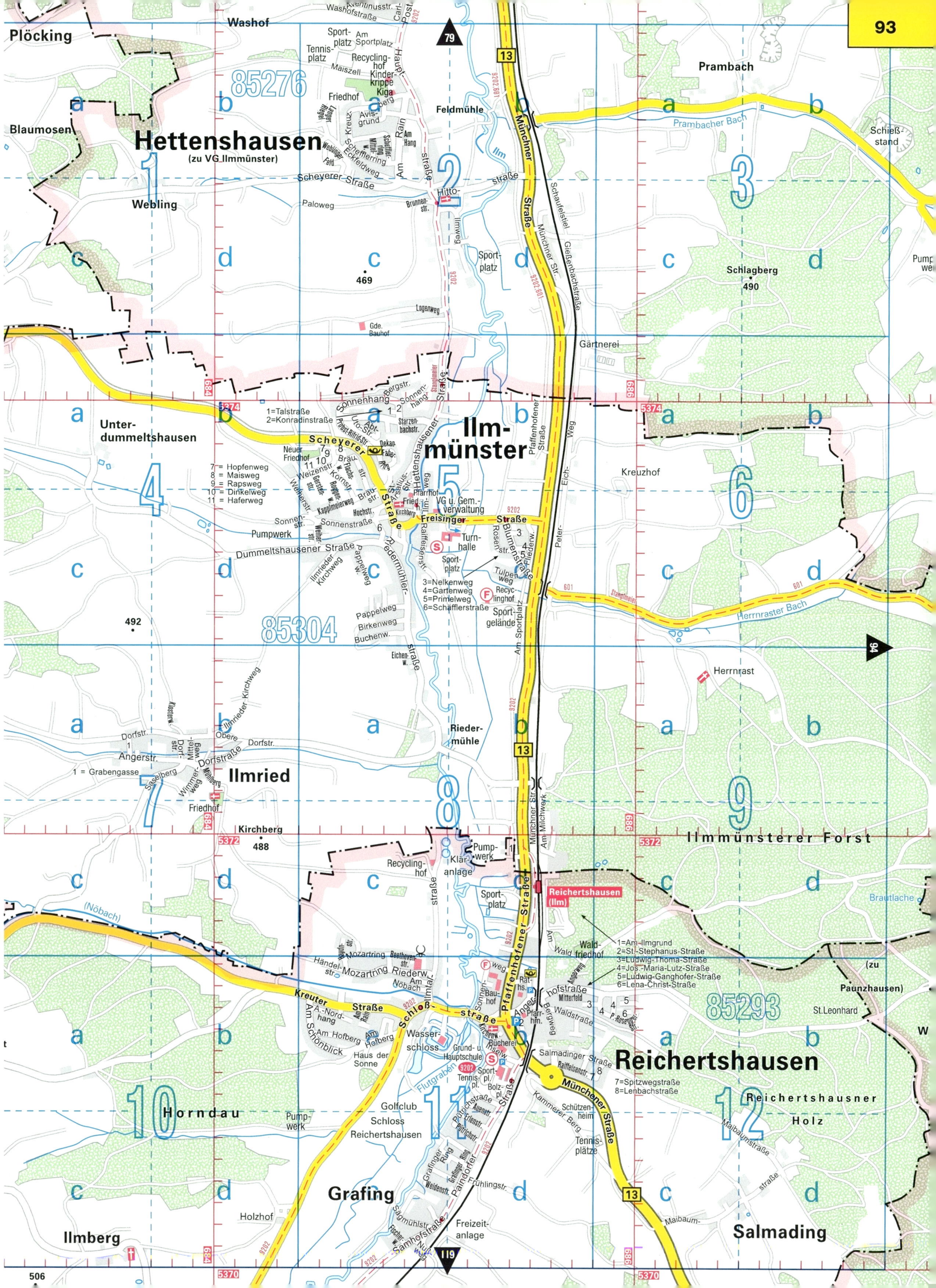
Plöcking
Washof
Blaumosen
Hettenshausen
(zu VG Ilmmünster)
85276
Webling
Paloweg
Scheyerer Straße
Sport-platz
Am Sportplatz
Tennis-platz
Recycling-hof
Maiszell
Kinder-krippe
Kiga
Friedhof
Feldmühle
Prambach
Prambacher Bach
Schieß-stand
Hitto-straße
Ilm
Münchner Straße
Münchner Str.
Schaufelstiel
Gießenbachstraße
Sport-platz
Schlagberg
490
469
Logenweg
Gde. Bauhof
Gärtnerei
Unter-dummeltshausen
1=Talstraße
2=Konradinstraße
7 = Hopfenweg
8 = Maisweg
9 = Rapsweg
10 = Dinkelweg
11 = Haferweg
Neuer Friedhof
Ilm-münster
Pfaffenhofener Straße
Eich-weg
Peter-
Kreuzhof
Scheyerer Straße
Freisinger Straße
VG u. Gem.-verwaltung
Pfarrhof
Pumpwerk
Sonnenstraße
Dummeltshausener Straße
Turn-halle
Sport-platz
3=Nelkenweg
4=Gartenweg
5=Primelweg
6=Schäfflerstraße
Recyc-linghof
Sport-gelände
Am Sportplatz
Riedermühler-straße
Pappelweg
Birkenweg
Buchenw.
85304
492
Herrnraster Bach
Herrnrast
Ilmrieder Kirchweg
Ilmried
Dorfstr.
Obere Dorfstr.
Angerstr.
Dorfstraße
1 = Grabengasse
Friedhof
Kirchberg
488
Rieder-mühle
Ilmmünsterer Forst
Pump-werk
Klär-anlage
Recycling-hof
Sport-platz
Reichertshausen (Ilm)
Wald-friedhof
1=Am Ilmgrund
2=St.-Stephanus-Straße
3=Ludwig-Thoma-Straße
4=Jos.-Maria-Lutz-Straße
5=Ludwig-Ganghofer-Straße
6=Lena-Christ-Straße
Brautlache
(zu Paunzhausen)
St.Leonhard
85293
(Nöbach)
Mozartring
Beethoven-str.
Händel-str.
Riederw.
Nöbach
Kreuter Straße
Schloß-straße
Pfaffenhofener Straße
Wasser-schloss
Grund- u. Hauptschule
Am Hofberg
Am Schönblick
Haus der Sonne
Waldstraße
Salmadinger Straße
Reichertshausen
7=Spitzwegstraße
8=Lenbachstraße
Reichertshausner Holz
Horndau
Pump-werk
Golfclub Schloss Reichertshausen
Schützen-heim
Kammerer Berg
Münchener Straße
Tennis-plätze
Maibaumstraße
Grafing
Paindorfer
Frühlingstr.
Freizeit-anlage
Holzhof
Ilmberg
Salmading
Sägmühlstr.
Samhofstraße
13
79
94
119
506

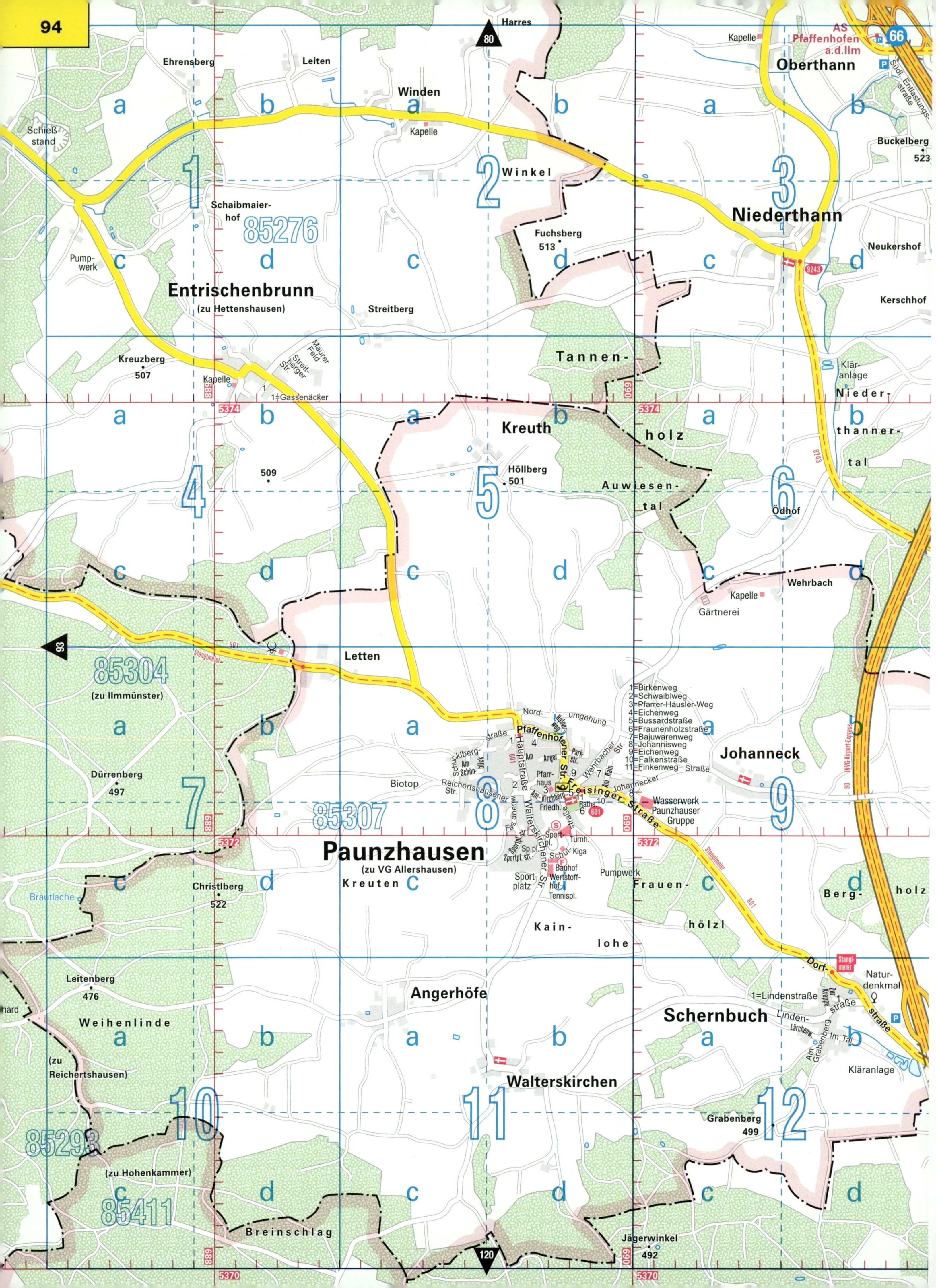
Harres
80
Ehrensberg
Leiten
Winden
Kapelle
Schieß-stand
Winkel
Schaibmaier-hof
85276
Fuchsberg
513
Pump-werk
Entrischenbrunn
(zu Hettenshausen)
Streitberg
Kreuzberg
507
Kapelle
1=Gassenäcker
Tannen-
Kreuth
Höllberg
501
509
holz
Auwiesen-
tal
Kapelle
AS
Pfaffenhofen
a.d.Ilm
66
Oberthann
Südl. Entlastungs-straße
Buckelberg
523
Niederthann
Neukershof
9243
Kerschhof
Kläranlage
Nieder-
thanner-
tal
Ödhof
Wehrbach
Gärtnerei
93
85304
(zu Ilmmünster)
Letten
Dürrenberg
497
Biotop
85307
Paunzhausen
(zu VG Allershausen)
Kreuten
Christlberg
522
Brautlache
Nord-umgehung
Pfaffenhofener Str.
Freisinger Straße
Hauptstraße
Walterskirchener Str.
Reichertshausener Str.
Wasserwerk
Paunzhauser
Gruppe
1=Birkenweg
2=Schwaiblweg
3=Pfarrer-Häusler-Weg
4=Eichenweg
5=Bussardstraße
6=Fraunenholzstraße
7=Bajuwarenweg
8=Johannisweg
9=Eichenweg
10=Falkenstraße
11=Finkenweg
Johanneck
Johannecker Straße
Pfarr-haus
Friedh.
Raths.
Sport-pl.
Turnh.
Schule
Kiga
Bauhof
Wertstoff-hof
Sport-platz
Tennispl.
Pumpwerk
Frauen-
hölzl
Kain-
lohe
Berg-
holz
Leitenberg
476
Weihenlinde
(zu Reichertshausen)
Angerhöfe
Walterskirchen
Schernbuch
1=Lindenstraße
Dorfstraße
Natur-denkmal
Kläranlage
Grabenberg
499
85293
(zu Hohenkammer)
85411
Breinschlag
Jägerwinkel
492
120
5374
5372
5370
689
690

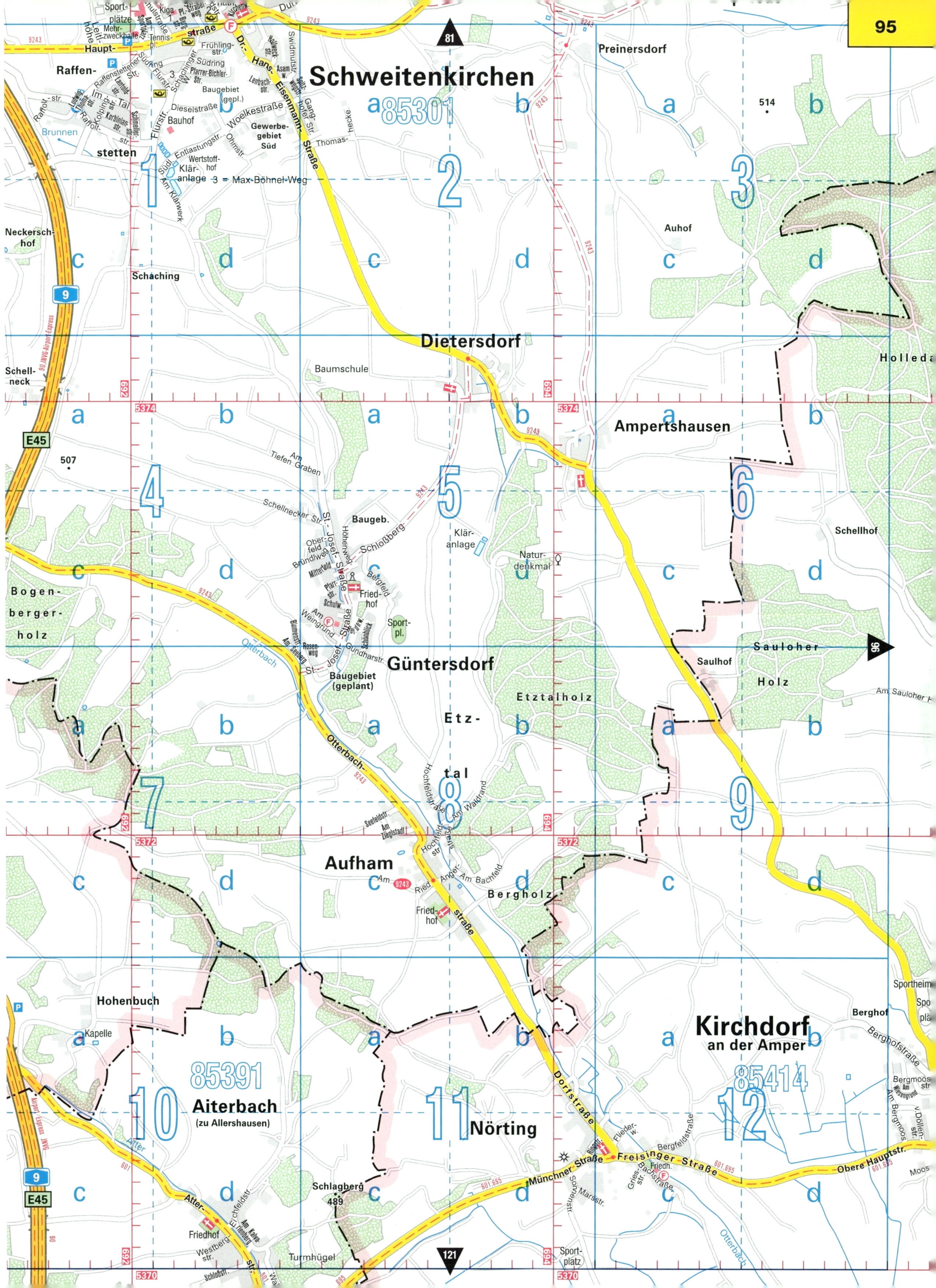
Schweitenkirchen
85301
Preinersdorf
Raffen-
stetten
Brunnen
Baugebiet (gepl.)
Bauhof
Gewerbe-
gebiet
Süd
Dr.-Hans-Eisenmann-Straße
3 = Max-Böhnel-Weg
Klär-
anlage
Wertstoff-
hof
Neckersch-
hof
Schaching
Auhof
514
Dietersdorf
Baumschule
Schell-
neck
Holleda
Ampertshausen
507
Am Tiefen Graben
Schellnecker Str.
Baugeb.
Schloßberg
Klär-
anlage
Natur-
denkmal
Schellhof
Bogen-
berger-
holz
Fried-
hof
Sport-
pl.
Otterbach
Güntersdorf
Baugebiet
(geplant)
Sauloher
Holz
Saulhof
Etztalholz
Etz-
tal
Otterbach-
straße
Aufham
Bergholz
Am Bachfeld
Fried-
hof
Hohenbuch
Kapelle
85391
Aiterbach
(zu Allershausen)
Nörting
Dorfstraße
Kirchdorf
an der Amper
85414
Berghof
Berghofstraße
Sportheim
Münchner Straße
Freisinger Straße
Obere Hauptstr.
Schlagberg
489
Friedhof
Turmhügel
Sport-
platz
Atter
81
96
121
9
E45

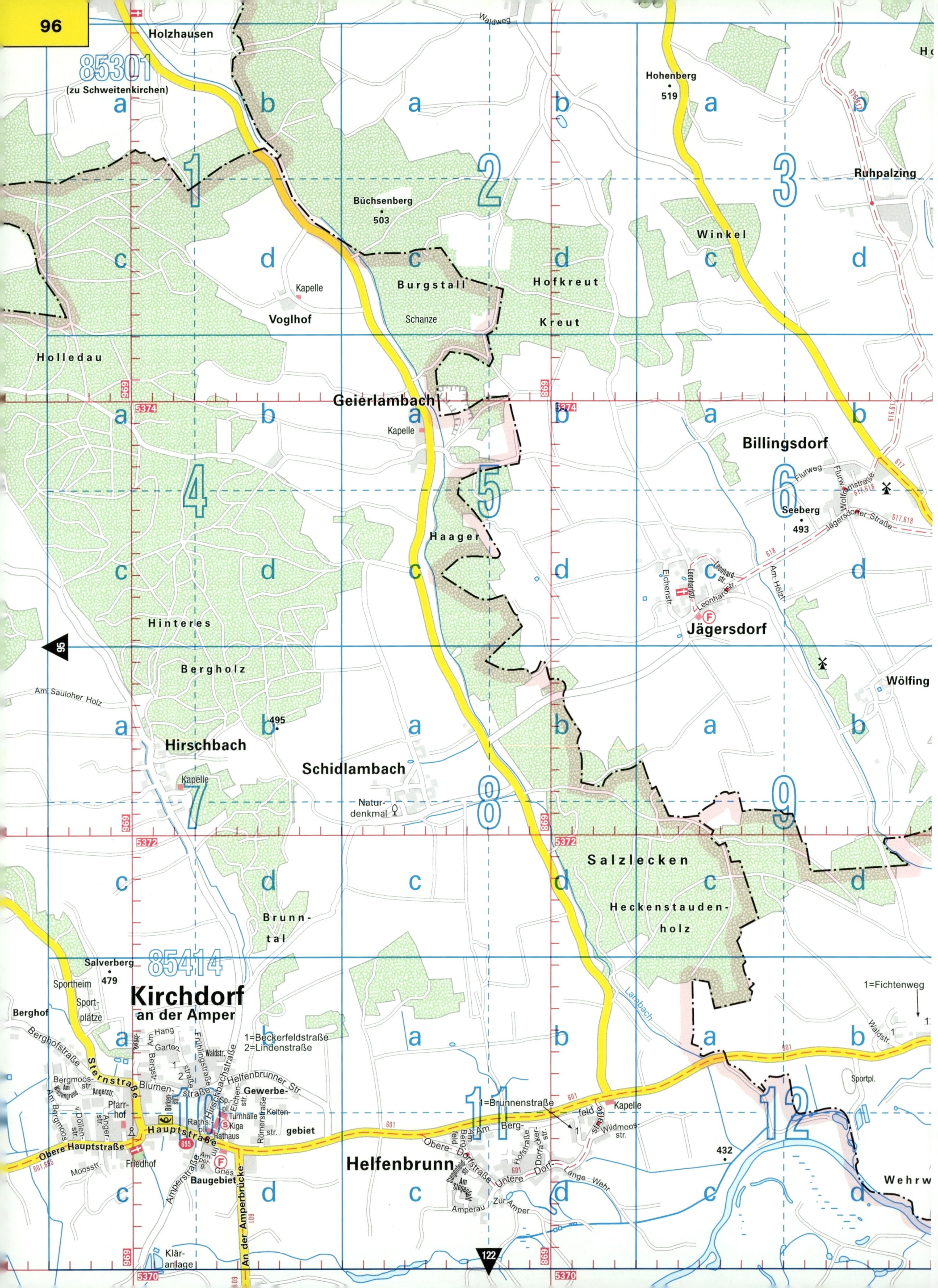

Holzhausen
85301
(zu Schweitenkirchen)
Waldweg
Hohenberg
519
Ruhpalzing
Büchsenberg
503
Winkel
Kapelle
Voghof
Burgstall
Schanze
Hofkreut
Kreut
Holledau
Geierlambach
Kapelle
Billingsdorf
Flurweg
Seeberg
493
Jägersdorfer Straße
Haager
Eichenstr.
Leonhardstr.
Am Holz
Jägersdorf
Hinteres
Bergholz
Wölfing
Am Sauloher Holz
495
Hirschbach
Schidlambach
Kapelle
Natur-
denkmal
Salzlecken
Heckenstauden-
holz
Brunn-
tal
85414
Salverberg
479
Sportheim
Sport-
plätze
Kirchdorf
an der Amper
Berghof
1=Beckerfeldstraße
2=Lindenstraße
1=Fichtenweg
Lambach
Sportpl.
Berghofstraße
Sternstraße
Helfenbrunner Str.
Gewerbe-
gebiet
Kelten-
str.
Römerstraße
Hauptstraße
Obere Hauptstraße
Pfarr-
hof
Friedhof
Moosstr.
Baugebiet
Amperstraße
An der Amperbrücke
1=Brunnenstraße
Kapelle
Wildmoos-
str.
Helfenbrunn
Obere Dorfstraße
Untere Dorfstraße
Lange Wehr
Zur Amper
Amperau
432
Wehrw
Klär-
anlage
95
122

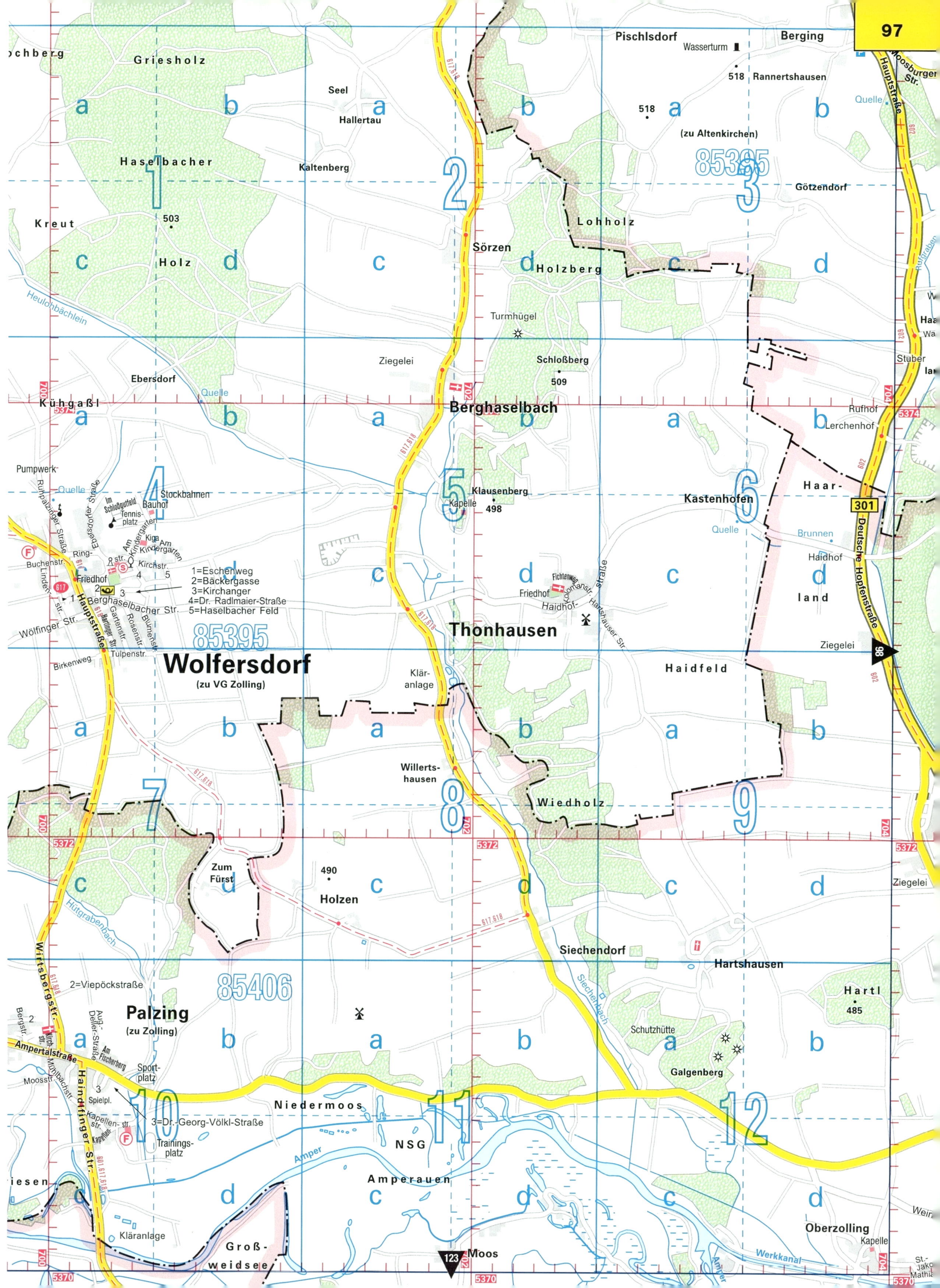
Griesholz
Haselbacher
Kreut
503
Holz
Heulohbächlein
Ebersdorf
Quelle
Kühgaßl
Seel
Hallertau
Kaltenberg
Ziegelei
Sörzen
Turmhügel
Berghaselbach
Klausenberg
Kapelle
498
Pischlsdorf
Wasserturm
Berging
518
Rannertshausen
(zu Altenkirchen)
85395
Götzendorf
Lohholz
Holzberg
Schloßberg
509
Kastenhofen
Haar-
land
Haidhof
Brunnen
Rufhof
Lerchenhof
Stuber
301
Deutsche Hopfenstraße
Hauptstraße
Moosburger Str.
Pumpwerk
Ruhpalzinger Straße
Ebersdorfer Straße
Im Schloßgutfeld
Stockbahnen
Bauhof
Tennisplatz
Kiga
Am Kindergarten
Buchenstr.
Ring-str.
Kirchstr.
Friedhof
Linden-str.
Hauptstraße
Berghaselbacher Str.
Wölfinger Str.
Gartenstr.
Rosenstr.
Blumenstr.
Tulpenstr.
Birkenweg
1=Eschenweg
2=Bäckergasse
3=Kirchanger
4=Dr. Radlmaier-Straße
5=Haselbacher Feld
85395
Wolfersdorf
(zu VG Zolling)
Kläranlage
Thonhausen
Friedhof
Fichtenweg
Kolomanstr.
Haidhof-Straße
Hartshauser Str.
Haidfeld
Ziegelei
Willertshausen
Wiedholz
Zum Fürst
490
Holzen
Siechendorf
Hartshausen
Hartl
485
Hütgrabenbach
Wirtsbergstr.
2=Viepöckstraße
85406
Palzing
(zu Zolling)
Bergstr.
Kirchstr.
Aug.-Deller-Straße
Am Fischerberg
Ampertalstraße
Moosstr.
Mühlbachstr.
Haindlfinger Str.
Sportplatz
Spielpl.
Kapellenstr.
3=Dr.-Georg-Völkl-Straße
Trainingsplatz
Niedermoos
NSG
Amperauen
Amper
Siechenbach
Schutzhütte
Galgenberg
Kläranlage
Großweidsee
Moos
Oberzolling
Kapelle
Werkkanal
Ziegelei
Wiesen
123
98

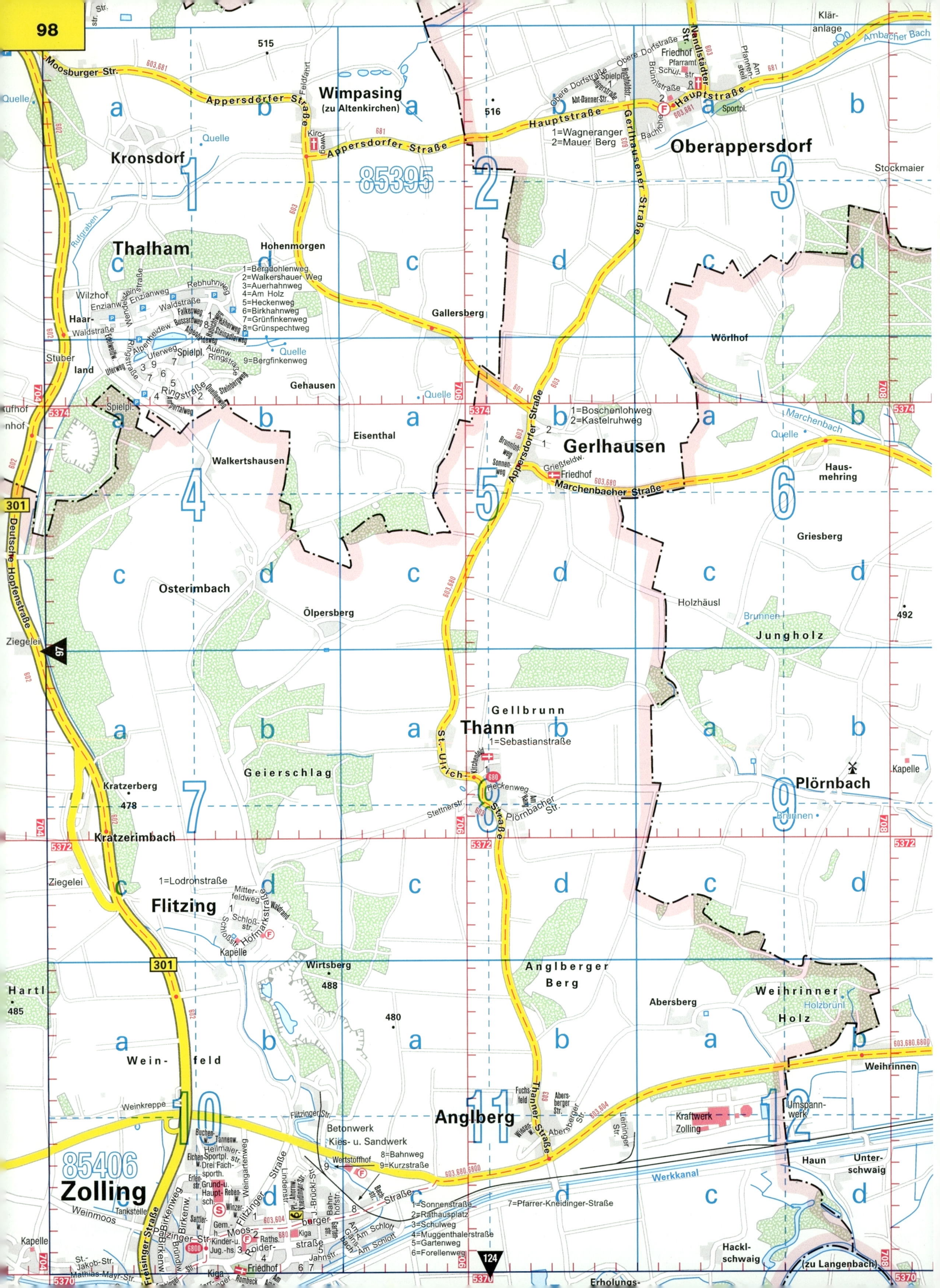

Wimpasing (zu Altenkirchen)
Kronsdorf
Oberappersdorf
Thalham
Hohenmorgen
Gallersberg
Wörlhof
Gehausen
Eisenthal
Walkertshausen
Gerlhausen
Hausmehring
Griesberg
Osterimbach
Ölpersberg
Holzhäusl
Jungholz
Gellbrunn
Thann
Geierschlag
Plörnbach
Kratzerberg
Kratzerimbach
Flitzing
Wirtsberg
Anglberger Berg
Abersberg
Weihrinner Holz
Weihrinnen
Wein-feld
Anglberg
Kraftwerk Zolling
Umspannwerk
Haun
Unterschwaig
Hacklschwaig
Zolling
Weinmoos
85395
85406
Deutsche Hopfenstraße
Appersdorfer Straße
Hauptstraße
Gerlhausener Straße
Marchenbacher Straße
St.-Ulrich-Straße
Thanner Straße
Freisinger Straße
Moosburger Str.
Ambacher Bach
Marchenbach
Werkkanal
(zu Langenbach)
Erholungs-

Ambacher Bach
Weghausen
Einhausen
Sixthaselbach
(zu Wang)
85368
Friedhof
Kirchenweg
Lindenstraße
Inzkofener Straße
2=Kirchenweg
3=Angerstraße
4=Eschenweg
5=Kreuzerweg
6=Hopfenstraße
Holzdobl
Brand
491
Schöneck
Haselbach
Wälschbuch
Quelle
Burgschlag
Weinberg
Grub
Seerer
Tal
Seer
Seeberg
Kapelle
Moosburger Straße
Sportheim
Sportplatz
Bad
Kläranlage
Murr
1=Brandfeld
2=Kirchgasse
Bergen
(zu Wang)
Inkofener Straße
Pumpwerk
Umspannwerk
Waldweg
Kirchberg
Hauptstraße
Bachweg
Kindlhecken
Kirschberg
457
Obermarchenbach
Landkreis-Zeltpl.
Spielpl.
Bad
Schutzh.
(zu Moosburg an der Isar)
Mittermarchenbach
Wimmerberg
Lohberg
459
100
Marchenbach
Gewerbegebiet
In der Leiten
Kreisstraße
Untermarchenbach
481
Bergener Straße
Moosburger Straße
Inkofen
Fischerweg
Spielplatz
Dorfstraße
Kapelle
Friedh.
Schloss
85410
Haag
an der Amper
(zu VG Zolling)
Himmelsberg
485
Bauhof
Friedhof
Sollern
Haager Straße
Pumpwerk
Sportplatz
Holzbrünnl
In der Mulde
Weingand
Amperblick
Freisinger Straße
Pumpwerk
Inkofener Straße
Schloss
Kiga
Biergarten
Schloßallee
Bahnhof
Kläranlage
Werkkanal
Amper
1=Frühlingstraße
2=Drosselstraße
3=Am Dorfplatz
Elektrizitätswerk
Sportplatz
Sportheim
Hagenau
85416
Inkofener Straße
(zu Langenbach)
Alte Amper
422
125
Brunnen
Tennis-

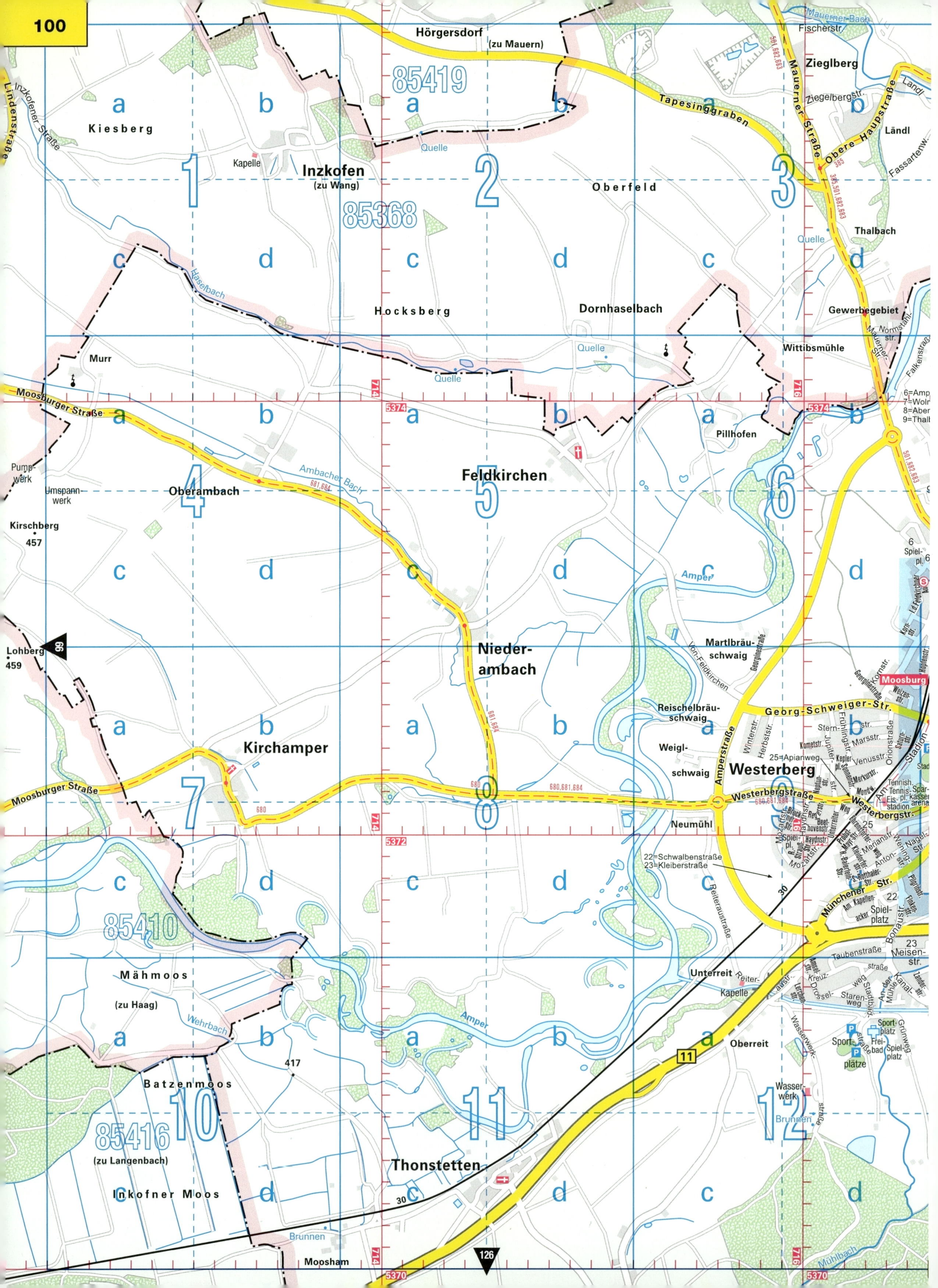

Hörgersdorf
(zu Mauern)
Kiesberg
Inzkofen
(zu Wang)
Kapelle
Quelle
Oberfeld
Zieglberg
Ländl
Thalbach
Tapesinggraben
Mauerner Straße
Obere Hauptstraße
Ziegelbergstr.
Fischerstr.
Mauerner Bach
Inzkofener Straße
Lindenstraße
Fassartenw.
Haselbach
Hocksberg
Dornhaselbach
Gewerbegebiet
Wittibsmühle
Murr
Quelle
Moosburger Straße
Oberambach
Ambacher Bach
Feldkirchen
Pillhofen
Pumpwerk
Umspannwerk
Kirschberg
457
Lohberg
459
Amper
Nieder-
ambach
Martlbräu-
schwaig
Reischelbräu-
schwaig
Weigl-
schwaig
Westerberg
Georg-Schweiger-Str.
Westerbergstraße
Amperstraße
Moosburg
Kirchamper
Neumühl
22=Schwalbenstraße
23=Kleiberstraße
25=Apianweg
Münchener Str.
Reiteraustraße
Von-Feldkirchen
Mähmoos
(zu Haag)
Wehrbach
Unterreit
Reiter-
Kapelle
Oberreit
Wasserwerk
Brunnen
Sport-
plätze
Freibad
Spielplatz
Batzenmoos
417
(zu Langenbach)
Inkofner Moos
Thonstetten
Brunnen
Moosham
Mühlbach
Taubenstraße
85419
85368
85410
85416
1
2
3
4
5
6
7
8
9
10
11
12
a
b
c
d
5374
5372
5370
774
716
99
126
11
30

Moosburg
an der Isar
85368
Aselmühle
Schwarzau
Neustadt
Volkmannsdorferau
(zu Wang)
85368
(zu Bruckberg)
91590
NSG
Ausgleichsweiher
Uppenborn
Siedlung
Industrie- und
Gewerbegebiet
Degernpoint
Himmelblauer See
Zacherl
Moosburger Baggersee
Ballauf
Stadtteil
Aich
(zu Moosburg)
Oberpolln
Moos
(zu Langenpreising)
85465
Seidl
Troll
Bonau
Michaelivorstadt
Anschlussstelle
Moosburg-Süd
Holzlandstraße
Landshuter Str.
Erdinger Straße
Wartenberger Straße
St.-Georg-Str.
Uppenbornstraße
Mittlere Isar
Isar
Amper
Cityplan S.41
1 = Hans-Sachs-Straße
2 = Eichendorffstraße
3 = Memellandstraße
4 = Südmährerweg
5 = Glatzer Weg
13=Riesengebirgstraße
14=Batschkastraße
15=Kurlandstraße
1 = Ahornstraße
2 = Weidenstraße
24=Waldmeisterstraße
1=Westerpointweg
102
127

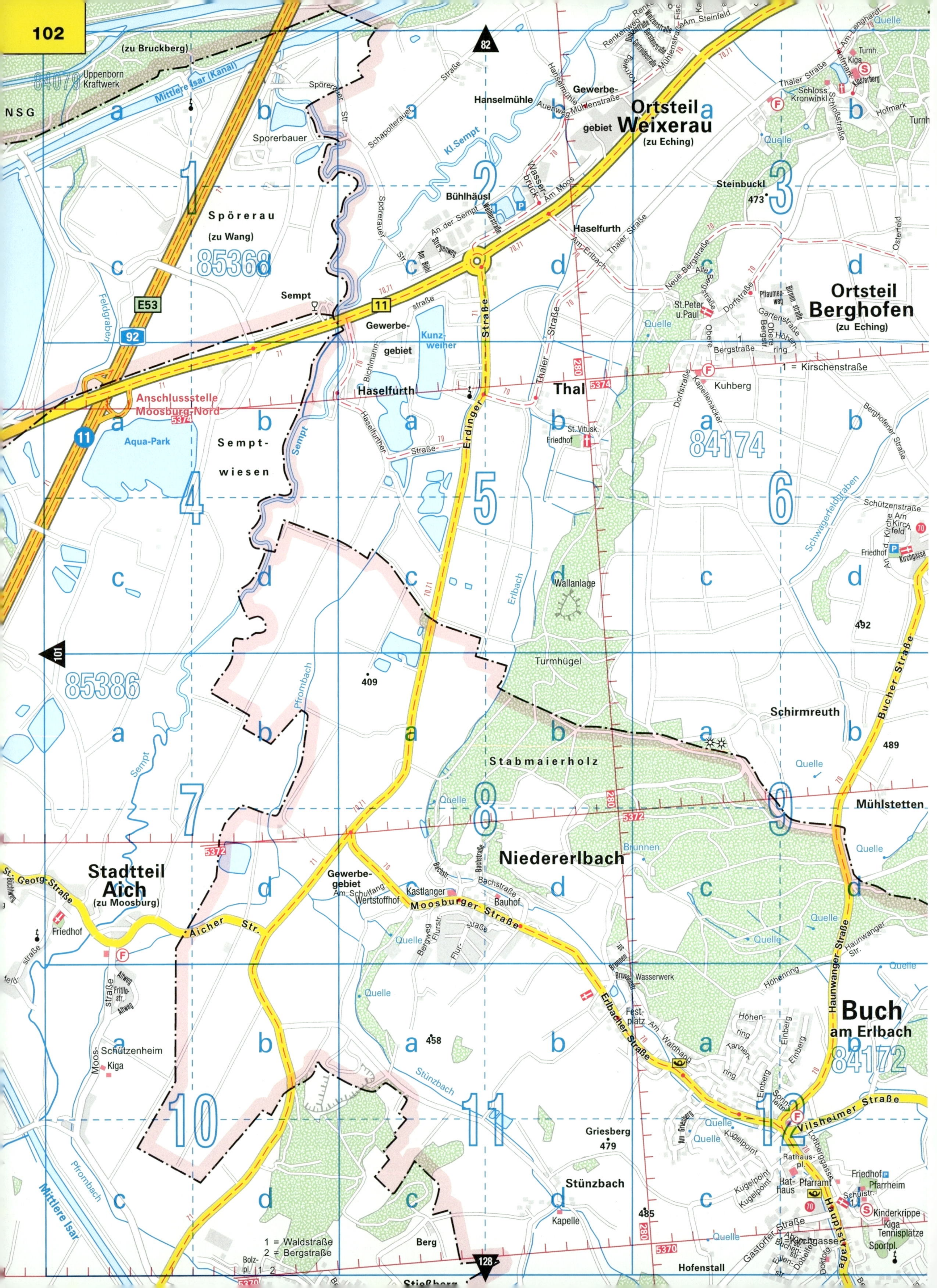

(zu Bruckberg)
84079 Uppenborn Kraftwerk
Mittlere Isar (Kanal)
NSG
Sporerbauer
Spörerau
(zu Wang)
85368
Sempt
E53
92
11
Anschlussstelle Moosburg-Nord
Aqua-Park
Semptwiesen
Hanselmühle
Gewerbegebiet
Ortsteil Weixerau
(zu Eching)
Kl. Sempt
Bühlhäusl
Haselfurth
Gewerbegebiet
Kunzweiher
Erdinger Straße
Thal
St. Vitusk.
Friedhof
Schloss Kronwinkl
Hofmark
Steinbuckl
473
Ortsteil Berghofen
(zu Eching)
St. Peter u. Paul
Kuhberg
1 = Kirschenstraße
84174
Berghofener Straße
Schwagerfeldgraben
Wallanlage
Turmhügel
409
492
85386
Pfrombach
Sempt
Stabmaierholz
Schirmreuth
489
Bucher Straße
Mühlstetten
Niedererlbach
Stadtteil Aich
(zu Moosburg)
St.-Georg-Straße
Aicher Str.
Gewerbegebiet
Kastlanger
Wertstoffhof
Moosburger Straße
Bauhof
Brunnen
Wasserwerk
Erlbacher Straße
Buch am Erlbach
84172
Hauptstraße
Vilsheimer Straße
Hauptstraße
Schützenheim
Kiga
Friedhof
458
Stünzbach
Griesberg
479
Stünzbach
Kapelle
485
Hofenstall
Rathaus
Pfarramt
Pfarrheim
Kinderkrippe
Kiga
Tennisplätze
Sportpl.
Mittlere Isar
Pfrombach
1 = Waldstraße
2 = Bergstraße
Berg
Stießberg
82
101
128

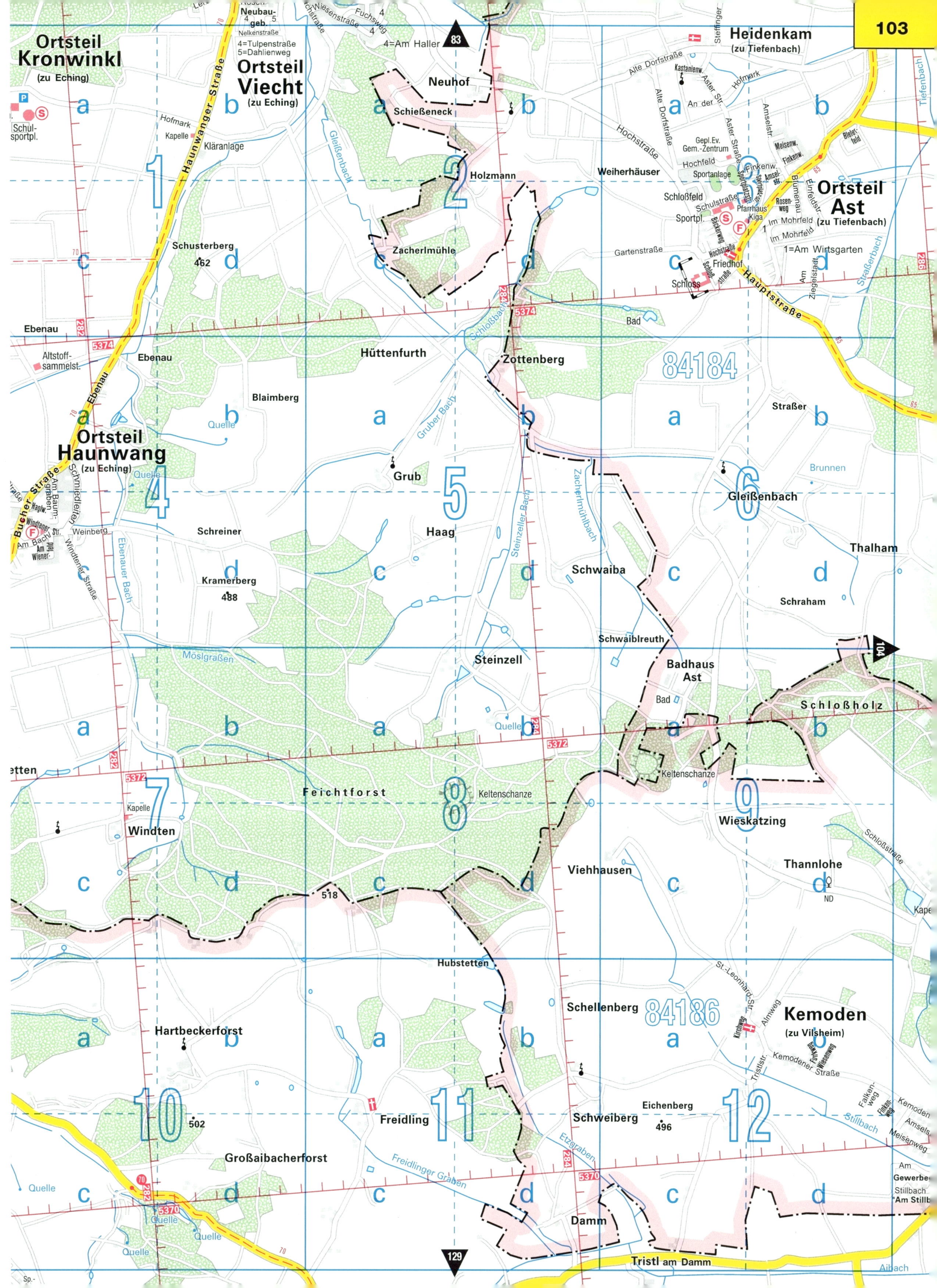
Ortsteil Kronwinkl
(zu Eching)
Ortsteil Viecht
(zu Eching)
Neubau-geb.
4=Tulpenstraße
5=Dahlienweg
Nelkenstraße
Wiesenstraße
Fuchsweg
4=Am Haller
83
Neuhof
Schießeneck
Heidenkam
(zu Tiefenbach)
Alte Dorfstraße
Kastanienw.
Aster Str.
An der
Hofmark
Hochstraße
Weiherhäuser
Gepl.Ev. Gem.-Zentrum
Hochfeld
Sportanlage
Finkenw.
Meisenw.
Amselstr.
Schloßfeld
Schulstraße
Pfarrhaus
Kiga
Sportpl.
Bäckerweg
Rosenweg
Blumenau
Einfeldstr.
Ortsteil Ast
(zu Tiefenbach)
Im Mohrfeld
1=Am Wirtsgarten
Friedhof
Schloss
Hauptstraße
Gartenstraße
Ziegelstadl
Straßenbach
Tiefenbach
Schul-sportpl.
Hofmark
Kapelle
Kläranlage
Hauwanger Straße
Gleißenbach
Holzmann
Zacherlmühle
Schusterberg
462
Ebenau
5374
282
284
Schloßbach
Bad
Altstoff-sammelst.
Hüttenfurth
Zottenberg
84184
Blaimberg
Quelle
Gruber Bach
Straßer
Ortsteil Haunwang
(zu Eching)
Grub
Brunnen
Bucher Straße
Schmiedleiten
Am Baumgraben
Haglw.
Windtener Str.
Am Bach
Am Wienerfeld
Weinberg
Windtener Straße
Ebenauer Bach
Schreiner
Haag
Steinzeller Bach
Zacherlmühlbach
Gleißenbach
Thalham
Kramerberg
488
Schwaiba
Schraham
Schwaiblreuth
104
Möslgraben
Steinzell
Badhaus Ast
Bad
Schloßholz
Quelle
5372
etten
Keltenschanze
Feichtforst
Keltenschanze
Kapelle
Windten
Wieskatzing
Schloßstraße
Viehhausen
Thannlohe
ND
518
Kape
Hubstetten
St.-Leonhard-Str.
Schellenberg
84186
Kemoden
(zu Vilsheim)
Almweg
Kirchweg
Hartbeckerforst
Kemodener Straße
Tiststr.
Falkenweg
Kemoden
Amsels
Stillbach
Meisenweg
Eichenberg
496
Schweiberg
502
Freidling
Großaibacherforst
Etzgraben
Freidlinger Graben
5370
Quelle
70
Am Gewerbe
Stillbach
"Am Stillb
Damm
129
Tristl am Damm
Aibach
Sp.-
1
2
3
4
5
6
7
8
9
10
11
12
a
b
c
d

Wertstoffhof
Kapelle
Appersdorf
Keltenschanze
Urlasbühl
Quelle
Preisenberger Bächlein
Rammelkam
Kapelle
Tiefenbach
Straßerbach
Unterbachham
Ehrnsdorfer Bach
Rückhaltebecken
Hopfenfeld
Hachelstuhler Straße
Landshuter Straße
Am Weinberg
Preisseweg
1=Pfarrer-Gantenhammer-Ring
Dorfstraße
Berghub
Zweikirchen
(zu Tiefenbach)
Baugebiet "Grammelkam-Nord"
Pfarrer-Polland-Ring
Oberbachham
84184
Zweikirchener Straße
Siegersdorf
Ehrnsdorf
Gütersdorf
Wasserturm
Stachersdorf
Windten
Kramer-Str.
Hausberg
Thalham
Lausbach
Oberfroschham
Gessendorf
Kesselbach
Neukreut
Schloßholz
Schloßholz
Deutschmühlbach
Unterfroschham
Stadl
Moosbach
Zum Weiher
Kapfing
Aster Straße
Lechau
Jägerweg
1=Schloßgärtnerei
Schloßstraße
Kapelle
Schloß Kapfing
Münchsdorf
Tannenstr.
Eschenweg
Kiefernweg
Föhrenweg
Heckenweg
Deutschmühle
Froschhamer Str.
1=Karl-Graf-von-Spreti-Straße
2=Pfarrweg
3=Ulrich-von-Pusch-Straße
Vilsheim
84186
Rathaus
Sporthalle
Bauhof
Kiga
Friedhof
Sportpl.
Kirch-Ring
Vilstalstraße
Gundihausen
Altfraunhofener Str.
Bachstraße
Herrngasse
Kleine Vils
Mooswege
Kemodener Straße
Amselstr.
Meisenweg
Stillbach
Landshuter Straße
Hauptstraße
Mühlenweg
Sportgelände
1=Sportplatzweg
Am Gewerbegeb. Stillbach "Am Stillbach"
Lechauer Weg
Bergstraße
Kreuzfeld
Kellerweg
Aufeldweg
Langenvils
Quelle
Friedhof
Schmiedweg
Sigiweg
Steinerberg
Tapfham
84172
(zu Buch)
Dirnaibach
Aibach
Auholz
Aufhamer Graben

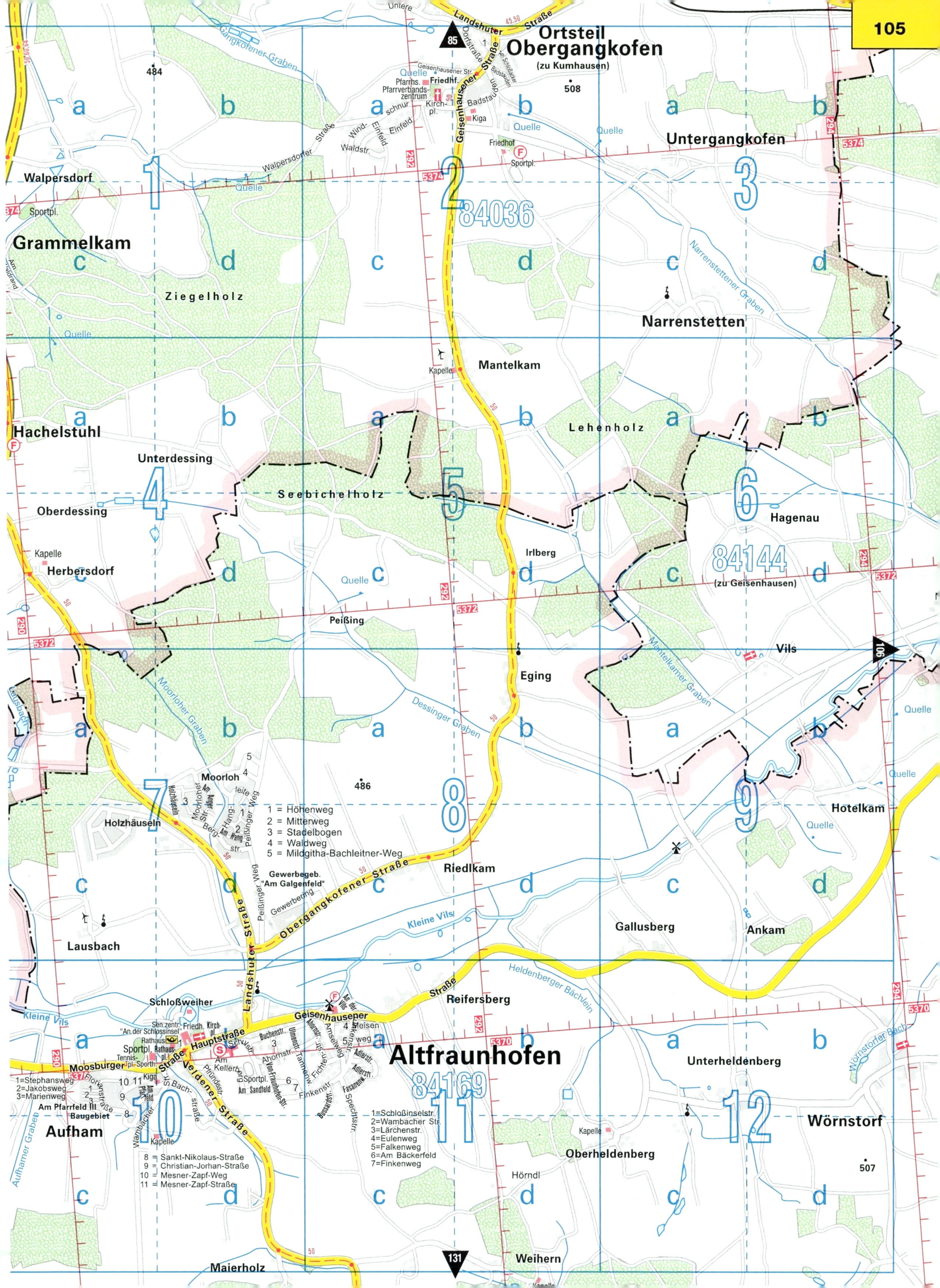

Ortsteil
Obergangkofen
(zu Kumhausen)
Landshuter Straße
Dorfstraße
Geisenhausener Straße
Badstauden
Am Schloßäcker
Gangkofener Graben
Quelle
Pfarrhs.
Pfarrverbands-zentrum
Friedhf.
Kirch-pl.
Kiga
Windschnur
Einfeld
Waldstr.
Walpersdorfer Straße
Friedhof
Sportpl.
Untergangkofen
Walpersdorf
Grammelkam
Ziegelholz
Narrenstetten
Narrenstettener Graben
84036
Hachelstuhl
Unterdessing
Oberdessing
Seebichelholz
Mantelkam
Kapelle
Lehenholz
Hagenau
Irlberg
84144
(zu Geisenhausen)
Herbersdorf
Peißing
Vils
Eging
Mantelkamer Graben
Dessinger Graben
Moorloher Graben
Moorloh
Holzhäuseln
1 = Höhenweg
2 = Mitterweg
3 = Stadelbogen
4 = Waldweg
5 = Mildgitha-Bachleitner-Weg
Riedlkam
Hotelkam
Gewerbegeb. "Am Galgenfeld"
Obergangkofener Straße
Peißinger Weg
Kleine Vils
Gallusberg
Ankam
Lausbach
Schloßweiher
Reifersberg
Heldenberger Bächlein
Altfraunhofen
84169
Geisenhausener Straße
Hauptstraße
Moosburger Straße
Veldener Straße
Unterheldenberg
Wörnstorfer Bach
Wörnstorf
Oberheldenberg
Hörndl
Aufham
Aufhamer Graben
Am Pfarrfeld III Baugebiet
1=Stephansweg
2=Jakobsweg
3=Marienweg
8 = Sankt-Nikolaus-Straße
9 = Christian-Jorhan-Straße
10 = Mesner-Zapf-Weg
11 = Mesner-Zapf-Straße
1=Schloßinselstr.
2=Wambacher Str.
3=Lärchenstr.
4=Eulenweg
5=Falkenweg
6=Am Bäckerfeld
7=Finkenweg
Maierholz
Weihern
484
508
486
507
85
106
131

Haunersdorf
Kuglberg
Kapelle
Klause
Salksdorf
299
Bach
485
Feichten
Asbach
Ringstetten
22=Adolph-Kolping-Straße
23=Theobald-Beer-Straße
24=Sebastian-Kneipp-Straße
25=Prof.-Stelzenberger-Straße
26=Theresia-Gerhardinger-Straße
27=Carl-Oskar-von-Soden-Straße
Feuerberg
1=Adalbert-Stifter-Str.
2=Ludwig-Thoma-Str.
3=Getreidesstr.
4=Franziskus-Ampfele-Str.
5=Michael-Zehetbauer-Str.
6=Josef-Pißle-Str.
7=Michael-Jais-Str.
8=Buchmannstr.
9=Martin-Zeiler-Str.
10=Alte Postgasse
11=Kirchstraße
12=Metzgergasse
13=Maria-Grafwallner-Weg
14=Vilsgasse
15=Anglberg
Birken
Gewerbe-
gebiet
Albanstetten
Landshuter Straße
Gewerbe-
gebiet
Fimbacher Straße
Haydnstraße
Bachstraße
Friedhof
Lochhamer Straße
Kinderkrippe
Günter-Eich-Straße
Frontenhausener Straße
Bauhof
Kläranlage
Altstoff-
sammelstelle
Montessori-
schule
Geisenhausen
84144
Hörlkam
Feigenbach
Bahnhofstraße
Geisenhausen
Rampoldsdorf
Rampoldsdorfer Str.
Sportpl.
Tennispl.
Sportpl.
Bahnhofstr.
Volksfestpl.
Bolzpl.
Markt-
pl.
Rathaus
Hauptstraße
Bücherei
Vilsbiburger Straße
Kinderkrippe
16=Ruselstraße
17=Kastulusweg
18=Christophorusweg
19=St.-Theobald
Quelle
Kleine Vils
Feldkirchener Straße
Friedhof
Pumpwerk
Feldkirchen
Bau-
geb.
20=Drosselstraße
21=Meisenstraße
Hermannskirchener Straße
Stockberg
Stützenbruck
ND
Hohlhof
Irlach
105
Stützenbrucker
Mühle
500
483
Quelle
Unterhaselbach
Haselbach
Quelle
Riemhof
Irhub
Oberrettenbach
Hinterhohlhof
Quelle
Prummer
Quelle
Hotelkam
Oberhaselbach
Linden
Gallersgrub
Floiten
514
Wörnstorfer Bach
Lampelner Graben
Quelle
Quelle
Kaindl
Lohbauer
Lampeln
Wörnstorf
Ostner
Kaindlhölzl
Arzberger
(zu Altfraunhofen)
Schmitt
Hermannskirchen
512
Quelle
Neutzkam
Unterschneitberg
507
84169
Quelle
Perlkam
511
Neutenkam
Oetz
Quelle
Guggenberg
132
Thal
Gerzer

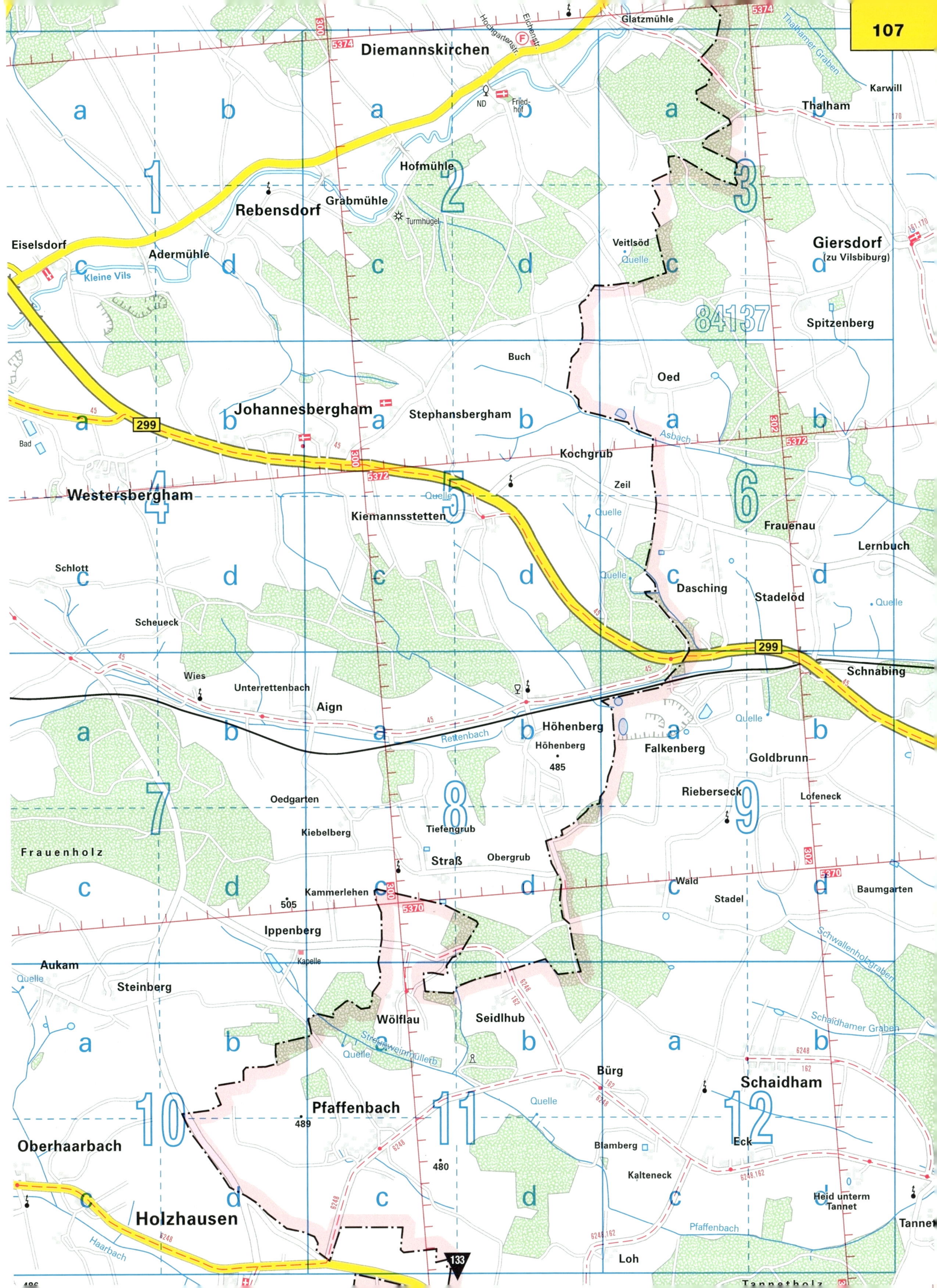
Diemannskirchen
Glatzmühle
Hochgartenstr.
Eichenstr.
Friedhof
ND
Thalhamer Graben
Karwill
Thalham
Hofmühle
Grabmühle
Rebensdorf
Turmhügel
Eiselsdorf
Adermühle
Kleine Vils
Veitlsöd
Quelle
Giersdorf
(zu Vilsbiburg)
84137
Spitzenberg
Buch
Oed
Johannesbergham
Stephansbergham
Bad
299
Asbach
Kochgrub
Zeil
Westersbergham
Kiemannsstetten
Frauenau
Lernbuch
Schlott
Dasching
Stadelöd
Scheueck
Schnabing
Wies
Unterrettenbach
Aign
Rettenbach
Höhenberg
485
Falkenberg
Goldbrunn
Rieberseck
Lofeneck
Oedgarten
Tiefengrub
Kiebelberg
Frauenholz
Straß
Obergrub
Kammerlehen
505
Wald
Stadel
Baumgarten
Ippenberg
Kapelle
Schwallenholzgraben
Aukam
Steinberg
Wölflau
Seidlhub
Schaidhamer Graben
Streinweinmüllerb.
Bürg
Schaidham
Pfaffenbach
489
Blamberg
Eck
Oberhaarbach
480
Kalteneck
Holzhausen
Haarbach
Heid unterm Tannet
Pfaffenbach
Loh
133
Tannetholz
1 2 3 4 5 6 7 8 9 10 11 12

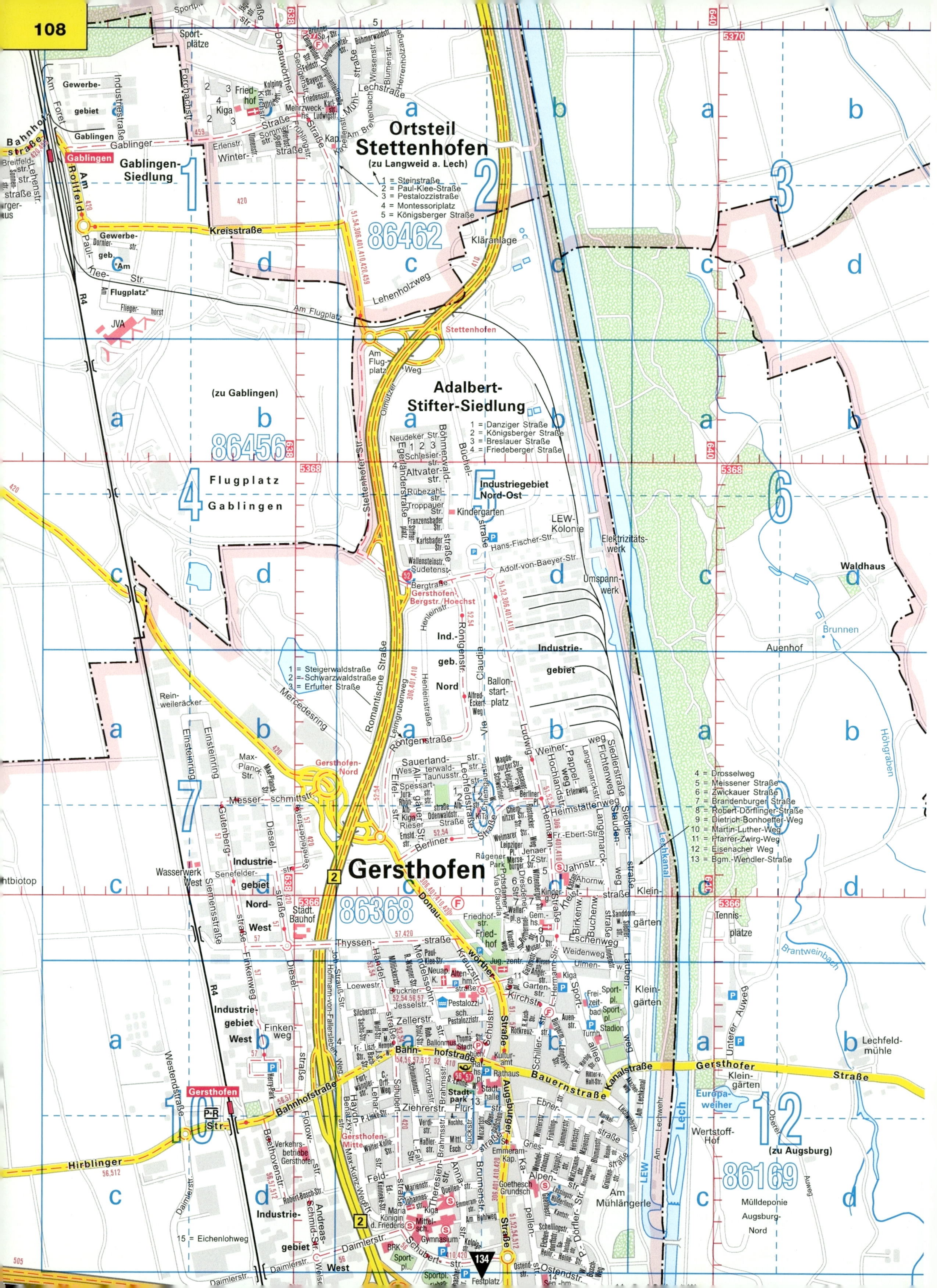
Ortsteil Stettenhofen
(zu Langweid a. Lech)
1 = Steinstraße
2 = Paul-Klee-Straße
3 = Pestalozzistraße
4 = Montessoriplatz
5 = Königsberger Straße
86462
Gablingen-Siedlung
Gablingen
Gewerbegebiet Gablingen
Kreisstraße
Kläranlage
Lehenholzweg
Am Flugplatz
Stettenhofen
JVA
(zu Gablingen)
86456
Flugplatz Gablingen
Adalbert-Stifter-Siedlung
1 = Danziger Straße
2 = Königsberger Straße
3 = Breslauer Straße
4 = Friedeberger Straße
Industriegebiet Nord-Ost
Kindergarten
LEW-Kolonie
Elektrizitätswerk
Umspannwerk
Waldhaus
Brunnen
Auenhof
Hans-Fischer-Str.
Adolf-von-Baeyer-Str.
Gersthofen-Bergstr./Hoechst
Ind.-geb. Nord
Industriegebiet
Ballonstartplatz
1 = Steigerwaldstraße
2 = Schwarzwaldstraße
3 = Erfurter Straße
Mercedesring
Romantische Straße
Reinweileräcker
Gersthofen-Nord
Röntgenstraße
4 = Drosselweg
5 = Meissener Straße
6 = Zwickauer Straße
7 = Brandenburger Straße
8 = Robert-Dörflinger-Straße
9 = Dietrich-Bonhoeffer-Weg
10 = Martin-Luther-Weg
11 = Pfarrer-Zwirg-Weg
12 = Eisenacher Weg
13 = Bgm.-Wendler-Straße
Höggraben
Gersthofen
86368
Wasserwerk West
Industriegebiet Nord-West
Städt. Bauhof
Tennisplätze
Kleingärten
Brantweinbach
Industriegebiet West
Lechfeldmühle
Gersthofer Straße
Bauernstraße
Bahnhofstraße
Hirblinger Straße
Gersthofen
Europaweiher
Wertstoff-Hof
(zu Augsburg)
86169
Mülldeponie Augsburg-Nord
Am Mühlängerle
Lechkanal
Lech
LEW
Gersthofen-Mitte
Verkehrsbetriebe Gersthofen
Industriegebiet West
15 = Eichenlohweg
Festplatz
134

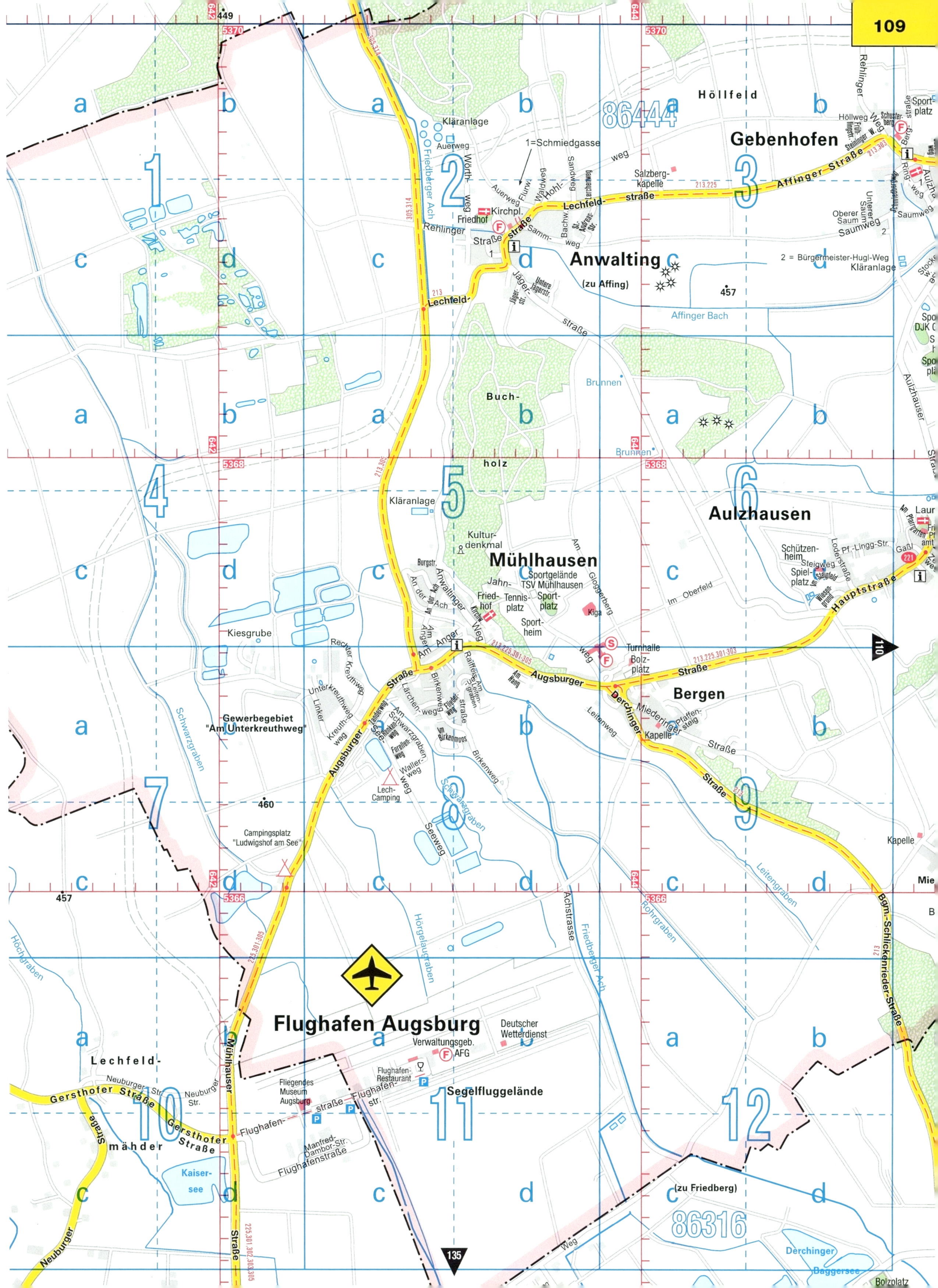
Höllfeld
Gebenhofen
86444
Kläranlage
Auerweg
1=Schmiedgasse
Friedberger Ach
Wörthweg
Sandweg
Salzberg-kapelle
Affinger Straße
Lechfeld-straße
Kirchpl.
Friedhof
Rehlinger Straße
Samm-weg
Anwalting
(zu Affing)
Jäger-str.
Untere Jägerstr.
Oberer Saum
Unterer Saum
Saumweg
2 = Bürgermeister-Hugl-Weg
Kläranlage
457
Affinger Bach
Brunnen
Buch-holz
Aulzhauser Straße
Kläranlage
Kultur-denkmal
Mühlhausen
Aulzhausen
Schützen-heim
Steigweg
Spiel-platz
Pf.-Lingg-Str.
Loderstraße
Hauptstraße
Sportgelände TSV Mühlhausen
Jahn-
Tennis-platz
Sport-platz
Fried-hof
Sport-heim
Kiga
Glogger-berg
Im Oberfeld
Burgstr.
An der Ach
Anwaltinger Weg
Am Anger
Kiesgrube
Rechter Kreuthweg
Unterkreuthweg
Linker Kreuthweg
Turnhalle
Bolz-platz
Augsburger Straße
Derchinger Straße
Bergen
Miederinger Straße
Pfaffen-steig
Kapelle
Leitenweg
Birkenweg
Lärchen-weg
Gewerbegebiet "Am Unterkreuthweg"
Schwarzgraben
Forellen-weg
Waller-weg
Lech-Camping
Seeweg
460
Campingplatz "Ludwigshof am See"
Kapelle
Leitengraben
Bgm.-Schlickenrieder-Straße
457
Hörgelaugraben
Achstrasse
Friedberger Ach
Rohrgraben
Höchgraben
Flughafen Augsburg
Deutscher Wetterdienst
Verwaltungsgeb. AFG
Flughafen-Restaurant
Segelfluggelände
Fliegendes Museum Augsburg
Flughafenstraße
Manfred-Dambor-Str.
Lechfeld-mähder
Gersthofer Straße
Neuburger Str.
Mühlhauser Straße
Kaiser-see
Neuburger Straße
(zu Friedberg)
86316
Derchinger Baggersee
Bolzplatz
110
135

Gebenhofen
Gewerbegebiet "Am Ziegeleiweg"
Affing
86444
Katzental
Haunswies
Affinger Bach
Aichacher Straße
Affinger Straße
Gebenhofener Str.
Neuburger Straße
Schloss
Schloßplatz
Pfarramt
Friedhof
Friedhofskapelle
Sommerkeller
Frechholzhauser Straße
Bergmooser
Sportheim
Sportgelände
Sportgelände DJK Gebenhofen
Kläranlage
Aulzhausen
Hauptstraße
Laurentiuspl.
Zeller Straße
Mühlbergstr.
Edenrieder Str.
Nadelberg
517
Staffelberg
524
Kapelle
Frechholzhausen
Pfaffenzell
493
Miedering
Burgstall
Fuchsberg
529
Pfaffenzeller Holz
Steinberg
Saulache
Derchinger
Moosberg
518
Eichelgarten
(zu Friedberg)
86316
Forst
Kohlstatt
Wochenendhausgebiet
Kohlstattweg
Königholz
Kalksandsteinwerke
Bolzplatz
Bgm.-Schlickenrieder-Straße
1 = Pfarrer-Wiedemann-Weg
2 = Bürgermeister-Hugl-Weg
109
136

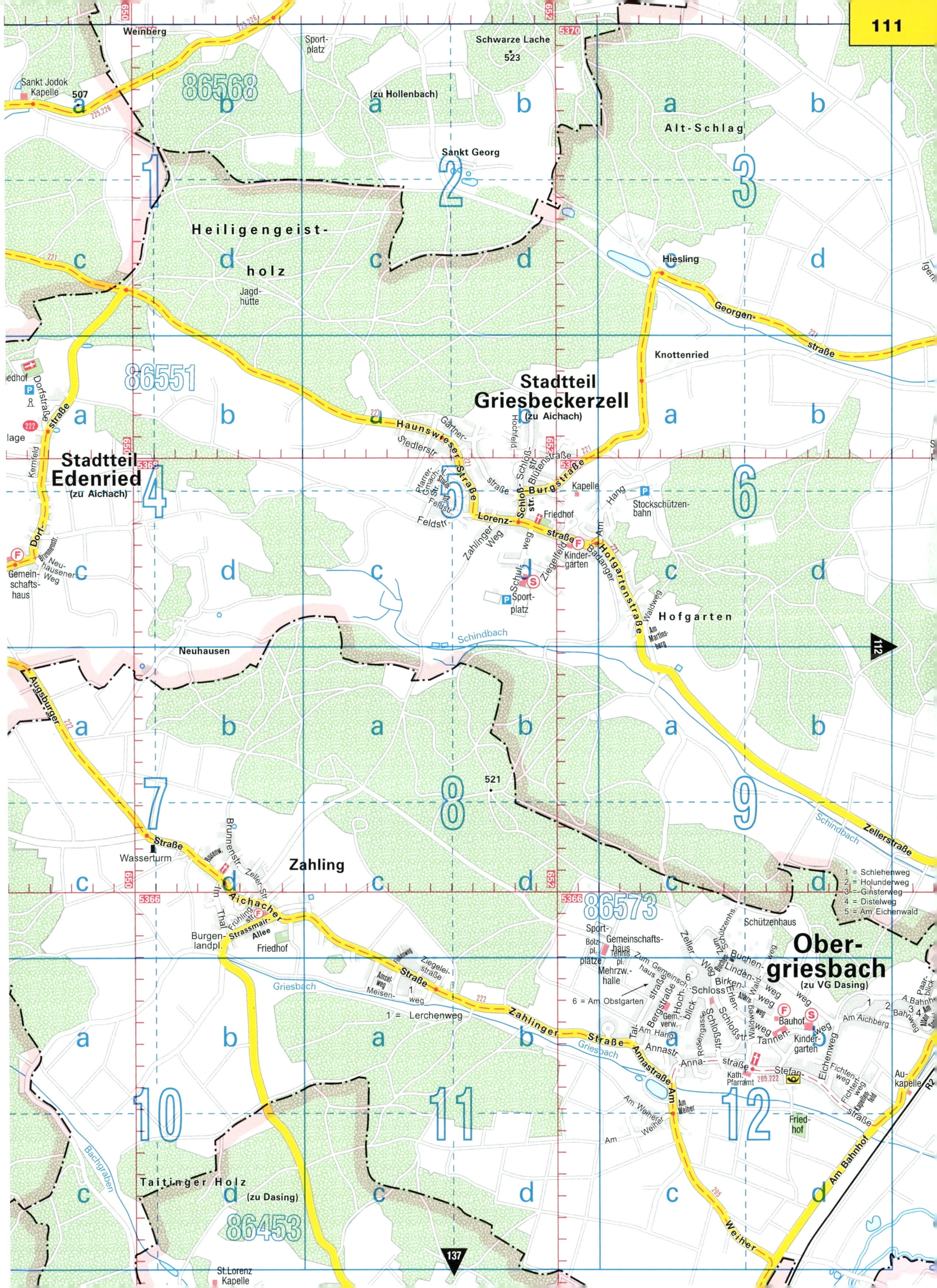
Weinberg
Sankt Jodok Kapelle
Schwarze Lache
523
(zu Hollenbach)
Alt-Schlag
Sankt Georg
Heiligengeist-holz
Jagd-hütte
Hiesling
Georgen-straße
Knottenried
Stadtteil Griesbeckerzell
(zu Aichach)
Stadtteil Edenried
(zu Aichach)
Haunswieser Straße
Lorenz-straße
Burgstraße
Kapelle
Friedhof
Stockschützen-bahn
Hofgarten
Hofgartenstraße
Schindbach
Neuhausen
Gemein-schafts-haus
Sportplatz
521
Zahling
Wasserturm
Augsburger Straße
Aichacher Straße
Friedhof
Griesbach
Zahlinger Straße
Zellerstraße
Schützenhaus
Ober-griesbach
(zu VG Dasing)
1 = Schlehenweg
2 = Holunderweg
3 = Ginsterweg
4 = Distelweg
5 = Am Eichenwald
6 = Am Obstgarten
1 = Lerchenweg
Annastraße
Am Weiher
Am Bahnhof
Kinder-garten
Bauhof
Kath. Pfarramt
Fried-hof
Taitinger Holz
(zu Dasing)
St.Lorenz Kapelle
Bachgraben
86568
86551
86573
86453
112
137

Stadtteil Algertshausen (zu Aichach)
86551 Aichach
Stadtteil Oberschneitbach (zu Aichach)
Stadtteil Unterschneitbach (zu Aichach)
Stadtteil Ecknach (zu Aichach)
Stadtteil Sulzbach (zu Aichach)
Stadtteil Gallenbach (zu Aichach)
86573
Aufgelassener
Beim Stein
Eisenerz-
Grubert
bergbau
Naturfreunde-hütte
Obermühle
Beckmühle Baugebiet
Cityplan S.37
Aichach
Unter-mühle
Freibad
Justizvollzugs-anstalt
Georgen-straße
Bürgerstraße
Hüttenstraße
St.-Emmeran-Straße
Schneitbacher Weg
Augsburger Str.
Münchener Str.
Donauwörther Str.
Schneitbach
Paar
Ecknach
Sulzbacher Straße
Friedhof
Sportplatz
Kindergarten
Sportheim
Tennishalle
Kreisbauhof
Industriestraße
Industrie- und Gewerbegebiet
Paartal-Bahn
R2
Tränkmühle
Kläranlage
Zellerstraße
Tränkstraße
Siedlungsstraße
Schindbach
Gallenbach
1=Am Waldhang
2=Buchenstraße
Obergriesbach
Am Bahnhof
1 = Schlehenweg
2 = Holunderweg
3 = Ginsterweg
4 = Distelweg
5 = Am Eichenwald
(zu Obergriesbach)
Tränk-holz
Nisselsbach
Blumenthaler Holz
Kohlgrund
Drosselweg
St.-Stefan-Straße
Fuggerstraße
Gemeinschaftshaus
Neulstraße
Karpfengrund
Sonnenhang
486
464
518
300
86
111
138
5370
5368
5366
654
656

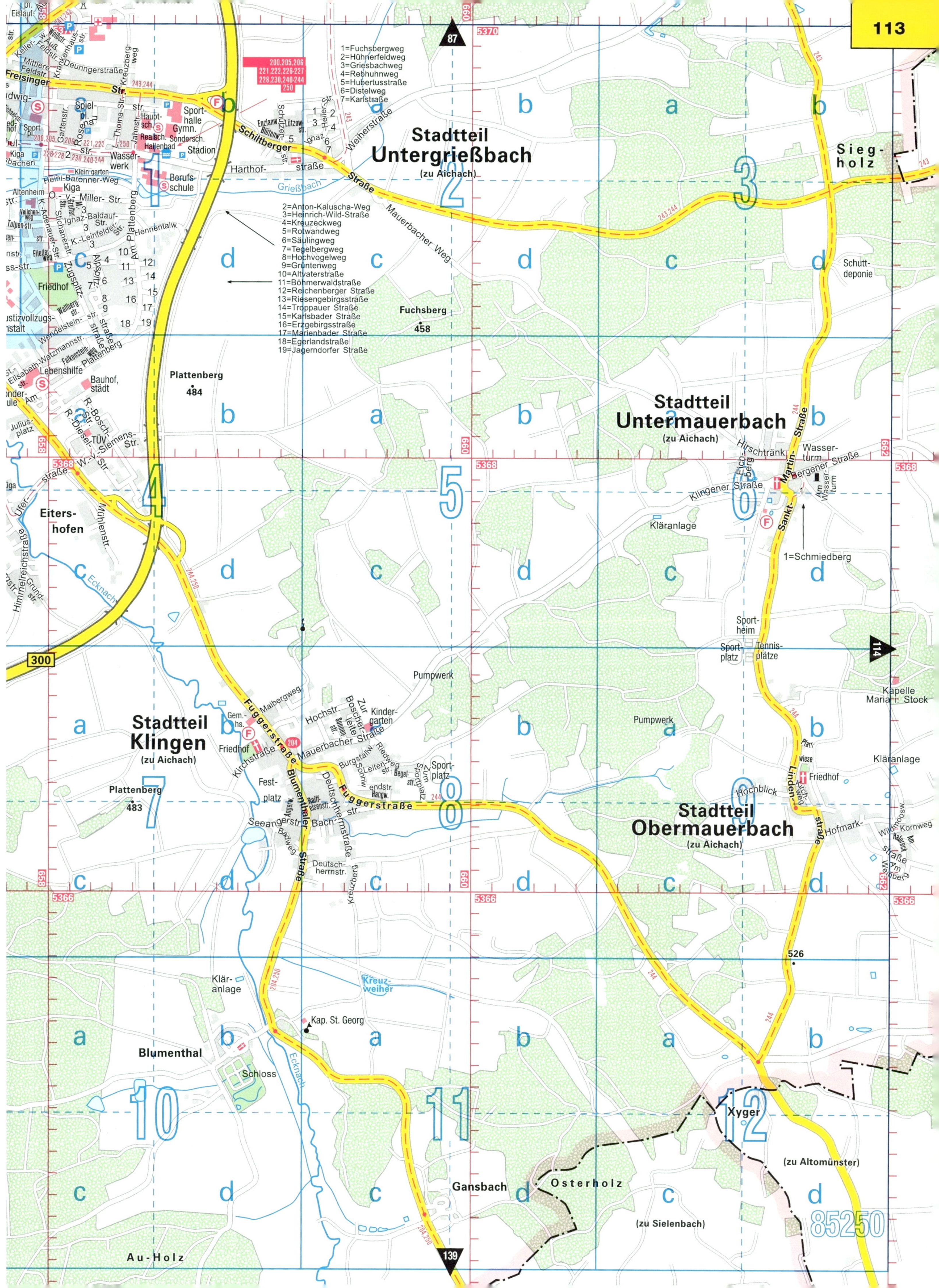
Stadtteil Untergrießbach
(zu Aichach)
Stadtteil Untermauerbach
(zu Aichach)
Stadtteil Klingen
(zu Aichach)
Stadtteil Obermauerbach
(zu Aichach)
1=Fuchsbergweg
2=Hühnerfeldweg
3=Griesbachweg
4=Rebhuhnweg
5=Hubertusstraße
6=Distelweg
7=Karlstraße
2=Anton-Kaluscha-Weg
3=Heinrich-Wild-Straße
4=Kreuzeckweg
5=Rotwandweg
6=Säulingweg
7=Tegelbergweg
8=Hochvogelweg
9=Grüntenweg
10=Altvaterstraße
11=Böhmerwaldstraße
12=Reichenberger Straße
13=Riesengebirgsstraße
14=Troppauer Straße
15=Karlsbader Straße
16=Erzgebirgsstraße
17=Marienbader Straße
18=Egerlandstraße
19=Jagerndorfer Straße
1=Schmiedberg
Fuchsberg
458
Plattenberg
484
Plattenberg
483
Sieg-
holz
Schutt-
deponie
Kläranlage
Eiters-
hofen
Blumenthal
Schloss
Kap. St. Georg
Kreuz-
weiher
Gansbach
Osterholz
Xyger
(zu Altomünster)
(zu Sielenbach)
Au-Holz
Pumpwerk
Kapelle
Maria i. Stock
Friedhof
Fuggerstraße
Schiltberger Straße
Mauerbacher Weg
Freisinger Str.
Sport-
heim
Tennis-
plätze
85250
300
87
114
139

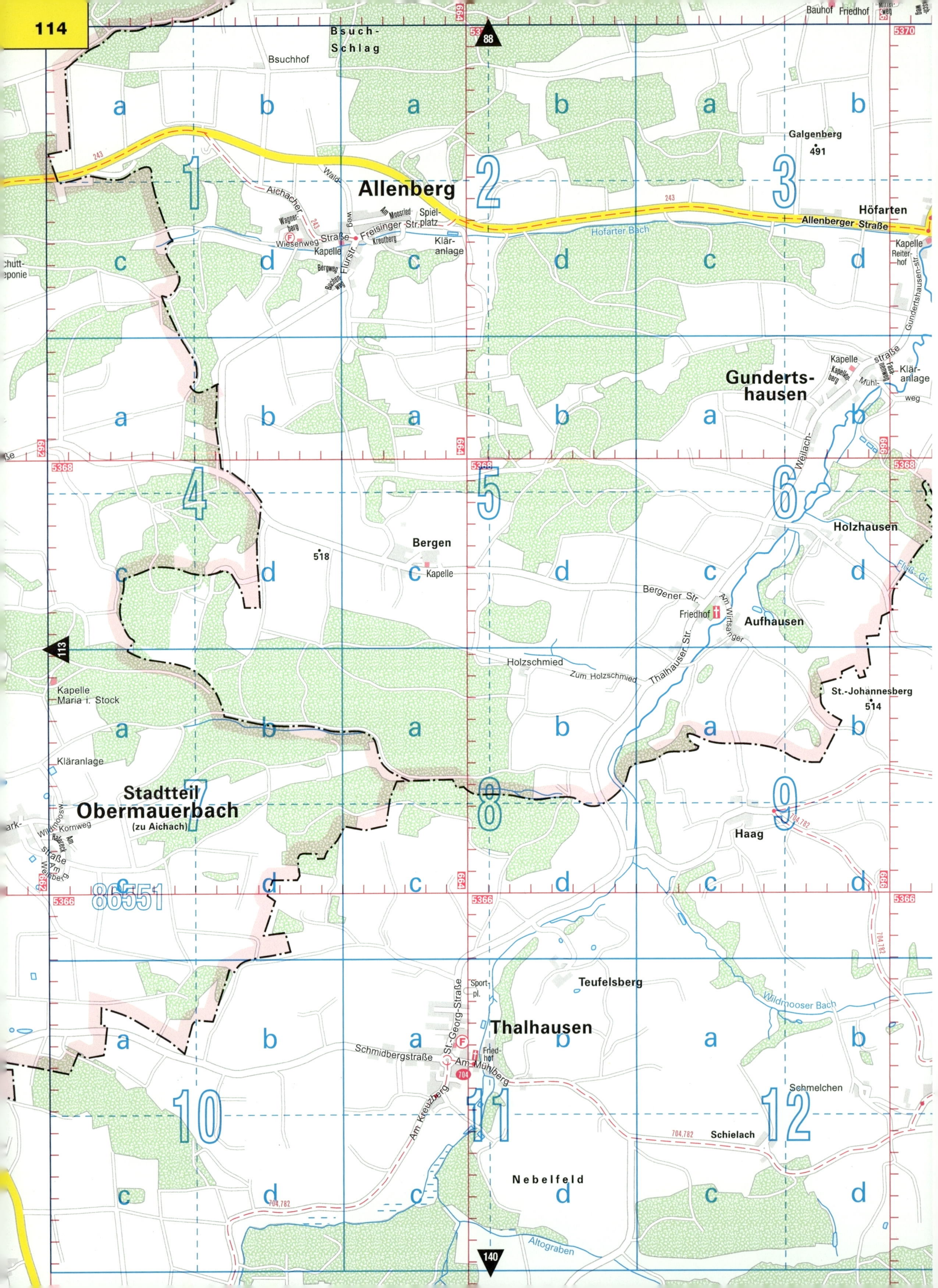
Bsuch-
Schlag
Bsuchhof
Bauhof
Friedhof
Galgenberg
491
Allenberg
Wald
Aichacher
Wagnerberg
Wiesenweg
Straße
Kapelle
Am Moosried
Freisinger Str.
Spielplatz
Kreutberg
Kläranlage
Bergweg
Flurstr.
Buchenweg
243
Höfarten
Allenberger Straße
Hofarter Bach
Kapelle
Reiterhof
Gundertshausen-str.
Gunderts-
hausen
Kapelle
Kapellenberg
Kläranlage
Mühlweg
Weilach-
Holzhausen
Bergen
518
Kapelle
Bergener Str.
Friedhof
Am Wirtsanger
Aufhausen
Holzschmied
Zum Holzschmied
Thalhauser Str.
St.-Johannesberg
514
Kapelle
Maria i. Stock
Kläranlage
Stadtteil
Obermauerbach
(zu Aichach)
Kornweg
Am Weinberg
86551
Haag
704.782
Teufelsberg
Sportpl.
Thalhausen
St.-Georg-Straße
Schmidbergstraße
Friedhof
Am Mühlberg
704
Am Kreuzberg
Wildmooser Bach
Schmelchen
Schielach
Nebelfeld
Altograben
88
113
140
5370
5368
5366
664
666

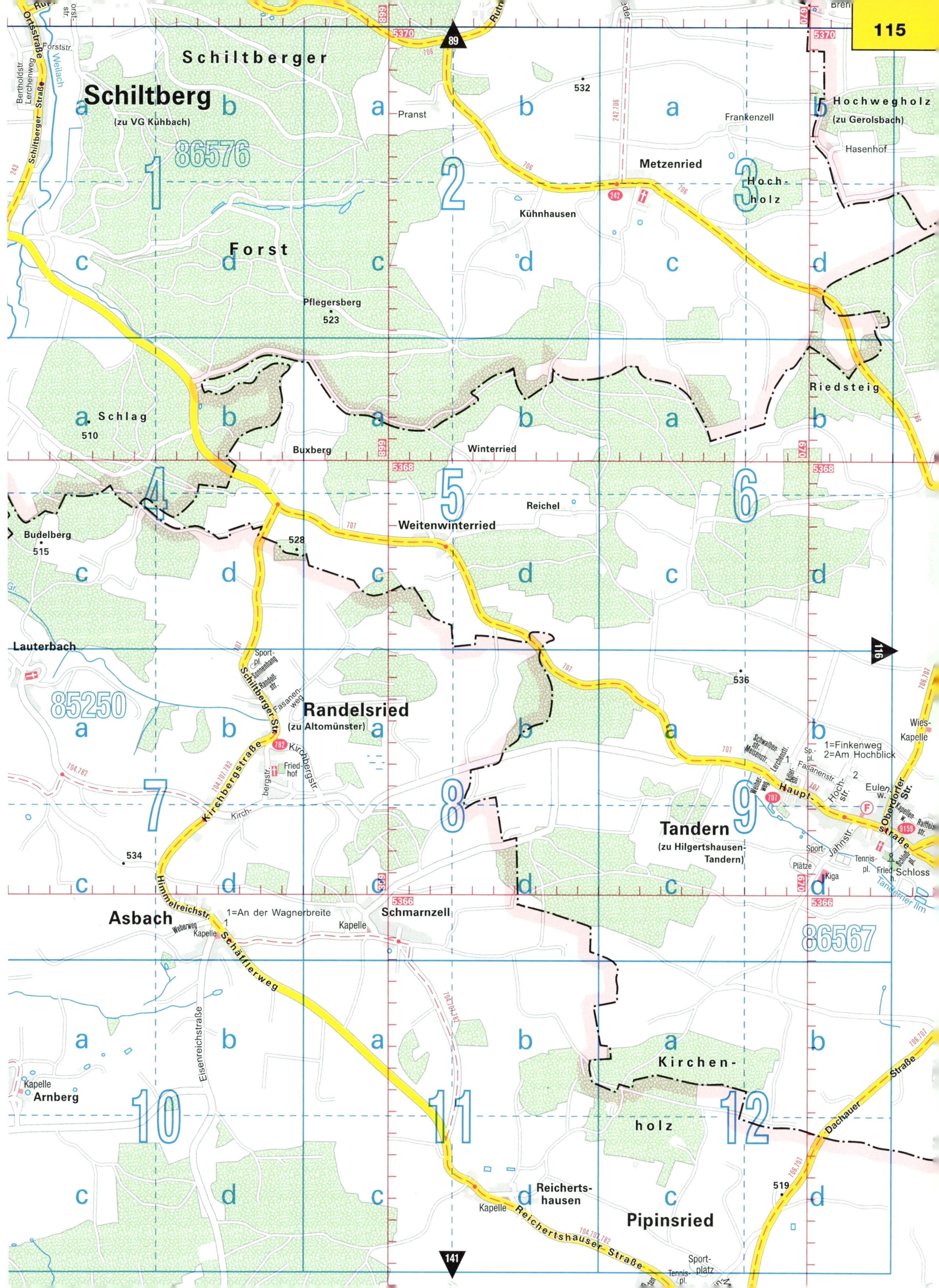
Schiltberger
Schiltberg
(zu VG Kühbach)
86576
Forst
Pflegersberg
523
Pranst
532
Frankenzell
Hochwegholz
(zu Gerolsbach)
Hasenhof
Metzenried
Hoch-
holz
Kühnhausen
Schlag
510
Buxberg
Winterried
Riedsteig
Reichel
Weitenwinterried
Budelberg
515
528
Lauterbach
85250
Randelsried
(zu Altomünster)
536
1=Finkenweg
2=Am Hochblick
Tandern
(zu Hilgertshausen-
Tandern)
Wies-
Kapelle
534
Asbach
1=An der Wagnerbreite
Schmarnzell
Kapelle
86567
Kirchen-
holz
Kapelle
Arnberg
Reicherts-
hausen
Pipinsried
519
Schiltberger Straße
Ortsstraße
Forststr.
Weilach
Schiltberger Str.
Kirchbergstraße
Kirchbergstr.
Himmelreichstr.
Schäfflerweg
Eisenreichstraße
Reichertshauser Straße
Dachauer Straße
Oberdorfer Str.
Hauptstraße
Sport-
platz
Schloss
Kiga

90
Alberzell
(zu Gerolsbach)
85302
Baugebiet
"Brünnlfeld"
Petershausener Straße
Einsassen
Garberts-
hausen
Hochwegholz
Lahnhof
Forsthof
Eichenried
Thonhof
Klingenholz
Gäns-
hölzl
Ober-
dinkelhof
Unter-
dinkelhof
Stadelham
Pranst
Oberkling
Oberdorf
Niederdorf
Kapelle
Mannried
Forstbach
Furtbach
Schrobenhausener
Pirket
115
Gartelsried
Ed
Geh- und Radweg Tandern-Hilgertshausen
Wies-
Kapelle
Hilgertshausen-
Tandern
86567
Aichacher Straße
Freisinger
Hilgerts-
hausen
2=Am Hochblick
Tandern
Josef-Kreitmeir-Straße
Dachauer Straße
Schloss
1= Bernhardweg
Münchener Straße
1 = Weißdornweg
2 = Wacholderweg
Tanderner Ilm
Kläranlage
Michels-
kirchen
Holler-
schlag
Lehen-
holz
Wertstoffhof
Thalhof
Obertsloh
Schenkenschlag
Neßlholz
Ottels-
burg
Unter-
geiersberg
(zu Altomünster)
85250
Schern
Apotheker-
holz
Ober-
geiersberg
142

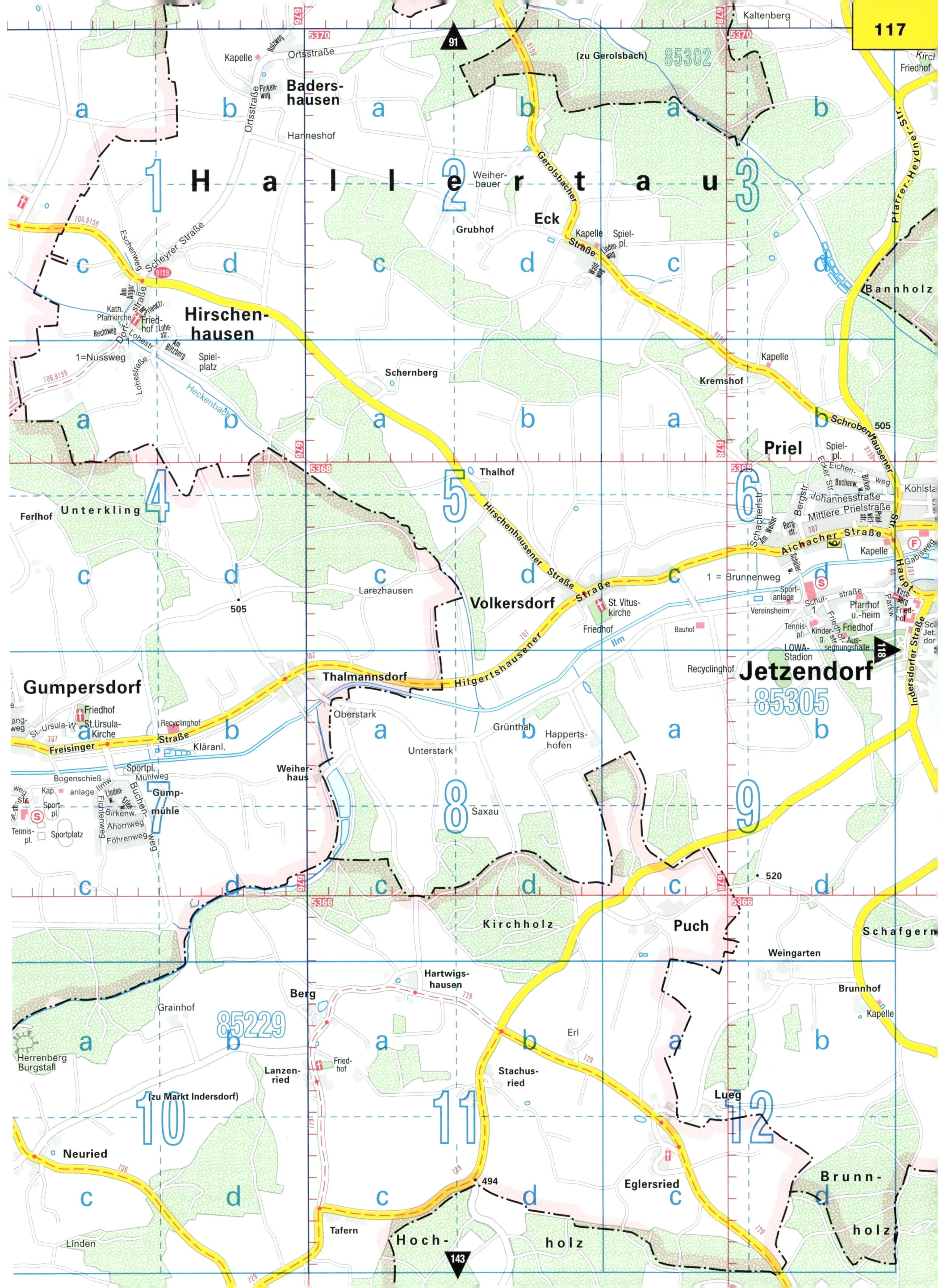
Hallertau
Badershausen
Hirschenhausen
Hanneshof
Kapelle
Ortsstraße
Weiherbauer
Eck
Grubhof
Kaltenberg
(zu Gerolsbach)
85302
Gerolsbacher Straße
Scheyrer Straße
Kath. Pfarrkirche
Friedhof
1=Nussweg
Spielplatz
Heckenbach
Schernberg
Kremshof
Kapelle
Bannholz
Pfarrer-Heydner-Str.
Priel
Schrobenhausener Straße
Thalhof
Unterkling
Ferlhof
Hirschenhausener Straße
Aichacher Straße
Johannesstraße
Mittlere Prielstraße
Kohlstatt
Kapelle
1 = Brunnenweg
Larezhausen
505
Volkersdorf
St. Vitus-kirche
Friedhof
Vereinsheim
Bauhof
Pfarrhof u.-heim
Friedhof
Aussegnungshalle
LOWA-Stadion
Recyclinghof
Jetzendorf
85305
Gumpersdorf
Friedhof
St.Ursula-Kirche
Thalmannsdorf
Hilgertshausener Straße
Ilm
Oberstark
Grünthal
Happertshofen
Unterstark
Freisinger Straße
Kläranl.
Weiherhaus
Sportpl.
Mühlweg
Gumpmühle
Bogenschießanlage
Saxau
Sportplatz
Tennispl.
Ahornweg
Föhrenweg
520
Kirchholz
Puch
Weingarten
Schafgern
Hartwigshausen
Berg
Grainhof
85229
Brunnhof
Kapelle
Erl
Herrenberg Burgstall
Lanzenried
Friedhof
Stachusried
(zu Markt Indersdorf)
Lueg
Neuried
494
Eglersried
Brunnholz
Tafern
Hochholz
Linden
91
118
143

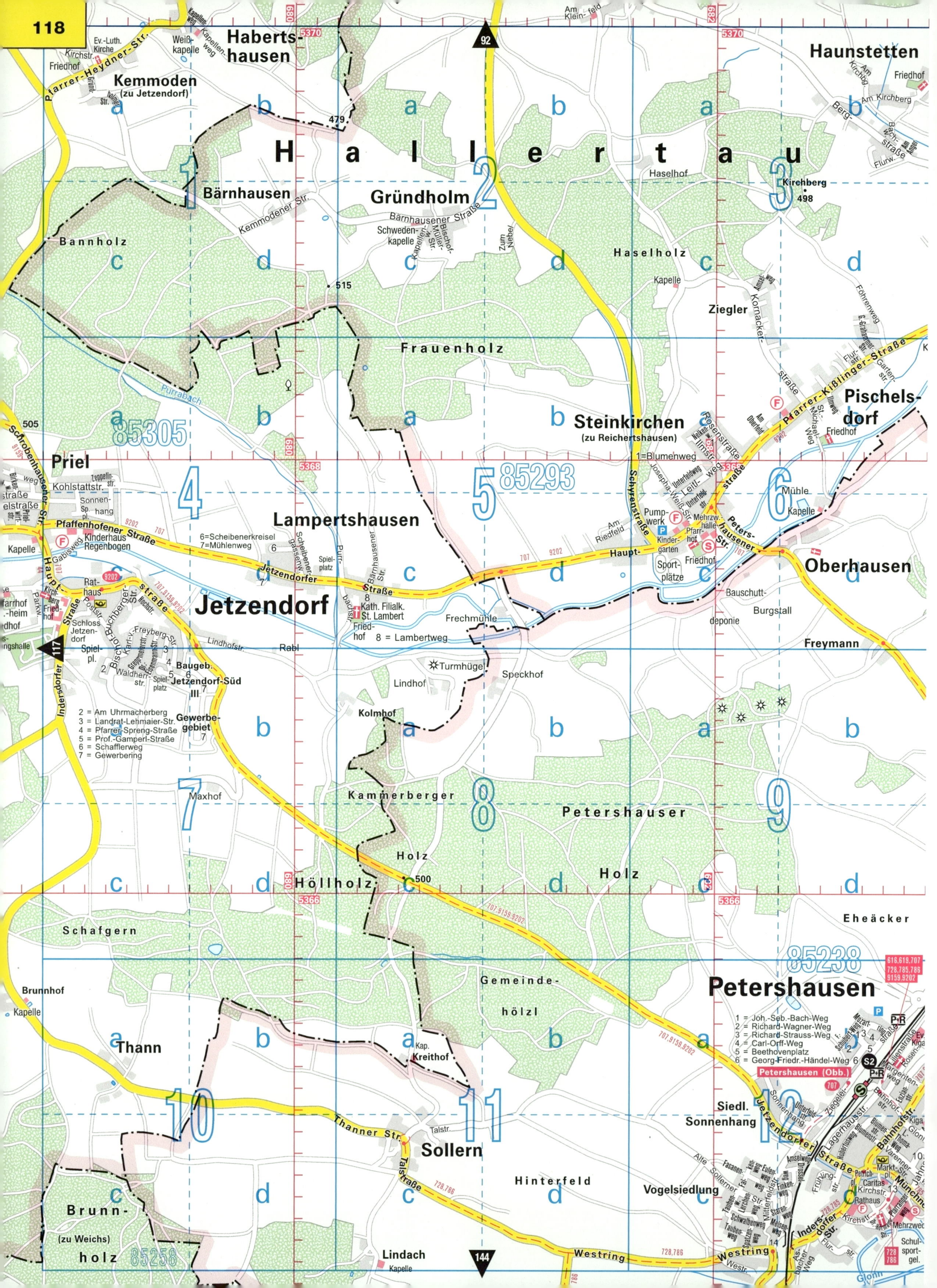
Habertshausen
Kemmoden (zu Jetzendorf)
Haunstetten
Hallertau
Bärnhausen
Gründholm
Bannholz
Haselholz
Ziegler
Frauenholz
Steinkirchen (zu Reichertshausen)
Pischelsdorf
Priel
Lampertshausen
Oberhausen
Jetzendorf
Frechmühle
Freymann
Turmhügel
Speckhof
Lindhof
Kolmhof
Kammerberger
Petershauser
Maxhof
Holz
Höllholz
Schafgern
Eheäcker
Gemeindehölzl
Petershausen
Brunnhof
Thann
Kreithof
Sollern
Hinterfeld
Vogelsiedlung
Siedl. Sonnenhang
Brunnholz (zu Weichs)
Lindach
85305
85293
85238
85258
Petershausen (Obb.)
2 = Am Uhrmacherberg
3 = Landrat-Lehmaier-Str.
4 = Pfarrer-Spreng-Straße
5 = Prof.-Gamperl-Straße
6 = Schafflerweg
7 = Gewerbering
1 = Joh.-Seb.-Bach-Weg
2 = Richard-Wagner-Weg
3 = Richard-Strauss-Weg
4 = Carl-Orff-Weg
5 = Beethovenplatz
6 = Georg-Friedr.-Händel-Weg

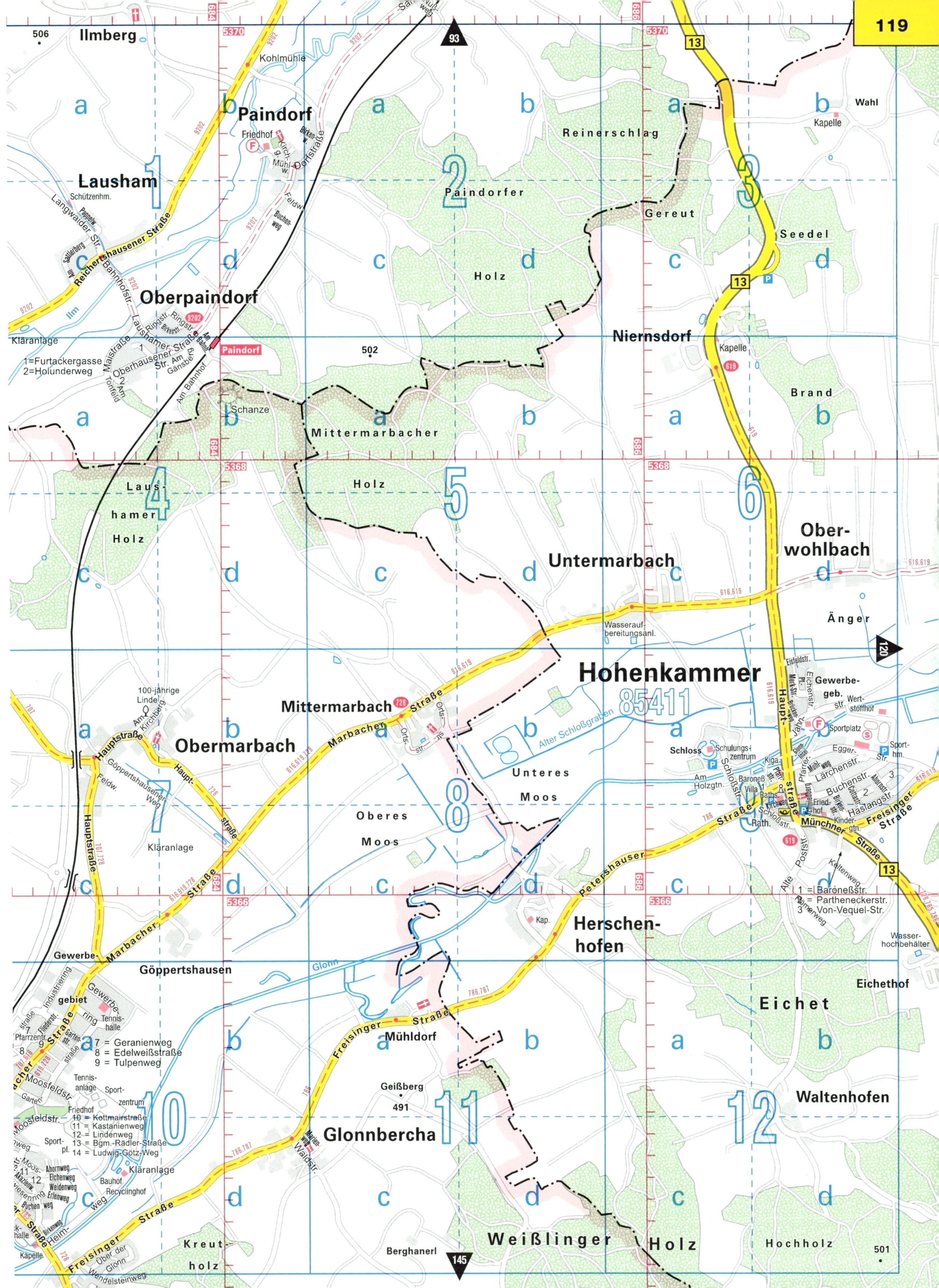

Ilmberg
Paindorf
Lausham
Oberpaindorf
Reinerschlag
Paindorfer
Holz
Gereut
Seedel
Niernsdorf
Mittermarbacher
Holz
Laushamer
Holz
Untermarbach
Ober-
wohlbach
Hohenkammer
85411
Mittermarbach
Obermarbach
Unteres
Moos
Oberes
Moos
Herschen-
hofen
Göppertshausen
Mühldorf
Glonnbercha
Eichet
Waltenhofen
Weißlinger
Holz
Hochholz
Kreut-
holz
Berghanerl
Geißberg
491
502
506
501
Brand
Änger
Wahl
Kapelle
Eichethof
Kohlmühle
Friedhof
Schanze
Schützenhm.
Kläranlage
1=Furtackergasse
2=Holunderweg
Wasserauf-
bereitungsanl.
Alter Schloßgraben
Schloss
Schulungs-
zentrum
Sportplatz
Gewerbe-
geb.
100-jährige
Linde
Kläranlage
Gewerbe-
gebiet
Tennis-
halle
7 = Geranienweg
8 = Edelweißstraße
9 = Tulpenweg
10 = Kottmairstraße
11 = Kastanienweg
12 = Lindenweg
13 = Bgm.-Rädler-Straße
14 = Ludwig-Götz-Weg
1 = Baroneßstr.
2 = Partheneckerstr.
3 = Von-Vequel-Str.
Wasser-
hochbehälter
Reichertshausener Straße
Marbacher Straße
Petershauser Straße
Freisinger Straße
Münchner Straße
Hauptstraße
Haupt-
straße
Glonn
Ilm
Kap.
Bauhof
Recyclinghof
Kläranlage
Sport-
zentrum
Tennis-
anlage
13
93
120
145

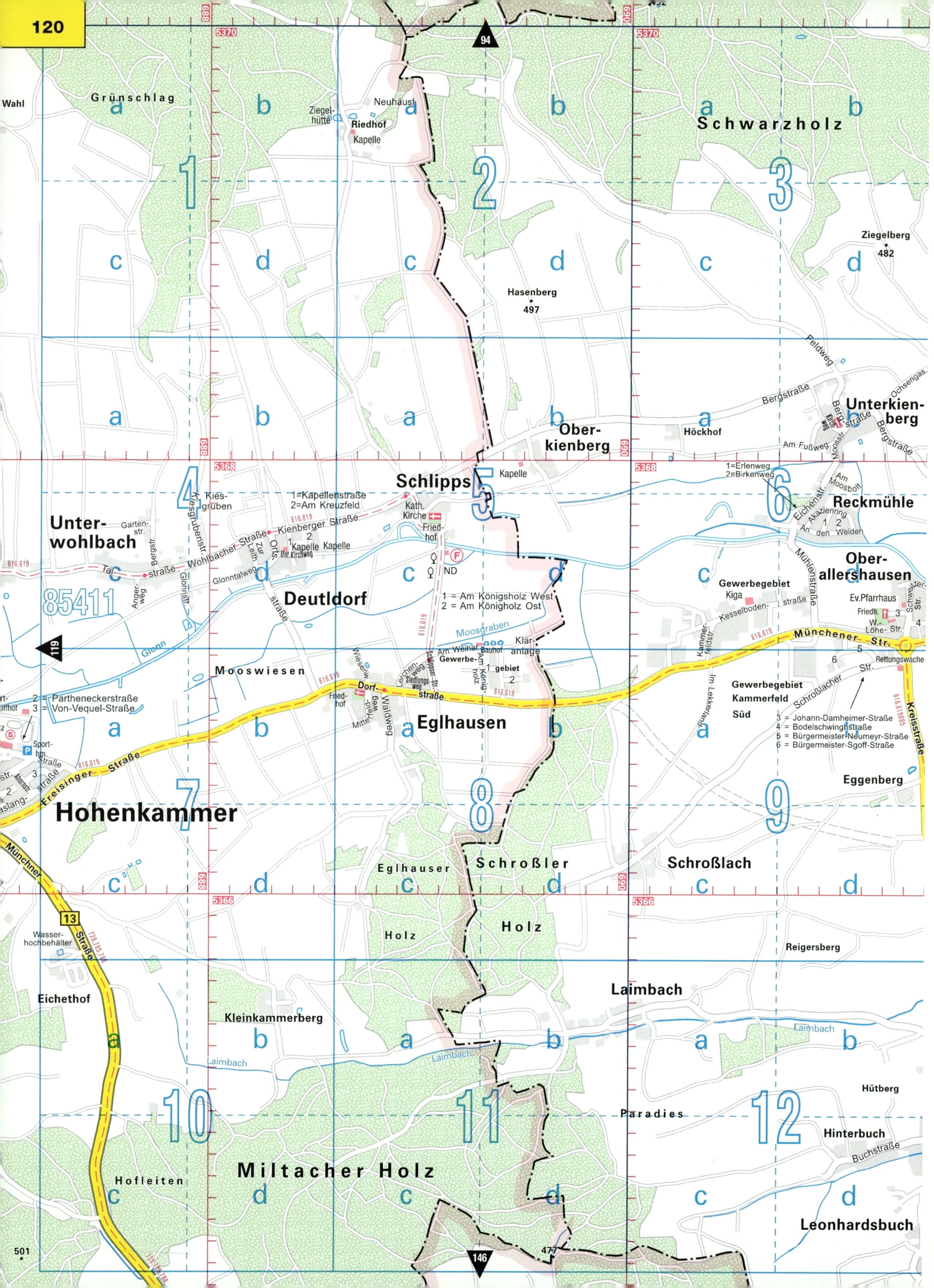

94
Wahl
Grünschlag
Neuhäusl
Ziegelhütte
Riedhof
Kapelle
Schwarzholz
Ziegelberg
482
Hasenberg
497
Feldweg
Bergstraße
Unterkienberg
Ochsengas.
Oberkienberg
Höckhof
Am Fußweg
Bergstraße
Schlipps
Kapelle
1=Erlenweg
2=Birkenweg
Reckmühle
Unterwohlbach
Kiesgruben
1=Kapellenstraße
2=Am Kreuzfeld
Kath. Kirche
Friedhof
Kienberger Straße
Wohlbacher Straße
Talstraße
Gartenstr.
Bergstr.
Kiesgrubenstr.
Kapelle
Glonntalweg
Oberallershausen
Gewerbegebiet
Kiga
Kesselbodenstraße
Mühlenstraße
Ev.Pfarrhaus
Friedh.
85411
Deutldorf
1 = Am Königsholz West
2 = Am Königholz Ost
Moosgraben
Kläranlage
Bauhof
Gewerbegebiet
Glonn
Mooswiesen
Münchener Str.
Rettungswache
Kreisstraße
119
2 = Partheneckerstraße
3 = Von-Vequel-Straße
Dorfstraße
Waldweg
Eglhausen
Gewerbegebiet Kammerfeld Süd
Schroßlacher Str.
3 = Johann-Damheimer-Straße
4 = Bodelschwinghstraße
5 = Bürgermeister-Neumeyr-Straße
6 = Bürgermeister-Sgoff-Straße
Freisinger Straße
Hohenkammer
Eggenberg
Münchner Straße
Eglhauser Holz
Schroßler Holz
Schroßlach
13
Wasserhochbehälter
Reigersberg
Eichethof
Laimbach
Kleinkammerberg
Laimbach
Paradies
Hütberg
Hinterbuch
Buchstraße
Miltacher Holz
Hofleiten
Leonhardsbuch
501
146
477

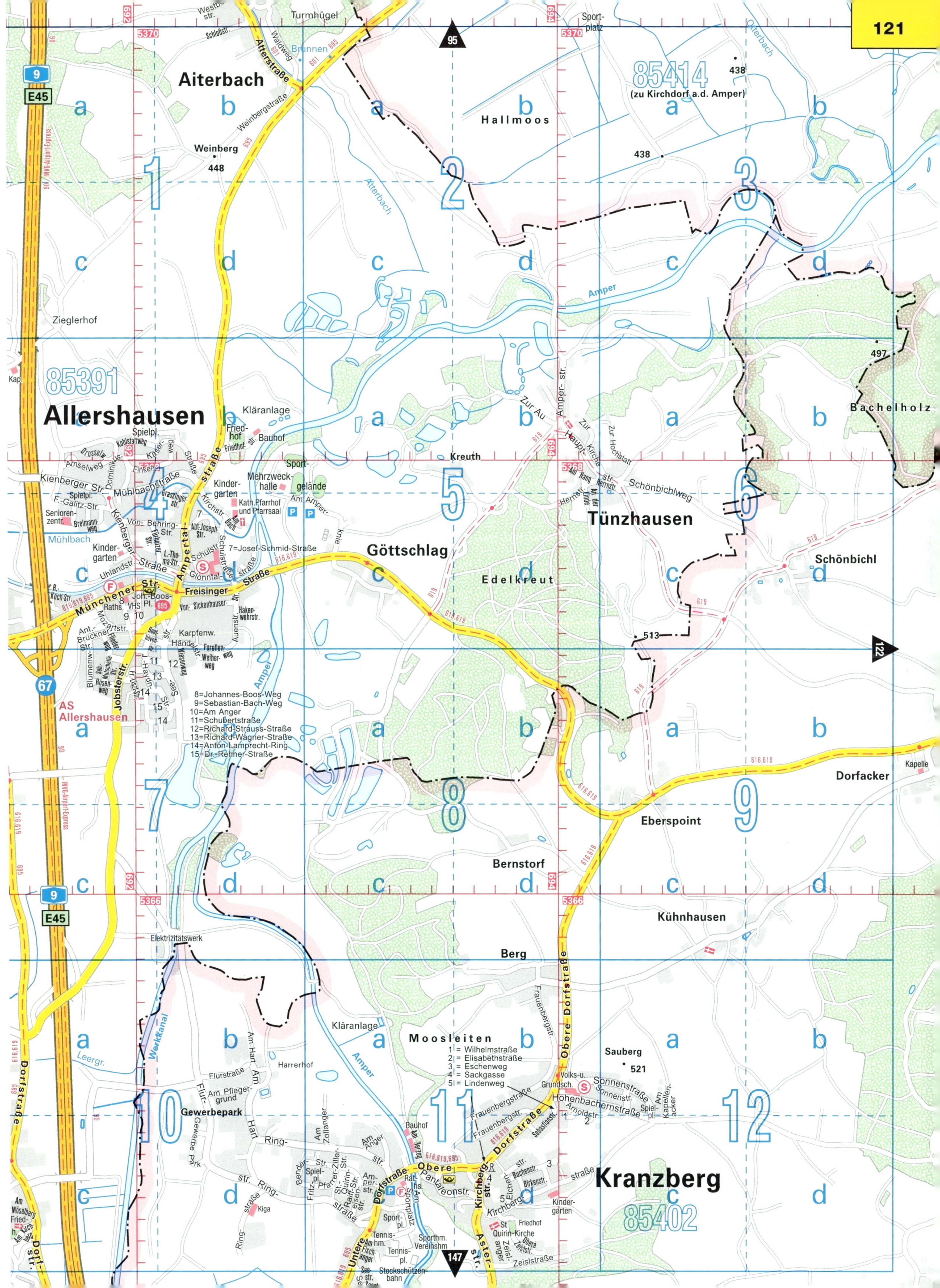
Aiterbach
Turmhügel
Brunnen
Atterstraße
Waldweg
Weinbergstraße
Weinberg
448
Hallmoos
85414
(zu Kirchdorf a.d. Amper)
438
Atterbach
Amper
Zieglerhof
85391
Allershausen
Kläranlage
Friedhof
Bauhof
Kreuth
Sportgelände
Mehrzweckhalle
Kindergarten
Kath.Pfarrhof und Pfarrsaal
Kienberger Str.
Mühlbachstraße
Mühlbach
Ampertalstraße
Münchener Str.
Freisinger Straße
Glonntal-Str.
Göttschlag
Edelkreut
Tünzhausen
Schönbichlweg
Schönbichl
Bachelholz
497
513
Zur Au
Amper-str.
Hauptstr.
Zur Hochstatt
AS Allershausen
Jobststr.
7=Josef-Schmid-Straße
8=Johannes-Boos-Weg
9=Sebastian-Bach-Weg
10=Am Anger
11=Schubertstraße
12=Richard-Strauss-Straße
13=Richard-Wagner-Straße
14=Anton-Lamprecht-Ring
15=Dr.-Renner-Straße
Dorfacker
Kapelle
Eberspoint
Bernstorf
Kühnhausen
Berg
Elektrizitätswerk
Werkkanal
Kläranlage
Moosleiten
1 = Wilhelmstraße
2 = Elisabethstraße
3 = Eschenweg
4 = Sackgasse
5 = Lindenweg
Sauberg
521
Harrerhof
Gewerbepark
Flurstraße
Am Pflegergrund
Am Hart
Ring-str.
Obere Dorfstraße
Frauenbergstraße
Hohenbachernstraße
Sonnenstraße
Volks-u. Grundsch.
Kranzberg
85402
Kindergarten
Friedhof
St. Quirin-Kirche
Zeisistraße
Kirchberg
Untere Dorfstraße
Bauhof
Stockschützenbahn
Sportpl.
Dorfstraße
Leergr.
Zieglerhof
Kap.
95
122
147
A 9
E45
67

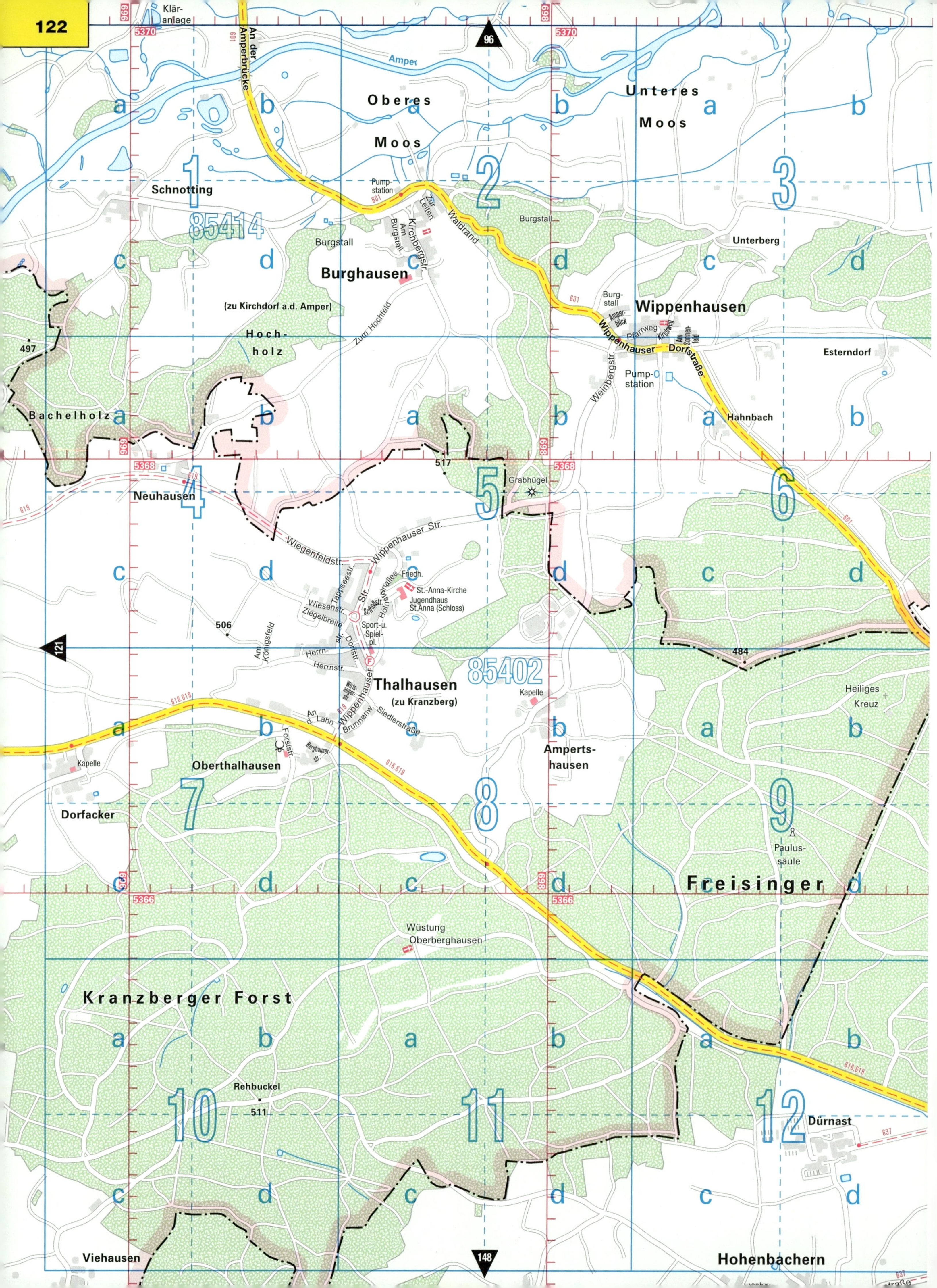

Kläranlage
Amper
An der Amperbrücke
Oberes Moos
Unteres Moos
Schnotting
85414
Pumpstation
Burgstall
Burghausen
(zu Kirchdorf a.d. Amper)
Hochholz
Unterberg
Wippenhausen
Wippenhauser Dorfstraße
Esterndorf
Pumpstation
Hahnbach
Bachelholz
497
517
Grabhügel
Neuhausen
Wiegenfeldstr.
Wippenhauser Str.
St.-Anna-Kirche
Jugendhaus St.Anna (Schloss)
506
85402
Thalhausen
(zu Kranzberg)
Kapelle
Ampertshausen
484
Heiliges Kreuz
Kapelle
Oberthalhausen
Dorfacker
Paulussäule
Freisinger
Wüstung Oberberghausen
Kranzberger Forst
Rehbuckel
511
Dürnast
Viehausen
Hohenbachern

Groß-
weidsee
Palzinger Viehweide
Hochholz
(zu Zolling)
Werkkanal
Amper
85406
Haindlfing
Moos-
wiesen
Lerchenberg
496
Garten
Schloss
Eichelberg
488
Itzling
Krügel-
steiner-
hof
Feldhof
500
Amperleite
Pettenbrunn
Standort-
übungs-
platz
Lernerhof
Untergartels-
hausen
Griesberg
Tünten-
hausen
Zollinger Straße
Zellhausen
Rad- und Fußweg
Wies
Waldsiedlung
85356
Freising
495
Forst
Trimm-Dich-
Pfad
Plantage
85354
Eichenfeld-
siedlung
Karwendelring
Waldfriedhof
SteinPark
Schafhof
Wettersteinring
Schlemmer-
holz
Schießplatz
Vogelherd
Cityplan S.38
Mainburger Straße
Haindlfinger Straße
Freisinger Straße
Wippenhauser Straße
Weihenstephaner Ring
Thalhauser Straße
Landshuter Straße
Sperfeld
1 = Maria-Wörther-Straße
2 = Fellererstraße
1 = Hochackerweg
2 = Grüne Lohe
1=Dr.-Karl-Schuster-Straße
2=Dr.-Carl-Kraus-Straße
4 = Emil-Erlenmeyer-Forum
6 = Hans-Carl-von-Carlowitz-Platz
7 = Georg-Däntzel-Straße
8 = Emil-Ramann-Straße
TU München Forst
Universitätsinstitute
ADAC
Kleingärten
Sportheim
Luitpold-
stadion
Volksfest-
platz
Luitpoldhalle
Thalhauser Graben
Wippenhausener Graben

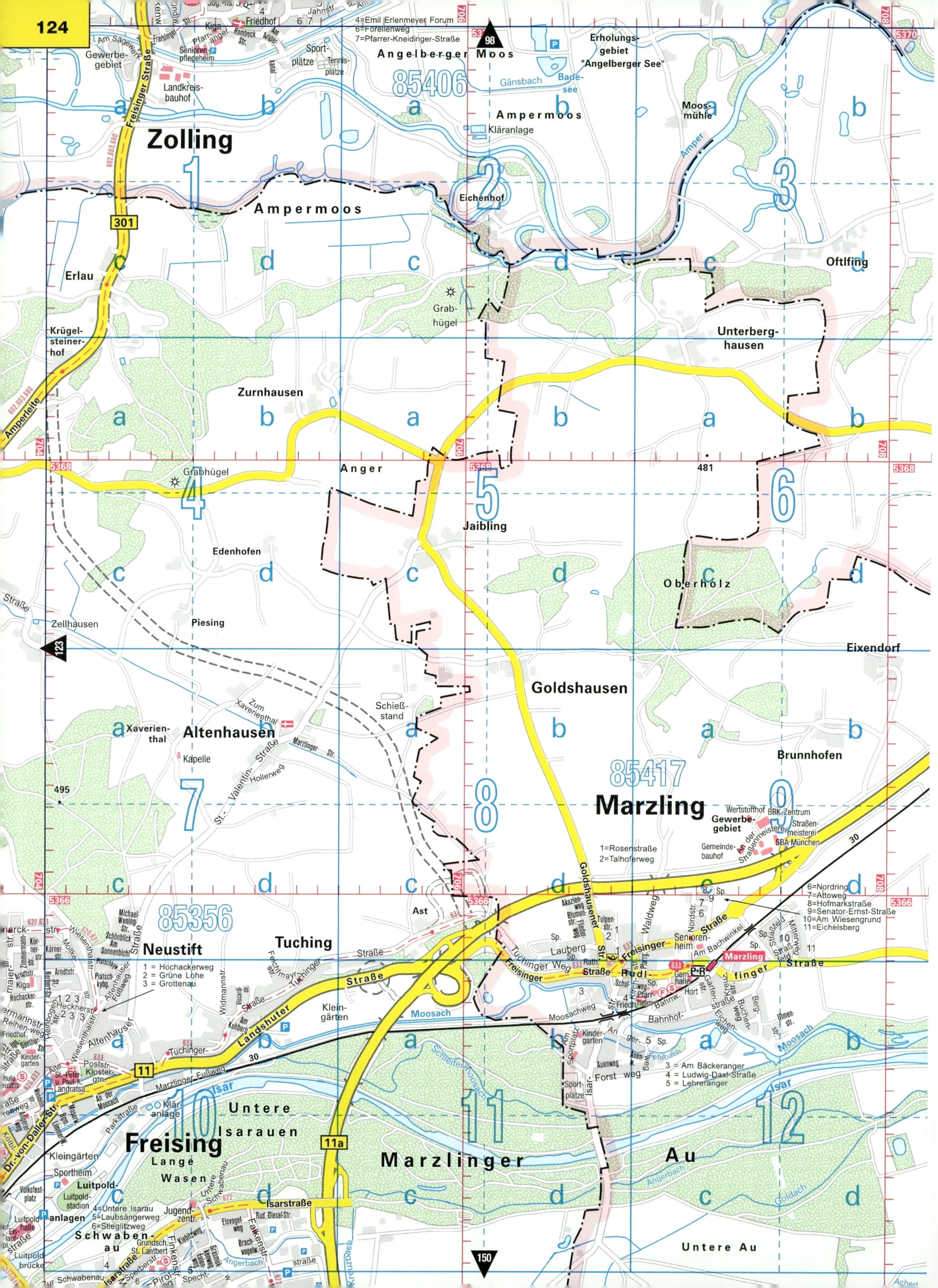

4=Emil Erlenmeyer Forum
6=Forellenweg
7=Pfarrer-Kneidinger-Straße
Angelberger Moos
Erholungsgebiet
"Angelberger See"
Badesee
Gänsbach
85406
Ampermoos
Kläranlage
Moosmühle
Amper
Zolling
Gewerbegebiet
Am Sägewerk
Freisinger Straße
Landkreisbauhof
Seniorenpflegeheim
Friedhof
Sportplätze
Tennisplätze
Eichenhof
Ampermoos
Erlau
Grabhügel
Oftlfing
Krügelsteinerhof
Unterberghausen
Zurnhausen
Amperleite
Anger
481
Grabhügel
Jaibling
Edenhofen
Oberholz
Zellhausen
Piesing
Eixendorf
Goldshausen
Schießstand
Zum Xaverienthal
Xaverienthal
Altenhausen
Kapelle
Marzlinger Str.
Hollerweg
St.-Valentin-Straße
Brunnhofen
85417
Marzling
495
Wertstoffhof
BRK-Zentrum
Gewerbegebiet
Straßenmeisterei
SBA München
Gemeindebauhof
An der Straßenmeisterei
1=Rosenstraße
2=Talhoferweg
Goldshausener Str.
6=Nordring
7=Attoweg
8=Hofmarkstraße
9=Senator-Ernst-Straße
10=Am Wiesengrund
11=Eichelsberg
85356
Ast
Neustift
Tuching
1 = Hochackerweg
2 = Grüne Lohe
3 = Grottenau
Lauberg
Seniorenheim
Freisinger Straße
Tuchinger Weg
Rudlfinger Straße
Marzling
Landshuter Straße
Kleingärten
Moosach
Moosachweg
Bahnhofstr.
Kindergarten
Sportplatz
Sportplätze
Isar
Forst weg
3 = Am Bäckeranger
4 = Ludwig-Daxl-Straße
5 = Lehreranger
Schleifer Moosach
Kläranlage
Untere Isarauen
Freising
Lange Wasen
Marzlinger
Au
Kleingärten
Sportheim
Luitpoldstadion
Luitpoldanlagen
Volksfestplatz
4=Untere Isarau
5=Laubsängerweg
6=Stieglitzweg
Jugendzentr.
Isarstraße
Schwabenau
Angerbach
Goldach
Untere Au
Kreuzbach
Marzlinger Fußweg
Dr.-von-Daller-Str.

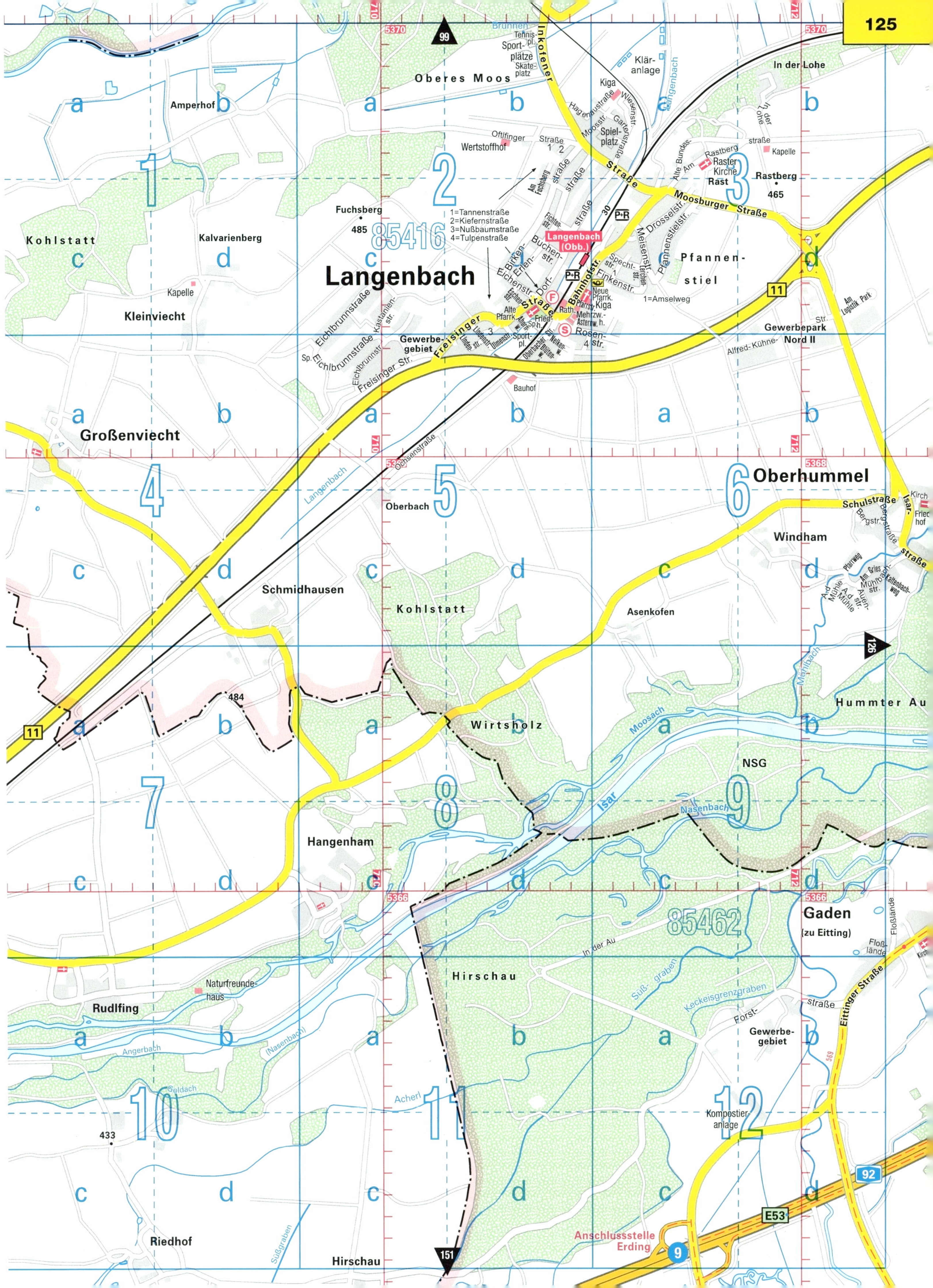
Langenbach
85416
Oberes Moos
Kläranlage
Sport-plätze
Amperhof
Wertstoffhof
Fuchsberg
485
Kohlstatt
Kalvarienberg
Kapelle
Kleinviecht
Großenviecht
Gewerbegebiet
Freisinger Str.
Eichlbrunnstraße
Bauhof
Langenbach (Obb.)
Moosburger Straße
Inkofener Straße
Pfannenstiel
Rastberg
465
In der Lohe
Gewerbepark Nord II
1=Tannenstraße
2=Kiefernstraße
3=Nußbaumstraße
4=Tulpenstraße
1=Amselweg
Oberbach
Langenbach
Oberhummel
Windham
Schulstraße
Schmidhausen
Kohlstatt
Asenkofen
Wirtsholz
Hummter Au
Moosach
Isar
NSG
Nasenbach
Hangenham
484
85462
Gaden
(zu Eitting)
Hirschau
Rudlfing
Naturfreundehaus
Angerbach
Goldach
Acherl
433
Riedhof
Hirschau
Süßgraben
Keckeisgrenzgraben
Gewerbegebiet
Kompostieranlage
Eittinger Straße
Anschlussstelle Erding
11
92
E53
99
126
151

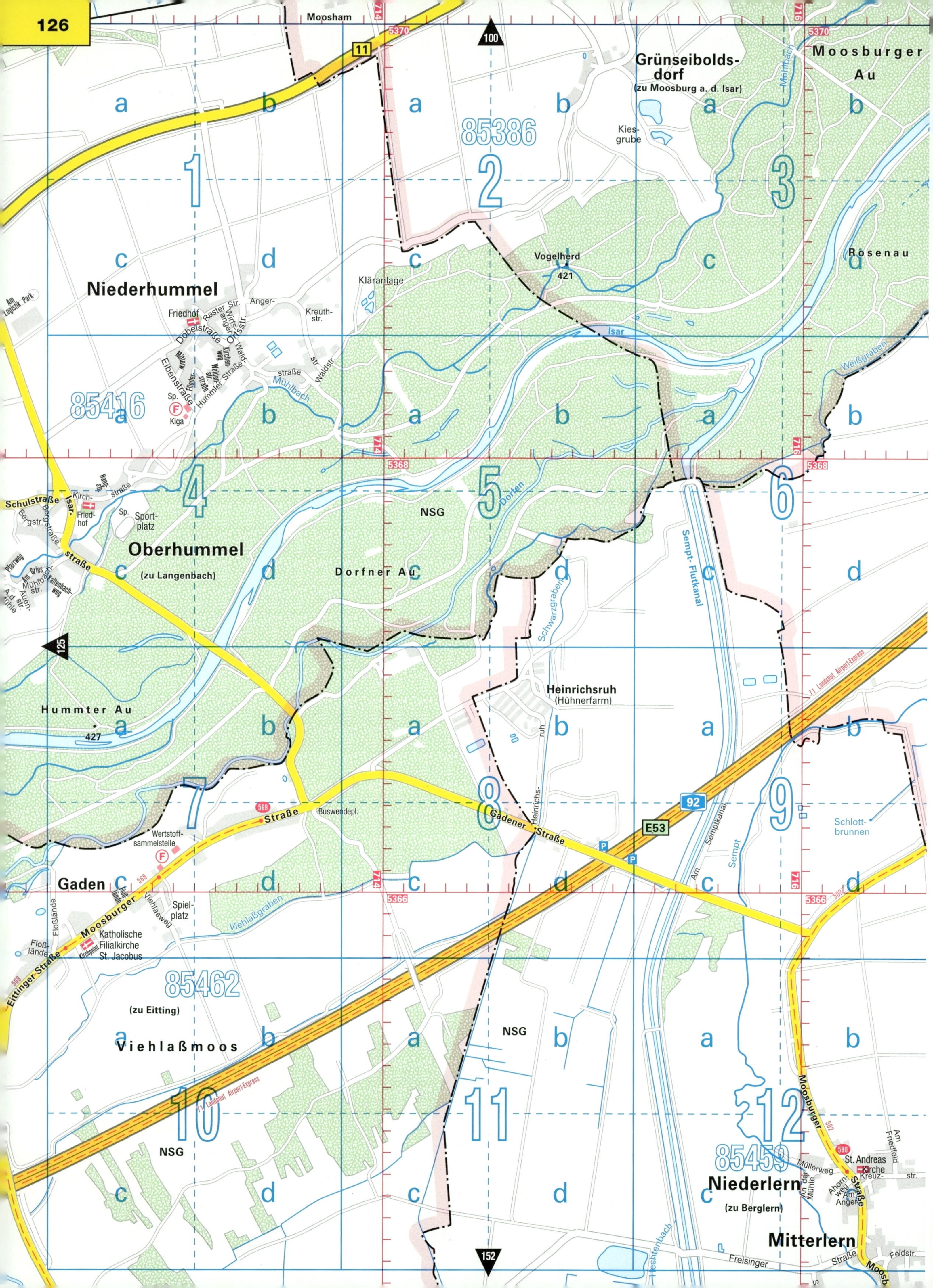
Moosham
Grünseibolds-
dorf
(zu Moosburg a. d. Isar)
Moosburger
Au
85386
Kies-
grube
Vogelherd
421
Rösenau
Kläranlage
Niederhummel
Friedhof
Isar
Mühlbach
Weißgraben
85416
Kiga
Oberhummel
(zu Langenbach)
Sportplatz
Dorfner Au
NSG
Dorfen
Sempt-Flutkanal
Schwarzgraben
Schulstraße
Hummter Au
427
Heinrichsruh
(Hühnerfarm)
Buswendepl.
Gadener Straße
Wertstoff-
sammelstelle
Gaden
Spiel-
platz
Viehlaßgraben
Katholische
Filialkirche
St. Jacobus
Moosburger
Eittinger Straße
85462
(zu Eitting)
Viehlaßmoos
Schlott-
brunnen
Sempt
NSG
85459
Niederlern
(zu Berglern)
St. Andreas
Kirche
Mitterlern
Freisinger
Moosburger Straße
Feldstr.
E53
92
100
125
152

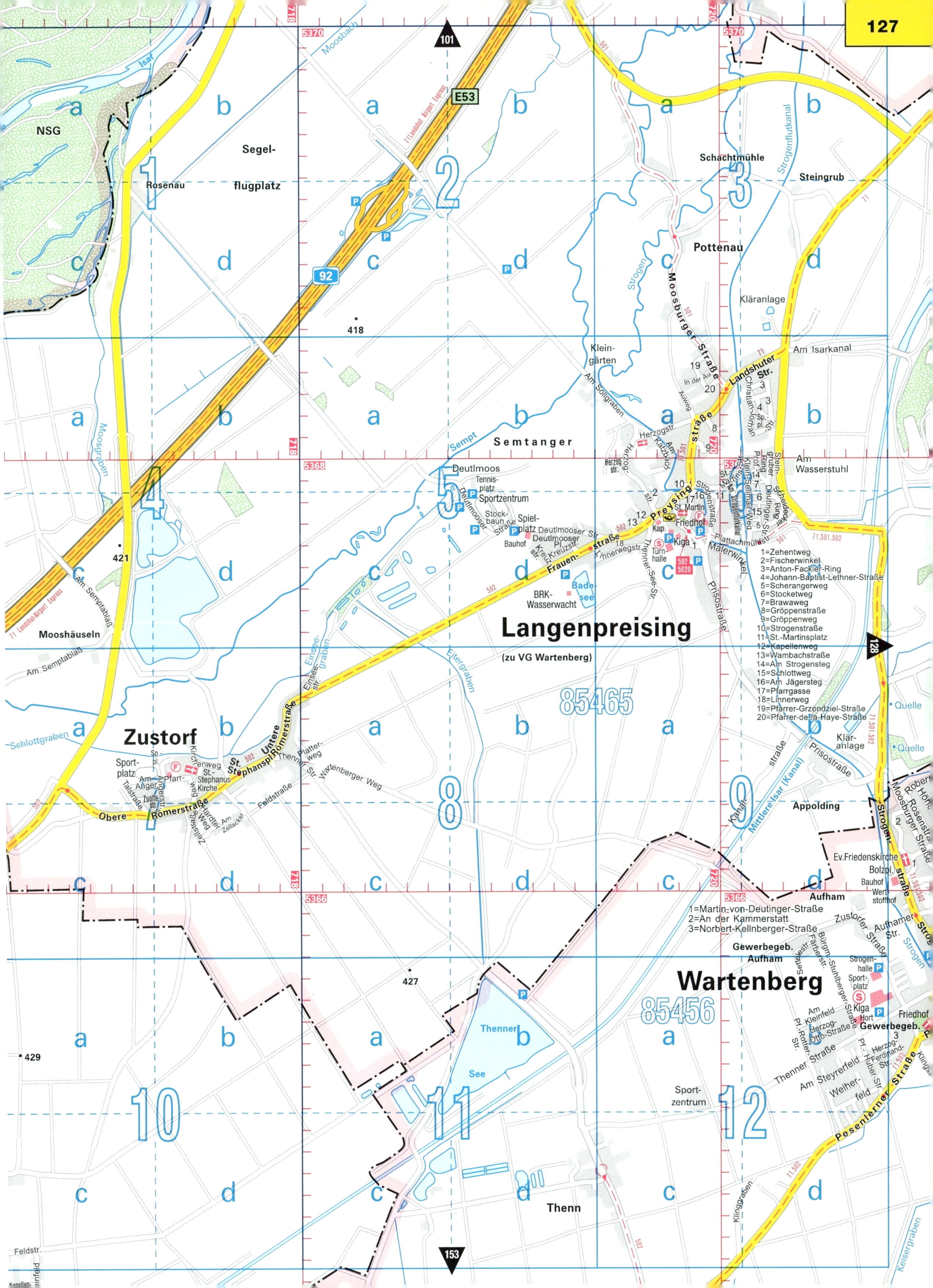

NSG
Segelflugplatz
Rosenau
Schachtmühle
Steingrub
Pottenau
Kläranlage
Kleingärten
Am Isarkanal
Semtanger
Deutlmoos
Sportzentrum
Am Wasserstuhl
Langenpreising
(zu VG Wartenberg)
85465
Mooshäuseln
Zustorf
BRK-Wasserwacht
Badesee
Appolding
Aufham
Gewerbegeb. Aufham
Wartenberg
85456
Thenner See
Thenn
Sportzentrum
1=Zehentweg
2=Fischerwinkel
3=Anton-Fackler-Ring
4=Johann-Baptist-Lethner-Straße
5=Scherangerweg
6=Stocketweg
7=Brawaweg
8=Gröppenstraße
9=Gröppenweg
10=Strogenstraße
11=St.-Martinsplatz
12=Kapellenweg
13=Wambachstraße
14=Am Strogensteg
15=Schlottweg
16=Am Jägersteg
17=Pfarrgasse
18=Linnerweg
19=Pfarrer-Grzondziel-Straße
20=Pfarrer-de-la-Haye-Straße
1=Martin-von-Deutinger-Straße
2=An der Kammerstatt
3=Norbert-Kellnberger-Straße
Moosburger Straße
Landshuter Str.
Preysingstraße
Frauenstraße
Römerstraße
Obere Römerstraße
Untere Römerstraße
Strogenstraße
Pesenlerner Straße
Thenner Straße
Prisostraße
Mittlere Isar (Kanal)
Sempt
Strogen
Moosgraben
Strogenflutkanal

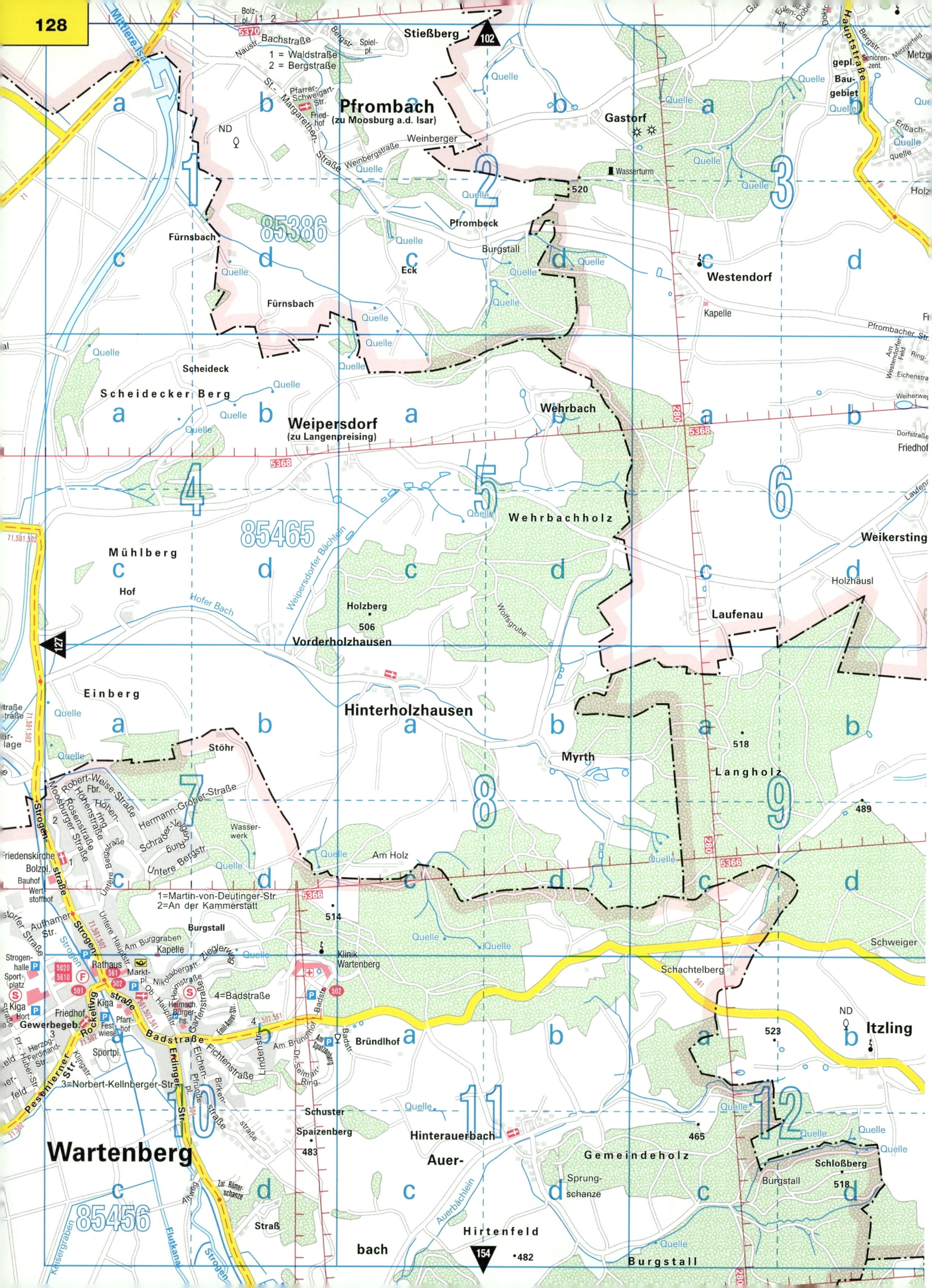
Pfrombach
(zu Moosburg a.d. Isar)
Stießberg
Gastorf
Wasserturm
Pfrombeck
Burgstall
Eck
Fürnsbach
Westendorf
Kapelle
Prombacher Str.
Scheideck
Scheidecker Berg
Weipersdorf
(zu Langenpreising)
Wehrbach
Wehrbachholz
Weikersting
Mühlberg
Hof
Hofer Bach
Weipersdorfer Bächlein
Holzberg
506
Vorderholzhausen
Wolfsgrube
Laufenau
Holzhäusl
Einberg
Hinterholzhausen
Stöhr
Myrth
Langholz
518
489
Am Holz
Wasserwerk
Burgstall
514
Kapelle
Klinik Wartenberg
Schachtelberg
Schweiger
Rathaus
Bründlhof
Itzling
523
Schuster
Spaizenberg
483
Hinterauerbach
Auer-
bach
Gemeindeholz
Sprungschanze
465
Schloßberg
518
Burgstall
Wartenberg
Straß
Hirtenfeld
482
Burgstall
85386
85465
85456
1 = Waldstraße
2 = Bergstraße
1=Martin-von-Deutinger-Str.
2=An der Kammerstatt
3=Norbert-Kellnberger-Str.
4=Badstraße
Mittlere Isar
Strogen
Flutkanal
Auerbächlein
102
127
154

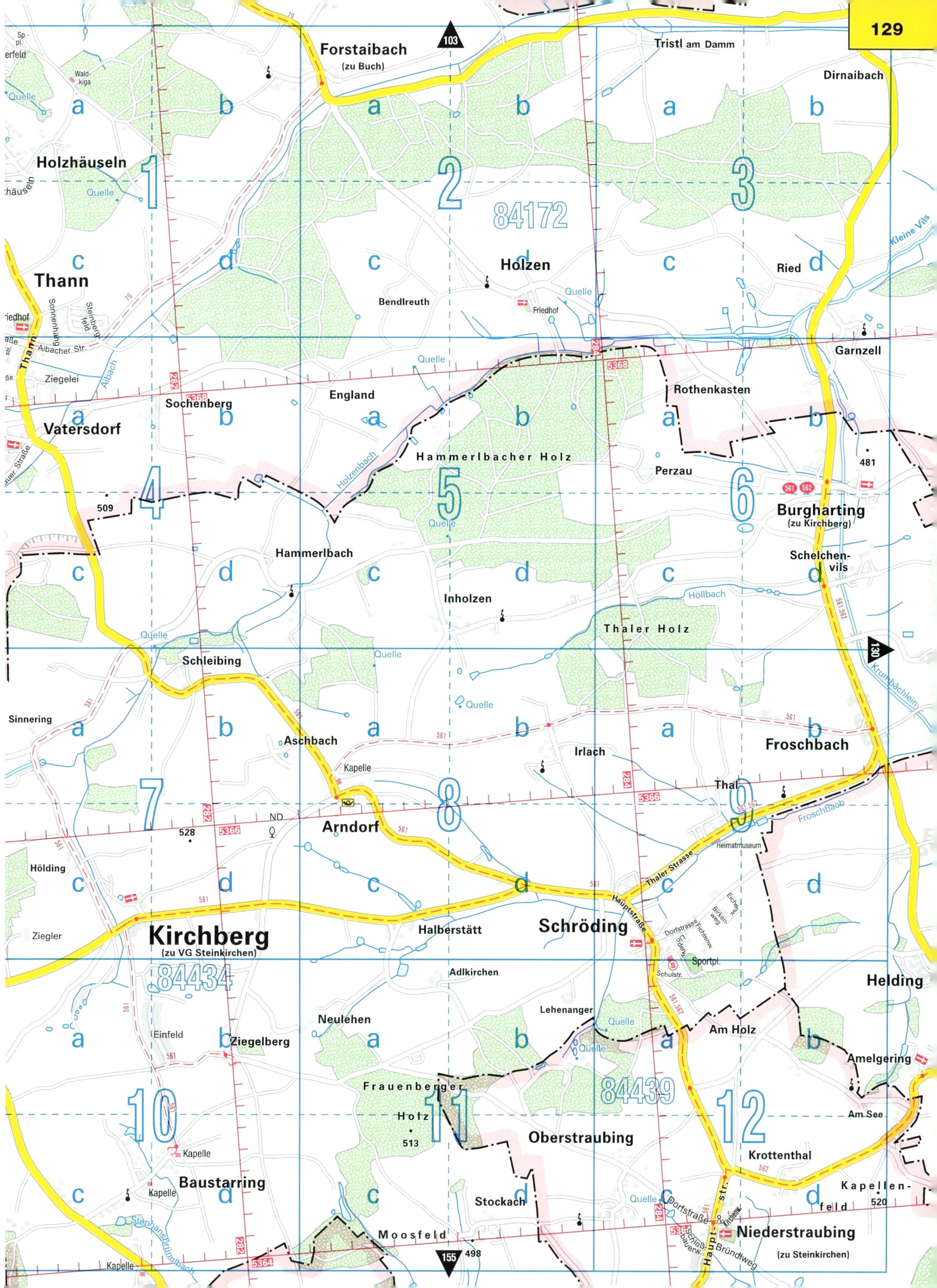

Forstaibach
(zu Buch)
103
Tristl am Damm
Dirnaibach
Holzhäuseln
Quelle
84172
Thann
Holzen
Bendlreuth
Friedhof
Ried
Garnzell
Sonnenhang
Steinbergfeld
Aibacher Str.
Ziegelei
Aibach
England
Sochenberg
Rothenkasten
Vatersdorf
Holzenbach
Hammerlbacher Holz
Perzau
481
509
Burgharting
(zu Kirchberg)
Hammerlbach
Schelchenvils
Inholzen
Höllbach
Thaler Holz
Kleine Vils
130
Krumbächlein
Schleibing
Sinnering
Aschbach
Irlach
Froschbach
Kapelle
Thal
Froschbach
ND
Arndorf
528
Heimatmuseum
Thaler Strasse
Hölding
Hauptstraße
Ziegler
Kirchberg
(zu VG Steinkirchen)
Halberstätt
Schröding
Dorfstrasse
Fichtenw.
Birkenweg
Eichenw.
Sportpl.
Schulstr.
84434
Adlkirchen
Helding
Neulehen
Lehenanger
Einfeld
Ziegelberg
Am Holz
Amelgering
Frauenberger
Holz
513
84439
Am See
Oberstraubing
Krottenthal
Baustarring
Stockach
Kapellenfeld
520
Dorfstraße
Haupt-str.
Schloß-bauerw.
Bründlweg
Niederstraubing
(zu Steinkirchen)
Moosfeld
155
498
Stephansbrünnlbach

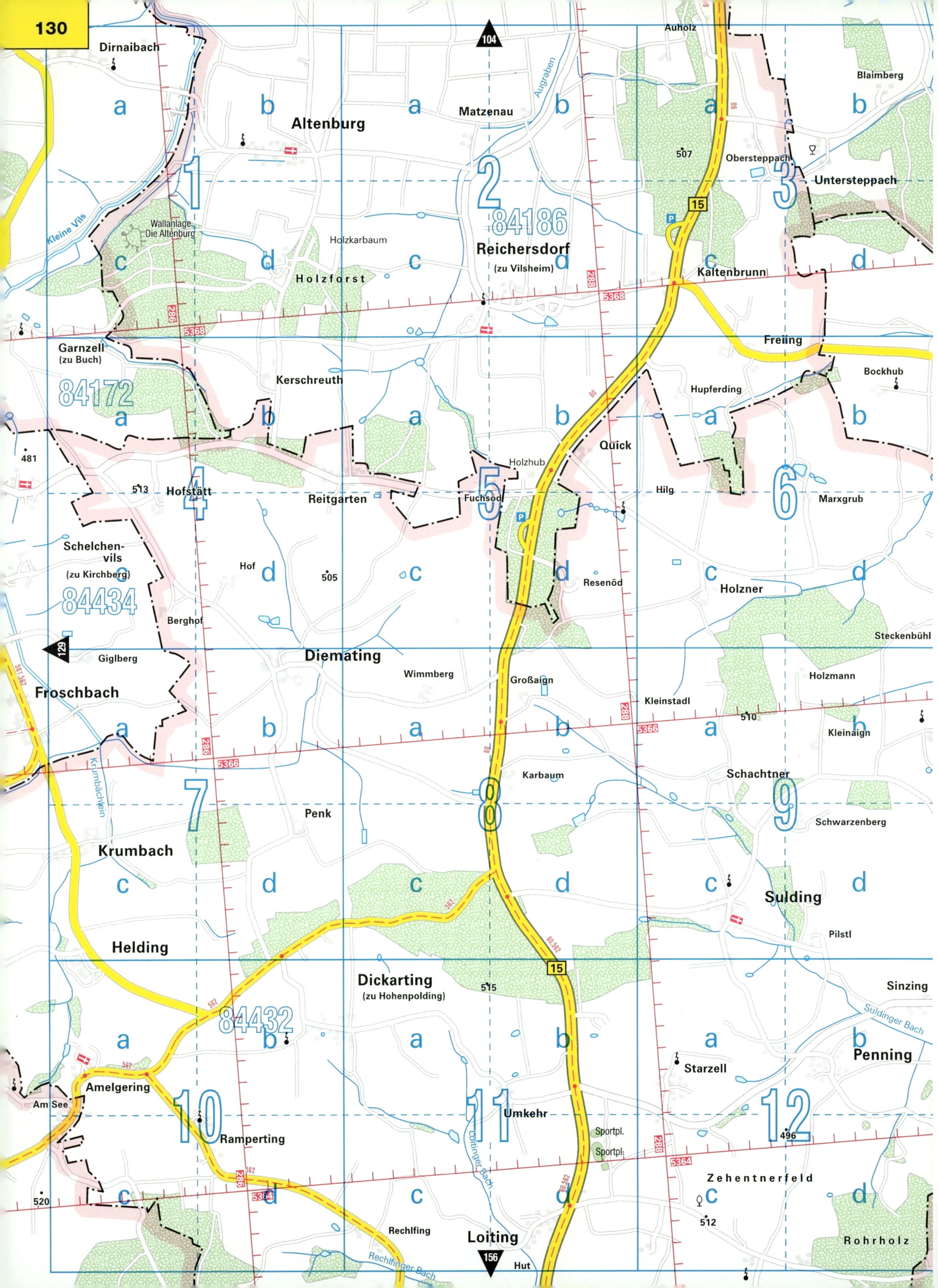

104
Dirnaibach
Altenburg
Matzenau
Augraben
Auholz
Blaimberg
507
Obersteppach
Untersteppach
15
Kleine Vils
Wallanlage Die Altenburg
Holzkarbaum
84186
Reichersdorf
(zu Vilsheim)
Holzforst
Kaltenbrunn
286
5368
288
Garnzell
(zu Buch)
Freiing
84172
Kerschreuth
Hupferding
Bockhub
Quick
481
Holzhub
513
Hofstätt
Reitgarten
Fuchsöd
Hilg
Marxgrub
Schelchen-
vils
(zu Kirchberg)
Hof
505
Resenöd
Holzner
84434
Berghof
Steckenbühl
129
Giglberg
Diemating
Wimmberg
Großaign
Holzmann
Froschbach
Kleinstadl
510
Kleinaign
5366
Krumbächlein
Karbaum
Schachtner
Penk
Schwarzenberg
Krumbach
Sulding
Pilstl
Helding
562
Dickarting
(zu Hohenpolding)
515
Sinzing
84432
Suldinger Bach
Penning
Starzell
Amelgering
Am See
Umkehr
Ramperting
Sportpl.
496
Loitinger Bach
5364
Zehentnerfeld
520
512
Rechlfing
Loiting
Rohrholz
156
Hut
Rechlfinger Bach
1
2
3
4
5
6
7
8
9
10
11
12

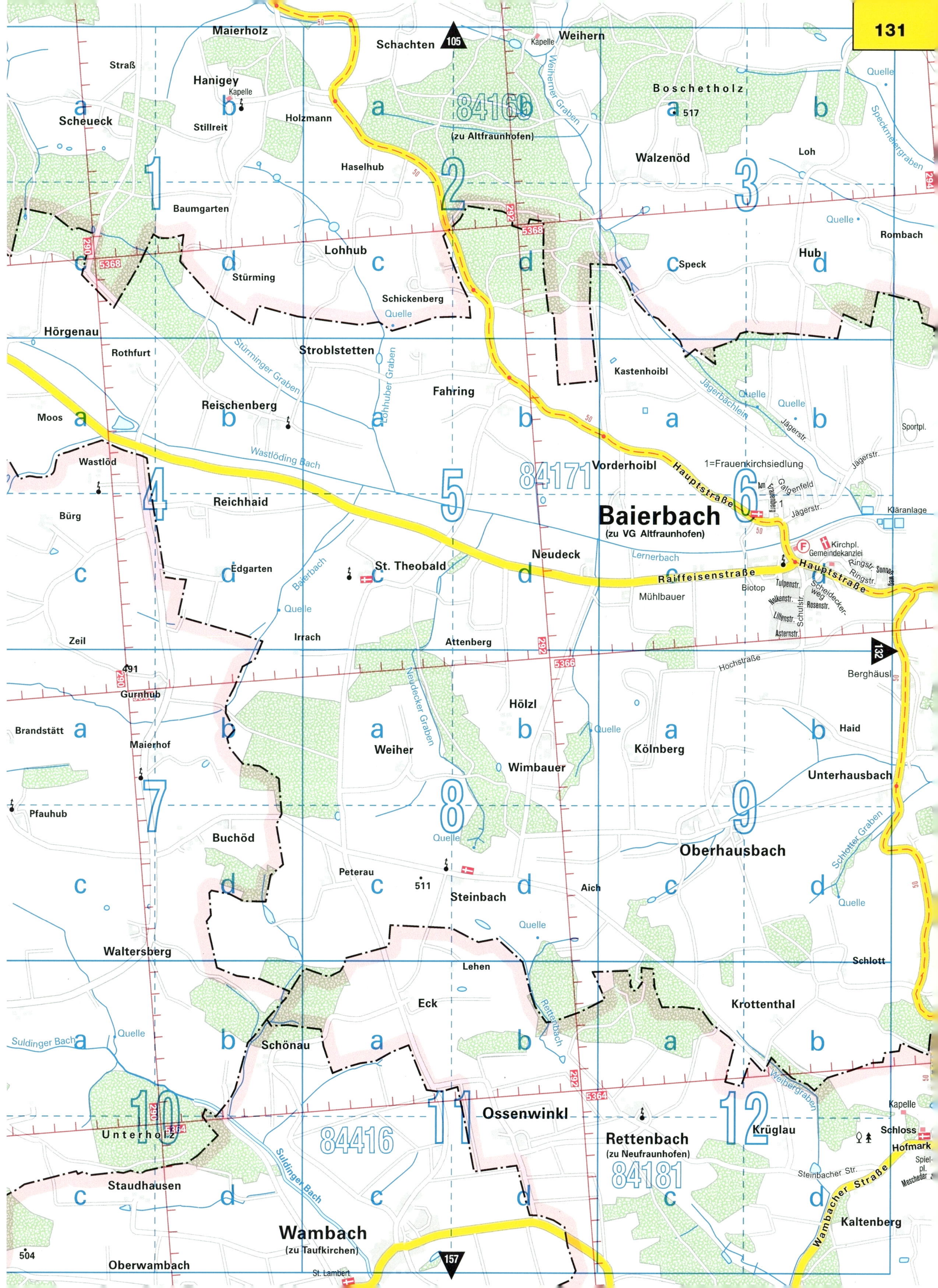

Maierholz
Schachten
105
Kapelle
Weihern
Straß
Hanigey
Kapelle
Scheueck
Stillreit
Holzmann
84169
(zu Altfraunhofen)
Weiherner Graben
Boschetholz
517
Walzenöd
Loh
Quelle
Speckmeiergraben
Haselhub
Baumgarten
Quelle
Rombach
Lohhub
Stürming
Speck
Hub
Schickenberg
Quelle
Hörgenau
Rothfurt
Stroblstetten
Stürminger Graben
Lohhuber Graben
Kastenhoibl
Fahring
Reischenberg
Moos
Jägerbächlein
Quelle
Quelle
Jägerstr.
Sportpl.
Wastlöd
Wastlöding Bach
Vorderhoibl
84171
1=Frauenkirchsiedlung
Jägerstr.
Hauptstraße
Reichhaid
Bürg
Galgenfeld
Jägerstr.
Kläranlage
Baierbach
(zu VG Altfraunhofen)
Neudeck
Lernerbach
Kirchpl.
Gemeindekanzlei
Edgarten
Baierbach
St. Theobald
Raiffeisenstraße
Hauptstraße
Ringstr.
Sonnenweg
Biotop
Mühlbauer
Tulpenstr.
Scheidecker-weg
Nelkenstr.
Rosenstr.
Schulstr.
Lilienstr.
Asternstr.
Quelle
Irrach
Zeil
Attenberg
132
491
Hochstraße
Berghäusl
Gurnhub
Neudecker Graben
Hölzl
Brandstätt
Maierhof
Weiher
Quelle
Kölnberg
Haid
Wimbauer
Unterhausbach
Pfauhub
Buchöd
Quelle
Schlotter Graben
Oberhausbach
Peterau
511
Steinbach
Aich
Quelle
Quelle
Waltersberg
Lehen
Schlott
Eck
Krottenthal
Rettenbach
Quelle
Suldinger Bach
Schönau
Weihergraben
Kapelle
Unterholz
Ossenwinkl
Krüglau
Schloss
84416
Rettenbach
(zu Neufraunhofen)
Hofmark
Spielpl.
Mescheder
Staudhausen
Suldinger Bach
84181
Steinbacher Str.
Wambacher Straße
Wambach
(zu Taufkirchen)
Kaltenberg
504
Oberwambach
St. Lambert
157

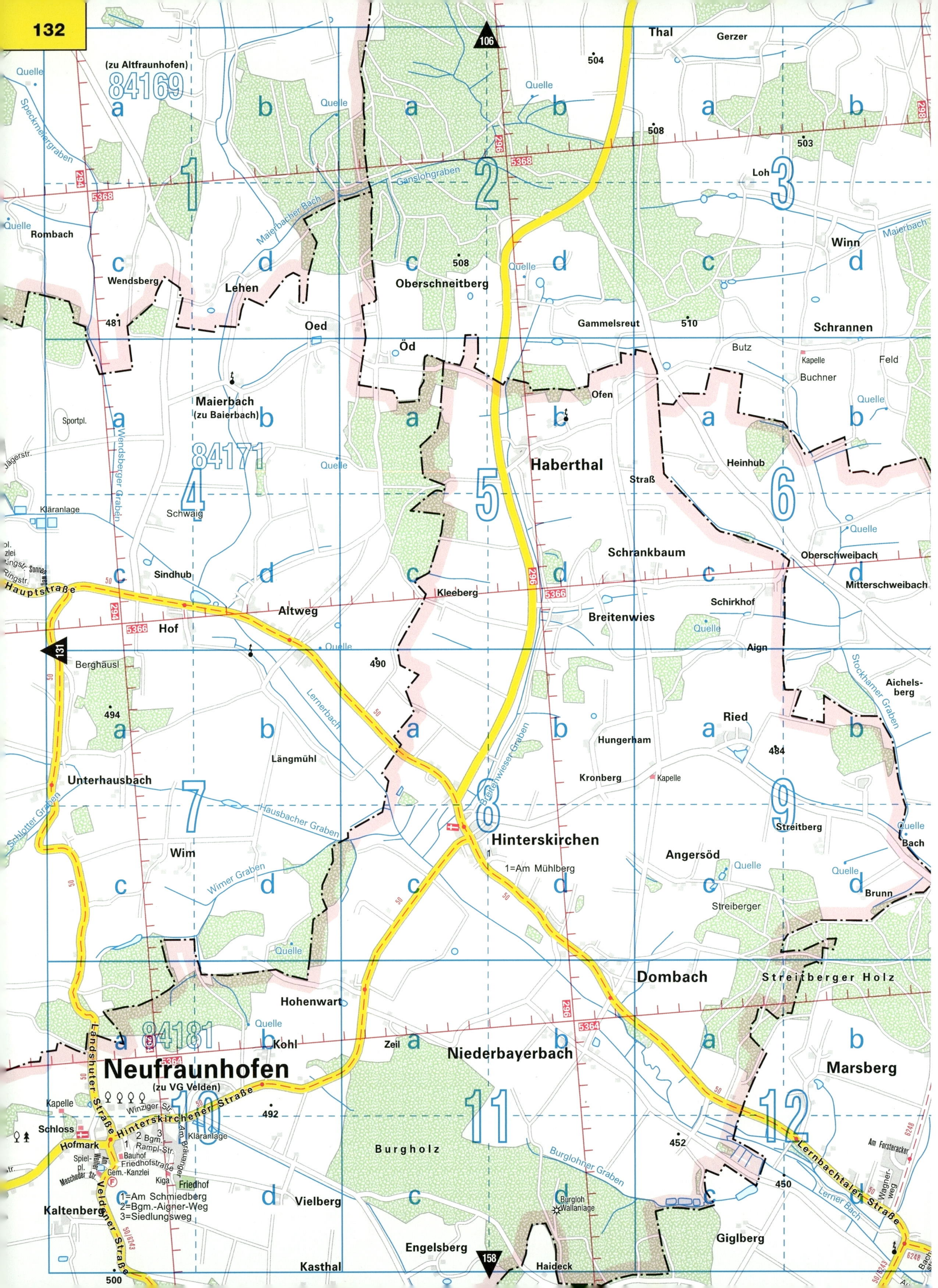
106
131
158
(zu Altfraunhofen)
84169
84171
84181
Thal
Gerzer
504
508
503
Quelle
Speckmeiergraben
Ganslohgraben
Maierbacher Bach
Maierbach
Loh
Rombach
Winn
Wendsberg
Lehen
Oberschneitberg
Gammelsreut
510
Schrannen
481
Oed
Öd
Butz
Kapelle
Feld
Buchner
Ofen
Maierbach
(zu Baierbach)
Sportpl.
Haberthal
Heinhub
Straß
Jägerstr.
Wendsberger Graben
Kläranlage
Schwaig
Schrankbaum
Oberschweibach
Mitterschweibach
Sindhub
Kleeberg
Schirkhof
Hauptstraße
Altweg
Breitenwies
Hof
Aign
Berghäusl
490
Aichelsberg
Lernerbach
Stockhamer Graben
494
Ried
Hungerham
484
Längmühl
Kronberg
Unterhausbach
Breitenwieser Graben
Hausbacher Graben
Streitberg
Bach
Schlotter Graben
Hinterskirchen
Wim
Angersöd
1=Am Mühlberg
Wimer Graben
Brunn
Streiberger
Dombach
Streitberger Holz
Hohenwart
Zeil
Niederbayerbach
Kohl
Marsberg
Neufraunhofen
(zu VG Velden)
Landshuter Straße
Hinterskirchener Straße
Winziger Str.
492
Kapelle
Schloss
Hofmark
2 Bgm.
Rampl-Str.
Kläranlage
Am Bräuanger
Bauhof
Friedhofstraße
Gem.-Kanzlei
Kiga
Friedhof
Mescheder Str.
Veldener Straße
1=Am Schmiedberg
2=Bgm.-Aigner-Weg
3=Siedlungsweg
Kaltenberg
Vielberg
Burgholz
Burglohner Graben
Burgloh Wallanlage
452
450
Lernbachtaler Straße
Lerner Bach
Am Forsteracker
Wagnerweg
Giglberg
Engelsberg
Kasthal
Haideck
500
5368
5366
5364
294
296
298
6248
1
2
3
4
5
6
7
8
9
10
11
12

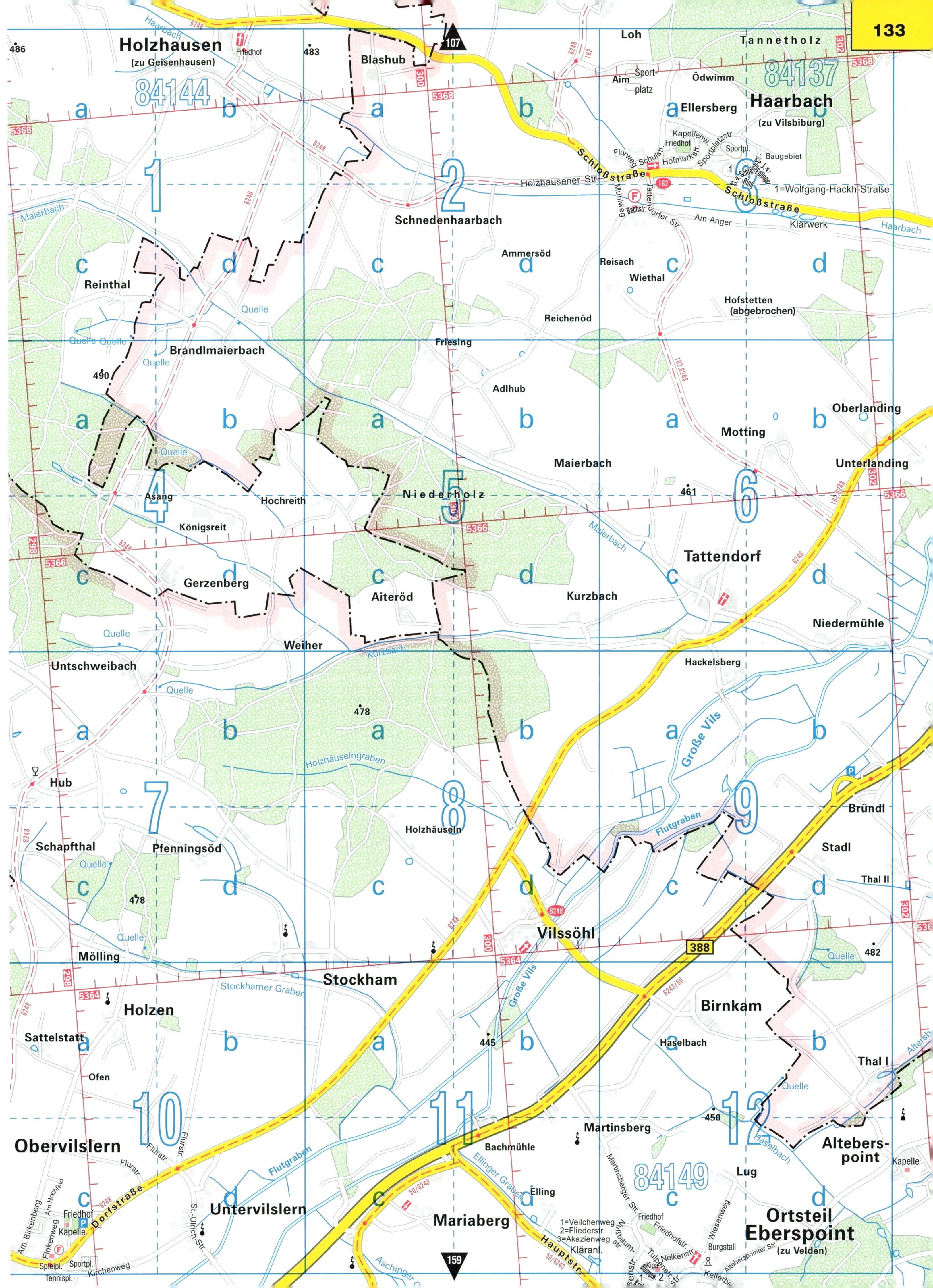
Holzhausen
(zu Geisenhausen)
Friedhof
Blashub
Loh
Tannetholz
84144
84137
Aim
Sport-
platz
Ödwimm
Ellersberg
Haarbach
(zu Vilsbiburg)
Kapellenw.
Friedhof
Schulstr.
Hofmarkstr.
Sportplatzstr.
Sportpl.
Baugebiet
Schloßstraße
Holzhausener Str.
Mühlweg
Bachstr.
Tattendorfer Str.
Am Anger
1=Wolfgang-Hackh-Straße
Klärwerk
Haarbach
Maierbach
Schnedenhaarbach
Ammersöd
Reisach
Wiethal
Reinthal
Hofstetten
(abgebrochen)
Reichenöd
Quelle
Brandlmaierbach
Friesing
Adlhub
Oberlanding
Motting
Maierbach
Unterlanding
Asang
Hochreith
Niederholz
Königsreit
Tattendorf
Gerzenberg
Aiteröd
Kurzbach
Niedermühle
Weiher
Untschweibach
Hackelsberg
Große Vils
Holzhäuselngraben
Hub
Bründl
Flutgraben
Schapfthal
Pfenningsöd
Holzhäuseln
Stadl
Thal II
Vilssöhl
Mölling
Stockham
Stockhamer Graben
Holzen
Birnkam
Sattelstatt
Haselbach
Ofen
Thal I
Martinsberg
Obervilslern
Flurstr.
Bachmühle
Altebers-
point
Kapelle
Haselbach
Lug
84149
Ellinger Graben
Elling
Untervilslern
Mariaberg
Martinsberger Str.
Friedhof
Friedhofstr.
Wiesenweg
Ortsteil
Eberspoint
(zu Velden)
1=Veilchenweg
2=Fliederstr.
3=Akazienweg
Kläranl.
Nußbaumstr.
Tulpenstr.
Nelkenstr.
Burgstall
Kellerbg.
Dorfstraße
Friedhof
Kapelle
Am Hochfeld
Am Birkenberg
Finkenweg
Spielpl.
Sportpl.
Tennispl.
Kirchenweg
St.-Ulrich-Str.
Hauptstr.
Aschinger
Flutgraben
388
107
159

Gersthofen
86368
86356
(zu Neusäß)
Güterverkehrs-
Augsburg-West
Industriegebiet Süd-West
Industriegeb. Süd-Ost
Gersthofen-Süd
86169
Stadtteil Firnhaberau
(zu Augsburg)
1 = Clematisweg
2 = Kreuzdornweg
3 = Lorbeerweg
4 = Kümmelweg
5 = Arnikaweg
14= Paul-Gerhardt-Weg
86156
Stadtteil Bärenkeller
(zu Augsburg)
1 = Malvenweg
2 = Bussardweg
3 = Kiebitzweg
Gewerbegebiet
Stadtteil Oberhausen
(zu Augsburg)
86154
1 = Drei-Auen-Platz
Wolfzahnau
Lindenau
1 = Apostelstraße
2 = Bischof-von-Zollern-Platz
3 = Gumpelzhaimerstraße
4 = Schweitzerstraße
5 = Kiesbühlstraße
6 = Schumannstraße
7 = Oesterreicherstraße
8 = Hettenbachufer
9 = Silbermannstraße
10 = Clara-Trott-Straße
11 = Leipheimer Weg
12 = Weg der Barmherzigen Schwestern
Augsburg
4 = Kurzes Geländ
12=Schärtlstr.
17=Emil-Esche-Weg
18=Sepp-Mastaller-Str.
Kriegshaber Zentralklinikum
Stadtteil Kriegshaber
(zu Augsburg)
1=Im Windhof
Sullivan Heights
1=Georg-Gershwin-Straße
2=Amundsenstraße
3=Magellanstr.
86157
86150
Augsburg Hbf.
Cramerton
Bismarck-Siedl.
(zu Stadtbergen)
Lech
Wertach
E52
72
17
300
108
162
ADAC

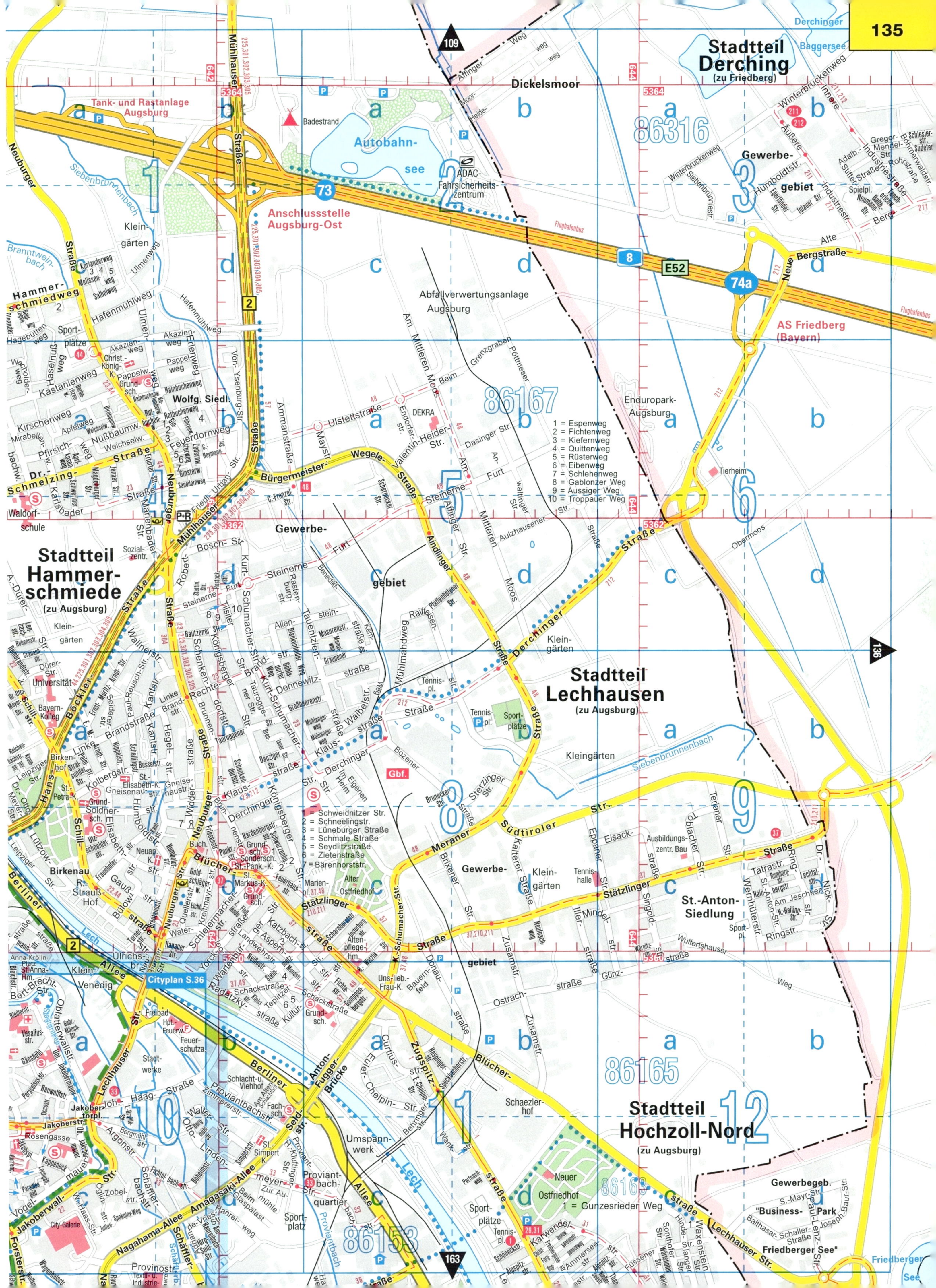
Stadtteil
Derching
(zu Friedberg)
Derchinger
Baggersee
Dickelsmoor
86316
Gewerbe-
gebiet
Tank- und Rastanlage
Augsburg
Badestrand
Autobahn-
see
ADAC-
Fahrsicherheits-
zentrum
73
Anschlussstelle
Augsburg-Ost
8
E52
74a
AS Friedberg
(Bayern)
Alte
Bergstraße
Neue
Flughafenbus
109
Abfallverwertungsanlage
Augsburg
Enduropark-
Augsburg
Tierheim
86167
1 = Espenweg
2 = Fichtenweg
3 = Kiefernweg
4 = Quittenweg
5 = Rüsterweg
6 = Eibenweg
7 = Schlehenweg
8 = Gablonzer Weg
9 = Aussiger Weg
10 = Troppauer Weg
Bürgermeister-
Wegele-
Straße
Aindlinger
Derchinger
Straße
DEKRA
Gewerbe-
gebiet
Wolfg. Siedl.
Stadtteil
Hammer-
schmiede
(zu Augsburg)
Waldorf-
schule
Sozial-
zentr.
Universität
Bayern-
Kolleg
Stadtteil
Lechhausen
(zu Augsburg)
Klein-
gärten
Kleingärten
Siebenbrunnenbach
Tennis-
pl.
Sport-
plätze
Gbf.
1 = Schweidnitzer Str.
2 = Schneelingstr.
3 = Lüneburger Straße
4 = Schmale Straße
5 = Seydlitzstraße
6 = Zietenstraße
7 = Bärenhorststr.
Alter
Ostfriedhof
Südtiroler
Str.
Meraner
Gewerbe-
gebiet
Stätzlinger
Straße
Ausbildungs-
zentr. Bau
Tennis-
halle
St.-Anton-
Siedlung
Birkenau
Berliner
Allee
Lech
Klein-
Venedig
Cityplan S.36
Freibad
Stadt-
werke
Schlacht- u.
Viehhof
Proviantbachstr.
Anton-
Fugger-
Brücke
Umspann-
werk
Blücher-
Schaezler-
hof
Stadtteil
Hochzoll-Nord
(zu Augsburg)
86165
Neuer
Ostfriedhof
1 = Gunzesrieder Weg
Gewerbegeb.
"Business-
Park
Friedberger See"
Lechhauser Str.
Proviant-
bach-
quartier
Sport-
platz
Nagahama-Allee
Amagasaki-Allee
Jakoberwall-
City-Galerie
86153
163
136
Friedberger
See

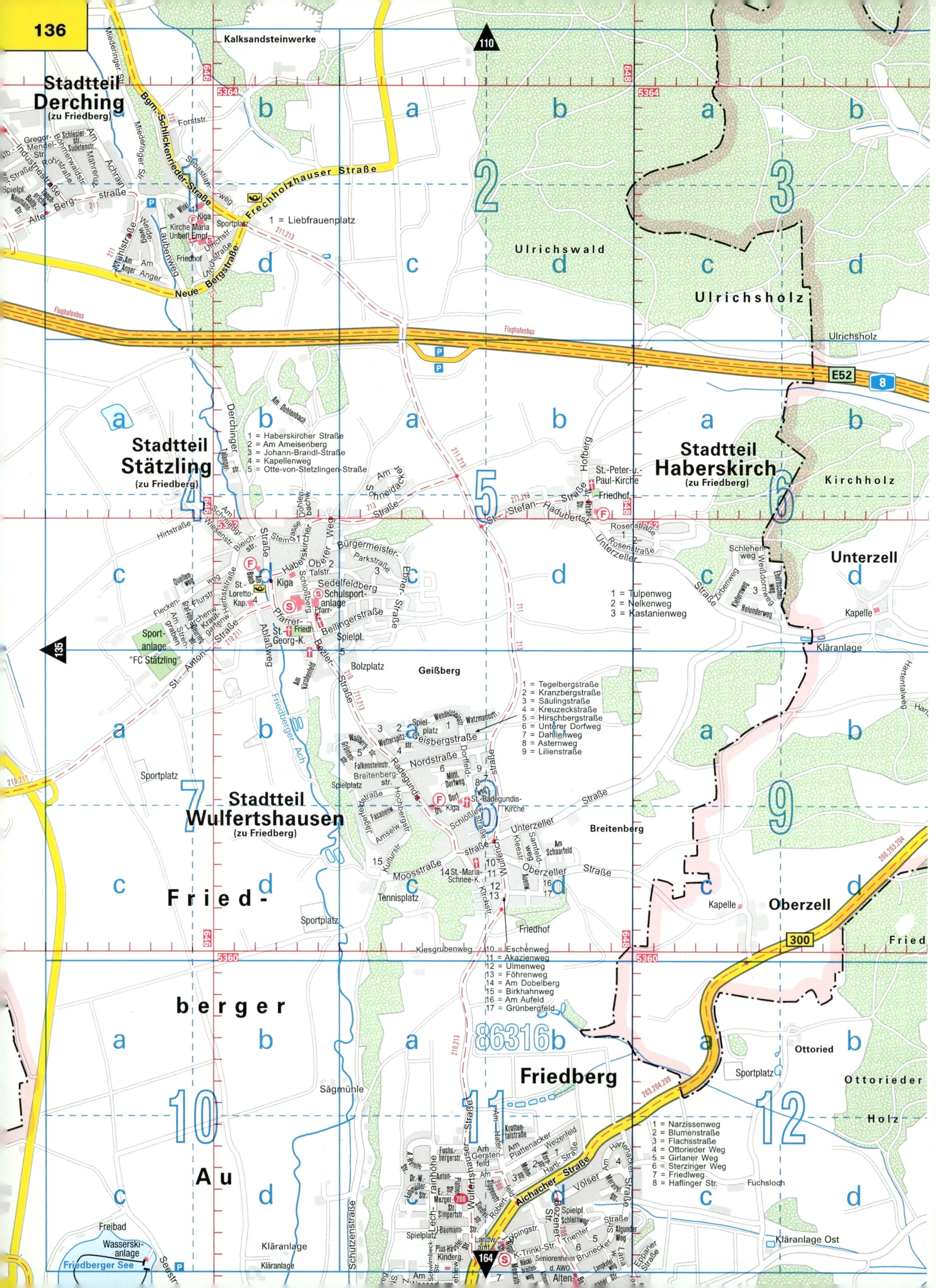
Kalksandsteinwerke
110
Stadtteil Derching
(zu Friedberg)
Forststr.
Miederinger Str.
Bgm.-Schlickenrieder-Straße
Frechholzhauser Straße
Sebastian-weg
Achrain
Mährenstr.
Sudetenstr.
Schlesier-str.
Böhmerwaldstr.
Gregor-Mendel-Str.
Industriestraße
Alte Berg-straße
Am Anger
Mühlstraße
Weide weg
Laubenweg
Kiga
Kirche Maria Unbefl.Empf.
Sportplatz
Ulrichstr.
Friedhof
Neue Bergstraße
1 = Liebfrauenplatz
Flughafenbus
Ulrichswald
Ulrichsholz
E52
8
Am Dohlenbach
Derchinger Str.
Stadtteil Stätzling
(zu Friedberg)
1 = Haberskircher Straße
2 = Am Ameisenberg
3 = Johann-Brandl-Straße
4 = Kapellenweg
5 = Otte-von-Stetzlingen-Straße
Am Schneidacker
St.-Stefan-Hadubert-Str.
Hofberg
St.-Peter-u.-Paul-Kirche
Friedhof
Rosenstraße
Unterzeller Straße
Stadtteil Haberskirch
(zu Friedberg)
Kirchholz
Unterzell
Schlehenweg
Zirbenweg
Weißdornweg
Holunderweg
Kapelle
Kläranlage
1 = Tulpenweg
2 = Nelkenweg
3 = Kastanienweg
Hirtstraße
Bürgermeister-Ebner-Straße
Parkstraße
Sedelfeldberg
Schulsportanlage
Pfarrer-Bellingerstraße
Kiga
St.-Loretto-Kap.
Sportanlage "FC Stätzling"
St.-Anton-Straße
Ablaßweg
St.-Georg-K.
Friedh.
Spielpl.
Bolzplatz
Geißberg
Bezler-Straße
Friedberger Ach
135
1 = Tegelbergstraße
2 = Kranzbergstraße
3 = Säulingstraße
4 = Kreuzeckstraße
5 = Hirschbergstraße
6 = Unterer Dorfweg
7 = Dahlienweg
8 = Asternweg
9 = Lilienstraße
Geisbergstraße
Nordstraße
Radegundisstr.
Wendelsteinstr.
Watzmannstr.
Spielplatz
Breitenbergstr.
St.-Radegundis-Kirche
Hartentalweg
Sportplatz
Stadtteil Wulfertshausen
(zu Friedberg)
Unterzeller Straße
Oberzeller Straße
Breitenberg
Moosstraße
14 St.-Maria-Schnee-K.
Tennisplatz
Sportplatz
Friedhof
Kapelle
Oberzell
300
Fried-berger Au
Kiesgrubenweg
10 = Eschenweg
11 = Akazienweg
12 = Ulmenweg
13 = Föhrenweg
14 = Am Dobelberg
15 = Birkhahnweg
16 = Am Aufeld
17 = Grünbergfeld
86316
Friedberg
Ottoried
Sportplatz
Ottorieder Holz
Sägmühle
Wulfertshauser Straße
Aichacher Straße
1 = Narzissenweg
2 = Blumenstraße
3 = Flachsstraße
4 = Ottorieder Weg
5 = Girlaner Weg
6 = Sterzinger Weg
7 = Friedlweg
8 = Haflinger Str.
Fuchsloch
Kläranlage Ost
Schützenstraße
Freibad
Wasserskianlage
Friedberger See
Kläranlage
Spielplatz
164
Seniorenheim d. AWO

St.Lorenz Kapelle
Latzenhausen
Zahlinger Straße
Taiting
Bitzenhofen
Sophienhof
Weidach
(zu Aichach)
Unterneul
Neumühle
Kapelle
Friedhof
Marienstraße
Bahnwärterhaus
Paartal-Bahn
Freizeiteinrichtung Westernstadt
Neulwirth
Anschlussstelle Dasing
Kläranlage
Arasbachgraben
Brandholz
86453
Gewerbegebiet
Dasing
Lindl
Neuholz
Sportplatz
Unterzeller Bach
Harten-dillholz
Kreuzweg
Friedberger
Aichacher Straße
Laimeringer Straße
Wessiszeller Straße
Wessiszell
Hauptstraße
Höbstl
Ödholz
Brunnenmühle
Reitanl.
Hofbauer
Kläranlage
Sankt Franziskus
Rettenberg
Vorderheimat
Hinterheimat
Osterholz
Heimatshausen
Stadtteil Harthausen (zu Friedberg)
Malzhauser Straße
1 = Kreuzeckstraße
2 = Ifenstraße
3 = Lerchenweg
4 = Schwarzbachweg
5=Tulpenstraße
6=Narzissenstraße
7=Krokusstraße
1=Bürgermeister-Steinhart-Straße
2=Am Kreuzberg
3=Querstraße
4 = Am Spinnelberg
Auerwiesenbach
Sportplatz

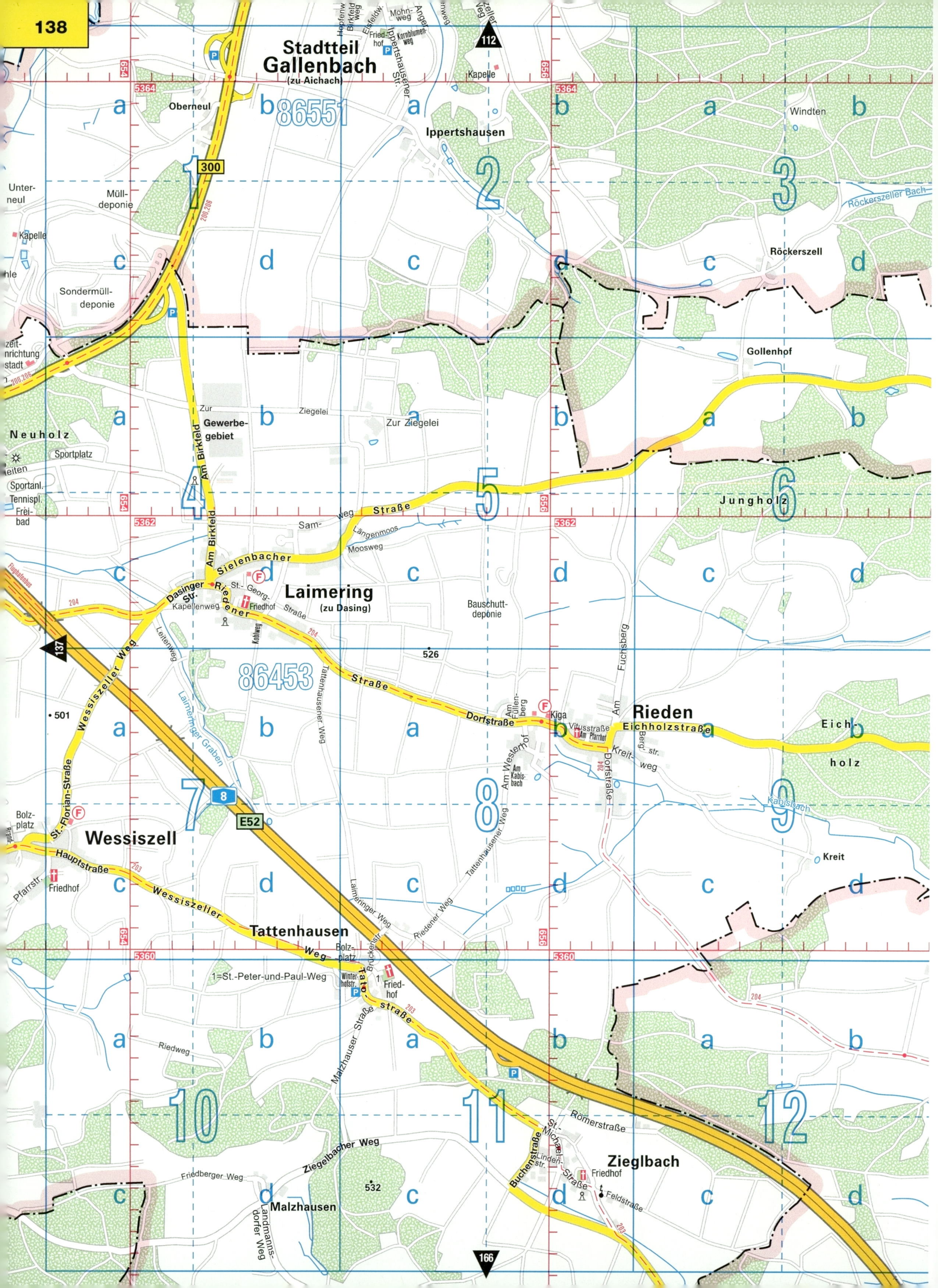

Stadtteil
Gallenbach
(zu Aichach)
86551
Oberneul
Ippertshausen
Kapelle
Windten
Röckerszell
Röckerszeller Bach
Unter-
neul
Müll-
deponie
Sondermüll-
deponie
Gollenhof
Zur
Gewerbe-
gebiet
Am Birkfeld
Ziegelei
Zur Ziegelei
Neuholz
Sportplatz
Sportanl.
Tennispl.
Frei-
bad
Jungholz
Sam-
weg
Straße
Längenmoos
Moosweg
Sielenbacher
Dasinger
Str.
Riedener
St.-Georg-
Straße
Kapellenweg
Friedhof
Laimering
(zu Dasing)
Bauschutt-
deponie
526
Fuchsberg
86453
Leitenweg
Koblweg
Tattenhausener Weg
Dorfstraße
Rieden
Kiga
Vitusstraße
Am Pfarrhof
Eichholzstraße
Eich-
holz
Kreit-
weg
Berg-
str.
Am Westerhof
Am
Kabis-
bach
Kabisbach
Kreit
501
Wessiszeller Weg
St.-Florian-Straße
Laimeringer Graben
Bolz-
platz
Wessiszell
Hauptstraße
Pfarrstr.
Friedhof
Wessiszeller
Tattenhausen
Weg
Laimeringer Weg
Riedener Weg
Tattenhausener Weg
Bolz-
platz
Brückenstr.
1=St.-Peter-und-Paul-Weg
Winter-
hofstr.
Fried-
hof
Tattostraße
Malzhauser Straße
Riedweg
Römerstraße
St.-Michael-Straße
Buchenstraße
Linden-
str.
Zieglbach
Friedhof
Feldstraße
Ziegelbacher Weg
Friedberger Weg
532
Malzhausen
Landmanns-
dorfer Weg
300
8
E52
112
137
166
204
203
1 2 3 4 5 6 7 8 9 10 11 12

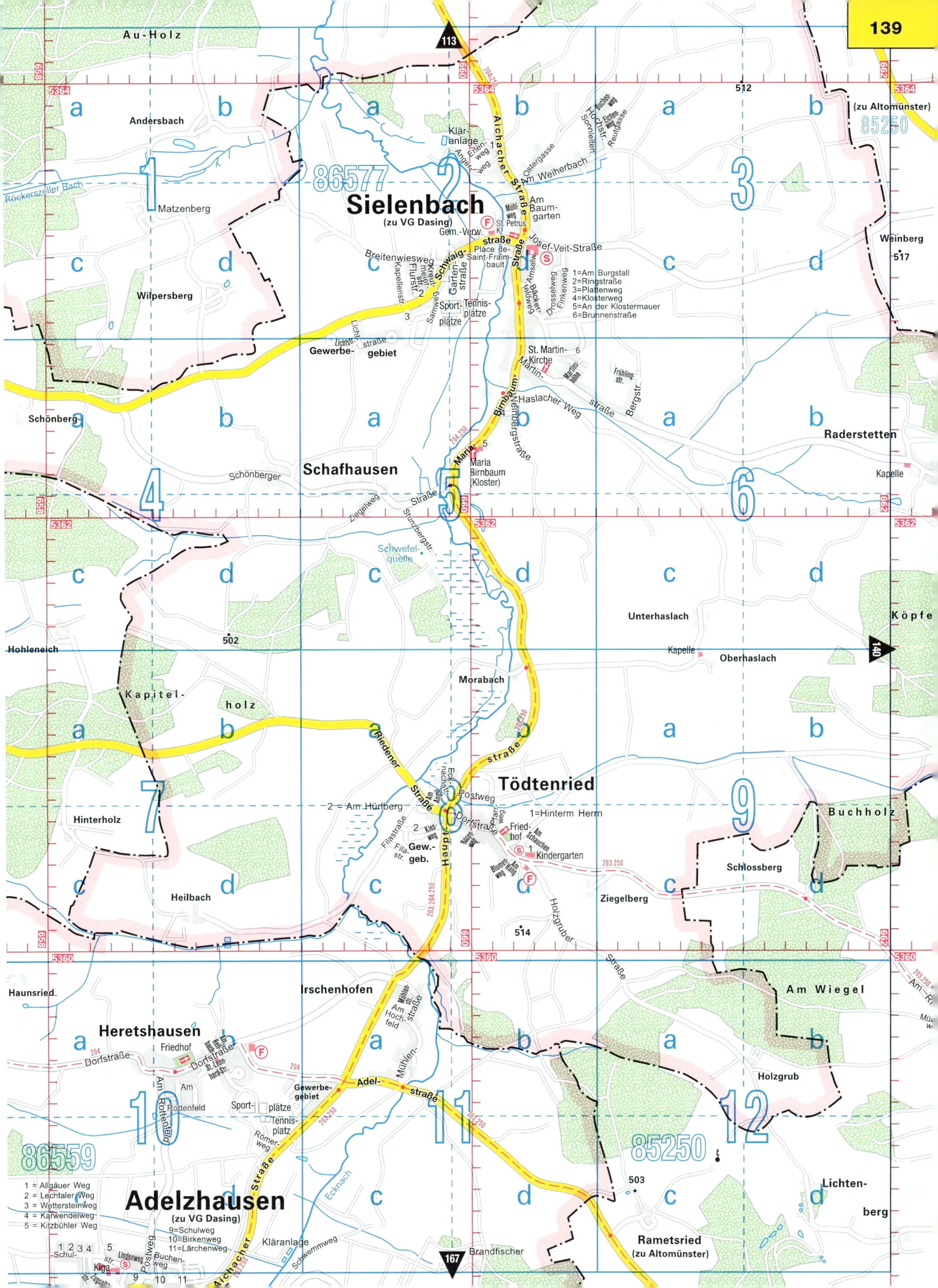

Au-Holz
Andersbach
Röckerszeller Bach
Matzenberg
86577
Sielenbach
(zu VG Dasing)
Wilpersberg
Schönberg
Schafhausen
Schönberger
Gewerbe- gebiet
Aichacher Straße
Klär- anlage
Am Weiherbach
Am Baum- garten
St. Petrus
Gem.-Verw.
Josef-Veit-Straße
Breitenwiesweg
Schwaig- straße
Place de-Saint-Fraimbault
1=Am Burgstall
2=Ringstraße
3=Plattenweg
4=Klosterweg
5=An der Klostermauer
6=Brunnenstraße
Sport- plätze
Tennis- plätze
Lichtstraße
St. Martin- Kirche
Martin- straße
Haslacher Weg
Birnbaum- straße
Maria- Birnbaum
Maria Birnbaum (Kloster)
Bergstr.
(zu Altomünster)
85250
Weinberg
517
512
Raderstetten
Kapelle
Ziegelweg
Schwefel- quelle
Unterhaslach
Oberhaslach
Kapelle
Hohleneich
502
Köpfe
Morabach
Kapitel- holz
Riedener Straße
Tödtenried
Postweg
Dorfstraße
2 = Am Hürlberg
1=Hinterm Herrn
Fried- hof
Kindergarten
Gew.- geb.
Haupt- straße
Hinterholz
Heilbach
Holzgruber Straße
Ziegelberg
Schlossberg
Buchholz
514
Haunsried
Irschenhofen
Am Wiegel
Heretshausen
Friedhof
Dorfstraße
Adel- straße
Mühlen- straße
Gewerbe- gebiet
Sport- plätze
Tennis- platz
Am Rottenfeld
Römer- weg
Holzgrub
86559
85250
503
Lichten- berg
Ecknach
1 = Allgäuer Weg
2 = Lechtaler Weg
3 = Wettersteinweg
4 = Karwendelweg
5 = Kitzbühler Weg
Adelzhausen
(zu VG Dasing)
9=Schulweg
10=Birkenweg
11=Lärchenweg
Kläranlage
Schwemmweg
Brandfischer
Rametsried
(zu Altomünster)
Aichacher Straße
Kiga
113
140
167

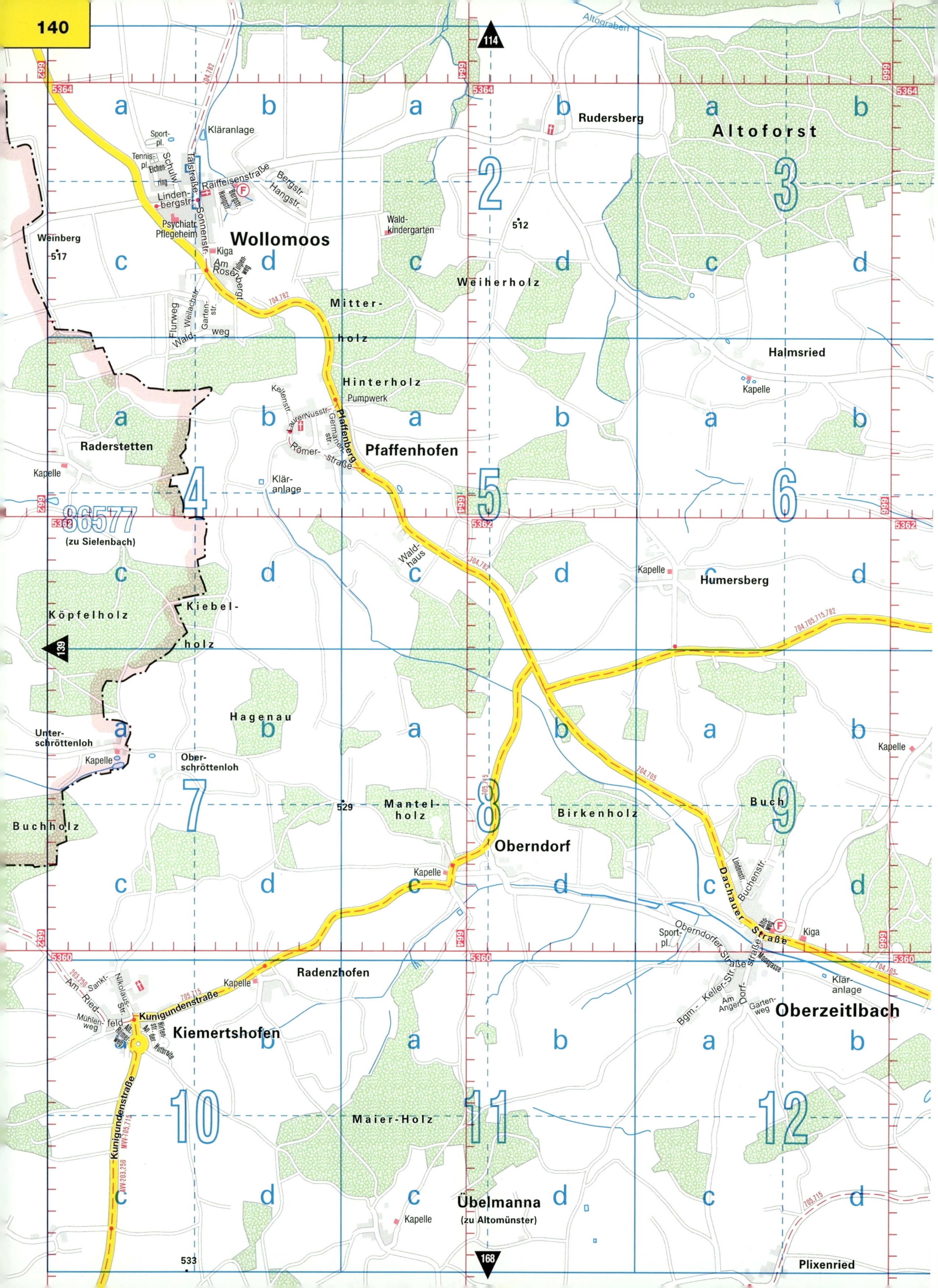
114
Altograben
Rudersberg
Altoforst
Kläranlage
Sport-pl.
Tennis-pl.
Schulw.
Eichen-ring
Talstraße
Raiffeisenstraße
Bergstr.
Hangstr.
Linden-bergstr.
Sonnenstr.
Psychiatr. Pflegeheim
Wollomoos
Weinberg
517
Kiga
Am Rosenberg
Wald-kindergarten
512
Weiherholz
Mitter-holz
Flurweg
Weilachstr.
Garten-str.
Waldweg
Halmsried
Hinterholz
Pumpwerk
Kapelle
Kellerstr.
Laurentiusstr.
Germanenstr.
Pfaffenberg
Römerstraße
Pfaffenhofen
Raderstetten
Kläranlage
86577
(zu Sielenbach)
Waldhaus
Humersberg
Köpfelholz
Kiebelholz
139
Hagenau
Unter-schröttenloh
Ober-schröttenloh
Buchholz
529
Mantelholz
Birkenholz
Buch
Oberndorf
Dachauer Straße
Lindenstr.
Buchenstr.
Kiga
Sport-pl.
Oberndorfer Straße
Dorfstraße
Moosgasse
Kläranlage
Radenzhofen
Sankt-Nikolaus-Str.
Am Riedfeld
Mühlenweg
Kunigundenstraße
Kiemertshofen
Hutbreite
Bgm.-Keller-Str.
Am Anger
Gartenweg
Oberzeitlbach
Maier-Holz
Übelmanna
(zu Altomünster)
533
168
Plixenried

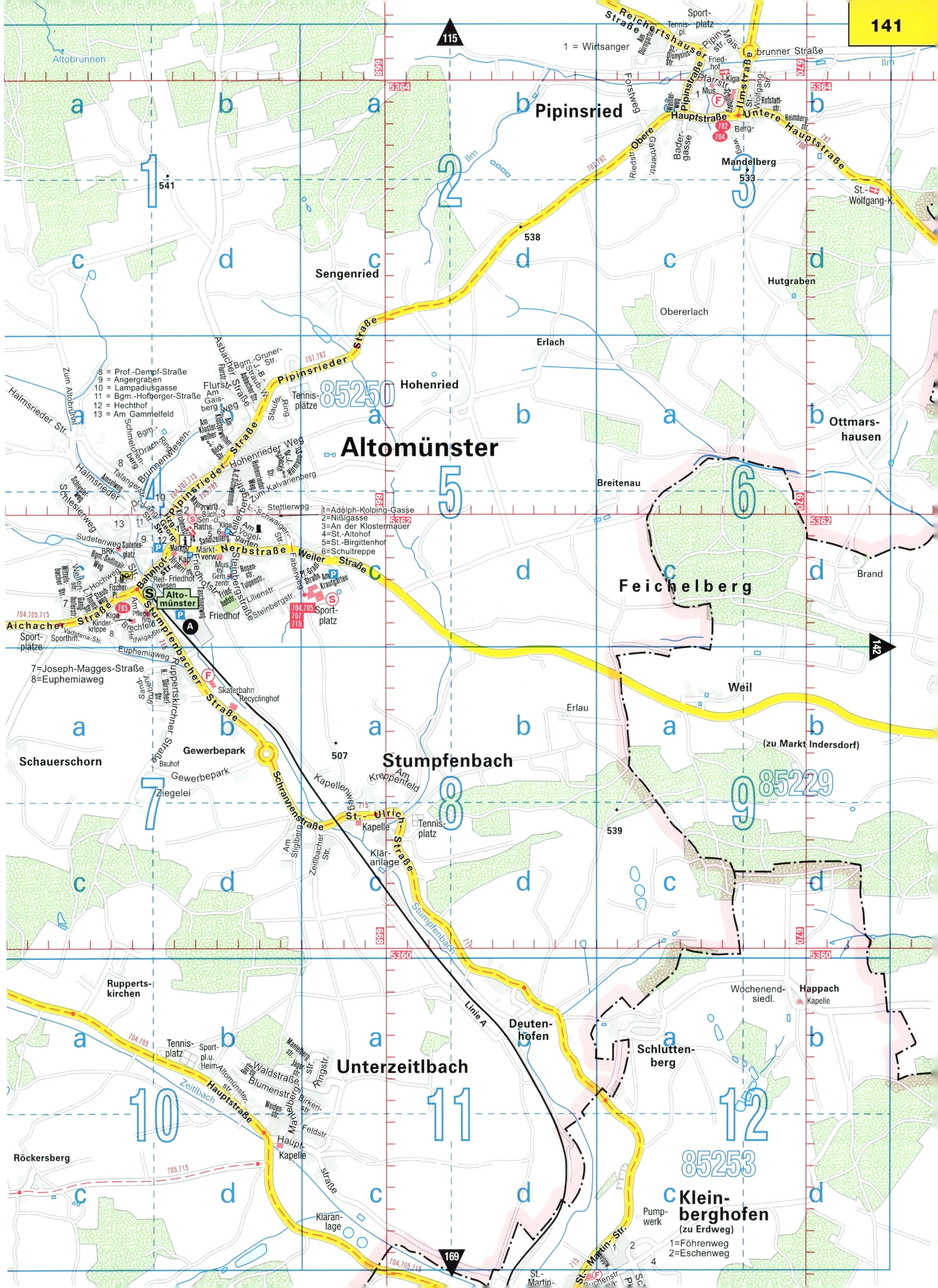
115
142
169
Altobrunnen
1 = Wirtsanger
Pipinsried
Reichertshauser Straße
Sport-platz
Tennis-pl.
Fried-hof
Pfarrstr.
Kiga
Mus.
Hauptstraße
Untere Hauptstraße
Obere
Ilmstraße
Badergasse
Forstweg
Riedstr.
Gärtnerstr.
Mandelberg
533
St.-Wolfgang-K.
541
538
Sengenried
Hutgraben
Obererlach
Erlach
Hohenried
85250
Altomünster
Pipinsrieder Straße
Tennis-plätze
Ottmars-hausen
Breitenau
8 = Prof.-Dempf-Straße
9 = Angergraben
10 = Lampadiusgasse
11 = Bgm.-Hofberger-Straße
12 = Hechthof
13 = Am Gammelfeld
Zum Altobrunn
Halmsrieder Str.
Asbacher Straße
Hohenrieder Weg
Zum Kalvarienberg
Stettlerweg
1=Adolph-Kolping-Gasse
2=Nißlgasse
3=An der Klostermauer
4=St.-Altohof
5=St.-Birgittenhof
6=Schultreppe
Sudetenweg
Schlesierweg
Nerbstraße
Weiler Straße
Feichelberg
Brand
Alto-münster
Friedhof
Sport-platz
Aichacher Straße
Sport-plätze
Stumpfenbacher Straße
Euphemiaweg
7=Joseph-Magges-Straße
8=Euphemiaweg
Skaterbahn
Recyclinghof
Weil
Erlau
(zu Markt Indersdorf)
85229
Schauerschorn
Gewerbepark
Bauhof
Ziegelei
507
Stumpfenbach
Kapellenweg
Am Kreppenfeld
St.-Ulrich-Straße
Schrannenstraße
Kapelle
Tennis-platz
Kläranlage
539
Stumpfenbach
Ruppertskirchner Straße
Rupperts-kirchen
Unterzeitlbach
Tennis-platz
Zeitlbach
Hauptstraße
Waldstraße
Blumenstraße
Ringstr.
Feldstr.
Kapelle
Deuten-hofen
Linie A
Schlutten-berg
Wochenend-siedl.
Happach
Kapelle
85253
Röckersberg
Kläranlage
Klein-berghofen
(zu Erdweg)
1=Föhrenweg
2=Eschenweg
Pump-werk
St.-Martin-Str.
5364
5362
5360
669
670

85250
Maisbrunn
530
Apotheker-
holz
(zu Altomünster)
Senken-
schlag
Schön-
berg
St.-Wolfgang-K.
Wagenried
Loch-
hausen
Kleinschwab-
hausen
Eich-
stock
Stangen-
ried
Harreszell
Karl-
holz
Brunnen-
kapelle
Kloster-
holz
Ottmars-
hausen
Kattalaich
Ziegel-
stadel
507
Kelten-
schanze
Langen-
pettenbach
Brand
Aberl
Sport-
pl.
Wiesen-
weg
1 = Am Pettenbach
Michaels-
kirche
Arnzell
Ainried
Altomünsterstr.
Unteranger
Schrobenhauser Str.
Untere Str.
Sandberg
Hardtstr.
Altomünsterstr.
Aichrieder Str.
Pump-
werk
Kiga
Langenpettenbach
Ainrieder
Oberain-
ried
Unter-
ainried
Kapelle
Tiefen-
lachen
Holz
1 = Wirtsanger
2 = Bürgermeister-Heinzelmeir-Weg
Arnzeller Str.
Kapellen-
weg
Riedhofer Straße
Eichhofen
Westerholz-
hausen
Pfarrer-Müller-Str.
Sankt-Korbinian-Weg
Albersbacher Str.
Riedhof
Gitters-
bach
Neus-
reuth
Schloßholz
520
(zu Erdweg)
Hügel-
grab
Eichhofner
Bach
Albersbach
116
141
170

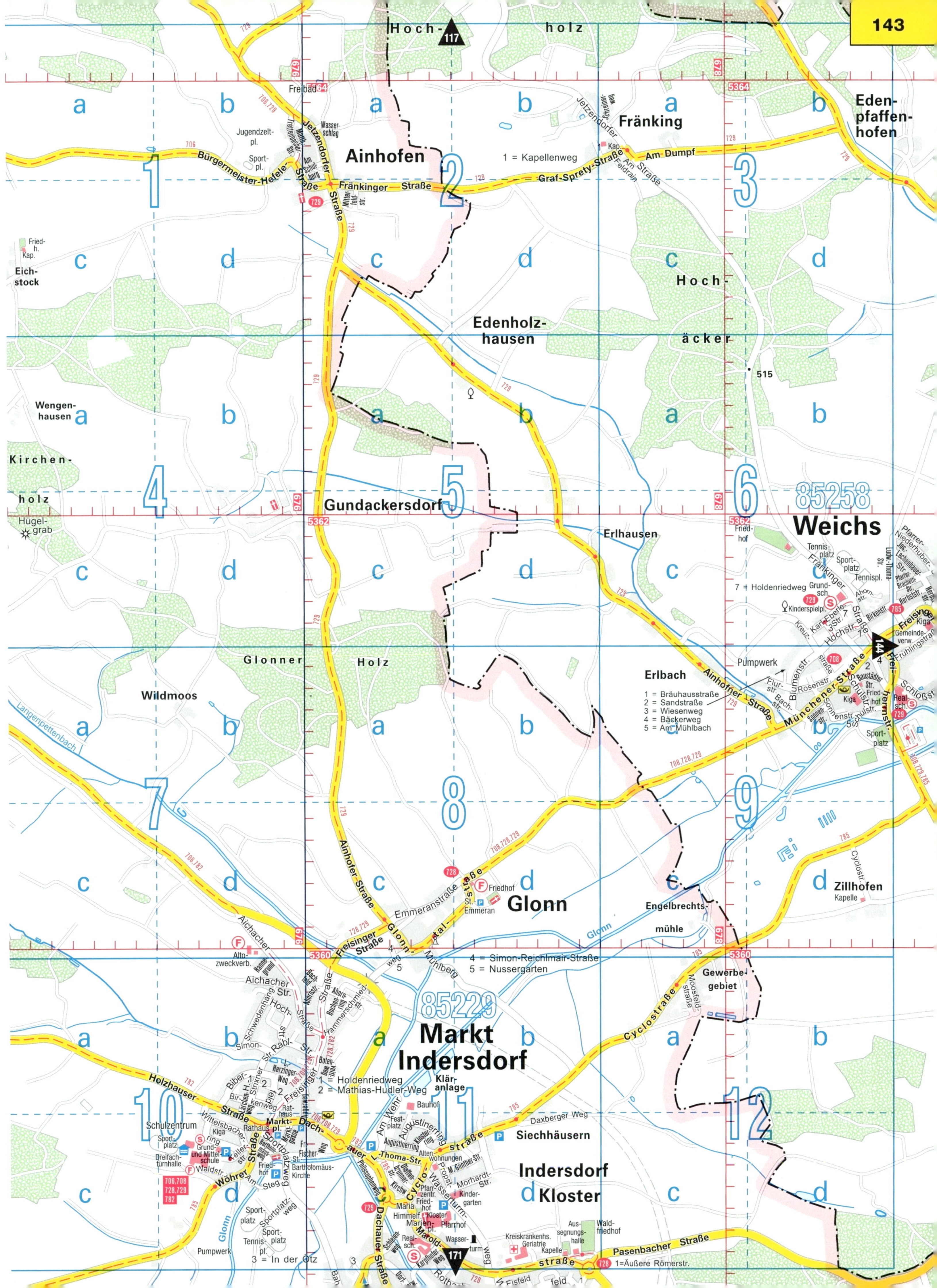
Hochholz
Ainhofen
Fränking
Edenpfaffenhofen
Eichstock
Edenholzhausen
Hochäcker
Wengenhausen
Kirchenholz
Gundackersdorf
85258
Weichs
Erlhausen
Glonner Holz
Wildmoos
Erlbach
1 = Bräuhausstraße
2 = Sandstraße
3 = Wiesenweg
4 = Bäckerweg
5 = Am Mühlbach
7 = Holdenriedweg
1 = Kapellenweg
Glonn
Engelbrechtsmühle
Zillhofen
4 = Simon-Reichlmair-Straße
5 = Nussergarten
Gewerbegebiet
85229
Markt Indersdorf
1 = Holdenriedweg
2 = Mathias-Hudler-Weg
Siechhäusern
Indersdorf Kloster
Schulzentrum
3 = In der Ötz
1=Äußere Römerstr.
Pasenbacher Straße
Münchener Straße
Ainhofer Straße
Holzhauser Straße
Cyclostraße

Lindach
Ziegelberg
Westring
Siedlung Westring
Edenpfaffenhofen
Wasenholz
Wasenhof
Bergstraße
Aufhausen
Hauptstraße
Asbach
Biechlhof
Westenstraße
Dorfstraße
Ebersbach
Aufhauser Straße
1 = Auf der Puit
85258
Weichs
Gewerbegebiet
6 = Schäfflerstraße
7 = Pfarrer-Kuhnigk-Straße
Freisinger Straße
1 = Bräuhausstraße
2 = Sandstraße
4 = Bäckerweg
Kläranlage
Zentralkläranlage
Dornerholz
Jedenhofen
Reststoffdeponie
1 = Pappelweg
Eichenstraße
Vierkirchner Straße
Albertshof
Ramelsbach
Asbacher Str.
8 = Am Mühlfeld
10 = Gröbmaierstraße
11 = Trattangerring
12 = Am Torfstich
13 = Schusterweg
Glonntalstraße
Jedenhofener Straße
Breitenwiesen
Vierkirchen-Esterhofen
Vierkirchen
1 = Wiesenweg
2 = Ludwig-Dill-Straße
3 = Martin-Huber-Weg
4 = Kramerweg
5 = Buchenweg
6 = Erlenweg
7 = Eschenweg
9 = Alter Wirtsweg
Indersdorfer Str.
Hochstraße
Dachauer Straße
85256
Daxberg
Esterhofen
Pasenbach
Industriestraße
Gewerbegebiet
Esterhofer Holz
Brunnengelände
Baum- und Gehölzweg

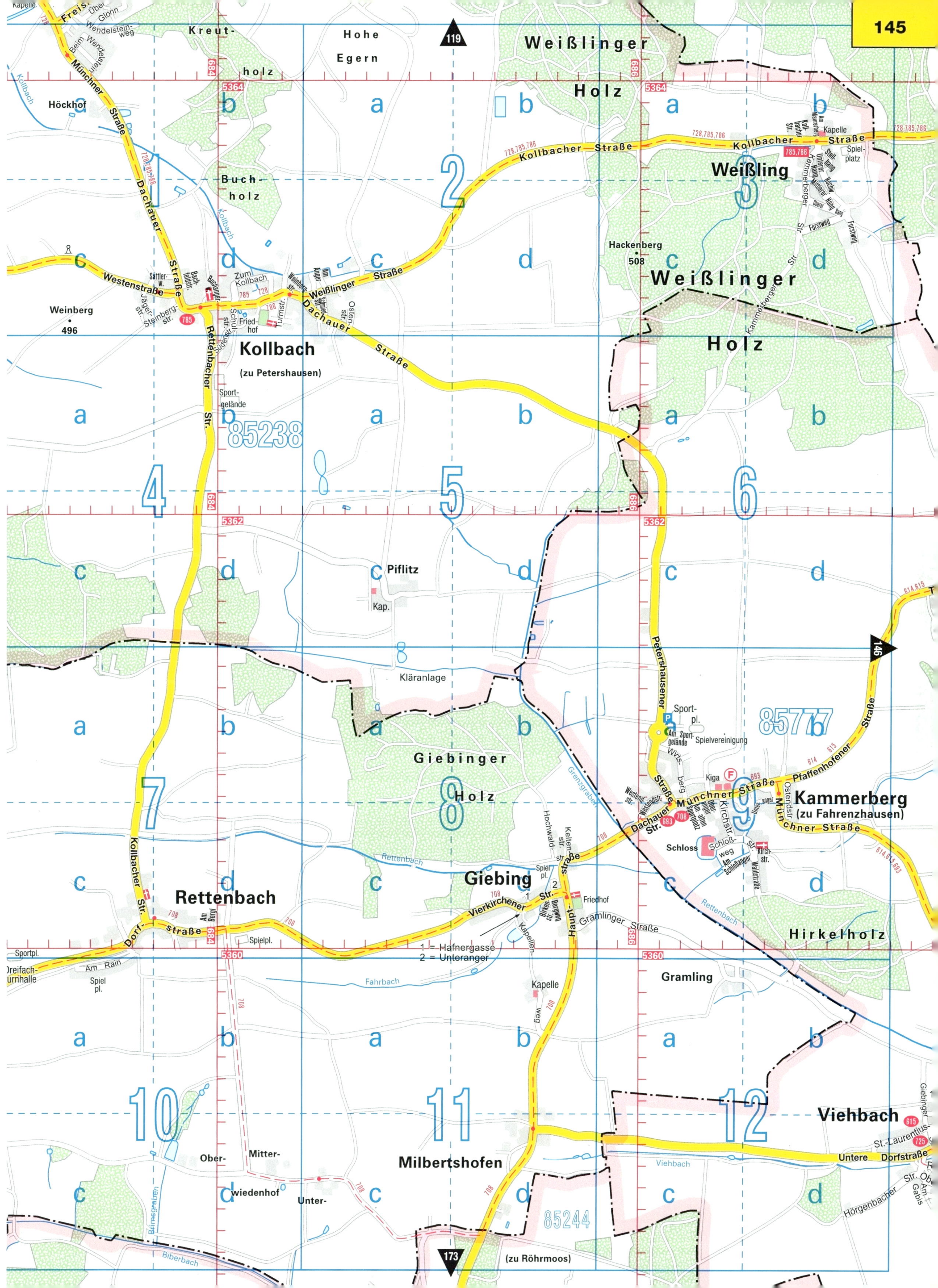
Kreut-
holz
Hohe
Egern
Weißlinger
Holz
Höckhof
Buch-
holz
Kollbacher Straße
Weißling
Hackenberg
508
Weißlinger
Holz
Weinberg
496
Westenstraße
Dachauer Straße
Weißlinger Straße
Kollbach
(zu Petersstausen)
Sport-
gelände
85238
Rettenbacher Str.
Piflitz
Kap.
Kläranlage
Giebinger
Holz
Petershausener Straße
Sport-
pl.
Spielvereinigung
Kiga
85777
Pfaffenhofener Straße
Kammerberg
(zu Fahrenzhausen)
Münchner Straße
Schloss
Grenzgraben
Rettenbach
Giebing
Friedhof
Vierkirchener Str.
Gramlinger Straße
Hirkelholz
Kollbacher Str.
Dorfstraße
Spielpl.
1 = Hafnergasse
2 = Unteranger
Fahrbach
Kapelle
Gramling
Viehbach
Untere Dorfstraße
Ober-
Mitter-
wiedenhof
Unter-
Milbertshofen
Viehbach
85244
Biberbach
(zu Röhrmoos)
119
146
173

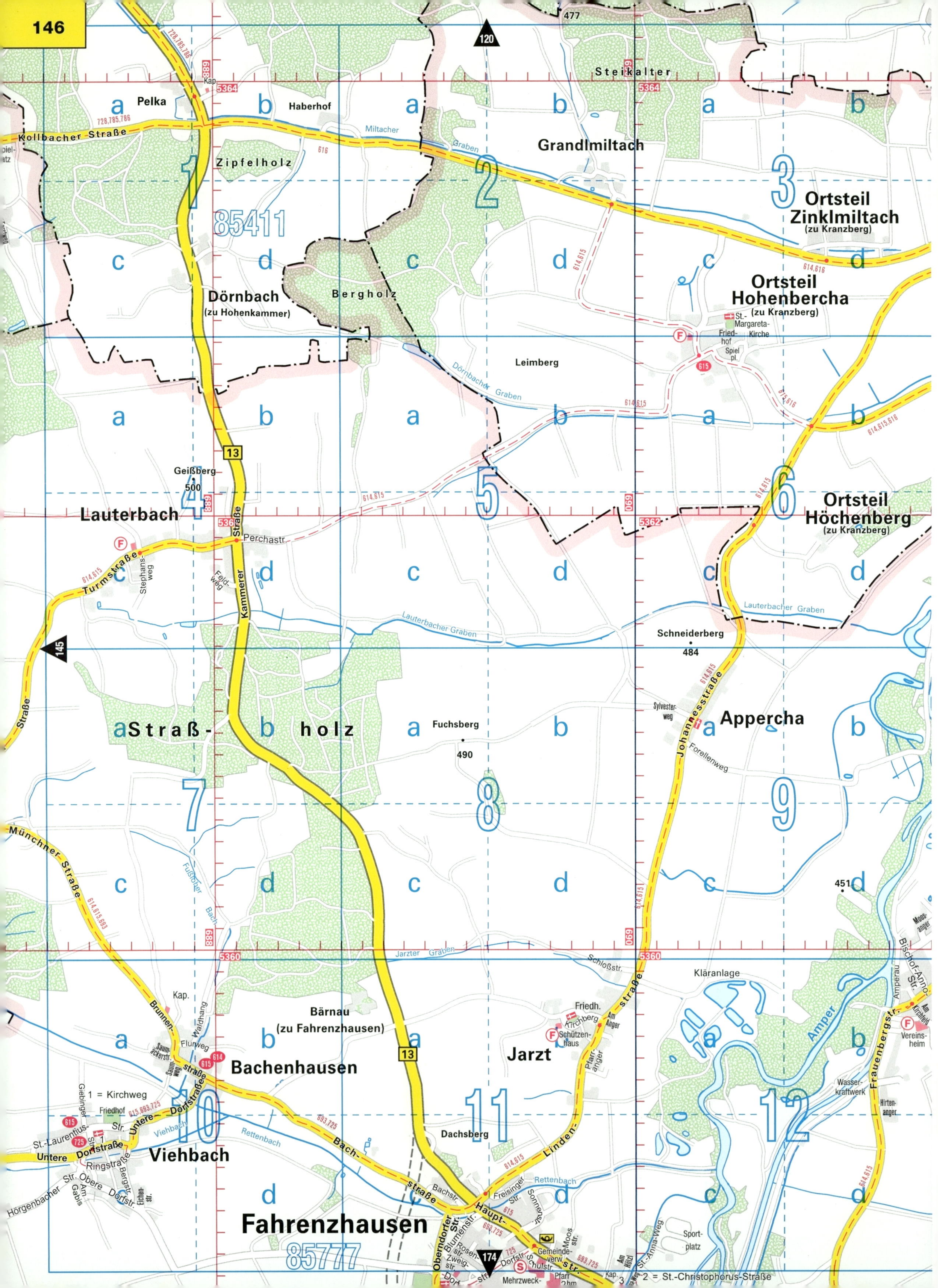

Pelka
Haberhof
Kollbacher Straße
Zipfelholz
85411
Steikalter
Grandlmiltach
Miltacher Graben
Ortsteil Zinklmiltach (zu Kranzberg)
Dörnbach (zu Hohenkammer)
Bergholz
Ortsteil Hohenbercha (zu Kranzberg)
St.-Margareta-Kirche
Friedhof
Spielpl.
Leimberg
Dörnbacher Graben
Geißberg
500
Lauterbach
Turmstraße
Stephansweg
Feldweg
Kammerer Straße
Perchastr.
Ortsteil Höchenberg (zu Kranzberg)
Lauterbacher Graben
Schneiderberg
484
Straßholz
Fuchsberg
490
Sylvesterweg
Johannesstraße
Appercha
Forellenweg
Münchner Straße
Fußholzer Bach
451
Moosanger
Jarzter Graben
Schloßstr.
Kläranlage
Bischof-Anno-Str.
Amperau
Kap.
Brunnenstraße
Waldhang
Flurweg
Saumackerstr.
Saumweg
Bärnau (zu Fahrenzhausen)
Bachenhausen
Jarzt
Friedh.
Kirchberg
Am Anger
Schützenhaus
Pfarranger
Amper
Frauenbergstr.
Vereinsheim
Wasserkraftwerk
Hirtenanger
1 = Kirchweg
Giebinger Str.
Friedhof
Untere Dorfstraße
St.-Laurentius-Str.
Viehbach
Rettenbach
Ringstraße
Bergstr.
Eichenstr.
Hörgenbacher Str.
Obere Dorfstr.
Am Gabis
Bachstraße
Dachsberg
Lindenstraße
Freisinger Str.
Sonnenstr.
Rettenbach
Sport-platz
St.-Anna-Weg
Fahrenzhausen
85777
Oberndorfer Str.
Blumenstr.
Rosenstr.
Zweigstr.
Hauptstr.
Dorfstr.
Schulstr.
Gemeindeverw.
Moosstr.
Am Holz
Mehrzweck-
Pfarr
2 = St.-Christophorus-Straße

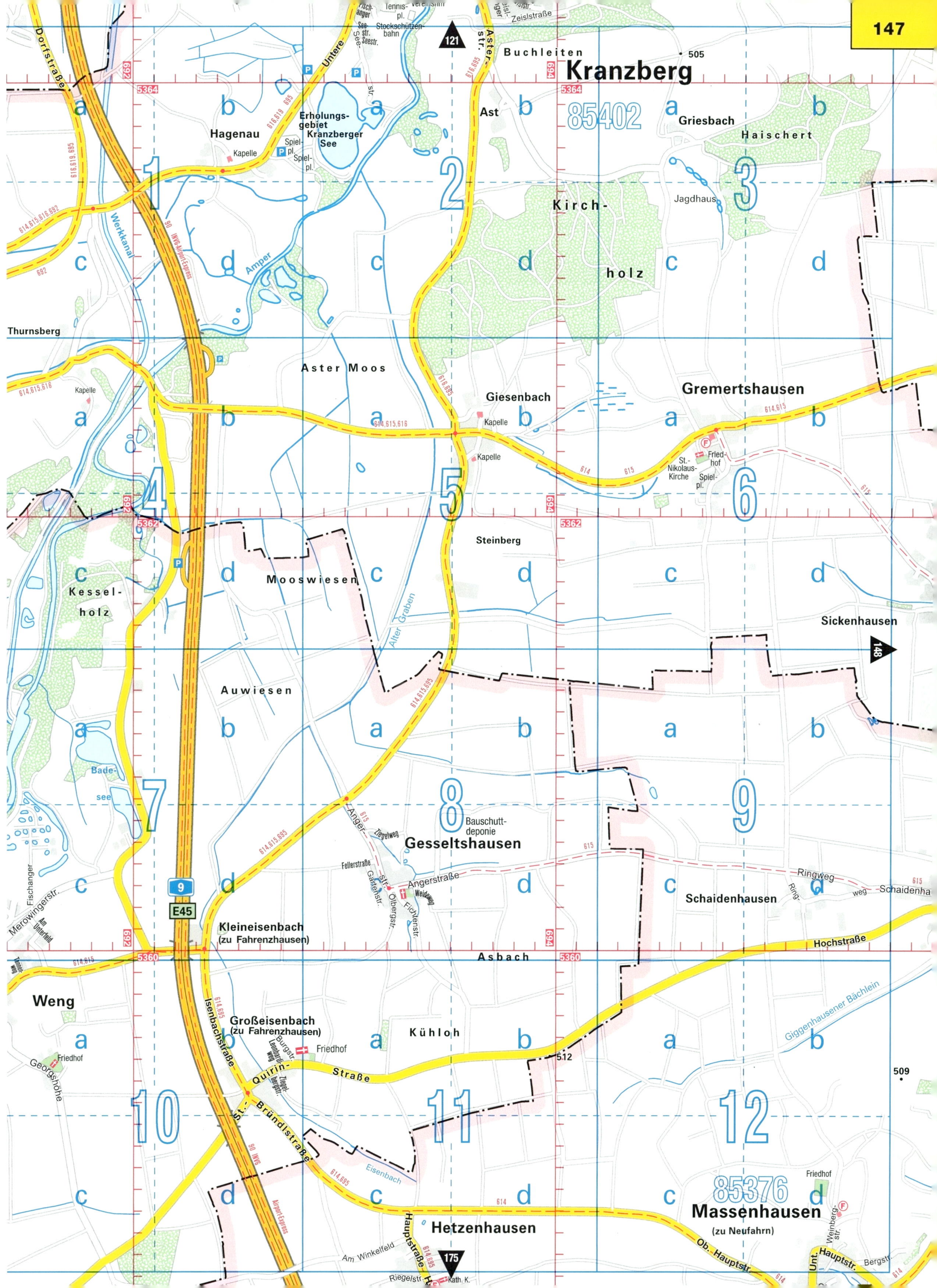
Kranzberg
85402
Buchleiten
505
Griesbach
Haischert
Hagenau
Kapelle
Erholungs-
gebiet
Kranzberger
See
Ast
Kirch-
holz
Jagdhaus
Werkkanal
Amper
Thurnsberg
Aster Moos
Giesenbach
Kapelle
Gremertshausen
St.-
Nikolaus-
Kirche
Fried-
hof
Steinberg
Mooswiesen
Kessel-
holz
Alter Graben
Sickenhausen
Auwiesen
Bade-
see
Bauschutt-
deponie
Gesseltshausen
Angerstraße
Ringweg
Schaidenhausen
Kleineisenbach
(zu Fahrenzhausen)
Asbach
Hochstraße
Weng
Großeisenbach
(zu Fahrenzhausen)
Kühloh
Friedhof
Quirin-
Straße
Giggenhausener Bächlein
St.-
Bründlstraße
Isenbachstraße
Eisenbach
Hetzenhausen
85376
Massenhausen
(zu Neufahrn)
Ob. Hauptstr.
Unt. Hauptstr.
Bergstr.
Friedhof
Hauptstraße
Am Winkelfeld
Riegelstr.
Kath. K.
Georgshöhe
Merowingerstr.
Fischanger
Dorfstraße
Zeislstraße
Untere
121
148
175
9
E45
5364
5362
5360
692
694
1
2
3
4
5
6
7
8
9
10
11
12

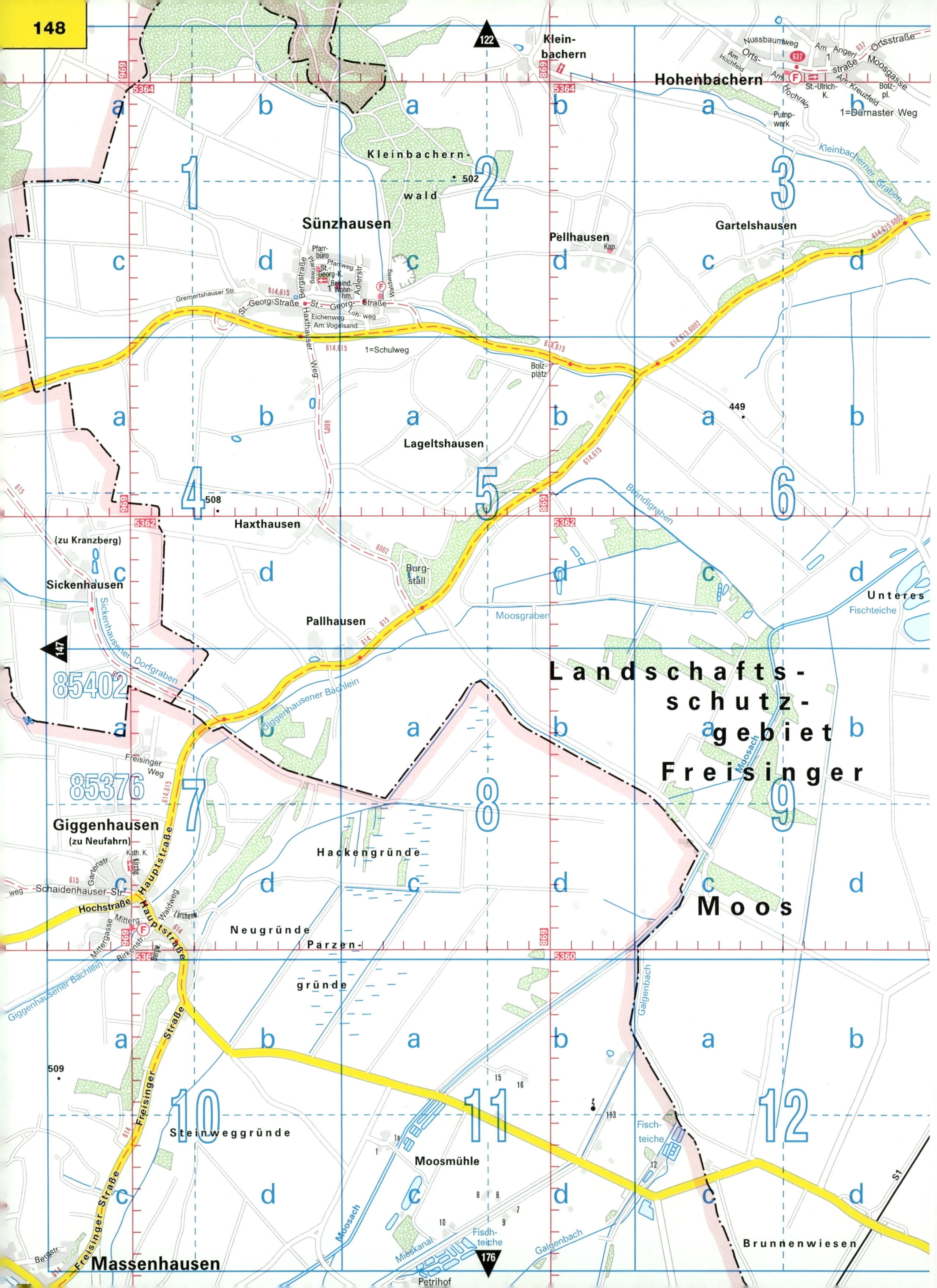

122
Klein-
bachern
Hohenbachern
Nussbaumweg
Am Angerl
Ortsstraße
Am Hochfeld
Orts-
straße
Moosgasse
Am Hochrain
St.-Ulrich-K.
Am Kreuzfeld
Bolz-pl.
1=Dürnaster Weg
Pump-
werk
Kleinbacherner Graben
Kleinbachern-
wald
502
Sünzhausen
Pellhausen
Kap.
Gartelshausen
Pfarr-
büro
Pfarrweg
St.-Georg-K.
Behind.-Wohnhm.
Adlerstr.
Bergstraße
Waldweg
Gremertshauser Str.
St.-Georg-Straße
Haxthauser Weg
Eichenweg
Am Vogelsand
Loh-weg
1=Schulweg
Bolz-
platz
449
Lageltshausen
508
Haxthausen
Bründlgraben
(zu Kranzberg)
Sickenhausen
Sickenhausener Dorfgraben
Burg-
stall
Pallhausen
Moosgraben
Unteres
Fischteiche
147
85402
Giggenhausener Bächlein
Landschafts-
schutz-
gebiet
Freisinger
Moos
Moosach
Freisinger
Weg
85376
Giggenhausen
(zu Neufahrn)
Kath. K.
Gartenstr.
Schaidenhauser Str.
Hochstraße
Hauptstraße
Mitterg.
Mittergasse
Waldweg
Birkenstr.
Hackengründe
Neugründe
Parzen-
gründe
Galgenbach
509
Freisinger Straße
Steinweggründe
Moosmühle
Fisch-
teiche
Mieskanal
Fischteiche
176
Petrihof
Brunnenwiesen
Bergstr.
Massenhausen
S1

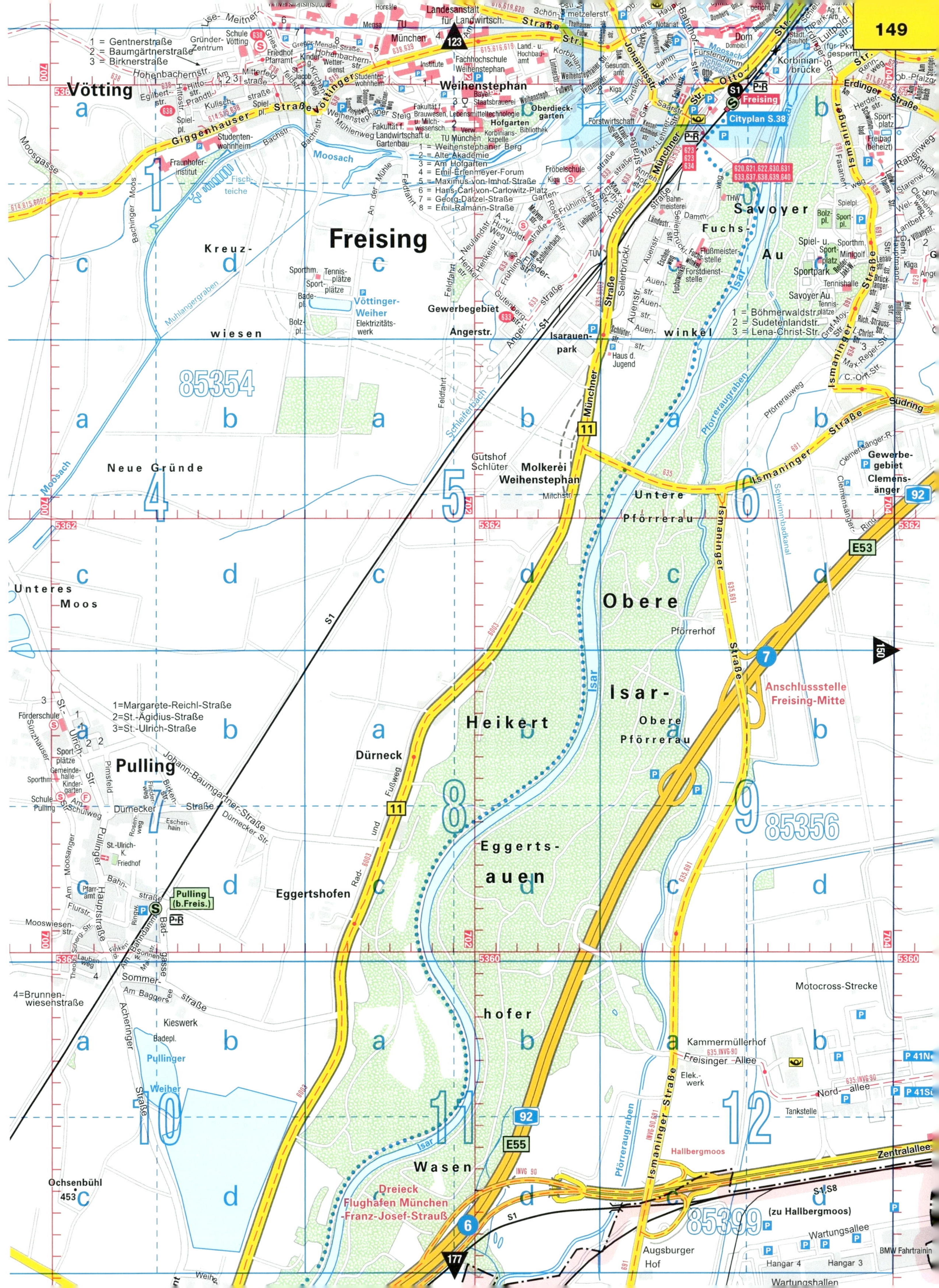
Vötting
Weihenstephan
Freising
Cityplan S.38
1 = Gentnerstraße
2 = Baumgärtnerstraße
3 = Birknerstraße
1 = Weihenstephaner Berg
2 = Alte Akademie
3 = Am Hofgarten
4 = Emil-Erlenmeyer-Forum
5 = Maximus-von-Imhof-Straße
6 = Hans-Carl-von-Carlowitz-Platz
7 = Georg-Dätzel-Straße
8 = Emil-Ramann-Straße
Kreuz-
wiesen
Savoyer
Au
1 = Böhmerwaldstr.
2 = Sudetenlandstr.
3 = Lena-Christ-Str.
Neue Gründe
Molkerei Weihenstephan
Untere Pförrerau
Unteres Moos
Obere Isar-
Heikert
Obere Pförrerau
Anschlussstelle Freising-Mitte
1=Margarete-Reichl-Straße
2=St.-Ägidius-Straße
3=St.-Ulrich-Straße
Pulling
Pulling (b.Freis.)
Dürneck
Eggertshofen
Eggerts-
auen
hofer
4=Brunnen-
wiesenstraße
Pullinger Weiher
Motocross-Strecke
Kammermüllerhof
Hallbergmoos
Wasen
Ochsenbühl
Dreieck Flughafen München Franz-Josef-Strauß
(zu Hallbergmoos)
Augsburger Hof
85354
85356
85399

Freising
Lerchenfeld
Anschlussstelle Freising-Ost
Attachinger Au
Moosanger See
Egelsee
Stoibermühle
Stoibermühlsee
Erholungsgebiet
Gewerbegebiet Süd-Ost
Gewerbegebiet
Attaching-Nord
Attaching
Kapelle
Steinberger Hof
Institut f.ökolg.Cem.
Lüsse
Aussichtshügel
Landebahn
Start- und
Gewerbegebiet Clemensänger
Gewerbegeb. Erdinger Str.
geb. Gute Änger
1 = Böhmerwaldstraße
2 = Sudetenlandstraße
3 = Lena-Christ-Straße
3=Zur Schwabenau
4=Untere Isarau
5=Laubsängerweg
6=Pfarrer-Franz-Weg
85356
85399
Flughafen München
("Franz-Josef-Strauß")
Flughafen Besucherpark
Besucherpark
Terminal 1
Terminal 2
Kempinski Hotel
München Airport-Center
Mietwagen-Zentralbereich
Bürogebäude Süd
Hubschrauber Landeplatz
Flugzeughalle für Allgemeine Luftfahrt TorGAT
Feuerwache-Nord
Feuerwache Süd
Cargo-Terminal
Luftpost-leitstelle
DLH-Flight-Operations-Center
Wartungshalle
Hangar 1
BMW Fahrtraining
Deutsche Flugsicherung GmbH
Urlauberparkpl.
P 41Nord
P 41Süd
P 51
Erdinger Allee
Zentralallee
Südring
Nordring
Kulturstraße
Dorfstraße
Raiffeisenstraße
(zu Hallbergmoos)

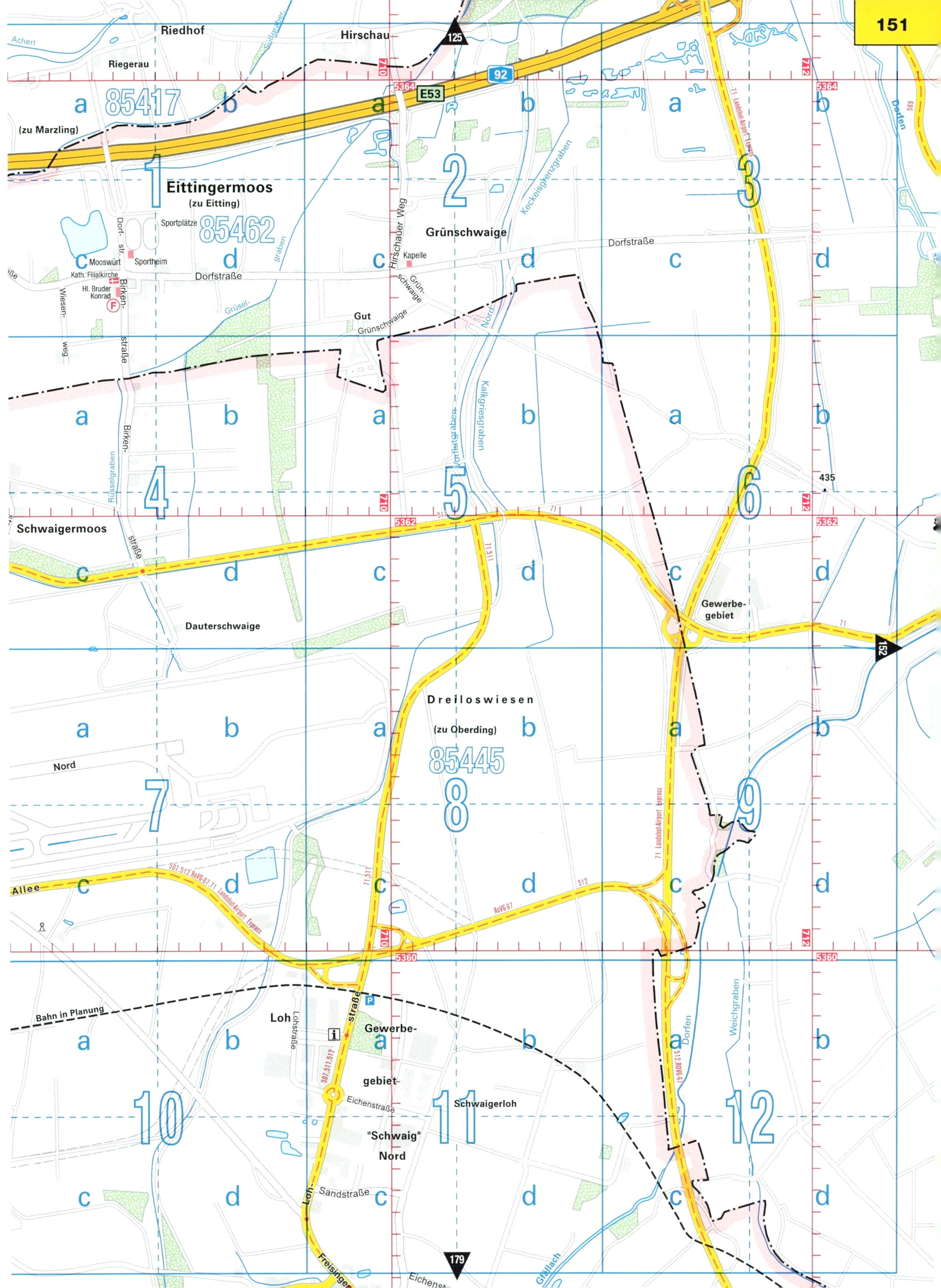

Riedhof
Hirschau
Riegerau
Acherl
Süßgraben
125
92
E53
85417
(zu Marzling)
Eittingermoos
(zu Eitting)
Sportplätze
85462
Grünschwaige
Dorfstraße
Mooswürt
Sportheim
Kath. Filialkirche
Hl. Bruder Konrad
Kapelle
Gut
Grünschwaige
Keckeisgrenzgraben
Kalkgriesgraben
Vorflutgraben
Birken-straße
Wiesen-weg
Rüsselgraben
Schwaigermoos
Dauterschwaige
Gewerbe-gebiet
152
435
Dreiloswiesen
(zu Oberding)
85445
Nord
Allee
Landshut-Airport Express
Bahn in Planung
Loh
Lohstraße
Gewerbe-gebiet
Eichenstraße
Schwaigerloh
"Schwaig" Nord
Sandstraße
Loh-straße
Freisinger
Dorfen
Weichgraben
Gfällach
179

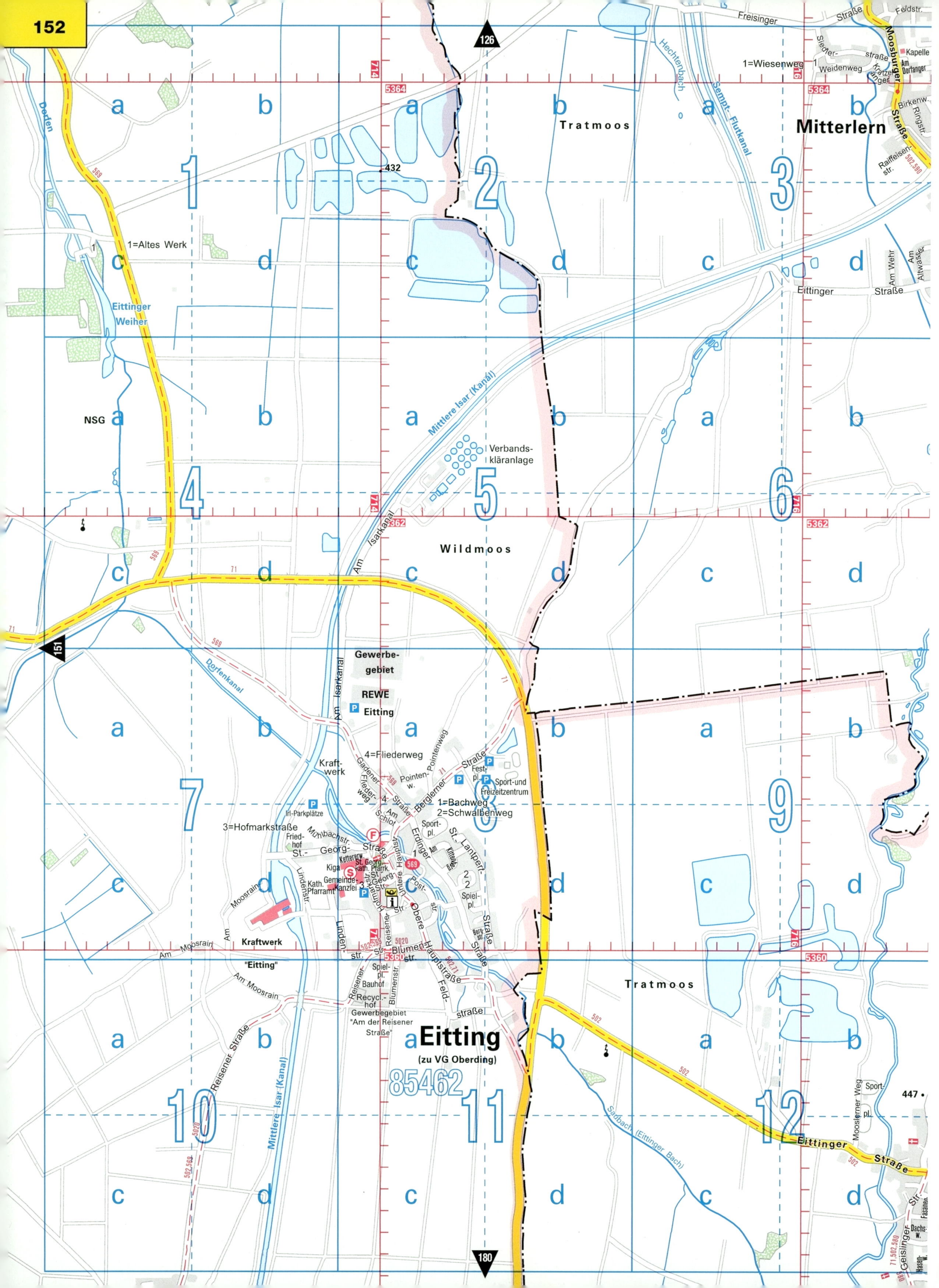
Tratmoos
Mitterlern
Freisinger Straße
Moosburger Straße
1=Wiesenweg
Weidenweg
Kapelle
Hechtenbach
Sempt-Flutkanal
Dorfen
1=Altes Werk
Eittinger Weiher
Eittinger Straße
Am Wehr
Am Altwasser
NSG
Mittlere Isar (Kanal)
Verbandskläranlage
Wildmoos
Am Isarkanal
Dorfenkanal
Gewerbegebiet
REWE
Eitting
Kraftwerk
4=Fliederweg
Pointenweg
Sport-und Freizeitzentrum
1=Bachweg
2=Schwalbenweg
Irl-Parkplätze
3=Hofmarkstraße
Friedhof
St.-Georg-Straße
Kiga
Kath. Pfarramt
Gemeinde-Kanzlei
Erdinger Straße
St.-Lantpert-Straße
Obere Hauptstraße
Untere Hauptstraße
Lindenstr.
Moosrain
Am Moosrain
Kraftwerk "Eitting"
Blumenstr.
Reisener Str.
Bauhof
Recyclinghof
Gewerbegebiet "Am der Reisener Straße"
Feldstraße
Eitting
(zu VG Oberding)
85462
Reisener Straße
Tratmoos
Sadbach (Eittinger Bach)
Mooslerner Weg
Eittinger Straße
Geislinger Str.
126
151
180
5364
5362
5360
432
447

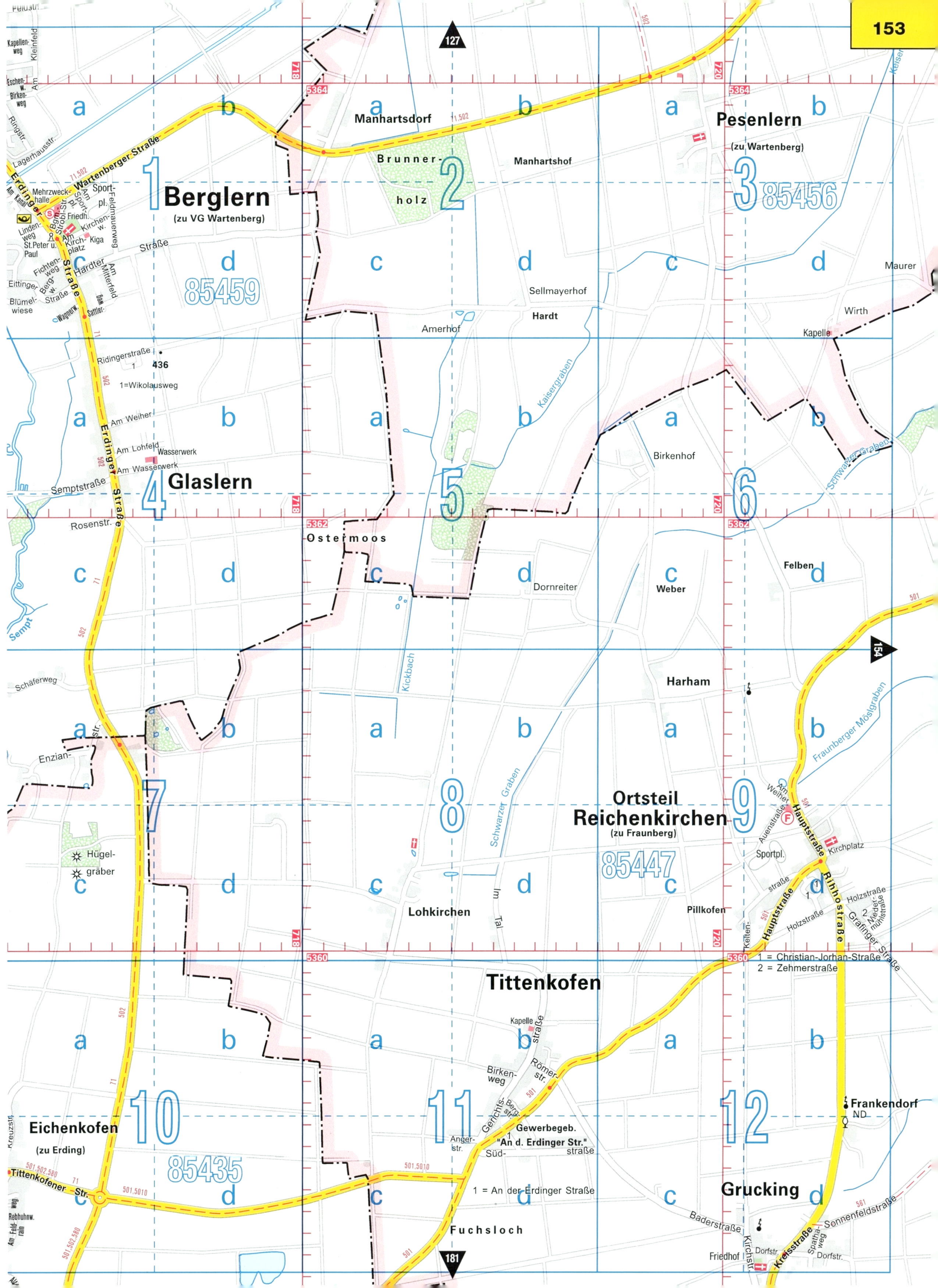

127
Manhartsdorf
Brunner-holz
Manhartshof
Pesenlern
(zu Wartenberg)
85456
Berglern
(zu VG Wartenberg)
85459
Wartenberger Straße
Erdinger Straße
Sellmayerhof
Hardt
Amerhof
Maurer
Wirth
Kapelle
Ridingerstraße
436
1=Wikolausweg
Am Weiher
Am Lohfeld
Wasserwerk
Am Wasserwerk
Glaslern
Semptstraße
Kaisergraben
Birkenhof
Schwarzer Graben
Rosenstr.
Ostermoos
Dornreiter
Weber
Felben
Sempt
Kickbach
154
Schäferweg
Harham
Fraunberger Mösigraben
Enzian-str.
Hügel-gräber
Schwarzer Graben
Ortsteil Reichenkirchen
(zu Fraunberg)
85447
Am Weiher
Auenstraße
Hauptstraße
Kirchplatz
Sportpl.
Lohkirchen
Im Tal
Pillkofen
Holzstraße
Rihhostraße
Grafinger Straße
Medermühlstraße
1 = Christian-Jorhan-Straße
2 = Zehmerstraße
Tittenkofen
Kapelle
Birken-weg
Römer-str.
Eichenkofen
(zu Erding)
Frankendorf
ND
Gewerbegeb. "An d. Erdinger Str."
Süd-straße
Anger-str.
1 = An der Erdinger Straße
85435
Tittenkofener Str.
Grucking
Baderstraße
Sonnenfeldstraße
Fuchsloch
181
Friedhof
Kirchstr.
Kreisstraße
Dorfstr.
Spatha-weg

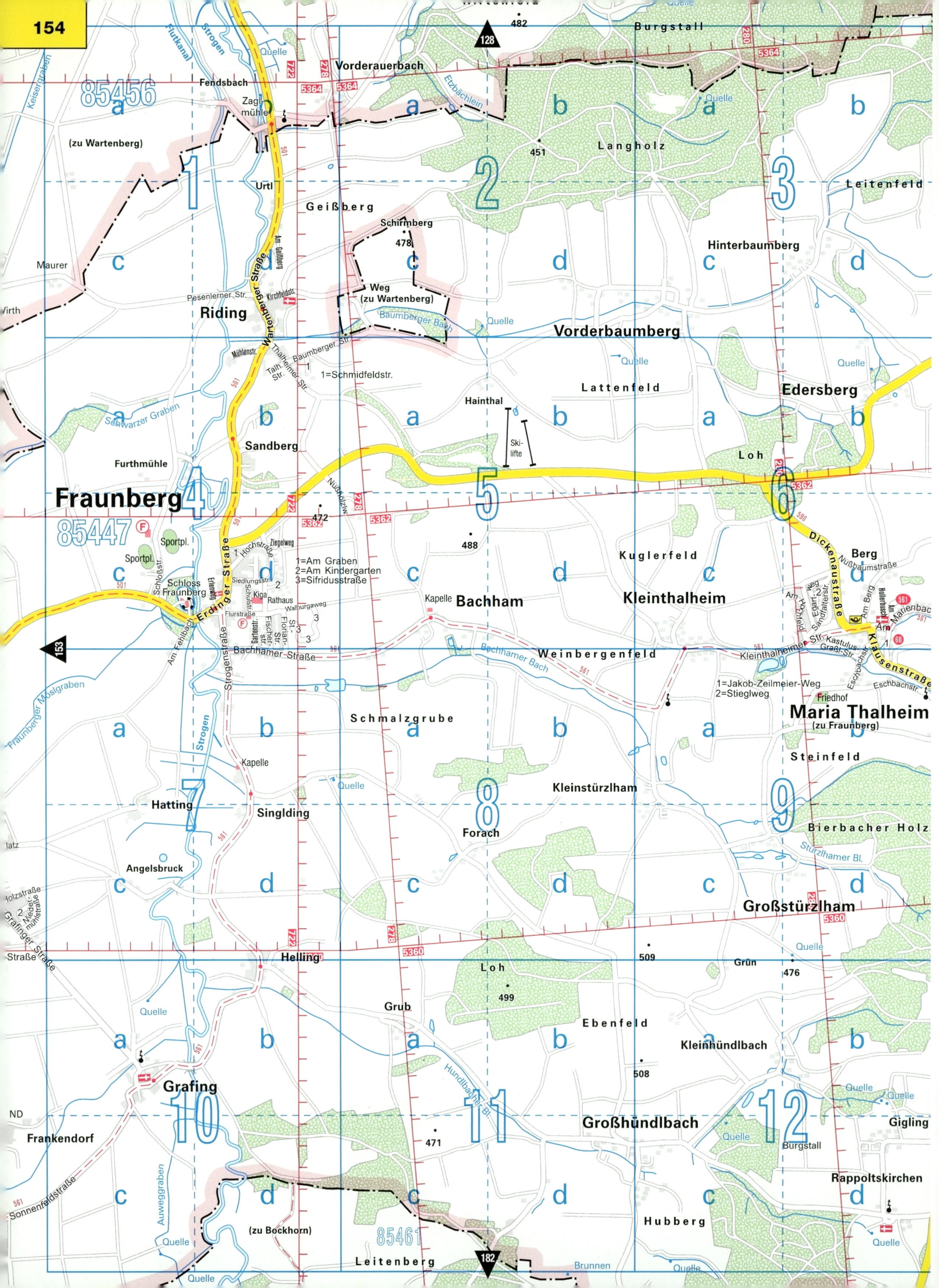

Vorderauerbach
Fendsbach
85456
Zagl-mühle
(zu Wartenberg)
Burgstall
Langholz
Leitenfeld
Urtl
Geißberg
Schirmberg
478
Hinterbaumberg
Maurer
Riding
Weg (zu Wartenberg)
Baumberger Bach
Vorderbaumberg
Lattenfeld
Edersberg
Hainthal
Ski-lifte
Sandberg
Loh
Furthmühle
Fraunberg
85447
Sportpl.
Schloss Fraunberg
Kuglerfeld
Berg
1=Am Graben
2=Am Kindergarten
3=Sifridusstraße
1=Schmidfeldstr.
Bachham
Kleinthalheim
Kapelle
Weinbergenfeld
Bachhamer Bach
1=Jakob-Zeilmeier-Weg
2=Stieglweg
Friedhof
Maria Thalheim
(zu Fraunberg)
Schmalzgrube
Steinfeld
Kleinstürzlham
Hatting
Singlding
Forach
Bierbacher Holz
Angelsbruck
Großstürzlham
Helling
Loh
Grün
Grub
Ebenfeld
Kleinhündlbach
Grafing
Großhündlbach
Gigling
Frankendorf
Burgstall
Rappoltskirchen
Hubberg
(zu Bockhorn)
85461
Leitenberg
Brunnen
Quelle

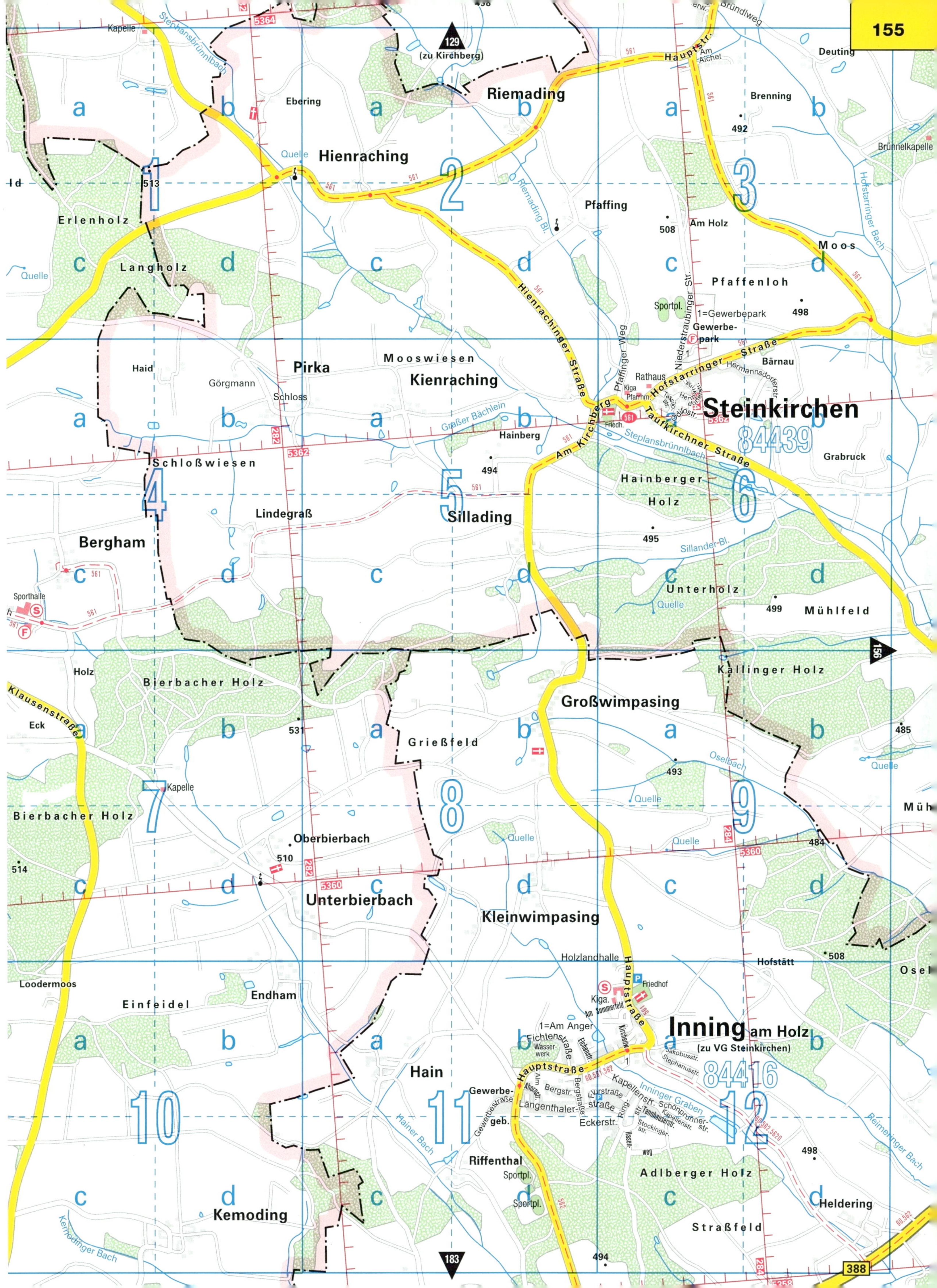
Kapelle
Stephansbrünnlbach
129
(zu Kirchberg)
Riemading
Ebering
Hienraching
Quelle
Deuting
Brenning
492
Brünnelkapelle
Hofstarringer Bach
Hauptstr.
Am Aichet
Bründlweg
513
Erlenholz
Langholz
Quelle
Pfaffing
Riemading Bl.
508
Am Holz
Moos
Pfaffenloh
498
Sportpl.
1=Gewerbepark
Gewerbepark
Niederstraubinger Str.
Hienrachinger Straße
Pfaffinger Weg
Hofstarringer Straße
Bärnau
Hermannsdorferstr.
Haid
Görgmann
Pirka
Schloss
Mooswiesen
Kienraching
Rathaus
Kiga
Pfarrhm.
Friedh.
Steinkirchen
84439
Taufkirchner Straße
Am Kirchberg
Großer Bächlein
Hainberg
Steplansbrünnlbach
Grabruck
Schloßwiesen
494
Hainberger Holz
Lindegraß
Silllading
495
Bergham
Sillander-Bl.
Sporthalle
Unterholz
Quelle
499
Mühlfeld
156
Holz
Bierbacher Holz
Kallinger Holz
Klausenstraße
Eck
531
Großwimpasing
Grießfeld
485
Oselbach
493
Quelle
Kapelle
Bierbacher Holz
Quelle
Oberbierbach
Quelle
484
510
514
Unterbierbach
Kleinwimpasing
Hofstätt
508
Holzlandhalle
Loodermoos
Friedhof
Kiga.
Einfeidel
Endham
Hauptstraße
Inning am Holz
(zu VG Steinkirchen)
84416
1=Am Anger
Fichtenstraße
Wasserwerk
Hain
Hauptstraße
Jakobusstr.
Stephanusstr.
Kapellenstr.
Inninger Graben
Gewerbegeb.
Bergstr.
Längenthaler-straße
Eckerstr.
Schönbrunner-str.
Stockinger-str.
Hainer Bach
Riffenthal
Sportpl.
Adlberger Holz
498
Reimeringer Bach
Kemoding
Sportpl.
Heldering
Straßfeld
Kemodinger Bach
183
494
388

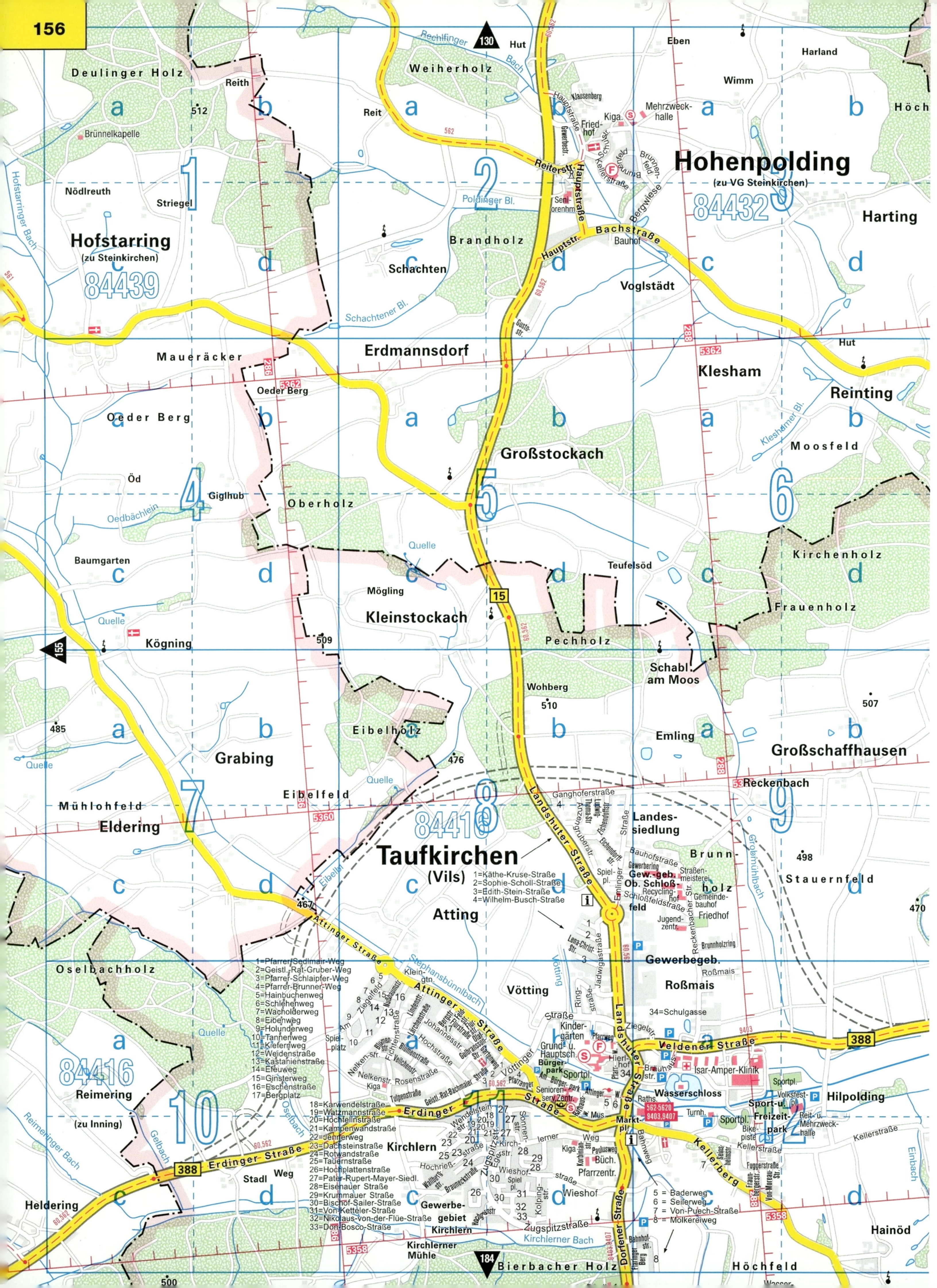
130
Rechlfinger Bach
Hut
Eben
Harland
Deulinger Holz
Reith
Weiherholz
Wimm
512
Brünnelkapelle
Reit
Hauptstraße
Gewerbestr.
Klausenberg
Fried-hof
Kiga.
Mehrzweck-halle
Höch
Hohenpolding
(zu VG Steinkirchen)
84432
Reiterstr.
Kellerstraße
Brunnenfeld
Bergwiese
Nödlreuth
Striegel
Poldinger Bl.
Senioren-heim
Harting
Hofstarringer Bach
Hofstarring
(zu Steinkirchen)
84439
Brandholz
Bachstraße
Bauhof
Schachten
Hauptstr.
Voglstädt
Schachtener Bl.
Gustostr.
561
562
60.562
288
5362
Maueräcker
Erdmannsdorf
Klesham
Hut
286
Oeder Berg
Reinting
Kleshamer Bl.
Moosfeld
Großstockach
Öd
Giglhub
Oberholz
Oedbächlein
Quelle
Kirchenholz
Baumgarten
Teufelsöd
Mögling
Frauenholz
15
Kleinstockach
Quelle
155
Kögning
509
Pechholz
Schabl. am Moos
Wohberg
510
507
485
Eibelholz
Emling
Grabing
476
Großschaffhausen
Quelle
Quelle
Eibelfeld
Reckenbach
Mühlohfeld
Eldering
5360
Ganghoferstraße
84416
Landshuter Straße
Landes-siedlung
Taufkirchen
(Vils)
Bauhofstraße
Brunnholz
498
Stauernfeld
Eibelbach
1=Käthe-Kruse-Straße
2=Sophie-Scholl-Straße
3=Edith-Stein-Straße
4=Wilhelm-Busch-Straße
Gewerbering
Gew.-geb. Ob. Schloßfeld
Straßenmeisterei
Recycling-hof
Gemeindebauhof
Friedhof
Schloßfeldstraße
Jugend-zentr.
Reckenbacher Str.
470
467
Atting
Attinger Straße
Lena-Christ-Str.
Brunnholzring
Gewerbegeb.
Roßmais
Oselbachholz
1=Pfarrer-Sedlmair-Weg
2=Geistl.-Rat-Gruber-Weg
3=Pfarrer-Schlaipfer-Weg
4=Pfarrer-Brunner-Weg
5=Hainbuchenweg
6=Schlehenweg
7=Wacholderweg
8=Eibenweg
9=Holunderweg
10=Tannenweg
11=Kiefernweg
12=Weidenstraße
13=Kastanienstraße
14=Efeuweg
15=Ginsterweg
16=Eschenstraße
17=Bergplatz
Stephansbünnlbach
Vötting
Jadwigastraße
Ringstraße
Vötting
34=Schulgasse
Quelle
84416
Reimering
(zu Inning)
Reimeringer Bach
Gelbach
Oselbach
Kindergärten
Grund- u. Hauptsch.
Bürgerpark
Sportpl.
Senioren-serv.Zentr.
Veldener Straße
388
Isar-Amper-Klinik
Wasserschloss
Hilpolding
Sport-u. Freizeit-park
Sportpl.
Volksfest-pl.
Mehrzweck-halle
Kellerstraße
18=Karwendelstraße
19=Watzmannstraße
20=Hochfellnstraße
21=Kampenwandstraße
22=Jennerweg
23=Dachsteinstraße
24=Rotwandstraße
25=Tauernstraße
26=Hochplattenstraße
27=Pater-Rupert-Mayer-Siedl.
28=Eisenauer Straße
29=Krummauer Straße
30=Bischof-Sailer-Straße
31=Von-Ketteler-Straße
32=Nikolaus-von-der-Flüe-Straße
33=Don-Bosco-Straße
Erdinger Straße
Kirchlern
Markt-pl.
Bahnweg
Kellerberg
Einbach
Heldering
Stadl
Weg
Gewerbe-gebiet Kirchlern
Wieshof
Pfarrzentr.
Kiga
5 = Baderweg
6 = Seilerweg
7 = Von-Puech-Straße
8 = Molkereiweg
Zugspitzstraße
Kirchlerner Bach
Dorfener Straße
5358
Hainöd
Kirchlerner Mühle
184
Bierbacher Holz
Höchfeld
500

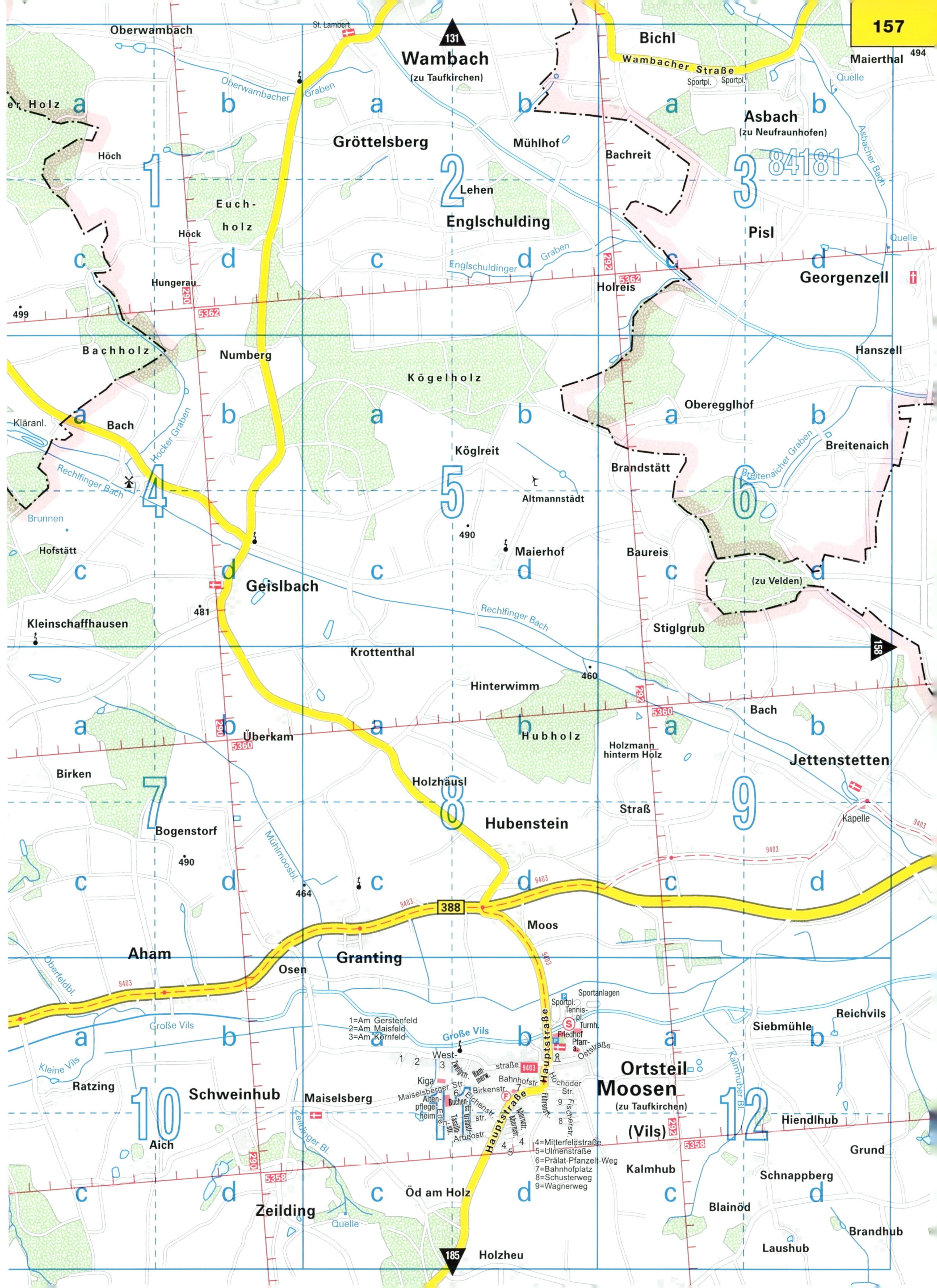
Oberwambach
St. Lambert
131
Wambach
(zu Taufkirchen)
Bichl
Wambacher Straße
Sportpl.
Sportpl.
Maierthal
494
Quelle
Oberwambacher Graben
Gröttelsberg
Mühlhof
Bachreit
Asbach
(zu Neufraunhofen)
84181
Asbacher Bach
Höch
Lehen
Euch-
holz
Englschulding
Höck
Pisl
Quelle
Englschuldinger Graben
Georgenzell
Hungerau
Holreis
499
Bachholz
Numberg
Kögelholz
Hanszell
Kläranl.
Bach
Hocker Graben
Oberegglhof
Köglreit
Brandstätt
Breitenaich
Breitenaicher Graben
Rechlfinger Bach
Altmannstädt
Brunnen
490
Hofstätt
Maierhof
Baureis
Geislbach
(zu Velden)
481
Rechlfinger Bach
Kleinschaffhausen
Stiglgrub
158
Krottenthal
460
Hinterwimm
Bach
Überkam
Hubholz
Holzmann
hinterm Holz
Jettenstetten
Birken
Holzhäusl
Straß
Bogenstorf
Hubenstein
Kapelle
Mühlmoosbl.
490
9403
464
388
Moos
Aham
Osen
Granting
Oberfeldbl.
Sportanlagen
Sportpl.
Tennis-
pl.
Turnh.
Große Vils
1=Am Gerstenfeld
2=Am Maisfeld
3=Am Kornfeld
Große Vils
Friedhof
Pfarr-
a.
Oststraße
Reichvils
Siebmühle
Kleine Vils
West-
straße
Hauptstraße
Zweigstr.
Hammerw.
Bahnhofstr.
Hochöder
Str.
Ortsteil
Moosen
(zu Taufkirchen)
(Vils)
Kalmhuber Bl.
Ratzing
Kiga
Maiselsberger Str.
Birkenstr.
Schweinhub
Maiselsberg
Alten-
pflege-
heim
Erlen-
str.
Buchen-
str.
Tassilo-
str.
Ulrichstr.
Fichtenstr.
Arbeostr.
Fohrenstr.
Fischerstr.
Hiendlhub
Aich
Zeilkinger Bl.
4=Mitterfeldstraße
5=Ulmenstraße
6=Prälat-Pfanzelt-Weg
7=Bahnhofplatz
8=Schusterweg
9=Wagnerweg
Grund
Kalmhub
Schnappberg
Öd am Holz
Zeilding
Blainöd
Quelle
Brandhub
Laushub
185
Holzheu

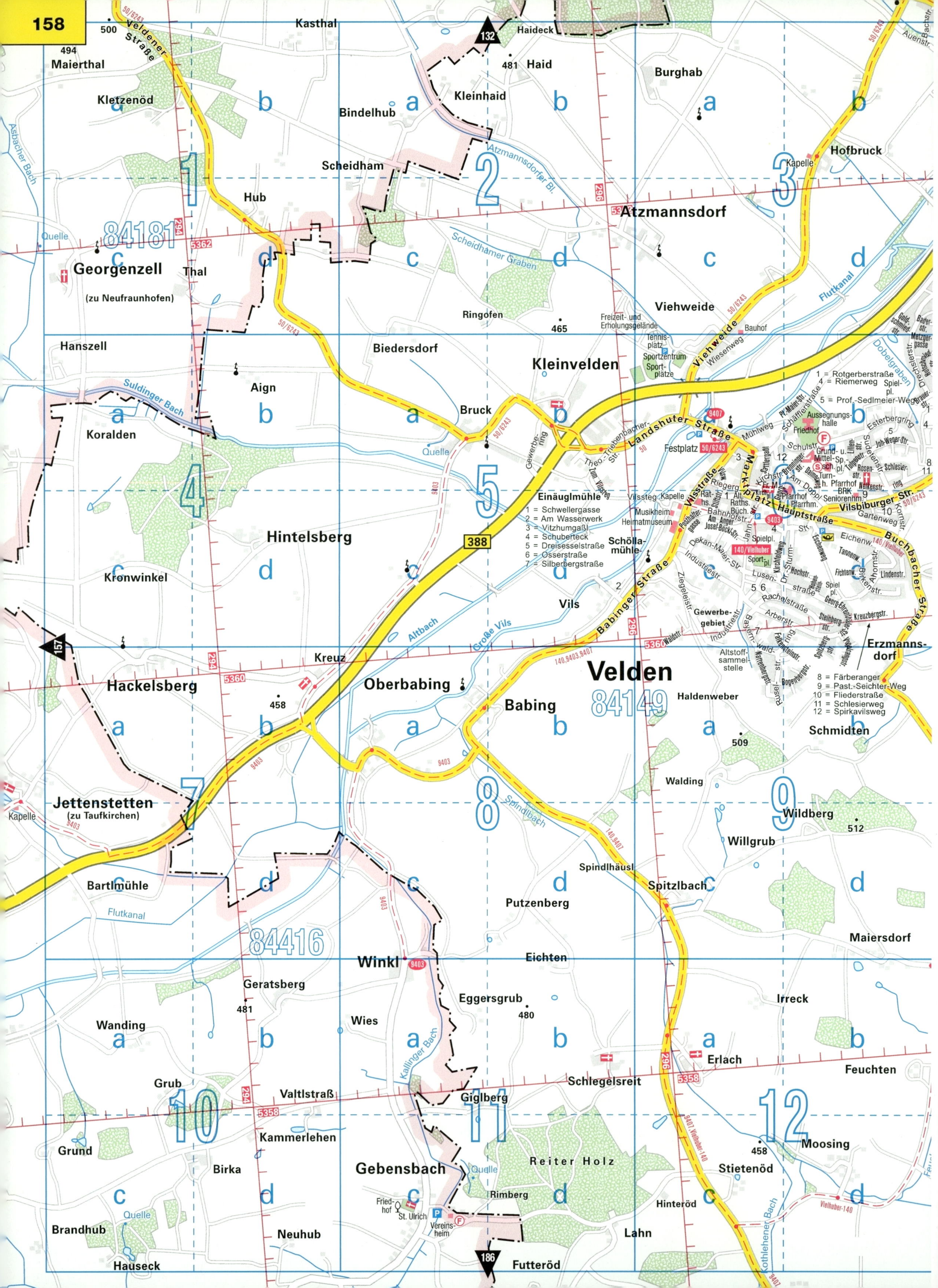
Kasthal
Veldener Straße
Maierthal
Haideck
Haid
Burghab
Kletzenöd
Bindelhub
Kleinhaid
Hofbruck
Kapelle
Scheidham
Atzmannsdorfer Bl.
Hub
Atzmannsdorf
84181
Georgenzell
(zu Neufraunhofen)
Thal
Scheidhamer Graben
Quelle
Asbacher Bach
Viehweide
Flutkanal
Ringofen
Freizeit- und Erholungsgelände
Bauhof
Hanszell
Biedersdorf
Kleinvelden
Tennisplatz
Sportzentrum
Sportplätze
Wiesenweg
Dobelgraben
Aign
Suldinger Bach
Bruck
Koralden
Landshuter Straße
Festplatz
Theo.-Tiebenbacher-Str.
Gewerbering
Mühlweg
Aussegnungshalle
Friedhof
Marktplatz
Hauptstraße
Vilsburger Str.
Vilsstraße
Einäuglmühle
1 = Schwellergasse
2 = Am Wasserwerk
3 = Vitzhumgaßl
4 = Schuberteck
5 = Dreisesselstraße
6 = Osserstraße
7 = Silberbergstraße
1 = Rotgerberstraße
4 = Riemerweg
5 = Prof.-Sedlmeier-Weg
Vilssteg
Kapelle
Musikheim
Heimatmuseum
Schöllamühle
Hintelsberg
388
Kronwinkel
Buchbacher Straße
Industriestr.
Ziegeleistr.
Babinger Straße
Vils
Altbach
Große Vils
Gewerbegebiet
Altstoffsammelstelle
Erzmannsdorf
Kreuz
Hackelsberg
Oberbabing
Babing
Velden
84149
Haldenweber
8 = Färberanger
9 = Past.-Seichter-Weg
10 = Fliederstraße
11 = Schlesierweg
12 = Spirkavilsweg
Schmidten
Walding
Jettenstetten
(zu Taufkirchen)
Kapelle
Spindlbach
Wildberg
Willgrub
Spindlhäusl
Spitzlbach
Bartlmühle
Putzenberg
Flutkanal
84416
Maiersdorf
Eichten
Winkl
Geratsberg
Eggersgrub
Irreck
Wanding
Wies
Kallinger Bach
Erlach
Feuchten
Schlegelsreit
Grub
Valtlstraß
Giglberg
Grund
Kammerlehen
Moosing
Reiter Holz
Birka
Gebensbach
Stietenöd
Quelle
Rimberg
Friedhof
St. Ulrich
Vereinsheim
Hinteröd
Brandhub
Neuhub
Lahn
Kothlehener Bach
Hauseck
Futteröd
Vielhuber-140

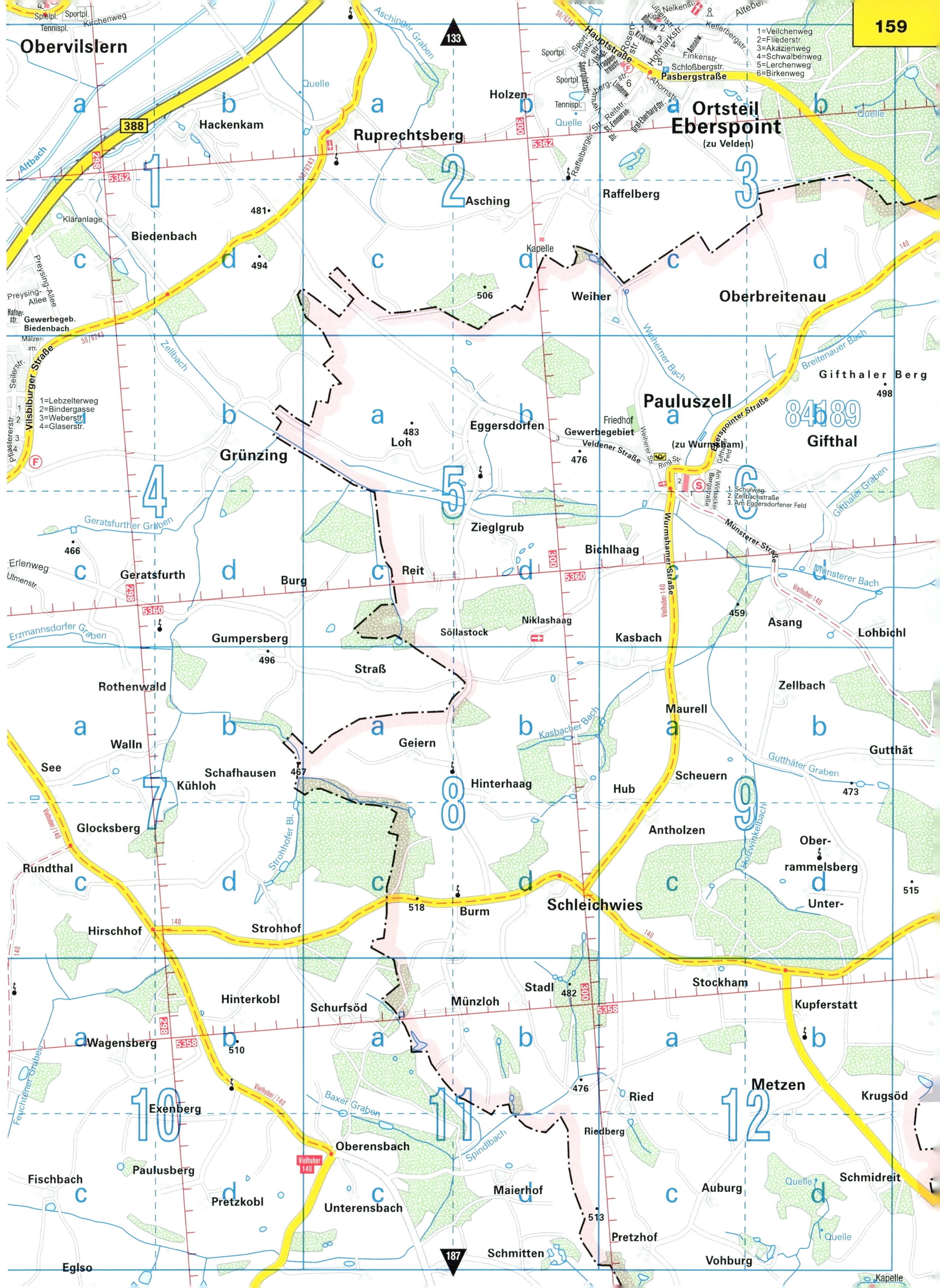

Obervilslern
Hackenkam
Ruprechtsberg
Holzen
Ortsteil Eberspoint
(zu Velden)
Asching
Raffelberg
Biedenbach
Kapelle
Weiher
Oberbreitenau
Gewerbegeb. Biedenbach
Vilsbiburger Straße
Pauluszell
Gifthaler Berg
Gifthal
Grünzing
Loh
Eggersdorfen
Friedhof
Gewerbegebiet
Veldener Straße
Zieglgrub
Bichlhaag
Geratsfurth
Burg
Reit
Niklashaag
Söllastock
Kasbach
Asang
Lohbichl
Gumpersberg
Straß
Rothenwald
Zellbach
Maurell
Walln
Geiern
Gutthät
See
Schafhausen
Kühloh
Hinterhaag
Hub
Scheuern
Glocksberg
Antholzen
Ober-
rammelsberg
Rundthal
Burm
Schleichwies
Unter-
Hirschhof
Strohhof
Stockham
Hinterkobl
Schurfsöd
Münzloh
Stadl
Kupferstatt
Wagensberg
Ried
Metzen
Krugsöd
Exenberg
Riedberg
Oberensbach
Fischbach
Paulusberg
Pretzkobl
Unterensbach
Maierhof
Auburg
Schmidreit
Pretzhof
Eglso
Schmitten
Vohburg
Kapelle
1=Veilchenweg
2=Fliederstr.
3=Akazienweg
4=Schwalbenweg
5=Lerchenweg
6=Birkenweg
1=Lebzelterweg
2=Bindergasse
3=Weberstr.
4=Glaserstr.
1. Schulweg
2. Zellbachstraße
3. Am Eggersdorfener Feld
Hauptstraße
Pasbergstraße
Kellerbergstr.
Finkenstr.
Schloßbergstr.
Eberspointer Straße
Wurmshamer Straße
Münsterer Straße
Münsterer Bach
Weiherner Bach
Breitenauer Bach
Gifthaler Graben
Geratsfurther Graben
Erzmannsdorfer Graben
Kasbacher Bach
Gutthäter Graben
Holzwinkelbach
Strohhofer Bl.
Baxer Graben
Spindlbach
Feuchtener Graben
Zellbach
Aschinger Graben
Altbach
Quelle
Kläranlage
Erlenweg
Ulmenstr.
Preysing-Allee
Sportpl.
Tennispl.
Kirchenweg
388
298
300
140
5362
5360
5358
133
187
84189
481
494
506
483
476
466
459
496
498
467
473
518
515
482
510
476
513

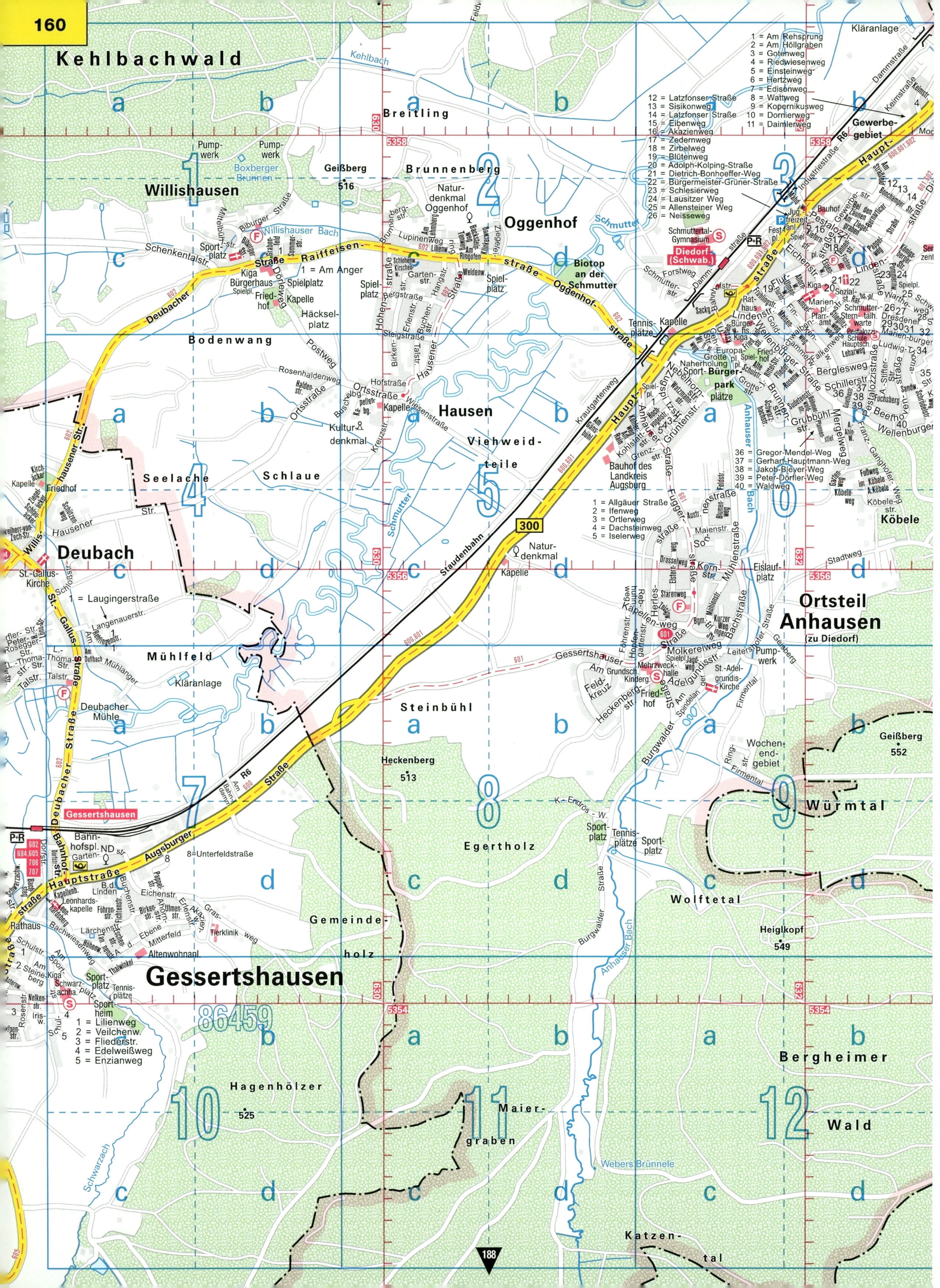
Kehlbachwald
Kehlbach
Breitling
Kläranlage
1 = Am Rehsprung
2 = Am Höllgraben
3 = Gotenweg
4 = Riedwiesenweg
5 = Einsteinweg
6 = Hertzweg
7 = Edisonweg
8 = Wattweg
9 = Kopernikusweg
10 = Dornierweg
11 = Daimlerweg
12 = Latzfonser Straße
13 = Sisikonweg
14 = Latzfonser Straße
15 = Eibenweg
16 = Akazienweg
17 = Zedernweg
18 = Zirbelweg
19 = Blütenweg
20 = Adolph-Kolping-Straße
21 = Dietrich-Bonhoeffer-Weg
22 = Bürgermeister-Grüner-Straße
23 = Schlesierweg
24 = Lausitzer Weg
25 = Allensteiner Weg
26 = Neisseweg
Gewerbegebiet
Pumpwerk
Pumpwerk
Boxberger Brunnen
Willishausen
Geißberg
516
Brunnenberg
Naturdenkmal Oggenhof
Oggenhof
Schmutter
Willishauser Bach
Schenkentalstr.
Raiffeisenstraße
Oggenhofstraße
Sportplatz
Kiga
Bürgerhaus
Spielplatz
1 = Am Anger
Friedhof
Kapelle
Häckselplatz
Lupinenweg
Gartenstr.
Spielplatz
Biotop an der Schmutter
Schmuttertal-Gymnasium
Diedorf (Schwab.)
Forstweg
Tennisplätze
Kapelle
Deubacher Straße
Bodenwang
Postweg
Rosenhaldenweg
Ortsstraße
Kapelle
Kulturdenkmal
Hausen
Hausener Straße
Wiesenstraße
Viehweidteile
Naherholung
Bürgerpark
Sportplätze
Anhauser Bach
Bauhof des Landkreis Augsburg
36 = Gregor-Mendel-Weg
37 = Gerhart-Hauptmann-Weg
38 = Jakob-Bleyer-Weg
39 = Peter-Dörfler-Weg
40 = Waldweg
1 = Allgäuer Straße
2 = Ifenweg
3 = Ortlerweg
4 = Dachsteinweg
5 = Iselerweg
Köbele
Seelache
Schlaue
Deubach
Friedhof
Hausener Str.
Staudenbahn
300
Naturdenkmal
Kapelle
St.-Gallus-Kirche
St.-Gallus-Straße
1 = Laugingerstraße
Mühlfeld
Kläranlage
Deubacher Mühle
Eislaufplatz
Ortsteil Anhausen
(zu Diedorf)
Gessertshauser Straße
Molkereiweg
Pumpwerk
Friedhof
Adelgundisstr.
St.-Adelgundis-Kirche
Steinbühl
Heckenberg
513
Geißberg
552
Wochenendgebiet
Würmtal
Gessertshausen
Bahnhofspl.
Hauptstraße
Augsburger Straße
8 = Unterfeldstraße
Egertholz
Sportplatz
Tennisplätze
Sportplatz
Wolftetal
Gemeindeholz
Tierklinik
Altenwohnanl.
Rathaus
Heiglkopf
549
Gessertshausen
86459
Sportheim
1 = Lilienweg
2 = Veilchenw.
3 = Fliederstr.
4 = Edelweißweg
5 = Enzianweg
Hagenhölzer
525
Maiergraben
Bergheimer Wald
Burgwalder Straße
Webers Brünnele
Schwarzach
Katzental
188

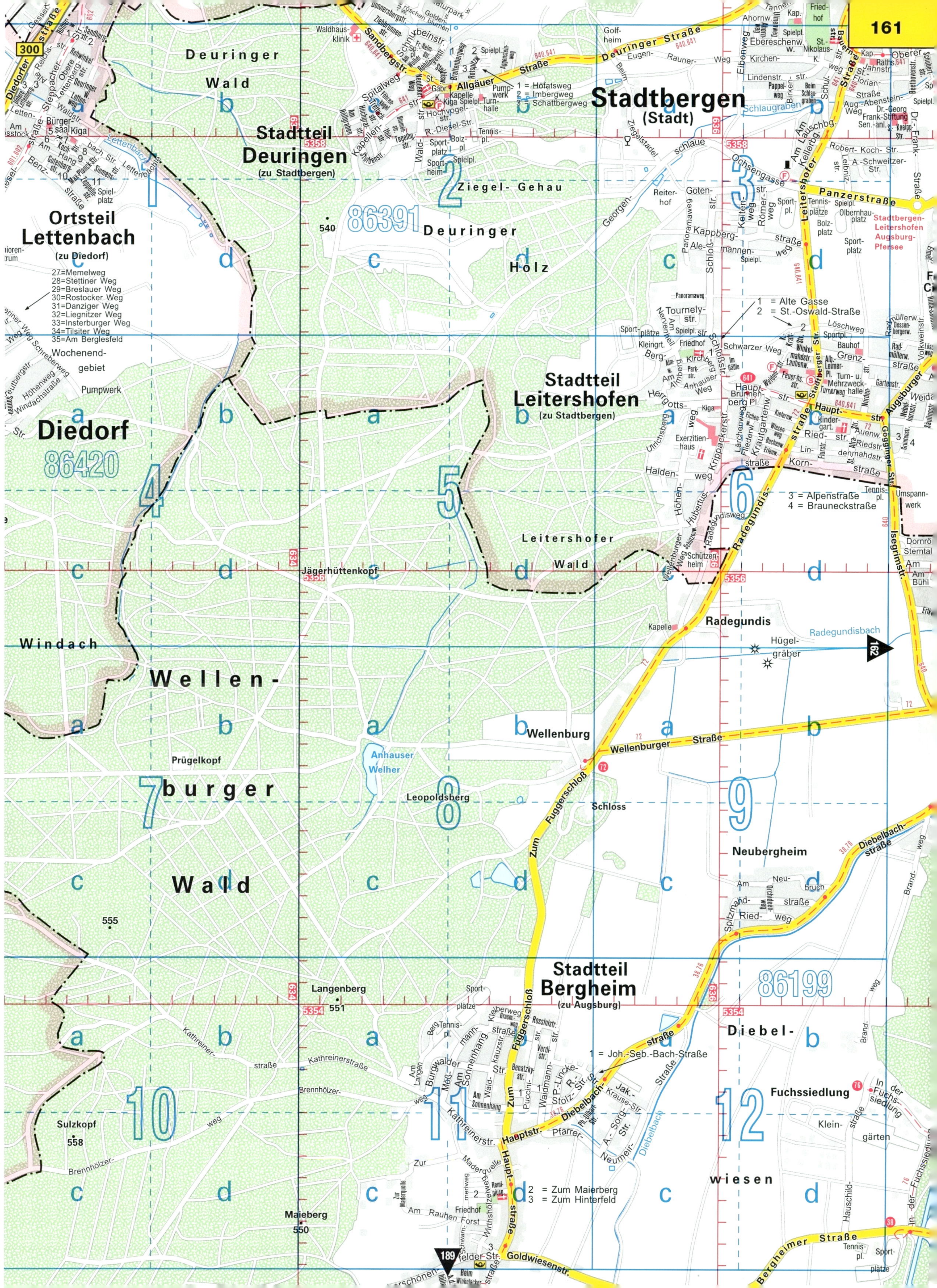

Deuringer Wald
Stadtteil Deuringen (zu Stadtbergen)
Stadtbergen (Stadt)
Ortsteil Lettenbach (zu Diedorf)
27=Memelweg
28=Stettiner Weg
29=Breslauer Weg
30=Rostocker Weg
31=Danziger Weg
32=Liegnitzer Weg
33=Insterburger Weg
34=Tilsiter Weg
35=Am Berglesfeld
86391
Deuringer Holz
Ziegel- Gehau
1 = Höfatsweg
2 = Imbergweg
3 = Schattbergweg
Deuringer Straße
Allgäuer Straße
Panzerstraße
Stadtbergen-Leitershofen Augsburg-Pfersee
1 = Alte Gasse
2 = St.-Oswald-Straße
Stadtteil Leitershofen (zu Stadtbergen)
Diedorf
86420
Wochenend-gebiet
Pumpwerk
3 = Alpenstraße
4 = Brauneckstraße
Leitershofer Wald
Jägerhüttenkopf
Radegundis
Hügel-gräber
Radegundisbach
162
Windach
Wellen-burger Wald
Prügelkopf
Anhauser Weiher
Leopoldsberg
Wellenburg
Wellenburger Straße
Schloss
Neubergheim
Diebelbachstraße
555
540
Langenberg
551
Stadtteil Bergheim (zu Augsburg)
86199
Diebel-wiesen
1 = Joh.-Seb.-Bach-Straße
Fuchssiedlung
Kathreinerstraße
Brennhölzer-weg
Sulzkopf
558
Maieberg
550
2 = Zum Maierberg
3 = Zum Hinterfeld
Bergheimer Straße
189
Goldwiesenstr.

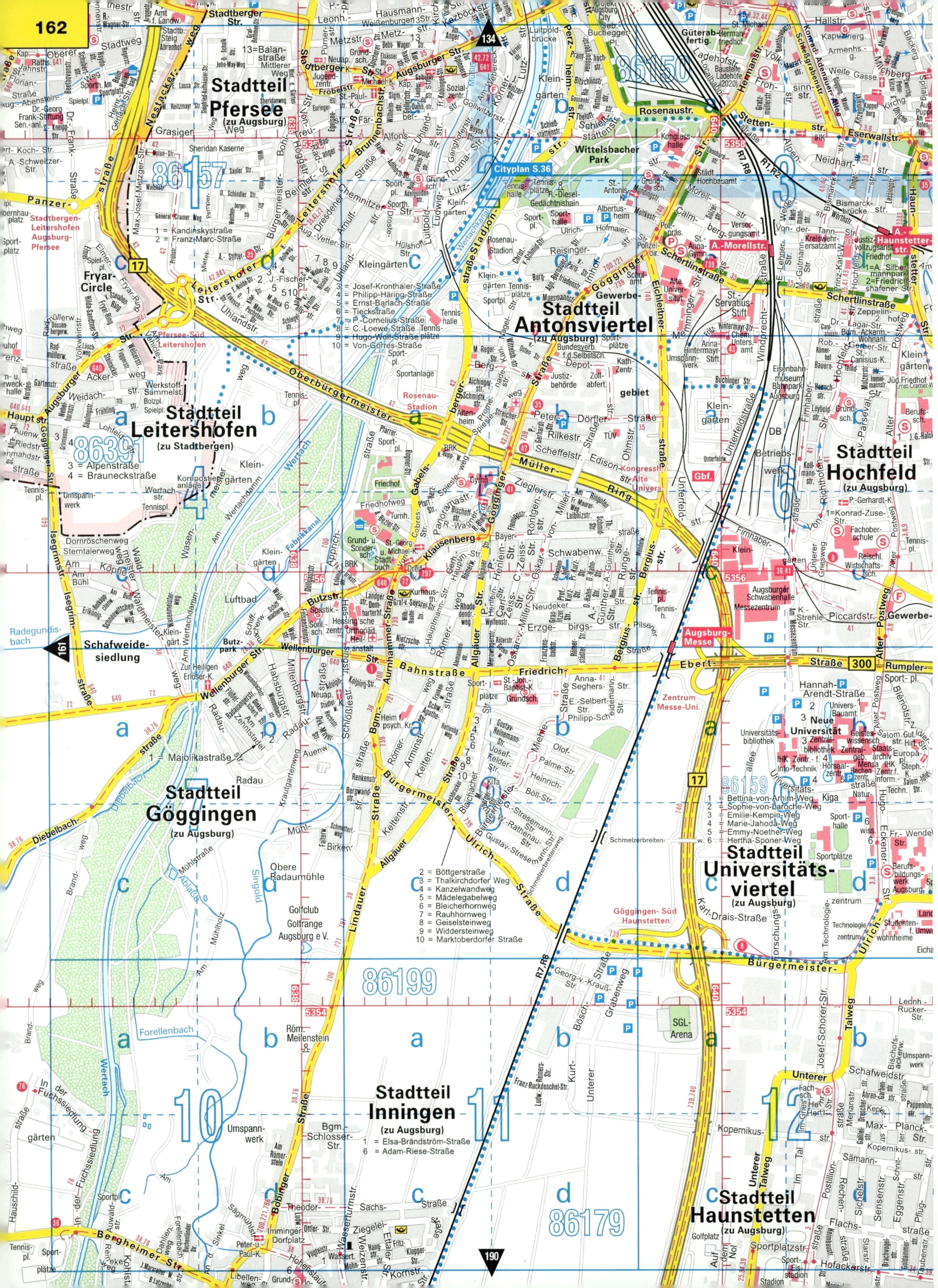
Stadtteil Pfersee (zu Augsburg)
Stadtteil Antonsviertel (zu Augsburg)
Stadtteil Leitershofen (zu Stadtbergen)
Stadtteil Hochfeld (zu Augsburg)
Stadtteil Göggingen (zu Augsburg)
Stadtteil Universitätsviertel (zu Augsburg)
Stadtteil Inningen (zu Augsburg)
Stadtteil Haunstetten (zu Augsburg)
86157
86150
86391
86159
86199
86179
Cityplan S.36
Wittelsbacher Park
Rosenaustr.
Stettenstraße
Eserwallstr.
Schertlinstraße
Oberbürgermeister-
Müller-Ring
Gögginger Str.
Klausenberg
Butzstr.
Wellenburger Str.
Bahnstraße
Friedrich-Ebert-Straße
Bürgermeister-Ulrich-Straße
Bürgermeister-
Leitershofer Str.
Fryar-Circle
Panzer-
Stadtbergen-Leitershofen
Augsburg-Pfersee
Pfersee-Süd Leitershofen
Schafweidesiedlung
Radegundisbach
Rosenau-Stadion
Wertach
Wertachkanal
Fabrikkanal
Singold
Forellenbach
Golfclub Golfrange Augsburg e V.
Obere Radaumühle
Röm. Meilenstein
SGL-Arena
Augsburg-Messe
Zentrum Messe-Uni.
Göggingen-Süd Haunstetten
Neue Universität
A.-Morellstr.
A.-Haunstetter-Str.
Gbf.
Augsburger Schwabenhalle Messezentrum
Kongress-halle
Bergheimer Str.
Lindauer Straße
Bobinger Straße
Unterer Talweg
Universitäts-
Karl-Drais-Straße
Rumpler-
Piccardstr.
1 = Kandinskystraße
2 = Franz-Marc-Straße
3 = Josef-Kronthaler-Straße
4 = Philipp-Häring-Straße
5 = Ernst-Barlach-Straße
6 = Tieckstraße
7 = P.-Cornelius-Straße
8 = C.-Loewe-Straße
9 = Hugo-Wolf-Straße
10 = Von-Görres-Straße
3 = Alpenstraße
4 = Brauneckstraße
1 = Majolikastraße
2 = Böttgerstraße
3 = Thalkirchdorfer Weg
4 = Kanzelwandweg
5 = Mädelegabelweg
6 = Bleicherhornweg
7 = Rauhhornweg
8 = Geiselsteinweg
9 = Widdersteinweg
10 = Marktoberdorfer Straße
1 = Bettina-von-Arnim-Weg
2 = Sophie-von-Laroche-Weg
3 = Emilie-Kempin-Weg
4 = Marie-Jahoda-Weg
5 = Emmy-Noether-Weg
6 = Hertha-Sponer-Weg
1 = Elsa-Brändström-Straße
6 = Adam-Riese-Straße
134
161
190
300

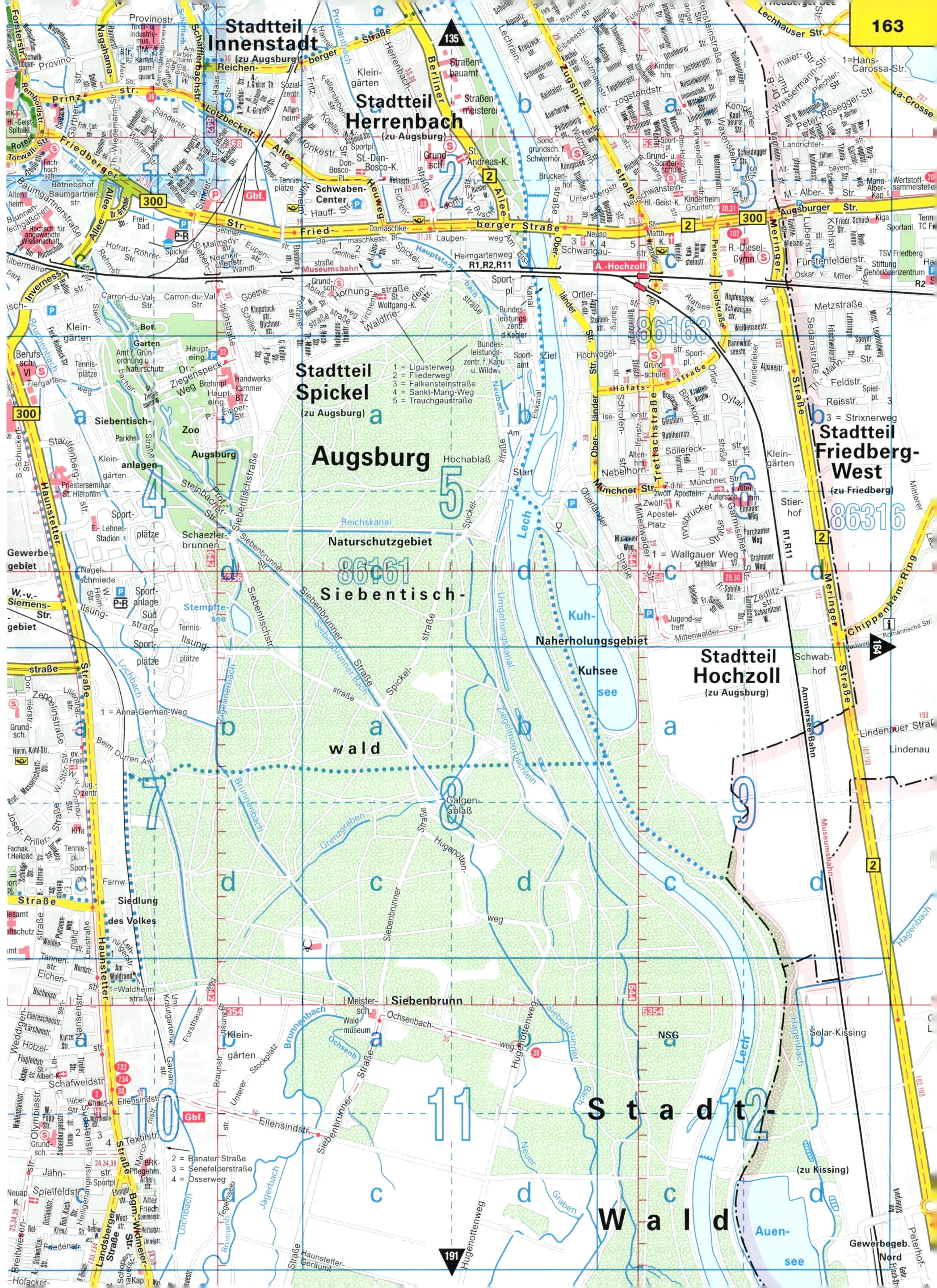
Stadtteil Innenstadt
(zu Augsburg)
Stadtteil Herrenbach
(zu Augsburg)
Stadtteil Spickel
(zu Augsburg)
Augsburg
Stadtteil Friedberg-West
(zu Friedberg)
86316
86163
86161
Stadtteil Hochzoll
(zu Augsburg)
Naturschutzgebiet
Siebentisch-
wald
Naherholungsgebiet
Kuhsee
Stadt-
Wald
Auensee
(zu Kissing)
Lech
Siebenbrunn
Siedlung des Volkes
Zoo
Botanischer Garten
Reichskanal
Hochablaß
Galgenablaß
Friedberger Straße
Haunstetter Straße
Meringer Straße
Münchner Str.
Berliner Allee
Siebentischstraße
Spickelstraße
Hugenottenweg
Ellensindstr.
Ochsenbach
Brunnenbach
Lochbach
Umgehungskanal
Ammerseebahn
Museumsbahn
1 = Ligusterweg
2 = Fliederweg
3 = Falkensteinstraße
4 = Sankt-Mang-Weg
5 = Trauchgaustraße
1 = Wallgauer Weg
1 = Anna-German-Weg
2 = Banater Straße
3 = Senefelderstraße
4 = Osserweg
1 = Hans-Carossa-Str.
3 = Strixnerweg
135
164
191
300
2
Solar-Kissing
Gewerbegeb. Nord
Lindenau
NSG

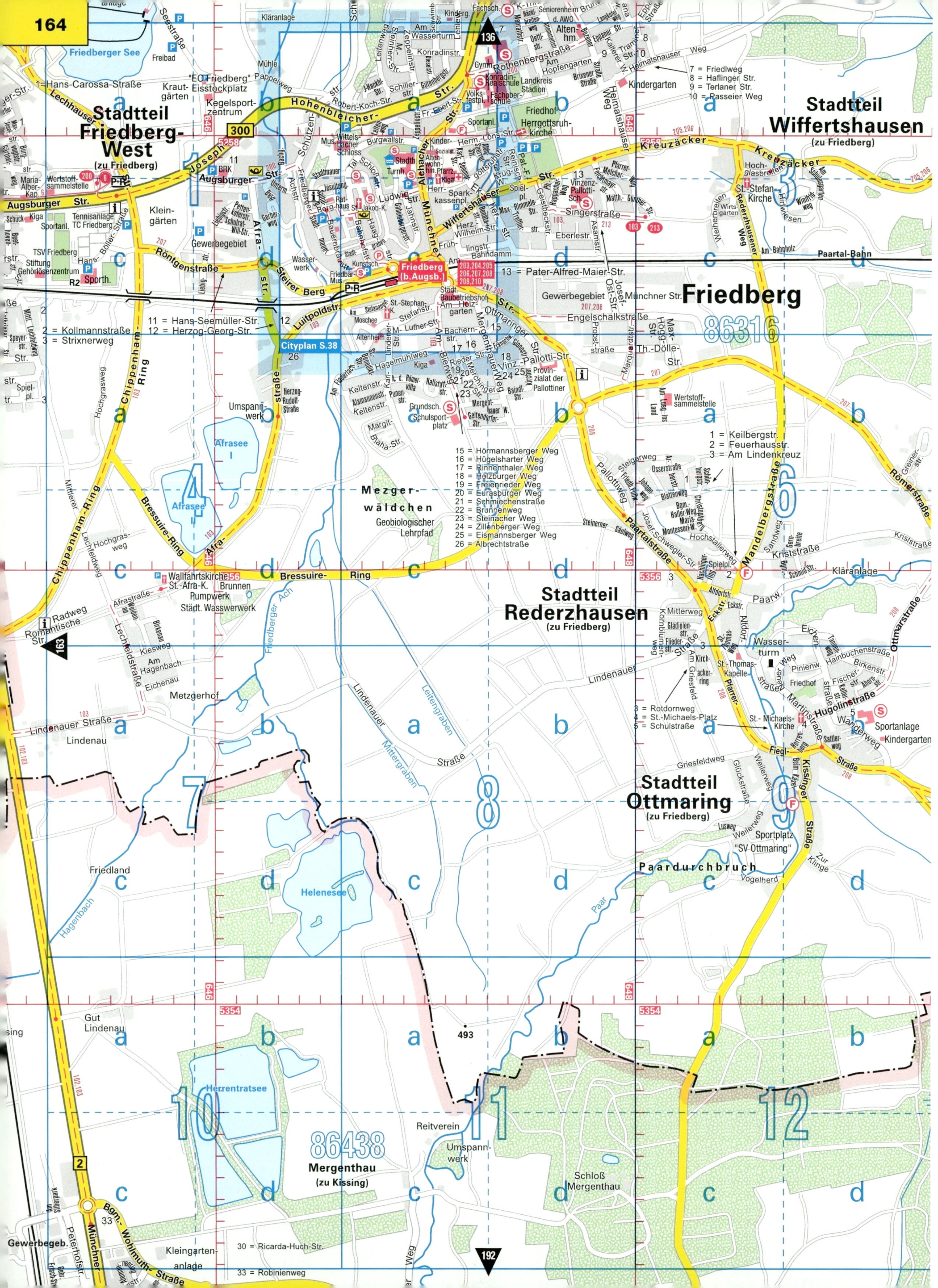
Friedberger See
Freibad
Kläranlage
Stadtteil
Friedberg-
West
(zu Friedberg)
Augsburger Str.
Lechhauser Str.
Joseph-
Hohenbleicher-Str.
1 = Hans-Carossa-Straße
"EC Friedberg" Eisstockplatz
Krautgärten
Kegelsportzentrum
Wertstoffsammelstelle
Tennisanlage TC Friedberg
Kleingärten
Gewerbegebiet
Röntgenstraße
TSV Friedberg
Stiftung Gehörlosenzentrum
Sporth.
Steirer Berg
Luitpoldstr.
2 = Kollmannstraße
3 = Strixnerweg
11 = Hans-Seemüller-Str.
12 = Herzog-Georg-Str.
Chippenham-Ring
Cityplan S.38
Afrastr.
Umspannwerk
Afrasee
Bressuire-Ring
Wallfahrtskirche St.-Afra-K.
Brunnen
Pumpwerk
Städt. Wasserwerk
Romantische Straße
Radweg
Lechfeldstraße
Am Hagenbach
Eichenau
Metzgerhof
Lindenauer Straße
Lindenau
Friedberger Ach
Friedland
Hagenbach
Helenesee
Gut Lindenau
Herrentratsee
86438
Mergenthau
(zu Kissing)
Reitverein
Umspannwerk
Schloß Mergenthau
Kleingartenanlage
30 = Ricarda-Huch-Str.
33 = Robinienweg
Gewerbegeb.
Bgm.-Wohlmuth-Straße
Münchner
Peterhofstr.
Friedberg (b.Augsb.)
Wittelsbacher Schloss
Stadth.
Turnh.
Rathaus
Bahnhofstr.
Ludwigstr.
Münchner Str.
Wiffertshauser Str.
Ottmaringer Str.
Alten-wohnh.
Volksfestpl.
Friedhof
Herrgottsruh-kirche
Sportanl.
Konradin-Realschule
Landkreis Stadion
Rothenbergstraße
Am Hopfengarten
Kindergarten
Heimatshauser Weg
7 = Friedlweg
8 = Haflinger Str.
9 = Terlaner Str.
10 = Passeier Weg
Stadtteil
Wiffertshausen
(zu Friedberg)
Kreuzäcker
St.-Stefan-Kirche
Singerstraße
Eberlestr.
Paartal-Bahn
13 = Pater-Alfred-Maier-Str.
Gewerbegebiet
Münchner Str.
Friedberg
86316
Engelschalkstraße
Th.-Dölle-Str.
Vinz.-Pallotti-Str.
Provinzialat der Pallottiner
Hagelmühlweg
Keltenstr.
Grundsch.
Schulsportplatz
Margit-Blaha-Str.
Mezgerwäldchen
Geobiologischer Lehrpfad
15 = Hörmannsberger Weg
16 = Hügelsharter Weg
17 = Rinnenthaler Weg
18 = Holzburger Weg
19 = Freienrieder Weg
20 = Eurasburger Weg
21 = Schmiechenstraße
22 = Brunnenweg
23 = Steinacher Weg
24 = Zillenberger Weg
25 = Eismannsberger Weg
26 = Albrechtstraße
Wertstoffsammelstelle
1 = Keilbergstr.
2 = Feuerhausstr.
3 = Am Lindenkreuz
Pallottiweg
Paartalstraße
Mandelbergstraße
Römerstraße
Hochstallerweg
Kriststraße
Kläranlage
Stadtteil
Rederzhausen
(zu Friedberg)
Lindenauer Straße
Leitengraben
Mittergraben
Wasserturm
St.-Thomas-Kapelle
Hainbuchenstraße
Hugolinstraße
Sportanlage
Kindergarten
Ottmarstraße
3 = Rotdornweg
4 = St.-Michaels-Platz
5 = Schulstraße
St.-Michaels-Kirche
Griesfeldweg
Stadtteil
Ottmaring
(zu Friedberg)
Sportplatz "SV Ottmaring"
Kissinger Straße
Paardurchbruch
Vogelherd
Paar
493
136
163
192

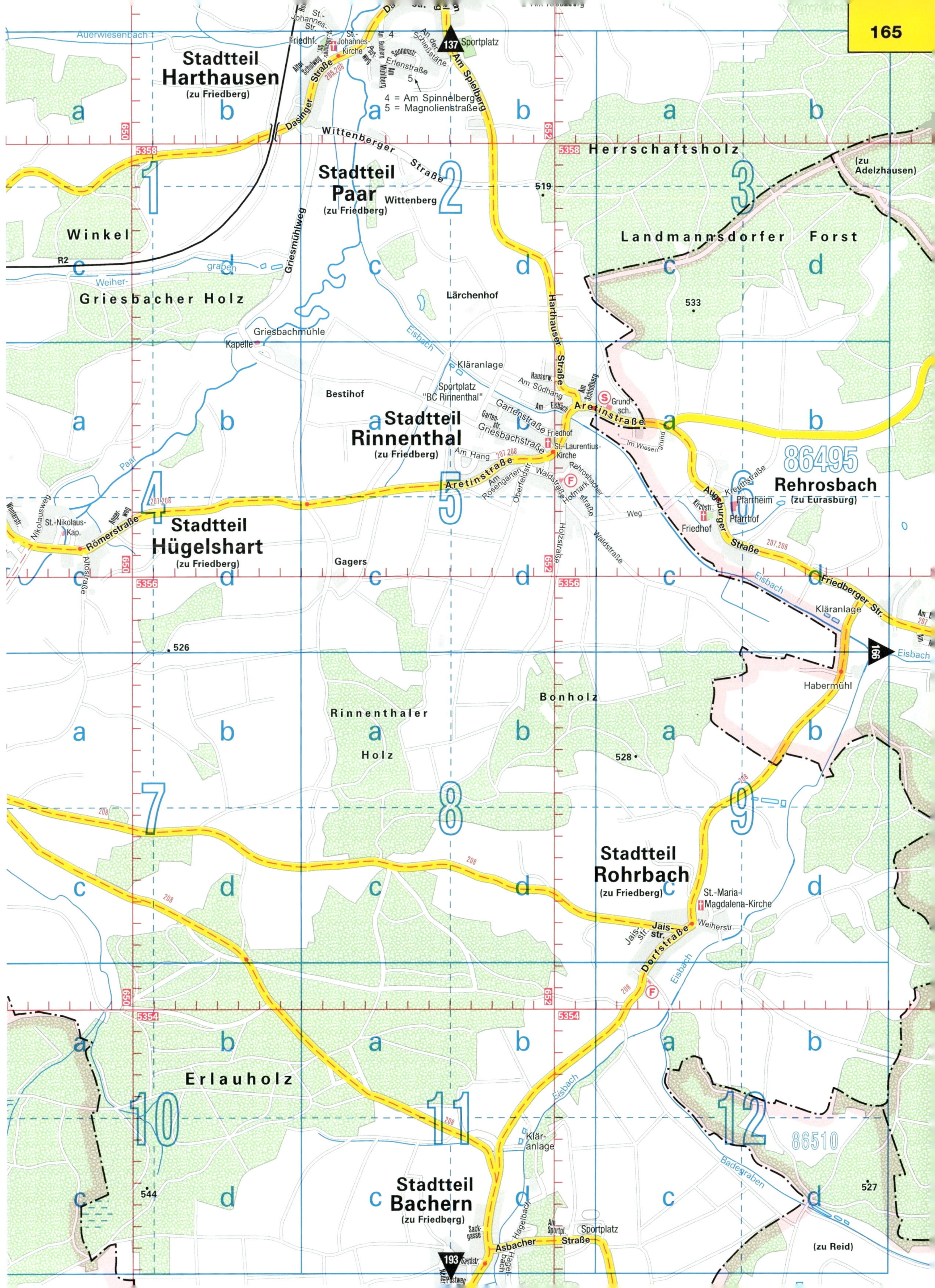

Stadtteil Harthausen (zu Friedberg)
Stadtteil Paar (zu Friedberg)
Wittenberg
Wittenberger Straße
Dasinger Straße
Am Spielberg
Sportplatz
137
4 = Am Spinnelberg
5 = Magnolienstraße
Erlenstraße
Sonnenstr.
St.-Johannes-Kirche
Friedhf.
Auerwiesenbach
Winkel
Griesbacher Holz
Weihergraben
Griesmühlweg
Griesbachmühle
Kapelle
Lärchenhof
Eisbach
Herrschaftsholz
(zu Adelzhausen)
Landmannsdorfer Forst
519
533
Harthauser Straße
Kläranlage
Sportplatz "BC Rinnenthal"
Bestihof
Stadtteil Rinnenthal (zu Friedberg)
Aretinstraße
Gartenstraße
Griesbachstraße
Am Südhang
Am Hang
Friedhof
St. Laurentius-Kirche
Grundsch.
Rehrosbacher Straße
Hofmark
Waldstraße
Holzstraße
Oberfeldstr.
Am Rosengarten
Im Wiesengrund
86495
Rehrosbach (zu Eurasburg)
Augsburger Straße
Kreuthstraße
Pfarrheim
Pfarrhof
Friedhof
Weg
Friedberger Str.
Kläranlage
Stadtteil Hügelshart (zu Friedberg)
Römerstraße
St.-Nikolaus-Kap.
Nikolausweg
Anger weg
Altostraße
Gagers
526
166
Eisbach
Habermühl
Bonholz
Rinnenthaler Holz
528
Stadtteil Rohrbach (zu Friedberg)
St.-Maria-Magdalena-Kirche
Weiherstr.
Jaisstr.
Dorfstraße
Erlauholz
544
Kläranlage
86510
Badegraben
527
(zu Reid)
Stadtteil Bachern (zu Friedberg)
Asbacher Straße
Sackgasse
Hagelbach
Sportplatz
Am Sportpl.
193
5358
5356
5354
650
652
208
207.208

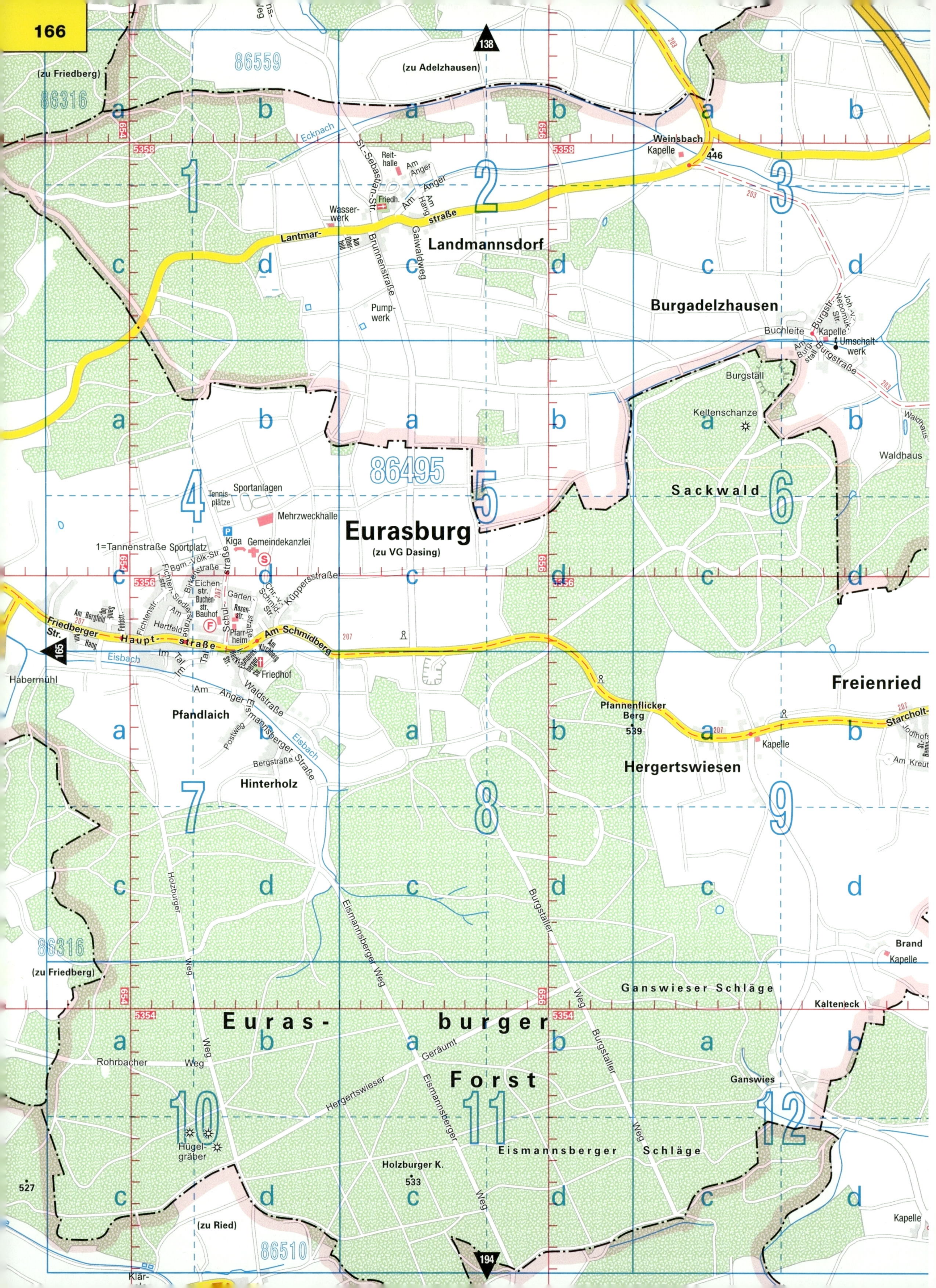

138
(zu Adelzhausen)
(zu Friedberg)
86559
86316
Ecknach
Weinsbach
Kapelle
446
Reithalle
Am Anger
Friedh.
Wasserwerk
Lantmar-
straße
Landmannsdorf
Brunnenstraße
Gaiwaldweg
St.-Sebastian-Str.
Pumpwerk
Burgadelzhausen
Buchleite
Kapelle
Umschaltwerk
Burgstraße
Burgstall
Keltenschanze
Waldhaus
86495
Sackwald
Sportanlagen
Tennisplätze
Mehrzweckhalle
Eurasburg
(zu VG Dasing)
Kiga
Gemeindekanzlei
1=Tannenstraße Sportplatz
Küpperssstraße
Am Schmidberg
Friedberger Str.
Haupt-straße
165
Eisbach
Habermühl
Friedhof
Pfarrheim
Bauhof
Waldstraße
Pfandlaich
Eismannsberger Straße
Bergstraße
Hinterholz
Pfannenflicker Berg
539
Freienried
Starcholt-
Kapelle
Hergertswiesen
Am Kreut
Holzburger Weg
Eismannsberger Weg
Burgstaller Weg
86316
(zu Friedberg)
Brand
Kapelle
Ganswieser Schläge
Kälteneck
Euras-burger Forst
Rohrbacher Weg
Hergertswieser Geräumt
Ganswies
Hügelgräber
Eismannsberger Schläge
Holzburger K.
533
527
(zu Ried)
86510
194
Kapelle

Adelzhausen
(zu VG Dasing)
86559
Hohenzell
(zu Altomünster)
85250
Michelau
Brandbauer
Holzschuster
Anschlussstelle Adelzhausen
Kapelle St. Salvator
Freistetten
Tremmel
Asbach
Altomünster Forst
Wald
Adelzhauser
Waldhaus
Bauschuttrecycling
Kapelle
Brugger
Taxaberg
532
523
Goldberg
Hadersried
(zu Odelzhausen)
85235
526
Straß-
holz
Freienrieder
Forst
1 = Konrad-Kreppold-Platz
Unterumbach
(zu Pfaffenhofen a. d. Glonn)
1 = Am Sonnenhang
2 = St.-Florian-Weg
Weiherholz
Oberumbach
Kapelle
Miesberg
512
Höfaer-Bach
Wildmoosgraben
10=Birkenweg
11=Lärchenweg
12=Am Sportplatz
6=Tulpenweg
7=Nelkenweg
8=Malvenweg
9=Schulweg
"Birkenfeld Nord"
Gewerbegebiet
"Birkenfeld Süd"
Kläranlage
Friedhof
Starcholtstraße
139
195
168

Plixenried
Kapelle
Irchenbrunn
Hohenzeller Straße
Langengern
Römerstraße
Steinfurter Bach
Hohenzell
(zu Altomünster)
Brandholz
85250
Hohenzeller Wald
Rapp
Buchwald
Gaggerser Holz
Ziegler
Gänsbrand
Geiselwieser Berg
517
Geiselwieskapelle
Schweinsberg
520
Sixtnitgern
1 = Fichtenweg
Sittenbach
1=Veilchenweg
Goldberg
523
Sankt-Johann
514
Roßbach
Kläranlage
St.-Laurentius-K.
Flurweg
Miegersbach
Hadersried
Roßbach
Essenbacher Weg
Chorfeldweg
Sattelweg
Am Saum
Glonn
Spindlhufner
Kläranlage alt
Kläranlage neu
Essenbach
Höfa
Schloss
Schlosspark
Taxa
85235
Odelzhausen
1=Buchbinderweg
Anschlussstelle Odelzhausen
85254
Orthofen
(zu Sulzemoos)
Odelzhauser Straße
Augsburger Straße
Hauptstraße
Miegersbacher Weg
Schloßstraße
Am Schloß
Schloßallee
Sittenbacher Straße
Hochfeldstraße
Wiedenzhausener Straße
Bachstraße
Ringstraße
St.-Helena-Straße
Am Berg
Sportplatz
Höfaer-Bach
Miegersbach
Essenbach
Rohrbach
Sportplatz
Am Bachfeld
8
E52
76
140
167
196

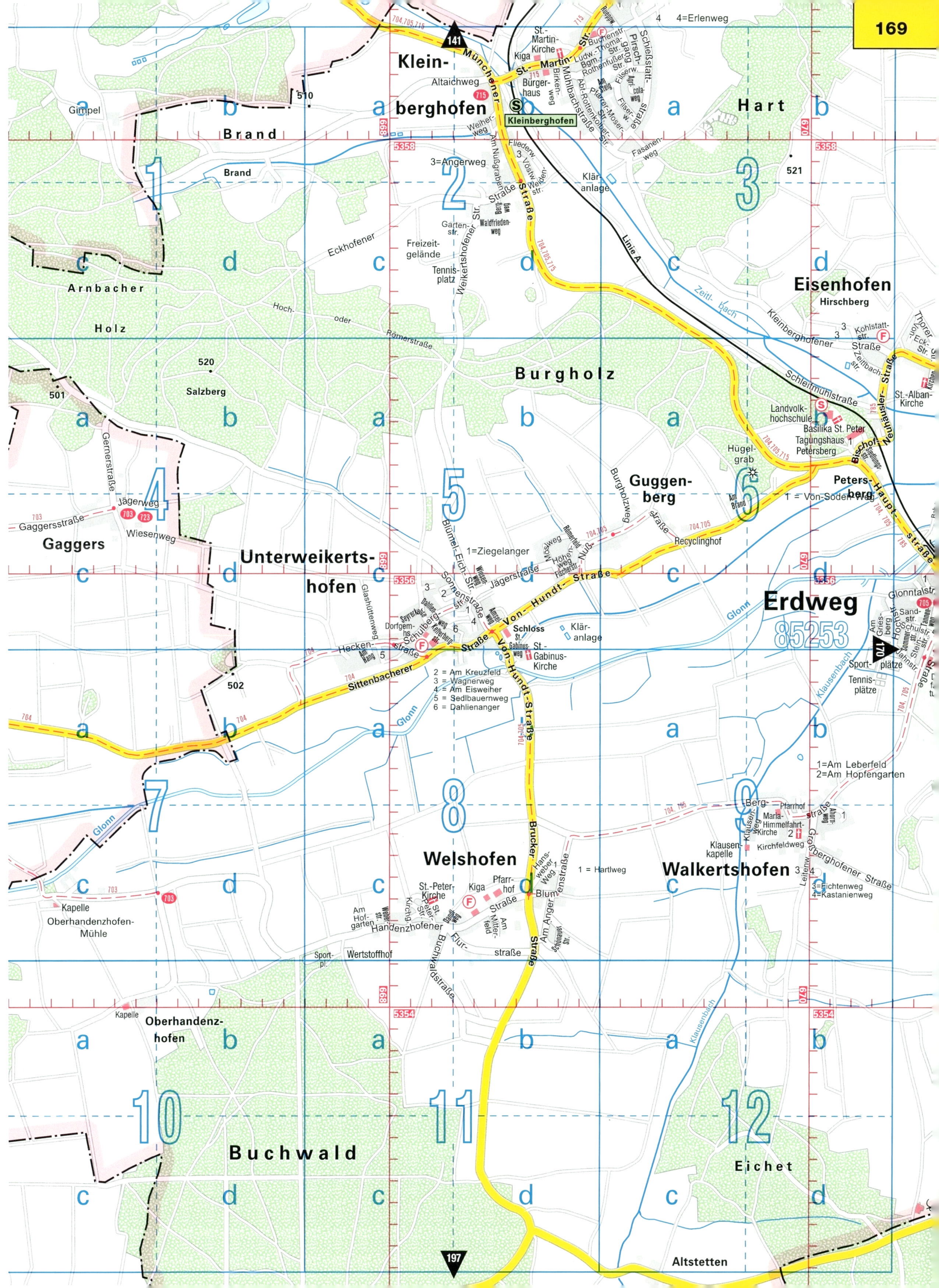
4=Erlenweg
Klein-
berghofen
Münchener Straße
St.-Martin-Kirche
Kiga
St.-Martin-Str.
Altaichweg
Bürgerhaus
Birkenweg
Mühlbachstraße
Abt-Rottenkolber-Str.
Pfarrer-Moser-Str.
Schießstattstraße
Fasanenweg
Kleinberghofen
Gimpel
Brand
510
Hart
3=Angerweg
Weiherweg
Am Nußgraben
Fliederw.
Vöstw.
Weidenstr.
Kläranlage
521
Gartenstr.
Waldfriedenweg
Weikertshofener Str.
Freizeitgelände
Tennisplatz
Eckhofener
Linie A
Arnbacher
Holz
Hoch- oder Römerstraße
Eisenhofen
Hirschberg
Zeitlbach
Kleinberghofener Straße
Kohlstattstr.
Schleifmühlstraße
Neuhäusler-Straße
St.-Alban-Kirche
520
Salzberg
501
Burgholz
Landvolkhochschule
Basilika St. Peter
Tagungshaus Petersberg
Hügelgrab
Bischof-
Petersberg
1 = Von-Soden-Weg
Haupt-straße
Gernerstraße
Jägerweg
Gaggersstraße
Wiesenweg
Gaggers
Guggenberg
Burgholzweg
Recyclinghof
1=Ziegelanger
Unterweikertshofen
Blümel-Eich-Str.
Jägerstraße
Von-Hundt-Straße
Erdweg
85253
Glonntalstr.
Glashüttenweg
Sonnenstraße
Schloss
Kläranlage
Glonn
Dorfgemeinschaftshaus
Schulberg
Heckenstraße
Sittenbacher Straße
St.-Gabinus-Kirche
Sportplätze
Tennisplätze
502
2 = Am Kreuzfeld
3 = Wagnerweg
4 = Am Eisweiher
5 = Sedlbauernweg
6 = Dahlienanger
Klausenbach
1=Am Leberfeld
2=Am Hopfengarten
Bergstraße
Pfarrhof
Maria-Himmelfahrt-Kirche
Klausenkapelle
Kirchfeldweg
Brucker Straße
Welshofen
1 = Hartlweg
Walkertshofen
Großberghofener Straße
3=Fichtenweg
4=Kastanienweg
Kapelle
Oberhandenzhofen-Mühle
St.-Peter-Kirche
Kiga
Pfarrhof
Blumenstraße
Am Angerstraße
Handenzhofener
Flurstraße
Sportpl.
Wertstoffhof
Buchwaldstraße
Kapelle
Oberhandenzhofen
Buchwald
Eichet
Altstetten
141
170
197

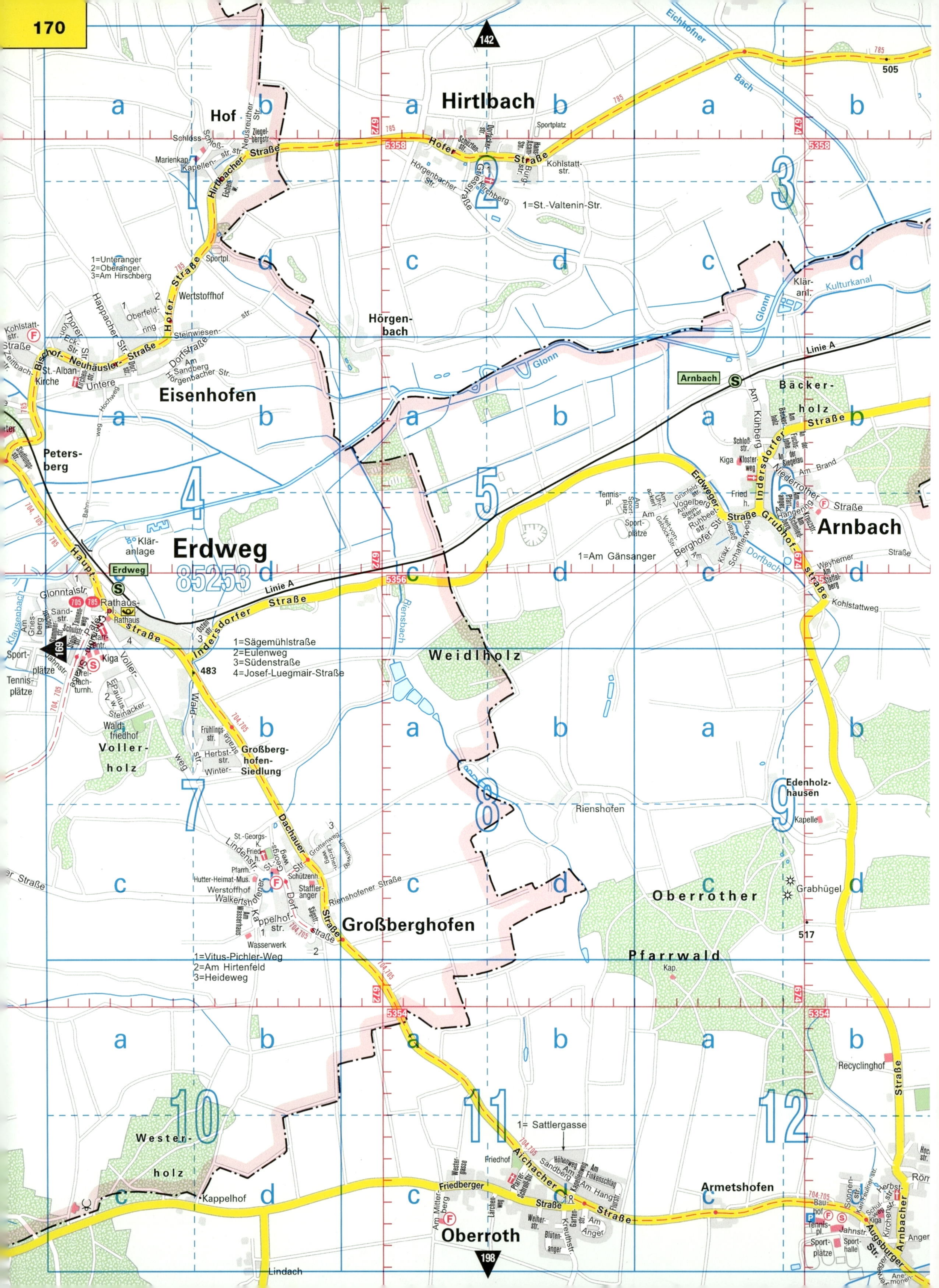
Hirtlbach
Hof
Hörgenbach
Eisenhofen
Petersberg
Erdweg
85253
Arnbach
Bäckerholz
Weidlholz
Großberghofen-Siedlung
Vollerholz
Großberghofen
Rienshofen
Edenholzhausen
Oberrother Pfarrwald
Westerholz
Kappelhof
Oberroth
Armetshofen
Recyclinghof
Lindach
1=St.-Valtenin-Str.
1=Unteranger
2=Oberanger
3=Am Hirschberg
1=Am Gänsanger
1=Sägemühlstraße
2=Eulenweg
3=Südenstraße
4=Josef-Luegmair-Straße
1=Vitus-Pichler-Weg
2=Am Hirtenfeld
3=Heideweg
1= Sattlergasse
Hofer Straße
Hirtlbacher Straße
Bischof-Neuhäusler-Straße
Indersdorfer Straße
Dachauer Straße
Erdweger Straße
Grubhof-straße
Friedberger Straße
Aichacher Straße
Augsburger Str.
Arnbacher Straße
Linie A
Glonn
Kulturkanal
Eichhofner Bach
Riensbach
Dorfbach
Klausenbach
Grabhügel
Kläranlage
Sportplatz
Wertstoffhof
483
517
505
142
169
198

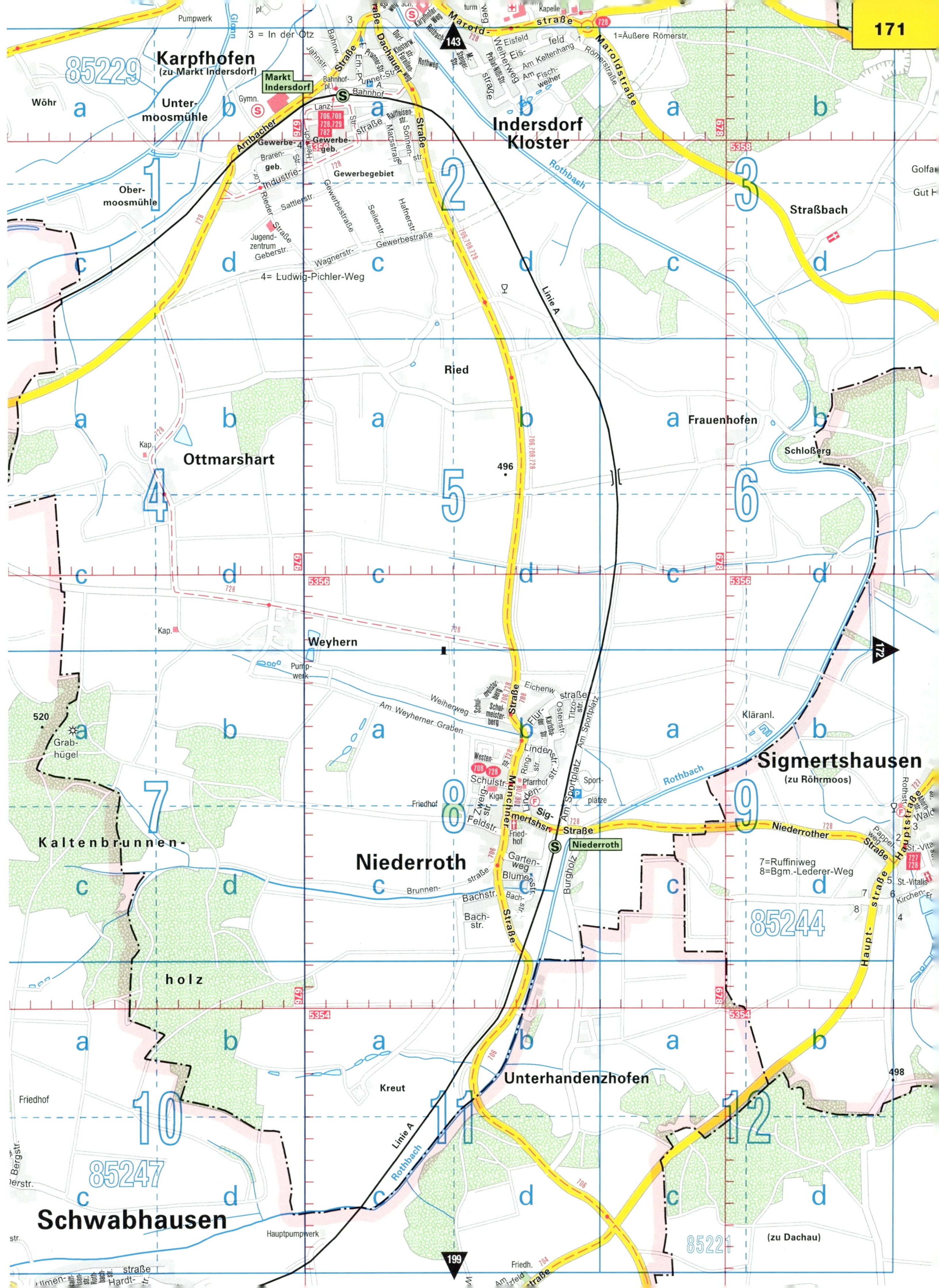
Karpfhofen
(zu Markt Indersdorf)
Markt Indersdorf
Indersdorf Kloster
Straßbach
Ottmarshart
Ried
Frauenhofen
Schloßberg
Weyhern
Sigmertshausen
(zu Röhrmoos)
Niederroth
Kaltenbrunnenholz
Unterhandenzhofen
Kreut
Schwabhausen
(zu Dachau)
85229
85244
85247
85221
3 = In der Otz
1=Äußere Römerstr.
4= Ludwig-Pichler-Weg
7=Ruffiniweg
8=Bgm.-Lederer-Weg
Linie A
Rothbach
Gewerbegebiet
Hauptpumpwerk
Kläranl.
Niederroth

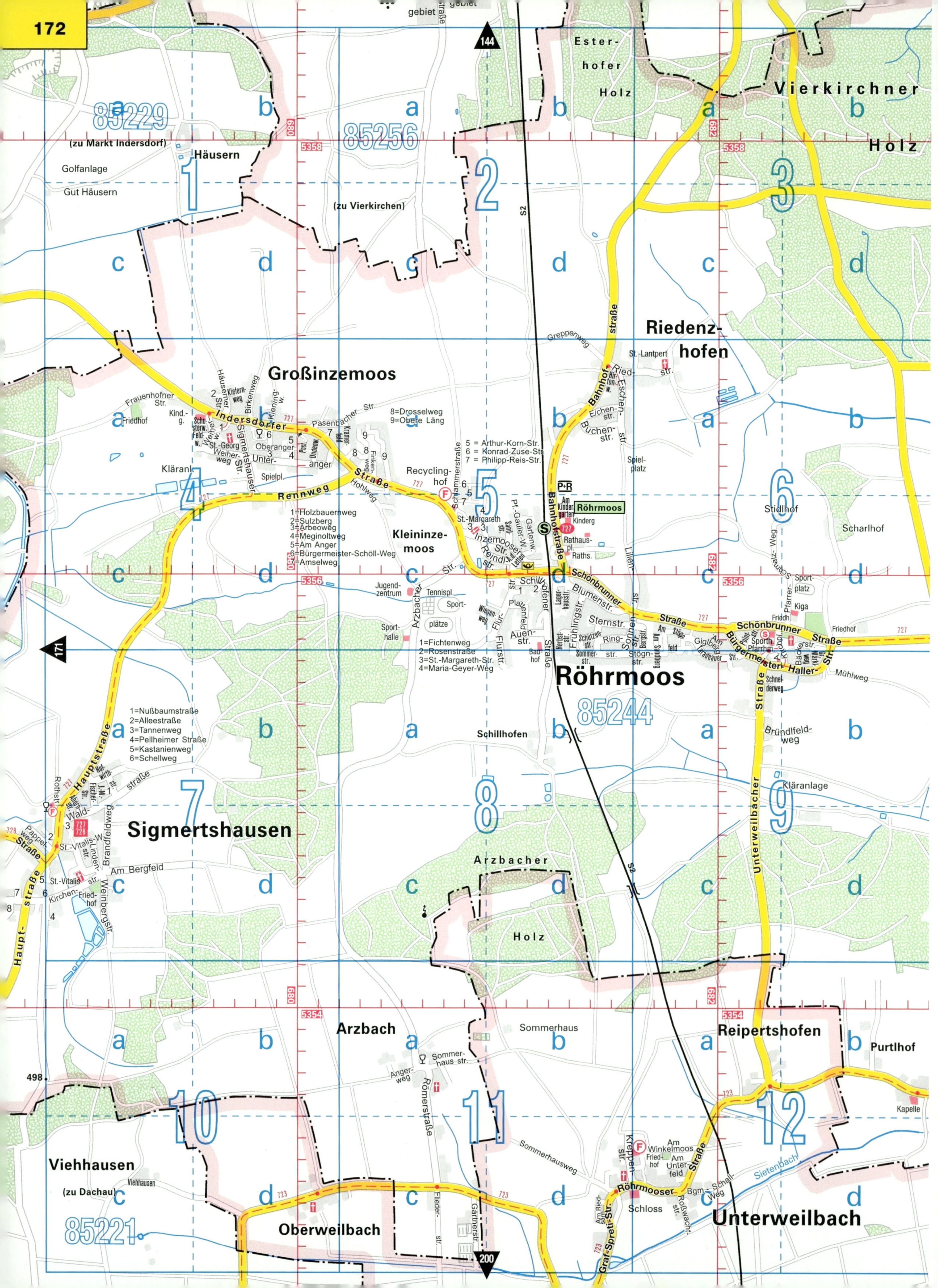
Esterhofer Holz
Vierkirchner Holz
85229
(zu Markt Indersdorf)
Häusern
Golfanlage
Gut Häusern
85256
(zu Vierkirchen)
Riedenzhofen
Großinzemoos
Kleininzemoos
Röhrmoos
85244
Schillhofen
Stidlhof
Scharlhof
Sigmertshausen
Arzbacher Holz
Arzbach
Sommerhaus
Reipertshofen
Purtlhof
Viehhausen
(zu Dachau)
85221
Oberweilbach
Unterweilbach
Schloss
Kläranlage
Recycling-hof
Jugend-zentrum
Sporthalle
1=Holzbauernweg
2=Sulzberg
3=Arbeoweg
4=Meginoltweg
5=Am Anger
6=Bürgermeister-Schöll-Weg
7=Amselweg
8=Drosselweg
9=Obere Läng
5 = Arthur-Korn-Str.
6 = Konrad-Zuse-Str.
7 = Philipp-Reis-Str.
1=Fichtenweg
2=Rosenstraße
3=St.-Margareth-Str.
4=Maria-Geyer-Weg
1=Nußbaumstraße
2=Alleestraße
3=Tannenweg
4=Pellheimer Straße
5=Kastanienweg
6=Schellweg
Indersdorfer Straße
Rennweg
Schönbrunner Straße
Bahnhofstraße
Hauptstraße
Unterweilbacher Straße
Bürgermeister-Haller-Str.
Röhrmooser Str.
Graf-Spreti-Str.
Sommerhausweg
Römerstraße
Brundlfeldweg
Sietenbach
Kapelle
Friedhof
Mühlweg
144
171
200

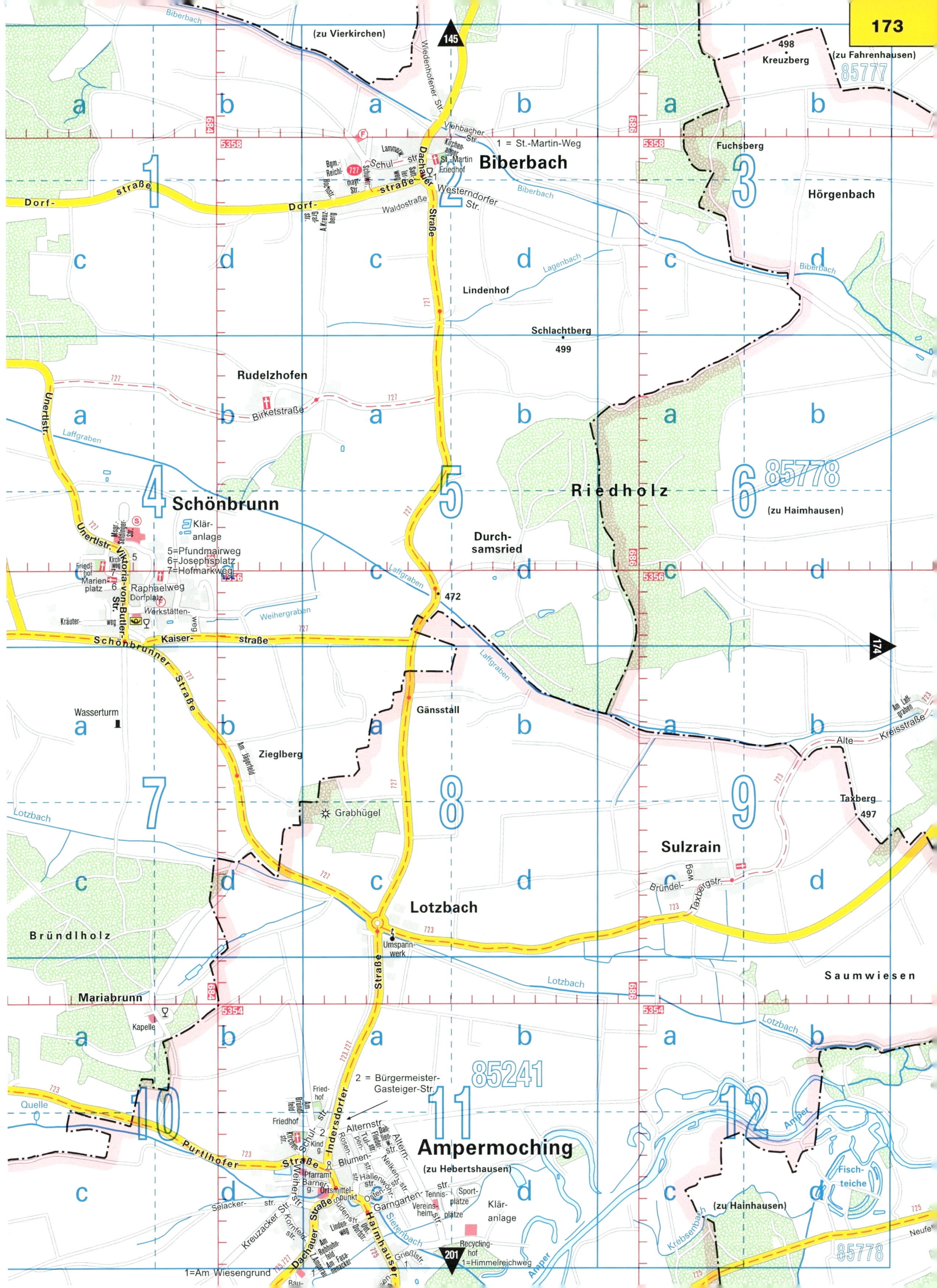

(zu Vierkirchen)
145
Biberbach
Wiedenhofener Str.
498
Kreuzberg
(zu Fahrenhausen)
85777
Viehbacher Str.
1 = St.-Martin-Weg
Biberbach
St. Martin
Friedhof
Fuchsberg
Dorf-straße
Dachauer Straße
Westerndorfer Str.
Waldostraße
Hörgenbach
Lagenbach
Lindenhof
Schlachtberg
499
Rudelzhofen
Birketstraße
Unertlstr.
Laffgraben
Schönbrunn
Kläranlage
5=Pfundmairweg
6=Josephsplatz
7=Hofmarkweg
Raphaelweg
Dorfplatz
Werkstättenweg
Kräuterweg
Weihergraben
Schönbrunner Straße
Kaiserstraße
Riedholz
85778
(zu Haimhausen)
Durchsamsried
472
174
Wasserturm
Gänsstall
Zieglberg
Am Jägerfeld
Grabhügel
Lotzbach
Taxberg
497
Sulzrain
Alte Kreisstraße
Bründelweg
Taxbergstr.
Lotzbach
Umspannwerk
Bründlholz
Saumwiesen
Mariabrunn
Kapelle
Quelle
Purtlhofer Straße
2 = Bürgermeister-Gasteiger-Str.
85241
Friedhof
Indersdorfer Straße
Alternstr.
Ampermoching
(zu Hebertshausen)
Amper
Fischteiche
Pfarramt
Ortsmittelpunkt
Garngarten
Tennisplätze
Sportplätze
Vereinsheim
Kläranlage
Selackerstr.
Kreuzacker Str.
Dachauer Straße
Haimhauser Str.
Sietenbach
Recyclinghof
1=Himmelreichweg
201
1=Am Wiesengrund
(zu Hainhausen)
Krebsenbach
Neufe
85778

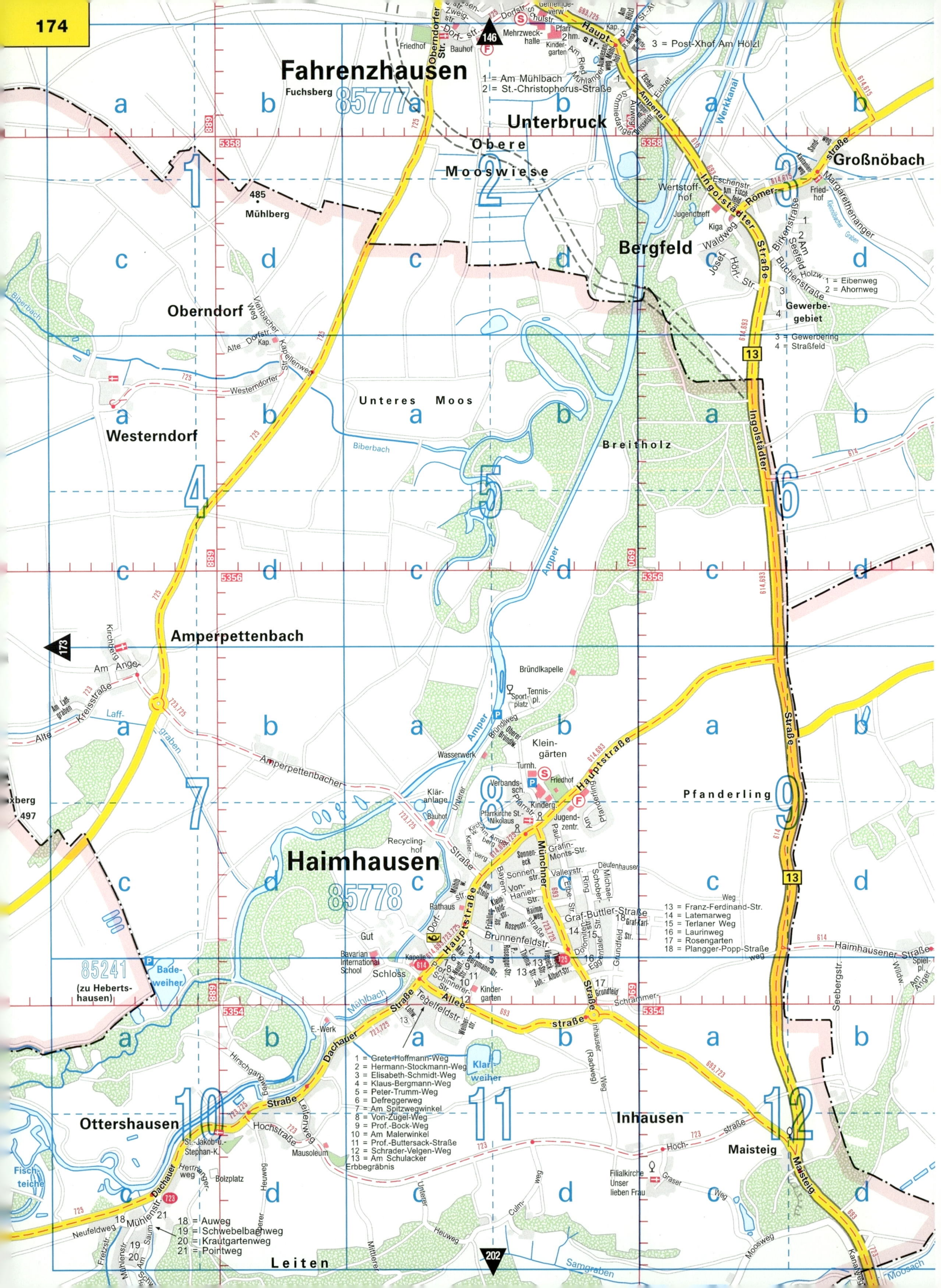
Fahrenzhausen
85777
Fuchsberg
Friedhof
Bauhof
Mehrzweck-halle
Kinder-garten
Pfarr
Kap.
Haupt-str.
3 = Post-Xhof Am Hölzl
1 = Am Mühlbach
2 = St.-Christophorus-Straße
Unterbruck
Obere
Mooswiese
Werkkanal
Ampertal
Ingolstädter Straße
Großnöbach
Margarethenanger
Fried-hof
Wertstoff-hof
Jugendtreff
Kiga
Bergfeld
Waldweg
Birkenstraße
Buchenstraße
1 = Eibenweg
2 = Ahornweg
Gewerbe-gebiet
3 = Gewerbering
4 = Straßfeld
485
Mühlberg
Oberndorf
Viehbacher Weg
Alte Dorfstr.
Kap.
Kapellenweg
Westerndorfer Str.
Biberbach
Westerndorf
Unteres Moos
Breitholz
Amper
Amperpettenbach
Kirchberg
Am Anger
Kreisstraße
Am Laffgraben
Laffgraben
Alte
Amperpettenbacher Straße
Bründlkapelle
Tennis-pl.
Sport-platz
Bründlweg
Klein-gärten
Wasserwerk
Turnh.
Friedhof
Verbands-sch.
Kläranlage
Bauhof
Pfarrkirche St. Nikolaus
Kinderg.
Jugend-zentr.
Hauptstraße
Pfanderling
xberg
497
Recycling-hof
Haimhausen
85778
Rathaus
Münchner Straße
Gräfin-Monts-Str.
Valleystr.
Sonnen-eck
Bayern-str.
Von-Haniel-Str.
Brunnenfeldstr.
Graf-Buttler-Straße
Michael-Schober-Ring
Grundfeld
Graf-Karl-Str.
Gut
Bavarian International School
Schloss
Kapelle
Kinder-garten
13 = Franz-Ferdinand-Str.
14 = Latemarweg
15 = Terlaner Weg
16 = Laurinweg
17 = Rosengarten
18 = Plangger-Popp-Straße
Haimhausener Straße
Seebergstr.
85241
(zu Heberts-hausen)
Badeweiher
Mühlbach
E.-Werk
Dachauer Straße
Tegelfeldstr.
Allee
Schrammerstraße
Inhauser (Radweg) Weg
Hirschgangweg
1 = Grete-Hoffmann-Weg
2 = Hermann-Stockmann-Weg
3 = Elisabeth-Schmidt-Weg
4 = Klaus-Bergmann-Weg
5 = Peter-Trumm-Weg
6 = Defreggerweg
7 = Am Spitzwegwinkel
8 = Von-Zügel-Weg
9 = Prof.-Bock-Weg
10 = Am Malerwinkel
11 = Prof.-Buttersack-Straße
12 = Schrader-Velgen-Weg
13 = Am Schulacker
Klarweiher
Inhausen
Maisteig
Ottershausen
Hochstraße
Leitenweg
Mausoleum
Erbbegräbnis
St.-Jakob-u.-Stephan-K.
Hochstraße
Filialkirche Unser lieben Frau
Graser Weg
Masteig
Fischteiche
Herrnanger-weg
Bolzplatz
Heuweg
Unterer
Culmweg
Neufeldweg
Mühlenstr.
18 = Auweg
19 = Schwebelbachweg
20 = Krautgartenweg
21 = Pointweg
Leiten
Mooswe g
Samgraben
Moosach
Kanalweg
Mittlerer
Fretzstr.
202
146
173

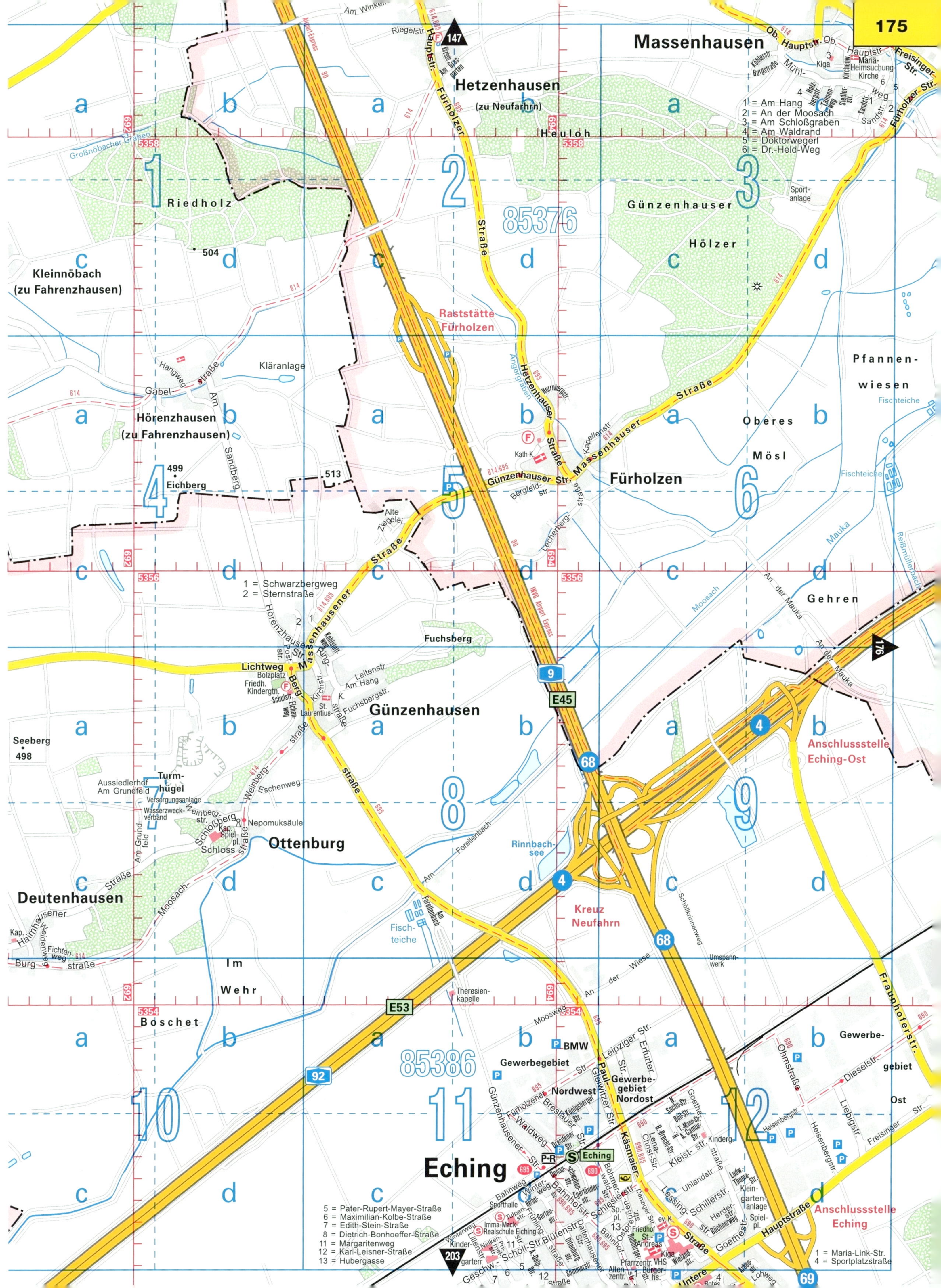

Massenhausen
Hetzenhausen
(zu Neufahrn)
Heuloh
Riedholz
Kleinnöbach
(zu Fahrenzhausen)
Günzenhauser
Hölzer
Raststätte
Fürholzen
Kläranlage
Hörenzhausen
(zu Fahrenzhausen)
Eichberg
Fürholzen
Pfannen-
wiesen
Oberes
Mösl
Gehren
Fuchsberg
Günzenhausen
Seeberg
Anschlussstelle
Eching-Ost
Ottenburg
Deutenhausen
Rinnbach-
see
Kreuz
Neufahrn
Im
Wehr
Boschet
Theresien-
kapelle
Gewerbegebiet
Nordwest
Gewerbe-
gebiet
Nordost
Gewerbe-
gebiet
Ost
Eching
Anschlussstelle
Eching
1 = Am Hang
2 = An der Moosach
3 = Am Schloßgraben
4 = Am Waldrand
5 = Doktorwegerl
6 = Dr.-Held-Weg
1 = Schwarzbergweg
2 = Sternstraße
5 = Pater-Rupert-Mayer-Straße
6 = Maximilian-Kolbe-Straße
7 = Edith-Stein-Straße
8 = Dietrich-Bonhoeffer-Straße
11 = Margaritenweg
12 = Karl-Leisner-Straße
13 = Hubergasse
1 = Maria-Link-Str.
4 = Sportplatzstraße
85376
85386

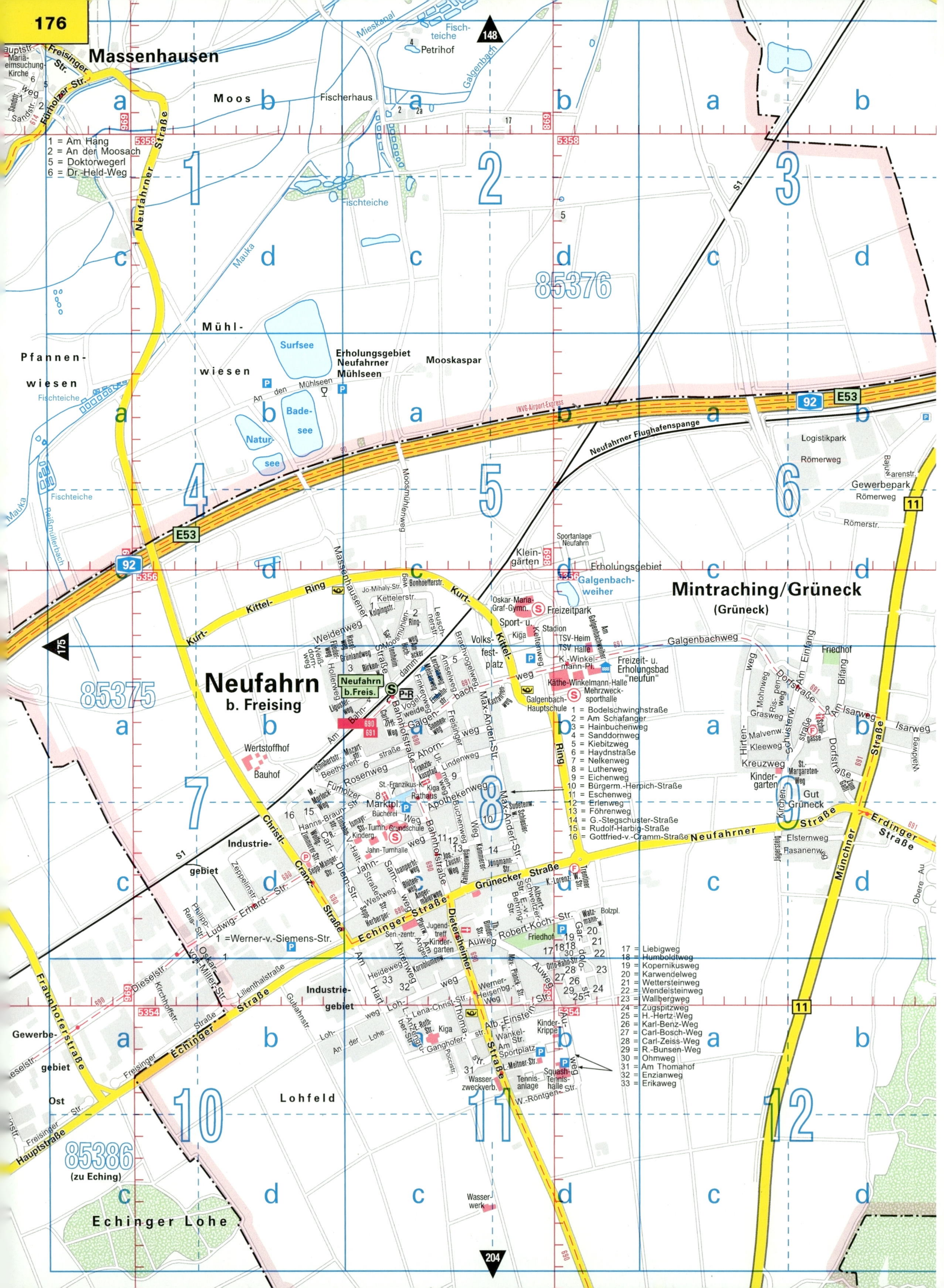
Massenhausen
Moos
Fischerhaus
Petrihof
Mieskanal
Fischteiche
Galgenbach
148
1 = Am Hang
2 = An der Moosach
5 = Doktorwegerl
6 = Dr.-Held-Weg
Neufahrner Straße
Freisinger Str.
Fürholzer Str.
Maria-Heimsuchung-Kirche
Mauka
85376
Mühl-
wiesen
Pfannen-
wiesen
Surfsee
Erholungsgebiet Neufahrner Mühlseen
An den Mühlseen
Mooskaspar
Badesee
Natursee
Fischteiche
Reißmüllerbach
Moosmühlenweg
92
E53
Neufahrner Flughafenspange
Logistikpark
Römerweg
Gewerbepark
Römerstr.
11
Kleingärten
Sportanlage Neufahrn
Erholungsgebiet
Galgenbachweiher
Mintraching/Grüneck
(Grüneck)
Kurt-Kittel-Ring
Massenhausener Str.
Oskar-Maria-Graf-Gymn.
Freizeitpark
Sport- u. Stadion
TSV-Heim
TSV Halle
K.-Winkelmann-Pl.
Freizeit- u. Erholungsbad "neufun"
Käthe-Winkelmann-Halle
Mehrzweck-sporthalle
Galgenbach-Hauptschule
Galgenbachweg
Friedhof
Volksfestplatz
175
85375
Neufahrn
b. Freising
Neufahrn b.Freis.
Wertstoffhof
Bauhof
Industrie-
gebiet
Bahnhofstraße
Rosenweg
Fürholzer Weg
Marktpl.
Rathaus
Bücherei
Apothekenweg
Max-Anderl-Str.
Ring
1 = Bodelschwinghstraße
2 = Am Schafanger
3 = Hainbuchenweg
4 = Sanddornweg
5 = Kiebitzweg
6 = Haydnstraße
7 = Nelkenweg
8 = Lutherweg
9 = Eichenweg
10 = Bürgerm.-Herpich-Straße
11 = Eschenweg
12 = Erlenweg
13 = Föhrenweg
14 = G.-Stegschuster-Straße
15 = Rudolf-Harbig-Straße
16 = Gottfried-v.-Cramm-Straße
Neufahrner Straße
Grünecker Straße
Gut Grüneck
Isarweg
Dorfstraße
Kreuzweg
Kindergarten
Elsternweg
Fasanenweg
Münchner Straße
Erdinger Straße
Christl-Cranz-Straße
Zeppelinstr.
Ludwig-Erhard-Str.
1 = Werner-v.-Siemens-Str.
Echinger Straße
Dietersheimer Straße
Robert-Koch-Str.
Auweg
Friedhof
17 = Liebigweg
18 = Humboldtweg
19 = Kopernikusweg
20 = Karwendelweg
21 = Wettersteinweg
22 = Wendelsteinweg
23 = Wallbergweg
24 = Zugspitzweg
25 = H.-Hertz-Weg
26 = Karl-Benz-Weg
27 = Carl-Bosch-Weg
28 = Carl-Zeiss-Weg
29 = R.-Bunsen-Weg
30 = Ohmweg
31 = Am Thomahof
32 = Enzianweg
33 = Erikaweg
Fraunhoferstraße
Gewerbegebiet
Ost
Dieselstr.
Oskar-von-Miller-Str.
Kirchhoffstr.
Lilienthalstraße
Gubahnstr.
Industriegebiet
Hauptstraße
Freisinger Str.
Lohfeld
Sportplatz
Tennisanlage
Squash-Tennishalle
Wasserzweckverb.
W.-Röntgen-Str.
85386
(zu Eching)
Echinger Lohe
Wasserwerk
204

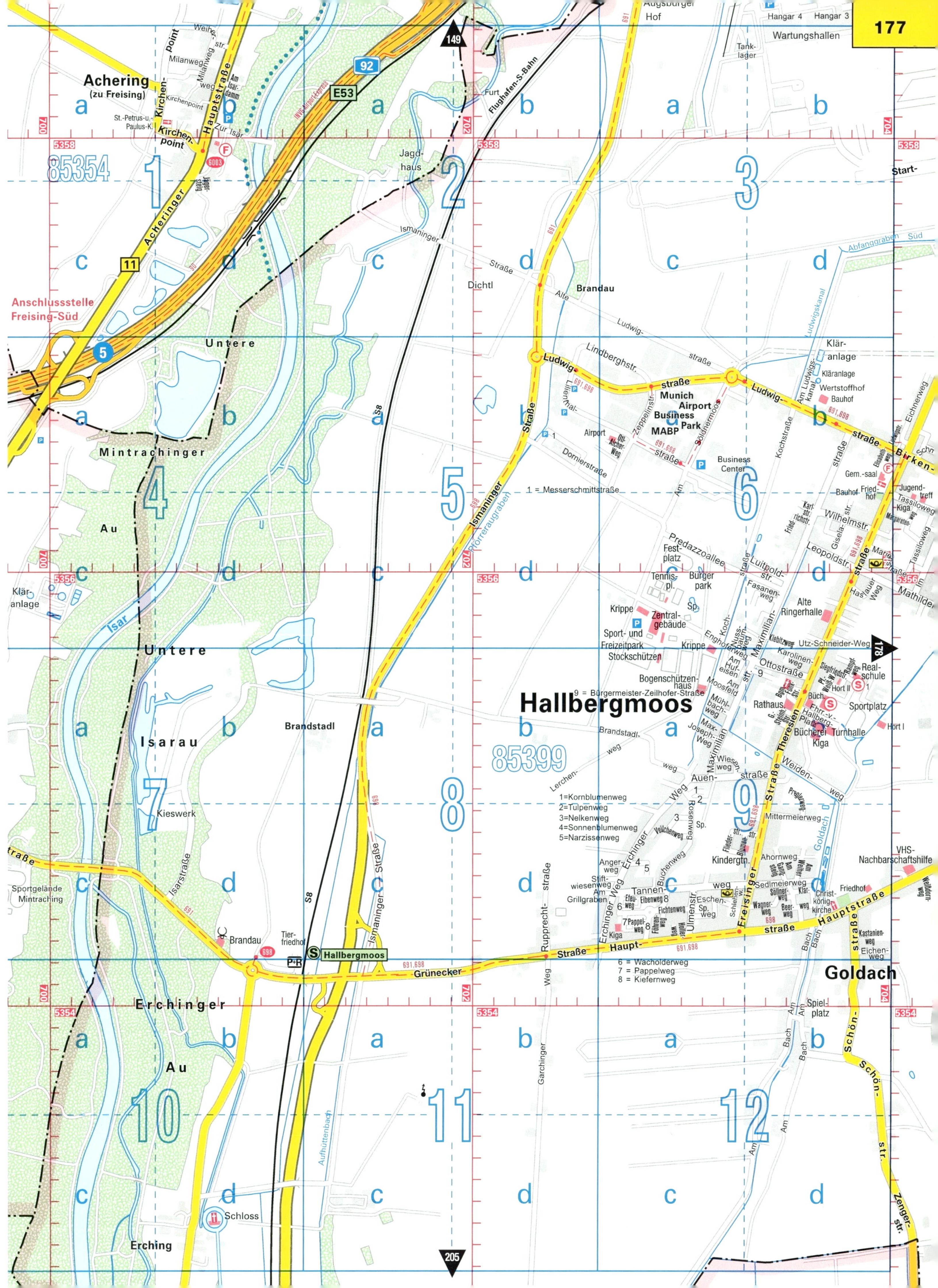
Achering
(zu Freising)
Anschlussstelle Freising-Süd
85354
Jagdhaus
Dichtl
Brandau
Untere
Mintrachinger
Au
Isar
Untere
Isarau
Kieswerk
Brandstadl
Erchinger
Au
Erching
Schloss
Hallbergmoos
85399
Goldach
Munich Airport Business Park MABP
Business Center
Ismaninger Straße
Ludwigstraße
Lindberghstr.
Predazzoallee
Zentralgebäude
Sport- und Freizeitpark
Rathaus
Sportplatz
Turnhalle
Bücherei
Kiga
Hauptstraße
Grünecker Straße
Freisinger Straße
Theresienstraße
Hallbergmoos
Tierfriedhof
Kläranlage
Sportgelände Mintraching
Flughafen-S-Bahn
1 = Messerschmittstraße
9 = Bürgermeister-Zeilhofer-Straße
1=Kornblumenweg
2=Tulpenweg
3=Nelkenweg
4=Sonnenblumenweg
5=Narzissenweg
6 = Wacholderweg
7 = Pappelweg
8 = Kiefernweg
149
178
205
Hangar 4
Hangar 3
Wartungshallen
Augsburger Hof
Schönstr.
Zengerstr.

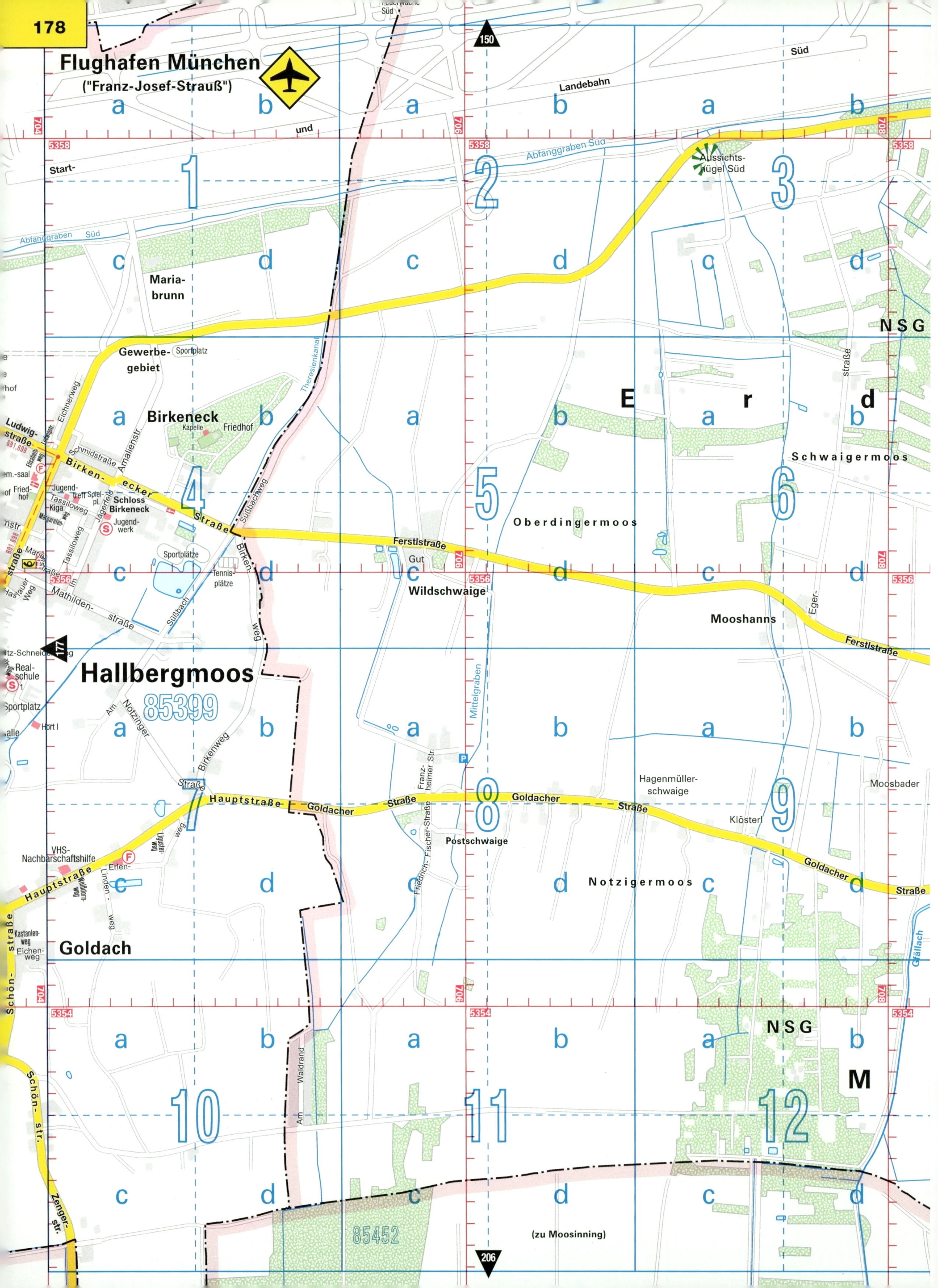

Flughafen München
("Franz-Josef-Strauß")
Start- und Landebahn Süd
Abfanggraben Süd
Aussichts-hügel Süd
Maria-brunn
Gewerbe-gebiet
Sportplatz
Theresienkanal
Birkeneck
Kapelle
Friedhof
Eichnerweg
Ludwig-straße
Schmidstraße
Amalienstr.
Birken-ecker Straße
Jugend-treff
Spiel-pl.
Schloss Birkeneck
Tassiloweg
Kiga
Jägerfeld
Jugend-werk
Süßbachweg
Ferstlstraße
Gut Wildschwaige
Sportplätze
Tennis-plätze
Süßbach
Birken-weg
Mathilden-straße
Hallbergmoos
85399
Am Notzinger
Birkenweg
Real-schule
Sportplatz
Hort I
Straße
Hauptstraße
Goldacher Straße
Franz-heimer Str.
Friedrich-Fischer-Straße
Postschwaige
Goldacher Straße
Mittelgraben
VHS-Nachbarschaftshilfe
Hauptstraße
Erlen-
Linden-weg
Goldach
Kastanien-weg
Eichen-weg
Schön-straße
Schön-str.
Zenger-str.
Waldrand
Am
85452
(zu Moosinning)
Oberdingermoos
E r d
Schwaigermoos
NSG
Mooshanns
Eger-straße
Ferstlstraße
Hagenmüller-schwaige
Klösterl
Moosbader
Notzigermoos
Goldacher Straße
Gfällach
NSG
M
150
177
206

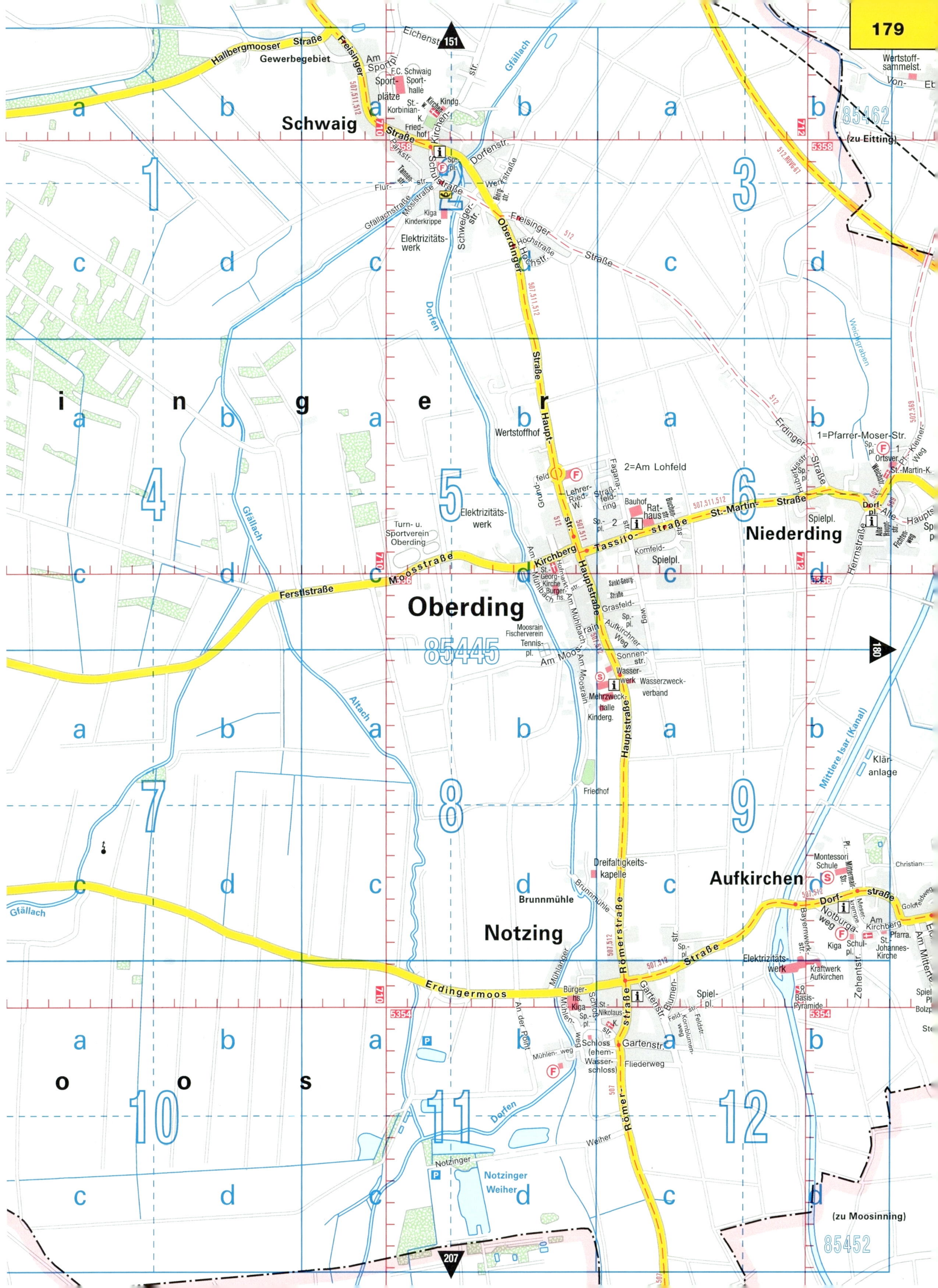
Schwaig
Oberding
Niederding
Notzing
Aufkirchen
Gewerbegebiet
Hallbergmooser Straße
Freisinger Straße
Oberdinger Straße
Haupt-str.
Hauptstraße
Tassilo-straße
St.-Martin-Straße
Kirchberg
Moosstraße
Ferstlstraße
Erdingermoos
Römerstraße
Dorfstraße
Erdinger Straße
Wertstoffhof
Elektrizitätswerk
Turn- u. Sportverein Oberding
Friedhof
Dreifaltigkeitskapelle
Brunnmühle
Notzinger Weiher
Kraftwerk Aufkirchen
Kläranlage
Mittlere Isar (Kanal)
Gfällach
Dorfen
Altach
Weickgraben
85445
85462
85452
(zu Eitting)
(zu Moosinning)
1=Pfarrer-Moser-Str.
2=Am Lohfeld
Montessori Schule
Wasserzweckverband
Schloss (ehem. Wasserschloss)
Moosrain Fischerverein Tennispl.
151
180
207

Reisen
(zu Eitting)
Altham
Mühle
Neumühle
85462
Bahn in Planung
Flughafentangente Ost
Hühnerfarm
1 = Peter-Rosegger-Weg
2 = Anzengruberweg
3 = Grillparzerweg
4 = Georg-Friedr.-Händel-Str.
5 = Gottfried-Keller-Str.
6 = Adalbert-Stifter-Str.
7 = Robert-Schumann-Weg
8 = Hans-Pfitzner-Weg
9 = Johannes-Brahms-Weg
10 = Haydnplatz
11 = Bartholom.-Holzhauser-Str.
Kronthaler Weiher
Erholungsgebiet Erding Nord
Badeweiher
Niederding
(zu Oberding)
85445
Siglfing
13 = Gerhart-Hauptmann-Weg
14 = Hans-Sachs-Weg
15 = Von-Kleist-Straße
1=Pfarrer-Moser-Str.
Erdinger Straße
Gewerbegebiet Nordwest
Anton-Bruckner-Str.
St. Paul
Kläranlage
Aufkirchen
Klettham
Gewerbegebiet Erding-West
12=Von-Linde-Str.
1=Valentin-Kirmeyer-Straße
2=Josef-Schwankl-Straße
3=Anton-Huber-Straße
4=Johann-Auer-Straße
5=Georg-Zilker-Straße
6=Brachvogelweg
7=Bekassinenweg
8=Bachstelzenweg
9=Kiebitzweg
10=Arnikaweg
11=Sonnentauweg
13=Frauenschuhweg
Dachauer Straße
Dorfstraße
Cityplan S.37
Stadtpark
Erding
85435
Parksiedl.
Stockbahnen
Kapelle
Stammham
(zu Moosinning)
85452
14 = Karl-Maria-Doll-Straße
15 = Pauline-Nötig-Straße
1 = Nikolaus-Döllel-Straße
Altenerding
Am Wasserwerk
Neuer Friedhof
Ziegelstatt
Fuchsberg
481
152
179
208
388

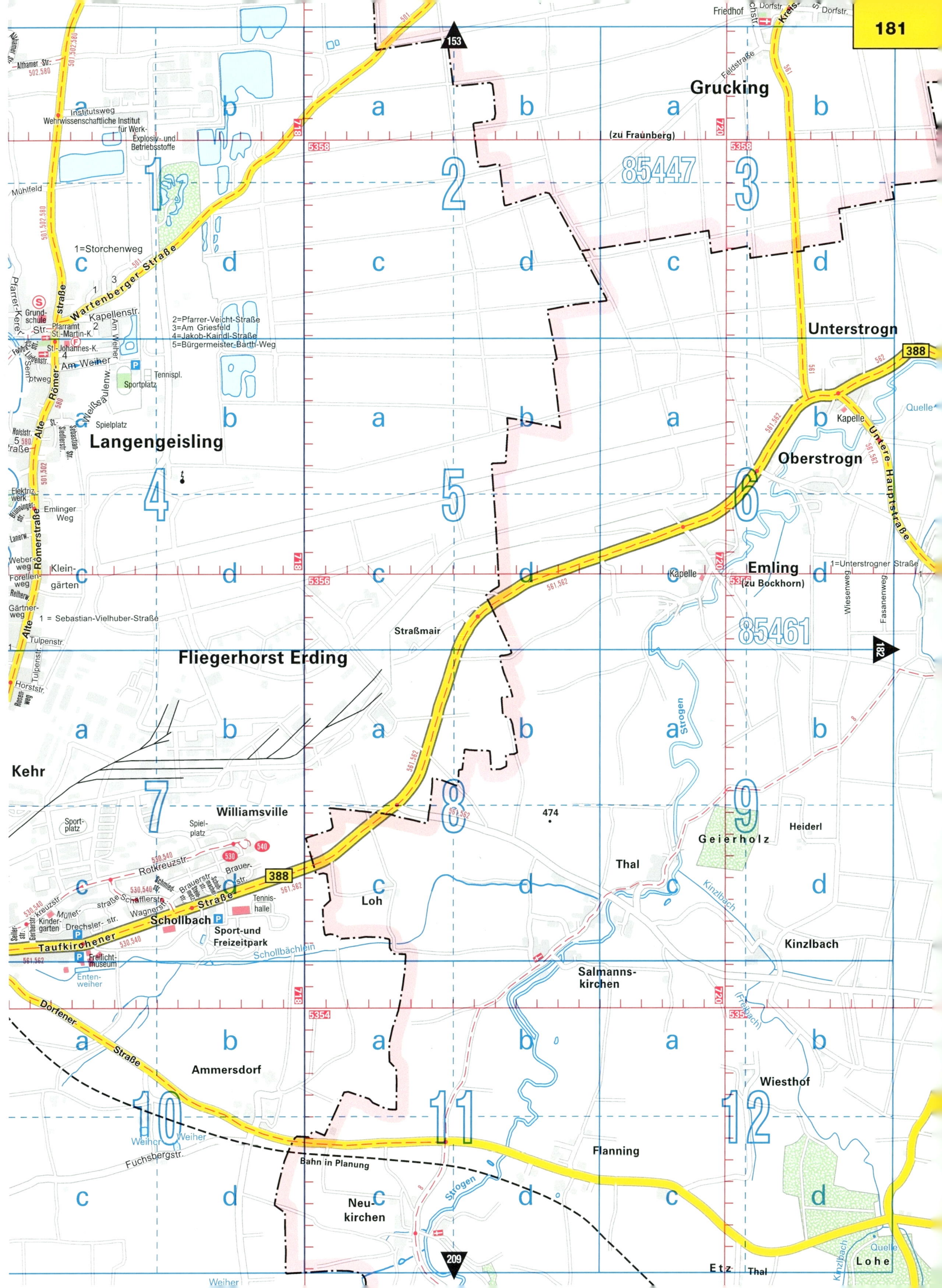
Grucking
(zu Fraunberg)
85447
Unterstrogn
Oberstrogn
Kapelle
Quelle
Untere Hauptstraße
Emling
(zu Bockhorn)
1=Unterstrogner Straße
Wiesenweg
Fasanenweg
85461
Langengeisling
Institutsweg
Wehrwissenschaftliches Institut für Werk-, Explosiv- und Betriebsstoffe
Mühlfeld
1=Storchenweg
Wartenberger Straße
Grundschule
Pfarramt St.-Martin-K.
St.-Johannes-K.
Kapellenstr.
Am Weiher
2=Pfarrer-Veicht-Straße
3=Am Griesfeld
4=Jakob-Kaindl-Straße
5=Bürgermeister-Barth-Weg
Tennispl.
Sportplatz
Spielplatz
Römerstraße
Alte Römerstraße
Emlinger Weg
Kleingärten
1 = Sebastian-Vielhuber-Straße
Tulpenstr.
Horststr.
Fliegerhorst Erding
Straßmair
Kehr
Williamsville
Sportplatz
Spielplatz
Rotkreuzstr.
Brauerstr.
Wagnerstr.
Schäfflerstr.
Müllerstr.
Drechslerstr.
Kindergarten
Schollbach
Taufkirchener Straße
Tennishalle
Sport-und Freizeitpark
Freilichtmuseum
Schollbächlein
Entenweiher
Loh
474
Thal
Geierholz
Heiderl
Strogen
Kinzlbach
Salmannskirchen
Frankbach
Dorfener Straße
Ammersdorf
Weiher
Fuchsbergstr.
Bahn in Planung
Neukirchen
Flanning
Wiesthof
Etz
Thal
Lohe
Friedhof
Dorfstr.
Feldstraße
153
182
209
388

Leitenberg
154
Brunnen
Quelle
Aurlfing
Brunnen
Burgstall
Kreuthäusl
388
Firau
490
Fuchsberg
509
Burgstall
Strogen
Waldweg
Am Straßfeld
Benno-Scharl-Straße
Sportpl.
Graß
Grünbacher Bl.
Kraftt-von-Grünbach-Str.
Weiherweg
Quelle
Trachtenheim
Grünbach
Kellerberg
Schloss
Graf-Seinsheim-Str.
Graf-Preysing-Str.
Parkstr.
Golf-Club Erding
Grünbach e V.
Hammerthal
511
Hammerthaler Bl.
Ferteln
Schulweg
Sportheim
Bergstr.
Reisach
Hecken
Unterstrogn
Flureiche
481
Kläranl.
Haidach
Quelle
Eschelbacher Bach
Wiesgraben
Wiedenbier
Holz
Oppolding
Eschlbach
Wieden-
holz
Deimling
Einfeld
489
Hundshof
Unterstrogner Straße
Untere Hauptstraße
Heckener Straße
1 = Magnacstraße
Bauhof
Kiga
Pfarrheim
Friedhof
Rathaus
Pfarrgasse
493
503
Schwabelsöd
Fasanenweg
181
Emlinger-Str.
Spielpl.
Am Schmiedeanger
Rathaus
Ziegelgasse
Römerstr.
Am Haselbach
Bockhorn
85461
2=Am Schollanger
Bergarner Straße
1 = Am Hausacker
Riedersheim
Weiherschneider
458
Mais
Weiherschneidergraben
Mauggener Graben
Obere Hauptstraße
Hochbach
499
Hochbach
Haselbach
Bergarn
Gewerbe-
gebiet
Mauggen
486
Quelle
Quelle
Rödersberg
506
Tankhammer Bach
Quelle
495
Leherberg
498
Roßbergfeld
Mauggen
Kapelle
Tankham
Leiten
459
Quelle
Quelle
Guggental
Am Grasweg
Frauenholz
Quelle
Polzinger Bach
Am Jagdhaus
Polzing
Haselberg
Untermailling
499
Neumauggen
Gnadenhof-
Tierschutzverein
Kirchasch
Quelle
Quelle
513
Dorfstraße
Dorfstr.
210
Lohe
Obermailling

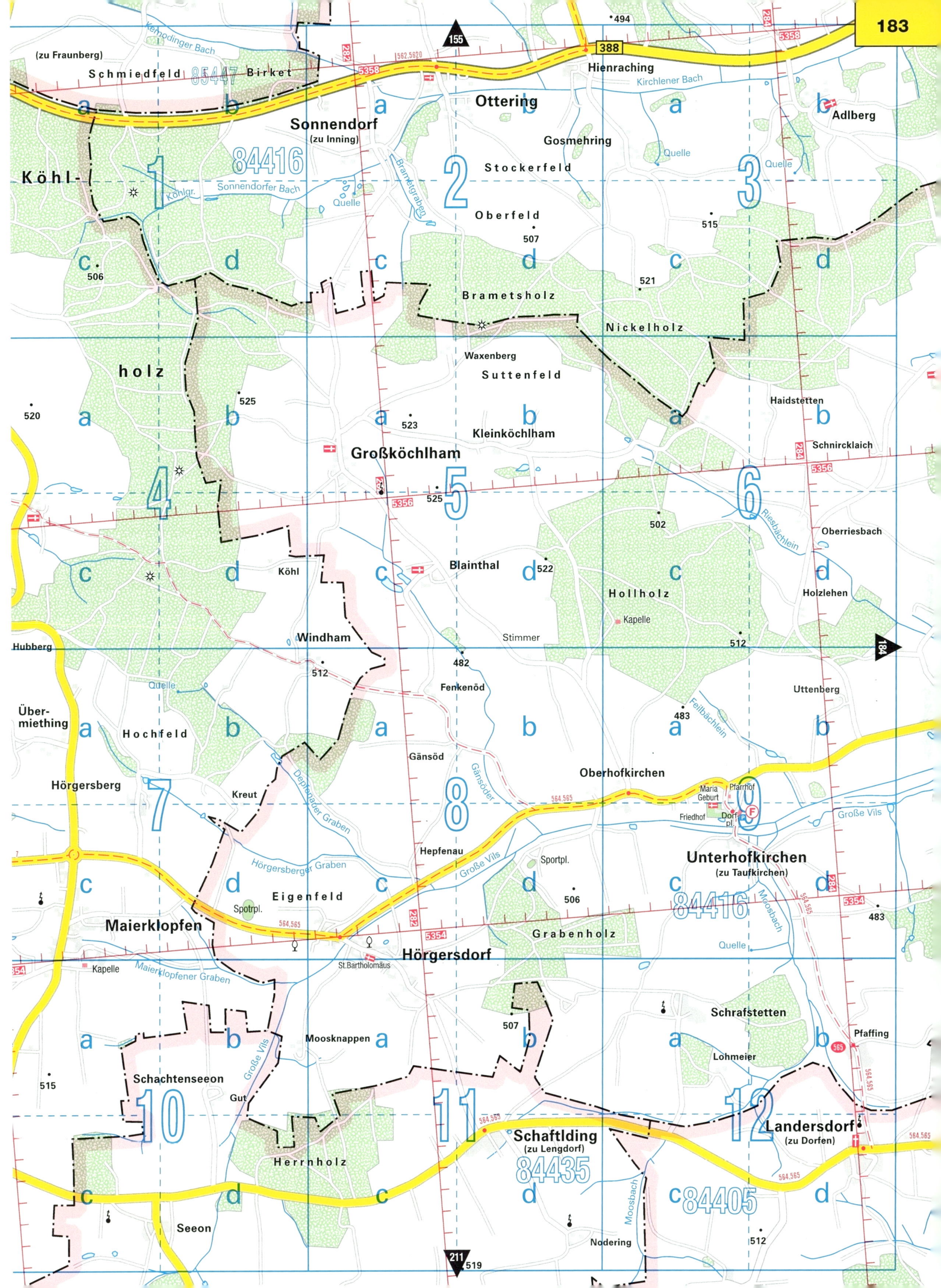
155
494
388
5358
(zu Fraunberg)
Schmiedfeld
85447
Birket
Hienraching
Kirchlener Bach
Ottering
Sonnendorf
(zu Inning)
Adlberg
Gosmehring
Köhl-
holz
Sonnendorfer Bach
Quelle
Brametgraben
Stockerfeld
Oberfeld
507
515
506
521
Brametsholz
Nickelholz
Waxenberg
Suttenfeld
Haidstetten
520
525
523
Kleinköchlham
Großköchlham
Schnircklaich
5356
525
502
Riesbächlein
Oberriesbach
Köhl
Blainthal
522
Hollholz
Holzlehen
Kapelle
Windham
Stimmer
Hubberg
482
512
512
184
Fenkenöd
Uttenberg
Über-
miething
Hochfeld
483
Feilbächlein
Gänsöd
Hörgersberg
Oberhofkirchen
Kreut
Deprosnader Graben
Gänsöder
Maria Geburt
Pfarrhof
Friedhof
Dorfpl.
Große Vils
Hepfenau
Sportpl.
Hörgersberger Graben
Unterhofkirchen
(zu Taufkirchen)
Eigenfeld
506
84416
Moosbach
5354
483
Spotrpl.
Maierklopfen
Grabenholz
Hörgersdorf
Quelle
Kapelle
St.Bartholomäus
Maierklopfener Graben
507
Schrafstetten
Moosknappen
Pfaffing
515
Lohmeier
Schachtenseeon
Gut
Landersdorf
(zu Dorfen)
Schaftlding
(zu Lengdorf)
84435
Herrnholz
84405
Seeon
Nodering
512
211
519

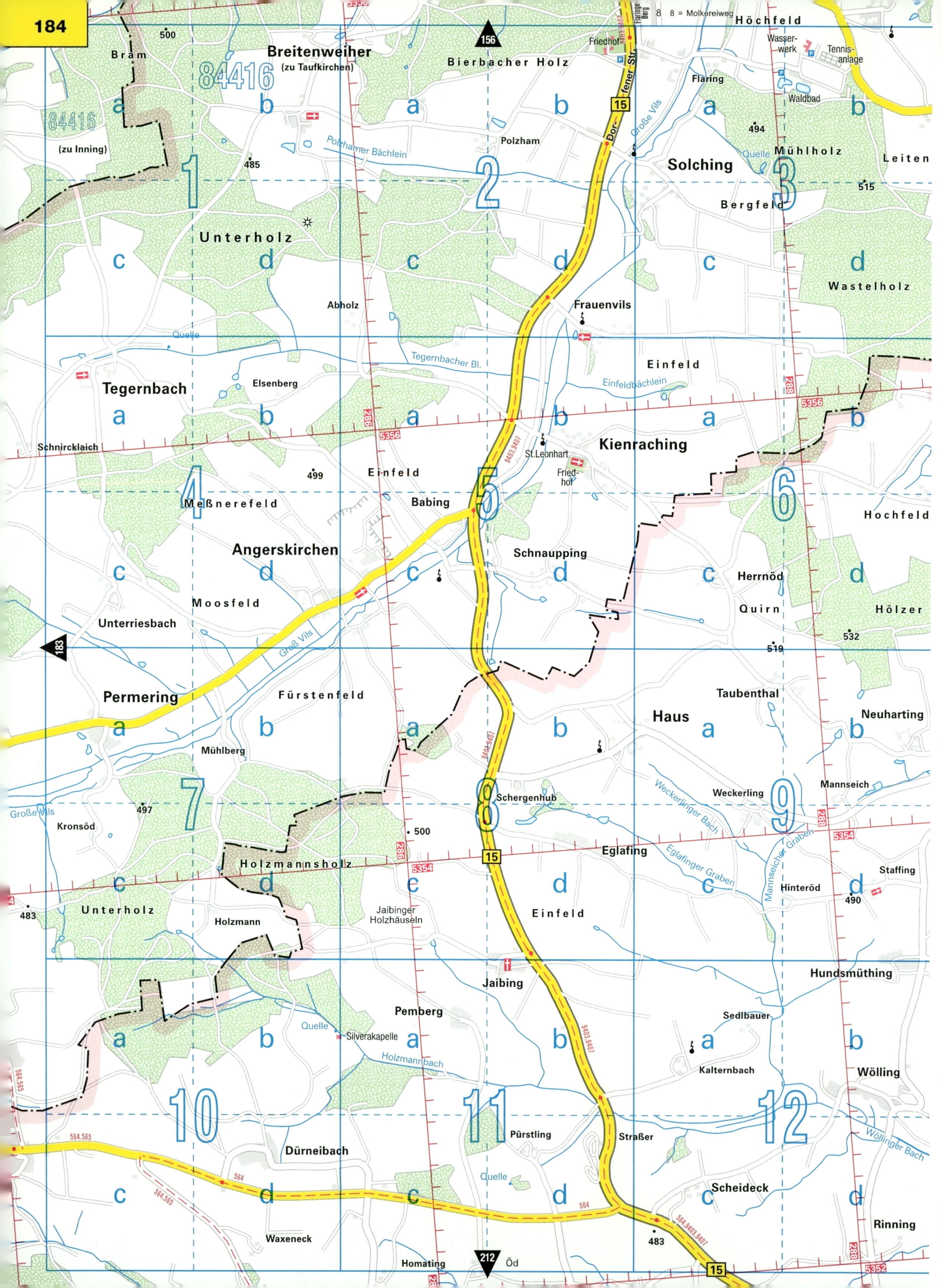

Bram
500
Breitenweiher
(zu Taufkirchen)
156
Bierbacher Holz
84416
(zu Inning)
485
Polzhamer Bächlein
Polzham
Friedhof
Dorfener Str.
8 = Molkereiweg
Höchfeld
Wasserwerk
Tennisanlage
Flaring
Waldbad
Große Vils
494
Mühlholz
Solching
Quelle
Leiten
515
Bergfeld
Unterholz
Wastelholz
Abholz
Frauenvils
Quelle
Tegernbacher Bl.
Einfeld
Einfeldbächlein
Tegernbach
Elsenberg
5356
Schnircklaich
Kienraching
St.Leonhart
Friedhof
499
Einfeld
Meßnerefeld
Babing
Hochfeld
Angerskirchen
Schnaupping
Herrnöd
Moosfeld
Quirn
Hölzer
Unterriesbach
532
183
519
Groß Vils
Permering
Fürstenfeld
Taubenthal
Haus
Neuharting
Mühlberg
Schergenhub
Weckerling
Mannseich
Weckerlinger Bach
Große Vils
497
Kronsöd
500
Eglafing
5354
Holzmannsholz
Eglafinger Graben
Mannseicher Graben
Staffing
Hinteröd
490
483
Unterholz
Holzmann
Jaibinger Holzhäuseln
Einfeld
Jaibing
Hundsmüthing
Pemberg
Sedlbauer
Quelle
Silverakapelle
Holzmannbach
Kalternbach
Wölling
Pürstling
Straßer
Dürneibach
Wöllinger Bach
Quelle
Scheideck
Rinning
Waxeneck
483
Homating
212
Öd
15
5352

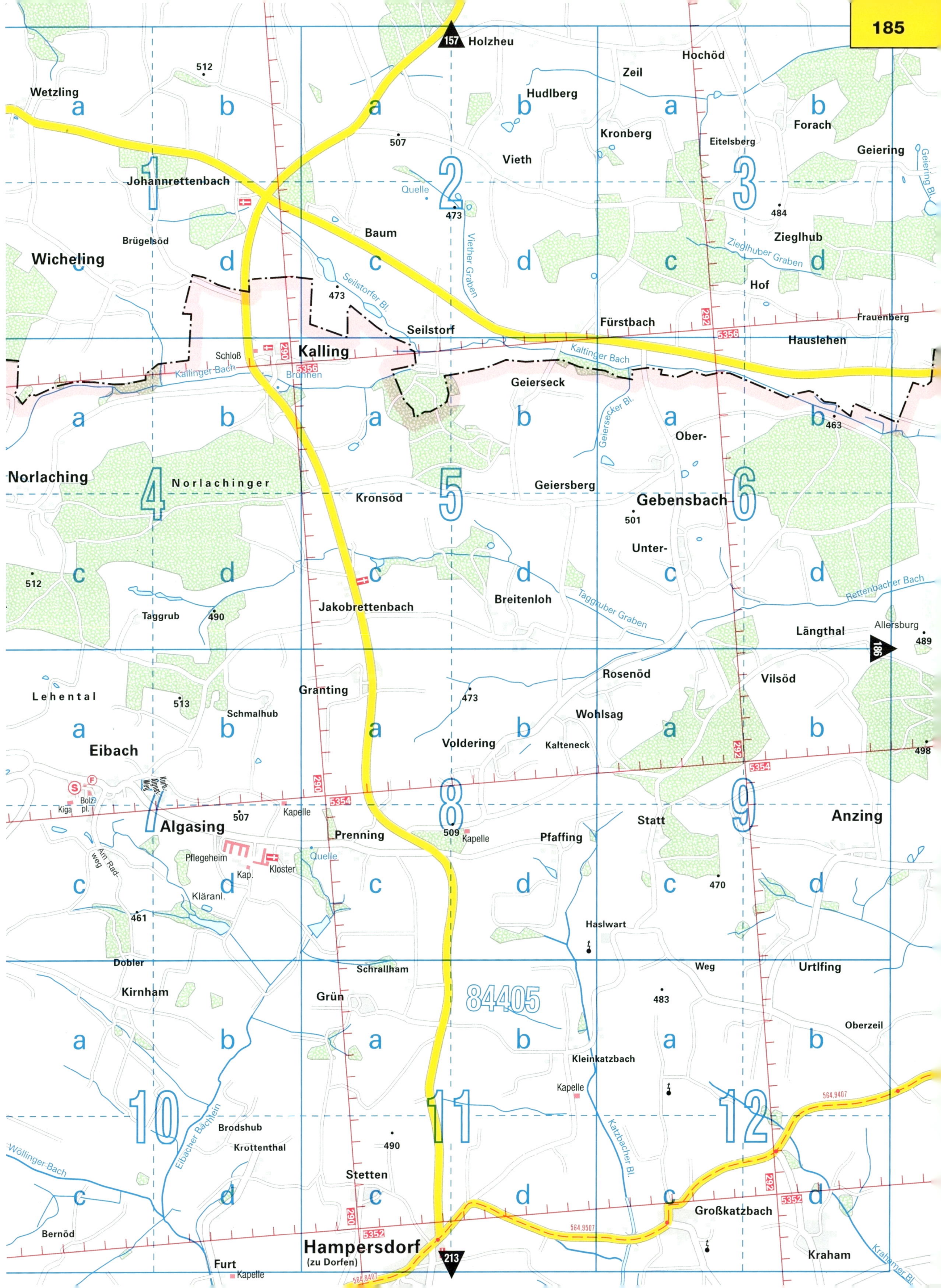
157
Holzheu
Hochöd
Zeil
Wetzling
512
Hudlberg
Forach
Kronberg
Eitelsberg
Geiering
507
Vieth
Johannrettenbach
Quelle
473
484
Baum
Zieglhub
Brügelsöd
Zieglhuber Graben
Wicheling
Viether Graben
Hof
473
Seilstorfer Bl.
Fürstbach
Frauenberg
Seilstorf
5356
Hauslehen
Schloß
Kalling
Kaltinger Bach
Kallinger Bach
Brunnen
Geierseck
Geiersecker Bl.
463
Ober-
Norlaching
Norlachinger
Geiersberg
Kronsöd
Gebensbach
501
Unter-
512
Rettenbacher Bach
Jakobrettenbach
Breitenloh
Taggruber Graben
Taggrub
490
Längthal
Allersburg
186
489
Rosenöd
Vilsöd
Lehental
Granting
473
513
Schmalhub
Wohlsag
Eibach
Voldering
Kalteneck
498
5354
Kiga
Bolzpl.
Algasing
507
Kapelle
Prenning
509
Kapelle
Pfaffing
Statt
Anzing
Pflegeheim
Quelle
Kloster
Kap.
Kläranl.
470
461
Haslwart
Dobler
Schrallham
Weg
Urtlfing
Kirnham
Grün
84405
483
Oberzeil
Kleinkatzbach
Kapelle
Eibacher Bächlein
Brodshub
Katzbacher Bl.
Krottenthal
490
Wöllinger Bach
Stetten
Großkatzbach
5352
Bernöd
Hampersdorf
(zu Dorfen)
213
Furt
Kapelle
Kraham
Krahamer Bl.
Geiering Bl.
290
292
564,9507
564,9407

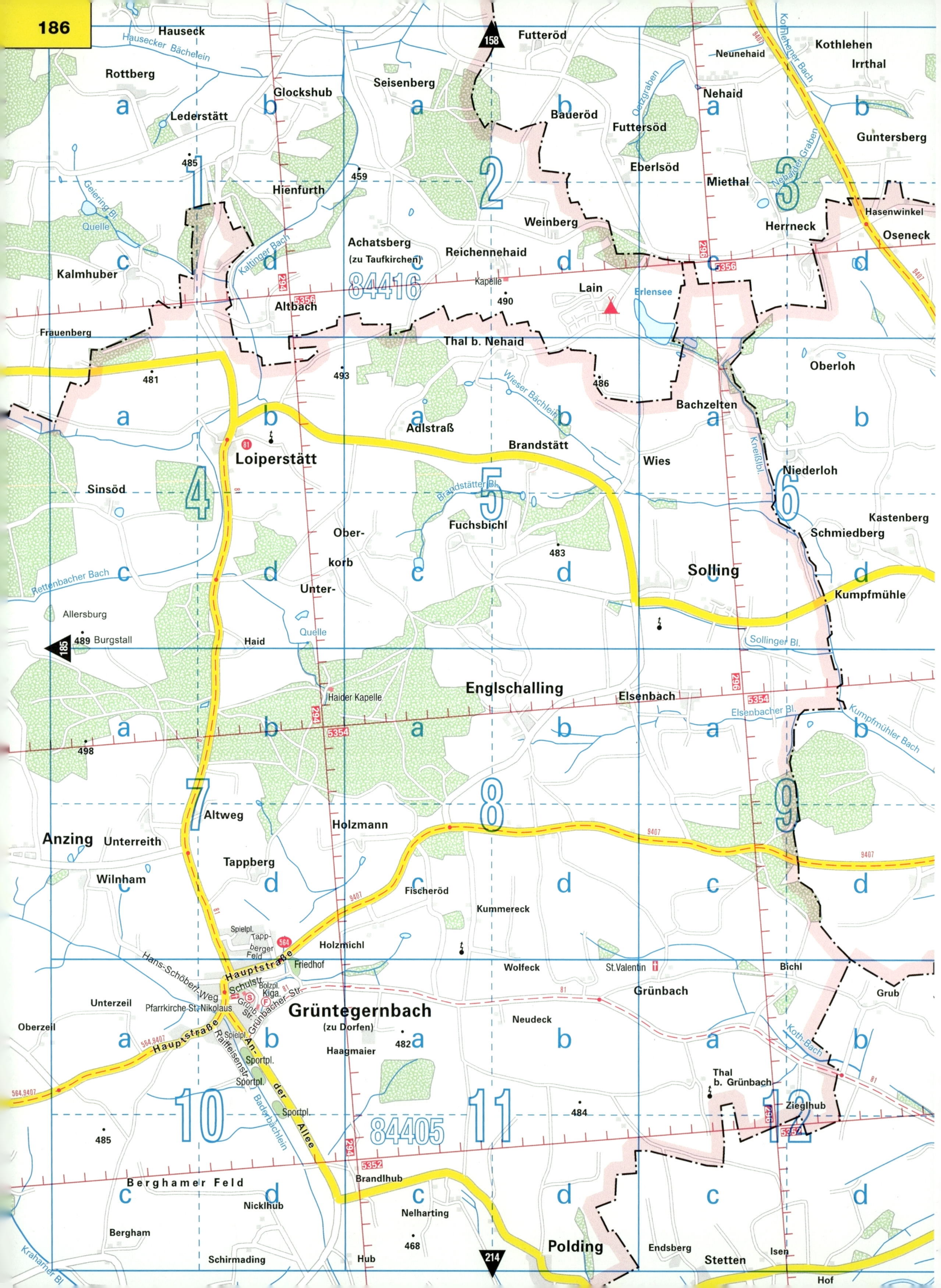

158
Hauseck
Hausecker Bächelein
Futteröd
Rottberg
Glockshub
Seisenberg
Neunehaid
Kothlehen
Irrthal
Kothlehener Bach
Lederstätt
Bauerröd
Futtersöd
Nehaid
Guntersberg
Oetzgraben
Nehaider Graben
485
459
Hienfurth
Eberlsöd
Miethal
Geiering Bl.
Quelle
Kaltinger Bach
Achatsberg
(zu Taufkirchen)
Reichennehaid
Weinberg
Herrneck
Hasenwinkel
Oseneck
Kalmhuber
84416
Kapelle
Lain
Erlensee
490
Altbach
Frauenberg
Thal b. Nehaid
481
493
486
Oberloh
Wieser Bächlein
Bachzelten
Adlstraß
Loiperstätt
Brandstätt
Wies
Kneißbl.
Sinsöd
Brandstätter Bl.
Niederloh
Fuchsbichl
Kastenberg
Schmiedberg
Ober-
korb
483
Solling
Rettenbacher Bach
Unter-
Kumpfmühle
Allersburg
Quelle
489 Burgstall
185
Haid
Sollinger Bl.
Haider Kapelle
Englschalling
Elsenbach
Elsenbacher Bl.
Kumpfmühler Bach
498
Altweg
Holzmann
Anzing
Unterreith
Tappberg
Wilnham
Fischeröd
Kummereck
Spielpl.
Tapp-
berger
Feld
Holzmichl
Friedhof
Hauptstraße
Wolfeck
St.Valentin
Bichl
Hans-Schöberl-Weg
Schulstr.
Bolzpl.
Kiga.
Grünbacher-Str.
Grünbach
Grub
Unterzeil
Pfarrkirche St. Nikolaus
Grünbacher Str.
Grüntegernbach
(zu Dorfen)
Neudeck
Oberzeil
Spielpl.
Raiffeisenstr.
An der Allee
Hauptstraße
Sportpl.
Haagmaier
482
Koth-Bach
Sportpl.
Thal b. Grünbach
Sportpl.
Baderbächlein
Zieglhub
485
84405
484
Brandlhub
Berghamer Feld
Nicklhub
Nelharting
Bergham
468
Polding
Endsberg
Isen
Krahamer Bl.
Schirmading
Hub
214
Stetten
Hof

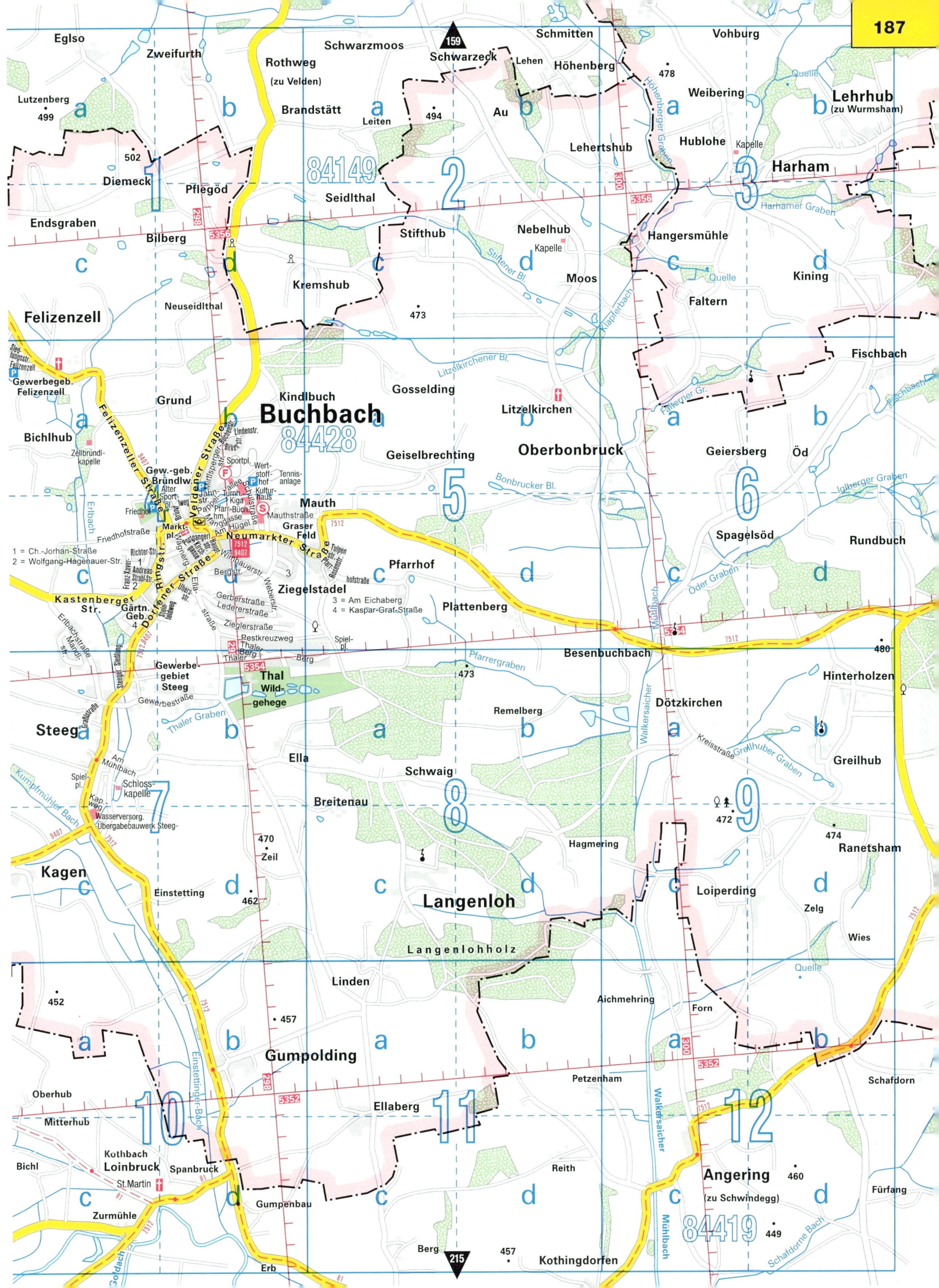

159
215
Egelso
Zweifurth
Rothweg
(zu Velden)
Schwarzmoos
Schwarzeck
Schmitten
Vohburg
Lehen
Höhenberg
478
Lutzenberg
499
Brandstätt
Leiten
494
Au
Weibering
Lehrhub
(zu Wurmsham)
Quelle
502
Diemeck
84149
Lehertshub
Hublohe
Kapelle
Harham
Pflegöd
Seidlthal
Endsgraben
Bilberg
Stifthub
Nebelhub
Kapelle
Hangersmühle
Harhamer Graben
Höhenberger Graben
Kremshub
Moos
Kining
Faltern
Quelle
Stiftener Bl.
Klapferbach
Neuseidlthal
Felizenzell
473
Fischbach
Litzelkirchener Bl.
Gewerbegeb. Felizenzell
Gosselding
Kindlbuch
Grund
Buchbach
84428
Litzelkirchen
Falterner Gr.
Bichlhub
Zellbründlkapelle
Geiselbrechting
Oberbonbruck
Geiersberg
Öd
Gew.-geb. Bründlw.
Sportpl.
Tennisanlage
Kulturhaus
Bonbrucker Bl.
Iglberger Graben
Friedhof
Mauth
Mauthstraße
Graser Feld
Erlbach
Friedhofstraße
Neumarkter Straße
Veldener Straße
Felizenzeller Straße
Spagelsöd
Rundbuch
1 = Ch.-Jorhan-Straße
2 = Wolfgang-Hagenauer-Str.
Pfarrhof
Ziegelstadel
3 = Am Eichaberg
4 = Kaspar-Graf-Straße
Öder Graben
Kastenberger Str.
Dorfener Straße
Ringstr.
Plattenberg
Gerberstraße
Ledererstraße
Zieglerstraße
Pestkreuzweg
Spielpl.
Mühlbach
Besenbuchbach
480
Gewerbegebiet Steeg
Gewerbestraße
Thal
Wildgehege
Berg
473
Pfarrergraben
Hinterholzen
Thaler Graben
Remelberg
Dötzkirchen
Steeg
Walkersaicher
Kreisstraße
Greilhuber Graben
Greilhub
Ella
Schwaig
Kumpfmühler Bach
Schlosskapelle
Breitenau
Wasserversorg. Übergabebauwerk Steeg
472
474
470
Zeil
Hagmering
Ranetsham
Kagen
Einstetting
462
Langenloh
Loiperding
Zelg
Langenlohholz
Wies
Quelle
452
Linden
Aichmehring
Forn
457
Gumpolding
Schafdorn
Oberhub
Petzenham
Ellaberg
Mitterhub
Einstettinger Bach
Kothbach
Loinbruck
Spanbruck
Reith
Angering
460
Bichl
St.Martin
(zu Schwindegg)
Fürfang
Zurmühle
Gumpenbau
84419
449
Schafdorner Bach
Berg
457
Kothingdorfen
Mühlbach
Erb
Goldach

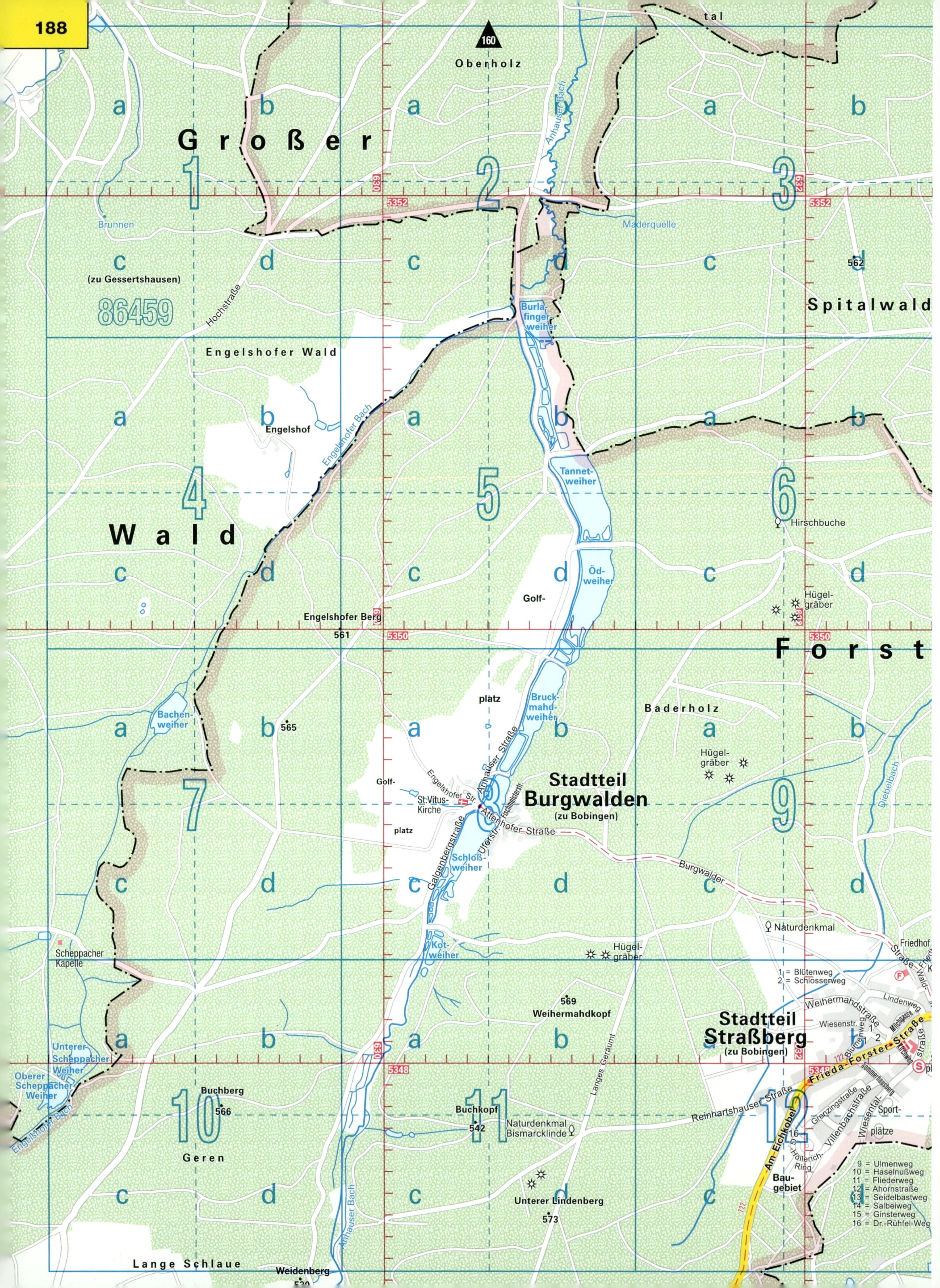

Oberholz
160
Großer Wald
Brunnen
(zu Gessertshausen)
86459
Hochstraße
Engelshofer Wald
Engelshof
Engelshofer Bach
Anhauser Bach
Maderquelle
Burlafingerweiher
Tannetweiher
Ödweiher
Spitalwald
562
Hirschbuche
Hügelgräber
Forst
Engelshofer Berg
561
Golf-
platz
Bachenweiher
565
Bruckmahdweiher
Baderholz
Stadtteil Burgwalden
(zu Bobingen)
St.-Vitus-Kirche
Engelshofer Str.
Anhauser Straße
Attenhofer Straße
Galgenbergstraße
Schloßweiher
Burgwalder
Diebelbach
Naturdenkmal
Scheppacher Kapelle
Kotweiher
Hügelgräber
569
Weihermahdkopf
Unterer Scheppacher Weiher
Oberer Scheppacher Weiher
Engelshofer Bach
Buchberg
566
Geren
Buchkopf
542
Naturdenkmal Bismarcklinde
Langes Geraumt
Unterer Lindenberg
573
Lange Schlaue
Weidenberg
Stadtteil Straßberg
(zu Bobingen)
1 = Blütenweg
2 = Schlosserweg
Friedhof
Weihermahdstraße
Wiesenstr.
Lindenweg
Frieda-Forster-Straße
Reinhartshauser Straße
Am Eichkopf
Grenzingstraße
Villenbachstraße
Sport-
plätze
Bau-
gebiet
9 = Ulmenweg
10 = Haselnußweg
11 = Fliederweg
12 = Ahornstraße
13 = Seidelbastweg
14 = Salbeiweg
15 = Ginsterweg
16 = Dr.-Rühfel-Weg
tal

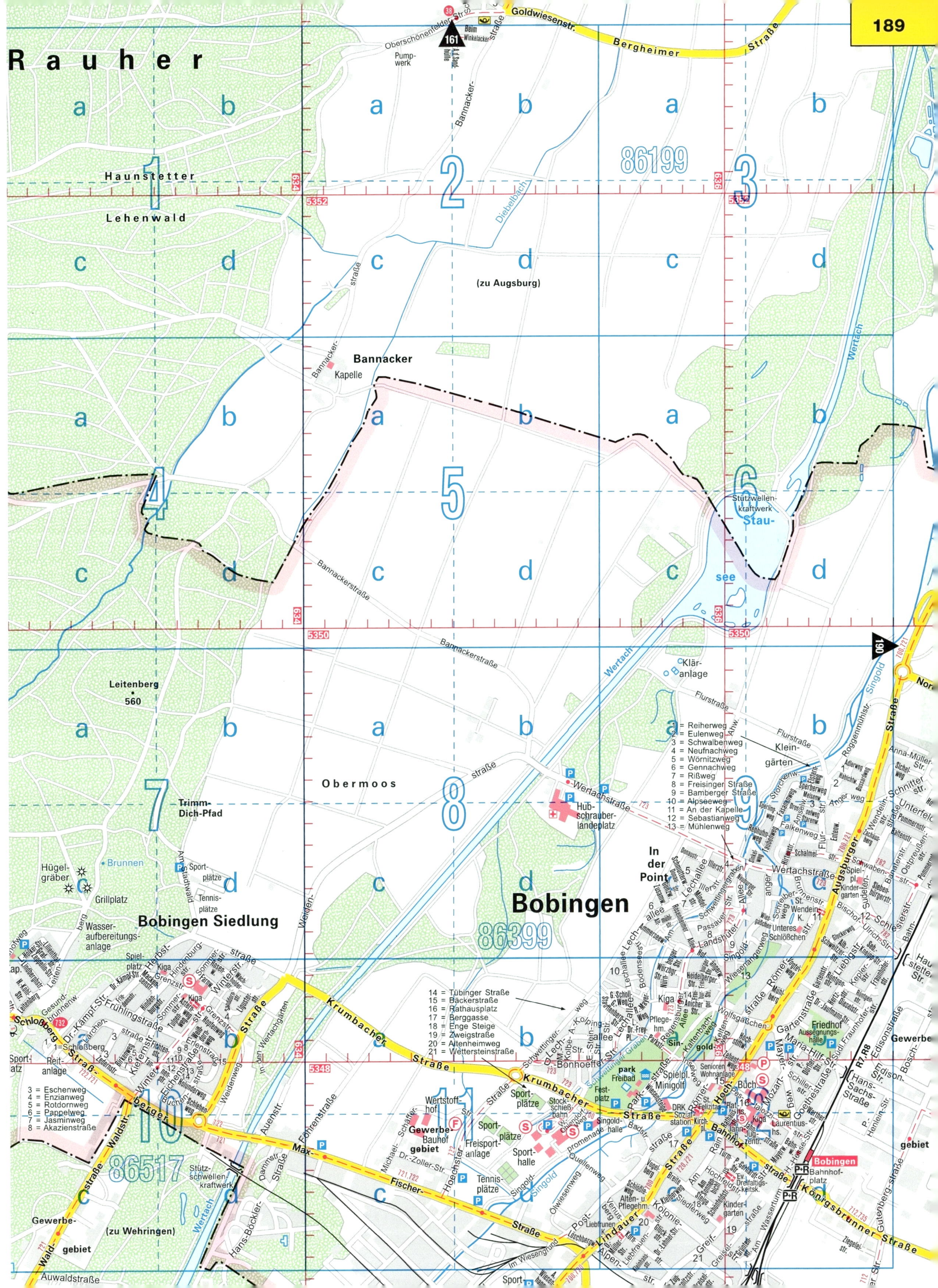
Rauher
Haunstetter
Lehenwald
Goldwiesenstr.
Bergheimer Straße
Oberschönenfelder-Str.
Pump-
werk
Beim Winkelacker
Bannacker-
straße
Diebelbach
86199
5352
634
636
(zu Augsburg)
Bannacker
Kapelle
Stützwellen-
kraftwerk
Stau-
see
Wertach
Bannackerstraße
5350
Leitenberg
560
Trimm-
Dich-Pfad
Obermoos
Klär-
anlage
Flurstraße
Wertachstraße
Hub-
schrauber-
landeplatz
1 = Reiherweg
2 = Eulenweg
3 = Schwalbenweg
4 = Neufnachweg
5 = Wörnitzweg
6 = Gennachweg
7 = Rißweg
8 = Freisinger Straße
9 = Bamberger Straße
10 = Alpseeweg
11 = An der Kapelle
12 = Sebastianweg
13 = Mühlenweg
Klein-
gärten
In
der
Point
Hügel-
gräber
Brunnen
Grillplatz
Wasser-
aufbereitungs-
anlage
Sport-
plätze
Tennis-
plätze
Bobingen Siedlung
Bobingen
86399
Singold
Augsburger Straße
14 = Tübinger Straße
15 = Bäckerstraße
16 = Rathausplatz
17 = Berggasse
18 = Enge Steige
19 = Zweigstraße
20 = Altenheimweg
21 = Wettersteinstraße
Krumbacher Straße
1 = Schloßberg
3 = Eschenweg
4 = Enzianweg
5 = Rotdornweg
6 = Pappelweg
7 = Jasminweg
8 = Akazienstraße
Reit-
anlage
5348
Wertstoff-
hof
Gewerbe-
Bauhof
gebiet
Freisport-
anlage
Sport-
halle
Tennis-
plätze
Max-Fischer-Straße
Stütz-
schwellen-
kraftwerk
86517
Gewerbe-
gebiet
(zu Wehringen)
Auwaldstraße
Waldstraße
Friedhof
Aussegnungs-
halle
Bobingen
Bahnhof-
platz
Königsbrunner Straße
Gewerbe
gebiet
Lindauer Straße
Hochstraße
Bahnhofstraße
DRK
Sozial-
station
Senioren
Wohnanlage
Minigolf
Freibad
Laurentius-
hs.
Kinder-
garten
Alten- u.
Pflegeheim
Gartenstraße
Goethestraße
R7, R8
Edisonstraße
Hans-
Sachs-
Straße
Anna-Müller-
Str.
Roggenmühlstr.
190
161

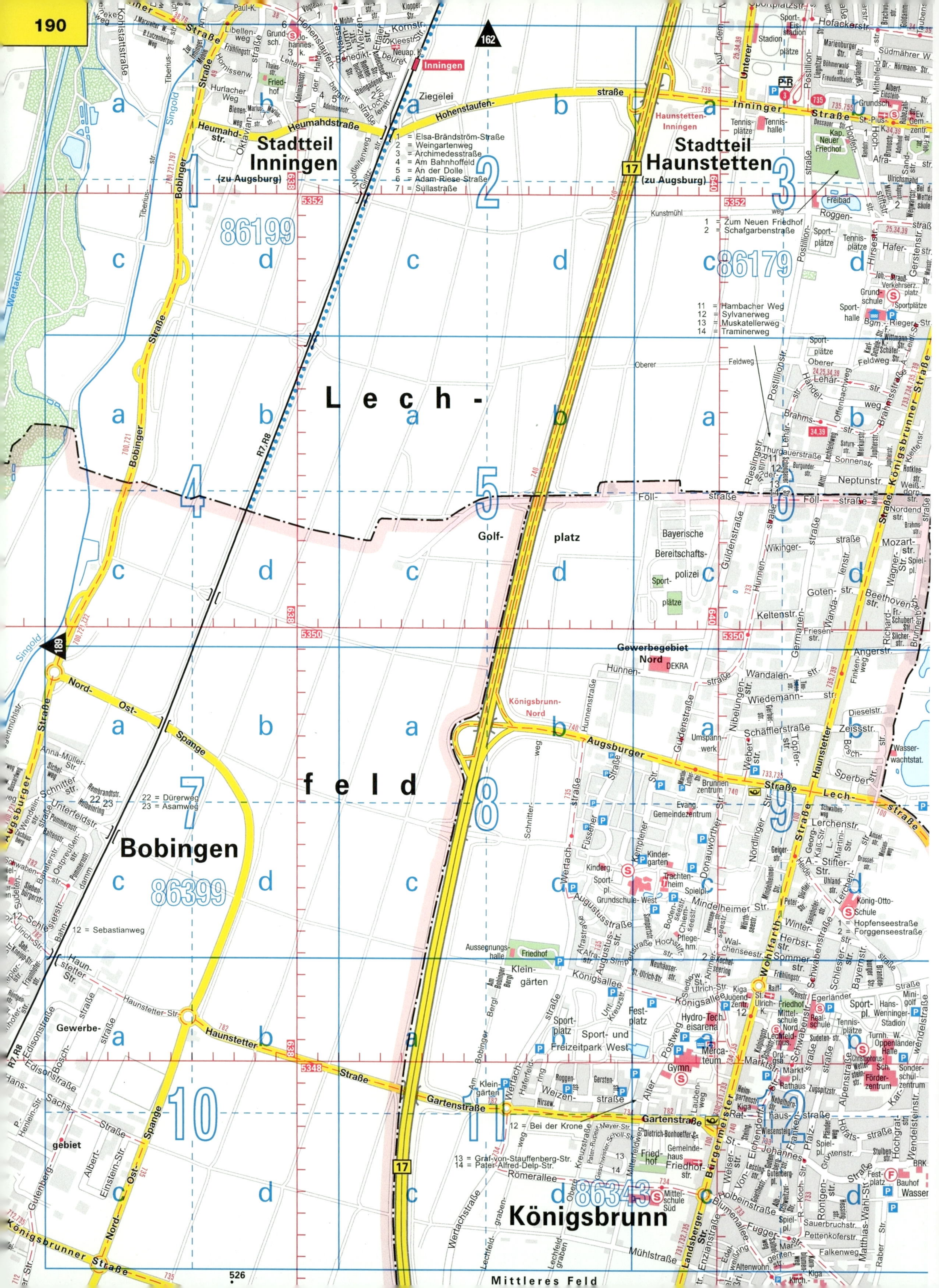
162
Inningen
Stadtteil
Inningen
(zu Augsburg)
1 = Elsa-Brändström-Straße
2 = Weingartenweg
3 = Archimedesstraße
4 = Am Bahnhoffeld
5 = An der Dolle
6 = Adam-Riese-Straße
7 = Sullastraße
Hohenstaufenstraße
Heumahdstraße
Ziegelei
Stadtteil
Haunstetten
(zu Augsburg)
Haunstetten-Inningen
Inninger Straße
Neuer Friedhof
Freibad
1 = Zum Neuen Friedhof
2 = Schafgarbenstraße
11 = Hambacher Weg
12 = Sylvanerweg
13 = Muskatellerweg
14 = Traminerweg
86199
86179
Lech-
feld
Bobinger Straße
Oberer Feldweg
Föllstraße
Golfplatz
Bayerische Bereitschaftspolizei
Gewerbegebiet Nord
DEKRA
Königsbrunn-Nord
Augsburger Straße
Lechstraße
Haunstetter Straße
Wohlfarthstraße
Nord-Ost-Spange
Bobingen
86399
22 = Dürerweg
23 = Asamweg
12 = Sebastianweg
Gewerbegebiet
Haunstetter Straße
Gartenstraße
Friedhof
Kleingärten
Sport- und Freizeitpark West
Mercateum
Gymn.
Rathaus
12 = Bei der Krone
13 = Graf-von-Stauffenberg-Str.
14 = Pater-Alfred-Delp-Str.
Römerallee
86343
Königsbrunn
Mühlstraße
Königsbrunner Straße
Landsberger Str.
Bürgermeister
17
189
Mittleres Feld
526

Stadtwald
Haunstetter Wald
Naturschutzgebiet
Meringer Au
NSG
Naturschutzgebiet Kissinger Heide
(zu Kissing)
Weitmannsee
Naherholungsgebiet Weitmannsee
Lech
Lechfeldmähder
Lautersee
Naherholungsgebiet
Ilsesee
Auensee
Kissing
Lechstaustufe 23
Feuerwachturm
Schießstand
86415
(zu Mering)
Friedenau
Sportpl.
Tierkörperverwertung
Lechfeldstraße
Meringer Straße
Krankenhaus
Luisenruh
Kleingärten
Haunstetter Straße
Gassen-Geräumt
Waldkirch-Geräumt
Kupferbichl-Geräumt
Wasserhäusl-Geräumt
Holzschlag-Geräumt
Hundezwinger Geräumt
Kiesgrub-Geräumt
Mondschein-Geräumt
Preysing-Geräumt
Pürsch-Geräumt
Langes-Geräumt
Eulen-Geräumt
Alter Floßgraben
Lochbach
Neuer Graben
Gießer
Bayerbach
Hagenbach
Galgenbach
Verlorener Bach (Galgenbach)
Auenstr.
Wasserhausweg
Lechfeldstraße
Lech-Straße
163
192
5352
5350
5348
642
644

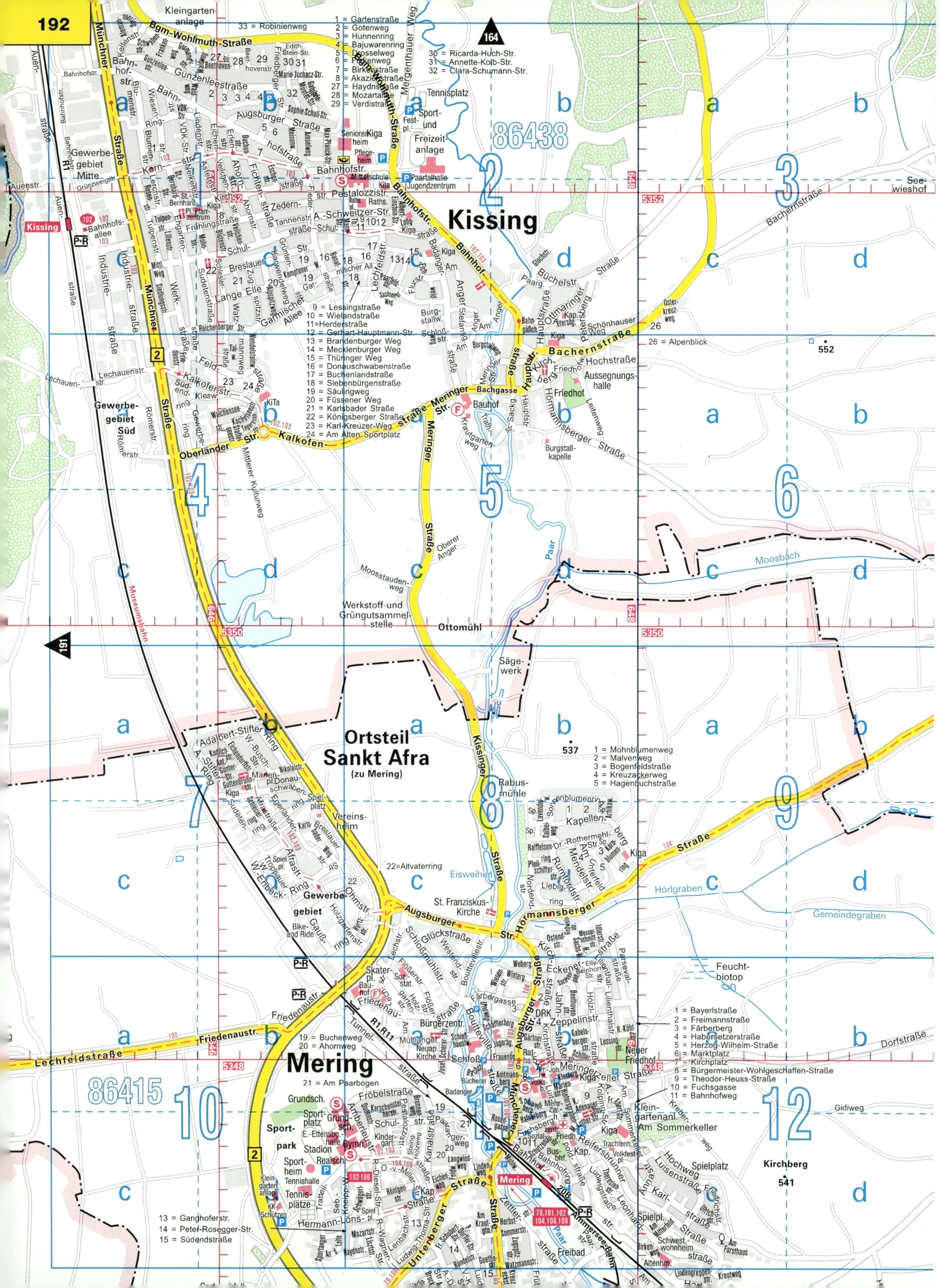

Kissing
Ortsteil Sankt Afra (zu Mering)
Mering
86438
86415
1 = Gartenstraße
2 = Gotenweg
3 = Hunnenring
4 = Bajuwarenring
5 = Drosselweg
6 = Finkenweg
7 = Birkenstraße
8 = Akazienstraße
27 = Haydnstraße
28 = Mozartstraße
29 = Verdistraße
30 = Ricarda-Huch-Str.
31 = Annette-Kolb-Str.
32 = Clara-Schumann-Str.
33 = Robinienweg
9 = Lessingstraße
10 = Wielandstraße
11=Herderstraße
12 = Gerhart-Hauptmann-Str.
13 = Brandenburger Weg
14 = Mecklenburger Weg
15 = Thüringer Weg
16 = Donauschwabenstraße
17 = Buchenlandstraße
18 = Siebenbürgenstraße
19 = Säulingweg
20 = Füssener Weg
21 = Karlsbader Straße
22 = Königsberger Straße
23 = Karl-Kreuzer-Weg
24 = Am Alten Sportplatz
26 = Alpenblick
1 = Mohnblumenweg
2 = Malvenweg
3 = Bogenfeldstraße
4 = Kreuzackerweg
5 = Hagenbuchstraße
22=Altvaterring
19 = Buchenweg
20 = Ahornweg
21 = Am Paarbogen
13 = Ganghoferstr.
14 = Peter-Rosegger-Str.
15 = Südendstraße
1 = Bayerlstraße
2 = Freimannstraße
3 = Färberberg
4 = Habersetzerstraße
5 = Herzog-Wilhelm-Straße
6 = Marktplatz
7 = Kirchplatz
8 = Bürgermeister-Wohlgeschaffen-Straße
9 = Theodor-Heuss-Straße
10 = Fuchsgasse
11 = Bahnhofweg
Münchner Straße
Bgm.-Wohlmuth-Straße
Augsburger Straße
Bahnhofstr.
Bachernstraße
Meringer Straße
Kalkofen-
Oberländer Str.
Hörmannsberger Straße
Kissinger Straße
Friedenaustr.
Lechfeldstraße
Unterberger Straße
Ammersee-Bahn
Museumsbahn
Paar
Moosbach
Hörlgraben
Gemeindegraben
Ottomühl
Sägewerk
Rabusmühle
Werkstoff- und Grüngutsammelstelle
Gewerbegebiet Mitte
Gewerbegebiet Süd
Gewerbegebiet
Sport- und Freizeitanlage
Tennisplatz
Aussegnungshalle
Friedhof
Bauhof
Burgstallkapelle
St. Franziskus-Kirche
Vereinsheim
Eisweiher
Feuchtbiotop
Neuer Friedhof
Kleingartenanl. Am Sommerkeller
Sportpark
Stadion
Freibad
Kirchberg
541
537
552
Seewieshof
Auenstr.
Lechauenstr.
Dorfstraße
Gidiweg
164
191

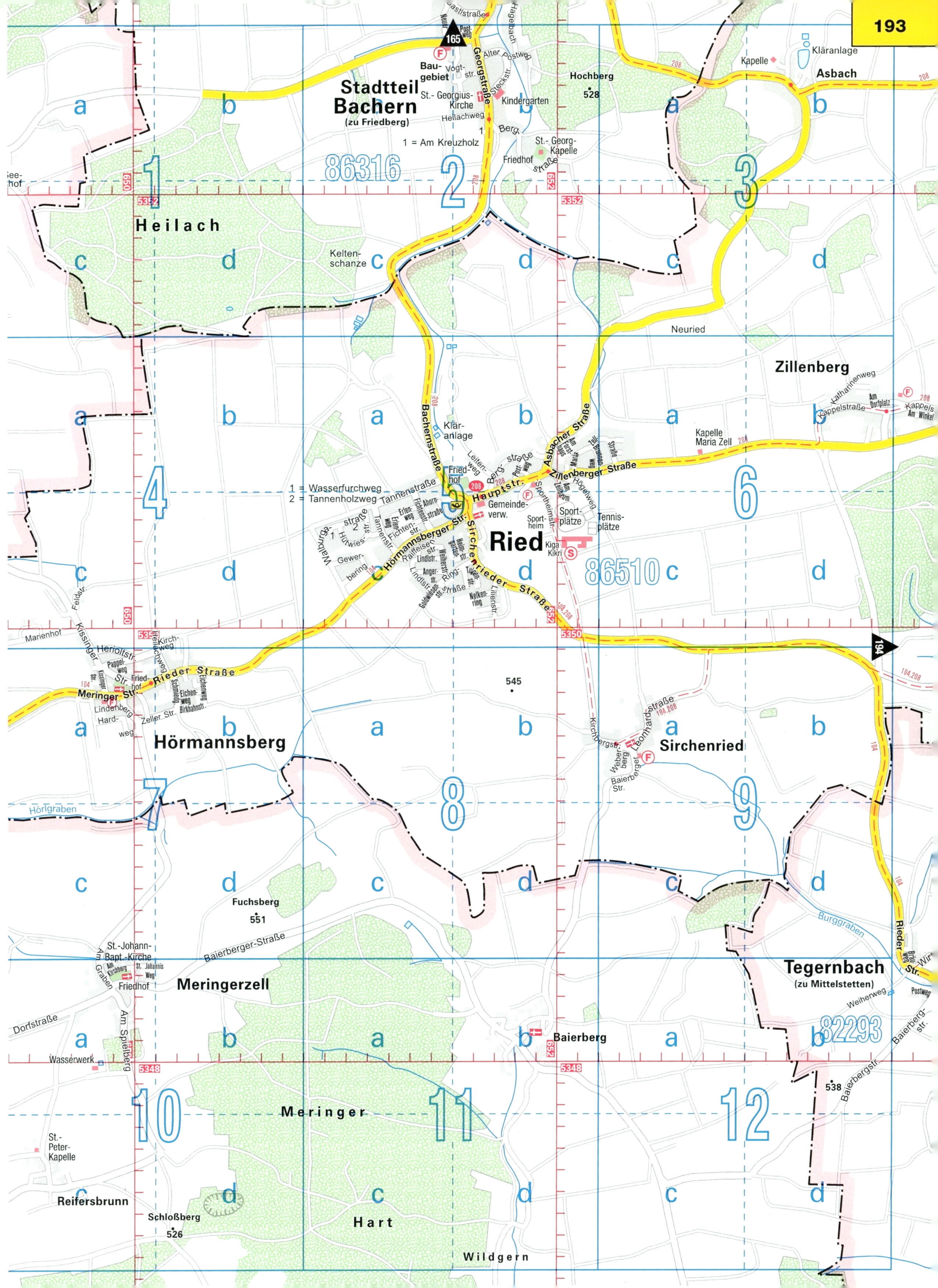

Stadtteil Bachern
(zu Friedberg)
Baugebiet
Vogtstr.
Georgstraße
Alter Postweg
Hagelbach
Steckstr.
St.-Georgius-Kirche
Kindergarten
Hellachweg
Berg
1 = Am Kreuzholz
St.-Georg-Kapelle
Friedhof
Hochberg
528
Kapelle
Kläranlage
Asbach
86316
Heilach
Keltenschanze
Neuried
Zillenberg
Katharinenweg
Kappelstraße
Am Dorfplatz
Kapelle Maria Zell
Bachernstraße
Kläranlage
Leitenweg
Bergstraße
Postweg
Asbacher Straße
Zillenberger Straße
Friedhof
Hauptstr.
1 = Wasserfurchweg
2 = Tannenholzweg
Tannenstraße
Gemeindeverw.
Sportheimstr.
Högelweg
Sportplätze
Sportheim
Tennisplätze
Ried
Kiga
Kikri
86510
Hörmannsberger Str.
Sirchenrieder Straße
Gewerbering
Walburgastr.
Raiffeisenstr.
Lindlstr.
Weiherstr.
Nelkenring
Lilienstr.
Marienhof
Kissinger Str.
Heriolfstr.
Pappelweg
Kirchweg
Friedhof
Rieder Straße
Meringer Str.
Lindenberg
Hardweg
Zeller Str.
Birkhahnstr.
Eichenweg
Hörmannsberg
545
Kirchbergstr.
Leonhardstraße
Weberberg
Baierberger Str.
Sirchenried
Hörlgraben
Fuchsberg
551
Burggraben
Rieder Str.
Tegernbach
(zu Mittelstetten)
Weiherweg
Postweg
St.-Johann-Bapt.-Kirche
Am Graben
Am Kirchberg
St. Johannis Weg
Friedhof
Baierberger-Straße
Meringerzell
Dorfstraße
Am Spielberg
Wasserwerk
Baierberg
82293
Baierbergstr.
538
Meringer
St.-Peter-Kapelle
Reifersbrunn
Schloßberg
526
Hart
Wildgern
165
194

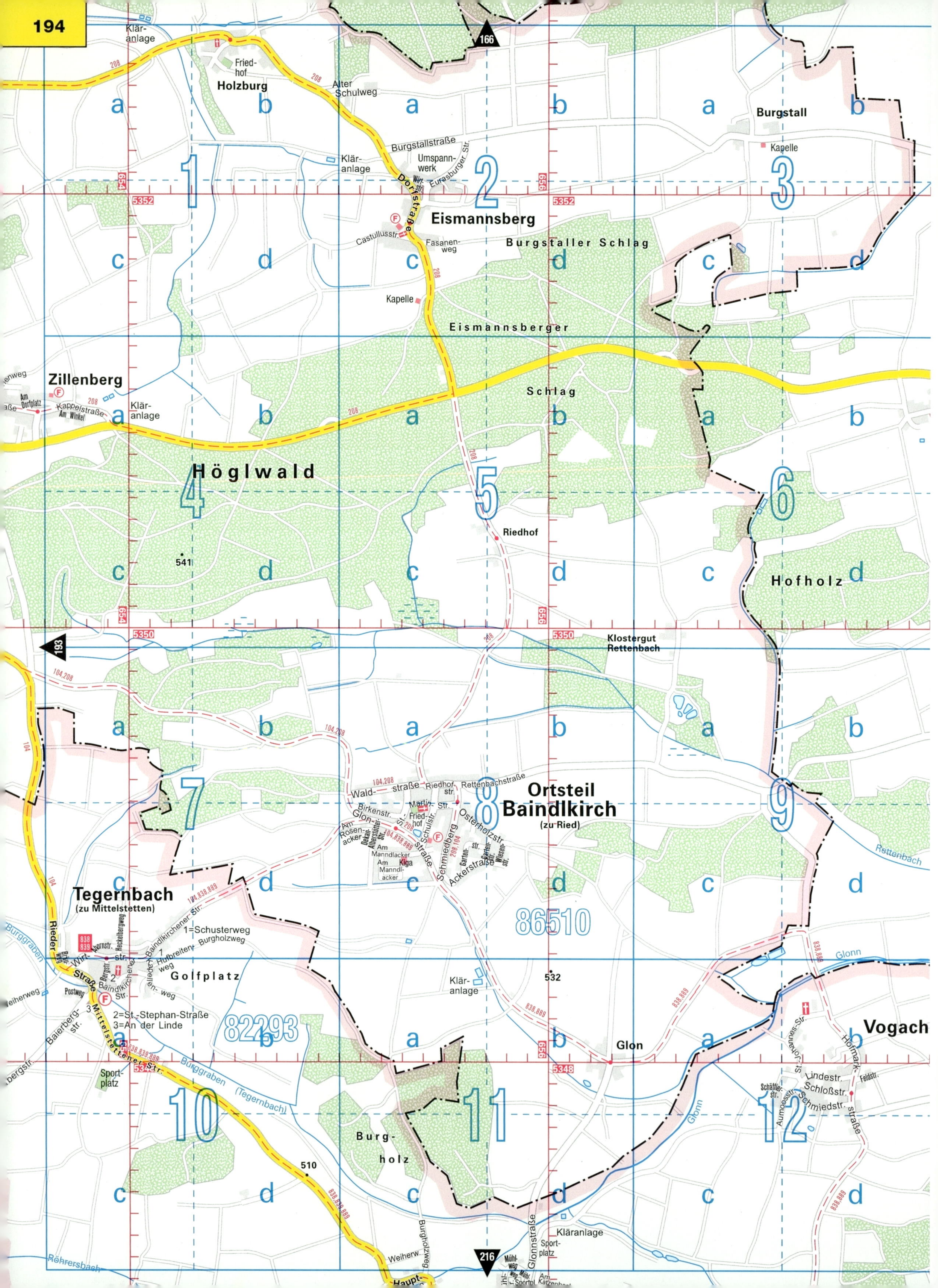

Holzburg
Eismannsberg
Burgstall
Burgstaller Schlag
Eismannsberger Schlag
Zillenberg
Höglwald
Riedhof
Hofholz
Klostergut Rettenbach
Ortsteil Baindlkirch (zu Ried)
Tegernbach (zu Mittelstetten)
Golfplatz
Glon
Vogach
Burgholz
86510
82293
1=Schusterweg
2=St.-Stephan-Straße
3=An der Linde
Kläranlage
Kapelle
Umspannwerk
Friedhof
Sportplatz
Rettenbach
Glonn
Burggraben (Tegernbach)
Röhrersbach
166
193
216

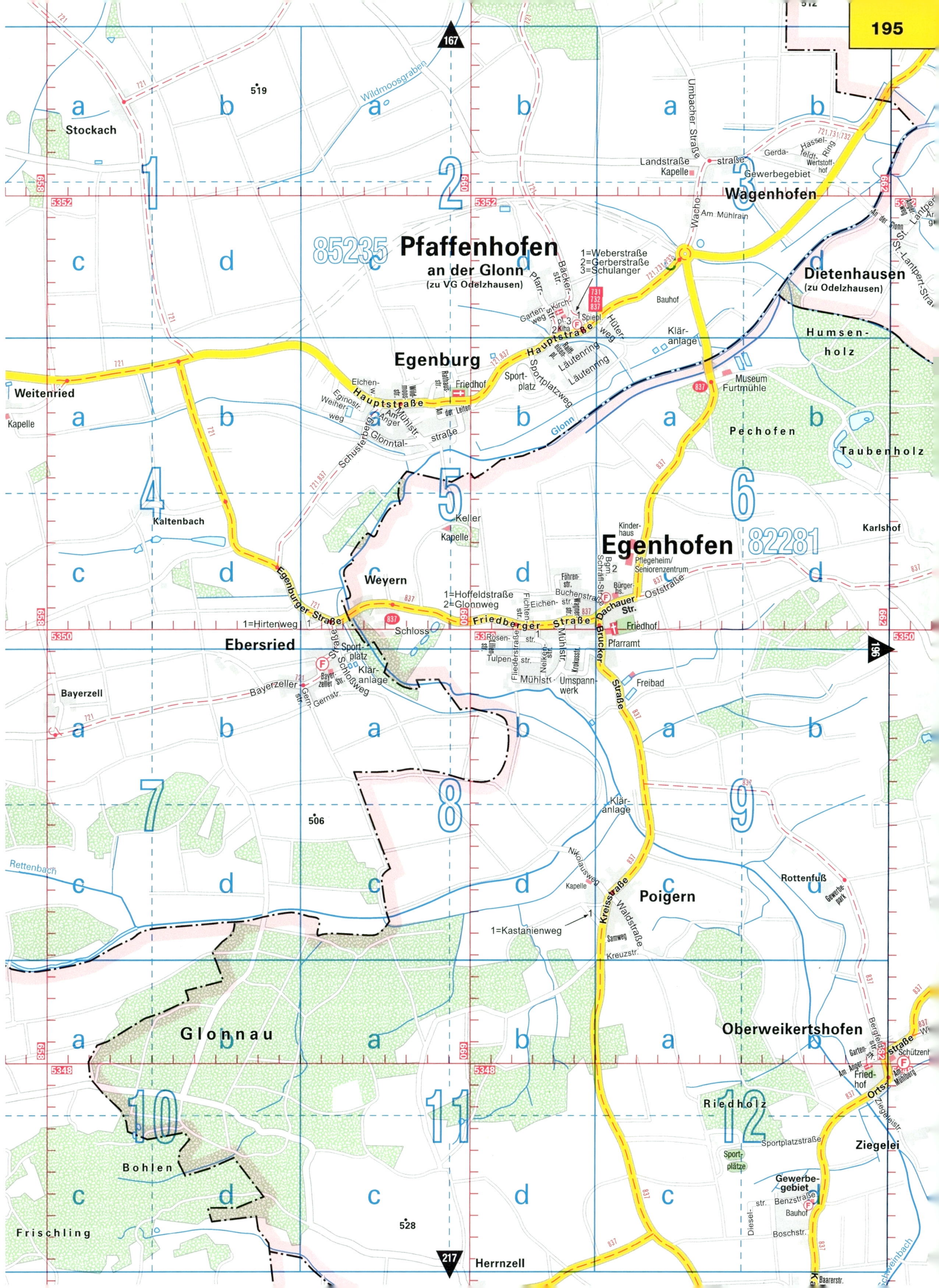
167
519
Stockach
Wildmoosgraben
Umbacher Straße
Landstraße
Kapelle
Gerda-
Hassel-
feldt-
Ring
Wertstoffhof
Gewerbegebiet
Wagenhofen
Am Mühlrain
85235
Pfaffenhofen
an der Glonn
(zu VG Odelzhausen)
1=Weberstraße
2=Gerberstraße
3=Schulanger
Dietenhausen
(zu Odelzhausen)
Bauhof
Kläranlage
Humsenholz
Weitenried
Kapelle
Egenburg
Hauptstraße
Friedhof
Sportplatz
Sportplatzweg
Läutenring
Glonn
Museum
Furtmühle
Pechofen
Taubenholz
Glonntalstraße
Schusterberg
Kaltenbach
Keller
Kapelle
Kinderhaus
Egenhofen
82281
Pflegeheim/
Seniorenzentrum
Karlshof
Weyern
1=Hoffeldstraße
2=Glonnweg
Egenburger Straße
Friedberger Straße
Dachauer Str.
Oststraße
Friedhof
Pfarramt
1=Hirtenweg
Schloss
Ebersried
Sportplatz
Kläranlage
Schloßweg
Bayerzell
Bayerzeller Straße
Mühlstr.
Umspannwerk
Freibad
Brucker Straße
506
Kläranlage
Rettenbach
Nikolausweg
Kapelle
Kreisstraße
Waldstraße
Poigern
Rottenfuß
Gewerbepark
1=Kastanienweg
Kreuzstr.
Glonnau
Oberweikertshofen
Friedhof
Riedholz
Sportplatzstraße
Sportplätze
Ziegelei
Bohlen
Gewerbegebiet
Benzstraße
Bauhof
Dieselstr.
Boschstr.
Frischling
528
217
Herrnzell
Schweinbach
196

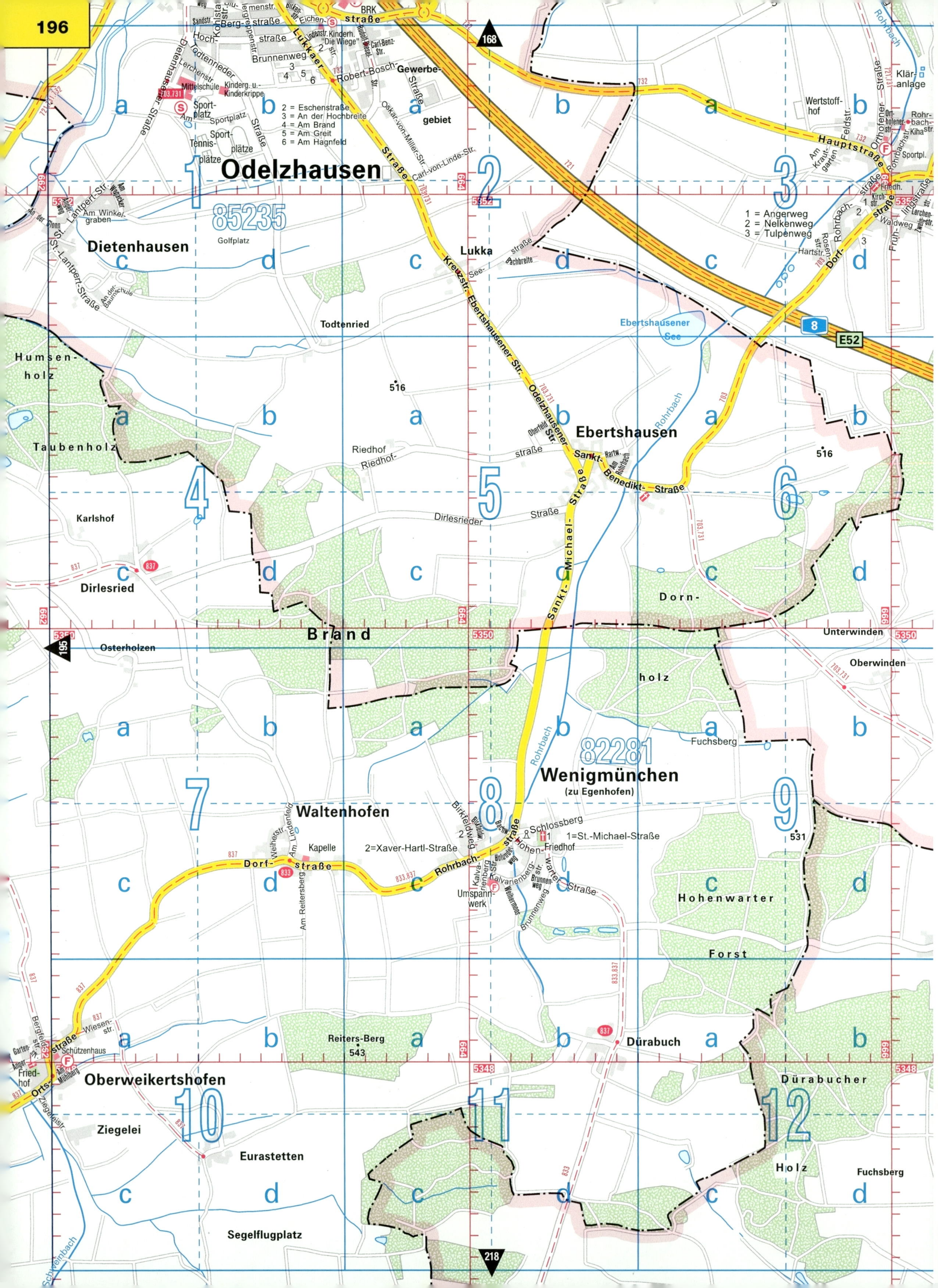
Odelzhausen
85235
Dietenhausen
Golfplatz
Lukka
Todtenried
Ebertshausener See
Humsenholz
Taubenholz
Riedhof
Ebertshausen
Karlshof
Dirlesried
Dorn-
Brand
Osterholzen
Unterwinden
Oberwinden
holz
Fuchsberg
82281
Wenigmünchen
(zu Egenhofen)
Waltenhofen
Kapelle
2=Xaver-Hartl-Straße
1=St.-Michael-Straße
Schlossberg
Friedhof
Umspannwerk
Hohenwarter
Forst
Reiters-Berg
543
Dürabuch
Oberweikertshofen
Schützenhaus
Ziegelei
Eurastetten
Dürabucher
Holz
Fuchsberg
Segelflugplatz
1 = Angerweg
2 = Nelkenweg
3 = Tulpenweg
2 = Eschenstraße
3 = An der Hochbreite
4 = Am Brand
5 = Am Greit
6 = Am Hagnfeld
Wertstoffhof
Kläranlage
Gewerbegebiet
Hauptstraße
Kreuzstr.
Ebertshausener Str.
Odelzhausener Str.
Sankt-Benedikt-Straße
Sankt-Michael-Straße
Dirlesrieder Straße
Riedhof-straße
Dorfstraße
Rohrbach
8
E52
168
195
218

Wiedenzhausen
Altstetten
169
85253
(zu Erdweg)
(zu Schwabhausen)
Lindach
Bogenried
Kapelle
Mühlbach
Klausenbach
Sulzemooser Straße
Hauptstraße
Sulzemoos
(zu VG Odelzhausen)
85254
Gemeinde-holz
Kammerholz
1 = Brunnenweg
3 = St.-Florians-Weg
4 = Moosweg
Bauhof
Frauen-holz
Sportplätze
Kinderhaus
Tennisplätze
Schloßallee
Schloss
Hirschbergstr.
Kirchstraße
Bergstr.
(zu Schwabhausen)
85247
Angerholz
Weiherholz
Ziegelstadel
Recyclinghof
Gewerbegebiet
Ohmstraße
77
Anschlussstelle Sulzemoos
Birkholz
Lederhof
Kapelle
Haidhof
2 = Oskar-von-Miller-Ring
5 = Maffei Straße
6 = Justus-von-Liebig-Straße
Stuhlholz
198
Jagdhütte
Haidholz
Rodelzried
85232
Kapelle
Hilpertsried
Kirch-holz
Heishof
8
E52
Lauterbach
(zu Bergkirchen)
Aichacher Str.
An der Pfenniglohe
Römerstr.
Dachauer Str.
Windener Str.
Hopfenau
Umspannwerk
Prieler Straße
Prack
Einsbach
Brucker Str.
Weiherweg
Gartenstr.
Kläranlage
Pumpwerk
Mitterlaich
Breitwies-Graben
82216
Kläranlage
Thalerholz
Hachel-Berg
(zu Maisach)
Zötzelhofen
Pöcklhof
Loderhof
219

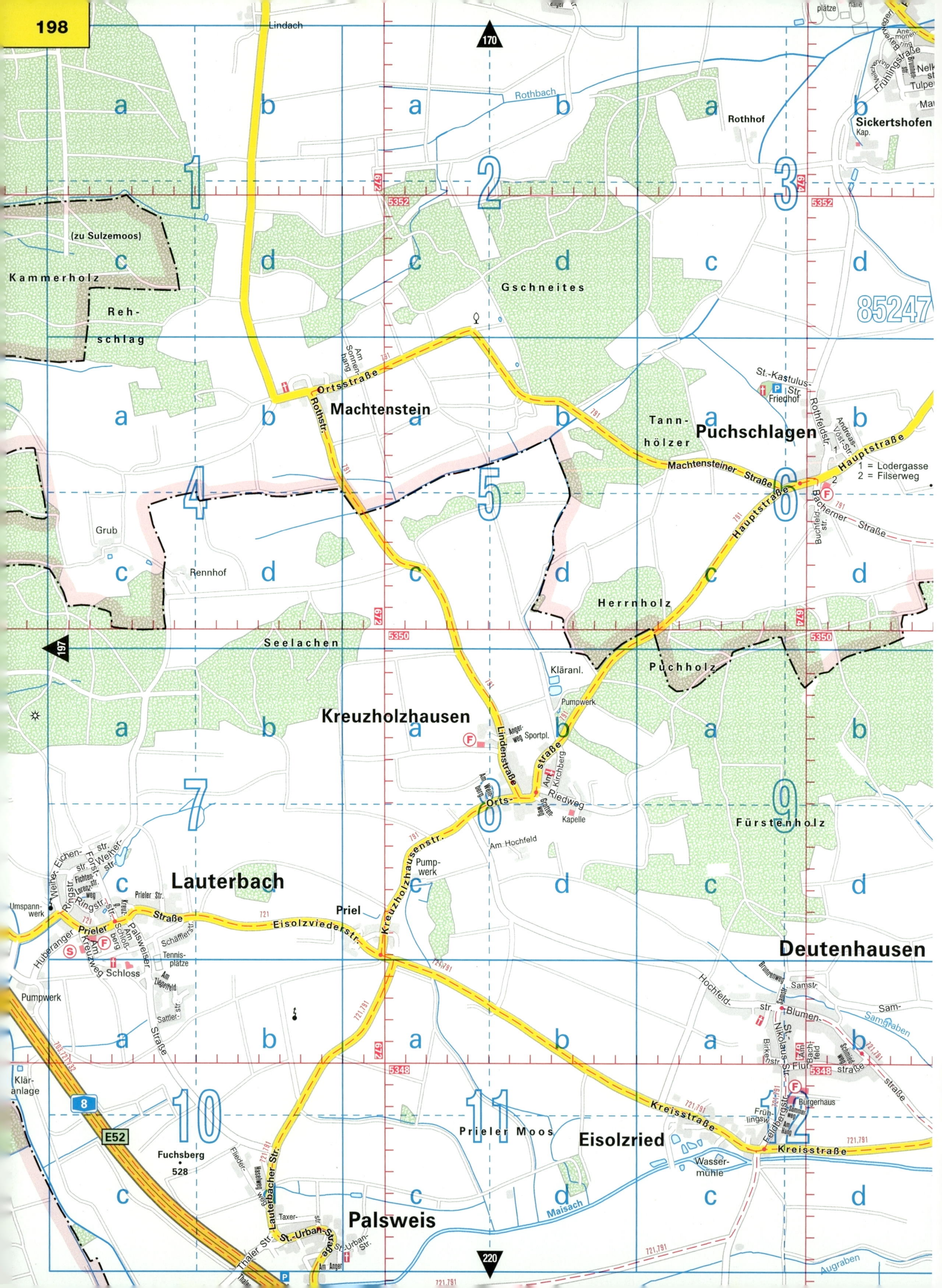

Lindach
170
Rothbach
Rothhof
Sickertshofen
Kap.
Frühlingstraße
(zu Sulzemoos)
Kammerholz
Reh-
schlag
Gschneites
85247
5352
Ortsstraße
Rothstr.
Machtenstein
Am Sonnenhang
St.-Kastulus-Str.
Friedhof
Rothfeldstr.
Andreas-Vöst-Str.
Tann-
hölzer
Puchschlagen
Machtensteiner Straße
Hauptstraße
1 = Lodergasse
2 = Filserweg
Bacherner Straße
Buchfeldstr.
Grub
Rennhof
Herrnholz
Seelachen
5350
197
Puchholz
Kläranl.
Pumpwerk
Kreuzholzhausen
Angerweg
Sportpl.
Lindenstraße
Ortsstraße
Am Kirchberg
Riedweg
Kapelle
Am Hochfeld
Fürstenholz
Lauterbach
Kreuzholzhausenstr.
Pumpwerk
Priel
Prieler Straße
Eisolzviederstr.
Umspannwerk
Ringstr.
Weiherstr.
Eichenstr.
Forststr.
Fichtenstr.
Lorenzstr.
Huberanger
Am Kreuzweg
Schloss
Schlossberg
Palsweiser Str.
Schäfflerstr.
Tennisplätze
Am Ziegelfeld
Sattlerstr.
Pumpwerk
Deutenhausen
Hochfeldstr.
Brunnenweg
Samstr.
Blumenstr.
Samgraben
St.-Nikolaus-Str.
Birkenstr.
Flurstraße
5348
Kreisstraße
Bürgerhaus
Feldbergstr.
Frühlingsw.
Am Sommerweg
Am Hang
Kläranlage
8
E52
Fuchsberg
528
Fliederweg
Haselweg
Lauterbacher Str.
Prieler Moos
Eisolzried
Wassermühle
Maisach
Palsweis
Taxerstr.
St.-Urban-Straße
St.-Urban-Str.
Thaler Str.
Am Anger
220
Augraben
721,791

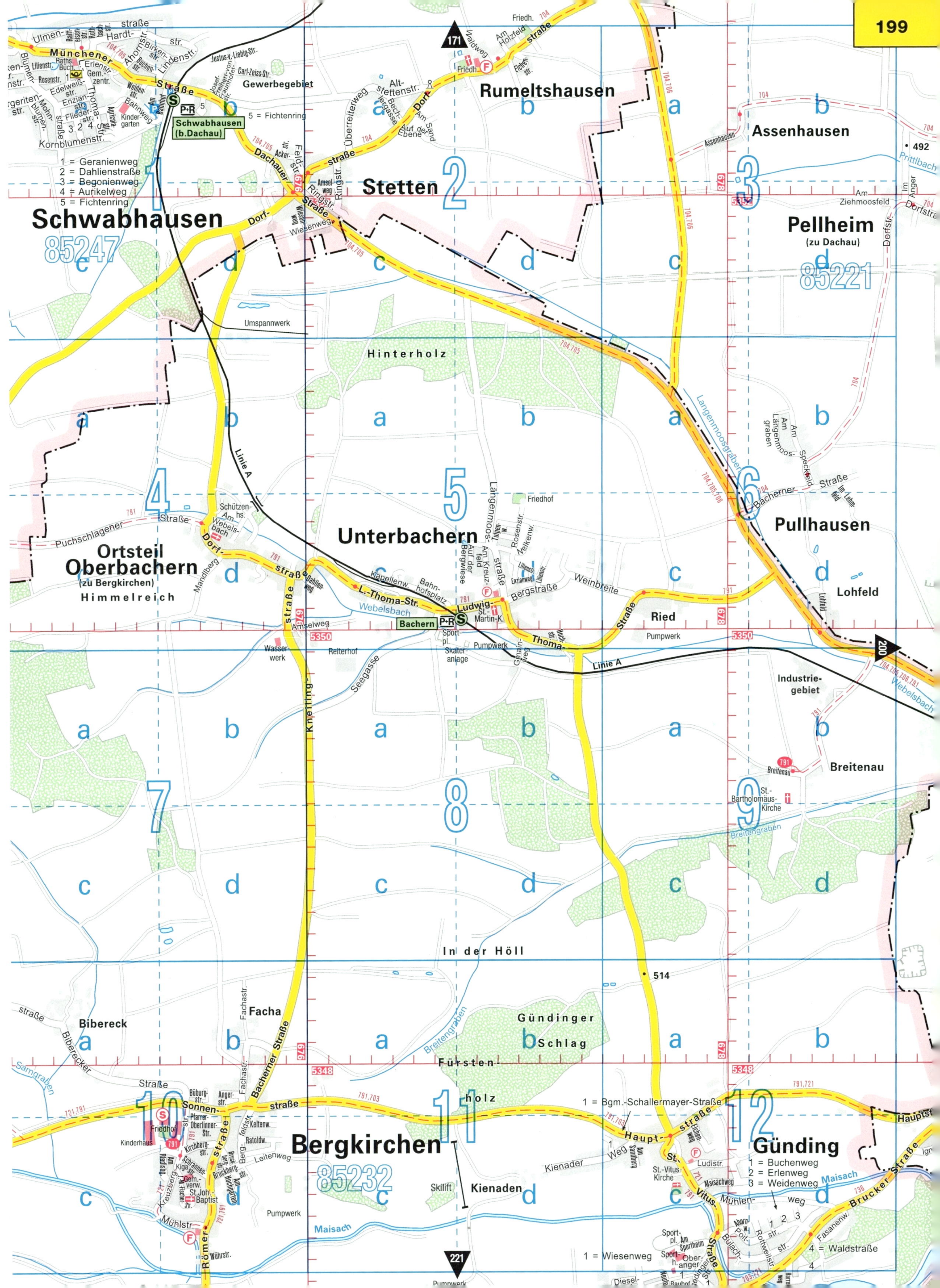
Schwabhausen
85247
Schwabhausen (b.Dachau)
Gewerbegebiet
Rumeltshausen
Stetten
Assenhausen
Pellheim
(zu Dachau)
85221
Hinterholz
Umspannwerk
Unterbachern
Ortsteil Oberbachern
(zu Bergkirchen)
Himmelreich
Pullhausen
Lohfeld
Ried
Bachern
Industriegebiet
Breitenau
In der Höll
Facha
Bibereck
Gündinger Schlag
Fürstenholz
Bergkirchen
85232
Kienaden
Günding
1 = Geranienweg
2 = Dahlienstraße
3 = Begonienweg
4 = Aurikelweg
5 = Fichtenring
1 = Bgm.-Schallermayer-Straße
1 = Buchenweg
2 = Erlenweg
3 = Weidenweg
4 = Waldstraße
1 = Wiesenweg

172
Pellheim
Goppertshofen
Hebertshausen
85241
Walpertshofen
Prittlbach
Bahnhofsiedlung
Hebertshausen
1=Frühlingstraße
2=Sommerstraße
3=Herbststraße
4=Winterstraße
5=Am Lackerfeld
11=Eibenweg
12=Eschenweg
13=Hollerweg
14=Rotdornweg
15=Schlehenweg
16=Weichselweg
17=Am Kühberg
ehem. Schießpl.
1 = Am Bach
Eisingertshofen
Landfahrerplatz
Gewerbegebiet Floßlände
Würmmühle
Golfplatz
Hoher Berg
526
Ziegelei
Friedhof an der Leiten
Ehrenkapelle
Ital. Gedächtniskapelle
Kläranlage
199
Bayer. Metallwerke
Spielwiese FT München Gern
Isar-Amper-Werke
Steinkirchen
Etzenhsn.
Webling
(zu Bergkirchen)
85232
85221
Trimm-Dich-Pfad
Polln
15=Titus-Brandsma-Weg
1=Julius-Kohn-Weg
2=Neumeyerweg
3=Karl-Leisner-Weg
4=Otto-Kohlhofer-Weg
Bayer. Bereitschaftspolizei
36 = Adolf-Hallmayr-Weg
37 = Willy-Teufelhart-Weg
38 = Dr. Karl-Plaaser-Weg
39 = Syrius-Eberle-Weg
40 = Margharete-Kron-Weg
41 = Georg-Treu-Weg
42 = Karl-Fill-Weg
43 = Reinhold-Langenberger-Straße
21=Tannenweg
22=Dr.-G.-Hanke-Weg
23=Hermine-Bößenecker-Weg
24=Anton-Bruckner-Weg
25=Brahmsweg
26=Schumannweg
27=Richard-Strauss-Weg
28=Heinrich-Schütz-Weg
29=Georg-F.-Händel-Weg
30=Werner-Egk-Weg
31=Orlando-di-Lasso-Weg
32=Carl-Orff-Weg
33=Joseph-Haydn-Weg
34=Max-Reger-Weg
35=Franz-Xaver-Böck-Straße
Waldfriedhof
Dachau Stadt
ehem. Papierfabrik
Dachau
Udlding
Mitterndorf
Holzgarten
Cityplan S.37
Dachau-Bf.
Obermoosschwaige
ADAC
Unteraugustenfeld
Gewerbegebiet
222
35=Reinhold-Grübl-Weg
2 = W.-v.-Friedrich-Straße
4 = Tina-Blau-Straße
15=Olaf-Lange-Weg
16=Fritz-Scholl-Weg
17=Willy-Orth-Weg
18=Müller-Dachau-Weg
19=Stuttgarter Straße
20=Morgenstraße
21=Bahnhofplatz
25 = Taubenbergerstraße
26 = Otto-Strützel-Straße

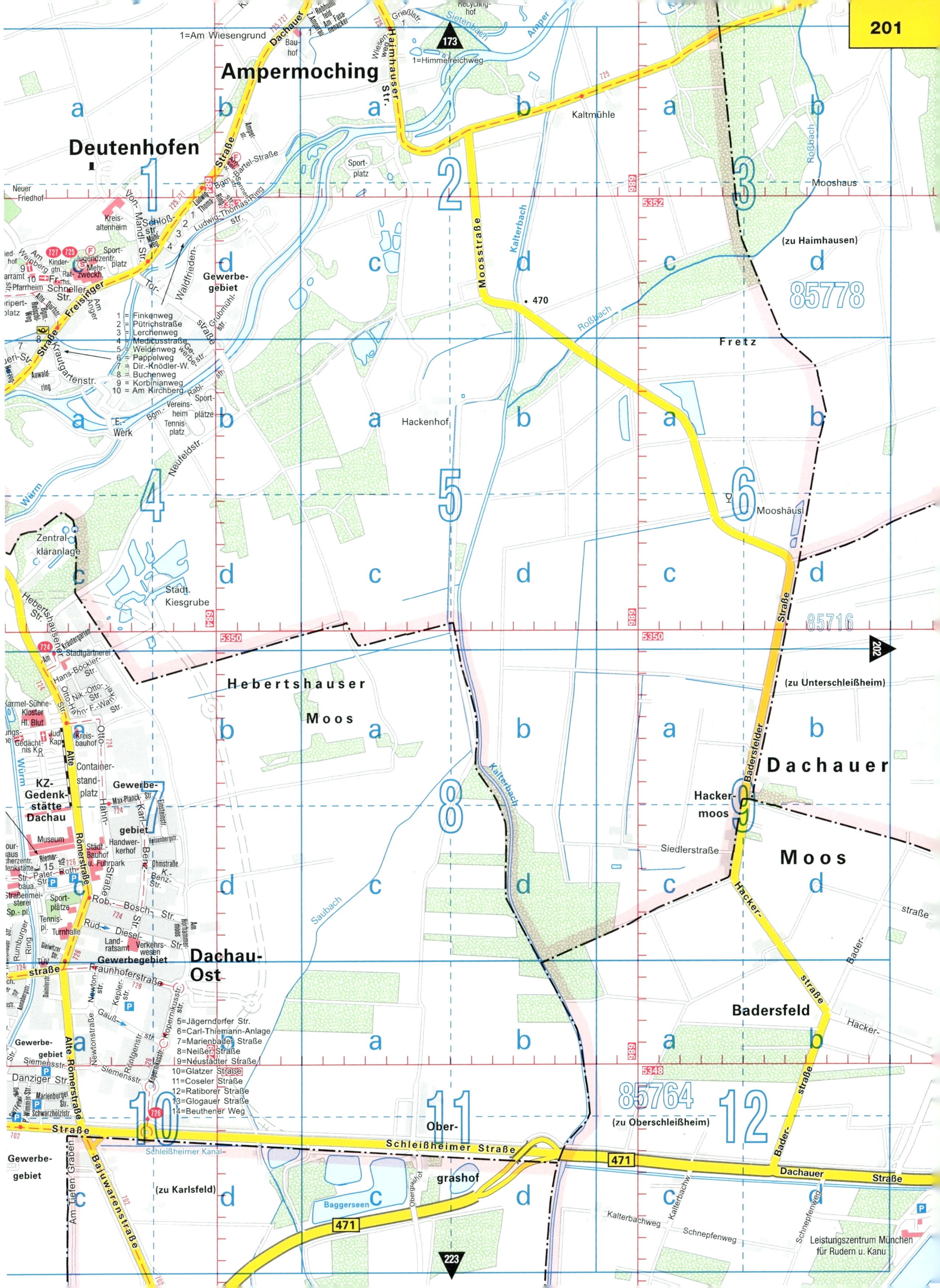
Ampermoching
Deutenhofen
Dachauer Str.
Haimhauser Str.
Amper
Sietenbach
Kaltmühle
Sportplatz
Moosstraße
Kalterbach
Roßbach
Mooshaus
(zu Haimhausen)
85778
Fretz
Gewerbegebiet
1 = Finkenweg
2 = Pütrichstraße
3 = Lerchenweg
4 = Medicusstraße
5 = Weidenweg
6 = Pappelweg
7 = Dir.-Knödler-W.
8 = Buchenweg
9 = Korbinianweg
10 = Am Kirchberg
Hackenhof
Würm
Zentralkläranlage
Städt. Kiesgrube
Mooshäusl
85716
(zu Unterschleißheim)
Hebertshauser Moos
Dachauer Moos
Hackermoos
Siedlerstraße
Badersfelder Straße
KZ-Gedenkstätte Dachau
Gewerbegebiet
Dachau-Ost
Saubach
Badersfeld
Hacker-straße
5=Jägerndorfer Str.
6=Carl-Thiemann-Anlage
7=Marienbader Straße
8=Neißer Straße
9=Neustädter Straße
10=Glatzer Straße
11=Coseler Straße
12=Ratiborer Straße
13=Glogauer Straße
14=Beuthener Weg
85764
(zu Oberschleißheim)
Obergrashof
Schleißheimer Straße
Schleißheimer Kanal
Dachauer Straße
471
Baggerseen
(zu Karlsfeld)
Bajuwarenstraße
Kalterbachweg
Schnepfenweg
Leistungszentrum München für Rudern u. Kanu
173
202
223

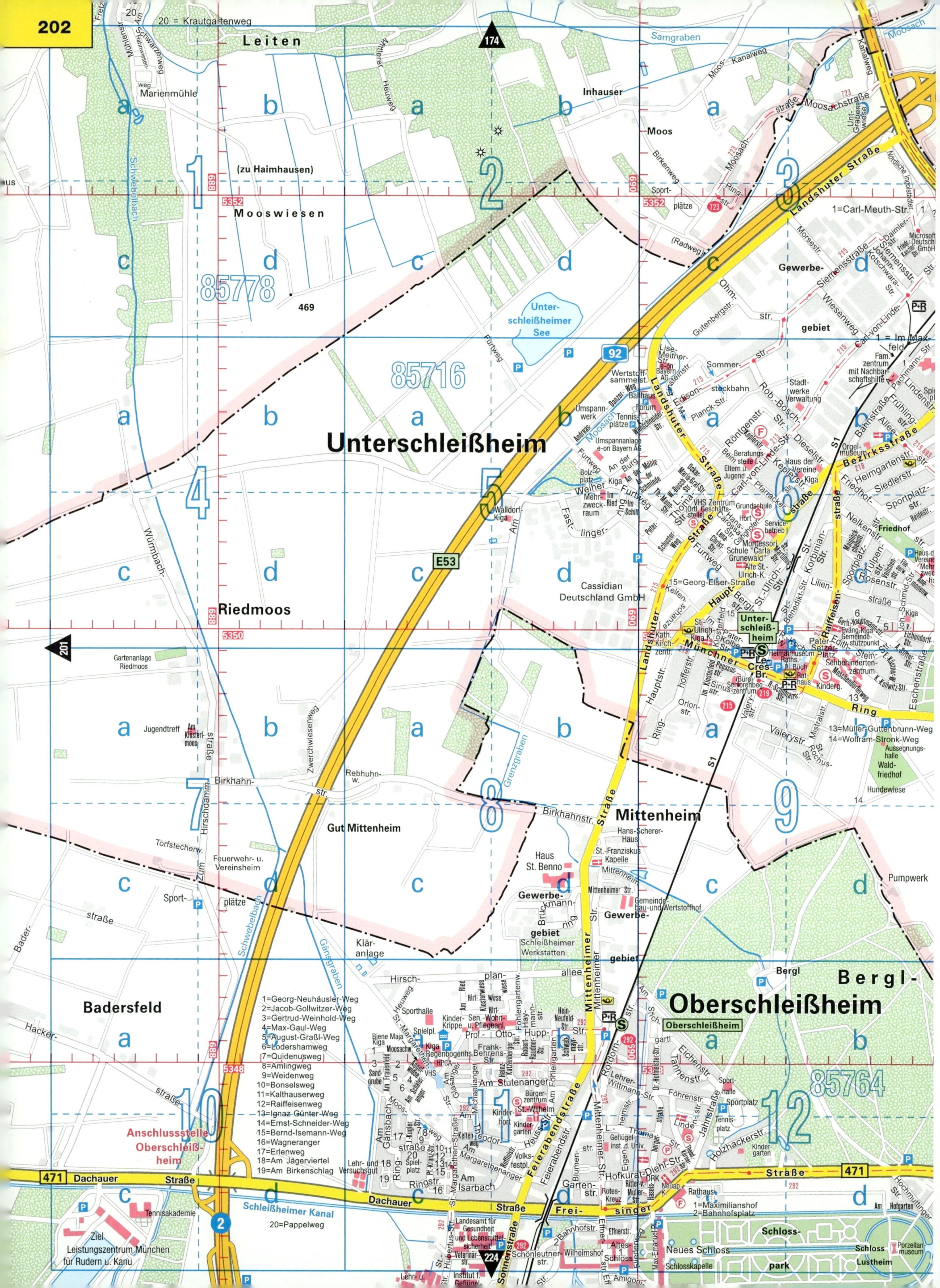

20 = Krautgartenweg
Leiten
Marienmühle
Inhauser
Moos
Samgraben
Moosach
Landshuter Straße
(zu Haimhausen)
Mooswiesen
85778
469
Unter-
schleißheimer
See
85716
Unterschleißheim
Gewerbe-
gebiet
1=Carl-Meuth-Str.
1 = Im Max-feld
Riedmoos
Cassidian
Deutschland GmbH
15=Georg-Elser-Straße
Unter-
schleiß-
heim
Gartenanlage
Riedmoos
Jugendtreff
Birkhahn-
Rebhuhn-w.
Gut Mittenheim
Mittenheim
Birkhahnstr.
Hans-Scherer-Haus
St.-Franziskus Kapelle
Haus
St. Benno
Gewerbe-
gebiet
Schleißheimer
Werkstätten
Feuerwehr- u.
Vereinsheim
Sport-
plätze
Kläranlage
13=Müller-Guttenbrunn-Weg
14=Wolfram-Stronk-Weg
Aussegnungs-
halle
Wald-
friedhof
Hundewiese
Pumpwerk
Badersfeld
Oberschleißheim
Bergl-
Bergl
85764
1=Georg-Neuhäusler-Weg
2=Jacob-Gollwitzer-Weg
3=Gertrud-Weinhold-Weg
4=Max-Gaul-Weg
5=August-Graßl-Weg
6=Lodershamweg
7=Quidenusweg
8=Amlingweg
9=Weidenweg
10=Bonselsweg
11=Kalthauserweg
12=Raiffeisenweg
13=Ignaz-Günter-Weg
14=Ernst-Schneider-Weg
15=Bernd-Isemann-Weg
16=Wagneranger
17=Erlenweg
18=Am Jägerviertel
19=Am Birkenschlag
20=Pappelweg
Anschlussstelle
Oberschleiß-
heim
Dachauer Straße
Schleißheimer Kanal
Tennisakademie
Ziel
Leistungszentrum München
für Rudern u. Kanu
Freisinger Straße
1=Maximilianshof
2=Bahnhofsplatz
Schloss-
park
Neues Schloss
Schlosskapelle
Schloss
Lustheim
Porzellan-
museum

Anschlussstelle Unterschleißheim
Eching
Hollern
Gut Hollern
Gut Neuhof
Lohhof
Lohhof-Süd (zu Unterschleißheim)
Lustheim
Hochbrück (zu Garching bei München)
Natur- schutz- gebiet
Mallertshofer Holz
Hollerner See
Mallertshofer See
Echinger See
Erholungsgebiet
Garchinger See
Kieswerk
Wüstung Mallertshofen
Kap.
Biotop
Gewerbegebiet
Sportpark
Süd-friedhof
Rathaus
85386
85748
Ingolstädter Landstraße
Schleißheimer Straße
Münchner Ring
Weihenstephaner Straße
Obere Hauptstraße
Untere Dieterheimer Str.
Dieselstraße
Zeppelinstraße
Daimlerstraße
BMW
VOITH
Garching-Hochbrück
5 = Pater-Rupert-Mayer-Straße
6 = Maximilian-Kolbe-Straße
7 = Edith-Stein-Straße
8 = Dietrich-Bonhoeffer-Straße
9 = Graf-von-Stauffenberg-Straße
10 = Wilhelm-Leuschner-Straße
12 = Karl-Leisner-Straße
14 = Schleißheimer Straße
15 = Berhard-Lichtenberg-Straße
1 = Maria-Link-Str.
2 = Marienstraße
3 = Ottostraße
4 = Sportplatzstraße
16=Walter-Eucken-Straße
17=Buchfinkenweg
18=Amselweg
2=Sperberweg
3=Fasanenweg
4=Bussardstraße
5=Bertha-v.-Suttner-Straße
6=Max-Halbe-Straße
7=Hans-Fallada-Straße
8=Katharinenweg
9=Krügersteig
10=Sophienweg
11=Josefastraße
12=Kastanienweg
14 = Fröttmaninger Straße
15 = Freimanner Straße
1=Amselweg
2=Finkenweg
3=Meisenweg
1 = Voltenauer Str.
2 = Hindenburgstr.
3 = Tannenbergstr.
175
204
225

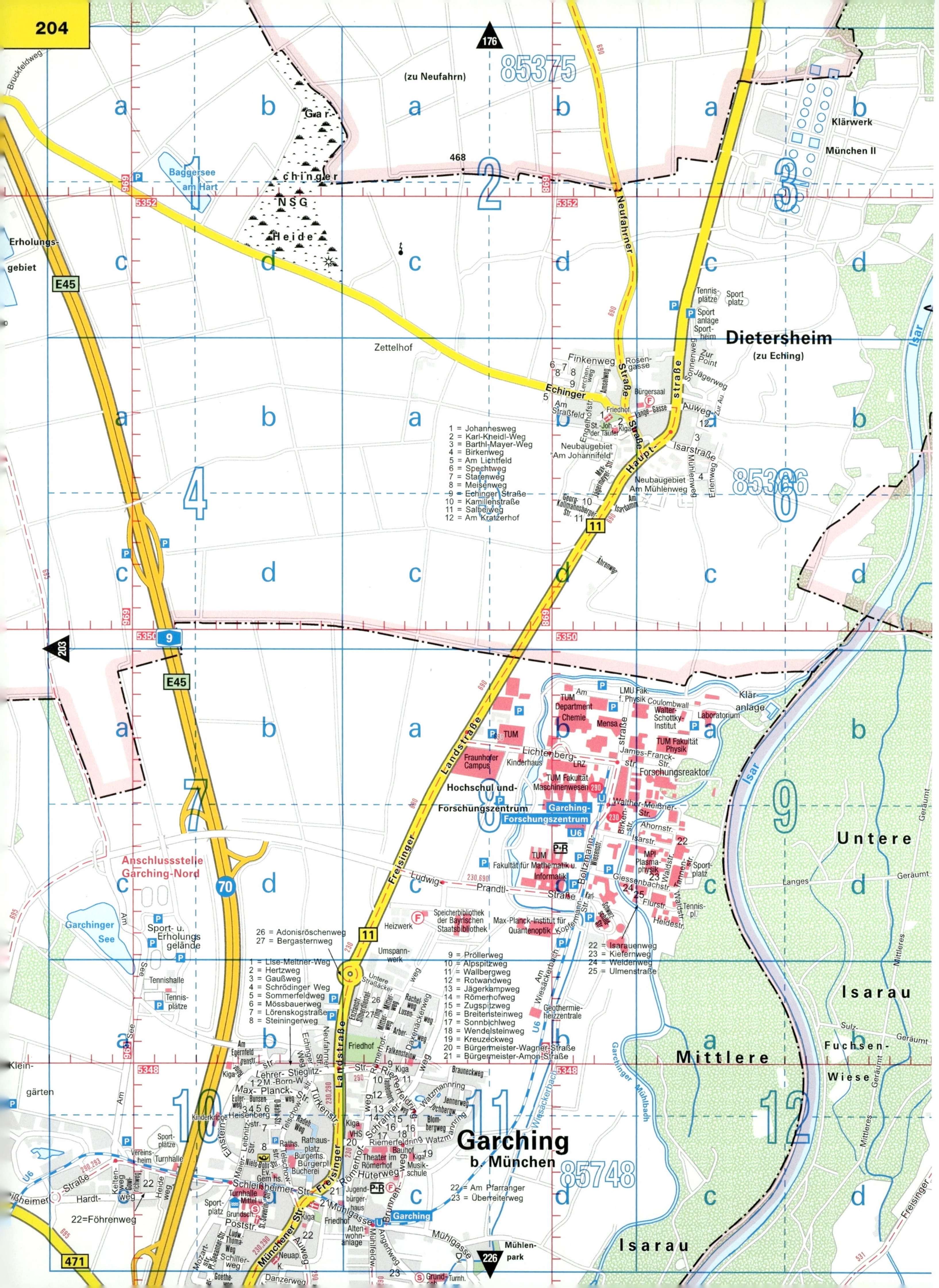

176
85375
(zu Neufahrn)
Baggersee am Hart
Garchinger NSG Heide
Klärwerk
München II
Erholungsgebiet
E45
Dietersheim
(zu Eching)
Zettelhof
Finkenweg
Echinger
Neufahrner Straße
Hauptstraße
Isarstraße
Neubaugebiet "Am Johannifeld"
Neubaugebiet Am Mühlenweg
85386
1 = Johannesweg
2 = Karl-Kneidl-Weg
3 = Barthl-Mayer-Weg
4 = Birkenweg
5 = Am Lichtfeld
6 = Spechtweg
7 = Starenweg
8 = Meisenweg
9 = Echinger Straße
10 = Kamillenstraße
11 = Salbeiweg
12 = Am Kratzerhof
203
Isar
Freisinger Landstraße
Hochschul und-Forschungszentrum
Garching-Forschungszentrum
TUM Department Chemie
Fraunhofer Campus
Forschungsreaktor
Max-Planck-Institut für Quantenoptik
Speicherbibliothek der Bayrischen Staatsbibliothek
Anschlussstelle Garching-Nord
Garchinger See
Sport- u. Erholungs gelände
26 = Adonisröschenweg
27 = Bergasternweg
1 = Lise-Meitner-Weg
2 = Hertzweg
3 = Gaußweg
4 = Schrödinger Weg
5 = Sommerfeldweg
6 = Mössbauerweg
7 = Lörenskogstraße
8 = Steiningerweg
9 = Pröllerweg
10 = Alpspitzweg
11 = Wallbergweg
12 = Rotwandweg
13 = Jägerkampweg
14 = Römerhofweg
15 = Zugspitzweg
16 = Breitensteinweg
17 = Sonnbichlweg
18 = Wendelsteinweg
19 = Kreuzeckweg
20 = Bürgermeister-Wagner-Straße
21 = Bürgermeister-Amon-Straße
22 = Isarauenweg
23 = Kiefernweg
24 = Weidenweg
25 = Ulmenstraße
Untere Isarau
Mittlere
Fuchsen-Wiese
Garching b. München
85748
22 = Am Pfarranger
23 = Überreiterweg
22=Föhrenweg
Isarau
Mühlenpark
226
471

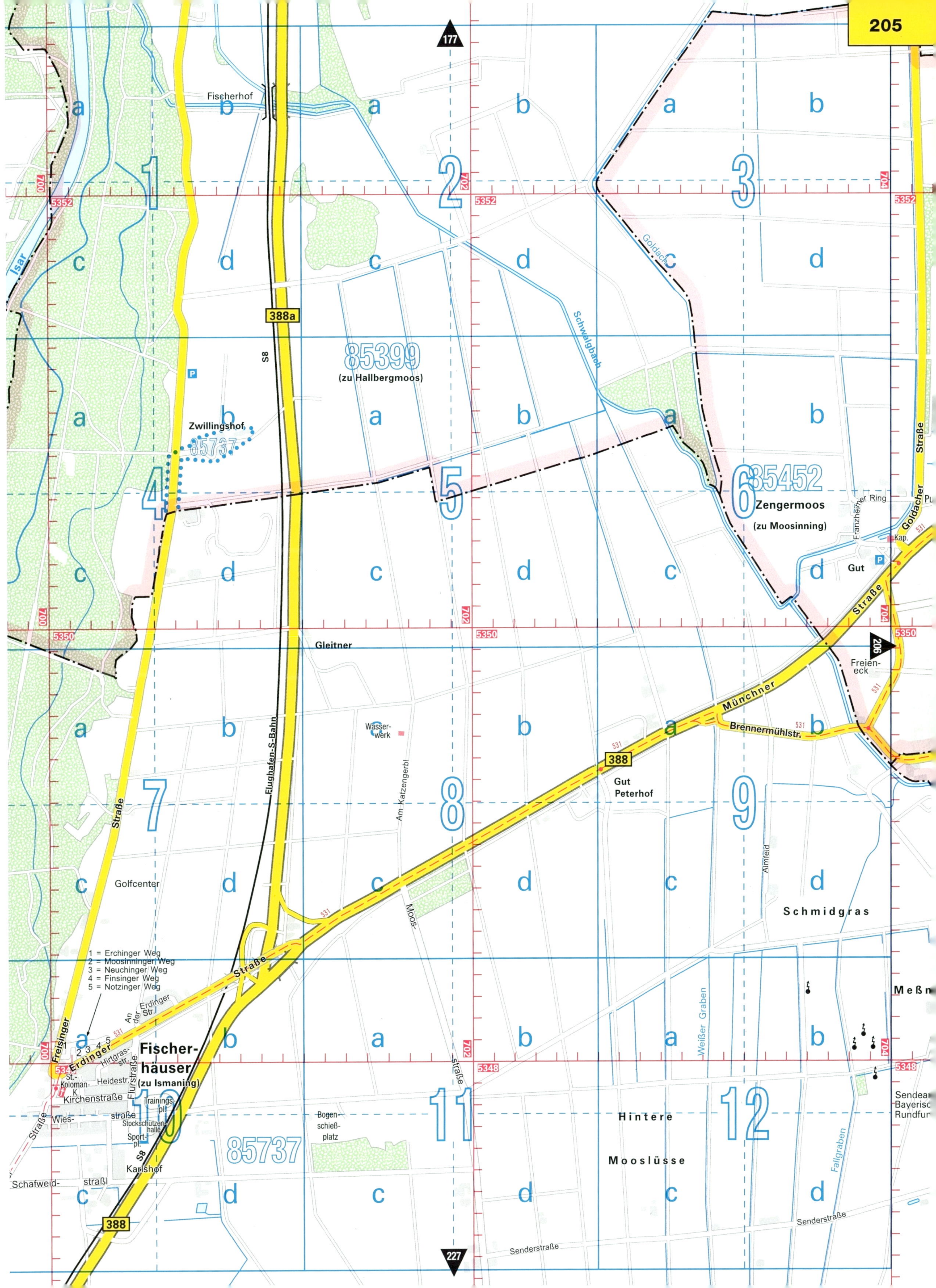

Fischerhof
Isar
388a
S8
85399
(zu Hallbergmoos)
Zwillingshof
85737
Schwalgbach
Goldach
85452
Zengermoos
(zu Moosinning)
Franzheimer Ring
Goldacher Straße
Kap.
Gut
Gleitner
Freien-
eck
Münchner Straße
Brennermühlstr.
Wasser-
werk
Flughafen-S-Bahn
Am Katzengerbl
388
Gut
Peterhof
Almfeld
Golfcenter
Schmidgras
Moos-
straße
1 = Erchinger Weg
2 = Moosinninger Weg
3 = Neuchinger Weg
4 = Finsinger Weg
5 = Notzinger Weg
An der Erdinger Str.
Freisinger Straße
Erdinger
Hirtgras-
str.
Fischer-
häuser
(zu Ismaning)
Weißer Graben
St.-
Koloman-
K.
Heidestr.
Flurstraße
Kirchenstraße
Trainings-
pl.
Wies-
straße
Stockschützen-
halle
Sport-
pl.
Karlshof
Bogen-
schieß-
platz
Hintere
Mooslüsse
Fallgraben
Schafweid-
straßl
Senderstraße
Sendea
Bayerisc
Rundfun
177
206
227

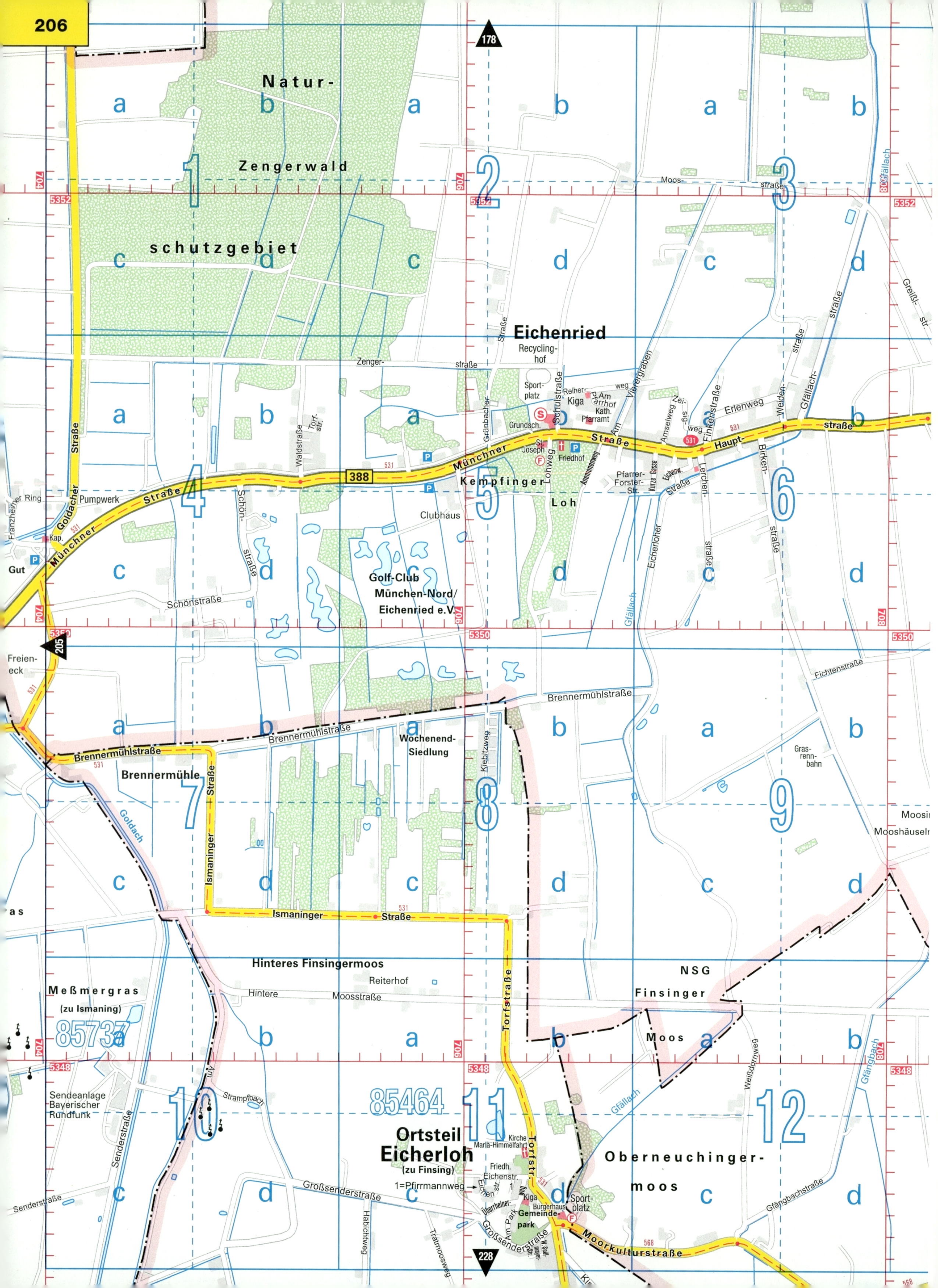

Natur-
Zengerwald
schutzgebiet
Eichenried
Recycling-
hof
Zenger-
straße
Sport-
platz
Reiher-
Kiga
Am
Pfarrhof
Kath.
Pfarramt
weg
Viertelgraben
Grundsch.
St.
Joseph
Friedhof
Schulstraße
Lohweg
Münchner
Straße
Haupt-
straße
Erlenweg
Finkenstraße
Amselweg
Zei-
sig-
weg
Lerchen-
Weiden-
Gfällach-
Kempfinger
Loh
Pfarrer-
Forster-
Str.
Kurze Gasse
Eichenw.
Straße
Clubhaus
Golf-Club
München-Nord/
Eichenried e.V.
Eicherloher
Gfällach
Birken-
straße
Greißl-
str.
Moos-
straße
Pumpwerk
Franzheimer Ring
Goldacher
Straße
Kap.
Gut
Waldstraße
Torf-
str.
Schön-
straße
Schönstraße
Grünbacher
Straße
Freien-
eck
Brennermühlstraße
Fichtenstraße
Brennermühle
Wochenend-
Siedlung
Kiebitzweg
Gras-
renn-
bahn
Mooshäuseln
Goldach
Ismaninger
Straße
Hinteres Finsingermoos
Reiterhof
Hintere
Moosstraße
NSG
Finsinger
Moos
Meßmergras
(zu Ismaning)
85737
Torfstraße
Weißdornweg
Gfängbach
Sendeanlage
Bayerischer
Rundfunk
Am
Strampfbach
85464
Ortsteil
Eicherloh
(zu Finsing)
1=Pfirrmannweg
Kirche
Maria-Himmelfahrt
Friedh.
Eichenstr.
Torfstr.
Kiga
Burgerhaus
Sport-
platz
Gemeinde-
park
Oberneuchinger-
moos
Senderstraße
Großsenderstraße
Habichtweg
Tratmoosweg
Gfängbachstraße
Moorkulturstraße
388
531
568
178
205
228
5352
5350
5348
704
706
708
1
2
3
4
5
6
7
8
9
10
11
12

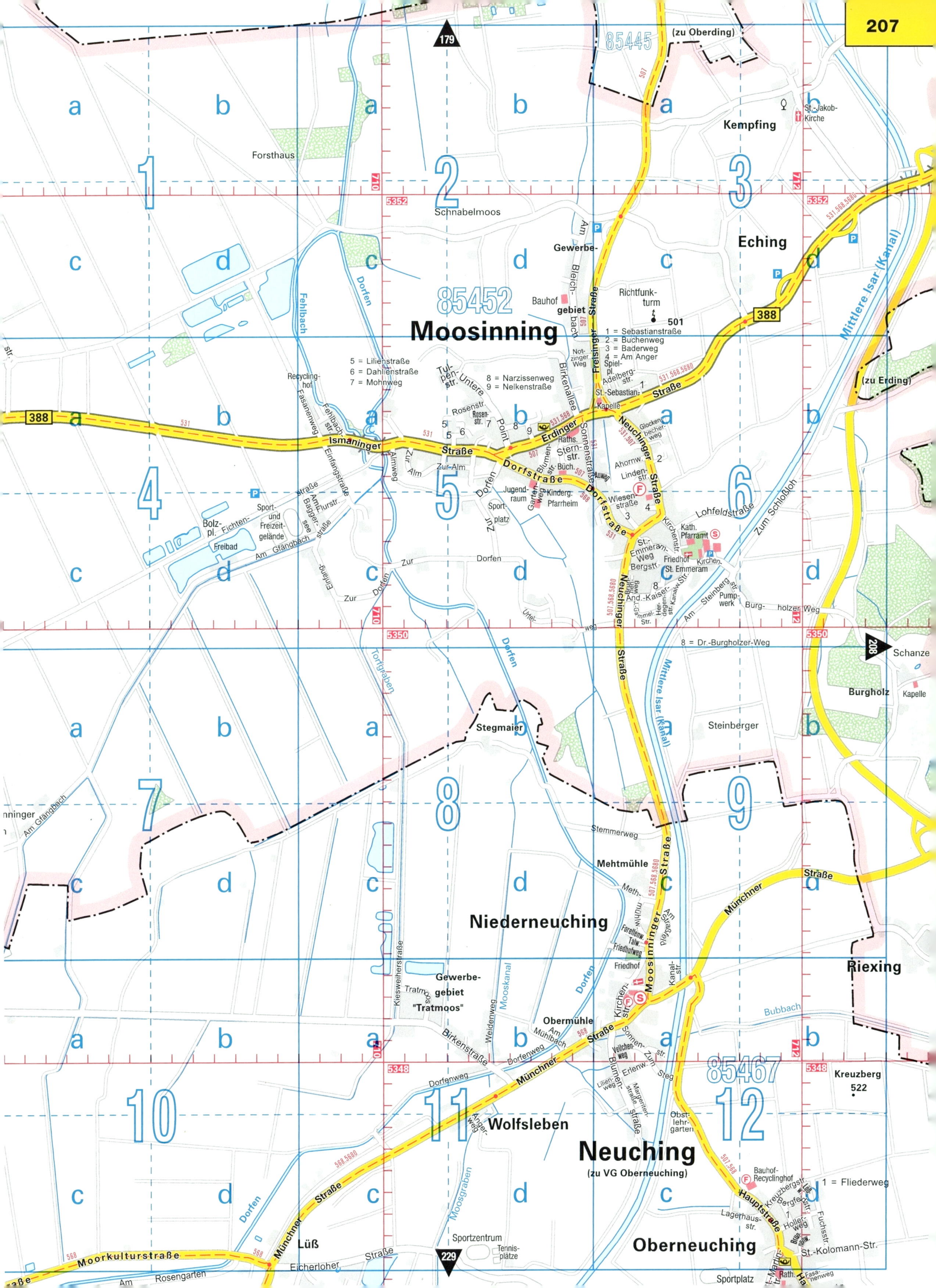

179
(zu Oberding)
85445
Kempfing
St.-Jakob-Kirche
Forsthaus
Schnabelmoos
Eching
Gewerbegebiet
Bauhof
Richtfunkturm
501
85452
Moosinning
Fehlbach
Dorfen
1 = Sebastianstraße
2 = Buchenweg
3 = Baderweg
4 = Am Anger
5 = Lilienstraße
6 = Dahlienstraße
7 = Mohnweg
8 = Narzissenweg
9 = Nelkenstraße
Recycling-hof
Fasanenweg
Ismaninger Straße
Erdinger Straße
Freisinger Straße
Neuchinger Straße
Dorfstraße
Mittlere Isar (Kanal)
(zu Erding)
388
Sport- und Freizeitgelände
Baggersee
Freibad
Am Gfängbach
Kath. Pfarramt
Friedhof St. Emmeram
Lohfeldstraße
Zum Schloßloh
Burgholzer Weg
Pumpwerk
8 = Dr.-Burgholzer-Weg
208
Schanze
Burgholz
Kapelle
Torfgraben
Stegmaier
Steinberger
Stemmerweg
Mehtmühle
Niederneuching
Münchner Straße
Riexing
Gewerbegebiet "Tratmoos"
Kiesweiherstraße
Mooskanal
Obermühle
Birkenstraße
Dorfenweg
Bubbach
85467
Kreuzberg
522
Wolfsleben
Neuching
(zu VG Oberneuching)
Bauhof-Recyclinghof
1 = Fliederweg
Hauptstraße
Oberneuching
St.-Kolomann-Str.
Lüß
Moorkulturstraße
Eicherloher Straße
Sportzentrum
Tennisplätze
229
Am Rosengarten
Sportplatz
Moosgraben

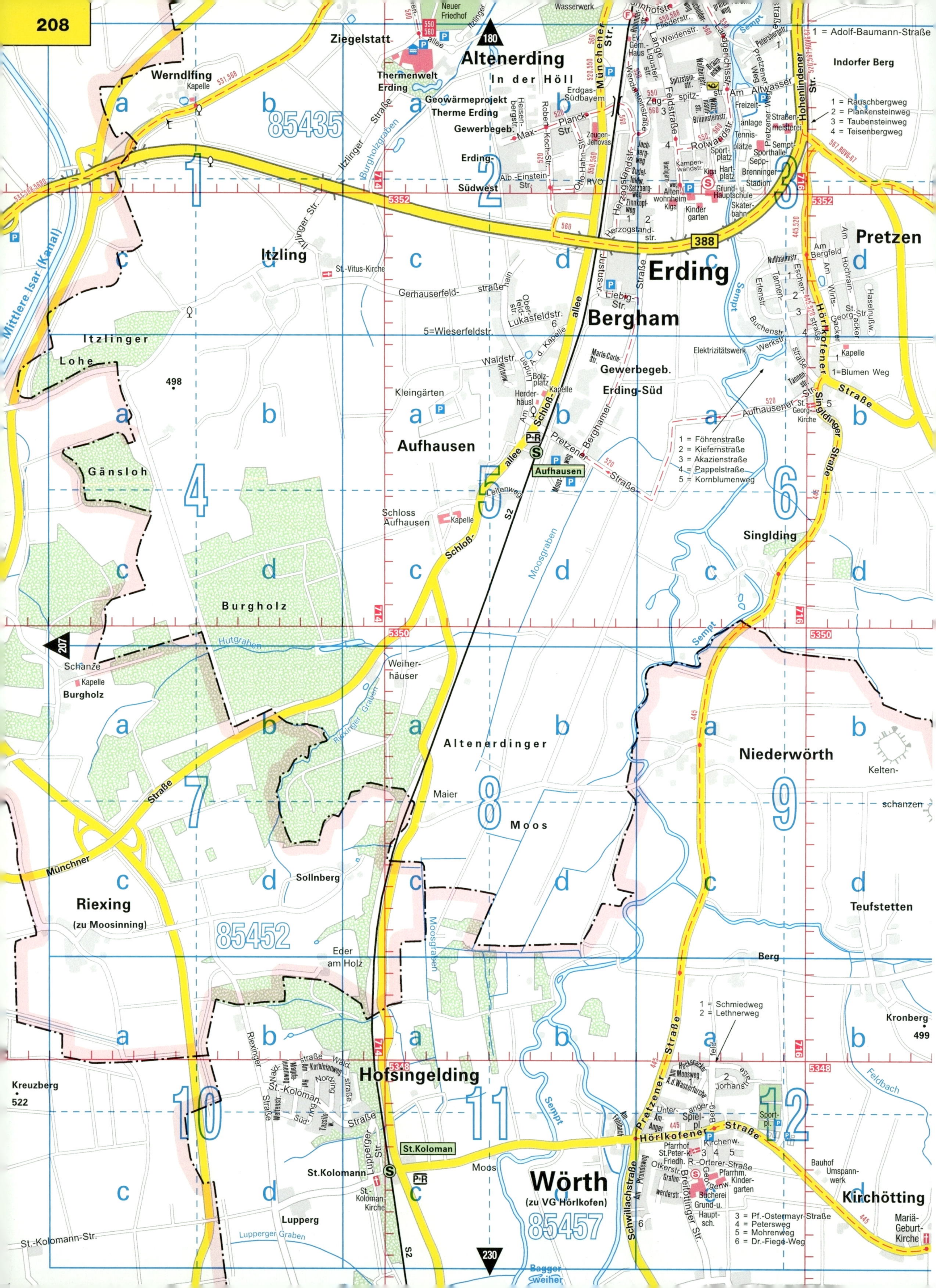

Altenerding
Ziegelstatt
Werndlfing
Thermenwelt Erding
Geowärmeprojekt Therme Erding
85435
Itzling
Erding
Bergham
Pretzen
Indorfer Berg
Itzlinger Lohe
Gänsloh
Aufhausen
Schloss Aufhausen
Burgholz
Gewerbegeb. Erding-Süd
Singlding
Niederwörth
Altenerdinger Moos
Riexing (zu Moosinning)
85452
Hofsingelding
St.Kolomann
Lupperg
Wörth (zu VG Hörlkofen)
85457
Kirchötting
Teufstetten
Kronberg 499
Kreuzberg 522
Keltenschanzen
1 = Adolf-Baumann-Straße
1 = Rauschbergweg
2 = Plankensteinweg
3 = Taubensteinweg
4 = Teisenbergweg
1 = Föhrenstraße
2 = Kiefernstraße
3 = Akazienstraße
4 = Pappelstraße
5 = Kornblumenweg
1 = Schmiedweg
2 = Lethnerweg
3 = Pf.-Ostermayr-Straße
4 = Petersweg
5 = Mohrenweg
6 = Dr.-Fiege-Weg

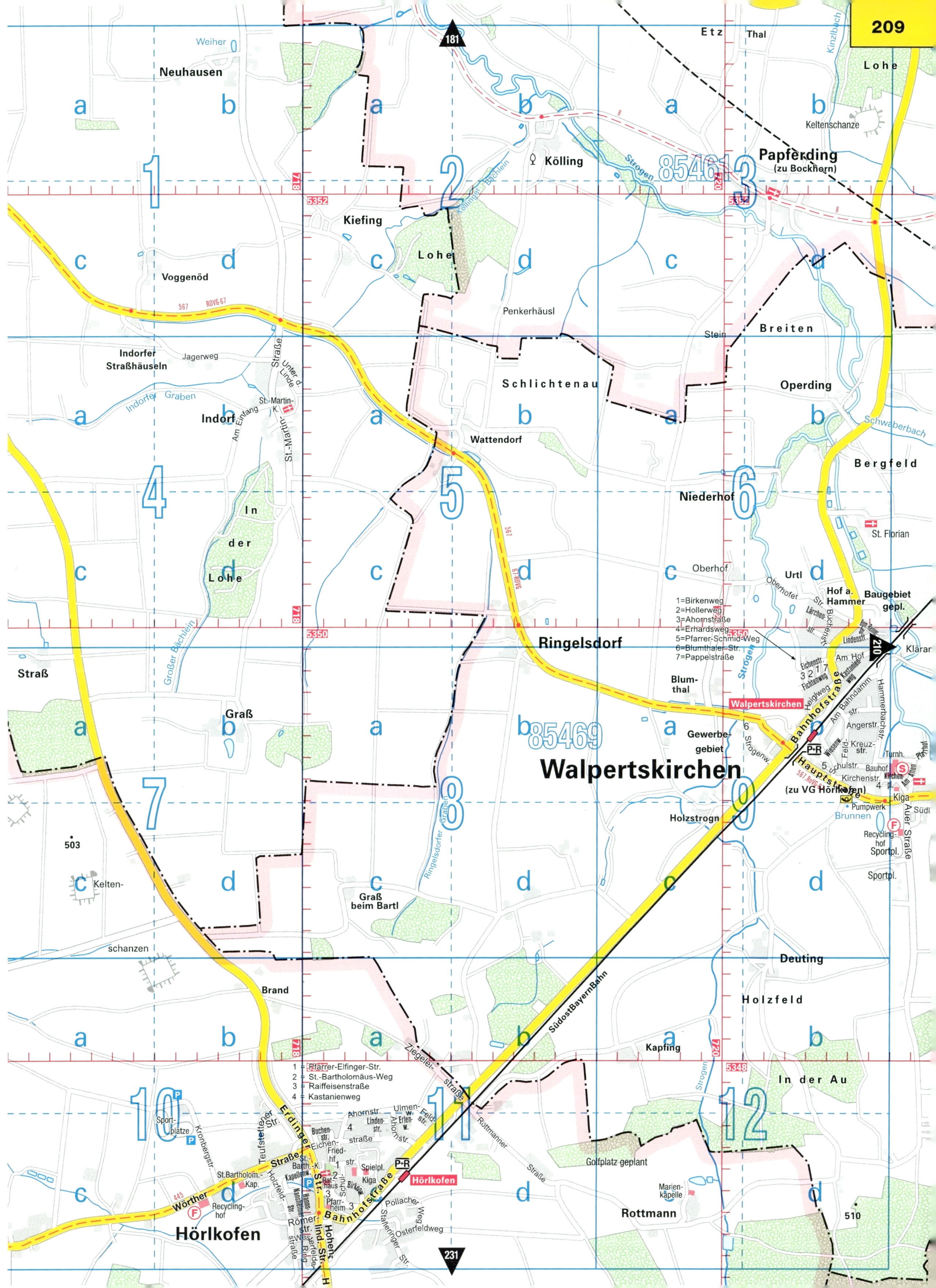
Neuhausen
Weiher
Etz
Thal
Lohe
Keltenschanze
Kölling
Papferding
(zu Bockhorn)
85461
Strogen
Kiefing
Lohe
Voggenöd
Penkerhäusl
Stein
Breiten
Indorfer Straßhäuseln
Jagerweg
Indorfer Graben
Indorf
St.-Martin-K.
Schlichtenau
Operding
Wattendorf
Schwaberbach
Bergfeld
Niederhof
St. Florian
In der Lohe
Oberhof
Urtl
Hof a. Hammer
Baugebiet gepl.
1=Birkenweg
2=Hollerweg
3=Ahornstraße
4=Erhardsweg
5=Pfarrer-Schmid-Weg
6=Blumthaler-Str.
7=Pappelstraße
Ringelsdorf
Straß
Blumthal
Walpertskirchen
Kläranlage
Graß
85469
Gewerbegebiet
Walpertskirchen
Bahnhofstraße
Hauptstraße
(zu VG Hörlkofen)
Holzstrogn
Pumpwerk
Brunnen
Recyclinghof
Sportpl.
503
Keltenschanzen
Graß beim Bartl
Ringelsdorfer Graben
Großer Bächlein
Deuting
Brand
Holzfeld
SüdostBayernBahn
Kapfing
1 = Pfarrer-Elfinger-Str.
2 = St.-Bartholomäus-Weg
3 = Raiffeisenstraße
4 = Kastanienweg
In der Au
Ziegeleistraße
Rottmanner Straße
Golfplatz geplant
Marienkapelle
Rottmann
Erdinger Straße
Wörther Straße
Hörlkofen
Bahnhofstraße
Sportplätze
Kronbergstr.
Teufstettener Str.
St.Bartholom.-Kap.
Recyclinghof
Pollacher Weg
Stallinger Str.
Osterfeldweg
510
181
210
231

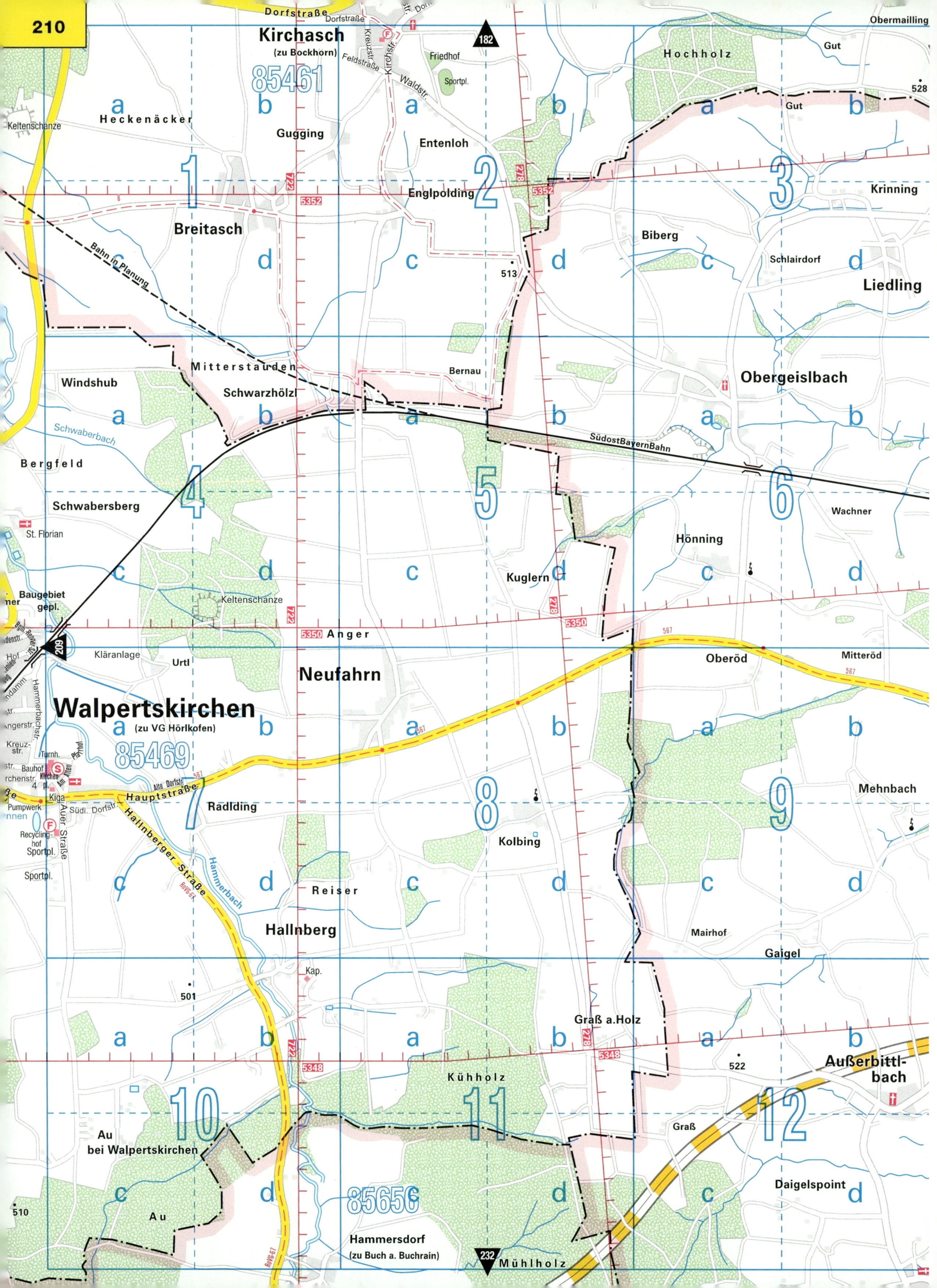

Kirchasch
(zu Bockhorn)
85461
Dorfstraße
Kreuzstr.
Kirchstr.
Feldstraße
Waldstr.
Friedhof
Sportpl.
182
Hochholz
Obermailling
Gut
528
Keltenschanze
Heckenäcker
Gugging
Entenloh
Englpolding
Krinning
Breitasch
Bahn in Planung
Biberg
Schlairdorf
Liedling
513
Mitterstauden
Bernau
Windshub
Schwarzhölzl
Obergeislbach
Schwaberbach
SüdostBayernBahn
Bergfeld
Schwabersberg
Wachner
St. Florian
Hönning
Kuglern
Baugebiet gepl.
Keltenschanze
Anger
209
Kläranlage
Urtl
Neufahrn
Oberöd
Mitteröd
Walpertskirchen
(zu VG Hörlkofen)
85469
Hammerbachstr.
Turnh.
Bauhof
Kiga
Pumpwerk
Recycling-hof
Sportpl.
Hauptstraße
Alte Dorfstr.
Südl. Dorfstr.
Auer Straße
Hallnberger Straße
Hammerbach
Radlding
Kolbing
Mehnbach
Reiser
Hallnberg
Mairhof
Gaigel
Kap.
501
Graß a.Holz
522
Außerbittl-bach
Kühholz
Graß
Au
bei Walpertskirchen
Daigelspoint
510
Au
85656
Hammersdorf
(zu Buch a. Buchrain)
232
Mühlholz

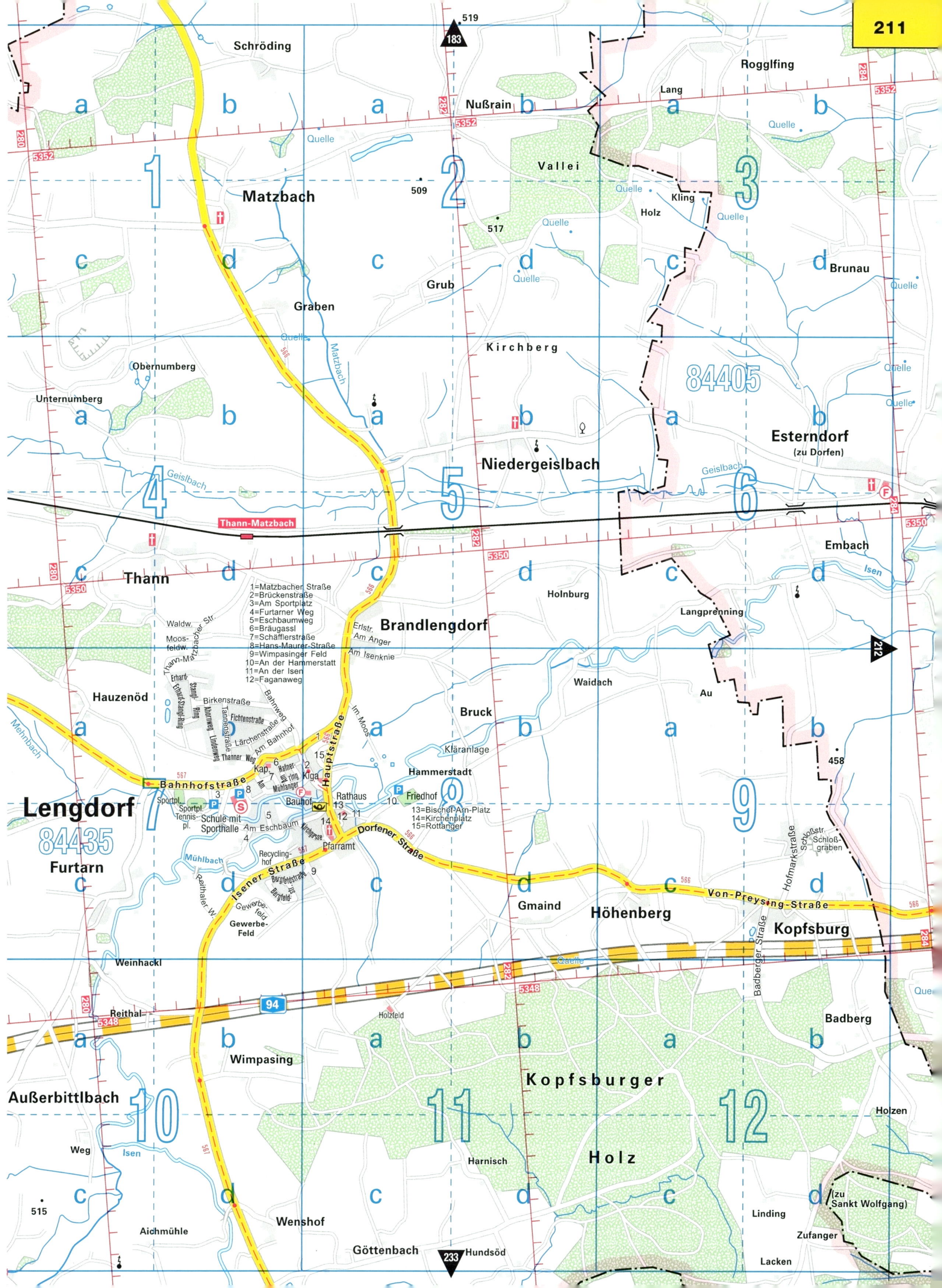

Schröding
Rogglfing
Lang
Nußrain
Quelle
Vallei
Matzbach
Kling
Holz
Grub
Graben
Brunau
Kirchberg
Matzbach
Obernumberg
Unternumberg
84405
Esterndorf
(zu Dorfen)
Niedergeislbach
Geislbach
Thann-Matzbach
Thann
Embach
Isen
Holnburg
Langprenning
Brandlengdorf
1=Matzbacher Straße
2=Brückenstraße
3=Am Sportplatz
4=Furtarner Weg
5=Eschbaumweg
6=Bräugassl
7=Schäfflerstraße
8=Hans-Maurer-Straße
9=Wimpasinger Feld
10=An der Hammerstatt
11=An der Isen
12=Faganaweg
13=Bischof-Arn-Platz
14=Kirchenplatz
15=Rottanger
Hauzenöd
Waidach
Au
Bruck
Kläranlage
Hammerstadt
Lengdorf
84435
Bahnhofstraße
Hauptstraße
Rathaus
Friedhof
Bauhof
Kiga
Pfarramt
Schule mit Sporthalle
Dorfener Straße
Isener Straße
Mühlbach
Furtarn
Gewerbe-Feld
Gmaind
Höhenberg
Von-Preysing-Straße
Kopfsburg
Hofmarkstraße
Schloßgraben
Badberger Straße
Weinhackl
Reithal
Holzfeld
Badberg
Wimpasing
Kopfsburger
Holz
Außerbittlbach
Holzen
Weg
Harnisch
Wenshof
Linding
(zu Sankt Wolfgang)
Zufanger
Aichmühle
Göttenbach
Hundsöd
Lacken
183
212
233
94

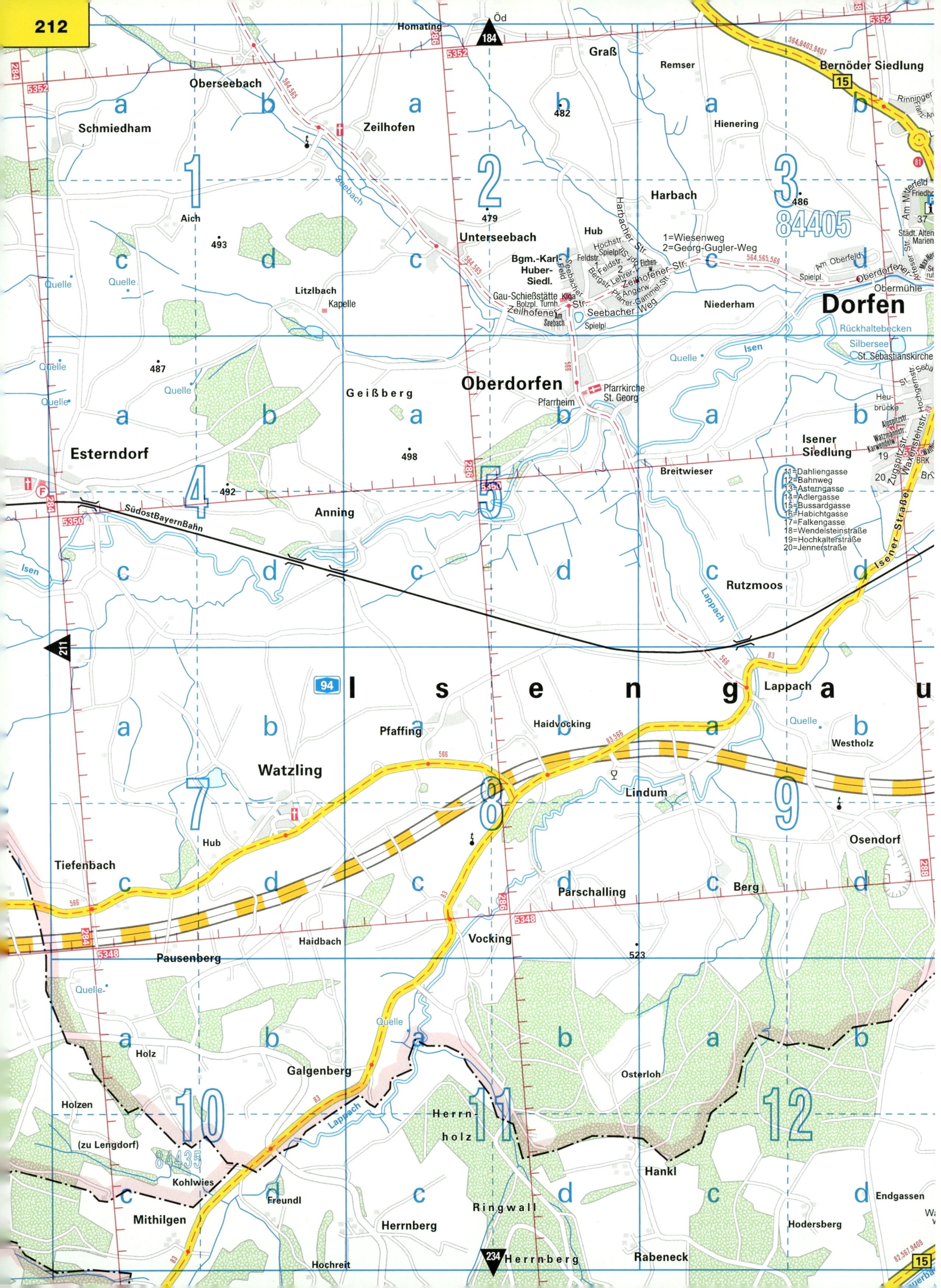
Homating
Öd
184
Graß
Remser
Bernöder Siedlung
15
Oberseebach
Schmiedham
Zeilhofen
482
Hienering
Rinninger
1
2
3
Aich
479
Harbach
486
84405
493
Unterseebach
Hub
1=Wiesenweg
2=Georg-Gugler-Weg
Seebach
Quelle
Bgm.-Karl-Huber-Siedl.
Oberfeld
Litzlbach
Kapelle
Gau-Schießstätte
Zeilhofener Str.
Seebacher Weg
Niederham
Obermühle
Dorfen
Rückhaltebecken
Silbersee
St. Sebastianskirche
Isen
487
Geißberg
Oberdorfen
Pfarrkirche St. Georg
Pfarrheim
Esterndorf
498
Isener Siedlung
Breitwieser
4
5
6
492
11=Dahliengasse
12=Bahnweg
13=Asterngasse
14=Adlergasse
15=Bussardgasse
16=Habichtgasse
17=Falkengasse
18=Wendelsteinstraße
19=Hochkalterstraße
20=Jennerstraße
Anning
SüdostBayernBahn
Isener Straße
Rutzmoos
Lappach
211
94
Isengau
Lappach
Pfaffing
Haidvocking
Westholz
Watzling
Lindum
7
8
9
Hub
Osendorf
Tiefenbach
Parschalling
Berg
Haidbach
Vocking
Pausenberg
523
Holz
Galgenberg
Osterloh
Holzen
10
11
12
Herrnholz
(zu Lengdorf)
84435
Kohlwies
Hankl
Freundl
Endgassen
Mithilgen
Ringwall
Herrnberg
Hodersberg
Hochreit
234
Herrnberg
Rabeneck
15

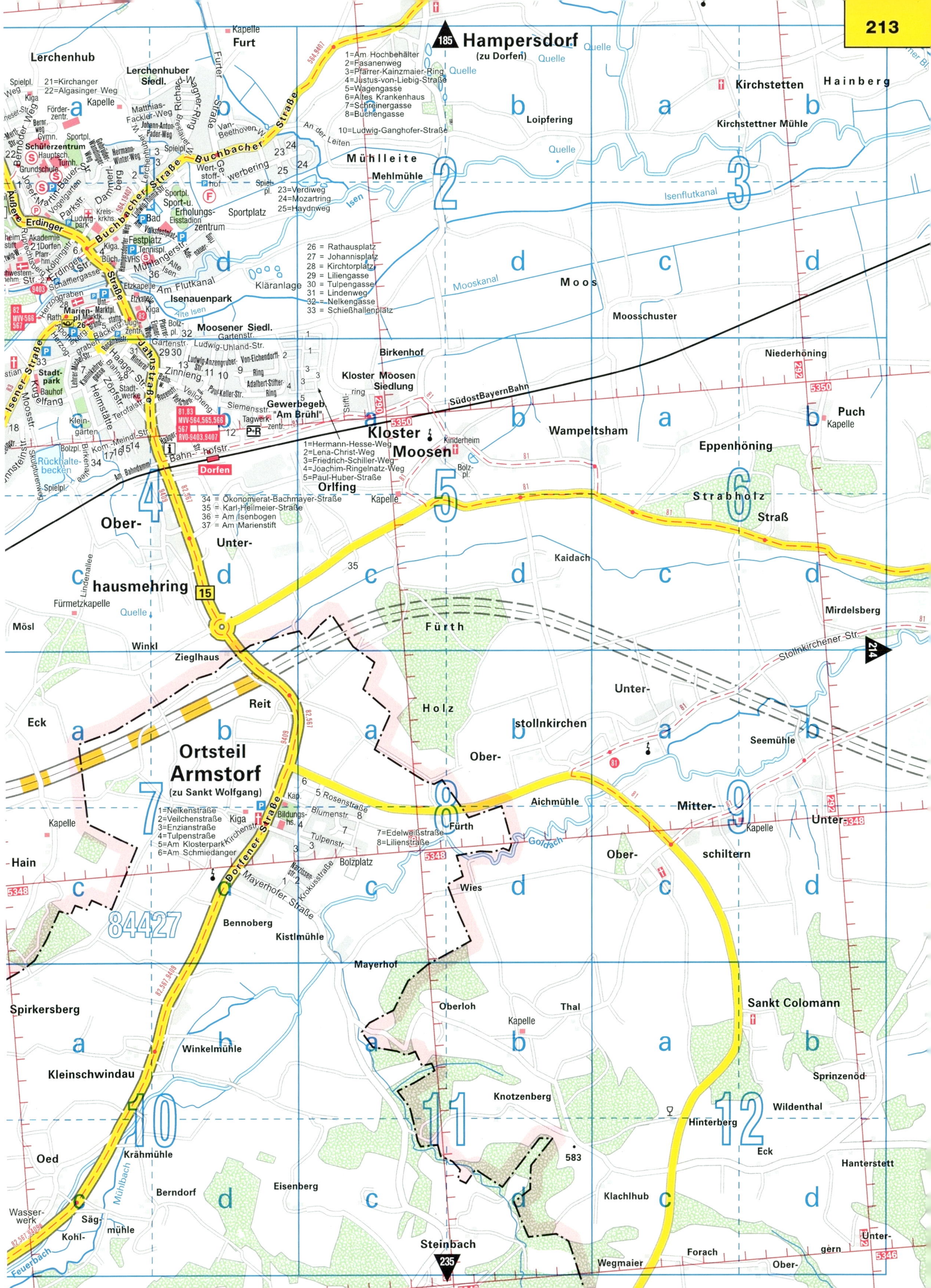

Hampersdorf
(zu Dorfen)
Lerchenhub
Lerchenhuber Siedl.
Furt
Kapelle
Mühlleite
Mehlmühle
Kirchstetten
Hainberg
Kirchstettner Mühle
Loipfering
Isenflutkanal
Mooskanal
Moos
Moosschuster
Kläranlage
Isenauenpark
Moosener Siedl.
Birkenhof
Kloster Moosen Siedlung
Gewerbegeb. "Am Brühl"
Kloster Moosen
Orlfing
Niederhöning
Wampeltsham
Eppenhöning
Puch
Strabholz
Straß
Kaidach
Mirdelsberg
SüdostBayernBahn
Dorfen
Ober-
Unter-
hausmehring
Fürmetzkapelle
Mösl
Winkl
Zieglhaus
Reit
Fürth
Holz
Unter-
stollnkirchen
Ober-
Eck
Ortsteil Armstorf
(zu Sankt Wolfgang)
Aichmühle
Mitter-
schiltern
Ober-
Unter-
Seemühle
Hain
Wies
Bennoberg
Kistlmühle
84427
Mayerhof
Oberloh
Thal
Sankt Colomann
Spirkersberg
Winkelmühle
Kleinschwindau
Knotzenberg
Sprinzenöd
Wildenthal
Hinterberg
Eck
Hanterstett
Oed
Krähmühle
Berndorf
Eisenberg
Klachlhub
583
Wasserwerk
Sägmühle
Kohlmühle
Steinbach
Forach
Wegmaier
Ober-
Untergern
Stollnkirchener Str.
1=Am Hochbehälter
2=Fasanenweg
3=Pfarrer-Kainzmaier-Ring
4=Justus-von-Liebig-Straße
5=Wagengasse
6=Altes Krankenhaus
7=Schreinergasse
8=Buchengasse
10=Ludwig-Ganghofer-Straße
21=Kirchanger
22=Algasinger Weg
23=Verdiweg
24=Mozartring
25=Haydnweg
26 = Rathausplatz
27 = Johannisplatz
28 = Kirchtorplatz
29 = Liliengasse
30 = Tulpengasse
31 = Lindenweg
32 = Nelkengasse
33 = Schießhallenplatz
1=Hermann-Hesse-Weg
2=Lena-Christ-Weg
3=Friedrich-Schiller-Weg
4=Joachim-Ringelnatz-Weg
5=Paul-Huber-Straße
34 = Ökonomierat-Bachmayer-Straße
35 = Karl-Heilmeier-Straße
36 = Am Isenbogen
37 = Am Marienstift
1=Nelkenstraße
2=Veilchenstraße
3=Enzianstraße
4=Tulpenstraße
5=Am Klosterpark
6=Am Schmiedanger
7=Edelweißstraße
8=Lilienstraße
Buchbacher Straße
Erdinger Straße
Jahnstraße
Dorfener Straße
Mayerhofer Straße
Rosenstraße
Blumenstr.
Tulpenstr.
Bolzplatz
Feuerbach
Mühlbach
Goldach
Isen
185
214
235

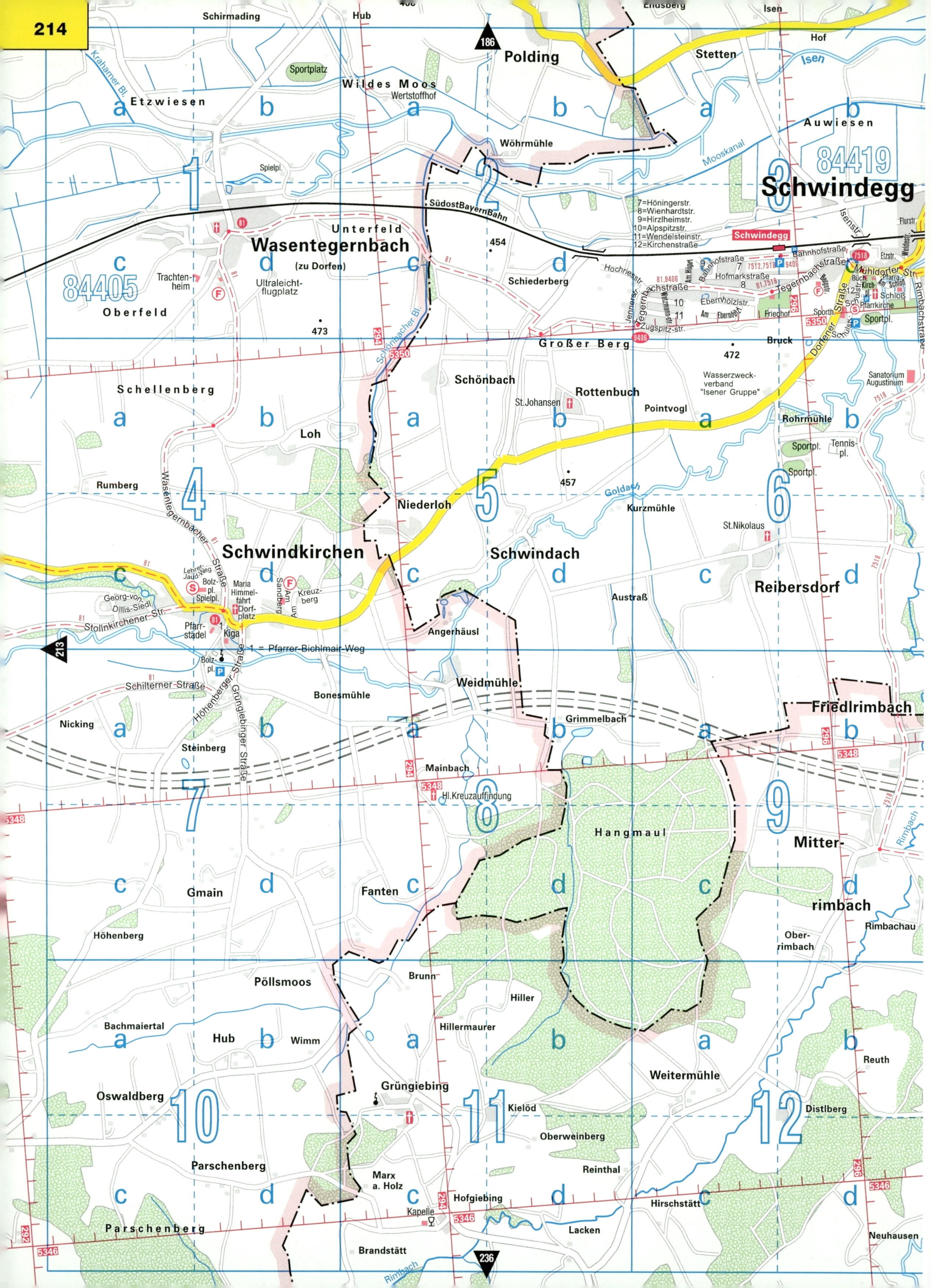

Schirmading
Hub
Polding
Stetten
Isen
Hof
Sportplatz
Wildes Moos
Wertstoffhof
Etzwiesen
Auwiesen
Wöhrmühle
Mooskanal
84419
Schwindegg
Spielpl.
SüdostBayernBahn
Unterfeld
Wasentegernbach
(zu Dorfen)
454
7=Höningerstr.
8=Wienhardtstr.
9=Hirzlheimstr.
10=Alpspitzstr.
11=Wendelsteinstr.
12=Kirchenstraße
Schwindegg
Bahnhofstraße
Hofmarkstraße
Tegernbachstraße
Mühldorfer Str.
Trachtenheim
84405
Oberfeld
Ultraleichtflugplatz
Schiederberg
Hochriesstr.
Friedhof
Pfarrkirche
Schloß
Sportpl.
473
Schönbacher Bl.
Großer Berg
Zugspitz-str.
472
Bruck
Dorfener Straße
Schellenberg
Schönbach
Rottenbuch
St.Johansen
Pointvogl
Wasserzweckverband "Isener Gruppe"
Sanatorium Augustinum
Loh
Rohrmühle
Sportpl.
Tennispl.
Rumberg
457
Goldach
Kurzmühle
Niederloh
St.Nikolaus
Schwindkirchen
Wasentegernbacher Straße
Schwindach
Reibersdorf
Austraß
Georg-von-Dillis-Siedl.
Stollnkirchener-Str.
Maria Himmelfahrt
Dorfplatz
Am Sandberg
Kreuzberg
Pfarrstadel
Kiga
Angerhäusl
1 = Pfarrer-Bichlmair-Weg
Weidmühle
Schilterner-Straße
Bonesmühle
Friedlrimbach
Nicking
Grimmelbach
Höhenberger Straße
Grüngiebinger Straße
Steinberg
Mainbach
Hl.Kreuzauffindung
Hangmaul
Mitter-rimbach
Rimbach
Gmain
Fanten
Höhenberg
Ober-rimbach
Rimbachau
Pöllsmoos
Brunn
Hiller
Bachmaiertal
Hub
Wimm
Hillermaurer
Reuth
Weitermühle
Oswaldberg
Grüngiebing
Kielöd
Distlberg
Oberweinberg
Parschenberg
Reinthal
Marx a. Holz
Hofgiebing
Hirschstätt
Kapelle
Parschenberg
Lacken
Neuhausen
Brandstätt
Rimbach
186
213
236

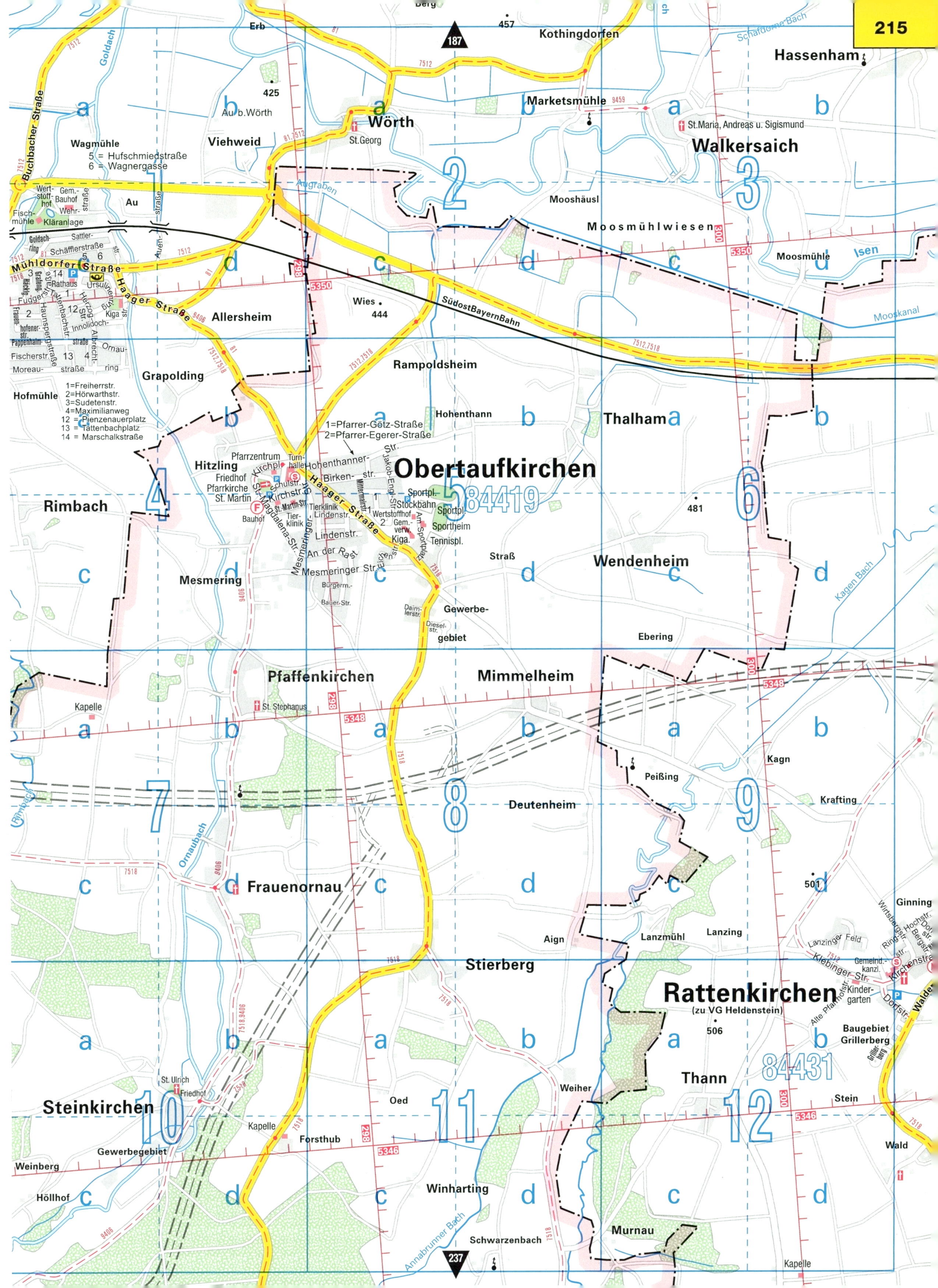
Erb
457
Kothingdorfen
Hassenham
425
Au b.Wörth
Wörth
St.Georg
Marketsmühle
St.Maria, Andreas u. Sigismund
Walkersaich
Wagmühle
5 = Hufschmiedstraße
6 = Wagnergasse
Viehweid
Au
Kläranlage
Mooshäusl
Moosmühlwiesen
Moosmühle
Isen
Mühldorfer Straße
Haager Straße
Allersheim
Wies
444
SüdostBayernBahn
Mooskanal
Rampoldsheim
Grapolding
Hofmühle
1=Freiherrstr.
2=Hörwarthstr.
3=Sudetenstr.
4=Maximilianweg
12 = Pienzenauerplatz
13 = Tattenbachplatz
14 = Marschalkstraße
Hohenthann
Thalham
1=Pfarrer-Götz-Straße
2=Pfarrer-Egerer-Straße
Hitzling
Pfarrzentrum
Friedhof
Pfarrkirche St. Martin
Obertaufkirchen
84419
Rimbach
481
Mesmering
Straß
Wendenheim
Kagen Bach
Gewerbegebiet
Ebering
Pfaffenkirchen
St. Stephanus
Mimmelheim
Kapelle
Peißing
Kagn
Krafting
Deutenheim
Ornaubach
Frauenornau
501
Ginning
Aign
Lanzmühl
Lanzing
Stierberg
Rattenkirchen
(zu VG Heldenstein)
506
Baugebiet Grillerberg
Thann
84431
St. Ulrich
Friedhof
Steinkirchen
Oed
Weiher
Stein
Kapelle
Forsthub
Wald
Gewerbegebiet
Weinberg
Höllhof
Winharting
Annabrunner Bach
Schwarzenbach
Murnau
Kapelle
187
237

Mittelstetten
(zu VG Mammendorf)
82293
Althegnenberg
(zu VG Mammendorf)
82278
Hattenhofen
(zu VG Mammendorf)
82285
Haspelmoor
Hörbach
Oberdorf
Längenmoos
Loitershofen
Brühl
Wenigfeld
Großes Holz
Dornschlag
Kurfürsten-
einfang
Neuschlag
Haspel
Biermösel
Rotes Moos
NSG
moor
Haspel-
Gänskragen
Nassenmoos
Dornet
(zu Adelshofen)
Kripp
Schießeck
Ziegelei
Glasersiedlung
Ziegelstadel
Grabhügel
Kläranlage
Steinberg
555
349
Kap.
194
238
82276

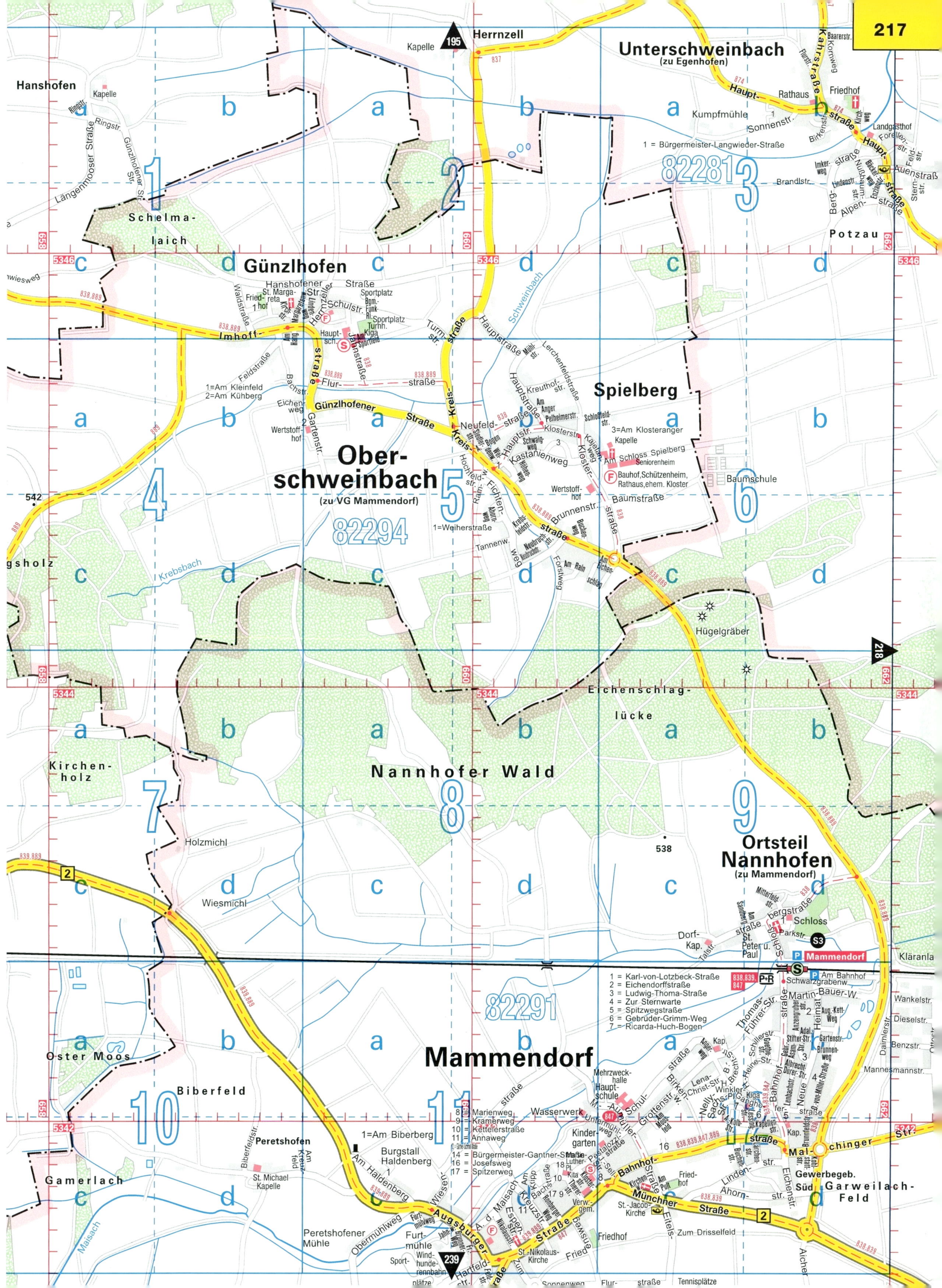

Herrnzell
Kapelle
195
Unterschweinbach
(zu Egenhofen)
Hanshofen
Kapelle
Ringstr.
Längenmooser Straße
Günzlhofener Str.
Kumpfmühle
Rathaus
Friedhof
Haupt-
Sonnenstr.
Birkenstr.
Landgasthof
1 = Bürgermeister-Langwieder-Straße
82281
Brandlstr.
Auenstraße
Potzau
Schelma-
laich
Günzlhofen
Hanshofener Straße
St. Marga-
reta
Fried-
hof
Waldstraße
Schulstr.
Sportplatz
Imhoff-
Jahnstraße
Turm-
str.
Hauptstraße
Schweinbach
Feldstraße
1=Am Kleinfeld
2=Am Kühberg
Flur-
straße
Bachstr.
Eichen-
weg
Günzlhofener
Straße
Kreis-
Neufeld-
straße
Spielberg
Kreuthof-
str.
Lerchenfeldstraße
Pelheimerstr.
Klosterstr.
Schloßfeld-
str.
3=Am Klosteranger
Kapelle
Am Schloss Spielberg
Seniorenheim
Bauhof,Schützenheim,
Rathaus,ehem. Kloster
Baumschule
Baumstraße
Wertstoff-
hof
Gartenstr.
Ober-
schweinbach
(zu VG Mammendorf)
Kastanienweg
Hochfeld-
str.
Fichten-
Brunnenstr.
Kloster-
straße
1=Weiherstraße
82294
542
Tannenw.
Forstweg
Am Rain
Krebsbach
gsholz
Hügelgräber
218
Eichenschlag-
lücke
Kirchen-
holz
Nannhofer Wald
Holzmichl
538
Ortsteil
Nannhofen
(zu Mammendorf)
Wiesmichl
Schloss
Dorf-
Kap.
St.
Peter u.
Paul
Parkstr.
S3
Mammendorf
Am Bahnhof
Kläranla
1 = Karl-von-Lotzbeck-Straße
2 = Eichendorffstraße
3 = Ludwig-Thoma-Straße
4 = Zur Sternwarte
5 = Spitzwegstraße
6 = Gebrüder-Grimm-Weg
7 = Ricarda-Huch-Bogen
P+R
Schwarzgrabenw.
Martin-Bauer-W.
Wankelstr.
Dieselstr.
Benzstr.
Mannesmannstr.
Daimlerstr.
82291
Oster Moos
Mammendorf
Mehrzweck-
halle
Haupt-
schule
Biberfeld
Wasserwerk
8 = Marienweg
9 = Kramerweg
10 = Kettelerstraße
11 = Annaweg
14 = Bürgermeister-Gantner-Straße
16 = Josefsweg
17 = Spitzerweg
1=Am Biberberg
Burgstall
Haldenberg
Peretshofen
Kinder-
garten
St. Michael
Kapelle
Gamerlach
Am Haldenberg
Mal-
chinger Str.
Gewerbegeb.
Süd
Garweilach-
Feld
Bahnhof-
Münchner Straße
Friedhof
St.-Jacob-
Kirche
Zum Drisselfeld
Peretshofener
Mühle
Obermühlweg
Furt-
mühle
Augsburger
Straße
Wind-
hunde-
rennbahn
239
St.-Nikolaus-
Kirche
Sonnenweg
Flur-
straße
Tennisplätze
Maisach
Aicher

Unterschweinbach
(zu Egenhofen)
Waltershofen
Kuchenried
Deisenhofen
82281
Auenstraße
Potzau
Sport-
plätze
Englertshofen
Mitterberg
Aufkirchen
Mehrzweck-
halle
Maisacher Straße
Friedhof
Pischertshofen
Kapellanger
Am Schreinerberg
Am Gartenfeld
Burgstall-straße
Mammendorfer Str.
Oberlappach
Fuchsberg
Am Brand Str.
Stefansberger Str.
Breitenweg
Bruggweg
Zum Fuchsberg
Geisenhofen
Stefansberg
Stefanusstr.
Frauenberg
1=Am Sandberg
Kirchfeldstr.
Schelm-Berg
Rammertshofen
Germerswang
1=Bgm.-Schlatter-Straße
Kohlstattstr.
Frauenberger Str.
Luitpoldstr.
Kermar-straße
Kläranlage
Jugend-begegnungs-stätte
Holzmühl
Maisach
Forellenbach
Keltenstraße
Mooswiesen
Kläranlage
S3
Am Bahnhof
Malching (Oberbay.)
Malching
Dorfstraße
Zum Lerch
2=Kirchweg
Wasserwerk
Pfaffen-löchel
Gewerbe-gebiet
Kugelbichl
Wankelstr.
Dieselstr.
Benzstr.
Ottostr.
Daimlerstr.
Mannesmannstr.
Laich
Ober-Malching
Sportplatz
Sportplatzstr.
Tennisplatz
Friedhof
Dinkelweg
Mammendorfer Straße
(zu Mammendorf)
82291
Garweilach-Feld
Galgen
Kapelle
196
217
240
1 2 3 4 5 6 7 8 9 10 11 12
5346
5344
5342
874
870

Rottbach
Thal
Kühberg
Fußberg
Weiherhaus
Unterlappach
Überacker
Taubenbichel
543
532
Anzhofen
Kühmoos
Kreuzberg
Roßmoos
Diepoltshofen
Mühle
Maisach 82216
Gernlinden
Flugplatz
Golf-
platz
Weiherbach
Rottbach
Lappach
Maisach
Aspengraben
Lüßgraben
1 = Bürgermeister-Schwarzmann-Str.
2 = Bürgermeister-Popfinger-Str.
1 = Bachfeldweg
2 = Steinbrechweg
3 = Pfarrer-Betzl-Str.
4 = Bahnhofstr.
5 = Dr.-Josef-Thiel-Weg
6 = Silberdistelstraße
7 = Alpenrosenstraße
8 = Rudi-Haimerl-Weg
1 = Wendelsteinweg
2 = Roßfeldweg
7 = Watzmannweg
8 = Taubensteinweg
11 = Willy-Behm-Weg
14 = Lise-Meitner-Straße
15 = Friedenstraße
Hauptstraße
Estinger Straße
Überacker Straße
Aufkirchner Straße
Ganghofer- straße
Gewerbegebiet
Maisach
S3
197
220
241

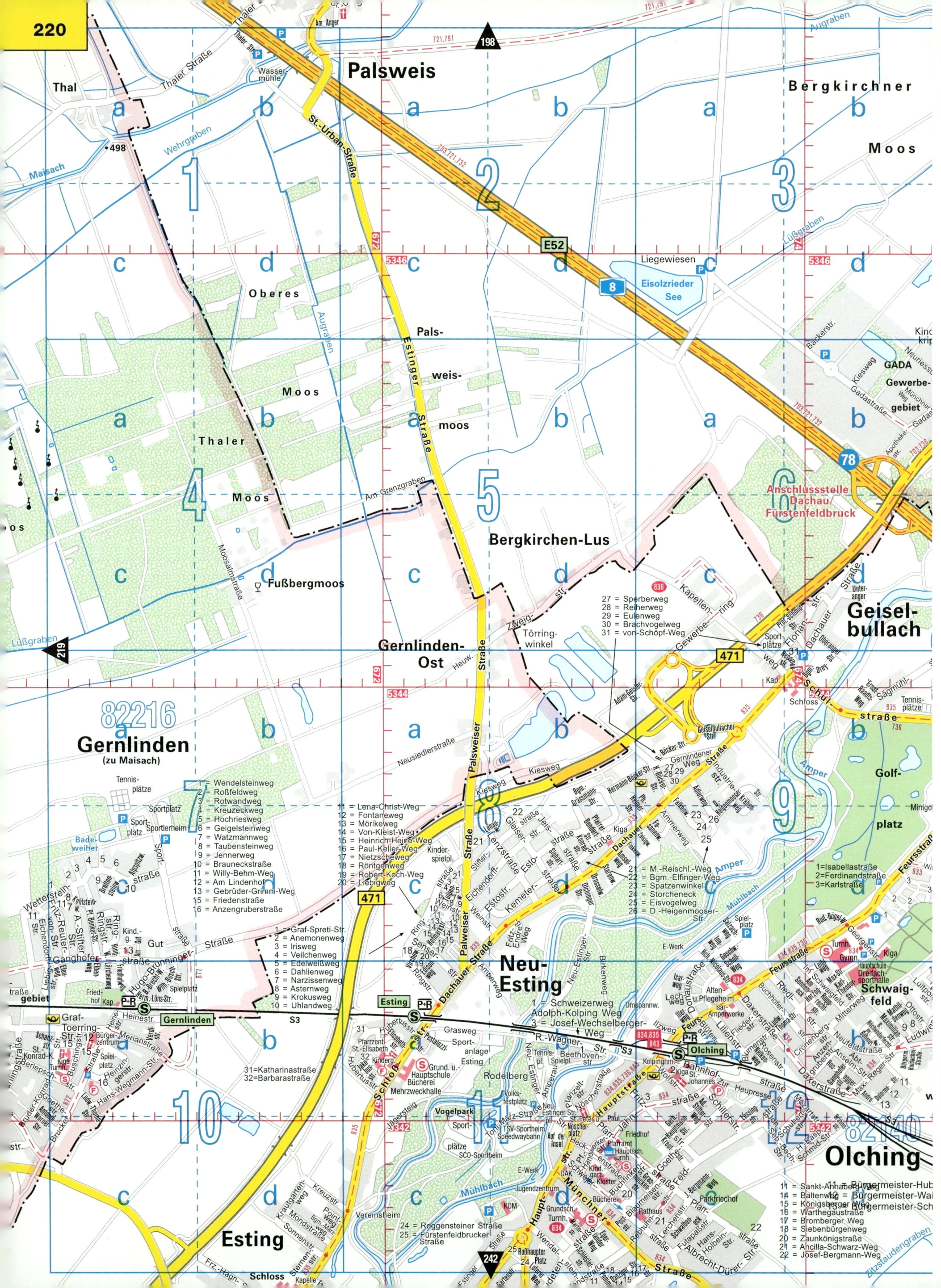

Palsweis
Thal
Bergkirchner
Moos
Oberes
Pals-
weis-
moos
Moos
Thaler
Moos
Fußbergmoos
Bergkirchen-Lus
Gernlinden-
Ost
Geisel-
bullach
Anschlussstelle
Dachau/
Fürstenfeldbruck
GADA
Gewerbe-
gebiet
Eisolzrieder
See
Liegewiesen
82216
Gernlinden
(zu Maisach)
Golf-
platz
Neu-
Esting
Esting
Olching
82140
Schwaig-
feld
Rodelberg
Vogelpark
Schloss
St.-Urban-Straße
Estinger Straße
Palsweiser Straße
Dachauer Straße
Hauptstraße
Münchner Straße
Feursstraße
Thaler Straße
Wehrgraben
Augraben
Lußgraben
Maisach
Amper
Mühlbach
Am Grenzgraben
Moosalmstraße
Neusiedlerstraße
Kiesweg
Gewerbe-ring
Zweig-str.
Törring-
winkel
E52
8
78
471
198
219
242
1 = Wendelsteinweg
2 = Roßfeldweg
3 = Rotwandweg
4 = Kreuzeckweg
5 = Hochriesweg
6 = Geigelsteinweg
7 = Watzmannweg
8 = Taubensteinweg
9 = Jennerweg
10 = Brauneckstraße
11 = Willy-Behm-Weg
12 = Am Lindenhof
13 = Gebrüder-Grimm-Weg
15 = Friedenstraße
16 = Anzengruberstraße
11 = Lena-Christ-Weg
12 = Fontaneweg
13 = Mörikeweg
14 = Von-Kleist-Weg
15 = Heinrich-Heine-Weg
16 = Paul-Keller-Weg
17 = Nietzscheweg
18 = Röntgenweg
19 = Robert-Koch-Weg
20 = Liebigweg
1 = Graf-Spreti-Str.
2 = Anemonenweg
3 = Irisweg
4 = Veilchenweg
5 = Edelweißweg
6 = Dahlienweg
7 = Narzissenweg
8 = Asternweg
9 = Krokusweg
10 = Uhlandweg
27 = Sperberweg
28 = Reiherweg
29 = Eulenweg
30 = Brachvogelweg
31 = von-Schöpf-Weg
21 = M.-Reischl.-Weg
22 = Bgm.-Elfinger-Weg
23 = Spatzenwinkel
24 = Storcheneck
25 = Eisvogelweg
26 = D.-Heigenmooser-Str.
1 = Schweizerweg
2 = Adolph-Kolping Weg
3 = Josef-Wechselberger-Weg
1=Isabellastraße
2=Ferdinandstraße
3=Karlstraße
31=Katharinastraße
32=Barbarastraße
24 = Roggensteiner Straße
25 = Fürstenfeldbrucker Straße
11 = Sankt-Anhaberg-Weg
14 = Baltenweg
15 = Königsberger Weg
16 = Warthegaustraße
17 = Bromberger Weg
18 = Siebenbürgenweg
20 = Zaunkönigstraße
21 = Ancilla-Schwarz-Weg
22 = Josef-Bergmann-Weg

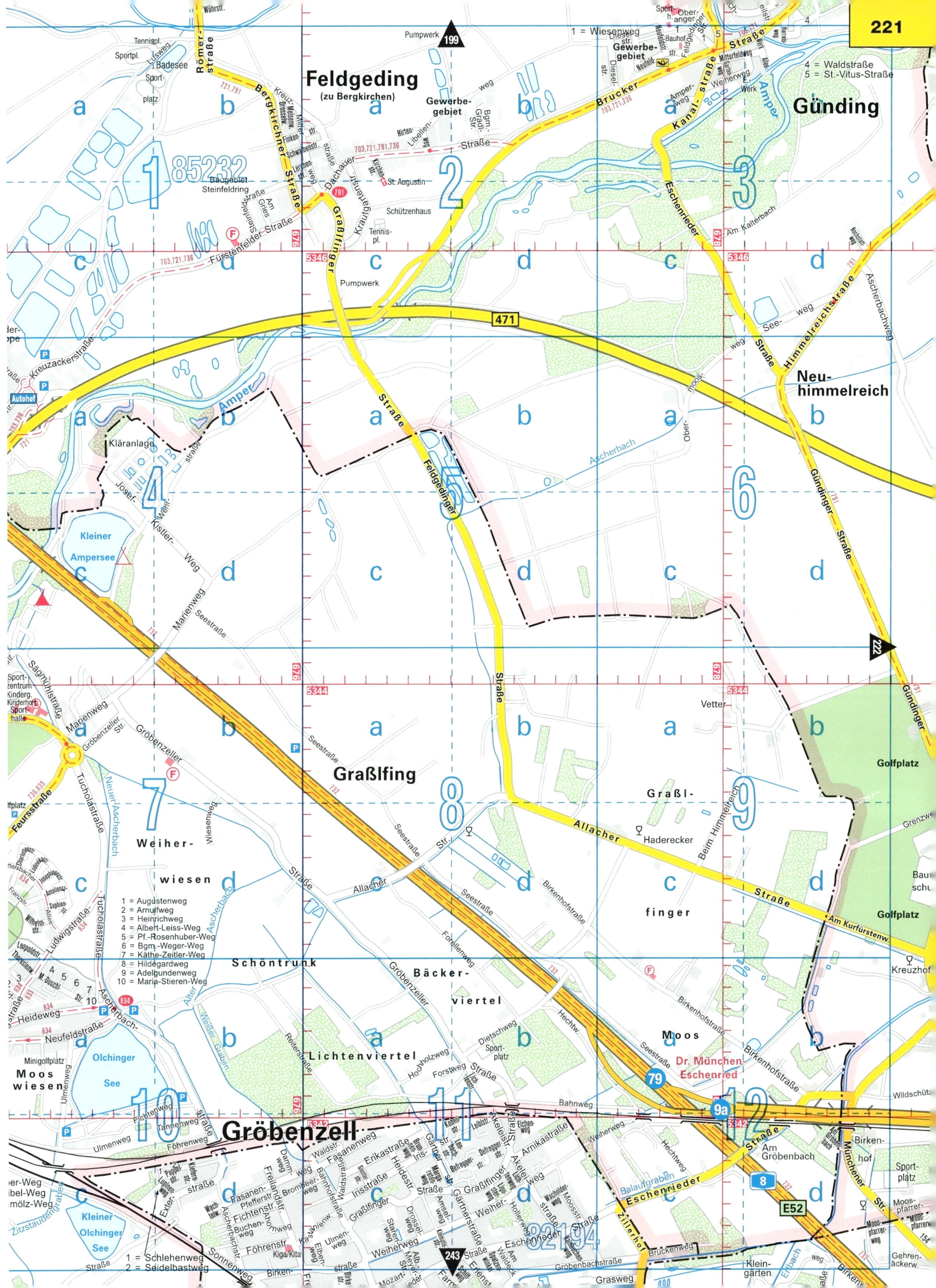
Feldgeding
(zu Bergkirchen)
Gewerbegebiet
Günding
Neuhimmelreich
Graßlfing
Weiherwiesen
Schöntrunk
Bäckerviertel
Lichtenviertel
Moos
Moos wiesen
Gröbenzell
Graßlfinger
Kleiner Ampersee
Olchinger See
Kleiner Olchinger See
Golfplatz
Amper
Ascherbach
Allacher Straße
Gündinger Straße
Feldgedinger Straße
Graßlfinger Straße
Eschenrieder Straße
Brucker Straße
Himmelreichstraße
Kläranlage
Haderecker
Dr. München Eschenried
Kreuzhof
Birkenhof
1 = Wiesenweg
4 = Waldstraße
5 = St.-Vitus-Straße
1 = Augustenweg
2 = Arnulfweg
3 = Heinrichweg
4 = Albert-Leiss-Weg
5 = Pf.-Rosenhuber-Weg
6 = Bgm.-Weger-Weg
7 = Käthe-Zeitler-Weg
8 = Hildegardweg
9 = Adelgundenweg
10 = Maria-Stieren-Weg
1 = Schlehenweg
2 = Seidelbastweg
85232
82194

1 = Emilie-Pelikan-Straße
2 = W.-v.-Friedrich-Straße
3 = Anna-Feldhusen-Straße
4 = Tina-Blau-Straße
5 = Victor-Weishaupt-Straße
6 = Oskar-Coester-Straße
7 = Wilhelm-Dürr-Straße
8 = Hugo-König-Straße
9 = Hugo-Hatzler-Straße
10=W.-Neuhäuser-Straße
11=M.-v.-Kalckreuth-Weg
12=Wallachweg
13 = Klagenfurter Platz
14 = Krebsbachstraße
15 = Max-Feldbauer-Weg
16 = Joseph-Wenglein-Weg
17 = Olaf-Gulbransson-Weg
18 = Eduard-Schleich-Weg
19 = Walther-Klemm-Weg
20 = Langer-Schöller-Weg
21 = W.-v.-Kobell-Weg
22 = Adolf-Lins-Weg
23 = Max-Liebermann-Str.
24 = Richard-von-Poschinger-Weg
25 = Taubenbergerstraße
26 = Otto-Strützel-Straße
1=Schorsch-Froschmayer-Platz
1=Jakob-Schlumpf-Str.
32 = Eibenweg
33 = Tannenweg
34 = Schachenweg
35 = Alpspitzstraße
36 = Oberreintalweg
37 = Seekarweg
38 = Herzogstandweg
39 = Roßkopfweg
40 = Heimgartenweg
41 = Sonnjochweg
1=Zur Allacher Mühle
Dachau
Himmelreich
Augustenfeld
Dachau-Süd
Dachau-Süd
Rothschwaige
Dachauer Moos
Karlsfeld
Gröbenried
Eschenried (zu Bergkirchen)
Allach
Müllerstadel
Waldschwaige
Im Moos
Erholungsgelände
Stadtweiher
Landschaftssee
Waldschwaigsee
Stadtwald
Trimm-Dich-Pfad
Segelflugplatz
Golfplatz
Birkensee
Lußsee
Eichinger See
Dreieck München-Allach
Himmelreichweg
Münchner Straße
Gröbenrieder Straße
Emmeringer Str.
Schleißheimer Str.
Augustenstr.
Alte Bayernwerkstraße
Gündinger Straße
Kurfürstenweg
Langwieder Straße
Hadinger Weg
Ackerstraße
Wehrstaudenstraße
Lippweg
Eversbuschstraße
Waldschwaigweg
Reschenbach
Gröbenbach
Ascherbach
Langwieder Bach
Krebsbach
Würm
85221
85757
85232
82194
80999
ADAC
S2
99
E52
471
304
5346
5344
5342
200
221
244
Kiga
Tennisplätze
Sportpl.
Reitanlage
Baumschule
Kleingärten
Friedhof
Umspannwerk
Wertstoffhof
Recyclinghof
DLRG
BRK

201
224
245
(zu Oberschleißheim)
85764
Olympia-Regattastrecke
Regatta-parksee
Regattaanlage Feldmoching-Oberschleißheim
Aussichtsberg
NSG Schwarzhölzl
Kläranlage
Gemeinde-Bauhof
Karls-felder See
Freizeitanl.
Erholungsgebiet
moos
Kren-
Kalterbach
Krebsbach
Würmkanal
Gewerbegebiet Nord
Gewerbegebiet Süd
Industriegebiet
Teststrecke
Siedlung Ludwigsfeld
Feldmochinger See
Nordwestpark
FKK-Gelände
MAN
MTU
Gilmer Schloss
Gerberau
Allacher Forst
Waldkolonie
Ludwigsfeld
Anschlussstelle M.-Ludwigsfeld
Stadtbezirk FELDMOCHING-HASENBERGL
Fasanerie
80995
80997
Hochstraße
Bajuwarenstraße
Münchner Str.
Dachauer Straße
Karlsfelder Straße
Otto-Warburg-Straße
Ludwigsfelder
Feldmochinger Mühlbach
Rangierbf.
Gbf.
1 = Am Spatzenwinkel
2 = Amselweg
3 = Am Finkenschlag
4 = Drosselanger
5 = Rotkehlchenstraße
6 = Franz-von-Assisi-Platz
7 = Ignaz-Taschner-Bogen
8 = Fritz-Scholl-Straße
9 = Klem-Pauli-Weg
10 = Peter-Rosegger-Straße
11 = Sperberweg
12 = Kirschenweg
13 = Am Obstgarten
14 = Dohlenweg
15 = Eulenweg
16 = Bussardplatz
17 = Wacholderweg
18 = Ligusterweg
19 = Schlehenweg
20 = Berberitzenweg
21 = Weißdornweg
22 = Rotdornweg
23 = Hagebuttenweg
24 = Akazienweg
25 = Ginsterweg
26 = Max-Joseph-Platz
27 = An der Steinernen Brücke
28 = Sesamstraße
29 = Schäferweg
30 = Blumenstraße
31 = An der Bockwiese
Pasteurstr.
1 = Listerstraße
2 = Descartesstr.
1 = Skabiosenstr.
5 = Schwertlilienweg
6 = Mehlprimelweg

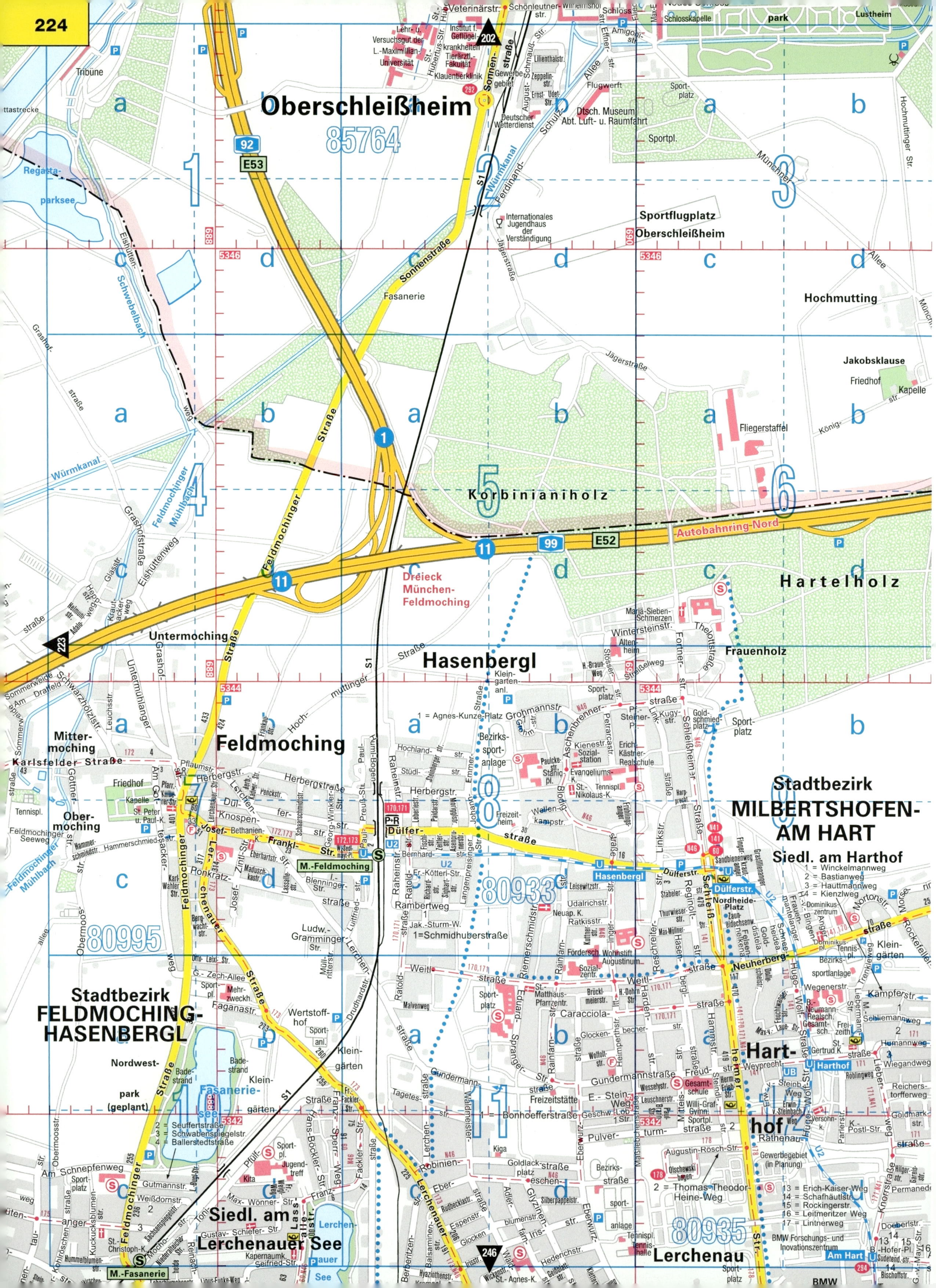
Oberschleißheim
85764
Sportflugplatz
Oberschleißheim
Hochmutting
Jakobsklause
Fliegerstaffel
Korbinianiholz
Autobahnring-Nord
Dreieck
München-
Feldmoching
Hartelholz
Untermoching
Hasenbergl
Frauenholz
Mitter-
moching
Feldmoching
Ober-
moching
Stadtbezirk
MILBERTSHOFEN-
AM HART
Siedl. am Harthof
80933
80995
Stadtbezirk
FELDMOCHING-
HASENBERGL
Fasanerie-
see
Hart-
hof
Siedl. am
Lerchenauer See
80935
Lerchenau
Lerchenauer See

Hochbrück
(zu Garching b. München)
3 = Tannenbergstr.
Schleißheimer Kanal
Kaserne
Standort-
85748
Schweizer-
holz
übungsplatz
Olympia-Schießanlage Hochbrück
Landstraße
Prinzenweg
Fröttmaninger
Jägerstraße
E52
12a
Anschlussstelle München-Neuherberg
Ingolstädter
Entsorgungspark
12b
Anschlussstelle M.-Fröttmaning-Nord
Mülldeponie
Kreuz München-Nord
Klärschlamm-
deponie
Hartel-
holz
Helmholtz Zentrum München DT. Forschungszentrum für Gesundheit und Umwelt
Neuherberg
Heide
Werner-Heisenberg-Allee
Allianz Arena
Fröttmaning
Kurt-Landauer-Platz
Esplanade
U-Bahn-Betriebshof-Nord
Zentrales Betriebsgebäude
Windkraftanlage
Freizeitgelände Fröttmaninger Berg
5 = Regenpfeiferweg
6 = Kreuzschnabelweg
7 = Haubenlerchenweg
8 = Buchfinkenweg
9 = Blaumeisenweg
10 = Grünfinkenweg
11 = Milanweg
12 = Pfauenweg
FC Bayern Campus
1 = Hans-Jensen-Weg
Neuherberg-straße
Ernst.-v.-Bergmann-Kaserne
Sanitätsakademie
Bundeswehrfachschule
1 = Krautwieselweg
2 = Maurice-Ravel-Weg
3 = Debussyweg
4 = Boris-Blacher-Str.
5 = Herm-Reutter-Weg
6 = Karl-Richter-Str.
7 = Karl-Böhm-Weg
8 = Portweg
9=Arnold-Schönberg-Weg
10=Alban-Berg-Weg
11=Anton-Webern-Weg
12=Kurt-Weill-Weg
13=Arthur-Honegger-Weg
14=Wolf-Ferrari-Weg
15=Hermann-Levi-Straße
16=Ackerlweg
17=Sonnleitnerstraße
18=Zwergackerweg
19=Frietingerweg
Cavalluna Park
Klärwerk
Biologische Versuchsanstalt
80937
Fröttmaninger Heide
Freimanner Heide
Siedlung Neuherberg
Groß-
lappen
Anschlussstelle M.-Fröttmaning-Süd
Kiefernarten
Klein-
lappen
1=Seckenheimer Str.
2=Ladenburger Str.
Sportpark Freimann
Heidemann-straße
Tagesklinik München-Nord
Autobahnmeisterei München-Nord
Neubaugebiet Bayern-Kaserne
18 = Joachimsthaler Weg
19 = Friedlandweg
80939
BMW
AS-M.-Freimann
M.O.C. Veranstaltungscenter
Siedl. am Hart
Siedlung Kaltherberg
Euro-Industriepark
Freimann
Freisinger Landstr.
Kultur-heim
Schwabinger Bach
Mühlbach

Garching
b. München
Mühlenpark
204
Anschlussstelle
Garching-Süd
85748
Kanalschleuse
Klär-
anlage
Gewerbegebiet
Neuer
Friedhof
Isar
Dirnismaning
Erholungs-
park
Mühlbach
Schwabinger Bach
Klärschlamm-
deponie
Garchinger
225
Mittlere
Isarauen
Ismaning
Taxet-
weiher
Schinder-
taxet
85774
Auen-
siedlung
Obere
Isarauen
AGROB
Keramik
Gewerbe-
park
85737
Kolomans
Kapelle
Fisch-
teiche
Mittlere Isar (Kanal)
Schuttberg
(Zu München)
Umspann-
werk
Klär-
anlage
Feuerwehr-
übungsplatz
Birkenhofstraße
Unterföhring
248
Feringasee
Autobahnring Ost
Kultur-
heim
Rodel-
berg
23 = Stettiner Weg
24 = Feldmochinger Weg
25 = Freimanner Weg
26 = Fröttmaninger Weg
1=Bethmannstraße
2=Karlsbader Weg
3=Egerländer Weg
4=Schlesierweg
5=Marienbader Str.
6=Durachweg
1 = Ballesweg
2=Am Seebachanger
Münchener Str.
Freisinger Landstraße
Max-von-Eyth-Str.
Krautgartenstr.
Wasserturmstr.
Kolomanstraße
Osterfeldstr.
Stockbahn
Sportpark
Sportplätze
Tennisplätze
Waldorfschule

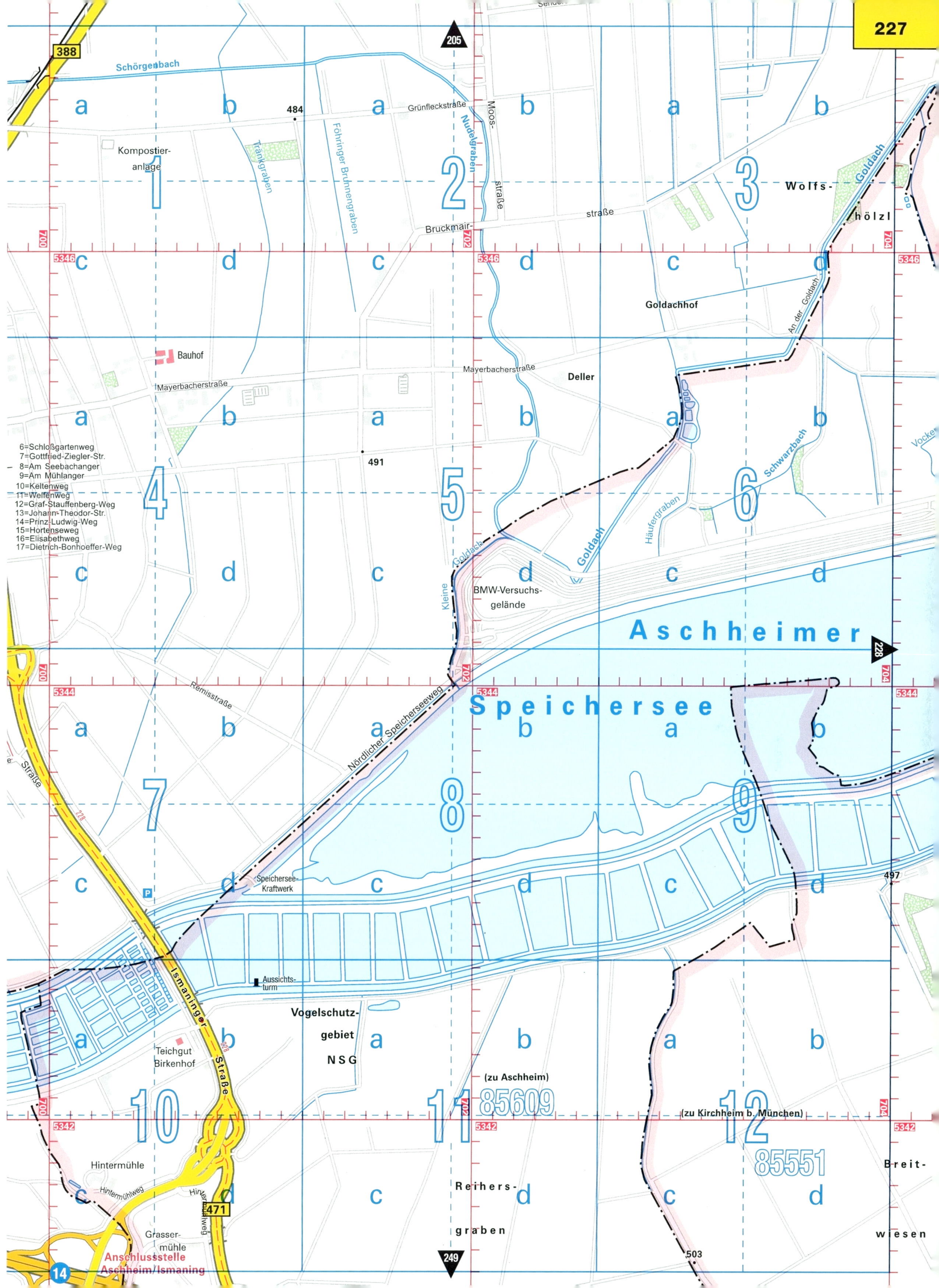

205
388
Schörgenbach
484
Grünfleckstraße
Moos-
straße
Nudelgraben
Tränkgraben
Föhringer Bruhnengraben
Kompostier-
anlage
Bruckmair-
straße
Wolfs-
hölzl
Goldach
Goldachhof
An der Goldach
Bauhof
Mayerbacherstraße
Mayerbacherstraße
Deller
491
6=Schloßgartenweg
7=Gottfried-Ziegler-Str.
8=Am Seebachanger
9=Am Mühlanger
10=Keltenweg
11=Welfenweg
12=Graf-Stauffenberg-Weg
13=Johann-Theodor-Str.
14=Prinz-Ludwig-Weg
15=Hortenseweg
16=Elisabethweg
17=Dietrich-Bonhoeffer-Weg
Schwarzbach
Häufergraben
Goldach
Kleine Goldach
BMW-Versuchs-
gelände
Aschheimer
228
Speichersee
Remisstraße
Straße
Nördlicher Speicherseeweg
Speichersee-
Kraftwerk
497
Ismaninger Straße
Aussichts-
turm
Vogelschutz-
gebiet
NSG
Teichgut
Birkenhof
(zu Aschheim)
85609
(zu Kirchheim b. München)
85551
Hintermühle
Hintermühlweg
Reihers-
graben
Breit-
wiesen
471
Grasser-
mühle
Anschlussstelle
Aschheim/Ismaning
14
249
503

Ortsteil Eicherloh
(zu Finsing)
Ortsteil Vorderes Finsingermoos
(zu Finsing)
(zu Ismaning)
Finsinger
Tratmoos
Reiter-hof
Reitplatz
Moosstraße
Golfclub Gut Eicherlob e V.
Finsinger Moos
Ortsteil Neufinsing
(zu Finsing)
1=Am Viertelbach
2=Speicheirseering
BMW-Versuchs-gelände
(zu Aschheim)
Aschheimer Speichersee
Vorfluter
Bachsammler
Elektrizitäts-werk
3 = Pfarrer-Johann-Beck-Weg
Landshamer Moos
Erl-mühle
Weidachmaier
Abfanggraben
Landsham
Landsham Moos
(zu Kirchheim b. München)
85551
Breit-wiesen
Weidach
Kompostier-anlage
1 = Kordongasse
2 = Rämplstraße
1 = Pleonstraße
2 = St.-Leonhard-Str.
3 = Benediktbeuernstr.
4 = Merowingerweg
5 = Kastanienweg
6 = Beim Sellmair Bauhof
7 = Widenanger
8 = Am Bründlerfeld
9 = Viertelbachstraße
10 = Beyhartinger Straße
11 = Am Schmiedanger
12 = Hallstattweg
Münchener Straße
Erdinger Straße
Landshuter Straße
Tratmoosstraße
Eicherloher Straße
Finsinger Straße
Moorkulturstraße
Kirchenweg
Seestraße
Weißbach
Vockerbächl
Goldach
Dorfen
Viertelbach (Bachableiter)
Bade-weiher
206
227
250

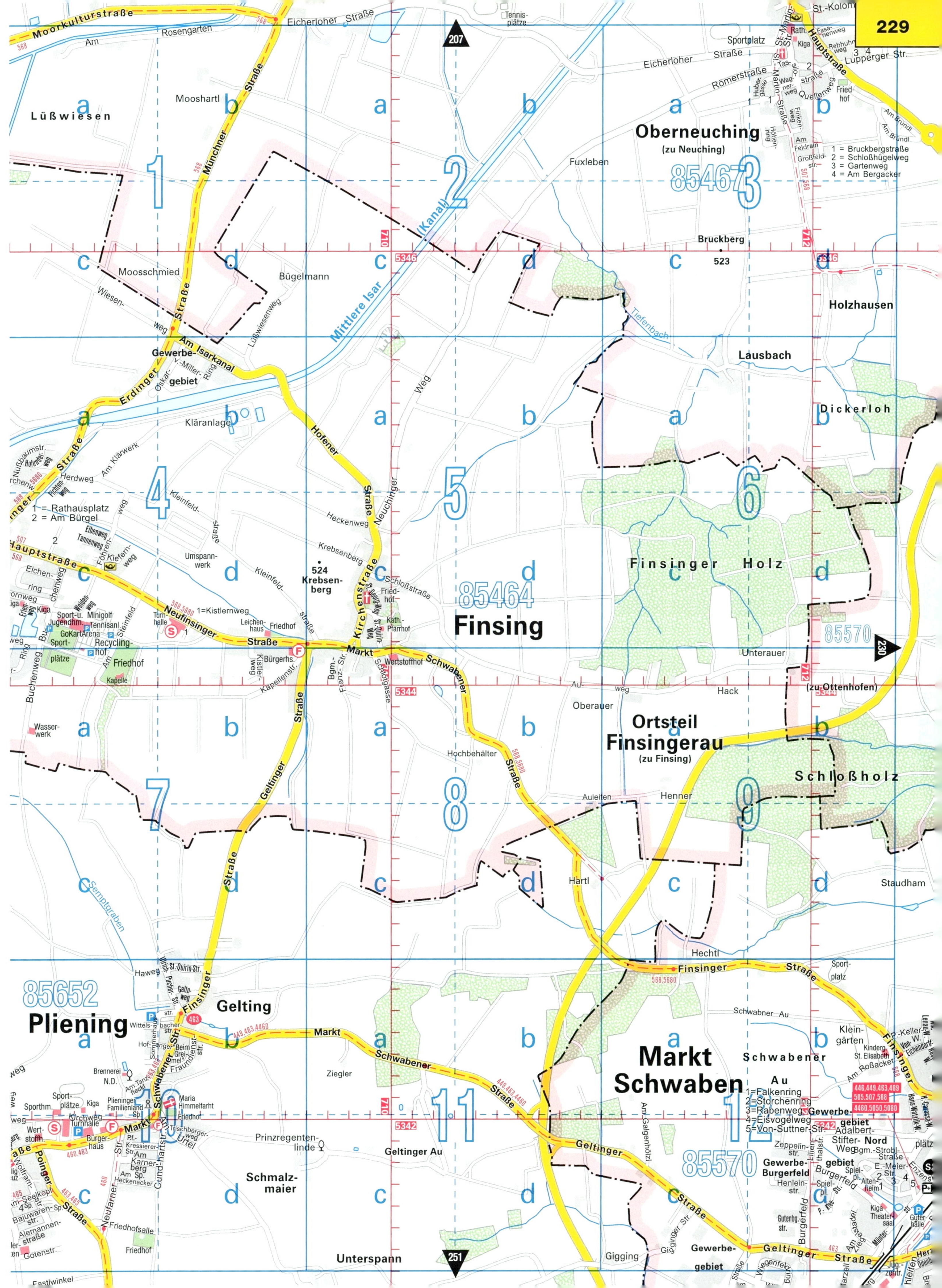

Moorkulturstraße
Rosengarten
Eicherloher Straße
Lußwiesen
Mooshartl
Münchner Straße
Oberneuching
(zu Neuching)
85467
Fuxleben
Bruckberg
523
Holzhausen
Moosschmied
Bügelmann
Mittlere Isar (Kanal)
Tiefenbach
Lausbach
Dickerloh
Gewerbegebiet
Am Isarkanal
Erdinger Straße
Kläranlage
Hofener Straße
Neuchinger Straße
Heckenweg
Krebsenberg
524
Finsinger Holz
85464
Finsing
Neufinsinger Straße
Markt
Schwabener Straße
Friedhof
Unterauer
85570
Hack
(zu Ottenhofen)
Oberauer
Ortsteil Finsingerau
(zu Finsing)
Schloßholz
Hochbehälter
Geltinger Straße
Auleiten
Henner
Hartl
Staudham
Semptgraben
Hechtl
Finsinger Straße
Schwabner Au
85652
Pliening
Gelting
Markt Schwabener Straße
Ziegler
Markt Schwaben
Schwabener Au
Prinzregentenlinde
Geltinger Au
Schmalzmaier
Geltinger Straße
Gewerbegebiet
Unterspann
Gigging
Eastlwinkel
Friedhof

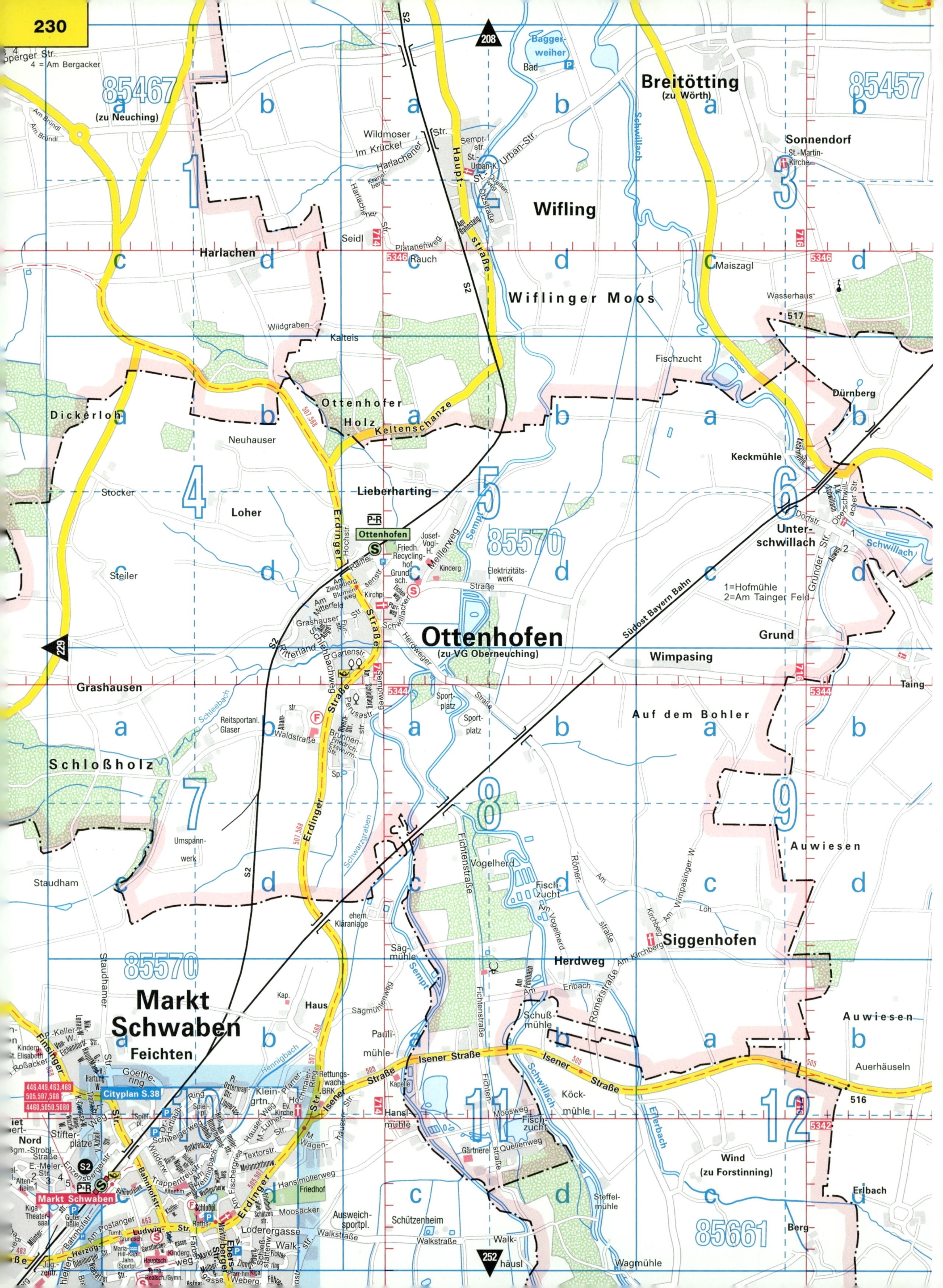

Breitötting
(zu Wörth)
Sonnendorf
Wifling
Harlachen
Wiflinger Moos
Dickerloh
Ottenhofer Holz
Keltenschanze
Neuhauser
Lieberharting
Loher
Stocker
Steiler
Ottenhofen
(zu VG Oberneuching)
Unter-
schwillach
Keckmühle
Dürnberg
Grund
Wimpasing
Taing
Grashausen
Schloßholz
Auf dem Bohler
Auwiesen
Siggenhofen
Herdweg
Staudham
Markt
Schwaben
Feichten
Wind
(zu Forstinning)
Erlbach
Berg
Auerhäuseln
85467
85457
85570
85661
Cityplan S.38
Markt Schwaben

Keltenschanze
Kleinfeld
Willgruber
Oberau
Oberauer Straße
Hohenlindener Straße
Stallering
Schlagberg
512
Rottmanner Etz
Wolfswinkel
Untere Au
(zu Buch a. Buchrain)
Niedermüllerholz
85656
Harrainer Holz
Katterloh
Fendsbach
Pflegeheim
Harrain
Kapelle
Schellenberg
Ödenbach
Ober-
schwillach
Mühlbach
Ötz
Mooswiesen
Etz
AS Pastetten
Poigenberg
Moosstetten
Rotmühle
Zeilern
Lüß
Großfeld
Harthofen
Isener Straße
Lohfeld
Anger
Erdinger
Schmidberg
Reithofen
Unterfeld
Zeilerner Straße
Mühlenweg
Rebhuhnweg
Falkenweg
Tainger Straße
Fasanenweg
Waldstraße
1=Amselweg
Mooshäuseln
Pastettener Straße
Sportpl.
Spielpl.
Harthofener Str.
Bauhof
Kinderg.
Sportpl.
Turnhalle
Schul-str.
Pappelallee
Buchrain-str.
1 = An der Weide
Haidberger Str.
Poigenberger Str.
Zeilerner Straße
Kapelle
Raiffeisen-str.
Hauptstraße
Fried-hof
Flurstr.
Lindenstr.
Steinfeldstr.
85669
Pastetten
Hohenlindener Straße
Taxdinger Str.
Wendelsteinstr.
Lindacher Weg
Stein
Lindacher
Feld
Niedere
Au
Kieswerk
Sportpl.
Tennispl.
Am Gewerbebogen
Am Steinfeld
Gewerbegebiet
85659
Forstern
(zu Forstinning)
Birkeln

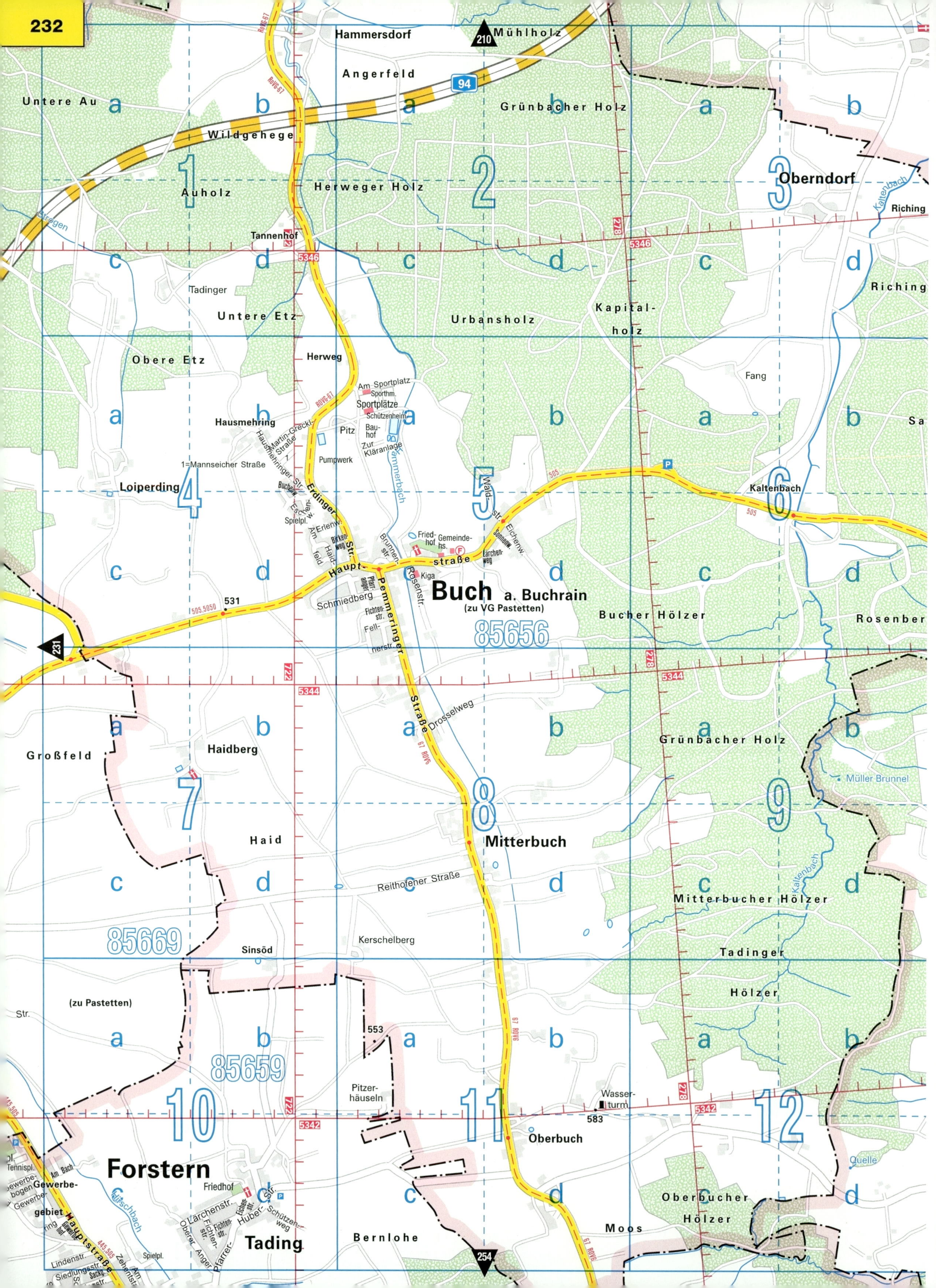

Hammersdorf
Mühlholz
210
Angerfeld
94
Untere Au
Grünbacher Holz
Wildgehege
Auholz
Herweger Holz
Oberndorf
Kaltenbach
Riching
Strogen
Tannenhof
5346
278
Tadinger
Untere Etz
Urbansholz
Kapital-holz
Obere Etz
Herweg
Fang
Am Sportplatz
Sportplätze
Schützenheim
Hausmehring
Martin-Greckl-Straße
Hausmehringer Str.
Pitz
Bauhof
Zur Kläranlage
Pumpwerk
Pemmerbach
1=Mannseicher Straße
Loiperding
Erdinger Str.
Waldstr.
Kaltenbach
505
Friedhof
Gemeindehs.
Kiga
Haupt-
straße
Pemmeringer Straße
Rosenstr.
Brunnenstr.
Schmiedberg
Buch a. Buchrain
(zu VG Pastetten)
85656
Bucher Hölzer
Rosenber
531
231
5344
Drosselweg
Großfeld
Haidberg
Grünbacher Holz
Müller Brunnel
Haid
Mitterbuch
Reithofener Straße
Mitterbucher Hölzer
Kaltenbach
85669
Sinsöd
Kerschelberg
Tadinger Hölzer
(zu Pastetten)
553
85659
Pitzerhäuseln
Wasserturm
583
5342
Oberbuch
Quelle
Forstern
Friedhof
Gewerbegebiet
Hauptstraße
Lärchenstr.
Fichtenstr.
Huber-Str.
Schützenweg
Tading
Bernlohe
Moos
Oberbucher Hölzer
254
Lindenstr.
Siedlungsstr.
Spielpl.

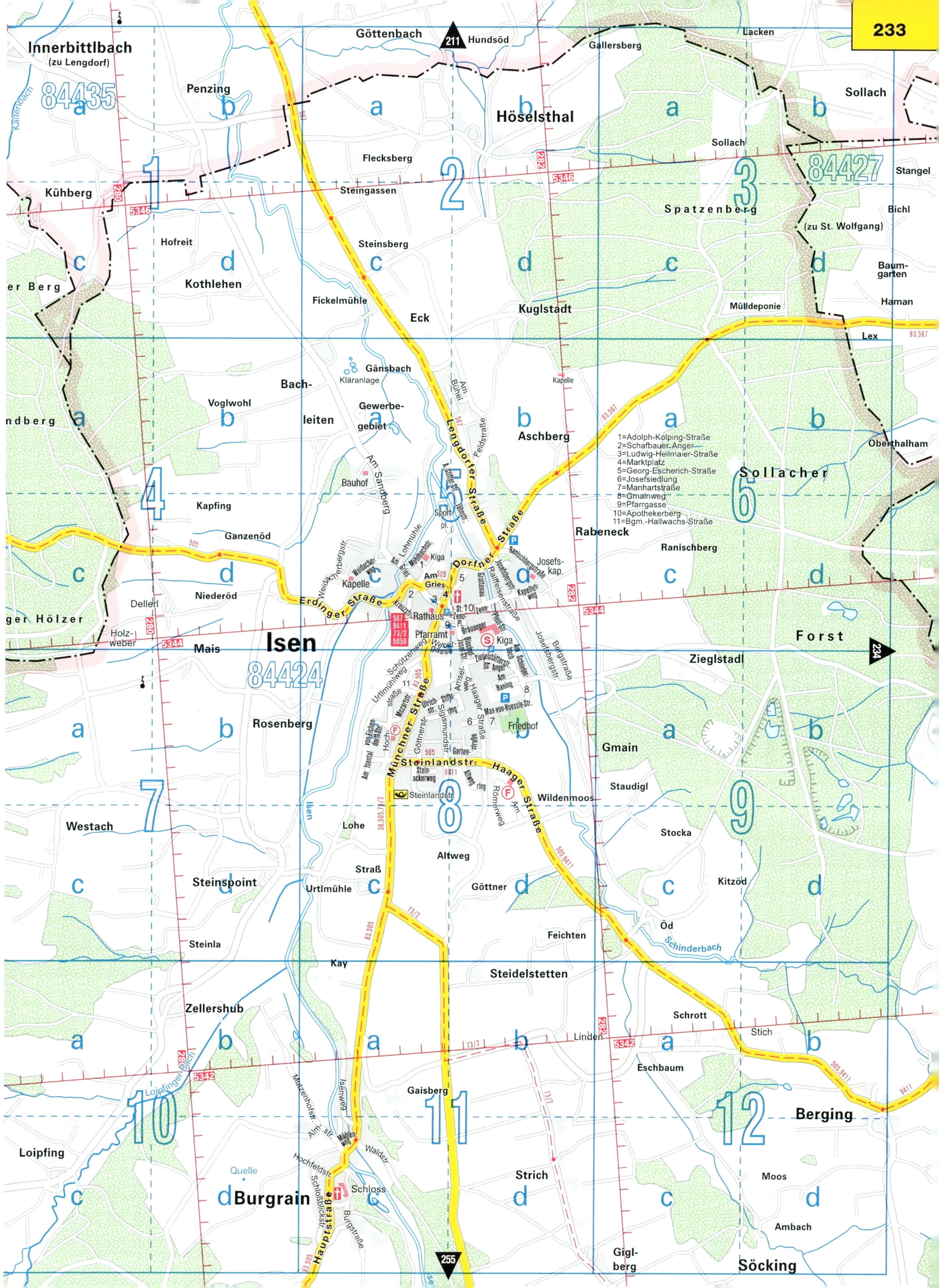
Innerbittlbach
(zu Lengdorf)
84435
Penzing
Göttenbach
211
Hundsöd
Gallersberg
Lacken
Sollach
Höselsthal
Flecksberg
Sollach
84427
Stangel
Kühberg
Steingassen
Spatzenberg
Bichl
(zu St. Wolfgang)
Hofreit
Steinsberg
Baum-
garten
er Berg
Kothlehen
Fickelmühle
Eck
Kuglstadt
Mülldeponie
Haman
Lex
Gänsbach
Kläranlage
Bach-
leiten
Voglwohl
Gewerbe-
gebiet
Aschberg
ndberg
1=Adolph-Kolping-Straße
2=Schafbauer-Anger
3=Ludwig-Heilmaier-Straße
4=Marktplatz
5=Georg-Escherich-Straße
6=Josefsiedlung
7=Manhartstraße
8=Gmainweg
9=Pfarrgasse
10=Apothekerberg
11=Bgm.-Hallwachs-Straße
Oberthalham
Sollacher
Bauhof
Kapfing
Lengdorfer Straße
Dorfner Straße
Rabeneck
Ganzenöd
Ranischberg
Josefs-
kap.
Kapelle
Kiga
Erdinger Straße
Dellert
Niederöd
Rathaus
Pfarramt
Kiga
ger Hölzer
Holz-
weber
Mais
Isen
84424
Forst
234
Zieglstadl
Rosenberg
Friedhof
Gmain
Münchner Straße
Steinlandstr.
Haager Straße
Staudigl
Wildenmoos
Westach
Lohe
Stocka
Altweg
Straß
Steinspoint
Urtlmühle
Göttner
Kitzöd
Öd
Schinderbach
Feichten
Steinla
Kay
Steidelstetten
Zellershub
Schrott
Linden
Stich
Eschbaum
Loipfinger Bach
Gaisberg
Berging
Loipfing
Strich
Moos
Quelle
Burgrain
Schloss
Ambach
Hauptstraße
Gigl-
berg
Söcking
255

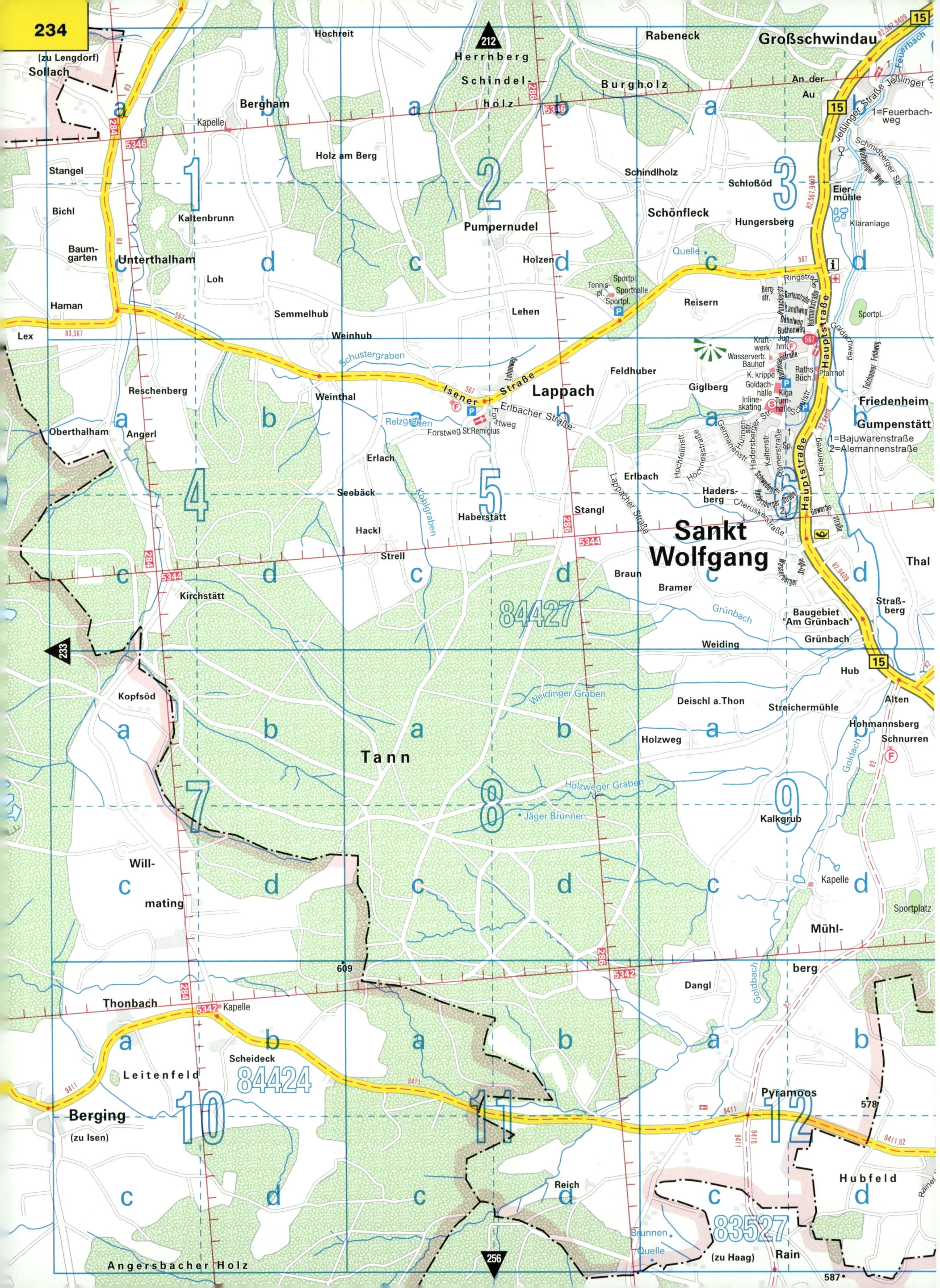

Sollach
(zu Lengdorf)
Hochreit
Herrnberg
Schindelholz
Rabeneck
Großschwindau
Bergham
Kapelle
Burgholz
An der Au
1=Feuerbachweg
Stangel
Holz am Berg
Schindlholz
Schloßöd
Eiermühle
Bichl
Kaltenbrunn
Pumpernudel
Schönfleck
Hungersberg
Kläranlage
Baumgarten
Unterthalham
Loh
Holzen
Quelle
Reisern
Haman
Semmelhub
Lehen
Sportpl.
Lex
Weinhub
Schustergraben
Feldhuber
Reschenberg
Weinthal
Isener Straße
Lappach
Erlbacher Straße
Giglberg
Friedenheim
Gumpenstätt
Oberthalham
Angerl
Relzgraben
Forstweg St.Remigius
1=Bajuwarenstraße
2=Alemannenstraße
Erlach
Erlbach
Seebäck
Habers-berg
Hackl
Haberstätt
Stangl
Lappacher Straße
Sankt Wolfgang
Strell
Thal
Kirchstätt
Braun
Bramer
Grünbach
84427
Baugebiet "Am Grünbach"
Straß-berg
Weiding
Kopfsöd
Weidinger Graben
Deischl a.Thon
Streichermühle
Hub
Alten
Tann
Holzweg
Hohmannsberg
Schnurren
Holzweger Graben
Jäger Brunnen
Kalkgrub
Will-mating
Kapelle
Sportplatz
Mühl-berg
Thonbach
Kapelle
Dangl
Scheideck
Leitenfeld
84424
Pyramoos
Berging
(zu Isen)
Reich
Hubfeld
Brunnen
Quelle
83527
(zu Haag)
Rain
Angersbacher Holz

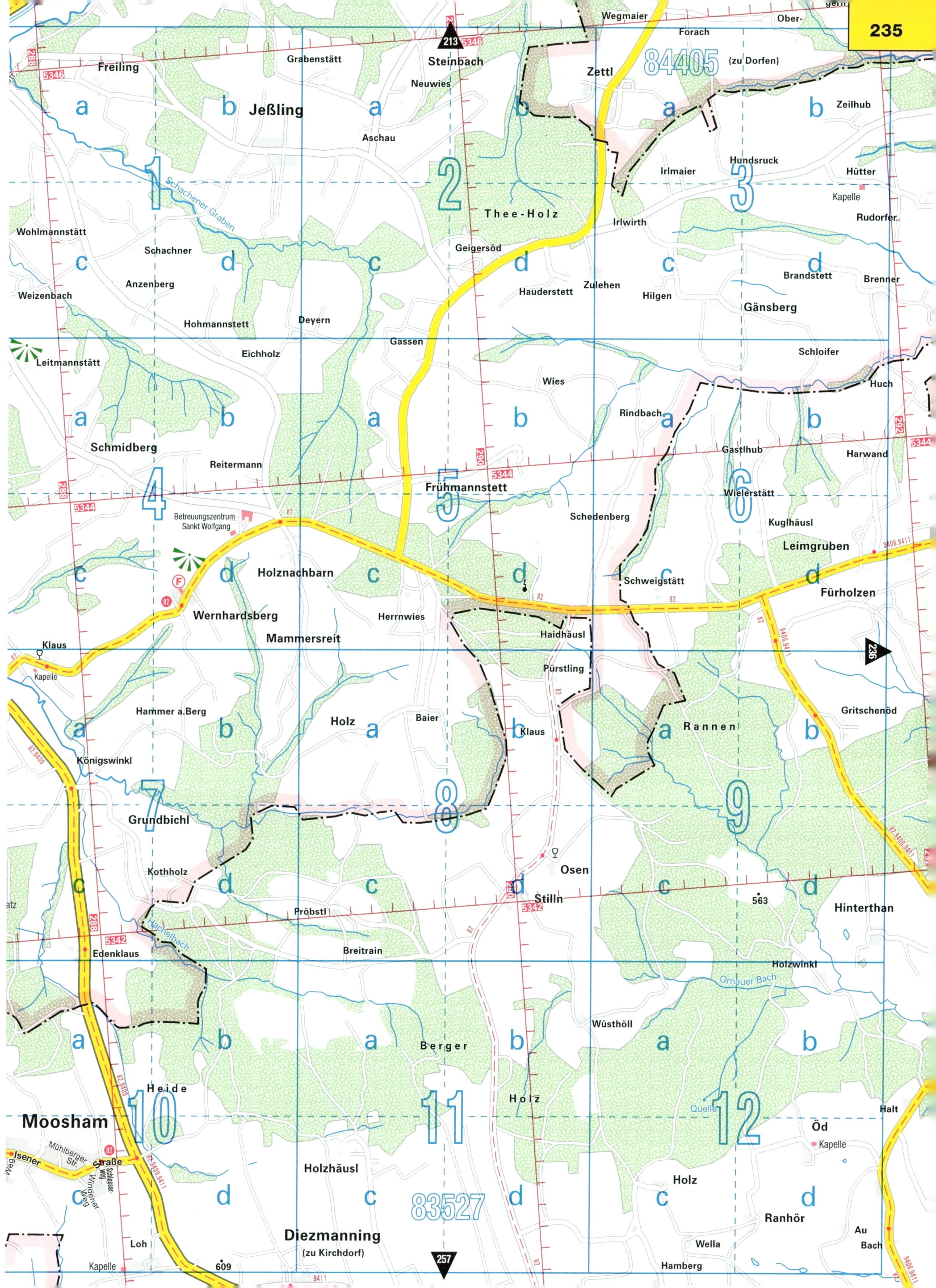

Wegmaier
Ober-
Forach
213
Freiling
Grabenstätt
Steinbach
Zettl
84405
(zu Dorfen)
Neuwies
Jeßling
Aschau
Zeilhub
Irlmaier
Hundsruck
Hütter
Schachener Graben
Kapelle
Thee-Holz
Rudorfer
Irlwirth
Wohlmannstätt
Schachner
Geigersöd
Anzenberg
Hauderstett
Zulehen
Hilgen
Brandstett
Brenner
Weizenbach
Gänsberg
Hohmannstett
Deyern
Gassen
Leitmannstätt
Eichholz
Schloifer
Wies
Huch
Rindbach
Schmidberg
Gastlhub
Harwand
Reitermann
Frühmannstett
Wielerstätt
Betreuungszentrum
Sankt Wolfgang
Schedenberg
Kuglhäusl
Leimgruben
Holznachbarn
Schweigstätt
Fürholzen
Wernhardsberg
Herrnwies
Haidhäusl
Klaus
Mammersreit
Kapelle
Pürstling
236
Hammer a.Berg
Holz
Baier
Klaus
Rannen
Gritschenöd
Königswinkl
Grundbichl
Osen
Kothholz
Pröbstl
Stilln
563
Hinterthan
Hachelbach
Edenklaus
Breitrain
Holzwinkl
Ornauer Bach
Wüsthöll
Berger
Heide
Holz
Quelle
Halt
Moosham
Öd
Kapelle
Mühlberger Str.
Isener Straße
Schlosser-weg
Windener Weg
Holzhäusl
Holz
83527
Ranhör
Diezmanning
(zu Kirchdorf)
Loh
Wella
Au
Bach
Kapelle
609
257
Hamberg

(zu Dorfen)
Rimbach
214
Bruckwinkel
Burdberg
Mais
Niederham
Breitenau
Nieder-
mühle
Unteröd
Pürstling
a. Parstling
Grub
Arbasstätt
Kapelle
Rudorfer
Stift
Oberöd
Dornmühle
Kapelle
Lehner
Zwickl
Saxenberg
Ratzenberg
Kläranlage
Angermühle
Brenner
Neuhäusler
Seniorenheim
Sport- pl.
Oberornau
(zu Obertaufkirchen)
Stadler
Bogenberg
Friedhof
Pfarrkirche
St. Andreas
Geltenstett
Eberhart
Manhartsberg
Huch
Singer
Haubenstett
Birnbach
Stelln
Harwand
Stockham
84419
Pürstling
Schönbrunner Straße
Huchhäusl
Zieglhäusl
1=Gasteigerweg
2=Birnbachweg
Dorfstraße
St.Zeno
Schönbrunn
(zu Sankt Wolfgang)
Zenostraße
Weißenöd
Hilgen a. Weg
Hiedl
Schachen
Lentfelden
Ornaubach
Haslberg
Bolzplatz
Notzing
Hauptmannstätt
84427
Kiener
235
Haindlschuster
Hütt
Oberthalham
Aign
Ulrich
Thalham
Ober-
bergham
Vogldorn
Höll
Holzöd
Mühlhub
Katzbach
Zeil
Aumann
Thanhub
Eitlberg
Loipfiern
Pfaschenstätt
Roßwang
Hinterthan
Mißstedt
Hinteröd
Blümreit
Steffelthan
Danzern
Wadmühle
Hundsöd
Laufersöd
Am Kronberg
Mistbichl
Reisach
Aign
Goldbrunn
Reithof
Halt
Weger
Glaslthan
Künstätt
Lechen
Dobl
Warzenstätt
83527
Guggenstätt
Au
Asen
(zu Kirchdorf)
Reichwimmer
Bach
Kötzerstätt
Oberlinner
Steinberg
E552
Tiefenstätt
258
Demelmoos
12
1 = Am Baumgarten

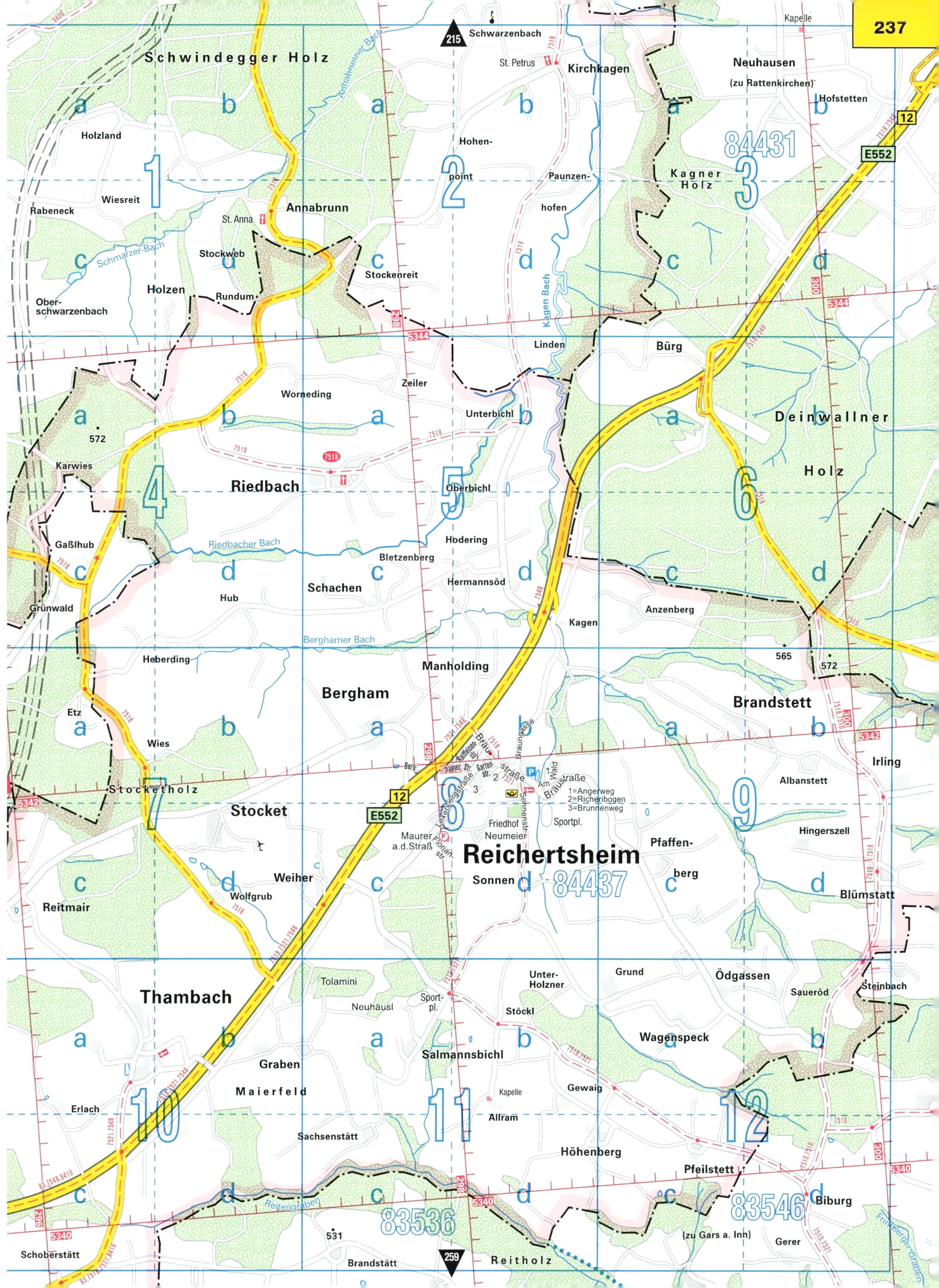

Schwindegger Holz
Schwarzenbach
Kapelle
St. Petrus
Kirchkagen
Neuhausen
(zu Rattenkirchen)
Hofstetten
Holzland
Annabrunner Bach
Hohen-
point
84431
Kagner Holz
Paunzen-
hofen
Wiesreit
Rabeneck
St. Anna
Annabrunn
Stockweb
Schmarzer-Bach
Stockenreit
Holzen
Rundum
Ober-
schwarzenbach
Kagen Bach
Linden
Bürg
Zeiler
Worneding
Unterbichl
Deinwallner
Holz
Karwies
Riedbach
Oberbichl
Gaßlhub
Riedbacher Bach
Hodering
Bletzenberg
Schachen
Hermannsöd
Hub
Grünwald
Kagen
Anzenberg
Berghamer Bach
Heberding
Manholding
565
572
Bergham
Brandstett
Etz
Wies
Irling
Albanstett
Stocketholz
1=Angerweg
2=Richeribogen
3=Brunnenweg
Stocket
Sportpl.
Friedhof
Neumeier
Hingerszell
Maurer a.d.Straß
Reichertsheim
Pfaffen-
berg
84437
Weiher
Sonnen
Blümstatt
Reitmair
Wolfgrub
Tolamini
Unter-
Holzner
Grund
Ödgassen
Steinbach
Thambach
Sport-
pl.
Neuhäusl
Stöckl
Saueröd
Wagenspeck
Graben
Salmannsbichl
Maierfeld
Kapelle
Gewaig
Erlach
Allram
Sachsenstätt
Höhenberg
Pfeilstett
83536
Reitengraben
83546
Biburg
531
(zu Gars a. Inn)
Gerer
Schoberstätt
Brandstätt
Reitholz
Frinberger Graben
E552
12
215
259

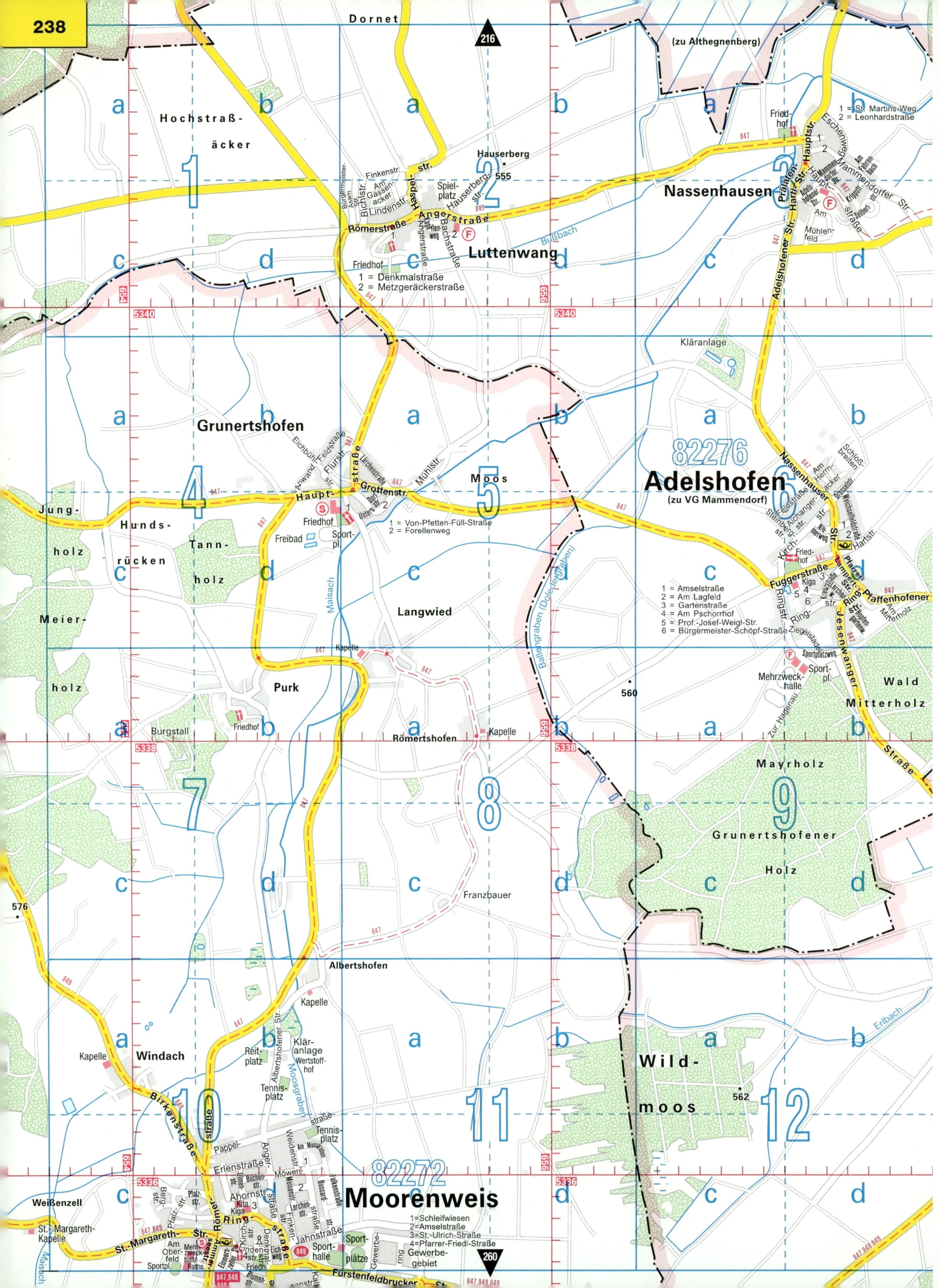
Dornet
216
(zu Althegnenberg)
Hochstraß-äcker
Hauserberg
555
Nassenhausen
Luttenwang
Friedhof
1 = Denkmalstraße
2 = Metzgeräckerstraße
1 = St. Martins-Weg
2 = Leonhardstraße
Römerstraße
Angerstraße
Bußbach
Kläranlage
Grunertshofen
82276
Adelshofen
(zu VG Mammendorf)
Moos
Jung-holz
Hunds-rücken
Tann-holz
Meier-holz
Freibad
Sport-pl.
1 = Von-Pfetten-Füll-Straße
2 = Forellenweg
Langwied
Maisach
Ballengraben (Doledergraben)
1 = Amselstraße
2 = Am Lagfeld
3 = Gartenstraße
4 = Am Pschorrhof
5 = Prof.-Josef-Weigl-Str.
6 = Bürgermeister-Schöpf-Straße
Fuggerstraße
Pfaffenhofener
Jesenwanger Straße
Purk
Burgstall
Friedhof
Römertshofen
Kapelle
560
Mehrzweck-halle
Sport-pl.
Wald Mitterholz
Mayrholz
Grunertshofener Holz
Franzbauer
576
Albertshofen
Kapelle
Windach
Kläranlage
Wertstoff-hof
Reit-platz
Tennis-platz
Moosgraben
Wild-moos
562
82272
Moorenweis
Weißenzell
St.-Margareth-Kapelle
1=Schleifwiesen
2=Amselstraße
3=St.-Ulrich-Straße
4=Pfarrer-Friedl-Straße
Sport-plätze
Sport-halle
Gewerbe-gebiet
Fürstenfeldbrucker Str.
260
5340
5338
5336

Mammendorf
82291
Kieswerk
Nassenhausener Str.
Jesenwanger Straße
Bauhof
Wasserwerk
Sonnenweg
Flurstraße
Tennisplätze
Zum Freibad
13 = Hans-Pichler-Straße
14 = Bürgermeister-Gantner-Straße
15 = Bürgermeister-Drexler-Straße
Freibad
Zeltplatz
Disselfeld
Hart-feld
See-feld
Fuchsberg
561
Egg
Eitelsrieder Holz
Eitelsried
Dorfstraße
Brucker
Kap.
(zu Fürstenfeldbruck)
Adelshofer Wald
Nassenhausener Straße
St.-Georg-K.
Pfaffenhofener Straße
1 = Bergkirchner Weg
Pfaffenhofen
Hirschthürl
Wald
Mitterholz
Flugplatz
82256
St.-Maria-K.
Bergkirchen
Triseling
82287
Jesenwang
(zu VG Mammendorf)
564
Landsberied
(zu VG Mammendorf)
Römerstraße
3=Kramerweg
Kiga
Friedhof
St.-Michael-Kirche
Grund-u. Teilhauptschule
Sport-pl.
St.-Willibald-K.
St. Johannes-Baptist
Babenried
Gewerbegebiet
Mammendorfer Straße
Fürstenfeldbrucker Straße
82290
Grafrather Straße
Landsberger Str.
Bauhof
Gemeinschaftshaus
Schießanlage
Vereinsheim
Sportplatz
Friedhof Kapelle
1=Am Keltenbogen
2=Am Hüllfeld
Babenrieder Straße
Hauptstraße
1= Siedlerstraße
2= Bgm.-Schilling Str.
3=Am Dachsfeld
6=Am Pult
7=Schusterweg
8=Am Zahlberg
9=Am Alten Sportplatz
10=Am Buchteil
Tennisplätze
Kiga
Schloßbergstraße
4=Strullerweg
5=Krautgartenweg
217
240
261

218
82216
82291
82290
Dissel-feld
(zu Maisach)
(zu Mammendorf)
(zu Landsberied)
Hart-holz
Kapelle
Betonstein-werk
Lindach
Puch
Erholungs-gebiet "Pucher See"
Freibad
Wasser-wacht
Kaiser-Ludwig-Monument
Augsburger Straße
Klosteranger
Denkmalstr.
Kreuzfeldstraße
Langbehnstr.
Lindacher Weg
Abt-Thoma-Str.
Friedh.
St. Sebastian-K.
Gemeinschaftshaus
Sportplätze
Jexlau
Kaisersäule
Kaiser-Ludwig-Straße
1=Korbinian-Penzl-Straße
2=Bürgermeister-Braumiller-Straße
Herren-weg
Gehagstraße
Gehag-Feld
Gehag
Burgstall
Grabhügel
Fürstenfelder Weg
Klein-gärten
FFB-West
BMX-Bahn Skaterbahn
Hubschrauber-landeplatz
Wald-friedhof
Leichenhalle
Gewerbe-geb.
Deutsches Türkisches Kulturzentr.
BayWa
Umspann-werk
Am Ziegelstadel
Nimrodstr.
Hubertus-straße
Spielplatz
Dianastraße
Kelten-weg
1=Glockenbecherweg
2=Römerbogen
Bolz-plätze
Sport-pl.
Rothschwaiger Feldweg
Falkenstr.
Fasanen-weg
St. Bernhard
Kiga
Kinder-hort
R.-Higgins-Grund-sch.
Asambogen
Geisinger Steig
Montessorihaus
Jugend-zentr.
Sportlerheim
Kinderg.
Martin-Luther-Str.
Gnaden-kirche
Turnhalle
Viscardi-Gymnasium
Livry-Gargan-Str.
Am Einfang
Hochrainerstr.
Am Pöglschlag
Buchenauer Straße
Heizkraft-werk
Fuchsbogen
Stadt-teilzent. West
Am Sulzbogen
Am Drudenbogen
Miedersweg
FFB Industriestraße
Geschw.-Scholl-Pl.
Gewerbe-gebiet Industrie-straße
Buchenau (Oberbayern)
Zubringerstr.
P+R
2=Haselnußweg
Eduard-Friederich-Str.
Kurt-
Ulmenstr.
Buchenauer Pl.
Sensenberg
1=Kiefern-straße
Buchenau
Schlehdornweg
Schöngeisinger Straße
Zellhofer Moos
FFB Buchenau
Jagd-hütte
Amper
Aich
Dorfstraße
Brucker Straße
Schleif-weg
Am Anger
Nannhofer Str.
Vereins-hm.
Sportpl.
St. Peter u. Paul-Kirche
Friedh.
Kinder-garten
Ebnerweg
Kraut-garten
Weilerweg
Pucher Weg
Schloßbergstraße
Zeilstr.
Tiefweg
239
564
Landsberieder Steig
549
Fraß Geräumt
Lang Geräumt
Rothschwaig
Pumpwerk
Wasserturm
587
Schieß-platz
Eichholz
Kreuz-Geräumt
Schöngeisinger Forst
262
471
2
838,839
847,848
5340
5338
5336

Fürstenfeldbruck
82256
Emmering
82275
Neu-Lindach
Fürsten-
feld
Industrie-
gebiet
Hasenheide
Nord
Gewerbegebiet
Hasenheide
Maisacher
Sommerkeller
1 = Edererstraße
2 = Wilke-Weg
3 = H.-Phillipp-Str.
4 = Druschelweg
5 = Schnauer Str.
Fliegerhorst
Fürstenfeldbruck
(zu Olching)
Klaranlage
82140
Bundeswehr-
Gelände
Emminger
See
Dürr Emmering
Wertstoffhof
Kompostier-
anlage
5=Spatzenweg
6=Nicolaus-Otto-Straße
5 = W.-Buchauer-Ring
6 = Gernlindener Weg
2 = Eichendorffweg
3 = Parsevalstraße
4 = Karwendelstr.
1 = Friedhofsgaßl
2 = Bgm.-Kiener-Str.
3 = Pfarrer-Ferstl-Str.
4 = Josef-Kistler-Str.
Augsburger Straße
Dachauer Str.
Landsberger Straße
Münchner Str.
Emmeringer Str.
Brucker Str.
Roggensteiner Straße
Oskar-von-Miller-Str.
Fürstenfelder Str.
Schöngeisinger Straße
NSG
Emmeringer
Hölzl
Tuskulum
Emmeringer
Leite
Wasser-
werk
Burgstall
Ludwigshöhe
Tonwerk
Emmering
Am
Tonwerk
Trimm-
Dich- Pfad
Geophysikalisches
Observatorium
Münchener Berg
572
Kreuth
Engelsberg
Gelbenholzen
Pfaffing
Wagelsried
82230
Amper
Leiten
593
Biburg
(zu Alling)
Gagers
Mitterfeld
Birkenmoosgraben
Cityplan S.38
Fürstenfeldbruck
ADAC
Kloster
Fürstenfeld
Stadtmuseum
Amper
219
471
2
242
263
5340
5338
5336

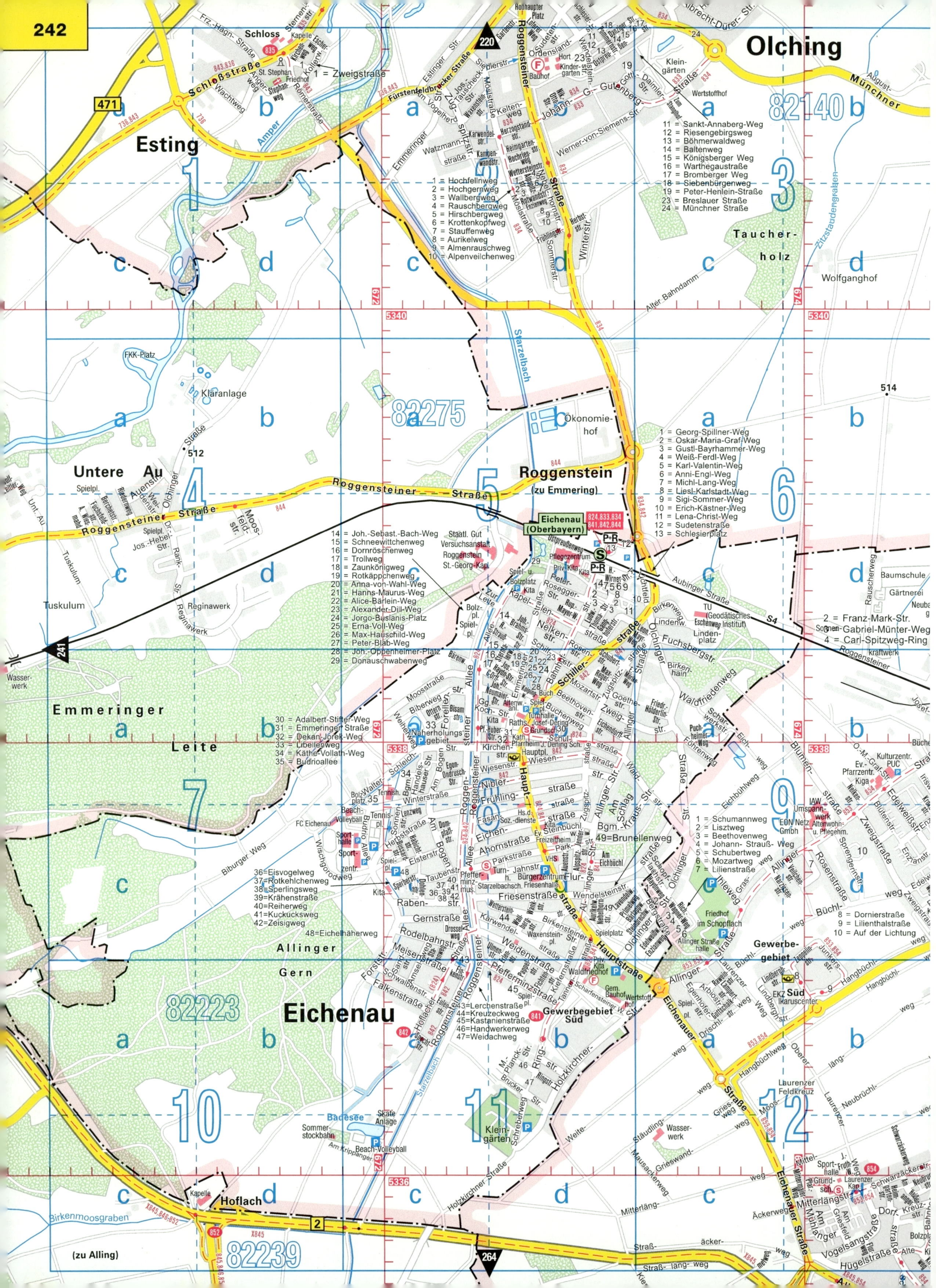
Olching
82140
Esting
Schloss
Schloßstraße
Amper
Taucher-
holz
Wolfganghof
11 = Sankt-Annaberg-Weg
12 = Riesengebirgsweg
13 = Böhmerwaldweg
14 = Baltenweg
15 = Königsberger Weg
16 = Warthegaustraße
17 = Bromberger Weg
18 = Siebenbürgenweg
19 = Peter-Henlein-Straße
23 = Breslauer Straße
24 = Münchner Straße
1 = Hochfellnweg
2 = Hochgernweg
3 = Wallbergweg
4 = Rauschbergweg
5 = Hirschbergweg
6 = Krottenkopfweg
7 = Stauffenweg
8 = Aurikelweg
9 = Almenrauschweg
10 = Alpenveilchenweg
Starzelbach
Kläranlage
82275
Ökonomie-
hof
Untere Au
Roggensteiner Straße
Roggenstein
(zu Emmering)
Eichenau
(Oberbayern)
1 = Georg-Spillner-Weg
2 = Oskar-Maria-Graf-Weg
3 = Gustl-Bayrhammer-Weg
4 = Weiß-Ferdl-Weg
5 = Karl-Valentin-Weg
6 = Anni-Engl-Weg
7 = Michl-Lang-Weg
8 = Liesl-Karlstadt-Weg
9 = Sigi-Sommer-Weg
10 = Erich-Kästner-Weg
11 = Lena-Christ-Weg
12 = Sudetenstraße
13 = Schlesierplatz
14 = Joh.-Sebast.-Bach-Weg
15 = Schneewittchenweg
16 = Dornröschenweg
17 = Trollweg
18 = Zaunkönigweg
19 = Rotkäppchenweg
20 = Anna-von-Wahl-Weg
21 = Hanns-Maurus-Weg
22 = Alice-Bärlein-Weg
23 = Alexander-Dill-Weg
24 = Jorgo-Buslanis-Platz
25 = Erna-Voll-Weg
26 = Max-Hauschild-Weg
27 = Peter-Blab-Weg
28 = Joh.-Oppenheimer-Platz
29 = Donauschwabenweg
Tuskulum
Reginawerk
Aubinger Straße
2 = Franz-Mark-Str.
3 = Gabriel-Münter-Weg
4 = Carl-Spitzweg-Ring
Emmeringer
Leite
30 = Adalbert-Stifter-Weg
31 = Emmeringer Straße
32 = Dekan-Jorek-Weg
33 = Libellenweg
34 = Käthe-Vollath-Weg
35 = Budrioallee
1 = Schumannweg
2 = Lisztweg
3 = Beethovenweg
4 = Johann- Strauß- Weg
5 = Schubertweg
6 = Mozartweg
7 = Lilienstraße
36=Eisvogelweg
37=Rotkehlchenweg
38=Sperlingsweg
39=Krähenstraße
40=Reiherweg
41=Kuckucksweg
42=Zeisigweg
48=Eichelhäherweg
49=Brunellenweg
8 = Dornierstraße
9 = Lilienthalstraße
10 = Auf der Lichtung
Allinger
Gern
82223
Eichenau
Hauptstraße
Gewerbe-
gebiet
Süd
43=Lerchenstraße
44=Kreuzeckweg
45=Kastanienstraße
46=Handwerkerweg
47=Weidachweg
Gewerbegebiet
Süd
Eichenauer Straße
Badesee
Klein-
gärten
Laurenzer
Feldkreuz
Wasser-
werk
Hoflach
Birkenmoosgraben
82239
(zu Alling)
Mitterlängstraße
Vogelsangstraße
Hügelstraße

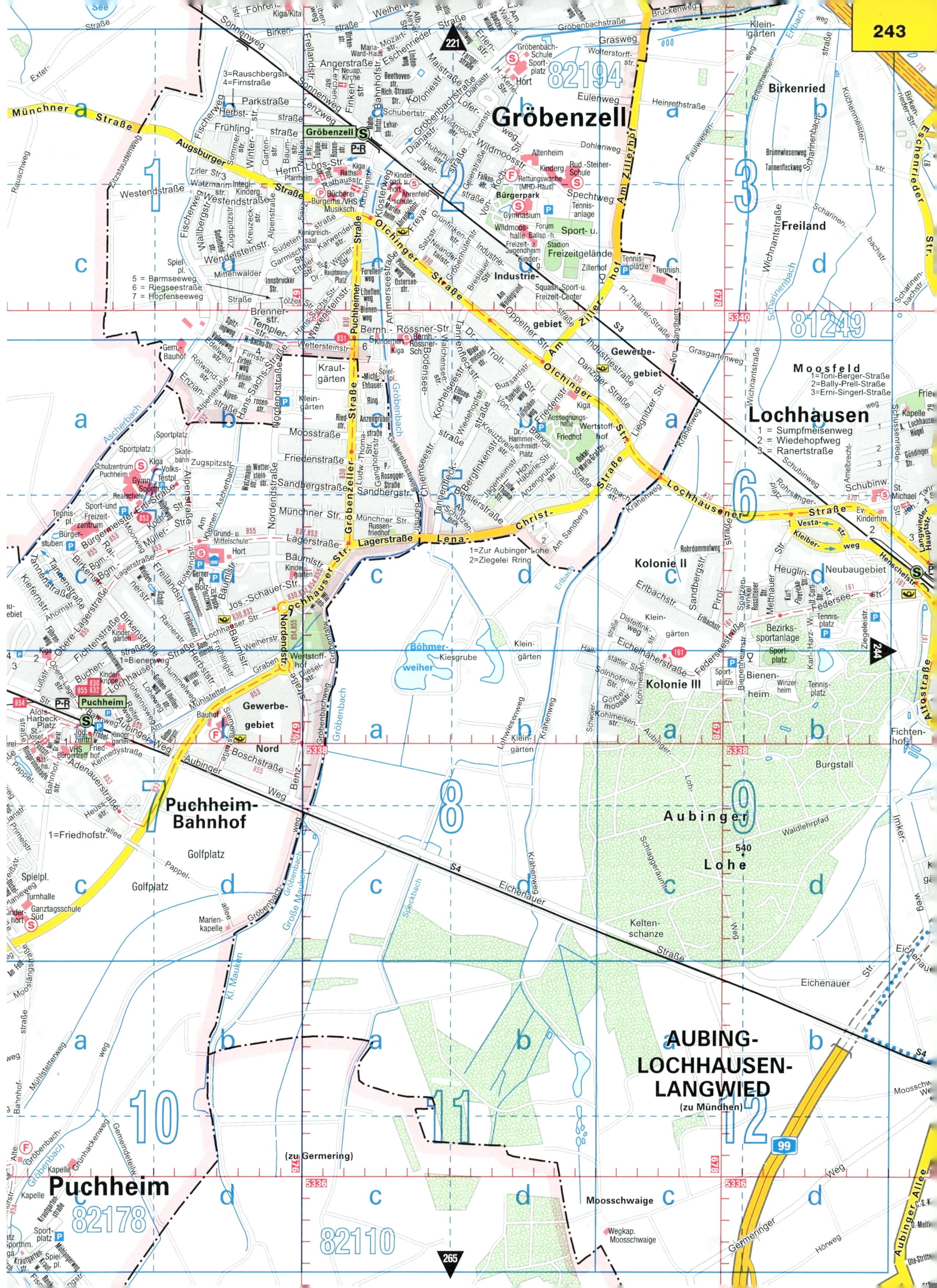
Gröbenzell
82194
Lochhausen
81249
Puchheim-Bahnhof
Puchheim
82178
82110
AUBING-LOCHHAUSEN-LANGWIED
(zu München)
(zu Germering)
Aubinger Lohe
Birkenried
Freiland
Moosfeld
Kolonie II
Kolonie III
Moosschwaige
Gewerbegebiet Nord
Industriegebiet
Münchner Straße
Augsburger Straße
Olchinger Straße
Lochhausener Straße
Eichenauer Straße
Gröbenzeller Straße
Lochhauser Str.
Aubinger Weg
Böhmerweiher
Kiesgrube
Golfplatz
Bürgerpark
Sport- u. Freizeitgelände
1=Toni-Berger-Straße
2=Bally-Prell-Straße
3=Erni-Singerl-Straße
1 = Sumpfmeisenweg
2 = Wiedehopfweg
3 = Ranertstraße
3=Rauschbergstr.
4=Firnstraße
5 = Barmseeweg
6 = Riegseestraße
7 = Hopfenseeweg
1=Zur Aubinger Lohe
2=Ziegelei Rring
1=Bienenweg
1=Friedhofstr.
221
244
265
99
S3
S4
1
2
3
5
6
7
8
9
10
11
12

244
Lußsee
Erholungsgebiet
Langwieder See
Anschlussst. M.-Langwied
Pollnwiesen
Kiesgrube
Lochfeld
Allach
Aubinger Feld
Langwieder Feld
Kreuz München-West
81249
80999
Lochhausen
Langwied
Untermenzing
1=Toni-Berger-Straße
2=Bally-Prell-Straße
3=Erni-Singerl-Straße
2 = Wiedehopfweg
3 = Ranertstraße
1=Peter-Stegmüller-Weg
2 = Hans-Bieringer-Weg
6 = Kindergartenweg
7 = Michael-Gasteiger-Weg
8 = Adolf-Mathes-Weg
9 = Schneider-Ulrich-Weg
1=Semmelweisstraße
M.-Lochhausen
Lochhausener Straße
Mühlangerstraße
81247
Anschlussstelle M.-Lochhausen
MÜNCHEN
81245
Anschlussst.-M.-Obermenzing
Rastanlage Pippinger Flur
Lotsendienst
Hauptumspannwerk Menzing
Kolonie I
Neulangwied
1 = Josef-Steinbacher-Weg
2 = Josef-Schmid-Weg
3 = Feldmeierbogen
4 = Lohmeierweg
5 = Bernhard-Koehler-Weg
6 = Himmerweg
7 = Konrad-Michl-Weg
8 = Moritz-Bloch-Weg
9 = Margarete-Kliemann-Weg
10 = Nico-Dostal-Weg
11 = Otto-Klemperer-Weg
12 = Berberichweg
1 = Martin-Buber-Weg
2 = Edmund-Husserl-Str.
3 = Max-Scheler-Str.
6 = Diltheyweg
7 = Martin-Heidegger-Str.
8 = Ernst-Bloch-Str.
9 = Borodinstr.
Friedhof Obermenzing
Kolonie II
Schloss Blutenburg
Blutenburg
M.-Langwied
Berufsbildungszentr.
Aubing
Aubing Ost
13 = Karl-Caspar-Weg
14 = Paul-Bruck-Weg
15 = Bruno-Paul-Straße
16 = Walter-Schnackenberg-Weg
17 = Pauckerweg
18 = Helmrichweg
1 = B.-v.-Suttner-Weg
2 = Glasunowstraße
Pipping
1=Belandwiesenweg
M.-Aubing
M.-Leienfelsstr.
19=Annelies-Kupper-Allee
20=Maria-Ivogün-Allee
21=Philippine-Schick-Allee
22=Josephine-Lang-Weg
23=Gerhard-Winkler-Weg
19 = Veitshöchheimer Weg
20 = Rabeneckstraße
21 = Wiesbadener Str.
1 = Bergengruenweg
2 = Windelbandweg
3 = Carossastraße
Aubinger Straße
81243
81241
Pasing
Neuaubing
Am Westkreuz
M.-Westkreuz
222
266
243

Stadtbezirk
ALLACH-
UNTERMENZING
Fasanerie
Moosach
80995
80997
80993
80999
80638
80639
Angerlohe
Trinkl-Siedlung
Hartmannshofen
Hartmannshofer Park
Kapuzinerhölzl
Nederling
Gern
Obermenzing
Neulustheim
Schlosspark
Nymphenburg
Nymphenburg
Stadtbezirk
NEUHAUSEN-
NYMPHENBURG
Großer See
Kleiner See
Badenburg
Pagodenburg
Amalienburg
Hirschgarten
Kolonie I
Ludwigsfelder Straße
Max-Born-Straße
Dachauer Straße
Von-Kahr-Straße
Allacher Straße
Untermenzinger Straße
Menzinger Straße
Verdistraße
Pelkovenstraße
Baldurstraße
Wotanstraße
Romanstraße
Arnulfstraße
Josef-Felder-Straße
Offenbachstraße
Meyerbeerstraße
Wintrichring
M.-Allach
M.-Untermenzing
M.-Obermenzing
M.-Moosach
Moosacher St.-Martins-Pl.
Rangierbf.
Botanischer Garten
Kabinettsgarten
Schloss Nymphenburg
Amalienburg
1=Hans-Beimler-Straße
2=Alfred-Andersch-Weg
3=Paula-Ludwig-Weg
4=Hannah-Arendt-Weg
5=Adornoweg
6=Am Hartmannshofer Bächl
1 = Skabiosenstr.
6 = Mehlprimelweg
7 = Gotthaer Weg
8 = Eislebener Weg
9 = Erfurter Straße
10 = Hallescher Weg
11 = Bockmeyrstraße
12 = Meißener Straße
1=Margarete-Steiff-Str.
2=Alma-Siedhoff-Buscher-Weg
3=Käthe-Kruse-Straße
4=Berta-Hummel-Str.
1 = Walderbachweg
2 = Pfaffmünsterw.
3 = Rohrer Weg
4 = Prüfeningw.
5 = Plankstettenstr.
6 = Mallersdorfer Str.
7 = Michelfeldw.
8 = Scheyerner W.
9 = Niederalteicher W.
10 = Zeno-Diemer-Str.
1 = J.-Trinkl-Str.
2 = F.-Buttersack-W.
1 = Sieglindenstr.
2 = Nornenstr.
1 = Georg-Gradel-Weg
3 = Gaißkircherstraße
10 = Schlusnusstraße
223
246
267

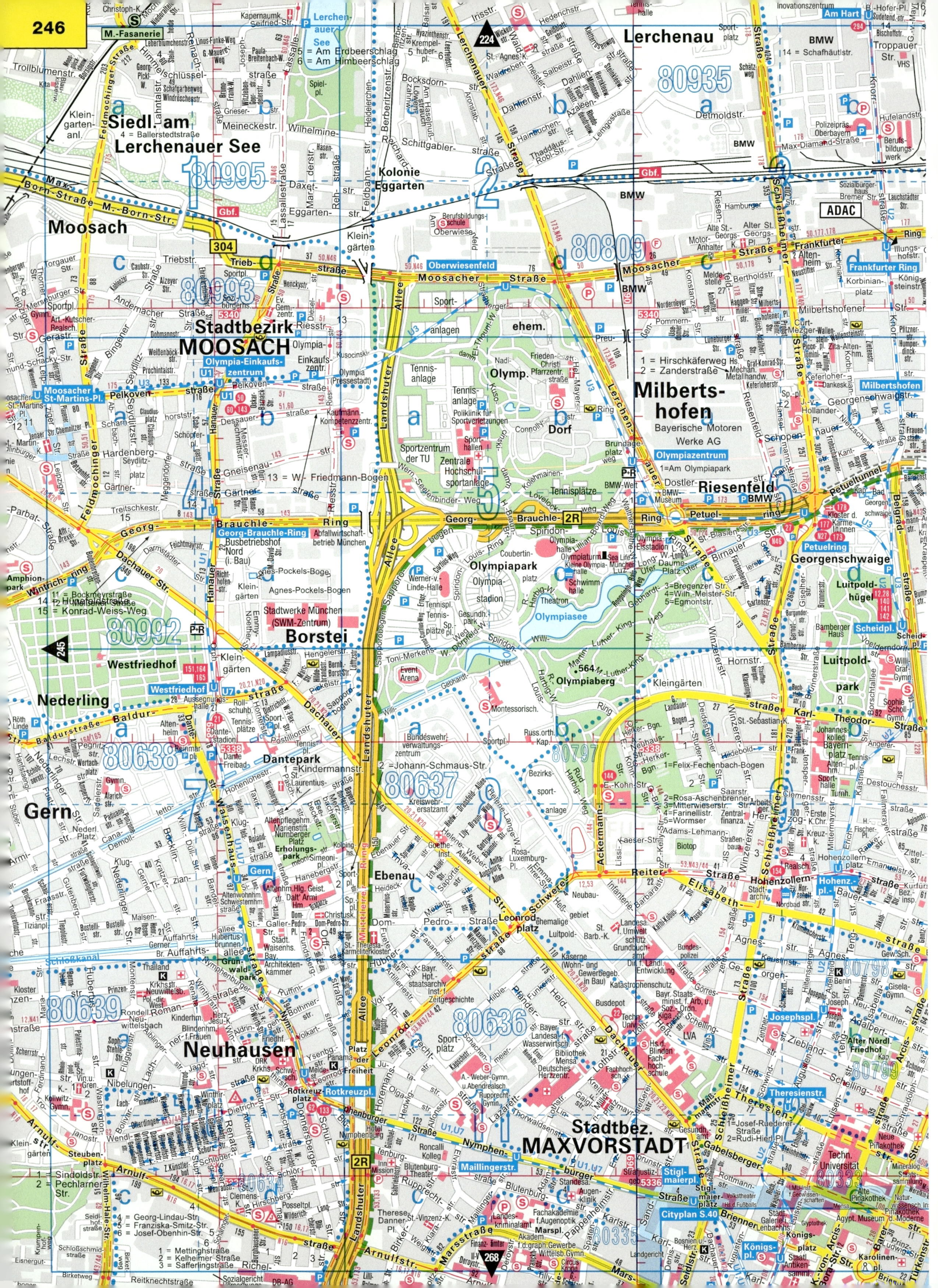

Lerchenau
Siedl. am Lerchenauer See
Moosach
Stadtbezirk MOOSACH
Olympia-Einkaufszentrum
Kolonie Eggarten
Oberwiesenfeld
Moosacher Straße
Milbertshofen
Bayerische Motoren Werke AG
Olympiazentrum
Riesenfeld
Petuelring
Georgenschwaige
Luitpoldpark
Georg-Brauchle-Ring
Olympiapark
Olympiasee
Olympiaberg
Olympia-stadion
Olympiaturm
Borstei
Westfriedhof
Nederling
Dantepark
Gern
Neuhausen
Stadtbez. MAXVORSTADT
Rotkreuzpl.
Maillingerstr.
Stiglmaierpl.
Königspl.
Josephspl.
Theresienstr.
Hohenz.-pl.
Scheidpl.
Milbertshofen
Frankfurter Ring
Landshuter Allee
Dachauer Str.
Leonrodplatz
Nymphenburger Straße
Arnulfstr.
Marsstraße
Elisabethstr.
Karl-Theodor-Straße
Schleißheimer Str.
80935
80995
80809
80993
80992
80638
80637
80797
80639
80636
80634
80335
80799
80798
80333
M.-Fasanerie
ADAC
BMW
Am Hart
Frankfurter Ring
Milbertshofen
Petuelring
Cityplan S.40
224
245
268

Freimann
Siedlung Kaltherberg
Euro-Industriepark
Neu-Freimann
Parkstadt Schwabing
Alte Heide
Nordfriedhof
Englischer Garten
Hirschau
Oberföhring
Biederstein
Stadtbezirk SCHWABING-FREIMANN
Herzogpark
Priel
Stadtbez. SCHWABING-WEST
Englischer Kleinhesselohe
Kleinhesselohersee
Arabellapark
MÜNCHEN Stadtbez. ALTSTADT-LEHEL
Bogenhausen
Frankfurter Ring
Föhringer Ring
Ungererstraße
Leopoldstraße
Ingolstädter Straße
Effnerstraße
Isar
Studentenstadt
Alte Heide
Nordfriedhof
Dietlindenstr.
Münchner Freiheit
Giselastr.
Universität
Richard-Strauss-Str.
Arabellapark
Böhmerwald-pl.
Freimann
80939
80807
80804
80805
80803
80802
81925
80538
80539
81675
81679
81677
225
248
269

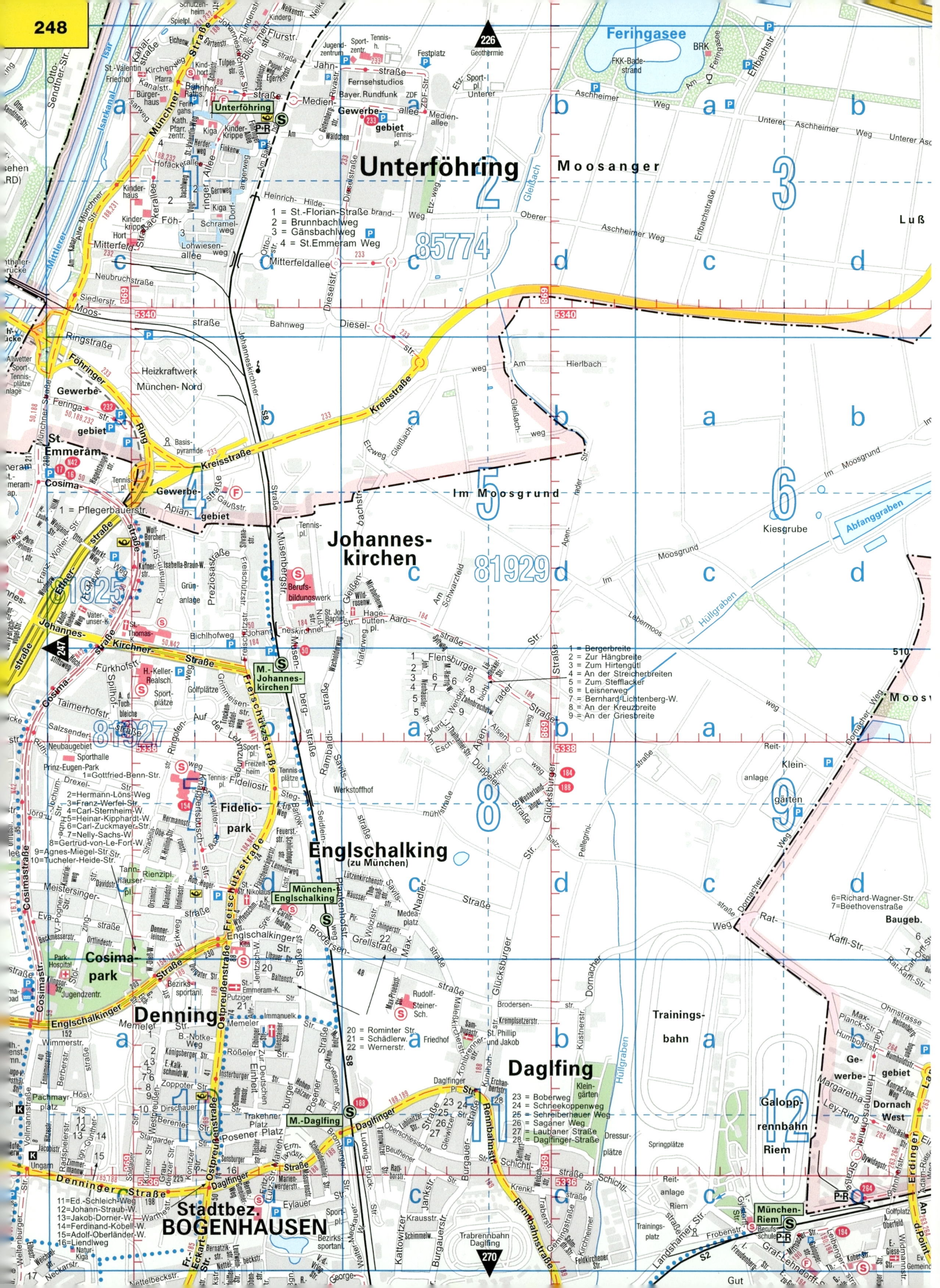
226
Geothermie
Feringasee
BRK
FKK-Badestrand
Erlbachstr.
Aschheimer Weg
Unterer Aschheimer Weg
Unterföhring
Moosanger
Luß
85774
Heinrich-Hilde-brand-Weg
1 = St.-Florian-Straße
2 = Brunnbachlweg
3 = Gänsbachlweg
4 = St.Emmeram Weg
Mitterfeldallee
Oberer Aschheimer Weg
Erlbachstraße
Fernsehstudios
Bayer. Rundfunk
Medienallee
Gewerbegebiet
Festplatz
Jugendzentrum
Sportzentr.
Münchner Straße
St.-Valentin-Friedhof
Isarkanal
Mittlerer Kanal
Föhringer Allee
Lohwiesenallee
Neubruchstraße
Siedlerstr.
Moosstraße
Ringstraße
Johanneskirchner Str.
Bahnweg
Dieselstraße
Kreisstraße
Heizkraftwerk München-Nord
Föhringer Ring
Gewerbegebiet
St. Emmeram
Cosima
Basis-pyramide
Am Hierlbach
Gleißbach
Gleißbachweg
Im Moosgrund
Apian-Gewerbegebiet
1 = Pflegerbauerstr.
Johanneskirchen
Musenbergstr.
Berufsbildungswerk
Kiesgrube
Abfanggraben
Moosgrund
Hüllgraben
Lebermoos
81929
81925
Ettmayerstr.
Johannes-Kirchner-Straße
St. Thomas
Bichlhofweg
M.-Johanneskirchen
Freischützstraße
Fürkhofstr.
H.-Keller-Realsch.
Golfplätze
Taimerhofstr.
Salzsenderstr.
81927
Ringofenstr.
Flensburger Str.
1 = Bergerbreite
2 = Zur Hängbreite
3 = Zum Hirtengütl
4 = An der Streicherbreiten
5 = Zum Stefflacker
6 = Leisnerweg
7 = Bernhard-Lichtenberg-W.
8 = An der Kreuzbreite
9 = An der Griesbreite
Glücksburger Str.
Dornacher Weg
Neubaugebiet
Sporthalle
Prinz-Eugen-Park
1=Gottfried-Benn-Str.
2=Hermann-Löns-Weg
3=Franz-Werfel-Str.
4=Carl-Sternheim-W.
5=Heinar-Kipphardt-W.
6=Carl-Zuckmayer-Str.
7=Nelly-Sachs-W.
8=Gertrud-von-Le-Fort-W.
9=Agnes-Miegel-Str.
10=Tucheler-Heide-Str.
Fideliostr.
Fidelio-park
Werkstoffhof
Kleingärten
Englschalking (zu München)
München-Englschalking
Grellstraße
Rat-Kaffl-Str.
6=Richard-Wagner-Str.
7=Beethovenstraße
Baugeb.
Cosimastraße
Meistersingerstr.
Cosima-park
Englschalkinger Str.
Denning
Ostpreußenstraße
Rudolf-Steiner-Sch.
20 = Rominter Str.
21 = Schädlerw.
22 = Wernerstr.
Friedhof
St. Phillip und Jakob
Trainingsbahn
Daglfing
23 = Boberweg
24 = Schneekoppenweg
25 = Schreiberhauer Weg
26 = Saganer Weg
27 = Laubaner Straße
28 = Daglfinger-Straße
Galopprennbahn Riem
Gewerbegebiet Dornach West
Margarethe-Ley-Ring
M.-Daglfing
Daglfinger Str.
Rennbahnstr.
Posener Platz
Trakehner Platz
Denninger Straße
11=Ed.-Schleich-Weg
12=Johann-Straub-W.
13=Jakob-Dorner-W.
14=Ferdinand-Kobell-W.
15=Adolf-Oberländer-W.
16=Liendlweg
Stadtbez. BOGENHAUSEN
Trabrennbahn Daglfing
270
247
Reitanlage Riem
Springplätze
Dressurplätze
München-Riem
Landshamer Str.
Erdinger Landstr.

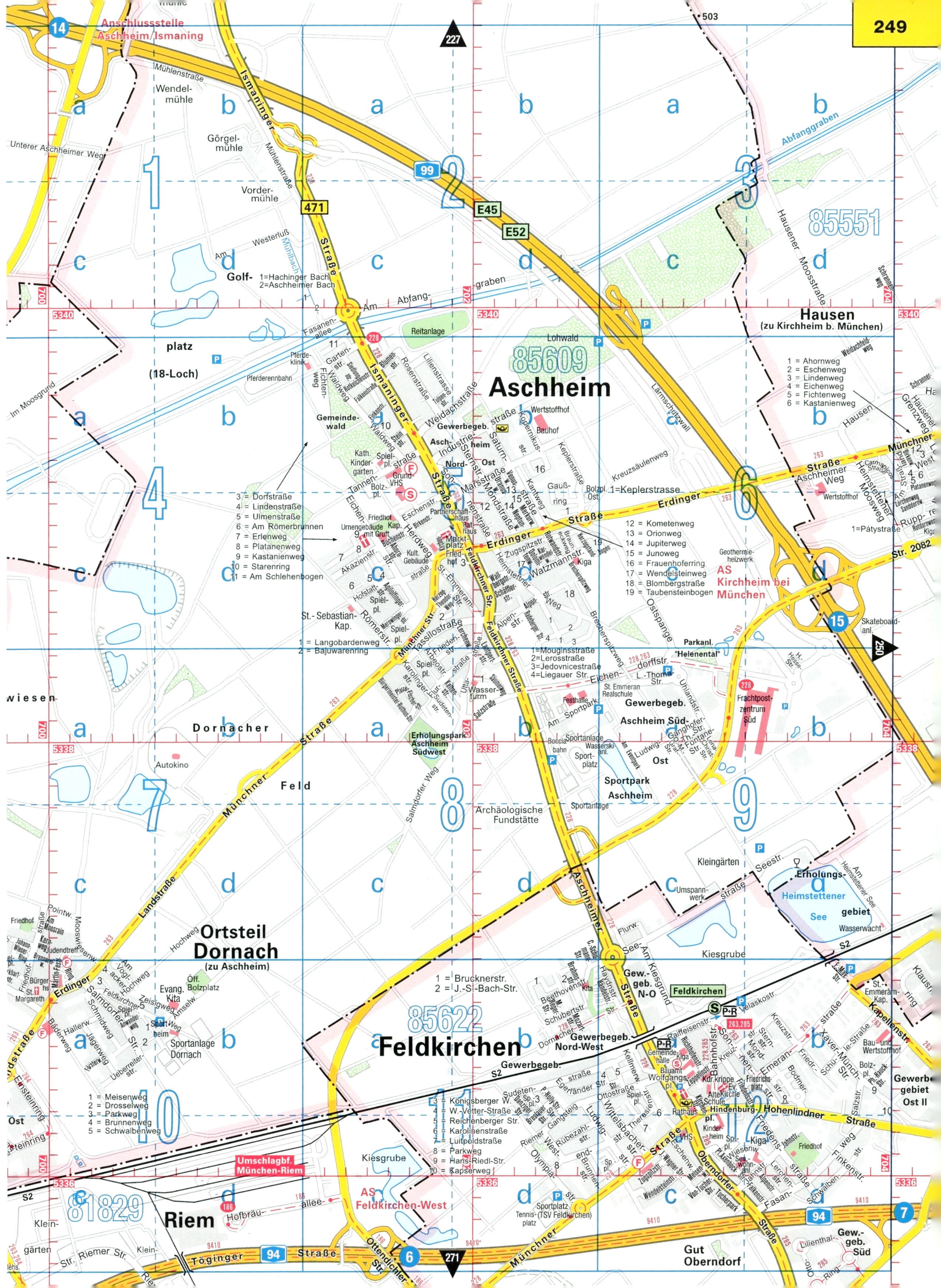

Anschlussstelle Aschheim/Ismaning
Aschheim
85609
Feldkirchen
85622
Ortsteil Dornach (zu Aschheim)
Hausen (zu Kirchheim b. München)
85551
Riem
81829
Ismaninger Straße
Erdinger Straße
Münchner Straße
Feldkirchner Straße
Aschheimer Straße
Dornacher Feld
Golfplatz (18-Loch)
Wendelmühle
Görgelmühle
Vordermühle
Mühlenstraße
Unterer Aschheimer Weg
Abfanggraben
Am Abfanggraben
Reitanlage
Lohwald
Gemeindewald
Erholungspark Aschheim Südwest
Autokino
Archäologische Fundstätte
Sportpark Aschheim
Gewerbegeb. Aschheim Süd-Ost
AS Kirchheim bei München
Heimstettener See
Erholungsgebiet
Kiesgrube
Kleingärten
Umschlagbf. München-Riem
AS Feldkirchen-West
Gut Oberndorf
Töginger Straße
Hohenlindner Straße
1=Hachinger Bach
2=Aschheimer Bach
1 = Langobardenweg
2 = Bajuwarenring
3 = Dorfstraße
4 = Lindenstraße
5 = Ulmenstraße
6 = Am Römerbrunnen
7 = Erlenweg
8 = Platanenweg
9 = Kastanienweg
10 = Starenring
11 = Am Schlehenbogen
1=Keplerstrasse
12 = Kometenweg
13 = Orionweg
14 = Jupiterweg
15 = Junoweg
16 = Frauenhoferring
17 = Wendelsteinweg
18 = Blombergstraße
19 = Taubensteinbogen
1=Mouginsstraße
2=Lerosstraße
3=Jedovnicestraße
4=Liegauer Str.
1 = Ahornweg
2 = Eschenweg
3 = Lindenweg
4 = Eichenweg
5 = Fichtenweg
6 = Kastanienweg
1=Pátystraße
1 = Brucknerstr.
2 = J.-S.-Bach-Str.
1 = Meisenweg
2 = Drosselweg
3 = Parkweg
4 = Brunnenweg
5 = Schwalbenweg
3 = Königsberger W.
4 = W.-Vetter-Straße
5 = Reichenberger Str.
6 = Karolinenstraße
7 = Luitpoldstraße
8 = Parkweg
9 = Hans-Riedl-Str.
10 = Kapserweg
227
250
271

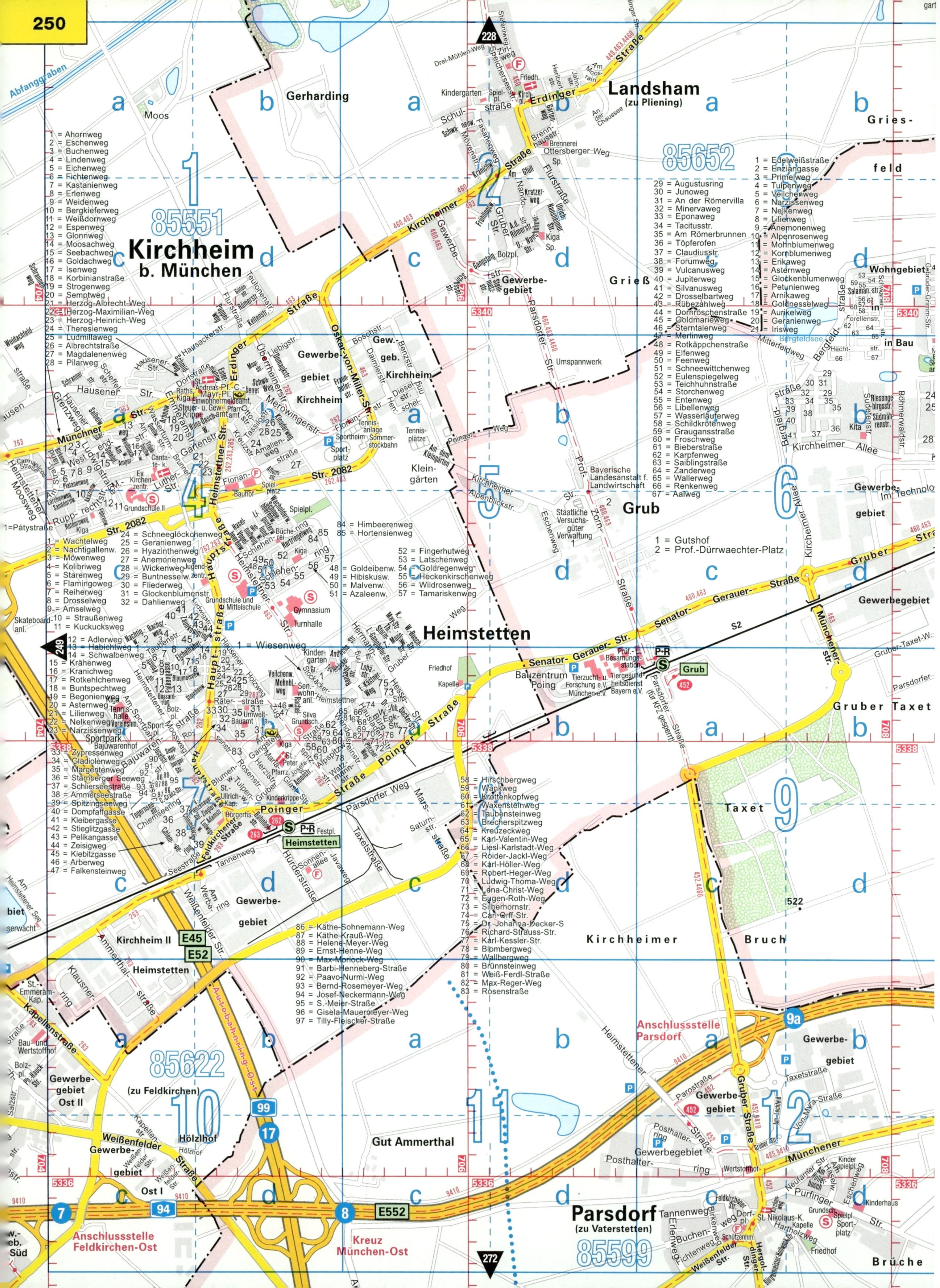

Kirchheim
b. München
85551
Heimstetten
Landsham
(zu Pliening)
85652
Gerharding
Grieß
Grub
Moos
Gries-
feld
Wohngebiet
in Bau
Gewerbegebiet
Gewerbegebiet Kirchheim
Taxet
Gruber Taxet
Kirchheimer
Bruch
Anschlussstelle Parsdorf
Anschlussstelle Feldkirchen-Ost
Kreuz München-Ost
Gut Ammerthal
Hölzlhof
85622
(zu Feldkirchen)
Parsdorf
(zu Vaterstetten)
85599
Brüche
Kirchheim II
Heimstetten
Gewerbegebiet Ost II
Gewerbegebiet Ost I
Bauzentrum Poing
Bayerische Landesanstalt f. Landwirtschaft
Staatliche Versuchsgüter Verwaltung
Umspannwerk
Klein-gärten
Gymnasium
Turnhalle
Sportpark
Friedhof
Kapelle
Abfanggraben
Erdinger Straße
Kirchheimer Straße
Oskar-von-Miller-Str.
Senator-Gerauer-Str.
Gruber Straße
Münchener Str.
Münchner Str.
Poinger Straße
Parsdorfer Str.
Weißenfelder Str.
Autobahnring Ost
Heimstettener Str.
Hauptstraße
228
249
272
E45
E52
E552
94
99
7
8
9a
17
S2
1 = Ahornweg
2 = Eschenweg
3 = Buchenweg
4 = Lindenweg
5 = Eichenweg
6 = Fichtenweg
7 = Kastanienweg
8 = Erlenweg
9 = Weidenweg
10 = Bergkieferweg
11 = Weißdornweg
12 = Espenweg
13 = Glonnweg
14 = Moosachweg
15 = Seebachweg
16 = Goldachweg
17 = Isenweg
18 = Korbinianstraße
19 = Strogenweg
20 = Semptweg
21 = Herzog-Albrecht-Weg
22 = Herzog-Maximilian-Weg
23 = Herzog-Heinrich-Weg
24 = Theresienweg
25 = Ludmillaweg
26 = Albrechtstraße
27 = Magdalenenweg
28 = Pilarweg
1 = Pátystraße
1 = Wachtelweg
2 = Nachtigallenw.
3 = Möwenweg
4 = Kolibriweg
5 = Starenweg
6 = Flamingoweg
7 = Reiherweg
8 = Drosselweg
9 = Amselweg
10 = Straußenweg
11 = Kuckucksweg
12 = Adlerweg
13 = Habichtweg
14 = Schwalbenweg
15 = Krähenweg
16 = Kranichweg
17 = Rotkehlchenweg
18 = Buntspechtweg
19 = Begonienweg
20 = Asternweg
21 = Lilienweg
22 = Nelkenweg
23 = Narzissenweg
33 = Zypressenweg
34 = Gladiolenweg
35 = Margeritenweg
36 = Starnberger Seeweg
37 = Schlierseestraße
38 = Ammerseestraße
39 = Spitzingseeweg
40 = Dompfaffgasse
41 = Kleibergasse
42 = Stieglitzgasse
43 = Pelikangasse
44 = Zeisigweg
45 = Kiebitzgasse
46 = Arberweg
47 = Falkensteinweg
24 = Schneeglöckchenweg
25 = Geranienweg
26 = Hyazinthenweg
27 = Anemonenweg
28 = Wickenweg
29 = Buntnesselw.
30 = Fliederweg
31 = Glockenblumenstr.
32 = Dahlienweg
1 = Wiesenweg
84 = Himbeerenweg
85 = Hortensienweg
48 = Goldeibenw.
49 = Hibiskusw.
50 = Malvenw.
51 = Azaleenw.
52 = Fingerhutweg
53 = Latschenweg
54 = Goldregenweg
55 = Heckenkirschenweg
56 = Wildrosenweg
57 = Tamariskenweg
58 = Hirschbergweg
59 = Wankweg
60 = Krottenkopfweg
61 = Waxensteinweg
62 = Taubensteinweg
63 = Brecherspitzweg
64 = Kreuzeckweg
65 = Karl-Valentin-Weg
66 = Liesl-Karlstadt-Weg
67 = Roider-Jackl-Weg
68 = Karl-Höller-Weg
69 = Robert-Heger-Weg
70 = Ludwig-Thoma-Weg
71 = Lena-Christ-Weg
72 = Eugen-Roth-Weg
73 = Silberhornstr.
74 = Carl-Orff-Str.
75 = Dr.-Johanna-Decker-S
76 = Richard-Strauss-Str.
77 = Karl-Kessler-Str.
78 = Blombergweg
79 = Wallbergweg
80 = Brünnsteinweg
81 = Weiß-Ferdl-Straße
82 = Max-Reger-Weg
83 = Rosenstraße
86 = Käthe-Sohnemann-Weg
87 = Käthe-Krauß-Weg
88 = Helene-Meyer-Weg
89 = Ernst-Henne-Weg
90 = Max-Morlock-Weg
91 = Barbi-Henneberg-Straße
92 = Paavo-Nurmi-Weg
93 = Bernd-Rosemeyer-Weg
94 = Josef-Neckermann-Weg
95 = S.-Meier-Straße
96 = Gisela-Mauermeyer-Weg
97 = Tilly-Fleischer-Straße
1 = Gutshof
2 = Prof.-Dürrwaechter-Platz
29 = Augustusring
30 = Junoweg
31 = An der Römervilla
32 = Minervaweg
33 = Eponaweg
34 = Tacitusstr.
35 = Am Römerbrunnen
36 = Töpferofen
37 = Claudiusstr.
38 = Forumweg
39 = Vulcanusweg
40 = Jupiterweg
41 = Silvanusweg
42 = Drosselbartweg
43 = Rübezahlweg
44 = Dornröschenstraße
45 = Goldmarieweg
46 = Sterntalerweg
47 = Merlinweg
48 = Rotkäppchenstraße
49 = Elfenweg
50 = Feenweg
51 = Schneewittchenweg
52 = Eulenspiegelweg
53 = Teichhuhnstraße
54 = Storchenweg
55 = Entenweg
56 = Libellenweg
57 = Wasserläuferweg
58 = Schildkrötenweg
59 = Grauganssstraße
60 = Froschweg
61 = Bieberstraße
62 = Karpfenweg
63 = Saiblingstraße
64 = Zanderweg
65 = Wallerweg
66 = Renkenweg
67 = Aalweg
1 = Edelweißstraße
2 = Enziangasse
3 = Primelweg
4 = Tulpenweg
5 = Veilchenweg
6 = Narzissenweg
7 = Nelkenweg
8 = Lilienweg
9 = Anemonenweg
10 = Alpenrosenweg
11 = Mohnblumenweg
12 = Kornblumenweg
13 = Erikaweg
14 = Asternweg
15 = Glockenblumenweg
16 = Petunienweg
17 = Arnikaweg
18 = Goldnesselweg
19 = Aurikelweg
20 = Geranienweg
21 = Irisweg

Unterspann
Gigging
Gewerbegebiet
Gewerbegebiet Süd
Ottersberg
Schützenheim
Biogasanlage
Fastlwinkel
Melchior-Huber-Straße
22 = Jasminweg
23 = Fresiengasse
24 = Hiasl-Maier-Weg
25 = Franz-Marc-Weg
26 = Carl-Spitzweg-Straße
27 = Carl-Spitzweg-Platz
28 = Anton-Zwengauer-Weg
85570
Hennabach
Südost Bayern Bahn
Ried
Wildpark
Poing
Hohe Loh
Poinger Holz
85586
Lindacher Weg
Bergfeldpark
Freizeitzentrum
Pavillon
Quellbachteiche
Hauptstraße
Rathaus
Reuterpark
1 = Gotenweg
2 = Cheruskerweg
3 = Burgunderweg
4 = Frankenweg
5 = Friesenweg
6 = Nibelungenweg
8 = Wendelsteinstraße
9 = Wallbergstraße
10 = Alpspitzstraße
Lindach
Leitner
Auhofen
Garkofen
Kapelle
Mauerstetten
Anschlussstelle Anzing
Gruber Taxet
Aussiedlerhof
Angelbrechting
Gewerbegebiet Anzing-Nord
Anschlussstelle Markt Schwaben
E552
Ranharting
Anzing
Schulstraße
Erdinger Straße
Högerstr.
Froschkern
85646
Neufarner Berg
552
Neufarn
Münchener Straße
94
2 = Lukasfeldweg
1 = Kirchenweg
Höggerloh
Ziegelstadel
Obelfing
Kaisersberg
Sonnenland
Poinger Straße
Purfinger Straße
Zornedinger Straße
Schlossbergstraße
561
Frotzhofen
Neufarner Brüche
85646
229
252
273
1 2 3 4 5 6 7 8 9 10 11 12

Cityplan S.38
230
274
251
Walk-
häusl
Wagmühle
Mösel-
schneider
Schwabner
Moos
Sempt
Kressier-
mühle
Sport-
zentrum
Badesee
Wittelsbacher-
höhe
Ebersberger Str.
Ebersberger Straße
Anzinger Str.
Hubertusstr.
Dianaweg
Schwarzgraben
Wolf-
mühle
Freibad
85570
Rieder Straße
Höhenrainer
Moos
Boden
Privatweg
Koppel-
mühle
Staudacher
Staudach
Moos
Auhofen
Faul-
moos
Hennigbach
Anschluss-
stelle
Forstinning
94
E552
85661
Binsweg
Hirschauer Weg
Geibitzweg
Forstinning
Gewerbegebiet
Römerstr.
Forstinning-Moos
Moos
Schwabener Straße
Moosstraße
Ortsteil
Schwaberwegen
(zu Forstinning)
Niederried
Tennis-
anlage
Münchener Straße
Tiermuseum
Sonnengasse
Flurstraße
Parkstraße
Kies-
grube
Raths.
Schlesierweg
Waldstr.
10
11
Anschlussstelle
Anzing
Hl. Kreuz
Kapelle
Mühlenweg
85646
Anzing
Unterasbach
Komposthof
Wertstoffhof
Birkenw.
Buchenstr.
Holz-
winkel
Hochstraß-Geräumt
Hirnerstraße
Mühldorfer Straße
Hochacker
Bürsch-
Oberasbach
516
Holzwinkel
Jahnstr.
Schulze-
Bürsch-Geräumt
Inninger-Kranzweg-Geräumt
Schwaberwegen-Haupt-Geräumt
Heiligkreuz-
Hirschensprung-
Unterasbacher Geräumt
Obelfing
Asbacher Weg
Parkstraße
Tennisanlage
Sepp Maier
Wald-
straße
Schwaiger-
Maurer-
Oberasbacher Geräumt
Schilcher Stern
Anzinger
Forst
Anger-Geräumt
Kling-Geräumt
Pumpwerk
Sport-
zentrum
Jugend-
zentrum
Bauhof
Egelhartinger Str.
5340
5338
5336
714
716
1
2
3
4
5
6
7
8
9
10
11
12

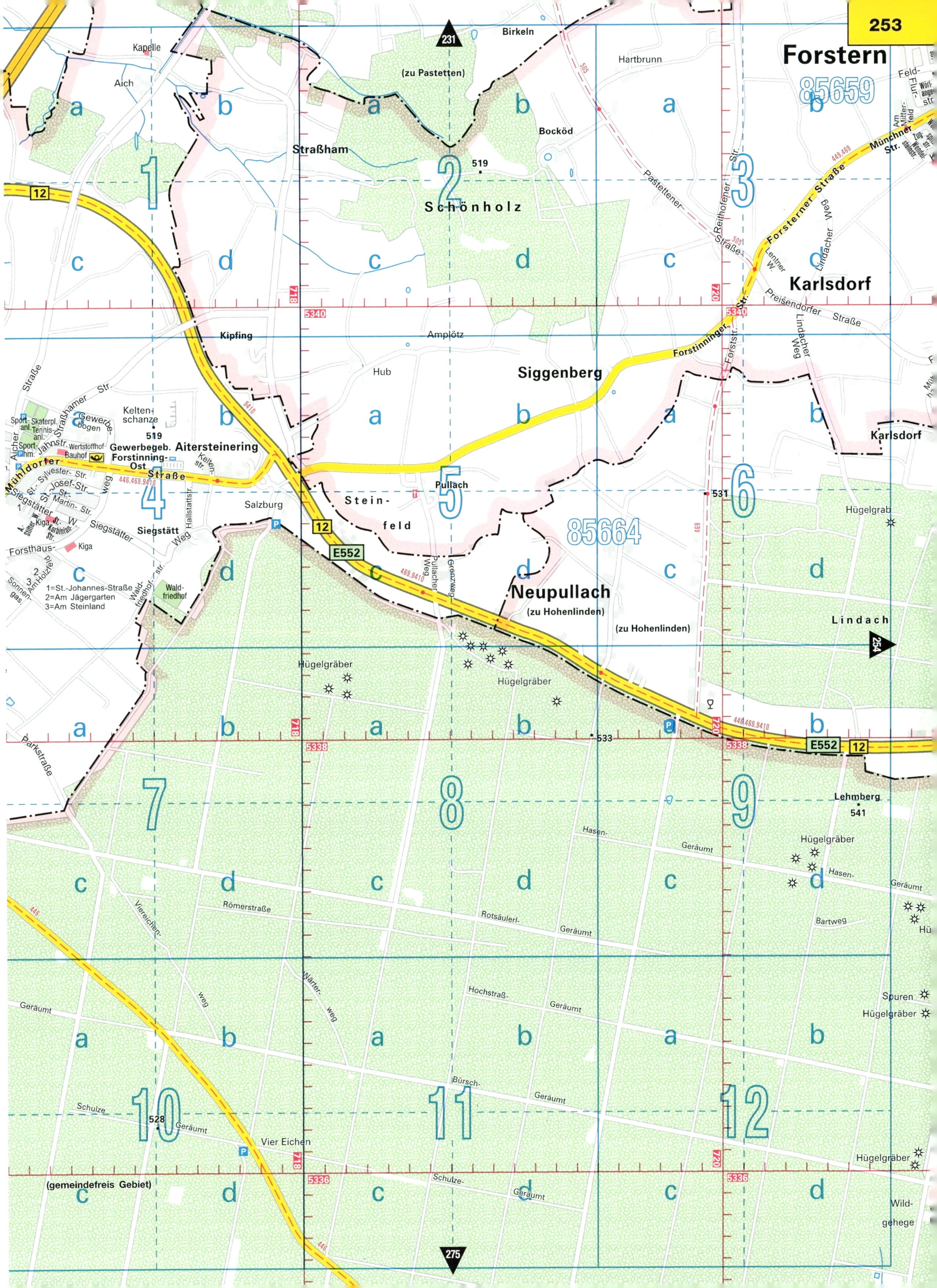

Forstern
85659
Karlsdorf
Siggenberg
Schönholz
Straßham
Birkeln
(zu Pastetten)
Hartbrunn
Bockhöd
Kapelle
Aich
Kipfing
Amplötz
Hub
Kelten-schanze
Gewerbegeb. Forstinning-Ost
Aitersteinering
Mühldorfer Straße
Salzburg
Siegstätt
Pullach
Stein-feld
85664
Neupullach
(zu Hohenlinden)
(zu Hohenlinden)
Lindach
Hügelgrab
Hügelgräber
Lehmberg
541
Wald-friedhof
1=St.-Johannes-Straße
2=Am Jägergarten
3=Am Steinland
Römerstraße
Rotsäulerl-Geräumt
Hasen-Geräumt
Hochstraß-Geräumt
Bürsch-Geräumt
Schulze-Geräumt
Vier Eichen
(gemeindefreis Gebiet)
Wild-gehege
Spuren
Forstinninger Str.
Forsterner Straße
Münchner Str.
Pastettener Straße
Preisendorfer Straße
Lindacher Weg
Reithofener Str.
Parkstraße
Viereichen-weg
Wärter-weg
Bartweg
Pullacher Weg
Grenzweg
E552
12
231
254
275

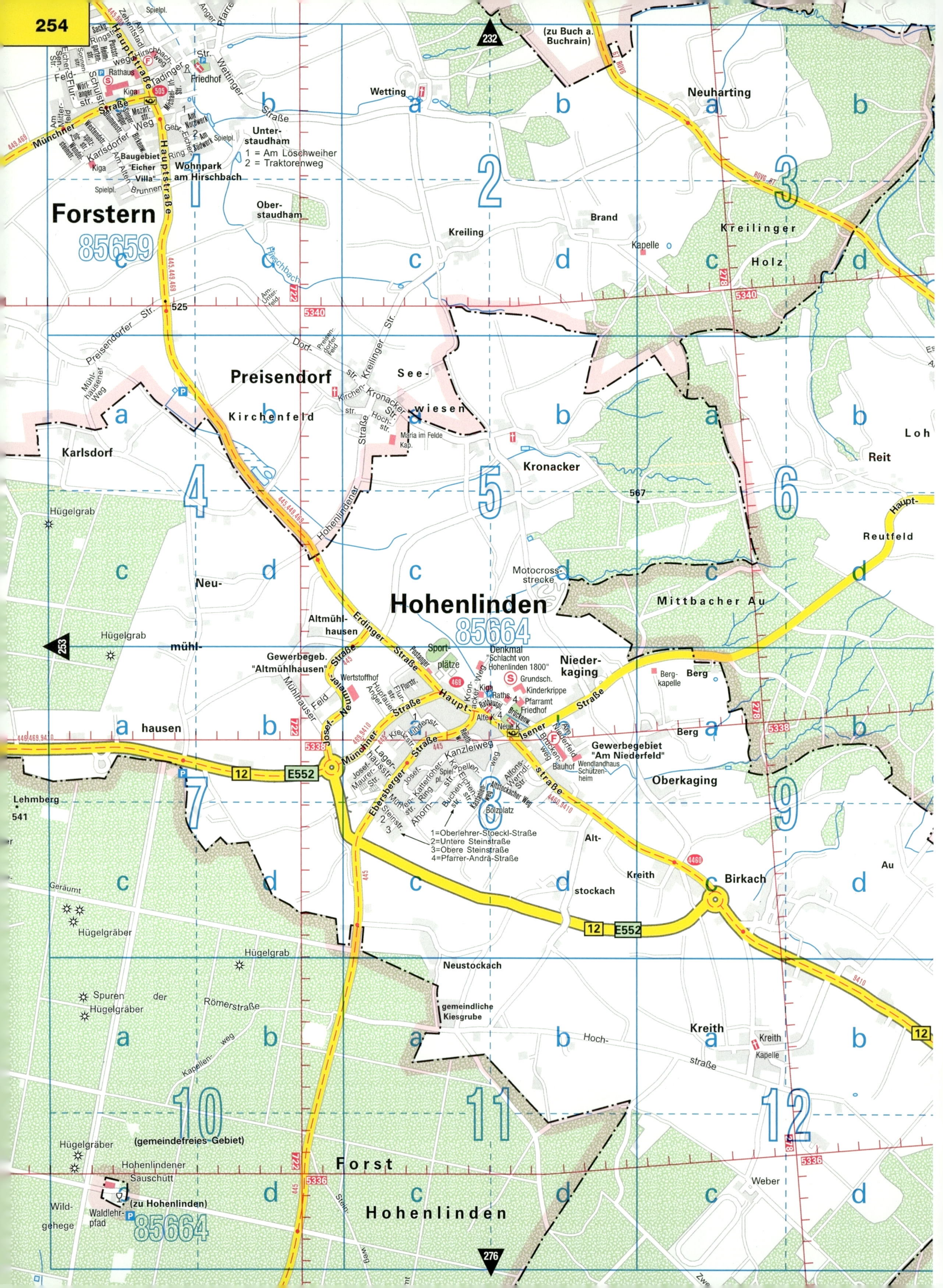
Forstern
85659
Hohenlinden
85664
Preisendorf
Kirchenfeld
Karlsdorf
Neu-
mühl-
hausen
Altmühl-
hausen
Gewerbegeb.
"Altmühlhausen"
Kronacker
Seewiesen
Maria im Felde Kap.
Niederkaging
Oberkaging
Berg
Berg-
kapelle
Gewerbegebiet
"Am Niederfeld"
Alt-
stockach
Kreith
Birkach
Neustockach
gemeindliche
Kiesgrube
Mittbacher Au
Reutfeld
Reit
Loh
Au
Kreilinger
Holz
Kreiling
Brand
Kapelle
Neuharting
Wetting
(zu Buch a.
Buchrain)
Unter-
staudham
1 = Am Löschweiher
2 = Traktorenweg
Ober-
staudham
Wohnpark
am Hirschbach
Baugebiet
"Eicher
Villa"
Friedhof
Rathaus
Kiga
Motocross-
strecke
Denkmal
"Schlacht von
Hohenlinden 1800"
Grundsch.
Kinderkrippe
Pfarramt
Friedhof
Sport-
plätze
Wertstoffhof
Bauhof
Wendlandhaus
Schützen-
heim
Bolzplatz
1=Oberlehrer-Stoeckl-Straße
2=Untere Steinstraße
3=Obere Steinstraße
4=Pfarrer-Andrä-Straße
Erdinger Straße
Hauptstraße
Münchner Straße
Ebersberger Straße
Kanzleiweg
Josef-Neumeier-Straße
Mühlhauser Feld
Hohenlindenar
Preisendorfer Str.
Hochstraße
Römerstraße
Kapellenweg
Hügelgrab
Hügelgräber
Spuren der Hügelgräber
Geräumt
Lehmberg
541
567
525
Forst
Hohenlinden
(gemeindefreies Gebiet)
Hohenlindener
Sauschütt
(zu Hohenlinden)
Wild-
gehege
Waldlehr-
pfad
85664
Kreith
Kapelle
Weber
232
253
276
12
E552
1
2
3
4
5
6
7
8
9
10
11
12

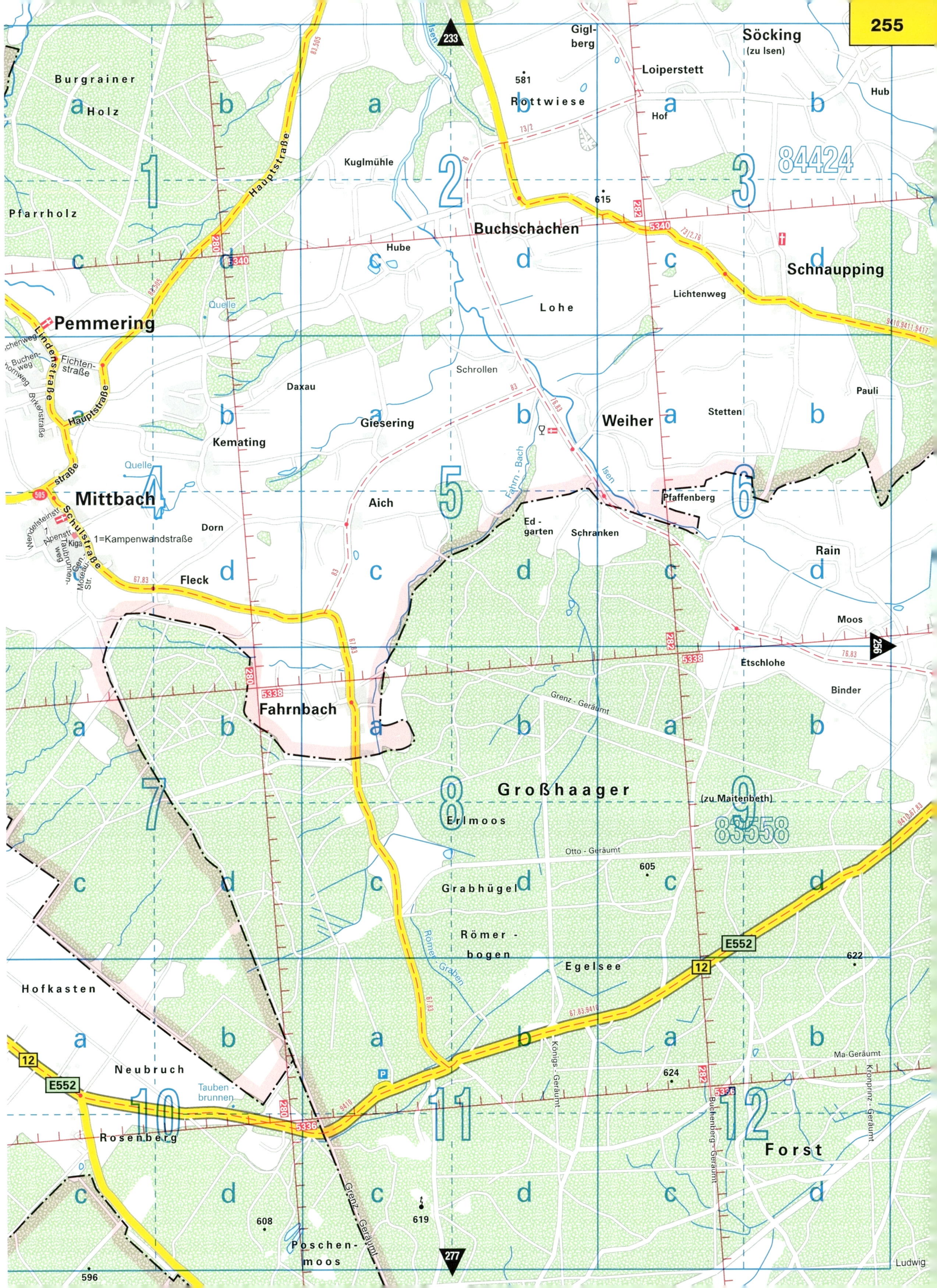
Burgrainer Holz
Pfarrholz
Pemmering
Hauptstraße
Lindenstraße
Fichtenstraße
Birkenstraße
Mittbach
Schulstraße
1=Kampenwandstraße
Quelle
Kemating
Dorn
Fleck
Daxau
Kuglmühle
Hube
Giesering
Aich
Schrollen
Buchschachen
Lohe
Rottwiese
Giglberg
581
615
Söcking
(zu Isen)
Loiperstett
Hof
Hub
84424
Schnaupping
Lichtenweg
Weiher
Stetten
Pauli
Isen
Fahrn-Bach
Edgarten
Schranken
Pfaffenberg
Rain
Moos
Etschlohe
Binder
Fahrnbach
Großhaager
Erlmoos
Grabhügel
Römerbogen
Römer-Graben
Egelsee
Grenz-Geräumt
Otto-Geräumt
605
(zu Maitenbeth)
83558
622
Hofkasten
Neubruch
Taubenbrunnen
Rosenberg
E552
12
624
Ma-Geräumt
Königs-Geräumt
Buchenberg-Geräumt
Kronprinz-Geräumt
Forst
608
619
Poschenmoos
596
Ludwig
233
256
277
5340
5338
5336
280
282

Angersbacher Holz
(zu Isen)
Tiergrabenholz
234
Hub
Angersbach
Schnauppinger
Holz
84424
Vogelherd
Hundsschedel
Bergfeld
Oberndorf
Röder
587
Oberholz
Holzapfel
Obernolzweg
Holzapfelweg
Pyramooser Straße
Dorfplatz
Kaiser-Ring
2 = Reitmayer-Platz
Kapelle
Oberndorfer Str.
603
Stauden
Bichl
Quelle
Schusterrainbach
607
Lacken
Gassen
Sinkenbach
Ochsenfurt
Kapelle
625
Niesberg
Hof
Oberöd
Bergfeld
Kopfsöd
Thal
Berg
ND
Straß
Rappolten
579
Straßmaier
Kronsöd
Sportanlage
Gewerbestr.
Schachwald
255
Stammerweg
Neukirchen
Löfflmoos
Oed
Kreuz
E552
12
Dichtldorn
Perzl
Barthub
Schellenberg
Bernreit
Eßbaum
1=Lärchenstraße
2=Tannenstraße
3=Pfarrer-Axenböck-Straße
4=Am Hölzl
5=Grieslweg
6=Pfarranger
Heilbrunn
Innach
Löfflmoos
Josef-Eisenauer-Str.
Bgm.-Steinweber-Weg
Rückertsbichl
Alte Kläranlage
Goldbrunn
Maitenbeth
Friedhof
Heilbrunner See
Seilbach
83558
Luxstätt
Brandstätt
622
Marsmeier
545
Kramerberg
Dieblstätt
Ginhub
Siebenhart
Luhestätt
Lichtfelden
Hennezogl
Gill
Kres
Tiefenmoos
Mitterhof
Gmain
Putz a.d.Straß
Feichten
Honau
548
Feichten
Weinhub
Holzkling
Hatzmoos
278
Ludwig - Geräumt
Hirschau - Geräumt
Grenz - Geräumt
Kronprinz - Geräumt
Geräumt

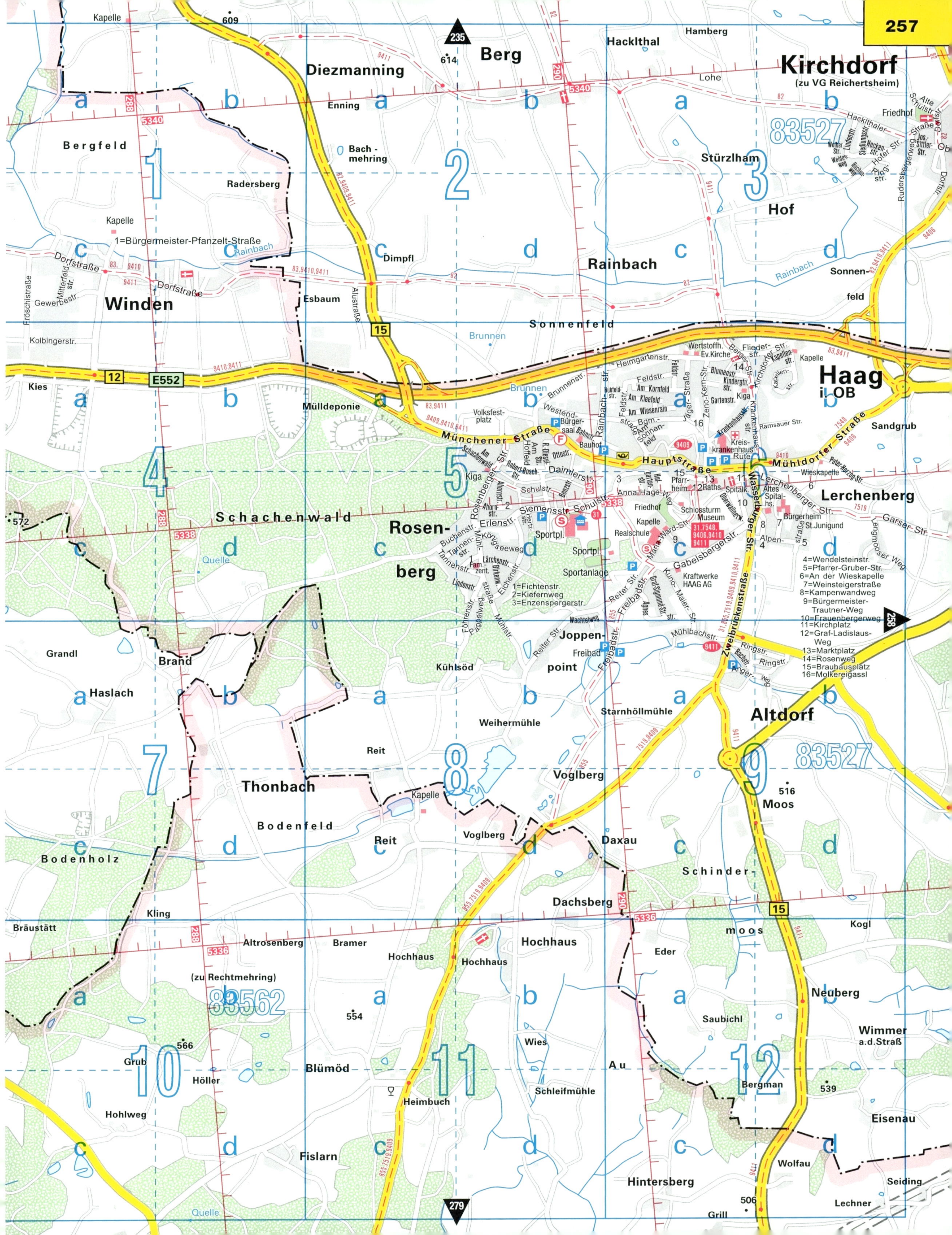

Kirchdorf
(zu VG Reichertsheim)
Haag i.OB
Berg
Diezmanning
Hacklthal
Hamberg
Lohe
Enning
Bergfeld
Radersberg
Bach-mehring
Stürzlham
Hof
Kapelle
1=Bürgermeister-Pfanzelt-Straße
Rainbach
Dimpfl
Sonnen-feld
Winden
Esbaum
Sonnenfeld
Brunnen
Kies
Mülldeponie
Sandgrub
Münchener Straße
Hauptstraße
Mühldorfer Straße
Lerchenberg
Schachenwald
Rosen-berg
Kiga
Sportpl.
Sportanlage
Kraftwerke HAAG AG
Altes Spital-hs.
Schlossturm Museum
Realschule
Friedhof
Kreis-krankenhaus
Bürgerheim
St.Junigund
1=Fichtenstr.
2=Kiefernweg
3=Enzenspergerstr.
4=Wendelsteinstr.
5=Pfarrer-Gruber-Str.
6=An der Wieskapelle
7=Weinsteigerstraße
8=Kampenwandweg
9=Bürgermeister-Trautner-Weg
10=Frauenbergerweg
11=Kirchplatz
12=Graf-Ladislaus-Weg
13=Marktplatz
14=Rosenweg
15=Brauhausplatz
16=Molkereigassl
Grandl
Brand
Haslach
Kühlsöd
Joppen-point
Freibad
Starnhöllmühle
Weihermühle
Altdorf
Reit
Thonbach
Voglberg
Moos
Bodenfeld
Kapelle
Bodenholz
Daxau
Schinder-moos
Dachsberg
Kling
Bräustätt
Altrosenberg
Bramer
Hochhaus
Eder
Kogl
(zu Rechtmehring)
83562
83527
Neuberg
Saubichl
Wimmer a.d.Straß
Wies
Grub
Höller
Blümöd
Heimbuch
Au
Schleifmühle
Bergman
Hohlweg
Eisenau
Fislarn
Hintersberg
Wolfau
Seiding
Lechner
Grill
Quelle

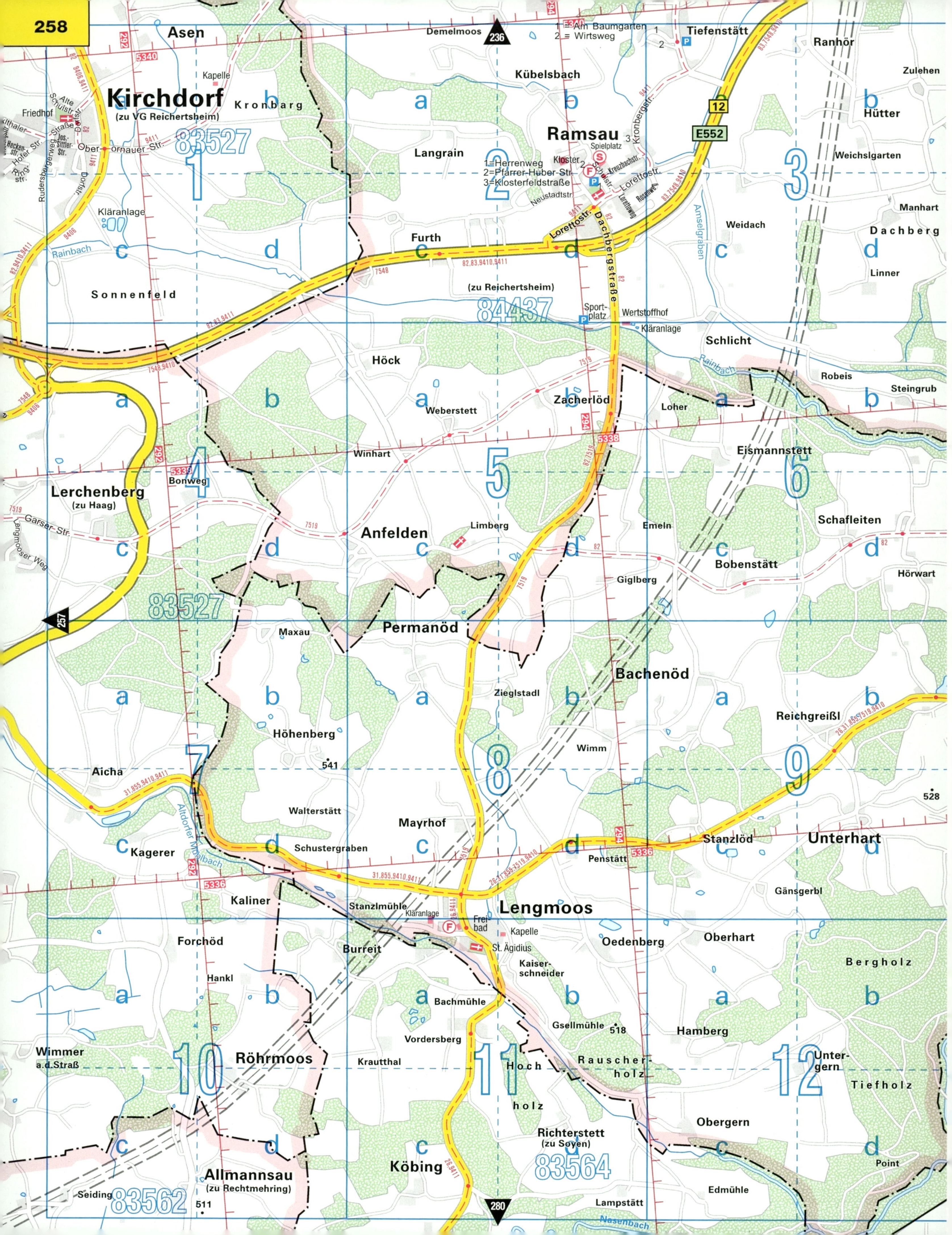

Asen
Demelmoos
236
1 = Am Baumgarten
2 = Wirtsweg
Tiefenstätt
Ranhör
Zulehen
Kapelle
Kirchdorf
(zu VG Reichertsheim)
Kronbarg
Friedhof
Kübelsbach
Ramsau
Hütter
Weichslgarten
83527
Langrain
Spielplatz
Kloster
1=Herrenweg
2=Pfarrer-Huber-Str.
3=Klosterfeldstraße
Neustadtstr.
Kronbergstr.
Kreuzbachstr.
Lorettostr.
Dachbergstraße
E552
12
Kläranlage
Rainbach
Furth
Weidach
Amselgraben
Manhart
Dachberg
Linner
Sonnenfeld
(zu Reichertsheim)
84437
Sport-
platz
Wertstoffhof
Kläranlage
Schlicht
Höck
Robeis
Steingrub
Weberstett
Zacherlöd
Loher
Winhart
Eismannstett
Lerchenberg
(zu Haag)
Bonweg
Garser-Str.
Lengmooser Weg
Anfelden
Limberg
Emeln
Schafleiten
Giglberg
Bobenstätt
Hörwart
83527
257
Maxau
Permanöd
Bachenöd
Zieglstadl
Reichgreißl
Höhenberg
541
Wimm
Aicha
528
Walterstätt
Mayrhof
Altdorfer Mühlbach
Kagerer
Schustergraben
Penstätt
Stanzlöd
Unterhart
Gänsgerbl
Kaliner
Stanzlmühle
Kläranlage
Lengmoos
Frei-
bad
Kapelle
St. Ägidius
Forchöd
Burreit
Oedenberg
Oberhart
Kaiser-
schneider
Bergholz
Hankl
Bachmühle
Gsellmühle
518
Hamberg
Vordersberg
Wimmer
a.d.Straß
Röhrmoos
Krautthal
Hoch
holz
Rauscher-
holz
Unter-
gern
Tiefholz
Obergern
Richterstett
(zu Soyen)
83564
Allmannsau
(zu Rechtmehring)
Köbing
Point
Seiding
83562
511
280
Lampstätt
Edmühle
Nasenbach

Schoberstätt
Binstein
Brandstätt
237
Reitholz
Renner
Rottenstätt
Sachsenöd
Reit
Sattlthambach
Gaisberg
Haslöd
Gasteig
83546
St. Petrus
Berg
Huttenstätt
Ram
Birkmaier
Saudobelholz
Aign
Bergholz
Höllthal
Reitengraben
Schachengraben
Gasteiger Graben
Quelle
Schachen
Tieföd
Wollmaier
Döblmühle (Wassermühle)
Elbrechting
Ebner
Haas
Osterreit
Achleiten
Gelf
Höfen
Aich
Babold
Holzer Graben
Mangstleite
Egelsee
Hub
Stadler
Veitlipp
Holzen
Amselgraben
Quelle
Urtelgraben
Starreit
Harpoint
Nickl a. Schopf
83536
Brunnen
Daumoos
Naßbach
Stadel
Reichhut
Grub
Gars a. Inn
Kloster
Tassilostr.
Gymn.
Sportpl.
Kloster-Auer-Straße
Hauptstr.
Huttenstätt
Rainbach
1=Neuhauslstraße
2=Am Rebenhang
3=Azay-le-Ferron-Straße
4=Korngasse
5=Am Turm
6=Grottensteig
7=Mittelweg
Agg
Wertstoffhof
Lengmooser Straße
Grundschule
Kapelle
Kiga
Turnhalle
Mittelschule
Wasserfeld
Wasserfeld
Quelle
Graben
Glasberg
8=St.-Ulrich-Straße
9=Radegundisstraße
10=Stanggassinger Straße
11=St.-Ulrich-Weg
12=Franziskusweg
Thal
Marktberg
Spitzöd
Kerschbaum
Inn
Zollner
Eisschützenbahn
Gewerbegebiet
Gars (Inn)
Dörfl
Wüstl
Hampersberg
Sportheim
Bahnhofstr.
Mittergarser Str.
Straß
Schneckenbichl
Tennispl.
Fußballpl.
Industriestraße
Haiden
1=Eschenstr.
2=Schützenstr.
3=Ginsterweg
4=Kreuzdornweg
5=Am Wiesengrund
Bahnhofstraße
Giggerlöd
Kiesgrube
Gars-Bahnhof
Kiesgrube
Zelten
Wasserfeld
Burgstall
83555
Hochstraß
Innleite
Bergholz
Quelle
Inn
Eichenau
Wagenstatt
Neubruch
Bernstatt
Au i. Wald
523
Brandstätt
Amering
83567
Königswart
Königswartbrücke
(zu Unterreit)
Tausend
Bergmann
Schick
Eder
281
Hub
Eckstall

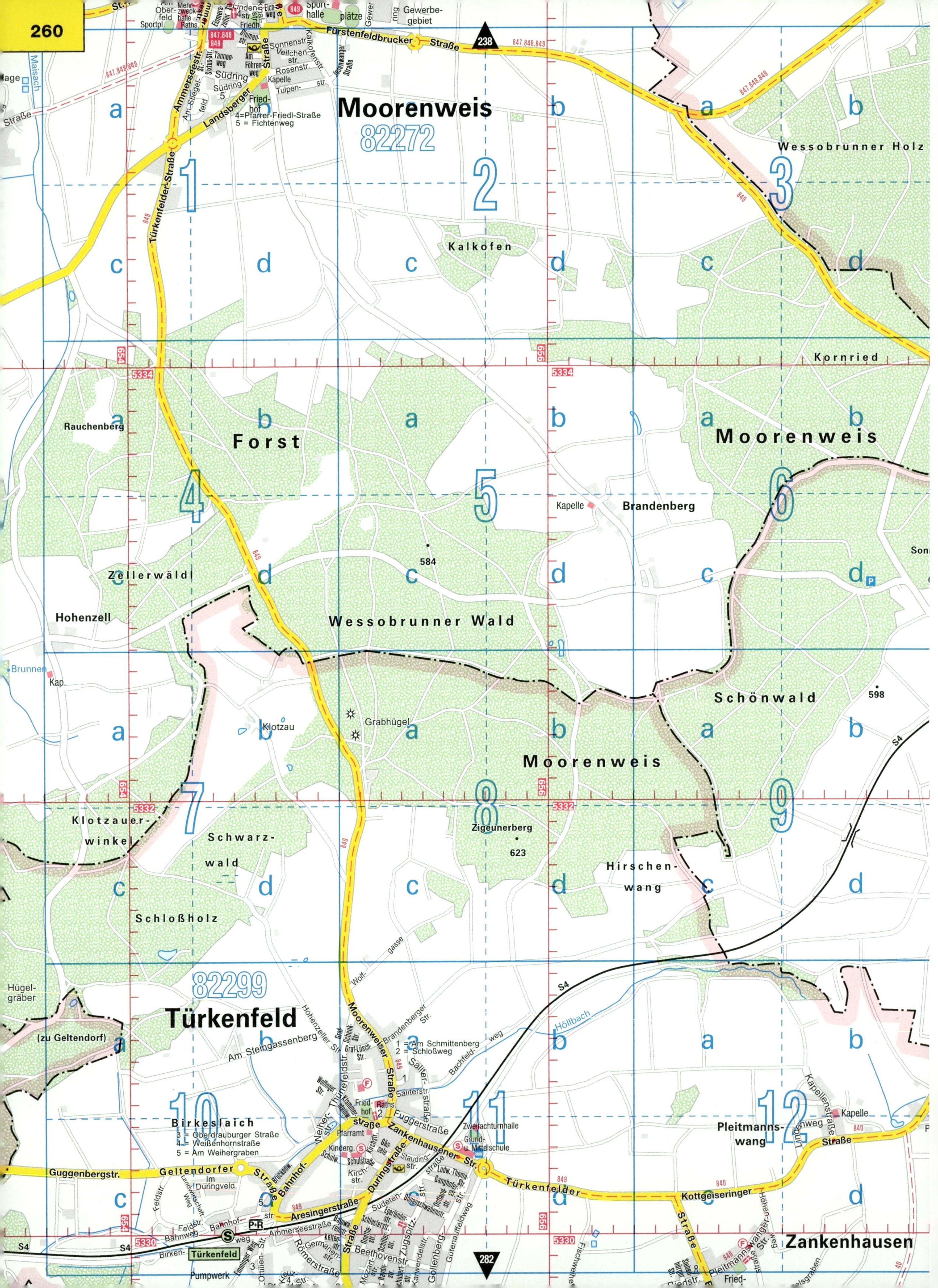
Moorenweis
82272
Fürstenfeldbrucker Straße
238
Wessobrunner Holz
Kalkofen
Kornried
Rauchenberg
Forst
Moorenweis
Kapelle
Brandenberg
584
Zellerwäldl
Hohenzell
Wessobrunner Wald
Brunnen
Kap.
Klotzau
Grabhügel
Schönwald
598
Moorenweis
Klotzauerwinkel
Schwarzwald
Zigeunerberg
623
Hirschenwang
Schloßholz
Hügelgräber
82299
Türkenfeld
(zu Geltendorf)
Am Steingassenberg
1 = Am Schmittenberg
2 = Schloßweg
Birkeslaich
3 = Oberdrauburger Straße
4 = Weißenhornstraße
5 = Am Weihergraben
4=Pfarrer-Friedl-Straße
5 = Fichtenweg
Höllbach
Pleitmannswang
Kapelle
Guggenbergstr.
Geltendorfer Straße
Türkenfelder
Kottgeiseringer
Zankenhausen
Türkenfeld
Pumpwerk
282

82287
82290
82284
82288
Fürstenfelder
Wald
Schöngeisinger
Forst
Hofer Wald
Brunnleiten
Wildenroth
Grafrath
Höfen
Unteralting
Kottgeisering
(zu VG Grafrath)
Siedlung
Kreuzacker
Rassosiedlung
Unteres
Moos
Oberes
Moos
Natur-
schutz-
gebiet
Im Moos
Graf-
rather
Buchet
Krug-
holz
Mauerner
Wald
Mehringer
Wald
Reichertsried
Anna-
höhe
Jahr-
holz
Wildmoos
Reihermoos
Teufels-
küche
Stiellaich
Hammellaich
Eich-
bühl
(zu Landsberied)
(zu Jesenwang)
(zu Schöngeising)
Waldhaus
Grabhügel
Botanischer
Versuchs-
garten
Forstlicher
Versuchs-
garten
1 = Finkenweg
1=Griesbründlweg
1=Sunderburgweg
Grafrath
Schloss
Höhenroth
Pumpwerk
Klär-
anlage
Sportgast-
stätte
Sport-
plätze
Moorenweiser
Straße
Bahnhofstraße
Kottgeiseringer
Straße
Graf-Rasso-Straße
Jesenwanger
Straße
Hauptstr.
Mauerner
Straße
Grafrather
Straße
Ammersee-
Straße
Johannishöhe
Villenstraße
Ampersteg
Amper
Höllbach
Wasser-
turm
Forstamt
Kloster
Pfarramt
St. Rasso-
kirche
Rathaus
Parapluie
S4
239
262
283
471
1
2
3
4
5
6
7
8
9
10
11
12

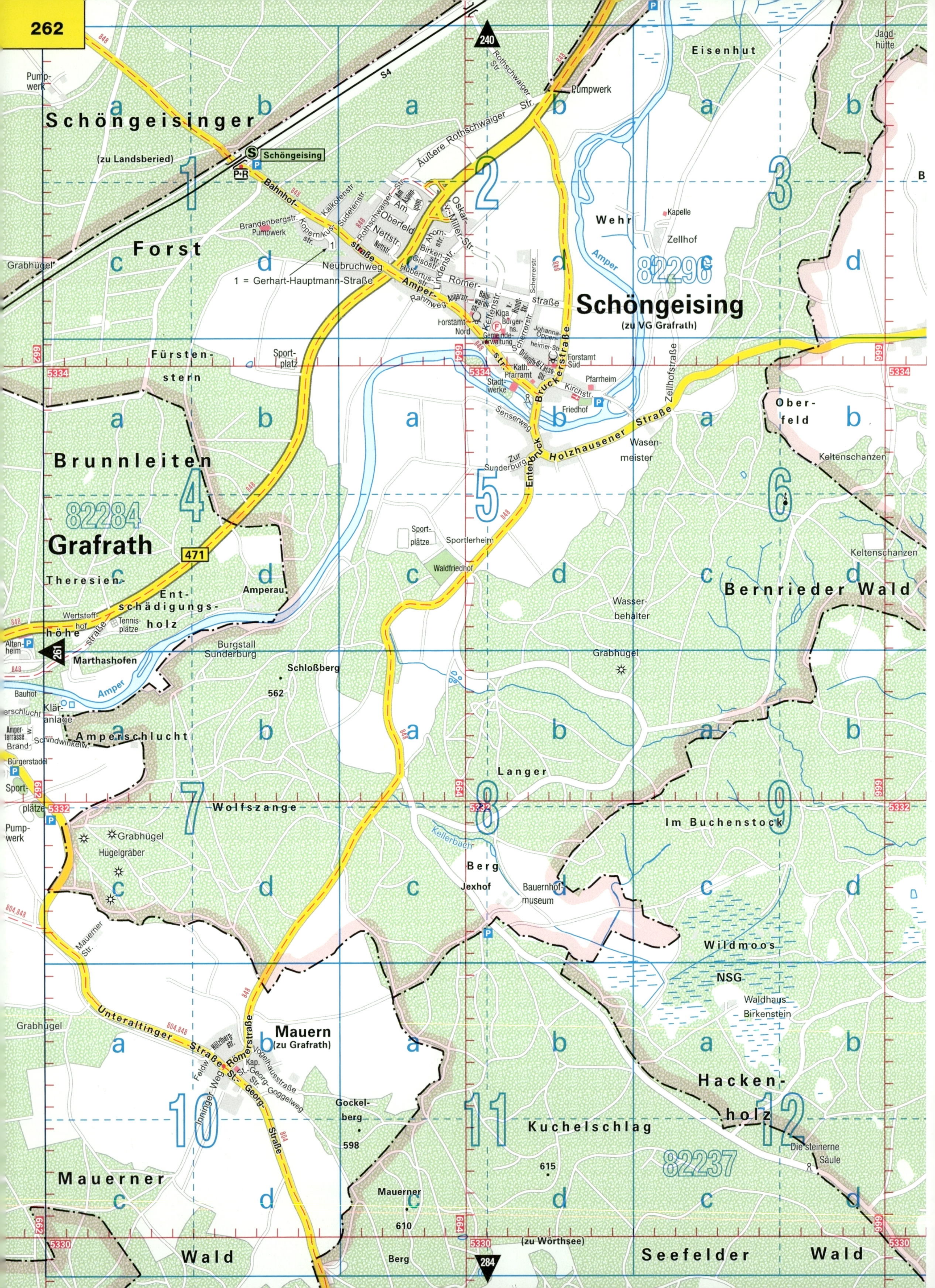

Schöngeisinger Forst
Schöngeising
Schöngeising (zu VG Grafrath)
82296
Fürstenstern
Brunnleiten
82284
Grafrath
Theresienhöhe
Entschädigungsholz
Amperau
Marthashofen
Amper
Amperschlucht
Burgstall Sunderburg
Schloßberg
Wolfszange
Langer
Berg
Jexhof
Bauernhofmuseum
Im Buchenstock
Wildmoos
NSG
Waldhaus Birkenstein
Bernrieder Wald
Eisenhut
Wehr
Zellhof
Kapelle
Oberfeld
Keltenschanzen
Wasenmeister
Wasserbehälter
Grabhügel
Sportlerheim
Waldfriedhof
Hackenholz
Die steinerne Säule
Kuchelschlag
82237
Mauern (zu Grafrath)
Gockelberg
Mauerner Wald
Seefelder Wald
(zu Wörthsee)
(zu Landsberied)
1 = Gerhart-Hauptmann-Straße
Bahnhofstraße
Holzhausener Straße
Bruckerstraße
Unteraltinger Straße
Römerstraße
St.-Georg-Straße
Äußere Rothschwaiger Str.
240
261
284
471

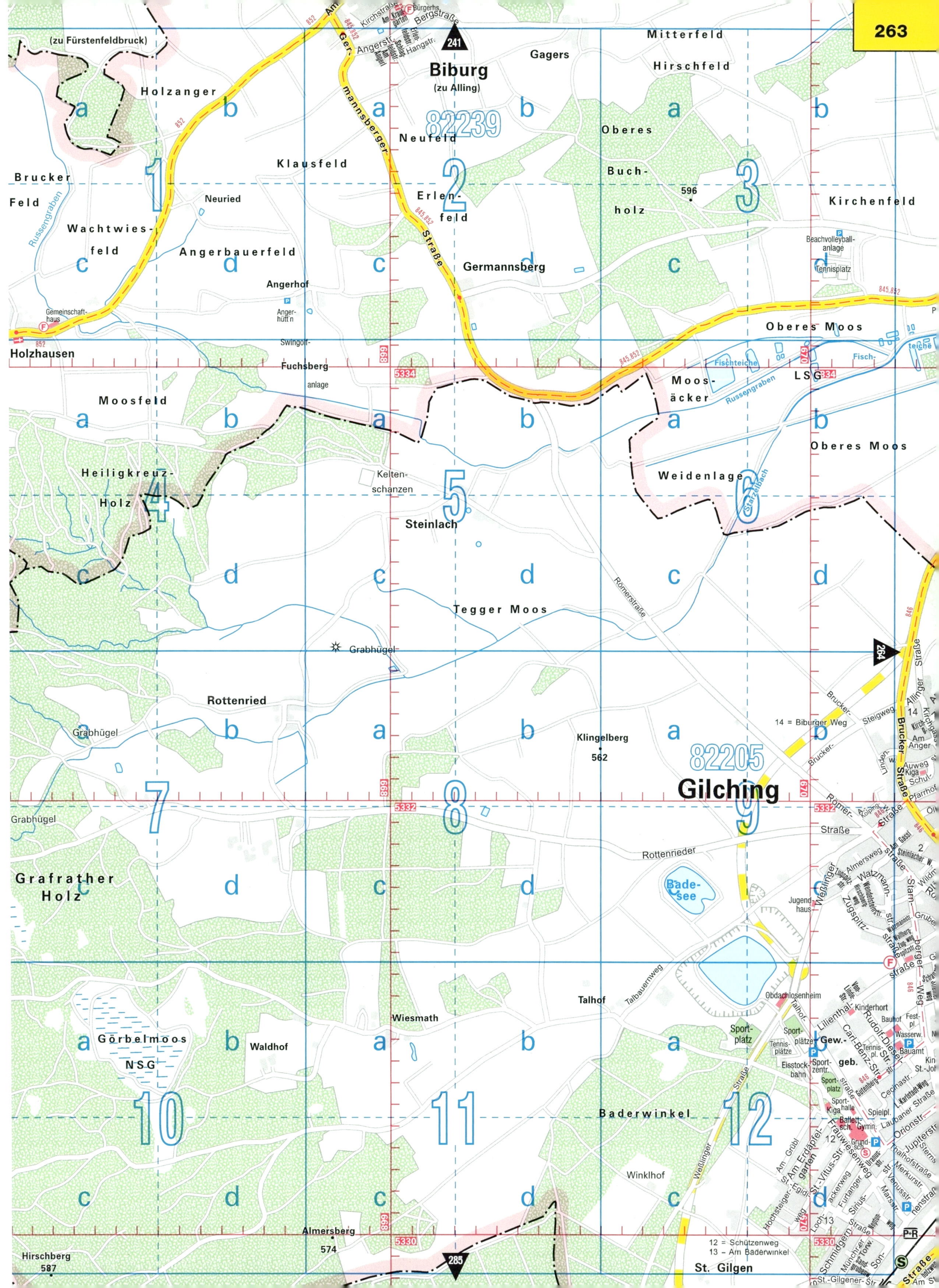
Biburg
(zu Alling)
Gagers
Mitterfeld
Hirschfeld
Holzanger
(zu Fürstenfeldbruck)
Neufeld
Klausfeld
Oberes
Buch-
holz
596
Brucker
Feld
Neuried
Erlen-
feld
Kirchenfeld
Wachtwies-
feld
Angerbauerfeld
Germannsberg
Angerhof
Holzhausen
Fuchsberg
Oberes Moos
Moos-
äcker
LSG
Moosfeld
Oberes Moos
Heiligkreuz-
Holz
Kelten-
schanzen
Steinlach
Weidenlage
Tegger Moos
Römerstraße
Grabhügel
Rottenried
Grabhügel
Klingelberg
562
Gilching
Grabhügel
Grafrather
Holz
Rottenrieder
Bade-
see
Talhof
Wiesmath
Görbelmoos
NSG
Waldhof
Baderwinkel
Winklhof
Almersberg
574
Hirschberg
587
St. Gilgen
14 = Biburger Weg
12 = Schützenweg
13 = Am Baderwinkel

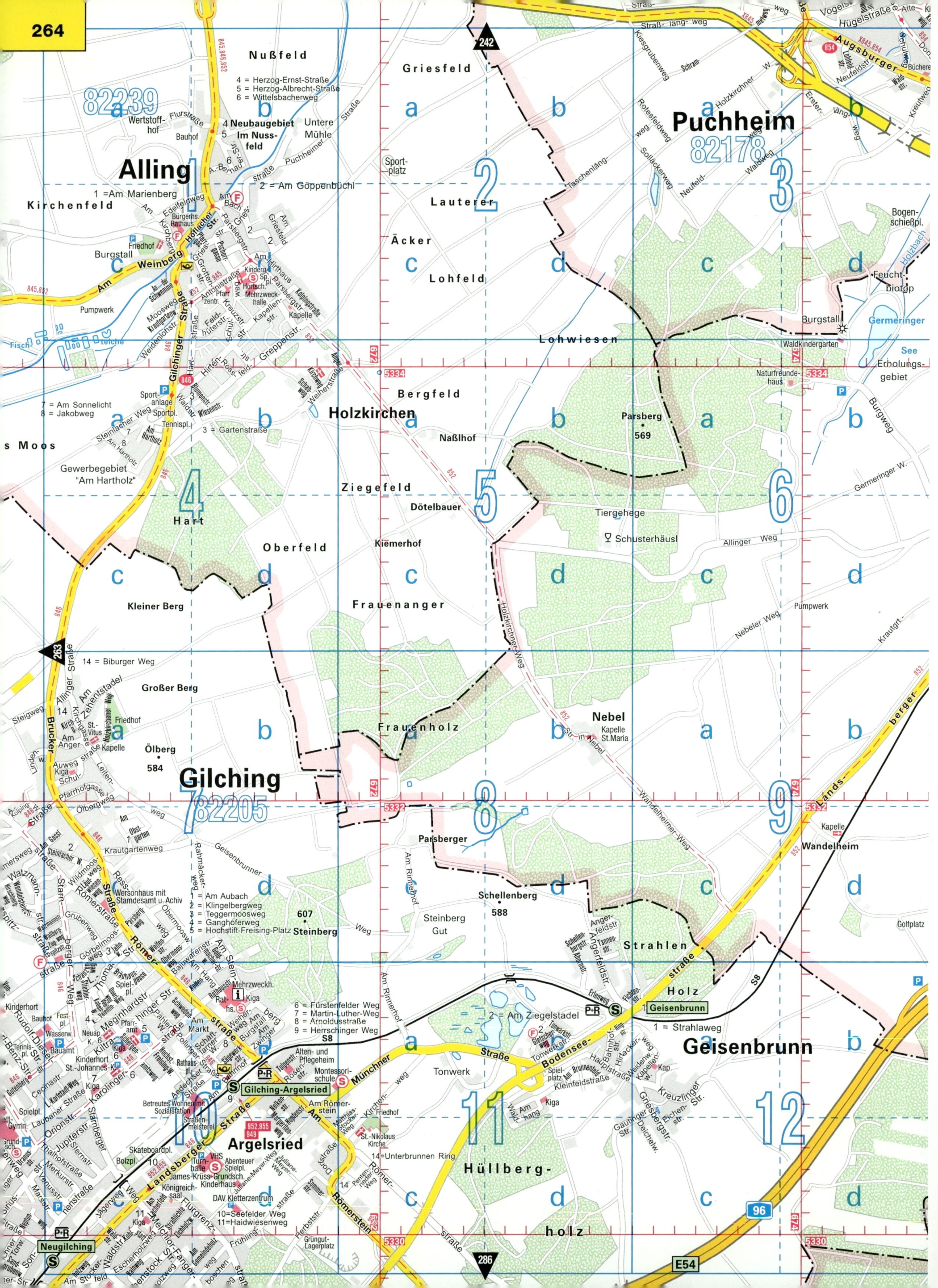
Alling
82239
Nußfeld
4 = Herzog-Ernst-Straße
5 = Herzog-Albrecht-Straße
6 = Wittelsbacherweg
Neubaugebiet Im Nussfeld
Untere Mühle
Wertstoffhof
Bauhof
2 = Am Göppenbüchl
1 = Am Marienberg
Kirchenfeld
Burgstall
Am Weinberg
Pumpwerk
Griesfeld
Sportplatz
Lauterer
Äcker
Lohfeld
Lohwiesen
Puchheim
82178
Bogenschießpl.
Feuchtbiotop
Burgstall
Germeringer See
Erholungsgebiet
Waldkindergarten
Naturfreundehaus
Bergfeld
Holzkirchen
Naßlhof
Parsberg
569
7 = Am Sonnenlicht
8 = Jakobweg
3 = Gartenstraße
s Moos
Gewerbegebiet "Am Hartholz"
Ziegefeld
Dötelbauer
Hart
Oberfeld
Kiemerhof
Tiergehege
Schusterhäusl
Allinger Weg
Germeringer W.
Kleiner Berg
Frauenanger
Pumpwerk
Nebeler Weg
14 = Biburger Weg
Großer Berg
Friedhof
Kapelle
Ölberg
584
Frauenholz
Nebel
Kapelle St.Maria
Gilching
82205
Parsberger
Kapelle
Wandelheim
Wandelheimer-Weg
Krautgartenweg
Wersonhaus mit Stamdesamt u. Archiv
1 = Am Aubach
2 = Klingelbergweg
3 = Teggermoosweg
4 = Ganghoferweg
5 = Hochstift-Freising-Platz
607
Steinberg
Steinberg Gut
Schellenberg
588
Strahlen
Golfplatz
Holz
Geisenbrunn
1 = Strahlaweg
2 = Am Ziegelstadel
6 = Fürstenfelder Weg
7 = Martin-Luther-Weg
8 = Arnoldusstraße
9 = Herrschinger Weg
Alten- und Pflegeheim
Montessorischule
Gilching-Argelsried
Münchner Straße
Tonwerk
Bodensee-straße
Landsberger Straße
Argelsried
Skateboardpl.
Bolzpl.
VHS
Turnhalle
James-Krüss-Grundsch.
Kinderhaus
Königreichsaal
DAV Kletterzentrum
10=Seefelder Weg
11=Haidwiesenweg
14=Unterbrunnen Ring
St.-Nikolaus Kirche
Hüllberg-holz
Römerstein
Neugilching
Grüngut-Lagerplatz
Kreuzlinger Str.
Landsberger Straße
96
E54
242
263
286

Germering
82110
Neugermering
Harthaus
Unterpfaffenhofen
81249
(zu München)
Streiflach
Kreuzlinger
Forst
Krailling
82152
82131
(zu Planegg)
(zu Gauting)
Anschlussstelle Germering-Nord
Anschlussstelle München-Freiham-Mitte
Dreieck München-Süd-West
Anschlussstelle Germering-Süd
Freiham-Gut
Germering-Unterpfaffenhofen
Harthaus
1 = Maria-von-Linden-Straße
2 = Lise-Meitner-Straße
3 = Gertrude-Blanch-Straße
4 = Emmy-Noether-Straße
5 = Am Handwerkerhof
5=Christine-Zeiske-Weg
6=Emil-Sollinger-Weg
1 = Birnbaumsteig
2= Försterweg
12 = Milchwegerl
13 = Dachsweg
1=Hildegard-Hamm-Brücher-Straße
2=Amalie-Nacken-Straße
3=Emilie-Maurer-Straße
4=Auguste-Halbmeier-Str.
1 = Oskar-Maria-Graf-Str.
2 = Gabriele-Münter-Str.
3 = Alpspitzstraße
4 = Zugspitzstraße
5 = Waxensteinstr.
6 = Kreuzeckstr.
7 = Balatonfüreder Str.
8 = Im Straßbreitl
9=Kleßheimer Weg
10=Am Lochholz
11=Am Bietricher Holz
3 = Föhrenstraße
Augsburger Straße
Landsberger Straße
Münchener Straße
Bodenseestraße
Germeringer Straße
Neue Gautinger Str.
Germeringer Straße
Pentenrieder Straße
Sanatoriumstr.
Waldsanatorium
Hubertushütte
Trimm-dich-Pfad
Grüngut Sammelstelle
Natur Erlebnis garten
Waldfriedhof
Pumpstation
Golfanlage
Wertstoffhof
BMX Bahn
Skateboard Anlage
Gewerbegebiet
Gewerbe- gebiet
Krautgärten
Hochrainweg
Aubinger Weg
Kap.
Hundedressurplatz
St. 2544
St. 2068
E54
S8
243
207
266
2
34
35
96
99
4
5
6
1
2
3
4
5
6
7
8
9
10
11
12
a
b
c
d
5330
5334
678
679

244
265
288
81249
81243
82110
82152
82166
Gut Freiham
Freiham
München-Neuaubing
Neubaugebiet Gleisharfe Neuaubing
Gewerbegebiet Freiham-Süd
ehem. Bundesbahn
AS München-Freiham-Süd
Dreieck München-Süd-West
1=Jakob-Baumann-Str.
2=Franz-Josef-Delonge-Str.
3=Georg-Maurer-Str.
4=Ludwig-Schmid-Str.
Freizeitpark
Bodensee-straße
Lochham
Ortsteil Lochham
(zu Gräfelfing)
Paul-Diehl-Park
Heitmeier Siedlung
Anschlussstelle Gräfelfing
Würmtal-Klinik
5=Himbselweg
(zu Germering)
Gräfelfing
Lochamer Schlag
1=Mesnerweg
2=Sigi-Segl-Weg
3=Wildgrubersteg
4=Mühlenweg
Planegger Holz
Planegg
Steinkirchen
Martinsried
Krailling
Prof.-Max-Diekmann-Platz
1=Bgm.-Huber-Straße
2=Josef-Bader-Weg
3=Föhrenstr.
3=Wiesenweg
1 = Maria-Günzl-Weg
2 = Elisabethenweg
3 = Anton-Schneller-Str.
4 = Rodanaweg
5 = Margeritenweg
6 = Rotkehlchenweg
7 = Lichtweg
8 = Adolf-Butenandt-Str.
1 = Martinsplatz
Münchener Straße
Würmtalstraße
Pasinger Straße
Germeringer Straße
Gautinger Str.
Deponie
Biotop
Friedhof
E54
96
36a
36b
35
4

Stadtbezirk
PASING-OBERMENZING
Stadtbez.
LAIM
Stadtbezirk
HADERN
Stadtbezirk
WALDFRIED-
HOFVIERTEL
Ortsteil
Großhadern
Blumenau
Klein-
hadern
Neuhadern
Kurpark-
siedlung
Friedenheim
Westpark
(West)
Südpark
Kreuz-
hof
Fürstenried-
West
Fürstenried-
Ost
Aalholz
Fürstenrieder
Wald
Weichsel-
garten
Sendlinger
Wald
80689
81241
80686
80639
80687
81375
81377
81379
81475
81476
82061
Landsberger Straße
Josef-Felder-Str.
Fürstenrieder Straße
Westendstraße
Ammersee-straße
Würmtalstraße
Waldfriedhofstraße
Forst-Kasten-Allee
Waldwiesenstraße
Sauerbruchstr.
Boschetsrieder Straße
Drygalski-Allee
München-Laim
Hirschgarten
Laimer Platz
Friedenheimer Str.
Westpark
Haderner Stern
Holzapfelkreuth
Großhadern
Klinikum Großhadern
Forstenrieder Allee
Machtlfinger Str.
Anschlussst. M.-Blumenau
AS M.-Laim
Anschlussstelle M.-Kreuzhof
Klinikum Großhadern (Universität München)
Waldfriedhof- Alter Teil
Waldfriedhof- Neuer Teil
Städtische Baumschule
Stadtbezirk
267

Stadtbez.
SCHWANTHALERHÖHE
Westend
80339
80639
80687
80686
Hirschgarten
Friedenheim
Stadtbez.
LUDWIGSVORSTADT
ISARVORSTADT
80336
80337
80469
München Hbf.
Hackerbrücke
Donnersbergerbr.
Heimeranpl.
Schwanthalerhöhe
Theresienwiese
Theresienwiese
Bavariapark
Westpark
Stadtbez.
SENDLING-WESTPARK
81373
81377
Untersendling
Mittersendling
81369
Harras
Partnachplatz
Stadtbez.
SENDLING
Poccistr.
Implerstr.
Brudermühlstr.
Neuhofen
Flaucher
Thalkirchen
Thalkirchen (Tierp.)
Stadtbezirk
UNTERGIESING-HARLACHING
Siebenbrunn
Tierpark
Hellabrunn
81543
Harlaching
Obersendling
81379
Siemenswerke
Aidenbachstr.
Machtlfinger Str.
Westpark
Candidstraße
Cityplan S.40
246
267
290
Maria Einsiedel

Parkstadt Bogenhausen
Stadtbez. AU-HAIDHAUSEN
Stadtbez. BERG AM LAIM
Ramersdorf
Giesing
Stadelheim
MÜNCHEN
Fasangarten
Stadtbezirk OBERGIESING
Perlach
Neuharlaching
Steinhausen
Gasteig
München-Ostbf.
München-Leuchtenbergring
Justizvollzugsanstalt

Zamdorf
MÜNCHEN
Stadtbez. TRUDERING-RIEM
Am Moosfeld
Baumkirchen
Josephsburg
Kirchtrudering
Straßtrudering
Michaeliburg
Ostpark
Neuperlach-Nord
Gartenstadt Trudering
Neuperlach-Süd
Perlach
Stadtbezirk RAMERSDORF-PERLACH
Truderinger Grenzkolonie
Echarding
81929
81677
81829
81673
81825
81735
81737
81739
Anschlussst. M.-Zamdorf
Anschlussstelle M.-Daglfing
Anschlussst. M.-Mitter. Am Moosfeld
1 = Süskindstraße
1 = Schwankhardtw.
1 = Van-Eyck-Str.
8=Joh.-Michael-Fischer-Pl.
2=Anweg
3=Stürmiusweg
4=Silberkopfstraße
5=Teisendorfer Straße
6=Lödenseestraße
7=Traunstraße
8=Bernh.-Mayer-Str.
9=Hanslbauerstr.
10=Ernst-Hochholzer-Weg
12=Reiserstr.
1=Alois-Hahn-Weg
2=Rudolf-Schneider-Weg
3=Karl-Noetzel-Weg
4=Kiaulehnweg
5=Schwingensteinweg
6=Hermann-Proebst-Weg
7=Cottaweg
8=Friedrich-Beck-Str.
9=Braunmillerweg
10=Schleiermacherweg
11=Michelweg
12=Ludwig-Anderl-Weg
13=Lorenz-Huber-Weg
14=Stemplinger anger
1 = Werner-Finck-Weg
2 = Michl-Lang-Weg
3 = Ursula-Herking-Weg
4 = Olga-Tschechowa-Weg
5 = Alfred-Pongratz-Weg
6 = Hans-Possenbacher-Weg
7 = Pasettiweg
1=St.-Koloman-Str.
München-Berg am Laim
M.-Trudering
M.-Perlach
Josephsburg
Kreillerstr.
Moosfeld
Michaelibad
Quiddestr.
Neuperlach Zentr.
Th.-Giehse-Allee
Töginger Straße
Kreillerstraße
Wasserburger Landstraße
Schatzbogen
Ständlerstraße
Putzbrunner Straße
Heinrich-Wieland-Straße
Carl-Wery-Str.
Karl-Marx-Ring
Unterhachinger Straße
Truderinger Str.
Eggenfeldener Straße
Riemer Straße
Gut Riem
Friedhof Riem
Dagfling
248
269
292

Messe München
Messestadt Riem
Salmdorf
Ottendichl
Gut Oberndorf
(zu Feldkirchen)
85622
Riemer Park
Riemersee
Gronsdorf
Haar
85540
Eglfing
Isar-Amper Klinikum
Waldtrudering
trudering
Siedlung Am Jagdfeld
Weichselgarten
Kolonie Waldfrieden
Haarer Holz
85640
(zu Putzbrunn)
Ortsteil Solalinden
(zu Putzbrunn)
Ortsteil Keferloh
(zu Grasbrunn)
85630
81827
Solalinder Holz
Lohholz
Wasserburger Landstraße
Feldkirchener Straße
Paul-Henri-Spaak-Str.
Töginger Straße
1 = Ratoltweg
2 = Senneweg
3 = Tassilostraße
4 = Ahrntaler Platz
5 = Neithardtstraße
1 = Kernbeißerweg
2 = Kormoranweg
3 = Merlinweg
1 = Mauerseglerstraße
1=Ruth-Beutler-Straße
2=Michael-Ende-Straße
1=St.-Martin-Weg
1=Feinerweg

Kreuz
München-Ost
Pumpwerk
(zu Feldkirchen)
Parsdorf
85599
Weißenfeld
85622
Weißenfelder Str.
Feldkirchener Straße
Parsdorfer Straße
Ottendichler Straße
Weißenfelder Straße
Ammerthaler Weg
Roggenweg
St. Bartolomäus-K.
Am Mitterfeld
Am Rain
Hergoldinger Straße
Vaterstettener Weg
Parsdorfer Straße
Egllinger
Vaterstettener Straße
E45
E52
99
250
Tank- und Rastanlage
Vaterstetten-West
Tank- und Rastanlage
Vaterstetten-Ost
Autobahnring-Ost
Feldkirchener Str.
Hergolding
Kleingärten
Halb-
wiesen
Trainingsbahn
Friedhof
Bezirkskrankenhaus
Haar I
Ringstraße
Sportplatz
Ottendichler Straße
Feldkirchener Straße
Vockestraße
Johann-Sebastian-Bach-Weg
Dorfstraße
85591
Vaterstetten
Vaterstettener Straße
Parsdorfer Straße
Bogenschützenverein
St. Korbinian
271
85540
Haar
Maria Sieben Schmerzen
Braunmühl-Str.
Brand- u. Katastrophenschutzzentrum
Kinderkrippe
Seniorenwohnpark
Eulenweg
Baldhamer Straße
Baldhamer Str.
Umspannwerk
Turnhalle
Stadion
Sport- u. Erholungszentrum
Jugendzentrum
DRK Rettungsz.
Schützenheim
Tennishalle
Verdistraße
Smetanastr.
Bahnhofstraße
Möschenfelder Straße
Friedensstraße
Johann-Sebastian-Bach-Str.
Friedhof Kap.
Rathaus
Zum kostbaren Blut Christi
Kindergarten
Schulzentr.
Gymn.
Rehweg
Hirschweg
Parkstraße
Untere
Zunftstraße
Rechnerstr.
Waldstraße
Egerlandstr.
S4, S6
Vaterstetten
P+R
Zugspitzstraße
Luitpoldring
Lilienstraße
Anschlussstelle
Haar
18
Weichselgarten
Wasserburger Straße
Technopark II
Technopark I
304
Luisenweg
Am Gänsbuckel
Am Treiberweg
Wasserwerk
Grasbrunner Weg
Böhmerwaldstr.
St.-Christophorus-K.
Dianastraße
Landstraße
Wasserburger Landstraße
Waldstraße
Altenheim
Haus Maria Linden
Martin-Luther-Ring
Kapelle
Petri-Kirche
Dahlienstr.
Baldham
Bahnhofpl.
Karl-Böhm-Straße
Altenheim St. Korbinian
Wasserhaus
Hochwaldstraße
Mozartring
Wasserburger Landstraße
Eicher
Holz
85630
Hoch-
holz
Ortsteil
Neukeferloh
(zu Grasbrunn)
Wasserwerk
Aussegnungshalle
1 = Meisenweg
2 = Zeisigweg
3 = Pfauenstraße
294
5334
5332
5330
704
706
708
1
2
3
4
5
6
7
8
9
10
11
12

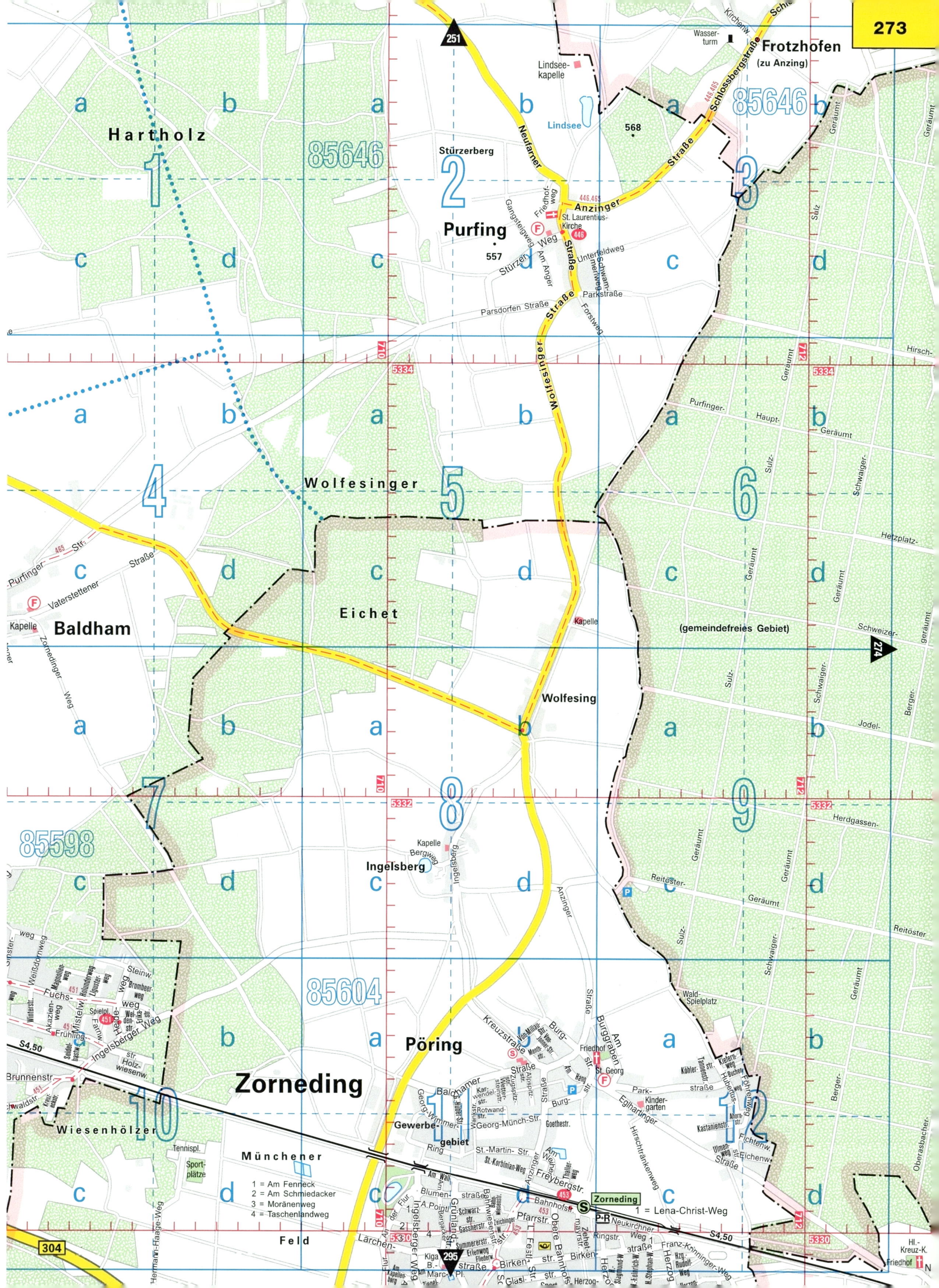
251
Wasser-
turm
Frotzhofen
(zu Anzing)
Lindsee-
kapelle
Lindsee
568
85646
Hartholz
85646
Stürzerberg
Neufarner
Schlossbergstraße
Straße
Anzinger
St. Laurentius-
Kirche
Purfing
557
Stürzer Weg
Am Anger
Gangsteigweg
Unterfeldweg
Schwanmerlweg
Parkstraße
Forstweg
Parsdorfer Straße
Wolfesinger Straße
5334
710
712
Purfinger-
Haupt-
Geräumt
Sulz-
Schwaiger-
Hetzplatz-
Hirsch-
Wolfesinger
Purfinger-Str.
Vaterstettener Straße
Kapelle
Baldham
Zorneding Weg
Eichet
Kapelle
(gemeindefreies Gebiet)
Schweizer-
274
Wolfesing
Jodel-
Berger-
5332
85598
Kapelle
Bergweg
Ingelsberg
Herdgassen-
Reitöster-
Reitöster
Anzinger Straße
Wald-
Spielplatz
85604
Pöring
Zorneding
Kreuzstraße
Burg-
Friedhof
St. Georg
Am Burggraben
Kinder-
garten
Park-
Eglhartinger
Hirschthränkenweg
Köhler-str.
Wiesenhölzer
Brunnenstr.
Ingelsberger Weg
Fuchs-
Heide-
Gewerbe-
gebiet
Georg-Wimmer-
Ring
St.-Martin-Str.
Georg-Münch-Str.
Münchener
Tennispl.
Sport-
plätze
1 = Am Fenneck
2 = Am Schmiedacker
3 = Moränenweg
4 = Taschenlandweg
Feld
Zorneding
1 = Lena-Christ-Weg
Bahnhofstr.
Pfarrstr.
Neukirchner
Franz-Kinninger-Weg
S4,50
5330
304
295
Hermann-Haage-Weg
Hl.-
Kreuz-K.
Friedhof
Oberasbacher-

Ebersberger
Forst
Eglhartinger
Forst
(gemeindefreies Gebiet)
Hubert-Säule
Dillis-Stern
Blauer Stern
Diana
(zu Kirchseeon)
Neukirchen
Friedhof
Hl.-Kreuz-K.
85614
252
273
296
5334
5332
5330
714
716
Zangellucken-
Fretzhofner
Edelöter-
Hirsch-
Anger-
Frotzhofner
Purfinger-
Hetzplatz-
Schweizer-
Jodel-
Herdgassen-
Reitöster
Schwaiger-
Berger-
Oberasbacher
Unterasbacher
Heiligkreuz-
Inninger-
Kranzweg-
Schwaberweger-
Haupt-
Kling-
Silcher-
Oberndorf-
Waldbahn
Geräumt

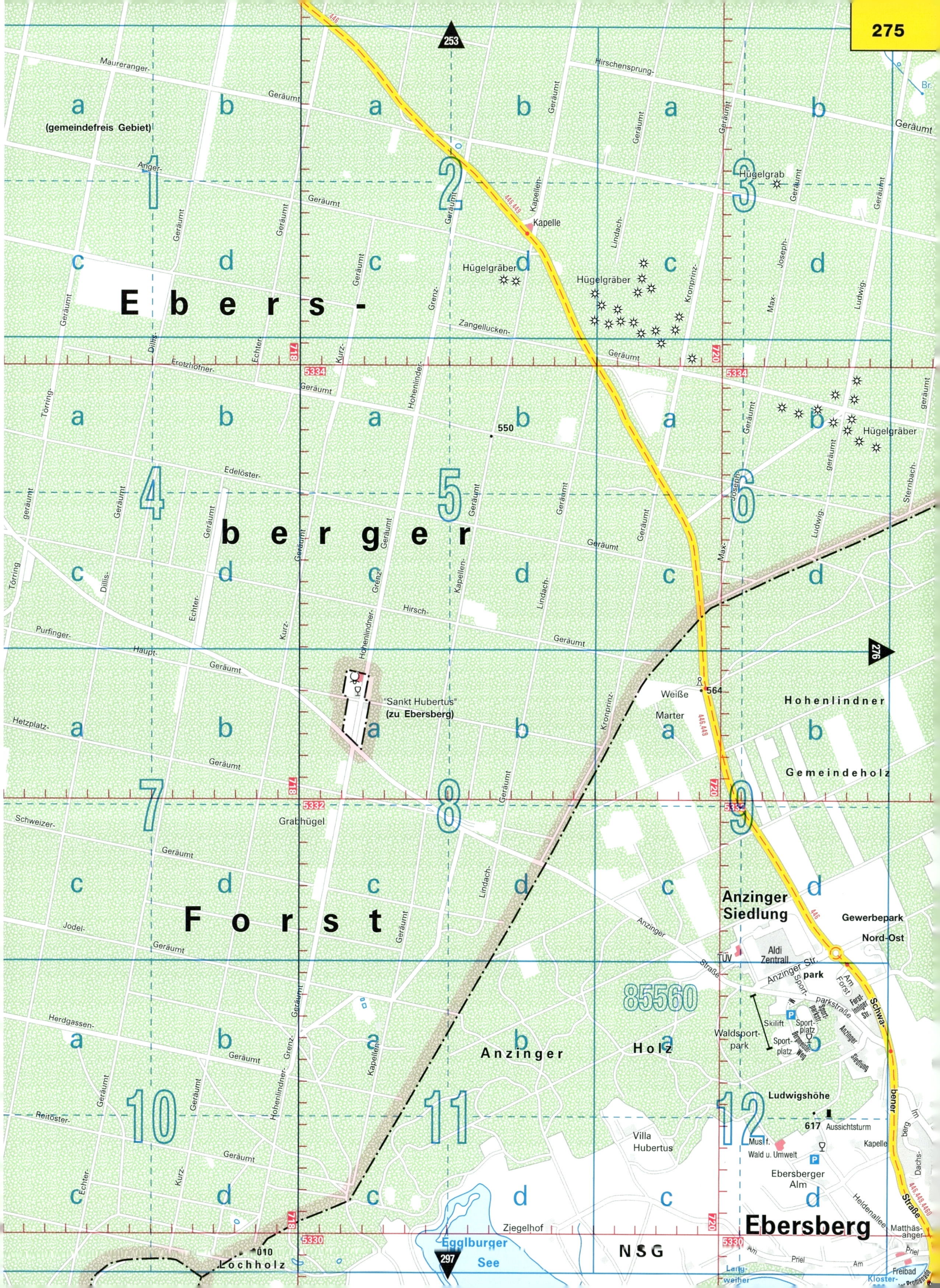
253
Maureranger-
Geräumt
(gemeindefreis Gebiet)
Anger-
Hirschensprung-
Kapelle
Hügelgrab
Hügelgräber
Hügelgräber
Zangellucken-
Ebers-
berger
Forst
Frotzhofner-
Edelöster-
Purfinger-
Haupt-
Hetzplatz-
Schweizer-
Jodel-
Herdgassen-
Reitöster-
550
Hügelgräber
276
"Sankt Hubertus"
(zu Ebersberg)
Weiße
Marter
564
Hohenlindner
Gemeindeholz
Grabhügel
Anzinger
Siedlung
Gewerbepark
Nord-Ost
Aldi
Zentrall
85560
Anzinger
Holz
Waldsport-
park
Skilift
Sportplatz
Ludwigshöhe
617
Aussichtsturm
Villa
Hubertus
Mus. f.
Wald u. Umwelt
Kapelle
Ebersberger
Alm
Ebersberg
Ziegelhof
Egglburger
See
297
NSG
Lochholz
010
Priel
Klosterbauhof
Freibad
Matthäs-
anger
Heldenallee
Schwabener Straße
5334
5332
5330
718
720

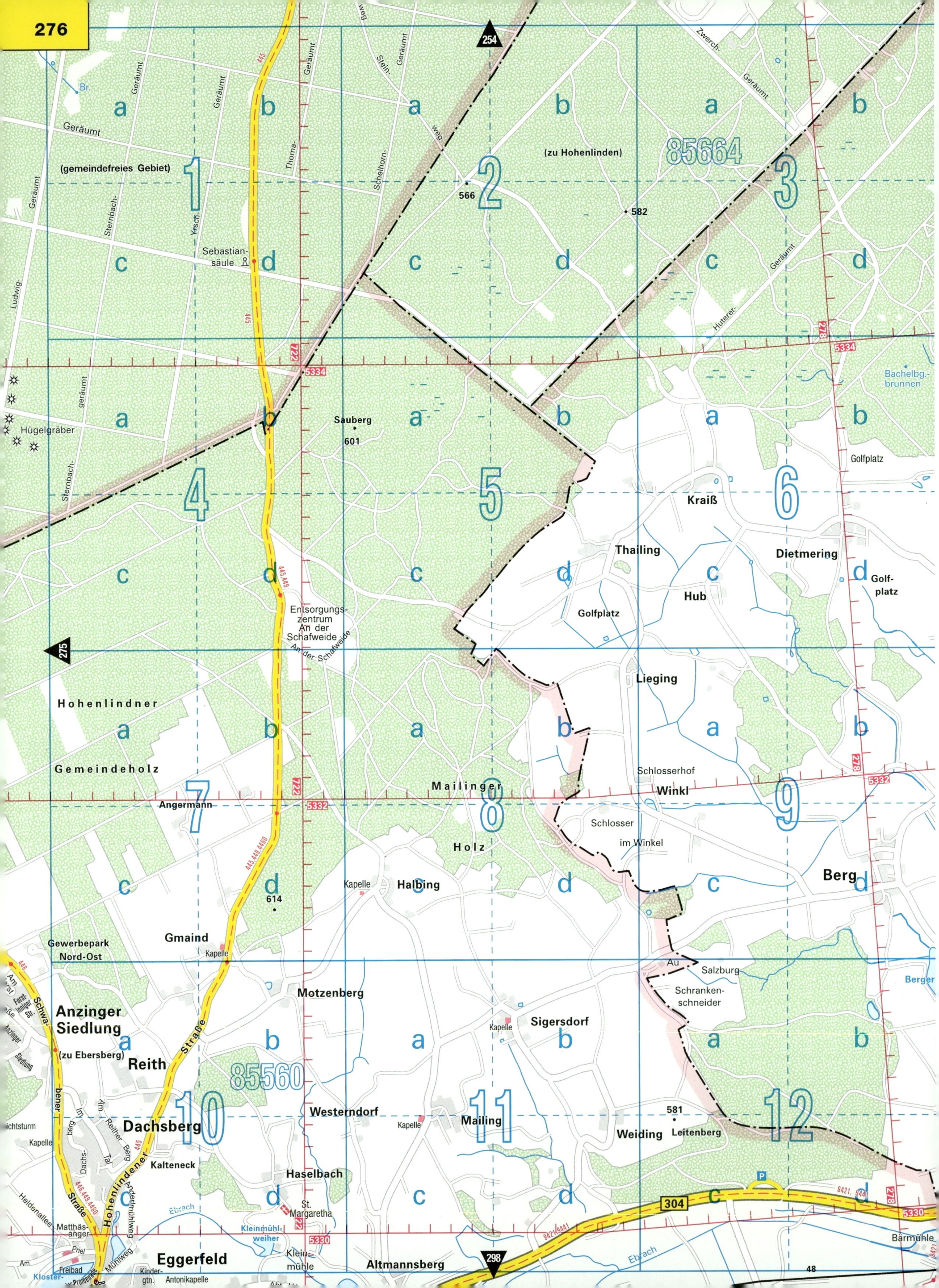
254
Geräumt
(gemeindefreies Gebiet)
Sternbach-
Ludwig-
Sebastian-säule
Yrech-
Thoma-
Stein-
Schelhorn-
weg
(zu Hohenlinden)
566
582
85664
Zwerch-
Huterer-
Bachelbg.-brunnen
Golfplatz
5334
Hügelgräber
Sauberg
601
Kraiß
Thailing
Dietmering
Hub
Golf-platz
Golfplatz
Entsorgungs-zentrum An der Schafweide
An der Schafweide
275
Lieging
Hohenlindner
Gemeindeholz
Schlosserhof
Winkl
Mailinger
Angermann
5332
Holz
Schlosser im Winkel
Berg
Kapelle
Halbing
614
Gmaind
Gewerbepark Nord-Ost
Au
Salzburg
Schranken-schneider
Berger
Motzenberg
Anzinger Siedlung
(zu Ebersberg)
Reith
Sigersdorf
85560
Straße
Westerndorf
Mailing
581
Leitenberg
Weiding
Dachsberg
Kalteneck
Haselbach
St. Margaretha
Ebrach
304
Hohenlindener Straße
Matthäs-anger
Kleinmühl-weiher
Klein-mühle
Eggerfeld
Altmannsberg
298
Antonikapelle
Bärmühle
5330
48
1
2
3
4
5
6
7
8
9
10
11
12
a
b
c
d

Boschenmoos
(zu Hohenlinden)
85664
(zu Maithenbeth)
83558
Helletsgaden
Kapelle
Schützen
Aschau
Filzen
Egelsee
Schätzl
Moosbrunnen
Höhenberg
Au
Schweig
Lehen
Mayrhof
Graben
Dreiweisenbrunnen
Brunnen
Sprinzenöd
Winkl b. St. Christoph
Untermeierhof
Wall
Rupertsdorf
St. Christoph
Blöckl
Ötzmann
Niederaltmannsberg
Kapelle
Albach
Hofstett
(zu Albaching)
83544
Mooswiesen
Oberseifsieden
Kaltenecker Wald
Zaißing
Ranhardsberg
Am Wäldchen
Rohöllager Steinhöring
Unterseifsieden
Meiletskirchen
Am Dollfeld
Buchschechen
Zaißinger Weg
Dorfstraße
Holzhäusln
Abersdorf
1=Am Waldblick
2=Untere Dorfstraße
Etzenberger Straße
Etzenberg
Burgstraße
Buchenweg
Endorf
Kapelle
Golf-Club Ebersberg e.V.
Reith
Weißer Stein
Pumpwerk
Badesee
Berger Lacke
Oelmühle
Dichtlmühle
83539
(zu Pfaffing)
Sportpl.
Vereinsheim
Tennispl.
Jugendzentrum
Stockbahnen
Oed
Giglberg
1=Felix-Gürtler-Str.
Steinhöring
85643
Neues Gewerbegebiet
Friedhof
Friedhofsweg
Ebrach
Endorfer Straße
Schechen
Hohenlindener Straße
Am Dichtlfeld
Bauhof
Kläranlage
Münchener Straße
Wasserburger Straße
Leprosenhaus
Tulling
Hauptstraße
Münchner Straße
Betreuungszentrum
Sportpl.
Werkst.-Schwimmbad
Bahnhofstr.
Steinhöring
Moosweg
Ilintsberg
Tulling
Kiga
Rathaus
Berger Straße
Seeweg
Grottenweg
Waldweg
Bahnhofstraße

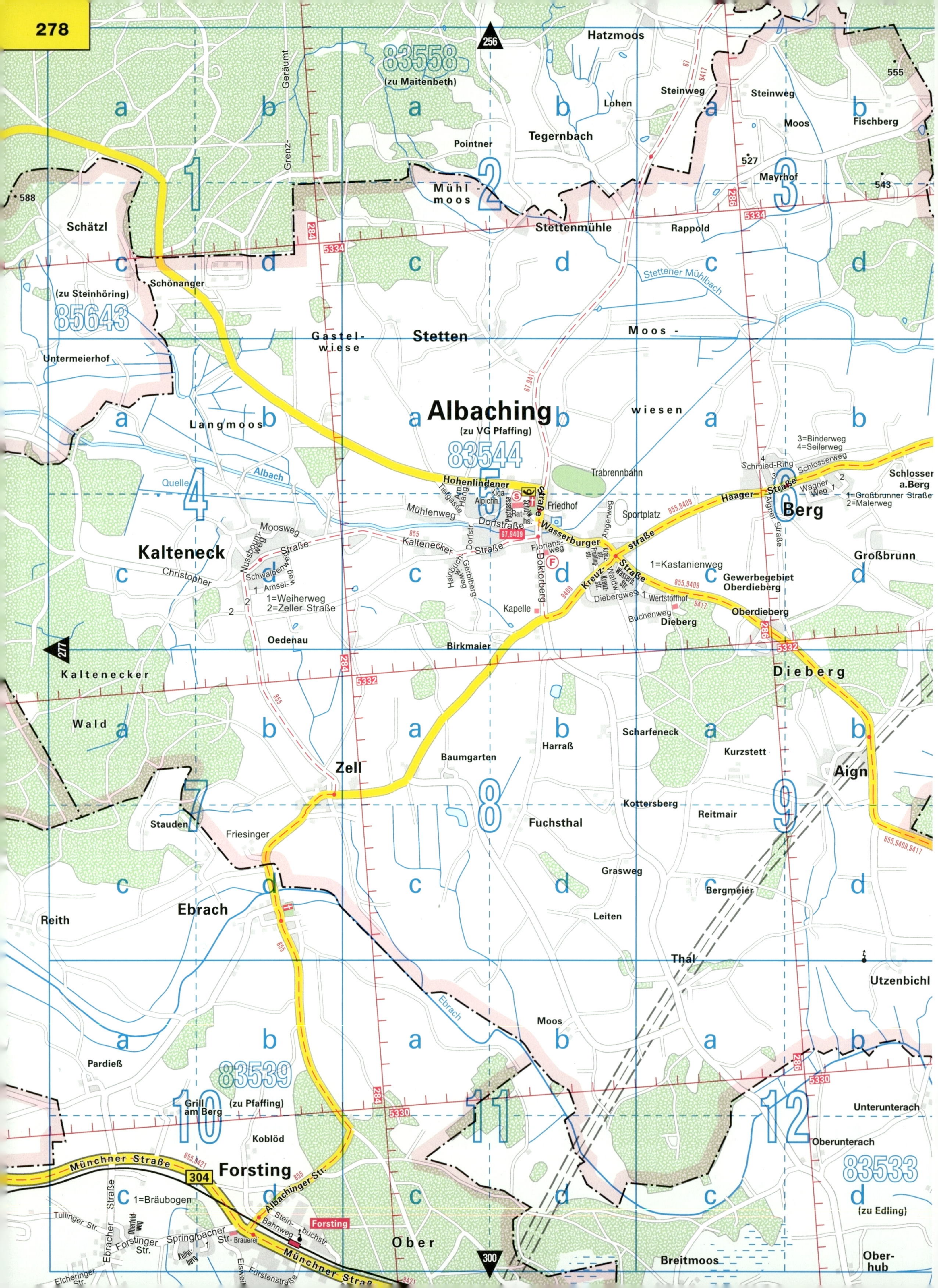
256
Hatzmoos
83558
(zu Maitenbeth)
Geräumt
Grenz-
Steinweg
Lohen
Steinweg
555
Moos
Fischberg
Tegernbach
Pointner
527
Mayrhof
543
588
Mühl moos
Stettenmühle
Rappold
Schätzl
5334
284
286
Stettener Mühlbach
Schönanger
(zu Steinhöring)
85643
Gastel- wiese
Stetten
Moos -
Untermeierhof
Albaching
(zu VG Pfaffing)
83544
wiesen
Langmoos
3=Binderweg
4=Seilerweg
Schmied-Ring
Schlosserweg
Schlosser a.Berg
Albach
Quelle
Hohenlindener
Trabrennbahn
Am Hang
Tiefgasse
Kiga
Alpichh.
Friedhof
Mühlenweg
Dorfstraße
Sportplatz
Haager
Straße
Wagner Weg
1=Großbrunner Straße
2=Malerweg
Berg
Moosweg
Wasserburger
Angerweg
straße
Kalteneck
Nussbaum- weg
Straße
Kaltenecker
Dorfstr.
Straße
Floriansweg
Großbrunn
Christopher
Schwalbenweg
Amsel-
1=Weiherweg
2=Zeller Straße
Harrbuch weg
Gerbiberg-
Doktorberg
Kreuz-
Straße
1=Kastanienweg
Gewerbegebiet Oberdieberg
Wasserb. Str.
Diebergweg
Wertstoffhof
Kapelle
Buchenweg
Dieberg
Oberdieberg
Oedenau
Birkmaier
277
Kaltenecker
Wald
5332
Dieberg
855
Scharfeneck
Harraß
Kurzstett
Baumgarten
Zell
Aign
Stauden
Friesinger
Kottersberg
Reitmair
Fuchsthal
855,9409,9417
Grasweg
Bergmeier
Reith
Ebrach
Leiten
Thal
Utzenbichl
Ebrach
Moos
Pardieß
83539
Grill am Berg
(zu Pfaffing)
5330
Unterunterach
Koblöd
Oberunterach
83533
Münchner Straße
304
Forsting
Albachinger Str.
(zu Edling)
1=Bräubogen
Ebracher Straße
Tullinger Str.
Oberfeld- weg
Forstinger Str.
Springlbacher Str.
Brauerei
Stein- buchstr.
Bahnweg
Forsting
Kellerberg
Ober
300
Breitmoos
Ober- hub
Elcheringer Str.
Fürstenstraße
Eiswei
Münchner Straße

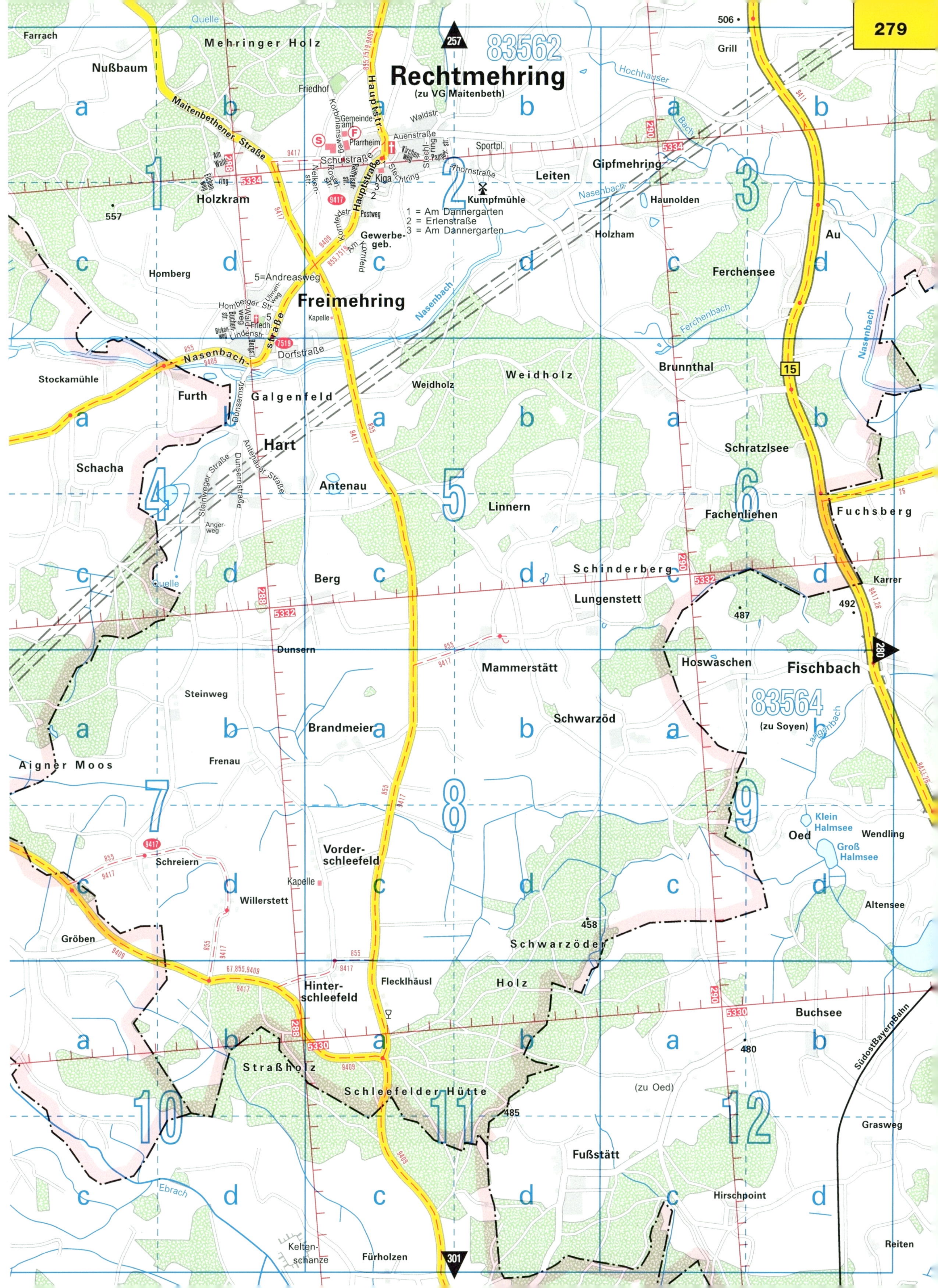

Rechtmehring
(zu VG Maitenbeth)
83562
83564
(zu Soyen)
Farrach
Mehringer Holz
Nußbaum
Friedhof
Maitenbethener Straße
Holzkram
557
Homberg
Freimehring
Kapelle
5=Andreasweg
Gewerbe-geb.
1 = Am Dannergarten
2 = Erlenstraße
3 = Am Dannergarten
Kumpfmühle
Leiten
Gipfmehring
Haunolden
Holzham
Hochhauser Bach
Nasenbach
Grill
506
Au
Ferchensee
Ferchenbach
Brunnthal
Stockamühle
Furth
Galgenfeld
Weidholz
Hart
Schacha
Antenau
Linnern
Schratzlsee
Fachenliehen
Fuchsberg
Karrer
492
487
Berg
Schinderberg
Lungenstett
Dunsern
Mammerstätt
Hoswaschen
Fischbach
Steinweg
Brandmeier
Schwarzöd
Frenau
Aigner Moos
Langenbach
Oed
Klein Halmsee
Groß Halmsee
Wendling
Schreiern
Willerstett
Vorder-schleefeld
Kapelle
Gröben
458
Schwarzöder
Altensee
Hinter-schleefeld
Flecklhäusl
Holz
Buchsee
480
Straßholz
Schleefelder Hütte
485
(zu Oed)
Südostbayernbahn
Grasweg
Fußstätt
Hirschpoint
Ebrach
Kelten-schanze
Fürholzen
Reiten

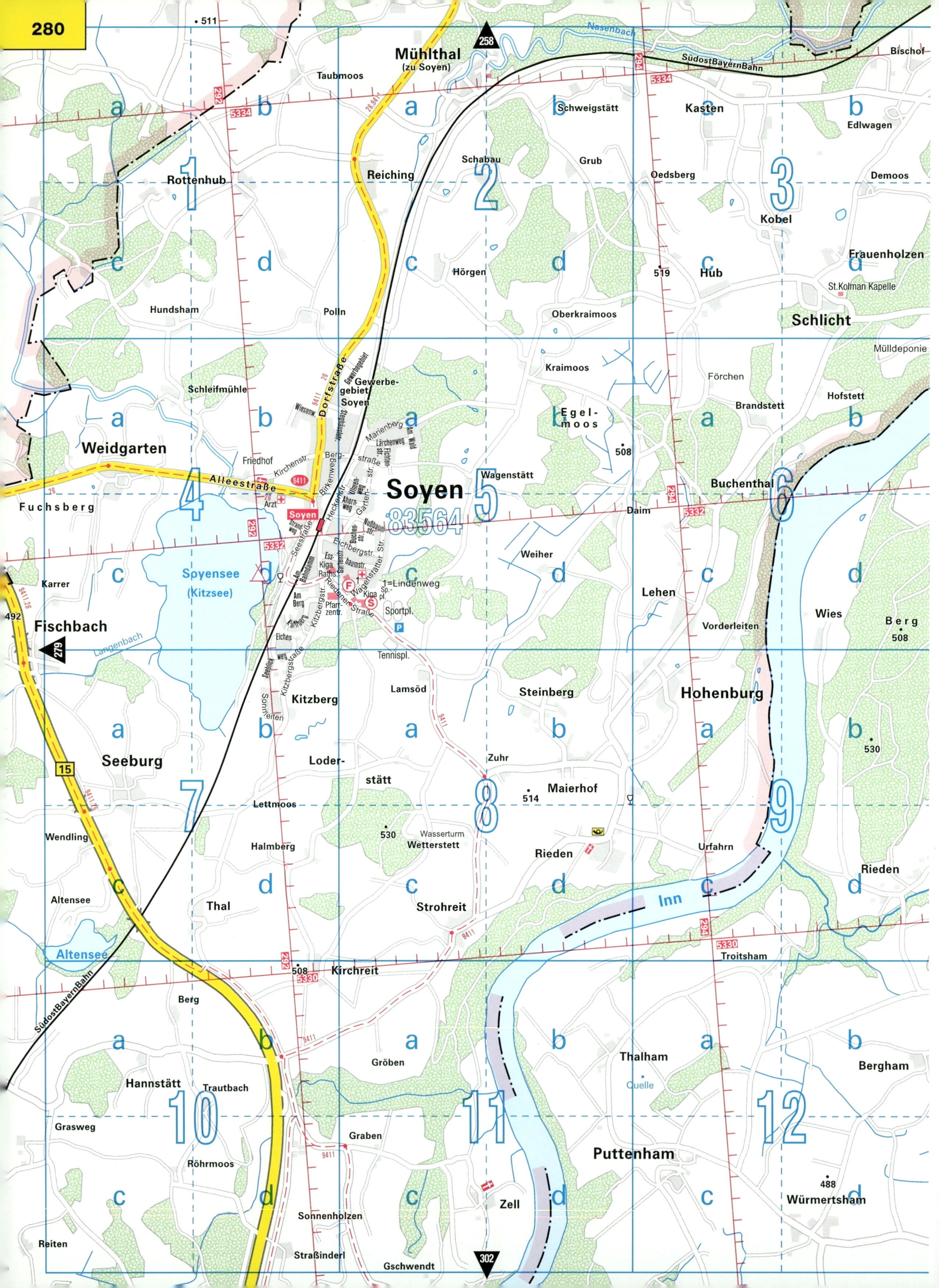
Mühlthal
(zu Soyen)
Taubmoos
Nasenbach
SüdostBayernBahn
Bischof
Schweigstätt
Kasten
Edlwagen
Rottenhub
Reiching
Schabau
Grub
Oedsberg
Demoos
Kobel
Hörgen
519
Hub
Frauenholzen
St.Kolman Kapelle
Hundsham
Polln
Oberkraimoos
Schlicht
Mülldeponie
Kraimoos
Förchen
Schleifmühle
Gewerbegebiet Soyen
Dorfstraße
Brandstett
Hofstett
Egelmoos
508
Weidgarten
Friedhof
Kirchenstr.
Alleestraße
Soyen
83564
Wagenstätt
Buchenthal
Daim
Fuchsberg
Arzt
Seestraße
Weiher
Soyensee
(Kitzsee)
1=Lindenweg
Karrer
Lehen
Wies
Berg
508
492
Fischbach
Langenbach
Sportpl.
Tennispl.
Vorderleiten
Kitzberg
Lamsöd
Steinberg
Hohenburg
Seeburg
Loderstätt
Zuhr
530
Maierhof
514
Lettmoos
Wendling
Halmberg
530
Wasserturm
Wetterstett
Rieden
Urfahrn
Rieden
Altensee
Thal
Strohreit
Inn
Altensee
Kirchreit
508
Troitsham
Berg
Gröben
Thalham
Quelle
Bergham
Hannstätt
Trautbach
Grasweg
Graben
Puttenham
Röhrmoos
Zell
488
Würmertsham
Sonnenholzen
Reiten
Straßinderl
Gschwendt
258
279
302
1
2
3
4
5
6
7
8
9
10
11
12
15
292
294
5334
5332
5330
9411

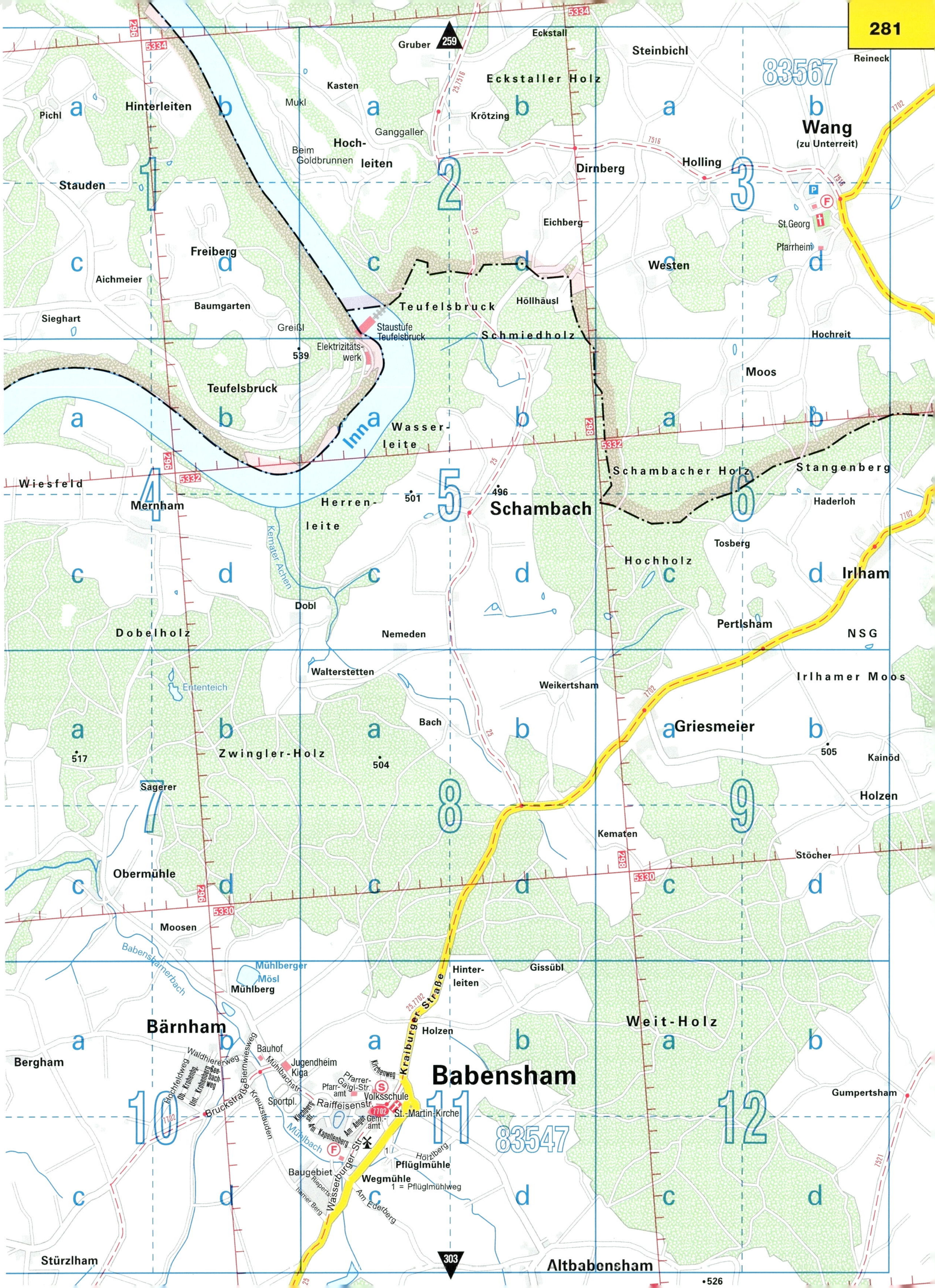

Gruber
259
Eckstall
Steinbichl
Reineck
83567
Kasten
Eckstaller Holz
Pichl
Hinterleiten
Mukl
Krötzing
Wang
(zu Unterreit)
Ganggaller
Hoch-
leiten
Beim
Goldbrunnen
Dirnberg
Holling
Stauden
Eichberg
St.Georg
Pfarrheim
Freiberg
Aichmeier
Westen
Teufelsbruck
Höllhäusl
Baumgarten
Sieghart
Greißl
Staustufe
Teufelsbruck
Schmiedholz
Hochreit
Elektrizitäts-
werk
539
Moos
Teufelsbruck
Inn
Wasser-
leite
Wiesfeld
Schambacher Holz
Stangenberg
Mernham
501
496
Schambach
Haderloh
Herren-
leite
Tosberg
Kematen Achen
Hochholz
Irlham
Dobl
Dobelholz
Nemeden
Pertlsham
NSG
Walterstetten
Irlhamer Moos
Ententeich
Weikertsham
Bach
Griesmeier
517
Zwingler-Holz
504
505
Kainöd
Sagerer
Holzen
Kematen
Stöcher
Obermühle
Moosen
Babenshamerbach
Mühlberger
Mösl
Mühlberg
Hinter-
leiten
Gissübl
Kraiburger Straße
Bärnham
Holzen
Weit-Holz
Bergham
Bauhof
Jugendheim
Kiga
Waldhiererweg
Biermiesweg
Mühlbachstr.
Kirchenweg
Babensham
Pfarrer-
Gaigl-Str.
Pfarr-
amt
Volksschule
Gumpertsham
Hochfeldweg
Brucksstraße
Kreuzstauden
Sportpl.
Raiffeisenstr.
St.-Martin-Kirche
Gem.-
amt
Am Anger
Am Kapellenberg
Mühlbach
Wasserburger Str.
Hölzlberg
Pflüglmühle
83547
Baugebiet
Wegmühle
1 = Pflüglmühlweg
Am Ederberg
Stürzlham
303
Altbabensham
526

Türkenfeld
82299
Zankenhausen
Gollenberg
613
Buchet
86949
(zu Eresing)
Buchwinkel
Burgholz
Laich
Singwiesen
Brunnwiesen
Eichetwiesen
Beuern
Eichet
Algertshausen
Pumpwerk
Painhofen
Siedlerhof 1
Edling
Sägewerk
Langenmoosbach
Anschlussstelle Greifenberg
Gewerbering
Gewerbegeb.
Mitterfeld
1 = Hochvogelstraße
2 = Zugspitzstraße
3 = Herzogstandstraße
4 = Krottenkopfstraße
5 = Aurikelweg
6 = Rumpelschusterweg
7 = Schreinergarten
3 = Oberdrauburger Straße
4 = Weißenhornstraße
5 = Am Weihergraben
Gießübl
86926
Greifenberg
(zu VG Schondorf am Ammersee)
Neugreifenberg
Binsenmoos
Untere Hanget
Obere Hanget
Duswinkel
Weingarten
Ammer-
86938
86949
(zu Windach)
Schondorf
am Ammersee
1 = Rathausplatz
2 = Gärtnereiweg
Schiffsanlegestelle
Strandbad
Boots-anlegeplatz
Schondorf (Bay.)
260
304

Naturschutzgebiet
Unteres Moos
Eichbühl
Gut Arzla
Billerberg
566
573
Garnbach
Inninger Bach
Untere Mooswiesen
Wildmoos
Steinbrunnenberg
471
Oberes Moos
Amper
Martinsberg
583
Obere Mooswiesen
Anschlussstelle Inning a. Ammersee
Autobahnmeisterei
Hegelaich
Etterschlager Straße
30
Lange Stegwiesen
82279
Eching am Ammersee
(zu VG Schondorf am Ammersee)
Mauerner Berg
Dachsberg
Kläranl.
Sportplätze
Sporthalle
Tennisplätze
Stegener Str.
Windach
Stegener Berg
Stegen
Staatl. Schiffsstation
Seepromenade
Landsberger Straße
Strandbad
E54
96
Inning a. Ammersee
Rathaus
Münchner Straße
Bruckerstraße
Marktpl.
Herrschinger Straße
Bachener Weg
Walchstadter Straße
1 = Alpenstraße
2 = Zugspitzstraße
3 = Kramerweg
4 = Heimgartenweg
5 = Wankweg
6 = Atelierstraße
7 = An der Leite
8 = Am Kastenacker
1 = Venusweg
82266
Osterholz
Wasserwacht Freibadestrand
Bräuhausweg
Schornstr.
Sport- u. Mehrzweckh.
Sportgelände
Tennisplätze
Obere Mühle
Schmautzbühel
Seefelder Straße
Inninger Straße
Weißer Berg
Panoramastr.
Inninger Bach
82237
(zu Wörthsee)
Bachern am Wörthsee
Fischerstraße
Forellenstr.
Zanderstr.
Segelclub
Schorn
Kühberg
588
Wallerstraße
Mausinsel
Inselkapelle St. Simpert
Untere Fischleite
Friedhof
Kapelle
Kindergarten
Landungsstelle
Ochsenweide
Buch a. Ammersee
Erholungsgebiet Oberndorf
Wörthsee
Obere Fischleite
Wasserwacht
Wasserwacht Buch
Kühfleck
Wörthseestraße
Ammersee
261
284
305

Seefelder
Hofenau
Wald
Geier-
holz
Kirchberg
Holzmüller
Kreuzberg
Müllerbauer
Kreuth
Etterschlag
(zu Grafrath)
(zu Inning)
Anschlussstelle Wörthsee
Gut Schluifeld
Golfplatz
Schluifelder
Waldbrunn
Moos
Schluisee
Wörthsee
Bulach
Simonsmoos
Walchstadt
Pfeiferwinkel
Neuschlag
Dellinger Buchet
Steinebach am Wörthsee
Wörthsee
Mausinsel
Auing
Kibitzmoos
Höhenberg
Hungerland
Meiling (zu Seefeld)
St. Margareth-Kirche
Zollschuster
Kühlaich
(zu Inning a. Wörthsee)
1 = Schwalbenweg
2 = Am Hochanger
3 = Karpfhofweg
4 = Am Anger
1 = Seewiese
2 = Am Bacherl
Strandbad Bootsverleih
Strandbad Bootsverleih Segelschule
Freibad "Roßschwemme"
82266
82284
82237
82229

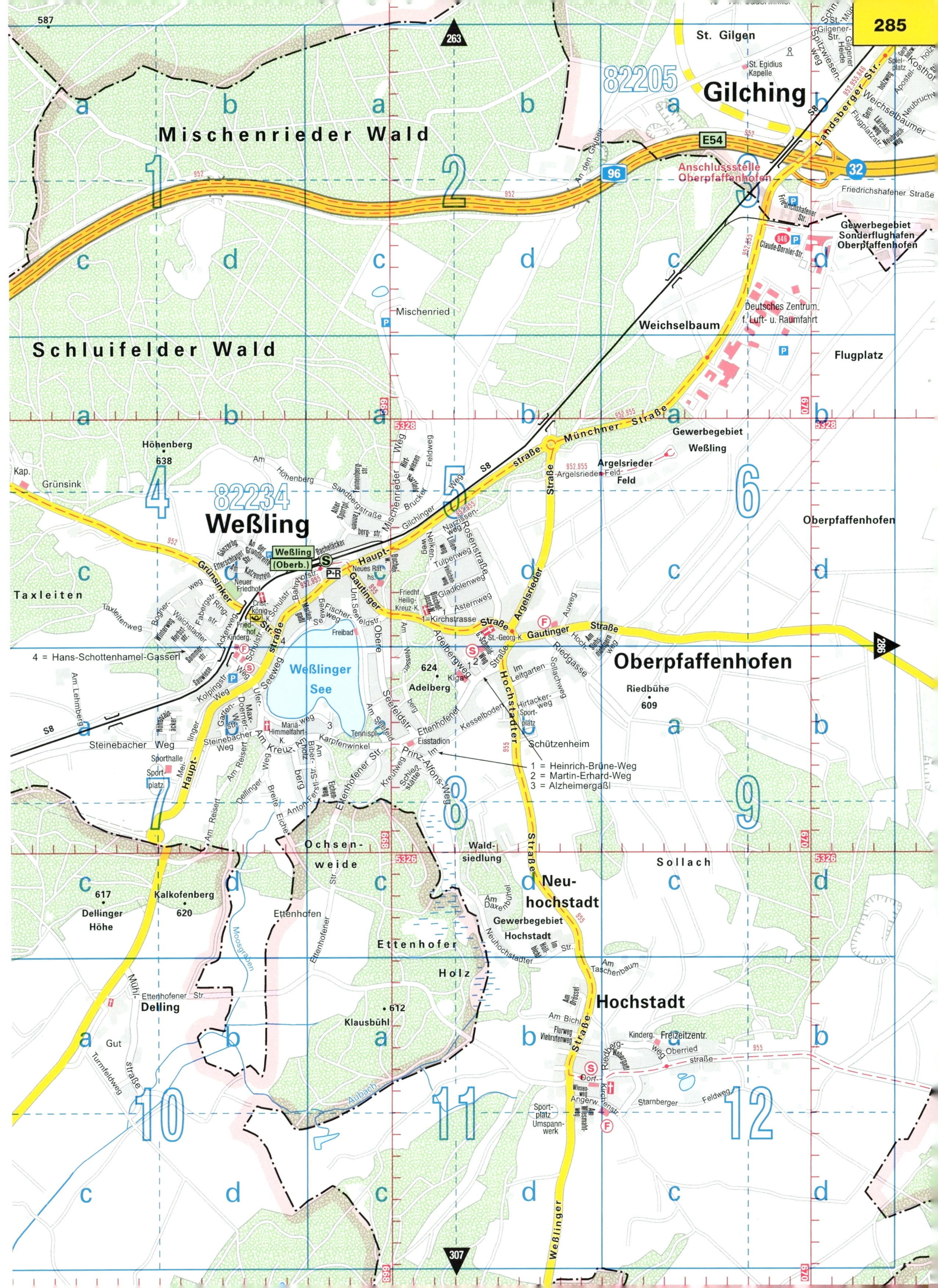
Mischenrieder Wald
Schluifelder Wald
Gilching
St. Gilgen
St. Egidius Kapelle
82205
Anschlussstelle Oberpfaffenhofen
Gewerbegebiet Sonderflughafen Oberpfaffenhofen
Deutsches Zentrum f. Luft- u. Raumfahrt
Flugplatz
Weichselbaum
Mischenried
Höhenberg 638
Grünsink
Kap.
82234
Weßling
Weßling (Oberb.)
Taxleiten
Weßlinger See
Gewerbegebiet Weßling
Argelsrieder Feld
Oberpfaffenhofen
Riedbühe 609
Adelberg
624
Münchner Straße
Gautinger Straße
Hochstadter Straße
Weßlinger Straße
Landsberger Str.
Friedrichshafener Straße
4 = Hans-Schottenhamel-Gasserl
1 = Heinrich-Brüne-Weg
2 = Martin-Erhard-Weg
3 = Alzheimergaßl
Schützenheim
Eisstadion
Steinebacher Weg
Sporthalle
Ochsenweide
Wald-siedlung
Neu-hochstadt
Gewerbegebiet Hochstadt
Sollach
Kalkofenberg 620
Dellinger Höhe 617
Ettenhofen
Ettenhofer Holz
Moosgraben
Delling
Gut
Turmfeldweg
Klausbühl
612
Aubach
Hochstadt
Freizeitzentr.
Oberried
Starnberger Feldweg
Sportplatz
Umspannwerk
E54
96
32
263
286
307

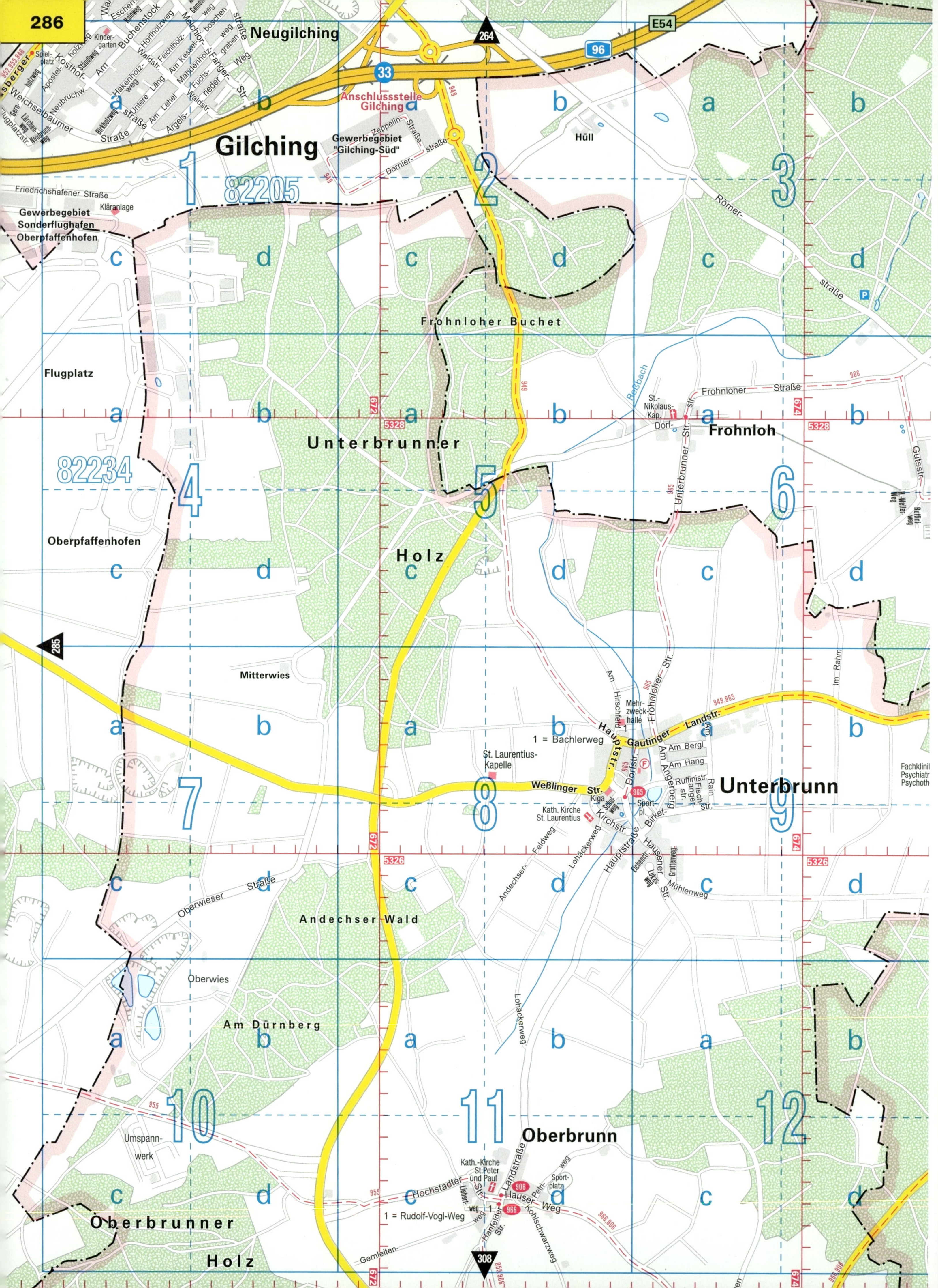

Neugilching
Gilching
Gewerbegebiet "Gilching-Süd"
Anschlussstelle Gilching
Hüll
82205
Friedrichshafener Straße
Kläranlage
Gewerbegebiet Sonderflughafen Oberpfaffenhofen
Frohnloher Buchet
Flugplatz
Unterbrunner
Frohnloh
Frohnloher Straße
St.-Nikolaus-Kap.
82234
Oberpfaffenhofen
Holz
Mitterwies
Unterbrunn
1 = Bachlerweg
St. Laurentius-Kapelle
Weßlinger Str.
Kath. Kirche St. Laurentius
Gautinger Landstr.
Am Bergl
Am Hang
Am Angerberg
Mehrzweckhalle
Oberwieser Straße
Andechser Wald
Oberwies
Am Dürnberg
Oberbrunn
Umspannwerk
Kath.-Kirche St. Peter und Paul
Hochstadter Str.
Hauser Weg
Landstraße
Kohlschwarzweg
1 = Rudolf-Vogl-Weg
Oberbrunner
Holz
Fachklinik Psychiatr Psychoth
Römerstraße
Unterbrunner Str.
Lohäckerweg
Mühlenweg
Hauptstraße
E54
96
33
264
285
308

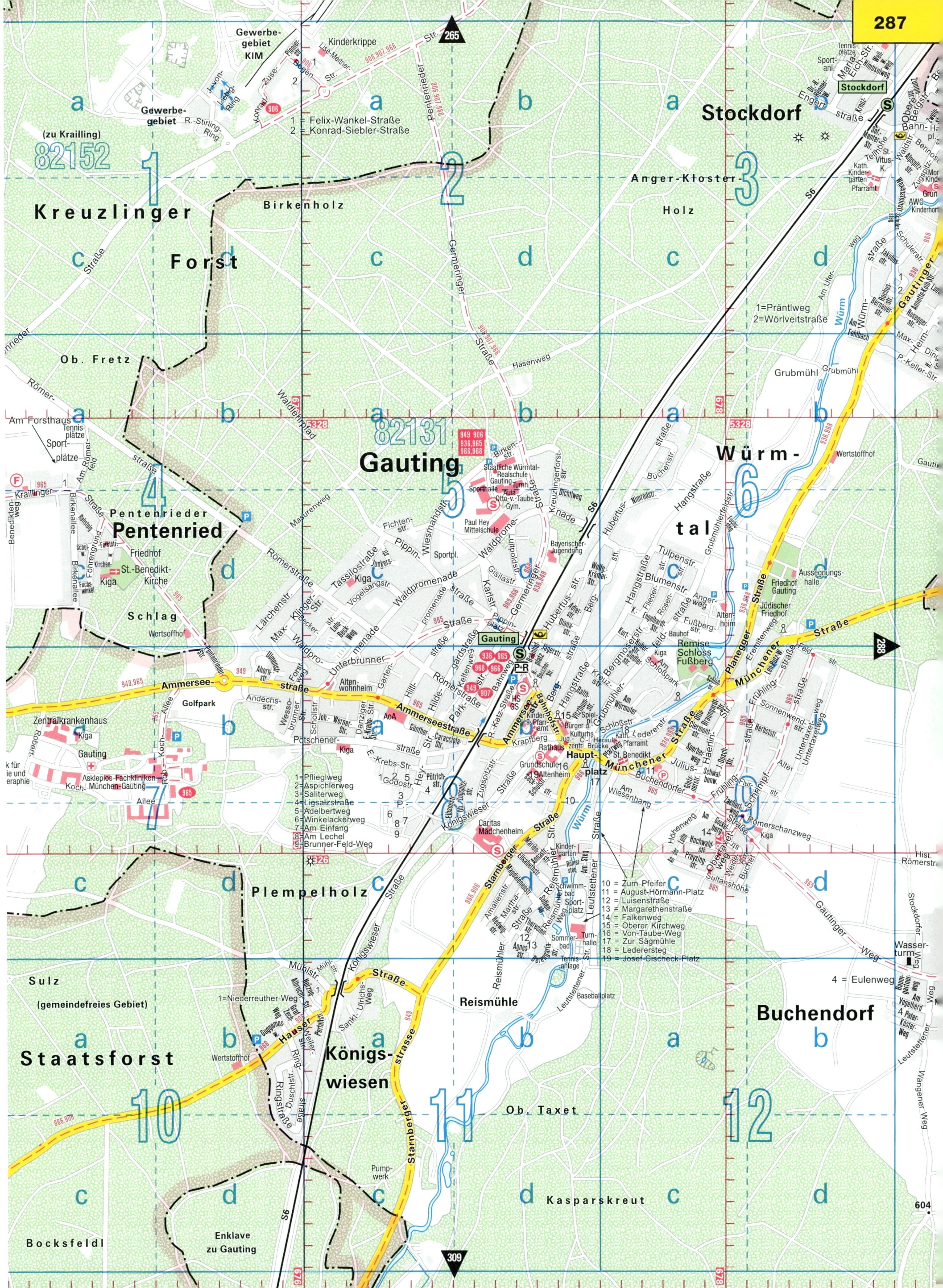
Gauting
Stockdorf
Kreuzlinger Forst
Pentenried
Würmtal
Buchendorf
Staatsforst
Königswiesen
Reismühle
Plempelholz
Birkenholz
Anger-Kloster-Holz
Kasparskreut
Bocksfeldl
Enklave zu Gauting
Sulz (gemeindefreies Gebiet)
82152
82131
(zu Krailling)
1 = Felix-Wankel-Straße
2 = Konrad-Siebler-Straße
1=Präntlweg
2=Wörlveitstraße
1 = Pfliegweg
2 = Aspichlerweg
3 = Saliterweg
4 = Ligsalzstraße
5 = Adelbertweg
6 = Winkelackerweg
7 = Am Einfang
8 = Am Lechel
9 = Brunner-Feld-Weg
10 = Zum Pfeifer
11 = August-Hörmann-Platz
12 = Luisenstraße
13 = Margarethenstraße
14 = Falkenweg
15 = Oberer Kirchweg
16 = Von-Taube-Weg
17 = Zur Sägmühle
18 = Ledererstег
19 = Josef-Cischeck-Platz
1=Niederreuther-Weg
4 = Eulenweg
265
288
309
604

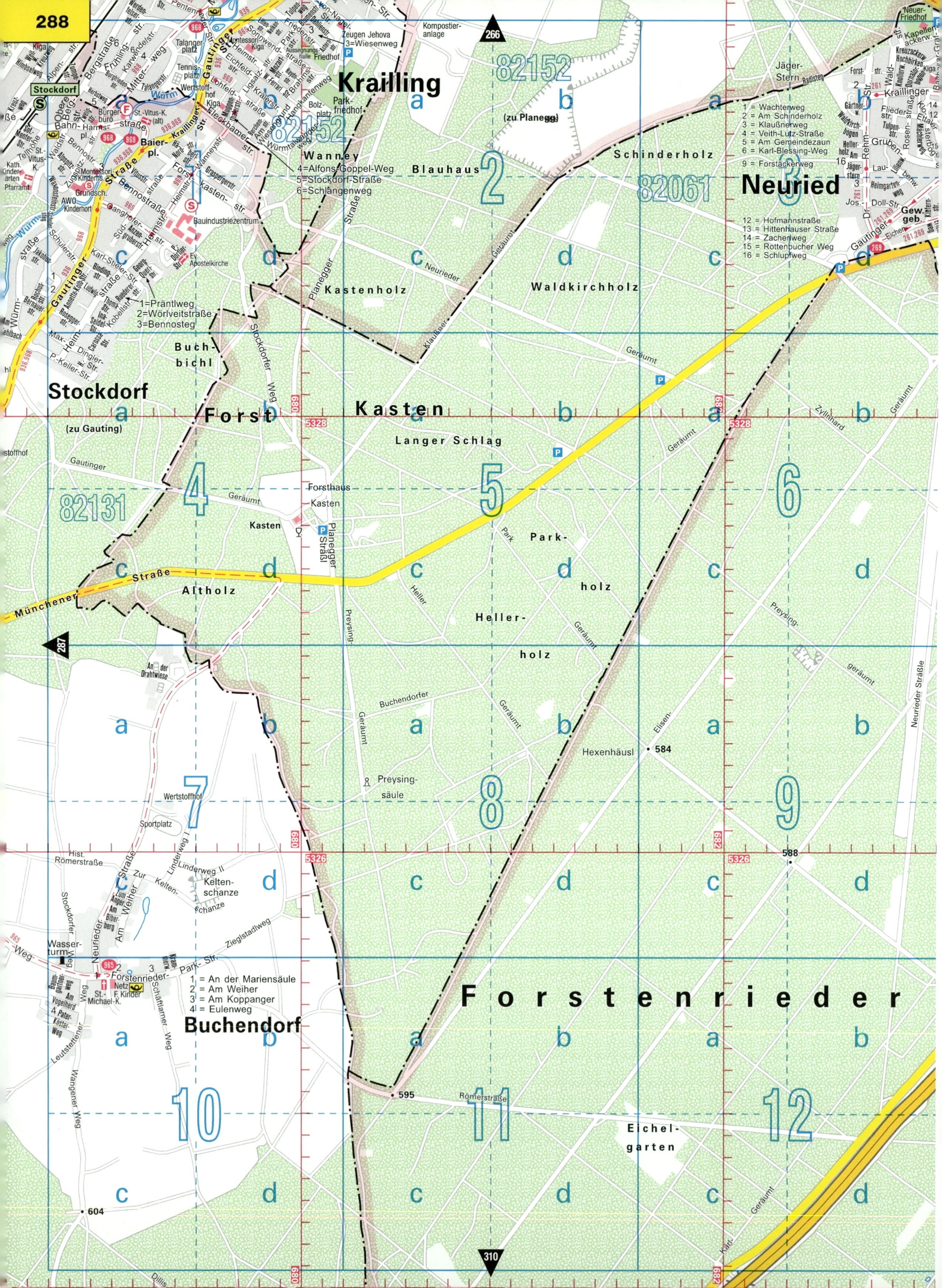
Krailling
Neuried
Stockdorf
(zu Gauting)
Forst
Kasten
Buchendorf
Forstenrieder
Wanney
Blauhaus
Schinderholz
Kastenholz
Waldkirchholz
Buchbichl
Langer Schlag
Forsthaus Kasten
Altholz
Parkholz
Hellerholz
Hexenhäusl
Preysingsäule
Eichelgarten
Kelten-schanze
82152
82061
82131
1 = Wachterweg
2 = Am Schinderholz
3 = Klaußnerweg
4 = Veith-Lutz-Straße
5 = Am Gemeindezaun
6 = Karl-Blessing-Weg
9 = Forstäckerweg
12 = Hofmannstraße
13 = Hittenhauser Straße
14 = Zacherlweg
15 = Rottenbucher Weg
16 = Schlupfweg
4=Alfons-Goppel-Weg
5=Stockdorf-Straße
6=Schlangenweg
1=Präntlweg
2=Wörlveitstraße
3=Bennosteg
3=Wiesenweg
1 = An der Mariensäule
2 = Am Weiher
3 = Am Koppanger
4 = Eulenweg
Münchener Straße
Gautinger Straße
Stockdorfer Weg
Planegger Straße
Preysing-
Römerstraße
Neurieder Straße
584
588
595
604
266
287
310

Forst-Kasten-Allee
Schloss Fürstenried
Fürstenried-Ost
Basler Str.
81476
81475
81477
Fürstenried West
Maxhof
Forstenried
Parkstadt Solln
Neu-forstenried
Unterdill
Whs. Hubertus
Sauschütt
(gemeindefreies Gebiet)
Solln
(zu München)
81479
Warnberg
Kloster St. Gabriel
Sachsen-Stern
E533
95
Park
Otter-tal
Hirschwiese
Diensthütte
Wild-fütterung
82049
Pullach
im Isartal
Garten-stadt
Höll-riegelskreuth
Höllriegelskreuth
Gewerbe-gebiet
Wolfratshauser Straße
Drygalski-Allee
Lochhamer Straße
Herterich-str.
Neurieder Straße
Olympia-straße
Tagesheimschulen Pullach der Erzdiözese München und Freising
Fried hof
1=Werdenfelser Straße
2=Alpspitzring
3=Schönangerweg
7 = Hauserweg
8 = Kirchweg
10 = Simon-Heiß-Weg
11 = Andreas-Sammer-Str.
1 = Oberascherstraße
2 = Glockengießerweg
3 = Frühholzstraße
2=Pater-A.-Rösch-Straße
3=Pater-L.-König-Weg
4=Wolfgang-Meier-Weg
267
290
311

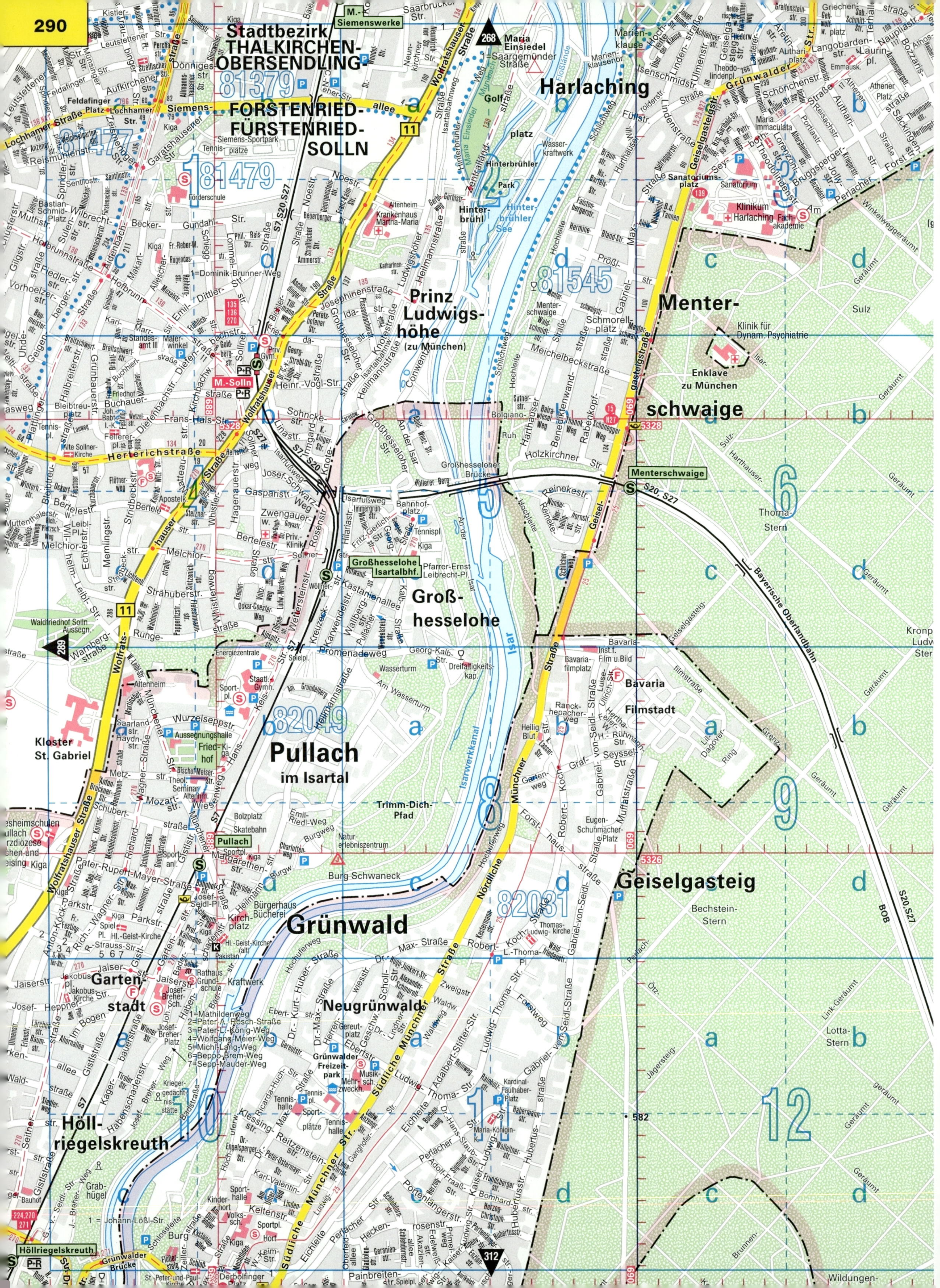
Stadtbezirk
THALKIRCHEN-
OBERSENDLING-
FORSTENRIED-
FÜRSTENRIED-
SOLLN
81379
81477
81479
Harlaching
81545
Prinz
Ludwigs-
höhe
(zu München)
Menter-
schwaige
Enklave
zu München
Menterschwaige
Groß-
hesselohe
Großhesselohe
Isartalbhf.
M.-Solln
Kloster
St. Gabriel
Pullach
im Isartal
82049
Bavaria
Filmstadt
Geiselgasteig
Grünwald
82031
Neugrünwald
Garten-
stadt
Höll-
riegelskreuth
Höllriegelskreuth
Isar
Isarwerkkanal
Bayerische Oberlandbahn
Wolfratshauser Straße
Herterichstraße
Grünwalder Str.
Geiselgasteigstr.
Südliche Münchner Str.
Nördliche Münchner Straße
Burg Schwaneck
Bavariafilmplatz
Thomas-Stern
Bechstein-Stern
Lotta-Stern
Maria Einsiedel
Hinterbrühler See
Klinikum Harlaching
Sanatoriumsplatz
268
289
312
582

Neuharlaching
Fasangarten
(zu München)
Perlacher
Forst
Fasanenpark
Unterhaching
Taufkirchen
Am Wald
Westerham
Winning
Kapellenfeld
Am Campeon
Anschlussstelle Neubiberg
Anschlussstelle Unterhaching-Nord
Anschlussstelle M.-Giesing
Anschlussstelle Taufkirchen-West
(gemeindefreies Gebiet)
Giesinger Waldhaus
Perlacher Mugl (zu Unterhaching)
81737
85579
(zu Neubiberg)
82008
82024
82041
(zu Oberhaching)
81547
81549
1 = Freyunger Straße
2 = Wegscheider Straße
3 = Schönseer Straße
1 = Georg-Fertl-Weg
2 = Krokusweg
3 = Anton-Schopenhauer-Weg
4 = Rathausplatz
5 = Stiftsweg
6 = Bahnhofsweg
7 = Reichweinstraße
1 = Lindenschusterweg
2 = Pater-Rupert-Mayer-Weg
3 = Zaunmüllerweg
4 = Fichtenweg
1=Parkackerstraße
2=Sonnenlangweg
3=Karl-Herrmann-Weg
1=Zywiecstr.
2=Stumpfwiesenweg
3=Pfarrer-Erhard-Weg
4=Löwenzahnweg
7 = Jahnstraße
8 = Franz-Beiser-Weg
1 = Seelandweg
2 = Hallstattfeld
3 = Marktplatz
Waldstraße
Tegernseer Landstraße
Münchner Straße
Biberger Straße
Unterhachinger Straße
Hauptstraße
Ottobrunner Straße
Fasanenpark
Unterhaching
Taufkirchen
Gewerbegebiet
Neubaugeb.

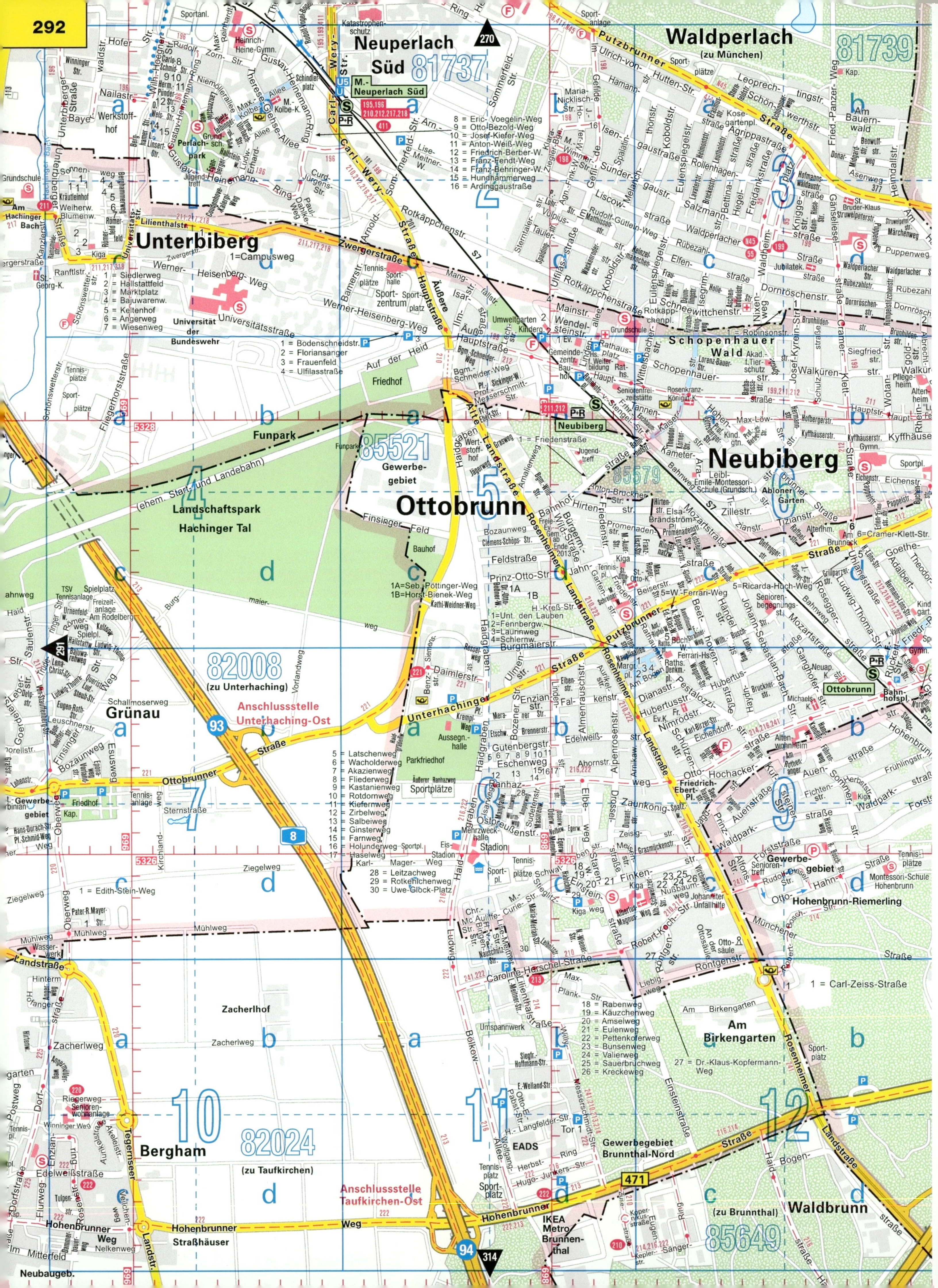
Neuperlach Süd 81737
Waldperlach (zu München)
81739
Unterbiberg
Neubiberg
Ottobrunn
85521
85579
Landschaftspark Hachinger Tal
Funpark
Universität der Bundeswehr
Grünau
82008 (zu Unterhaching)
Anschlussstelle Unterhaching-Ost
Bergham
82024 (zu Taufkirchen)
Anschlussstelle Taufkirchen-Ost
Zacherlhof
Straßhäuser
Gewerbegebiet Brunnthal-Nord
Waldbrunn
(zu Brunnthal)
85649
Am Birkengarten
Hohenbrunn-Riemerling
Schopenhauer Wald
M.-Neuperlach Süd
Neubiberg
Ottobrunn
Putzbrunner Straße
Rosenheimer Landstraße
Unterhachinger Straße
Ottobrunner Straße
Hohenbrunner Weg
Zwergerstraße
Carl-Wery-Straße
Rotkäppchenstraße
Universitätsstraße
Werner-Heisenberg-Weg
Parkfriedhof
Sportplätze
EADS
IKEA Metro Brunnenthal
Neubaugeb.
1 = Siedlerweg
2 = Hallstattfeld
3 = Marktplatz
4 = Bajuwarenw.
5 = Keltenhof
6 = Angerweg
7 = Wiesenweg
1 = Bodenschneidstr.
2 = Floriansanger
3 = Frauenfeld
4 = Ulfilasstraße
8 = Eric-Voegelin-Weg
9 = Otto-Bezold-Weg
10 = Josef-Kiefer-Weg
11 = Anton-Weiß-Weg
12 = Friedrich-Berber-W.
13 = Franz-Fendt-Weg
14 = Franz-Behringer-W.
15 = Hundhammerweg
16 = Ardinggaustraße
5 = Latschenweg
6 = Wacholderweg
7 = Akazienweg
8 = Fliederweg
9 = Kastanienweg
10 = Rotdornweg
11 = Kiefernweg
12 = Zirbelweg
13 = Salbeiweg
14 = Ginsterweg
15 = Farnweg
16 = Holunderweg
17 = Haselweg
28 = Leitzachweg
29 = Rotkehlchenweg
30 = Uwe-Glock-Platz
18 = Rabenweg
19 = Käuzchenweg
20 = Amselweg
21 = Eulenweg
22 = Pettenkoferweg
23 = Bunsenweg
24 = Valierweg
25 = Sauerbruchweg
26 = Kreckeweg
27 = Dr.-Klaus-Kopfermann-Weg
1 = Carl-Zeiss-Straße
1 = Edith-Stein-Weg
1 = Friedenstraße
1=Campusweg
1A=Seb.-Pöttinger-Weg
1B=Horst-Bienek-Weg
1=Unt. den Lauben
2=Fennbergw.
3=Laurinweg
4=Schlernw.
5=Ricarda-Huch-Weg
6=Cramer-Klett-Str.
270
291
314

Solalinden
Ortsteil Oedenstockach (zu Putzbrunn)
85630 (zu Grasbrunn)
Seemann-siedlung
Gewerbe-gebiet West
Münchner Straße
Grasbrunner Straße
Putzbrunn
Gewerbe-gebiet Ost
85640
Ortsteil Waldkolonie (zu Putzbrunn)
1=Eschenweg
2=Am Einfang
3=Vogelkirschweg
1 = Rauschbergstraße
2 = Am Hochriß
Ottobrunner Str.
Haarer Straße
Hohenbrunner Straße
Glonner Straße
Siedlung am Grasbrunner Weg
Anschlussstelle Hohenbrunn
Autobahnpolizei
Autobahnmeisterei
Wasserwerk
Riemerling
1 = Anton-Günther-Str.
2 = Kaulbachstraße
3 = Hans-Watzlik-Straße
4 = Käthe-Kollwitz-Str.
5=Waldschmidtstraße
Putzbrunner Straße
Hohenbrunn
1 = Mesnerweg
2 = Schmiedweg
3 = Brunnengasse
85662
Taufkirchner Str.
Anschlussstelle Ottobrunn
Industrie- und Gewerbe-gebiet Hohenbrunn
Aussiedlerhof

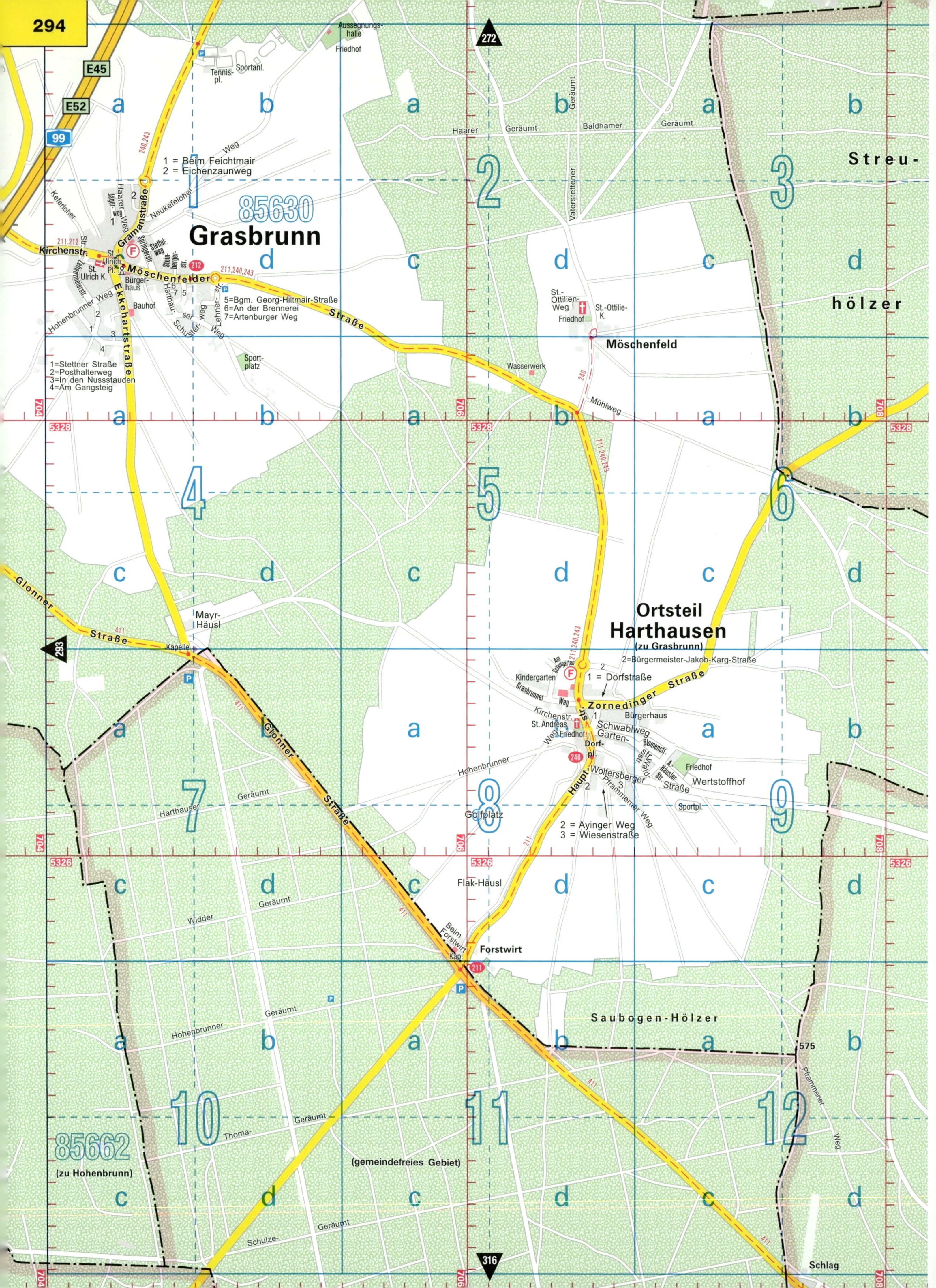

Grasbrunn
85630
1 = Beim Feichtmair
2 = Eichenzaunweg
5=Bgm. Georg-Hiltmair-Straße
6=An der Brennerei
7=Artenburger Weg
1=Stettner Straße
2=Posthalterweg
3=In den Nussstauden
4=Am Gangsteig
Möschenfelder Straße
Kirchenstr.
Gramanstraße
Ekkehartstraße
Hohenbrunner Weg
Bauhof
Sportanl.
Tennis-pl.
Aussegnungs-halle
Friedhof
Sport-platz
Wasserwerk
Möschenfeld
St.-Ottilien-Weg
St.-Ottilie-K.
Friedhof
Mühlweg
Haarer
Geräumt
Baldhamer
Vaterstettener
Streu-
hölzer
Glonner Straße
Mayr-Häusl
Kapelle
Ortsteil Harthausen
(zu Grasbrunn)
2=Bürgermeister-Jakob-Karg-Straße
1 = Dorfstraße
Zornedinger Straße
Kindergarten
Grasbrunner Weg
Kirchenstr.
St. Andreas
Friedhof
Bürgerhaus
Schwablweg
Garten-
Dorf-pl.
Haupt-
Wolfersberger Straße
Prammerner Weg
2 = Ayinger Weg
3 = Wiesenstraße
Hohenbrunner
Golfplatz
Friedhof
Wertstoffhof
Sportpl.
Flak-Häusl
Beim Forstwirt
Forstwirt
Harthauser
Widder
Saubogen-Hölzer
575
Prammerner Weg
Hohenbrunner
Thoma-
Schulze-
85662
(zu Hohenbrunn)
(gemeindefreies Gebiet)
Schlag
E45
E52
99
272
293
316

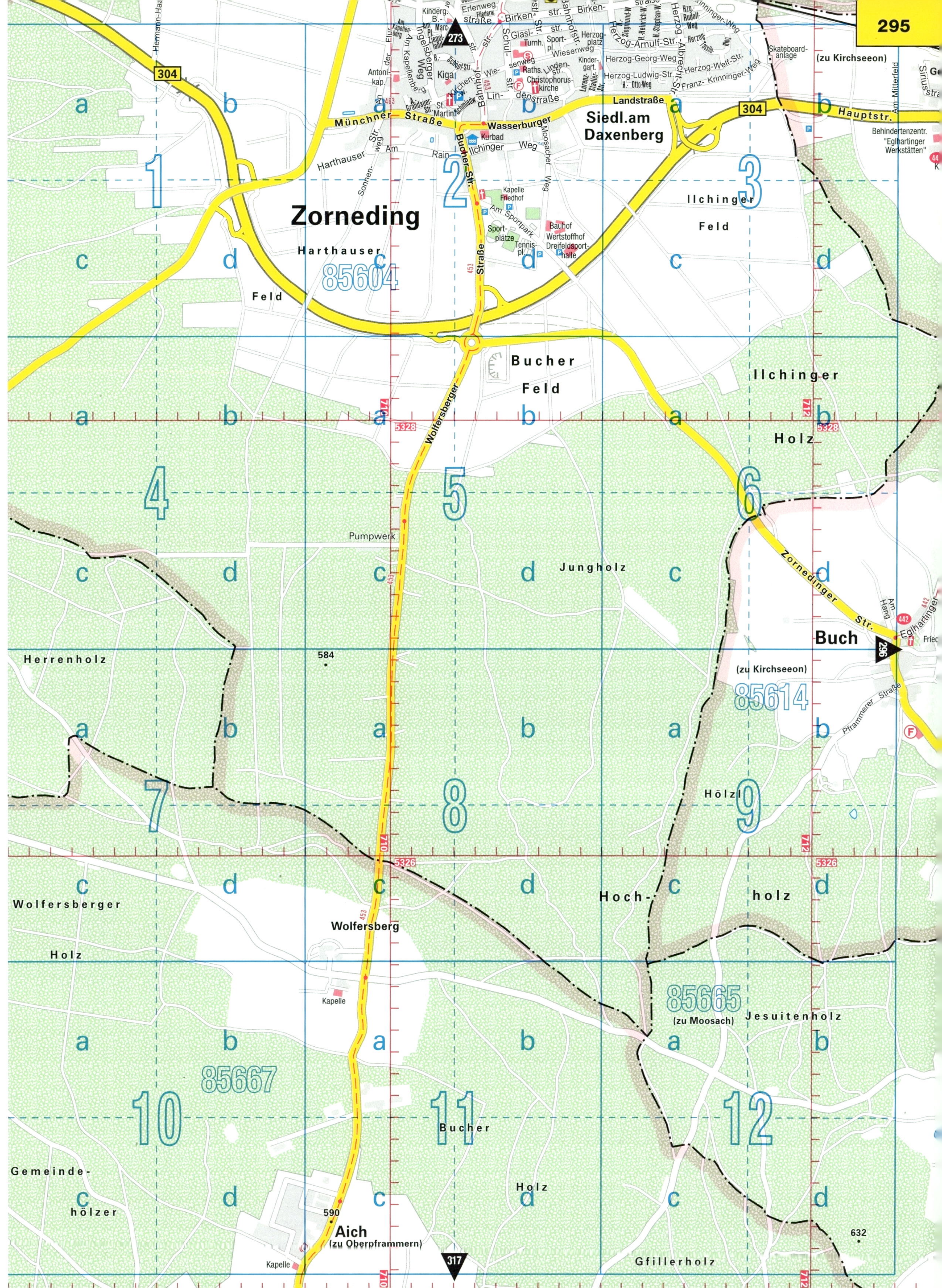
Zorneding
85604
Harthauser
Feld
Siedl.am Daxenberg
Ilchinger Feld
Bucher Feld
Ilchinger Holz
Münchner Straße
Wasserburger
Landstraße
Hauptstr.
Bucher-Str.
Straße
Wolfersberger
Zornedinger Str.
Eglhartinger
Buch
(zu Kirchseeon)
85614
Pumpwerk
Jungholz
Herrenholz
584
Hölzl
Hoch-holz
Wolfersberger Holz
Wolfersberg
Kapelle
85665
(zu Moosach)
Jesuitenholz
85667
Bucher Holz
Gemeinde-hölzer
590
Aich
(zu Oberpframmern)
Gfillerholz
632
Kurbad
Kapelle Friedhof
Sportplätze
Tennispl.
Bauhof Wertstoffhof Dreifeldsporthalle
Am Sportpark
Skateboard-anlage
Behindertenzentr. "Eglhartinger Werkstätten"
Pframmerer Straße
Am Hang
Antoni-kap.
Harthauser Str.
Sonnenweg
Am Rain
Ilchinger Weg
Moosacher Weg
Herzog-Arnulf-Str.
Herzog-Georg-Weg
Herzog-Ludwig-Str.
Herzog-Welf-Str.
Franz-Krinninger-Weg
Christophorus-kirche
Lindenstraße
Wiesenweg
304
273
296
317
453
5328
5326
710
712

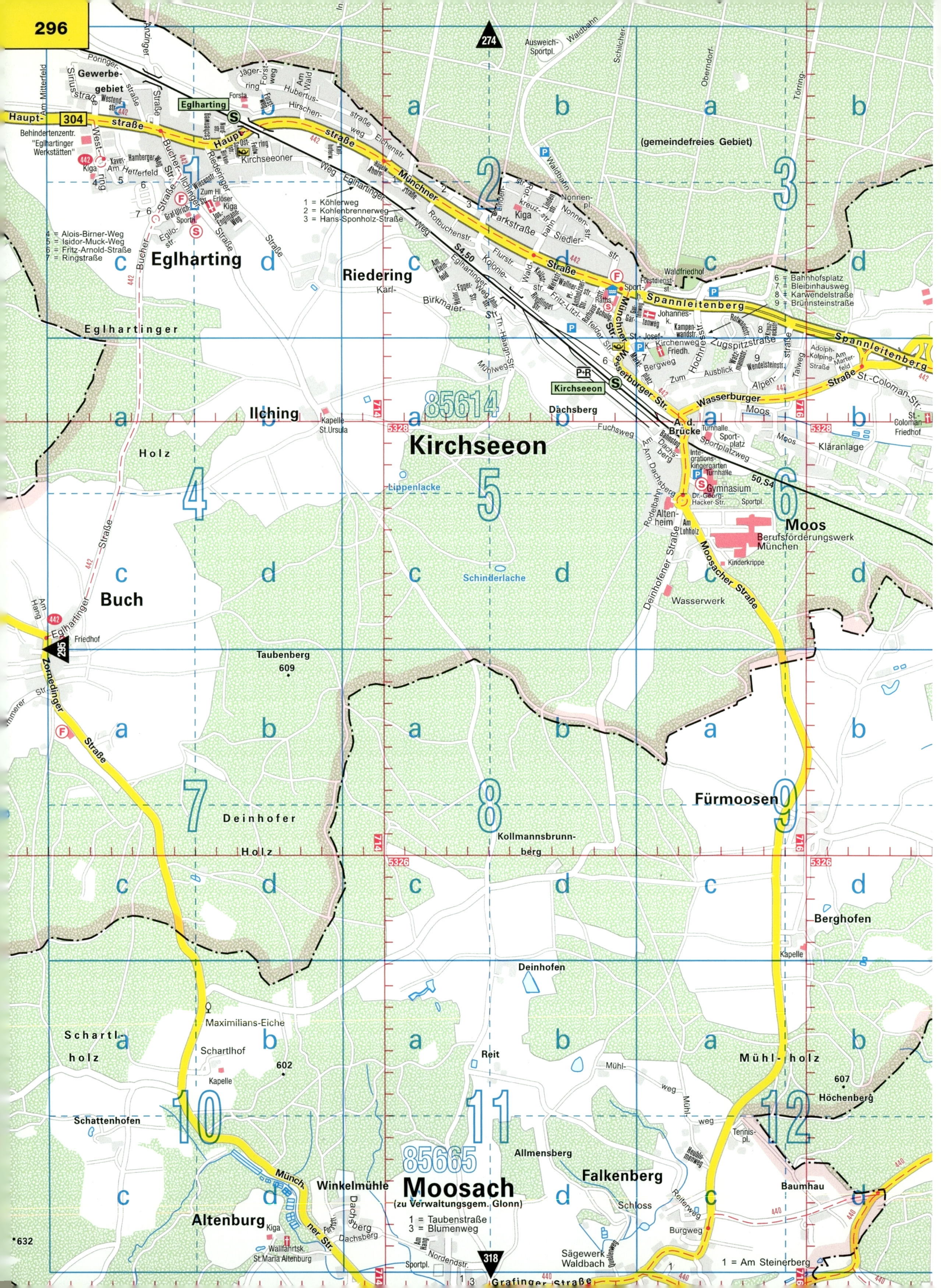
Kirchseeon
85614
Eglharting
Riedering
Ilching
Buch
Moos
Fürmoosen
Berghofen
Deinhofen
Reit
Allmensberg
Falkenberg
85665
Moosach
(zu Verwaltungsgem. Glonn)
Altenburg
Winkelmühle
Schattenhofen
Schartlhof
Maximilians-Eiche
Taubenberg
609
Kollmannsbrunnberg
Höchenberg
607
Baumhau
Schloss
Burgweg
Sägewerk Waldbach
Lippenlacke
Schinderlache
Wasserwerk
Kläranlage
Berufsförderungswerk München
Gymnasium
Dachsberg
Waldfriedhof
(gemeindefreies Gebiet)
Behindertenzentr. "Eglhartinger Werkstätten"
1 = Köhlerweg
2 = Kohlenbrennerweg
3 = Hans-Sponholz-Straße
4 = Alois-Birner-Weg
5 = Isidor-Muck-Weg
6 = Fritz-Arnold-Straße
7 = Ringstraße
6 = Bahnhofsplatz
7 = Bleibinhausweg
8 = Karwendelstraße
9 = Brünnsteinstraße
1 = Taubenstraße
3 = Blumenweg
1 = Am Steinerberg
Hauptstraße
Münchner Straße
Spannleitenberg
Wasserburger Straße
Moosacher Straße
Zornedinger Straße
Grafinger Straße
Eglhartinger
Deinhofer Holz
Schartlholz
Mühlholz
Holz
274
295
318
304
442
440
5328
5326
714
716

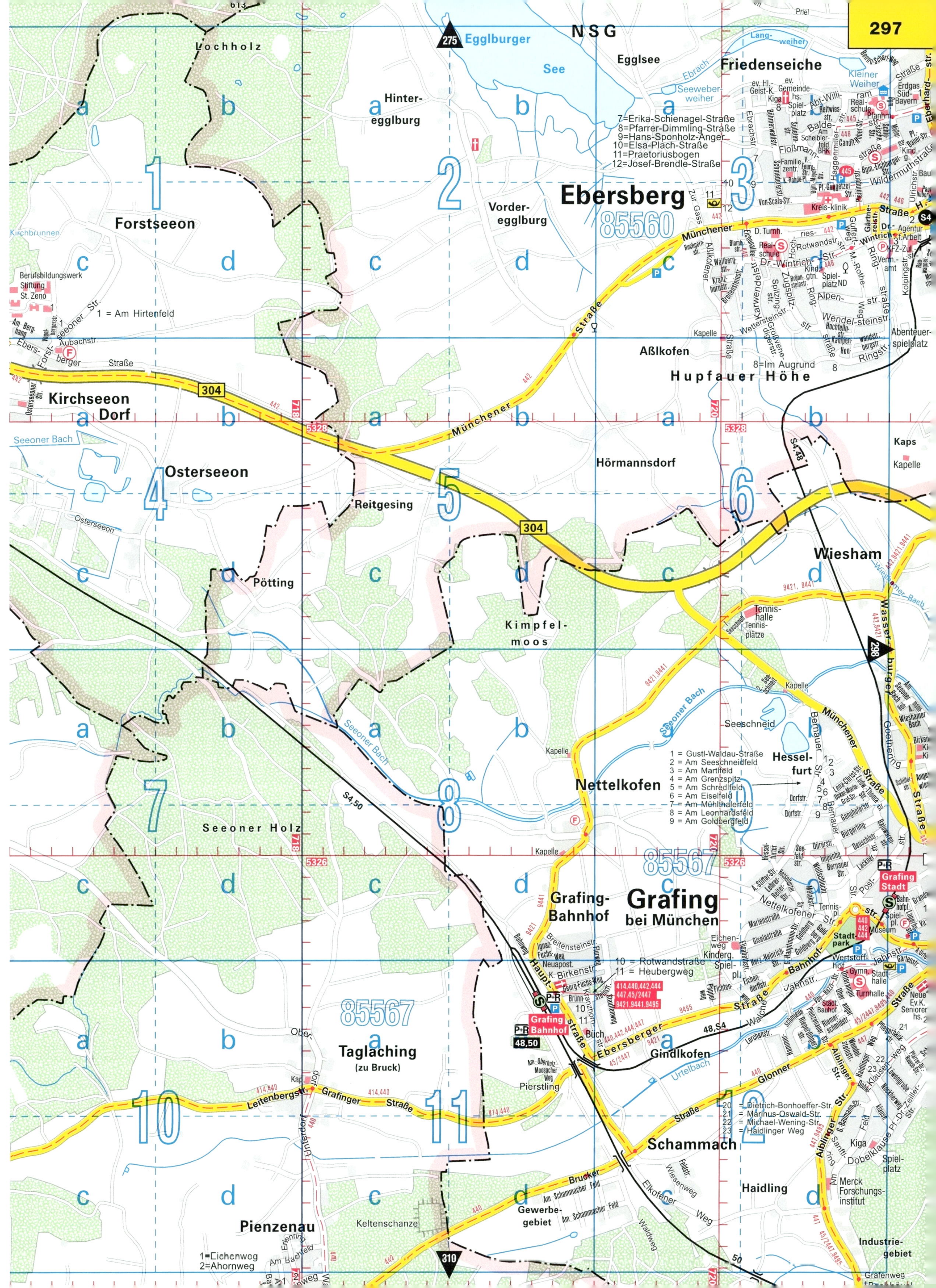
Lochholz
Egglburger See
NSG
Egglsee
Friedenseiche
Hinter-egglburg
Forstseeon
Vorder-egglburg
Ebersberg
85560
7=Erika-Schienagel-Straße
8=Pfarrer-Dimmling-Straße
9=Hans-Sponholz-Anger
10=Elsa-Plach-Straße
11=Praetoriusbogen
12=Josef-Brendle-Straße
Kreis-klinik
Münchener Straße
Kirchbrunnen
Berufsbildungswerk Stiftung St. Zeno
1 = Am Hirtenfeld
Aßlkofen
Hupfauer Höhe
8=Im Augrund
Kirchseeon Dorf
304
Seeoner Bach
Osterseeon
Reitgesing
Hörmannsdorf
Kaps
Kapelle
Wiesham
Pötting
Kimpfel-moos
Seeschneid
1 = Gustl-Waldau-Straße
2 = Am Seeschneidfeld
3 = Am Martlfeld
4 = Am Grenzspitz
5 = Am Schredlfeld
6 = Am Eiselfeld
7 = Am Mühlthalerfeld
8 = Am Leonhardsfeld
9 = Am Goldbergfeld
Hessel-furt
Nettelkofen
Seeoner Holz
85567
Grafing-Bahnhof
Grafing bei München
Grafing Stadt
10 = Rotwandstraße
11 = Heubergweg
Grafing Bahnhof
Ebersberger Straße
Gindlkofen
Taglaching (zu Bruck)
Pierstling
Leitenbergstr.
Grafinger Straße
Glonner Straße
20 = Dietrich-Bonhoeffer-Str.
21 = Marinus-Oswald-Str.
22 = Michael-Wening-Str.
23 = Haidlinger Weg
Schammach
Haidling
Pienzenau
Keltenschanze
Brucker Feld
Gewerbe-gebiet
Merck Forschungs-institut
Industrie-gebiet
1=Eichenweg
2=Ahornweg

Altmannsberg
Kumpfmühle
Eggerfeld
Roßkopf
Gewerbegebiet Langwied
Langwied
Kläranlage
Oberndorf
St. Georg
Neuhausen
Ruhensdorf
1=Kurat-Luber-Weg
Antonikap.
Ebersberg
85560
Eierbühel
568
Rinding
Unterlaufing
Kapelle
Oberlaufing
Moosstefflfeld
Riedhof
Vogelberg
564
304
Kaps
Kapelle
Schloßberg
585
E.ON-Bayern AG Außenstelle Kundencenter
Ampfing
Gspraît
Wiesham
Dieding
Eberberg
590
Seemoosberg
Gasteig
85567
Grafing
bei München
Engerloh
Aepfelkam
Kapelle
Grafing Stadt
Geisfeld
Mayer am Haus
564
Burgholz
Neudichau
Großottmühle
Kläranlage
Gaschberg
Dichau
Höllmühle
Katzenreuther
Bergfeld
Filze
Katzenreuth
Kleiner Dobel
Baumgartenmühle
Industriegebiet
Schloss Elkofen
1 = Raiffeisenstraße
2 = Schwedenanger
3 = Sparkassenplatz
4 = Im Klosterbauhof
5 = Valtortagasse
6 = Erich-Zmarsly-Platz
7 = Valentingasse
12 = Joh.-Bapt.-Zimmermann-Str.
13 = Kazmairstraße
14 = Raiffeisenstraße
15 = Dreifaltigkeitsgasse
16 = St.-Agidius-Weg
17 = Müller-Gutenbrunn-Str.
18 = Weißgerbergasse
19 = Weißgerberstraße
20 = Dietrich-Bonhoeffer-Straße
21 = Marinus-Oswald-Straße
22 = Michael-Wening-Straße
23 = Haidlinger Weg
24 = Hans-Eham-Platz
276
297
320

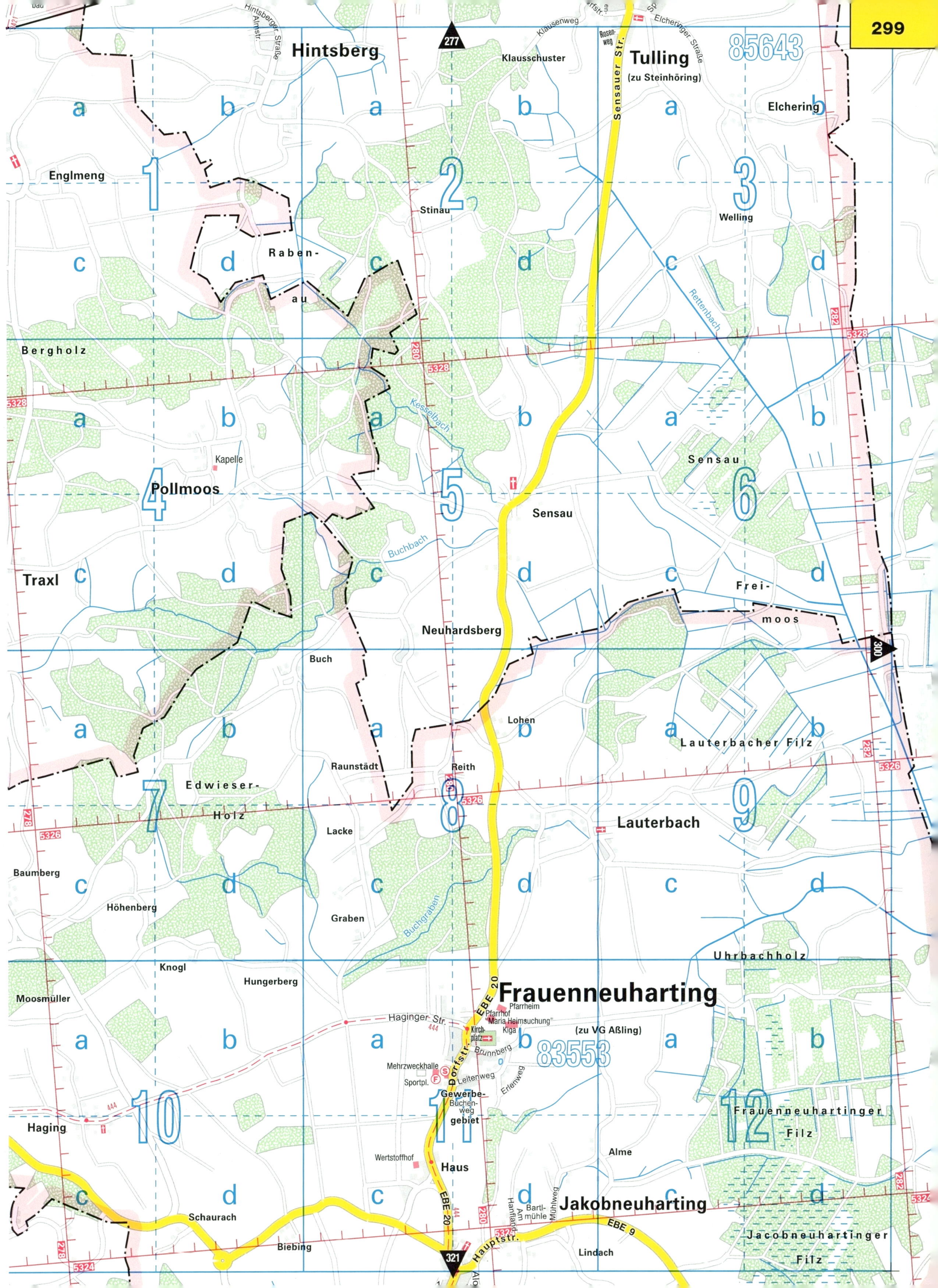

Hintsberg
Hintsberger Straße
Almstr.
Klausschuster
Klausenweg
Tulling
(zu Steinhöring)
Rosenweg
Sensauer Str.
Elcheringer Straße
85643
Elchering
Englmeng
Stinau
Welling
Raben-
au
Rettenbach
Bergholz
Kesselbach
Kapelle
Pollmoos
Sensau
Buchbach
Traxl
Frei-
moos
Neuhardsberg
Buch
Lohen
Lauterbacher Filz
Raunstädt
Reith
Edwieser-
Holz
Lacke
Lauterbach
Baumberg
Höhenberg
Graben
Buchgraben
Uhrbachholz
Knogl
Hungerberg
Moosmüller
Frauenneuharting
Pfarrheim
Pfarrhof
"Maria Heimsuchung"
Haginger Str.
Kirchplatz
Kiga
(zu VG Aßling)
Brunnberg
83553
Mehrzweckhalle
Sportpl.
Dorfstr.
Leitenweg
Erlenweg
Gewerbe-
gebiet
Buchenweg
Haging
Frauenneuhartinger
Filz
Wertstoffhof
Haus
Alme
EBE 20
EBE 9
Am Hanflandl
Bartlmühle
Mühlweg
Jakobneuharting
Schaurach
Hauptstr.
Biebing
Lindach
Jacobneuhartinger
Filz

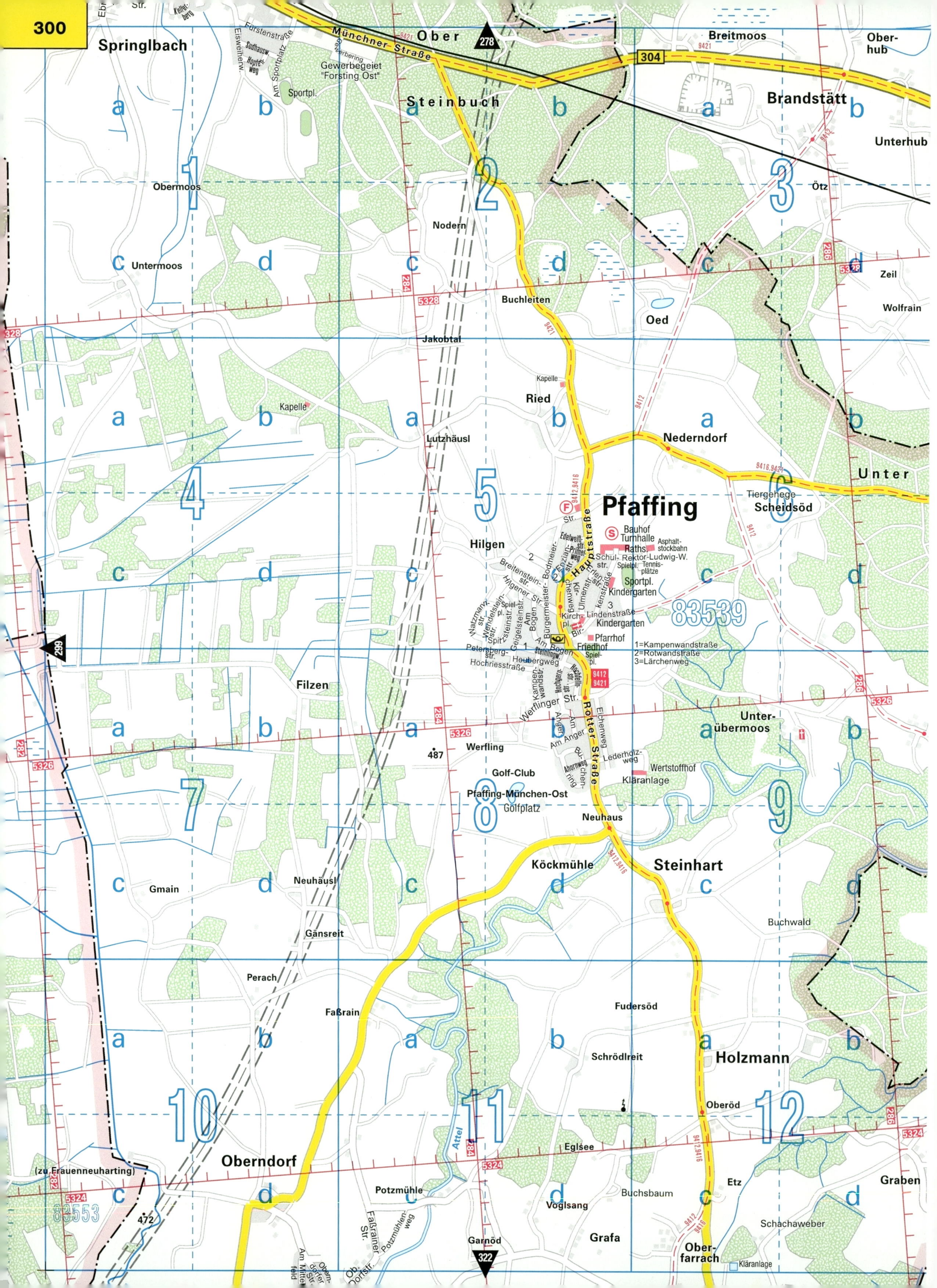
Springlbach
Fürstenstraße
Eisweiherw.
Sudhausw.
Hopfenweg
Am Sportplatz
Sportpl.
Gewerbegeiet
"Forsting Ost"
Münchner Straße
Ober
278
Steinbuch
304
Breitmoos
Ober-
hub
Brandstätt
Unterhub
Obermoos
Nodern
Ötz
Untermoos
Buchleiten
Oed
Zeil
Wolfrain
Jakobtal
Kapelle
Ried
Kapelle
Lutzhäusl
Nederndorf
Unter
Pfaffing
Tiergehege
Scheidsöd
Hilgen
Bauhof
Turnhalle
Raths.
Asphalt-
stockbahn
Schul-
Rektor-Ludwig-W.
Tennis-
plätze
Sportpl.
Kindergarten
Hauptstraße
Breitenstein-
str.
Bodmeier-
Hilgener Str.
Lindenstraße
Kindergarten
Pfarrhof
Friedhof
83539
Watzmannstr.
Wendelstein-
str.
Geigelsteinstr.
Bürgermeister-
Spitzsteinstr.
Petersberg-
str.
Hochriesstraße
Heubergweg
Am Bogen
1=Kampenwandstraße
2=Rotwandstraße
3=Lärchenweg
9412
9421
299
Filzen
Werflinger Str.
Rotter Straße
Eichenweg
Unter-
übermoos
Am Anger
Lederholz-
weg
Wertstoffhof
Kläranlage
Ahornweg
Buchenring
487
Werfling
Golf-Club
Pfaffing-München-Ost
Golfplatz
Neuhaus
Köckmühle
Steinhart
Gmain
Neuhäusl
Gänsreit
Buchwald
Perach
Faßrain
Fudersöd
Schrödlreit
Holzmann
Oberöd
Attel
Eglsee
Oberndorf
(zu Frauenneuharting)
83553
472
Potzmühle
Voglsang
Buchsbaum
Etz
Graben
Schachaweber
Garnöd
322
Grafa
Faßrainer
Str.
Potzmühlenweg
Ober-
farrach
Kläranlage

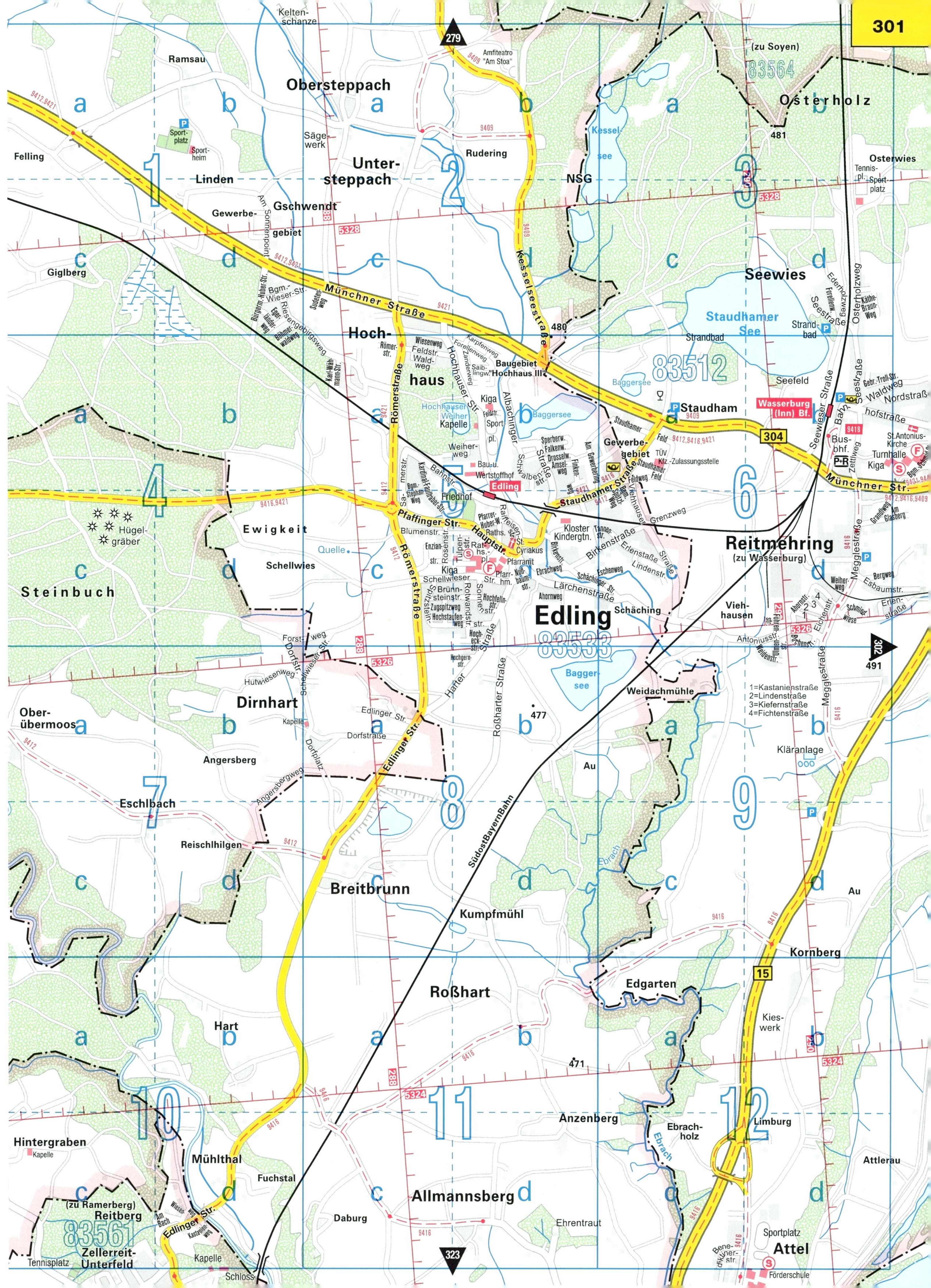
Obersteppach
Untersteppach
Ramsau
Linden
Felling
Gschwendt
Gewerbegebiet
Giglberg
Rudering
Kesselsee
NSG
Osterholz
Osterwies
(zu Soyen)
83564
Seewies
Staudhamer See
Strandbad
Seefeld
Münchner Straße
Hochhaus
Baugebiet "Hochhaus III"
83512
Staudham
Wasserburg (Inn) Bf.
Kesselseestraße
Römerstraße
Baggersee
Hochhauser Weiher
Kapelle
Friedhof
Edling
Staudhamer Straße
Gewerbegebiet
Steinbuch
Hügelgräber
Ewigkeit
Schellwies
Quelle
Pfaffinger Str.
Hauptstr.
St. Cyriakus
Reitmehring
(zu Wasserburg)
Viehhausen
Schäching
Edling
83533
Dirnhart
Oberübermoos
Angersberg
Eschlbach
Reischlhilgen
Weidachmühle
Au
Kläranlage
1=Kastanienstraße
2=Lindenstraße
3=Kiefernstraße
4=Fichtenstraße
Breitbrunn
Kumpfmühl
Edlinger Str.
SüdostBayernBahn
Roßhart
Edgarten
Kornberg
Hart
Kieswerk
Anzenberg
Ebrachholz
Limburg
Hintergraben
Mühlthal
Fuchstal
Allmannsberg
Ehrentraut
Daburg
Attlerau
(zu Ramerberg)
Reitberg
83561
Zellerreit-Unterfeld
Tennisplatz
Kapelle
Schloss
Sportplatz
Attel
Förderschule
279
302
323
304
15

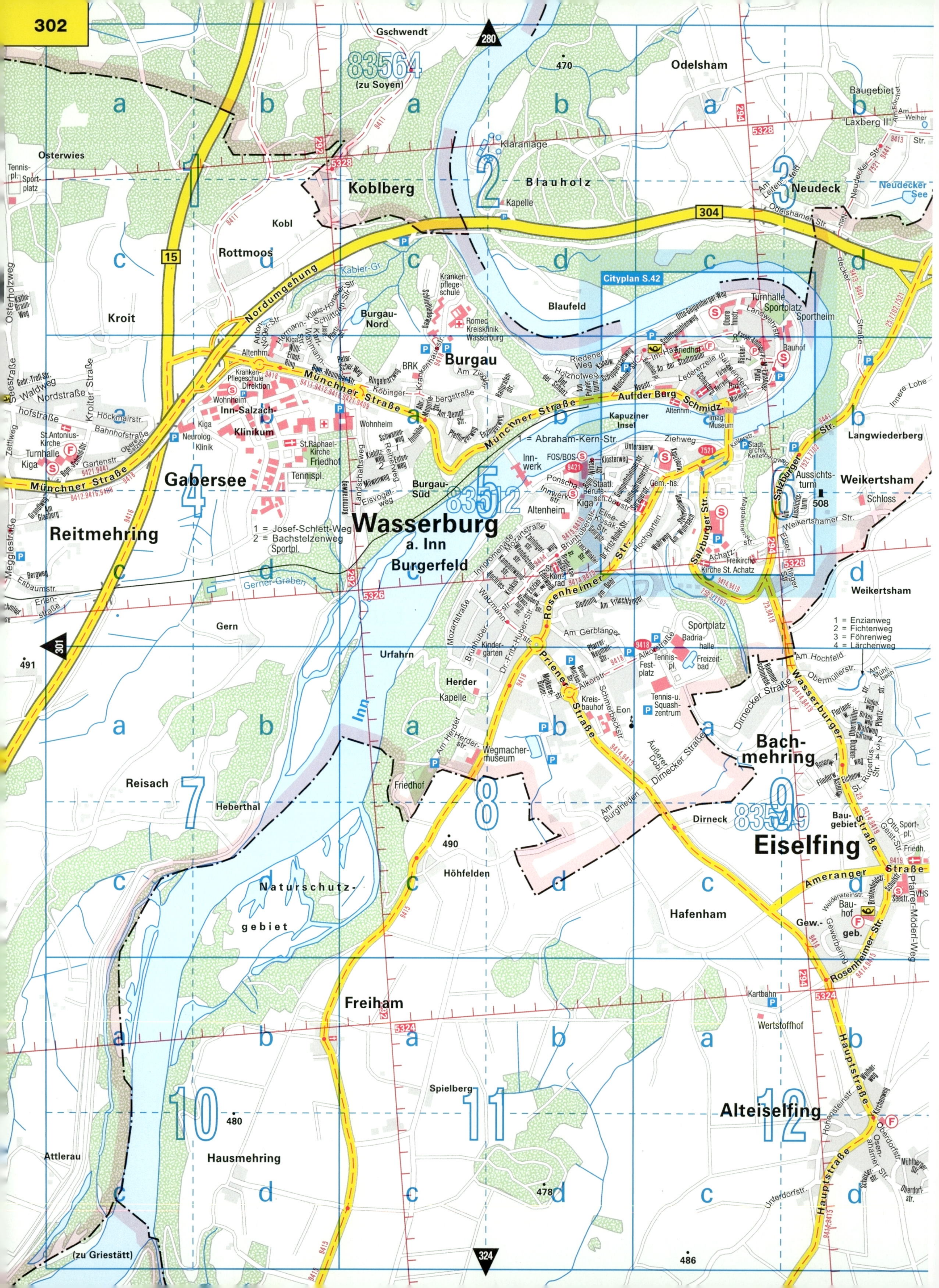
Gschwendt
280
83564
(zu Soyen)
470
Odelsham
Baugebiet
"Laxberg II"
Osterwies
Kläranlage
Koblberg
Blauholz
Neudeck
Neudecker See
Kapelle
Kobl
304
Odelshamer Str.
Rottmoos
15
Nordumgehung
Kabler-Gr.
Kranken-pflege-schule
Romed Kreisklinik Wasserburg
Cityplan S.42
Blaufeld
Kroit
Burgau-Nord
Turnhalle
Sportplatz
Sportheim
Otto-Geigenberger-Weg
Landwehrstr.
Burgau
Bauhof
Friedhof
BRK
Am Ziegel
Riedener Weg
Holzhofweg
Gebr.-Troll-Str.
Waldweg
Nordstraße
Kroiter Straße
Kranken-Pflegeschule
Direktion
Wohnheim
Inn-Salzach-Klinikum
Münchner Straße
Auf der Burg
Schmidz.
Innere Lohe
Höckmairstr.
Bahnhofstraße
Kapuziner Insel
Imag. Museum
Langwiederberg
Kiga
Neurolog. Klinik
St.Raphael-Kirche
Friedhof
Wohnheim
1 = Abraham-Kern-Str.
Ziehweg
Salzburger Str.
St.Antonius-Kirche
Turnhalle
Kiga
Gartenstr.
Tennispl.
Inn-werk
FOS/BOS
Klosterweg
Aussichts-turm
Weikertsham
Münchner Straße
Gabersee
Burgau-Süd
Ponscha
Inwerk
Staatl. Berufs-sch.
Gem.-hs.
508
Schloss
Altenheim
Kiga
Weikertshamer Str.
Reitmehring
1 = Josef-Schlett-Weg
2 = Bachstelzenweg
Sportpl.
Wasserburg
a. Inn
Burgerfeld
Salzburger Str.
Achatz
Freikirche
Kirche St. Achatz
5326
Weikertsham
Gerner-Graben
5326
Rosenheimer Str.
1 = Enzianweg
2 = Fichtenweg
3 = Föhrenweg
4 = Lärchenweg
Gern
Sportplatz
Badria-halle
Freizeit-bad
Am Gerblanger
Am Hochfeld
301
491
Urfahrn
Kinder-garten
Fest-platz
Tennis-pl.
Herder
Kapelle
Priener Straße
Kreis-bauhof
Eon
Tennis-u. Squash-zentrum
Wasserburger Straße
Inn
Dirnecker Straße
Wegmacher-museum
Bach-mehring
Reisach
Heberthal
Friedhof
Dirneck
83549
Bau-gebiet
Eiselfing
490
Höhfelden
Naturschutz-gebiet
Ameranger Straße
Hafenham
Bau-hof
Gew.-geb.
Rosenheimer Str.
Freiham
5324
Kartbahn
Wertstoffhof
5324
Spielberg
Hauptstraße
480
Alteiselfing
Attlerau
Hausmehring
478
Hauptstraße
(zu Griestätt)
324
486

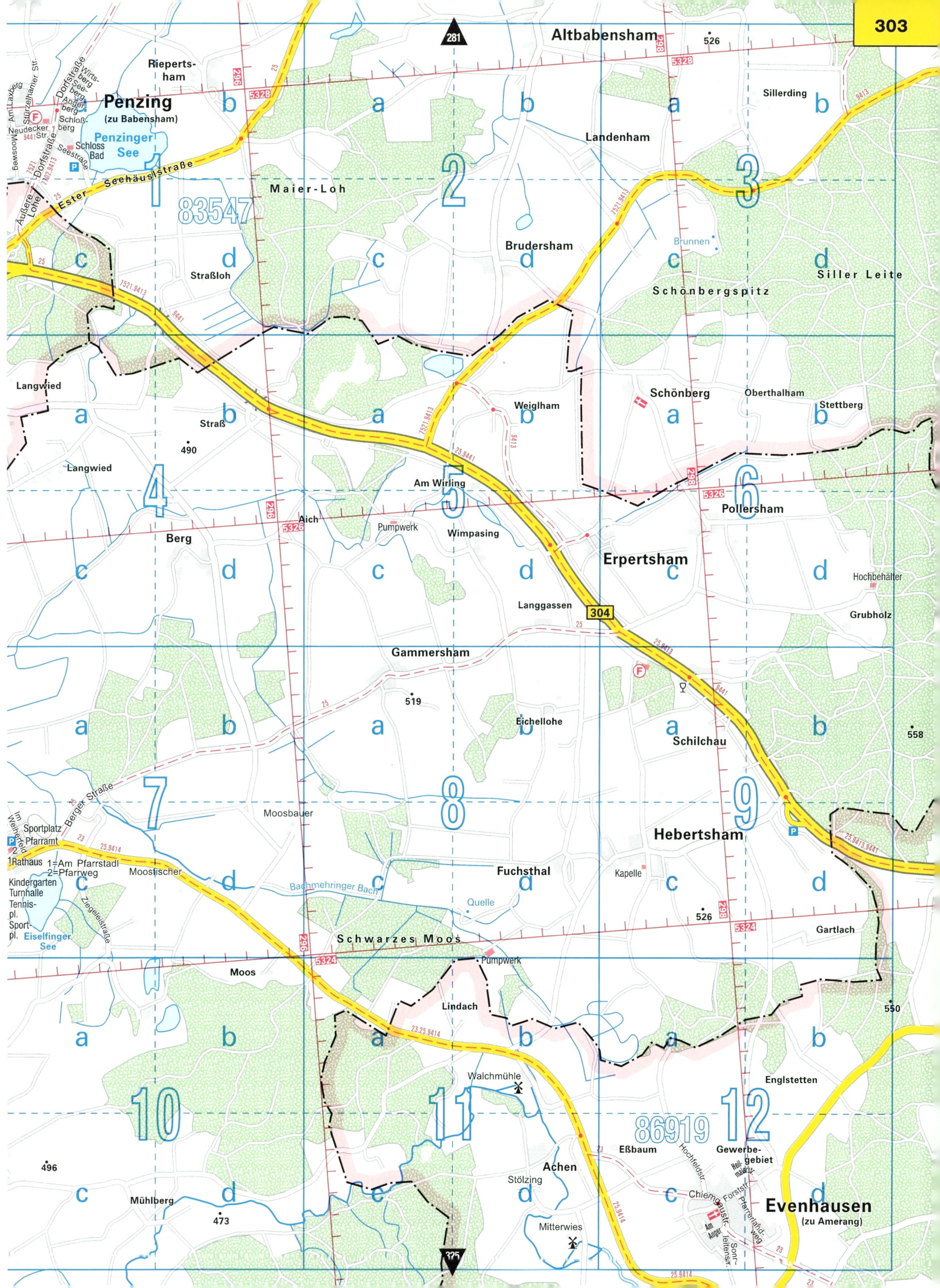

281
Altbabensham
526
Riepertsham
Penzing
(zu Babensham)
Penzinger See
Schloss Bad
Seestraße
Dorfstraße
Wirtsberg
Seeberg
Angerberg
Schloßberg
Stürzelhamer Str.
Am Laxberg
Neudecker Str.
Moosweg
Seehäuslstraße
Ester
Äußere Lohe
Maier-Loh
83547
Sillerding
Landenham
Brudersham
Brunnen
Schönbergspitz
Siller Leite
Straßloh
Langwied
Straß
490
Weiglham
Schönberg
Oberthalham
Stettberg
Am Wirling
Pollersham
Aich
Pumpwerk
Wimpasing
Berg
Erpertsham
Hochbehälter
Langgassen
304
Grubholz
Gammersham
519
Eichellohe
Schilchau
558
Berger Straße
Moosbauer
Hebertsham
Im Weinfeld
Sportplatz
Pfarramt
Rathaus
1=Am Pfarrstadl
2=Pfarrweg
Moosfischer
Fuchsthal
Kapelle
Kindergarten
Turnhalle
Tennispl.
Sportpl.
Eiselfinger See
Ziegeleistraße
Bachmehringer Bach
Quelle
526
Gartlach
Schwarzes Moos
Pumpwerk
Moos
Lindach
550
Walchmühle
Englstetten
86919
Eßbaum
Hochfeldstr.
Gewerbegebiet
496
Achen
Stölzing
Mühlberg
473
Chiemgaustr.
Forststr.
Evenhausen
(zu Amerang)
Mitterwies
Am Anger
Pfarrerlandweg
325

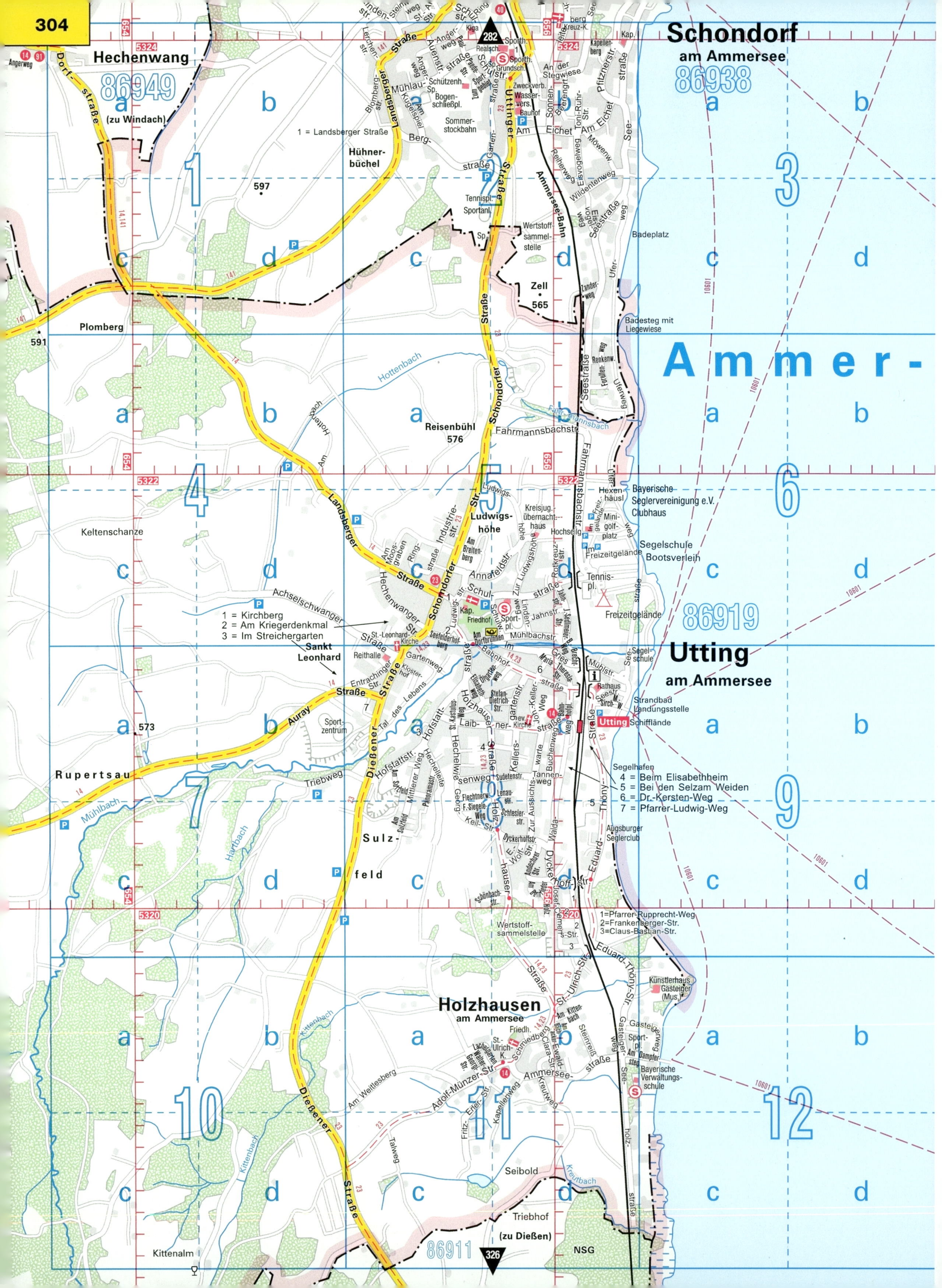

Schondorf
am Ammersee
86938
Hechenwang
86949
(zu Windach)
Plomberg
Hühnerbüchel
1 = Landsberger Straße
Zell
565
Ammer-
Reisenbühl
576
Ludwigshöhe
Keltenschanze
1 = Kirchberg
2 = Am Kriegerdenkmal
3 = Im Streichergarten
Sankt Leonhard
Utting
am Ammersee
86919
Rupertsau
Sulzfeld
4 = Beim Elisabethheim
5 = Bei den Selzam Weiden
6 = Dr.-Kersten-Weg
7 = Pfarrer-Ludwig-Weg
1=Pfarrer-Rupprecht-Weg
2=Frankenberger-Str.
3=Claus-Bastian-Str.
Holzhausen
am Ammersee
Seibold
Triebhof
(zu Dießen)
86911
Kittenalm
NSG
Bayerische Seglervereinigung e.V. Clubhaus
Segelschule Bootsverleih
Freizeitgelände
Strandbad Landungsstelle
Augsburger Seglerclub
Künstlerhaus Gasteiger (Mus.)
Bayerische Verwaltungsschule

Wörthsee
Schlagenhofer Buchet
Denkenwinkel
Neubruch
Seeleite
Schlagenhofen (zu Inning)
Grünbichl
Schlicht Moos
Europakapelle
Jaudesberg
82266
Schlicht Trieb
Neuschlag
Breitbrunn am Ammersee
1 = Brünnerlweg
Landungsstelle
Wörthseestraße
Hauptstr.
Münchener Straße
Herrschinger Straße
Wasach
Wildmoos
(zu Seefeld)
82229
Winkel
Ellwang
Waldkapelle
Sportplatz
Steingraben
Köder
Rieder Wald
Schilchenmoor
Rausch
Bayr. Beamten-Fachhochschule Fachbereich Finanzwesen
82211
1 = Unterer Stocketweg
Ried
Schloss Rezensried
Lochschwab
Ausbildungsstätte des Bauernverbandes
Rieder Straße
Hechendorfer Straße
Herrsching a. Ammersee
Seglerverein
Seepromenade
Rhein-Main-Donau Segelhafen
Seebad Seewinkel
See
NSG
S8
283
306
327

Wörth-
see
Große
Schaf-
laich
Einödhof
Freibad
Wörthseestr.
2=Am Gremberg
Güntering
(zu Inning)
Hufschlag
Inninger
Straße
Oberfeld
1 = Unterfeldweg
2 = Reisbrünndl
3 = An der Feichten
Hechendorf
am Pilsensee
Argetswinkel
Herrschinger Straße
Mitterried
Ödenbühel
Seefeld-
Hechendorf
Friedhof
Bahnhofstraße
Steinebacher
Straße
4 = Saganger
Oberalting
Hart
Aubach
Kläranlage
Seefeld
82229
Münchner
Straße
Seefelder
Straße
Unteringer
Straße
Badbühl
Mühlbach
Raths.
Hauptstr.
Freizeit-
gebiet
Freibad
Pilsenseebad
Schloss
Seefeld
Schlosshof
Schloss-
park
Pilsensee
Strandbad
5 = Kastanienweg
6 = Leo-Putz-Weg
7 = Horst-Wolfram-Geißler-Weg
8 = Josef-Peter-Weg
9 = Georg-Queri-Weg
Dachsbühl
Schlechtenberg
Starnberger Straße
Drößling
Pilsen-
see
Freibad
Pumpwerk
See-
moos
Widdersberg
Stoffelsbühl
653
Eichtal
Scheuer-
tal
Friedinger Str.
Andechser Straße
Erlinger Straße
2=Pfarrer-Lenz-Weg
Herrschinger Moos
NSG
Weinberg
659
Pumpwerk
82211
82346
Frieding
(zu Andechs)
Drößlinger Straße
Herrschinger Straße
1=Luitfriedweg
Kleingarten-
anlage
Stadion
Gewerbe-
gebiet
Hunde-
dressurplatz
Obere
Weinberg-
äcker
Herrsching
a. Ammersee
Galgenbühl
Schmidschneiderstraße
3 = Abertstraße
Blattenstein
Luitpoldstr.
Rieder Straße
Bahnhofsplatz
Fischergasse
284
305
328
S8

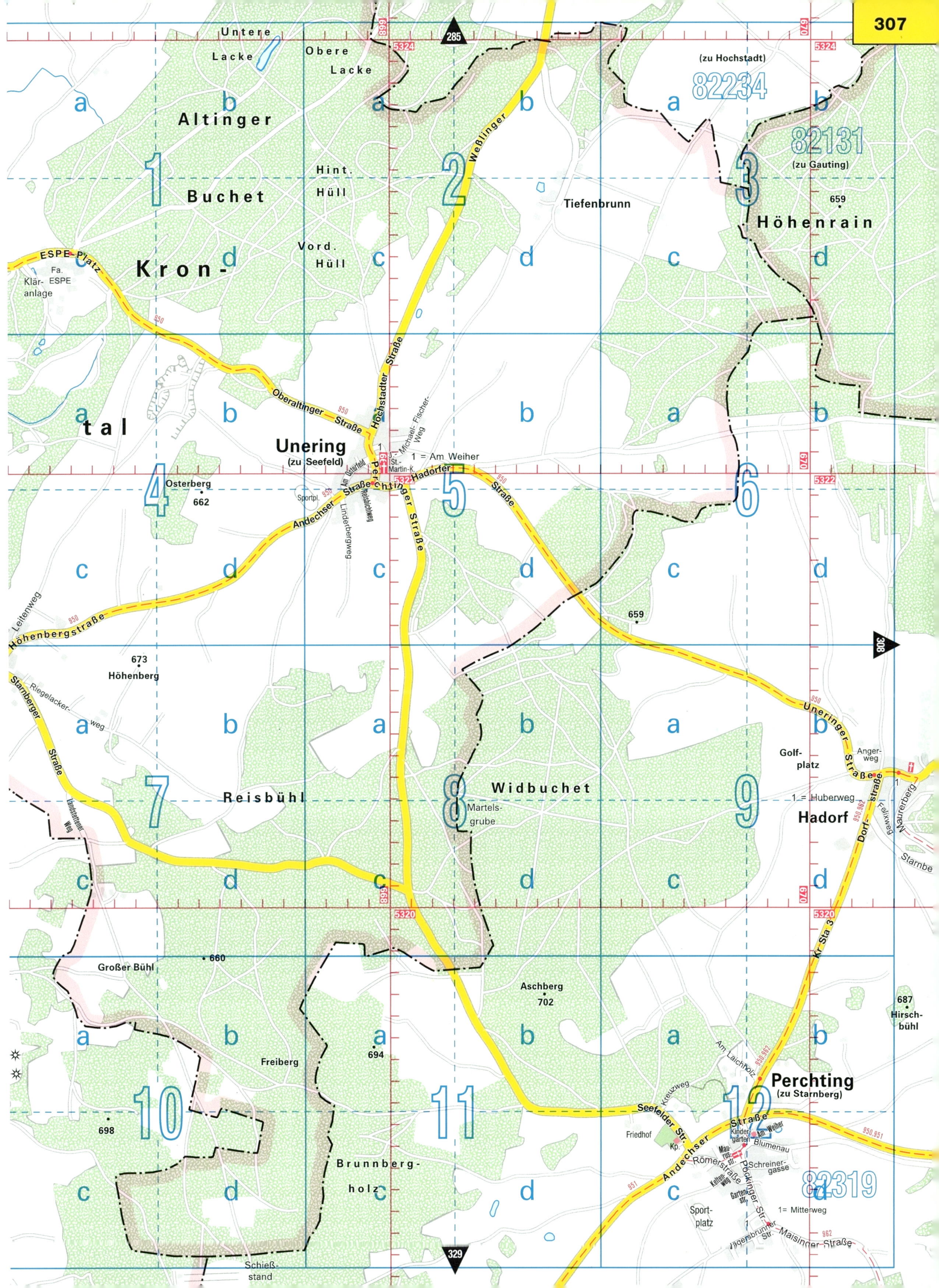

Untere Lacke
Obere Lacke
Altinger
Buchet
Hint. Hüll
Vord. Hüll
Kron-
tal
ESPE-Platz
Fa. ESPE
Klär-anlage
Weßlinger
Tiefenbrunn
(zu Hochstadt)
82234
82131
(zu Gauting)
Höhenrain
659
Oberaltinger Straße
Höchstadter Straße
Michael-Fischer-Weg
Unering
(zu Seefeld)
1 = Am Weiher
Hadorfer Straße
Perchtinger Straße
Andechser Straße
Osterberg
662
Sportpl.
Linderbergweg
Reischlweg
Leitenweg
Höhenbergstraße
673
Höhenberg
Starnberger Straße
Riegelackerweg
Landstettener Weg
Reisbühl
Widbuchet
Martelsgrube
Golfplatz
Uneringer Straße
Angerweg
1 = Huberweg
Hadorf
Dorfstraße
Felixweg
Maurerberg
Starnbe
Kr Sta 3
Großer Bühl
660
Aschberg
702
687
Hirschbühl
Freiberg
694
698
Perchting
(zu Starnberg)
Am Laichholz
Kreuzweg
Seefelder Str.
Friedhof
Kp.
Andechser Straße
Kindergarten
Am Weiher
Blumenau
Maurusstr.
Römerstraße
Schreinergasse
Keltenweg
Gartenstr.
Pöckinger Str.
Sportplatz
1= Mitterweg
82319
Jägersbrunner Str.
Maisinger Straße
Brunnberg-holz
Schießstand
285
308
329
5324
5322
5320
668
670
950
951
962
950.951
950.962

Oberbrunner
Dachsgelieger
Sulzbogen
Hausen
(zu Gauting)
82131
Perchtinger Straße
Holz
St.Jakob
Mamhofen
Taubenhüller Weg
Taubenhüll
Bergholz
655
Mamhofener Straße
Hanfeld
Jägerweg
Mühlthaler
Hirtwiesweg
652
Betriebshof
1 = Huberweg
Hadorf
Dorfstraße
Maurerberg
Starnberger Straße
Hof-
buchet
Auf der Alm
Alersberg
699
Anger-
weide
Watzmannstr.
Riedeselstraße
Hanfelder Straße
Galgenberg
688
687
Hirsch-
bühl
Hadorfer Straße
Höhenweg
Franz-Dietrich-Halle
Sport-
platz
Söcking
Kriegsblindensanatorium
Friedhof
Mausoleum
Andechser Straße
Maximilian-von-Dziembowski-Str.
Cityplan S.42
Söckinger Str.
Jungholz
82343
(zu Pöcking)
Am Mühleich
Weilheimer Str.
1
2
3
4
5
6
7
8
9
10
11
12
286
307
330

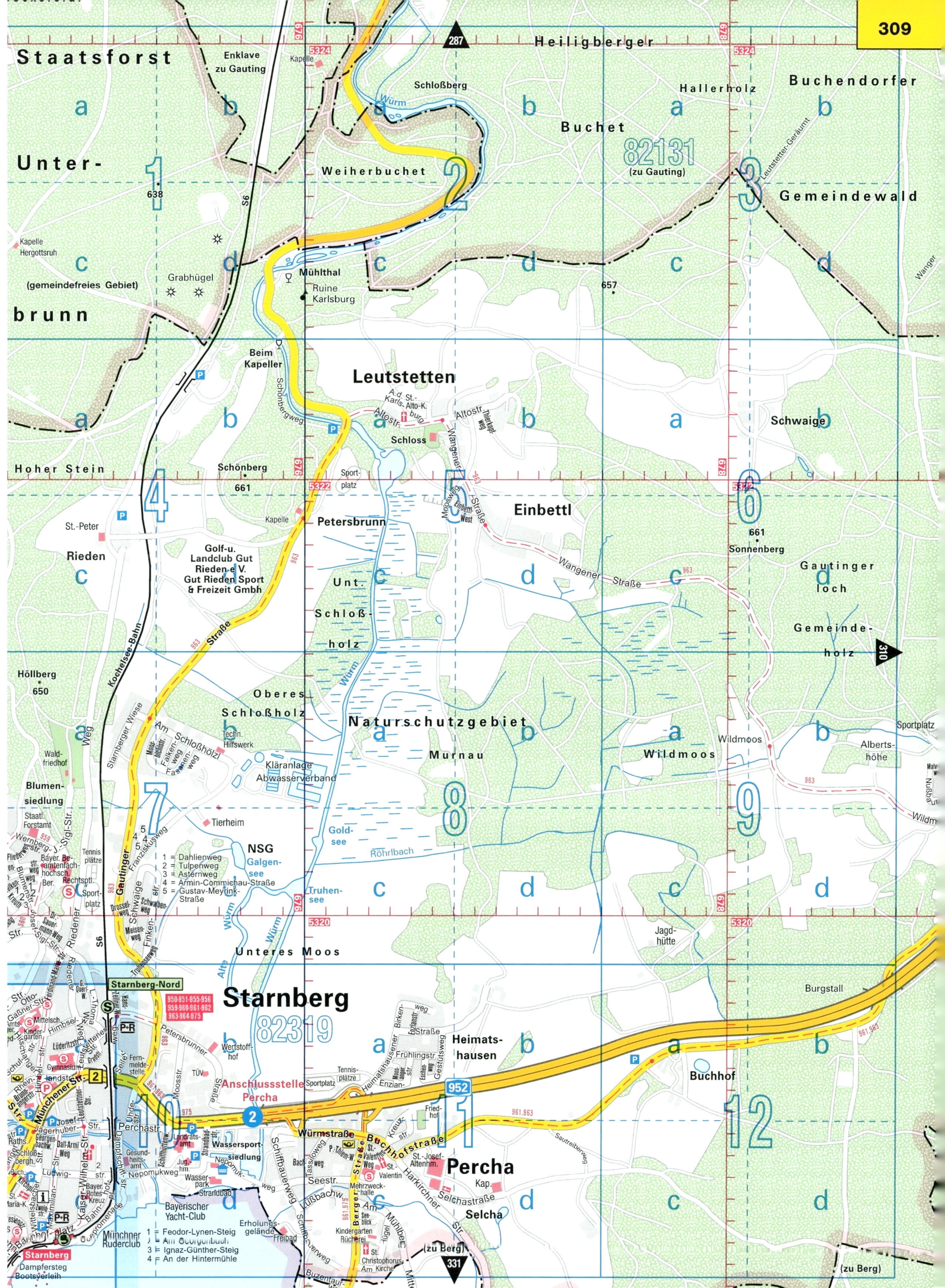

Staatsforst
Unter-
brunn
Enklave zu Gauting
Heiligberger
Hallerholz
Buchendorfer
Buchet
82131 (zu Gauting)
Gemeindewald
Schloßberg
Würm
Weiherbuchet
Mühlthal
Ruine Karlsburg
Grabhügel
(gemeindefreies Gebiet)
Kapelle Hergottsruh
Beim Kapeller
Leutstetten
Schloss
Schwaige
Hoher Stein
Schönberg 661
Petersbrunn
Einbettl
St.-Peter
Rieden
Golf-u. Landclub Gut Rieden e.V. Gut Rieden Sport & Freizeit GmbH
Unt. Schloß-holz
Wangener Straße
Sonnenberg 661
Gautinger loch
Gemeinde-holz
Höllberg 650
Oberes Schloßholz
Naturschutzgebiet
Murnau
Wildmoos
Alberts-höhe
Sportplatz
Kläranlage Abwasserverband
Techn. Hilfswerk
Wald-friedhof
Blumen-siedlung
Tierheim
NSG
Galgen-see
Gold-see
Truhen-see
Röhrlbach
1 = Dahlienweg
2 = Tulpenweg
3 = Asternweg
4 = Armin-Commichau-Straße
5 = Gustav-Meyrink-Straße
Kochelsee-Bahn
Gautinger Straße
Unteres Moos
Jagd-hütte
Burgstall
Starnberg-Nord
Starnberg
82319
Heimats-hausen
Buchhof
Anschlussstelle Percha
Würmstraße
Buchhofstraße
Percha
Selcha
Wassersport-siedlung
Bayerischer Yacht-Club
Münchner Ruderclub
1 = Feodor-Lynen-Steig
2 = Am Ocorgonbuch
3 = Ignaz-Günther-Steig
4 = An der Hintermühle
Dampfersteg Bootsverleih
(zu Berg)
287
310
331
952

Buchendorfer
Gemeindewald
82131
(zu Gauting)
Heuberg
620
604
Max-Josef-Geräumt
Friederiken-
E533
95
(gemeindefreies Gebiet)
Oberdill
Schwaigwald
Spitzelgräben
629
Autobahn-
meisterei
Amalien-Geräumt
Unterschorn
Dreieck
Starnberg
Pumpstation
Briefzentrum
Deutsche Post
82319
(zu Starnberg)
Sportplatz
Wangen
Alberts-
höhe
Mehrzweck-
halle
Schorner Weg
Schorn
Wildmoos-
Olympia-
Straße
952
Schorner Str.
Neufahrner Straße
Pfarrweg
Kiga
Buchet-
Pumpwerk
Lange Hölzer
Friedhof
634
Hochäcker
669
Fercha
forst
Anschlussstelle
Schäftlarn
(zu Berg)
Neufahrn
Starnberger
Am Hang
Straße
Gewerbe-
gebiet
Tennis-
pl.
Sport-
plätze
Wangener
288
309
332

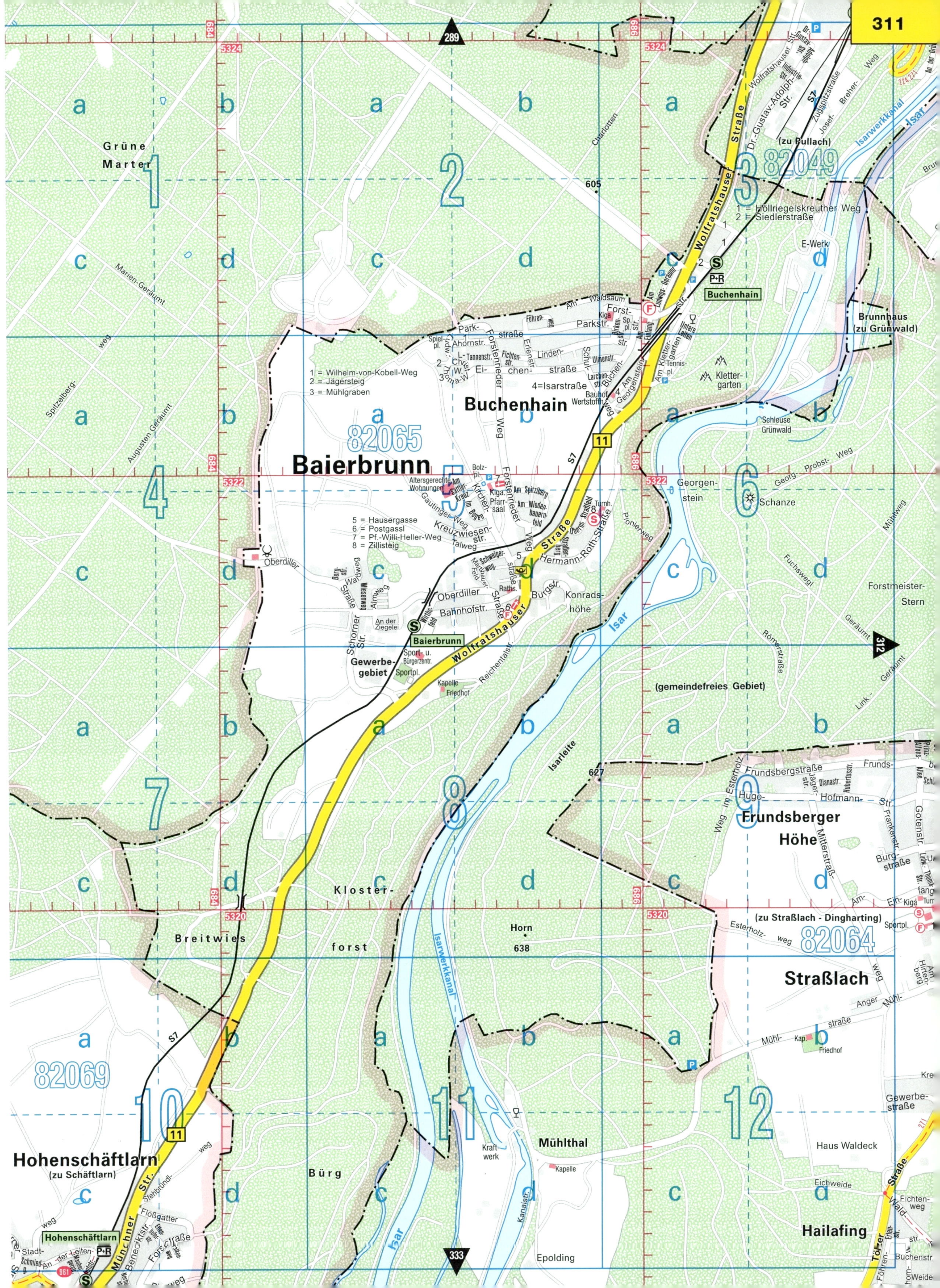
Baierbrunn
Buchenhain
Grüne Marter
Frundsberger Höhe
Straßlach
Hohenschäftlarn
(zu Schäftlarn)
Mühlthal
Hailafing
Breitwies
Kloster-
forst
Bürg
Isar
Isarwerkkanal
Wolfratshauser Straße
Georgenstein
Schanze
Konradshöhe
Gewerbegebiet
Oberdiller
Isarleite
Horn
638
627
605
(gemeindefreies Gebiet)
(zu Pullach)
(zu Straßlach - Dingharting)
Brunnhaus (zu Grünwald)
Schleuse Grünwald
Forstmeister-Stern
Haus Waldeck
Epolding
Kraftwerk
82065
82049
82064
82069
1 = Wilhelm-von-Kobell-Weg
2 = Jägersteig
3 = Mühlgraben
5 = Hausergasse
6 = Postgassl
7 = Pf.-Willi-Heller-Weg
8 = Zillisteig
1 = Höllriegelskreuther Weg
2 = Siedlerstraße
289
312
333

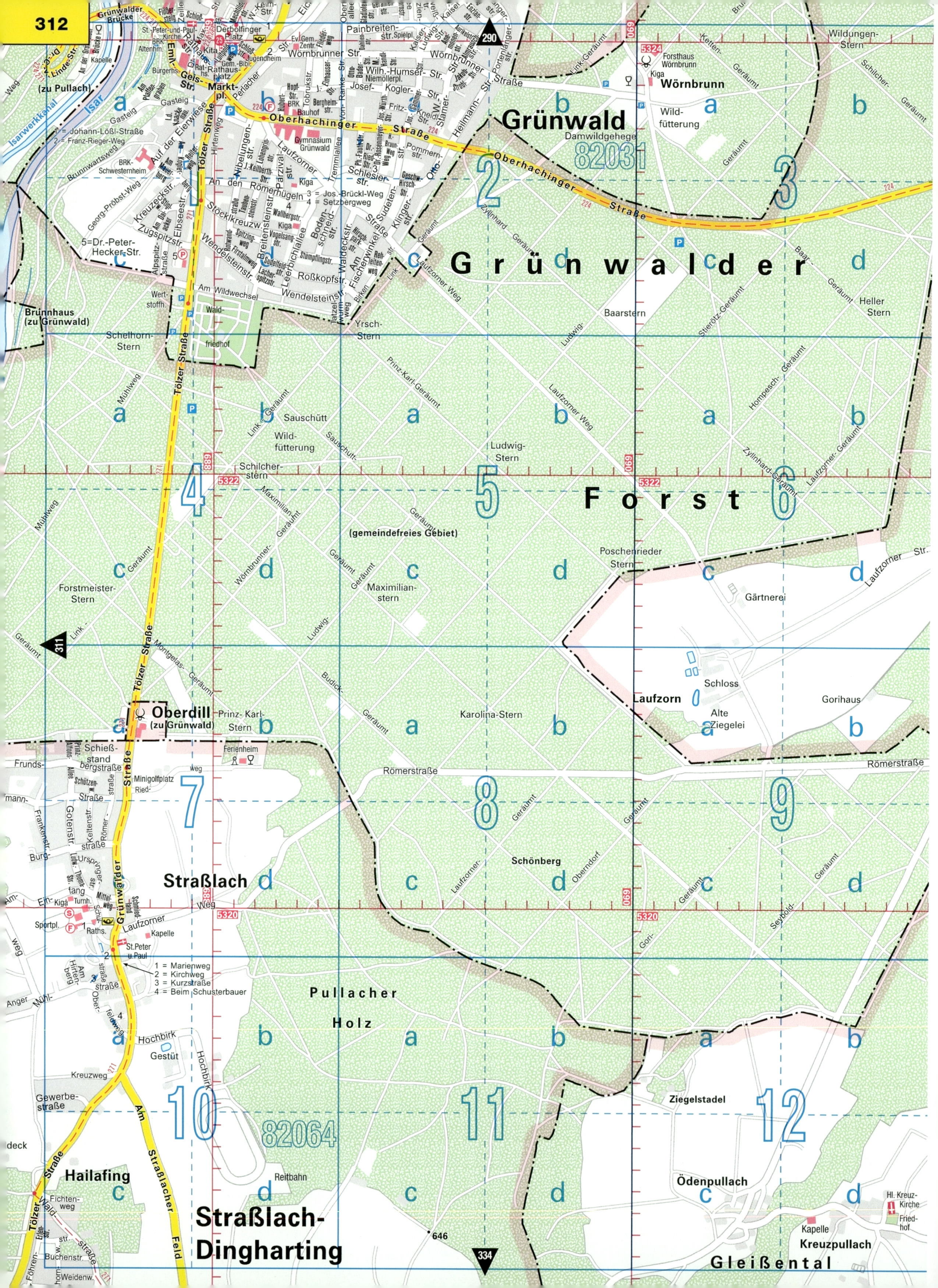

Grünwald
82031
Grünwalder Forst
Wörnbrunn
Forsthaus Wörnbrunn
Wildfütterung
Damwildgehege
Oberhachinger Straße
Tölzer Straße
Baarstern
Heller Stern
Wildungen-Stern
Schelhorn-Stern
Sauschütt
Schilcher-stern
Ludwig-Stern
(gemeindefreies Gebiet)
Poschenrieder Stern
Forstmeister-Stern
Maximilian-stern
Gärtnerei
Schloss
Laufzorn
Alte Ziegelei
Gorihaus
Oberdill (zu Grünwald)
Prinz-Karl-Stern
Karolina-Stern
Römerstraße
Schönberg
Straßlach
Pullacher Holz
Hochbirk
Gestüt
Ziegelstadel
82064
Hailafing
Reitbahn
Ödenpullach
Kapelle
Kreuzpullach
Straßlach-Dingharting
Gleißental
Brunnhaus (zu Grünwald)
(zu Pullach)
Isarwerkkanal
Isar
Gymnasium Grünwald
1 = Marienweg
2 = Kirchweg
3 = Kurzstraße
4 = Beim Schusterbauer
3 = Jos.-Brückl-Weg
4 = Setzbergweg
5=Dr.-Peter-Hecker-Str.
1 = Johann-Loßl-Straße
2 = Franz-Rieger-Weg
290
311
334
646

Taufkirchen
82024
Pötting
Kapelle
Potzham
Furth
Anschlussstelle Oberhaching
Gewerbe-gebiet
1=Alpspitzweg
Umspann-werk
Wert-stoffhof
Hack-schnitzanl. u. Biomasse-Heiz-kraftwerk
Oberhaching
82041
Deisenhofen
Laufzorner Holz
Sportschule Oberhaching
Sport-plätze
Tennis-zentrum
Bauhof
Gewerbe-gebiet
Raiffeisen-allee
Grünwalder Straße
Kybergstr.
Tölzer Straße
Münchner Straße
Lanzenhaarer Straße
Deisenhofener Weg
Spätketische Viereckschanze
Spätkeltische-Viereckschanze
Dietramszeller Straße
Sauerlacher Straße
Hügelgrab
Deisenhofener Forst
Herrneiche
Hachinger Holz
Kelten-schanze
(gemeindefreies Gebiet)
Hirschbrunnen
Schilcher-Geräumt
Nacht-Geräumt
Weber-Geräumt
Reh-Geräumt
Anderl-Geräumt
Hasen-Geräumt
5 = Alte Schießstätt
1=Puppenspielerweg
6=Kapellensteig
7=Erich-Stegmann-Weg
1 = Hofmarkstraße
2 = Josef-Filser-Weg
3 = Kettnerweg
4 = Doktorbäuerinweg
Friedhof
Schulsport-anlage
Wasser-werk
599
585
610
616
291
314
335
1
2
3
4
5
6
7
8
9
10
11
12
a
b
c
d

82024
(zu Taufkirchen)
Landstr. Tegernseer Landstraße
Aufhüttenweg
Englwartinger Weg
Kleingarten-
anlage
Gudrunsiedlung
Kirch-
stockach
Golfplatz
Anschlussstelle
Sauerlach
Kreuz
München-Süd
Portenlänger
Geräumt
Leonhards
Taxet
Englwartinger Straße
Leonhard-
Englwarting
Malthesen-
holz
82041
(zu Oberhaching)
Kleines- Geräumt
Oster-
holz
Haching
1=Blütenweg
Portenläng
Kapelle
Otterloh
1 = Kiem-Pauli-Weg
2 = Aventinusw.
3 = Eichelesterweg
4 = Lena-Christ-Weg
5 = Oskar-Maria-Graf-Weg
Harrer Straße
Hauptstraße
Münchener Straße
Lanzenhaar
(zu Sauerlach)
82054
Tölzer Str.
St.-Ulrich-Weg
St. Ulrich-Kapelle
Raststätte
Hofoldinger
Forst
Walchstatt
Otterloher Holz
Otterloher Straße
Forststr.
Waldsiedlung
Stucharting-Geräumt
S3

Neukirch-stockach
Aussiedlerhof
Luitpold-siedlung
1=Hagebuttenweg
2=Heckenrosenweg
3=Schlehenweg
4=Holunderweg
Hohenbrunn
Bauhof
Wächterhof
(zu Hohenbrunn)
85662
Wächter-hofsiedlung
Kies-werk
Kreuz-meier
-Siegertsbrunn
85635
Pöttinger
Gewerbe-gebiet
582
2 = Lachenmeyerstraße
3 = Kainzweg
Höhenkirchen-
Ottobrunner Straße
Aus-siedler-hof
Kiesgrube
1 = Kirchstockacher Weg
Aussied-lerhof
1 = Hirschgartenweg
Höhenkirchen-Siegertsbrunn
Chéroy-park
Rathaus
Bücherei
Friedhof
Schlitten-berg
589
Gemeinde-brunnen
Kalkofenweg
Ötzlandstr.
Kapelle
Pechler Holz
Wald-friedhof
Sportzentrum
Riedhausen
1=Faschlweg
2=Auenstrasse
Brunnthal
85649
Dürrnhaarer
Scharlohe
Geothermie
598
Hofoldinger Holz
Waldsiedlung
Dürrnhaar
(zu Aying)
Faistenhaar
Hofolding
Gewerbe-gebiet
1 = Kirchweg
85653
293
316
337

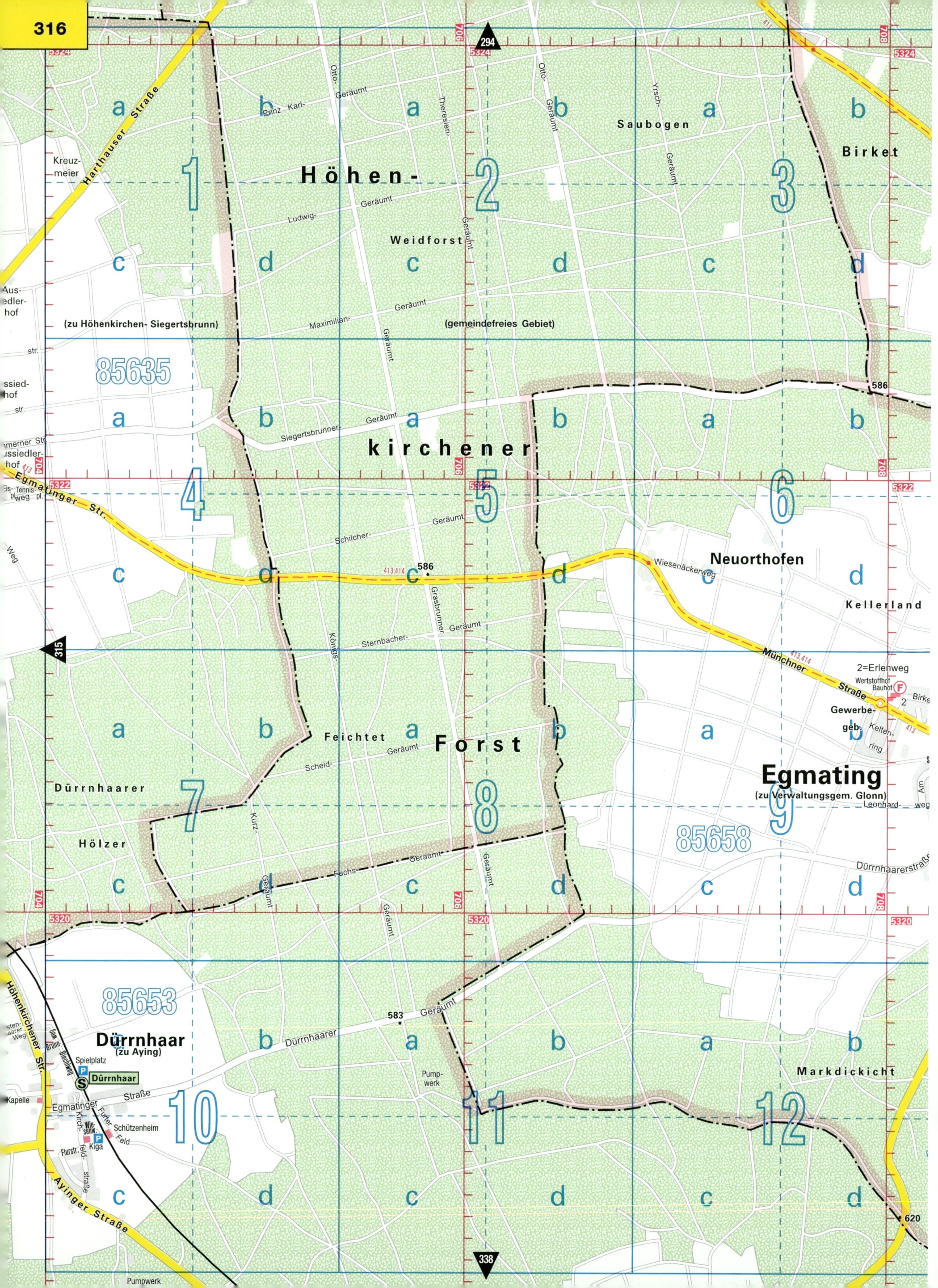

Höhen-
kirchener
Forst
Weidforst
(zu Höhenkirchen- Siegertsbrunn)
(gemeindefreies Gebiet)
85635
Saubogen
Birket
Harthauser Straße
Kreuz-
meier
Prinz Karl-
Otto-
Geräumt
Theresien-
Ludwig-
Maximilian-
Ysrsch-
Siegertsbrunner-
Egmatinger Str.
Schilcher-
Sternbacher-
Königs-
Grasbrunner
Neuorthofen
Wiesenäckerweg
Kellerland
Münchner-
Straße
2=Erlenweg
Wertstoffhof
Bauhof
Gewerbe-
geb.
Kelten-
ring
Egmating
(zu Verwaltungsgem. Glonn)
Leonhard-
85658
Dürrnhaarerstraße
Feichtet
Scheid-
Dürrnhaarer
Hölzer
Kurz-
Fuchs-
85653
Dürrnhaar
(zu Aying)
Spielplatz
Dürrnhaarer
Egmatinger
Straße
Kapelle
Schützenheim
Kiga
Flurstr.
Ayinger Straße
Höhenkirchener Str.
Pumpwerk
Markdickicht
586
583
620
294
315
338

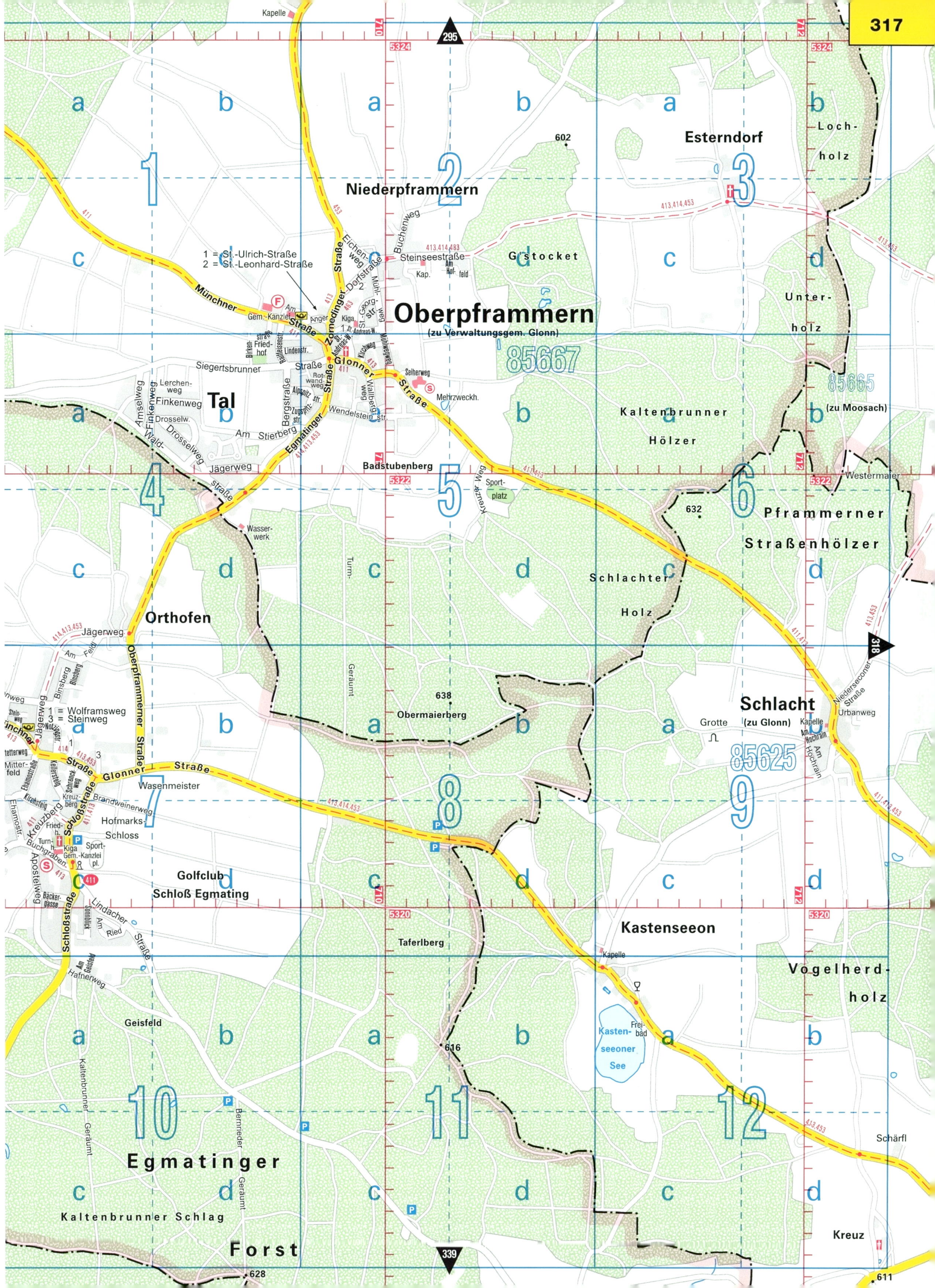

Niederpframmern
Esterndorf
Loch-
holz
Oberpframmern
(zu Verwaltungsgem. Glonn)
85667
Unter-
holz
85665
(zu Moosach)
Tal
Kaltenbrunner
Hölzer
Badstubenberg
Westermaier
Pframmerner
Straßenhölzer
Schlachter
Holz
Orthofen
Obermaierberg
Schlacht
(zu Glonn)
85625
Wasenmeister
Hofmarks-
Schloss
Golfclub
Schloß Egmating
Kastenseeon
Taferlberg
Vogelherd-
holz
Geisfeld
Kasten-
seeoner
See
Egmatinger
Kaltenbrunner Schlag
Forst
Kreuz
Schärfl
1 = St.-Ulrich-Straße
2 = St.-Leonhard-Straße
1 = Wolfsramsweg
3 = Steinweg
Münchner Straße
Glonner Straße
Oberpframmerner Straße
Schloßstraße
Lindacher Straße
Zornedinger Straße
Egmatinger Straße
Steinseestraße
Siegertsbrunner Straße
Jägerweg
Wasserwerk
Grotte
Kapelle
Sport-
platz
Mehrzweckh.
Freibad
295
318
339
602
632
638
616
628
611

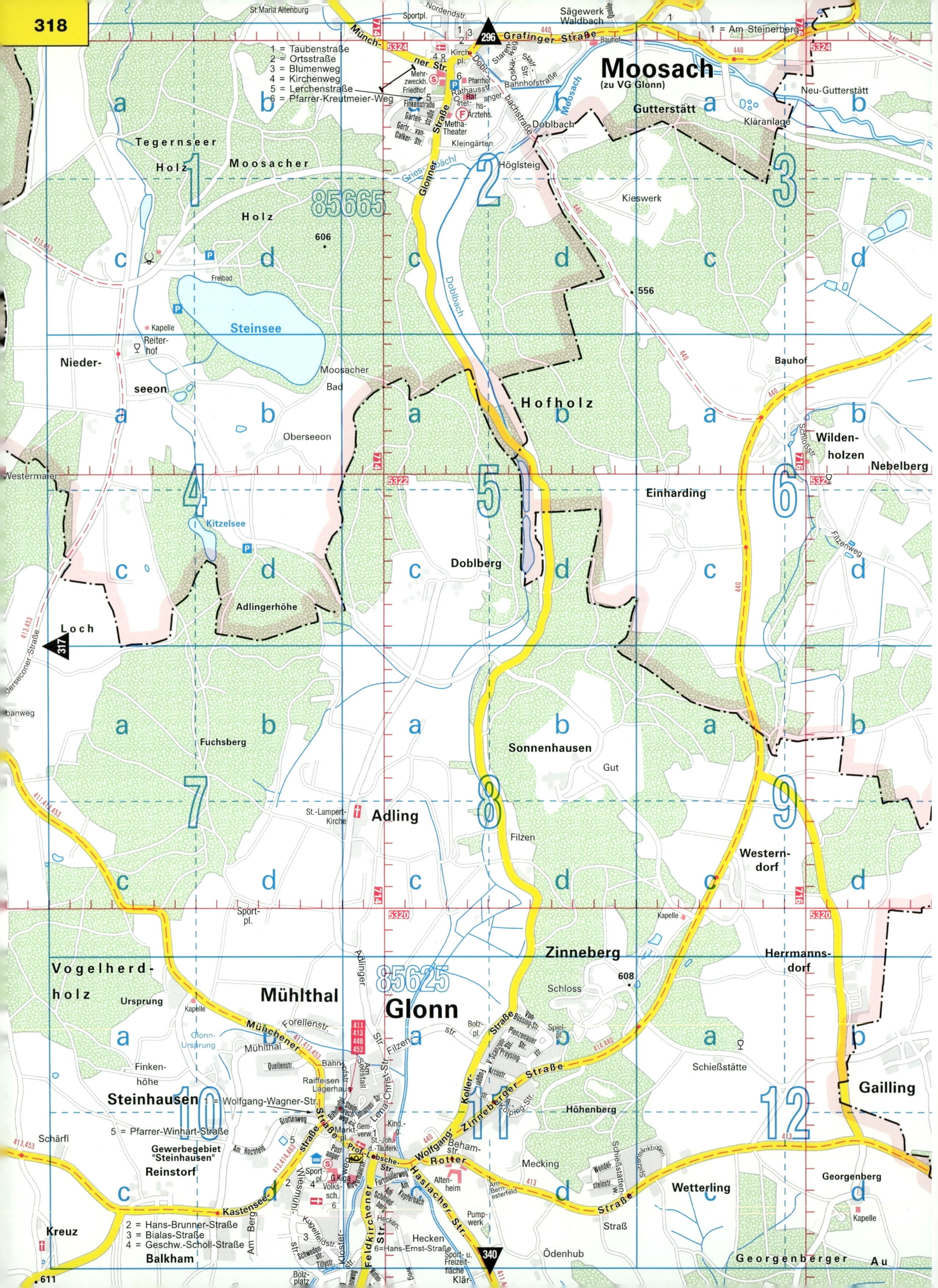

Moosach
(zu VG Glonn)
Glonn
Mühlthal
Steinsee
Kitzelsee
Moosacher Holz
Tegernseer Holz
Hofholz
Adling
Doblberg
Sonnenhausen
Zinneberg
Gutterstätt
Wildenholzen
Nebelberg
Einharding
Westerndorf
Herrmannsdorf
Gailling
Steinhausen
Vogelherdholz
Niederseeon
Oberseeon
Adlingerhöhe
Fuchsberg
Loch
Reinstorf
Balkham
Kreuz
Wetterling
Georgenberg
Mecking
Höhenberg
Hecken
Ödenhub
Schießstätte
Kieswerk
Kläranlage
Bauhof
Fuchsberg
Ursprung
Finkenhöhe
Schärfl
Sägewerk Waldbach
85665
85625
1 = Taubenstraße
2 = Ortsstraße
3 = Blumenweg
4 = Kirchenweg
5 = Lerchenstraße
6 = Pfarrer-Kreutmeier-Weg
1 = Am Steinerberg
1 = Wolfgang-Wagner-Str.
5 = Pfarrer-Winhart-Straße
2 = Hans-Brunner-Straße
3 = Bialas-Straße
4 = Geschw.-Scholl-Straße
6=Hans-Ernst-Straße
Gewerbegebiet "Steinhausen"
Grafinger Straße
Glonner Straße
Münchener Straße
Zinneberger Straße
Kastenseeoner Straße
Haslacher Str.
Feldkirchener Str.
Georgenberger Straße

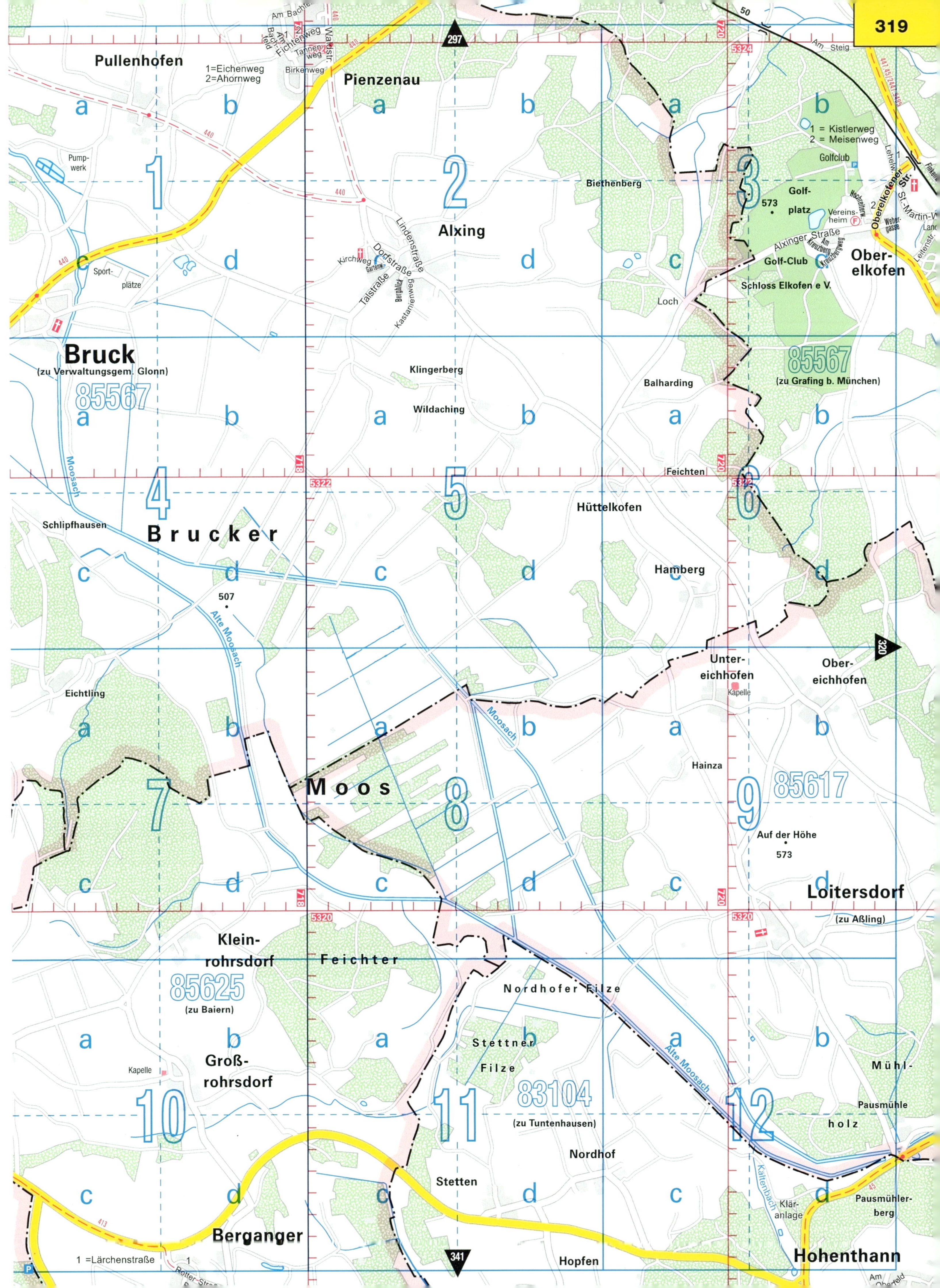
Pullenhofen
1=Eichenweg
2=Ahornweg
Pienzenau
Pump-
werk
Sport-
plätze
Alxing
Lindenstraße
Dorfstraße
Kirchweg
Talstraße
Bergblick
Kastanienweg
Biethenberg
Loch
1 = Kistlerweg
2 = Meisenweg
Golfclub
Golf-
platz
573
Vereins-
heim
Golf-Club
Alxinger Straße
Schloss Elkofen e V.
Ober-
elkofen
Oberelkofener Str.
St.-Martin-
Bruck
(zu Verwaltungsgem. Glonn)
85567
Klingerberg
Wildaching
Balharding
85567
(zu Grafing b. München)
Moosach
Feichten
Hüttelkofen
Schlipfhausen
B r u c k e r
Hamberg
507
Alte Moosach
Unter-
eichhofen
Kapelle
Ober-
eichhofen
Eichtling
Moosach
Hainza
M o o s
85617
Auf der Höhe
573
Loitersdorf
(zu Aßling)
Klein-
rohrsdorf
F e i c h t e r
85625
(zu Baiern)
N o r d h o f e r F i l z e
S t e t t n e r
F i l z e
Kapelle
Groß-
rohrsdorf
83104
(zu Tuntenhausen)
Alte Moosach
M ü h l -
Pausmühle
h o l z
Nordhof
Stetten
Kaltenbach
Klär-
anlage
Pausmühler-
berg
Berganger
1 =Lärchenstraße
Hopfen
Hohenthann
297
320
341

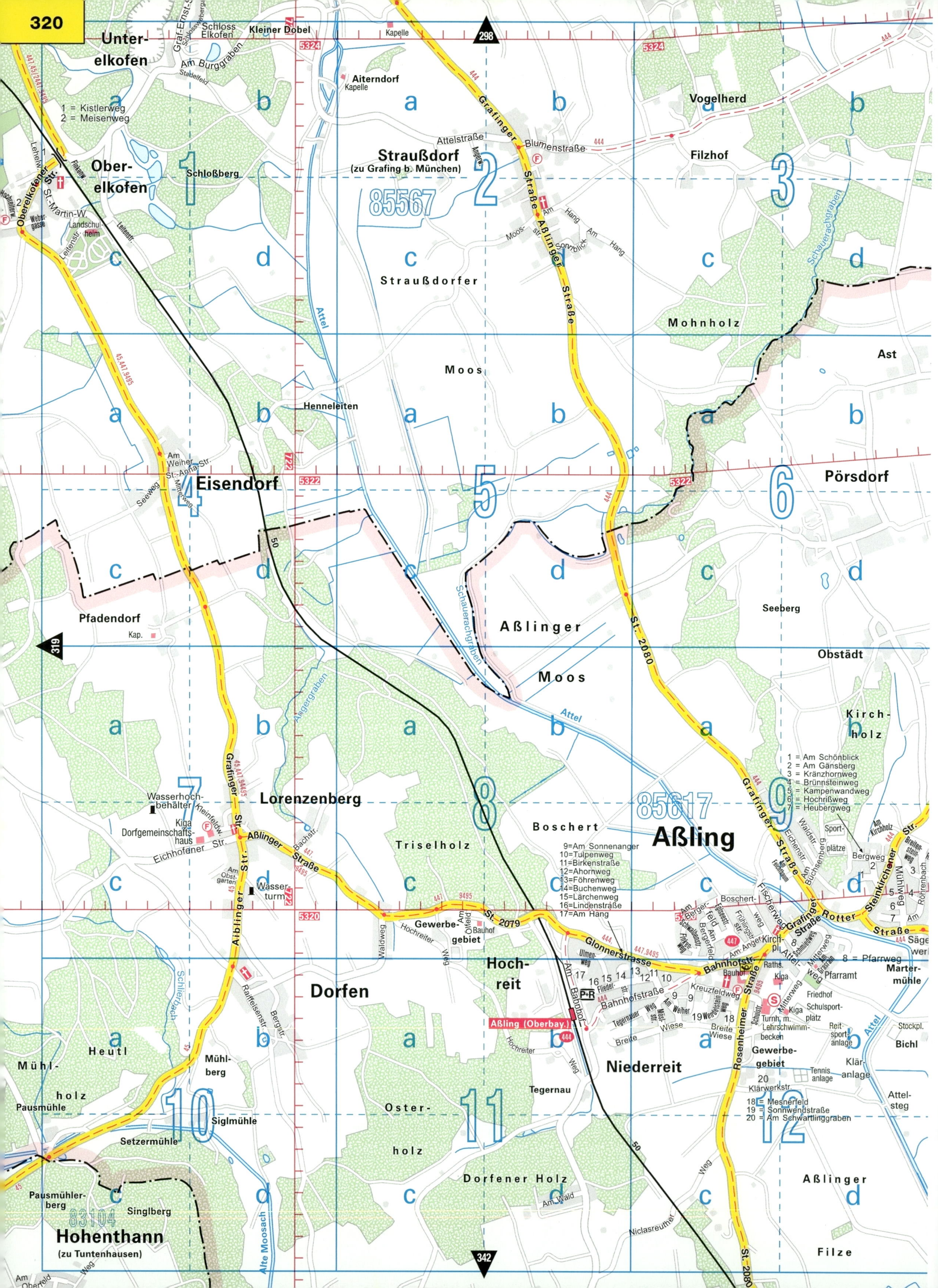

Unterelkofen
Schloss Elkofen
Kleiner Dobel
Kapelle
Aiterndorf
Kapelle
1 = Kistlerweg
2 = Meisenweg
Oberelkofen
Schloßberg
Straußdorf
(zu Grafing b. München)
85567
Vogelherd
Filzhof
Attelstraße
Blumenstraße
Grafinger Straße
Aßlinger Straße
Straußdorfer
Mohnholz
Ast
Moos
Henneleiten
Eisendorf
Pörsdorf
Pfadendorf
Kap.
Seeberg
Aßlinger
Moos
Obstädt
Kirchholz
Attel
Schauerachgraben
Wasserhochbehälter
Lorenzenberg
Kiga
Dorfgemeinschaftshaus
Eichhofener Str.
Aßlinger Straße
Aiblinger Str.
Wasserturm
Triselholz
Boschert
85617
Aßling
1 = Am Schönblick
2 = Am Gänsberg
3 = Kränzhornweg
4 = Brünnsteinweg
5 = Kampenwandweg
6 = Hochrißweg
7 = Heubergweg
9=Am Sonnenanger
10=Tulpenweg
11=Birkenstraße
12=Ahornweg
13=Föhrenweg
14=Buchenweg
15=Lärchenweg
16=Lindenstraße
17=Am Hang
Gewerbegebiet
Bauhof
St. 2079
Glonnerstrasse
Bahnhofstr.
Rotter Straße
Steinkirchener Str.
Hochreit
Dorfen
8 = Pfarrweg
Pfarramt
Martermühle
Friedhof
Schulsportplatz
Aßling (Oberbay.)
Bahnhofstraße
Kreuzfeldweg
Rosenheimer Straße
Turnh. m. Lehrschwimmbecken
Reitsportanlage
Stockpl.
Bichl
Heutl
Mühlholz
Mühlberg
Niederreit
Gewerbegebiet
Tennisanlage
Kläranlage
Tegernau
Pausmühle
Siglmühle
Osterholz
18 = Mesnerfeld
19 = Sonnwendstraße
20 = Am Schwarllinggraben
Attelsteg
Setzermühle
Dorfener Holz
Aßlinger
Pausmühlerberg
Singlberg
83104
Hohenthann
(zu Tuntenhausen)
Am Wald
Niclasreuther Weg
Filze
Alte Moosach
St. 2080
298
319
342

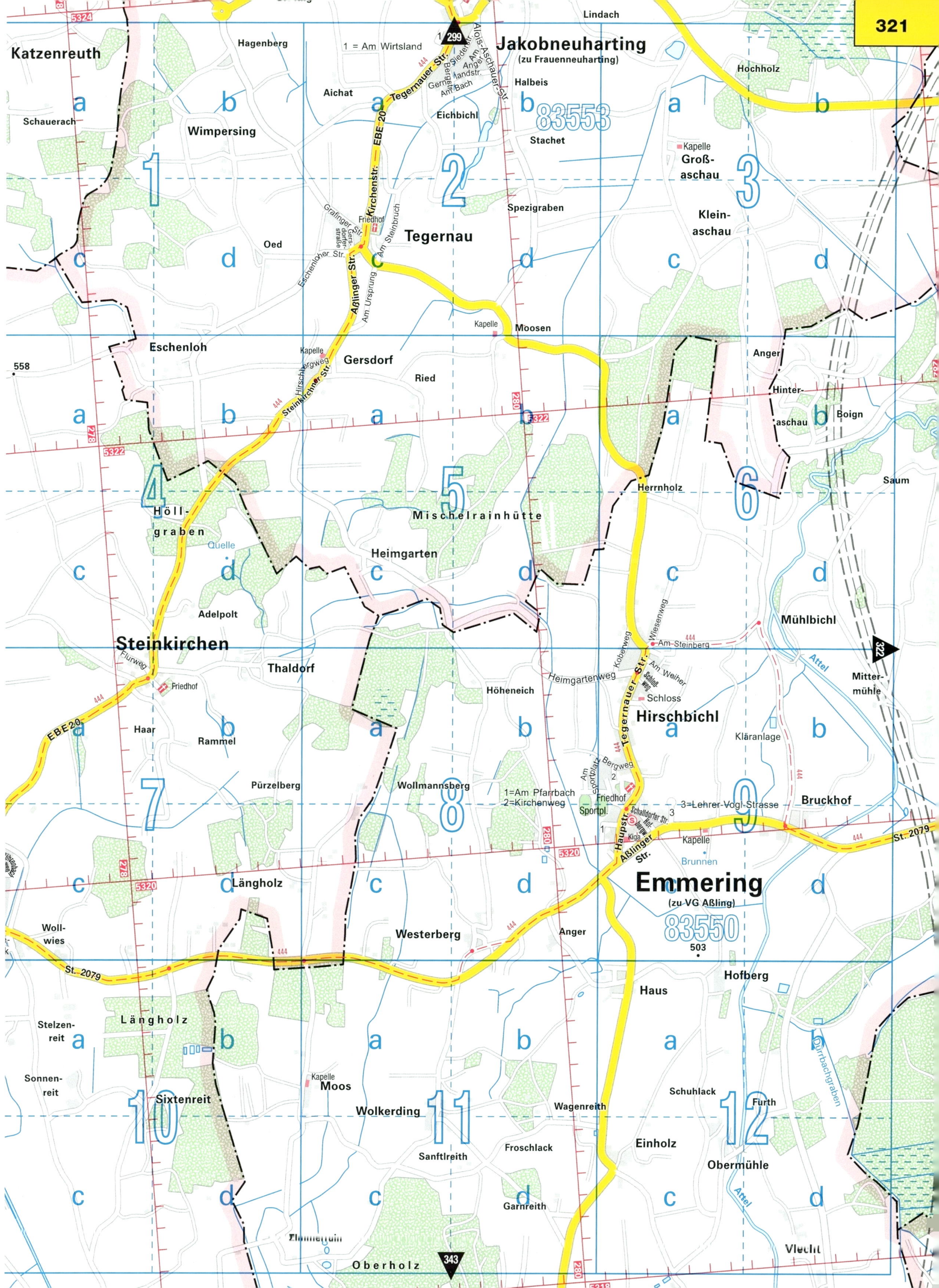
Katzenreuth
Hagenberg
1 = Am Wirtsland
Jakobneuharting
(zu Frauenneuharting)
Lindach
Hochholz
Schauerach
Wimpersing
Aichat
Halbeis
Eichbichl
83553
Stachet
Kapelle
Groß-
aschau
Tegernauer Str.
EBE 20
Kirchenstr.
Friedhof
Tegernau
Oed
Spezigraben
Klein-
aschau
Aßlinger Str.
Moosen
Eschenloh
558
Gersdorf
Ried
Anger
Hinter-
aschau
Boign
Steinkirchner Str.
Herrnholz
Saum
Höll-
graben
Mischelrainhütte
Quelle
Heimgarten
Adelpolt
Mühlbichl
Steinkirchen
Thaldorf
Heimgartenweg
Höheneich
Schloss
Hirschbichl
Attel
Mitter-
mühle
Haar
Rammel
Kläranlage
Pürzelberg
Wollmannsberg
1=Am Pfarrbach
2=Kirchenweg
Friedhof
Sportpl.
3=Lehrer-Vogl-Strasse
Bruckhof
Kapelle
Brunnen
Längholz
Emmering
(zu VG Aßling)
83550
503
Woll-
wies
Westerberg
Anger
St. 2079
Hofberg
Haus
Stelzen-
reit
Längholz
Sonnen-
reit
Sixtenreit
Kapelle
Moos
Wolkerding
Wagenreith
Schuhlack
Furth
Dürrbachgraben
Sanftlreith
Froschlack
Einholz
Obermühle
Garnreith
Oberholz
Vlecht

Rettenbach
1 = Peter und Paul Weg
Bach
Hof
Lehen
(Pfaffing)
Hart
Unterfarrach
Bichl
Kläranlage
Zellbach
Zellbach
492
Rattenbach
Kapelle
Zell
Lettenberg
(zu Frauenneuharting)
83553
Englmannstett
Holzmannstett
Schlosserberg
Bachleiten
Filzen
83539
Brandstett
Boing
Krut
Buch
Knogl
Zoßöd
Heumoos
Gunzenrain
Maierbach
Schwarzöd
Katzbach
Garsbichl
Saum
Dinding
Mühlberg
Esterndorf
Kapelle
Ober-
saurain
Unter-
Aitermoos
Höhenrain
505
Mitter-
mühle
Kapelle
Neuried
Hagenrain
Au
Holzen
Reutel
Schalldorf
(zu Emmering)
83550
St. 2079
Wurzach
Aubach
Meiling
83543
Ferchen
Sportplatzen
Jägerwald
Rott a. Inn
Entenweiher
Rotter Forst
Rottmoser
Rottmooserlinie
Schachen
Nord
(gemeindefreies Gebiet)
Rottmoos
Holzherberge
Wolfsgrube
Viechter Graben
496
Arbing
Grundelrainlinie
Schneiderfilz
Am Brunnfeld
83104
(zu Tuntenhausen)
Haager Straße
Münchener Str.
Rottmooser Straße
Krokusweg
Aiblinger Straße
Marktpl.
300
321
344

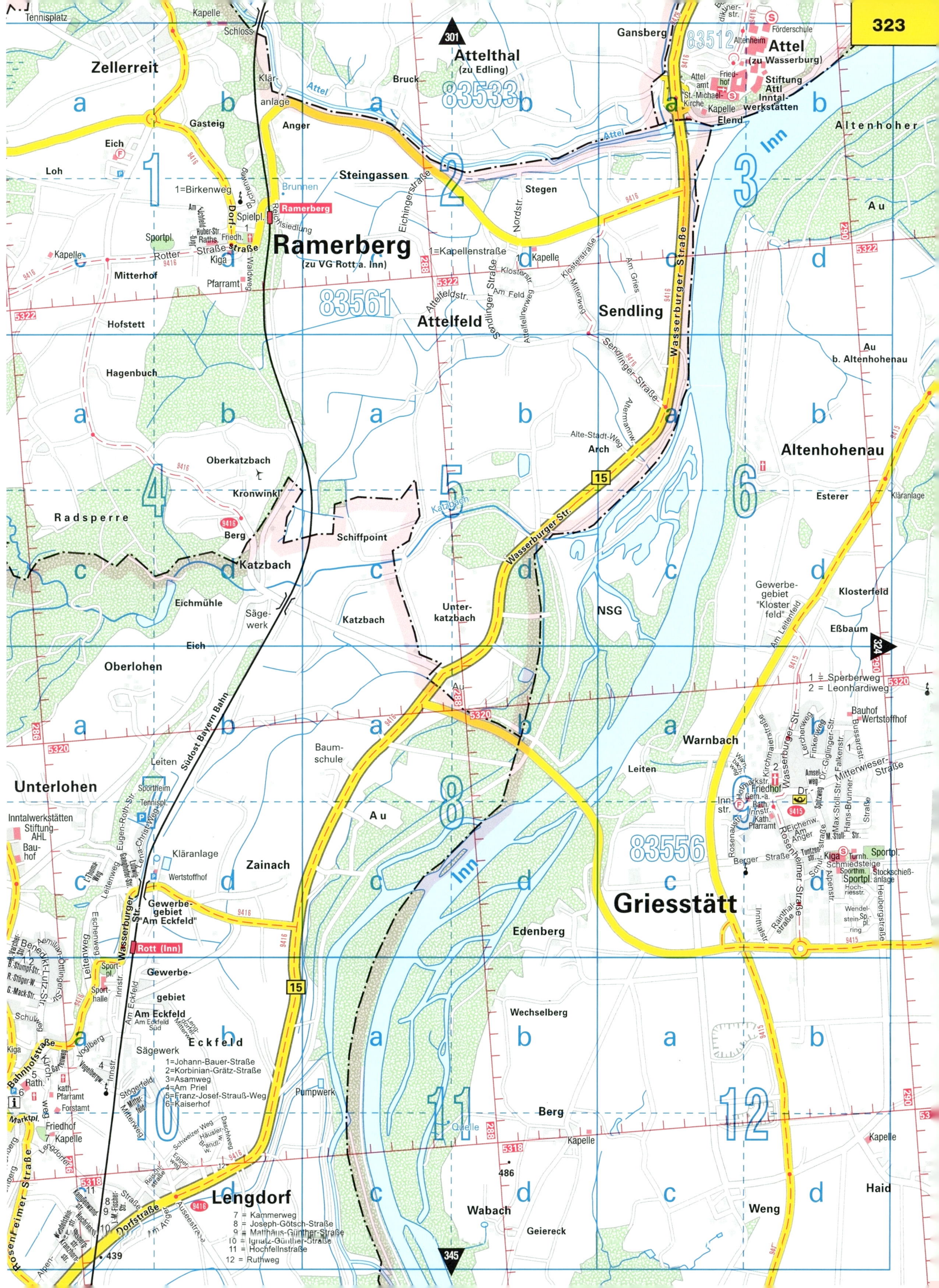

Zellerreit
Atteltal
(zu Edling)
Gansberg
Attel
(zu Wasserburg)
Förderschule
Altenheim
Stiftung Attl
Inntal-werkstätten
Elend
Altenhoher
Inn
Attel
Anger
Gasteig
Eich
Loh
Steingassen
Brunnen
Stegen
1=Birkenweg
Ramerberg
(zu VG Rott a. Inn)
Reichsiedlung
1=Kapellenstraße
Kapelle
Mitterhof
Pfarramt
Kiga
Rotter Straße
Dorfstraße
Sportpl.
Hofstett
83561
83533
83512
Attelfeld
Sendling
Wasserburger Straße
Sendlinger Straße
Klosterstr.
Am Feld
Nordstr.
Hagenbuch
Au
b. Altenhohenau
Altenhohenau
Oberkatzbach
Kronwinkl
Radsperre
Berg
Katzbach
Schiffpoint
Katzbach
Arch
Alte-Stadt-Weg
Esterer
Kläranlage
Eichmühle
Sägewerk
Unterkatzbach
NSG
Gewerbegebiet "Klosterfeld"
Klosterfeld
Eßbaum
Am Leitenfeld
Eich
Oberlohen
Südost Bayern Bahn
1 = Sperberweg
2 = Leonhardiweg
Bauhof
Wertstoffhof
Baumschule
Warnbach
Leiten
Unterlohen
Leiten
Sportheim
Au
Inntalwerkstätten
Stiftung AHL
Bauhof
Kläranlage
Wertstoffhof
Zainach
83556
Griesstätt
Friedhof
Rath.
Kath. Pfarramt
Kiga
Sportpl.
Schmiedsteige
Berger Straße
Rosenheimer Straße
Mitterwieser-Straße
Gewerbegebiet "Am Eckfeld"
Edenberg
Rott (Inn)
Wasserburger Str.
Gewerbegebiet
Am Eckfeld
Wechselberg
Eckfeld
Sägewerk
1=Johann-Bauer-Straße
2=Korbinian-Grätz-Straße
3=Asamweg
4=Am Priel
5=Franz-Josef-Strauß-Weg
6=Kaiserhof
Pumpwerk
Berg
Quelle
Kapelle
Kapelle
Friedhof
Kapelle
Lengdorf
7 = Kammerweg
8 = Joseph-Götsch-Straße
9 = Matthäus-Günther-Straße
10 = Ignaz-Günther-Straße
11 = Hochfellnstraße
12 = Ruthweg
Dorfstraße
Wabach
Geiereck
Weng
Haid
Rosenheimer Straße
Bahnhofstraße
486
439
301
324
345

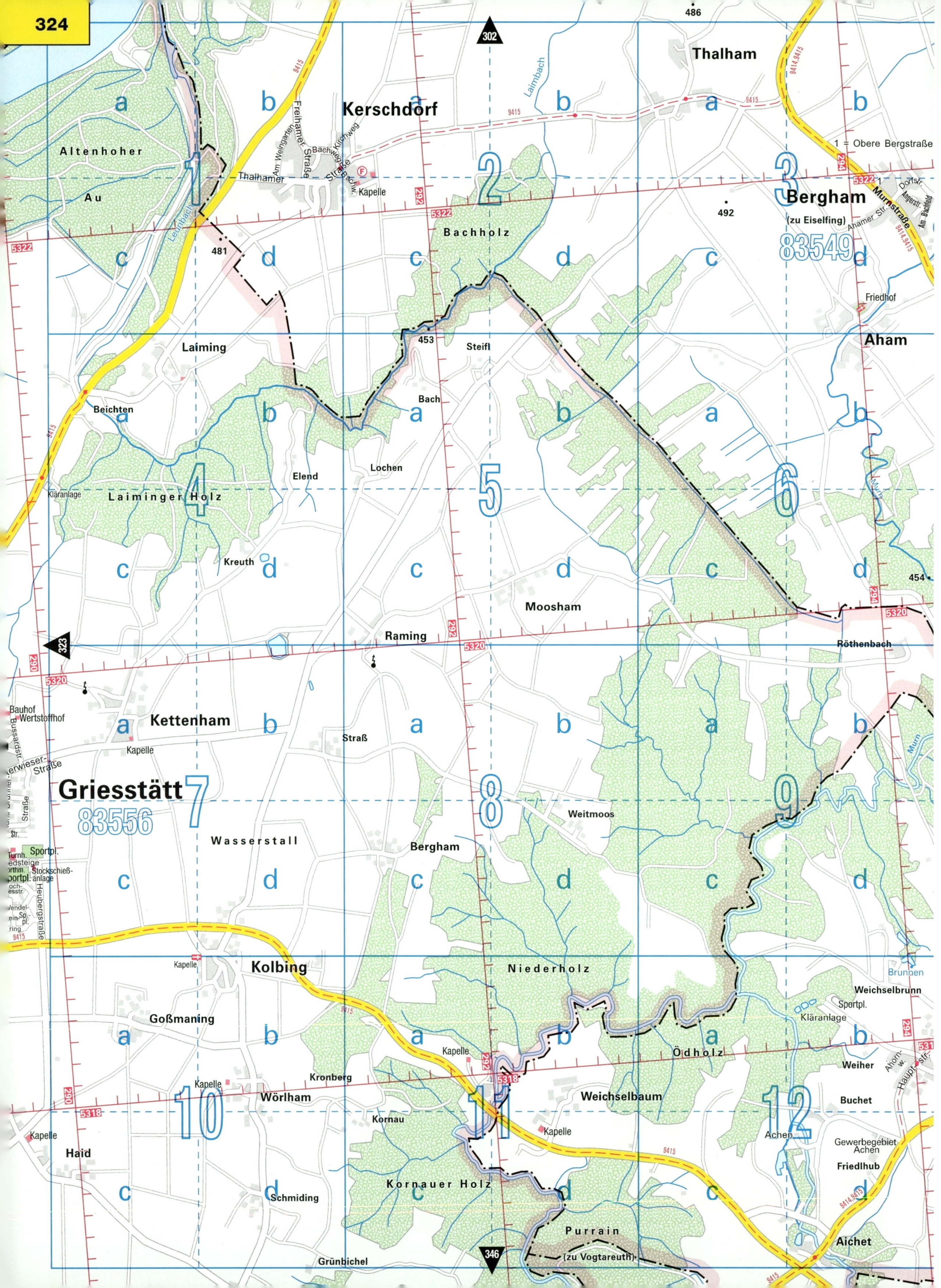
Kerschdorf
Thalham
Altenhoher
Au
Bachholz
Bergham
(zu Eiselfing)
83549
1 = Obere Bergstraße
Friedhof
Aham
Laiming
Steifl
Bach
Beichten
Elend
Lochen
Laiminger Holz
Kläranlage
Kreuth
Moosham
Raming
Röthenbach
Kettenham
Kapelle
Straß
Griesstätt
83556
Wasserstall
Bergham
Weitmoos
Kolbing
Niederholz
Goßmaning
Ödholz
Weichselbrunn
Kläranlage
Weiher
Kronberg
Wörlham
Weichselbaum
Buchet
Kornau
Achen
Gewerbegebiet Achen
Friedlhub
Haid
Schmiding
Kornauer Holz
Purrain
(zu Vogtareuth)
Aichet
Grünbichel
Bauhof
Wertstoffhof
Sportpl.
Stockschieß-anlage
Heubergstraße
Laimbach
Leunbach
Murn
Brunnen
Murnstraße
Thalhamer
Freihamer Straße
Kirchweg
Bachweg
302
323
346
486
492
481
453
454

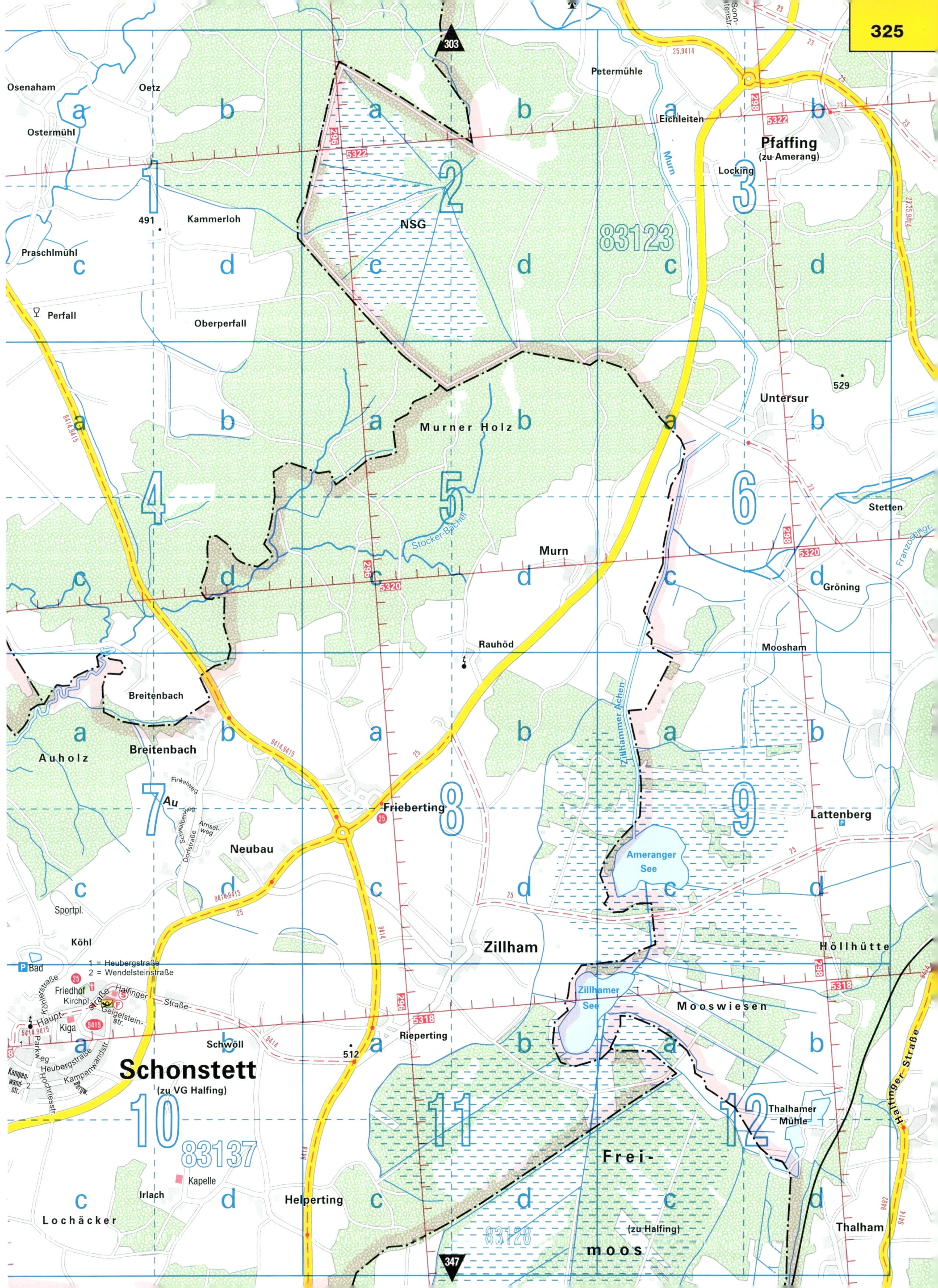

Osenaham
Oetz
Ostermühl
Praschlmühl
491
Kammerloh
Perfall
Oberperfall
NSG
Petermühle
Eichleiten
Murn
Pfaffing
(zu Amerang)
Locking
83123
Untersur
529
Murner Holz
Stocker-Bächel
Murn
Stetten
Gröning
Moosham
Rauhöd
Breitenbach
Auholz
Breitenbach
Finkelweg
Au
Amselweg
Schwalbenweg
Dorfstraße
Neubau
Frieberting
Zillhammer Achen
Ameranger See
Lattenberg
Sportpl.
Köhl
Zillham
Höllhütte
Bad
1 = Heubergstraße
2 = Wendelsteinstraße
Friedhof
Kirchpl.
Halfinger Straße
Geigelstein-str.
Haupt-
Kiga
Parkweg
Heubergstraße
Hochriesstr.
Kampenwandstr.
Bergw.
Zillhamer See
Mooswiesen
Schwöll
512
Rieperting
Schonstett
(zu VG Halfing)
83137
Kapelle
Irlach
Lochäcker
Helperting
Frei-
moos
(zu Halfing)
83128
Thalhamer Mühle
Thalham
Halfinger-Straße

Kittenalm
(zu Utting am Ammersee)
Horn
86919
Rieden
a. Ammersee
Weidengraben
Wolfgraben
Seeholz
NSG
Raumgraben
Riederau
Seibold-
Unterer Forst
Heimat-museum
Riederau
Bootsverleih
Dampfschiff-Landungsstelle
Strand-bad
Bahn-hofplatz
Seeweg-Nord
Steiniger Graben
Laggraben
Fintanggraben
Schlupf-
winkel
Hübschenried
Oberer Forst
Meichgraben
Friedhof
Curry Park
Dießener Straße
Seeweg-Süd
Unter-
forst
Schönbogen
Weihergraben
Stockwiesgraben
Kapellesgraben
Gruberbach
Am Seeacker
Bierdorf
Kapelle
Ammersee-Bahn
Kodergraben
Biedorf-Holzäcker
Biedorf
Holzäcker
Engenried
Hatz-
bogen
Campingplatz
Haltepunkt
Strandbad
Ammersee-Gymnasium
Lachen
Lachen-Gassenacker
Kirzingerstraße
Kinderheim St. Alban
Lachen-allee
Birkenallee
Kinderheim
St. Alban
Benediktinerinnen-kloster
St. Alban
Gruberberg
Bauhof Wertstoff-sammelst.
Romenthal
Gut
Romenthal-Allee
St.-Anna-Kapelle
Ge-werbegeb. (i.Plan)
Romenthal-weiher
Albangraben
86911
Gutgraben
Lachener Straße
Unterer Albaner Weg
Röthel-
moos
Oberfeldgraben
Dießen
a. Ammersee
Schinderweg
Baumschulweg
Landsberger Straße
Wildmoosstr.
1 = Wildmoosweg
Wasser-werk
Mehrzweckh.
Turnhalle
Hauptschule
Gewerbe-gebiet
Rotter Straße
Fest-platz
See-anlagen
Segelsch.
ADK-Pavillon
DSC-Clubgelände
Landungs-stelle
Dießen
Boots-verleih
Miniaturgolf
Sportplatz
Rathaus
Marktpl.
Kiga
Prinz-Ludwig-Str.
Herren-str.
Verkehrs-büro
Marien-platz
Kino
Mühl-str.
Egart
Neudießener Str.
Schorn-W.
Stephan-str.
Pfarrk. Maria-H.
Kloster-hof
Mädchen-realschule Internat
Wertstoff-sammelstelle
Winter-str.
Rotter Straße
304
348

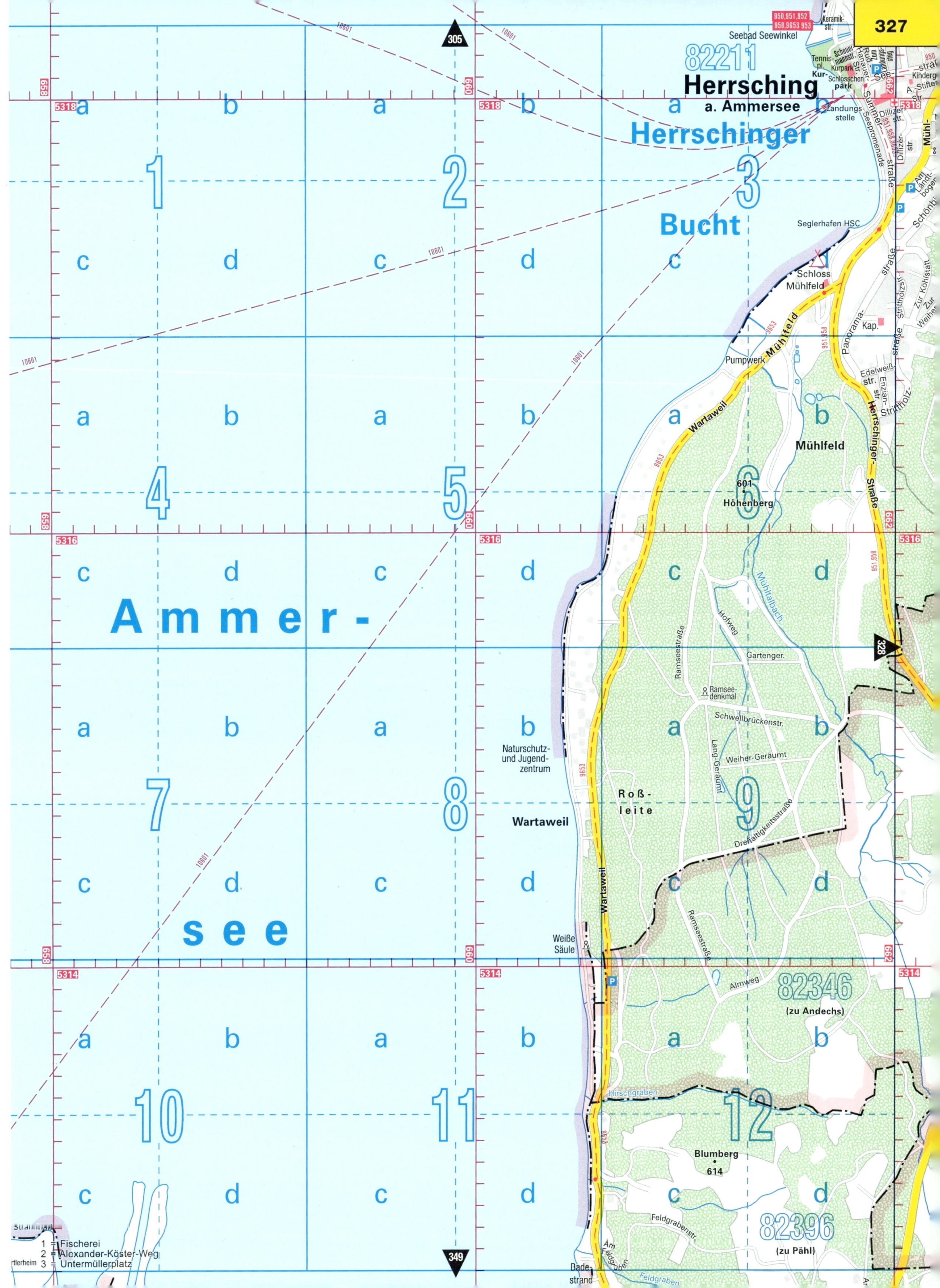
Herrsching
a. Ammersee
82211
Herrschinger
Bucht
Ammer-
see
Seebad Seewinkel
Landungs-
stelle
Seeglerhafen HSC
Schloss
Mühlfeld
Pumpwerk
Mühlfeld
Wartaweil
Herrschinger-
Straße
Höhenberg
601
Mühltalbach
Hofweg
Gartenger.
Ramseestraße
Ramsee-
denkmal
Schwellbrückenstr.
Lang-Geräumt
Weiher-Geräumt
Dreifaltigkeitsstraße
Roß-
leite
Naturschutz-
und Jugend-
zentrum
Wartaweil
Weiße
Säule
Almweg
82346
(zu Andechs)
Hirschgraben
Blumberg
614
Feldgrabenstr.
82396
(zu Pähl)
Bade-
strand
Feldgraben
1 = Fischerei
2 = Alexander-Köster-Weg
3 = Untermüllerplatz
305
328
349

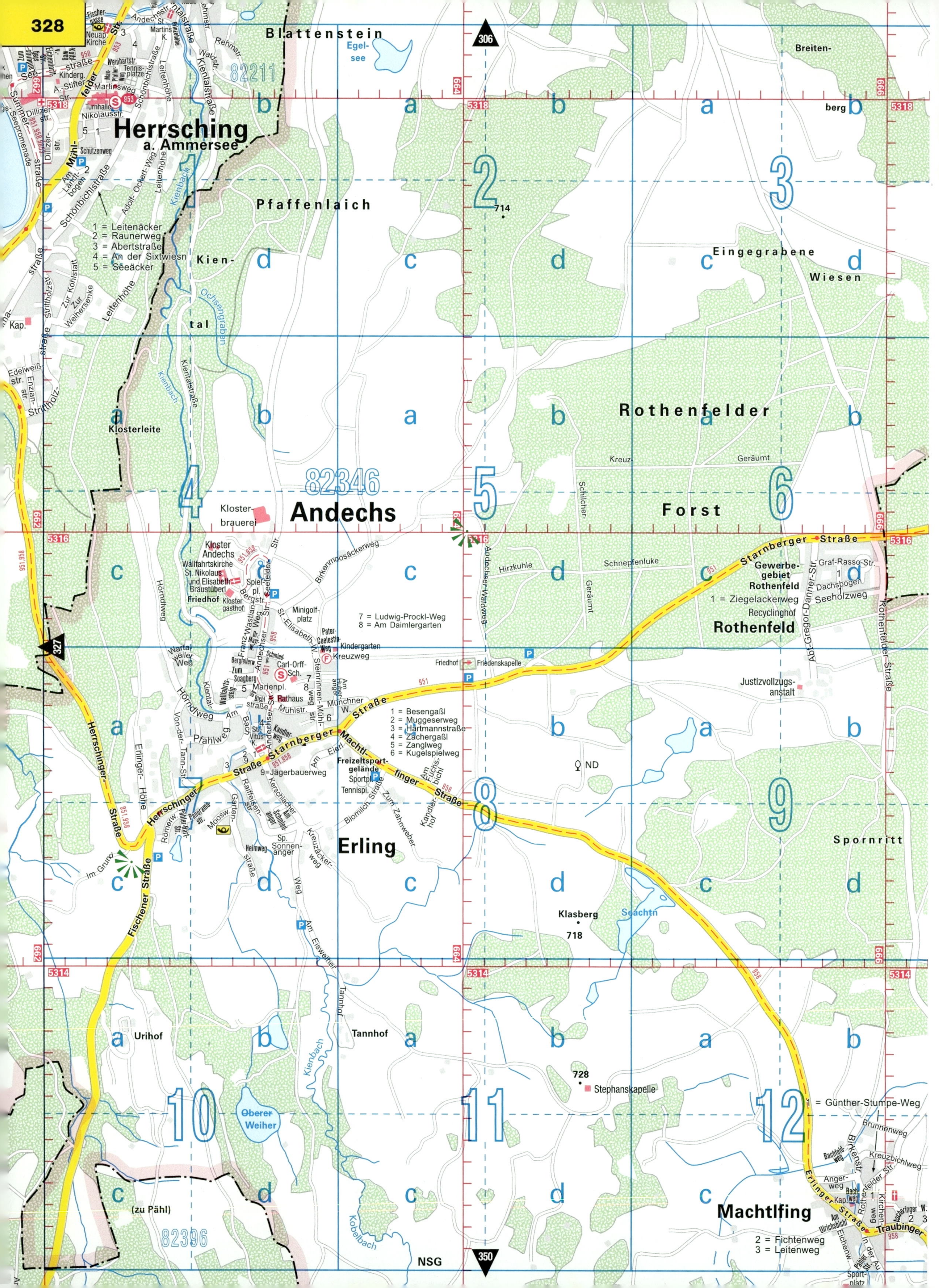

Blattenstein
Egelsee
82211
Herrsching a. Ammersee
Pfaffenlaich
Kien-
tal
Ochsengraben
Kienbach
Kientalstraße
1 = Leitenäcker
2 = Raunerweg
3 = Abertstraße
4 = An der Sixtwiesn
5 = Seeäcker
714
Eingegrabene Wiesen
Breitenberg
Klosterleite
Rothenfelder Forst
82346
Andechs
Klosterbrauerei
Kloster Andechs
Wallfahrtskirche St. Nikolaus und Elisabeth
Bräustüberl
Friedhof
Klostergasthof
Minigolfplatz
7 = Ludwig-Prockl-Weg
8 = Am Daimlergarten
Kindergarten
Kreuzweg
Carl-Orff-Sch.
Marienpl.
Rathaus
Friedhof
Friedenskapelle
Andechser Waldweg
Hirzkuhle
Schnepfenluke
Starnberger Straße
Gewerbegebiet Rothenfeld
1 = Ziegelackerweg
Recyclinghof
Rothenfeld
Graf-Rasso-Str.
Dachsbogen
Seeholzweg
Abt-Gregor-Danner-Str.
Rothenfelder Straße
Justizvollzugsanstalt
1 = Besengaßl
2 = Muggeserweg
3 = Hartmannstraße
4 = Zachergaßl
5 = Zanglweg
6 = Kugelspielweg
9 = Jägerbauerweg
Freizeitsportgelände
Machtlfinger Straße
Herrschinger Straße
Fischener Straße
Erling
Hörndlweg
Prahlweg
ND
Klasberg
718
Seachtn
Spornritt
Urihof
Tannhof
Kienbach
Oberer Weiher
728
Stephanskapelle
1 = Günther-Stumpe-Weg
Brunnenweg
Kreuzbichlweg
Machtlfing
Erlinger Straße
Traubinger Straße
2 = Fichtenweg
3 = Leitenweg
(zu Pähl)
82396
Kobelbach
NSG
306
327
350

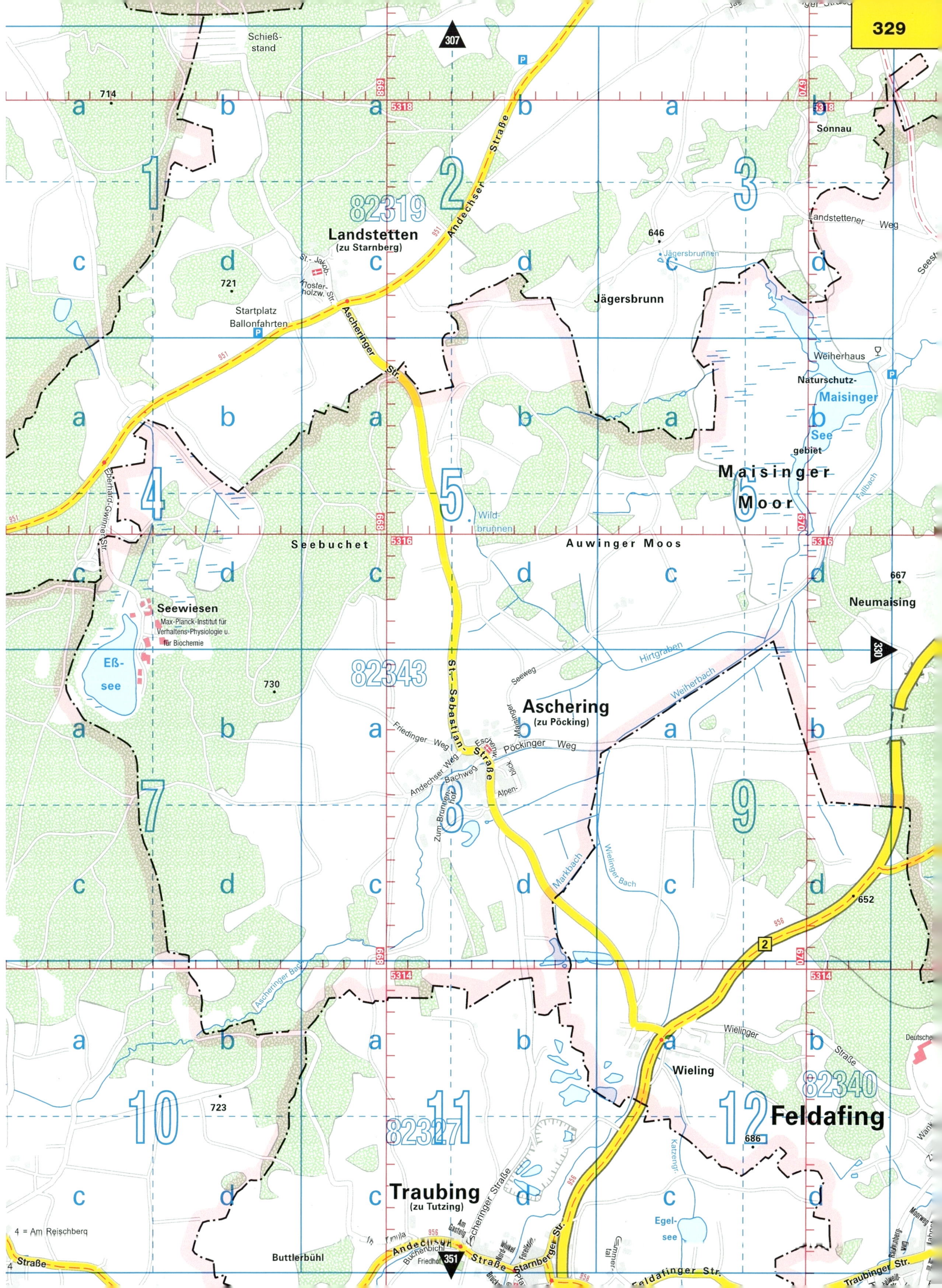

Schießstand
307
714
Sonnau
82319
Landstetten
(zu Starnberg)
Andechser Straße
St.-Jakob-
Klosterholzw. Str.
721
Startplatz Ballonfahrten
Ascheringer Str.
646
Jägersbrunnen
Jägersbrunn
Landstettener Weg
Weiherhaus
Naturschutzgebiet
Maisinger See
Maisinger Moor
Fallbach
Eberhard-Gwinner-Str.
Wildbrunnen
Seebuchet
Auwinger Moos
667
Neumaising
Seewiesen
Max-Planck-Institut für Verhaltens-Physiologie u. für Biochemie
Eßsee
730
82343
Hirtgraben
Weiherbach
330
Seeweg
St.-Sebastian-Straße
Aschering
(zu Pöcking)
Friedinger Weg
Pöckinger Weg
Andechser Weg
Bachweg
Alpenblick
Zum Brunnenhof
Markbach
Wielinger Bach
652
2
Ascheringer Bach
Wielinger Straße
Wieling
82340
723
82327
Feldafing
686
Katzengr.
Deutsche
Traubing
(zu Tutzing)
Ascheringer Straße
Egelsee
4 = Am Reischberg
Buttlerbühl
Andechser Straße
351
Starnberger Str.
Feldafinger Str.
Traubinger Str.
Gimmertal
Buchenbichl
Friedhof
Straße

308
Starnberg
82319
Neusöcking
Maisinger
Schlucht
Standort-
übungsplatz
Maising
General- Fellgiebel-
Kaserne
Maxhof
Gut
Schmalzhof
Niederpöcking
Possenhofer
Wald
Pöcking
82343
Neumaising
Lindenberg-
siedlung
Birken-
siedlung
Ministerhügel
Possenhofen
Kalvarienberg
Erholungs-
gelände
Schloss
Jachthafen
Wolfs-
schlucht
Feldafing
82340
Kalvarien-
berg
Golf-
platz
Lenné-
park
Gewerbe-
gebiet
Freibadgelände
der Stadt München
Wasserrettungs-
station der DLRG
Paradies
Badeplatz
Anlege-
stelle
Freibad
Segelclub
Feldafing
Münchner
Yacht-Club
Deutsche Stiftung für
internationale
Entwicklung
Weilheimer Straße
Possenhofener Straße
Ferdinand-von-Miller-Straße
Hauptstraße
Starnberger Straße
Bahnhofstraße
Traubinger
Tutzinger
Kochelsee-Bahn
S6
1 = Georg-Kraft-Weg
2 = Dr.-Appelhaus-Weg
352
329

Starnberger See
Berg
Kempfenhausen
Manthal
Harkirchen
Leoni
Aufkirchen
Farchach
Bachhausen
Aufhausen
Maxhöhe
Assenhausen
Sibichhausen
Biberkor
Manthalhammer
Martinsholzen
Assenbuch
Rottmannshöhe
82335
Cityplan S.42
(zu Stranberg)
309
332
353
Dampfersteg Bootsverleih
Segelklub
Landschulheim Kempfenhausen
Erholungsgelände
Schloss
Sanatorium
Intern. Klinik
Münchner Straße
Seeshaupter Str.
Percha Straße
Marienstraße
Kellerbach-straße
Farchacher Straße
Oberland-straße
Berger Straße
Wadlhauser Straße
Bachhauser Straße
Lüßbach
Hälsbach
Biberkorbach
Sportplätze
Skilift
Gewerbegebiet
Volksschule
Kiga
Friedhof
Wertstoffhof
Pumpwerk
Wasserwerk
Bauhof
Montessori-schule
Tennisanl.
Bismarckturm
Grabhügel
Votivkapelle
Kapelle
Freibad
Anlegestelle
Oskar-Maria-Graf-Platz
1 = Amselweg
660
664
668
679

Wadlhauser Gräben
Grubholz
Aufkirchner Holz
Steinberg-siedlung
Zell
82069
Irschenhausen
82335
Mörlbach
(zu Berg)
Schloss
Wadlhauser Straße
Mörlbacher
Wadlhausen
Ulrich-hügel
Schützen-ried
Münchner Straße
Icking
82057
Schwarze Wand
Walchstadt
Isar-Schleuse
Ickinger Stausee
Isar
Weiße Wand
Stocker-weiher
1=Geheimrat-Heindl-Weg
1 = Am Bahnhof
Bachhauserwies
Walchstadter Straße
Mitten-walder Str.
Ebenhauser Straße
E533
95
310
331
354

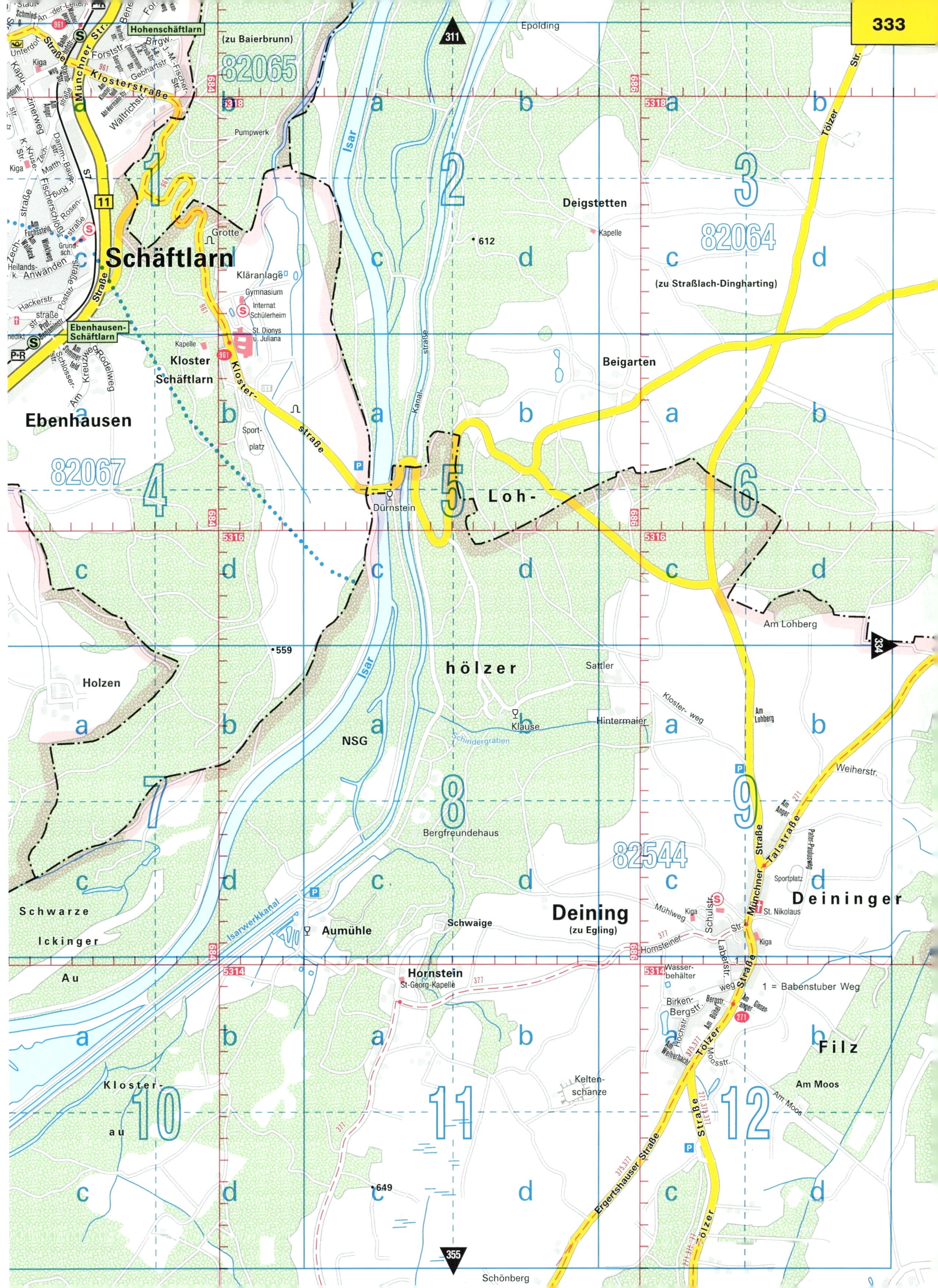
Hohenschäftlarn
(zu Baierbrunn)
82065
Epolding
311
Pumpwerk
Isar
Deigstetten
Kapelle
612
Grotte
Schäftlarn
82064
Kläranlage
Gymnasium
Internat Schülerheim
St. Dionys u. Juliana
(zu Straßlach-Dingharting)
Ebenhausen-Schäftlarn
Kapelle
Kloster Schäftlarn
Beigarten
Ebenhausen
Sport-platz
Klosterstraße
Kanal-straße
82067
Dürnstein
Loh-
Tölzer Str.
Am Lohberg
334
559
hölzer
Sattler
Holzen
Klause
Hintermaier
Kloster-weg
NSG
Schindergraben
Weiherstr.
Bergfreundehaus
82544
Talstraße
Münchner Straße
Sportplatz
Deininger
St. Nikolaus
Schwarze
Ickinger
Au
Isarwerkkanal
Aumühle
Schwaige
Deining
(zu Egling)
Hornsteiner
Kiga
Hornstein
St-Georg-Kapelle
Wasser-behälter
1 = Babenstuber Weg
Filz
Kloster-
au
Kelten-schanze
Am Moos
Tölzer Straße
Ergertshauser Straße
649
355
Schönberg

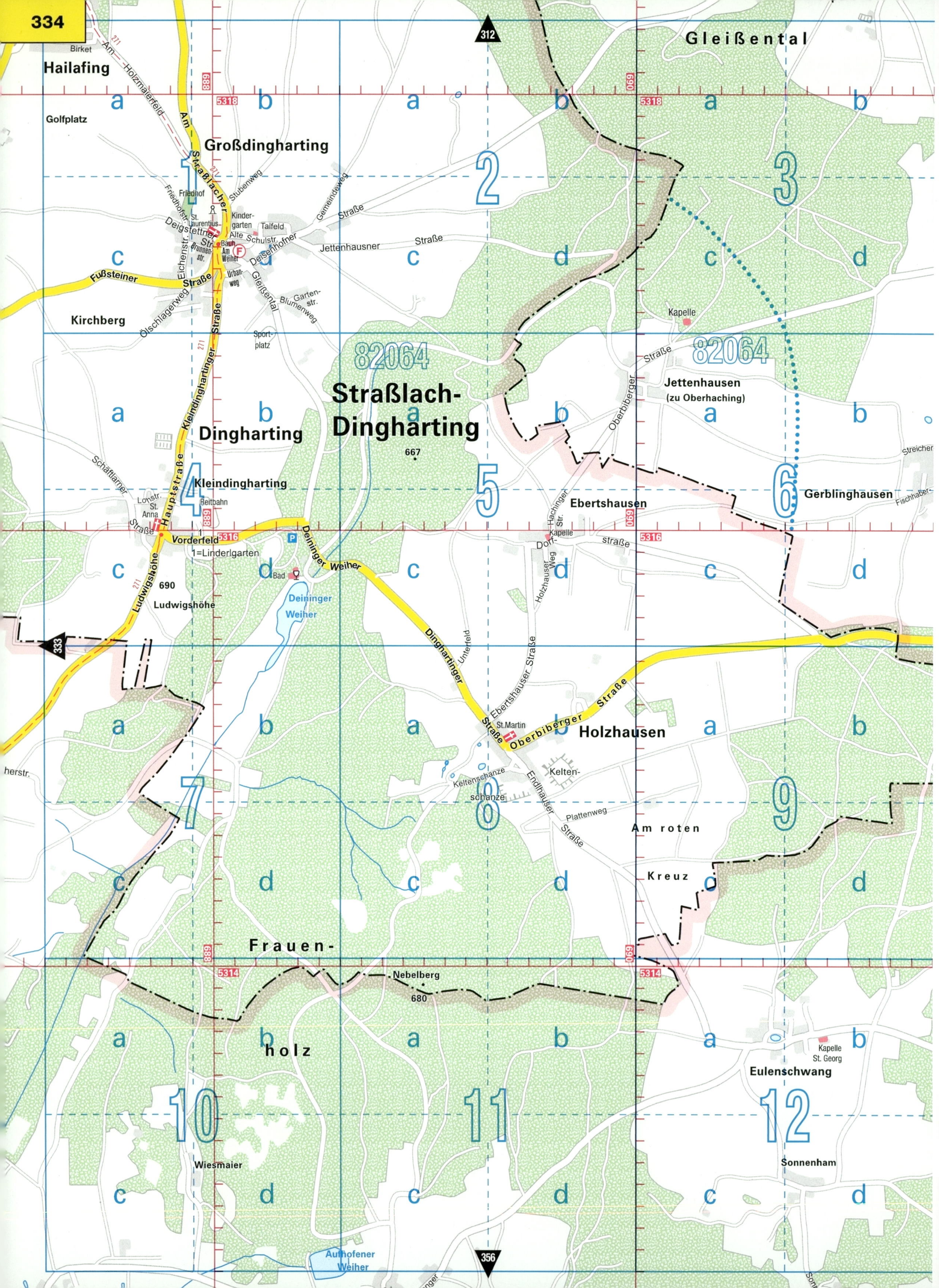

312
Hailafing
Birket
Am Holzmaierfeld
Golfplatz
Großdingharting
Straßlacher Str.
Friedhof
St. Laurentius
Kindergarten
Talfeld
Deigstettner Str.
Alte Schulstr.
Deisenhofner Straße
Gemeindeweg
Jettenhausner Straße
Fußsteiner Straße
Eichenstr.
Ölschlagerweg
Gleißental
Gartenstr.
Blumenweg
Kirchberg
Sportplatz
Gleißental
Kapelle
82064
Straßlach-Dingharting
Dingharting
Kleindingharting
Kleindinghartinger Straße
Hauptstraße
Schäftlarner Str.
St. Anna
Reitbahn
Vorderfeld
1=Linderlgarten
Ludwigshöhe
690
Deininger Weiher
Bad
667
Jettenhausen
(zu Oberhaching)
Oberbiberger Straße
Ebertshausen
Hachinger Str.
Kapelle
Dorfstraße
Holzhauser Weg
Gerblinghausen
Streicher
Fischhaber
333
Dinghartinger Straße
Unterfeld
Ebertshauser Straße
St.Martin
Oberbiberger Straße
Holzhausen
Keltenschanze
Kelten-schanze
Endlhauser Straße
Plattenweg
Am roten Kreuz
Frauenholz
Nebelberg
680
Eulenschwang
Kapelle St. Georg
Sonnenham
Wiesmaier
Aufhofener Weiher
356

Oberbiberg
82041
Sauerlacher Holz
Hirschbrunnen
Hirschbrunnen (gemeindefreies Gebiet)
Kelten-schanze
Kreuzpullacher Weg
Dietramszeller Straße
Stauchartinger Weg
Jettenhauser Str.
Zugspitz-straße
1 = Schmiedbauern-weg
Schwaigerweg
Karwendelstr.
Tegernseer-Geräumt
Hirschbrunner-Geräumt
St.-Anna-Kapelle
Altkirchner Holz
Lohholz
Schwaiger
Schwaiger Weg
Gumpertshausen
Jocham-weg
Talweg
Oberbiberger Straße
Sägewerk
Fischhaberweg
Glas-Bauer-Kapelle
Altkirchen (zu Sauerlach)
82054
Hauptstraße
Friedhof
St. Margareth
Schützen-heim
Holzhauser Weg
Argeter Weg
Eichenhausener Straße
Oberdorfer Weg
Hollerweg
1 = Marxnweg
2 = Wirtweg
Altkirchener Straße
Endlhausener Straße
Weidgfüll
Kleineichen-hausen
Schwarzenweg
Kapelle
Hart-wiesen
Großeichen-hausen
Endlhausener Str.
Säge-werk
82544
Endlhausen (zu Egling)
Sauerlacher Straße
Großeichenhauser Straße
Wolfratshauser Straße
Dietramszeller Straße
1=Schmiedweg
Kinderg.
Kiga
St. Valentin
Geiterhauser Straße
2 = Raiffeisenstraße
3 = Kagererweg
4 = Wimbauernleiten
5 = Leonhardsweg
Kelten-schanze
313
336
357

Waldsiedlung
314
13
Reiß
Römerstraße
Deisenhofener Str.
604
(gemeindefreies Gebiet)
Kapelle
620
Lanzenhaarer Wald-weg
Deisenhofener Weg
Münchener Straße
Otterloher Straße
Mozartstr.
Haydnstr.
Schubertstr.
Am Otterloher Feld
Tennis-pl.
Jugend-zentrum
Mehrzweck-h.
Sportpl.
Wirthfeldweg
Margarethenstr.
82054
Sauerlach
Stauchartinger Weg
Gänskragen-weg
Eichenstr.
Buchenstr.
Kirchstr.
Schmiedstr.
Ort-weg
Sommer-
1 = Bahnhofplatz
2 = Friedrich-Wilhelm-Raiffeisen-Straße
Sauerlach
P+R
Energiestraße
Landwirtschaftl. Lagenhaus
Geothermie-werk
Heizwerk
Am Heizwerk
Wiesenring
Winterstr.
Frühlingstr.
L.-Bülkow-Str.
Schützenheim
Boule-pl.
Bogen-schießpl.
Altkirchner
Holz
3 = Lerchenweg
4 = Amselweg
5 = Drosselweg
6 = Schwalbenweg
Schelcher-weg
Elsternw.
Spatzenloh-weg
Altes Wasserhaus
Wolfratshausener Straße
Hofolding er Straße
Linden-weg
Spiel-platz
Friedhof
St. Andreas-K.
Bahnhof-str.
Rat-haus
VHS
Am Post-anger
Hoanzweg
Hartl-weg
Keltenstr.
Kelten-
Oberbrand-str.
7 = Dischingerweg
8 = Schaflerweg
9 = Am Grafinger Steig
10 = Am Wasserhäusl
11 = Am Pfarrgarten
Pflege-hm.
Hubertusstr.
Karlstr.
Ottostr.
Georgstr.
Blombergstr.
Jasbergw.
Wallbergstr.
Hirschberg-str.
Ringberg-str.
Schützen-str.
Rudolf-Diesel-Ring
Rud.-Diesel-R.
Bauhof
Ohmstr.
Robert-Bosch-Str.
Gewerbe-gebiet
Wertstoffhof
Otterfinger Weg
S3
Neuer Friedhof
Pechler-weg
Waldkinder-garten
Tegernseer Landstraße
Auf dem Brand
335
Papier-holz
Neubauer
Neubauerweg
Hart-wiesen
Jägerbauern-holz
Oberland-straße
Hartstall-straße
Grafing
Ludw.-Thoma-Str.
Kiem-Pauli-Weg
Landstraße
Spiel-platz
Mitterfeld
Kleefeld-straße
Sport-platz
Schützenheim
Tennisanlage
Lochhofen
Jägerbauer
Bavariastraße
Bajuwarenstr.
Römerstr.
Kramer-gasse
Altkirchener Straße
Metzger
Michaelistr.
Oberland-
Reitbahn
658
641
1=Kaltschmiedweg
Am Goldbichl
Kiga
Finkenweg
Zacherlweg
Fried-hof
Ziegelweiher
Brand
Am Brand
Obermaner Straße
Schulstr.
Zum Lang
Am Feld
Holzkirchner Str.
Arget
Ursprunger Straße
Ursprunger Str.
Spiel-platz
Demmelweg
Heimatmus.
358
Köhler-
Corona-kapelle
Tegernseer Landstr.

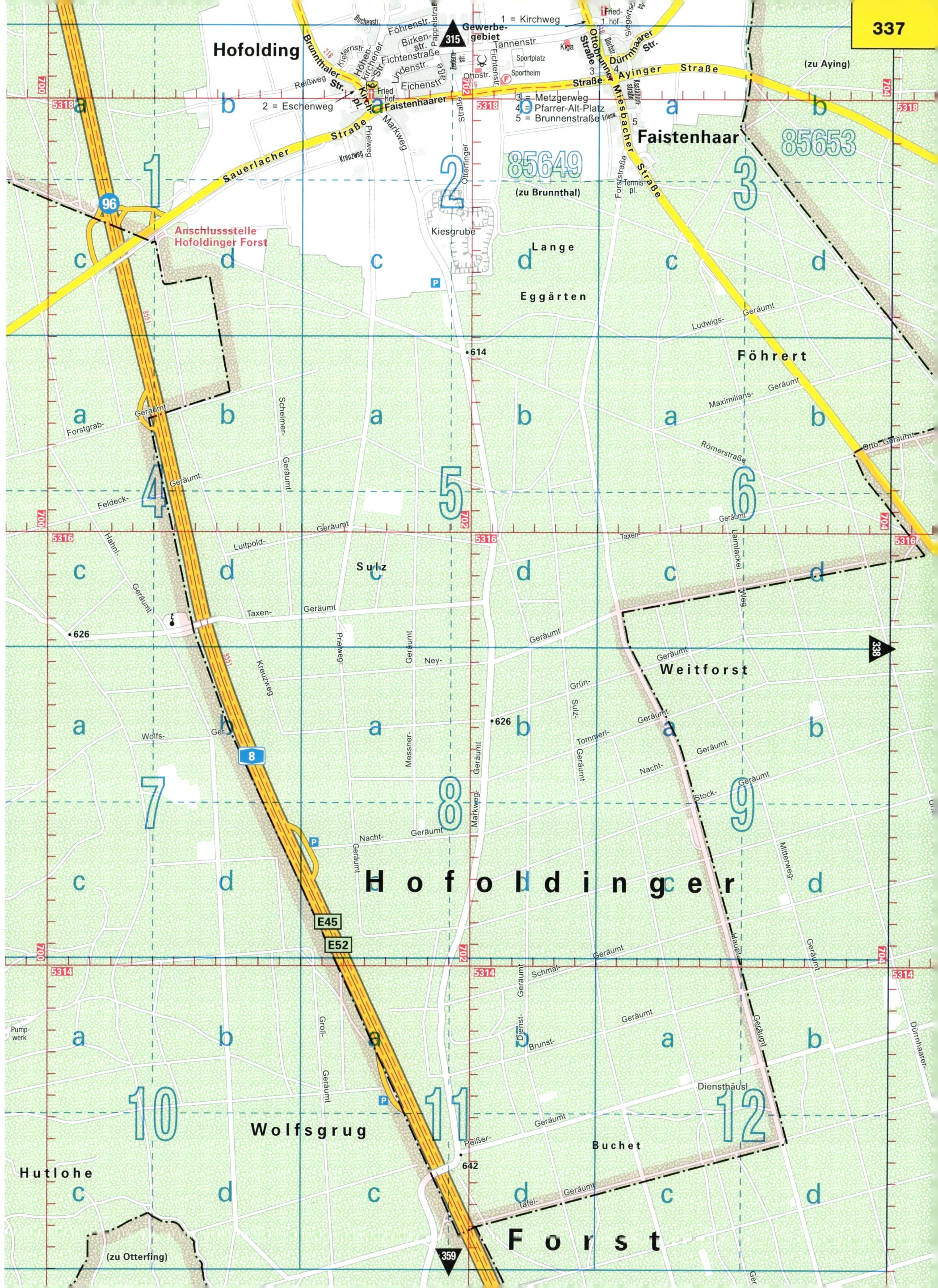
Hofolding
Faistenhaar
1 = Kirchweg
2 = Eschenweg
3 = Metzgerweg
4 = Pfarrer-Alt-Platz
5 = Brunnenstraße
Gewerbegebiet
85649
(zu Brunnthal)
85653
(zu Aying)
Sauerlacher Straße
Ayinger Straße
Ottobrunner Straße
Miesbacher Straße
Dürrnhaarer Str.
Brunnthaler Str.
Faistenhaarer
Kiesgrube
Lange
Eggärten
Föhrert
Anschlussstelle Hofoldinger Forst
Sulz
Weitforst
Hofoldinger
Forst
Wolfsgrug
Hutlohe
Buchet
Diensthäusl
(zu Otterfing)
Markweg
Prielweg
Kreuzweg
Taxen-
Ney-
Geräumt
614
626
642
338
359
315
E45
E52
8
96

Kohlholz
Handlholz
Pumpwerk
Ayinger Straße
Aying
Biersee
Sportplatz
1 = Michael-Kometer-Ring
2 = Bajuwarenweg
3 = Sattlerberg
4 = Am Wagnerberg
5 = Johann-Mang-Weg
6 = Franz-Inselkammer-Straße
7 = Bräulandweg
8 = Hopfenweg
9 = Malzweg
10 = Gerstenweg
Münchener Straße
Untere Dorfstr.
Zornedinger Straße
Brauerei
Seniorenheim
Heimaths. Sixthof
St.-Andreas-Kirche
Rathaus
Bahnhofstraße
Schreinerweg
Kaltenbrunner Str.
Behamweg
Lindacher Weg
Moosweg
Kiga
Liebhards-weiher
Zum Talfeld
85653
Otto-Geräumt
Kronester Wald
Dürrnhaarer Str.
1 = Am Oberfeld
2 = Kramer Wiese
Peiß
Rosenheimer Landstraße
Graßer Weg
St.-Nikolaus-Kirche
Mitter-weg
Eichstutzen-weg
Holzkirchener Str.
Mühlweg
616
606
Römersiedlung
Römerstraße
Neu-Geräumt
Gemeindeholz
Göggenhofen
Hauptstraße
Hofoldinger
1 = Gespreiweg
2 = Sixenbogen
3 = Pflugweg
Neugöggen-hofen
Untere Bahnhofstraße
Bauhof
Osterholzfeld
Großhelfendorf
Obere Bahnhofstraße
Forststraße
Gewerbe-gebiet
Klein-karolinenfeld
Dürrnhaarer-Geräumt
Weißforst-Geräumt
(gemeindefreies Gebiet)
Forst
83626
(zu Valley)
316
337
360

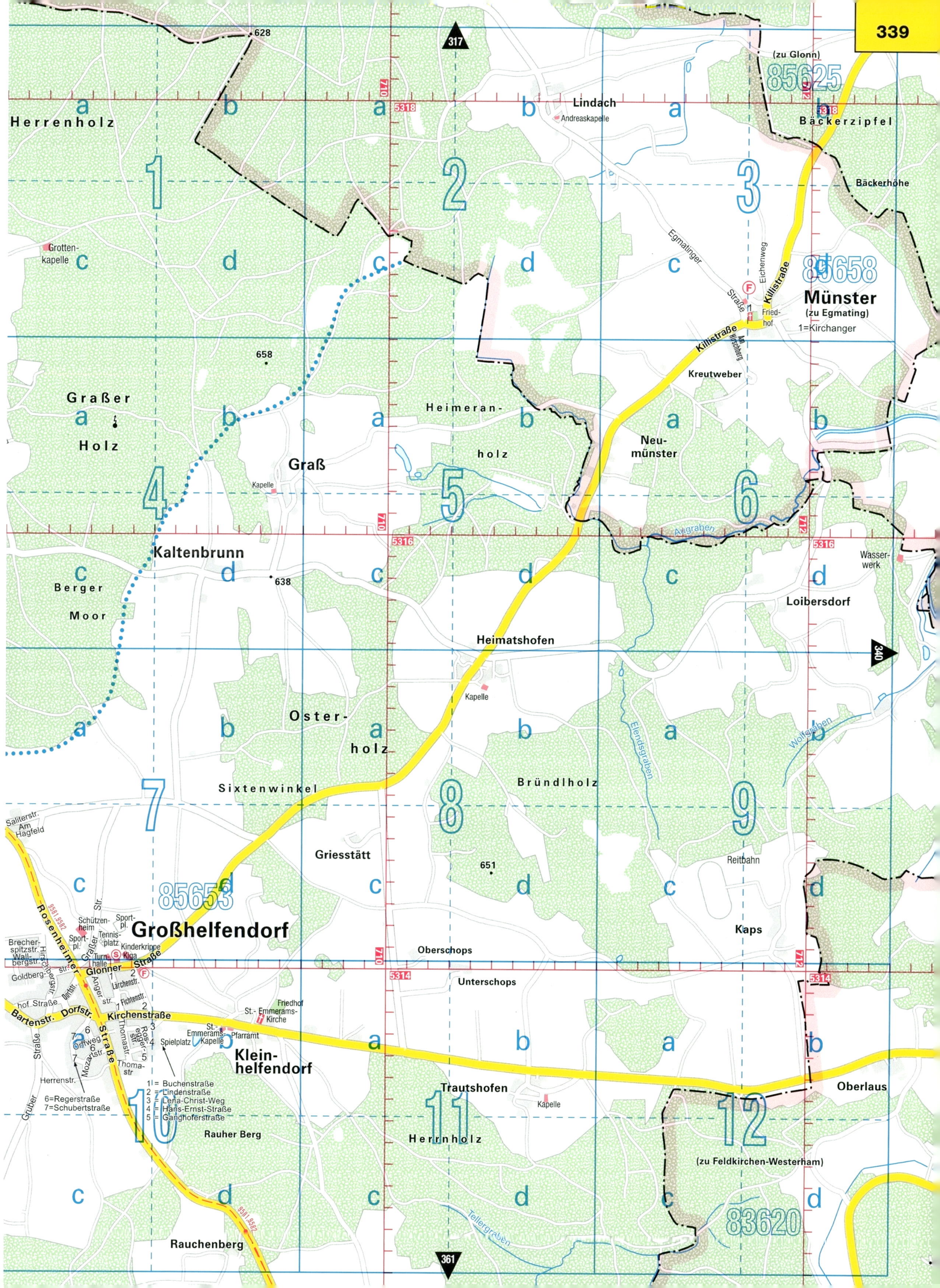

317
628
Herrenholz
(zu Glonn)
85625
Lindach
Andreaskapelle
Bäckerzipfel
Bäckerhöhe
Grotten-kapelle
Egmatinger Straße
Eichenweg
Killistraße
85658
Münster
(zu Egmating)
1=Kirchanger
Fried-hof
Kreutweber
658
Graßer Holz
Heimeran-holz
Graß
Kapelle
Neu-münster
Augraben
Kaltenbrunn
638
Berger Moor
Wasser-werk
Loibersdorf
Heimatshofen
340
Kapelle
Oster-holz
Elendsgraben
Wolfsgraben
Bründlholz
Sixtenwinkel
Saliterstr.
Am Hagfeld
Griesstätt
651
Reitbahn
85653
Großhelfendorf
Schützen-heim
Sport-pl.
Tennis-platz
Kinderkrippe
Kiga
Turn-halle
Glonner Straße
Rosenheimer Straße
Kaps
Oberschops
Unterschops
Friedhof
St.-Emmerams-Kirche
St.-Emmerams-Kapelle
Pfarramt
Kirchenstraße
Bartenstr.
Dorfstr.
Spielplatz
Klein-helfendorf
Trautshofen
Kapelle
Oberlaus
1 = Buchenstraße
2 = Lindenstraße
3 = Lena-Christ-Weg
4 = Hans-Ernst-Straße
5 = Ganghoferstraße
6=Regerstraße
7=Schubertstraße
Rauher Berg
Herrnholz
(zu Feldkirchen-Westerham)
Tellergraben
83620
Rauchenberg
361

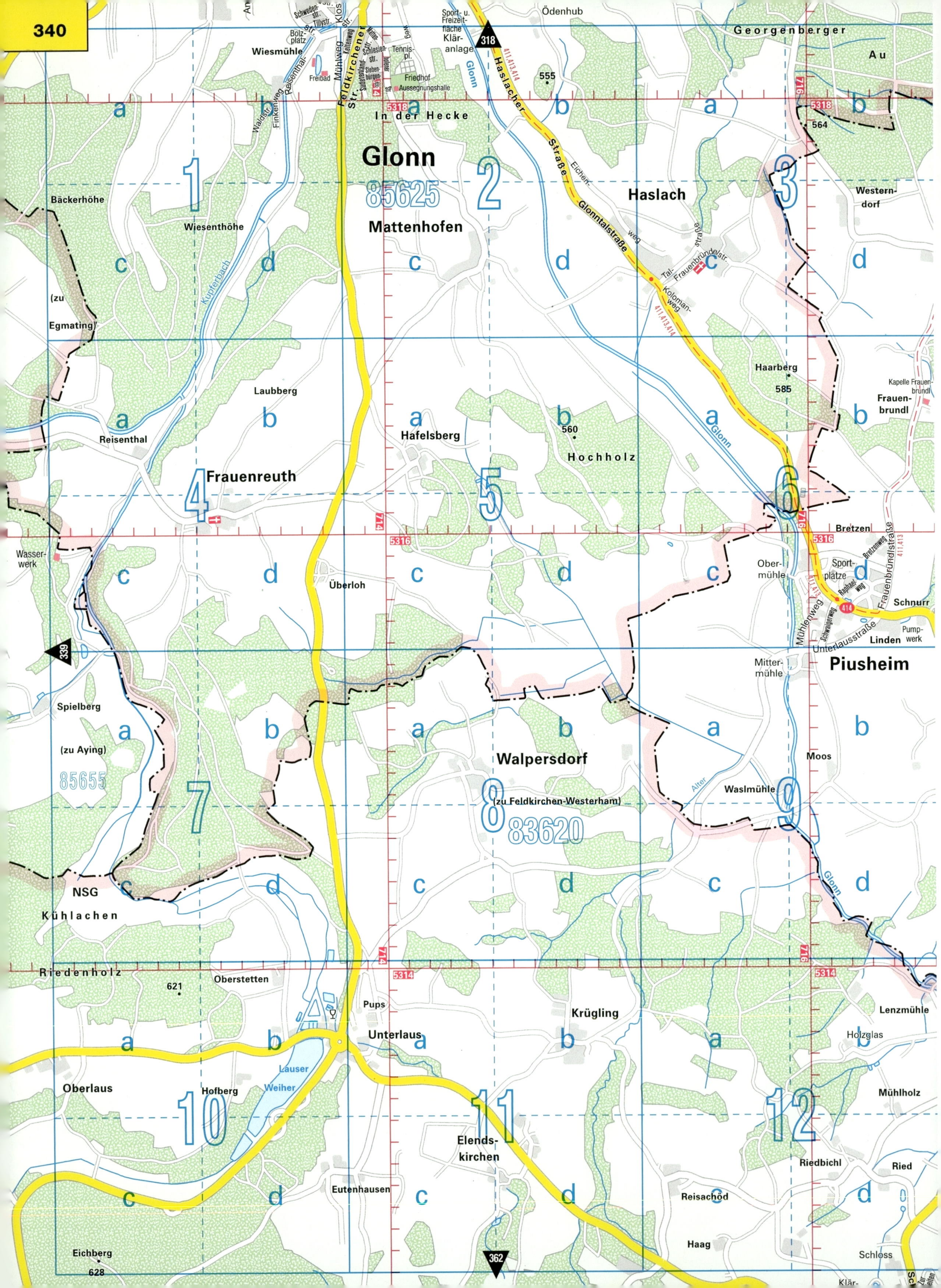

Glonn
85625
Mattenhofen
Haslach
Wiesmühle
Freibad
Friedhof
Aussegnungshalle
Kläranlage
Ödenhub
Georgenberger
Au
In der Hecke
555
564
Westerndorf
Bäckerhöhe
Wiesenthöhe
Kupferbach
(zu Egmating)
Glonntalstraße
Haslacher Straße
Eichenweg
Frauenbründlstr.
Kolomanweg
Haarberg
585
Kapelle Frauenbrundl
Frauenbrundl
Laubberg
Reisenthal
Hafelsberg
560
Hochholz
Frauenreuth
Glonn
Bretzen
Wasserwerk
Überloh
Obermühle
Sportplätze
Schnurr
Linden
Pumpwerk
Mittermühle
Piusheim
Mühlenweg
Unterlausstraße
Spielberg
(zu Aying)
85655
Walpersdorf
Moos
Waslmühle
Alter
(zu Feldkirchen-Westerham)
83620
NSG
Kühlachen
Riedenholz
621
Oberstetten
Pups
Krügling
Lenzmühle
Unterlaus
Holzglas
Oberlaus
Hofberg
Lauser Weiher
Mühlholz
Elendskirchen
Riedbichl
Ried
Eutenhausen
Reisachöd
Haag
Eichberg
628
Schloss
318
339
362
5318
5316
5314
714
716

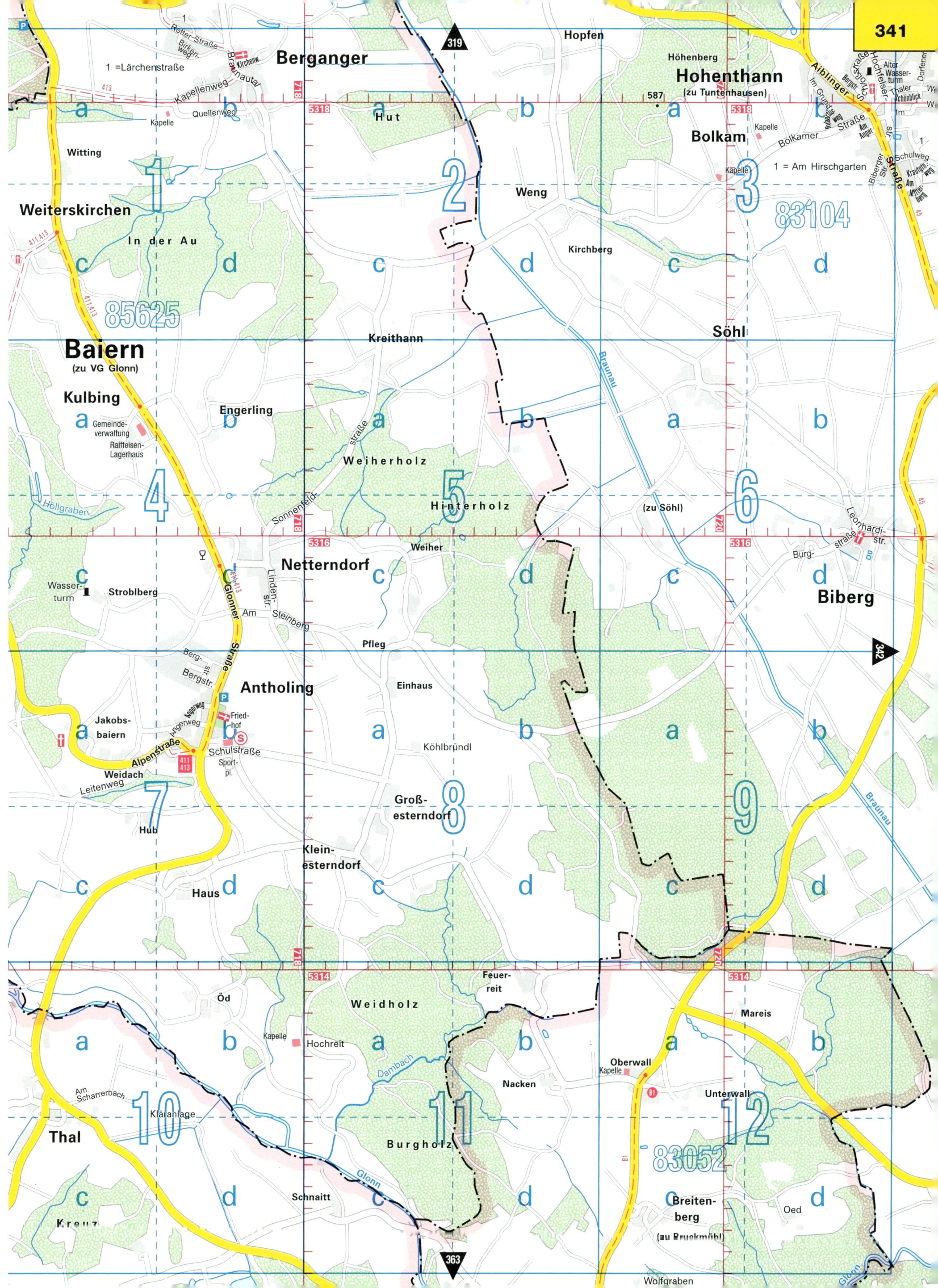
Berganger
Hopfen
Höhenberg
Hohenthann
(zu Tuntenhausen)
Hut
Bolkam
Witting
Weiterskirchen
In der Au
Weng
Kirchberg
85625
83104
Kreithann
Söhl
Baiern
(zu VG Glonn)
Kulbing
Engerling
Gemeinde-
verwaltung
Raiffeisen-
Lagerhaus
Weiherholz
Höllgraben
Hinterholz
(zu Söhl)
Weiher
Netterndorf
Stroblberg
Biberg
Pfleg
Antholing
Einhaus
Jakobs-
baiern
Köhlbründl
Weidach
Groß-
esterndorf
Hub
Klein-
esterndorf
Haus
Feuer-
reit
Öd
Weidholz
Mareis
Hochreit
Oberwall
Nacken
Unterwall
Thal
Kläranlage
Burgholz
83052
Schnaitt
Breiten-
berg
Oed
Kreuz
Wolfgraben
Braunau
Glonn
Dambach
319
342
363

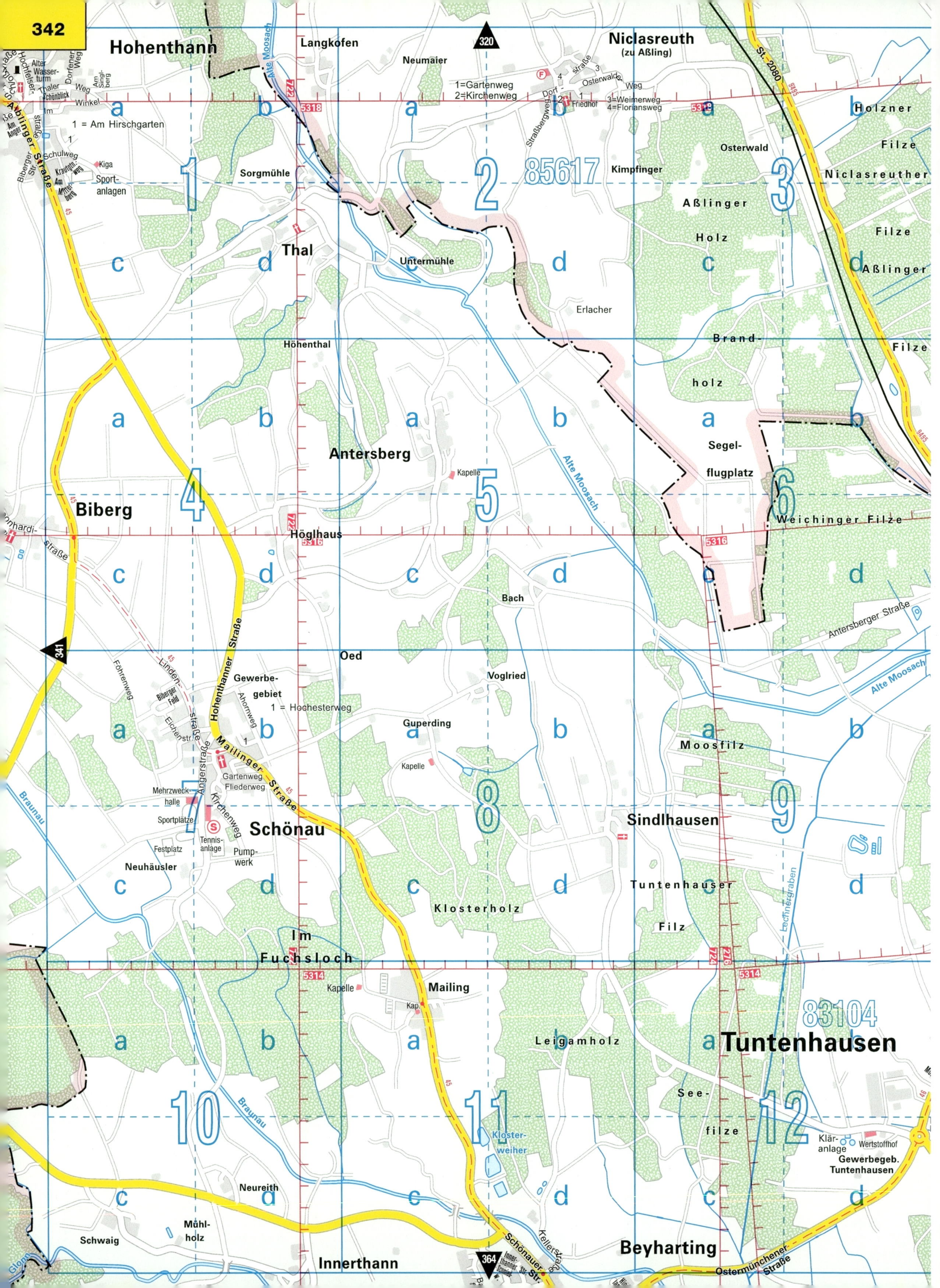

Hohenthann
Langkofen
Neumaier
Niclasreuth
(zu Aßling)
1=Gartenweg
2=Kirchenweg
3=Weimerweg
4=Floriansweg
Friedhof
Osterwald
Kimpfinger
85617
Holzner
Filze
Niclasreuther
Filze
Aßlinger
Filze
Aßlinger
Holz
Brand-
holz
1 = Am Hirschgarten
Schulweg
Kiga
Sport-
anlagen
Sorgmühle
Thal
Untermühle
Erlacher
Höhenthal
Antersberg
Kapelle
Segel-
flugplatz
Weichinger Filze
Biberg
Höglhaus
Bach
Antersberger Straße
Alte Moosach
Oed
Voglried
Gewerbe-
gebiet
1 = Hochesterweg
Guperding
Kapelle
Moosfilz
Hohenthanner Straße
Mailinger Straße
Föhrenweg
Lindenstraße
Eichenstr.
Ahornweg
Angerstraße
Kirchenweg
Gartenweg
Fliederweg
Mehrzweck-
halle
Sportplätze
Tennis-
anlage
Festplatz
Pump-
werk
Schönau
Neuhäusler
Sindlhausen
Tuntenhauser
Filz
Klosterholz
Lechnergraben
Im
Fuchsloch
Braunau
Kapelle
Mailing
Kap.
83104
Tuntenhausen
Leigamholz
See-
filze
Kloster-
weiher
Klär-
anlage
Wertstoffhof
Gewerbegeb.
Tuntenhausen
Neureith
Mühl-
holz
Schwaig
Innerthann
Schönauer Str.
Kellerstraße
Beyharting
Ostermünchener Straße
St. 2080
320
341
364

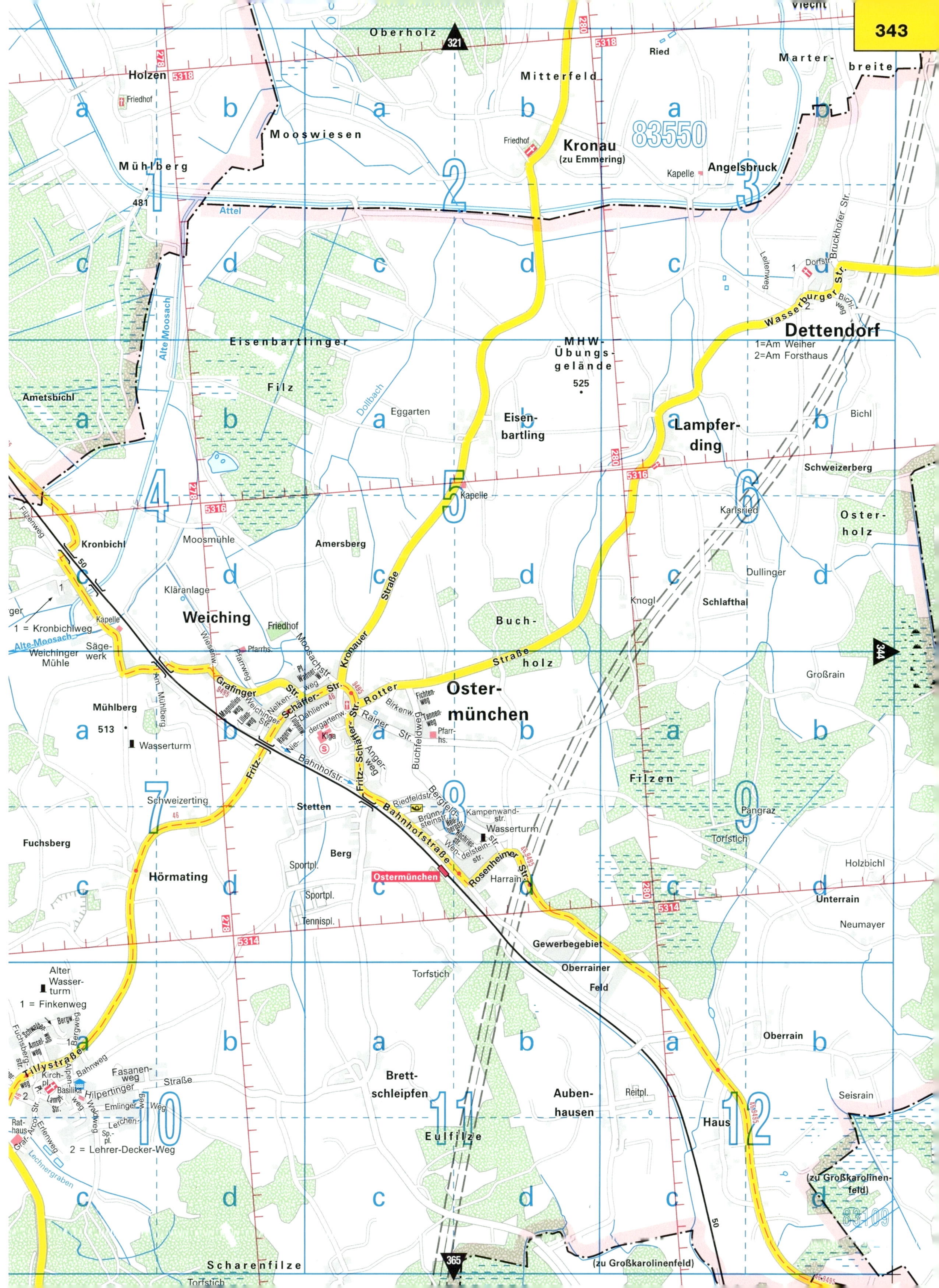
Oberholz
Holzen
Mitterfeld
Ried
Marterbreite
Mooswiesen
Kronau (zu Emmering)
83550
Angelsbruck
Mühlberg
Attel
Alte Moosach
Eisenbartlinger Filz
MHW-Übungsgelände
525
Dettendorf
1=Am Weiher
2=Am Forsthaus
Ametsbichl
Eggarten
Eisenbartling
Lampferding
Bichl
Schweizerberg
Kapelle
Karlsried
Osterholz
Kronbichl
Moosmühle
Amersberg
Dullinger
Kläranlage
Knogl
Schlafthal
Weiching
Friedhof
Buchholz
1 = Kronbichlweg
Weichinger Mühle
Sägewerk
Großrain
Ostermünchen
Mühlberg
513
Wasserturm
Filzen
Schweizerting
Stetten
Pangraz
Torfstich
Fuchsberg
Berg
Holzbichl
Hörmating
Sportpl.
Harrain
Unterrain
Tennispl.
Neumayer
Gewerbegebiet
Oberrainer Feld
Alter Wasserturm
1 = Finkenweg
Oberrain
Brettschleipfen
Aubenhausen
Reitpl.
Seisrain
Tillystraße
Basilika
Haus
Eulfilze
2 = Lehrer-Decker-Weg
(zu Großkarolinenfeld)
83109
Scharenfilze
Torfstich
(zu Großkarolinenfeld)

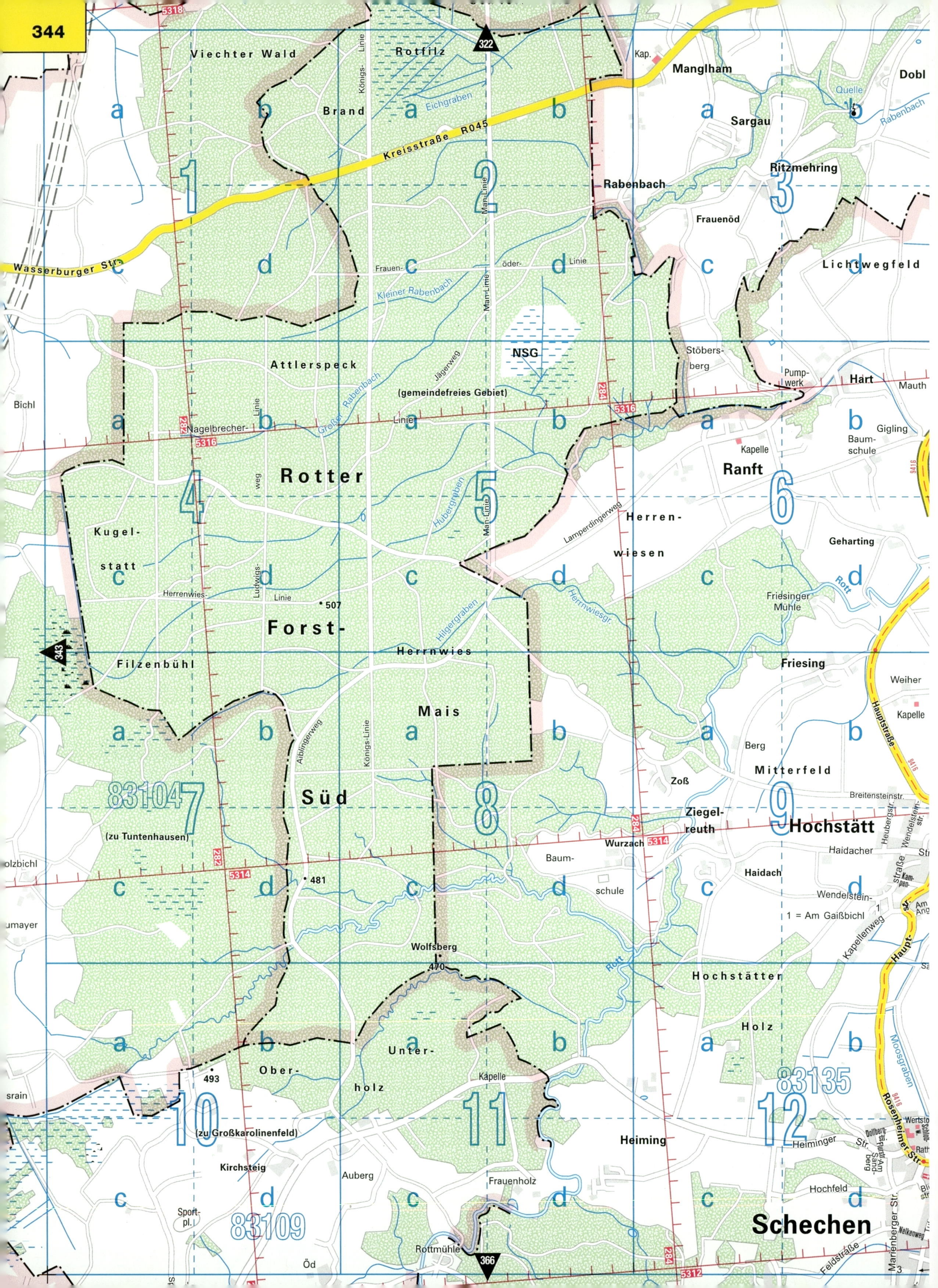

Viechter Wald
Rotfilz
Brand
Eichgraben
Kreisstraße R045
Manglham
Sargau
Dobl
Quelle
Rabenbach
Ritzmehring
Rabenbach
Frauenöd
Wasserburger Str.
Lichtwegfeld
Kleiner Rabenbach
NSG
Stöbers-
berg
Attlerspeck
(gemeindefreies Gebiet)
Pump-
werk
Hart
Mauth
Bichl
Nagelbrecher-
Linie
Großer Rabenbach
Gigling
Baum-
schule
Kapelle
Ranft
Rotter
Kugel-
statt
Herren-
wiesen
Lamperdingerweg
Geharting
Herrenwies-
Linie
Ludwigs-
Friesinger
Mühle
Forst-
Hilgergraben
Herrnwies
Filzenbühl
Friesing
Weiher
Kapelle
Mais
Berg
Mitterfeld
Zoß
Breitensteinstr.
Süd
Ziegel-
reuth
Hochstätt
(zu Tuntenhausen)
Wurzach
Haidacher
Baum-
schule
Haidach
Wendelstein-
1 = Am Gaißbichl
Kapellenweg
Wolfsberg
Hochstätter
Holz
Unter-
holz
Ober-
Kapelle
Heiming
Heiminger
(zu Großkarolinenfeld)
Kirchsteig
Auberg
Frauenholz
Hochfeld
Schechen
Rottmühle
Öd
Feldstraße
Rosenheimer Str.
Moosgraben

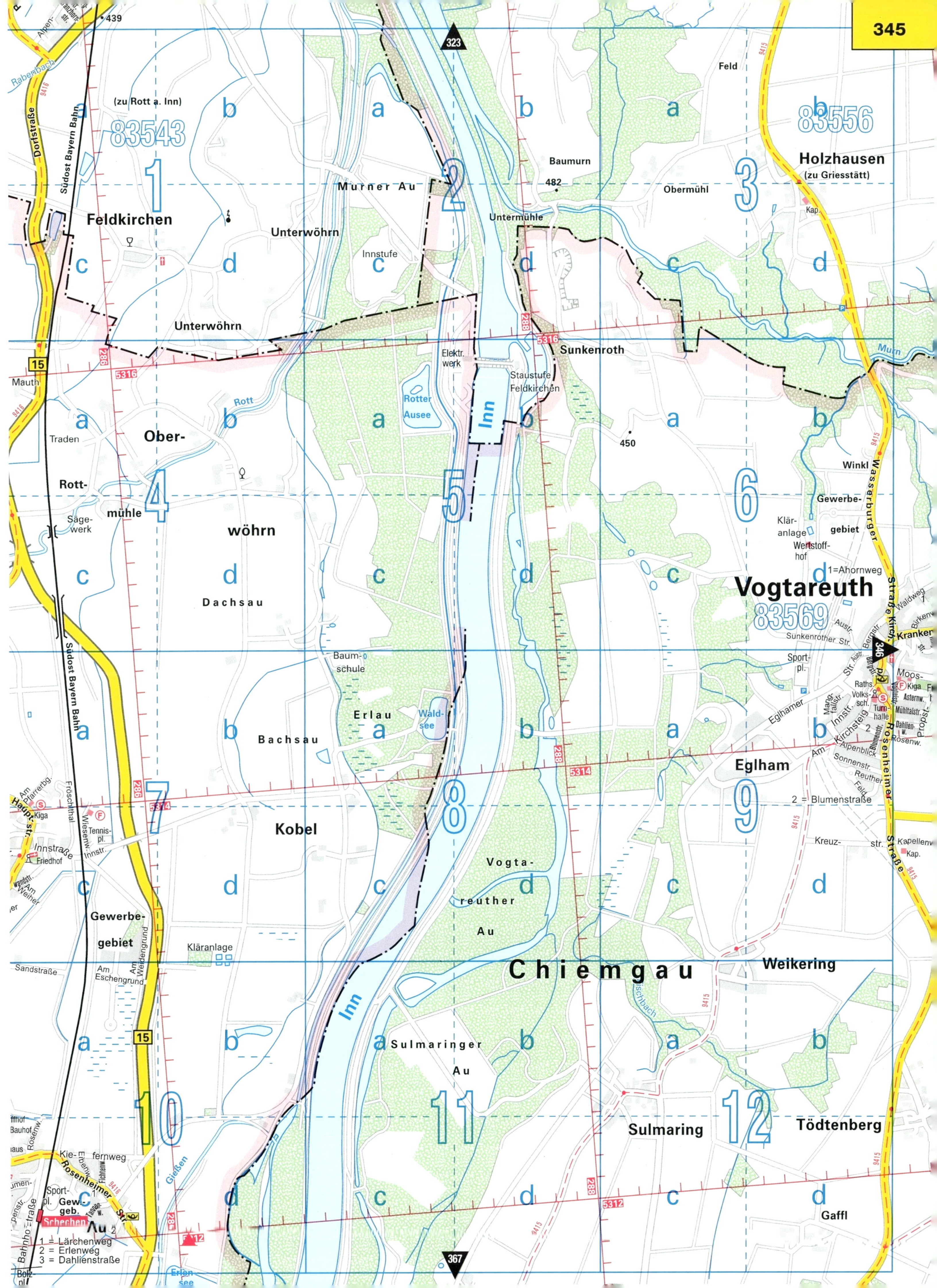

323
83543
83556
(zu Rott a. Inn)
Feldkirchen
Unterwöhrn
Murner Au
Innstufe
Baumurn
482
Feld
Holzhausen
(zu Griesstätt)
Obermühl
Untermühle
Sunkenroth
Elektr. werk
Staustufe Feldkirchen
Rotter Ausee
Inn
Rott
Mauth
Traden
Ober-
Rott-
mühle
wöhrn
Säge-werk
450
Winkl
Gewerbe-
gebiet
Klär-anlage
Wertstoff-hof
1=Ahornweg
Vogtareuth
83569
Dachsau
Baum-schule
Erlau
Wald-see
Bachsau
Kobel
Eglham
2 = Blumenstraße
Vogta-
reuther
Au
Chiemgau
Weikering
Gewerbe-
gebiet
Kläranlage
Sulmaringer
Au
Sulmaring
Tödtenberg
Gaffl
Südost Bayern Bahn
Dorfstraße
Wasserburger Straße
Rosenheimer Straße
Innstraße
Sandstraße
Am Eschengrund
Gießen
Scherchen
1 = Lärchenweg
2 = Erlenweg
3 = Dahlienstraße
346
367

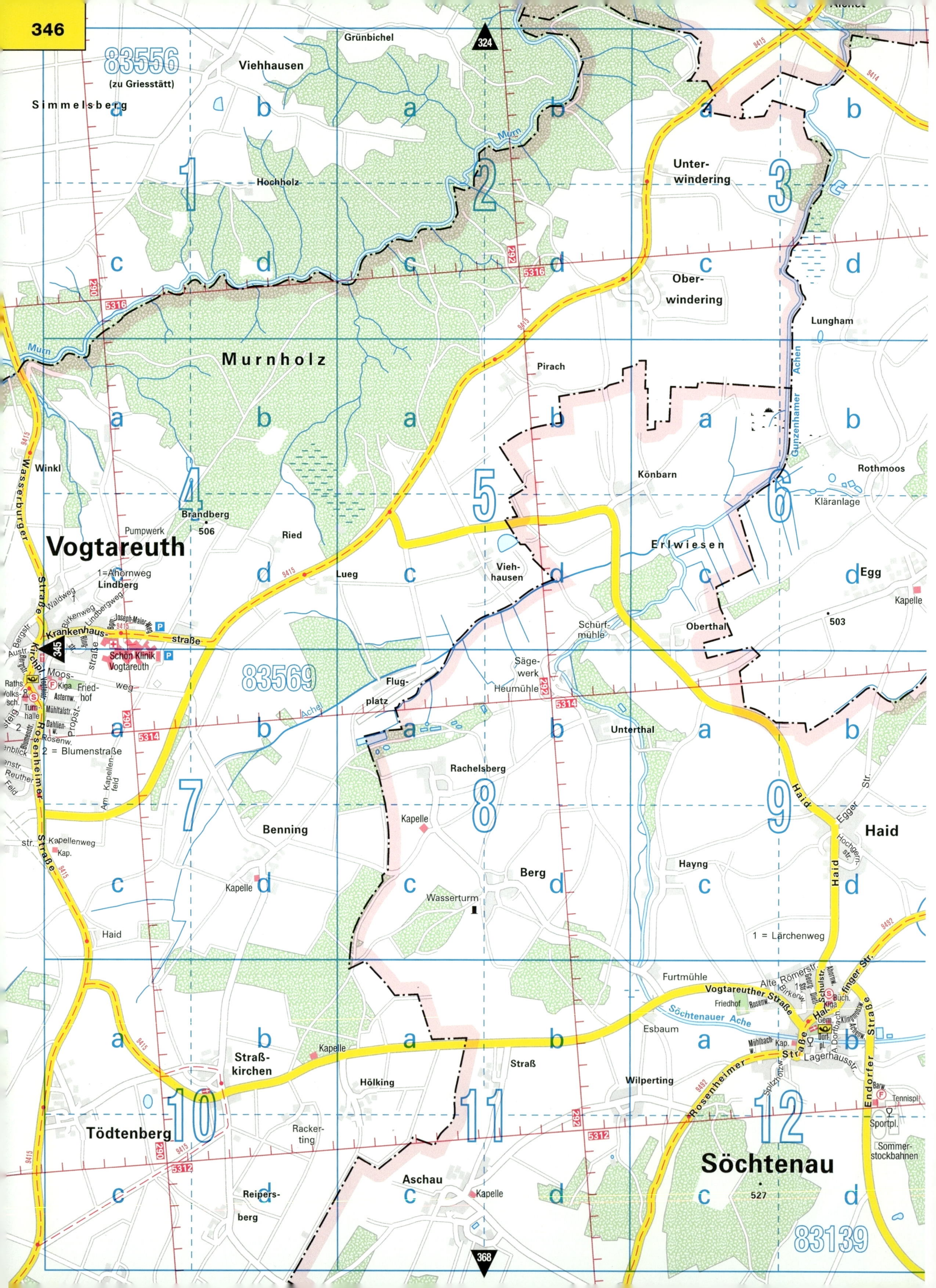
324
83556
(zu Griesstätt)
Simmelsberg
Viehhausen
Grünbichel
Hochholz
Murn
Unter-
windering
Ober-
windering
Lungham
Murnholz
Pirach
Gunzenhamer Achen
Winkl
Könbarn
Rothmoos
Kläranlage
Brandberg
506
Pumpwerk
Vogtareuth
Ried
Erlwiesen
1=Ahornweg
Lindberg
Lueg
Vieh-
hausen
Egg
Kapelle
Krankenhausstraße
Schön Klinik Vogtareuth
Schürf-
mühle
Oberthal
503
345
83569
Säge-
werk
Heumühle
Flug-
platz
Achen
Unterthal
2 = Blumenstraße
Rachelsberg
Haid
Egger Str.
Kapelle
Benning
Kapellenweg
Kap.
Berg
Hayng
Rosenheimer Straße
Wasserburger Straße
Kapelle
Wasserturm
Haid
1 = Lärchenweg
Furtmühle
Alte Römerstr.
Vogtareuther Straße
Friedhof
Söchtenauer Ache
Esbaum
Kapelle
Straß-
kirchen
Straß
Hölking
Wilperting
Lagerhausstr.
Rosenheimer Str.
Endorfer Straße
Tennispl.
Sportpl.
Sommer-
stockbahnen
Tödtenberg
Racker-
ting
Söchtenau
527
Aschau
Kapelle
Reipers-
berg
83139
368

(zu Schonstett)
325
Wölkham
Wölkhamer See
Gunzenham
Kapelle
514
Sonnendorf
(zu Amerang)
83123
Rosengarten
Hangendobl
Hofbau
Forchtenegg
Moos-wiesen
Zillhamer Achen
Gewerbegebiet Am Graben
Am Graben
473
Fahribichler
521
Holz
Fahrtbichl
Friedhof
Kapelle
Holzham
Wasserburger Str.
Rathaus
Kirchpl.
Bahnhofsstraße
Halfing
Graben
Quelle
Halfing
83128
Erlacherhof
Egger
Moos
Rosenheimer Straße
Gewerbegeb.
Kläranlage
Wertstoffhof
Chiemseestraße
Sportpl.
Oberholzweg
Museumseisenbahn · Chiemgauer Lokalbahn
Friedenslinde
Kiga
Irlach
1=Taubenweg
2=Schwalbenweg
3=Am Höhenrain
4=Am Hirschwang
5=Meisenweg
Mühldorf
Kapelle
Haslach
Gehersberg
Eberloh
Dingbuch
Guntersberg
Kapelle
Dorfbach
Rundorf
Brunnen
Kapelle
83129
Grafing
(zu Höslwang)
Weidmoos
Racherting
Hochreut
Segelflugplatz
Immling
Bauholz
Quelle
Jolling
83093
Chiemgauer Lokalbahn
Stetten
Kapelle
Stock
Aubach
369
Baumbruck
(zu Bad Endorf)

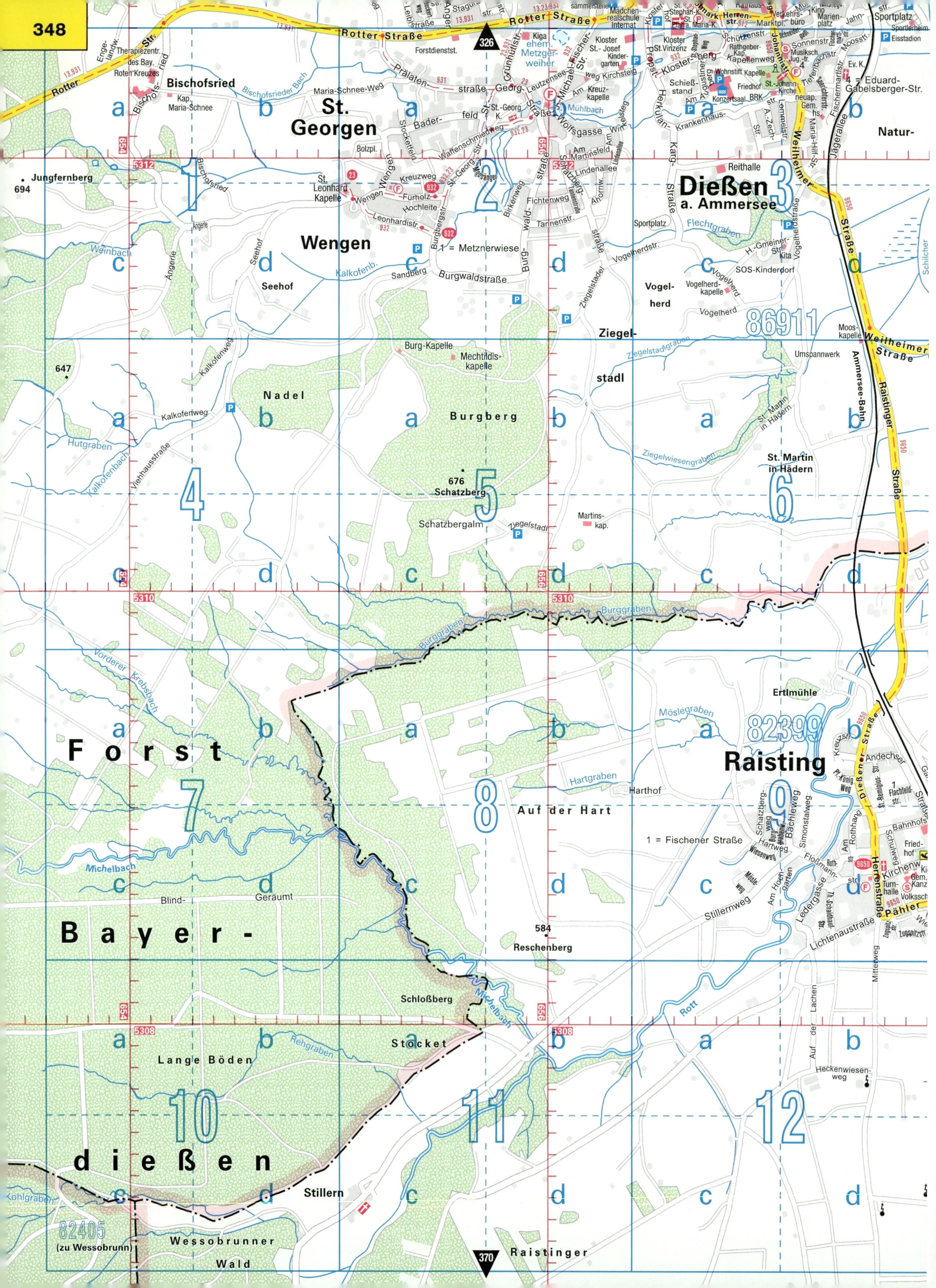

Dießen a. Ammersee
St. Georgen
Wengen
Bischofsried
Seehof
Vogelherd
Ziegelstadl
Burgberg
Schatzberg
Raisting
Forst Bayerdießen
Wessobrunner Wald
Raistinger
Auf der Hart
Reschenberg
Schloßberg
Stocket
Stillern
Lange Böden
Ertlmühle
St. Martin in Hädern
86911
82399
82405
(zu Wessobrunn)
326
370

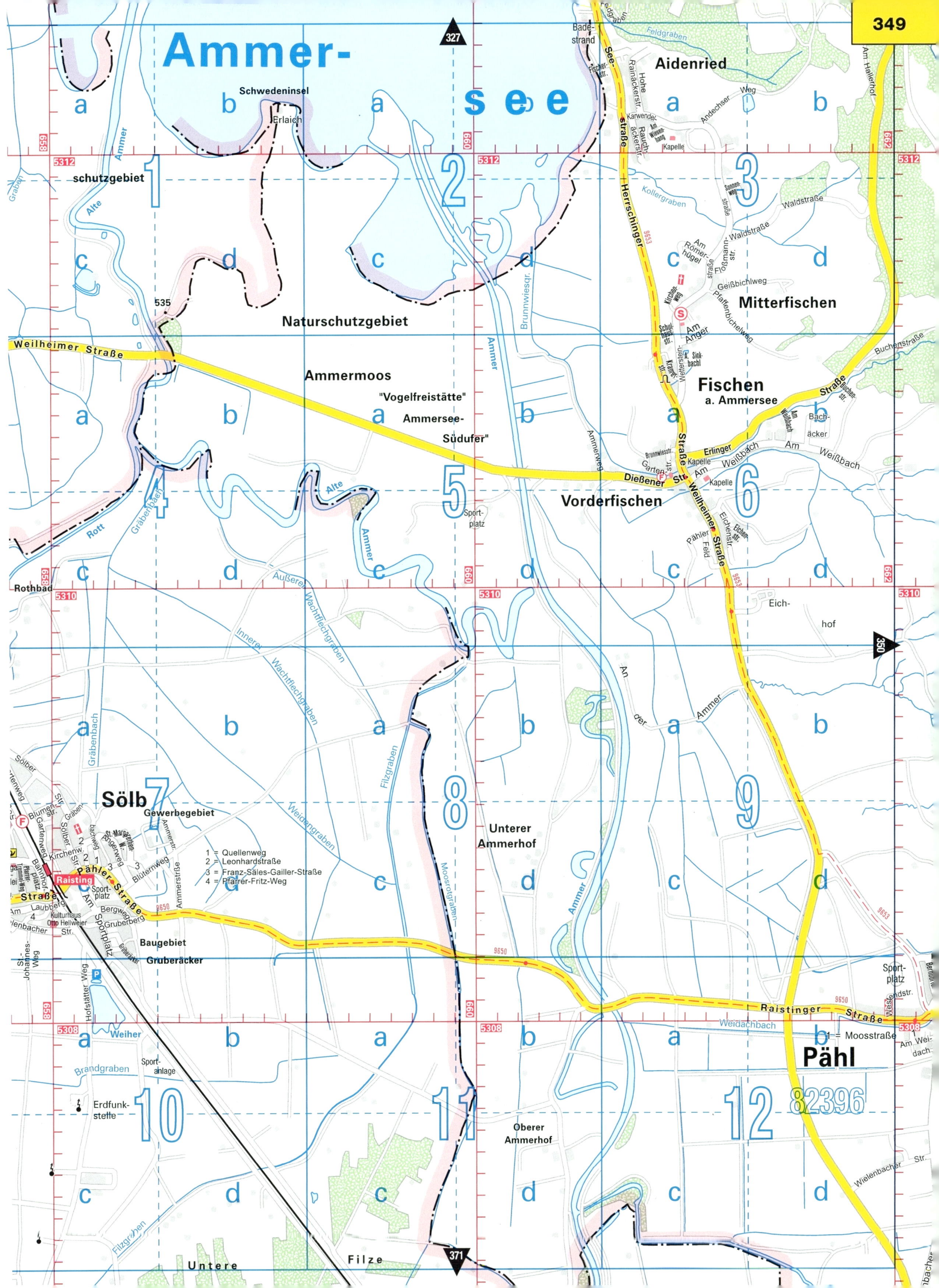

Ammer-
see
Schwedeninsel
Erlaich
schutzgebiet
Naturschutzgebiet
Ammermoos
"Vogelfreistätte
Ammersee-
Südufer"
Weilheimer Straße
Alte Ammer
Rott
Gräbenbach
Rothbad
Äußerer Wachtflechgraben
Innerer Wachtflechgraben
Weidengraben
Filzgraben
Moosrotgraben
Aidenried
Bade-
strand
Feldgraben
Andechser Weg
Kapelle
Kollergraben
Herrschinger Straße
Waldstraße
Am Römer-
hügel
Geißbichlweg
Pfaffenbichelweg
Mitterfischen
Fischen
a. Ammersee
Buchenstraße
Erlinger Straße
Am Weißbach
Bach-
äcker
Dießener Str.
Weilheimer Straße
Kapelle
Vorderfischen
Sport-
platz
Eichenstr.
Pähler Feld
Eich-
hof
An der Ammer
Ammer
Sölb
Gewerbegebiet
1 = Quellenweg
2 = Leonhardstraße
3 = Franz-Sales-Gailler-Straße
4 = Pfarrer-Fritz-Weg
Raisting
Pähler Straße
Sport-
platz
Kulturhaus
Otto Hellweier
Baugebiet
Gruberäcker
Unterer
Ammerhof
Oberer
Ammerhof
Raistinger Straße
Weidachbach
1 = Moosstraße
Sport-
platz
Pähl
82396
Wielenbacher Str.
Weiher
Brandgraben
Sport-
anlage
Erdfunk-
stelle
Filzgraben
Untere
Filze
327
350
371
1 2 3 4 5 6 7 8 9 10 11 12

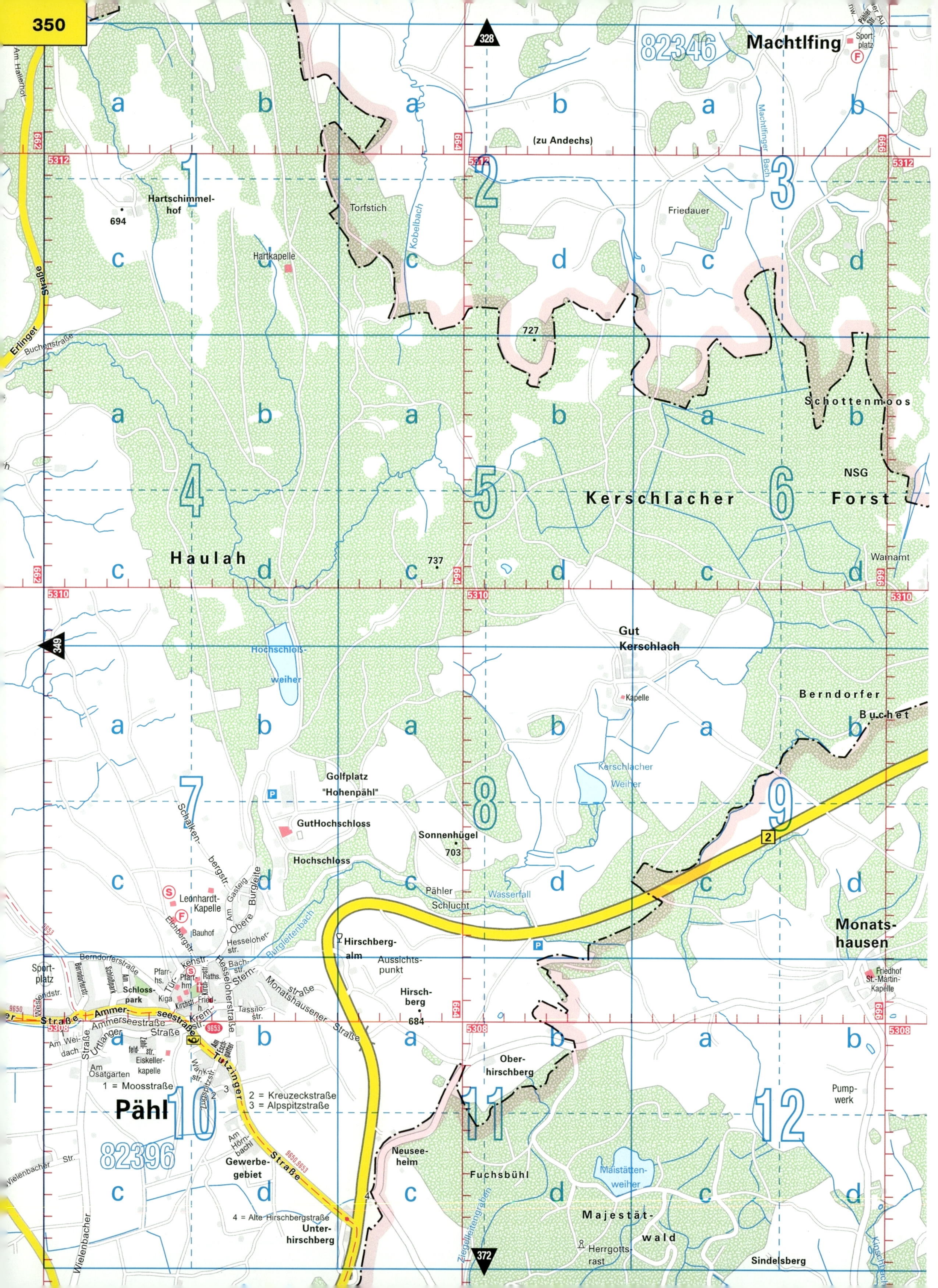

Machtlfing
82346
(zu Andechs)
Hartschimmel-hof
694
Hartkapelle
Torfstich
Kobelbach
Friedauer
Machtlfinger Bach
727
Schottenmoos
NSG
Kerschlacher
Forst
Haulah
737
Wamamt
Erlinger Straße
Buchenstraße
Gut Kerschlach
Kapelle
Hochschloss-weiher
Berndorfer Buchet
Kerschlacher Weiher
Golfplatz "Hohenpähl"
GutHochschloss
Hochschloss
Sonnenhügel
703
Pähler Schlucht
Wasserfall
Leonhardt-Kapelle
Bauhof
Hirschberg-alm
Aussichts-punkt
Hirsch-berg
684
Monats-hausen
Friedhof St.-Martin-Kapelle
Sport-platz
Schloss-park
Ammerseestraße
Tutzinger Straße
Monatshausener Straße
Oberhirschberg
Pump-werk
1 = Moosstraße
2 = Kreuzeckstraße
3 = Alpspitzstraße
Pähl
82396
Gewerbe-gebiet
Neusee-heim
Fuchsbühl
Maistätten-weiher
Majestät-wald
Herrgotts-rast
Sindelsberg
4 = Alte Hirschbergstraße
Unter-hirschberg
Wielenbacher Str.
Ziegelleitengraben
328
349
372

4 = Am Reischberg
Hexenmoos
Andechser Straße
Traubing
Feldafinger Str.
Traubinger Str.
Starnberger Str.
Garatshauser Str.
Bromberg
Tutzinger Str.
Malerhügel
Olympiastraße
Golfplatz
Deixlfurter Bach
(zu Feldafing)
82340
Quellenstr.
Deixlfurter Straße
Resiweiher
Langer Weiher
Pfaffenberg
Deutenberg
735
Deixlfurt
Wanderparkplatz
Rot-Kreuz-Alm
Kiga
Luswiese
Reiterhof Greinwald
Markelfilz
Deixlfurter See
Am Bareisl
Obertraubing
Torfstich
Kustermannstraße
Wanderparkplatz
Tutzing
82327
Filzweiher
ND
Martelsgraben
Am Höhenberg
Torfstich
Monatshauser Str.
1=Drummerweg
2=Hörmannstraße
3=Niederebersdorfer Str.
4=Schlesische Straße
5=Sudetendeutsche Straße
Hailerberg
Radiberg
Ilkahöhe
726
Oberzeismering
St.-Nikolaus-Kirche
Friedhof
1=Sebastiansbrunnstraße
2=Höflingstraße
3=Buchengrabenweg
Pumperdille
Lindemannstraße
Hauptstraße
Bernrieder Straße
Kustermann-park
Unterzeismering
Großholz
Sommerstockbahn
Tennis-Club
Yachtclub
Südbad
Tutzinger Ruderverein
Skateboard-anlage
"Museumsschiff"
"Würmseehalle"
Würmsee-stadion
Gröbengraben
Kallerbach
Erlen-

Feldafing
82340
Tutzing
82327
Starn-
berger
See
Wörth
Rosen-
insel
Schloss
Golfplatz
Lenné Büste
Siemens AG
Bildungs-
zentrum
Eichgraben
Thomas-Mann-Haus
"Villino"
Führungsunterstützungsschule
Bundeswehr
Kaserne
Badestrand
Seewies
Haus
Seewies
Malerhügel
Kochelsee-Bahn
Tutzinger
Straße
Golf-
platz
Sport-
platz
Seeuferweg
Garatshausen
Kreisaltenheim
Franz-
Eisele-Allee
Schloss
Weylerstraße
Hauptstraße
Freibad
Akademie für
politische Bildung
1=Buchensee
Nordbad
Windsurfing
Seepark
Brahms-
promenade
1=Drummerweg
Anlege-
stelle
Schloss
Tutzing
Ev. Akademie
Bleicher-
park
Pfaffen-
tal
Pumpwerk
See-
burg
Seestraße
Anlege-
stelle
Wasser-
rettungs-
station
für Kfz gesperrte Straße
330
351
374
1
2
3
4
5
6
7
8
9
10
11
12

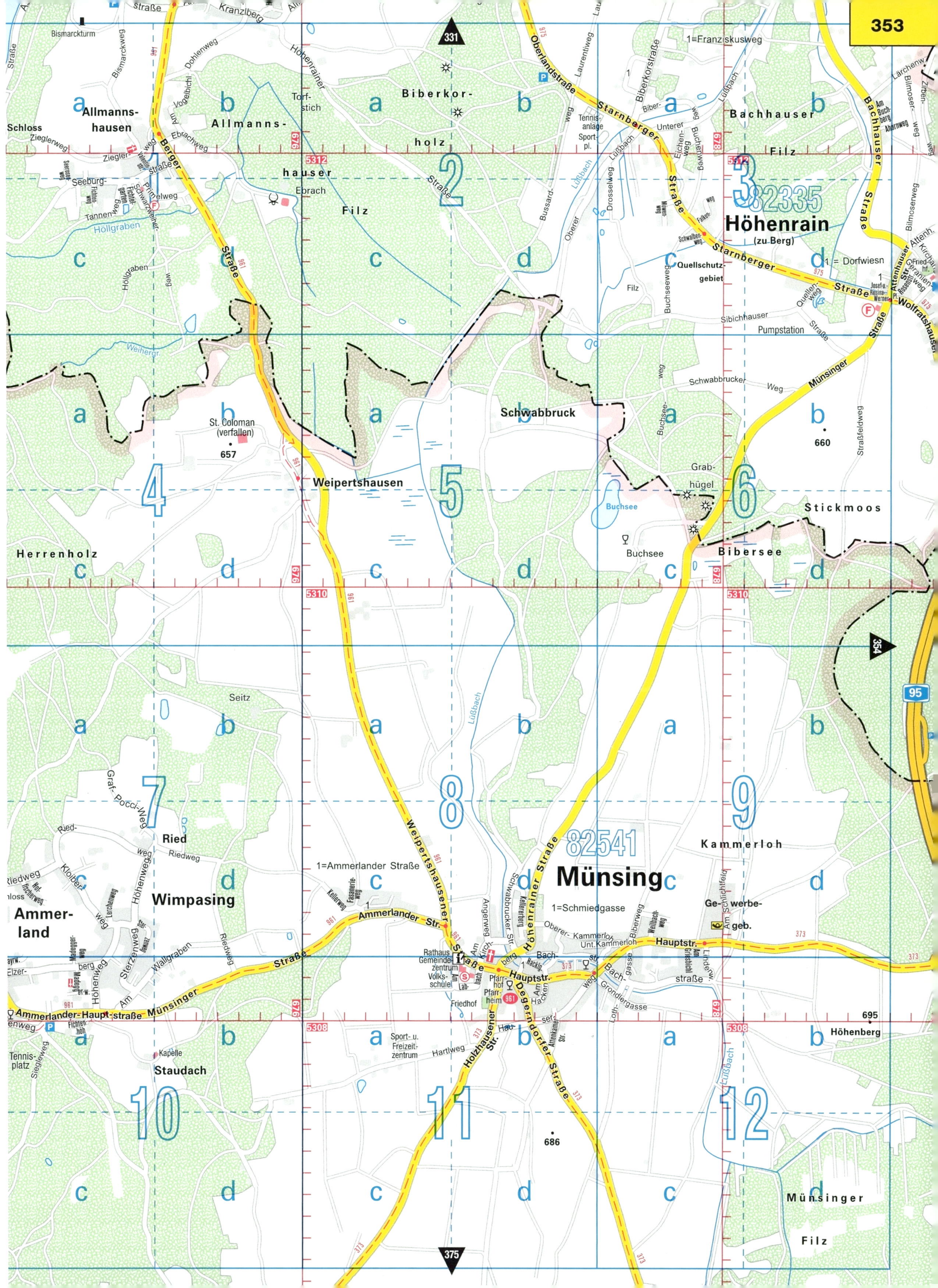

331
354
375
Allmannshausen
Allmannshauser Filz
Biberkorholz
Bachhauser Filz
82335
Höhenrain
(zu Berg)
Quellschutzgebiet
Pumpstation
St. Coloman
(verfallen)
657
Weipertshausen
Schwabbruck
Grabhügel
Buchsee
Stickmoos
Bibersee
Herrenholz
660
Seitz
Ried
Wimpasing
Ammerland
82541
Münsing
Kammerloh
Gewerbegeb.
1=Ammerlander Straße
1=Schmiedgasse
1=Franziskusweg
1 = Dorfwiesn
Staudach
Kapelle
Höhenberg
695
686
Sport- u. Freizeitzentrum
Friedhof
Münsinger Filz
Berger Straße
Starnberger Straße
Weipertshauser Straße
Ammerlander Str.
Münsinger Straße
Holzhausener Str.
Degerndorfer Straße
Höhenrainer Straße
Hauptstr.
Bachhauser Straße
Wolfratshauser Straße
Oberlandstraße
Höllgraben
Lüßbach

Untere Alpe
Alpe
Obere Alpe
Attenhausen
Kapelle
Schlederloh
Lechner Ruhe
Pupplinger Au
Naturschutzgebiet
Höhenrain
(zu Berg)
82057
Buchenwinkel
Stoßberger
1 = Dorfwiesn
Raststätte Höhenrain
Neues Baugebiet
82335
Dorfen
(zu Icking)
Starnberger Straße
Münchner Straße
Weidach
Kläranlage
Sportplatz
1=Am Hang
2=Schlederleiten
3=Lindenweg
Nantwein
Meilenberg
Golfplatz
Hügelgräber
Neuhaussteig
4 = Am Burgholz
5 = Rainer-Maria-Rilke-Weg
6 = Obermühlstraße
Wolfratshausen
Bergkramer
Golf u. Landclub Bergkramerhof e.V.
Anschlussstelle Wolfratshausen
Alte Wolfratshauser Str.
82515
Thannhof
Cityplan S.42
Gewerbegebiet
Gewerbepark Loisach
Farchet
Isar-Loisach-Stadion
Äußere Sauerlacher Straße
Marienbrücke
Straßenmeisterei
Sauerlacher Str.
Königsdorfer Str.
8 = Pommernstraße
9 = Ostpreußenstraße
10 = Siebenbürger Straße
11 = Mühlbachstraße
12 = Lauterbachstraße
13 = Schwaibachstraße
14 = Prälat-Maier-Platz
15 = Baaderstraße
16 = Kallerstraße
17 = Windthorststraße
18 = Stegerwaldstraße
Höhenberg
Bruckmaier
10
(zu Münsing)
82541
Ortsteil Gelting
(zu Geretsried)
Waldram
Buchberger Straße
82538
Isar
Loisach
95
E533
11
11a
6
332
353
376

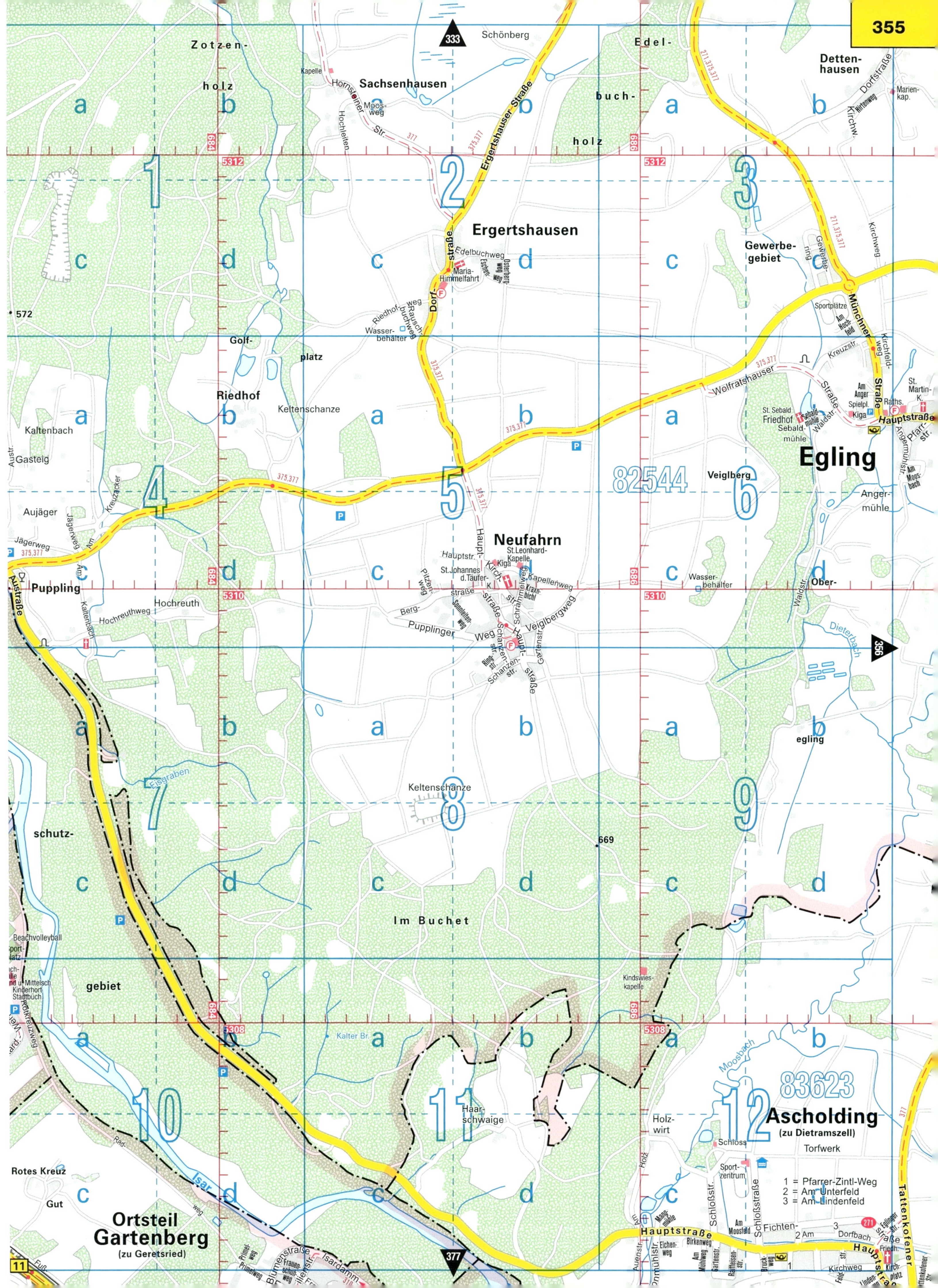

Zotzen-
holz
Schönberg
Sachsenhausen
Edel-
buch-
holz
Detten-
hausen
Ergertshausen
Gewerbe-
gebiet
Golf-
platz
Riedhof
Keltenschanze
Kaltenbach
Gasteig
Aujäger
Puppling
Hochreuth
Neufahrn
Egling
Veiglberg
82544
Anger-
mühle
Ober-
egling
Keltenschanze
Im Buchet
schutz-
gebiet
Haar-
schwaige
Holz-
wirt
83623
Ascholding
(zu Dietramszell)
Torfwerk
1 = Pfarrer-Zintl-Weg
2 = Am Unterfeld
3 = Am Lindenfeld
Rotes Kreuz
Gut
Ortsteil
Gartenberg
(zu Geretsried)
Isar

Aufhofener Weiher
334
Hauptstraße
St. Valentin
Eulenschwanger Str.
Kalkofenweg
Aufhofen
Kalkhöfler
665
Kreuzberg
Attenham
St. Florian Kapelle
Wolfratshauser Straße
Fraßhauser Straße
Bullreuth
707
Öhnböck
Sauerlacher Straße
Wörschhauser Straße
Moosbach
Heinritzimühle
Eissportpl.
Schnabelschuster
Grund- u. Teilhauptschule
Egling
82544
St. Martin-K.
Hauptstraße
Tölzer Straße
1 = Am Kleinfeld
2 = Amtmannstrasse
St.Peter u. Paul
Schulstraße
Weiherweg
Thanning
Thanninger Weiher
Wörschhausen
Weiher-Leite
Sport-platz
Angermühle
Mooshamer Straße
Reiserer Weg
Ziegelhütte
Fischteiche
Gräfin-Justitia-Str.
Kiga
355
Dieterbach
Eglinger Straße
Feldkirchen
Feldkirchener Straße
Moosham
Kieswerk
Transportbetonwerk
Mooshamer Weiher
Lindenstraße
Am Bergl
665
Sonnenweiher
Schulstraße
Reichertshausen
Kapelle
83623
Schallkofen
Siegertshofer Straße
Mooshamerweiherbach
Ziegelweiher
Ascholding
(zu Dietramszell)
Tattenkofener Straße
Kirchstraße
Siegertshofen
Ascholdinger Straße
Mitterweiher
Harmatinger Weiher
378
Sägmühle
Golkofen
Schloss
Harmating
5312
5310
5308

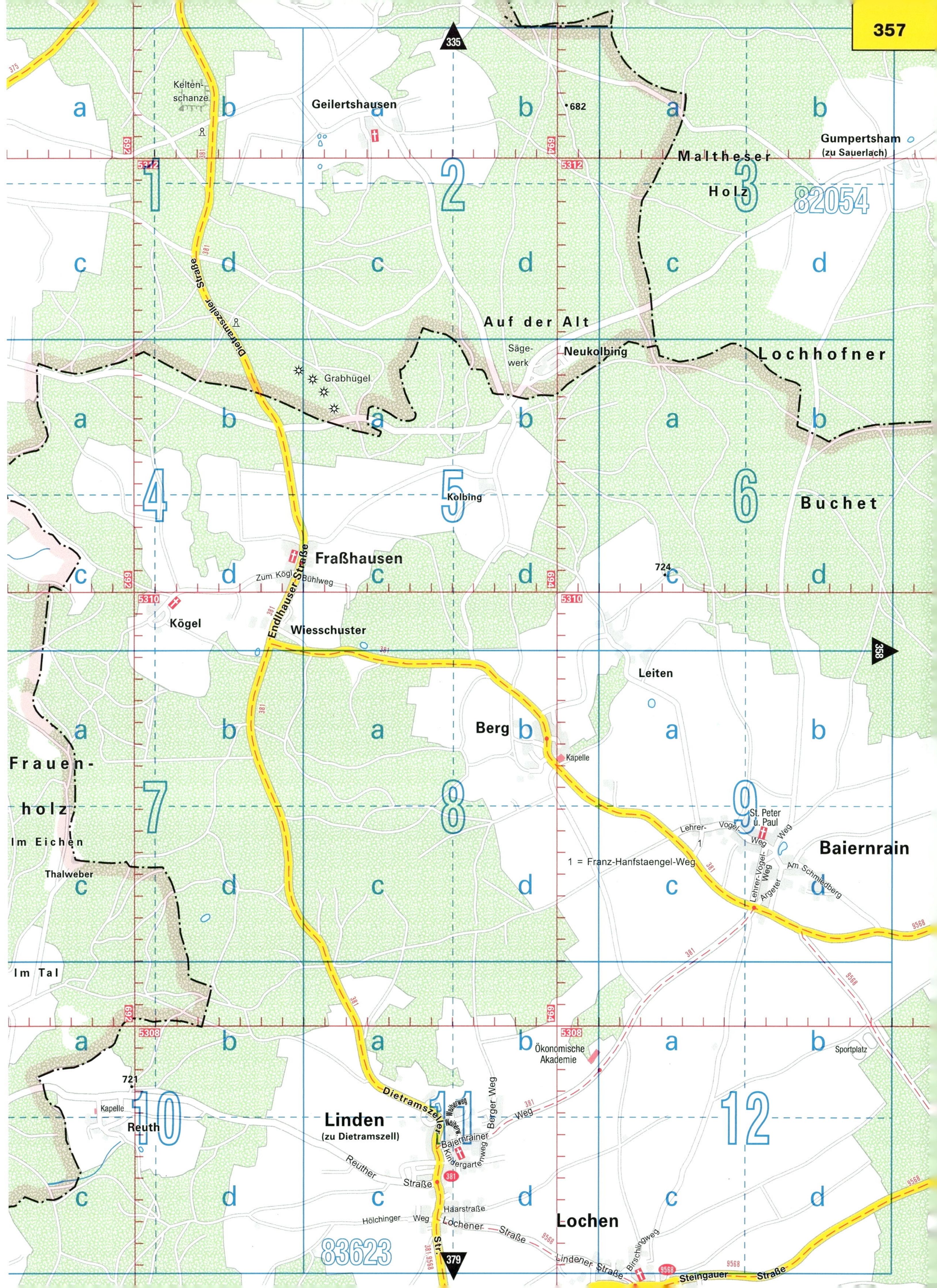
Kelten-schanze
Geilertshausen
682
Maltheser
Holz
Gumpertsham
(zu Sauerlach)
82054
Dietramszeller Straße
Auf der Alt
Säge-werk
Neukolbing
Lochhofner
Grabhügel
Kolbing
Buchet
Fraßhausen
Zum Kögl
Bühlweg
Endlhauser Straße
724
Kögel
Wiesschuster
Leiten
Berg
Kapelle
Frauen-
holz
Im Eichen
Thalweber
St. Peter u. Paul
Lehrer-Vogel-Weg
1 = Franz-Hanfstaengel-Weg
Baiernrain
Am Schmiedberg
Argeter
Im Tal
Ökonomische Akademie
Sportplatz
721
Kapelle
Reuth
Linden
(zu Dietramszell)
Weiherweg
Berger Weg
Bajernrainer Weg
Kindergartenweg
Reuther Straße
Häarstraße
Hölchinger Weg
Lochener Straße
Lochen
Lindener Straße
Birschlingweg
Steingauer Straße
83623
335
358
379
5312
5310
5308
692
694
381
9568

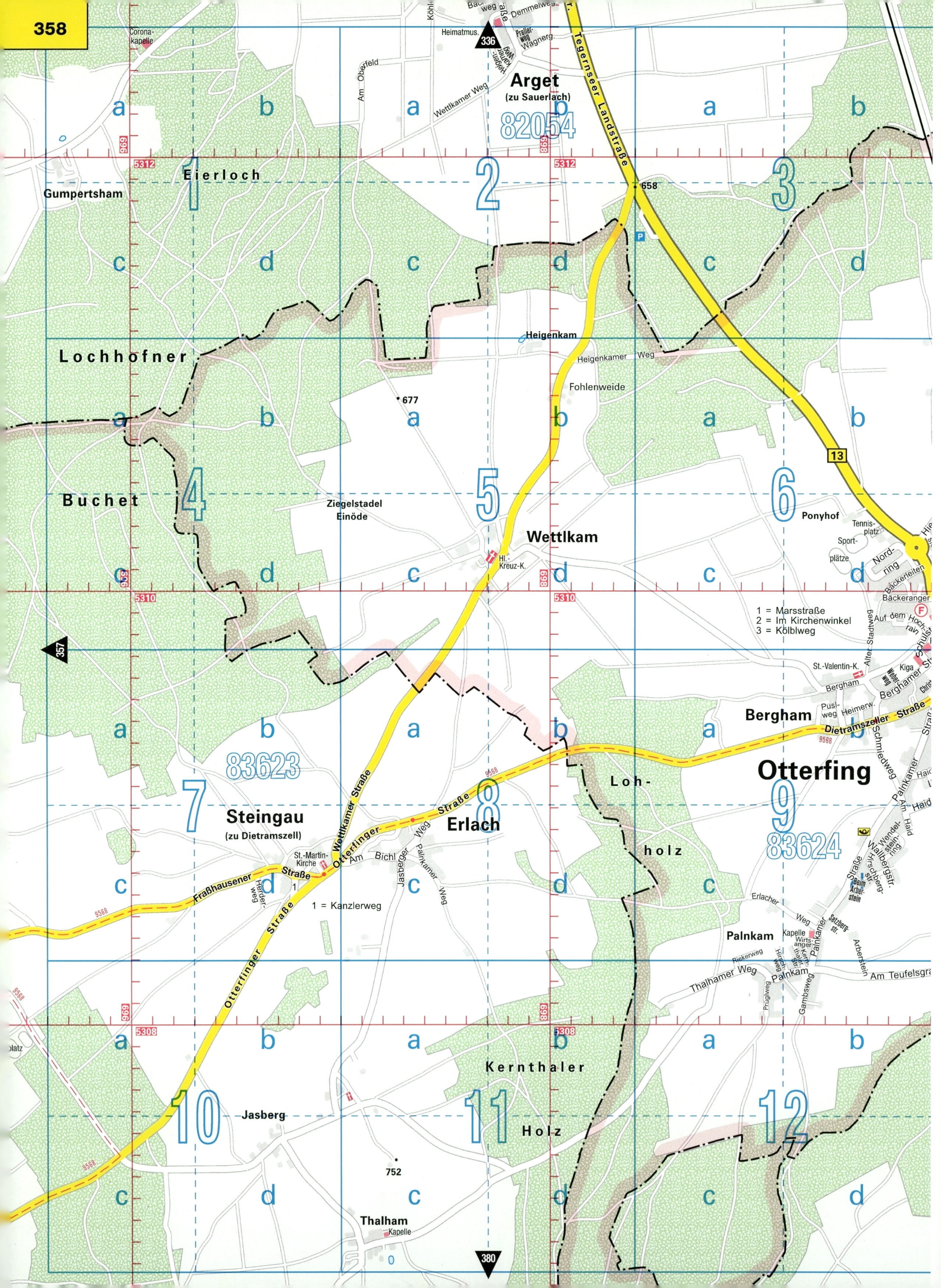

Arget
(zu Sauerlach)
82054
Tegernseer Landstraße
Eierloch
Gumpertsham
Corona-kapelle
Heimatmus.
Wettlkamer Weg
Am Oberfeld
Heigenkam
Heigenkamer Weg
Fohlenweide
Lochhofner
Buchet
Ziegelstadel
Einöde
Wettlkam
Hl.-Kreuz-K.
Ponyhof
Tennis-platz
Sport-plätze
Nord-ring
Bäckeranger
1 = Marsstraße
2 = Im Kirchenwinkel
3 = Kölblweg
St.-Valentin-K.
Bergham
Dietramszeller Straße
Otterfing
83624
83623
Steingau
(zu Dietramszell)
Erlach
Loh-
holz
Wettlkamer Straße
Otterfinger Straße
Fraßhausener Straße
St.-Martin-Kirche
Am Bichl
Jasberger Weg
Palnkamer Weg
1 = Kanzlerweg
Erlacher Weg
Palnkam
Thalhamer Weg
Kernthaler
Holz
Jasberg
Thalham
Kapelle
658
677
752
13
336
357
380

337
381
360
653
655
(gemeindefreies Gebiet)
Hirschbrunn
Friedrichs-
Geräumt
Heumert-
Lachen-
Kirmaier-
Markweg
Kühlechner
Forstbauer
Aberg
Rasthof Holzkirchen
Mölgg-Aberg
Fellach
Brunauerstraße
Feldkirchen
nach Rosenheim
Anschlussstelle Holzkirchen
Kelten-schanz
Gewerbe-gebiet
Freizeit-fläche
Recycling-hof
Otterfing
4 = Von-Eichendorff-Straße
5 = Adalbert-Stifter-Ring
6 = Birkenstraße
7 = Stitzweg
Kreuz-straße
Argeter Weg
Pitzarweg
Holzham
Haidgasse
Kleinfeld-str.
Abergweg
Föching
Erlkam
Heignkamer
Haidlandweg
Hauptstraße
Flurstr.
Friedhof
1=Kirchweg
Westermeier-str.
Schmied-str.
Kinder-garten
Sport-platz
Autobahn-meisterei
Am Teufels-graben
Teufelsgraben
Teufels-graben
Holzkirchen
83607
Heignkam
Kap.
4 = Almenrauschweg
5 = Rosenstraße
6 = Eichenfeldstraße
7 = Wilhelm-Busch-Straße
Neuerlkam
Fichtholz Autobahnsiedlung
Mangfalltalbahn
Rosenheimer Straße
Waldkinder-garten
Münchner Straße
Maitz
Inselkam
1 = Schwarzrinnstraße
2 = Am Hüllfeld
3 = Birkrinnstraße
4 = Köhlerweg
Haid
Holzkirchen
Holz-bauer
Klein-gärten
Schönloh
A 8
E45
E52
97
318
13

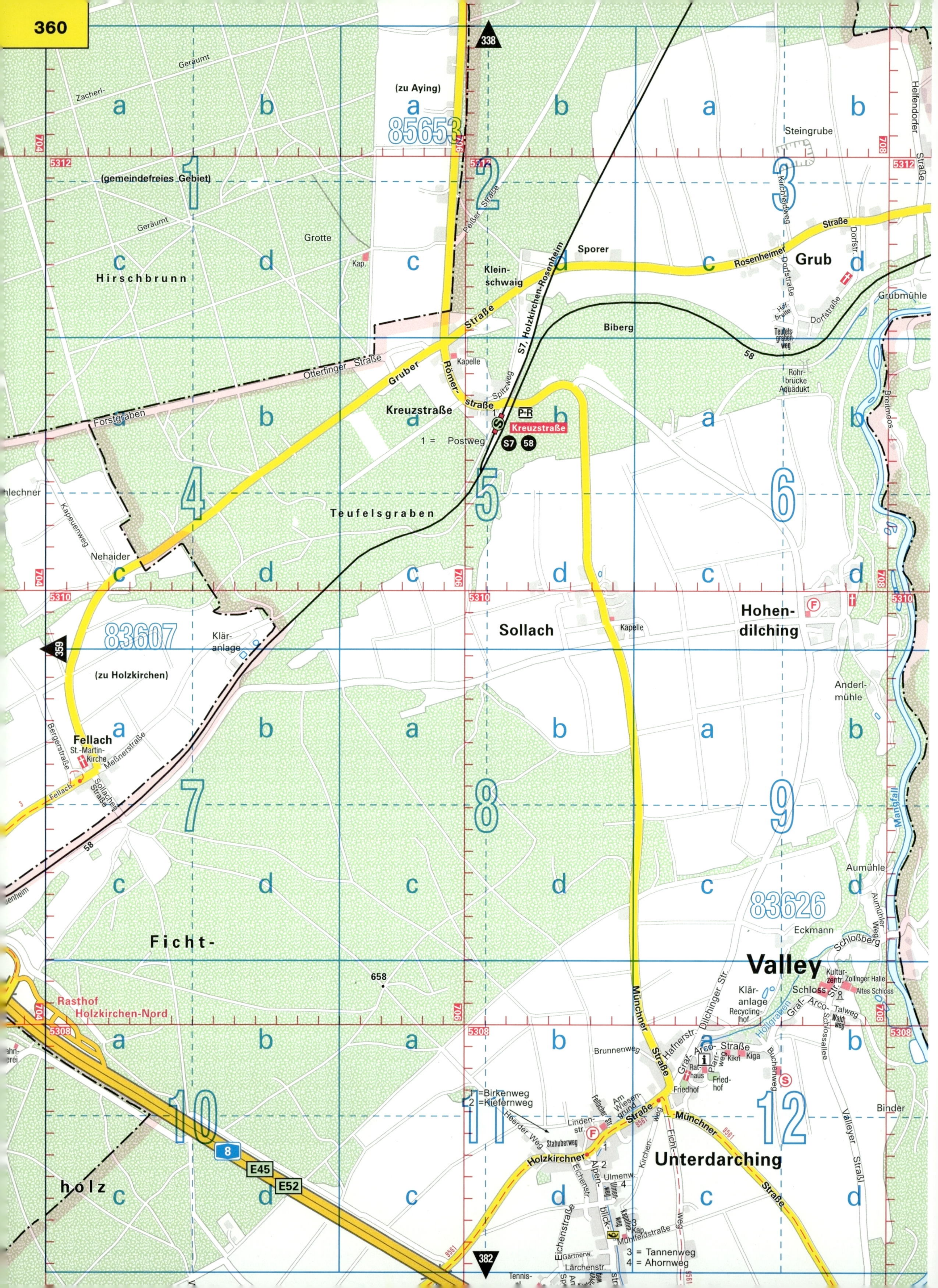
338
(zu Aying)
85653
(gemeindefreies Gebiet)
Hirschbrunn
Grotte
Kap.
Klein-
schwaig
Sporer
Rosenheimer Straße
Grub
Steingrube
Grubmühle
Biberg
Gruber Straße
Otterfinger Straße
Forstgraben
Römerstraße
Kapelle
Spitzweg
S7 Holzkirchen-Rosenheim
Kreuzstraße
1 = Postweg
P+R
S7
58
Rohrbrücke Aquädukt
Teufelsgrabenweg
Breitmoos
Teufelsgraben
Nehaider
Kapellenweg
83607
359
Kläranlage
(zu Holzkirchen)
Sollach
Kapelle
Hohen-
dilching
Anderlmühle
Fellach
St.-Martin-Kirche
Bergerstraße
Meßnerstraße
Sollacher Straße
Aumühle
83626
Mangfall
Eckmann
Schloßberg
Valley
Kulturzentr.
Zollinger Halle
Schloss
Altes Schloss
Kläranlage
Recyclinghof
Talweg
Graf-Arco-Schlossallee
Ficht-
holz
658
Rasthof Holzkirchen-Nord
8
E45
E52
Münchner Straße
Dilchinger Str.
Hafnerstr.
Brunnenweg
Graf-Arco-Straße
Buchenweg
Kiga
Rathaus
Friedhof
Binder
Valleyer Straße
1 = Birkenweg
2 = Kiefernweg
Heerder Weg
Stahuberweg
Lindenstr.
Holzkirchner Straße
Unterdarching
Fichtenweg
Kirchenweg
Alpenblick
Ulmenweg
Eichenstraße
Mühlfeldstraße
Gärtnerw.
Lärchenstr.
382
3 = Tannenweg
4 = Ahornweg
Tennis-

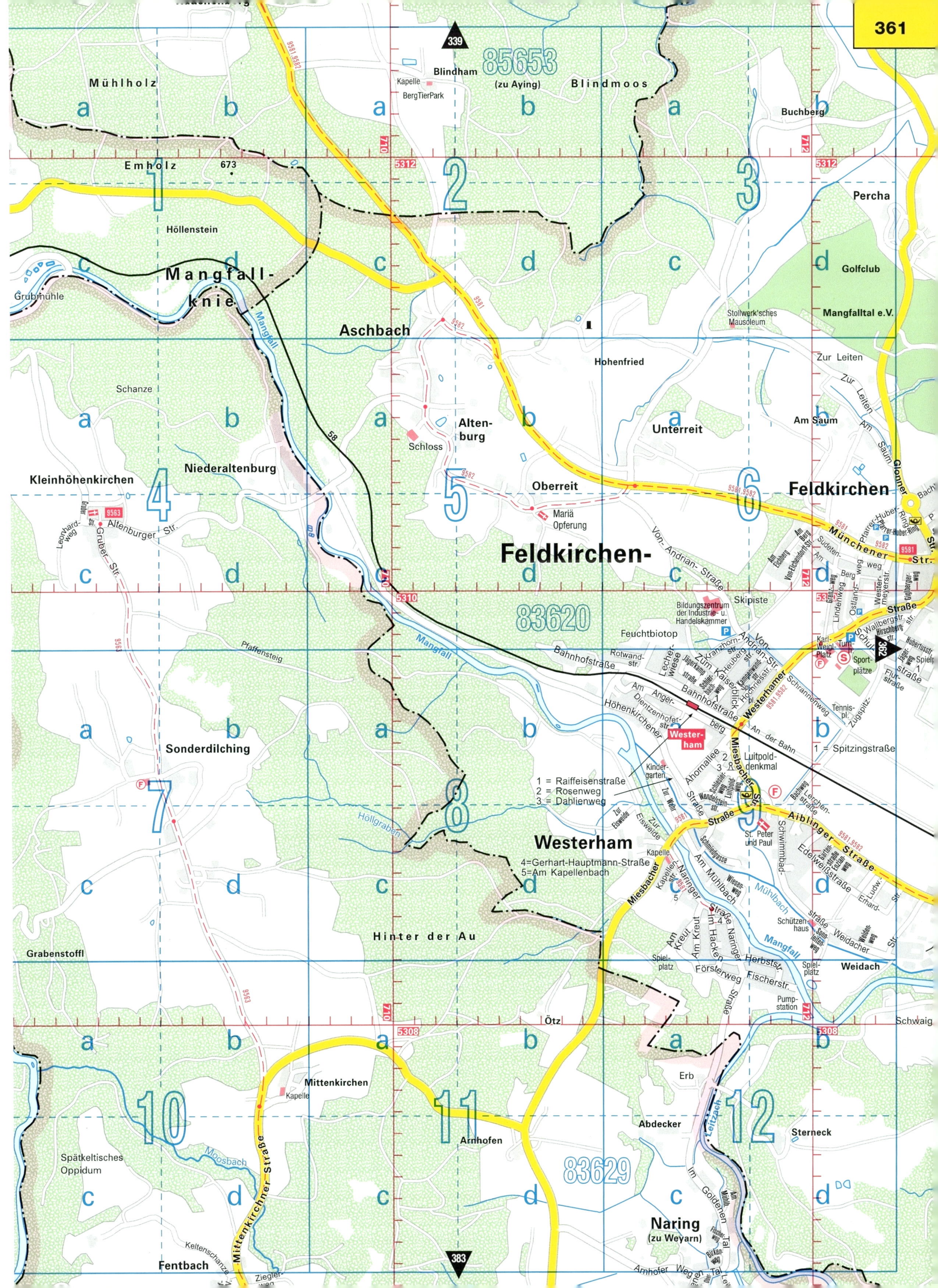

Mühlholz
Blindham
85653
(zu Aying)
Blindmoos
Kapelle
BergTierPark
Buchberg
Emholz
673
Percha
Höllenstein
Golfclub
Mangfall-
knie
Grubmühle
Mangfall
Aschbach
Mangfalltal e.V.
Stollwerk'sches
Mausoleum
Hohenfried
Zur Leiten
Schanze
Alten-
burg
Unterreit
Am Saum
Schloss
Niederaltenburg
Kleinhöhenkirchen
Oberreit
Feldkirchen
Mariä
Opferung
Altenburger Str.
Gruber Str.
Feldkirchen-
Münchener Str.
Von-Andrian-Straße
Bildungszentrum
der Industrie- u.
Handelskammer
Skipiste
83620
Feuchtbiotop
Pfaffensteig
Bahnhofstraße
Westerhamer Str.
Sonderdilching
Wester-
ham
An der Bahn
1 = Spitzingstraße
Luitpold-
denkmal
1 = Raiffeisenstraße
2 = Rosenweg
3 = Dahlienweg
Höllgraben
Westerham
4=Gerhart-Hauptmann-Straße
5=Am Kapellenbach
Aiblinger Straße
Miesbacher Str.
St. Peter
und Paul
Hinter der Au
Grabenstoffl
Weidach
Mühlbach
Schützen-
haus
Pump-
station
Ötz
Schwaig
Erb
Mittenkirchen
Kapelle
Abdecker
Sterneck
Arnhofen
Moosbach
Spätkeltisches
Oppidum
83629
Leitzach
Naring
(zu Weyarn)
Fentbach
Mittenkirchner Straße
Keltenschanze
Arnhofer Weg
339
383
362

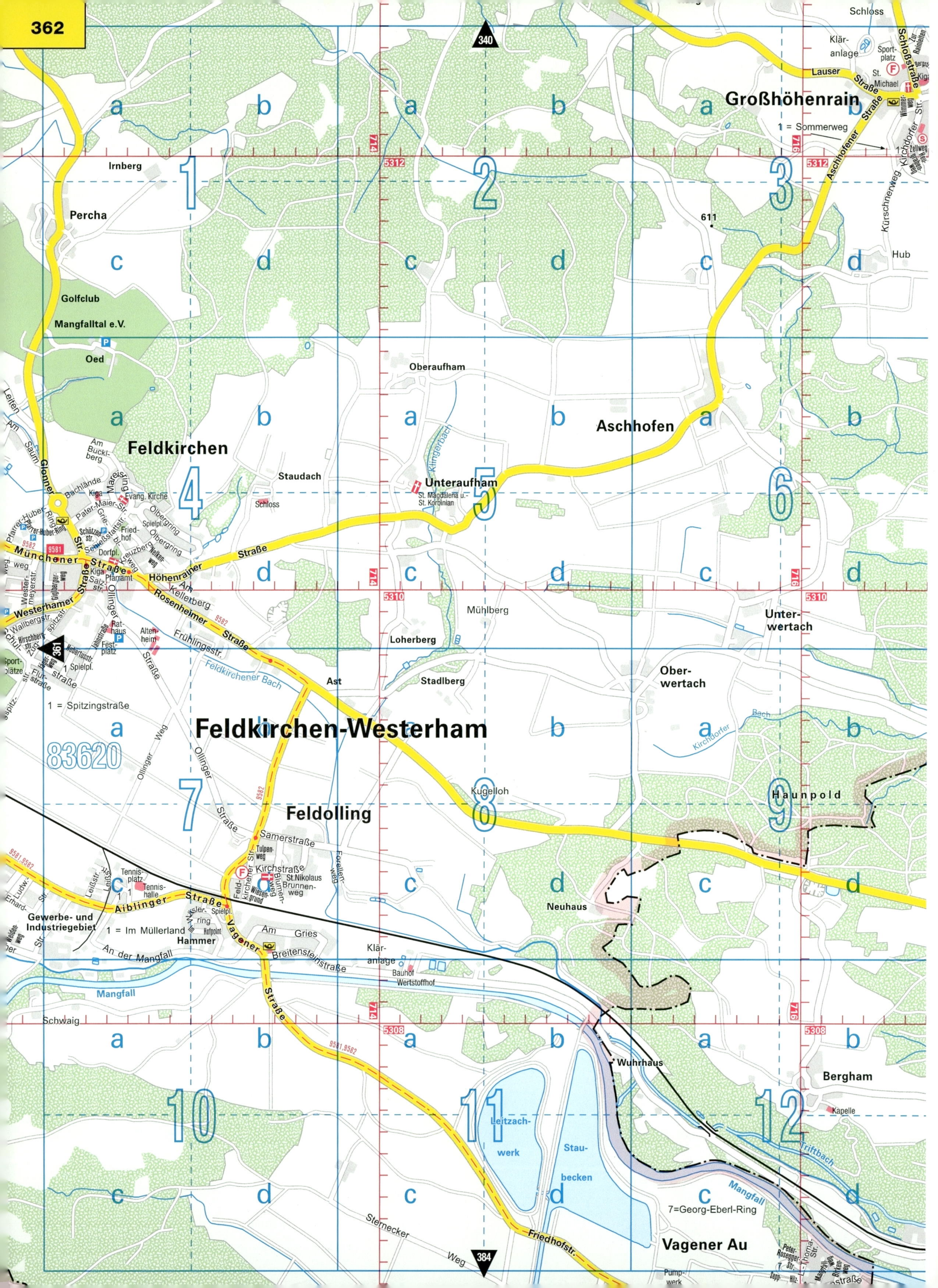
340
Großhöhenrain
Schloss
Kläranlage
Sportplatz
Lauser Straße
Schloßstraße
St. Michael
Aschhofener Straße
1 = Sommerweg
Kirchdorfer Str.
Kürschnerweg
Hub
611
Irnberg
Percha
Golfclub
Mangfalltal e.V.
Oed
Oberaufham
Aschhofen
Feldkirchen
Staudach
Schloss
Unteraufham
St. Magdalena u. St. Korbinian
Klingerbach
Glonner Str.
Münchener Straße
Westerhamer Str.
Höhenrainer Straße
Rosenheimer Straße
Am Kellerberg
Evang. Kirche
Kiga
Pfarramt
Rathaus
Festplatz
Altenheim
Frühlingsstr.
Feldkirchener Bach
Mühlberg
Loherberg
Stadlberg
Unterwertach
Oberwertach
Ast
1 = Spitzingstraße
Feldkirchen-Westerham
83620
Ollinger Weg
Ollinger Straße
Kugelloh
Haunpold
Kirchdorfer Bach
Feldolling
Samerstraße
Tulpenweg
Kirchstraße
St.Nikolaus
Brunnenweg
Forellenweg
Tennisplatz
Tennishalle
Aiblinger Straße
Gewerbe- und Industriegebiet
1 = Im Müllerland
Hammer
Vagener Straße
Am Gries
Breitensteinstraße
Kläranlage
Bauhof
Wertstoffhof
An der Mangfall
Mangfall
Schwaig
Neuhaus
Wuhrhaus
Bergham
Kapelle
Leitzachwerk
Staubecken
Triftbach
7=Georg-Eberl-Ring
Sternecker Weg
Friedhofstr.
Vagener Au
Pumpwerk
384
361
5312
5310
5308
714
716
1
2
3
4
5
6
7
8
9
10
11
12

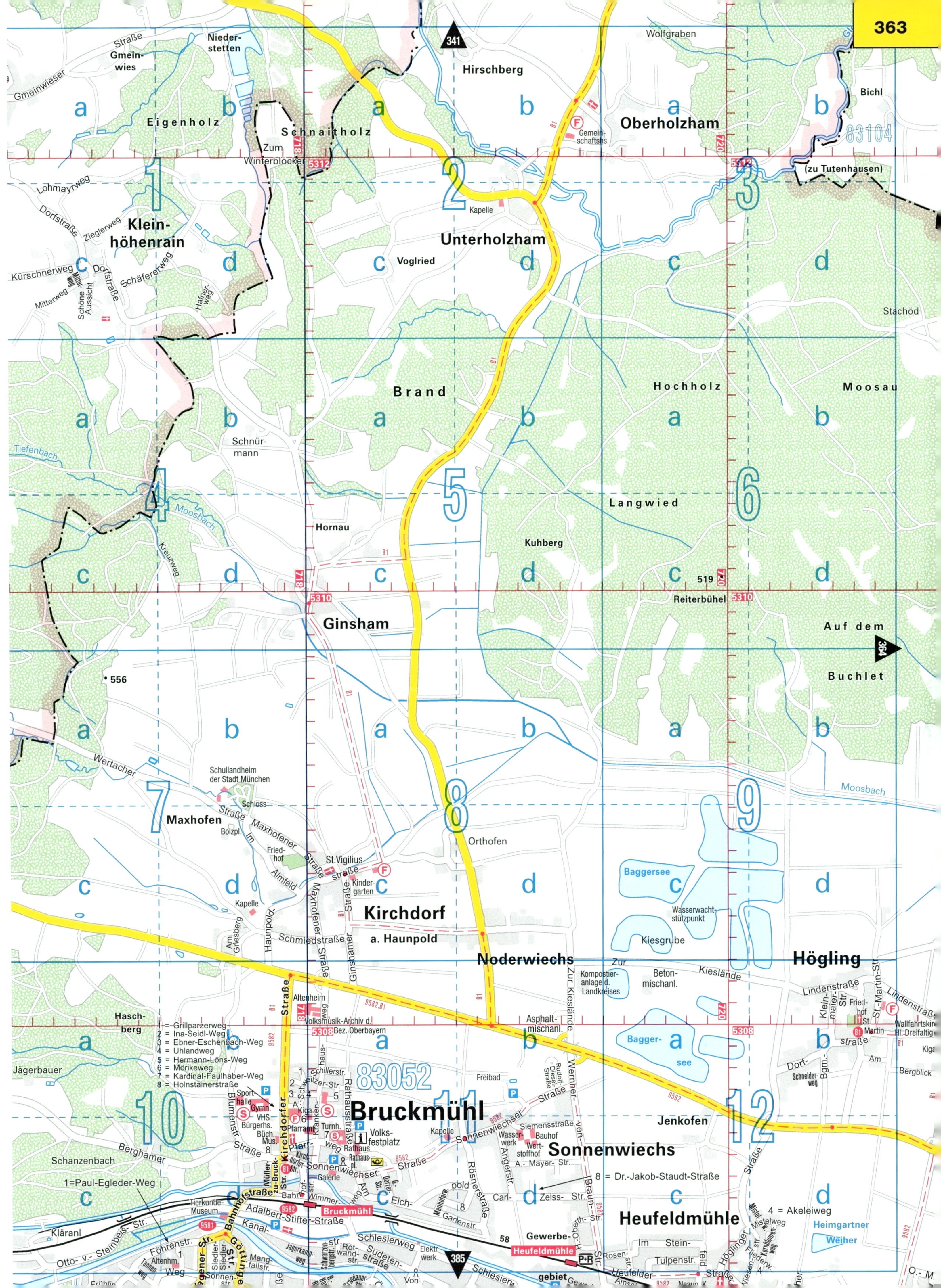
Niederstetten
Gmeinwies
Eigenholz
Schnaitholz
Hirschberg
Oberholzham
Wolfgraben
Bichl
83104
(zu Tutenhausen)
Zum Winterblöcker
Lohmayrweg
Kleinhöhenrain
Unterholzham
Kapelle
Voglried
Stachöd
Brand
Hochholz
Moosau
Schnürmann
Tiefenbach
Moosbach
Langwied
Hornau
Kuhberg
Kreuzweg
519
Reiterbühel
Ginsham
Auf dem Buchlet
556
Wertacher
Schullandheim der Stadt München
Schloss
Maxhofen
Orthofen
Moosbach
Baggersee
Wasserwacht-stützpunkt
Kiesgrube
St.Vigilius
Kirchdorf a. Haunpold
Noderwiechs
Högling
Zur Kieslände
Kompostier-anlage d. Landkreises
Beton-mischanl.
Asphalt-mischanl.
Haschberg
1 = Grillparzerweg
2 = Ina-Seidl-Weg
3 = Ebner-Eschenbach-Weg
4 = Uhlandweg
5 = Hermann-Löns-Weg
6 = Mörikeweg
7 = Kardinal-Faulhaber-Weg
8 = Holnstainerstraße
Jägerbauer
Altenheim
Volksmusik-Archiv d. Bez. Oberbayern
83052
Bruckmühl
Baggersee
Jenkofen
Freibad
Volksfestplatz
Sonnenwiechs
Heufeldmühle
Schanzenbach
1=Paul-Egleder-Weg
8 = Dr.-Jakob-Staudt-Straße
4 = Akeleiweg
Heimgartner Weiher
Herkunde-Museum
Kläranl
Bahnhofstraße
Adalbert-Stifter-Straße
Schlesierweg
Gewerbegebiet
Heufeldmühle
Bruckmühl
Lindenstraße
Wallfahrtskirche Hl. Dreifaltigkeit
Bergblick
341
364
385

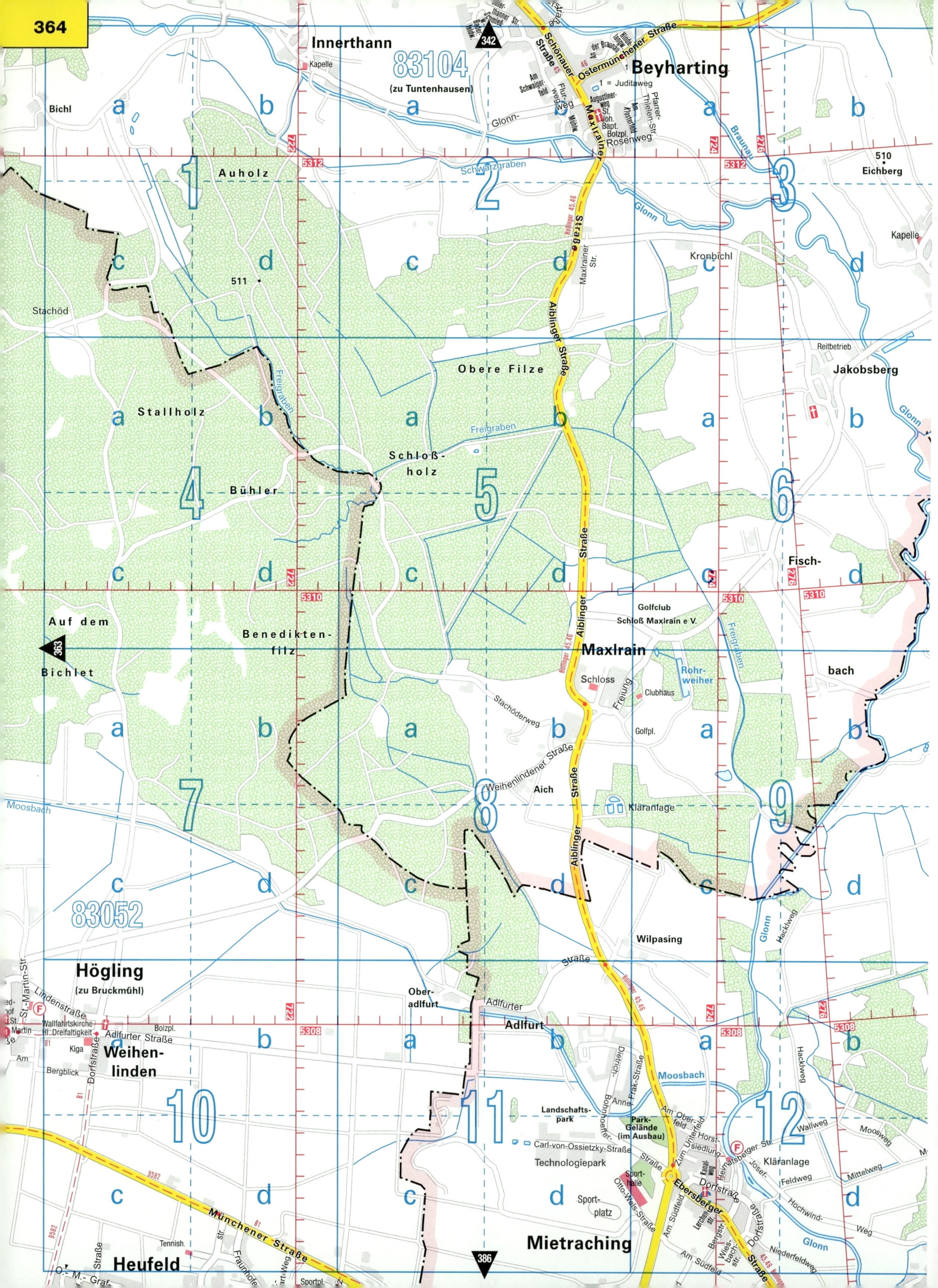

Innerthann
Kapelle
83104
(zu Tuntenhausen)
Beyharting
Schönauer Straße
Ostermünchener Straße
1 = Juditaweg
Augustiner-weg
St. Joh. Bapt.
Bolzpl.
Rosenweg
Pfarrer-Thielen-Str.
Am Klosterhof
Am Schwaiger-feld
Flurweg
Maxlrainer Straße
Glonn-
Bichl
Auholz
Schwarzgraben
Glonn
Braunau
510
Eichberg
Kapelle
Kronbichl
Maxlrainer Str.
Aiblinger Straße
511
Stachöd
Obere Filze
Reitbetrieb
Jakobsberg
Stallholz
Freigraben
Schloß-holz
Bühler
Fisch-
bach
Golfclub
Schloß Maxlrain e V.
Auf dem
Bichlet
Benedikten-filz
Maxlrain
Schloss
Rohr-weiher
Freiung
Clubhaus
Stachöderweg
Golfpl.
Weihenlindener Straße
Aich
Kläranlage
Moosbach
83052
Wilpasing
Hacklweg
Högling
(zu Bruckmühl)
Lindenstraße
St.-Martin-Str.
Wallfahrtskirche Hl. Dreifaltigkeit
Adlfurter Straße
Kiga
Bolzpl.
Dorfstraße
Weihen-linden
Bergblick
Ober-adlfurt
Adlfurter
Adlfurt
Dietrich-Bonhoeffer-
Anne-Frank-Straße
Moosbach
Landschafts-park
Park-Gelände (im Ausbau)
Carl-von-Ossietzky-Straße
Technologiepark
Sport-halle
Otto-Wels-Straße
Sport-platz
Am Ober-feld
Zum Unterfeld
Horst-siedlung
Heimatsberger Str.
Kläranlage
Wallweg
Moosweg
Mittelweg
Feldweg
Hochwind-Weg
Ebersberger Straße
Dorfstraße
Am Südfeld
Niederfeldweg
Glonn
Münchener Straße
Tennish.
Heufeld
Mietraching
Fraunhofer-Weg
Sportpl.
342
363
386

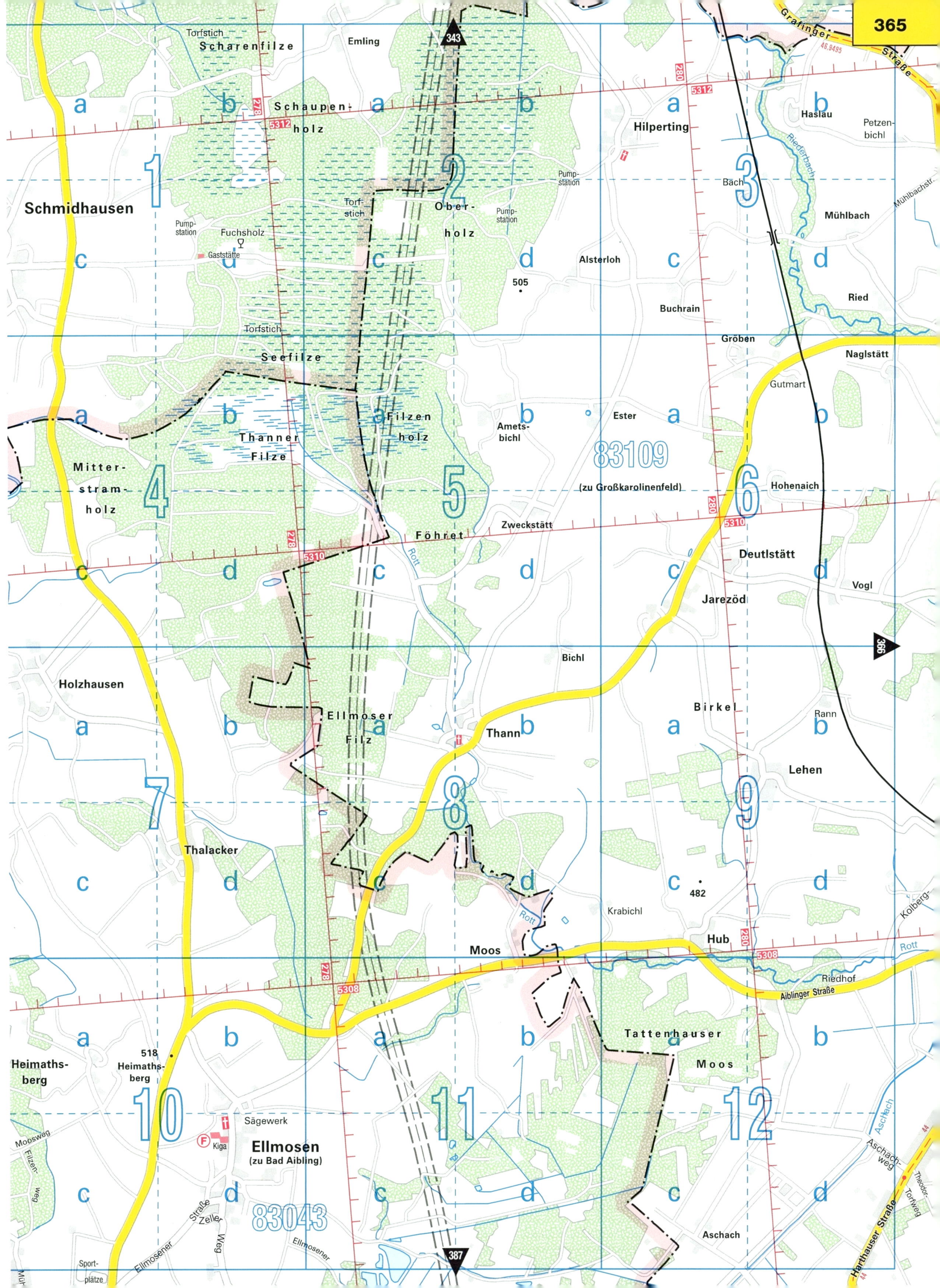

Torfstich
Scharenfilze
Emling
343
Schaupenholz
5312
278
Hilperting
280
Haslau
Petzenbichl
Grafinger Straße
Riederbach
Schmidhausen
Pumpstation
Fuchsholz
Gaststätte
Torfstich
Oberholz
Pumpstation
Bach
Mühlbach
Mühlbachstr.
Alsterloh
505
Buchrain
Ried
Gröben
Torfstich
Seefilze
Naglstätt
Gutmart
Thanner Filze
Filzenholz
Ametsbichl
Ester
83109
(zu Großkarolinenfeld)
Mitterstramholz
Hohenaich
Zweckstätt
Föhret
5310
Rott
Deutlstätt
Jarezöd
Vogl
366
Bichl
Holzhausen
Ellmoser Filz
Thann
Birkel
Rann
Lehen
Thalacker
Krabichl
482
Moos
Hub
5308
Riedhof
Aiblinger Straße
Kolberg-
Tattenhauser Moos
518
Heimathsberg
Heimathsberg
Sägewerk
Ellmosen
(zu Bad Aibling)
Kiga
Moosweg
Filzenweg
Aschach
Aschachweg
Theodor-Torfweg
Zeller Weg
Straße
83043
Ellmosener Straße
Aschach
Sportplätze
387
Harthauser Straße

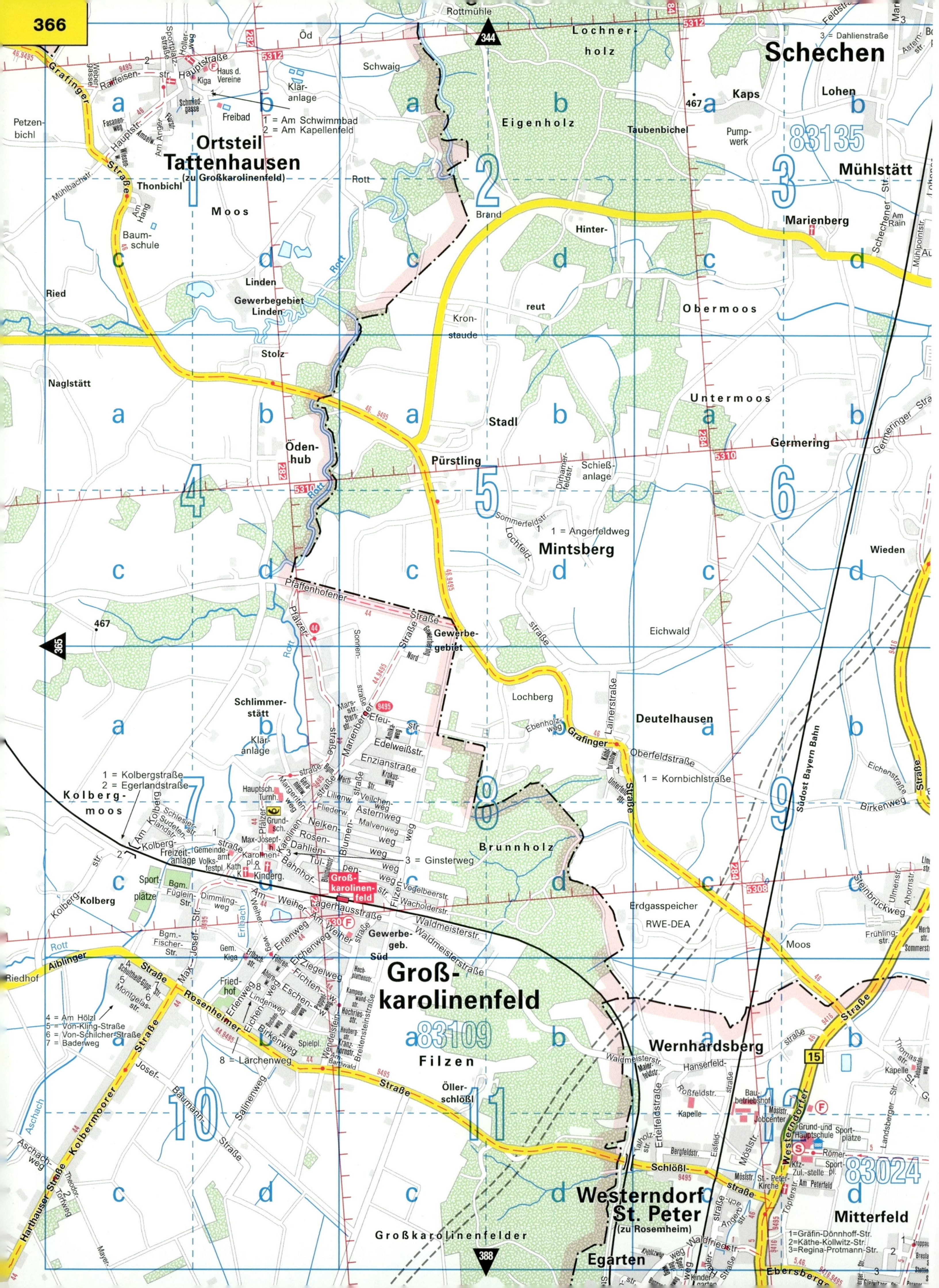
Schechen
Ortsteil Tattenhausen
(zu Großkarolinenfeld)
Großkarolinenfeld
83109
83135
83024
Westerndorf St. Peter
(zu Rosenheim)
Mintsberg
Wernhardsberg
Deutelhausen
Eigenholz
Lochnerholz
Brunnholz
Filzen
Großkarolinenfelder
Mühlstätt
Marienberg
Obermoos
Untermoos
Germering
Pürstling
Stadl
Brand
Ödenhub
Kolbergmoos
Kolberg
Mitterfeld
Egarten
Eichwald
Erdgasspeicher RWE-DEA
Südost Bayern Bahn
1 = Am Schwimmbad
2 = Am Kapellenfeld
1 = Angerfeldweg
1 = Kornbichlstraße
1 = Kolbergstraße
2 = Egerlandstraße
3 = Ginsterweg
4 = Am Hölzl
5 = Von-Kling-Straße
6 = Von-Schilcher-Straße
7 = Baderweg
8 = Lärchenweg
3 = Dahlienstraße
1=Gräfin-Dönnhoff-Str.
2=Käthe-Kollwitz-Str.
3=Regina-Protmann-Str.

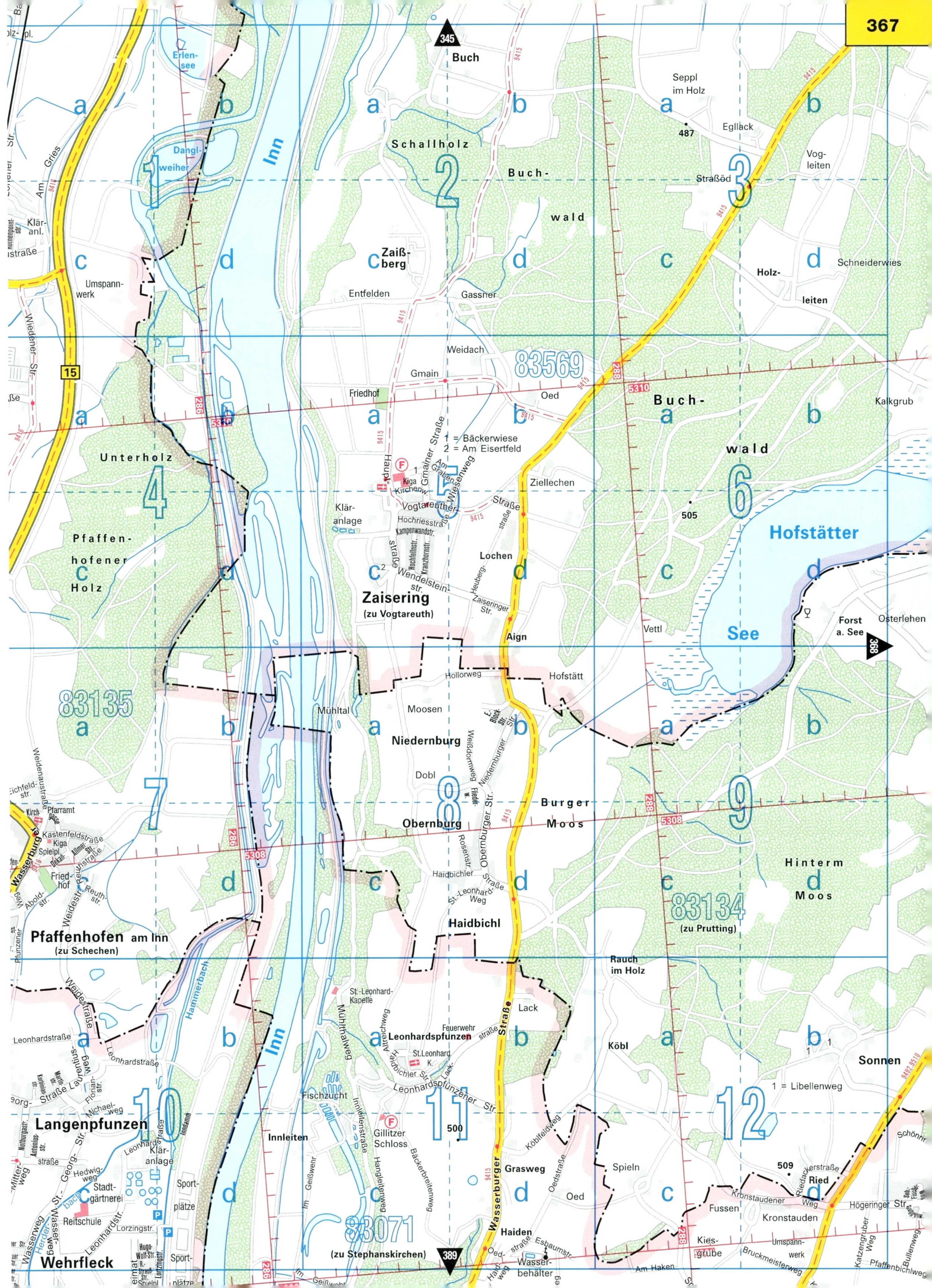
345
Buch
Erlen-see
Dangl-weiher
Inn
Schallholz
Buch-
wald
Seppl im Holz
487
Egllack
Vog-leiten
Straßöd
Zaiß-berg
Entfelden
Gassner
Holz-
leiten
Schneiderwies
Umspann-werk
Weidach
Gmain
83569
Oed
Friedhof
Kalkgrub
Unterholz
1 = Bäckerwiese
2 = Am Eisertfeld
Ziellechen
Kiga
Vogtareuther Straße
Klär-anlage
Hochriesstraße
505
Hofstätter
See
Pfaffen-hofener Holz
Lochen
Zaisering
(zu Vogtareuth)
Aign
Vettl
Forst a. See
Osterlehen
368
Hollorweg
Hofstätt
83135
Mühltal
Moosen
Niedernburg
Dobl
Burger
Moos
Obernburg
Hinterm
Moos
Kiga
Fried-hof
Haidbichler
Haidbichl
83134
(zu Prutting)
Pfaffenhofen am Inn
(zu Schechen)
Rauch im Holz
St.-Leonhard-Kapelle
Lack
Hammerbach
Feuerwehr
Leonhardspfunzen
Köbl
Sonnen
St.Leonhard K.
1 = Libellenweg
Langenpfunzen
Fischzucht
500
Innleiten
Gillitzer Schloss
Wasserburger Straße
Grasweg
Spieln
509
Ried
Klär-anlage
Stadt-gärtnerei
Reitschule
Oed
Fussen
Kronstauden
Sport-plätze
83071
(zu Stephanskirchen)
389
Haiden
Kies-grube
Umspann-werk
Wasser-behälter
Wehrfleck

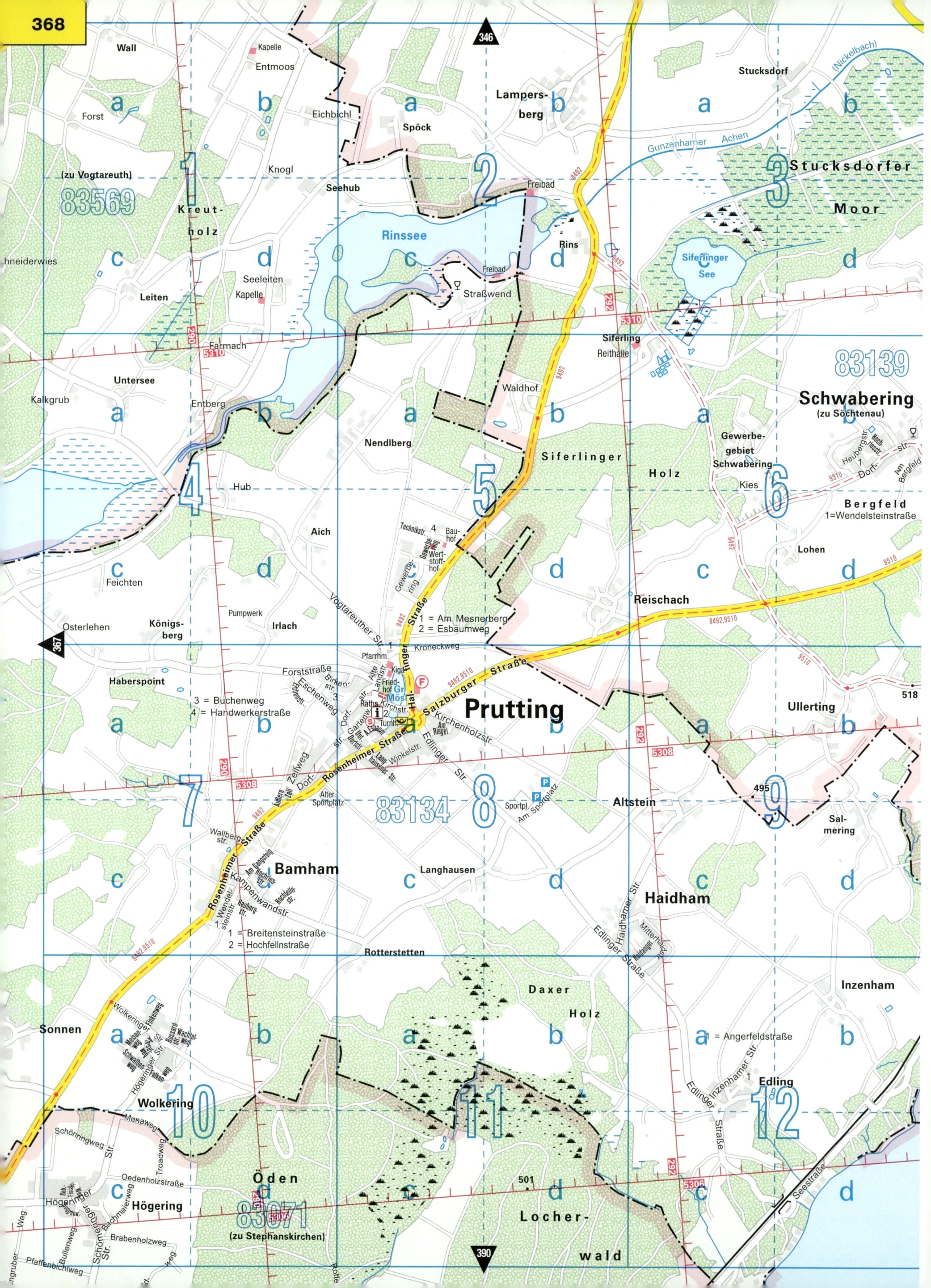

346
Wall
Kapelle
Entmoos
Forst
Eichbichl
Spöck
Lampers-berg
Stucksdorf
Gunzenhamer Achen
(Nickelbach)
Knogl
Seehub
(zu Vogtareuth)
83569
Kreut-holz
Freibad
Stucksdorfer Moor
Rinssee
Rins
Siferlinger See
Seeleiten
Kapelle
Freibad
Straßwend
Leiten
Farmach
Siferling
Reithalle
83139
Untersee
Waldhof
Schwabering
(zu Söchtenau)
Kalkgrub
Entberg
Nendlberg
Gewerbegebiet Schwabering
Siferlinger Holz
Kies
Hub
Bergfeld
1=Wendelsteinstraße
Aich
Lohen
Feichten
Reischach
Pumpwerk
1 = Am Mesnerberg
2 = Esbaumweg
Osterlehen
Königs-berg
Irlach
367
Kroneckweg
Haberspoint
3 = Buchenweg
4 = Handwerkerstraße
Salzburger Straße
Prutting
Ullerting
518
Rosenheimer Straße
Kirchenholzstr.
Edlinger Str.
495
Altstein
Sal-mering
83134
Sportpl.
Am Sportplatz
Bamham
Langhausen
Haidham
1 = Breitensteinstraße
2 = Hochfellnstraße
Rotterstetten
Daxer Holz
Inzenham
Sonnen
1 = Angerfeldstraße
Edling
Wolkering
Öden
501
Höger
Högering
83071
(zu Stephanskirchen)
Locher-wald
Seestraße
390

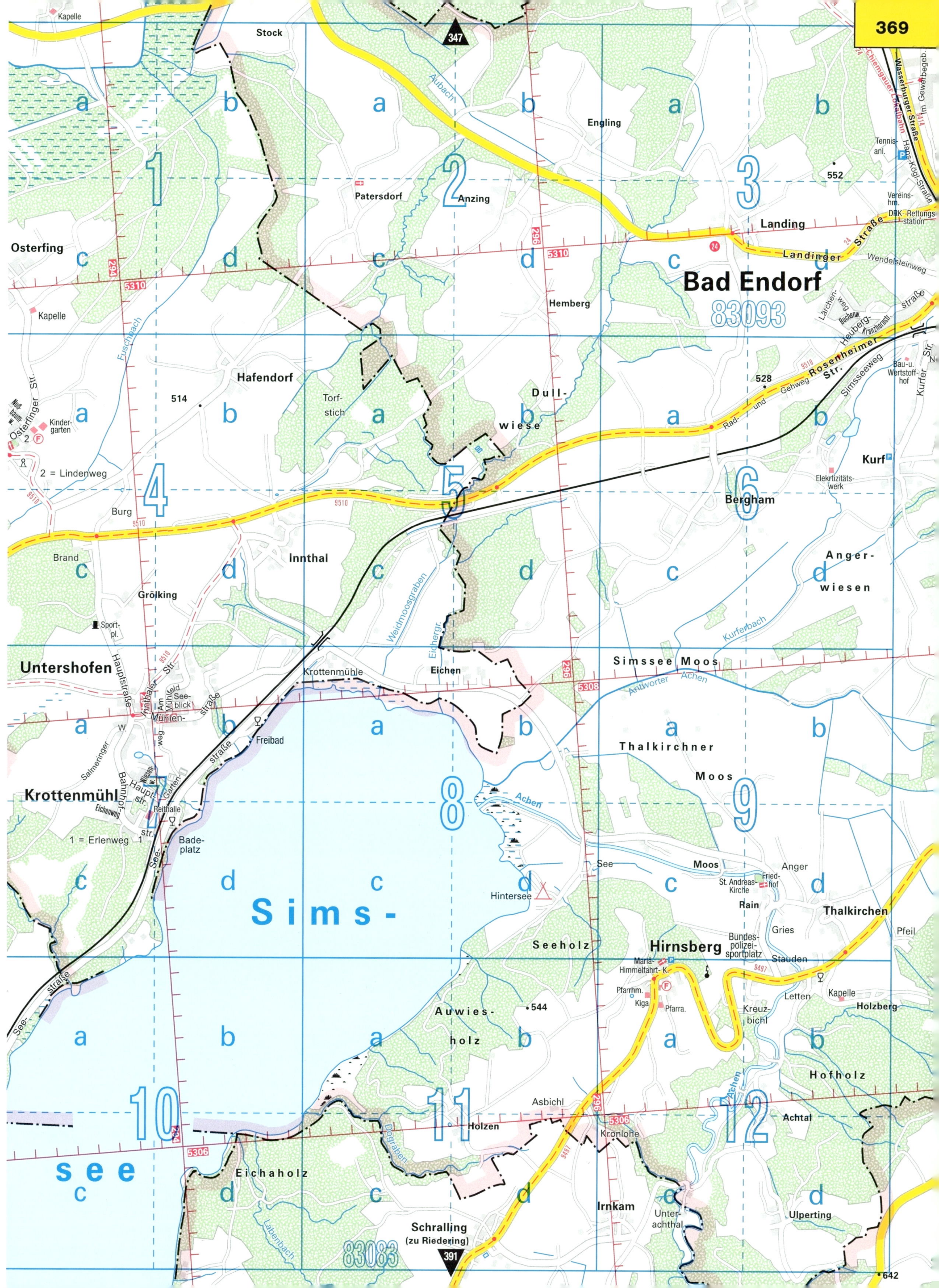

Bad Endorf
83093
Stock
Engling
Patersdorf
Anzing
Landing
Landinger Straße
Osterfing
Hemberg
Kapelle
Hafendorf
Torfstich
Dullwiese
Kurf
Bergham
Burg
Innthal
Brand
Grölking
Angerwiesen
Untershofen
Krottenmühle
Eichen
Simssee Moos
Freibad
Thalkirchner Moos
Krottenmühl
Badeplatz
Achen
Moos
Hintersee
Rain
Thalkirchen
Sims-
Seeholz
Hirnsberg
Auwiesholz
Hofholz
Asbichl
Achtal
Holzen
Kronlohe
see
Eichaholz
Irnkam
Unterachthal
Ulperting
Schralling (zu Riedering)
83083
Rosenheimer Str.
Wasserburger Straße
Antworter Achen
Kurferbach
Weidmoosgraben
Fuschbach
Aubach
Dograben
Labenbach

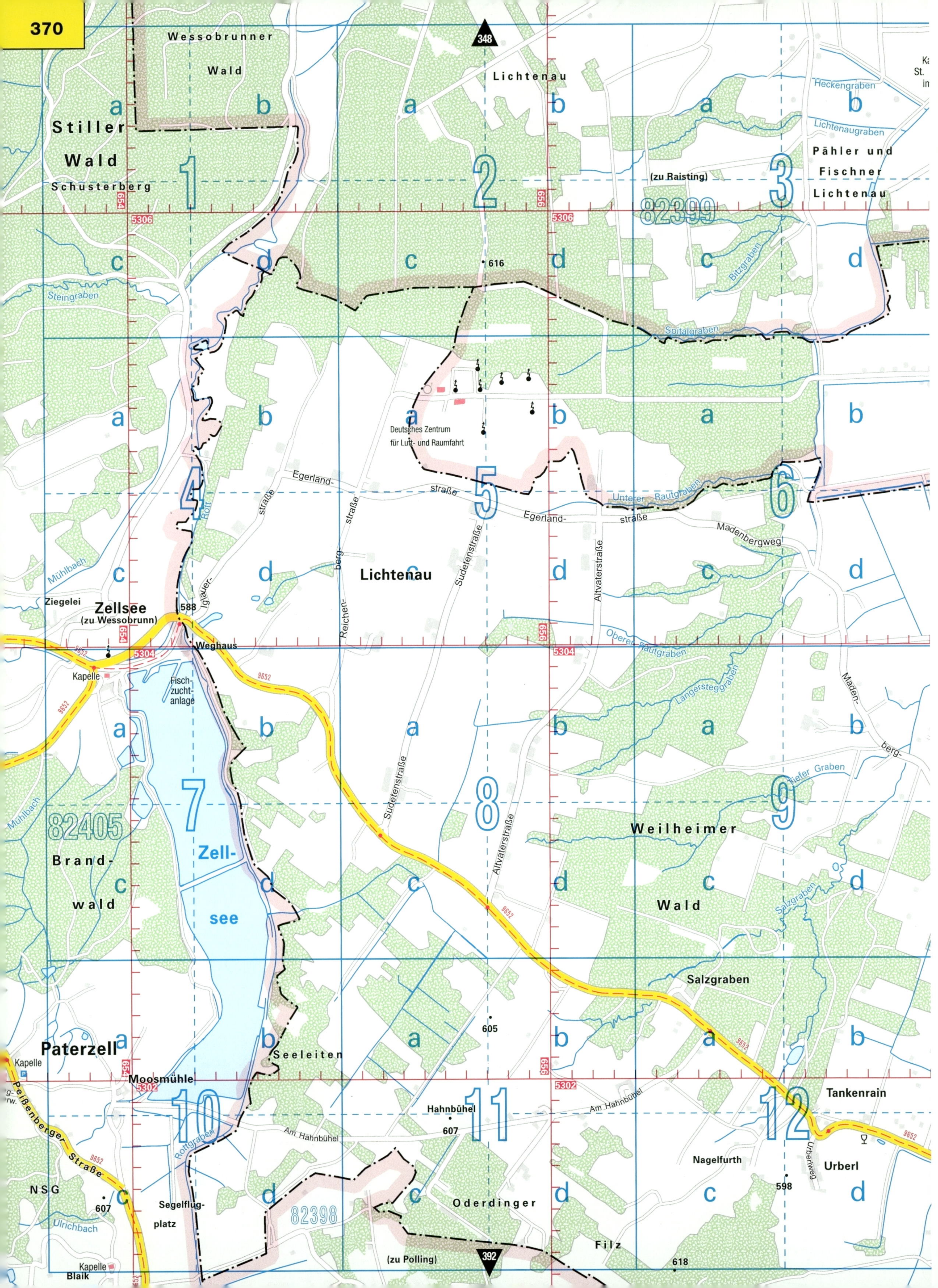
348
Wessobrunner
Wald
Lichtenau
Stiller
Wald
Schusterberg
Heckengraben
Lichtenaugraben
Pähler und
Fischner
Lichtenau
(zu Raisting)
82399
616
Steingraben
Bitzgraben
Spitalgraben
Deutsches Zentrum
für Luft- und Raumfahrt
Egerland-
straße
Egerland-
straße
Unterer Rautgraben
Madenbergweg
Rott
Mühlbach
Iglauer-
straße
Reichen-
berg-
straße
Sudetenstraße
Lichtenau
Altvaterstraße
Ziegelei
Zellsee
(zu Wessobrunn)
588
Weghaus
Oberer Rautgraben
Kapelle
Fisch-
zucht-
anlage
9652
Langersteggraben
Maden-
berg-
Tiefer Graben
Mühlbach
82405
Brand-
wald
Zell-
see
Sudetenstraße
Altvaterstraße
Weilheimer
Wald
Salzgraben
Salzgraben
605
Paterzell
Kapelle
Seeleiten
Moosmühle
5302
Hahnbühel
607
Am Hahnbühel
Am Hahnbühel
Tankenrain
Urberl
Nagelfurth
Urberlweg
598
Peißenberger Straße
Rottgraben
NSG
607
Segelflug-
platz
Ulrichbach
82398
Oderdinger
Filz
Kapelle
Blaik
(zu Polling)
392
618

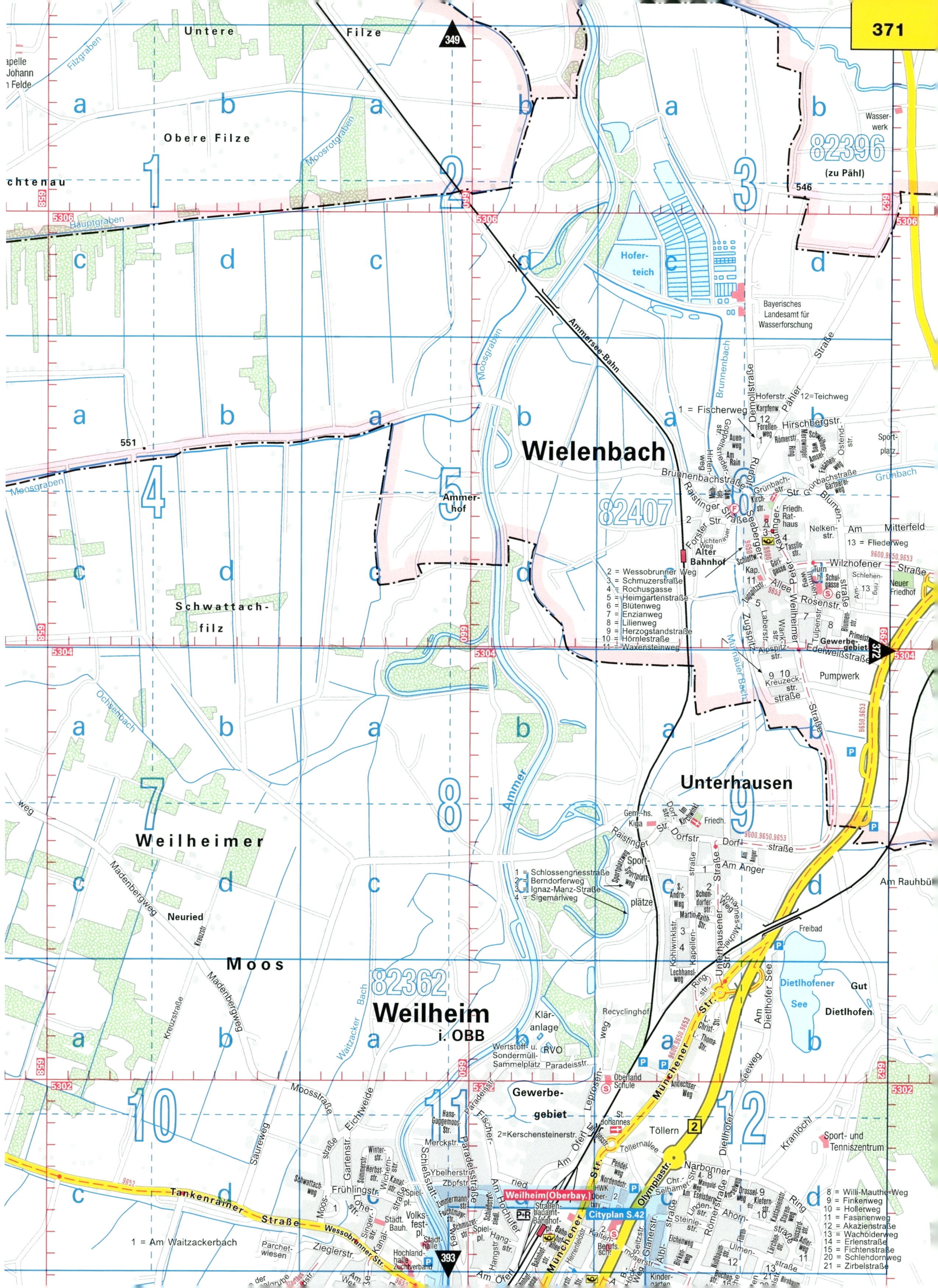
Untere Filze
Obere Filze
Wielenbach
82407
82396
(zu Pähl)
Hofer-teich
Bayerisches Landesamt für Wasserforschung
Ammersee-Bahn
Ammerhof
Alter Bahnhof
Schwattachfilz
Unterhausen
Weilheimer Moos
Neuried
Weilheim i. OBB
82362
Dietlhofener See
Gut Dietlhofen
Töllern
Freibad
Sport- und Tenniszentrum
Kläranlage
Recyclinghof
Gewerbegebiet
Weilheim(Oberbay.)
Cityplan S.42
Tankenrainer Straße
Wessobrunner Str.
Münchener Str.
Olympiastr.
1 = Fischerweg
12=Teichweg
2 = Wessobrunner Weg
3 = Schmuzerstraße
4 = Rochusgasse
5 = Heimgartenstraße
6 = Blütenweg
7 = Enzianweg
8 = Lilienweg
9 = Herzogstandstraße
10 = Hörnlestraße
11 = Waxensteinweg
13 = Fliederweg
1 = Schlossengriesstraße
2 = Berndorferweg
3 = Ignaz-Manz-Straße
4 = Sigemarweg
2=Kerschensteinerstr.
1 = Am Waitzackerbach
8 = Willi-Mauthe-Weg
9 = Finkenweg
10 = Hollerweg
11 = Fasanenweg
12 = Akazienstraße
13 = Wacholderweg
14 = Erlenstraße
15 = Fichtenstraße
20 = Schlehdornweg
21 = Zirbelstraße
349
372
393

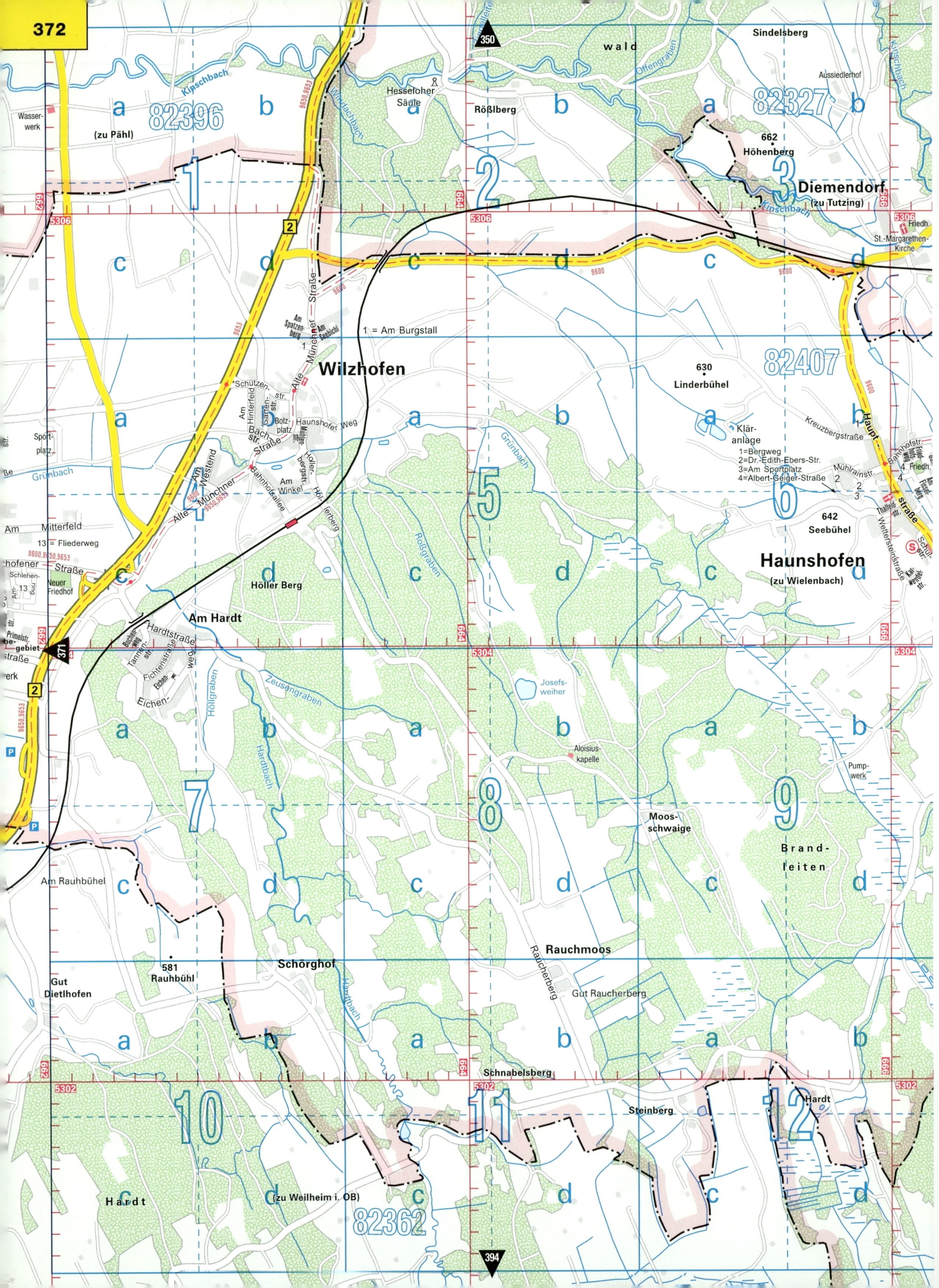

Kinschbach
82396
(zu Pähl)
Wasserwerk
Windachbach
Hesseloher Säule
Rößlberg
wald
Offengraben
Sindelsberg
Aussiedlerhof
82327
662
Höhenberg
Diemendorf
(zu Tutzing)
St.-Margarethen-Kirche
Friedh.
Alte Münchner Straße
Am Spatzenberg
Am Seebichl
1 = Am Burgstall
Wilzhofen
Schützenstr.
Am Hinterfeld
Gartenstr.
Bolzplatz
Haunshofer Weg
Bachstr.
Mühlenstr.
Höllerbergstr.
Am Westend
Bahnhofsallee
Am Winkel
Höllerberg
Sportplatz
Grünbach
Am Mitterfeld
13 = Fliederweg
Neuer Friedhof
Höller Berg
Am Hardt
Hardtstraße
Buchenweg
Tannenstr.
Fichtenstraße
Eichenweg
Höllgraben
Zeusengraben
Hardtbach
Roßgraben
82407
630
Linderbühel
Kläranlage
Kreuzbergstraße
1=Bergweg
2=Dr.-Edith-Ebers-Str.
3=Am Sportplatz
4=Albert-Geiger-Straße
Mühlrainstr.
Hauptstraße
Bahnhofstr.
642
Seebühel
Haunshofen
(zu Wielenbach)
Weilheimer Straße
Josefsweiher
Aloisiuskapelle
Pumpwerk
Moosschwaige
Brandleiten
Am Rauhbühel
581
Rauhbühl
Gut Dietlhofen
Schörghof
Rauchmoos
Raucherberg
Gut Raucherberg
Schnabelsberg
Steinberg
Hardt
(zu Weilheim i. OB)
82362
350
371
394

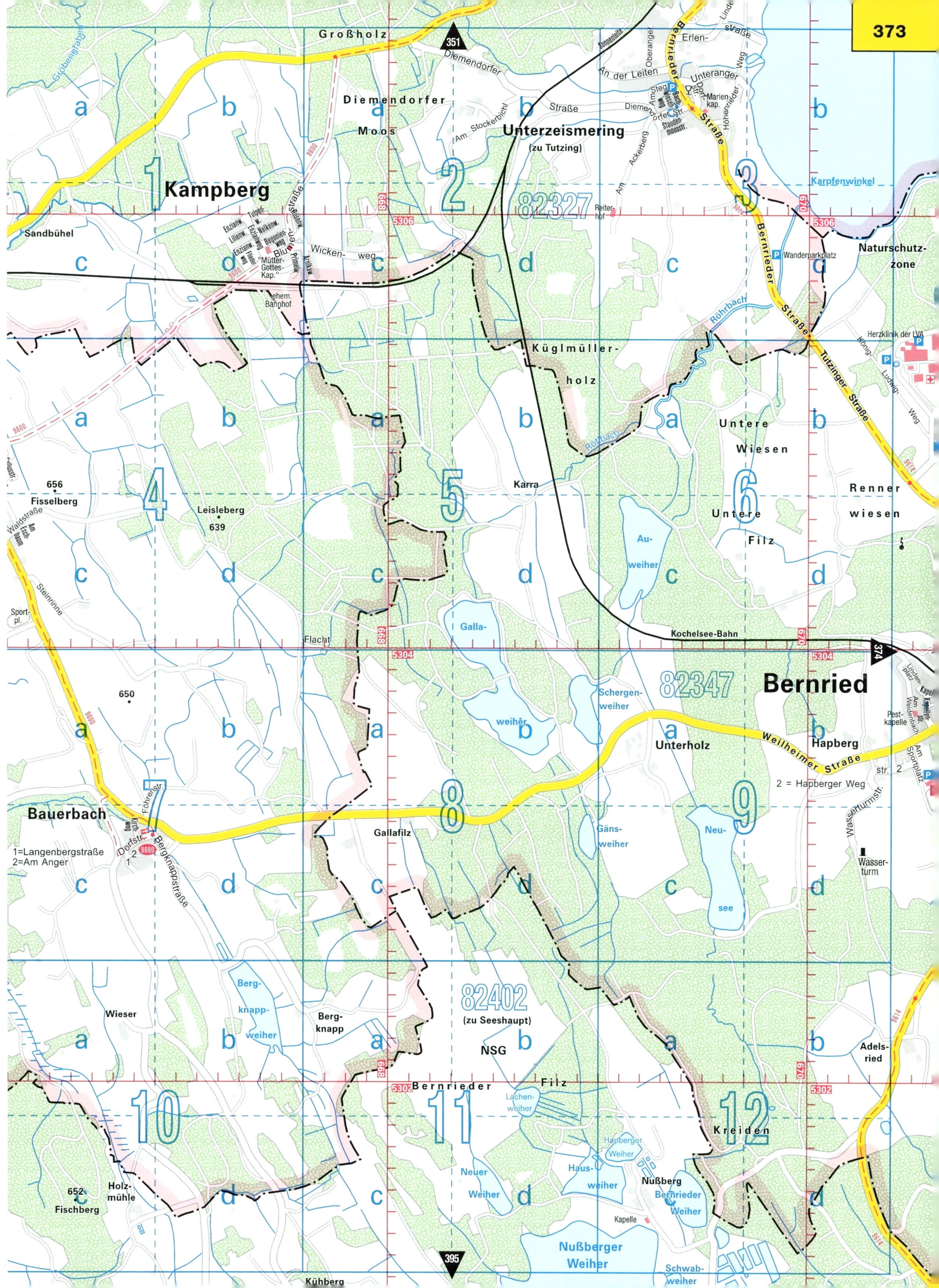

Großholz
Diemendorfer Moos
Unterzeismering
(zu Tutzing)
Kampberg
Sandbühel
82327
Karpfenwinkel
Naturschutz-zone
Wanderparkplatz
Herzklinik der LVA
Küglmüllerholz
Rohrbach
Untere Wiesen
Untere Filz
Rennerwiesen
Karra
Fisselberg
656
Leisleberg
639
Au-weiher
Galla-weiher
Schergen-weiher
Flacht
Kochelsee-Bahn
82347
Bernried
Unterholz
Hapberg
Weilheimer Straße
2 = Hapberger Weg
650
Bauerbach
1=Langenbergstraße
2=Am Anger
Bergknappstraße
Gallafilz
Gäns-weiher
Neu-see
Wasser-turm
Berg-knapp-weiher
Wieser
Bergknapp
82402
(zu Seeshaupt)
NSG
Adels-ried
Bernrieder Filz
Lachen-weiher
Kreiden
Holz-mühle
652
Fischberg
Neuer Weiher
Haus-weiher
Hapberger Weiher
Nußberg
Bernrieder Weiher
Kapelle
Nußberger Weiher
Schwab-weiher
Kühberg
Bernrieder Straße
Tutzinger Straße
Diemendorfer Straße
Wicken-weg
351
374
395

352
396
373
Starnberger See
Naturschutzzone Horn
Herzklinik der LVA
Klinik Höhenried
Schloss
Höhenried
Tutzinger Straße
Renner wiesen
Untere Trat
Buchheims Museum der Phantasie
Am Hirschgarten
Schwaigbauern Weiher
Hirtweiher
Hausstätter Weiher
Yachthafen
Am Segelhafen
Seepromenade
Dampfersteg
Klosterkirche St.-Martin
Seekap.
Hofmarkskirche
Strandbad
1 = Klosterhof
2 = Lindenallee
3 = Samoreau-Promenade
4 = An der Mühle
Dorfstr.
Raths.
Maibaum-pl.
Friedhof
Binselberg
Bernrieder Park
Unterer Seeweg
Weilheimer Straße
Hauptstraße
Valentin Weiher
Grundweiher
Bahnhofstr.
Karwendelstr.
Zugspitzstr.
Jägerstr.
Höhenrieder Weg
Pestkapelle
Am Sportplatz
Vereinshm.
Bernried
Sportgelände
Tennispl.
2 = Hapberger Weg
Am Postgarten
5 = Am Postgarten
1=Am Fohlenstall
Tratteile
Bernried am Starnberger See
82347
Gewerbegebiet
Wasserturm
Am Neuland
Seeshaupter Straße
Eichenstr.
Tratstr.
Reitweg
Teehaus
Wildererteil
Adelsried
Rußgraben
Fuchsgraben
Obere Trat
Unterwald
(zu Seeshaupt)
Seeleitn
Anlegest.
Waldschmidtweg

353
Reichenkam
Holzhausen
am Starnberger See
Attenkam
Degerndorf
(zu Münsing)
82541
1=Dammfeld
2=Am Anger
Degerndorfer Weiher
See-heim
Oberambach
Schloss
Kugelmühle
Ambach
Weidenkam
Schloss
Sonderham
Sonderhamer Weiher
Pumpwerk
Birklkam
Luigenkam
Stroblmühle
Happerg
Berg
Friedhof
Haidach
82547
(zu Eurasburg)
Mühljörg
Steingrub
Schallenkam
Kapelle
Schwarzlehen
Rohr
Wasser-rettungs station
Ambacher
Erholungs-
gebiet
Buchscharn
Eurasburger
Wald
NSG Schellenberg-moor
674
718
397
Schellenberg
376
95
E533
für Kfz gesperrte Str.
Eichgraben
Grenzgraben
Buchscharngraben
Schindergraben

354
Ortsteil Gelting
(zu Geretsried)
Gewerbegebiet Gelting
Buchberg
Tierheim
Bolzwang
Kapelle
95
E533
Achmühle
Am Altwasser
Poigen
Loisach-Isar-Kanal
Schmidtgraben
Schmidtus
Herrnhauser Straße
Alleebüchelweg
82541
(zu Münsing)
Miegesgraben
Loisach
Ziegelei
Breitenmoos
Breitenbach
Fischzucht
Geothermieanlage
595
698
Schwarze Wand
Birkensee
Lauterbach
Fußweg
Geltinger
Filz
375
Gasteig
Klärwerkstr.
Kläranlage
82547
Eurasburg
Grünwinkl
Höllgraben
Am Schloßberg
Schloss
ND
Tennispl.
Sportpl.
Kiga
Adelsreuth
Ziegelstadel
Burgmannstr.
Gewerbe- u. Industriegebiet
Rathaus
Oberhof
Unterherrnhauser Straße
Unterherrnhausen
634
Hurschbühel
641
gebiet
Weiherwiese
Baierlach
Sprengenöd
Haag
Sägewerk
Lengenwies
Habichtgr.
Zwitzenlehen
Oberherrnhausen
Waltersteig
Babenstuben
372
398

Ascholding
(zu Dietramszell)
83623
Buchberg
Gewerbegebiet Nord
Gewerbegebiet
Ascholdinger
Das warme Tal
Alm
Wolfratshauser Naturschutzgebiet
Geretsrieder Au
In der Loh
Ortsteil Gartenberg
(zu Geretsried)
Gut Schwaigwall
Altenheim
82538
Forst
Geretsried
Tattenkofener Straße
Gewerbe-Süd
Naturschutzgebiet
Ortsteil Stein
(zu Geretsried)
Waldpark
Buchfleck
Tannwiesen
Grundholz
Tiefmoos
82549
(zu Königsdorf)
Sauler Holz
Pfarrer-Zintl-Weg
1=Am Forst
1=Kalmanweg
2=Händelstraße
1 = Staffelseeweg

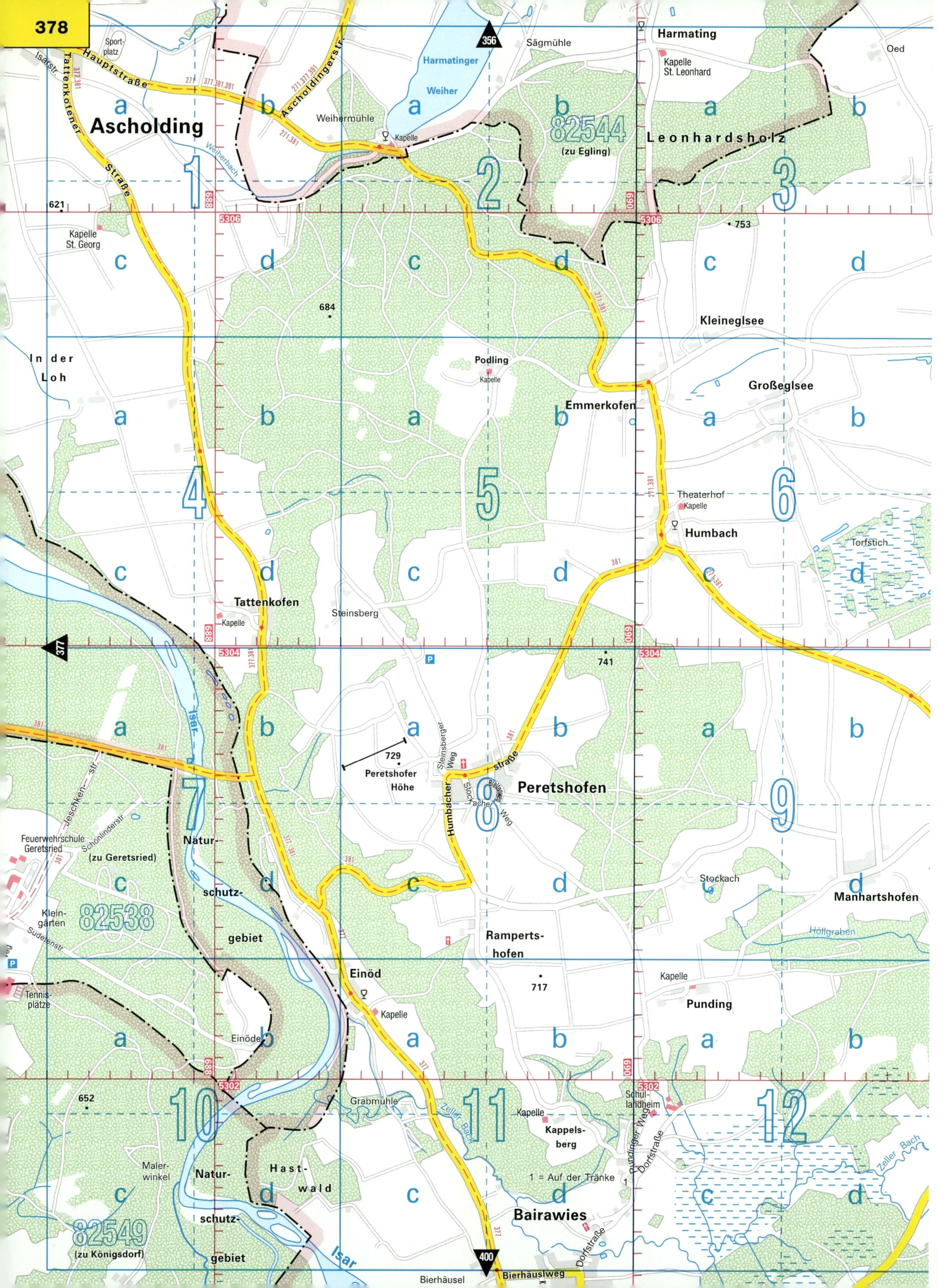

Ascholding
Sport-platz
Isarstr.
Hauptstraße
Tattenkofener Straße
Ascholdingerstr.
Weiherbach
Harmatinger Weiher
Weihermühle
Kapelle
Sägmühle
356
82544
(zu Egling)
Harmating
Kapelle St. Leonhard
Leonhardsholz
Oed
621
Kapelle St. Georg
5306
753
684
Kleineglsee
In der Loh
Podling
Kapelle
Emmerkofen
Großeglsee
Theaterhof
Kapelle
Humbach
Torfstich
Tattenkofen
Kapelle
Steinsberg
377
5304
741
Isar
Peretshofer Höhe
729
Steinsberger Weg
Humbacher Weg
Stockacher Weg
Peretshofen
Feuerwehrschule Geretsried
Jeschkenstr.
Schönlinderstr.
(zu Geretsried)
82538
Klein-gärten
Sudetenstr.
Tennis-plätze
Natur-schutz-gebiet
Stockach
Manhartshofen
Höllgraben
Ramperts-hofen
Einöd
Kapelle
717
Punding
Einöde
652
5302
Grabmühle
Zeller Bach
Kapelle
Kappels-berg
Schul-landheim
Puntinger Weg
Dorfstraße
Maler-winkel
Natur-schutz-gebiet
Hastwald
1 = Auf der Tränke
Bairawies
82549
(zu Königsdorf)
Isar
400
Bierhäusel
Bierhäuslweg
Dorfstraße

Föggenbeuerner
Hölching
Holz
Lochen
Schlickenried
Hochdöller Berg
741
730
Föggen-
beuern
Kap.
Leonhards Holz
Wieser
Eichet
Kronester
Wald
NSG
713
Sankt
Leonhard
Sportpl.
Augel-
weiher
Ried
Ebenberg
Ortsteil
Schönegg
(zu Dietramszell)
Osten
Lustberg
Wolfratshauser
Münchner
Straße
Thankirchen
Siedlerhof
Schönegger
1 = Spethmannweg
2 = Badermelcherweg
3 = Werner-Gebhardt-Weg
Nordhof
Dietramszell
83623
Naturschutz-
gebiet
Gastwies
Kreuzbichl
Zellbach
Unter-
mühlthal
Leismühl
Bairawieser Straße
Sonnenhof
Wald-
weiher
Sägewerk
Kapelle
Klär-
anlage
4 = Mühlgasse
Ober-
mühlthal
Schießstand
Zeller
Maria Elend
798
Pump-
werk
Niederreuth
Trisch-
berg
Grüne
Marter
Wald
Schwarzen-
see
Walleiten
Spöttberg
Tölzer
Steingauer Straße
Lindener Straße
Dietenhauser Straße
Kühbrunner Straße
Schlickenrieder Str.
Kloster
Klosterplatz
Raiffeisenplatz
Friedhof
Kuhgraben
Zeller Bach

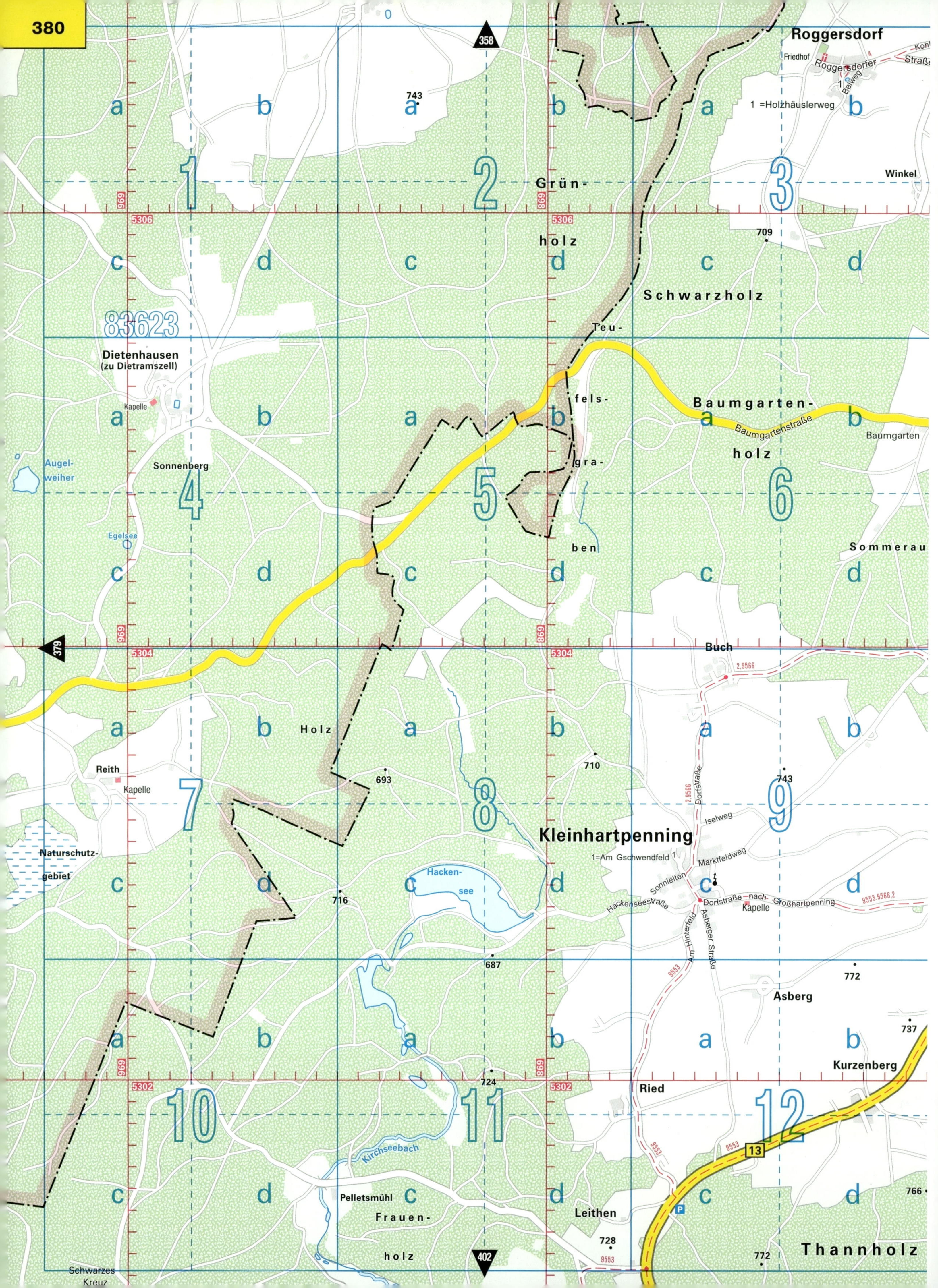

Roggersdorf
Friedhof
Roggersdorfer Straße
1 =Holzhäuslerweg
Winkel
743
358
Grün-
holz
709
Schwarzholz
83623
Dietenhausen
(zu Dietramszell)
Kapelle
Sonnenberg
Augel-
weiher
Egelsee
Teu-
fels-
gra-
ben
Baumgarten-
holz
Baumgartenstraße
Baumgarten
Sommerau
379
Buch
Holz
Reith
Kapelle
693
710
743
Naturschutz-
gebiet
Kleinhartpenning
1=Am Gschwendfeld
Iselweg
Marktfeldweg
Sonnleiten
Dorfstraße
Hackenseestraße
Dorfstraße nach Großhartpenning
Kapelle
Asberger Straße
Hacken-
see
716
687
772
Asberg
737
Kurzenberg
724
Ried
Kirchseebach
13
Pelletsmühl
Frauen-
holz
Leithen
728
766
772
Thannholz
402
Schwarzes
Kreuz

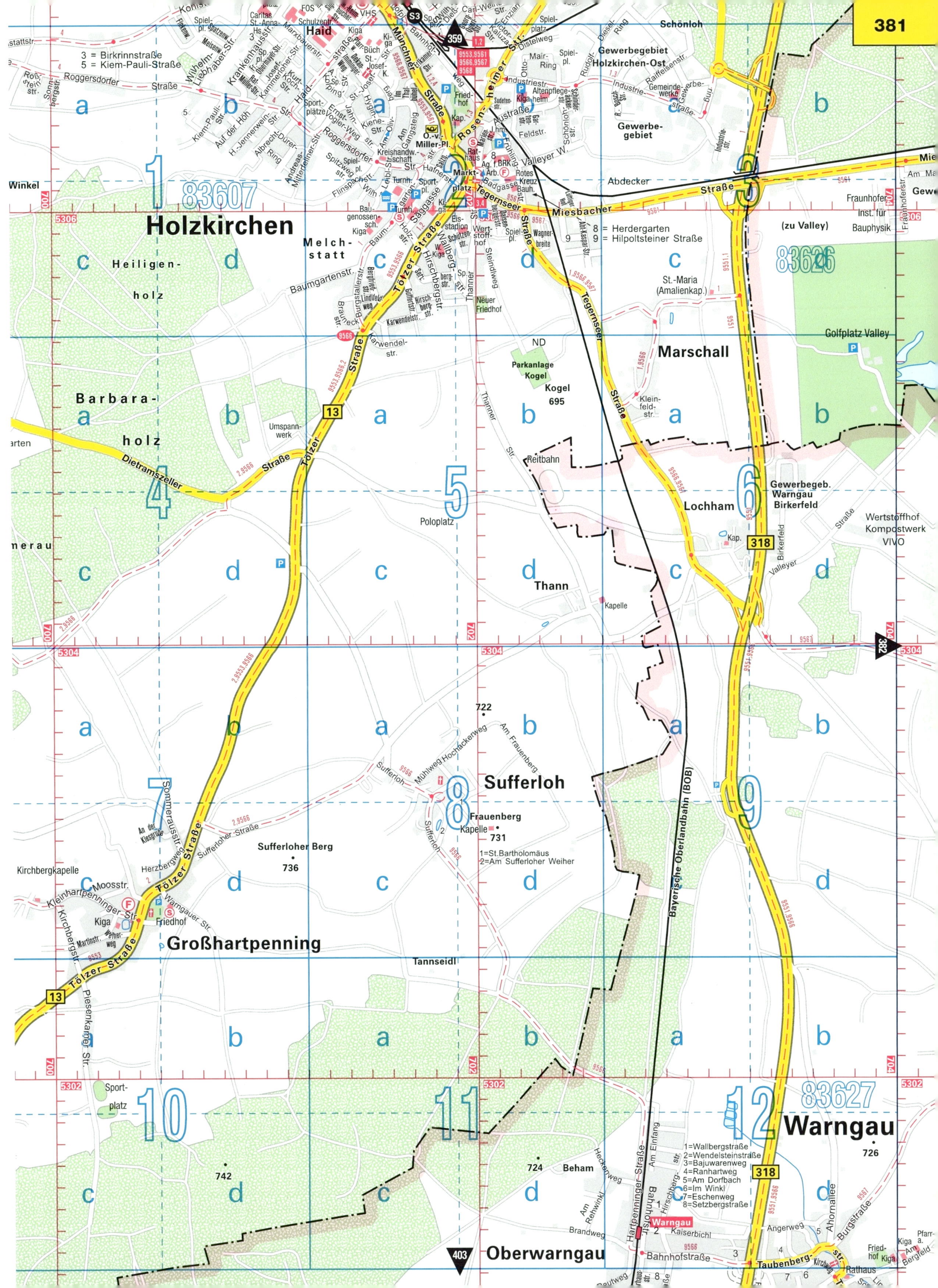

Holzkirchen
83607
Haid
Schönloh
Gewerbegebiet Holzkirchen-Ost
Gewerbegebiet
3 = Birkrinnstraße
5 = Kiem-Pauli-Straße
Roggersdorfer Straße
Winkel
Heiligenholz
Melchstatt
Miesbacher Straße
Tegernseer Straße
Tölzer Straße
Münchner Straße
Rosenheimer Str.
Marktplatz
8 = Herdergarten
9 = Hilpoltsteiner Straße
(zu Valley)
Fraunhofer-Inst. für Bauphysik
83626
St.-Maria (Amalienkap.)
Marschall
Golfplatz Valley
Parkanlage Kogel
Kogel
695
Neuer Friedhof
Barbaraholz
Umspannwerk
Dietramszeller Straße
Reitbahn
Lochham
Gewerbegeb. Warngau Birkerfeld
Wertstoffhof Kompostwerk VIVO
Poloplatz
Thann
Kapelle
722
Sufferloh
Frauenberg
Kapelle
731
1=St.Bartholomäus
2=Am Sufferloher Weiher
Sufferloher Berg
736
Kirchbergkapelle
Großhartpenning
Friedhof
Tannseidl
Bayerische Oberlandbahn (BOB)
Sportplatz
742
724
Beham
Oberwarngau
83627
Warngau
726
1=Wallbergstraße
2=Wendelsteinstraße
3=Bajuwarenweg
4=Ranhartweg
5=Am Dorfbach
6=Im Winkl
7=Eschenweg
8=Setzbergstraße
Bahnhofstraße
Taubenberg-Str.
Rathaus
13
318
359
382
403

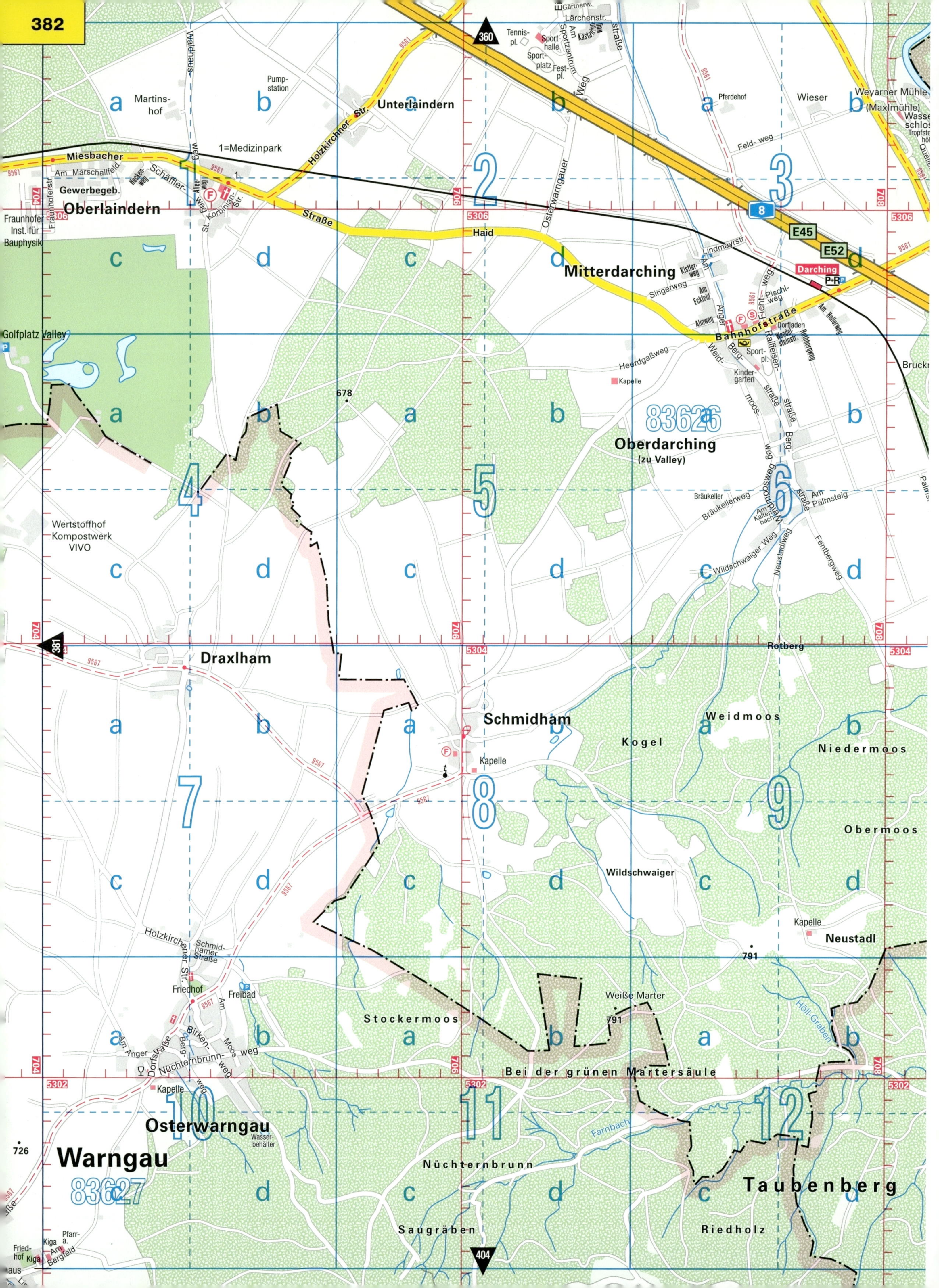
Martinshof
Pumpstation
Unterlaindern
Holzkirchner Str.
1=Medizinpark
Miesbacher Straße
Am Marschallfeld
Gewerbegeb.
Oberlaindern
Fraunhofer Inst. für Bauphysik
Haid
Osterwarngauer Straße
Mitterdarching
Pferdehof
Wieser
Weyarner Mühle (Maxlmühle)
Feld- weg
Lindmayrstr.
Darching
Bahnhofstraße
Singerweg
Heerdgaßweg
Kapelle
Kindergarten
Golfplatz Valley
678
83626
Oberdarching (zu Valley)
Bräukeller
Bräukellerweg
Am Palmsteig
Wildschwaiger Weg
Neustadlweg
Fentbergweg
Wertstoffhof Kompostwerk VIVO
Rotberg
Draxlham
Schmidham
Kapelle
Weidmoos
Kogel
Niedermoos
Obermoos
Wildschwaiger
Kapelle
Neustadl
791
Holzkirchener Str.
Schmidhamer Straße
Friedhof
Freibad
Stockermoos
Weiße Marter
791
Am Anger
Dorfstraße
Birkenweg
Nüchternbrunnweg
Bei der grünen Martersäule
Höll-Graben
Kapelle
Osterwarngau
Wasserbehälter
Farnbach
726
Warngau
83627
Nüchternbrunn
Taubenberg
Riedholz
Saugräben
Kiga
Pfarr-a.
Am Bergfeld
Friedhof
360
381
404
E45
E52
8

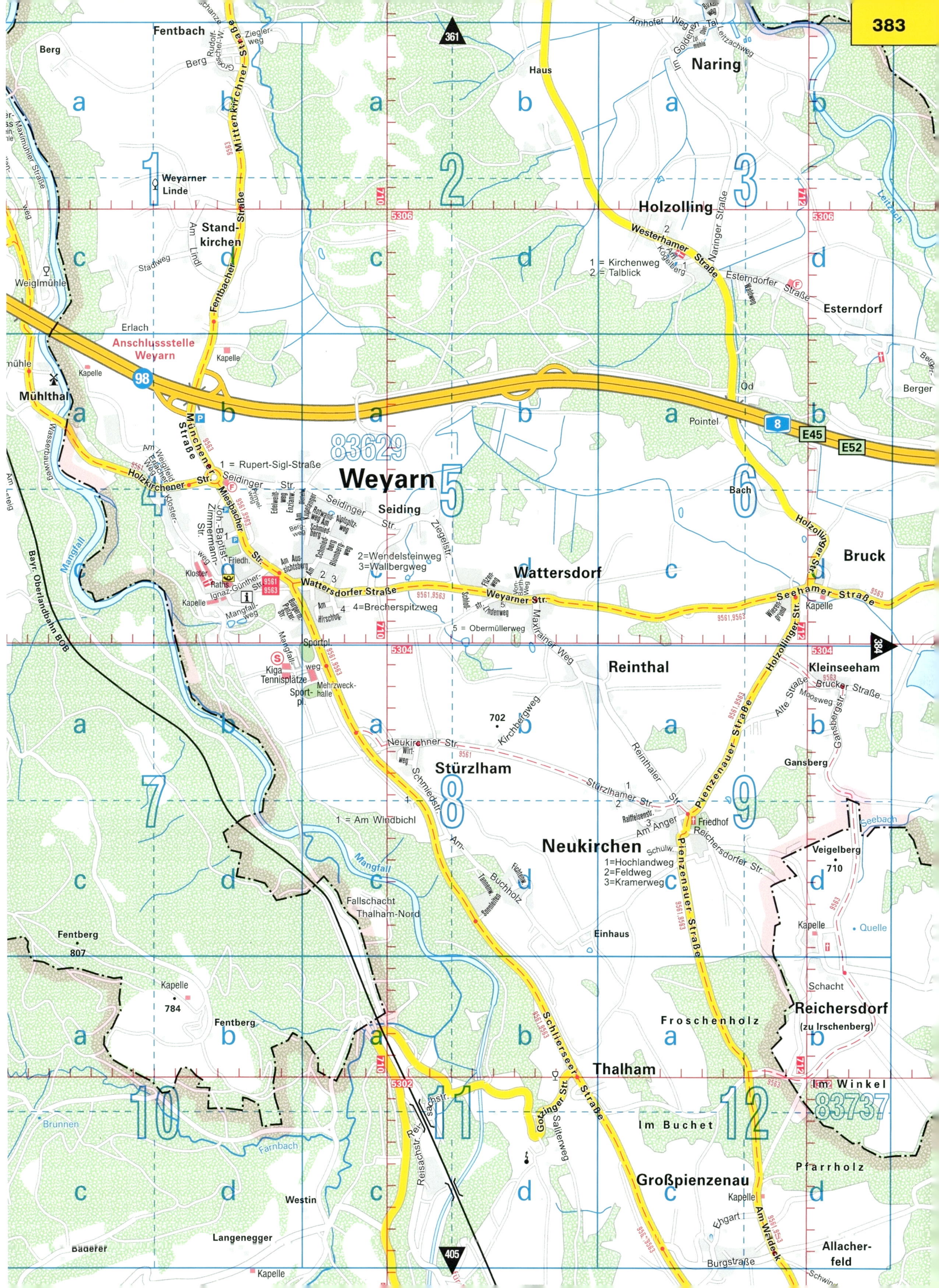
Fentbach
Berg
Naring
Holzolling
Weyarner Linde
Stand-kirchen
Weiglmühle
Esterndorf
Erlach
Anschlussstelle Weyarn
Mühlthal
Pointel
Berger
83629
Weyarn
Seiding
Bach
Bruck
Wattersdorf
Reinthal
Kleinseeham
Sturzlham
Gansberg
Neukirchen
Veigelberg
Fentberg
Reichersdorf
(zu Irschenberg)
Froschenholz
Thalham
Im Winkel
83737
Im Buchet
Großpienzenau
Pfarrholz
Westin
Langenegger
Allacher-feld
Mangfall
1 = Rupert-Sigl-Straße
2=Wendelsteinweg
3=Wallbergweg
4=Brecherspitzweg
5 = Obermüllerweg
1 = Kirchenweg
2 = Talblick
1 = Am Windbichl
1=Hochlandweg
2=Feldweg
3=Kramerweg
Fallschacht Thalham-Nord
Bayr. Oberlandbahn BOB
Westerhamer Straße
Wattersdorfer Straße
Weyarner Str.
Seehamer Straße
Pienzenauer Straße
Schlierseer Straße
Miesbacher Str.
Münchener Straße
Holzkirchener Str.
Mittenkirchner Straße
Fentbacher Straße
361
384
405

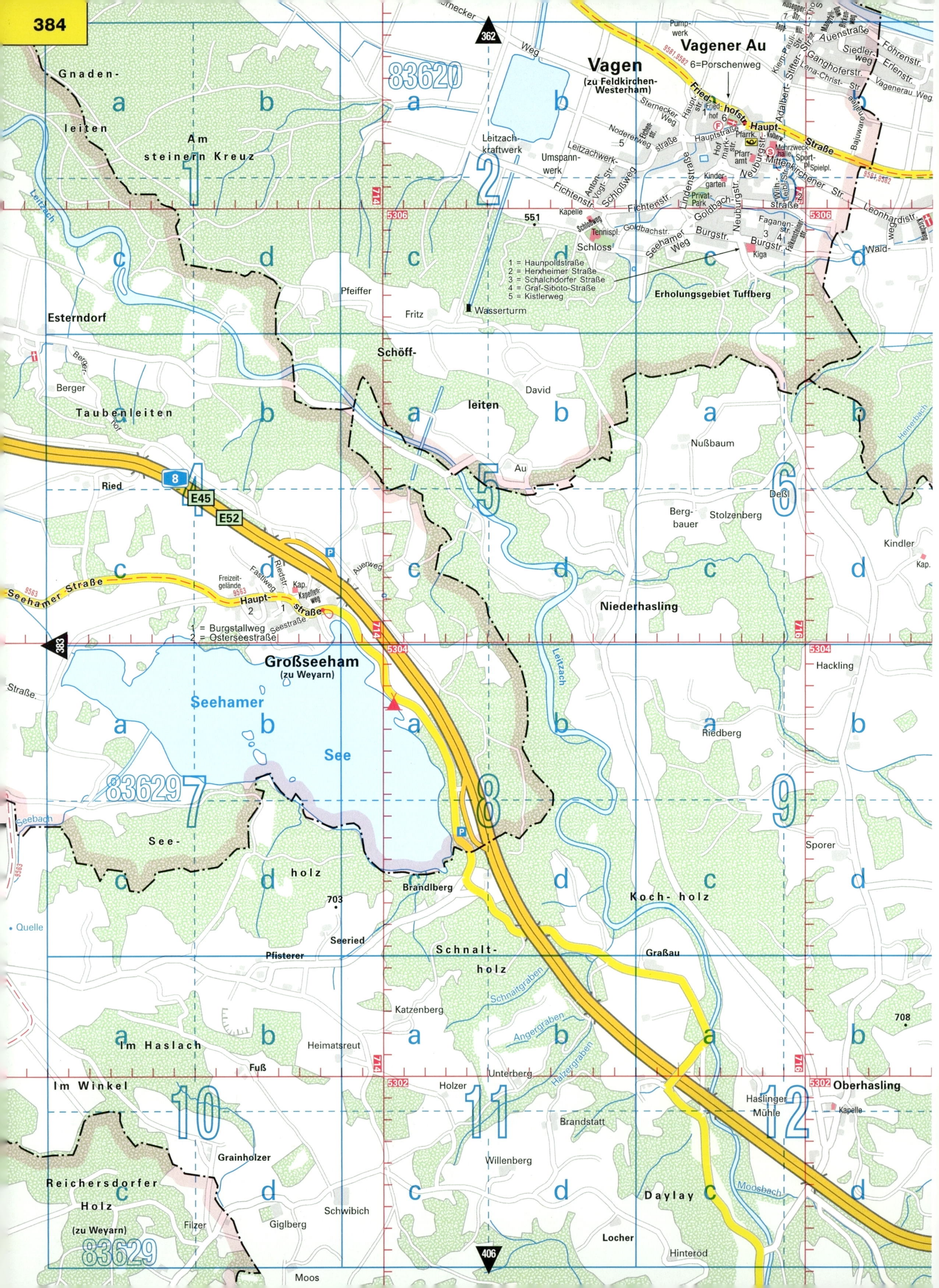

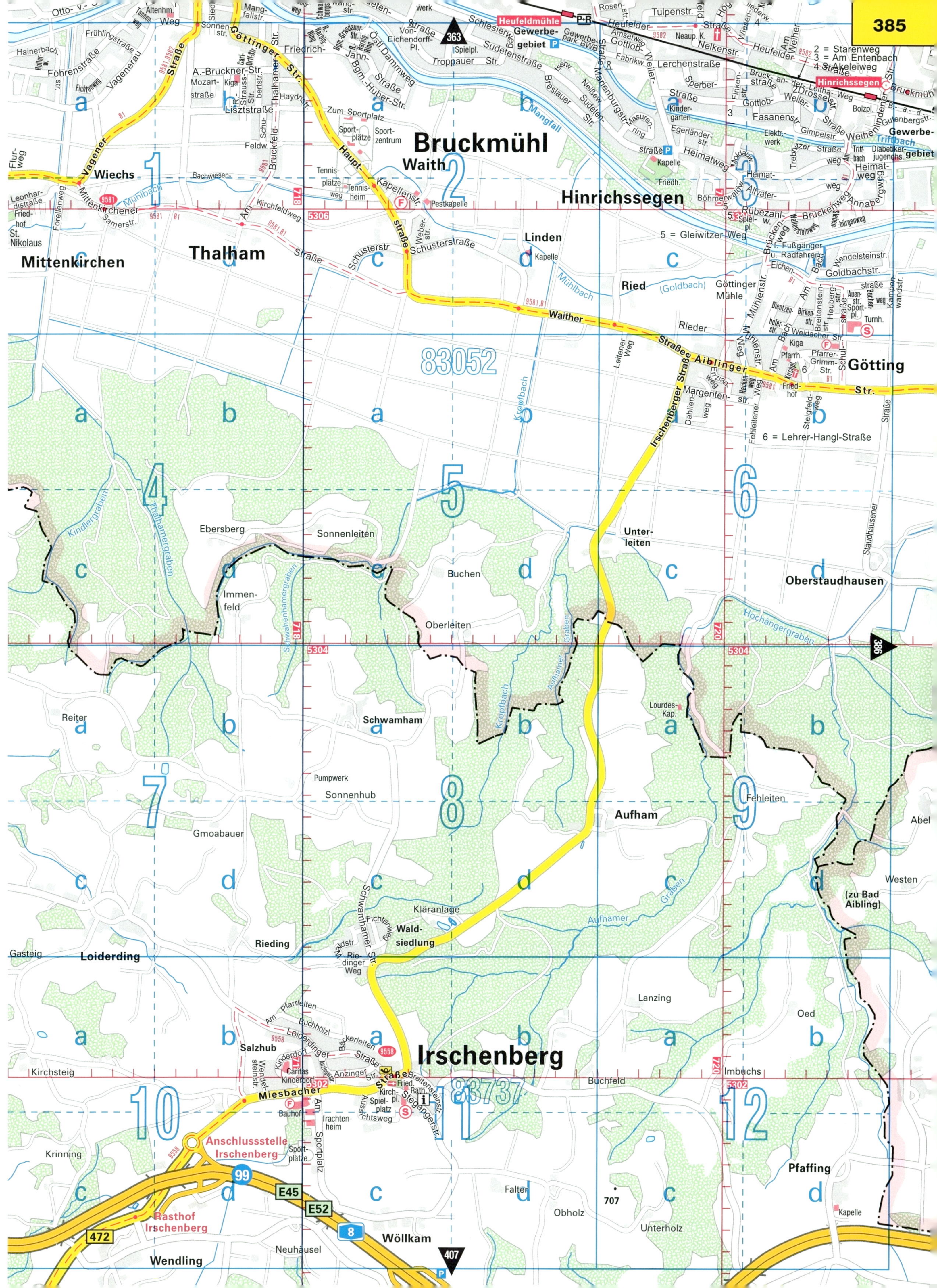

Bruckmühl
Waith
Hinrichssegen
Heufeldmühle
Gewerbegebiet
Mangfall
Wiechs
Leonhardistraße
Friedhof
St. Nikolaus
Mittenkirchen
Thalham
Linden
Ried
Göttinger Mühle
Götting
Waither Straße
Aiblinger Str.
Irschenberger Straße
83052
Hinrichssegen
2 = Starenweg
3 = Am Entenbach
4 = Akeleiweg
5 = Gleiwitzer Weg
6 = Lehrer-Hangl-Straße
Ebersberg
Sonnenleiten
Immenfeld
Buchen
Oberleiten
Unterleiten
Oberstaudhausen
Reiter
Schwamham
Pumpwerk
Sonnenhub
Gmoabauer
Aufham
Fehleiten
Abel
Westen
(zu Bad Aibling)
Kläranlage
Waldsiedlung
Rieding
Loiderding
Gasteig
Lanzing
Oed
Salzhub
Irschenberg
83737
Kirchsteig
Buchfeld
Imbuchs
Anschlussstelle Irschenberg
Krinning
Rasthof Irschenberg
Wendling
Neuhäusel
Wöllkam
Falter
Obholz
Unterholz
Pfaffing
Kapelle
E45
E52
8
99
472
363
386
407

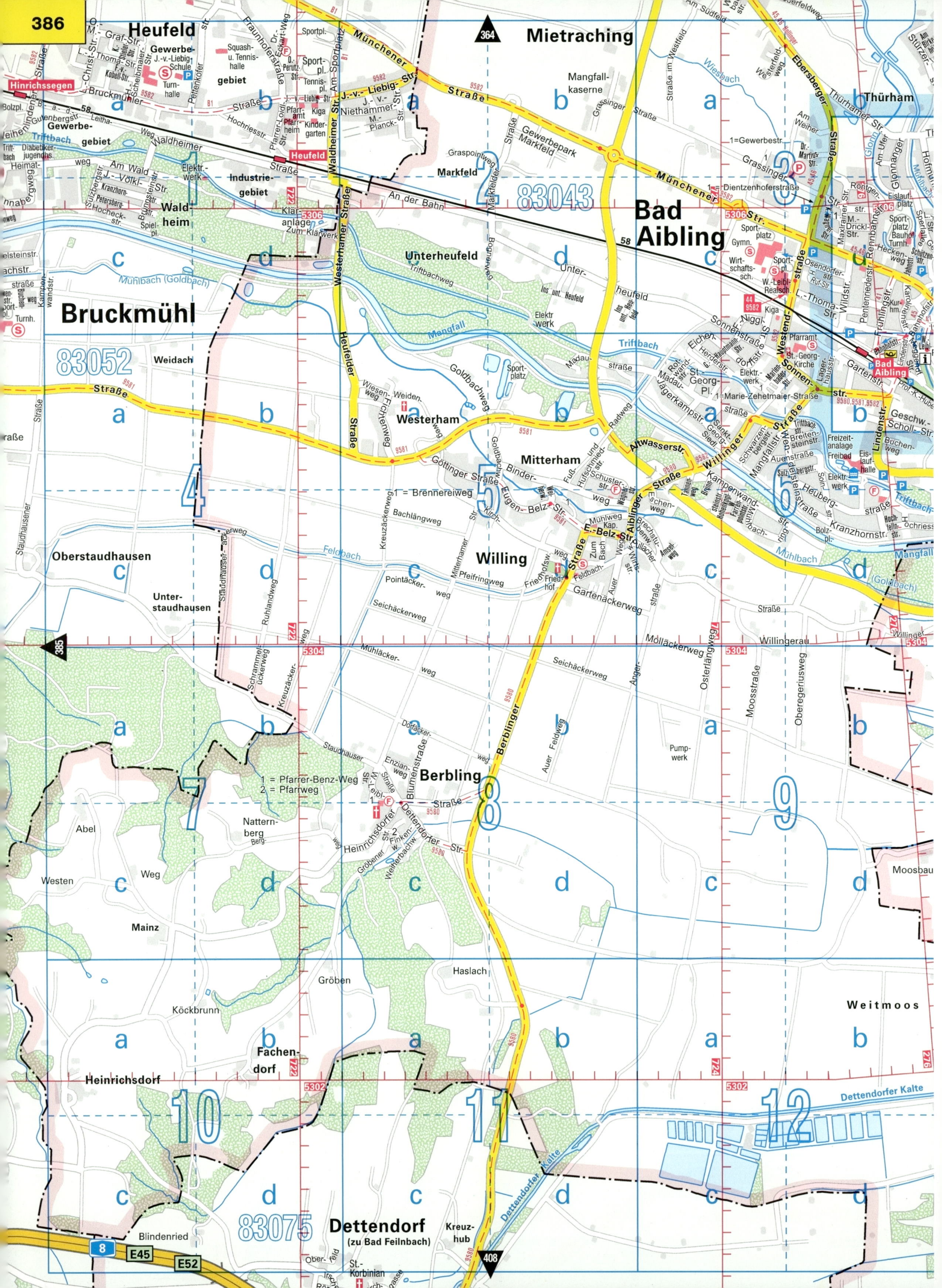
Heufeld
Gewerbegebiet
Mietraching
Mangfallkaserne
Gewerbepark Markfeld
Markfeld
Thürham
Hinrichssegen
Industriegebiet
Waldheim
Heufeld
Münchener Straße
Bad Aibling
83043
Unterheufeld
Bruckmühl
83052
Weidach
Westerham
Mitterham
Willing
Oberstaudhausen
Unterstaudhausen
Mühlbach (Goldbach)
Mangfall
Triftbach
Feldbach
Berbling
Natternberg
Abel
Westen
Mainz
Moosbau
Gröben
Haslach
Köckbrunn
Weitmoos
Fachendorf
Heinrichsdorf
Dettendorfer Kalte
Dettendorf
(zu Bad Feilnbach)
83075
Kreuzhub
Blindenried
St.-Korbinian
Berblinger Straße
Pumpwerk
364
385
408
8
E45
E52

Kolbermoor
Harthausen
Zell
Milchhäusl
Kellermoos
Harthauser Filze
Lohholz
Aiblingerau
Willinger Au
Pullach
Schlarbhofen
Willinger Filz
Panger Filze
Schloss Ghersburg
Gewerbepark Conradty
Mangfall
Werkskanal
83109
(zu Großkarolinenfeld)
83059
(zu Rosenheim)
Natur-schutz-gebiet
Cityplan S.37
1 = Johann-Meishammer-Str.
2 = Schäfflerweg
3 = Hafnerstraße
1 = Max-Baier-Weg
2 = Barbara-Streil-Weg
1=Edmund-Bergmann-Pl.
2=Stadlerstraße
3=Schuhmannstr.
4=Ritschstraße
1 = Am Schlosspark
3=Spitzsteinstraße

83109
(zu Großkarolinenfeld)
366
Großkarolinenfelder
Obere
Filze
Trimm-Dich-Pfad
Technisches Museum
Kapelle
SBR- Campus
Fußball Hockey
Clubhaus
Rosenheim
446 ü. NN
Moorkultur
Hörndl
Trimm-Dich-Pfad
Dachsberg
1 = Eppaner Straße
Kinderheim
Kinderkrippe
Meraner Str.
Brenner-Str.
Egarten
Bundespolizei-Kaserne
Westendorfer
Ebersberger Straße
Studentenfoh.
Sportpl.
Fachobersch.
St.-Michael-K.
Hochschule
Skatingbahn
1=Schumannweg
2=Am Stöttenfeld
3=K.-Huber-Str.
4=Grillparzerstr.
Burgfried-
Sepp-Sebald-Siedlung
Prinzregentenstraße
Prinzregentenstr.
15
Berufsschule
Steiermarkstr.
Kleingärten
Kolberstraße
Franz-Sperber-Str.
Filzenstraße
Kirchbach
469
Großholzstraße
Ferdinand-Schlögl-Weg
Kirchbachstraße
83024
1=Kiebitzweg
2=Wiedehopfstraße
3=Wachtelstraße
1=Edmund-Bergmann-Pl.
2=Stadlerstraße
3=Schuhmannstraße
4=Ritschstraße
5=Karl-Unsin-Straße
Fürstätter Str.
Karolinenhöhe
Karolinenstraße
Gangsteig
Tierheim
Am Gangsteig
Fürstätt
Friedhof St.-Quirin-K.
Rosenkranzkirche
Rapertweg
Kleingärten
Münchener Straße
Fliegerkapelle
58
Berg
Kolbermoor
Grubholz
11 = Luxstraße
Rosenheimer Str.
Rosenheimer Straße
Georg-Aicher-Straße
Gewerbegebiet West
Wendelstein-Werkstätten
Äußere
Kampenwand-Str.
Schießstand
Enzenspergerstr.
Diakonie
Kleppermuseum
Rosenheim
9415,9416,9492
9493,9494,9495
9496,9497,9498
8510
Kunstmühle
Mackertallee
2 = Georg-Hegenauer-Ring
387
Mangfall
Mangfallkanal
Kriegerdenkmal
Alter Friedhof
6 = Angerbauerstraße
7 = Baierstraße
8 = Zeppelinstraße
9 = Martin-Luther-Straße
10 = Dr.-Hans-Jakob-Straße
Städt.Bauhof
Wertstoffhof
Schwaig
Gewerbegeb. Schwaig Nord
Ruedorfferau
Oberwöhr
Skaterplatz
Aisinger Landstraße
Aisingerwies
Staatsstraße
Außere
1 = An der Mangfall
Pfarrkirche St. Josef
Postverteilungszentrum
Mitterhart
Miesbacher Straße
Miesbacher-straße
10 = Fischerstraße
11 = Am Eglsee
12 = Mattinastraße
13 = Am Rothbachl
15a
1=Brucklacher Straße
Umspannwerk
Bogenschützenschießplatz
Brucklach
Kolbermoor
83059
467
Pösling
5302
Kaltenbach
Aisinger Mühle
Heilig Blut
1 = Am Ganslbach
2 = Am Unterfeld
3 = Am Moorbach
4 = Dientzenhoferstr.
Oberhart
468
Hohenofen
83026
Pang
Hohenofener Straße
1 = Kerschensteiner Straße
Unterkaltbrunn
Schlipfham
Grünfeldstraße
Kirche St. Stephan
Aising
Flurgraben
Brannenburger
Panger Straße
Kindergarten
Gemeindebücherei
Westerndorf
Volksfestplatz
410
Oberkaltbrunn
Friedhof St.-Jon.-Baptist-Kirche
Am Wasen
1 = Panger Töpferweg
2 = Hocheckstraße
3 = Hochstraßer W.
4 = Christian-Mali-W.
5 = Anton-Braith-Str.
6 = Sandackerweg
Schönau

Wehrfleck
Erlenau
Schloßberg
Stephanskirchen
Westerndorf
Kastenau
Kaltwies
Kaltmühl
Happing
Thansau
(zu Rohrdorf)
Kreut
Kleinholzen
Waldering
Kragling
Höhensteig
Hofau
Graben
Leiten
Murnau
Eckenholz
Ziegelberg
Landlmühle
Simserfilze
Sims
Pulvermühle
Lauterbacherfilze
Griesenholz
Bauer in der Au
Kläranlage Bockau
Naherholungsgebiet "Floriansee"
Happinger Ausee
Floriansee
Thansauer Badesee
Inn
83022
83071
83101
83083
(zu Riedering)
367
390
411
Cityplan S.41
ADAC
1 = Regerstraße
1 = Holnburgerweg
3 = Peter-Rosegger-Straße
4 = Theodor-Storm-Straße
5 = Ganghoferstraße
6 = Lessingstraße
1 = Ferdinand-Porsche-Weg
2 = Josef-von-Führich-Weg
3 = Gustav-Leutelt-Weg
4 = Josef-Ressel-Weg
5 = Wachtelweg
6 = Schneekoppenweg
7=Steigackerweg
8=Eichackerweg
1 = Schloßweg
2 = Brunnenweg
3 = Pfaffenweg
4 = Wildbarrenweg
5 = Astenweg
6 = Traitenweg
7 = Hochgernweg
8 = Leitnerbergweg
9 = Russerweg
10 = Am Kirchplatz
11 = Hofgrabentreppe
12 = Rosenheimer Stiege
13 = Fischerbergweg
14 = Leitnerbauernweg
15 = Eichbichlweg
16 = Andreas-Moser-Weg
1 = Salzachring
2= Holbeinstraße
3= Tizianstraße
1 = Kirchhofstraße
1 = Sebastian-Tiefenthaler-Str.
2 = Ing.-Anton-Kathrein-Str.
3 = Sebastian-Werdath-Str.
2 = Kiefernweg
1 = Weidenstr.
4=Leitzachstraße
2 = Mangfallstraße
3 = Sailerbachstraße
5 = Drosselstraße

Stephanskirchen
Haidholzen
Baierbach
Riedering
Sims-see
Locherwald
Simssee
Große Filze
Ecking
Neukirchen a. Simssee
Altersbachfilze
Lauterbacherfilze
Winkel
Niedermoosen
Gögging
Tinninger See
Tinning
Riederinger Wald
Frauenholz
83071
83083
83101

Moosen
Pietzing
Wasserwacht
Strandbad Pietzing
Ostgattern
Leitenfeld
Stadl
Pietzenkirchen
Ackersdorf
Erlach
Kinten
Pietzenberg
Ascha-holz
83253 (zu Rimsting)
Stiedering
Haimling
Chiemgau
Beuerberg
Abersdorf
Obermühl
Mangolding
Anisag
Ofenwinkl
Buchholz
Bären-holz
Mühlham
Unter-holz
Wolferkam
Wurmsdorf
Farnach
Schloss
Rögling
Wieden
Bergham
Schaidering
Tiefenthal
Albersberg
Parnsberg
Thalham
Söllhuben
Kreut
83209 Siegharting (zu Prien)
Haring
Siegharting
Wall
Mönibuch
Esbaum
Schmidham
Reitl
Schwemmreit
83112
Stetten
Niederwall
Pfaffenbichl
Oberreit
Eichet
Söllhubener Wald
Pfifferloh (zu Frasdorf)
Stuhlrain
Golfplatz
Kohlstatt
Kohlstattberg
Jugendzeltlager
Achen
369
413

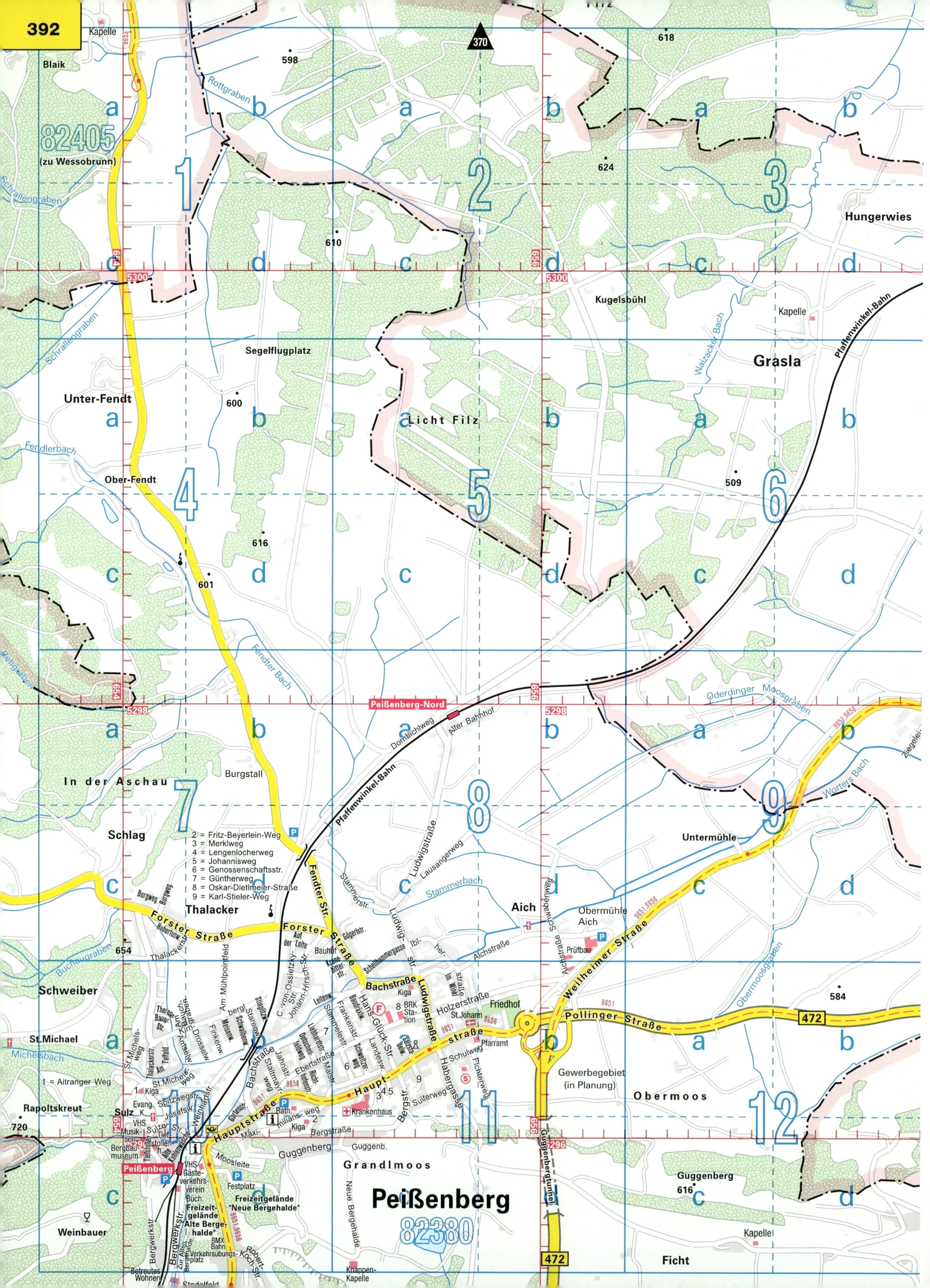

Kapelle
Blaik
598
370
618
Rottgraben
82405
(zu Wessobrunn)
624
Schrallengraben
Hungerwies
610
5300
Kugelsbühl
Kapelle
Schrallengraben
Segelflugplatz
Waizacker Bach
Grasla
Pfaffenwinkel-Bahn
Unter-Fendt
600
Licht Filz
Fendlerbach
Ober-Fendt
509
616
601
Rehgraben
Fendter Bach
654
5298
Peißenberg-Nord
Dornbichlweg
Alter Bahnhof
Oderdinger Moosgraben
Burgstall
In der Aschau
Worters Bach
Schlag
2 = Fritz-Beyerlein-Weg
3 = Merklweg
4 = Lengenlocherweg
5 = Johannisweg
6 = Genossenschaftsstr.
7 = Güntherweg
8 = Oskar-Dietlmeier-Straße
9 = Karl-Stieler-Weg
Pfaffenwinkel-Bahn
Ludwigstraße
Lausangerweg
Untermühle
Stammerbach
Fendter Str.
Burgweg
Thalacker
Forster Straße
Aich
Obermühle Aich
Schwabenweg
Weilheimer Straße
Buchaugraben
654
Thalackerstr.
Bauhof
Bachstraße
Ludwigstraße
Prüfbau
Obermoosgraben
Schweiber
Am Mühlpointfeld
Kiga
BRK Station
Holzerstraße
Friedhof
St. Johann
584
Pollinger Straße
472
St. Michael
Michelsbach
Pfarramt
Hauptstraße
Gewerbegebiet (in Planung)
1 = Aitranger Weg
Obermoos
Kiga
Rapoltskreut
Sulz
720
Krankenhaus
Rath.
Hauptstraße
Bergstraße
5296
Guggenbergtunnel
Peißenberg
Moosleite
Guggenberg
Guggenb.
Grandlmoos
Guggenberg
616
VHS Gäste-verkehrs-verein
Festplatz
Freizeitgelände "Neue Bergehalde"
Freizeitgelände "Alte Bergehalde"
Peißenberg
82380
Weinbauer
Neue Bergehalde
Kapelle
Bergwerkstr.
472
Ficht
Knappen-Kapelle
Betreutes Wohnen
Stadelfeld

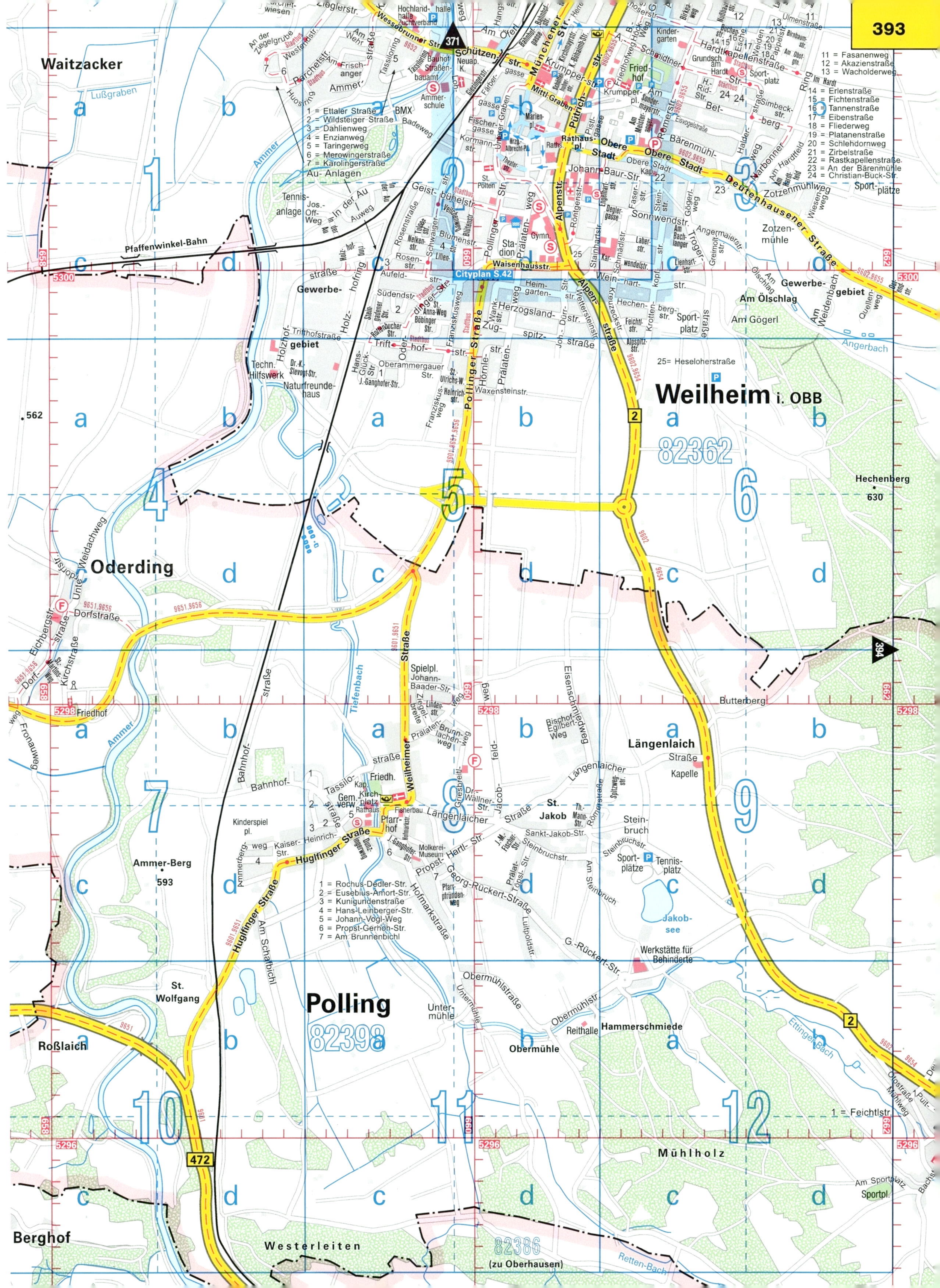

Waitzacker
Lußgraben
Ammer
1 = Ettaler Straße
2 = Wildsteiger Straße
3 = Dahlienweg
4 = Enzianweg
5 = Taringerweg
6 = Merowingerstraße
7 = Karolingerstraße
Au-Anlagen
Tennis-anlage
Pfaffenwinkel-Bahn
Wessobrunner Str.
371
Schützenstr.
Münchener Str.
Krumpper-Str.
Mittl. Graben
Pütrich-str.
Rathaus-pl.
Obere Stadt
Johann-Baur-Str.
Alpenstr.
Waisenhausstr.
Cityplan S.42
Sonnwendstr.
Deutenhausener Straße
Zotzenmühle
Gewerbe-gebiet
Am Ölschlag
Am Gögerl
Angerbach
11 = Fasanenweg
12 = Akazienstraße
13 = Wacholderweg
14 = Erlenstraße
15 = Fichtenstraße
16 = Tannenstraße
17 = Eibenstraße
18 = Fliederweg
19 = Platanenstraße
20 = Schlehdornweg
21 = Zirbelstraße
22 = Rastkapellenstraße
23 = An der Bärenmühle
24 = Christian-Buck-Str.
25= Heseloherstraße
Gewerbe-gebiet
Techn. Hilfswerk
Naturfreunde-haus
Pollinger Straße
Weilheim i. OBB
82362
562
Hechenberg
630
Oderding
Dorfstraße
Kirchstraße
Friedhof
Fronauweg
394
Butterberg
Spielpl.
Weilheimer Straße
Tiefenbach
Bahnhofstraße
Längenlaich
Kapelle
Längenlaicher Straße
St. Jakob
Steinbruch
Sport-plätze
Tennis-platz
Jakob-see
Werkstätte für Behinderte
Ammer-Berg
593
Huglfinger Straße
1 = Rochus-Dedler-Str.
2 = Eusebius-Amort-Str.
3 = Kunigundenstraße
4 = Hans-Leinberger-Str.
5 = Johann-Vogl-Weg
6 = Propst-Gerhoh-Str.
7 = Am Brunnenbichl
Hofmarkstraße
Georg-Rückert-Straße
G.-Rückert-Str.
St. Wolfgang
Polling
82398
Unter-mühle
Obermühlstraße
Obermühle
Reithalle
Hammerschmiede
Ettinger Bach
Roßlaich
472
2
1 = Feichtlstr.
Mühlholz
Sportpl.
Berghof
Westerleiten
82386
(zu Oberhausen)
Retten-Bach

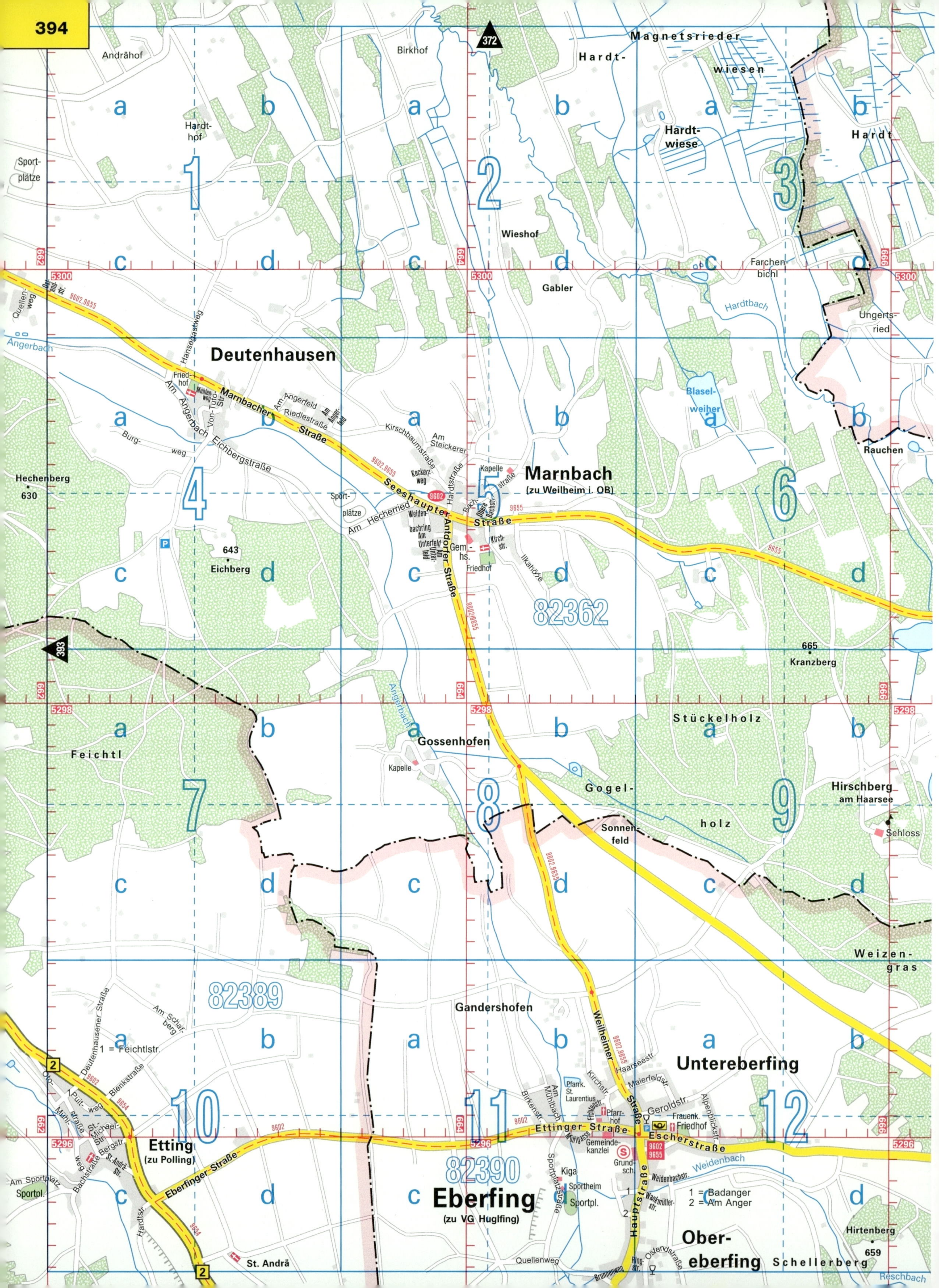

372
Andrähof
Birkhof
Magnetsrieder
Hardt-
wiesen
Hardt-
hof
Hardt-
wiese
Hardt
Sport-
plätze
Wieshof
Farchen-
bichl
Gabler
Hardtbach
Ungerts-
ried
Angerbach
Deutenhausen
Fried-
hof
Marnbacher
Straße
Hansegastweg
Am Angerbach
Von-Tuto-Str.
Am Angerfeld
Riedlestraße
Am Anger-
feld
Burg-
weg
Eichbergstraße
Kirschbaumstraße
Am
Steickerer
Blasel-
weiher
Rauchen
Hechenberg
630
Kapelle
Marnbach
(zu Weilheim i. OB)
Keckert-
weg
Hardtstraße
Seeshaupter
Straße
Sport-
plätze
Am Hecherried
Welden-
bachring
Am
Unterfeld
Antdorfer Straße
Gem.-
hs.
Kirch-
str.
Friedhof
Ilkahöhe
643
Eichberg
82362
665
Kranzberg
393
Feichtl
Gossenhofen
Kapelle
Stückelholz
Gogel-
holz
Sonnen-
feld
Hirschberg
am Haarsee
Schloss
Weizen-
gras
82389
Gandershofen
Am Schaf-
berg
Deutenhausener Straße
1 = Feichtlstr.
Bienkstraße
Puit-
weg
Mühl-
straße
St.-Michael-
Str.
Bergstr.
St.-Andrä-
Str.
Bachstraße
Etting
(zu Polling)
Eberfinger Straße
Am Sportplatz
Sportpl.
Hardtstr.
St. Andrä
Weilheimer Straße
Haarseestr.
Untereberfing
Kirchstr.
Pfarrk.
St.
Laurentius
Am
Mühlbach
Birkenstr.
Pfarr-
hof
Maierfeldstr.
Geroldstr.
Frauenk.
Friedhof
Alpenblickstr.
Ettinger Straße
Escherstraße
Gemeinde-
kanzlei
Grund-
sch.
82390
Eberfing
(zu VG Huglfing)
Kiga
Sportheim
Sportpl.
Sportplatzstraße
Weidenbachstr.
Weidenbach
1 = Badanger
2 = Am Anger
Wankmüller-
str.
Hauptstraße
Ober-
eberfing
Quellenweg
Ostendstraße
Schellerberg
Hirtenberg
659
Reschbach

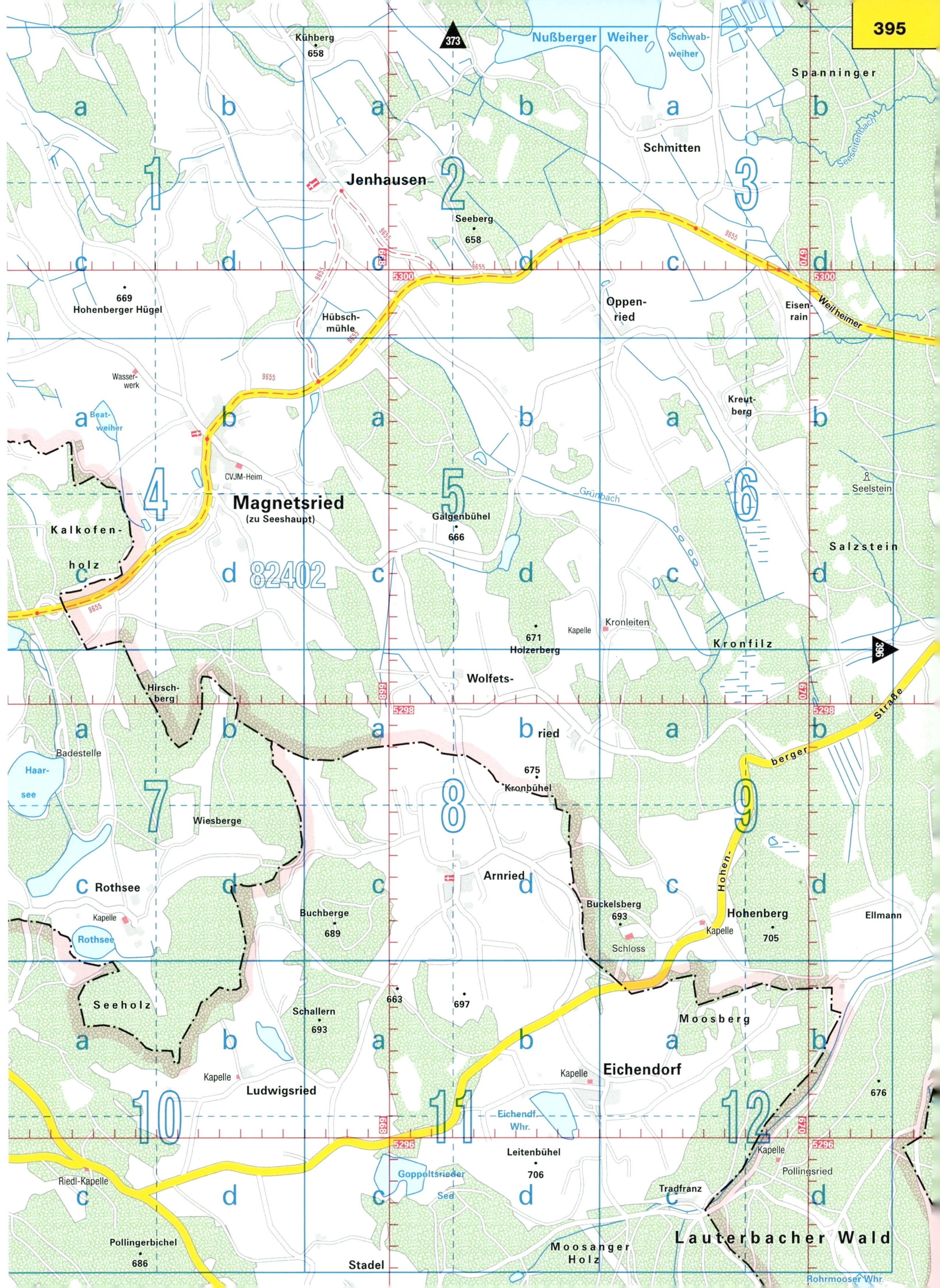
Kühberg 658
373
Nußberger Weiher
Schwabweiher
Spanninger
Schmitten
Jenhausen
Seeberg 658
Seeseitenbach
669 Hohenberger Hügel
Hübschmühle
Oppenried
Eisenrain
Weilheimer
Wasserwerk
Beatweiher
Kreutberg
CVJM-Heim
Magnetsried (zu Seeshaupt)
Grünbach
Seelstein
Kalkofenholz
Galgenbühel 666
Salzstein
82402
Kapelle
Kronleiten
671 Holzerberg
Kronfilz
396
Hirschberg
Wolfetsried
Badestelle
Haarsee
675 Kronbühel
Hohenberger Straße
Wiesberge
Rothsee
Arnried
Buchberge 689
Buckelsberg 693
Schloss
Hohenberg 705
Ellmann
Seeholz
663
697
Schallern 693
Moosberg
Ludwigsried
Eichendorf
676
Eichendf. Whr.
Leitenbühel 706
Riedl-Kapelle
Goppoltsrieder See
Pollingsried
Tradfranz
Pollingerbichel 686
Stadel
Moosanger Holz
Lauterbacher Wald
Rohrmooser Whr.

374
395
Starnberger
See
Seeshaupt
82402
82393
Schloss
Seeseiter
Wald
Seeseiten
Kapelle
Kap.
Strandbad
Anried
Kochelsee-Bahn
Tutzinger
Tutzinger Straße
Andreas-Seitz-Weg
Weilheimer Straße
Weilheimer Str.
Seepromenade
Anlegestelle
Pfarrhs.
St.Michael
Hauptstraße
St.-Heinricher-Straße
1 = Schönegertstraße
2 = Friedhofweg
3 = Bgm.-Konrad-Weg
4 = Pfarrer-Wiedemann-Weg
5 = An der Säge
6 = Schulgasse
7 = Bgm.-Schallenkammer-Weg
8 = Alter Postplatz
9 = Am Buchenhain
Seeshaupt
Bahnhofstraße
Bahnhofpl.
Ev. Kirche
Fichtenstraße
Tannenstr.
Penzberger Straße
Seniorenzentr.
BRK u.Ökm. Soz.station
Rosenstraße
Höhenweg
Sonnenweg
An der Ach
Ach
Emilsruh
Gartensee
Ursee
Osterseefilz
Gewerbegebiet
Bauhof
Grundwassersee
Ulrichsau
Seelstein
Hohenberger Straße
Gemeinde-Badeplatz
Schechener Straße
Singerbach
Bodenbachweg
Moorweg
Gröbensee
Lustsee
Frechensee
Stechsee
NSG
Weidfilz
Schechenfilz
Bodenbach
Tratberg
Pumpwerk
Ellmann
596
Osterseehof
Bonholz
Lichtbrücke
Rauch-H.
Ameissee
Breitenauer See
676
Unterlauterbach
(zu Iffeldorf)
Lauterbacher Mühle
Sanatorium
Gabelchristhof
Großer Ostersee
Marieninsel
Staigerinsel
Mooswegn
Torfwerk Staltach
Hart
Gut Staltach
5300
5298
5296
672
674

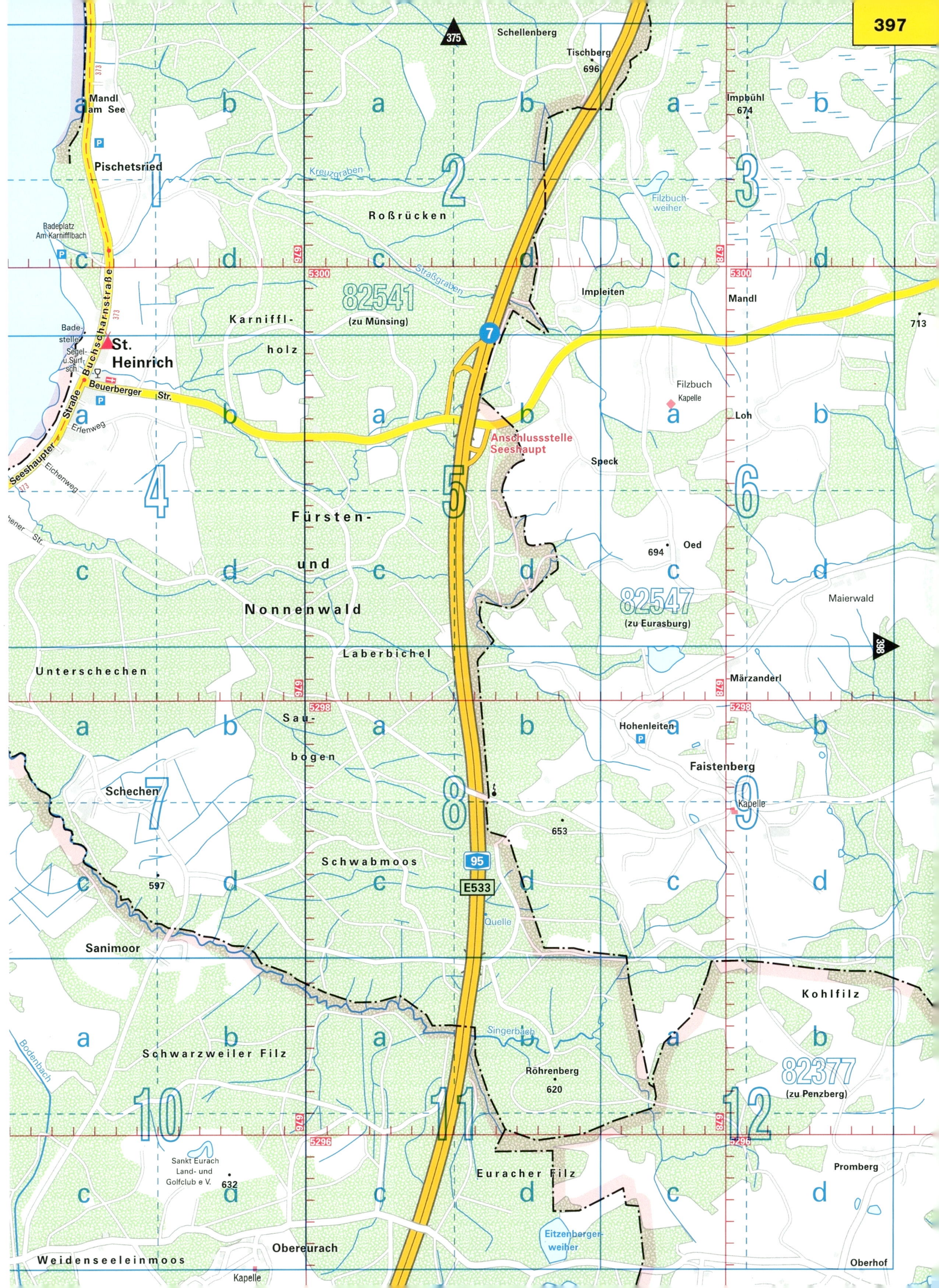
375
Schellenberg
Tischberg
696
Mandl am See
Pischetsried
Impbühl
674
Kreuzgraben
Roßrücken
Filzbuch-weiher
Badeplatz Am Karnifflbach
Straßgraben
82541
(zu Münsing)
Impleiten
Mandl
713
Karniffl-holz
Bade-stelle
Segel- u.Surf-sch.
St. Heinrich
Buchscharnstraße
Beuerberger Str.
Seeshaupter Straße
Erlenweg
Eichenweg
Filzbuch
Kapelle
Loh
Anschlussstelle Seeshaupt
Speck
Fürsten- und Nonnenwald
694
Oed
82547
(zu Eurasburg)
Maierwald
398
Laberbichel
Unterschechen
Märzanderl
Sau-bogen
Hohenleiten
Faistenberg
Schechen
Kapelle
653
Schwabmoos
95
E533
597
Quelle
Sanimoor
Kohlfilz
Bodenbach
Singerbach
Schwarzweiler Filz
Röhrenberg
620
82377
(zu Penzberg)
Sankt Eurach Land- und Golfclub e V.
632
Euracher Filz
Promberg
Eitzenberger-weiher
Obereurach
Weidenseeleinmoos
Kapelle
Oberhof

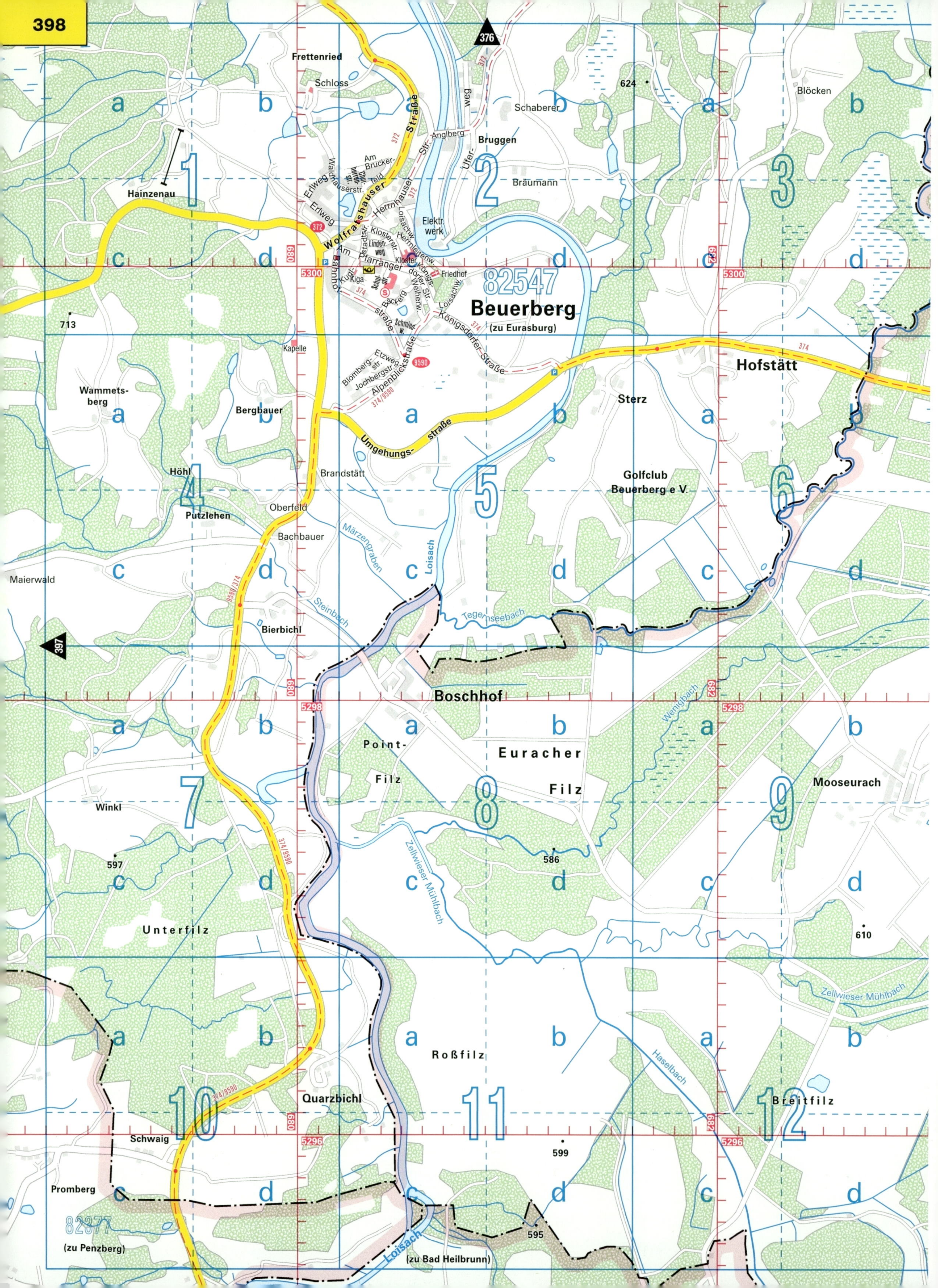

Frettenried
Schloss
Schaberer
Blöcken
624
Bruggen
Bräumann
Hainzenau
Elektr. werk
Friedhof
82547
Beuerberg
(zu Eurasburg)
713
Kapelle
Hofstätt
Sterz
Wammetsberg
Bergbauer
Umgehungsstraße
Brandstätt
Golfclub Beuerberg e.V.
Höhl
Putzlehen
Oberfeld
Bachbauer
Märzengraben
Loisach
Maierwald
Steinbach
Tegernseebach
Bierbichl
Boschhof
Point-Filz
Euracher Filz
Wenigbach
Mooseurach
Winkl
597
586
Zellwieser Mühlbach
Unterfilz
610
Zellwieser Mühlbach
Roßfilz
Haselbach
Quarzbichl
Breitfilz
Schwaig
599
Promberg
595
82377
(zu Penzberg)
Loisach
(zu Bad Heilbronn)

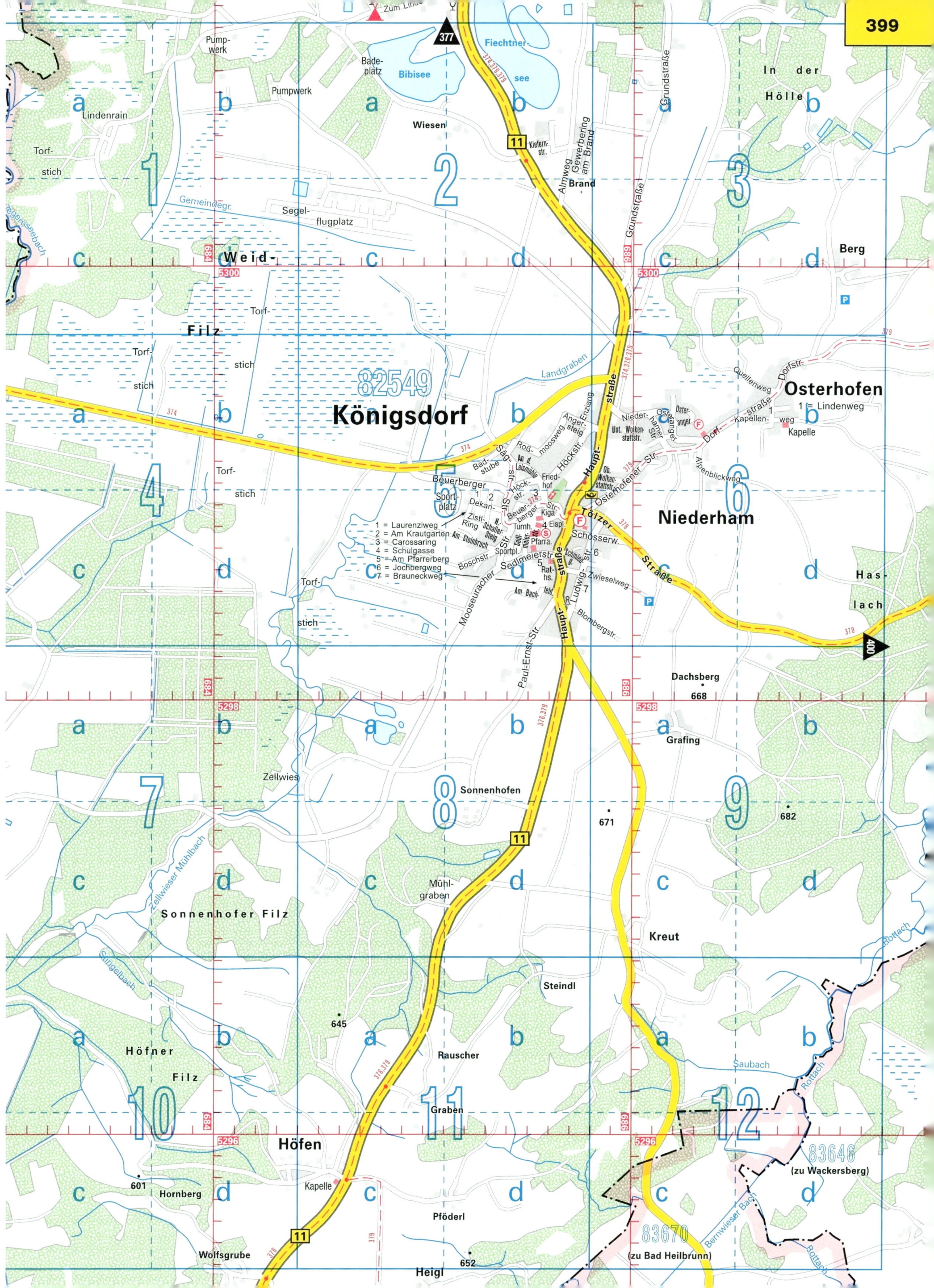

Zum Linde
377
Fiechtner-see
Bibisee
Bade-platz
Pump-werk
Pumpwerk
Lindenrain
Torf-stich
Wiesen
11
Kiefern-str.
Almweg
Gewerbering am Brand
Brand
Grundstraße
In der Hölle
Gemeindegr.
Segel-flugplatz
Weid-
Filz
Torf-stich
5300
Berg
Landgraben
82549
Königsdorf
Osterhofen
1 = Lindenweg
Kapelle
Quellenweg
Dorfstr.
Dorfstraße
Kapellenweg
Alpenblickweg
Osterhofener Str.
Niederham
Tölzer Straße
Hauptstraße
Beuerberger
Sportplatz
1 = Laurenziweg
2 = Am Krautgarten
3 = Carossaring
4 = Schulgasse
5 = Am Pfarrerberg
6 = Jochbergweg
7 = Brauneckweg
Zistl-Ring
Am Steinbruch
Boschstr.
Mooseuracher
Sedlmeierstr.
Am Bach-feld
Paul-Ernst-Str.
Ludwig-Str.
Zwieselweg
Blombergstr.
Schösserw.
Has-lach
400
Dachsberg
668
Grafing
Zellwies
Sonnenhofen
671
682
Zellwieser Mühlbach
Sonnenhofer Filz
Mühl-graben
Kreut
Steindl
Singelbach
645
Höfner Filz
Rauscher
Saubach
Rottach
Graben
Höfen
5296
83646
(zu Wackersberg)
601
Hornberg
Kapelle
Pföderl
83670
(zu Bad Heilbrunn)
Bernwieser Bach
Wolfsgrube
652
Heigl

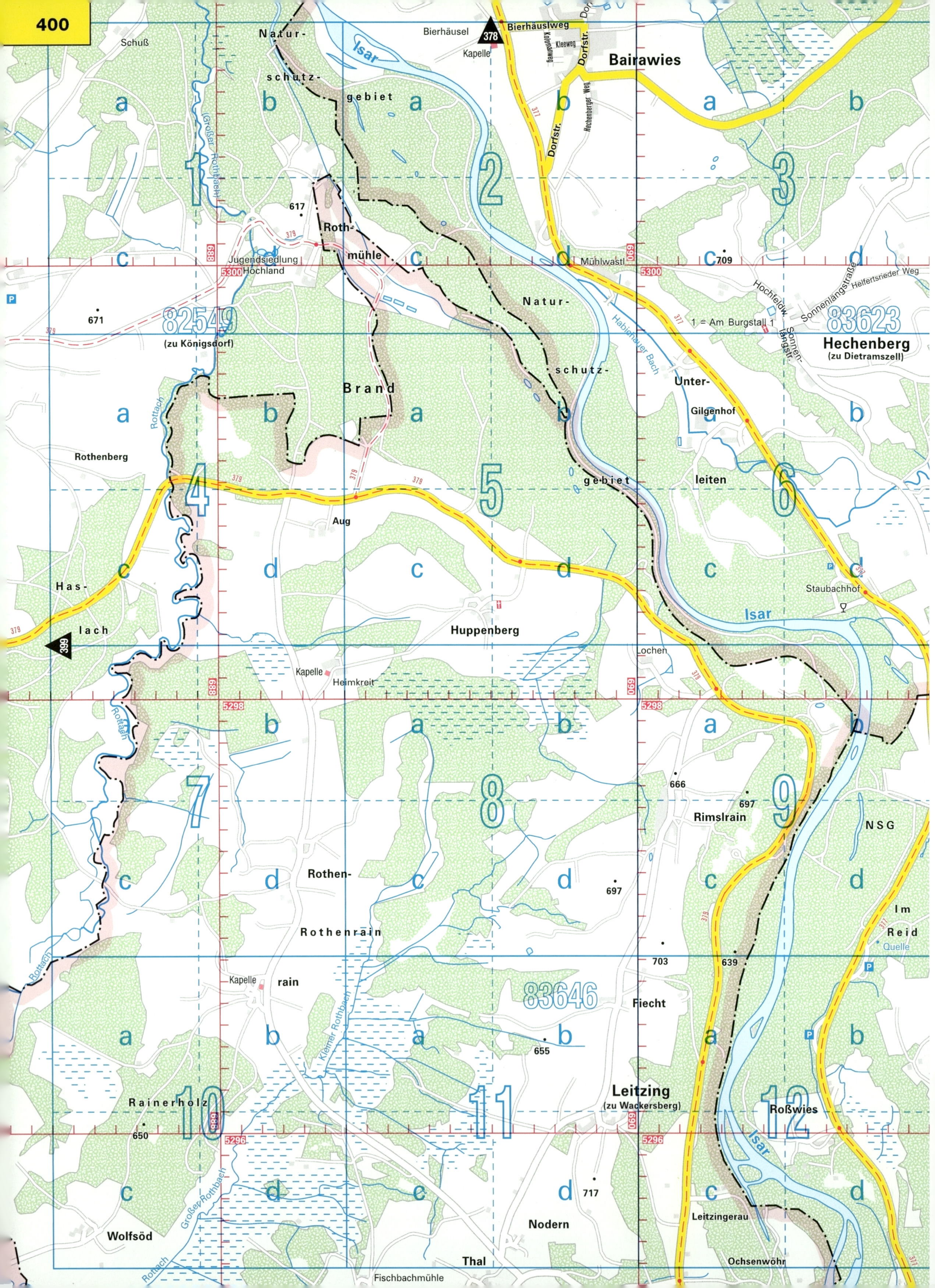

Schuß
Natur-
schutz-
gebiet
Isar
Bierhäusel
378
Kapelle
Bierhäuslweg
Bairawies
Dorfstr.
Hechenberger Weg
Kleeweg
617
Roth-
mühle
Jugendsiedlung
Hochland
Mühlwastl
709
Hochfeldw.
Sonnenlängstraße
Helfertsrieder Weg
671
82549
(zu Königsdorf)
Habichauer Bach
1 = Am Burgstall 1
83623
Hechenberg
(zu Dietramszell)
Brand
Natur-
schutz-
gebiet
Unter-
Gilgenhof
leiten
Rothenberg
Rottach
Aug
Has-
lach
399
Huppenberg
Staubachhof
Isar
Lochen
Kapelle
Heimkreit
Rottach
666
697
Rimslrain
NSG
Rothen-
697
Im
Reid
Quelle
Rothenrain
703
639
Kapelle
rain
83646
Fiecht
Kleiner Rothbach
655
Leitzing
(zu Wackersberg)
Roßwies
Isar
Rainerholz
650
Großer Rothbach
717
Wolfsöd
Nodern
Leitzingerau
Rottach
Thal
Ochsenwöhr
Fischbachmühle

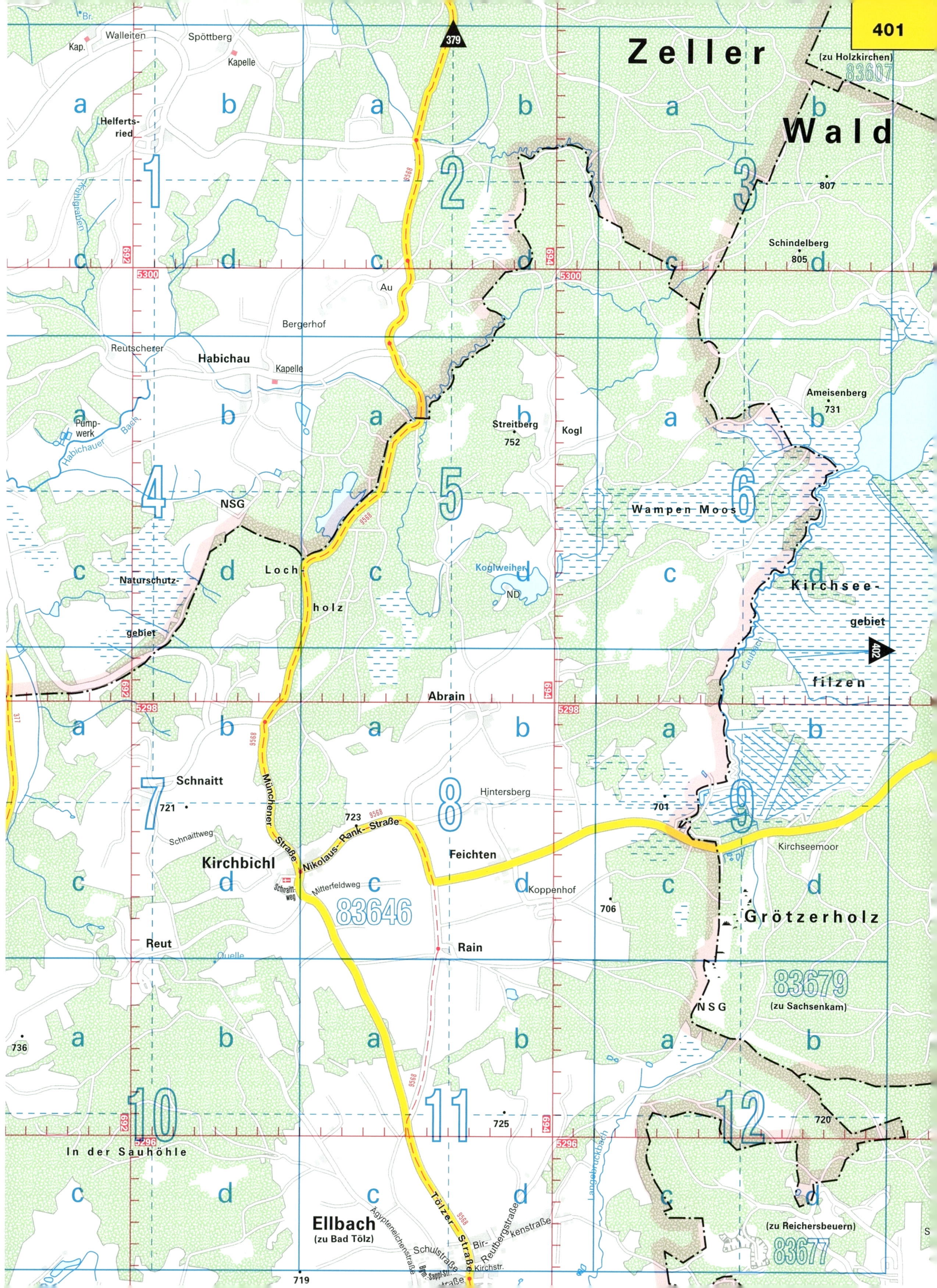
Zeller
Wald
(zu Holzkirchen)
83607
Walleiten
Kap.
Spöttberg
Kapelle
Helferts-ried
379
807
Schindelberg
805
5300
692
694
Au
Bergerhof
Reutscherer
Habichau
Kapelle
Pump-werk
Habichauer Bach
Ameisenberg
731
Streitberg
752
Kogl
NSG
Wampen Moos
Naturschutz-gebiet
Loch-holz
Koglweiher
ND
Kirchsee-gebiet
filzen
402
Abrain
5298
Schnaitt
721
Hintersberg
701
723
Nikolaus-Rank-Straße
Münchener Straße
Schnaittweg
Kirchbichl
Feichten
Kirchseemoor
Mitterfeldweg
Koppenhof
706
Grötzerholz
83646
Reut
Quelle
Rain
83679
(zu Sachsenkam)
NSG
736
725
720
5296
In der Sauhöhle
Langenbruckbach
Tölzer Straße
Ellbach
(zu Bad Tölz)
Ägyptenweichenstraße
Schulstraße
Reutbergstraße
Birkenstraße
Kirchstr.
(zu Reichersbeuern)
83677
719
9568

Schwarzes Kreuz
Reith
83607
(zu Holzkirchen)
Kögelsberg
Wampen Moos
Babenberg
Grasberg
Eiberg
Stubenbach
Kirchseestraße
Winkelfilzen
Freibad
Kirch-
see
Naturschutz-
gebiet
Reutberg
Kloster
Mühlbach
1=Schulweg
2=Erlenstraße
3=Rechelkopfstraße
Moaralm
Friedhof
Sachsenkam
Molkerei
Mühlweiher
Neu-
weiher
Sachsenkam
(zu VG Reichersbeuern)
83679
Eisenberg
Gewerbe-
gebiet
Sachsen-
kam
Sportpl.
Turnhalle
Rathaus
Tölzer Straße
Kirchbichler Str.
Piesenkamer Str.
Lindenstraße
Tegernseer Weg
Schaftlacher Straße
4=Wagleitenstraße
Egelsee
Kapelle
Rauchenbergstr.
Holzweg
Grötzerholz
Allgau
Rotbrünnerl
Allgau
(zu Reichersbeuern)
83677
Längensee
Schießstand

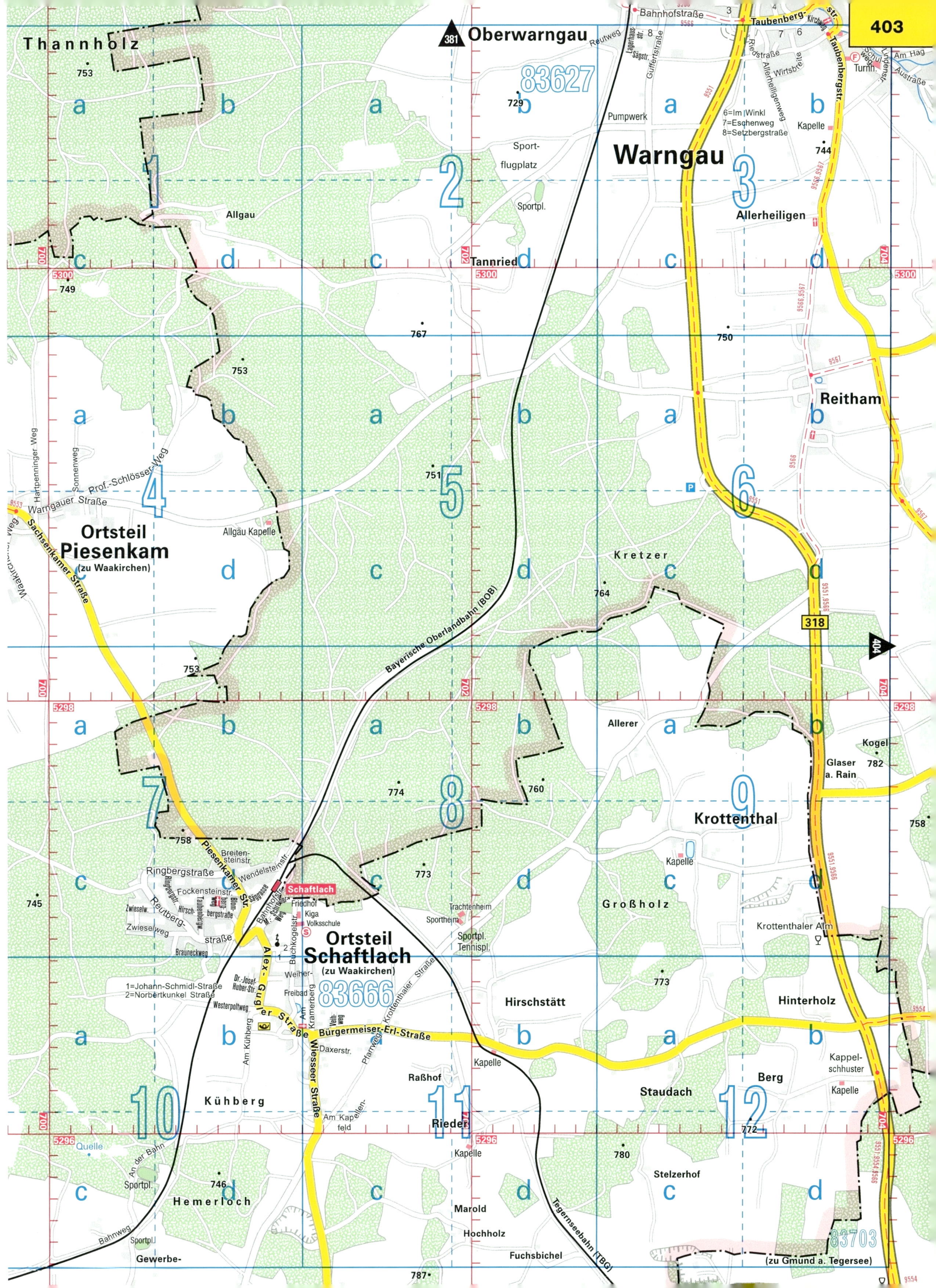

Thannholz
Oberwarngau
83627
Warngau
Allgau
Sportflugplatz
Tannried
Allerheiligen
Reitham
Ortsteil Piesenkam (zu Waakirchen)
Allgäu Kapelle
Kretzer
Bayerische Oberlandbahn (BOB)
Allerer
Kogel
Glaser a. Rain
Krottenthal
Großholz
Krottenthaler Alm
Ortsteil Schaftlach (zu Waakirchen)
83666
Hirschstätt
Hinterholz
Bürgermeister-Erl-Straße
Wiesseer Straße
Kühberg
Raßhof
Rieder
Staudach
Berg
Kappelschuster
Stelzerhof
Hemerloch
Marold
Hochholz
Fuchsbichel
Tegernseebahn (TBG)
83703
(zu Gmund a. Tegersee)
Gewerbe-
404

Warngau

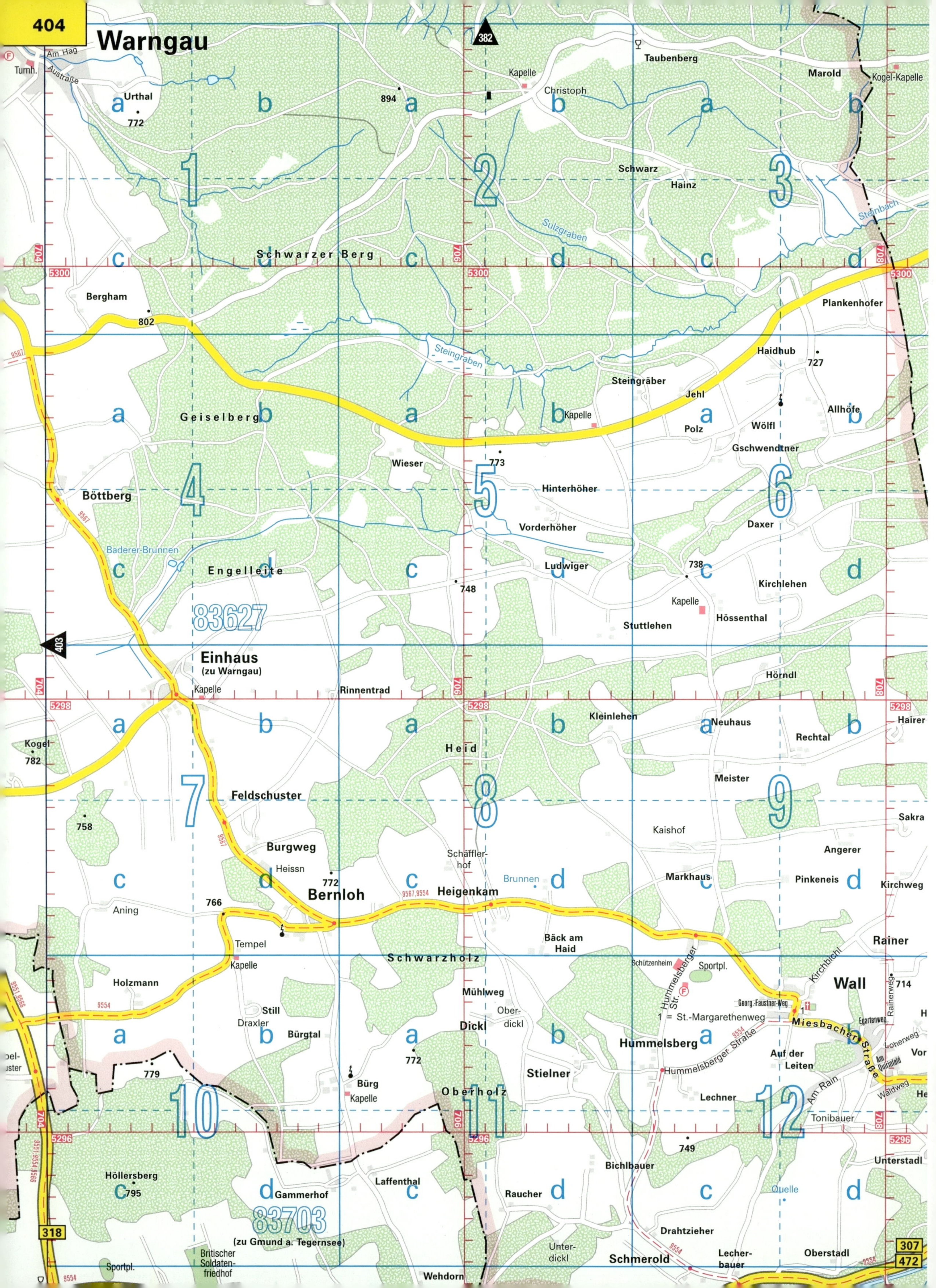

Warngau
Am Hag
Austraße
Turnh.
Urthal
772
894
382
Kapelle
Christoph
Taubenberg
Marold
Kogel-Kapelle
Schwarz
Hainz
Sulzgraben
Steinbach
Schwarzer Berg
5300
704
706
708
Bergham
802
Plankenhofer
Steingraben
Haidhub
727
Steingräber
Jehl
Geiselberg
Kapelle
Polz
Wölfl
Allhöfe
Gschwendtner
Wieser
773
Hinterhöher
Böttberg
Vorderhöher
Daxer
Baderer-Brunnen
Engelleite
Ludwiger
738
748
Kirchlehen
Kapelle
Hössenthal
83627
Stuttlehen
403
Einhaus
(zu Warngau)
Hörndl
Kapelle
Rinnentrad
5298
Kleinlehen
Neuhaus
Hairer
Kogel
782
Rechtal
Heid
Meister
Feldschuster
758
Sakra
Kaishof
Burgweg
Schäffler-
hof
Angerer
Heissn
772
Brunnen
Markhaus
Pinkeneis
Kirchweg
Bernloh
Heigenkam
766
Aning
Bäck am
Haid
Rainer
Tempel
Schwarzholz
Schützenheim
Sportpl.
Kapelle
Hummelsberger
Str.
Holzmann
Mühlweg
Wall
714
Georg.-Faustner-Weg
Still
Ober-
dickl
1 = St.-Margarethenweg
Miesbacher Straße
Draxler
Dickl
Egartenweg
Bürgtal
Hummelsberg
Hummelsberger Straße
Rainerweg
Loherweg
Auf der
Leiten
779
772
Stielner
Am
Quirinfeld
Bürg
Kapelle
Am Rain
Waldweg
Oberholz
Lechner
Tonibauer
5296
749
Bichlbauer
Unterstadl
Höllersberg
795
Gammerhof
Laffenthal
Raucher
Quelle
83703
(zu Gmund a. Tegernsee)
Drahtzieher
318
Unter-
dickl
Schmerold
Lecher-
bauer
Oberstadl
307
472
Sportpl.
Britischer
Soldaten-
friedhof
Wehdorn
9567
9554

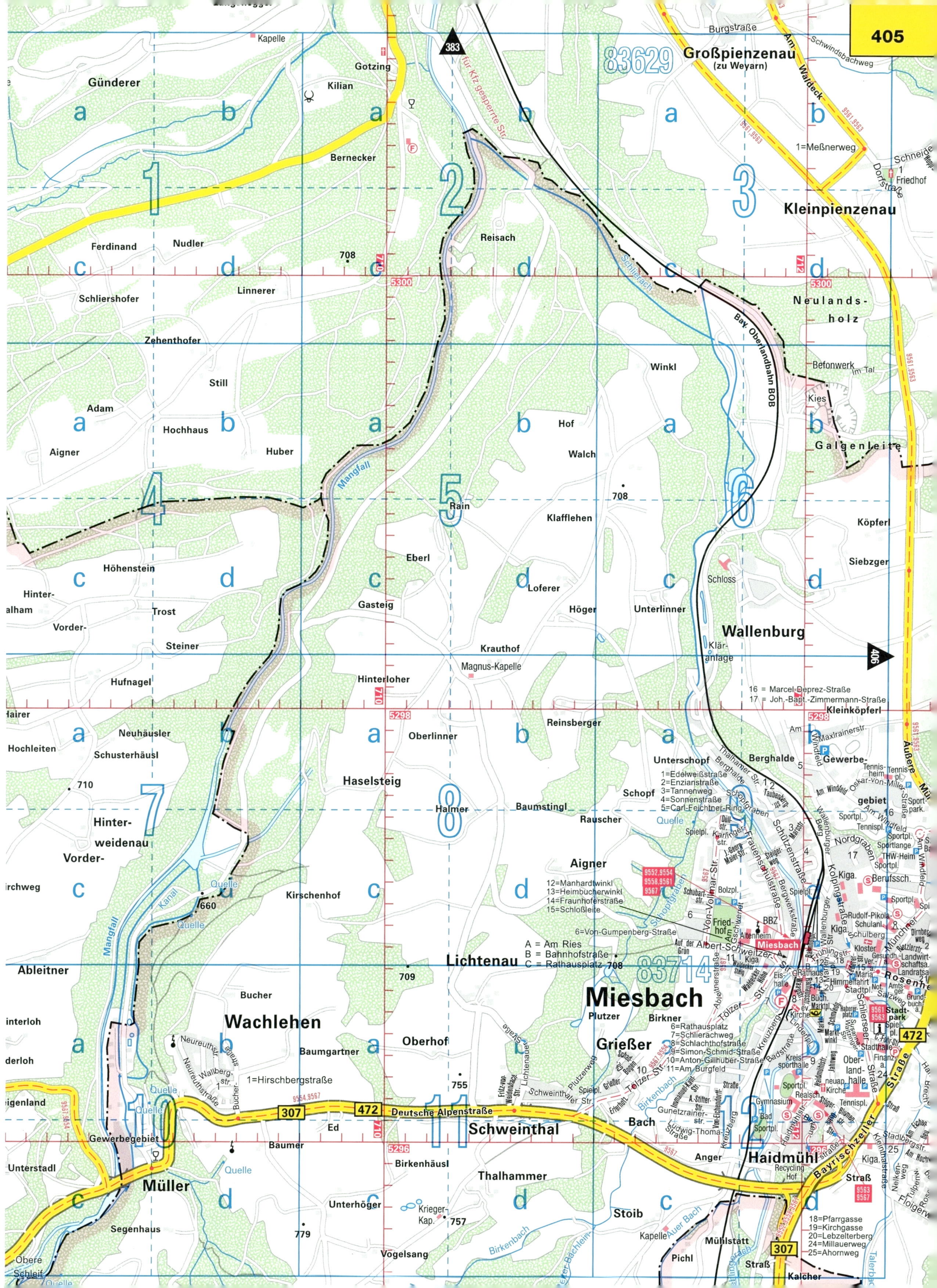
Großpienzenau
(zu Weyarn)
83629
Kleinpienzenau
Günderer
Gotzing
Kilian
Kapelle
Bernecker
Ferdinand
Nudler
Reisach
Schliershofer
Linnerer
Zehenthofer
Neulands-holz
Still
Adam
Hochhaus
Aigner
Huber
Winkl
Befonwerk
Kies
Hof
Walch
Galgenleite
Rain
Klafflehen
Köpferl
Höhenstein
Eberl
Siebzger
Loferer
Schloss
Trost
Gasteig
Höger
Unterlinner
Wallenburg
Steiner
Krauthof
Magnus-Kapelle
Hufnagel
Hinterloher
Kleinköpferl
Reinsberger
Neuhäusler
Oberlinner
Berghalde
Schusterhäusl
Unterschopf
Haselsteig
Schopf
Halmer
Baumstingl
Rauscher
Aigner
Kirschenhof
Ableitner
Lichtenau
Miesbach
83714
Bucher
Wachlehen
Plutzer
Birkner
Grießer
Oberhof
Baumgartner
Schweinthal
Deutsche Alpenstraße
Bach
Anger
Haidmühl
Baumer
Birkenhäusl
Thalhammer
Müller
Unterhöger
Stoib
Segenhaus
Vogelsang
Mühlstatt
Pichl
Straß
Kalcher
Mangfall
Schlierach
Bay. Oberlandbahn BOB
16 = Marcel-Deprez-Straße
17 = Joh.-Bapt.-Zimmermann-Straße
1=Edelweißstraße
2=Enzianstraße
3=Tannenweg
4=Sonnenstraße
5=Carl-Feichtner-Ring
12=Manhardtwinkl
13=Heimbucherwinkl
14=Fraunhoferstraße
15=Schloßleite
6=Von-Gumpenberg-Straße
A = Am Ries
B = Bahnhofstraße
C = Rathausplatz
6=Rathausplatz
7=Schlierachweg
8=Schlachthofstraße
9=Simon-Schmid-Straße
10=Anton-Gillhuber-Straße
11=Am Burgfeld
1=Hirschbergstraße
1=Meßnerweg
18=Pfarrgasse
19=Kirchgasse
20=Lebzelterberg
24=Millauerweg
25=Ahornweg
307
472
383
406

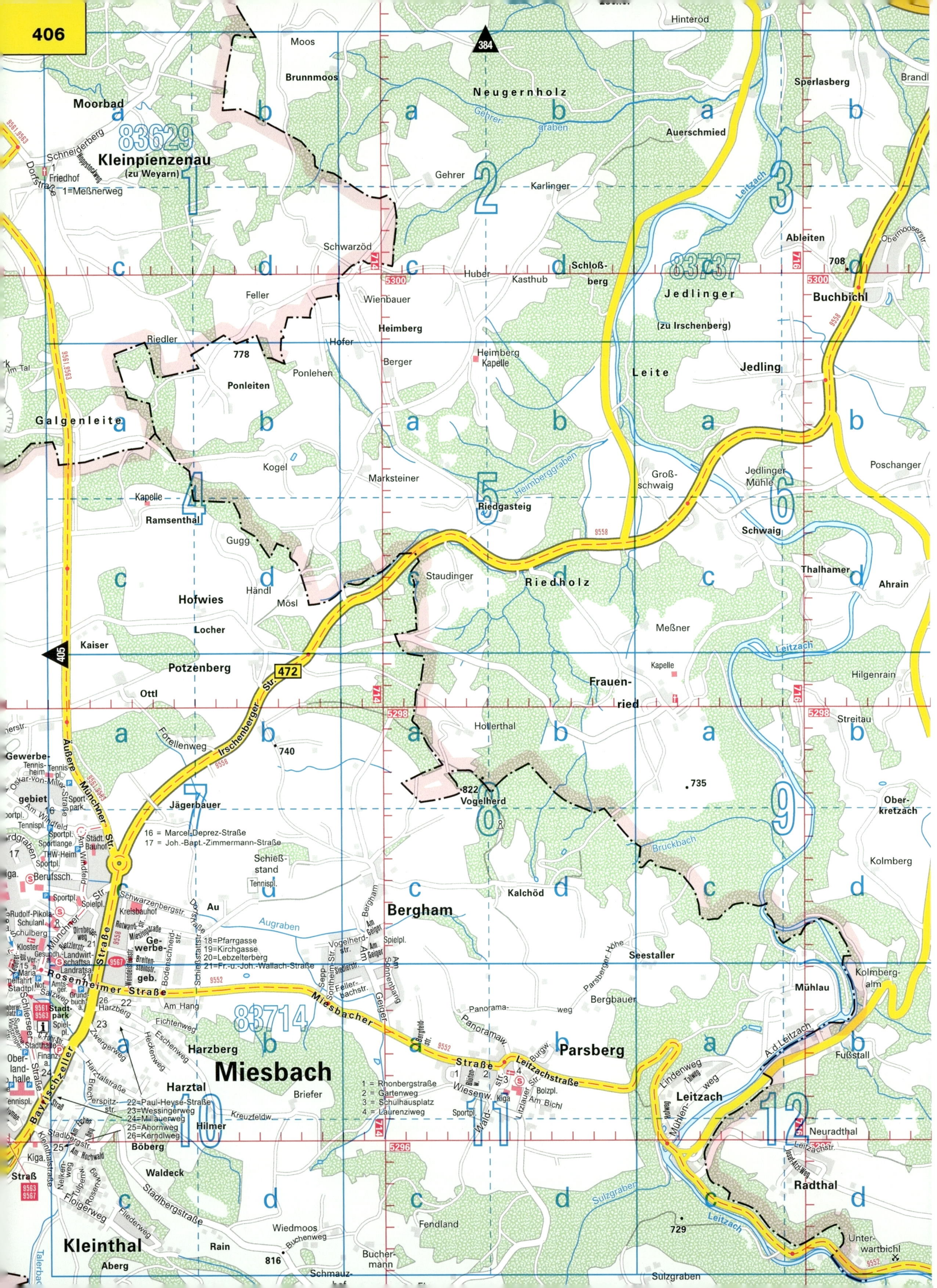

Moos
Brunnmoos
Neugernholz
Hinteröd
Sperlasberg
Brandl
Moorbad
83629
Kleinpienzenau
(zu Weyarn)
Auerschmied
Gehrer
Karlinger
Schwarzöd
Ableiten
Feller
Wienbauer
Heimberg
Huber
Kasthub
Schloß-berg
83737
Jedlinger
(zu Irschenberg)
Buchbichl
Riedler
778
Ponleiten
Ponlehen
Hofer
Berger
Heimberg Kapelle
Leite
Jedling
Galgenleite
Kogel
Marksteiner
Heimberggraben
Groß-schwaig
Jedlinger Mühle
Poschanger
Kapelle
Ramsenthal
Riedgasteig
Schwaig
Gugg
Staudinger
Riedholz
Thalhamer
Ahrain
Hofwies
Händl
Mösl
Meßner
Locher
Kaiser
Potzenberg
472
Frauen-ried
Kapelle
Hilgenrain
Ottl
Irschenberger Str.
Hollerthal
Streitau
Forellenweg
740
822
Vogelherd
735
Jägerbauer
Ober-kretzach
Äußere Münchner Str.
16 = Marcel-Deprez-Straße
17 = Joh.-Bapt.-Zimmermann-Straße
Schieß-stand
Bruckbach
Kolmberg
Au
Bergham
Kalchöd
Augraben
18=Pfarrgasse
19=Kirchgasse
20=Lebzelterberg
21=Fr.-u.-Joh.-Wallach-Straße
Seestaller
Kolmberg-alm
Rosenheimer Straße
Miesbacher Straße
Bergbauer
Mühlau
Panoramaweg
83714
Harzberg
Miesbach
Parsberg
Leitzach
Fußstall
Harztal
Briefer
Leitzachstraße
1 = Rhonbergstraße
2 = Gartenweg
3 = Schulhausplatz
4 = Laurenziweg
22=Paul-Heyse-Straße
23=Wessingerweg
24=Millauerweg
25=Ahornweg
26=Kerndlweg
Hilmer
Neuradthal
Böberg
Radthal
Waldeck
Bayrischzeller Straße
Sulzgraben
Leitzach
729
Kleinthal
Wiedmoos
Fendland
Unter-wartbichl
Rain
816
Bucher-mann
Aberg
Sulzgraben

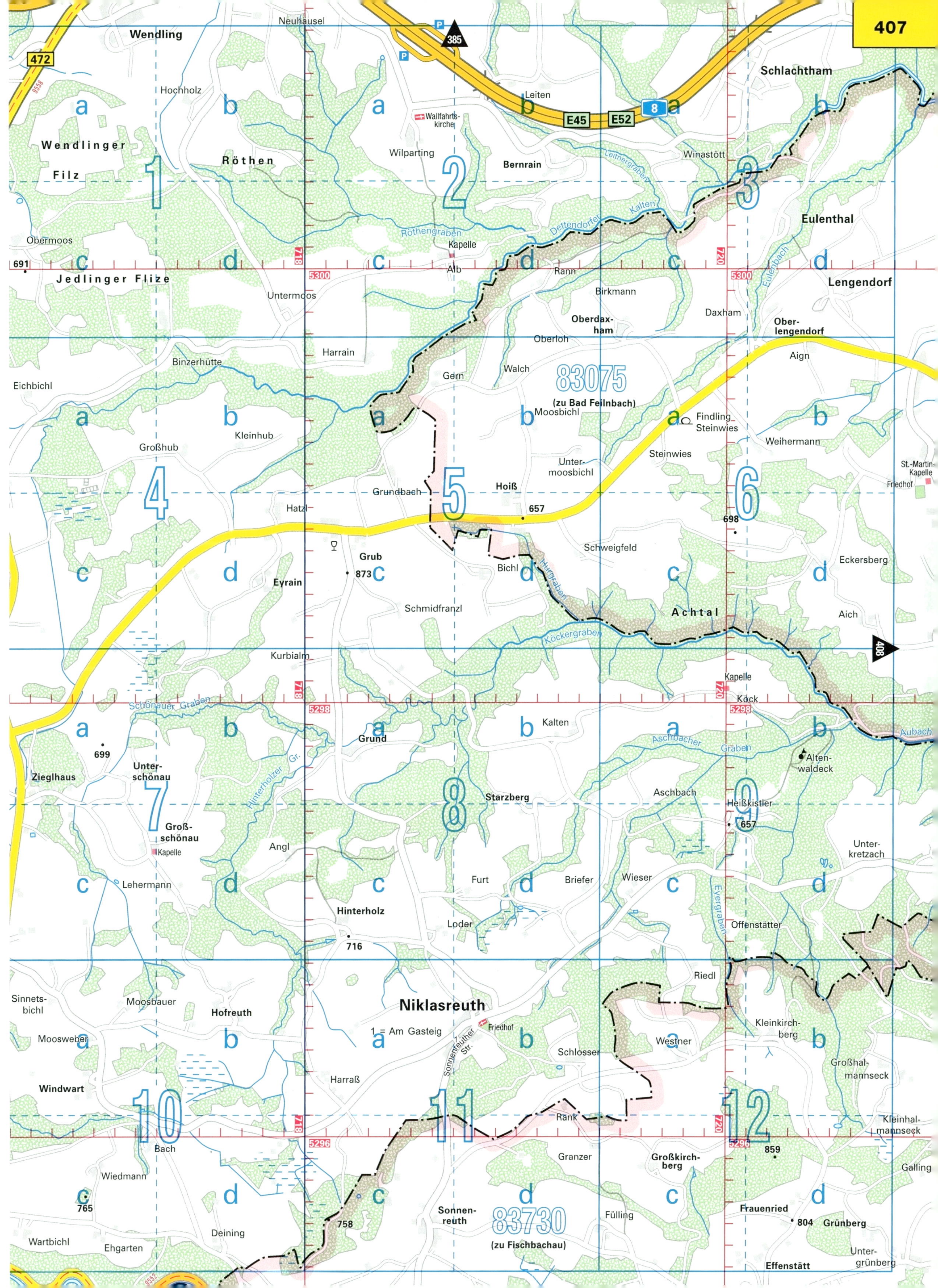
Wendling
Neuhäusel
385
472
Hochholz
Leiten
Wallfahrtskirche
E45
E52
8
Schlachtham
Wendlinger
Filz
Röthen
Wilparting
Bernrain
Winastött
Leitnergraben
Obermoos
Rothengraben
Dettendorfer
Kalten
Eulenthal
Kapelle
691
Jedlinger Flize
Alb
Rann
5300
Eulenbach
Lengendorf
Untermoos
Birkmann
Daxham
Oberdaxham
Oberloh
Oberlengendorf
Harrain
Binzerhütte
Walch
83075
(zu Bad Feilnbach)
Aign
Eichbichl
Gern
Moosbichl
Findling
Steinwies
Kleinhub
Großhub
Weihermann
Untermoosbichl
St.-Martin-Kapelle
Friedhof
Grundbach
Hoiß
Hatzl
657
698
Grub
873
Schweigfeld
Eckersberg
Bichl
Hurgraben
Eyrain
Schmidfranzl
Achtal
Aich
Köckergraben
Kurbialm
408
Kapelle
Köck
Schönauer Graben
5298
Kalten
Grund
Aschbacher Graben
Aubach
699
Unterschönau
Hinterholzer Gr.
Altenwaldeck
Zieglhaus
Aschbach
Starzberg
Heißkistler
Großschönau
657
Angl
Unterkretzach
Kapelle
Furt
Briefer
Wieser
Lehermann
Hinterholz
Eyergraben
Loder
Offenstätter
716
Riedl
Sinnetsbichl
Moosbauer
Hofreuth
Niklasreuth
Kleinkirchberg
1 = Am Gasteig
Friedhof
Moosweber
Sonnenreuther Str.
Westner
Schlosser
Großhalmannseck
Windwart
Harraß
Rank
Kleinhalmannseck
Bach
5296
859
Granzer
Großkirchberg
Galling
Wiedmann
765
Sonnenreuth
83730
(zu Fischbachau)
Fülling
Frauenried
804
Grünberg
758
Deining
Wartbichl
Ehgarten
Untergrünberg
Effenstätt
718
720
9558
9552

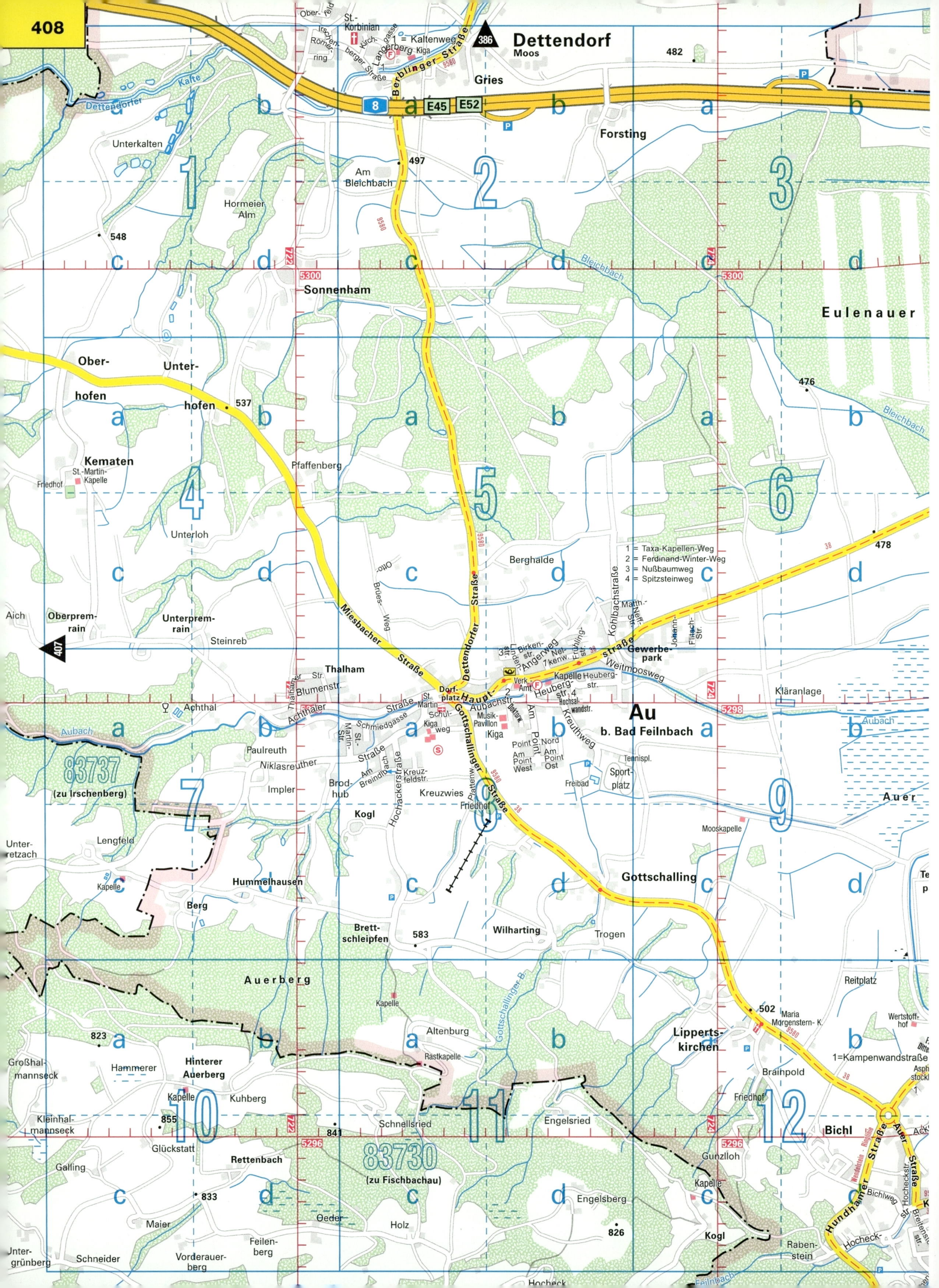
Dettendorf
Moos
Gries
Forsting
St.-Korbinian
Kaltenweg
Berblinger Straße
Unterkalten
Am Bleichbach
Hormeier Alm
Sonnenham
Eulenauer
Oberhofen
Unterhofen
Kematen
St.-Martin-Kapelle
Friedhof
Pfaffenberg
Unterloh
Berghalde
1 = Taxa-Kapellen-Weg
2 = Ferdinand-Winter-Weg
3 = Nußbaumweg
4 = Spitzsteinweg
Aich
Oberpremrain
Unterpremrain
Steinreb
Miesbacher Straße
Dettendorfer Straße
Gewerbepark
Weitmoosweg
Thalham
Achthal
Au
b. Bad Feilnbach
Kläranlage
Aubach
83737
(zu Irschenberg)
Paulreuth
Niklasreuther Straße
Impler
Brodhub
Kogl
Kreuzwies
Friedhof
Gottschallinger Straße
Freibad
Sportplatz
Auer
Mooskapelle
Lengfeld
Unterretzach
Kapelle
Hummelhausen
Berg
Gottschalling
Brettschleipfen
Wilharting
Trogen
Auerberg
Reitplatz
Altenburg
Rastkapelle
Lippertskirchen
Maria Morgenstern-K.
Wertstoffhof
1=Kampenwandstraße
Großhalmannseck
Hammerer
Hinterer Auerberg
Kuhberg
Brainpold
Friedhof
Kleinhalmannseck
Schnellsried
Engelsried
Bichl
Glückstatt
Rettenbach
83730
(zu Fischbachau)
Gunzlloh
Galling
Engelsberg
Oeder
Holz
Maier
Feilenberg
Kogl
Unter-grünberg
Schneider
Vorderauerberg
Rabenstein
Hundhamer Straße
Auer Straße
Hocheck
Feilnbach
407
386
482
497
548
537
476
478
583
502
823
855
841
833
826

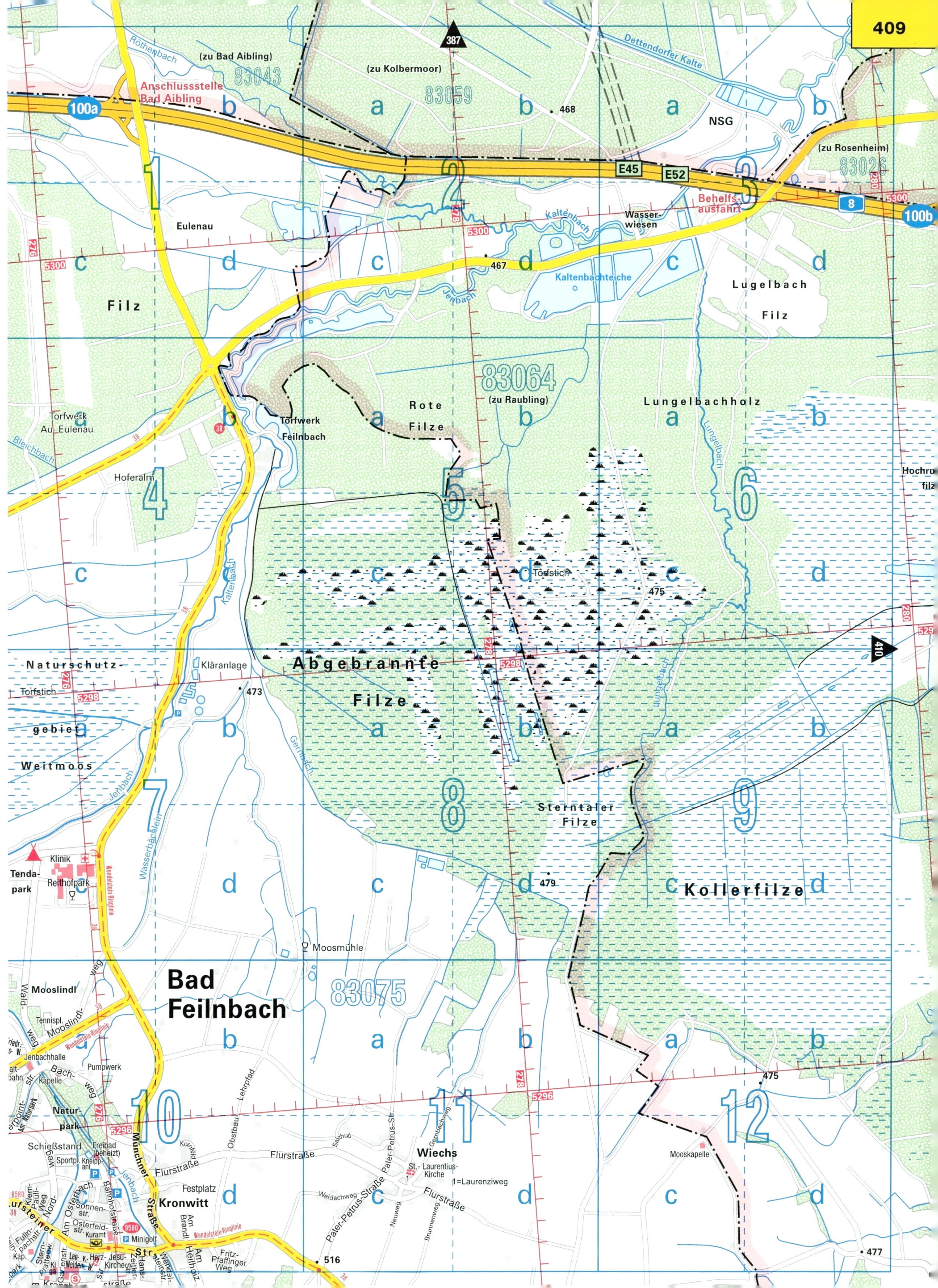
Anschlussstelle Bad Aibling
(zu Bad Aibling)
83043
(zu Kolbermoor)
83059
Dettendorfer Kalte
NSG
(zu Rosenheim)
83026
Behelfs-ausfahrt
Wasser-wiesen
Eulenau
Filz
Kaltenbachteiche
Lugelbach
Filz
83064
(zu Raubling)
Rote
Filze
Lungelbachholz
Torfwerk Au-Eulenau
Torfwerk Feilnbach
Hoferalm
Torfstich
Naturschutz-
gebiet
Weitmoos
Kläranlage
Abgebrannte
Filze
Sterntaler
Filze
Kollerfilze
Klinik
Reithofpark
Tenda-park
Moosmühle
Bad
Feilnbach
83075
Mooslindl
Jenbachhalle
Pumpwerk
Natur-park
Schießstand
Freibad (beheizt)
Festplatz
Kronwitt
Wiechs
St.-Laurentius-Kirche
1=Laurenziweg
Mooskapelle
Flurstraße
Münchner Straße
Pater-Petrus-Straße
Weidachweg
Neuweg
Brunnenweg
Obstbau-Lehrpfad
Fritz-Pfaffinger Weg
Kuramt
Minigolf
Hochru filz
410

Westerndorf
(zu Rosenheim)
83026
2 = Hocheckstraße
3 = Hochstraßer Weg
6 = Sandackerweg
Brannenburger Str.
Stocka
Anschlussstelle
Rosenheim-West
100b
E45
E52
8
101
Dreieck
Inntal
Kompostier-
anlage
Modellflug-
platz
Pfraundorf
102
Aisinger Filz
470
Rund
56
Grün-
thal
Hochrunst-
filze
Nicklheim
1=Pfarrer-Radecker-Weg
Tännelholz
83064
Raubling
3 = Raiffeisenweg
4 = Tiefgasse
5 = Heckenweg
1 = Stockstadter Straße
2 = Neuschwansteinstraße
Staudach
Fuchsbichl
Altmoos
Gewerbe-
gebiet
6 = Brunellenweg
Kirchdorf
a. Inn
93
E45
E60
Steinbeißfilze
Oberes
Rohretholz
Obermühl
Spöck
Großholzhausen
Reischenhart
1 = Hafnerweg
2 = Eggerweg
4 = Lärchenweg

Thansau
389
Rohrdorf
83101
Rohrdorfer
Filze
Anschlussstelle Rohrdorf
Anschlussstelle Rosenheim
Happinger See
Hochstraßer See
Hochstraßer Alm
Aschenwaldsee
Jagdhaussee
Wöhrsee
Pioniersee
Neuner See
Baggerseen
Erlen Au
Inn
Redenfelden
Brunau
Weyererhof
Lichtfeld
Winkl
Anger
450
Neuwöhr
Kläranlage
Altenmarkt am Inn
Fröschenthal
Angl
Gewerbegebiet Heft
Langweid
Altenbeuern
Bürgl
Hinterhör
ehem. Mühlsteinbruch
Althaus
Wieslering
Scheuern
Neubeuern
Holzham
Freibichl
83115
Kirchberg
543
Pinswang
Gmein
Gmein-West
Rohrdorfer Achen
Rotbach
Thalreit
Arzerwiese
Kieswerk
Pumpwerk
Gasteig
Wolfsschlucht
Hepfengraben
Oberwöhr
Rosenheimer Straße
Thansauer Straße
Biedererstraße
Neubeuerer Straße
Innstraße
Samerstraße
Dorfstraße
Am Gasteig
Marktpl.
Schloss
Färberstr.
Kapelle
Tiefbr.
8
E52
E60
103
15
412
1 = Sperlingstraße
2 = Spechtstraße
3 = Lerchenstraße
4 = Stieglitzstraße
5 = Drosselstraße
1 = Hofmillerstraße
2 = Franziska-Hager-Straße
3 = Roseggerstraße
4 = Hans-Carossa-Straße
5 = Markfeldstraße
6 = Pschachelstraße
9 = Wasseracker
10 = Am Direktorberg
1 = Breitensteinstraße
2 = Petersbergstraße
3 = Soinweg
4 = Wendelsteinstraße
5 = Thurner Weg
6 = Mutzenweg
7 = Plättenweg
8 = Zillenweg
9 = Rupertistraße
10 = Hirerweg
1 = Am Rain
6 = Sudelfeldstraße
7 = Brünnsteinstraße
8 = Feichteckweg
11 = Fadingerweg
12 = Schwemmerweg
1
2
3
4
5
6
7
8
9
10
11
12

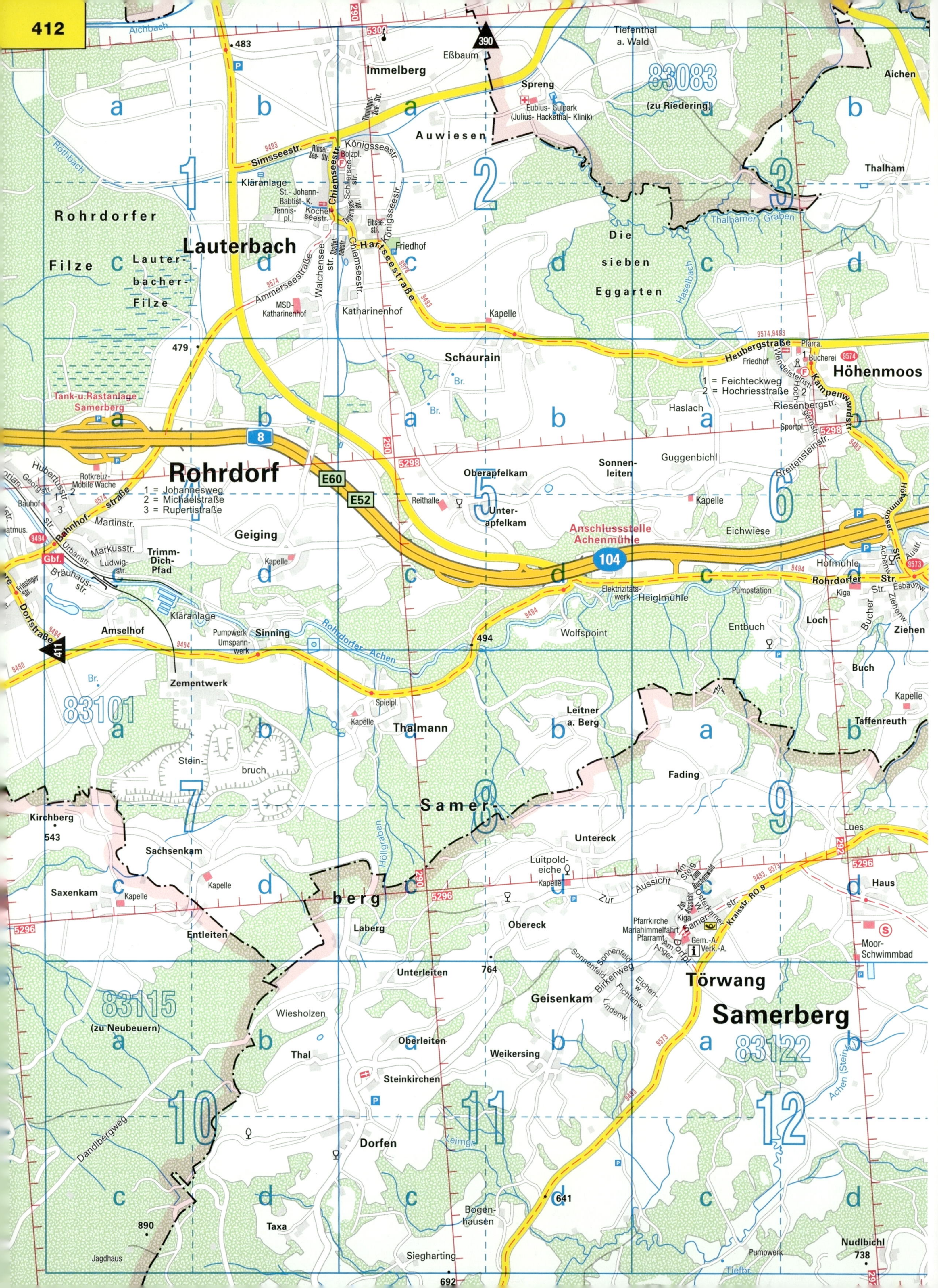
Lauterbach
Rohrdorf
Höhenmoos
Samerberg
Törwang
Rohrdorfer Filze
Lauter-bacher-Filze
Die sieben Eggarten
Immelberg
Auwiesen
Spreng
Tiefenthal a. Wald
Aichen
Thalham
83083
(zu Riedering)
Schaurain
Haslach
Oberapfelkam
Unterapfelkam
Sonnenleiten
Guggenbichl
Eichwiese
Anschlussstelle Achenmühle
Geiging
Amselhof
Sinning
Zementwerk
Wolfspoint
Heiglmühle
Entbuch
Loch
Ziehen
Buch
83101
Thalmann
Leitner a. Berg
Fading
Taffenreuth
Kirchberg
Sachsenkam
Saxenkam
Samer-berg
Untereck
Obereck
Laberg
Lues
Haus
Moor-Schwimmbad
Entleiten
Unterleiten
Geisenkam
83115
(zu Neubeuern)
Wiesholzen
Thal
Oberleiten
Weikersing
Steinkirchen
83122
Dorfen
Bogenhausen
Taxa
Siegharting
Nudlbichl
Jagdhaus
Tank-u. Rastanlage Samerberg
1 = Johannesweg
2 = Michaelstraße
3 = Rupertistraße
1 = Feichteckweg
2 = Hochriesstraße

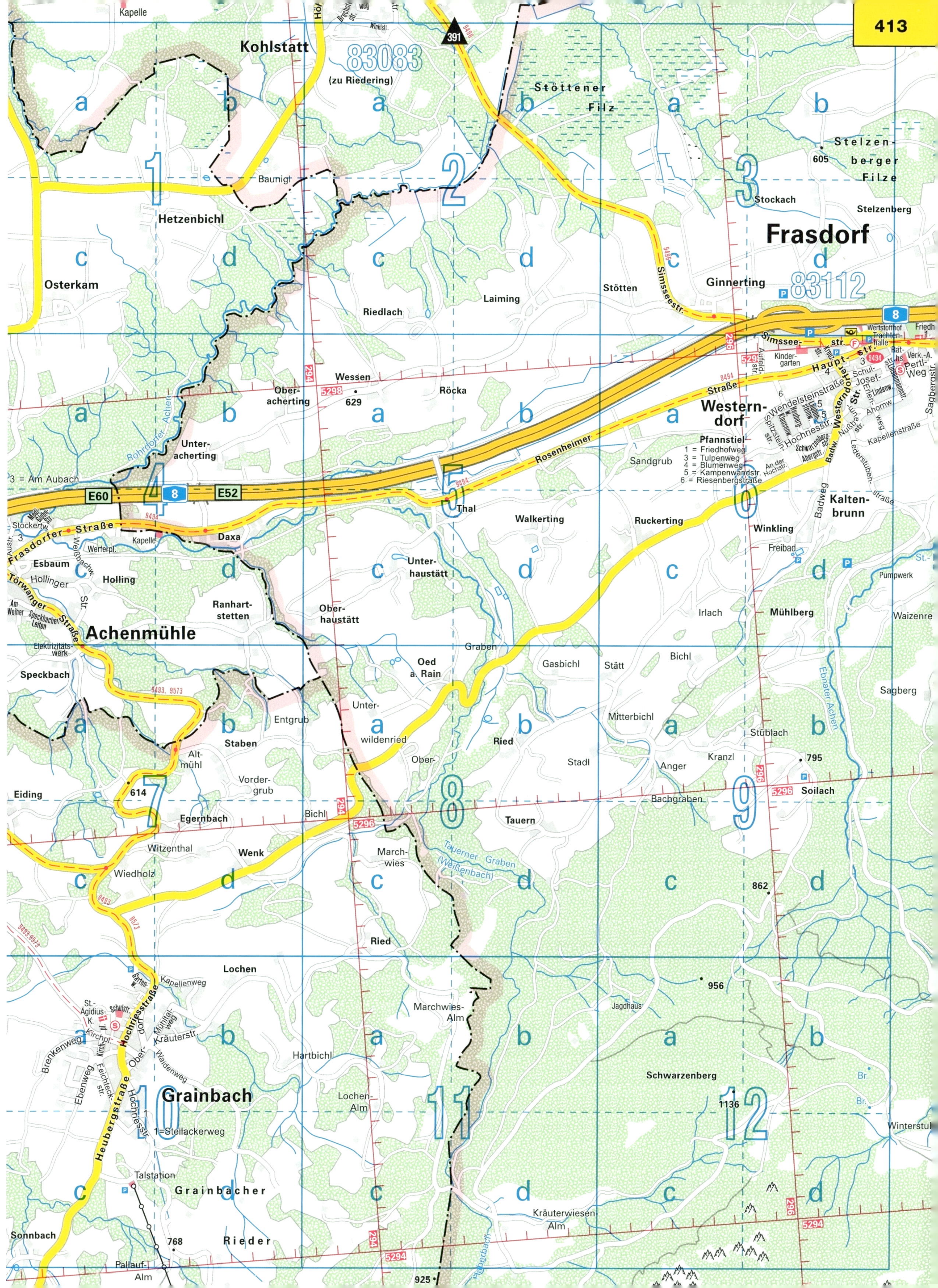
Kohlstatt
83083
(zu Riedering)
Stöttener Filz
Stelzenberger Filze
Stockach
Stelzenberg
Frasdorf
83112
Baumigl
Hetzenbichl
Osterkam
Riedlach
Laiming
Stötten
Simsseestr.
Ginnerting
Wessen
629
Röcka
Oberacherting
Unteracherting
Rohrdorfer Achen
Westerndorf
Pfannstiel
1 = Friedhofweg
3 = Tulpenweg
4 = Blumenweg
5 = Kampenwandstr.
6 = Riesenbergstraße
Sandgrub
Rosenheimer Straße
Hauptstr.
Wendelsteinstraße
Hochriesstr.
Kapellenstraße
3 = Am Aubach
E60
E52
Thal
Walkerting
Ruckerting
Winkling
Kaltenbrunn
Freibad
Fasdorfer Straße
Daxa
Kapelle
Esbaum
Hollinger Str.
Holling
Törwanger Straße
Achenmühle
Ranhartstetten
Unterhaustätt
Oberhaustätt
Irlach
Mühlberg
Pumpwerk
Waizenre
Speckbach
Elektrizitätswerk
Oed a. Rain
Graben
Gasbichl
Stätt
Bichl
Sagberg
Entgrub
Staben
Unterwildenried
Ober-
Ried
Mitterbichl
Stadl
Anger
Kranzl
Stüblach
795
Soilach
Ebnater Achen
Altmühl
Vordergrub
614
Eiding
Egernbach
Bichl
Tauern
Bachgraben
Witzenthal
Wenk
Marchwies
Tauerner Graben (Weißenbach)
Wiedholz
862
Ried
Lochen
956
St.-Agidius-K.
Kapellenweg
Kräuterstr.
Hochriesstraße
Marchwies-Alm
Jagdhaus
Brenkenweg
Hartbichl
Schwarzenberg
Grainbach
Lochen-Alm
1136
Heubergstraße
Ebenweg
Waldenweg
1=Steilackerweg
Winterstu
Talstation
Grainbacher
Kräuterwiesen-Alm
Sonnbach
768
Rieder
Pallauf-Alm
925
Kapelle
391
605
Stelzenberg
Sagbergstr.
Verk.-A.
Pertl-Weg
Kinder-garten
Simssee-str.
Wertstoffhof
Trachten-halle
Friedh
Badweg
Lederstuben-straße
Pumpwerk
Aufeld-str.
Schul-str.
Josef-
Nußb.
Ahornw.
Lindenw.
Erlen-weg
Abergstr.
Schwarzenberg-str.
Spitzstein-str.
An der Hochstr.
Stockertw.
Werferpl.
Weinbachw.
Am Weiher
Speckbacher Leiten
Kirchpl.
Schulstr.
Mühlal-weg
Feichteck-str.
Ober-
Hochriesstr.
1 2 3 4 5 6 7 8 9 10 11 12
a b c d

BERCHING
Pleinfeld
Thalmässing
ELLINGEN
Höttingen
WEISSENBURG
in Bayern
Naturpark
GREDING
Deutsche Limesstraße
Burgsalach
Nennslingen
Raitenbuch
Kinding
Titting
Markt Berolzheim
Fossa Carolina (Karlsgraben)
Raitenbucher Forst
TREUCHTLINGEN
PAPPENHEIM
Pollenfeld
Kipfenberg
Altmühltal
Walting
Schernfeld
EICHSTÄTT
Solnhofen
Langenaltheim
Dollnstein
Mörnsheim
Hitzhofen
Adelschlag
MONHEIM
Fränkische Alb
Altmühltal
Tagmersheim
Wellheim
Nassenfels
Eitensheim
Gaimersheim
Wettstetten
Buxheim
Egweil
INGOLSTADT
ADAC
Bergheim
Rennertshofen
Marxheim
Romantische Straße
NEUBURG
an der Donau
Oberhausen
Weichering
Genderkingen
Burgheim
RAIN
Asbach
Oberndorf
Rohrenfels
Karlshuld
Karlskron
Königsmoos
Donaumoos
Ehekirchen
Berg im Gau
Brunnen
Langenmosen
Holzheim
Nordendorf
Pöttmes
417
SCHROBENHAUSEN
Hohenwart
Waidhofen
Donau
Lech

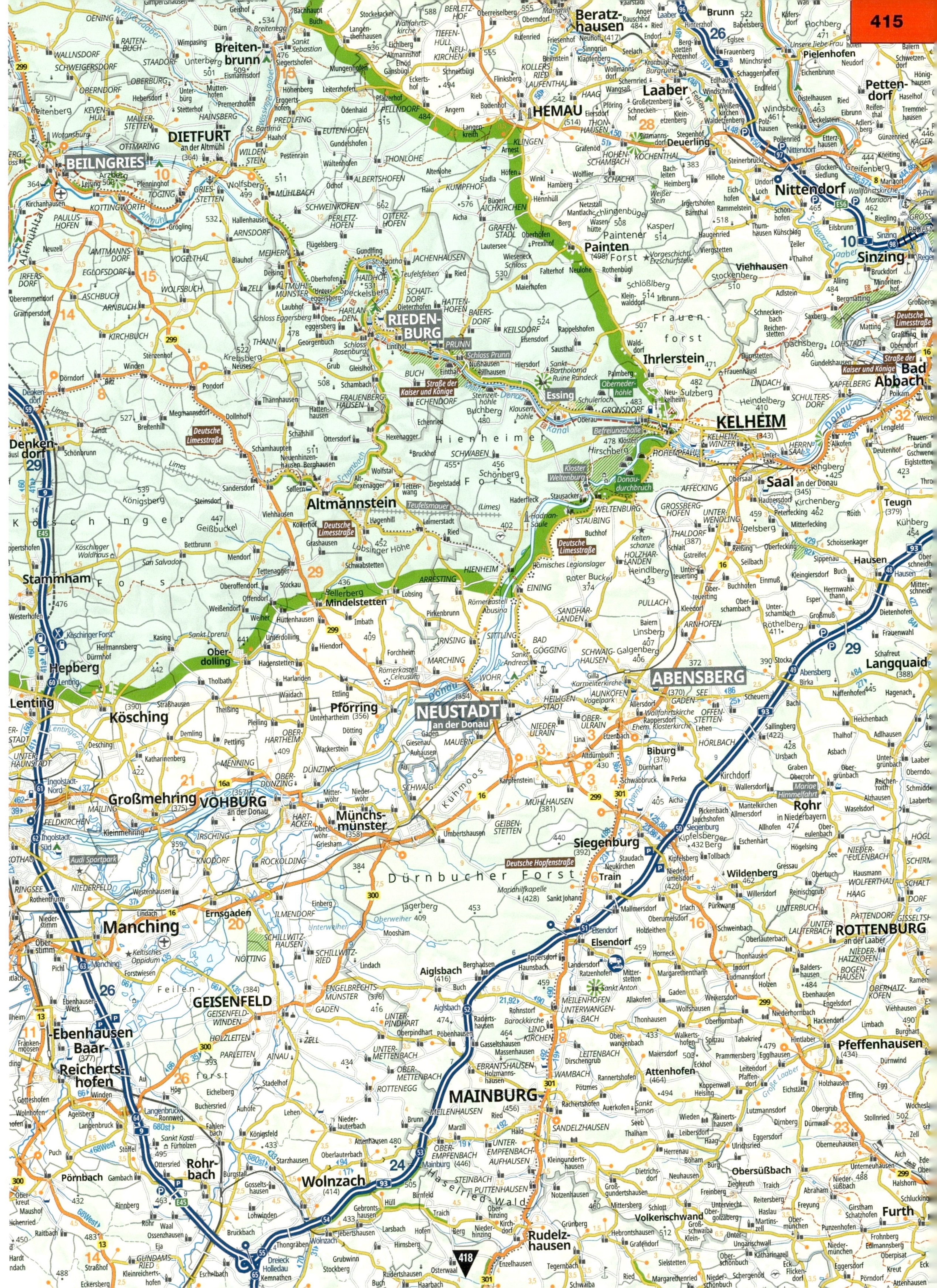
Breitenbrunn
Beratzhausen
HEMAU
Laaber
Brunn
Pielenhofen
Pettendorf
DIETFURT an der Altmühl
BEILNGRIES
Deuerling
Nittendorf
Painten
Sinzing
Viehhausen
Altmannstein
RIEDENBURG
Ihrlerstein
Bad Abbach
Essing
KELHEIM
Denkendorf
Saal an der Donau
Teugn
Stammham
Mindelstetten
Hausen
Hepberg
Langquaid
Lenting
ABENSBERG
Kösching
Pförring
NEUSTADT an der Donau
Großmehring
VOHBURG an der Donau
Münchsmünster
Siegenburg
Rohr in Niederbayern
Wildenberg
Manching
Ernsgaden
ROTTENBURG an der Laaber
GEISENFELD
Elsendorf
Aiglsbach
Ebenhausen
Baar-Ebenhausen
Reichertshofen
Pfeffenhausen
Attenhofen
MAINBURG
Rohrbach
Wolnzach
Obersüßbach
Volkenschwand
Rudelzhausen
Furth
Hienheimer Forst
Köschinger Forst
Dürnbucher Forst
Deutsche Limesstraße
Straße der Kaiser und Könige
Deutsche Hopfenstraße
Kloster Weltenburg
Donaudurchbruch
Befreiungshalle
Audi Sportpark
Römerkastell Abusina
418

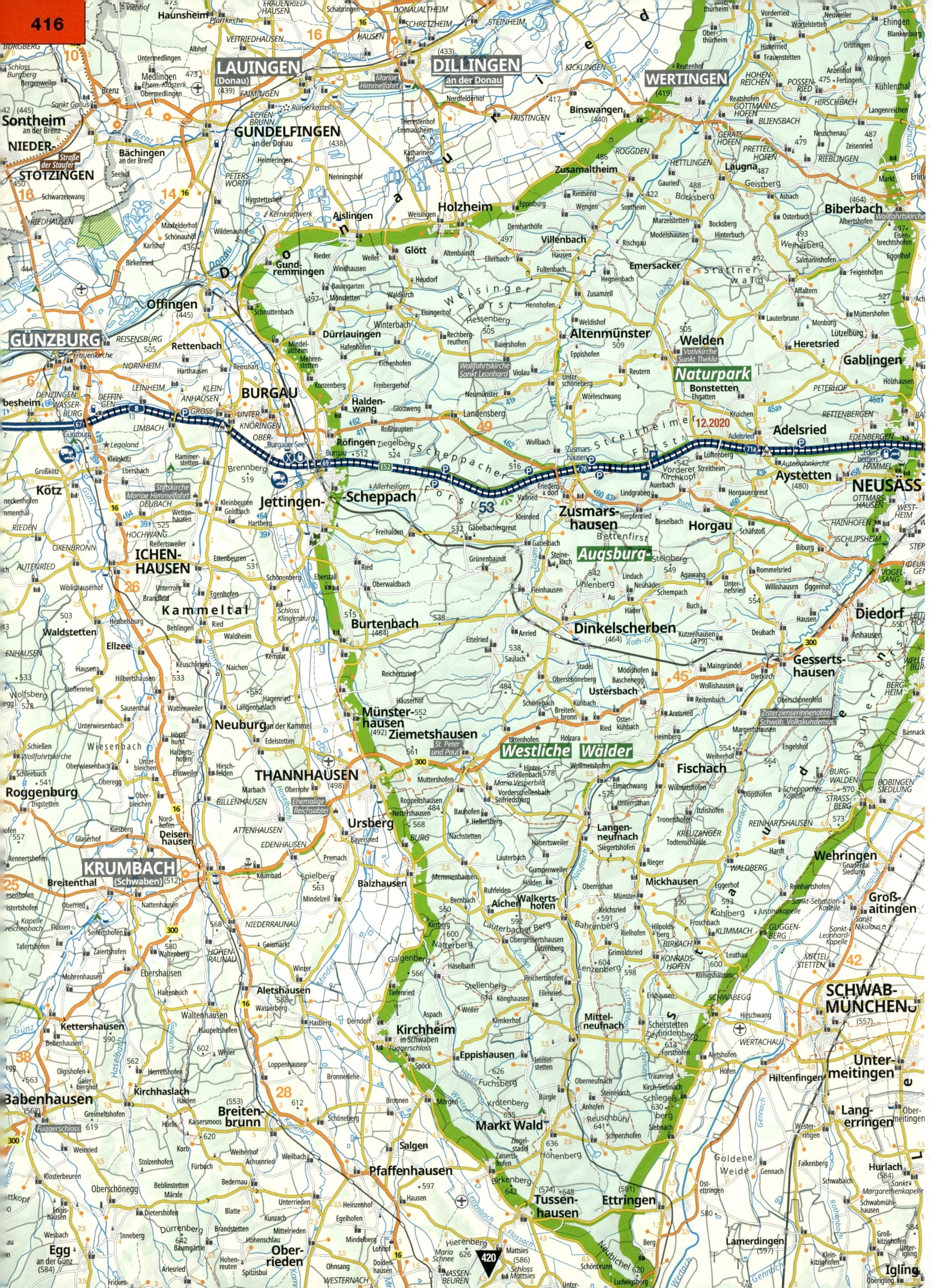

LAUINGEN
DILLINGEN
WERTINGEN
GUNDELFINGEN
GÜNZBURG
BURGAU
Jettingen-Scheppach
ICHENHAUSEN
Zusmarshausen
Dinkelscherben
NEUSÄSS
Diedorf
Gessertshausen
Naturpark
Augsburg-
Westliche Wälder
THANNHAUSEN
Krumbach (Schwaben)
Ursberg
Fischach
Kirchheim
Markt Wald
Tussenhausen
Ettringen
Babenhausen
Schwabmünchen

Nordendorf
Pöttmes
Thierhaupten
Schroben-
hausen
Meitingen
Aresing
Inchenhofen
Todtenweis
Aindling
Gachenbach
Langweid
Hollenbach
Kühbach
Gerolsbach
Rehling
Affing
Schiltberg
Aichach
Gerst-
hofen
Tandern
Hilgertshausen-
Jetzendorf
Obergriesbach
Sielen-
bach
Dasing
Alto-
münster
Augsburg
Friedberg
Weichs
Stadt-
bergen
Adelzhausen
Markt
Inders
dorf
Eurasburg
Erdweg
Schwab-
hausen
Odelzhausen
Kissing
Ried
Pfaffenhofen
Sulzemoos
Bobingen
Egen-
hofen
Königs-
brunn
Mering
Berg-
kirchen
Mittelstetten
Merching
Althegnen-
berg
Ober-
schwein-
bach
Maisach
Hattenhofen
Schmiechen
Mammendorf
Fürsten-
feldbruck
Olching
Gröben-
zell
Prittriching
Adelshofen
Egling
Emmering
Eichenau
Puchheim
Moorenweis
Jesenwang
Landsberied
Alling
Ger-
mering
Schöngeising
Grafrath
Geltendorf
Weil
Türkenfeld
Gilching
Krailling
Kaufering
Eching
am Ammersee
Gauting
Inning
am Ammersee
Wörthsee
Weßling
Penzing

PFAFFENHOFEN an der Ilm
Scheyern
Schweitenkirchen
Rudelzhausen
Au in der Hallertau
Nandlstadt
Attenkirchen
Mauern
Wang
MOOSBURG an der Isar
Reichertshausen
Ilmmünster
Wolfersdorf
Zolling
Haag an der Amper
Kirchdorf an der Amper
Allershausen
Langenbach
Jetzendorf
Petershausen
Hohenkammer
FREISING
Kranzberg
Marzling
Langenpreising
Wartenberg
Berglern
Weichs
Vierkirchen
Fahrenzhausen
Eitting
Röhrmoos
Haimhausen
Hallbergmoos
Oberding
ERDING
Neufahrn bei Freising
Eching
Hebertshausen
UNTERSCHLEISSHEIM
DACHAU
Oberschleißheim
Moosinning
Wörth
Walpertskirchen
GARCHING bei München
Neuching
Karlsfeld
Ismaning
Finsing
Ottenhofen
Pliening
Markt Schwaben
Pastetten
Forstern
Unterföhring
MÜNCHEN
Poing
Forstinning
Aschheim
Kirchheim bei München
Feldkirchen
Anzing
Gräfelfing
Planegg
Neuried
Gauting
Vaterstetten
Haar
Putzbrunn
Zorneding
EBERSBERG
Neubiberg
Unterhaching
Ottobrunn
Grasbrunn
Kirchseeon
Egmating
Ebersberger Forst
Erdinger Moos
Dachauer Moos
Freisinger Moos
Flughafen München (Franz-Josef Strauß)
MUC
Speichersee
Deutsche Hopfenstraße
Sisi-Straße
09.2021
2021
Hallertau

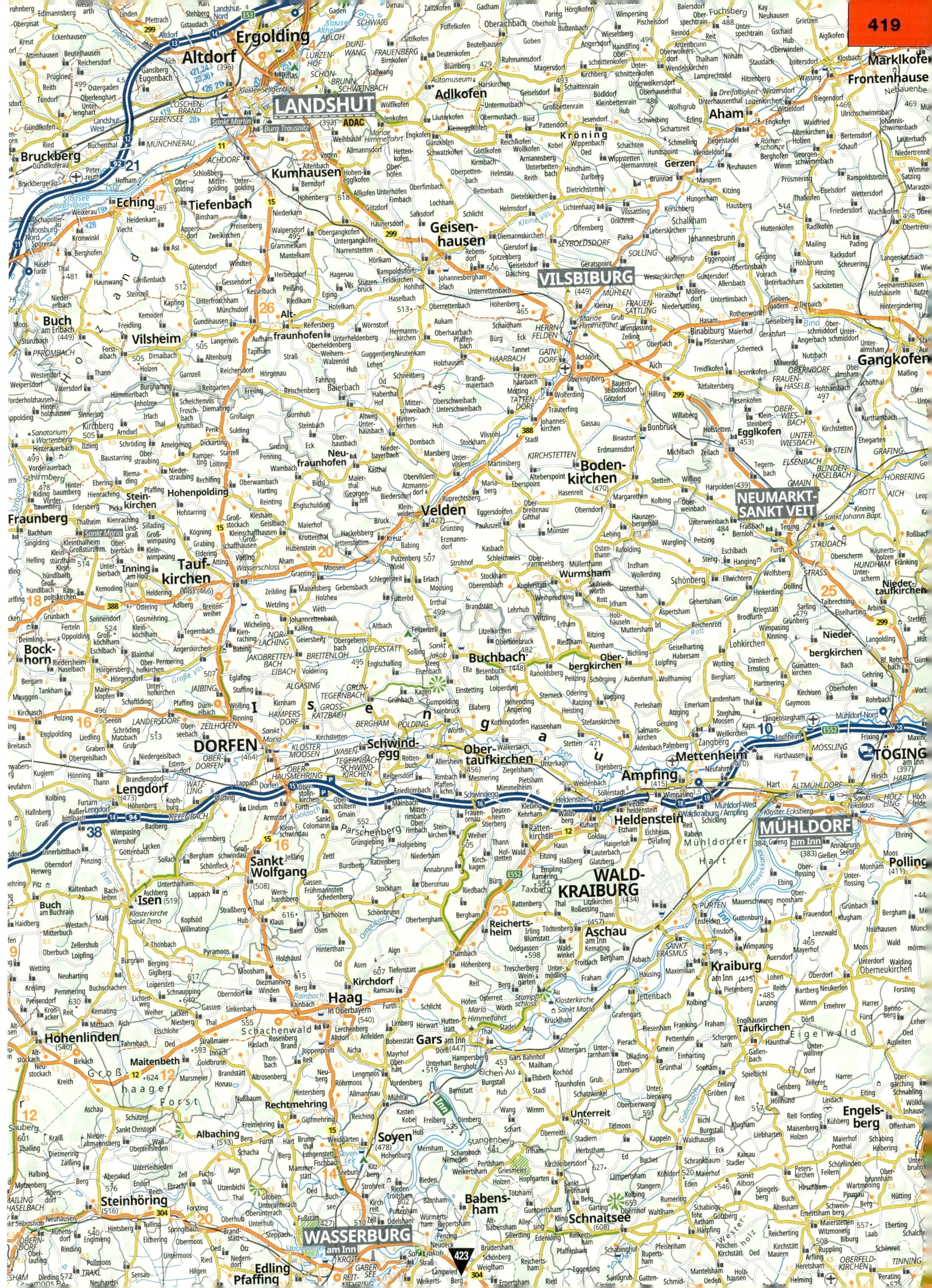

Ergolding
Altdorf
LANDSHUT
Adlkofen
Aham
Marklkofen
Frontenhausen
Bruckberg
Kumhausen
Kröning
Gerzen
Eching
Tiefenbach
Geisenhausen
VILSBIBURG
Buch am Erlbach
Vilsheim
Altfraunhofen
Gangkofen
Egglkofen
Neufraunhofen
Bodenkirchen
NEUMARKT-SANKT VEIT
Hohenpolding
Steinkirchen
Fraunberg
Velden
Taufkirchen
Wurmsham
Niedertaufkirchen
Bockhorn
Buchbach
Oberbergkirchen
Niederbergkirchen
Isengau
DORFEN
Schwindegg
Obertaufkirchen
Mettenheim
TÖGING
Ampfing
Lengdorf
Heldenstein
MÜHLDORF am Inn
Polling
Sankt Wolfgang
WALDKRAIBURG
Isen
Buch am Buchrain
Reichertsheim
Aschau am Inn
Kraiburg am Inn
Haag in Oberbayern
Kirchdorf
Hohenlinden
Gars am Inn
Taufkirchen
Maitenbeth
Rechtmehring
Unterreit
Engelsberg
Albaching
Soyen
Steinhöring
Babensham
Schnaitsee
WASSERBURG am Inn
Edling
Pfaffing

423

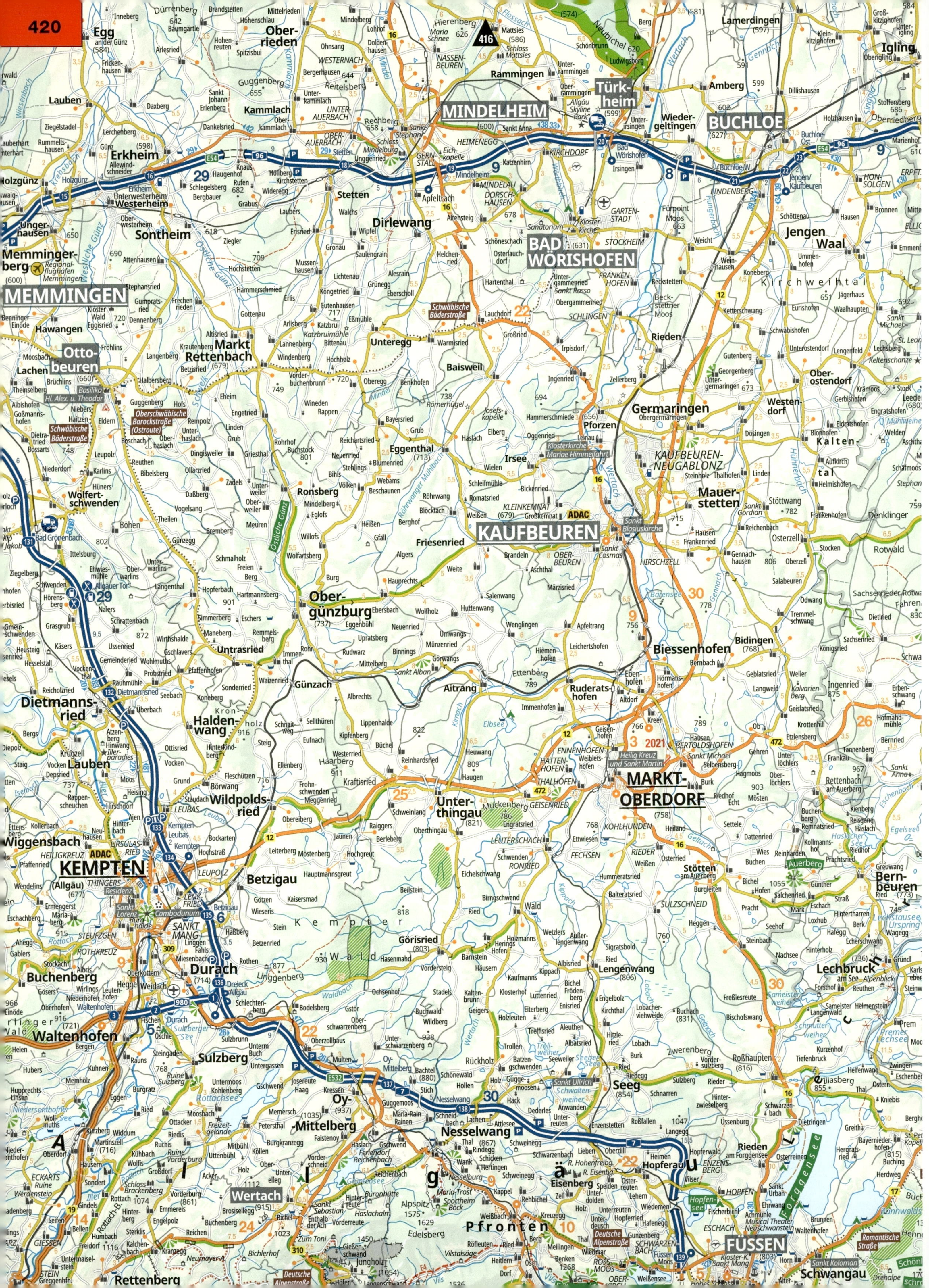
Egg
Ober-rieden
MINDELHEIM
Türkheim
BUCHLOE
Wieder-geltingen
Amberg
Igling
Lamerdingen
Erkheim
Kammlach
Rammingen
Stetten
Dirlewang
Sontheim
Memminger-berg
MEMMINGEN
BAD WÖRISHOFEN
Jengen
Waal
Hawangen
Otto-beuren
Markt Rettenbach
Unteregg
Baiswell
Rieden
Germaringen
Pforzen
Irsee
Eggenthal
Ronsberg
KAUFBEUREN-NEUGABLONZ
Mauer-stetten
Wolfert-schwenden
KAUFBEUREN
Friesenried
Ober-günzburg
Untrasried
Biessenhofen
Bidingen
Dietmanns-ried
Günzach
Aitrang
Ruderats-hofen
Halden-wang
Lauben
Wildpolds-ried
Unter-thingau
MARKT-OBERDORF
Wiggensbach
KEMPTEN (Allgäu)
Betzigau
Stötten am Auerberg
Bern-beuren
Buchenberg
Durach
Görisried
Lengenwang
Lechbruck
Waltenhofen
Sulzberg
Seeg
Roßhaupten
Oy-Mittelberg
Nesselwang
Rieden am Forggensee
Wertach
Eisenberg
Hopferau
Pfronten
FÜSSEN
Schwangau
Rettenberg
Allgäu

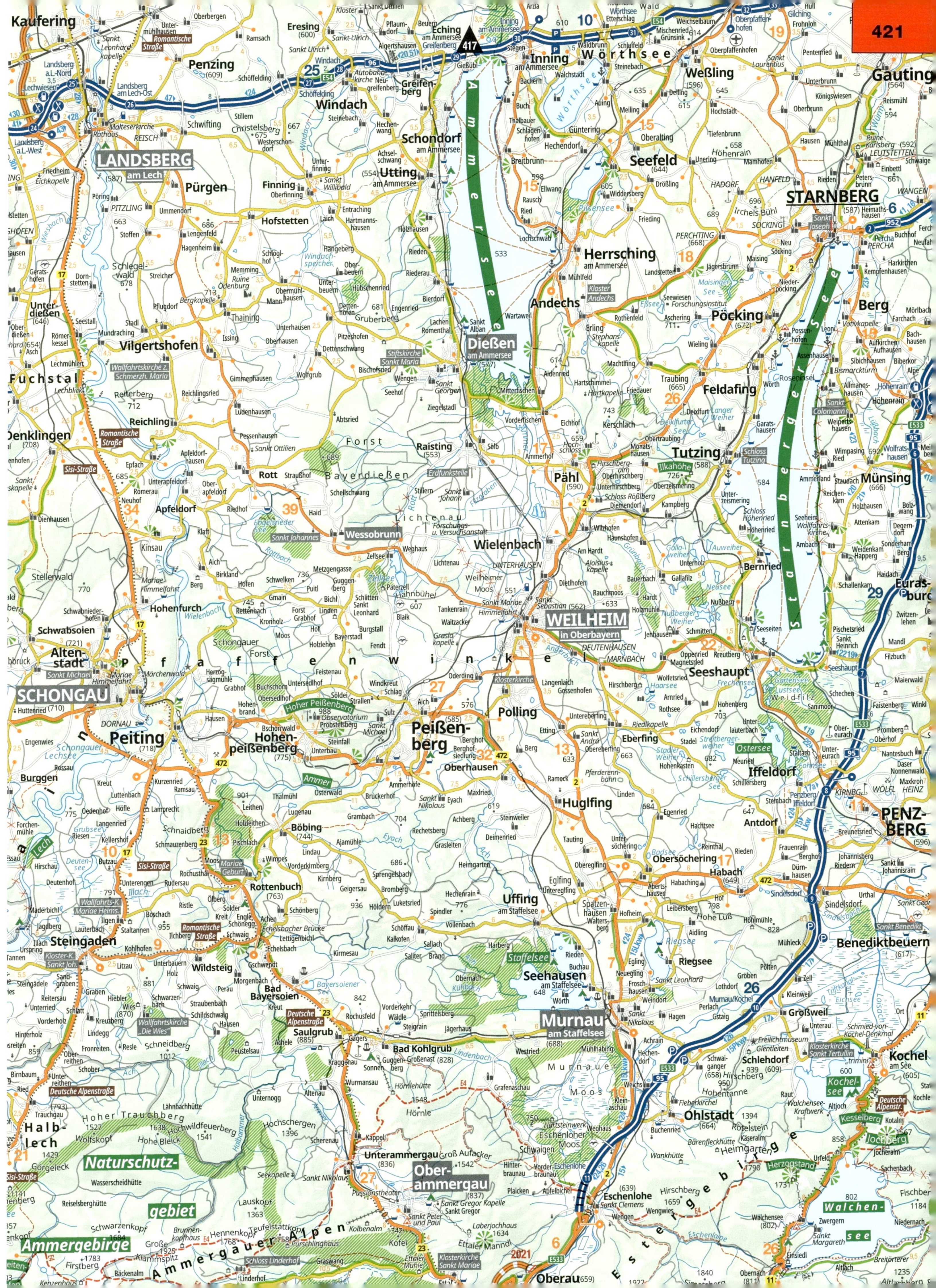

Kaufering
Landsberg a.L.-Nord
Landsberg am Lech-Ost
Landsberg a.L.-West
LANDSBERG am Lech
Romantische Straße
Penzing
Schwifting
Pürgen
Eresing
Windach
Greifenberg
Schondorf am Ammersee
Utting am Ammersee
Finning
Hofstetten
Eching am Ammersee
Inning am Ammersee
Wörthsee
Weßling
Gauting
Seefeld
Herrsching am Ammersee
Andechs
STARNBERG
Pöcking
Berg
Feldafing
Tutzing
Münsing
Dießen am Ammersee
Ammersee
Starnberger See
Unterdießen
Vilgertshofen
Fuchstal
Denklingen
Reichling
Rott
Apfeldorf
Raisting
Pähl
Wessobrunn
Wielenbach
Bernried
Eurasburg
WEILHEIM in Oberbayern
Seeshaupt
Hohenfurch
Schwabsoien
Altenstadt
SCHONGAU
Peiting
Pfaffenwinkel
Hohenpeißenberg
Peißenberg
Polling
Eberfing
Iffeldorf
PENZBERG
Antdorf
Huglfing
Oberhausen
Burggen
Böbing
Rottenbuch
Obersöchering
Habach
Uffing am Staffelsee
Steingaden
Wildsteig
Bad Bayersoien
Saulgrub
Seehausen am Staffelsee
Staffelsee
Riegsee
Murnau am Staffelsee
Benediktbeuern
Sindelsdorf
Großweil
Kochel am See
Schlehdorf
Ohlstadt
Kochelsee
Bad Kohlgrub
Unterammergau
Oberammergau
Eschenlohe
Oberau
Halblech
Naturschutzgebiet
Ammergebirge
Ammergauer Alpen
Estergebirge
Walchensee
Deutsche Alpenstraße
Wallfahrtskirche „Die Wies“
Kloster Ettal

Neuried
Gauting
Pullach
Unterhaching
Neubiberg
Putzbrunn
Ottobrunn
Zorneding
Grasbrunn
Kirchseeon
Grafing
Hohenbrunn
Taufkirchen
Grünwald
Oberhaching
Höhenkirchen-Siegertsbrunn
Baierbrunn
Brunnthal
Straßlach-Dingharting
Schäftlarn
Egmating
Glonn
Sauerlach
Aying
Icking
Egling
Otterfing
Feldkirchen-Westerham
Wolfratshausen
Neufahrn
Valley
Bruckmühl
Holzkirchen
Weyarn
Eurasburg
Geretsried
Dietramszell
Warngau
Irschenberg
Königsdorf
Waakirchen
Bad Tölz
Miesbach
Penzberg
Greiling
Reichersbeuern
Gmund
Hausham
Bad Heilbrunn
Gaißach
Wackersberg
Schliersee
Fischbachau
Tegernsee
Bad Wiessee
Benediktbeuern
Rottach-Egern
Lenggries
Kreuth
Mangfallgebirge
Wallberg
Benediktenwand
Achenpass
Sylvensteinsee
Deutsche Alpenstraße
Naturschutzgebiet Karwendel und Karwendelvorgebirge
Tegernsee
Isar
Sisi-Straße

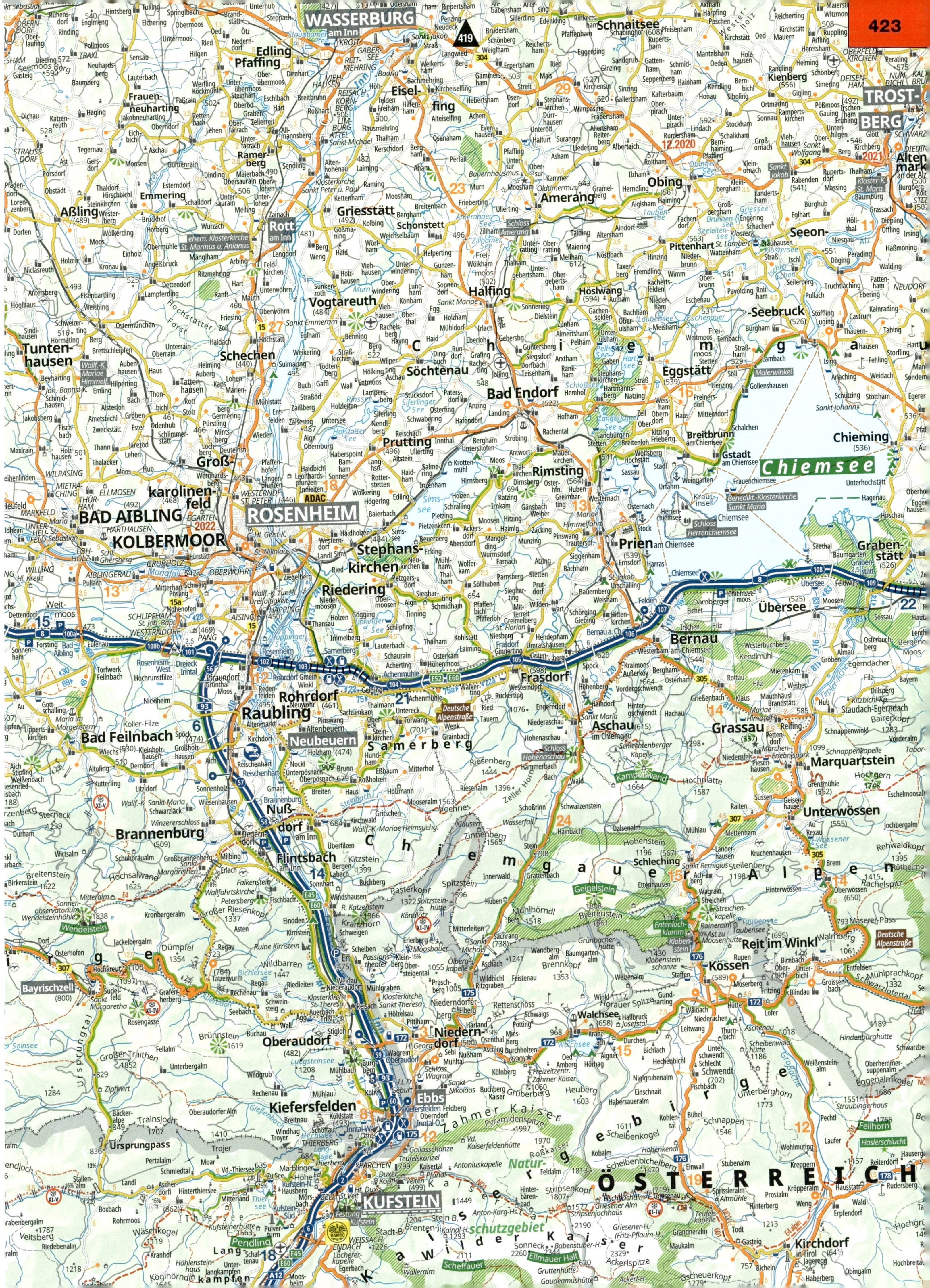

Wasserburg am Inn
Edling
Pfaffing
Eiselfing
Schnaitsee
Kienberg
Trostberg
Altenmarkt an der Alz
Frauenneuharting
Ramerberg
Griesstätt
Amerang
Obing
Aßling
Emmering
Rott am Inn
Schonstett
Pittenhart
Seeon-Seebruck
Tuntenhausen
Vogtareuth
Halfing
Höslwang
Schechen
Söchtenau
Bad Endorf
Eggstätt
Chiemgau
Großkarolinenfeld
Prutting
Rimsting
Breitbrunn am Chiemsee
Gstadt am Chiemsee
Chieming
Chiemsee
Fraueninsel
Herreninsel
Bad Aibling
Kolbermoor
Rosenheim
Stephanskirchen
Riedering
Prien am Chiemsee
Gabenstätt
Übersee
Bernau am Chiemsee
Rohrdorf
Raubling
Frasdorf
Aschau im Chiemgau
Grassau
Bad Feilnbach
Neubeuern
Samerberg
Marquartstein
Unterwössen
Nußdorf
Brannenburg
Flintsbach am Inn
Chiemgauer Alpen
Schleching
Reit im Winkl
Bayrischzell
Wendelstein
Oberaudorf
Niederndorf
Walchsee
Kössen
Kiefersfelden
Ebbs
Ursprungpass
Zahmer Kaiser
Naturschutzgebiet
Kufstein
Pendling
Wilder Kaiser
Kaisergebirge
ÖSTERREICH
Kirchdorf in Tirol
Thiersee
Schwendt

S-Bahn, U-Bahn, Regionalzug, Tram und ExpressBus im MVV

Suburban trains, underground, regional trains, trams and express buses in MVV network

DB Bahn München · MVG · alex · Meridian · BOB · BRB · DB Regio Bayern · DB Südostbayernbahn

Partner im Münchner Verkehrs- und Tarifverbund MVV

- Linien verkehren nur zu bestimmten Zeiten / *Limited service on these lines*
- Tramlinie hier nur zu bestimmten Zeiten / *Tram line limited service in this section*
- Linie S4 nur zu bestimmten Zeiten / *Line S4 limited service in this section*
- ExpressBus-Linie / *Express bus line*
- Regionalzug-Linie im MVV / *Regional train line within MVV network*
- letzter Regionalzughalt im MVV / *Last regional train station in MVV network*
- Regionalzug-Linie nicht im MVV / *Regional train line not in MVV network*
- Nicht alle Züge halten an dieser Station / *Not all trains stop here*

Tarifzonen / *Fare zones*

Weißer Hintergrund = Zone M / *White background = zone M*	M
Farbiger Hintergrund = Zonen / *Coloured background = zones*	1 2 3 4 5 6
Haltestelle in Zone ... / *Stop is situated in zone ...*	1 2 3 4 5 6
Haltestelle in zwei Zonen ... / *Stop is situated in both zones ...*	M/1 1/2 2/3 3/4 4/5 5/6
DB-CityTicket gilt in Zone M / *DB-CityTicket valid in Zone M*	M

Terminal 1 und München Airport Center (MAC)

- Abflug / Ankunft
- Passagierbereich
- Öffentlicher Bereich
- MAC-Forum: Ärztezentrum Pressezentrum „Forum M" Konferenzzentrum municon
- Information
- Service-Center / Fundbüro / Gepäckaufbewahrung
- Treffpunkt
- Toiletten
- Duschen
- Aufzüge / Treppen
- Gepäckausgabe
- Lounges
- Bus
- Parkhaus
- Parkleitzentrale / Service Point Parken
- Deutsche Bahn / S-Bahn
- Taxi
- Mietwagen
- Kapelle
- Gebetsräume
- AirportClinic M / Medizinisches Zentrum
- Eingänge / Ausgänge
- Shops
- Restaurants
- Services
- 1 Travel Value / Duty Free
- 2 Tax Refund
- 3 Banken
- 4 Reisemarkt
- 5 Post
- 6 Apotheke

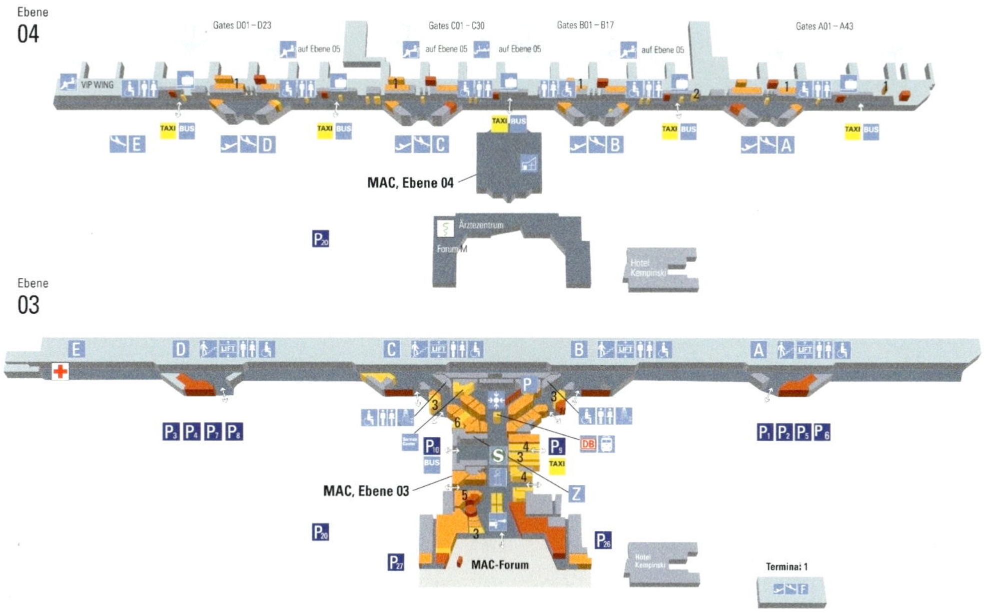

Ebene 04

Gates D01 – D23 · Gates C01 – C30 · Gates B01 – B17 · Gates A01 – A43

auf Ebene 05 · VIP WING · MAC, Ebene 04 · Ärztezentrum · Forum M · Hotel Kempinski

Ebene 03

E · D · C · B · A · MAC, Ebene 03 · MAC-Forum · Hotel Kempinski · Terminal 1 · F · Z

Terminal 2

- Abflug / Ankunft
- Passagierbereich
- Öffentlicher Bereich
- Information
- Toiletten
- Aufzüge / Treppen
- Gepäckausgabe
- Lounges
- Bus
- Taxi
- Parkhaus
- Service-Center / Gepäckaufbewahrung
- Eingänge / Ausgänge
- Shops
- Restaurants
- Services
- 1 Banken
- 2 Lufthansa Service Center
- 3 Apotheke
- 4 Nap Cabs / Schlafkabinen
- 5 Raucherlounge
- 6 Travel Value / Duty Free
- 7 Tax Refund
- 8 Bus / Taxi / Transferservice
- 9 Raum für Gebet und Stille
- 10 Reisemarkt

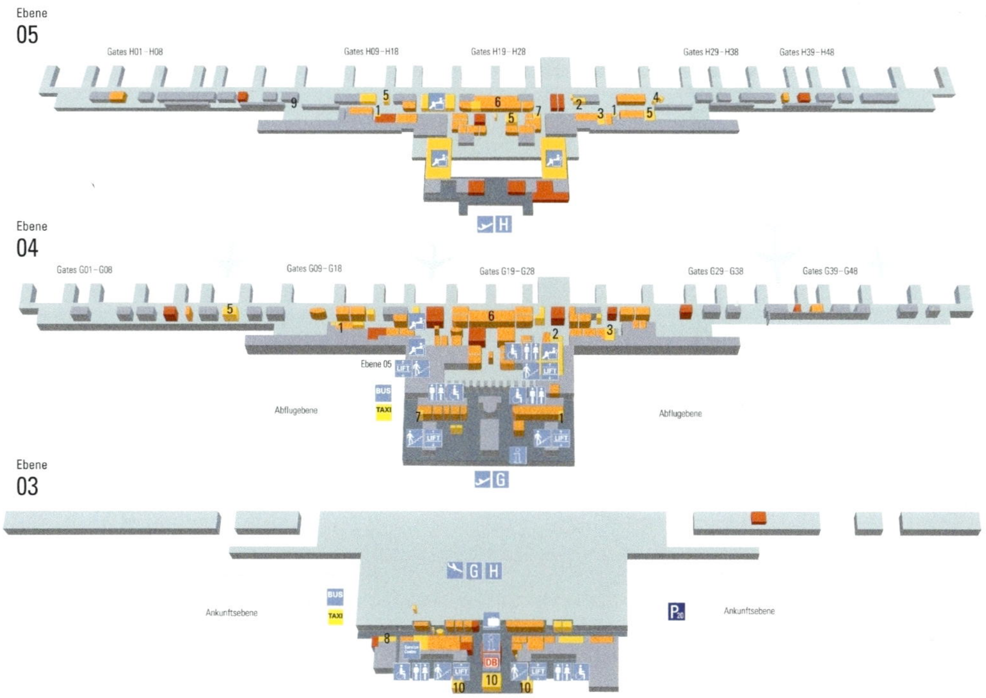

Ebene 05

Gates H01 – H08 · Gates H09 – H18 · Gates H19 – H28 · Gates H29 – H38 · Gates H39 – H48 · H

Ebene 04

Gates G01 – G08 · Gates G09 – G18 · Gates G19 – G28 · Gates G29 – G38 · Gates G39 – G48 · Ebene 05 · Abflugebene · G

Ebene 03

G H · Ankunftsebene

München Flughafen Wegeplan

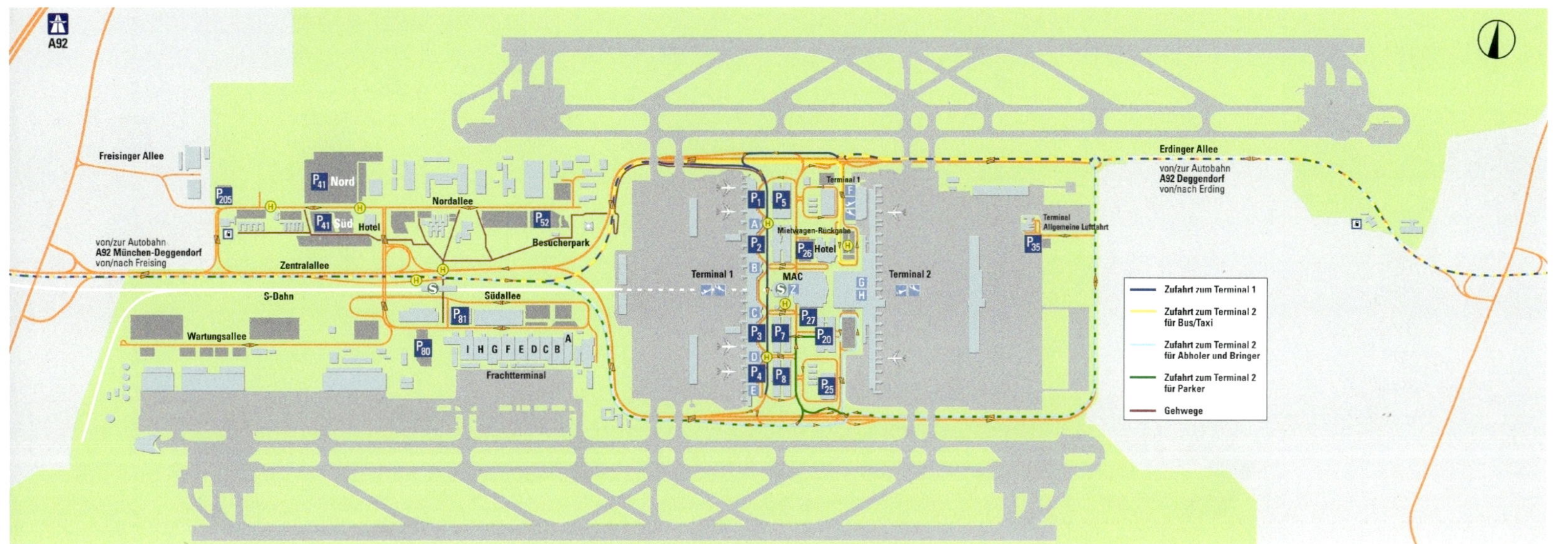

Neue Messe München

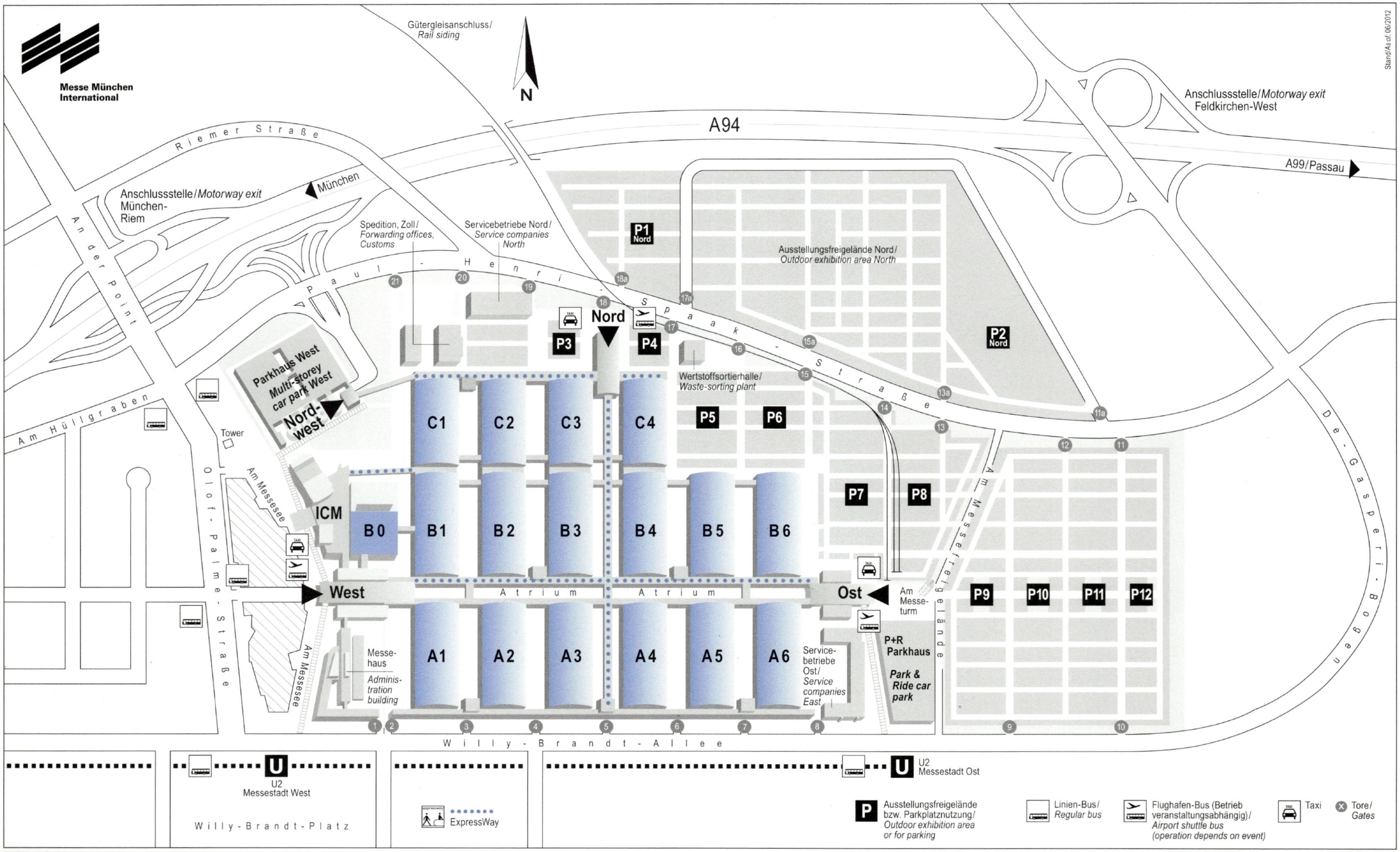

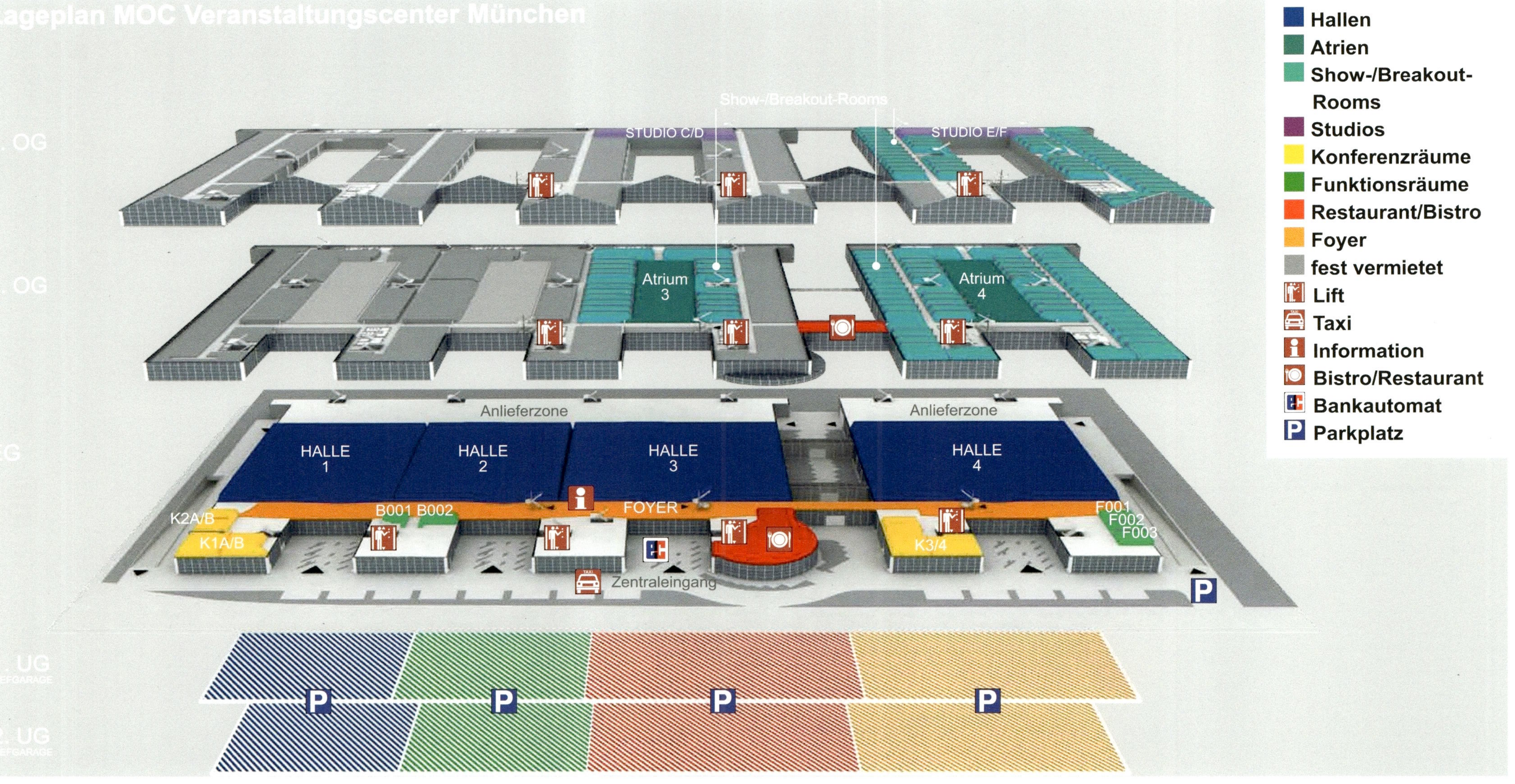
Lageplan MOC Veranstaltungscenter München
2. OG
1. OG
EG
1. UG
TIEFGARAGE
2. UG
TIEFGARAGE
Show-/Breakout-Rooms
STUDIO C/D
STUDIO E/F
Atrium 3
Atrium 4
Anlieferzone
Anlieferzone
HALLE 1
HALLE 2
HALLE 3
HALLE 4
FOYER
K2A/B
K1A/B
B001 B002
K3/4
F001
F002
F003
Zentraleingang
P
Hallen
Atrien
Show-/Breakout-Rooms
Studios
Konferenzräume
Funktionsräume
Restaurant/Bistro
Foyer
fest vermietet
Lift
Taxi
Information
Bistro/Restaurant
Bankautomat
Parkplatz

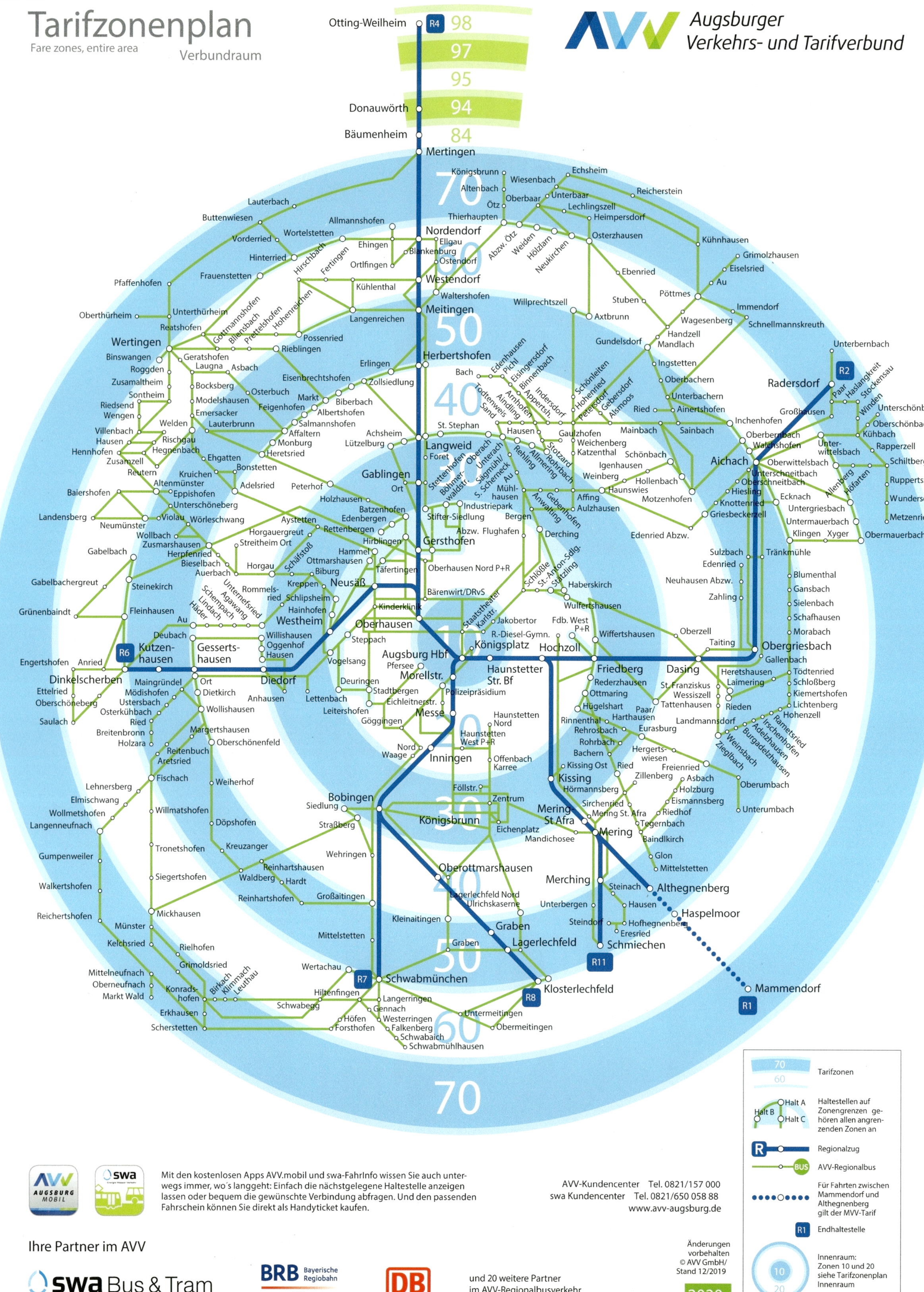

Tarifzonenplan
Fare zones, entire area
Verbundraum
AVV Augsburger Verkehrs- und Tarifverbund
Otting-Weilheim
R4
98
97
95
Donauwörth
94
Bäumenheim
84
Mertingen
70
60
50
40
30
20
10
Nordendorf
Westendorf
Meitingen
Herbertshofen
Langweid
Gablingen
Gersthofen
Neusäß
Oberhausen
Westheim
Kutzenhausen
R6
Dinkelscherben
Diedorf
Gessertshausen
Augsburg Hbf
Morellstr.
Königsplatz
Hochzoll
Haunstetter Str. Bf
Messe
Inningen
Friedberg
Dasing
Obergriesbach
Aichach
Radersdorf
R2
Kissing
Mering St Afra
Mering
Merching
Althegnenberg
Haspelmoor
Mammendorf
R1
Schmiechen
R11
Lagerlechfeld
Graben
Klosterlechfeld
R8
Oberottmarshausen
Königsbrunn
Bobingen
Schwabmünchen
R7
Wertingen
Tarifzonen
Haltestellen auf Zonengrenzen gehören allen angrenzenden Zonen an
Halt A
Halt B
Halt C
Regionalzug
AVV-Regionalbus
BUS
Für Fahrten zwischen Mammendorf und Althegnenberg gilt der MVV-Tarif
Endhaltestelle
Innenraum: Zonen 10 und 20 siehe Tarifzonenplan Innenraum
Mit den kostenlosen Apps AVV.mobil und swa-FahrInfo wissen Sie auch unterwegs immer, wo's langgeht: Einfach die nächstgelegene Haltestelle anzeigen lassen oder bequem die gewünschte Verbindung abfragen. Und den passenden Fahrschein können Sie direkt als Handyticket kaufen.
AVV-Kundencenter Tel. 0821/157 000
swa Kundencenter Tel. 0821/650 058 88
www.avv-augsburg.de
Ihre Partner im AVV
swa Bus & Tram
BRB Bayerische Regiobahn
Wir sind transdev
DB
und 20 weitere Partner im AVV-Regionalbusverkehr
Änderungen vorbehalten
© AVV GmbH/ Stand 12/2019
2020

Tarifzonenplan

Fare zones, inner circles

Innenraum

Augsburger Verkehrs- und Tarifverbund

gültig ab 1. Januar 2020

Haltestellen auf Zonengrenzen gehören allen angrenzenden Zonen an

Regionalzug

Straßenbahn

AVV-Regionalbus

Stadtbus

Verknüpfungspunkt verschiedener Verkehrsmittel

Linienbezeichnung Endhaltestelle

Innenraum Zonen 10 und 20

Kostenfreie City-Zone

AVV-Kundencenter Tel. 0821/157 000
swa Kundencenter Tel. 0821/650 058 88
www.avv-augsburg.de

Änderungen vorbehalten
© AVV GmbH/
Stand 12/2019

2020

und 20 weitere Partner im AVV-Regionalbusverkehr

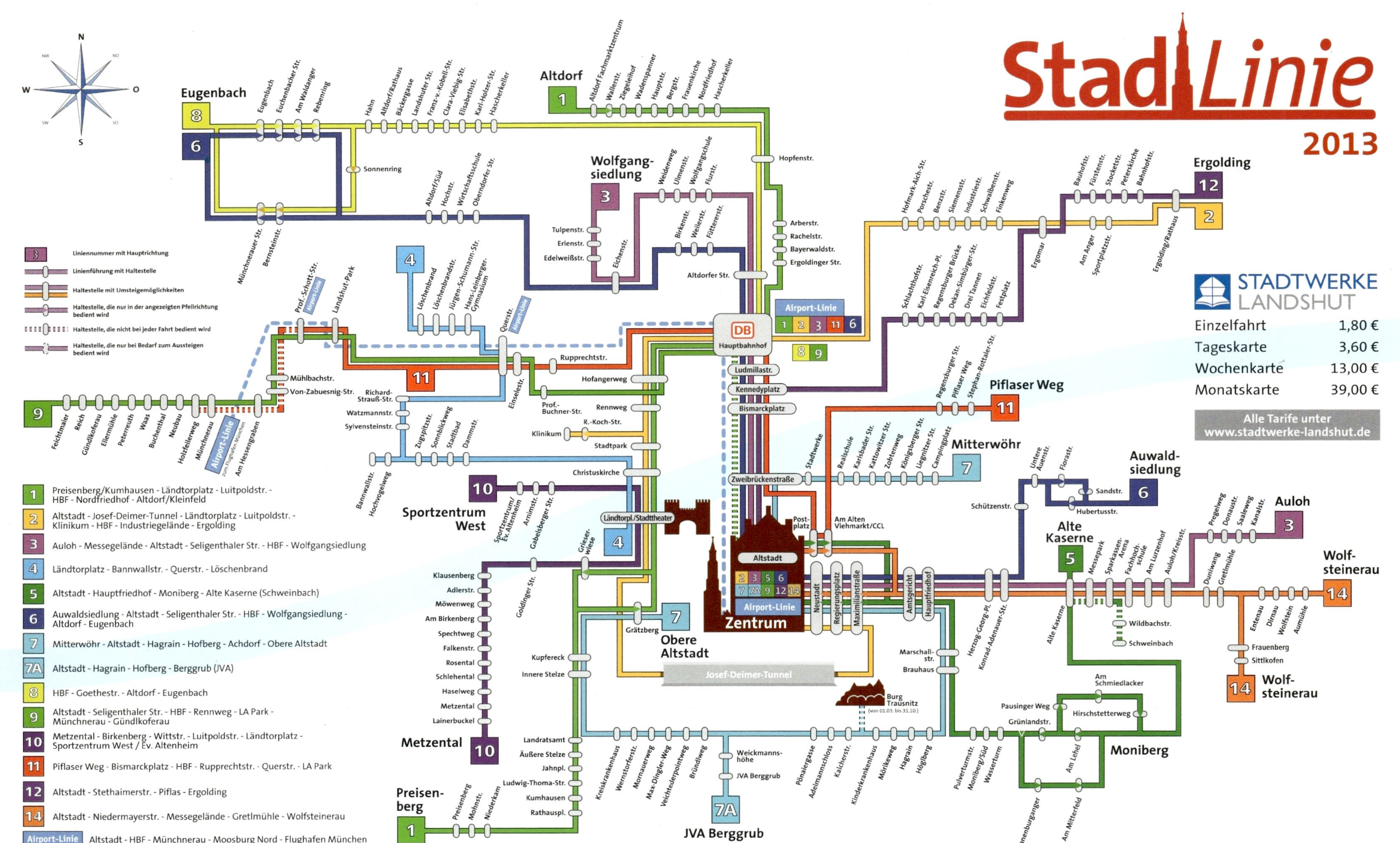

StadtLinie
2013
STADTWERKE LANDSHUT
Einzelfahrt 1,80 €
Tageskarte 3,60 €
Wochenkarte 13,00 €
Monatskarte 39,00 €
Alle Tarife unter www.stadtwerke-landshut.de
Liniennummer mit Hauptrichtung
Linienführung mit Haltestelle
Haltestelle mit Umsteigemöglichkeiten
Haltestelle, die nur in der angezeigten Pfeilrichtung bedient wird
Haltestelle, die nicht bei jeder Fahrt bedient wird
Haltestelle, die nur bei Bedarf zum Aussteigen bedient wird
1 Preisenberg/Kumhausen - Ländtorplatz - Luitpoldstr. - HBF - Nordfriedhof - Altdorf/Kleinfeld
2 Altstadt - Josef-Deimer-Tunnel - Ländtorplatz - Luitpoldstr. - Klinikum - HBF - Industriegelände - Ergolding
3 Auloh - Messegelände - Altstadt - Seligenthaler Str. - HBF - Wolfgangsiedlung
4 Ländtorplatz - Bannwallstr. - Querstr. - Löschenbrand
5 Altstadt - Hauptfriedhof - Moniberg - Alte Kaserne (Schweinbach)
6 Auwaldsiedlung - Altstadt - Seligenthaler Str. - HBF - Wolfgangsiedlung - Altdorf - Eugenbach
7 Mitterwöhr - Altstadt - Hagrain - Hofberg - Achdorf - Obere Altstadt
7A Altstadt - Hagrain - Hofberg - Berggrub (JVA)
8 HBF - Goethestr. - Altdorf - Eugenbach
9 Altstadt - Seligenthaler Str. - HBF - Rennweg - LA Park - Münchnerau - Gündlkoferau
10 Metzental - Birkenberg - Wittstr. - Luitpoldstr. - Ländtorplatz - Sportzentrum West / Ev. Altenheim
11 Piflaser Weg - Bismarckplatz - HBF - Rupprechtstr. - Querstr. - LA Park
12 Altstadt - Stethaimerstr. - Piflas - Ergolding
14 Altstadt - Niedermayerstr. - Messegelände - Gretlmühle - Wolfsteinerau
Airport-Linie Altstadt - HBF - Münchnerau - Moosburg Nord - Flughafen München
Eugenbach
Altdorf
Wolfgang-siedlung
Ergolding
Piflaser Weg
Mitterwöhr
Auwald-siedlung
Alte Kaserne
Auloh
Wolf-steinerau
Moniberg
JVA Berggrub
Obere Altstadt
Zentrum
Metzental
Preisen-berg
Sportzentrum West
Hauptbahnhof
Josef-Deimer-Tunnel
Burg Trausnitz

Stadtverkehr Rosenheim

sicher • verlässlich • richtig gut!

Der Netzplan orientiert sich an der geographischen Lage bzw. Straßenverlauf. Fahrplanauskunft mit Echtzeitinfo und Routing von Haustür zu Haustür unter **www.bayern-fahrplan.de** bzw. für Smartphone **m.bayern-fahrplan.de.** Brechpunkt aller Stadtverkehrslinien ist die Haltestelle Stadtmitte. Dort wechselt die Liniennummer. Alle Busse von Stadtmitte A/B und D fahren weiter zum Bhf.

Zeichenerklärung

- NV1 NV2 NV3 NV9 – Nach(t)verkehr Mo-Fr ab 19.30Uhr Sa ab 14.30 Uhr; zum Teil bis 2 Uhr Früh
- Fußweg
- Bahnstrecke
- gepl. Haltstelle
- Sonderhaltestelle (nicht ständig bedient)
- Betriebshof
- TicketZentrum Stollstr. 1 Tel. 15002 SVR@Stadtverkehr.Ro
- Fundamt Möslstr. 27 Tel. 365 1778

Da die Busse nur Liniennummern und nicht z.B. NV1 anzeigen können, wird im Nachtverkehr die Linie als z.B. 201 und die Info NV1 im Zieltext gezeigt.

ROSENHEIM

KOLBERMOOR

Pfaffenhofen Kirche
Pfaffenhofen Mitte
Pfaffenhofen
Langenpfunzen
Westerndorf St. Peter
Fundamt RO-361 778
Westerndf. Gemeinde, Schule
Römerstr./ Langenpfunzen
Westerndorf/ Tankstelle
Troppauerstr.
Gr.-karolinenfd.
München
RVO 9495
Egarten
Hailerstr.
Uhlandstr.
Mühlbachstr.
Mitterfeld
Erlenau
Gluck-/ Austr.
Neue Heimat
Mozartstr.
Fach-Hochschule
Westerndorfer Str./ Kaserne
Kefer
Bahnhalt Hochschule
Kaserne
Lena-Christ-Str.
Lessingstr.
Marien-bergerstr.
Berufsschule
Hoppen-bichlerstr.
Am Stocket
Karo Gym.
Ignaz Günther Gym.
Loreto
Rechenauerstr.
Ebersberger-/ Pernauerstr.
Schirmbeckstr.
Kaiserbad
Erlenau/ Pernauerstr.
Bürgerheim
Klinikum
Ellmaierstr.
Pürstlingstr./ Brennerstr.
Sterzingerstr.
Sudeten-landstr./BÜ
Schieß-stattstr.
Hohen-zollernstr.
Niederschlesienstr.
Unterfürstätt
Küpferling
BRK-Heim
Wittelsbacher/ Schule
Pichlmayrstr.
Finanzamt
STADTMITTE
BAHNHOF
H.-Löns-Str.
Moorkultur
Filzenstr.
Th.-Storm-Str.
Ganghoferstr.
Th.-Körner-Str.
Moosstr.
Siedlerplatz
Glasberg
Caritas Altenheim
R.-Hassenblas-Str.
Tennis-center
Tonwerk/ Bahnhof
Grubholz
Seiderer/ Loholz
Aiblinger Str.
Berg-/Flurstr.
Holzkirchen
Bahnhof
Rathaus
Automeile
Aicherpark/ Oberaustr.
Aicherpark
Aicherpark/ Media Markt
Aicher-park
Auß-Müchener/ Am Gries
Auß.Müchener/ Brückenberg
Münchener-/ Eidstr.
Alte Spinnerei
Dr.-Junkenitz-Str.
Brückenwirt
Ludwigstr.
Toom
Mangfall
Gewerbegebiet/ Schwaig
Endorferau/ Krones
Mitte
Am Gries
Hochgern-str./BBG
Enzens-pergerstr./BBG
Traithen-str.
Gießereistr.
Heubergstr.
Brückenstr.
Carl-Jordan-Str.
Briefzentrum
Krainstr./NV
Finsterwalder Str.
Breitenstein-str.
Breitensteinstr.
Hertopark
Mitterhart
Schwaig
Finken-weg
MTV-Steg
Endorferau
Bad Aibling
Königseestr.
Artmeier
Albert-Schalper-Weg
Rackermoos
Alte Landstr. Mitte
Schwaig/ Hohenofener Str.
Oberwöhr Kirche
Turner-/ Burgweg.
Waldeck-weg
Waldeck (HSt Linie7 nur einseitig)
Aisingerwies
Kleppersr.
Alpenweg
Oberwöhr
Jahnstr.
Bruckiach/ Pösling
Mangfallstr. Mitte
Stifterstr.
W.-Zerr-Str.
Hohenofen
Kalten-brücke
Kalteneck
Aising Schule
Aising
Hl. Blut
Pestalozzistr.
Unterkalt-brunnerstr.
Schule Pang
Kirnsteinstr.
Aising Kirche
Aising/Alter Wirt
Am Wasen
Rehleitenw.
Panger Str./ Schule
Panger Str./ Kindergarten
RVO 9490
Westerndorf am Wasen
Café Neu
Dorfstr.
Pang
Grünthalweg
Verkehrsgem. OST
Schloßberg
Max-Bram-Pl./ FiWaG
Freibad
Gilitzer-str.
Atrium
Giessen-bachstr.
Königseestr./ Unterführung
Salzburg
Innsbrucker Str./ Freibad
Kiefernweg
Hainholzstr.
Gewerbegebiet Ost
Fichtenweg
Kastenau
Föhrenweg
Isarstr.
Leitzachstr.
Isarstr./ Gew.Gebiet
Naabstr.
Kaltwies
Traberhof
Schule Happing/ Kaltwiesstr.
Wegkreuz
Happing
Kufstein
INN
Raubling/ BAB AS Rosenheim (A8 München - Salzburg, A93 Inntaldreieck-Kufstein)

Stand 2018

Im TicketZentrum beantworten wir Ihnen gerne alle Fragen zum ÖPNV.

Stollstr. 1, 83022 Rosenheim. Direkt an der zentralen Bushaltestelle Stadtmitte.
☎ (08031) 15002 Info@Stadtverkehr.Ro
Mo - Fr 8:00 - 18:00, Sa 10:00 - 14:00 Uhr

Straßenverzeichnis

Zunächst erscheint die Postleitzahl (PLZ). Bei Städten/Gemeinden, die nur eine PLZ besitzen, steht diese jeweils unterhalb des Ortsnamens. Besitzt eine Stadt/Gemeinde mehrere PLZ, so stehen diese vor den Straßennamen. Ein Strich (–) erscheint vor den Namen, die keine PLZ besitzen, weil sie z.B. ohne Bebauung sind.

Auf die Straßennamen folgen Seitenzahl und Suchfeldangabe. Die Suchfeldangaben von Straßen in den Innenstadtplänen werden in Klammern dargestellt.

Aus Platzgründen können in der Karte nicht alle Namen ausgeschrieben werden. Bei enger Bebauung wird anstatt des Namens eine Zahl als Platzhalter gesetzt. Die im Register angegebene Suchfeldangabe bezieht sich auf diese Zahl in Klammern direkt hinter dem Straßennamen (siehe Beispiel unten).

Beispiele:	Postleitzahl	Straßenname	Seitenzahl-Suchfeldangabe
	80369	Andechser Straße	268-7b
	80331	An der Hauptfeuerwache (10)	(40-D5)

Adelshofen
PLZ 82276

Adelshofener Straße 238-3c
Aichangerstraße 238-6d
Am Fahrenbach 238-3b
Am Gassenacker 238-2c
Am Herrnacker 238-6b
Am Lagfeld (2) 238-6d
Am Mitterholz 238-6d
Am Mühlenfeld 238-3d
Am Pschorrhof (4) 238-6d
Amselstraße (1) 238-6d
Angerstraße 238-2c

Bachstraße 238-2c
Bichlstraße 238-2c
Bürgermeister-Asam Straße 238-2c
Bürgermeister-Schöpf-Straße (6) 238-6d

Denkmalstraße (1) 238-2c
Drosselstraße 238-6d

Eschenweg 238-3b

Feldstraße 238-6c
Finkenstraße 238-2a
Fuggerstraße 238-6c

Gartenstraße (3) 238-6d

Hartstraße 238-6d
Haspelstraße 238-2c
Hauptstraße 238-3b
Hauserbergstraße 238-2c
Hopfengartenweg 238-6d

Jesenwanger Straße 238-6d

Kapellenweg 238-2c
Kirchstraße 238-6c
Kreuzstraße 238-6d
Krippstraße 238-3d

Leonhardstraße (2) 238-3b
Lerchenweg 238-6d
Lindenstraße 238-2c
Luttenwang 238-2c

Mammendorfer Straße 238-3b
Metzgeräckerstraße (2) 238-2c

Nassenhausen 238-3c
Nassenhauser Straße 238-6a
Niemerweg 238-6d

Pfaffenhofener Straße 238-6d
Prälaten-Hartl-Straße 238-3d
Prof.-Josef-Weigl-Straße (5) 238-6d

Ringstraße 238-6c
Römerstraße 238-2c

St. Martins-Weg (1) 238-3b
Schloßbreiten 238-6b
Selibertstraße 238-3d
Sportplatzweg 238-9b
Steinbergstraße 238-6c

Weichselfeldstraße 238-6d

Zur Hagenau 238-9a

Adelzhausen
PLZ 86559

Adelstraße 139-11a
Aichacher Straße 167-1a
Allgäuer Weg (1) 139-10c
Am Anger 166-2c
Am Burgstall 166-6b
Am Hang 166-2c
Am Heilbach 139-10b
Am Hochfeld 139-11a
Am Oberfeld 166-2c
Am Rottenfeld 139-10b
Amselweg 167-1c

Bergstraße 167-1a
Birkenweg (10) 167-1b
Blumenweg 167-1a
Brandbauer 167-2c
Brandfischer 139-11d
Brunnenstraße 166-2c
Buchenweg 139-10d
Buchleite 166-3c
Burgadelzhausen 166-3c
Burgstraße 166-3d

Dorfstraße 139-10a
Drosselweg 167-1a

Feldweg 167-1a
Flurstraße 167-1a
Frühlingstraße 167-1b

Gaiwaldweg 166-2c
Gartenweg 167-1a

Haunsried 139-10a
Hauptstraße 167-1c
Heretshausen 139-10a
Holzschuster 167-1d

Irschenhofen 139-10b

Joh.-von-Nepomuk-Straße 166-3d

Karwendelweg (4) 139-10c
Kirchenweg 167-1a
Kitzbühler Weg (5) 139-10c

Lärchenweg (11) 167-1b
Landmannsdorf 166-2c
Lantmarstraße 166-1d
Lechtaler Weg (2) 139-10c
Lilienweg 167-1a
Lindenweg 139-10c

Malvenweg (8) 167-1a
Michelau 167-2b
Mühlenstraße 139-11a
Mühlweg 167-1b

Nelkenweg (7) 167-1a

Postweg 139-10c

Raiffeisenstraße 167-1a
Reichergasse 167-1b
Römerweg 139-10d
Rosenweg 167-1a

St.-Leonhard-Straße 139-10b
St.-Sebastian-Straße 166-2a
Schützenstraße 167-1a
Schulstraße 139-10c
Schulweg (9) 167-1a
Schwemmweg 139-10d
Siedlerweg 167-1a
Sonnenstraße 167-1a

Tremmel 167-5a
Tulpenweg (6) 167-1a

Waldhaus 166-6b
Waldstraße 167-1b
Weinsbach 166-3a
Wettersteinweg (3) 139-10c
Wiesenweg 167-1a

Ziegelstraße 167-1a
Zugspitzstraße 167-1a

Affing
PLZ 86444

Achstrasse 109-8d
Affinger Straße 109-3d
Ahornweg 110-1d
Aichacher Straße 110-2d
Am Affinger Bach 110-2d
Am Anger 109-8a
Am Geißberg 110-3a
Am Gloggerberg 109-5d
Am Hang 109-8b
Am Hochblick (2) 115-9b
Am Iglhof 110-1d
Am Leitengraben 109-8b
Am Mühlberg 110-2d
Am Pfarrgarten 110-4c
Am Schwarzgraben 109-8a
Amselweg 110-2c
Am Zeilfeld 110-4c
An der Ach 109-5c
Annastraße 110-3c
Anwalting 109-2d
Anwaltinger Weg 109-5c
Auerweg 109-2a
Auf der Höhe 110-1a
Augsburger Straße 109-8a
Aulzhausen 109-6c
Aulzhauser Straße 110-1a
Auweg 110-3c

Bachweg 109-2d
Beethoven-Straße 110-1b
Bergen 109-9a
Bergmooser 110-5a
Bergstraße 110-1a
Birkenweg 109-8a
Buchenweg 110-1d
Bürgermeister-Hugl-Weg (2) 109-3d
Burgstraße 109-5c

Derchinger Straße 109-9a
Dorfstraße 110-3c
Drosselweg 110-2c

Edenrieder Straße 110-6a
Eichenweg 110-2c
Erlenweg 110-1d

Fichtenweg 110-1d
Finkenweg 110-2c
Finkenweg (1) 115-9b
Fliederweg 109-8a
Flughafenstraße 109-11a
Flurweg 109-2d
Föhrenweg 110-1c
Forellenweg 109-8a
Forstweg 110-5a
Frechholzhausen 110-8b
Frechholzhauser Straße 110-5a
Friedhofstraße 110-1d
Frühlingstraße 109-3b

Gartenweg 110-3c
Gaßl 110-4c
Gasslerweg 110-1a
Gebenhofen 109-3a + 110-1a
Gebenhofener Straße 110-1b
Georg-Wurzer-Weg 110-1b
Gewerbegebiet „Am Unterkreuthweg" 109-7b
Gewerbegebiet „Am Ziegeleiweg" 110-1b

Haunswies 110-3c
Haunswieser Straße 110-2a
Hauptstraße 109-6d
Haydnstraße 110-1b
Herbstgasse 110-1b
Höllweg 109-3b
Hoher Weg 110-1d
Hohlweg 109-2d
Hopfenweg 110-1c
Hundauweg 110-1d

Igelbach 110-4b
Im Birkenmoos 109-8a
Im Eichfeld 110-3c
Im Oberfeld 109-6c
Im Steigfeld 109-6d

Jägerstraße 109-2d
Jahnweg 109-5d
Jakobstraße 110-3c

Kabisweg 110-1d
Kellerweg 110-5a
Kirchplatz 109-2d
Kirchweg 109-5d
Kohlstattweg 110-1b
Krautweg 110-1d
Kurzer Mühlweg 110-1c

Lärchenweg 109-8a
Lambergweg 110-2a
Laurentiusplatz 110-4c
Lechfeldstraße 109-2c
Leitenweg 109-8b
Lerchenweg 109-2d
Lindenweg 110-1d
Linker Kreuthweg 109-8a
Loderstraße 109-6d

Mandlingweg 110-2c
Miedering 110-7c
Miederinger Straßc 109-9a
Moosweg 110-1d
Mozartstraße 110-1b
Mühlbergstraße 110-6a
Mühlhausen 109-5d
Mühlweg 110-1c

Neuburger Straße 110-1b
Nordweg 110-3c

Oberer Saum 109-3d

Pfaffensteig 109-9a
Pfaffenzell 110-9a
Pfarrer-Lingg-Straße 109-6d
Pfarrer-Wiedemann-Weg (1) 110-1c
Pfarrweg 110-3c
Pfützweg 110-1b

Raiffeisenstraße 109-8b
Rechter Kreuthweg 109-5c
Rehlinger Straße 109-2c
Rehlinger Weg 109-3b
Renkenweg 109-8a
Richard-Wagner-Straße 110-1b
Ringweg 110-1a

Sammweg 109-2d
Sandweg 109-2b
St.-Andreas-Straße 109-2d
St.-Jodok-Straße 110-3c
Saumweg 109-3d
Schlöglweg 110-1a
Schloßplatz 110-1d
Schmiedbergweg 109-3d
Schmiedgasse (1) 109-2d
Schubertstraße 110-1b
Schulweg 110-3c
Schusterberg 109-3b
Seeweg 109-8a
Siedlerweg 110-1d
Sommerkeller 110-4b
Sommerstraße 110-5a
Sonnenhang 110-3c
Steigweg 109-6d
Steininger Weg 109-3b
Stocketweg 110-1c

Tannenweg 110-2d

Uferweg 110-1c
Untere Jägerstraße 109-2d
Unterer Saum 109-3d
Unterkreuthweg 109-8a

Von-Gravenreuth-Straße 110-1d

Waldweg 109-2d
Wallerweg 109-8a
Weideweg 110-2d
Weiherstraße 110-6a
Wiesengrund 109-6d
Wiesenstraße 110-3c
Wildweg 110-2a
Wörthweg 109-2b

Zanderweg 109-8a
Zeilweg 110-4c
Zeller Straße 110-3c
Ziegeleiweg 110-1b

Aichach
PLZ 86551

Acherstraße 86-12d
Adalbert-Stifter-Straße 87-10c
Afrastraße 87-10b
Ahornstraße 112-6b
Aichacher Straße 86-12d
Algertshausen 112-2b
Alpspitzstraße 113-1c
Altvaterstraße (10) 113-1c
Am Anger 112-11c
Am Bahndamm 112-3a
Am Bahngraben 86-12d
Am Birkenberg 87-12a
Am Burgplatz 87-12c
Am Finkenschlag 87-10c
Am Flutgraben 112-6b
Am Gangsteg 86-12d
Am Goldberg 112-5c
Am Griesbacherl 112-3b
Am Hafereck 114-7c
Am Hang 111-6c
Am Hochfeld 112-7b
Am Hügel 112-3c
Am Martinsberg 111-6c
Am Plattenberg 113-4a
Am Schindbach 112-7c
Am Schlößl 112-3b
Amselweg 86-9b
Am Sonnenblick 112-4a
Am Steinberg 87-8c
Am Straßberg 86-12a
Am Strudl 37-B2
Am Waldhang (1) 112-7c
Am Wasserturm 113-6d
Am Weinberg 114-7c
An der Juliushöhe 86-12c
Andersbach 139-1a
Angerstraße 87-10c
Angerweg 113-7d
Anton-Kaluscha-Weg (2) 113-1a
Asternstraße 112-3d
Auenstraße 112-3b
Auenweg 112-6b
Augsburger Straße 112-6a
Aussiedlerhof 86-8d

Bachfeldweg 86-12c
Bachstraße 113-8c
Badanger 111-5d
Badgäßchen 37-B2
Badweg 113-7d
Bahnhofstraße 112-3a
Barbaraweg 112-6c
Barbarossastraße (2) 87-12c
Bauerntanzgasse 112-3b
Beckmühle 112-3c
Beethovenstraße 87-10c
Begelstraße 113-8a
Bergener Straße 113-6b
Bergstraße 112-6d
Bergweg 86-12a
Birkenstraße 112-6d
Birkfeldweg 138-2a
Blütenstraße 111-5b
Blütenweg 113-1b
Blumenstraße 86-12a
Blumenthal 113-10a
Blumenthaler Straße 113-7b
Böhmerwaldstraße (11) 113-1c
Botengasse 37-A2
Brückenstraße 112-5b
Brunnenstraße (Edenried) 111-4c
Brunnenstraße (Unterschneitbach) 112-5a
Bucheneck 87-10c
Buchenstraße (2) 112-10a
Büchel (1) 37-B2
Bürgermeister-Hörmann-Straße 87-8c
Bürgermeister-Loderer-Straße 112-6b
Bürgermeister-Schelchshorn-Straße 86-12a
Bürgerstraße 112-4b
Burgfeldstraße 112-5b
Burgstallweg 113-8a
Burgstraße 111-5b

Carl-Orff-Straße 87-10a
Chrombachstraße 112-4a

Dachauer Straße 112-3d
Danhauser Platz 112-3b
Dekan-Atterer-Straße 86-12b
Dekan-Reiter-Straße 37-B2
Dellerweg 112-3b
Deuringerstraße 113-1a
Deutschherrnstraße 113-8a
Distelweg (6) 113-2a
Donauwörther Straße 112-3b
Dorfstraße 111-4c
Drei-Linden-Straße 112-6d
Drosselweg 112-11c

Ecknach 112-6d
Ecknacher Weg 112-6b
Edenried 111-4a
Egerlandstraße (18) 113-1c
Eichberg 113-6a
Eichbergstraße 112-7c
Eichenstraße 112-3a
Eisenerzstraße 112-3a
Eisfeldweg 112-11c + 138-2a
Eitershofen 113-4c
Enzianweg 113-1b
Erlenstraße 112-6a
Erlenweg 112-3a
Erzgebirgsstraße (16) 113-1c
Erzweg 112-4a
Eschenstraße 112-6b
Essiggasse 112-3b

Falkensteinweg 113-4a
Falkenweg 87-10b
Fasanenweg 112-7d
Feldstraße 111-5c
Fichtenstraße 112-6b
Fichtenweg 86-9b
Finstergaßl 87-12a
Fliederweg 113-1c
Flurstraße 112-3b
Föhrenstraße 112-3a
Forellenweg 112-3a
Forstweg 112-4b
Franz-Beck-Straße 112-3c
Franz-Schubert-Straße (1) 87-10a
Freisinger Straße 112-3b
Fritz-Mayer-Straße 86-12d
Froschham 86-8c
Frühlingstraße 86-12a
Fuchsbergweg (1) 113-2a
Fuggerstraße (Gallenbach) 112-11c
Fuggerstraße (Klingen) 113-7b

Gärtnerstraße 111-5a
Gallenbach 112-11c + 138-1b
Gansbach 113-11d
Garnsiederweg 37-A3
Gartenstraße 113-1a
Georgenstraße 112-4a
Gerhauser Straße 37-B1
Grenzweg 112-10a
Griesbachweg (3) 113-2a
Griesbeckerzell 111-5b
Großhausener Straße 87-4c
Grubetstraße 112-3a
Grüntenweg (9) 113-1c
Grundstraße 113-4c
Gustav-Mahler-Straße (4) 87-10c

Hangweg 113-8a
Hanns-Martin-Schlyer-Straße 112-6c
Hans-Böckler-Straße 112-6a
Harthofstraße 113-1b
Hartstraße 112-5d
Haselweg 112-4a
Haunswieser Straße 111-5a
Hauptstraße 86-12d
Heini-Baronner-Weg 113-1c
Heinrich-der-Löwe-Straße (1) 87-12c
Heinrich-Wild-Straße (3) 113-1c
Hellstraße 86-12d
Hennentalweg 113-1c
Herbststraße 86-12a
Herzog-Ludwig-Straße (1) 87-10b
Herzog-Max-Straße 87-11a
Herzog-Otto-Straße 87-12a
Heuweg 112-7d
Hiesling 111-3c
Himmelreichstraße 113-4c
Hinterm Turm 112-3b
Hirschtränk 113-6a
Hochblick 113-9a
Hochfeld 111-5b
Hochfeldstraße 86-12b
Hochstattweg 87-7c
Hochstraße 113-8a
Hochvogelweg (8) 113-1c
Hofgartenstraße 111-6c
Hofmarkstraße 113-9d
Hollerstraße 87-8c
Hopfenweg 138-1b
Hubertusstraße (5) 113-1b
Hubmannstraße 37-B2
Hühnerfeldweg (2) 113-2a
Hüttenstraße 112-5a

Igenhausener Straße 112-1c
Ignaz-Baldauf-Straße 113-1c
Ignaz-Heiler-Straße 113-2a
Im Kessel 112-3c
In der Au 87-10c
Industriestraße 112-8b
Ippertshausen 138-2a
Ippertshausener Straße 112-11c + 138-2a

Jagerndorfer Straße (19) 113-1c
Jahnstraße 113-1a
Jakobiweg 112-3b
Johannes-Brahms-Straße (2) 87-10a
Johannesstraße 86-12a
Joseph-Haydn-Straße 87-10a
Juliusplatz 113-4a
Juliusstraße 112-3a

Karl-Leinfelder-Straße 113-1c
Karlsbader Straße (15) 113-1c
Karl-Schiller-Straße 112-8b

Albaching
PLZ 83544

Allershausen
PLZ 85391

Alling
PLZ 82239

Altdorf
PLZ 84032

Zillestraße 72-10b
Zypressenstraße 71-12c

Altfraunhofen
PLZ 84169

Adlerstraße 105-11a
Ahornstraße 105-10b
Am Anger 105-7b
Am Bäckerfeld (6) 105-10b
Am Hang 105-7d
Am Kellerberg 105-10b
Am Pfarrfeld 105-10a
Am Sandfeld 105-10b
Amselweg 105-11a
An der Vils 105-11a
Ankam 105-9c
Arzberger 106-10b
Aufham 105-10c

Bachstraße 105-10b
Baumgarten 131-1d
Bergstraße 105-7d
Blaimberg 130-3b
Buchenstraße 105-10b
Bussardstraße 105-11c

Christian-Jorhan-Straße (9) 105-10a

Eging 105-8b
Eulenweg (4) 105-11a

Falkenweg (5) 105-11a
Fasanenweg 105-11a
Fichtenstraße 105-11a
Finkenstraße 105-10b
Finkenweg (7) 105-10b

Gallusberg 105-9c
Geisenhausener Straße 105-10b
Gewerbegebiet „Am Galgenfeld" 105-7d
Gewerbering 105-7d
Guggenberg 106-10c

Hanigey 131-1b
Haselhub 131-2a
Hauptstraße 105-10b
Hausleite 105-7d
Höhenweg (1) 105-7d
Hörndl 105-11d
Holzhäuseln 105-7b + 7c
Holzmann 131-1b
Hotelkam 105-9d
Hub 131-3d

Irlberg 105-5d

Kirchplatz 105-10b

Lärchenstraße (3) 105-10b
Landshuter Straße 105-10b
Lausbach 105-7c
Lehen 132-1d
Loh 131-3b
Lohbauer 106-10a
Lohhub 131-2c

Maierholz 105-10d + 131-1b
Meisenweg 105-11a
Mesner-Zapf-Straße (11) 105-10a
Mesner-Zapf-Weg (10) 105-10a
Mitterweg (2) 105-7d
Moorloh 105-7b
Moorloher Straße 105-7d
Moosburger Straße 105-10a

Neutzkam 106-10d

Obergangkofener Straße 105-7d
Oberheldenberg 105-11d
Oetz 106-10d
Ostner 106-10b

Peißing 105-5c
Peißinger Weg 105-7d
Pfründestraße 105-10b

Rathausplatz 105-10a
Reifersberg 105-11a
Riedlkam 105-8c
Rombach 131-3d

St.-Nikolaus-Straße (8) 105-10a
Schachten 131-2a
Scheueck 131-1a
Schickenberg 131-2c
Schloßinselstraße (1) 105-10b
Schloßweiher 105-10a
Schmitt 106-10a
Schulstraße 105-10b
Spechtstraße 105-11a
Speck 131-3c
Stadelbogen (3) 105-7b
Stillreit 131-1b
Straß 131-1a
Stürming 131-1d

Tannenweg 105-10b
Tapfham 104-12d

Ulmenstraße 105-10b
Unterheldenberg 105-12a
Untersteppach 130-3b

Veldener Straße 105-10b
Von-Fraunhofen-Straße 105-10b

Waldweg (4) 105-7b
Walzenöd 131-3a
Wambacher Straße 105-10c
Weihern 105-11d + 131-2b
Wendsberg 132-1c
Wörnstorf 105-12d + 106-10a

Althegnenberg
PLZ 82278

Althegnenberger Straße 216-7c

Buchenstraße 216-4c
Bürgermeister-Widemann-Straße 216-4a

Engildienring 216-7c

Heckenstraße 216-10a
Hörbach 216-7c

Kirchweg (2) 216-7c
Kreutstraße 216-7c
Krippstraße 216-7c

Luttenwanger Straße 216-7c

Mitterweg 216-10a
Moosweg 216-7c

Poststraße 216-7c

Sandbrunnenstraße 216-10a
Schulweg (1) 216-7c
Sudetenstraße 216-4c

Waldstraße 216-4c

Zugspitzstraße 216-4c

Altomünster
PLZ 85250

Adelstraße 167-3d
Adolph-Kolping-Gasse (1) 141-4d
Ahornweg 168-1a
Aichacher Straße 141-4c
Almweg 167-3d
Alter Römerweg 140-10a
Altomünsterstraße 141-10b
Altoweg 140-9c
Am Anger 140-12a
Am Blütenanger 167-3d
Am Brechfeld 141-4c
Am Dürngarten 141-3a
Am Gaisberg 141-4b
Am Gammelfeld (13) 141-4c
Am Klosterweiher 141-4b
Am Krautgarten 141-5c
Am Kreuzberg 114-11c
Am Mühlberg 114-11a
Am Riedfeld 140-10a
Am Rosenberg 140-1d
Amselweg 141-4a
Am Stiglberg 141-7d
Am Vogelgarten 141-4d
Am Waldacker 168-1c
An der Klostermauer (3) 141-4d
An der Schwemme 141-4b
An der Wagnerbreite (1) 115-7d
Angergraben (9) 141-4c
Arnberg 115-10a
Asbach 115-7c
Asbacher Straße 141-4b

Bachstraße 168-1c
Badergasse 141-3a
Bahnhofstraße 141-4c
Bergstraße (Unterzeitlbach) 141-10b
Bergstraße (Wollomoos) 140-1b
Bergweg 141-3a
Birkenstraße 141-10b
Blumenstraße 141-10b
Breitenau 141-6a
Brunnenwiesenweg 141-4a
Buchenstraße 140-9c
Bürgermeister-Gruner-Straße 141-4b
Bürgermeister-Hofberger-Straße (11) 141-4c
Bürgermeister-Keller-Straße 140-12a
Bürgermeister-Sedlmair-Weg 141-4c

Dachauer Straße 140-9c
Deutenhofen 141-11b
Dr.-Jakob-Scheckh-Straße 141-4b
Dr.-Lang-Straße 114-4c
Dorfstraße 140-12a

Eichenring 140-1a
Eisenreichstraße 115-10b
Erlach 141-5b
Erlau 141-8b
Euphemiaweg 141-7a

Faberweg 141-4d
Fasanenweg 115-7b
Feldstraße 141-11c
Flurstraße 141-4b
Flurweg 140-4a
Forstweg 141-3a
Freistetten 167-3c
Friedhofstraße 141-4d

Gärtnerstraße 141-3a
Ganghoferstraße 141-4c
Gartenstraße 140-1d
Gartenweg 140-12a
Germanenstraße 140-4b
Gewerbepark 141-7b
Gimpel 169-1a
Goldbergstraße 167-3d

Haag 114-9c
Halmsried 140-6a
Halmsrieder Straße 141-4a
Hangstraße 140-1d
Hauptstraße 141-10b
Hechthof (12) 141-4d
Hedwiga-Straße 141-4c
Heimbergstraße 141-3b
Heinrich-Dürscherl-Straße 141-7b
Herzog-Georg-Straße 141-4d
Himmelreichstraße 115-7d
Hinterholz 168-2d
Hirtenstraße 140-10a
Hochweg 141-4c
Hofstattstraße 141-3b
Hohenried 141-5a
Hohenrieder Weg 141-4b
Hohenzeller Straße 168-2a
Hopfenweg 167-3d
Humersberg 140-6c
Hutgraben 141-3d

Ilmstraße 141-3a
Irchenbrunn 168-2b

Jägerstraße 141-10b
Jörgerring 141-4d
Johann-Babtist-Straub-Weg 141-4b
Johann-Michael-Fischer-Platz 141-4c
Joseph-Magges-Straße (7) 141-4c

Kapellenweg 141-8a
Kellerbergstraße 141-4d
Keltenstraße 140-4b
Kiemertshofen 140-10a
Kirchbergstraße 115-7d
Kirchenstraße 141-4d
Kunigundenstraße 140-10c

Lampadiusgasse (10) 141-4d
Laurentiusstraße 140-4b
Lauterbach 115-4c
Leopold-Schwaiger-Straße 141-4d
Lichtenberg 139-12d
Lilienstraße 141-4d
Lindenbergstraße 140-1c
Lindenstraße 140-9c
Ludwig-Thoma-Straße 141-4c

Maisbrunn 142-1a
Maisbrunner Straße 141-3a
Mantelbergstraße 141-10d
Marktplatz 141-4d
Maurerwirtberg 141-4d
Moosgasse 140-9c
Mühlenweg 140-10a

Nerbstraße 141-4d
Nißlgasse (2) 141-4d

Obere Hauptstraße 141-3a
Obererlach 141-3c
Oberndorf 140-8d
Oberndorfer Straße 140-9c
Oberschröttenloh 140-7a
Oberzeitlbach 140-12a
Odelzhauser Straße 168-1c
Ottelsburg 116-10d
Ottmarshausen 141-6b + 142-4a

Pfaffenberg 140-4b
Pfarrer-Gradl-Straße 141-4d
Pfarrer-Marz-Weg 167-3d
Pfarrstraße 141-3a
Pipinsried 115-12c + 141-2b
Pipinsrieder Straße 141-4d
Pipinstraße 141-3a
Plixenried 140-12d + 168-3a
Prof.-Dempf-Straße (8) 141-4a

Radenzhofen 140-10b
Raiffeisenstraße 140-1d
Raiffeisenweg 167-3d
Rametsried 139-12c
Randelsried 115-7b
Randolfstraße 115-7b
Rapp 168-2d
Reichertshausen 115-11d
Reichertshauser Straße 115-11d
Riedstraße 141-3a
Ringstraße 141-11a
Röckersberg 141-10c
Römerstraße 140-4b
Rosenstraße 141-4d
Rudersberg 140-2b
Ruppertskirchen 141-10a
Ruppertskirchner Straße 141-7b

Sandgrubenfeld 141-7a
Sandizellergasse 141-4d
St.-Altohof (4) 141-4d
St.-Birgittenhof (5) 141-4d
St.-Dionysius-Straße 141-3a
St.-Georg-Straße 114-11a
St.-Nikolaus-Straße 140-10a
St.-Stephanus-Straße 167-3d
St.-Ulrich-Straße 141-8c
St.-Wolfgang-Straße 141-3b
Schäfflerweg 115-7d
Schauerschorn 141-7a
Schern 116-10d
Schielach 114-12c
Schiltberger Straße 115-7b
Schlesierweg 141-4a
Schlossberg 139-9c
Schmarnzell 115-8c
Schmelchen 114-12b
Schmelchenberg 141-4a
Schmidbergstraße 114-11a
Schrannenstraße 141-7b
Schulberg 141-3a
Schultreppe (6) 141-4d
Schulweg 140-1a
Sengenried 141-2c
Simon-Böck-Straße 141-4b
Simon-Hörmann-Straße 141-4b
Sonnenhang 115-7b
Sonnenstraße 140-1d
Stallweg 168-1c
Staufer-Ring 141-4b
Steinbachstraße 168-1c
Steinbergstraße 141-4d
Stettlerweg 141-4d
Steubweg 141-4c
Stumpfenbach 141-8a
Stumpfenbacher Straße 141-4c
Sudetenplatz 141-4c
Sudetenweg 141-4c

Talangerstraße 141-4a
Talstraße 140-1a
Taschnerweg 141-4d
Teufelsberg 114-11b
Thalhausen 114-11b
Tulpenstraße 141-4d
Tulpenweg 140-1d

Übelmanna 140-11c
Übelmannastraße 168-2a
Untere Hauptstraße 141-3b
Unterzeitlbach 141-11c

Vadstena-Straße 141-4c

Waldhaus 140-5c
Waldstraße 141-10b
Waldweg 140-4a
Weberweg 115-7d
Weidenstraße 141-10b
Weiherweg 141-3a
Weilachstraße 140-1c
Weiler Straße 141-4d
Welfenstraße 141-4c
Wirtsanger (1) 141-3a
Wittelsbacher Straße 141-4c
Wollomoos 140-1d

Xyger 113-12a

Zeitlbacher Straße 141-8c
Ziegelei 141-7b
Zum Altobrünnl 141-4a
Zum Kalvarienberg 141-4d

Amerang
PLZ 83123

Achen 303-11d
Am Anger 303-12c

Chiemgaustraße 303-12c

Eichleiten 325-3a
Englstetten 303-12b
Eßbaum 303-12c
Evenhausen 303-12d

Forststraße 303-12c

Gröning 325-6d

Heilmaierstraße 303-12c
Hochfeldstraße 303-12c

Lattenberg 325-9d
Lindach 303-11a
Locking 325-3a

Mitterwies 303-11d
Moosham 325-6d

Petermühle 325-2b
Pfaffing 325-3b
Pfarrerlandweg 303-12c

Rosengarten 347-3b

Sonnleitenstraße 303-12c
Stetten 325-6d
Stölzing 303-11d

Thalham 325-12d
Thalhamer Mühle 325-12b

Untersur 325-6b

Walchmühle 303-11b

Andechs
PLZ 82346

Abt-Gregor-Danner-Straße 328-9b
Am Bach 328-7b
Am Bichl 328-7b
Am Daimlergarten (8) 328-7b
Am Eierl 328-7b
Am Eisweiher 328-7d
Am Fuchsbichl 328-8a
Am Huberanger 328-8a
Am Reischberg (4) 329-10c
Am Schmiedanger 328-7d
Am Ulrichsbichl 328-12d
Andechser Straße 328-7b
Andechser Waldweg 328-5d
Angerfeldweg 306-9c
Angerweg 328-12d
Ascheringer Weg 328-12d

Bachfeldweg 328-12d
Bachweg 328-12d
Bannweg 306-9c
Beizweg 306-9c
Bergfeilerweg 328-7b
Bergstraße 328-4d
Besengaßl (1) 328-7b
Birkenmoosäckerweg 328-4d
Birkenstraße 328-12d
Brunnenweg 328-12d

Dachsbogen 328-6d
Dr.-Mayr-Weg 328-4d
Drößlinger Straße 306-9c

Eichenweg 328-12d
Eichtalstraße 306-9c
Erling 328-7d
Erlinger Höhe 328-7a
Erlinger Straße 328-12d

Fichtenweg (2) 328-12d
Fischener Straße 328-7c
Florianweg 306-12a
Franz-Wastian-Weg 328-7b
Friedauer 350-3c
Frieding 306-12b
Fritweg 306-9c
Gartenstraße 328-7b
Georg-Queri-Ring 306-9c
Graf-Rasso-Straße 328-6d
Günther-Stumpe-Weg (1) 328-12d

Hartmannstraße (3) 328-7b
Hartstraße 306-12a
Heimweg 328-7d
Herrschinger Straße (Erling) 328-7a
Herrschinger Straße (Frieding) 306-12a
Hirzkuhle 328-5d
Hörndlweg 328-4c
Hurtenstraße 306-12a

In der Au 328-12d

Kandlerhof 328-8c
Kandlerweg 328-7b
Kerschlacher Weg 328-7b
Kesselweg 306-12a
Kientalstraße 328-7b
Kirchenweg 328-12d
Kirchleiten 306-9c
Kreuzäckerweg 328-7d
Kreuzbichlweg 328-12d
Kreuzweg 328-7b
Kugelspielweg (6) 328-7b

Leitenweg (3) 328-12d
Leonhardweg 306-12a
Lerchenweg 306-12b
Ludwig-Prockl-Weg (7) 328-7b
Luitfriedweg (1) 306-12a

Machtlfing 328-12c + 350-3a
Machtlfinger Straße 328-8a
Marienplatz 328-7b
Martinweg 306-12a
Molkereistraße 328-8c
Moosweg 328-7d
Mühlstraße 328-7b
Münchner Weg 328-7b
Muggeserweg (2) 328-7b

Pähler Hartstraße 328-7c
Pähler Straße 328-12d
Pankrazweg 306-9c
Panoramastraße 328-7c
Pater-Coelestin-Weg 328-4d
Pfahlweg 328-7b
Pfarrer-Lenz-Weg (2) 306-9c

Raiffeisenstraße 328-7b
Riedweg 306-12a
Römerweg 328-7c
Rothenfeld 328-6c
Rothenfelder Straße 328-12d

St.-Elisabeth-Weg 328-4d
Scheuertalstraße 306-12a
Schilcher-Geräumt 328-5b
Schmiedgasse 328-7b
Schnepfenluke 328-5d
Seefelder Straße 328-4d
Seeholzweg 328-6d
Sonnenanger 328-7d
Starnberger Straße 328-7b
Steinrinnenweg 328-7b
Steyrerweg 306-9d

Tannhof 328-11a
Traubinger Straße 328-12d

Urihof 328-10a

Von-der-Tann-Straße 328-7a

Wallfahrtssteig 328-7b
Wartaweilerweg 328-7a
Widdersberger Straße 306-9c
Wikbergweg 306-12a

Zachergaßl (4) 328-7b
Zanglweg (5) 328-7b
Ziegelackerweg (1) 328-6d
Zum Soagberg 328-7b
Zum Zahnweber 328-8a

Anzing
PLZ 85646

Alpenstraße 251-9d
Am Alten Sportplatz 251-12b
Amselweg 251-9d
Am Sommerfeld 251-12a
Am Sportzentrum 251-12d
Asbacher Weg 252-10a
Auhofen 252-4c

Bergstraße 251-12b
Birkenweg 251-12b
Blumenstraße 251-9d
Boden 252-4a
Buchenweg 251-12b

Drosselweg 251-9d

Eichenweg 251-12b
Erdinger Straße 251-9d
Erlenweg 251-12b

Flurstraße 251-12b
Föhrenweg 251-12b
Friedrich-Gerg-Straße 251-9b
Froschkern 251-8d
Frotzhofen 251-12c + 273-3b
Frühlingstraße 251-9d
Fuggerstraße 251-12d

Garkofen 251-8a
Gartenstraße 251-9c
Gewerbepark 251-9b
Gutenbergstraße 251-12d

Heilig Kreuz 252-8a
Hertergrube 252-10a
Hirnerstraße 251-9d
Högerstraße 251-9d
Höggerloh 251-11b
Holzfeldweg 252-10a

Jahnstraße 251-9d

Kaisersberg 251-12c
Kaiserweg 251-12b
Kirchenweg 251-12c
Köppelmühle 252-5a

Lärchenstraße 251-12b
Leitner 251-6c
Lessingstraße 252-10a
Lindach 251-6d
Lindenstraße 251-12b

Mauerstetten 251-9a
Mozartring 251-12b
Mühldorfer Straße 252-7c
Mühlenweg 252-8a
Münchener Straße 251-12a

Obelfing 251-12b + 252-10a
Oberasbach 252-7d
Oberfeldstraße 251-9d

Parkstraße 251-12b

Ranharting 251-8c
Rathfeldstraße 251-12b
Ried 251-3d
Ringstraße 251-9d

Schillerstraße 251-12b
Schlossbergstraße 251-12d
Schulstraße 251-9d
Schwaigerstraße 251-12d
Semptweg 251-9d
Staudach 252-4a
Sunderndorferstraße 251-12b

Tannenweg 251-12b
Tulpenweg 251-12b

Unterasbach 252-7b

Wendelsteinstraße 251-9d

Ziegelstadel 251-12a
Zornedinger Straße 251-12d
Zugspitzring 251-9d

Aresing
PLZ 86561

Ahornstraße 75-9d
Akazienstraße 75-9d
Altenfurter Straße 75-6c
Am Aderbach 75-9c
Am Anger (2) 75-11c
Am Berg 75-8b
Am Fuchsberg 75-6c
Am Hölzl 75-11c
Am Hohen Weg 75-9c
Am Kegelberg 76-5c
Am Kindergarten (3) 75-9b
Am Kirchweg 75-9a
Am Lochfeld 75-7b
Ammersberger Weg 76-5a
Am Mühlring 75-6c
Am Piusberg 76-4d
Am Schleglhof 75-9b
Am Unterholz 75-7b
Am Weilachfeld 75-12a
Am Weilenbach (1) 89-3a
An der Laich 75-7c
An der Weilach (2) 75-9a
Aresinger Straße 89-3a
Arigisstraße 75-6c
Auf der Hub 75-6d
Autenzell 75-11c
Autenzeller Straße 89-2b

Bauernstraße 75-9c
Beinberger Straße 74-12b
Bischof-Sailer-Straße 75-9b
Blumenstraße 75-11c

Dorfstraße 75-7c

Eichenstraße 75-9b
Erdweg 75-9c

Fichtenweg 74-12b
Flurstraße (1) 75-11c

Gerolsbacher Straße 75-9c
Gütersberg 89-6d + 90-4c

Hauptstraße 76-4d
Hengthal 76-7c
Hillweg 75-9a
Hochfeldstraße 74-9d
Hofnerstraße 75-9a
Hufstraße 76-5a

Im Wiesengrund 76-4d

Kabisstraße 75-9b
Kapellenstraße 76-7b
Klenauer Straße 89-3d

Lärchenweg 75-9d
Lenbachstraße 75-9a
Lindenstraße 75-9d

Margeritenstraße 89-3a

Neuhof 90-1c
Neuhofer Weg 89-3a
Niederdorf 76-4d

Oberlauterbach 76-4c
Oberweilenbach 89-3d
Ortsstraße 76-4d
Osterhamer Straße 74-9d

Pälat-Haas-Straße 75-9d
Pfarrer-Meier-Straße 75-6c
Pfarrstraße 76-8a

Rettenbach 75-10a
Rettenbacher Straße 75-8d
Ringstraße 76-4d
Rosenberg 75-7a
Rosensteig 75-7b + 4c
Rosenstraße 89-3a

St.-Martin-Straße 75-9a
St.-Mauritius-Straße 75-11c
St.-Ottilien-Straße 75-7c
St.-Ulrich-Straße (1) 75-6c
Schemmelweg 75-9c
Schulstraße 75-11c
Schulweg 75-9a
Seitzstraße 75-6c
Sigllechnerstraße 75-6c
Sonnenhamerstraße 75-12a
Spitaler Straße 89-3a

Tannenweg 74-12b
Tränkhäuser 76-7d

Unterweilenbach 89-3a

Waizenrieder Straße 76-5a
Waldstraße 76-8a
Wehamer Straße 75-9b
Weilacher Straße 89-3c
Westerbacher Straße 76-4b

Ziegeleistraße 75-8d
Zur Obermühle 75-9c

Aschheim
PLZ 85609

Adam-Riese-Weg 248-12d
Agilofingerstraße 249-5c
Ahornstraße 249-5c
Akazienstraße 249-5c
Alpenstraße 249-5d
Am Abfanggraben 249-2c
Am Eventpark 249-9a
Am Moosrain 249-7c
Am Römerbrunnen (6) 249-5c
Am Schlehenbogen (11) 249-5a
Amselweg 249-10b
Am Sportpark 249-8b
Am Voglacker 249-10a
Am Westerluß 249-1d
Anwanderweg 249-10a
Arbeostraße 249-8a
Aschheimer Bach (2) 249-2c

Baderweg 249-10a
Bahnhofstraße 248-12d
Bajuwarenring (2) 249-5c
Beethovenstraße (7) 248-9d
Birkenstraße 249-5c
Blombergstraße (18) 249-6c
Blumenstraße 249-5a
Brauneckweg 249-5d
Brecherspitzweg 249-5d
Brennereiweg 249-7c
Brunnenweg (4) 249-10a
Buchenstraße 249-5c
Bürgermeister-Ruthus-Straße 249-8a
Burkhartstraße 248-12b

Carl-Orff-Straße 248-12b

Dolomitenweg 249-5d
Dorfstraße (3) 249-5d
Dornach 249-7d
Drosselweg (2) 249-10a
Dywidagstraße 248-12d

Eichendorffstraße 249-8b
Eichenstraße 249-5c
Einsteinring 248-12d
Erdinger Landstraße 248-12d + 249-10a
Erdinger Straße 249-5d
Erlenweg (7) 249-5c
Eschenstraße 249-5c

Falkenstraße 249-5a
Fasanenallee 249-2c
Feldkirchner Straße 249-5d
Feldkirchner Weg 249-10a
Fichtenweg 249-5a
Finkenstraße 249-5a
Flurstraße 249-8a
Försterweg 249-10a
Frauenhoferring (16) 249-5b
Friedenstraße 249-8a
Friedhofstraße 249-10a

Gartenstraße 249-5a
Gaußring 249-5b
Gewerbegebiet „Aschheim Nord-Ost" 249-5a
Gewerbegebiet „Aschheim Süd-Ost" 249-9a
Gewerbegebiet „Dornach Ost" 249-10c
Gewerbegebiet „Dornach West" 248-12b
Görgelmühle 249-1b
Grassermühle 227-10c

Hachinger Bach (1) 249-1d
Hallerweg 249-10a
Hausen 249-3d
Heimstettner Weg 249-5d
Heisenbergbogen 248-12b
Herdweg 249-5c
Hermann-Hesse-Straße 249-9b
Herzogstandbogen 249-5d
Herzog-Theodor-Weg 249-5c
Hintermühle 227-10c
Hintermühlweg 227-10c
Hochweg 249-10a
Hofstattstraße 249-5c
Humboldtstraße 248-12b

Industriestraße 249-5a
Ismaninger Straße 249-5a

Jägerweg 249-10a
Jedovnicestraße (3) 249-5d
Johann-Wieser-Ring 249-7c
Junoweg (15) 249-5d
Jupiterweg (14) 249-5d

Kantweg 249-5b
Karl-Hammerschmidt-Straße 248-12b
Karolingerstraße 249-8a
Karwendelweg 249-5d
Kastanienweg (9) 249-5c
Keltenstraße 249-8a
Keplerstraße 249-5b
Keplerstrasse (1) 249-5d
Kernweg 249-7c
Kirchenweg 249-5c
Kometenweg (12) 249-5d
Konrad-Zuse-Weg 248-12b
Kopernikusstraße 249-5b
Kreuzsäulenweg 249-6a

Langobardenweg (1) 249-8b
Lantpertstraße 249-5d
Lena-Christ-Straße 249-9a
Lerchenweg 249-5d
Lerosstraße (2) 249-5d
Liegauer Straße (4) 249-5d
Lilienstrasse 249-5a
Lindenstraße (4) 249-5c
Ludwig-Ganghofer-Straße 249-9a
Ludwig-Thoma-Straße 249-9a

Margaretha-Ley-Ring 248-12b
Marktplatz 249-5c
Marsstraße 249-5b
Martin-Festl-Ring 249-10a
Max-Planck-Straße 248-12b
Meisenweg (1) 249-10a
Merkurweg 249-5d
Merowingerstraße 249-5c
Mondstraße 249-5b
Mooswiesenweg 249-7c
Mouginsstraße (1) 249-5d
Mühlenstraße 249-1b
Münchner Straße 249-7d

Neptunweg 249-5d
Nördlicher Speicherseeweg 227-8a

Ohmstraße 248-12b
Orionweg (13) 249-5b
Oskar-Maria-Graf-Straße 249-9a
Ostspange 249-6c
Otto-Hahn-Straße 248-12d

Parkweg (3) 249-10a
Pfarrer-Fischer-Straße 249-8a
Platanenweg (8) 249-5c
Pointweg 249-7c

Radeberger Str. 249-5d
Rat-Kaffl-Straße 248-9c
Richard-Wagner-Straße (6) 248-9d
Römerstraße 249-5c
Rosenstraße 249-5a
Rotkelchenstraße 249-5a
Rotwandstraße 249-5d

Salmdorfer Straße 249-10a
Salmdorfer Weg 249-8c
St.-Emmeram-Straße 249-5c
Saturnstraße 249-5b
Schäfflerstraße 249-5d
Schmidweg 249-10a
Schwalbenweg (5) 249-10a
Seestraße 249-9d
Siedlungstraße 249-5a
Sonnenstraße 249-5a
Starenring (10) 249-5a
Steinstraße 249-5a
Sternstraße 249-5b
Sudetenstraße 249-8a

Tannenstraße 249-5a
Tassilostraße 249-8a
Taubensteinbogen (19) 249-5d
Teichgut Birkenhof 227-10b
Theodor-Fontane-Straße 249-9a
Töginger Straße 249-10d
Tulpenstraße 249-5a

Ueberreiterstraße 249-10a
Uhlandstraße 249-9a
Ulmenstraße (5) 249-5c
Uranusweg 249-5b
Uttastraße 249-8b

Venusweg 249-5b
Vordermühle 249-1d

Waldweg 249-5a
Wallbergstraße 249-5d
Watzmannstraße 249-5d
Weidachstraße 249-5a
Wendelmühle 249-1b
Wendelsteinweg (17) 249-5d

Zeisigweg 249-10a
Zugspitzstraße 249-5d

Aßling

85617 **A**delpolt 321-4d
85617 Ahornweg (12) 320-12a
85617 Aiblinger Straße 320-7d
85617 Am Anger 320-9c
85617 Am Bahnhof 320-11b
85617 Am Bergerfeld 320-9c
85617 Am Büchsenberg 320-9d
85617 Ametsbichl 343-4a
85617 Am Feichtbaum 320-9c
85617 Am Gänsberg (2) 320-9d
85617 Am Grasrain 320-12b
85617 Am Hang (17) 320-11b
85617 Am Kirchholz 320-9d
85617 Am Ölfeld 320-8c
85617 Am Röhrenbach 320-9d
85617 Am Schönblick (1) 320-9d
85617 Am Schwartlinggraben (20) 320-12a
85617 Am Sonnenanger (9) 320-12a
83553 Am Ursprung 321-2c
85617 Am Wald 320-11d
85617 Am Weiher 320-12a
85617 Aßlinger Straße 320-7d
85617 Ast 320-6b
85617 Attelsteg 320-12b
85617 Attelweg 320-9d

85617 **B**achstraße 320-7d
85617 Bahnhofstraße 320-11b
85617 Bergstraße 320-10b
85617 Bergweg 320-9d
85617 Bichl 320-12b
85617 Birkenstraße (11) 320-12a
85617 Boschertweg 320-9c
85617 Breitensteinweg 320-9d
85617 Breite Wiese 320-11b
85617 Brünnsteinweg (4) 320-9d
85617 Buchenweg (14) 320-11b

85617 **D**orfen 320-10b
85617 Dorfstraße 342-2b

85617 **E**glseestraße 320-9c
85617 Eichenstraße 320-9d
85617 Eichhofener Straße 320-7c
85617 Erlacher 342-2d

85617 **F**inkenweg 320-9c
85617 Fischerweg 320-9c
85617 Fliederstraße 320-11b
85617 Föhrenweg (13) 320-11b
85617 Frühlingstraße 320-9c

85617 **G**artenweg (1) 342-2b
83553 Gersdorfer-Straße 321-2c
85617 Grafinger Straße 320-9a
85617 Grafinger Straße (Lorenzenberg) 320-7b

85617 **H**aar 321-7a
85617 Hainza 319-9a
85617 Heubergweg (7) 320-9d
83553 Hirschbergweg 321-4b
85617 Hochreit 320-11b
85617 Hochreiter Weg 320-8c
85617 Hochrißweg (6) 320-9d
85617 Holzen 343-1a

85617 **K**ampenwandweg (5) 320-9d
85617 Kimpfinger 342-2b
85617 Kirchenweg (2) 342-2b
85617 Kirchplatz 320-9c
85617 Klärwerkstraße 320-12a
85617 Kleinfeldweg 320-7d
85617 Kränzhornweg (3) 320-9d
85617 Kreuzfeldweg 320-12a
83104 Kronauer Straße 343-5c

85617 **L**ängholz 321-7d
85617 Lärchenweg (15) 320-11b
85617 Langkofen 342-1b
85617 Lindenstraße (16) 320-11b
85617 Loitersdorf 319-9d
85617 Lorenzenberg 320-7b

85617 **M**artermühle 320-12b
85617 Mesnerfeld (18) 320-12a
85617 Mitterweg 320-12a
85617 Möslstraße 320-12a
85617 Mühlweg 320-9d

85617 **N**eumaier 342-2a
85617 Niclasreuth 342-2b
85617 Niclasreuther Weg 320-11d
85617 Niederreit 320-11b

85617 **O**bereichhofen 319-9b
85617 Obstädt 320-9b
85617 Osterwald 342-3a
85617 Osterwalder Weg 342-2b

85617 **P**ausmühle 319-12b
85617 Pfadendorf 320-4c
85617 Pfarrweg (8) 320-9d
85617 Pörsdorf 320-6b
85617 Pürzelberg 321-7b

85617 **R**aiffeisenstraße 320-10b
85617 Rammel 321-7b
85617 Röhrenbachweg 320-9d
85617 Rosenheimer Straße 320-12a
85617 Rotter Straße 320-9d

85617 **S**chmiedweg 320-9d
85617 Schulstraße 320-12a
85617 Schwalbenstraße 320-9c
85617 Seeberg 320-6c
85617 Setzermühle 320-10c
85617 Siegelmühle 320-10d
85617 Sixtenreit 321-10b
85617 Sonnenreit 321-10a
85617 Sonnwendstraße (19) 320-12a
85617 Steinkirchen 321-4c
85617 Steinkirchener Straße 320-9d
85617 Stelzenreit 321-10a
85617 Straßbergweg 342-2b

85617 **T**egernau 320-11b
85617 Tegernauer Weg 320-11b
85617 Thaldorf 321-7b
85617 Tulpenweg (10) 320-12a

85617 **U**lmenweg 320-8d
85617 Untereichhofen 319-9a

85617 **W**aldstraße 320-9d
85617 Waldweg 320-11a
85617 Wendelsteinweg 320-12a
85617 Wollwies 321-7c

Attenkirchen
PLZ 85395

Alpenheideweg 98-4a
Am Holz (4) 98-4a
Ampertalweg 98-4a
Appersdorfer Straße 98-1b
Auenweg 98-4b
Auerhahnweg (3) 98-4a

Bergdohlenweg (1) 98-1d
Bergfinkenweg (9) 98-4a
Berging 97-3b
Birkhahnweg (6) 98-4a
Bussardweg 98-1c

Edelweißweg 98-1c
Eisenthal 98-5a
Enzianweg 98-1c

Falkenweg 98-1c
Feldfahrt 98-1b

Gallersberg 98-2c
Gehausen 98-4b
Götzendorf 97-3d
Grünfinkenweg (7) 98-4a
Grünspechtweg (8) 98-1d

Haarland 98-1c
Habichtweg 98-1d
Häherweg 98-1d
Heckenweg (5) 98-4a
Hohenmorgen 98-1d

Kirchweg 98-1b
Kronsdorf 98-1a

Lerchenhof 97-6b

Moosburger Straße 98-1a

Pischlsdorf 97-3a

Quellenweg 98-4b

Rannertshausen 97-3b
Rebhuhnweg 98-1c
Ringstraße 98-4a

Steinadlerweg 98-1d
Steinbergweg 98-4b
Stuber 98-4a

Thalham 98-1c

Uferweg 98-4a

Waldstraße 98-1c
Walkershauer Weg (2) 98-4b
Wendelsteinstraße 98-1c
Wimpasing 98-2a

Augsburg

86161 **A**blaßweg 163-2c
86179 Ackerstraße 163-10a
86157 Adalbert-Stifter-Straße 162-1d
86199 Adam-Riese-Straße (6) 162-10d
86157 Adelgundenstraße 162-2c
86179 Adelheidstraße 190-3b
86199 Adelmannstraße 190-1b
86199 Adolph-Kolping-Straße 162-7b
86153 Adrian-de-Vries-Straße 135-10d
86179 Ährenstraße 162-12b
86150 Äußerer Gang 36-B3
86152 Äußeres Pfaffengäßchen 134-12b
86154 Äußere Uferstraße 134-8d
86167 Affinger Straße 135-5c
86150 Afragäßchen 162-3b
86179 Afrastraße 190-3b
86150 Afrawald 162-3b
86163 Aggensteinstraße 163-2d
86159 Agnes-Bernauer-Straße 162-2d
86154 Ahornerstraße 134-5d
86154 Aichacher Weg 134-5b
86199 Aichingerstraße 162-5a
86167 Aindlinger Straße 135-5c
86169 Akazienweg 135-4a
86179 Akeleistraße 191-1c
86163 Alatseestraße 163-3c
86179 Albert-Einstein-Straße 190-3b
86161 Albert-Greiner-Straße 163-1b
86169 Albert-Kirchmayer-Weg 134-3c
86179 Albert-Leidl-Straße 190-6b
86169 Albrecht-Dürer-Straße 134-6b + 135-7a
86199 Alemannenstraße 162-8a
86157 Alfonsstraße 162-2a
86169 Alfred-Wainald-Weg 134-6a
86167 Allensteinstraße 135-4d
86199 Allgäuer Straße 162-5c + 8c
86179 Almenrauschstraße 191-1c
86153 Alois-Senefelder- Allee 134-9c
86179 Alpenrosenstraße 191-1c
86159 Alpenstraße 162-3b
86163 Alpseestraße 163-6b
86163 Alpspitzstraße 135-11d
86179 Alraunenweg (5) 191-1a
86156 Alte Auerstraße 134-8a
86152 Alte Gasse 134-12a
86161 Alter Heuweg 163-1b
86159 Alter Postweg 162-6b + 9b
86152 Altes Kautzengäßchen 36-A5
86179 Alte Straße 191-1a
86152 Altes Zeughausgäßchen 36-A5
86156 Am Adlerhorst 134-4c
86153 Amagasaki-Allee 135-10d
86152 Am Alten Einlaß 36-B4
86156 Am Alten Hessenbach 134-11a
86153 Am Alten Schlachthof 135-10b
86153 Am Backofenwall 134-12a
86199 Am Bahnhoffeld (4) 190-1b
86161 Amberger Straße 163-1a
86152 Am Bogen 36-B3
86169 Am Brachfeld 134-6b
86150 Am Brunnenlech 36-C2
86199 Am Bühl 162-4c
86161 Am Eiskanal 163-5b + 2d
86150 Am Eser 36-D3
86156 Am Eulenhorst 134-4c
86156 Am Exerzierplatz 134-10b
86153 Am Färberturm 163-1b
86152 Am Fischertor 134-9c
86179 Am Floßgraben 191-1b
86199 Am Forellenbach 162-10c
86169 Am Grünland 134-6b
86156 Am Haferfeld 134-4a
86153 Am Hanreibach 135-10d
86150 Am Hinteren Perlachberg (11) 36-B3
86165 Am Jeschken 135-9d
86152 Am Katzenstadel 134-12a
86199 Am Köpfle 162-4c
86156 Am Kornfeld 134-4a
86199 Am Langen Berg 161-11a
86152 Am Lueginsland 134-9d
86167 Ammannstraße 135-4b
86163 Ammerseestraße 135-11d
86159 Am Messezentrum 162-6d
86167 Am Mittleren Moos 135-2c
86199 Am Mühlholz 162-10b
86199 Am Neubruch 161-9c
86150 Am Oberen Zwinger 36-D3
86150 Am Perlachberg 36-B3
86179 Amperstraße 191-1b
86153 Am Pfannenstiel 134-9c
86157 Am Pferseer Feld 134-10d
86199 Am Rauhen Forst 161-11c
86156 Am Rehsprung 134-4c
86199 Am Ringofen 162-5b
86199 Am Römerstein 162-10d
86152 Am Rößlebad 36-A3
86150 Am Roten Tor 162-3b
86153 Am Schäfflerbach 163-1b
86156 Am Schwabenfeld 134-1c
86152 Am Schwalbeneck (2) 36-B3
86150 Am Schwall 36-C3
86156 Amselweg 134-4d
86161 Am Silbermannpark 162-3d
86199 Am Sonnenhang 161-11b
86152 Am Sparrenlech 36-B2
86159 Am Technologiezentrum 162-9d
86156 Amundsenstraße (2) 134-10d
86152 Am Vogeltor 36-C2
86161 Am Waldrand 163-10a
86157 Am Webereck 162-2b
86199 Am Wertachdamm 162-7a
86199 Am Zehntstadel 162-7b
86199 Andechser Straße 190-2a
86152 An der Blauen Kappe 134-12a
86152 An der Brühlbrücke (10) 36-B3
86199 An der Dolle (5) 190-1b
86199 An der Halde 190-1b
86161 An der Hochschule 163-1c
86199 An der Sandhülle 189-2b
86199 An der Sinkel 190-1b
86150 Angerhof 134-11c
86179 Angerstraße 191-1c
86159 Anna-German-Weg (1) 163-7a
86150 Annahof 36-B4
86153 Anna-Krölin-Platz 135-7c
86199 Anna-Seghers-Straße 162-8b
86154 Annastraße 134-12d
86156 Anne-Frank-Straße 134-7d
86156 Annegert-Fuchshuber-Weg 134-10b
86152 Anstoßgäßchen 36-A3
86199 Anton-Bezler-Straße 162-5c
86154 Anton-Bruckner-Straße 134-8a
– Anton-Fugger-Brücke 135-11a
86199 Anton-Günther-Straße 162-5d
86169 Anton-Hockelmann-Straße 134-6b
86199 Anton-Sorg-Straße 161-12c
– Antonsviertel 162-2d
86167 Anwaltinger Straße 135-5b
86169 Apfelweg 135-4a
86154 Apostelstraße (1) 134-8b
86150 Apothekergäßchen 134-12d
86199 Apprichstraße 162-4d
86169 Aprikosenweg 135-4a
86179 Arberstraße 163-10c
86199 Archimedesstraße (3) 190-1b
86153 Argonstraße 135-10c
86150 Armenhausgasse 162-3b
86199 Arminstraße 162-8a
86169 Arnikaweg (5) 135-1c
86157 Arnulfstraße 162-1d
86161 Arthur-Piechler-Straße 163-1b
86165 Aspernstraße 135-7d
86169 Auenhof 108-6c
86199 Auenweg 162-7b
86163 Auerbergweg 163-2b
86156 Auerhahnweg 134-4c
86152 Auf dem Kreuz 134-12a
86179 Auf dem Nol 162-12c + 190-3a
86152 Auf dem Plätzchen 36-B2
86150 Auf dem Rain 36-B3
– Augsburger Gewerbehof 134-7c
86157 Augsburger Straße 162-2a
86154 Augustastraße 134-5c
86179 Augustusstraße 191-1a
86157 August-Vetter-Straße 162-1d
86154/86156 August-Wessels-Straße 134-7b
86167 Aulzhausener Straße 135-5d
86179 Aurikelstraße 191-1c
86167 Aussiger Weg (9) 135-4d
86153 Austraße 134-9a
86199 Auwaldstraße 162-10c
86156 Aysetter Weg 134-7c
86179 Azaleenstraße 191-4a

86156 **B**abenhauser Weg 134-7d
86169 Bachstelzenweg 134-3d
86154 Bachstraße 134-8b
86157 Badanger 162-1b
86153 Badstraße 134-11b
86150 Bäckergasse 162-3b
86167 Bärenhorststraße (7) 135-7d
86156 Bärenkeller 134-4a
86156 Bärenstraße 134-4c
86150 Bahnhofstraße 134-12c
86199 Bahnstraße 162-8a
86157 Balanstraße (13) 134-11c
86179 Banater Straße (2) 163-10c
86199 Bannacker 189-5a
86199 Bannackerstraße 189-5a
86163 Bannwaldseestraße 163-6a
86153 Barbara-Gignoux-Weg 163-1b
86150 Barfüßerstraße 134-12d
86150 Barthshof 36-C4
86159 Bauernfeindstraße 162-6b
86165 Bauernfeld 135-11a
86150 Bauerntanzgäßchen (8) 36-B3
86150 Baumgärtleingäßchen 36-D3
86161 Baumgartnerstraße 163-1a
86167 Bautzener Straße 135-4d
86153 Bavousstraße 134-9d
86199 Bayerstraße 162-5d
86157 Bebo-Wager-Straße 162-2a
86150 Beethovenstraße 162-3a
86165 Behringerstraße 135-11c
86152 Bei den Sieben Kindeln 36-A3
86179 Bei der Wettersäule 190-3d
86161 Beim Dürren Ast 163-7a
86153 Beim Glaspalast 135-10d
86167 Beim Grenzgraben 135-5a
86152 Beim Hafnerberg 36-B4
86157 Beimlerstraße 162-1d
86150 Beim Märzenbad 36-B3
86152 Beim Pfaffenkeller (1) 36-A2
86150 Beim Rabenbad 36-D2
86150 Beim Schnarrbrunnen 36-C2
86199 Beim Winkelacker 189-2b
86152 Bei St. Barbara 36-A3
86152 Bei St. Max 36-A2
86150 Bei St. Ursula 134-12d
86150 Belzmühlgäßchen 36-B3
86199 Benatzkystraße 161-11b
86199 Benediktbeurer Straße 190-1b
86167 Benedikt-Kern-Weg 135-5c
86169 Berberitzenweg 135-4a
86163 Berchtesgadener Straße 163-2d
86199 Bergheim 161-11b
86199 Bergheimer Straße 189-3a
86199 Bergiusstraße 162-8b
86153 Bergmühlstraße 135-10c
86199 Bergstraße 162-5a
86199 Bergwandstraße 162-8a
86153/86161 Berliner Allee 36-A1
86153/86161 Berliner Allee 135-7c
86153/86161 Berliner Allee 135-10b
86153 Bert-Brecht-Straße 134-12b
86156 Bertha-von-Suttner-Straße 134-7b
86167 Besselstraße 135-7a
86159 Bettina-von-Arnim-Weg (1) 162-9b
86154 Biberbachstraße 134-5a
86163 Biberkopfstraße 163-6a
86199 Bienenweg 190-1b
86153 Biermannstraße 134-9d
86154 Billerstraße 134-8d
86167 Birkenau 135-7c
86157 Birkenfeldstraße 134-11c
86167 Birkenhof 135-7a
86199 Birkenstraße 162-7d
86156 Birkhahnweg 134-4c
86169 Birnbaumweg 135-4a
86199 Bischoffstraße 162-5c
86179 Bischofsackerweg 162-12b
86154 Bischof-von-Zollern-Platz (2) 134-8b
– Bismarckbrücke 162-3d
86159 Bismarckstraße 162-3d
86156 Bissingerstraße 134-10a
86150 Bitschlinstraße 162-2b
86199 Blaichacher Straße 162-8c
86167 Blankenfelder Weg 135-4d
86154 Bleicherbreite 134-5c
86199 Bleicherhornweg (6) 162-8a
86153 Bleichstraße 135-10a
86150 Bleigäßchen 36-C4
86159 Blériotstraße 162-9b
86165 Blücherstraße 135-7d
86179 Blütenstraße 191-4a
86152 Blumenstraße 134-11b
86199 Bobinger Straße 190-4a
86153 Böheimstraße 135-10d
86179 Böhmerwaldstraße 190-3b
86199 Böttgerstraße (2) 162-7b
– Botanischer Garten 163-1c
86153 Bourges-Platz 134-9c
86165 Bozener Straße 135-8a
86179 Brachvogelstraße 162-12d
86150 Bräuergäßchen 36-D3
86179 Brahmsstraße 190-6b
86154 Branderstraße 134-8c
86199 Brandweg 161-12b
86179 Braunstraße 163-10b
86161 Brehmplatz 163-4b
86163 Breitachweg 163-6a
86163 Breitenbergstraße 163-3c
86199 Brennhölzerweg 161-10c
86167 Brentanostraße 135-7c
86167 Breslauer Straße 135-7b
86165 Brixener Straße 135-8c
86163 Brückenhof 163-2b
86153 Brückenstraße 134-9d
86165 Brunecker Straße 135-8a
86152 Brunhildenstraße 36-B5
86157 Brunnenbachstraße 162-2a
86161 Brunnenlechgäßchen 163-1c
86165/86167 Brunnenstraße 135-7b
86179 Brunostraße 190-3b
86154 Buchenau-Nord 134-5d
86154 Buchenau-Süd 134-5d
86199 Buchenländer Straße 162-10c
86179 Buchenstraße 163-10a
86159 Buchinger Straße 162-6a
86152 Buchmayergäßchen 36-B2
86161 Büchnerstraße 163-1d
86167 Bülowstraße 135-7c
86156 Bürgermeister-Ackermann-Straße 134-10b
86199 Bürgermeister-Aurnhammer-Straße 162-8a
86157 Bürgermeister-Bohl-Straße 162-1d
86154 Bürgermeister-Bunk-Straße 134-8b
86150 Bürgermeister-Fischer-Straße 134-12d
86199 Bürgermeister-Lutzenberger-Weg 190-1a
86199 Bürgermeister-Miehle-Straße 162-8c
86179 Bürgermeister-Rieger-Straße 190-3d

86199 Bürgermeister-Schlosser-Straße 162-10d
86199 Bürgermeister-Ulrich-Straße 162-8a
86167 Bürgermeister-Wegele-Straße 135-4b
86179 Bürgermeister-Widmeier-Straße 163-10c
86156 Burgauer Straße 134-10a
86150 Burgergäßchen 36-B3
86159 Burgfriedenstraße 162-2d
86150/86152 Burgkmairstraße 134-12c
86179 Burgunderstraße 190-6b
86199 Burgwalder Straße 161-11a
86161 Burkhard-Zink-Straße 163-1b
86156 Bussardweg (2) 134-4c
86150 Butzenbergle 36-C3
– Butzpark 162-4d
86199 Butzstraße 162-4d

86159 Calmbergstraße 162-3c
86159 Canisiusstraße 162-3d
86153 Caritasweg 163-1a
86179 Carl-Hüber-Straße 163-10a
86157 Carl-Loewe-Straße (8) 162-1d
86157 Carl-Maria-von-Weber-Straße 162-1d
86156 Carl-Natterer-Straße 134-6b
86156 Carl-Schurz-Straße 134-10b
86199 Carl-Zeiss-Straße 162-5d
86161 Carron-du-Val-Straße 163-1c
86157 Chemnitzer Straße 162-1d
86157 Christian-Dierig-Straße 134-11c
86163 Christleseeweg 135-11d
86159 Christoph-von-Schmid-Straße 162-2d
86161 Clara-Hätzler-Straße 163-1b
86156 Clara-Trott-Straße (10) 134-7d
86169 Clematisweg (1) 134-3d
86169 Clementine-Heymann-Straße 135-4b
86156 Columbusstraße 134-10d
86169 Cranachstraße 135-7a
86167 Curt-Frenzel-Straße 135-4d
86165 Curtiusstraße 135-11a

86169 Dachsweg 134-6b
86199 Dahlienweg 162-10c
86161 Damaschkeplatz 163-2c
86161 Damaschkestraße 163-2c
86157 Dambörstraße 162-2a
86152 Dammstraße 134-11b
86167 Danziger Straße 135-7b
86167 Dasinger Straße 135-5b
86156 Dayton-Ring 134-10c
86199 Dekan-Mayer-Straße 162-7b
86199 Demharterhof 162-5c
86167 Dennewitzstraße 135-7b
86199 Depotstraße 162-5b
86165 Derchinger Straße 135-7d
86179 Dessauer Straße 190-3b
86157 Deutschenbaurstraße 134-10d
86199 Diebelbachstraße 161-11d
86152 Dieboldgäßchen 36-A3
86154 Diedorfer Straße 134-5a
86153 Dieselbrücke 134-9a
86154 Dieselstraße 134-8b
86154 Dietrichstraße 134-8c
86156 Dillinger Weg 134-11a
86154 Dinglerstraße 134-8d
86154 Dinkelsbühler Weg 134-5d
86199 Dinkelscherbener Straße 162-7b
86199 Döllgaststraße 162-4d
86156 Dohlenweg 134-7a
86156 Dr.-Dürrwanger-Straße 134-7c
86152 Doktorgasse 36-A4
86161 Dr.-Grandel-Straße 163-1c
86179 Dr.-Hörmann-Straße 190-3b
86159 Dr.-Lagai-Straße 162-3d
86169 Dr.-Nebel-Straße 134-6b
86165 Dr.-Nick-Straße 135-9d
86169 Dr.-Otto-Meyer-Straße 134-9b
86153 Dr.-Port-Straße 134-12b
86169 Dr.-Schmelzing-Straße 134-6d
86179 Dr.-Troeltsch-Straße 191-1c
86161 Dr.-Ziegenspeck-Weg 163-4a
86150 Dominikanergasse 134-12d
86156 Dompfaffweg 134-4c
86165 Donaustraße 135-8c
86154 Donauwörther Straße 134-8d
86161 Don-Bosco-Platz 163-2a
86159 Dornierstraße 163-7a
86199 Dornröschenweg 162-4c
86154 Drei-Auen-Platz (1) 134-5d
86154 Drentwettstraße 134-8d
86179 Drescherstraße 162-12d
86157 Dresdener Straße 162-1d
86152 Drittes Quergäßchen 36-A3
86156 Drosselweg 134-4c
86157 Droste-Hülshoff-Straße 162-2c
86179 Drususstraße 191-1a
86179 Dudenstraße 191-1a
86156 Dumlerstraße 134-7d
86154 Dußmannstraße 134-8a

86179 Ebereschenstraße 163-10a
86157 Eberlestraße 134-11c
86154 Ebnerstraße 134-8c
86163 Edelsbergstraße 163-3a
86179 Edelweißstraße 191-1c
86156 Edenberger Straße 134-1c
86199 Edisonstraße 162-5b
86157 Egelseestraße 162-1b
86179 Egerländer Straße 190-3b
86179 Eggenstraße 162-12d
86179 Ehingerstraße 163-10c
86169 Eibenweg (6) 135-4b
86163 Eibseestraße 163-2b
86161 Eichendorffstraße 163-2c
86154 Eichenhof 134-5c
86154 Eichenhofstraße 134-5c
86179 Eichenstraße 163-10a
86165 Eichhornstraße 135-7d
86199/86159 Eichleitnerstraße 162-3c
86154 Eichlerstraße 134-8d
86165 Eisackstraße 135-9c
86179 Eisenhutstraße 191-1c
86156 Eisvogelweg 134-4c
86150 Elias-Holl-Platz 36-B3
86199 Elisabeth-Selbert-Straße 162-8b
86167 Elisabethstraße 135-7c
86159 Elisenstraße 162-3a
86179 Ellensindstraße 163-10a
86154 Ellgauer Weg 134-5b
86163 Elmauer Weg 163-6c
86199 Elsa-Brändström-Straße (1) 162-10d
86157 Elsässer Straße 162-2a
86161 Elsenbornstraße 163-1d
86156 Elsterweg 134-4c
86152 Emaushof 36-A4
86156 Emil-Esche-Weg (17) 134-7d
86159 Emilie-Kempin-Weg (3) 162-9b
86153 Emilienstraße 134-8d
86157 Emil-Nolde-Straße 162-1d
86156 Emily-Balch-Straße 134-10d
86159 Emmy-Noether-Weg (5) 162-9b
86167 Endorferstraße 135-5a
86161 Engelbergerstraße 163-1a
86179 Enzianstraße 191-1c
86165 Eppaner Straße 135-8d
86169 Erfurter Straße 135-4a
86161 Erhart-Kästner-Straße 163-1b
86153 Erhartstraße 134-9c
86169 Erlenweg 135-1d
86199 Erlkönigweg 162-4c
86161 Erna-Wachter-Straße 163-1b
86157 Ernst-Barlach-Straße (5) 162-1d
86157 Ernst-Cramer-Weg 162-6b
86159 Ernst-Heinkel-Straße 163-7c
86159 Ernst-Lehner-Straße 162-3c
86157 Ernst-Lossa-Straße 162-1a
86167 Ernst-Moritz-Arndt-Straße 135-7a
86150 Ernst-Reuter-Platz 134-12d
86152 Erstes Quergäßchen 36-A3
86152 Erstes Quersächsengäßchen 36-B3
86199 Erzgebirgsstraße 162-5d
86154 Eschenhof 134-5d
86154 Eschenhofstraße 134-8b
86159/86150 Eserwallstraße 162-3b
86169 Espenweg (1) 135-4b
86199 Ettaler Straße 162-11c + 190-2a
– Eulen-Geräumt 191-5a
86165 Euler-Chelpin-Straße 135-11a
86161 Eupenstraße 163-1d
86157 Euringerstraße 162-1b
86159 Europaplatz 162-9b

86199 Fabrikstraße 162-4d
86150 Färbergäßchen 36-C4
86157 Färberstraße 162-2a
86163 Falkensteinstraße (3) 163-2d
86156 Falkenweg 134-7a
86161 Fallerslebenstraße 163-2a
86199 Falterweg 162-7d
86163 Farchanter Weg 163-6c
86161 Farnweg 163-7c
86169 Fasanenweg 134-3c
86154 Felberstraße 134-8d
86156 Feldstraße 134-7b
86163 Fellhornstraße 163-6a
86199 Felsensteinstraße 162-4d
86161 Ferdinand-Halbeck-Straße 163-1c
86154 Ferdinand-Lassalle-Straße 134-2d
86169 Feuerdornweg 135-4b
86165 Feuerhausstraße 135-7d
86153 Fichtelbachstraße 135-10d
86169 Fichtenweg (2) 135-4b
86165 Fichtestraße 135-11a
86150 Findelgäßchen 36-C3
86156 Finkenweg 134-4c
86152 Finstere Gasse 36-B2
86169 Firnhaberau 134-3d
86159 Firnhaberstraße 162-6c
86165 Fischertor 134-9c
86179 Flachsstraße 162-12d
86157/86156 Flandernstraße 134-10d
86199 Flemingstraße 162-5d
86161 Fliederweg (2) 163-2c
86199 Flößerstraße 162-7b
86179 Flugfeldstraße 163-10a
– Flughafen Augsburg 109-10b
86169 Flughafenstraße 109-10d
86154 Flurstraße 134-8d
86169 Föhrenweg 135-4b
86179 Föllstraße 190-6d
86161 Fontanestraße 163-2c
86163 Forggenseestraße 135-11d
86159 Forschungsallee 162-12a
86153 Forsterstraße 135-10c
86153 Forsthausweg 163-10b
86199 Frankenweg 162-8a
86199 Franzensbadstraße 162-8b
86152 Franziskanergasse 134-12b
86179 Franziska-Wittmann-Straße 190-3d
86153 Franz-Josef-Strauß-Straße 134-9b
86157 Franz-Kobinger-Straße 162-2a
86157 Franz-Marc-Straße (2) 162-1d
86179 Franz-Ruckdeschel-Straße 162-11b
86179 Frauenschuhstraße (9) 191-4a
86152 Frauentorstraße 134-12b
86167 Fraunhoferstraße 135-7c
86163 Freibergseestraße 135-11d
86179 Freudenthalstraße 190-3b
86154 Frickingerstraße 134-11d
86161/86163 Friedberger Straße 163-1a
86179 Friedenstraße 163-10c
86199 Friedhofweg 162-5c
86156 Friedl-Urban-Straße 135-4d
86153 Friedrich-Chur-Straße 134-8d
86163 Friedrich-Deffner-Straße 163-6c
86199/86159 Friedrich-Ebert-Straße 162-8b
86153 Friedrich-List-Straße 163-1a
86199 Friedrich-Maurer-Weg 162-5d
86161 Friedrich-Merz-Straße 163-1a
86159 Friedrichshafener Straße (2) 162-3d
86163 Friedrich-Sohnle-Straße 163-6c
86165 Friesenstraße 135-7d
86161 Frischstraße 162-3d
86159 Fritz-Hintermayr-Straße 162-3c
86159 Fritz-Klopper-Straße 162-11c
86161 Fritz-Koelle-Straße 163-2a
86156 Fritz-Strassmann-Straße 134-7c
86159 Fritz-Wendel-Straße 162-9d
86157 Fröbelstraße 162-1b
86150 Frölichstraße 134-11d
86150 Frohsinnstraße 162-3a
86156 Fronsbergstraße 134-7d
86199 Frühlingstraße 190-1b
86199 Fuchssiedlung 161-12b
86169 Fuchsweg 134-6b
86152 Fuchswinkel 134-12b
86152 Fünftes Quergäßchen 36-B3
86163 Füssener Straße 135-12c
86150 Fuggerstraße 134-12c

86199 Gabelsbergerstraße 162-5c
86154/86156 Gablinger Weg 134-1d
86167 Gablonzer Weg (8) 135-4d
86152 Gänsbühl 36-A2 + 135-10a
86153/86161 Gärtnerstraße 163-1a
86154 Gärtnerwinkel 134-8b
86156 Gailenbachweg 134-1c
86179 Galileistraße 162-12d
86152 Gallusbergle 134-12b
86152 Gallusplatz 134-12b
86153 Galvanistraße 163-10b
86157 Ganghoferstraße 162-2a
86179 Garbenstraße 162-12b
86163 Garmischer Straße 163-6c
86152 Gartengasse 36-B2
86152 Gartenstraße 134-12c
– Gassen-Geräumt 191-1b
86167 Gaußstraße 135-7c
86153 Gebrüder-Münch-Straße 135-10a
86157 Geibelstraße 162-2a
86156 Geierweg 134-7a
86199 Geiselsteinweg (8) 162-8a
86163 Geishornstraße 163-6a
86150 Geißgäßchen (9) 36-C3
86157 Gellertstraße 162-2a
86157 General-Cramer-Weg 162-1c
86161 Gentnerstraße 163-1d
86152 Georg-Brach-Straße 134-11d
86152 Georgenstraße 134-12a
86156 Georg-Gershwin-Straße (1) 134-10d
86153 Georg-Haindl-Straße 134-9d
86179 Georg-Käß-Platz 191-1a
86156 Georg-Mayr-Weg 134-4c
86179 Georg-von-Krauß-Straße 162-11b
86199 Gerhart-Hauptmann-Straße 162-5c
86157 Germersheimer Straße 134-11c
86179 Gerstenstraße 190-3d
86169 Gersthofer Straße 108-12a + 109-10d
86156 Geschwister-Scholl-Straße 134-7d
86152 Gesundbrunnenstraße 134-12a
86156 Gieseckestraße 134-7c
86154 Giggenbachstraße 134-8d
86169 Ginsterweg 135-4b
86199 Girlitzstraße 190-2c
86179 Gladiolenstraße 191-4a
86153 Glückstraße 134-8d
86167 Gneisenaustraße 135-7a
86199 Göggingen 162-7c
– Gögginger Brücke 36-D4
86150 Gögginger Mauer 162-3b
86159/86199 Gögginger Straße 162-5d
86167 Göhlsdorfer Weg 135-7b
86161 Goethestraße 163-1d
86179 Goldammerstraße 162-12d
86169 Goldregenweg 135-1c
86165 Goldschlägerweg 135-7d
86169 Goldwiesenstraße 161-11d
86157 Gollwitzerstraße 162-2a
86150 Gossenbrotstraße 162-2b
86199 Gotenweg 162-5d
86161 Gottfried-Keller-Straße 163-4b
86154 Grabenstraße 134-8c
86157 Graf-Bothmer-Straße 162-1b
86179 Graf-Dietbald-Straße 191-1c
86154 Grafstraße 134-8c
86199 Graf-von-Seyssel-Straße 162-5c
86156 Graham-Bell-Straße 134-10d
86163 Grainauer Weg 163-6d
86157 Grasiger Weg 162-1a
86199 Graslitzer Straße 162-5d
86169 Grasmückenweg 161-11b
86150 Gratzmüllerstraße 162-3a
86167 Graupener Straße 135-8a
86157 Greiffstraße 134-11d
86156 Grenzstraße 134-11a
86156 Griesstraße 134-8b
86179 Grillparzerstraße (7) 191-1c
86154 Grimmstraße 134-8d
86167 Großbeerenstraße 135-7b
86150 Grottenau 36-B4
86154 Grünerstraße 134-8c
86163 Grüntenstraße 163-3c
86156 Gubener Straße 134-7b
86156 Günzburger Straße 134-5d
86165 Günzstraße 135-12a
86154 Gumpelzhaimerstraße (3) 134-8b
86165 Gumppenbergstraße 135-11a
86152 Gunterstraße 134-12a
86163 Gunzesrieder Weg (1) 135-12c
86169 Gustav-Heinemann-Straße 162-8b
86199 Gustav-Stresemann-Straße 162-8b
86152 Gutenbergstraße 36-B4
86154 Gutermannstraße 134-8a
86179 Guttenbrunnstraße 191-1c

86156 Habichtsweg 134-4c
86199 Habsburgstraße 162-7b
86179 Händelweg 190-6b
86156 Hänflingweg 134-4c
86152 Häspelegäßchen 36-B2
86169 Hafenmühlweg 135-1c
86179 Haferstraße 190-3d
86165 Hagebuttenweg 135-1c
86165 Hainbergstraße 135-9d
86169 Hainbuchenweg 135-4a
86161 Hainhoferstraße 163-1a
86150 Halderstraße 134-12c
86150 Hallstraße 134-12d
86179 Hambacher Weg (11) 190-6a
86169 Hammerschmiede 135-4c
86169 Hammerschmiedweg 134-6a
86165 Hanauer Straße 135-7d
86199 Hangstraße 162-11c
86159 Hannah-Arendt-Straße 162-9b
86199 Hanns-Rupp-Weg 162-5a
86153 Hanreiweg 135-10d
86157 Hans-Adlhoch-Straße 162-2a
86165 Hans-Böckler-Straße 135-7a
86165 Hans-Heiling-Straße 135-9d
86161 Hans-König-Straße 163-1a
86152 Hans-Nagel-Gasse 36-A4
86157 Hans-Rollwagen-Straße 162-1d
86154 Hans-Sachs-Straße 134-8a
86165 Hans-Watzlik-Straße 135-11a
86165 Hardenbergstraße 135-7d
86150 Hardergäßle (6) 36-C2
86179 Hartmannstraße 162-3d
86169 Haselnußweg 135-4a
86152 Hasengasse 36-A2
86165 Haspingerstraße 135-11a
86161 Haßlerstraße 163-1c
86179 Haunstetten 162-12c + 190-3a
– Haunstetter Geräumt 163-10d + 191-2a
86161/86179 Haunstetter Straße 162-3d
86199 Hauptstraße 161-11d
86199 Hauschildstraße 161-12d
86154 Haußnerstraße 134-8c
86156 Haydnstraße 134-8a
86199 Hechtstraße 162-7b
86156 Heckenrosenweg 134-4a
86179 Heckenstraße 191-1a
86157 Hegelstraße 135-7b
86179 Heiligenangerstraße 163-10c
86150 Heilig-Grab-Gasse 36-C3
86152 Heilig-Kreuz-Straße 134-12a
86179 Heimbaustraße 162-12d
86161 Heimgartenweg 163-2d
86156 Heimstättenweg 134-8c
86161 Heinestraße 163-2a
86159 Heini-Dittmar-Straße 163-7c
86199 Heinrich-Böll-Straße 162-8b
86199 Heinrich-Hertz-Straße 162-12b
86161 Heinrich-Kaspar-Schmid-Straße 163-2a
86153 Heinrich-von-Buz-Straße 134-9c
86154 Helmschmiedstraße 134-8d
86152 Henisiusstraße 134-12b
86156 Henlestraße 134-8c
86199 Hennchstraße 162-6b
86179 Henri-Dunant-Straße 191-1a
86179 Herbststraße 163-10c
86179 Hermann-Frieb-Straße 190-3b
86199 Hermann-Hesse-Straße 163-2c
86153 Hermann-Kluftinger-Straße 135-10d
86159 Hermann-Köhl-Straße 163-7a
86161 Hermann-Löns-Straße 163-2c
86150 Hermanstraße 162-3a
86199 Hermelinweg 134-3d
86161 Herrenbach 163-2a
86161 Herrenbachstraße 163-2a
86152 Herrengasse 135-10c
86152 Herrenhäuser 134-12a
86156 Hertelstraße 134-10a
86159 Hertha-Sponer-Weg (6) 162-9d
86152 Herwartstraße 134-9d
86163 Herzogstandstraße 163-2b
86157/86156 Hessenbachstraße 134-11d
86199 Hessingstraße 162-5c
86154 Hettenbachufer (8) 134-8d
86199 Heumahdstraße 190-1b
86156 Hillenbrandstraße 134-7d
86154 Himmerstraße 134-8d
86163 Hindelanger Straße 135-12c
86152 Hinter dem Schwalbeneck 36-B3
86150 Hinter den Gärten 162-1d
86150 Hinter der Metzg 36-B3
86152 Hintere Gasse 36-B2
86150 Hinterer Lech 134-12d
86152 Hinteres Kretzengäßchen 36-B2
86167 Hippelstraße 135-7a
86154 Hirblinger Straße 134-8a
86154/86156 Hirblinger Straße 134-1c
– Hirsch-Geräumt 191-8d
86179 Hirsestraße 190-3d
86154 Hirtenmahdweg 134-5b
86159 Hochfeld 162-6b
86159 Hochfeldstraße 162-6b
86163 Hochgratstraße 163-3a
86179 Hochstiftstraße 190-3b
86163 Hochvogelstraße 163-5b
– Hochzoll 163-9a
86163 Hochzoller Straße 163-3c
86154 Höchstetterstraße 134-8c
86163 Höfatsstraße 163-6a
86157 Höggstraße 162-1b
86179 Hölderlinstraße 191-1c
86150 Hörbrotstraße 36-C6
86179 Hötzelstraße 163-10a
86179 Hofackerstraße 162-12d
86154 Hofer Straße 134-8b
86179 Hofgartenstraße 191-1a
86161 Hofmannsthalstraße 163-5a
86161 Hofrat-Röhrer-Straße 163-1c
86199 Hohenstaufenstraße 162-10d
86152 Hoher Weg 134-12b
86150 Holbeinplatz 36-B3
86150 Holbeinstraße 134-12c
86169 Holunderweg 135-4a
86152 Holzbachstraße 134-11d
86156 Holzhauser Weg 134-1c
– Holzschlag-Geräumt 191-8b
86156 Holzweg 134-4c
86156 Hooverstraße 134-10a
86163 Hopfenseeweg 163-3c
86179 Hopfenstraße 190-3b
86156 Horgauer Weg 134-4d
86199 Hornissenweg 190-1b
86161 Hornungstraße 163-2c
86169 Hubertusplatz 134-3c
86150 Hübnerstraße 36-C4
86179 Hugenottenweg 163-8c + 11d + 191-2b
86159 Hugo-Eckener-Straße 162-9b
86159 Hugo-Junkers-Straße 163-7c
86157 Hugo-Wolf-Straße (9) 162-1d
86167 Humboldtstraße 135-7a
86165 Hummelstraße 134-10a
– Hundezwinger-Geräumt 191-8d
86150 Hunoldsberg 36-C3
86150 Hunoldsgraben 134-12d
86199 Hurlacher Weg 190-1b

86150 I. Fabrikgäßchen 36-C3
86163 Ifenstraße 163-6a
86150 II. Fabrikgäßchen 36-B2
86152 III. Quergäßchen 36-A3
86152 II. Quergäßchen 36-A3
86152 II. Quersächsengäßchen 36-B2
86165 Illerstraße 135-8d
86161 Ilsungstraße 163-4c
86169 Iltisweg 134-6d
86157 Im Anger 162-2a
86165 Im Eigenen Heim 135-8a
86169 Im Feierabend 134-3c
86156 Im Galgenthal 134-11a
86179 Im Gries 162-12d
86159 Imhofstraße 162-2d
86159 Immelmannstraße 162-6b
86163 Immenstädter Straße 163-3a
– Imminger Dorfplatz 162-10d
86169 Im Neufeld 134-6d
86169 Im Neuland 134-3c
86152 Im Sack 36-B2
86179 Im Tal 162-12d
86152 Im Thäle 134-12a
86152 Im Windhof (1) 134-12b
86199 In der Fuchssiedlung 161-12b
– Innenstadt 163-1b
86152 Inneres Pfaffengäßchen 134-12b
86153 Innere Uferstraße 134-8d
86199 Inningen 162-11a + 190-1b
86199 Inninger Straße 190-3a
86163 Innsbrucker Straße 163-6c
86179 Innstraße 191-1b
86165 Insterburgstraße 135-8c
86161 Inverness-Allee 163-1c
86179 Isarstraße 191-1b
86199 Isegrimstraße 162-4c
86163 Iselerstraße 163-6a
86154 Iselinstraße 134-8c
86152 IV. Quergäßchen 36-B3

86179 Jägerbachstraße 191-1b
86152 Jägergäßchen 36-A2
86169 Jagdweg 134-3c
86179 Jahnstraße 163-10c
86152 Jakoberstraße 134-12d
86153 Jakobertorplatz 135-10a
86153 Jakoberwallstraße 135-10c
86157 Jakobine-Lauber-Straße 162-2a
86199 Jakob-Krause-Straße 161-12a
86152 Jakobsplatz 135-10c
86156 James-Cook-Straße 134-10c
86156 Jane-Addams-Straße 134-10b
86161 Jean-Paul-Straße 163-4b
86156 Jedelhauserstraße 134-8c
86169 Jenaer Straße 135-4a
86156 Jesse-Owens-Straße 134-11a
86152 Jesuitengasse 134-12a
86163 Jochbergstraße 163-3a
86153 Jörg-Breu-Straße 134-12d
86153 Jörg-Seid-Straße 135-10d
86153 Johannes-Haag-Straße 135-10a
86157 Johannes-Holzer-Straße 162-2b
86152 Johannes-Rösle-Straße 134-11d
86159 Johann-Georg-Halske-Straße 162-6b
86152 Johannisgasse 36-B4
86199 Johann-Marxreiter-Weg 162-10c
86199 Johann-Sebastian-Bach-Straße (1) 161-11b
86179 Johann-Strauß-Straße 190-3d
86157 John-May-Weg 162-1b
86199 Josef-Felder-Straße 162-8b
86157 Josef-Fischer-Platz 162-1d
86154 Josef-Kerker-Weg (13) 134-8a
86157 Josef-Kronthaler-Straße (3) 162-1d
86159 Josef-Priller-Straße 163-7c
86179 Josef-Schorer-Straße 162-12b
86161 Joseph-Haas-Straße 163-1b
86154 Joseph-Mayer-Straße 134-8a
86150 Judenberg 134-12d
86157 Judenweg 134-10d
86153 Julius-Spokojny-Weg 135-10c
86179 Jupiterstraße 190-6b

86179 Käthe-Schäfer-Straße 190-6b
86156 Käuzchenweg 134-4c
86150 Kaffeegäßchen 36-C3
86161 Kagerstraße 163-1b
86163 Kalkbrennerweg 163-3c
86154 Kaltenhoferstraße 134-8b
86165 Kalterer Straße 135-8d
86153 Kammgarnquartier 163-1a
86153 Kanalstraße 134-12b
86157 Kandinskystraße (1) 162-1d
86157 Kantstraße 135-7a
86199 Kanzelwandweg (4) 162-8a
86154 Kapellenstraße 134-8a
86150 Kappelberg 162-3b
86152 Kappeneck 135-10c
86150 Kapuzinergasse 162-3b
86154 Kargstraße 134-8b
86159 Karl-Drais-Straße 162-9c
86156 Karl-Haberstock-Straße 134-7d
86199 Karl-Nagel-Straße 162-5b
86157 Karl-Nolan-Straße 162-1a
86156 Karl-Radinger-Weg 134-7d
86169 Karlsbader Straße 135-4a
86179 Karl-Settele-Straße 190-6b
86150 Karlstraße 134-12d
86159 Karl-Strehle-Straße 162-6d
86152 Karmelitengasse 134-12b
86152 Karmelitenmauer 134-12b
86152 Karmeliterplatz 36-A3
86150/86152 Karolinenstraße 134-12b
86152 Karrengäßchen 134-12d
86163 Karwendelstraße 135-11d
86152 Kasernstraße 36-B4
86169 Kaspar-Reiter-Weg 134-3a
86169 Kastanienweg 135-4a
86150 Katharinengasse 134-12d
86199 Kathreinerstraße 161-10b
86165 Katzbachstraße 135-7d
86150 Katzenhof 36-C3
86163 Kaufbeurer Straße 163-3a
86157 Kazböckstraße 134-11d
86156 Kellerstraße 134-7d
86152 Keltengasse 36-B2
86152 Keltenstraße 162-8c
86163 Kemptener Straße 163-3a
86150 Kennedy-Platz 134-12c
86179 Keplerstraße 162-12b
86156 Kernriedstraße 134-7d
86150 Kesselmarkt 36-B4
86153 Kesterstraße 134-11b
86156 Kiebitzweg (3) 134-4c
86169 Kiefernweg (3) 135-4b
86154 Kiesbühlstraße (5) 134-6c
– Kiesgrub-Geräumt 191-11a
86154 Kiesowstraße 134-8d
86153 Kilianstraße 134-9c
86157 Kirchbergstraße 134-11c
86161 Kirchenweg 163-2c
86150 Kirchgasse 162-3b
86169 Kirschenweg 134-6b
86150 Kitzenmarkt 162-3b
86154 Klärwerkstraße 134-2d
86153 Klauckestraße 134-9d
86199 Klausenberg 162-5c
86167 Klausstraße 135-7b
86199 Kleestraße 190-2a
86199 Kleiberweg 161-11b
86150 Kleine Grottenau 36-B4
86152 Kleines Karmelitergäßchen 36-A3
86150 Kleines Katharinengäßchen Kleines Katharinengäßchen 134-12d
86179 Kleingartenweg 191-1d
86165 Kleiststraße 135-10b
86179 Klettenstraße 190-6b
86179 Klinkerberg 134-11b
86152 Klinkertorplatz 36-B5
86152 Klinkertorstraße 36-B5
86161 Klopstockstraße 163-1d
86157 Koboldstraße 134-11c
86163 Kochelseestraße 163-2b
86165/86167 Königsberger Straße 135-4d
86179 Königsbrunner Straße 190-6b
86150 Königsplatz 134-12c
86163 Königsseestraße 163-2b
86156 Körberstraße 134-10a
86157 Körnerstraße 162-2b
86150 Kohlengasse 36-D3
86152 Kohlergasse 134-12a
86199 Kohlstattstraße 162-10c
86167 Kolbergstraße 135-7a
86159 Kollmannstraße 162-6b
86199 Koloniestraße 162-4d
86150 Konrad-Adenauer-Allee 162-3b
86159 Konrad-Zuse-Straße (1) 162-6b
86179 Kopernikusstraße 162-12c
86156 Korianderweg 135-1c
86156 Kornblumenweg 134-1c
86152 Kornhausgasse 36-A4
86199 Kornstraße 190-2a
86156 Krähenweg 134-4c
86156 Kranichweg 134-7b
86179 Krankenhausstraße 191-1b
86199 Krautgartenweg 162-7d
86165 Kreitmayrstraße 135-7d
86154 Kreutzerstraße 134-8b
86169 Kreuzdornweg (2) 135-1c
86163 Kreuzeckstraße 163-2b
86156 Kriegshaber 134-10b
86156 Kriegshaberstraße 134-10a
86152 Kriemhildstraße 134-11b
86163 Krottenkopfweg 163-6a
86154 Krumbacher Straße 134-5a
86169 Krumperstraße 135-7a
86169 Kuckuckweg 134-3d
86154 Kühbacher Weg 134-5b
86169 Kümmelweg (4) 135-1c
86152 Kuhgäßchen 36-B4
86165 Kulturstraße 135-10b
86179 Kunstmühlweg 190-3c
– Kupferbichl-Geräumt 191-4d
86157 Kurhausstraße 162-2a
86179 Kurt-Bösch-Straße 162-11b
86165/86167 Kurt-Schumacher-Straße 135-7b
86156 Kurze Gewanne 134-1c
86179 Kurze Straße 163-10a
86153 Kurze Wertachstraße 134-8d
86152 Kustosgäßchen 36-A3
86152 Kuttlergäßchen (7) 36-B3

86154 Lachnerstraße 134-8a
86150 Ladehofstraße 162-3a
86179 Lärchenstraße 163-10a
86199 Landgerichtstraße 162-5c
86179 Landsberger Straße 163-10c + 191-1a
86156 Landvogtstraße 134-8c
86165 Landwehrstraße 135-7d
86152 Lange Gasse 134-12a
86156 Langemarckstraße 134-10b
86153 Langenmantelstraße 134-8d
– Langes Geräumt 191-5a
86152 Langes Sächsengäßchen 134-12b
86154 Langweider Weg 134-5b
86161 Laubenweg 163-2c
86154 Laugingerstraße 134-8c
86154 Lautenbacherstraße 134-8b
86152 Lauterlech 36-A2
86179 Lavendelstraße 191-4a
86199 Lechbrucker Straße 162-8c
86179 Lechfeldmühle 108-12b
86165 Lechhausen 135-8b
86153 Lechhauser Straße 135-10a
86163 Lechrainstraße 163-2b
86165 Lechtalstraße 135-9d
86179 Lehärstraße 190-6b
86161 Lehningerstraße 163-7c
86199 Leibnizstraße 162-5d
86156 Leipheimer Weg (11) 134-7d
86169 Leipziger Straße 135-7a
86179 Leisenmahd 163-10a
86199 Leitenbergstraße 190-1b
86157 Leitershofer Straße 162-1c
86179 Lenaustraße 163-10c
86165 Lenbachstraße 135-4c
86156 Leni-Hirsch-Weg 134-10b
86156 Lenzstraße 134-7c
86157 Leonhard-Hausmann-Straße 134-10d
86179 Leonhard-Rucker-Straße 162-12b
86150 Leonhardsberg 36-B3
86159 Leonhardstraße 162-3a
86157 Leopoldstraße 162-2a
86156 Lerchenweg 134-4c
86152 Lessinghof 134-11d
86159 Lessingstraße 162-3d
86179 Leustraße 163-10a
86159 Leyboldstraße 162-6b
86199 Libellenweg 190-1b
86153 Liebigstraße 134-9c

86199 Waldstraße 162-4d
86179 Wallensteinstraße 163-10c
86163 Wallgauer Weg (1) 163-6d
86167 Wallnerstraße 135-4c
86150 Wallstraße 36-C4
86163 Walsertalweg 163-3a
86150 Walter-Oehmichen-Weg 36-D3
86153 Walterstraße 135-10b
86161 Walther-Heim-Straße 163-4c
86199 Walther-Rathenau-Straße 162-8d
86165 Wankstraße 135-11c
86161 Warndtstraße 163-1d
86165 Wartenburger Straße 135-10b
86199 Wasenmeisterweg 162-4c
– Wasserhäusl-Geräumt 191-7b
86179 Wasserhausweg 191-10a
86199 Wasserturmstraße 162-10d + 190-2a
86165 Waterloostraße 135-7d
86163 Watzmannstraße 163-2b
86163 Waxensteinstraße 135-12c
86154 Weberstraße 134-8b
86179 Weddigenstraße 163-10a
86154 Weg der Barmherzigen Schwestern (12) 134-8a
86179 Wegwartstraße 190-3d
86157 Weichenbergerstraße 162-1d
86169 Weichselweg 135-4a
86154 Weidachstraße 134-5d
86154 Weidenau 134-5d
86179 Weidenstraße 163-7c
86154 Weiherstraße 134-8b
86199 Weingartenweg (2) 190-2a
86179 Weißdornstraße 190-6b
86150 Weiße Gasse 36-B3
86157 Weißenburger Straße 134-11c
86163 Weißenseestraße 163-3c
86154 Weißstraße 134-8b
86150 Weite Gasse 162-3b
86199 Weizenstraße 162-11c + 190-2a
86156 Weldener Weg 134-4d
86156 Weldishoferstraße 134-8c
86199 Welfenstraße 162-5c
86199 Wellenburg 161-8b
86199 Wellenburger Straße 161-9a
86150 Welserplatz 134-12d
86154 Wemdinger Weg 134-5d
86163 Wendelsteinstraße 163-3c
86150 Werbhausgasse 36-C3
86163 Werdenfelser Straße 163-6b
86159 Werderstraße 162-3c
86153 Werner-Haas-Straße 135-10c
86159 Werner-von-Siemens-Straße 163-4c
86165 Wernhüterstraße 135-9d
86152 Wertachbrucker-Tor-Straße 134-9c
– Wertachbrücke 134-11b
86153 Wertachstraße 134-8d
86156 Wertinger Straße 134-4b
86163 Wessobrunner Weg 163-3a
86154 Westendorfer Weg 134-2d
86179 Weststraße 163-10c
86163 Wettersteinstraße 163-3a
86199 Widdersteinweg (9) 162-8a
86167 Widderstraße 135-7d
86169 Wieselweg 134-6d
86199 Wiesenbachstraße 162-7b
86153 Wiesenstraße 134-8d
86161 Wilhelm-Busch-Weg 163-2d
86161 Wilhelm-Hauff-Straße 163-2c
86199 Wilhelm-Raabe-Straße 162-5c
86157 Wilhelm-Reitzmayr-Straße 162-1a
86157 Wilhelmstraße 162-2a
86157 Wilhelm-Wörle-Straße 134-10d
86179 Willibald-Popp-Straße 163-10c
86159 Willi-Stör-Straße 163-7a
86157 Willi-Weise-Straße 162-1b
86169 Willi-Willadt-Weg 134-3c
86153 Willy-Brandt-Platz 36-C2
86152 Windhof 134-9c
86159 Windprechtstraße 162-6a
86150 Wintergasse 36-C3
86154 Wirsungstraße 134-8d
86199 Wirthshölzelweg 161-11d
– Wittelsbacher Park 162-2b
86199 Wittelsbacherstraße 162-5b
86163 Wörishofer Straße 135-12c
86165 Wörnitzstraße 135-9c
86159 Wörthstraße 162-3d
– Wolfgang Siedlung 135-4b
86153 Wolfgangstraße 134-9c
86159 Wolfgang-von-Gronau-Straße 163-7a
86199 Wolfleitenweg 190-2c
86161 Wolframstraße 163-1a
86153 Wolfsgäßchen 135-10c
86153 Wolfzahnstraße 134-9a
86150 Wollmarkt 36-D2
86165 Wulfertshauser Weg 135-9c

86165 Yorckstraße 135-10b

86154 Zainerstraße 134-8d
86156 Zaunkönigweg 134-4a
86169 Zedernweg 135-4b
86163 Zedlitzstraße 163-6d
86156 Zeisigweg 134-4c
86154 Zenettistraße 134-8c
86199 Zeppelinhof 162-3d
86159 Zeppelinstraße 163-7a
86150 Zeuggasse 134-12d
86150 Zeugplatz 36-C3
86199 Ziegeleistraße 162-11c
86199 Zieglerstraße 162-5b
86165 Zietenstraße (6) 135-10b
86153 Zimmererstraße 135-10b
86154 Zimmermannstraße 134-8b
86154 Zirbelstraße 134-5d
86153 Zobelstraße 135-10c
86154 Zollernstraße 134-8b
– Zoo Augsburg 163-4b
86163/86165 Zugspitzstraße 135-11a
86199 Zum Fuggerschloß 161-11b
86199 Zum Hinterfeld (3) 161-11d
86199 Zum Maierberg (2) 161-11d
86179 Zum Neuen Friedhof (1) 190-3b
86153 Zur Aumühle 135-10d
86165 Zur Floßlände 135-7d
86199 Zur Inninger Mühle 190-1a
86153 Zur Kammgarnspinnerei 163-1b
86199 Zur Maderquelle 161-11c
86157 Zur Spinnerei 162-2a
86165 Zusamstraße 135-8d
86156 Zusmarshauser Weg 134-7c
86157 Zweibrückenstraße 134-11c
86152 Zweites Quergäßchen 36-A3
86152 Zweites Quersächsengäßchen 36-B2
86150 Zwerchgasse 162-3b
86163 Zwölf-Apostel-Platz 163-6c

Aying

85653 Am Bahnhof 338-5b
85653 Am Hag 338-6b
85653 Am Hagfeld 339-7c
85653 Am Markt 338-6c
85653 Am Oberfeld (1) 338-6d
85653 Am Schmiedberg 338-6b
85653 Amselweg 338-6a
85653 Am Wagnerberg (4) 338-3d
85653 An der Gaß 338-9d
85653 Angerstraße 339-10a
85653 Ayinger Straße 316-10c

85653 Bahnhofstraße 338-6a
85653 Bahnhofstraße (Großhelfendorf) 338-12b
85653 Bajuwarenweg (2) 338-3d
85653 Bartenstraße 339-10a
85653 Behamweg 338-6a
85653 Bergblick 338-6a
85653 Biechlweg 316-10a
85653 Blindham 361-2a
85653 Bräugasse 338-3c
85653 Bräulandweg (7) 338-6a
85653 Brecherspitzstraße 339-7c
85653 Brunnweg 316-10a
85653 Buchenstraße (1) 339-10a

85653 Dammweg 338-12a
85653 Dorfstraße 339-10a
85653 Drosselweg 338-6a
85653 Dürrnhaar 315-12b + 316-10a
85653 Dürrnhaarer Straße 338-6a

85653 Egmatinger Straße 316-10a
85653 Eichstutzenweg 338-6c

85653 Faistenhaarer Weg 315-12b
85653 Fichtenstraße 339-10a
85653 Finkenweg 338-6a
85653 Flurstraße 316-10c
85653 Forststraße 338-12a
85653 Franz-Inselkammer-Straße (6) 338-6a
85653 Furter Feld 316-10a

85653 Ganghoferstraße (5) 339-10a
85653 Gerstenweg (10) 338-6a
85653 Gespreiweg (1) 338-9b
85653 Glonner Straße 339-10a
85653 Göggenhofen 338-9a
85653 Goldbergstraße 339-10a
85655 Graß 339-4b
85653 Graßer Straße 339-10a
85653 Graßer Weg 338-6d
85653 Griesstätt 339-8c
85653 Großhelfendorf 339-7c
85653 Gruber Straße 339-10c
85653 Grubmühlweg 338-12b

85653 Hans-Ernst-Straße (4) 339-10a
85655 Hauptstraße 338-9b
85655 Heimatshofen 339-5d
85653 Herrenstraße 339-10a
85653 Hirschbergstraße 339-7c
85653 Höhenkirchener Straße 315-12b
85653 Holzkirchener Straße 338-9a
85653 Hopfenweg (8) 338-6a

85653 Johann-Mang-Weg (5) 338-6a

85655 Kaltenbrunn 339-4c
85653 Kaltenbrunner Straße 338-6a
85653 Kaps 339-9c
85653 Kirchenstraße 339-10a
85653 Kirchfeldstraße 316-10a
85653 Kirchgasse 338-6a
85653 Kleinhelfendorf 339-10b
85655 Kleinkarolinenfeld 338-11a
85653 Kramer Wiese (2) 338-6c
85653 Kronesterweg 338-5b

85653 Lärchenstraße 339-10a
85653 Lena-Christ-Weg (3) 339-10a
85653 Lerchenweg 338-6a
85653 Lindacher Weg 338-3d
85653 Lindenstraße (2) 339-10a
85653 Loibersdorf 339-6d

85653 Malzweg (9) 338-6a
85653 Mangfallweg 338-12a
85653 Max-Abelshauser-Straße 338-3c
85653 Michael-Kometer-Ring (1) 338-5b
85653 Mitterweg 338-5d
85653 Molkereistraße 338-6c
85653 Moosweg 338-6b
85653 Mozartstraße 339-10a
85653 Mühlenweg 338-6a
85653 Mühlweg 339-9a
85653 Münchener Straße 338-2d

85653 Neugöggenhofen 338-9c

85653 Obere Bahn- 338-12b
85653 Obere Dorfstraße 338-6a
85653 Oberschops 339-8c
85653 Orffweg 339-10a
85653 Osterholzfeld 338-9d

85653 Peiß 338-6c
85653 Peißer Kirchweg 338-6d
85653 Peißer Straße 338-6a
85653 Pflugweg (3) 338-9b
85653 Rauchenberg 339-10d
85653 Regerstraße (6) 339-10a
85653 Römersiedlung 338-8a
85653 Römerstraße 338-8a
85653 Roseggerstraße 339-10a
85653 Rosenheimer Landstraße 338-6c
85653 Rosenheimer Straße 339-7c

85653 Saglerweg 338-5b
85653 Saliterstraße 339-7c
85653 Sattlerberg (3) 338-6b
85653 Schäfflerstraße 338-6a
85653 Schieferweg 338-5b
85653 Schmalfeld 338-6c
85653 Schmiedgasse 338-6b
85653 Schreinerweg 338-6a
85653 Schubertstraße (7) 339-10a
85653 Schusterstraße 338-9d
85653 Schwaigerweg 338-9d
85653 Siedlungsstraße 338-12a
85653 Siegertsbrunner Weg 338-3c
85653 Sixenbogen (2) 338-9d
85653 Sonnenweg 338-6c
85653 Spielberg 340-7a
85653 Straßlandweg 338-5b

85653 Thomastraße 339-10a
85653 Trautshofen 339-11a

85653 Untere Bahnhofstraße 338-9d
85653 Untere Dorfstraße 338-3c
85655 Unterschops 339-11b

85653 Wallbergstraße 339-10a
85653 Wiesenweg 316-10c

85653 Zornedinger Straße 338-6b

Baar-Ebenhausen
PLZ 85107

Äußerer Ring 54-9a
Ahornstraße 54-12c
Aidmühlstraße 54-9a
Altvaterstraße 54-9a
Am Auenweg 54-8d
Am Bahnhof 54-11d
Am Birkenweg 54-12c
Am Sägewerk 54-11b
Am See 55-10a
Am Sportplatz 54-12b
Angerweg 54-8d
Auenstraße 54-8d

Baar 54-12b
Bahnhofsring 54-11d
Beckerstraße 54-12c
Birkenstraße 54-12c
Blücherstraße 54-11b
Blütenstraße 54-9c + 12a
Brückenstraße 54-8d
Buchenstraße 54-12c
Bunkerstraße 54-9b

Dieselstraße 54-6c

Ebenhausen 54-9c
Ebenhausen-Werk 54-5b
Eichenstraße 54-12a
Einsteinstraße 54-12c
Elbogenweg 54-9a
Erlenweg 54-8d
Eschenstraße 54-8d

Falterstraße 54-12a
Festplatz 54-9a
Fichtenstraße 54-11b
Fischerstraße 54-12c
Fliederstraße 54-8d
Friedenstraße 54-8d
Friedländerstraße 54-6c

Gärtnerstraße 54-11d
Ganghoferstraße 54-11b
Gartenstraße 54-8d
Geisenfelder Straße 54-12a
Goethestraße 54-11b

Heideweg 54-5d
Hindenburgstraße 54-12a
Hochweg 54-12c
Horchstraße 54-12d

Ingolstädter Straße 54-11b
Innerer Ring 54-6c

Jahnstraße 54-12a
Johannisstraße 54-12c

Keplerstraße 54-12c
Kirchplatz 54-8d
Kirchstraße 54-12a
Kolpingstraße 54-11b
Kopernikusstraße 54-12c

Lärchenstraße 54-11b
Lessingstraße 54-11d
Lindenstraße 54-11b

Martinstraße 54-8d
Müllerstraße 54-5d
Münchener Straße 54-11d

Olympiastraße 54-9c

Paarstraße 54-12a
Parkstraße 54-12c
Pfarrer-Volz-Straße 54-8d

Rathausplatz 54-12c
Reiterstraße 54-12c
Reiterweg 54-12c
Ringstraße 54-12a
Robert-Koch-Straße 54-12c
Römerstraße 54-12d
Röntgenstraße 54-12c
Rosenstraße 54-11b
Ruschenweg 54-12a

Schubertstraße 54-11b
Schulstraße 54-12a
Schulweg 54-9a
Seestraße 54-12c
Siedlungsstraße 54-12a
Sophie-Scholl-Ring 54-11b
Stockaustraße 54-12c
Sudetenstraße 54-9a

Tannenweg 54-8d
Tulpenstraße 54-11b

Uferstraße 54-12c
Ulmenweg 54-12c

Weidenweg 54-9c
Weiherstraße 54-9c
Werkstraße 54-6c

Zeppelinstraße 54-12d

Babensham
PLZ 83547

Altbabensham 281-11d + 303-2b
Am Anger 281-11c
Am Ederberg 281-11c
Am Förchet 302-3b
Am Kapellenberg 281-11c
Am Laxberg 303-1a
Am Leitenfeld 302-3c
Angerberg 303-1a

Bach 281-8a
Bärnham 281-10a
Bergham 280-12b
Biernwiesweg 281-10b
Bruckstraße 281-10b
Brudersham 303-2d

Dobl 281-4d
Dorfstraße 303-1a

Ester Seehäuslstraße 303-1c

Gissübl 281-11b
Griesmeier 281-9a
Gumpertsham 281-12b

Haderloh 281-6d
Hinterleiten 281-11b
Hochfeldweg 281-10b
Höllhäusl 281-2d
Hölzlberg 281-11c
Holzen 281-9b + 11a

Irlham 281-6d

Kainöd 281-9b
Kematen 281-9c
Kirchbergstraße 281-10d
Kirchenweg 281-11a
Kraiburger Straße 281-11a
Kreuzstauden 281-10b

Landenham 303-2b

Mernham 281-4c
Moosen 281-7d
Moosweg 303-1a
Mühlbachstraße 281-10b
Mühlberg 281-10b

Nemeden 281-5c
Neudeck 302-3d
Neudecker Straße 302-3d + 303-1a

Oberer Krohenberg 281-10b
Obermühle 281-7c
Oberthalham 303-6a
Odelsham 302-3a
Odelshamer Straße 302-3c

Penzing 303-1a
Pertlsham 281-6c
Pfarrer-Gaigl-Straße 281-11a
Pflüglmühle 281-11c
Puttenham 280-11d

Raiffeisenstraße 281-11a
Reipertshamer Berg 281-11c
Rieden 280-9d
Riepertsham 303-1a

Sagerer 281-7a
Schambach 281-5d
Schloßberg 303-1a
Schönberg 303-6a
Seebachweg 281-10b
Seeberg 303-1a
Seestraße 303-1a
Sillerding 303-3b
Stettberg 303-6b
Stöcher 281-9d
Straßloh 303-1d
Stürzelhamer Straße 303-1a
Stürzlham 281-10c

Thalham 280-11b
Tosberg 281-6c
Troitsham 280-9c

Unterer Krohenberg 281-10b

Waldhiererweg 281-10b
Walterstetten 281-8a
Wasserburger Straße 281-11c
Wegmühle 281-11c
Weikertsham 281-8b
Wies 280-6d
Wirtsberg 303-1a
Würmertsham 280-12d

Bad Aibling
PLZ 83043

Abel 386-7c
Adalbert-Stifter-Straße 387-1c
Adlfurt 364-11b
Adlfurter Straße 364-11b
Ahornweg 387-1d
Aiblinger Straße 386-5d
Alban-Lipp-Straße 387-1c
Altwasserstraße 386-5b
Am Bichl 37-A2
Am Birkenhölzl 386-3b
Am Braiten Stög 387-1d
Am Egart 387-1d
Am Graben 387-1c
Am Güterbahnhof 37-A3
Am Klafferer 387-1c
Am Kollersberg 387-4a
Am Kreuth 387-1d
Am Oberfeld 364-12a
Amselweg 386-6c
Am Sonnenfeld 387-1d
Am Ufer 386-3b
Am Weiher 386-3b
Am Windschlag 387-4b
An der Bahn 386-2c
An der Waage 37-B2
Angerstraße (Harthausen) 387-4b
Angerstraße (Willing) 386-8b
Auenstraße 386-6a
Auer Feldweg 386-8b
Auer Weg 386-5d

Bachlängweg 386-5c
Bahnhofstraße 386-6b
Bamhackel 387-2a
Berbling 386-8b
Berblinger Straße 386-8b
Bergstraße 364-12c
Bergweg 386-7d
Binderweg 386-5b
Birkenallee 387-1d
Birkenstraße 387-1d
Blumenstraße 386-8a
Bognerweg 386-2d
Brechstubenweg 386-6c
Breitensteinstraße 386-6b
Brennereiweg (1) 386-5d
Brünnsteinstraße 386-6c
Buchenweg 386-6b

Dahlienweg 387-4a
Daimlerstraße 387-1a
Dekan-Albrecht-Straße 387-1c
Dettendorfer Straße 386-8c
Dianastraße 387-1d
Dientzenhoferstraße (1) 386-3d
Dieselstraße 387-1a
Dr.-Beck-Straße 37-A3
Dr.-Martius-Straße 386-3b
Dr.-Wilhelm-Knarr-Weg 387-2c
Dorfäckerweg 386-8a
Dorfstraße 364-12c
Drosselweg 387-1a

Ebersberger Straße 364-12c
Eichendorffstraße 386-6a
Eichenstraße 387-1a
Ellmosen 365-10d
Ellmosener Straße 387-1a + 1c
Ellmosener Weg 365-10d + 387-2a
Enzianweg 386-8a
Erlenweg 387-1d
Eschenweg 386-6c
Eugen-Belz-Straße 386-5b

Fachendorf 386-10b
Färbergasse 387-1c
Fanny-Niggl-Straße 386-3c
Farrenpointstraße 386-6c
Feilnbacher Straße 387-7c
Feldbachweg 386-5d
Feldweg 364-12d
Ferchenweg 387-5a
Fichtenweg 386-5a
Filzenweg 365-10c
Finkenweg 386-8c
Flurstraße 387-4b
Franz-Xaver-Graf-Straße 387-1a
Fraunhoferstraße 387-4a
Friedhofsweg 386-5d
Frühlingstraße 386-6b

Gaillstraße 387-4b
Ganghoferstraße 387-4a
Gartenäckerweg 386-5d
Gartenstraße 386-6b
Gerberstraße 386-3d
Gereuthweg 387-5a
Gerhart-Hauptmann-Straße 386-6a
Geschwister-Scholl-Straße 386-6b
Gewerbestraße (1) 386-3a
Ghersburgstraße 387-4a
Gildeweg 387-1a
Glonnanger 386-3d
Glonngasse 37-A2
Göttinger Straße 386-5a
Goldbachweg 386-5a
Grassinger Straße 386-2b
Griesgasse (3) 37-A2
Gröben 386-10b
Gröbener Straße 386-8c
Großer Filzenweg 387-2d

Hacklweg 364-12b
Hafnerstraße (3) 387-1a
Hans-Ruf-Straße 386-3d
Hartfeldweg 387-2c
Harthausen 387-2c
Harthauser Straße 387-4b + 1c
Haslach 386-11a
Heckenweg 386-3d
Heimathsberg 365-10a
Heimatsberger Straße 364-12c
Heinrichsdorf 386-10a
Heinrichsdorfer Straße 386-8c
Herderstraße 386-6a
Heubergstraße 386-6b
Heufelder Straße 386-2c
Hochfellnstraße 386-6d
Hochriesstraße 386-6d
Hofberg 37-B2
Hofmühlstraße 386-3b
Hofrat-Gschwändler-Straße 387-1c
Hohenkoglweg 386-6c
Holzhausen 365-7a
Horstsiedlung 364-12c
Hubertusstraße 387-1d
Hufschmiedstraße 386-5b

Ignatz-Günther-Straße 387-4b
Ins untere Heufeld 386-2d
Irlachstraße 386-3d

Jägerkampstraße 386-6a
Jahnstraße 386-3d
Jakob-Rupp-Straße 387-1c
Johann-Meishammer-Straße (1) 386-3d
Josef-Hochwind-Weg 364-12c
Josef-MayerStraße 387-4b
Josepf-Götsch-Straße 387-4b

Kampenwandstraße 386-6a
Kanalweg 364-12c
Kapellenweg 387-1d
Karl-Wagner-Straße 386-3d
Karolinenstraße 386-3d
Kaspar-von-Schmid-Straße 387-1c
Katharinenstraße 387-4a
Kellerstraße 387-1c
Kirchweg 386-5c
Kirchzeile 387-1c
Köckbrunn 386-10a
Kolbermoorer Straße 387-4a
Kolpingstraße 387-1c
Krankenhausstraße 387-4a
Kranzhornstraße 386-6d
Kühlbrandweg 387-5a
Kurpark 387-4a

Lagerhausstraße 386-6b
Lena-Christ-Straße 386-3d
Lerchenstraße 364-12c
Leuchsstraße 387-1c
Lindenstraße 386-6b
Lohholzerweg 387-5b
Ludwig-Thoma-Straße 386-3d

Madaustraße 386-5b
Maillingerstraße 37-A2
Mainz 386-7c
Mamertus-Perzlmayer-Straße (5) 37-A2
Mangfallstraße 386-6a
Marienbader Straße 386-6a
Marienplatz 387-1c
Marie-Zehetmaier-Straße (1) 386-6a
Markfeld 386-2a
Markfelder Straße 386-2d
Martin-Drickl-Straße 386-3d
Martin-Luther-Hain 387-4a
Maxlrainer Straße 386-3d
Meggendorfer Straße 386-6b
Mietraching 364-11d + 386-2b
Milchhäusl 387-4b
Milchhäuslstraße 387-4a
Mittelweg 364-12d
Mitterfeldstraße 387-1c
Mitterham 386-5b
Mitterhamer Straße 386-5c
Molläckerweg 386-6c
Moos 365-8d
Moosstraße 386-9a
Moosweg 364-12d
Mühläckerweg 386-5c
Mühlbachring 386-6c
Mühlweg 386-5d

Natternberg 386-7d
Niederfeldweg 364-12c

Oberegeriusweg 386-9b
Osendorferstraße 386-3d
Osterlängweg 386-9a

Pentenriederstraße 386-3d
Pfarrer-Benz-Weg (1) 386-8a
Pfarrer-Braun-Straße 387-1c
Pfarrweg (2) 386-8c
Pfeifringweg 386-5c
Pointäckerweg 386-5c
Prälat-Kaiser-Straße 37-A2
Prof.-Kurt-Huber-Straße 386-6b
Prof.-Urban-Straße 387-4a
Pullacher Straße 386-5d

Ratholdussteig (4) 37-B2
Rennbahnstraße 386-3d
Röntgenstraße 386-3d
Rosenheimer Straße 387-1c
Rotwandstraße 386-6a
Rübezahlweg 387-4c
Ruhlandweg 386-4d

Sandgrubenweg 387-2c
St.-Georg-Platz 386-6a
St.-Georg-Siedlung 386-6a
Schäfflerweg (2) 387-1a
Schmiedgasse 37-A2
Schönbergerstraße 387-1c
Schrammelückerweg 386-7b
Schützenstraße 386-3d
Schusterstraße 386-5b
Schwarzenbergstraße 386-6a
Schwarzfischerallee 387-1c
Schwimmbadstraße 387-5a
Sedanstraße 37-A2
Seichäckerweg 386-5c
Soinstraße 386-6b
Sonnenstraße 386-3c
Sperlallee 386-3d
Staudhäuseräckerweg 386-4d
Staudhauser Straße 386-7b
Stürzerstraße 386-3b
Sulzbergstraße 386-6a

Tannenweg 386-6c
Thalacker 365-7d

Thürham 386-3b
Thürhamer Straße 386-3b
Totmoosstraße 387-1a
Triftbachstraße 386-6b
Tulpenweg 387-4a

Ulmenstraße 387-1d
Unterheufeld 386-2c + 2d

Vogelweidstraße 387-1a
Volksfestplatz 387-1c
Von-Prant-Straße 387-1c

Wagnerstraße 386-5d
Wallweg 364-12d
Walterstraße 387-1c
Waschbrunner Weg 387-2c
Weg 386-7c
Weidenweg 386-5a
Weiherbachweg 386-8c
Weiherweg 386-5b
Weißenburguer Straße (2) 37-A3
Wendelsteinstraße 386-6a
Wennerbergstraße 387-4b
Westen 385-9d
Westendstraße 386-6a
Westerfeldweg 386-3a
Westerham 386-5a
Westerhamer Straße 386-1d
Wiesbachstraße 364-12c
Wiesenweg 386-5a
Wildstraße 386-3d
Wilhelm-Leibl-Platz 386-6b
Wilhelm-Leibl-Straße 386-8a
Willing 386-5c
Willingerau 386-6c
Willinger Straße 386-6a
Wilpasing 364-9c
Wirtsstraße 386-5d
Wittelsbacherstraße 387-1c

Zell 387-1b
Zeller Holzweg 387-1b
Zeller Weg 387-1d + 1a
Zu den Lüften 387-1a
Zum Bach 386-5d
Zum Unterfeld 364-12c
Zunftstraße 387-1a
Zur Eichkapelle 387-1a

Bad Endorf
PLZ 83093

Achtal 369-12d
Anger 369-9d
Anzing 369-2d
Asbichl 369-11b

Bergham 369-6c
Buchenweg 369-3d

Engling 369-2b

Gries 369-9d

Hemberg 369-2d
Heubergstraße 369-6b
Hintersee 369-8d
Hirnsberg 369-9c
Holzberg 369-12b
Holzen 369-11d

Jolling 347-12d

Kranzhornstraße 369-3d
Kreuzbichl 369-12a
Kronlohe 369-12c
Kurf 369-6b

Lärchenweg 369-3d
Landing 369-3d
Landinger Straße 369-3d
Letten 369-12b

Moos 369-9c

Patersdorf 369-2c

Rain 369-9c
Rosenheimer Straße 369-6b

See 369-8d
Simsseeweg 369-6b
Stauden 369-9d
Stock 347-10d + 369-1b

Thalkirchen 369-9d

Ulperting 369-12d

Wendelsteinweg 369-3d

Bad Feilnbach
PLZ 83075

Achthal 408-7a
Achthaler Straße 408-7b
Ackerpointstraße 408-12d
Aich 407-6d
Aign 407-6b
Altenburg 408-11a
Am Bleichbach 408-2a
Am Brandl 409-10d
Am Breindlbach 408-8a
Am Heilholz 409-10d
Am Naturpark 409-10c
Am Osterbach 409-10c
Am Point 408-8b
Am Point Ost 408-8b
Am Point West 408-8b
Angerweg 408-8b
Au bei Bad Feilnbach 408-8b
Aubachstraße 408-8a
Auer Straße 408-12d

Bachweg 409-10a
Bahnhofstraße 409-10c
Berblinger Straße 408-2a
Berg 408-7c
Berghalde 408-5d
Bichl 408-12d
Bichlweg 408-12d
Birkenstraße 408-8b
Birkmann 407-2d
Blindenried 386-10c
Blumenstraße 408-7b
Brainpold 408-12a
Breitensteinstraße 408-12d
Brettschleipfen 408-8c
Brodhub 408-7b

Daxham 407-3c
Dettendorf 386-10d + 408-2b
Dettendorfer Straße 408-8a
Doktorweg 408-8b
Dorfplatz 408-8a

Eckersberg 407-6d
Eulenau 409-1d
Eulenthal 407-3d

Ferdinand-Winter-Weg (2) 408-8b
Findling Steinwies 407-6a
Flurstraße 409-10c
Forsting 408-2b
Friedrich-Dittes-Weg 408-12b
Fritz-Pfaffinger-Weg 409-10d
Frühlingstraße 408-8b
Fulinpachstraße 409-10c

Gern 407-5a
Gottschalling 408-8d
Gottschallinger Straße 408-8a
Gries 408-2a
Gunzlloh 408-12c

Hans-Zeitler-Straße 409-10c
Hauptstraße 408-8a
Heubergstraße 408-8b
Hochackerstraße 408-8c
Hochleckstraße 408-12d
Hochsalwandstraße 408-8b
Hoferalm 409-4a
Hoiß 407-5b
Hormeier Alm 408-1d
Hummelhausen 408-7d
Hundhamer Straße 408-12d

Impler 408-7b
Irschenberger Straße 408-1b

Johann-Flitsch-Straße 408-6c

Kaltenweg (1) 408-2a
Kampenwandstraße (1) 408-12b
Kematen 408-4a
Kiem-Pauli-Weg 409-10c
Kirchgasse 408-2a
Kogl 408-8c
Kohlbachstraße 408-5d
Kreuthweg 408-8b
Kreuzfeldstraße 408-8a
Kreuzhub 386-11c
Kreuzwies 408-8a
Kronwitt 409-10d
Kufsteiner Straße 408-12d

Langerberg 408-2a
Lengendorf 407-3d
Leo-von-Welden-Weg 409-10c
Lindenstraße 408-5d
Lippertskirchen 408-12a

Matthias-Neff-Straße 408-5d
Miesbacher Straße 408-5c
Moos 408-2b
Moosbichl 407-5b
Mooslindl 409-10a
Mooslindlweg 409-10a
Moosmühle 409-8c
Münchner Straße 409-10c

Nelkenweg 408-8b
Niklasreuther Straße 408-7b
Nordweg 409-10c
Nußbaumweg (3) 408-8b

Oberdaxham 407-2d
Oberfeld 386-10d
Oberhofen 408-4a
Oberlengendorf 407-3d
Oberloh 407-5b
Oberpremrain 408-4c
Osterfeldstraße 409-10c
Otto-Brües-Weg 408-5c

Paulreuth 408-7b
Pfaffenberg 408-4b
Plattenweg 408-8a
Point Nord 408-8b

Rabenstein 408-12d
Rann 407-2d
Reithofpark 409-7c
Römerring 408-1b

St.-Martin-Straße 408-8a
Schmiedgasse 408-8a
Schulweg 408-8a
Schweigfeld 407-5d
Sonnenham 408-1d
Sonnenstraße 409-10c
Spitzsteinweg (4) 408-8b
Steinreb 408-4d
Steinwies 407-6a
Sternplattenweg 409-10c

Taxa-Kapellen-Weg (1) 408-8b
Tendapark 408-9d
Thalham 408-7b
Thalhamer Straße 408-7b
Torfwerk Au-Eulenau 409-4a
Torfwerk Feilnbach 409-4b
Trogen 408-8d

Unterhofen 408-4a
Unterkalten 408-1a
Unterloh 408-4c
Untermoosbichl 407-5b
Unterpremrain 408-4c

Walch (Au) 407-5b
Waldweg 409-10a
Weihermann 407-6b
Weitmoosweg 408-8b
Wendelsteinstraße 409-10c
Wiechs 409-11c
Wilharting 408-8d

Bad Tölz
PLZ 83646

Abrain 401-8a
Ägypteneichenstraße 401-11c

Birkenstraße 401-11d
Bürgermeister-Sappl-Straße 401-11c

Ellbach 401-11c

Feichten 401-8c

Hintersberg 401-8b

Kirchbichl 401-7d
Kirchstraße 401-11d
Kogl 401-5b
Koppenhof 401-8d

Mitterfeldweg 401-8c
Münchener Straße 401-7b

Nikolaus-Rank-Straße 401-8c

Rain 401-8d
Reut 401-7c
Reutbergstraße 401-11d
Roßwies 400-12a

Schnaitt 401-7b
Schnaittweg 401-7d
Schulstraße 401-11c

Baierbach
PLZ 84171

Aich 131-8d
Altweg 132-4d
Am Frauenberg 131-6b
Asternstraße 131-6d
Attenberg 131-5c

Berghäusl 131-9b + 132-7a
Bockhub 130-6b

Edgarten 131-4d

Fahring 131-5a
Frauenkirchsiedlung (1) 131-6d

Galgenfeld 131-6b

Haid 131-9b
Hauptstraße 131-6a
Hochstraße 131-9a
Hölzl 131-8b
Hörgenau 131-1c
Hof 132-4c

Irrach 131-4d

Jägerstraße 131-6d

Kastenhoibl 131-6a
Kirchplatz 131-6d
Kölnberg 131-9a
Krottenthal 131-12a

Längmühl 132-7b
Lilienstraße 131-6d

Maierbach 132-4b
Moos 131-4a
Mühlbauer 131-6c

Nelkenstraße 131-6d
Neudeck 131-5d

Oberhausbach 131-9c
Oed 132-1d

Peterau 131-8c

Raiffeisenstraße 131-6c
Reichhaid 131-4d
Reischenberg 131-4b
Ringstraße 131-6d
Rosenstraße 131-6d
Rothfurt 131-4a

St. Theobald 131-5c
Scheideckerweg 131-6d
Schlott 131-9d
Schulstraße 131-6d
Schwaig 132-4c
Sindhub 132-4c
Sonnenweg 131-6d
Steinbach 131-8c
Stroblstetten 131-4b

Tulpenstraße 131-6d

Unterhausbach 131-9b + 132-7a

Vorderhoibl 131-5b

Weiher 131-8a
Wim 132-7c
Wimbauer 131-8b

Baierbrunn
PLZ 82065

Ahornstraße 311-5a
Almweg 311-5c
Am Einfang 311-6a
Am Georgenstein 311-6a
Am Klettergarten 311-6a
Am Ludwigs-Geräumt 311-3c
Am Sattlerkreuz 311-5c
Am Spitzelberg 311-5b
Am Waldsaum 311-2d
Am Wiedenbauernfeld 311-5d
An der Ziegelei 311-5c

Bahnhofstraße 311-5c
Bergstraße 311-5c
Birkenstraße 311-6a
Buchenhain 311-5b
Buchenstraße 311-6a
Burgstraße 311-5d

Eichenstraße 311-5b
Erlenstraße 311-5b

Fichtenstraße 311-5b
Föhrenweg 311-2d
Forstenrieder Weg 311-2d
Forststraße 311-3c

Gautinger Weg 311-5c

Hausergasse (5) 311-5d
Hermann-Roth-Straße 311-5d
Höllriegelskreuther Weg (1) 311-3c

Im Bogen 311-5d
Isarstraße (4) 311-6a

Jägersteig (2) 311-5a

Kirchenstraße 311-5b
Konradshöhe 311-5d
Kreuzwiesenstraße 311-5c

Lärchenstraße 311-5b
Lena-Christ-Weg 311-5b
Lindenstraße 311-5b
Ludwig-Thoma-Weg 311-5a

Martlbauerfeld 311-5d
Mühlgraben (3) 311-5a

Oberdiller Straße 311-4d
Oberes Straßfeld 311-5d

Parkstraße 311-2d
Pfarrer-Willi-Heller-Weg (7) 311-5b
Pionierweg 311-6c
Postgassl (6) 311-5d

Reichentalstraße 311-8b

Schorner Straße 311-8a
Schulweg 311-5b
Schweigerweg 311-5d
Siedlerstraße (2) 311-3c
Straßerberg 311-5d

Talweg 311-5c
Tannenstraße 311-5b

Ulmenstraße 311-5b
Untere Leiten 311-3c

Waldweg 311-5c
Wiesenweg 311-5c
Wilhelm-von-Kobell-Weg (1) 311-5b
Wirthsfeld 311-5c
Wolfratshauser Straße 311-8a

Zillisteig (8) 311-5d

Baiern
PLZ 85625

Alpenstraße 341-7a
Am Steinberg 341-4d
Angerweg 341-7b
Antholing 341-7b

Berganger 319-10d + 341-1b
Bergstraße 341-7b
Braunautal 341-1b
Bretzen 340-6d
Bretzenweg 340-6d

Einhaus 341-8a
Engerling 341-4b

Feuerreit 341-11b
Frauenbründlstraße 340-6d

Gailling 318-12b
Glonner Straße 341-4d
Großesterndorf 341-8a
Großrohrsdorf 319-10b

Haus 341-7d
Hochreit 341-11a
Hub 341-7c

Jakobsbaiern 341-7a

Kapellenweg 341-1b
Kirchenweg 341-1b
Kleinesterndorf 341-7d
Kleinrohrsdorf 319-7d
Köhlbründl 341-8a
Kreithann 341-2c
Kulbing 341-4a

Lärchenstraße (1) 319-10d
Leitenweg 341-7a
Lindenstraße 341-4d

Mittermühle 340-9a
Moos 340-9b
Mühlenweg 340-6d

Netterndorf 341-4d

Obermühle 340-6c
Öd 341-10b

Pfleg 341-5c
Piusheim 340-9b

Quellenweg 341-1b

Raphaelweg 340-6d

Schnurr 340-6d
Schulstraße 341-7b
Schwaigerweg 340-6d
Sonnenfeldstraße 341-4d
Stroblberg 341-4c

Unterlausstraße 340-9b

Waslmühle 340-9a
Weidach 341-7a
Weiher 341-5c
Weiterskirchen 341-1c
Westerndorf 340-3d
Witting 341-1a

Berg
PLZ 82335

Ahornweg 353-3b
Allmannshausen 353-1a
Allmannshauser Straße 331-10d
Alpenweg 354-1c
Alpspitzstraße 331-10b
Am Bachfeld 331-2a
Am Bichl 332-10c
Am Birkenmoor 332-10c
Am Buchberg 353-3b
Am Fichtenhain 331-4d
Am Gasteig 331-10a
Am Gletscherschliff 331-7b
Am Hag 331-8a
Am Heimrathof 331-11b
Am Hofgarten 331-7b
Am Hohenberg 331-7b
Am Klausenhof 331-2c
Am Kranzlberg 331-10d
Am Kreuth 331-2b
Am Kreuzanger 331-10b
Am Schlemmerhof 331-9a
Am Schmiedenfeld 331-7d
Am Schroppenberg 331-10a
Am Seefeld 331-2a
Amselweg (1) 331-11b
Am Sonnenhof 331-10b
Am Vogelbichl 353-1b
Am Waldrand 354-4a
Am Zehentstadel 331-9a
An der Leiten 331-5d
Anemonenweg 331-11a
Angermairweg 331-10b
Angerstraße 331-9d
Arnikaweg 331-11a
Assenbuch 331-10b
Assenbucher Straße 331-7c + 352-3d
Assenhausen 331-10c
Attenhauser Straße 354-1c
Auf der Lüften 331-8d
Aufhausen 331-11b
Aufkirchen 331-8d
Aufkirchner Straße 331-7b
Aurikelweg 331-11a

Bachhausen 331-9d
Bachhauser Straße 331-12d
Bachhauserwies 332-10a
Bachjägerweg 331-2d
Bachstraße 331-9a
Bäckergasse 331-7b
Bärenleitenweg 331-8a
Berger Straße 331-10b
Berger Weg 331-8b
Biberkor 331-12c
Biberkorstraße 331-12a + 353-3a
Biberweg 353-3a
Bilmoserweg 354-1a
Birkenweg 331-12d
Bismarckweg 353-1a
Blaubergstraße 331-10b
Blütenstraße 354-4a
Bräuhausweg 331-4d
Breitenloh 331-9a
Buchenweg 353-3a
Buchseeweg 353-6a
Bussardweg 353-2d

Carl-Orff-Straße 331-8a
Colonusstraße 331-11b

Dohlenweg 353-1b
Dorfener Weg 354-1c
Dorfstraße 331-9d
Dorfwiesn (1) 353-3d + 354-1c
Drosselweg 353-3c
Dürrbergstraße 331-10c

Ebenhauser Weg 331-6d
Ebrach 353-1d
Ebrachweg 353-1b
Edelweißstraße 354-1c
Eichelbreite 331-9d
Eichelgarten 353-1c
Eichenweg 353-3a
Eichet 331-9d
Elzholzstraße 331-7b
Enzianweg 331-11a + 10b
Erlenweg 331-4b
Etztal 331-4d
Etztalbreite 331-4d
Etztalstraße 331-4d

Falkenweg 353-3c
Farchach 331-9a
Farchacher Straße 331-8c
Fasanenweg 331-2c
Fichtensteig 331-4d
Fichtenweg 353-1c
Filz 353-3c
Fischäckerweg 331-8a
Fischbuchet 331-5a
Fliederweg 354-4a
Flurweg 331-9c
Föhrenweg 331-10d
Forststraße 332-7b
Franziskusweg (1) 353-3a
Frauental 331-9d

Gartenäcker 331-9d
Gartenstraße 331-2a
Georgiweg 331-12c
Geranienweg 354-1c
Goaßnwegerl 331-9d
Grabenfeld 331-5d
Graf-Ruepp-Straße 332-7a
Grafstraße 331-7b
Grasweg 331-9a
Grütznerberg 331-7c

Habichtweg 331-11d
Hälsbachweg 331-8d + 11b
Hammerbreite 331-5c
Hangweg 331-7c
Harkirchen 331-2b
Harkirchener Straße 331-2b
Haydnstraße 331-5c
Heideweg 331-12d
Heimgartenweg 331-7b
Heinz-Rühmann-Weg 331-10d
Hillmaierfeld 331-10b
Himbselweg 331-10b
Hirschbergstraße 331-10b
Höhenrain 353-3c + 354-1a
Höhenrainer Straße 353-1b
Höhenweg 331-10d
Höllgraben 353-1c
Hörwarthstraße 331-8a
Hohlweg 331-9c
Huberfeld 331-5c
Hubertusstraße 331-2c
Hüterloh 331-5c

Ickinger Straße 332-7b
Ignatiusweg 331-10c
Im Buchet 331-10b
Irschenhauser Weg 332-7b
Isartalstraße 331-7b

Jägerberg 331-9c
Johannisgasse 331-7b
Josef-und-Rosina-Werner-Platz 353-3d

Kapellenweg 331-7b
Karwendelstraße 331-11a
Kastanienallee 331-2a
Kastenjakweg 331-10d
Kellerbachstraße 331-8d
Kempfenhausen 331-2c
Kempfenhauser Straße 331-6c
Kempfoweg 331-2a
Kiem-Pauli-Weg 331-8c
Kirchanger 354-1c
Kirchplatz 331-9a
Kirchweg 331-8c
Klenzeallee 331-3a
Klosterweg 331-11a
Kobellweg 331-8c
König-Ludwig-Weg 331-7b
Kreuzbreite 332-10a
Kreuzeckweg 331-10d
Kreuzmöslberg 331-8a
Kreuzweg 331-11a + 10b
Kuglfeld 332-7a

Lärchenweg 354-1a
Laurentiweg 331-12a + 353-2b
Leoni 331-7d
Ligsalzweg 331-7b
Lindenallee 331-8c
Lohacker 331-7b
Lüderitzweg 331-2c
Lüßweg 331-2d

Manthal 331-2b
Manthalhammer 331-5b
Manthalhammerweg 331-5b
Manthalstraße 331-2a
Marienplatz 331-8c
Marienstraße 331-8c
Marktleitenweg 354-1c
Martelsäcker 331-9d
Martinsholzen 331-5b
Martinsholzer Straße 331-8b
Maxhöhe 331-10b + 10d
Max-Reger-Straße 331-5c
Maxstraße 331-7b
Mentlweg 332-7b
Michaeliweg 331-11b
Milchberg 331-2a
Mitterfeldweg 309-11c
Mörlbach 332-7a
Mörlbacher Weg 331-9b
Möwenweg 353-3c
Moosweg 331-12b
Mühlbirket 331-4b
Mühlenweg 331-9d
Mühlgasse 331-4d
Münchner Straße 331-5a
Münsinger Straße 353-6b

Neufahrner Straßl 331-3a
Nikolausstraße 331-9a

Oberer Lüßbach 353-3a
Oberlandstraße 331-8c
Ölschlag 331-4d
Oskar-Maria-Graf-Platz 331-7b
Osterfelder Straße 331-11a

Parkweg 331-7c
Paulihof 331-9b
Pelletweg 331-1b

Perchaer Weg 331-2a
Perchastraße 331-7b
Pfarrgasse 331-8c
Postgasse 331-7b
Primelweg 353-1c

Quellenweg 353-3d
Queriweg 331-2a

Radlerfeld 332-7a
Rambaldiweg 331-7d
Ratsgasse 331-7b
Richard-Wagner-Straße 331-8a
Rosenstraße 354-1c
Rottmannshöhe 331-10d
Rottmannweg 331-10c

Satterfeld 331-2c
Schatzlanger 331-7b
Schatzlgasse 331-7b
Schluchtweg 331-10c
Schmiedgasse 331-8c
Schroppweg 331-7c
Schützenweg 331-9c
Schwabbrucker Weg 353-6a
Schwalbenweg 353-3c
Schwarzweiherweg 353-1c
Schwedenstraße 331-11b
Seebreite 331-2c
Seebuchet 352-3d
Seeburgstraße 353-1c
Seehang 331-2a
Seerosenweg 353-1a
Seeshaupter Straße 331-7d
Seestraße 331-4d
Seilbahnweg 331-10a
Setzbergweg 331-10b
Sibichhausen 331-10d
Sibichhauser Straße 353-3c
Sonnenweg 331-8a
Sonnleitenweg 331-5a
Spatzenweg 331-11b
Starnberger Straße 353-3a
Stephaniweg 332-7b
Straßfeldweg 353-6b

Tannenweg 353-1c
Thomaweg 331-8c

Uferweg 331-1b
Unterer Lüßbach 353-3a

Valentinstraße 353-1a
Vogelherd 331-4d

Wadlhauser Straße 331-9d
Waldsteig 331-4d
Waldstraße 331-4d
Wallbergweg 331-10b
Wangener Straße 331-9a
Wankstraße 331-11a
Weiherfeld 331-8d
Wettersteinstraße 331-11a
Wiesenweg 331-2a
Wittelsbacher Straße 331-4d
Wolfratshauser Straße 354-1c

Zieglerweg 353-1a
Zirbenweg 354-1a
Zugspitzstraße 331-11a

Bergkirchen
PLZ 85232

Ahornweg 199-12c
Allacher Straße 222-7b
Am Anger 198-10d
Am Bachfeld 198-12b
Am Grenzgraben 220-5c
Am Gries 221-1d
Am Hang 198-12c
Am Hochfeld 198-8d
Am Hochgarten 199-10d
Am Kalterbach 221-3c
Am Kirchberg 198-8b
Am Kreuzfeld 199-5d
Am Kreuzweg 198-7c
Am Kurfürstenweg 221-9d
Amperweg 221-3a
Am Riedlsberg 199-10d
Am Sandberg 199-12c
Am Schloßberg 198-7c
Amselweg 199-4d
Am Sportheim 199-12c
Am Waldeck 222-7c
Am Webelsbach 199-4d
Am Weinberg 198-8a
Am Ziegelfeld 198-10a
Angerstraße 199-10b
Angerweg 198-8b
Apothekestraße 220-6b
Ascherbachweg 221-3d
Auf der Bergwiese 199-5d

Bacherner Straße 199-10b
Bäckerstraße 220-6b
Bahnhofsplatz 199-5c
Bergfeldstraße 199-10d
Bergkirchen-Lus 220-5c
Bergkirchner Straße 221-1b
Bergstraße 199-5d
Bibereck 199-10a
Biberecker Straße 199-10a
Birkenhof 221-12d
Birkenstraße 198-12a
Blumenstraße 198-12b
Breitenau 199-9b
Bruckbergstraße 199-10d
Brucker Straße 221-2b
Brunnenweg 198-12a
Buchenweg (1) 199-12d
Büburgstraße 199-10b
Bürgermeister-Gradl-Straße 221-2b
Bürgermeister-Schallermayer-Straße (1) 199-12c
Bulachstraße 199-12c

Dachauer Straße 221-2c
Dahlienweg 199-5c
Deutenhausen 198-9c
Dieselstraße 221-3a
Dorfstraße 199-4d
Drosselweg 221-1b

Eichenstraße 198-7c
Eichenweg 199-12c
Eisolzried 198-11d
Enzianweg 199-5d
Erlenweg (2) 199-12d
Eschenried 222-7c
Eschenrieder Straße 221-3c
Estinger Straße 220-2c

Facha 199-10b
Fachastraße 199-10b
Fasanenweg 199-12d
Feldbergstraße 198-12c
Feldgeding 221-2a
Feldgedinger Straße 221-3a
Fichtenstraße 198-7c
Finkenstraße 221-1b
Fliederweg 198-10d
Flurstraße 198-12b
Forststraße 198-7c
Frühlingsweg 198-12a
Fürstenfelder Straße 221-1d

Gadastraße 220-6b
Gartenweg 221-3a
Gmainweg 199-8b
Gradl 222-10a
Graßlfinger Straße 221-2c
Grenzweg 222-7c
Gröbenbachweg 222-5c
Gröbenried 222-7b
Grottenweg 198-8b
Gründinger Straße 221-6b
Günding 199-12d + 221-3b

Hadinger Weg 222-5c
Harreisweg 221-3b
Haselweg 198-10d
Hauptstraße 199-12c
Heishof 197-9a
Himmelreichstraße 221-6b
Hirtenweg 221-2a
Hochfeldstraße 198-12a
Hochstattweg 221-3d
Hochstraße 199-5d
Hopfenau 197-9c
Huberanger 197-12b

Johann-Michael-Fischer-Straße 199-10d

Kanalstraße 221-3a
Kapellenweg 199-5c
Keltenweg 199-10d
Kienaden 199-11d
Kienader Weg 199-11d
Kiesweg 220-6b
Kirchbergstraße 199-10d
Kirchenstraße 221-2a
Kneilingstraße 199-8a
Krautgartenstraße 221-2c
Kreisstraße 198-12a
Kreuzackerstraße 221-4a
Kreuzbergstraße 199-10c
Kreuzgasse 198-7c
Kreuzhof 222-10a
Kreuzholzhausen 198-7b
Kreuzstraße 221-1b

Längenmoosstraße 199-5b
Langwieder Straße 222-8a
Lauterbach 197-9d + 198-7c
Lauterbacher Straße 198-10d
Leitenweg 199-10d
Lerchenstraße 221-1b
Libellenweg 221-2a
Lilienstraße 199-5d
Lindenstraße 198-8b
Lorenzweg 198-7c
Ludlstraße 199-12c
Ludwig-Thoma-Straße 199-5c
Lusweg 221-1a

Maisachweg 199-12c
Mandlberg 199-4d
Meisenweg 221-1b
Mitterfeldweg 221-3a
Mitterweg 221-1b
Moospfarrerweg 222-10c
Mühlenweg 199-12c
Mühlstraße 199-10d
Münchener Straße 222-5c
Münchner Weg 220-6b

Nelkenweg 199-5d
Neufeldstraße 221-3a
Neuhimmelreich 221-6b
Neuriesstraße 220-3d

Oberanger 199-12c
Oberbachern 199-4c
Obermoosweg 221-6a
Ortsstraße 198-8a

Palsweis 198-11c + 220-2a
Palsweiser Straße 198-7c
Palsweismoos 220-2c
Pfarrer-Oberlinner-Straße 199-10d
Poitstraße 199-12c
Popp 222-7b
Priel 198-7d
Prieler Straße 198-7c
Puchschlagener Straße 199-4c

Ratoldweg 199-10d
Rennhof 198-4c
Ried 199-7c
Riedweg 198-8b
Ringstraße 198-7c
Rodelzried 197-9a
Römerstraße 199-10d
Rosenstraße 199-5d
Rottweilstraße 199-12d

Samstraße 198-12a
St.-Nikolaus-Straße 198-12a
St.-Urban-Straße 198-10d
St.-Vitus-Straße 199-12c
Sattlerstraße 198-10a
Schäfflerstrasse 198-7c
Schmiedweg 198-12b
Schrannenstraße 199-10d
Schwalbenstraße 221-1b
Seegasse 199-8a
Seeweg 221-3d
Sommerweg 198-12b
Sonnenstraße 199-10b
Spielhahnweg 222-5c
Steinfeldstraße 221-1d

Taxerstraße 198-10d
Thaler Straße 220-1a
Törringwinkel 220-5d
Tulpenweg 199-5d

Unterbachern 199-5c

Waldstraße (4) 199-12d
Weidenweg (3) 199-12d
Weiherstraße 198-7c
Weiherweg 221-3a
Weinbreite 199-5d
Werk Allee 221-3b
Wiesenweg (1) 221-3a
Wildschützenweg 222-10a
Wührstraße 199-10d

Zweigstraße 220-5d

Berglern
PLZ 85459

Ahornweg 126-12d
Am Altwasser 152-3d
Am Anger 126-12d
Am Dorfanger 152-3b
Am Friedfeld 126-12d
Am Kanal 153-1c
Am Kirchplatz 153-1c
Am Kleinfeld 153-1a
Am Lohfeld 153-4a
Am Mitterfeld 153-1c
Am Semptkanal 126-9c
Am Sportplatz 153-1c
Am Wasserwerk 153-4a
Am Wehr 152-3d
Am Weiher 153-4a
An der Mühle 126-12d

Bergweg 153-1c
Birkenweg 152-3b
Blümelwiese 153-1c
Bürgermeister-Strobl-Straße 153-1c

Eittinger Straße 152-3d
Enzianstraße 153-7a
Erdinger Straße 153-1a
Eschenweg 153-1a

Feldmauerweg 153-1c
Feldstraße 126-12d
Fichtenweg 153-1c
Freisinger Straße 126-12c

Gadener Straße 126-8d
Glaslern 153-4c

Hardter Straße 153-1c
Heinrichsruh 126-8d
Heinrichsruh (Hühnerfarm) 126-8b

Kirchenweg 153-1c
Kratzeranger 152-3b
Kreuzstraße 126-12d

Lagerhausstraße 153-1a
Lindenweg 153-1c

Mitterlern 126-12c + 152-3a
Moosburger Straße 126-12b
Müllerweg 126-12d

Niederlern 126-12c

Raiffeisenstraße 152-3b
Ridingerstraße 153-4a
Ringstraße 152-3b
Rosenstraße 153-4c

Sattlerweg 153-1c
Schäferweg 153-7a
Semptstraße 153-4a
Siedlerstraße 152-3b

Wagnerweg 153-1c
Wartenberger Straße 153-1c
Weidenweg 152-3b
Wiesenweg (1) 152-3b

Bernried
am Starnberger See
PLZ 82347

Adelsried 373-12b + 374-10a
Alpspitzstraße 374-7a
Am Binselberg 374-7b
Am Fohlenstall (1) 374-7a
Am Grundweiher 374-7b
Am Hirschgarten 374-4a
Am Hopfgarten 374-7b
Am Neuland 374-7c
Am Postgarten 374-7b
Am Postgarten (5) 374-7b
Am Segelhafen 374-4d
Am Sportplatz 374-7a
Am Weidenbach 374-7a
Am Weingarten 374-7b
An der Mühle (4) 374-8a

Bahnhofstraße 374-7a
Buchenstraße 374-7a

Dorfstraße 374-7b

Eichenstraße 374-7c

Gallafilz 373-8c

Hapberg 373-9b
Hapberger Weg (2) 374-7a
Hirtenstraße 374-7a
Höhenried 374-4a
Höhenrieder Weg 374-4c

Jägerstraße 374-7a

Kapellenstraße 374-7a
Karra 373-5b
Karwendelstraße 374-7a
Kirchweg 374-7b
Klosterhof (1) 374-4d
König-Ludwig-Weg 373-3d

Lindenallee (2) 374-4d

Maibaumplatz 374-7b

Parkstraße 374-7c
Pointstraße 374-4c

Reitweg 374-7d

Samoreau-Promenade (3) 374-5c
Seepromenade 374-4d
Seeshaupter Straße 374-7c
Soiernspitzstraße 374-7a

Teehaus 374-8c
Tratstraße 374-7d
Tratteile 374-7c
Tutzinger Straße 374-7b

Unterer Seeweg 374-7b
Unterholz 373-9a

Valleyweg 374-7b

Wasserturmstraße 373-9d
Waxensteinstraße 374-7a
Weilheimer Straße 373-9b
Wettersteinstraße 374-7a

Zugspitzstraße 374-7a

Bobingen
PLZ 86399

Adlerweg 189-9b
Adolph-Kolping-Straße 189-11b
Ahornstraße (12) 189-10b
Ahweg 189-9a
Akazienstraße (8) 189-10b
Albert-Einstein-Straße 190-10c
Albert-Schweitzer-Straße 189-9d
Alpenstraße 189-11d
Alpseeweg (10) 189-12a
Altenheimweg (20) 189-12c
Altmühlstraße 189-9c
Am Eichkobel 188-12c
Ammerseeweg 189-9c
Am Rain 189-12c
Am Schwettingergraben 189-9c
Amselweg 189-9d
Am Sonnenbichl 189-12c
Am Stadtwald 189-7d
Am Wasserturm 189-12d
An der Kapelle (11) 189-9d
Angerweg 189-9d
Anhauser Straße 188-8a
Anicher Straße 189-12a
Anna-Müller-Straße 189-9b
Asamweg (23) 190-7c
Asternweg 189-10b
Attenhofer Straße 188-8c
Auenstraße 189-10d
Augsburger Straße 189-9d

Badstraße 189-12c
Bäckerstraße (15) 189-12a
Bahndamm 190-7c
Bahnhofplatz 189-12d
Bahnhofstraße 189-12c
Bahnweg 189-12d
Baltenstraße 189-9d
Bamberger Straße (9) 189-9c
Banaterstraße 189-9d
Bannackerstraße 189-5c
Berggasse (17) 189-12c
Birkenweg 189-10a
Bischof-Ulrich-Straße 189-9d
Blütenweg (1) 188-12b
Blumenweg 188-12b
Bobingen Siedlung 189-7c
Bodenseestraße 189-12a
Boschstraße 190-10a
Breite Steige 189-12c
Brunnenstraße 189-9d
Buchenstraße 189-10b
Burgwalden 188-8b
Burgwalder Straße 188-9c
Bussardweg 189-9b

Dammstraße 189-10d
Dieselstraße 189-12b
Dieter-Bonhoeffer-Straße 189-11b
Dr.-Jaufmann-Straße 189-12b
Dr.-Kämpf-Straße 189-10a
Dr.-Lehner-Straße 189-12c
Dr.-Rühfel-Weg (17) 188-12d
Dr.-Zoller-Straße 189-11c
Donaustraße 189-9c
Drosselweg 189-9d
Dürerweg (22) 190-7a

Edisonstraße 189-12b
Edith-Stein-Straße 189-11b

Eichenstraße 189-10b
Elsternweg 189-9b
Engelshofer Straße 188-8a
Enge Steige (18) 189-12c
Entenweg 189-9d
Enzianweg (4) 189-10b
Erlenstraße 189-10b
Eschenweg (3) 189-10a
Eulenweg (2) 189-9b

Falkenweg 189-9d
Farnweg 189-10b
Fasanenweg 189-9d
Fichtenstraße 189-10a
Fischmeisterstraße 188-8d
Fliederweg (11) 189-10b
Flurstraße 189-9d
Föhrenstraße 189-10d
Fraunhoferstraße 189-12b
Freiburger Straße 189-12a
Freisinger Straße (8) 189-9c
Frieda-Forster-Straße 188-12b
Friedensstraße 189-10a
Friedhofweg 188-12b
Frühlingstraße 189-10a

Galgenbergstraße 188-8c
Gartenstraße 189-12b
Gennachweg (6) 189-9c
Gerhard-Höllerich-Ring 188-12d
Geschwister-Scholl-Weg 189-12a
Gesundbrunnenweg 189-10a
Ginsterweg (15) 189-10b
Glockerweg 189-9d
Glückstraße 189-12c
Goethestraße 189-12d
Graf-Stauffenberg-Straße 189-12a
Graf-Zeppelin-Straße 189-7c
Greifstraße 189-12c
Grenzingstraße 188-12d
Grenzstraße 189-10a
Grüntenstraße 189-12c
Günzweg 189-9c
Gutenbergstraße 189-12d

Habichtweg 189-9b
Hans-Böckler-Straße 189-10d
Hans-Sachs-Straße 189-12b
Haselnußweg (10) 189-10b
Haunstetter Straße 190-10a
Heidelberger Straße 189-12a
Herbststraße 189-10a
Hermann-Hesse-Straße 189-12d
Hermann-Köhl-Straße 189-10a
Hertzstraße 189-12b
Hindenburgstraße 189-10a
Hirtenstraße 189-9d
Hochfeldstraße 189-12c
Hochstiftweg 189-12a
Hochstraße 189-12a
Hoechster Straße 189-11c
Hofängerweg 189-9c
Holbeinring 190-7a
Holunderweg 189-10b
Hopfenweg 189-10b

Illerstraße 189-9c
In den Wertachgärten 189-10b
In der Point 189-9c
Inselweg 189-12a

Jahnstraße 189-12c
Jasminweg (7) 189-10a

Kaltenbachweg 189-12a
Keltenweg 189-12a
Keplerstraße 189-12b
Kiefernstraße 189-10a
Kirchplatz 189-12c
Kirchweg 188-12b
Kleiberweg 189-12c
Königsbrunner Straße 189-12d
Koloniestraße 189-12c
Kornstraße 189-12c
Krumbacher Straße 189-11a

Lärchenstraße 189-10a
Landrat-Dr.-Frey-Platz 189-12a
Landshuter Allee 189-9c
Lechallee 189-11b
Leitenberg 189-10a
Liebfrauenstraße 189-12c
Liebigstraße 189-12b
Ligusterstraße 189-10b
Lilienthalstraße 189-7c
Lindberghstraße 189-10a
Lindenweg 188-12b
Löschbergweg 189-11d
Ludger-Hölker-Straße 189-7c

Mackensenstraße 189-10a
Maria-Hilf-Straße 189-12b
Max-Fischer-Straße 189-10d
Maximilian-Kolbe-Straße 189-11b
Mayerweg 189-12b
Meisenweg 189-9b
Michael-Schäffer-Straße 189-11c
Milchgasse 188-12b
Mindelstraße 189-9c
Mozartstraße 189-12b
Mühlberg 189-12b
Mühlenweg (13) 189-12a

Neuburger Straße 189-9c
Neufnachweg (4) 189-9c
Nord-Ost-Spange 190-7a
Nürnberger Straße 189-12a

Ölwiesenweg 189-11d
Oskar-Müller-Straße 189-12c
Ostpreußenstraße 190-7c

Pappelweg (6) 189-10a
Parkstraße 189-12a
Passauer Straße 189-9c
Paul-Gerhardt-Straße 189-12c
Pestalozzistraße 189-12a
Peter-Dörfler-Straße 189-12b
Peter-Henlein-Straße 189-12d

Pommernstraße 190-7c
Poststraße 189-11d

Quellenweg 189-11d

Rathausplatz (16) 189-12a
Rathausstraße 189-12c
Rebhuhnweg 189-9d
Regensburger Allee 189-12a
Reiherweg (1) 189-9b
Reinhartshauser Straße 188-12c
Rembrandtstraße 190-7a
Rißweg (7) 189-9c
Römerstraße 189-12a
Röntgenstraße 189-12b
Roggenmühlstraße 189-9b
Rosenheimer Allee 189-9c
Rosenweg 189-10b
Rotdornweg (5) 189-10a
Rupert-Mayer-Weg 189-12a

Salbeiweg (14) 189-10b
Sanddornstraße 189-10b
Schalmeistraße 189-9d
Schillerstraße 189-12b
Schlehenweg 189-10b
Schlesierstraße 189-9d
Schlößleweg 189-12c
Schloßberg 189-10a
Schlosserweg (2) 188-12b
Schmutterweg 189-9c
Schnitterstraße 189-9b
Schönfeldstraße 189-12c
Schreiberweg 189-9d
Schwabenstraße 189-9d
Schwalbenweg (3) 189-9d
Schwettingerweg 189-11b
Sebastian-Kneipp-Straße 189-9d
Sebastianweg (12) 189-9d
Seidelbastweg (13) 189-10b
Sichelweg 190-7a
Siebenbürgerstraße 189-9d
Siedlerweg 189-12c
Singoldanger 189-9c
Singoldpark 189-12a
Singoldpromenade 189-11d
Sinkelweg 189-9d
Sommerhausberg 188-12b
Sommerstraße 189-10b
Sperberweg 189-9b
Sperlingweg 189-9d
Starenweg 189-9d
Storchenweg 189-9b
Straßberg 188-12a
Straßberger Straße 189-10a
Sudetenstraße 189-9d
Südliche Fraunhoferstraße 189-12b

Tannenstraße 189-10a
Taubenweg 189-9d
Tübinger Straße (14) 189-12a
Tulpenweg 189-10b
Turmstraße 189-12c

Uferstraße 188-8c
Ulmenweg (9) 189-10b
Unterfeldstraße 190-7a

Venusberg 189-12c
Villenbachstraße 188-12d
Vogelberg 189-12c
Vogteiweg 189-12b

Wachholderstraße 189-10b
Waldstraße 188-12b
Weidenstraße 189-7d
Weidenweg 189-10b
Weihermahdstraße 188-12b
Weißdornweg 189-10b
Wendelinstraße 189-9d
Wertachstraße 189-8b
Wertherstraße 189-12b
Wettersteinstraße (21) 189-12c
Wiesenangerweg 189-12a
Wiesensteige 189-12a
Wiesenstraße 188-12b
Wiesentalstraße 188-12d
Wiesgäßchen 189-9d
Willi-Ohlendorf-Weg 189-11d
Winterstraße 189-10a
Wörnitzweg (5) 189-9c
Wolfsgäßchen 189-12a
Würzburger Straße 189-12a

Zachäusberg 189-9d
Zedernstraße 189-10a
Zehentweg 189-12a
Ziegeleistraße 189-12d
Zusamweg 189-9c
Zweigstraße (19) 189-12c

Bockhorn
PLZ 85461

Am Anger 182-7a
Am Haselbach 182-7b
Am Hausacker (1) 182-7b
Am Jagdhaus 182-10d
Am Schmiedeanger 182-7a
Am Schollanger (2) 182-7a
Am Straßfeld 182-2a
Am Wolfsanger 182-7a
Aurlfing 182-1b

Benno-Scharl-Straße 182-2c
Bergarn 182-8c
Bergarner Straße 182-7b
Bergstraße 182-5a
Bernau 210-5a
Birkenweg 182-2c
Breitasch 210-1a

Deimling 182-5a
Dorfstraße 182-10d

Emling 181-6d
Emlinger Straße 182-7a

Englpolding 210-2c
Entenloh 210-2a
Eschlbach 182-6b

Fasanenweg 181-6d
Feldstraße 210-2a
Ferteln 182-3d
Firau 182-2b
Flanning 181-11d

Gewerbegebiet „Mauggen" 182-7c
Graf-Preysing-Straße 182-2c
Graf-Seinsheim-Straße 182-2c
Graß 182-2b
Grünbach 182-2c
Gugging 210-1b

Hammerthal 182-3c
Haselbach 182-9c
Hecken 182-4b
Heckener Straße 182-4c
Heiderl 181-9d
Hörgersberg 183-7a
Hubberg 183-4c
Hundshof 182-6c

Im Schloßpark 182-2c

Kellerberg 182-2c
Kinzlbach 181-9d
Kirchasch 182-10d + 210-1b
Kirchstraße 210-2a
Köhl 183-4d
Kölling 209-2b
Krafft-von-Grünbach-Straße 182-2c
Kreut 183-7b
Kreuthäusl 182-2b
Kreuzstraße 182-11c + 210-2a

Loh 181-8c

Magnacstraße (1) 182-4c
Maierklopfen 183-7c
Mauggen 182-7d

Neukirchen 181-11c
Neumauggen 182-10c

Obere Hauptstraße 182-7a
Obermailling 182-12d
Oberstrogn 181-6b
Oppolding 182-6a

Papferding 209-3b
Parkstraße 182-2c
Penkerhäusl 209-2d
Pfarrgasse 182-7a
Polzing 182-11d

Reisach 182-5b
Riedersheim 182-8b
Ringstraße 182-4c
Römerstraße 182-7b

Salmannskirchen 181-11b
Schulweg 182-2c
Schwabelsöd 182-6c
Schwarzhölzl 210-4b
Stein 209-3c

Tankham 182-12a
Thal 181-9c
Thal (Papferding) 181-12d + 209-3b

Übermiething 183-7a
Untere Hauptstraße 182-4c
Untermailling 182-12d
Unterstrogn 181-3d + 182-4a
Unterstrogner Straße (1) 182-4c

Waldstraße 210-2a
Waldweg 182-2a
Weiherschneider 182-9a
Weiherweg 182-2c
Wiesenweg 181-6d
Wiesthof 181-12b
Windham 183-4d

Ziegelgasse 182-7a

Bruck
PLZ 85567

Ahornweg (2) 319-1b
Alxing 319-2c
Am Bachfeld 319-1b

Balharding 319-6a
Bauhof 318-6a
Bergblick 319-2c
Birkenweg 319-1b

Dorfstraße 319-2c

Eichenweg (1) 319-1b
Eichtling 319-7a
Einharding 318-6c
Erlenring 297-10d

Feichten 319-6a
Fichtenweg 319-1b
Filzenweg 318-6d

Gartenweg 319-2c
Grafinger Straße 297-11a

Hamberg 319-6c
Hüttelkofen 319-5d

Kirchweg 319-2c

Leitenbergstraße 297-10b
Lindenstraße 319-2c
Loch 319-3c

Neu-Gutterstätt 318-3b

Oberdorf 297-10b

Pienzenau 297-10d + 319-2a
Pullenhofen 319-1a

Schlipfhausen 319-4c
Schloßstraße 318-6b

Taglaching 297-11a
Talstraße 319-2c
Tannenweg 319-1b

Unterdorf 297-11c

Waldstraße 319-2a
Wildaching 319-5a
Wildenholzen 318-6b

Bruckberg
PLZ 84079

Ahornstraße 82-3c
Am Kornfeld 70-12a
Am Osterbach 82-2d
Am Schlossgarten 82-7a
Am Südhang (1) 82-4c
Am Weinberg 82-4c
Angerweg 70-10b
Antloh 83-4a
Asang 70-8c
Asternstraße 82-7c
Attenhausen 70-7d
Auenstraße 82-8c

Bachhorn 70-10a
Bachstraße 82-2d
Bahnhofstraße 82-4c
Bergstraße 82-7a
Beutelhausen 70-9c
Bindergasse 82-5b
Birkenstraße 82-3c
Blütenstraße 82-7a
Boselfelder 82-4a
Boybeck 70-8d
Bräuberg 82-4c
Breitenau 82-8a
Bruckbergerau 82-8c
Buch 70-8a
Buchberg 70-8b
Buchenstraße 82-4c
Bussardstraße 82-2d

Dammstraße 82-7d
Dekan-Graßl-Straße 82-4c
Dekan-Hort-Straße 82-5b
Dekan-Weich-Straße (2) 82-4d
Dr.-Groß-Straße 70-7d
Dorfstraße 82-4c

Eichenstraße 82-3c
Elisabeth-Reidel-Straße 82-2d

Falkenstraße 82-2d
Fischerstraße 82-8c
Flurstraße 70-7c
Föhrenweg 82-3a

Gartenstraße 82-7b
Ginsterweg 82-7c
Gredhaus 70-8c
Gündlkofen 82-6a

Habichtstraße 82-2d
Hack 70-9a
Hader 70-11a
Hangstraße 82-2d
Hans-Schraml-Weg 82-2d
Haselweg 82-7c
Hauptstraße 82-2d
Heckenstraße 83-1a
Hetzenweb 70-10b
Heuweg 82-4c
Hochstraße 70-7d
Holunderstraße 82-7c
Hubermoos 82-8a

Industriestraße 82-7c
Isarstraße 82-7d

Jägerstraße 82-8c

Kehlhof 70-11a
Kollmann 70-7b
Kornblumenweg 82-8a
Kreut 70-8a

Ladehofstraße 82-7b
Landshuter Straße 82-7a
Langmaier 70-9a
Laschstraße 82-7a
Lindenstraße 82-3c

Mittermühle 82-7d
Mohnweg 82-8a
Moosstraße 82-8a

Nelkenstraße 82-7a

Obere Auenstraße 82-7d
Oberlenghart 70-12c

Parkstraße 82-8c
Plantagenstraße 82-8a
Praetoriusstraße 82-7a
Prügelried 70-11a

Querstraße 82-7d

Ramermühle 82-11a
Rathausplatz 82-4c
Reichersdorf 70-12a
Reith 70-11c
Ried 82-5a
Riederstraße 82-5b
Römerstraße 83-1a
Rosenweg 82-7c

Schlagkreuth 70-5c
Schloss Bruckberg 82-7a
Schlott 82-1a
Schlucht 82-4c
Schulstraße 82-2d
Solomann 70-9a
Sonnenstraße 70-10a
Sperberstraße 82-2d
Sternstraße (1) 70-7d
Stubenreith 70-6c

Tannenbachstraße 82-2d
Tannenweg 82-2b
Tondorf 70-11d + 82-2b
Tondorfer Straße 82-2d
Triebweg 82-2b
Tulpenstraße 82-7b

Ulmenstraße 82-3c
Unterlenghart 83-1a

Von-Schacky-Straße 82-7a

Waldstraße 82-3a
Weinbergstraße 82-5b
Wendlöd 82-2a
Westermoosweg 82-7a
Widdersdorf 82-1b
Widdersdorfer Straße 82-2c
Winklmaier 70-10b
Winzerstraße 82-4c

Zeilerberg 82-2b

Bruckmühl
PLZ 83052

Adalbert-Stifter-Straße 363-10d
Adlfurter Straße 364-10a
Aiblinger Straße 385-6a
Akeleiweg (4) 363-12d
Albert-Mayer-Straße 363-11d
Albert-Schweitzer-Straße 363-10b
Altvaterweg 385-3d
Am Bach 385-6b
Am Bergblick 363-12b
Am Bruckfeld 385-1d
Am Eichpold 363-11c
Am Entenbach (3) 385-3a
Am Griesberg 363-7d
Amselweg 385-3a
Am Sportplatz 386-1b
Am Triftbach 385-3b
Am Wald 386-1a
Am Weiher 385-3b
Angerstraße 363-11d
Annabergweg 385-3d
Anton-Bruckner-Straße 385-1b
Auenstraße 385-3d

Bachwiesenweg 385-1b
Bahnhofstraße 363-10d
Bergham 362-12b
Berghamer Straße 363-10c
Birkenstraße 385-3d
Blumenstraße 363-10b
Böhmerwaldweg 385-3c
Breitenberg 341-12c
Breitensteinstraße 385-3d
Breslauer Straße 385-2b
Bruck-an-der-Leitha-Weg 385-3b
Bruckmühler Straße 385-3b + 386-1a
Brückenweg 385-3d
Brünnsteinstraße 386-1c
Buchen 385-5c
Buchenweg 385-3d
Bürgermeister-Grandauer-Straße 385-2a
Bürgermeister-Huber-Straße 385-2a
Bürgermeister-Kleinmaier-Straße 363-12b

Carl-Orff-Straße 385-1b
Carl-Zeiss-Straße 363-11d

Dahlienweg 385-6a
Dientzenhoferstraße 385-3d
Dr.-Eckart-Weg 386-1b
Dr.-Jakob-Staudt-Straße (8) 363-11d
Dorfstraße 363-12b
Dorfstraße (Weihenlinden) 364-10a
Drosselstraße 385-3b

Ebersberg 385-4d
Ebner-Eschenbach-Weg (3) 363-10b
Egerländerstraße 385-3a
Eichenstraße 385-3d
Enzianweg 385-6a
Erlenstraße 384-3b

Fabrikweg 385-3a
Fasanenstraße 385-3b
Fehleitener Weg 385-6b
Feldweg 385-1b
Fichtenweg 385-1a
Finkenstraße 385-3a
Fliederweg 363-12c
Flurweg 385-1a
Föhrenstraße 384-3b
Forellenweg 385-1c
Franz-von-Kobell-Straße 386-1a
Fraunhoferstraße 364-10d
Friedrich-Jahn-Straße 385-1b
Frühlingstraße 385-1a

Gartenstraße 363-11c
Georg-Dorrer-Straße 363-11c
Gewerbepark BWB 385-2b
Gimpelstraße 385-3b
Ginsham 363-5c
Ginshamer Straße 363-11a
Gleiwitzer Weg (5) 385-3c
Götting 385-6b
Göttinger Mühle 385-3c
Göttinger Straße 363-10d + 385-1b
Goldbachstraße 385-3d
Gottlob-Weiler-Straße 385-3a

Grillparzerweg (1) 363-10b
Gutenbergstraße 385-3b

Hainerbachstraße 385-1a
Hans-Scheibmaier-Straße 386-1a
Haunpoldstraße 363-7d
Hauptstraße 385-2a
Haydnstraße 385-1b
Heckenweg 385-6a
Heimatweg 385-3a
Hermann-Löns-Weg (5) 363-11a
Hermann-Oberth-Straße 363-11d
Heubergstraße 385-3d
Heufeld 364-10c + 386-1a
Heufelder Straße 363-12c
Heufeldmühle 363-12c
Hinrichssegen 385-2d
Hirschberg 363-2b
Hocheckstraße 386-1c
Hochriesstraße 386-1b
Högling 363-9d + 364-10a
Höglinger Straße 363-12c
Hollerweg 385-1a
Holnstainerstraße (8) 363-10d
Hornau 363-5c

Im Almfeld 363-7d
Im Steinfeld 363-12c
Ina-Seidl-Weg (2) 363-10b
Irschenberger Straße 385-6a
Iserweg 385-2b

Jägerbauer 363-10a
Jägerkampweg 363-10d
Jenkofen 363-12c
Josef-Völkl-Straße 386-1a
Julius-von-Niethammer-Straße 386-2a
Justus-von-Liebig-Straße 386-1b

Kampenwandstraße 385-3d
Kanalstraße 363-10d
Kapellenstraße 385-2c
Kardinal-Faulhaber-Weg (7) 363-11c
Karl-Stieler-Straße 386-1a
Kirchdorf am Haunpold 363-8c
Kirchdorfer Straße 363-10d
Kirchfeldweg 385-1d
Kirchplatz 385-6b
Kirchweg 384-3d
Krankenhausweg 363-11c
Kranzhornstraße 386-1c

Lehrer-Hangl-Straße (6) 385-6b
Leitener Weg 385-6a
Lena-Christ-Straße 386-1a
Leonhardistraße 384-3d
Lerchenstraße 385-3a
Linden 385-2d
Lindenstraße 363-12b
Lisztstraße 385-1b
Ludwig-Thoma-Straße 386-1a

Mangfallstraße 363-10d
Mareis 341-12a
Margeritenstraße 385-6a
Marienburgstraße 385-2b
Masurenring 385-3a
Maxhofen 363-7d
Maxhofener Straße 363-7d
Max-Planck-Straße 386-2a
Menhoferweg 363-11c
Mistelweg 363-12d
Mittenkirchen 385-1c
Mittenkirchener Straße 385-1c
Mörikeweg (6) 363-10d
Moldauweg 385-3a
Mozartstraße 385-1b
Mühlenstraße 385-3d
Müller-zu-Bruck-Straße 363-10d
Münchener Straße 364-10d + 386-2a

Nacken 341-11b
Neißeweg 385-2b
Nelkenstraße 385-3a
Noderwiechs 363-8d

Oberadlfurt 364-11a
Oberholzham 363-3a
Oberleiten 385-5c
Oberstaudhausen 385-6d + 386-4c
Oberwall 341-12a
Oed 341-12d
Östlicher Dammweg 385-2a
Orthofen 363-8d
Oskar-Maria-Graf-Straße 364-10c
Otto-Perutz-Straße 386-1b
Otto-von-Steinbeis-Straße 363-10c

Paul-Egleder-Weg (1) 363-10d
Petersbergstraße 386-1c
Pettenkoferstraße 386-1a
Pfarrer-Grimm-Straße 385-6b
Pfarrer-Loidl-Straße 386-1b
Pfarrweg 363-10d

Rathausplatz 363-11c
Rathausstraße 363-11a
Richard-Strauss-Straße 385-1b
Ried 385-3c
Rieder Weg 385-3c
Rösnerstraße 363-11d
Rosenstraße 363-11d
Rotwandstraße 363-11c
Rudolf-Harbig-Ring 385-2a
Rübezahlweg 385-3c

Samerstraße 385-1c
St.-Martin-Straße 363-12b
Schillerstraße 363-11a
Schlesierweg 363-11c
Schmiedstraße 363-7d
Schneiderweg 363-12b
Schnürmann 363-4b
Schubertstraße 385-1b
Schulstraße 385-6b
Schusterstraße 385-2c
Schwarzenbergstraße 363-11c
Siebenbürgenweg 385-3d

Siemensstraße 363-11d
Sonnenleiten 385-5c
Sonnenstraße 385-1b
Sonnenwiechs 363-11d
Sonnenwiechser Straße 363-10d
Sperberstraße 385-3a
Stachöd 363-3d
Starenweg (2) 385-3b
Staudhausener Straße 385-6d
Steigfeldweg 385-6b
Sudetenstraße 363-11c
Sulzbergstraße 386-1c

Tannenweg 363-10c
Thalham 385-1d
Thalhamer Straße 385-1b
Trebnitzer Straße 385-3b
Troppauer Straße 385-2a
Tulpenstraße 363-12c

Uhlandweg (4) 363-10b
Unterholzham 363-2c
Unterleiten 385-6c
Unterstaudhausen 386-4c
Unterwall 341-12a

Vagenerau Weg 384-3b + 385-1a
Vagener Straße 385-1a
Voglried 363-2c
Von-Eichendorff-Platz 385-2a

Waith 385-2a
Waither Straße 385-2d
Waldheim 386-1c
Waldheimer Straße 386-1a
Waldweg 384-3d
Wallensteinweg 385-3d
Weberstraße 385-2c
Weidach 386-4a
Weidacher Straße 385-3d
Weihenlinden 364-10a
Weihenlindener Straße 385-3b
Wendelsteinstraße 385-3d
Wernher-von-Braun-Straße 363-11b
Wertacher Straße 363-7a
Wiechs 385-1a
Wiesenstraße 385-3a
Wimmerweg 363-10d
Wolfgraben 363-3a
Wuhrhaus 362-11b

Zum Klärwerk 386-1d
Zum Sportplatz 385-2a
Zum Winterblöcker 363-1b
Zur Kieslände 363-12a

Brunnen
PLZ 86564

Adelshauser Weg 56-9b
Albersbachweg 56-9d
Alte Straße 56-9c
Am Anger 56-9a
Am Bahnhof 56-4d
Am Grasfeld (1) 56-5d
Am Schusterberg 56-8d
Am Weingarten 56-4d

Bahnhofstraße 56-5c
Bavariastraße 56-5b
Berhard-Stark-Straße 56-9a
Brunnener Straße 56-7a

Dürrnberg 56-9d

Eichenweg 56-5c

Gadenhof 57-10a
Gurgelabschneiderweg 56-11d

Hochstraße 56-9c
Hönighausen 56-5b
Hohenried 56-8d
Hohenwarter Weg 56-10d

Jahnweg 56-8b

Kaltenherberg 56-5a
Kaltenherberger Weg 56-4d
Kaltenthal 56-12d
Kastanienallee 56-9c
Kiefernweg (1) 56-9a

Lindenstraße 56-9d

Mantelbergweg (3) 56-9a

Niederarnbach 56-4d

Obere Hauptstraße 56-9c
Oberer Dorfweg 56-4d

Pfaffenhofener Straße 56-4d
Pobenhausener Straße 56-5c

Raiffeisenstraße 56-9a
Reitberger Weg 56-5c

St.-Margaretha-Straße 56-9a
St.-Stefan-Straße (2) 56-9a
Schloßplatz 56-4d
Schönbergweg 56-4d
Siedlerweg 56-4d

Untere Hauptstraße 56-9c

Waldstraße 56-8d

Brunnthal
PLZ 85649

Ahornstraße 315-11d
Almweg 315-7c
Alpenring 315-7c

Am Golfplatz 314-3d
Am Mitterfeld 315-11d
Am Osterholz 314-9d
Amselstraße 314-3a
Angerstraße 315-7a
Arnikastraße 315-7a
Auenstrasse (2) 315-7d
Aventinusweg (2) 314-11b
Ayinger Straße 337-3a

Bergstraße 315-7c
Birkenfeldstraße 314-11b
Birkenstraße 337-2a
Blütenweg (1) 314-9d
Blumenstraße 314-9b
Bogenstraße 292-12c
Brunnthaler Straße 315-10d + 337-2a
Buchenstraße 315-11c

Dorfstraße 337-3a
Dürrnhaarer Straße 337-3a

Eichelesterweg (3) 314-12a
Eichendorffstraße 314-11b
Eichenstraße 337-2a
Englwarting 314-6c
Englwartinger Straße 314-6c + 315-7a
Erlenweg 337-3a
Eschenweg (2) 337-2a
Eugen-Sänger-Ring 292-12c

Faistenhaar 315-12c + 337-3a
Faistenhaarer Straße 337-2a
Faschlweg (1) 315-7c
Feldstraße 314-9d
Fichtenstraße 337-2b + 2a
Finkenweg 314-3a
Flurstraße 315-7c
Föhrenstraße 337-2a
Forststraße 337-3c

Gartenstraße 315-7c
Gewerbegebiet „Brunnthal-Nord" 292-11d
Glonner Straße 315-7b
Gudrunsiedlung 314-3a

Haching 314-9b
Hachinger Weg 314-9b
Haidstraße 292-12c
Hauptstraße 314-11b
Höhenkirchener Straße 337-2a
Hofolding 315-10d + 337-1b
Hofoldinger Straße 315-7c
Hohenbrunner Straße 315-1c
Hollerweg 315-12c

Im Kleefeld 315-7a

Jahnstraße 315-7a

Kapellenweg 315-11c
Keplerstraße 292-11d
Kiefernstraße 337-2a
Kiem-Pauli-Weg (1) 314-11b
Kirchplatz 337-2a
Kirchstockach 314-3c
Kirchstockacher Straße 315-4a
Kirchweg (1) 315-12c
Kopernikusstraße 292-11d
Kreuzweg 337-2a
Kuckucksweg 314-3a

Lärchenstraße 315-11d
Lena-Christ-Weg (4) 314-11b
Leonhardstraße 314-6c
Lerchenstraße 314-3a
Lindenstraße 337-2a
Ludwig-Thoma-Straße 314-11b

Markweg 337-2a
Maurerweg 314-9d
Meisenstraße 314-3a
Metzgerweg (3) 337-2b
Miesbacher Straße 337-3a
Münchner Straße 315-7a

Neukirchstockach 315-1a

Oskar-Maria-Graf-Weg (5) 314-12a
Otterfinger Straße 337-2d
Otterloh 314-11b
Otterloher Straße 314-9d
Ottobrunner Straße 315-11d + 337-2b
Ottostraße 337-2b

Pappelstraße 337-2a
Pfarrer-Alt-Platz (4) 337-2b
Portenläng 314-9c
Prielweg 337-2a

Reißweg 337-1b
Riedhausen 315-7b
Riedhauser Straße 315-7c
Ringstraße 314-11b
Roßkopfweg 315-7a

St.-Georg-Straße 314-3d
Sauerlacher Straße 337-1d
Schafflerstraße 315-7a
Schlehenweg 315-12c
Schulstraße 315-7a
Siegertsbrunner Weg 337-3a

Talstraße 315-7c
Tannenstraße 337-2b
Taubenstraße 314-3a
Taufkirchner Straße 314-3d
Tölzer Straße 314-11b

Waldbrunn 292-12d
Waldsiedlung 315-11b
Waldstraße 314-3b
Weidenstraße 315-11d
Wiesenstraße 315-7c

Zedernstraße 337-2b
Zugspitzstraße 315-7c
Zusestraße 292-11d

Buch am Buchrain
PLZ 85656

Am Haidfeld 232-4d
Am Sportplatz 232-5a

Birkenweg 232-4d
Brunnenstraße 232-5c
Buchenweg 232-4b

Drosselweg 232-8a

Eichenweg 232-5d
Erdinger Straße 232-4b
Erlenweg 232-4d
Eschenweg 232-4d

Fang 232-6a
Fellnerstraße 232-5c
Fichtenstraße 232-5c

Haidberg 232-7b
Hammersdorf 210-11c + 232-1b
Hauptstraße 232-4d
Hausmehring 232-4b
Hausmehringer Straße 232-4b
Herweg 232-4b

Kaltenbach 232-6a
Kerschelberg 232-8c

Lärchenweg 232-5c
Loiperding 232-4a

Mitterbuch 232-8d

Oberbuch 232-11d
Oberndorf 232-3a

Pemmeringer Straße 232-5c
Pfarranger 232-5c
Pitz 232-5a

Reithofener Straße 232-8c
Riching 232-3d
Rosenstraße 232-5c

Schmiedberg 232-4d
Sinsöd 232-7d
Sonnenweg 232-5d

Tadinger 232-1d
Tannenhof 232-1d

Waldstraße 232-5b

Zur Kläranlage 232-5a

Buch am Erlbach
PLZ 84172

Ahornstraße 102-12d
Aibacher Straße 129-4a
Aicher Straße 102-7c
Am Griesberg 102-12c
Am Schulfang 102-7d
Am Waldhang 102-12a
Am Westendorfer Feld 128-6b
Am Zellacker 127-7d

Bachstraße 102-8c
Bendlreuth 129-2c
Bergstraße 128-3b
Bergweg 102-8c
Brunnenstraße 102-11b
Buchenstraße 102-12c

Dirnaibach 104-10c + 129-3b
+ 130-1a
Dobelfeld 102-12d
Doktorgasse 102-12d
Dorfstraße 128-6b

Eichenstraße 128-6b
Einberg 102-12a
England 129-5a
Erlbacher Straße 102-11b
Erlbachquelle 128-3b
Eulenstraße 102-12c

Flurstraße 102-8c
Forstaibach 129-2a
Freidling 103-11c

Garnzell 129-6b + 130-4a
Gastorf 128-2b
Gastorfer Straße 102-12c
Großaibacherforst 103-10d

Hartbeckerforst 103-10a
Haunwanger Straße 102-9d + 12b
Hauptstraße 102-12d
Höhenring 102-12a
Hofenstall 102-12c
Holzen 129-2d
Holzhäuseln 128-3d + 129-1a
Holzhäusl 128-6d
Hubstetten 103-11a

Kirchgasse (1) 102-12d
Kugelpoint 102-12c

Laufenau 128-6c
Laufenauer Straße 128-6d
Lohbergasse 102-12d

Metzgerfeld 128-3b
Moosburger Straße 102-8c

Niedererlbach 102-8d

Pfrombacher Straße 128-3d

Rathausplatz 102-12d
Ried 129-3d
Ringstraße 129-4a
Rothenkasten 129-6a

Schulstraße 102-12d
Sochenberg 129-4b
Sonnenhang 129-1c
Sonnleitn 102-12a
Steinbergfeld 129-1c
Stünzbach 102-11d

Tannenring 102-12a
Thann 129-1c
Tristl am Damm 103-12c + 129-3a

Vatersdorf 129-4a
Vilsheimer Straße 102-12d

Weiherweg 128-6b
Weikersting 128-6d
Westendorf 128-3c

Buchbach
PLZ 84428

Am Eichaberg (3) 187-4d
Am Hügel 187-4d
Am Mühlbach 187-7a
Andreas-Strobl-Straße 187-4c
Au 187-2b

Bergstraße 187-4d
Besenbuchbach 187-8b
Bichlhub 187-4a
Bilberg 187-1c
Birkenstraße 187-4b
Breitenau 187-8a
Bründlweg 187-4d
Buchenstraße 187-4b

Chistian-Jorhan-Straße (1) 187-4c

Diemeck 187-1a
Dötzkirchen 187-9a
Dorfener Straße 187-4c

Einstetting 187-7c
Ella 187-7b
Ellaberg 187-11a
Ellastraße 187-4d
Endsgraben 187-1c
Erlbachstraße 187-4c

Felizenzell 187-1c
Felizenzeller Straße 187-4a
Fischbach 187-6b
Franz-Xaver-Richter-Straße 187-4c
Friedhofstraße 187-4c

Geiersberg 187-6a
Geiselbrechting 187-5a
Gerberstraße 187-4d
Gewerbegebiet „Bründlweg" 187-4a
Gewerbegebiet „Felizenzell" 187-4a
Gewerbegebiet „Steeg" 187-7a
Gewerbestraße 187-7a
Gosselding 187-5a
Graßlstraße 187-7a
Greilhub 187-9b
Grund 187-4b
Gumpolding 187-10b

Hagmering 187-8d
Hasenwinkel 186-3d
Hauptstraße 187-4d
Hinterholzen 187-9b

Jahnstraße 187-4b

Kagen 187-7c
Kapellenweg 187-7a
Kaspar-Graf-Straße (4) 187-4c
Kastenberg 186-6d
Kastenberger Straße 187-4c
Kindlbuch 187-4b
Kirchgasse 187-4d
Kreisstraße 187-9a
Kumpfmühle 186-6d

Langenloh 187-8c
Ledererstraße 187-4d
Lehertshub 187-2b
Linden 187-11a
Lindenstraße 187-4b
Litzelskirchen 187-5b
Loiperding 187-9c

Mandlstraße 187-4c
Manggasse 187-4d
Marktplatz 187-4d
Mauth 187-4d
Mauthstraße 187-4d
Mirtlspergerstraße 187-4b
Moos 187-2d

Nebelhub 187-2d
Neumarkter Straße 187-4d
Neuseidlthal 187-1d
Niederloh 186-6a

Oberbonbruck 187-5b
Oberloh 186-6b
Öd 187-6b
Oseneck 186-3d

Pappelallee 187-4d
Pestkreuzweg 187-4d
Pfarrhof 187-5c
Pfarrhofstraße 187-5c
Pfegöd 187-1d
Plattenberg 187-5c
Postgangerl 187-4d

Ranetsham 187-9d
Remelberg 187-8b
Ringstraße 187-4d
Rosenstraße 187-5c
Rundbuch 187-6d
Schmidberg 186-6d
Schulstraße 187-4b
Schwaig 187-8a
Siedlungsstraße 187-4a
Spagelsöd 187-6c
Steeg 187-7a
Steeger Siedlung 187-7a
Steinfeldweg 187-4d
Stifthub 187-2c

Thal 187-7b
Thaler Berg 187-7b
Tulpenstraße 187-5c

Uhersstraße 187-4d

Veldener Straße 187-4d

Wagnergasse 187-4d
Weberstraße 187-4d
Wies 187-9d
Wimbauerstraße 187-4d
Wolfgang-Hagenauer-Straße (2) 187-4c

Zeil 187-7d
Zeld 187-9d
Ziegelstadel 187-4d
Zieglerstraße 187-4d

Buxheim
PLZ 85114

Hessenhof 44-7a

Dachau
PLZ 85221

Ackerstraße 200-12c
Adalbert-Stifter-Straße 200-12b
Adam-Stegerwald-Straße 200-12b
Adolf-Hällmayr-Weg (36) 200-7d
Adolf-Hölzel-Straße 222-2a
Adolf-Lier-Straße 222-1b
Adolf-Lins-Weg (22) 222-3c
Aggensteinstraße 222-3c
Ahornweg 200-9c
Alpenstraße 200-12c
Alte Römerstraße 201-10a
Altvaterstraße 200-9d
Am Alten Wehr 200-10d
Am Bienensaug 222-2a
Am Brunnenhaus 200-11c
Am Burggraben 200-11a
Am Finkenschlag 200-11c
Am Grenzgraben 200-12a
Am Hasenrain 222-3d
Am Heideweg 222-2b
Am Hörhammermoos 201-7d
Am Hüttlbad 37-A3
Am Kalkberg 200-10d
Am Kräutergarten 201-7a
Am Kühberg 37-A3
Am Längenmoosgraben 199-6b
Am Mühlschuß 200-12a
Am Oberanger 37-B3
Amperweg 200-11b
Am Pichler Weiher 222-3b
Am Rehsteig 222-2d
Am Rennplatz 222-2a
Am Sandberg 200-10b
Amselweg 222-2d
Am Speckfeld 199-6b
Am Tiefen Graben 201-10c
Am Türkengraben 200-12a
Am Unteren Markt 200-11d
Am Webelsbach 200-8b
Am Ziehmoosfeld 199-3d
An der Floßlände 200-6d
Annabergstraße 201-10a
Anna-Feldhusen-Straße (3) 222-1b
Anton-Bruckner-Weg (24) 200-10b
Anton-Burgmaier-Straße 200-8d
Anton-Günther Straße 200-12b
Anton-Hackl-Straße 222-2b
Anton-Hechtl-Straße 222-2b
Anton-Josef-Schuster-Straße 200-12d
Anton-Ortner-Straße 200-11b
Apothekergasse (5) 37-A2
Arankaweg 200-12a
Ascherbachweg 200-10d
Assenhausen 199-3a + 3b
Auenstraße 222-2a
Auf der Scheierlwiese 200-11d
Augsburger Straße 200-11a
Augustenfeld 222-3a
Augustenfelder Straße 200-11d
August-Kallert-Straße 222-1b
August-Pfaltz-Straße 222-2a
Aurikelweg 222-2d
Aussiger Straße 200-9d

Bacherner Straße 199-6d
Bahnhofplatz (21) 200-11d
Bahnhofstraße 200-11d
Bahnweg 200-11b
Banater Straße 200-12a
Bartholomäus-Schuchpaur-Straße 222-2d
Bedastraße 222-1b
Beethovenstraße 200-11c
Benediktenwandstraße 222-3a
Bergstraße 200-8a
Berliner Straße 200-12b
Beuthener Weg (14) 200-12b
Birkenrieder Straße 222-2d
Birkenweg 200-8d
Bischof-Neuhäusler-Weg 200-9d
Blumenstraße 200-11b
Bozener Straße 200-8d
Brahmsweg (25) 200-10b
Breitenauer Weg 200-10b
Breslauer Platz 200-12a
Breslauer Straße 200-9c
Brucker Straße 200-10b
Brüxer Straße 200-9d
Brunhildenstraße 200-11b
Brunngartenstraße 200-11c
Buchengasse 200-9c
Buchenlandstraße 200-12a
Buchkastraße 200-8b
Budweiser Weg 200-9d
Bürgermeister-Krebs-Straße 200-11d
Bürgermeister-Scharl-Straße 200-11c
Bürgermeister-Zauner-Ring 200-10b
Burgfriedenstraße 200-10b

Carl-Felber-Weg 201-10a
Carl-Olaf-Petersen-Straße 222-1b
Carl-Orff-Weg (32) 200-10b
Carl-Thiemann-Anlage (6) 200-12b
Christian-Hergl-Straße 200-10b
Coseler Straße (11) 200-12b

Dachau-Ost 201-7d
Dachau-Süd 222-5a
Daimlerstraße 201-10a
Danziger Straße 201-10a
Dr.-Engert-Straße 200-11b
Dr.-Gerhard-Hanke-Weg (22) 200-7d
Dr.-Hiller-Straße 200-7d
Dr.-Höfler-Straße 200-10b
Dr. Karl-Haaser-Weg (38) 200-7d
Dr.-Kübler-Straße 222-2b
Dr.-Muhler-Straße 200-8c
Dr.-Schwalber-Straße 200-8c
Donauschwabenweg 200-12b
Dorfstraße 199-3d
Drosselweg 222-2d
Duxer Straße 200-9d

Eduard-Schleich-Weg (18) 222-2d
Eduard-Ziegler-Straße 222-2b
Egerer Straße 200-9d
Eggertenweg 200-10c
Eichenweg 200-9c
Einsteinstraße 201-7b
Eisingertshofen 200-6c
Elbogener Straße 200-9c
Emi-Fuchs-Hussong-Weg 200-8b
Emilie-Pelikan-Straße (1) 222-1b
Emmeringer Straße 222-5a
Emmy-Lenbach-Straße 200-8d
Emmy-Walther-Straße 222-1b
Englischer Garten 200-11a
Enzianweg 222-2d
Erasmus-Reismüller-Straße 200-12d
Erchanastraße 222-1b
Erholungsgelände Dachau-Süd 222-1d
Erich-Hubmann-Straße 200-12b
Erich-Ollenhauer-Straße 200-8d
Erlenstraße 200-9c
Ernst-Reuter-Platz 200-12b
Eschenrieder Straße 222-2a
Etzenhausen 200-8a
Etzenhausener Straße 200-8d

Färbergasse 37-A2
Falkenauer Straße 200-12b
Fasanenweg 222-2d
Feldgedinger Straße 222-1b
Feldiglstraße 200-12a
Feldstraße 222-3a
Felix-Bürgers-Straße 200-11c
Felix-Dahn-Straße 222-2d
Felix-Wankel-Straße 201-7a
Ferdinand-Birgmann-Straße 37-A2
Ferdinand-Mirwald-Straße 222-2a
Fichtenstraße 200-9c
Finkenweg 222-2d
Fischerstraße 200-12a
Fladstraße 200-11c
Flurstraße 200-11c
Föhrenweg 200-9c
Franz-Arnoldt-Straße 222-2d
Franzensbader Straße 200-12b
Franz-Xaver-Böck-Straße (35) 200-7d
Fraunhoferstraße 201-10a
Freisinger Straße 200-8d
Friedenstraße 200-11b
Friedrich-Dürr-Straße 222-2b
Friedrich-Ebert-Straße 200-12b
Friedrich-Wilke-Weg 200-12c
Fritz-Müller-Weg 200-11b
Fritz-Scholl-Weg (16) 200-12c
Frühlingstraße 200-11b
Fünfkirchner Straße 200-12b
Fürstenweg 200-10b
Füssener Straße 200-12c

Gabelsbergerstraße 222-2b
Gablonzer Straße 200-9d
Gaußstraße 201-10a
Geheimrat-Stoß-Straße 200-12a
Georg-Andorfer-Weg 200-10c
Georg-Elser-Weg 222-3a
Georg-Friedrich-Händel-Weg (29) 200-10b
Georg-Scherer-Straße 200-11d
Georg-Treu-Weg (41) 200-10b
Geschwister-Scholl-Straße 222-3a
Gewerbegebiet „Floßlände" 200-6d
Gewerbegebiet „Papierfabrik" 200-8d
Glatzer Straße (10) 200-12b
Gleiwitzer Straße 201-7c
Glogauer Straße (13) 200-12b
Göschlstraße 37-A2
Goethestraße 200-11d
Goppertshofer Straße 200-1c
Gottesackerstraße 200-11a
Graf-Konrad-Straße 222-2a
Grashofweg 200-12b
Grenzstraße 222-3a
Gröbenrieder Straße 222-5a + 2a + 5c
Gröbenzeller Straße 222-2d
Gröbmühlstraße 200-11d
Grubenstraße 37-B3
Gründinger Straße 222-2a

Hackenängerstraße 200-11b
Handwerkerhof 201-7c
Hanns-Stuber-Weg 222-2d
Hans-Böckler-Straße 201-7a
Hans-Sachs-Straße 222-2d
Hans-von-Hayek-Straße 222-1b
Hauptstraße 200-10c
Hebertshausener Straße 201-4c
Heimgartenstraße 222-2d
Heinrich-Neumaier-Platz 200-12c
Heinrich-Nicolaus-Anlage 200-11a
Heinrich-Nicolaus-Straße 222-1a
Heinrich-Schütz-Weg (28) 200-10b
Heisenbergstraße 201-7c
Henry-Niestlé-Straße 222-1b
Herbststraße 200-11a
Hermann-Böcker-Straße 222-5b
Hermann-Stockmann-Straße 222-2b
Hermannstraße 200-8d
Hermine-Bößenecker-Weg (23) 200-7d
Herzog-Albrecht-Straße 222-2a
Herzog-Wilhelm-Straße 222-2a
Hexengasse 37-A2
Himmelreich 222-2a
Himmelreichweg 222-2a + 1c
Hochstraße 200-8c
Hofgartenweg 200-11a
Hofstraße 200-12c
Holzgarten 200-10d
Holzgartenstraße 200-11c
Holzgartenweg 200-10d
Hubergasse 37-A2
Hugo-Hatzler-Straße (9) 222-1b
Hugo-König-Straße (8) 222-1b

Ida-Kerkovius-Weg 200-9c
Ignaz-Taschner-Straße 200-10c
Im Anger 200-1c
Im Lehmfeld 199-6b
Im Lus 222-1a
Indersdorfer Straße 200-8c
Isar-Amperwerke-Straße 200-9c

Jägerndorfer Straße (5) 200-9d
Jahnstraße 200-12c
Jakob-Kaiser-Straße 200-12b
Jakob-Schmid-Straße 200-12c
Jocherstraße 200-11a
Johann-Pflügler-Straße 222-2b
Johann-Sebastian-Bach-Weg 200-10b
Johann-Sperl-Weg 222-2d
Johann-Teufelhart-Straße 200-12c
Johann-Ziegler-Straße 200-12a
John-F.-Kennedy-Platz 200-9c
Josef-Gareis-Weg 222-2d
Josef-Scheidl-Straße 222-2b
Josef-Schmetterer-Straße 200-8b
Josef-Seliger-Straße 200-12a
Joseph-Effner-Straße 222-2d
Joseph-Hauber-Straße 222-2d
Joseph-Haydn-Weg (33) 200-10b
Joseph-Wenglein-Weg (16) 222-2d
Joseph-Wirth-Straße 200-9c
Julius-Kohn-Weg (1) 200-9d
Jupiterstraße 200-8d

Kärntner Straße 200-12a
Kaiserwaldweg 200-12b
Kalterbachweg 200-12a
Karl-Benz-Straße 201-7a
Karl-Fill-Weg (42) 200-10b
Karl-Leisner-Weg (3) 200-9d
Karlmax-Küppers-Weg 200-12c
Karl-Riemer-Straße 201-7c
Karlsbader Ring 200-9c
Karlsberg 200-11a
Karlsfelder Straße 222-2b
Karwendelstraße 222-3a
Keplerstraße 201-10a
Kirchgassl (2) 37-A2
Klagenfurter Platz (13) 222-2d
Kleiststraße 222-2b
Klosterstraße 200-11a
Königsberger Straße 200-12a
Kohlbeckstraße 200-8c
Kolberger Straße 200-12a
Kolpingstraße 200-8c
Konrad-Adenauer-Straße 200-11a
Konstantin-Pader-Straße 222-5b
Kopernikusstraße 201-10a
Krankenhausstraße 200-8c
Krebsbachstraße (14) 222-2d
Kreuzplatz 200-9d
Krimhildenstraße 200-9c
Krumpperstraße 200-11b
Kufsteiner Straße 222-3c
Kurfürst-Karl-Theodor-Straße 222-2b
Kurfürst-Max-Emanuel-Platz 37-A3
Kurt-Schumacher-Straße 200-12b
KZ - Gedenkstätte Dachau 201-7a

Lärchenstraße 200-9c
Landsberger Straße 200-12c
Lange Gasse 200-5c
Langer-Schöller-Weg (20) 222-3c
Langhammerstraße 37-B3
Langwieder Straße 222-5b
Ledérergasse 200-11a
Leipziger Straße 200-12b
Leitenweg 200-6c
Leobadstraße 200-10c
Leobschützer Straße 200-12a
Leonhard-Wanner-Straße 200-9c
Lessingstraße 222-2b
Liebhofweg 200-12b
Liegnitzer Straße 200-12a
Liegsalzstraße 200-9c
Lilienstraße 200-11b
Lindenallee 200-11b
Loestraße 200-11a
Lohfeld 199-6d
Lohhofer Weg 200-12b
Lorenz-Scherer-Straße 222-2b
Lovis-Corinth-Straße 222-2d
Ludwig-Dill-Straße 200-11c + 10b
Ludwig-Ernst-Straße 200-9d
Ludwig-Ganghofer-Straße 200-11d
Ludwig-Richter-Straße 222-2b
Ludwigstraße 200-8d
Ludwig-Thoma-Straße 200-11c
Lumbergerstraße 200-12a

Maierhoferweg 200-12b
Maisacher Straße 222-2a
Margharete-Kron-Weg (40) 200-10b
Marienbader Straße (7) 200-12b
Marienburger Straße 201-10a
Marie-von-Kalckreuth-Weg (11) 222-2b
Marsstraße 200-8d
Martin-Huber-Straße 200-11b
Martin-Huber-Treppe 37-B2
Max-Feldbauer-Weg (15) 222-2d
Max-Liebermann-Straße (23) 222-2d
Max-Planck-Straße 201-7a
Max-Reger-Weg (34) 200-10b
Melsenweg (6) 37-B2
Meraner Straße 200-8d
Mitterfeldweg 200-10b
Mittermayerstraße 200-11a
Mitterndorf 200-10c
Moorbadstraße 37-A3
Moosstraße 222-5b
Morgensternstraße 222-1b
Morgenstraße (20) 200-12c
Moriweg 200-8d
Mozartweg 200-10b
Mühlbachstraße 200-8d
Müller-Dachau-Weg (18) 200-12c
Münchner Straße 200-11c

Neißer Straße (8) 200-12b
Neuängerstraße 200-11d
Neufeldstraße 200-9c
Neumeyerweg (2) 200-9d
Neustädter Straße (9) 200-12b
Newtonstraße 201-10a
Nibelungenstraße 200-11b
Nikolaus-Deichl-Straße 200-12c
Nikolaus-Otto-Straße 201-7a
Nordenstraße 200-8d
Nürnberger Straße 200-11d

Obere Moosschwaigestraße 200-11d
Obergrashof 201-11c
Obermoosschwaige 200-11d
Ohmstraße 201-7c
Olaf-Gulbransson-Weg (17) 222-3c
Olaf-Lange-Weg (15) 200-12c
Olchinger Straße 222-1b
Orlando-di-Lasso-Weg (31) 200-10b
Oskar-Coester-Straße (6) 222-1b
Oskar-von-Miller-Straße 222-2b
Ostenstraße 200-11b
Ostlerstraße 200-8b
Otto-Ehrhart-Straße 37-B2
Otto-Grassl-Weg 37-A3
Otto-Hahn-Straße 201-7a
Otto-Kohlhofer-Weg (4) 200-9d
Otto-Strützel-Straße (26) 222-2b
Otto-Wirsching-Straße 200-12a

Pacellistraße 200-8c
Pappelweg 200-9c
Pastor-Niemöller-Weg 200-9d
Pater-Delp-Straße 37-A1
Pater-Roth-Straße 201-7c
Paula-Wimmer-Straße 201-10c
Pellheim 199-3d + 200-1c
Pellheimer Straße 200-4c
Pfarrer-Eicher-Straße 200-10c
Pfarrer-Kölbl-Straße 222-2b
Pfarrer-Lechner-Weg 200-9d
Pfarrer-Winhart-Platz 200-12a
Pfarrplatz (1) 37-A2
Pfarrstraße 200-11a
Plankenwiese 200-9c
Platzöderweg 200-10c
Polln 200-9c
Pollnstraße 200-12a
Prälat-Pfanzelt-Straße 200-8c
Prälat-Wolker-Straße 200-8c
Prinz-Adalbert-Straße 222-2b
Prittlbacher Straße 200-6a
Puchheimer Straße 222-1b
Pullhausen 199-6d

Ratiborer Straße (12) 200-12b
Rauschener Straße 200-12a
Reichenberger Straße 200-9d
Reinhold-Grübl-Weg (7) 200-11d
Reinhold-Langenberger-Weg (43) 200-8c
Rheinlandstraße 200-11b
Richard-Graef-Weg 200-12c
Richard-Huber-Straße 200-10c
Richard-Strauss-Weg (27) 200-10b
Richard-von-Poschinger-Weg (24) 222-2d
Richard-Wagner-Straße 200-11c
Ringstraße 200-9c
Robert-Bosch-Straße 201-7c
Robert-Koch-Straße 200-11b
Robert-von-Haug-Straße 200-12a
Röntgenstraße 201-10a
Rößlergaßl 37-A2
Rosenstraße 200-11b
Rosenweg 222-3b
Roßwachtstraße 200-9c
Rothschwaigeweg 222-3c
Rotkreuzplatz 200-11c
Rotwandstraße 222-3a
Rudi-Schmid-Weg 222-3a
Rudolf-Diesel-Straße 201-7c
Rumburger Ring 201-7c
Rupert-Mayer-Straße 37-A1

Saazer Straße 200-9d
Sägstraße 200-8d
Salzburger Straße 200-12c
Sandstraße 200-11b
St.-Peter-Straße 200-12a
Schäferweg 222-5c
Schafgasse 222-2b
Schillerstraße 200-11c
Schinderkreppe 222-2c
Schlaggenwalder Straße 200-12b
Schleißheimer Straße 200-11d + 201-11c
Schlesienstraße 200-12a
Schloßgasse 200-11a
Schloßstraße 37-A2
Schöttlstraße 222-2d
Schrannenplatz 37-A2
Schreberweg 222-3b
Schroppenstraße 200-12b
Schubertweg 200-10b
Schützenstraße 222-2b
Schumannweg (26) 200-10b
Schwaigstraße 222-3a
Schwanklerstraße 200-11a
Schwarzhölzlstraße 201-10a
Siebenbürgenstraße 200-9c

Siedlungsstraße 222-2d
Siegfriedweg 200-9c
Sieglindenstraße 200-11b
Siemensstraße 201-10a
Silnerstraße 200-11a
Simon-Warnberger-Weg 222-2d
Sommerstraße 200-8c
Spechtgasse 222-2d
Spitalgasse 37-A2
Spitzwegstraße 222-2a
Steinkirchen 200-8a + 7b
Steinkirchener Straße 200-8c
Steinmühlstraße 37-B2
Steinmühlweg 37-B2
Steinstraße 200-12a
Stettiner Straße 200-12a
Stögerstraße 200-8c
Straße der KZ-Opfer 200-9c
Stresemannstraße 200-12b
Stuttgarter Straße (19) 200-12c
Sudetenlandstraße 200-9c
Südenstraße 200-8d
Syrius-Eberle-Weg (39) 200-7d

Tannenweg (21) 200-9c
Taubenbergerstraße (25) 222-2b
Teplitzer Ring 200-9d
Theodor-Heuss-Straße 200-9c
Thomas-Schwarz-Straße 200-11c
Thonauerstraße 222-2d
Tina-Blau-Straße (4) 222-1b
Tiroler Straße 200-12a
Titus-Brandsma-Weg (15) 201-7c
Tony-Binder-Straße 200-9c
Trautenauer Straße 200-12b
Troppauer Straße 200-12b
Tulpenweg 222-3b

Udlding 200-10a
Udldinger Straße 200-10b
Uhdestraße 200-11c
Ulmenweg 200-9c
Unteraugustenfeld 200-12c

Veltenstraße 200-8d
Victor-Weishaupt-Straße (5) 222-1b
Viehhausen 172-10c
Viehhauser Straße 200-1a
Von-Eichendorff-Straße 200-12b
Von-Herterich-Straße 200-8b
Von-Hohenhausen-Straße 37-A1
Von-Ruckteschell-Weg 222-3a

Waldschwaigestraße 222-2d
Waldstraße 222-2d
Wallachweg (12) 222-2b
Wallbergstraße 222-3a
Walther-Klemm-Weg (19) 222-2d
Watzmannstraße 222-3a
Webling 200-7b
Weblinger Weg 200-7b
Weiherweg 200-10b
Welschstraße 200-8d
Wendelsteinstraße 222-3a
Werner-Egk-Weg (30) 200-10b
Wettersteinring 222-3c
Widerstandsplatz 37-A2
Wiener Straße 200-11d
Wieningerstraße 200-11a
Wilhelm-Dürr-Straße (7) 222-1b
Wilhelm-Leibl-Straße 200-12a
Wilhelm-Maigatter-Weg 222-1b
Wilhelm-Neuhäuser-Straße (10) 222-1b
Wilhelm-von-Kobell-Weg (21) 222-2d
Willy-Dieninghoff-Weg 222-2b
Willy-Orth-Weg (17) 200-12c
Willy-Teufelhart-Weg (37) 200-7d
Wilma-von-Friedrich-Straße (2) 222-1b
Winterstraße 200-8c
Wisreuterstraße 222-2d
Würmmühle 200-6d
Würmstraße 200-12b

Ziegelei 200-4d
Znaimer Straße 200-12a
Zugspitzstraße 222-2b
Zum Alten Schloß 200-1a
Zum Kaifeld 200-1c
Zur Alten Schießstatt (4) 37-B3
Zur Scheierlmühle (3) 37-B3
Zweigstraße 200-8d

Dasing
PLZ 86453

Aichacher Straße 137-8b
Alpenstraße 137-8a
Am Anger 137-8b
Am Birkfeld 138-4d
Am Fuchsberg 138-8b
Am Füllenberg 138-8b
Am Hochrain 137-9d
Am Kabisbach 138-8b
Am Pfarrhof 138-8b
Am Scheuringer Berg 137-2d
Amselweg 137-8d
Am Wegberg 137-5b
Am Westerhof 138-8b
An der Brandleiten 137-6b

Bachstraße 137-8a
Bahnhofstraße 137-8b
Bergstraße 138-9a
Bierweg 137-8a
Bitzenhofen 137-1d
Bitzenhofer Weg 137-8a
Brandstraße 137-9d
Breitenweg 137-2d
Brückenstraße 138-11a
Brunnenmühle 137-8d
Brunnenstraße 137-8a
Buchenstraße 138-11d

Carl-Benz-Straße 137-6c

Dasinger Straße 138-4c
Dorfstraße 138-8a

Eichholzstraße 138-8b

Feldstraße 138-11d
Flurstraße 137-8b
Friedberger Straße 137-8a
Friedberger Weg 138-10c

Gartenweg 137-8b
Grüntenstraße 137-5d

Haberskircher Straße 137-1d
Hartendillweg 137-7b
Hartentalholzweg 136-9b
Hartentalweg 136-9b
Hauptstraße 137-9d
Hinterheimat 137-12d
Hinterholz 139-7c
Hochstraße 137-8a
Höbstl 137-7c
Hofbauer 137-9c
Hohleneich 139-4c
Holzweg 137-8b

Ifenstraße (2) 137-5c
Industriestraße 137-8b

Kapellenweg 138-4c
Karwendelstraße 137-5c
Kirchengrund 137-5d
Kirchstraße 137-8a
Koblweg 138-4d
Kohlstattweg 137-7a
Kornblumenstraße 137-8d
Kreit 138-9d
Kreitweg 138-8b
Kreuzeckstraße (1) 137-5d
Kreuzstraße 137-9d
Kreuzweg 137-7b
Krokusstraße (7) 137-9a

Längenmoos 138-5c
Laichwiesenweg 137-5b
Laimering 138-4d
Laimeringer Straße 137-6c
Laimeringer Weg 138-8c
Landmannsdorfer Weg 138-10d
Latzenhausen 137-1b
Leitenweg 138-4c
Lerchenweg (3) 137-8a
Ligusterweg 137-8b
Lindenstraße 138-11d
Lindl 137-6c
Lindlstraße 137-8b

Malzhausen 138-10d
Malzhauser Straße 138-10b
Marienstraße 137-2d
Messerschmittstraße 137-6c
Moosweg 138-5c
Mühlstraße 137-8d

Narzissenstraße (6) 137-8b
Nelkenstraße 137-8d
Neulwirth 137-6b

Oberzell 136-9c

Paarstraße 137-8a
Pfarrstraße 137-9d
Plattenfeldstraße 137-9d
Postweg 137-8a

Rettenberger Straße 137-8c
Rieden 138-8b
Riedener Straße 138-4d
Riedener Weg 138-8c
Riedweg 138-10a
Ringstraße 137-9d
Robert-Bosch-Straße 137-6d
Römerstraße 138-11b
Rosenstraße 137-8b
Rudolf-Diesel-Straße 137-6d

Samweg 138-4d
St.-Emeran-Straße 137-2c
St.-Florian-Straße 138-7c
St. Franziskus 137-12a
St.-Georg-Straße 138-4d
St.-Michael-Straße 138-11d
St.-Nikolaus-Weg 137-2c
St.-Peter-und-Paul-Weg (1) 138-11a
Schönblickstraße 137-5d
Schulstraße 137-8a
Schwarzbachweg (4) 137-8a
Sielenbacher Straße 138-4d
Sonnenstraße 137-9d
Sophienhof 137-1c
Stuibenstraße 137-5d
Südstraße 137-9d

Taiting 137-2d
Taitinger Straße 137-8b
Talstraße 137-9d
Tatostraße 138-11a
Tattenhausen 138-7d
Tattenhausener Weg 138-8c + 7b
Tegelbergstraße 137-5d
Tulpenstraße (5) 137-8b

Ulrichsholz 136-3d
Unterzell 136-6d
Unterzeller Straße 137-8a

Vitusstraße 138-8b
Vorderheimat 137-12a

Waldstraße 137-6c
Wankstraße 137-5c
Watzmannstraße 137-5c
Wessiszell 137-9b + 138-7c
Wessiszeller Straße 137-8b
Wessiszeller Weg 138-7a
Wessiszeller Weg (Tattenhausen) 138-7c
Wettersteinstraße 137-8a
Wiesenstraße 137-8a
Winterhofstraße 138-11a

Zahlinger Straße 137-2a
Ziegelbacher Weg 138-10d
Ziegelweg 137-8c
Zieglbach 138-11d
Zugspitzstraße 137-5c
Zum Bahnwärterhaus 137-3c
Zur Ziegelei 138-4b

Diedorf
PLZ 86420

Adelgundisstraße 160-9a
Adolph-Kolping-Straße (20) 160-3d
Ahornweg 160-3d
Akazienweg (16) 160-3d
Albert-Stifter-Straße 160-6b
Allensteiner Weg (25) 160-3d
Allgäuer Straße (1) 160-6a
Alte Reichsstraße 161-1a
Alte Schulstraße 160-6a
Am Anger (1) 160-1d
Am Feldkreuz 160-8b
Am Gänsbühl 160-5b
Am Hang 161-1a
Am Höllgraben (2) 161-1a
Am Köbele 160-6d
Am Lehmberg 160-2c
Am Moosstock 160-3b
Am Rain 160-5b
Am Rehsprung (1) 161-1a
Am Ringofen 160-2c
Amselweg 160-3d
Am Spindelanger 160-9a
Am Straßfeld 160-3b
Am Ziegelgraben 160-3d
Anhausen 160-6c
Anhauser Straße 160-6a
Anton-Ahle-Weg 160-6b
Austraße 160-6c

Bachstraße 160-6c
Backsteinweg 160-2c
Bahnhofstraße 160-3c
Beethovenstraße 160-6b
Bei den Zäunen 160-3d
Bei den Zäunen (12) 160-3d
Benzstraße 161-1a
Bergleseweg 160-6b
Bergstraße 160-2c
Bernarticer Straße 160-3d
Biburger Straße 160-1d
Birkenstraße 160-5a
Blütenweg (19) 160-3c
Blumenweg 160-6c
Böhmerwaldstraße 160-6b
Bonchamper Straße 160-3d
Breslauer Weg (29) 160-3d
Brunnenbergstraße 160-2c
Brunnenstraße 160-6a
Buchenstraße 160-2c
Bürgermeister-Erlinger-Straße 160-6c
Bürgermeister-Grüner-Straße (22) 160-3d
Bürgerpark 160-6a
Burgwalder Straße 160-8d
Buschelberg 160-4b

Dachsteinweg (4) 160-6a
Daimlerweg (11) 161-1c
Dammstraße 160-3c
Danziger Weg (31) 160-3d
Deubacher Straße 160-1c
Deuringer Weg 161-1a
Dieselstraße 160-3d
Dietrich-Bonhoeffer-Weg (21) 160-3d
Dörleweg 160-1d
Dornierweg (10) 161-1a
Dresdener Straße 160-3d
Drosselweg 160-6c

Edisonweg (7) 161-1a
Eibenweg (15) 160-3d
Eichenstraße 160-3d
Einsteinweg (5) 161-1a
Elsternweg 160-6c
Erlenstraße 160-2c
Espenweg 160-3d
Europaplatz 160-6a

Falkenweg 160-6b
Feldstraße 160-6c
Fichtenstraße 160-3d
Finkenweg 160-3d
Firmental 160-9a
Fliederweg 160-6a
Flurstraße 160-3c
Föhrenstraße 160-8b
Forstweg 160-3c
Franz-Ganghofer-Weg 160-6b
Friedhofstraße 160-6a
Frühlingstraße 160-3c
Fuchsberg 160-6b
Fuggerstraße 160-6a
Fußweg im Köbele 160-6b

Gartenstraße 160-2c
Gartenweg 160-6b
Geisberg 160-6c
Gerhart-Hauptmann-Weg (37) 160-6b
Gessertshauser Straße 160-8b
Gewerbestraße 160-3d
Goethestraße 160-6b
Goldammerweg 160-3c
Gotenweg (3) 161-1a
Grabenfeld 160-1d
Gregor-Mendel-Weg (36) 160-6b
Grenzstraße 160-5b
Grottestraße 160-6a
Grubbühlstraße 160-6b
Grüntenstraße 160-6a
Gutenbergstraße 161-1a

Haldenstraße 160-4b
Hangstraße 160-2c
Hauptstraße 160-5b
Hausen 160-5a
Hausener Straße 160-5a
Heckenbergstraße 160-8b
Herlesstraße 160-6c
Hertzweg (6) 161-1a
Hochvogelstraße 160-6a
Höhenstraße 160-2c
Höhenweg 161-4a
Hofstraße 160-5a
Hopfengartenstraße 160-9a

Ifenweg (2) 160-6a
Industriestraße 160-3d
Insterburger Weg (33) 160-6b
Iselerweg (5) 160-6a

Jagdweg 160-9a
Jakob-Bleyer-Weg (38) 160-6b
Johann-Rittel-Straße 160-6a

Kapellenberg 160-5a
Kapellenweg 160-5d
Karl-Endrös-Weg 160-8b
Keimstraße 160-3b
Kiefernstraße 160-3d
Kirchenweg 160-6a
Kirschenweg 160-2c
Klinkerweg 160-2c
Köbele 160-6d
Köbelestraße 160-6d
Köbeleweg 160-6d
Köhlerweg 160-5b
Königsberger Straße 160-3d
Kohlstattstraße 160-5b
Kopernikusweg (9) 161-1a
Kornstraße 160-6c
Krautgartenweg 160-5b
Kreutbergstraße 160-6b
Kreuzstraße 160-5a
Kurzer Weg 160-6c

Latzfonser Straße (14) 160-3d
Lausitzer Weg (24) 160-3d
Leharweg 160-6b
Leitershofer Straße 160-9a
Lettenbach 161-1c
Lettenbach Straße 161-1a
Lettenbächle 161-1a
Lettenweg 161-1a
Liegnitzer Weg (32) 160-3d
Lilienweg 160-2c
Lindenstraße 160-3c
Ludwig-Thoma-Straße 160-6b
Lupinenweg 160-2c

Mahdweg 160-3d
Maienstraße 160-6c
Marienburger Weg 160-3d
Marienplatz 160-3d
Max-Planck-Straße 161-1c
Meisenweg 160-3c
Memelweg (27) 160-3d
Mergelweg 160-6b
Mittelbühlstraße 160-1d
Molkereiweg 160-9a
Mühlenstraße 160-6c
Müllerweg 160-6a

Nebelhornstraße 160-6a
Neisseweg (26) 160-3d

Obere Lettenbergstraße 161-1a
Oggenhof 160-2d
Oggenhofstraße 160-2d
Ortlerweg (3) 160-6a
Ortsstraße 160-4b

Pappelweg 160-3d
Pestalozzistraße 160-3d
Peter-Dörfler-Weg (39) 160-6b
Pfannenstiel 160-6b
Pommernweg 160-3d
Postweg 160-4b

Raiffeisenstraße 160-1d
Rathausplatz 160-3d
Rebhuhnweg 160-5d
Rehwinkel 161-1a
Riedwiesenweg (4) 160-3b
Ringstraße 160-9a
Robert-Koch-Straße 161-1a
Römerweg 161-1a
Rosenhaldenweg 160-4b
Rosenweg 160-6b
Rostocker Weg (30) 160-3d

Sackgasse 160-3c
Sandbergstraße 161-1a
Sandweg 160-6b
Schenkentalstraße 160-1c
Schillerstraße 160-6b
Schlehenweg 160-2c
Schlesierweg (23) 160-3d
Schmutterstraße 160-3c
Schreberweg 161-4a
Schrödelstraße 160-6b
Schwalbenstraße 160-6a
Schwarzbachstraße 160-6a
Schweriner Weg 160-3d
Siemensstraße 161-1a
Sisikonweg (13) 160-3d
Sommerstraße 160-1d
Sonnenstraße 160-6c
Sonnenweg 161-4a
Stadtweg 160-6d
Starenweg 160-6c
Steigstraße 160-2c
Steppacher Straße 161-1a
Stettiner Weg (28) 160-3d
Stieglitzweg 160-3d
Sudetenstraße 160-6b

Talstraße 160-5a
Tannenstraße 160-3d
Tilsiter Weg (34) 160-6b
Tonweg 160-2c

Ulmenweg 160-3d
Ulrich-Geh-Straße 160-3c
Untere Lettenbergstraße 161-1a

Waldstraße 161-1a
Waldweg (40) 160-6b
Wartheweg 160-3d
Wattweg (8) 161-1a
Watzmannstraße 160-6a
Weidenweg 160-2c
Wellenburger Straße 160-3c
Wiesenstraße 160-5a
Willishausen 160-1c
Windachstraße 161-4a

Zedernweg (17) 160-3d
Zeisigweg 160-6c
Zeppelinstraße 161-1a
Ziegeleiring 160-2d
Zirbelweg (18) 160-3d
Zugspitzstraße 160-6a

Dießen am Ammersee
PLZ 86911

Adalbert-Stifter-Straße 326-12c
Ängerle 348-1c
Ahornweg 348-2d
Alexander-Köster-Weg (2) 326-12d
Am Augustinerberg 348-3a
Am Kirchsteig 348-2b
Am Martinsfeld 348-2b
Am Melchgraben 326-5a
Am Seeacker 326-9a
Am Steinigen Graben 326-2d
Am Winkelsteg 348-2b
Anton-Zech-Straße 348-3a
Auenstraße 326-5b

Baderfeld 348-2a
Bahnhofsplatz 326-6a
Bahnhofstraße 326-12d
Bannzeile 326-11d
Baumschulweg 326-11d
Bergmillerstraße 326-12c
Bierdorf 326-9a + 8b
Bierdorf-Holzacker 326-8b
Birkenweg 348-2d
Bischofsried 348-1a
Blind-Geraumt 348-7c
Brunnenstraße 326-12d
Buchenweg 326-5b
Burgbergstraße 348-2c
Burgwaldstraße 348-2c
Buzallee 326-12c

Curry Park 326-5d

Deckertweg 326-11c
Dießener Straße 326-6c

Eduard-Gabelsberger-Straße 348-3b
Egart 326-12c
Egerstraße 326-12c
Eichenweg 326-5d
Engelandweg 348-1a
Engenried 326-7a

Färbergaßl 326-12d
Fasanstraße 326-5b
Fichtenweg 348-2d
Fischerei (1) 326-12d
Fischermartlstraße 348-3b
Forstanger 326-12c
Forstwiesweg 326-12a
Fritz-Winter-Straße 326-11d
Frontorstraße 326-12c
Fürholz 348-2c

Gartenstraße 326-2d
Graf-Berchtold-Straße 326-12a
Gruberberg 326-7c + 10a
Grünhütlstraße 348-2b
Gut 326-12a

Heimgarten 326-12a
Hermann-Gmeiner-Straße 348-3c
Herrenstraße 326-12c
Hochleite 348-2c
Hofmark 326-12c
Holzbauerstraße 326-5b
Hübschenried 326-4a
Hübschenrieder Straße 326-5a

Iglauer Straße 326-12a

Jägerallee 348-3b
Jägerstraße 326-5b
Jahnstraße 326-12d
Johannisstraße 348-3a
Johann-Michael-Fischer-Straße 348-2b
Josefigaßl 326-12c

Kalkofenweg 348-4a
Kapellenweg 348-3a
Kempfstraße 326-5b
Kirzingerstraße 326-9c
Klosterberg 348-3a
Klosterhof 326-12c
Krankenhausstraße 348-3a
Kreuzweg 348-2a
Kunissastraße 326-12c

Lachen 326-9c
Lachenallee 326-9c
Lachener Straße 326-12a
Lachen-Prielwiese 326-12b
Lachen-Rossacker 326-9d
Landsberger Straße 326-11d
Langäcker 326-5b
Leiblstraße 326-11c
Leonhardistraße 348-2c
Leutzenseeweg 348-2b
Lindenallee 348-2b
Lommelstraße 348-3a

Malerweg 326-2d
Maria-Hilf-Straße 348-3b
Maria-Schnee-Weg 348-1b
Marienplatz 326-12d
Marktplatz 326-12c
Max-Köppen-Straße 326-5d
Metznerwiese (1) 348-2a
Moosänger 348-2a
Moosstraße 348-3b
Mühlstraße 326-12d

Neudießen 326-12a
Neudießener Straße 326-12c
Neuwiese 326-5a

Oberer Albaner Weg 326-12d
Oberer Anger 326-11c
Oberer Forst 326-5a

Parkweg 326-5b
Prälatenstraße 348-2a
Prielstraße 326-12a
Prinz-Ludwig-Straße 326-12c
Propst-Herkulan-Karg-Straße 348-3a

Raistinger Straße 348-6b
Reithenweg 326-5b
Reitstege 326-12d
Rieden am Ammersee 326-2a
Riederau 326-2d
Ringstraße 326-5b
Römerweg 326-5b
Rogisterstraße 326-5b
Romenthal 326-11b
Rotter Straße 326-10c

Sandberg 348-2c
St. Alban 326-9d
St. Georgen 348-1b
St.-Georg-Straße 348-2c
St. Martin in Hädern 348-6a
St.-Mechtildis-Straße 326-12c
St.-Rasso-Weg 326-12a
St.-Stephan-Weg 348-3a
Schaidhaufstraße 326-9d
Schallerin 326-5a
Schatzbergalm 348-5c
Schatzbergstraße 348-2b
Schilcherstraße 326-11d
Schinderweg 326-11a
Schneidergaßl 348-3a
Schönbichel 326-5d
Schützenstraße 348-3a
Schulanger 326-5b
Seehof 348-1d
Seerichterstraße 348-3b
Seestraße 326-12c
Seeweg-Nord 326-3c
Seeweg-Süd 326-9d + 6c
Seiboldstraße 326-2d
Skellstraße 326-11d
Sonnenstraße 348-3b
Stagurastraße 326-11c
Stocketfeld 348-2a

Tannenstraße 348-2d
Thomas-Theodor-Heine-Straße 326-11c
Tiefenbachstraße 348-3b
Triebhof 304-11d

Unterer Albaner Weg 326-12b
Unterer Forst 326-5a
Untermüllerplatz (3) 326-12d

Viehhausstraße 348-4a
Vogelherd 348-3c
Vogelherdstraße 348-3d
Von-Eichendorff-Straße 326-12c
Von-Schorn-Weg 326-12c
Vorhölzer Straße 326-11c

Waffenschmiedweg 348-2a
Weilheimer Straße 348-3b
Wengen 348-1d + 2c
Wildmoosstraße 326-10d
Wolfsgasse 348-2b

Ziegelstadl 348-2d + 5d

Dietramszell
PLZ 83623

Am Asang 379-8a
Am Bichl 358-8c
Am Burgstall (1) 400-3c
Am Dorfbach 355-12d
Am Gasteig 379-8d
Am Holz 355-12c
Am Kreuzfeld 379-8c
Am Lindenfeld (3) 355-12d
Am Maureranger 379-11b
Am Moosfeld 355-12c
Am Mühlweg 377-3a
Am Ranhart 379-8d
Am Richteranger 379-8d
Am Schmiedberg 357-9d
Am Schwaiganger 379-8b
Am Sonnbichl 379-8a
Am Unterfeld (2) 355-12d
Am Weiherfeld 379-9c
Argeter Weg 357-9d
Ascholding 355-12d + 356-10c + 377-3a + 378-1a
Au 401-2c
Auenstraße 377-3a
Auf der Tränke (1) 378-11d

Badermelcherweg (2) 379-8d
Baiernrain 357-9d
Baiernrainer Weg 357-11c
Bairawies 378-11d + 400-2b
Bairawieser Straße 379-11a
Berg 357-8b
Bergerhof 401-1d
Berger Weg 357-11d
Bierhäusel 400-2a
Bierhäuslweg 400-2b
Birkenweg 355-12c
Birschlingweg 357-12c
Breitenweg 378-8b
Bruckweg 377-3b
Bühlweg 357-4d

Dietenhausen 380-4a
Dietenhauser Straße 379-3a
Dietramszeller Straße 357-11a
Dorfstraße 400-2b

Dorfen
PLZ 84405

Eberfing
PLZ 82390

Ebersberg
PLZ 85560

Traxl 299-4c

Ulrichstraße 298-1c
Unterlaufing 298-2d

Valentingasse (7) 298-1a
Valtortagasse (5) 298-1a
Villa Hubertus 275-12c
Von-Feury-Straße 297-3b
Von-Scala-Straße 297-3d
Vorderegglburg 297-2d

Wallbergstraße 297-3c
Wasserburger Straße 298-1c
Weiding 276-11d
Weidinger Straße 298-2b
Wendelsteinstraße 297-3d
Westerndorf 276-10b
Wettersteinstraße 297-3c
Wildermuthstraße 297-3b

Ziegelhof 275-11d
Zugspitzstraße 297-3d
Zur Gass 297-3c

Eching

– Ährenweg 204-5d
85386 Albert-Camus-Straße 175-12c
85386 Alfred-Delp-Straße 175-11d
85386 Alte Ziegelei 175-5c
85386 Am Anger 174-12b
85386 Am Forellenbach 175-8c
85386 Am Fretz 203-5a
85386 Am Geflügelhof 203-4d
85386 Am Grundfeld 175-7c
85386 Am Hang 175-8a
85386 Am Isardamm 204-5d
85386 Am Kratzerhof (12) 204-6a
85386 Am Lichtfeld (5) 204-5b
85386 Am See 203-3d
85386 Amselweg 204-5b
85386 Am Straßfeld 204-5b
85386 An der Wiese 175-12a
85386 Anne-Frank-Straße 203-2b
85386 Arbeostraße 203-3a
85386 Auweg 204-6a

85386 Bahnhofstraße 175-11d
85386 Bahnweg 175-11d
85386 Barthl-Mayer-Weg (3) 204-6a
85386 Bergstraße 175-7b
85386 Berhard-Lichtenberg-Straße (15) 203-2b
85386 Bert-Brecht-Straße 175-12c
85386 Birkenweg (4) 204-6a
85386 Blütenstraße 175-11d
85386 Böhmerwaldstraße 175-12c
85386 Breslauer Straße 175-11b
85386 Bruckfeldweg 203-3b
85386 Büchnerweg 175-12c
85386 Burgstraße 175-10a

85386 Daitenhausener Straße 175-11d
85386 Danziger Straße 175-12c
85386 Deutenhausen 175-7c
85386 Dietersheim 204-3c
85386 Dietersheimer Straße 175-12c
85386 Dietrich-Bonhoeffer-Straße (8) 203-2b
85386 Donauschwabenstraße 175-11d
85386 Dresdener Straße 175-11d

85386 Echinger Straße 204-5b
85386 Echinger Straße (9) 204-5a
85386 Edith-Stein-Straße (7) 203-2b
85386 Egerländerstraße 175-11d
85386 Eichenweg 175-7b
85386 Engelhofstraße 204-5b
85386 Erfurter Straße 175-12a
85386 Erlenweg 204-6c
85386 Eschenweg 175-7b

85386 Feldstraße 203-3a
85386 Fichtenweg 175-7c
85386 Finkenweg 204-5b
85386 Fraunhoferstraße 175-12b
85386 Freisinger Straße 175-12d
– Fröttmaninger Straße 203-2b
85386 Frühlingstraße 175-11d
85386 Fuchsbergstraße 175-8a
85386 Fürholzener Straße 175-11d

85386 Garchinger Straße 203-3a
85386 Gartenstraße 175-11d
85386 Georg-Kollmannsberger-Straße 204-5d
85386 Geschwister-Scholl-Straße 203-2b
85386 Gewerbegebiet Nordost 175-12a
85386 Gewerbegebiet Nordwest 175-11b
85386 Gewerbegebiet Ost 175-12b
85386 Gleiwitzer Straße 175-11b
85386 Goethestraße 175-12c
85386 Graf-von-Stauffenberg-Straße (9) 203-2b
85386 Günzenhausen 175-8a
85386 Günzenhausener Straße 175-11b
85386 Gut Hollern 203-1d
85386 Gut Neuhof 203-1a

85386 Haimhausener Straße 174-9d
85386 Hartstraße 203-3a
85386 Hauptstraße 204-5b
85386 Heidestraße 203-3a
85386 Heinrich-Böll-Straße 175-12c
85386 Heisenbergstraße 175-12d
85386 Herbststraße 175-11d
85386 Herderstraße 175-12c
85386 Hirtenstraße 203-3a
85386 Hochbrücker Weg 203-2b
85386 Hörenzhauser Straße 175-4d
85386 Hofangerstraße 203-3a
85386 Hollern 203-1c
85386 Hollerner Straße 203-2b
85386 Hubergasse (13) 175-12c
85386 Hufeisenstraße 203-2b

85386 Isarstraße 204-6a

85386 Jägerweg 204-6a
85386 Johannesweg (1) 204-5b

85386 Kamillenstraße (10) 204-5d
85386 Karl-Kneidl-Weg (2) 204-5b
85386 Karl-Leisner-Straße (12) 203-2b
85386 Kirchhoffstraße 176-10a
85386 Kirchstraße 175-8a
85386 Kleiststraße 175-12c
85386 Klosterweg 203-2b
85386 Königsberger Straße 175-11d
85386 Kohlstattweg 175-5c
85386 Korbinianstraße 203-3a

85386 Lange Gasse 204-5b
85386 Leipziger Straße 175-12a
85386 Leitenstraße 175-8a
85386 Lena-Christ-Straße 175-12c
85386 Lerchenweg 204-5b
85386 Lessingstraße 175-12c
85386 Lichtweg 175-7b
85386 Liebigstraße 175-12b
85386 Lilienstraße 175-11d
85386 Lohhofer Straße 203-2b
85386 Lohweg 203-3b
85386 Ludwig-Thoma-Straße 175-12c
85386 Lustheimer Straße 203-2b

– Maischer Straße 203-2b
85386 Maisteigstraße 203-2b
85386 Mallershofener Weg 203-3a
85386 Margaritenstraße (11) 175-11d
85386 Maria-Link-Straße (1) 203-3a
85386 Marienstraße (2) 203-3a
85386 Massenhausener Straße 175-7b
85386 Mastenweg 203-6a
85386 Maximilian-Kolbe-Straße (6) 203-2b
85386 Max-Jägermeyer-Straße 204-5b
85386 Meisenweg (8) 204-5a
85386 Mittenheimer Straße 203-2b
85386 Moosachstraße 175-7d
85386 Moosweg 175-11b
85386 Mühlenweg 204-6a

85386 Nelkenstraße 175-11d
85386 Nelly-Sachs-Straße 175-12a
85386 Neufahrner Straße 204-2d

85386 Obere Hauptstraße 203-2d
85386 Ohmstraße 175-12b
85386 Oskar-von-Miller-Straße 176-7c
85386 Ostpreußenstraße 175-12c
85386 Ottenburg 175-7d
85386 Ottenburgstraße 175-11d
85386 Ottostraße (3) 203-3a

85386 Pater-Rupert-Mayer-Straße (5) 175-11d
85386 Paul-Käsmaier-Straße 175-12a
85386 Poststraße 175-4d
85386 Primelstraße 175-11d
85386 Prof.-Kurt-Huber-Straße 203-2b

85386 Raiffeisenstraße 203-3a
85386 Ringstraße 175-8a
85386 Rosengasse 204-5b
85386 Roßbergerstraße 175-12c

85386 Salbeiweg (11) 204-5d
85386 Schillerstraße 175-12c
85386 Schlehenstraße 203-4d
85386 Schleißheimer Straße (14) 203-2b
85386 Schlesierstraße 175-11d
85386 Schloss 175-7d
85386 Schloßberg 175-7d
85386 Schöllkrinnenweg 175-9c
85386 Schulstraße 175-7b
85386 Schwarzbergweg (1) 175-5c
85386 Seebergstraße 174-12b
85386 Settele Hof 204-5a
85386 Siedlerstraße 203-3a
85386 Sommerstraße 203-2b
85386 Sonnenweg 204-6a
85386 Spechtweg (6) 204-5a
85386 Sportplatzstraße (4) 203-3a
85386 Starenweg (7) 204-5a
85386 Sternstraße (2) 175-4d

85386 Theresienstraße 203-3a
85386 Thomas-Mann-Straße 175-12c
85386 Trezzanostraße 203-2b
85386 Tulpenstraße 175-11d

85386 Uhlandstraße 175-12c
85386 Untere Hauptstraße 203-3a

85386 Waagstraße 203-3a
85386 Waldweg 175-11d
85386 Weidenweg 175-7c
85386 Weinbergstraße 175-7b
85386 Wiegnerstraße 203-4d
85386 Wielandstraße 175-12c
85386 Wildweg 174-12b
85386 Wilhelm-Leuschner-Straße (10) 203-2b
85386 Willi-Graf-Straße 203-2b
85386 Winterweg 175-11c + 11d

85386 Zur Au 204-6a
85386 Zur Point 204-6a

Eching
PLZ 84174

Aalweg 82-12c
Achatsmühle 82-12c
Ahornstraße 83-10d
Alte Bergstraße 102-3c
Am Anger 83-10d
Am Bachl 103-4c
Am Baumgraben 103-4a
Am Bühl 102-2c
Am Erlbach 102-2d
Am Feldrain 83-10c
Am Haller (4) 103-2a
Am Kirchfeld 102-6d
Am Lenghardt 102-3b
Am Moos 102-2d
Amselstraße (1) 83-10d
Am Steinfeld 82-12c
Am Wasserwerk 83-8d
Am Wienerfeld 103-4c
An der Kirche 102-6d
An der Sempt 102-2c
Apoig 83-10c
Apoiger Straße 82-12d
Apoigmühle 82-12d
Aster Straße 83-10d
Auenweg 102-2b
Auerschmiedweg (1) 82-12d

Bachstraße 83-10d
Berghofen 102-3d
Berghofener Straße 102-6b
Bichlmannstraße 102-5a
Birkenstraße 83-11c
Birnenstraße 102-3d
Blaimberg 103-4b
Buchenstraße 83-11a
Bucher Straße 102-6d
Bühlhäusl 102-2c
Bussardstraße 83-10d

Dahlienweg (5) 83-10d
Dinkelstraße 102-2b
Dorfstraße 102-6a

Ebenau 103-4a
Eichenstraße 83-11a
Erdinger Straße 102-5a
Erlenstraße 83-11c

Falkenstraße 83-10d
Finkenstraße 83-10d
Fischerstraße 82-12c
Forellenweg 82-12c
Fuchsweg 83-11c

Gartenstraße 102-3c
Gerstenstraße 82-12c
Gertreidestraße 102-3a
Grub 103-5a

Haag 103-5c
Haarpoint 83-10d
Haglweg 103-4c
Hanselmühle 102-2b
Haselfurth 102-2d
Haselfurther Straße 102-5a
Haunwang 103-4c
Haunwanger Straße 103-1b
Hauptstraße 83-10d
Hechtweg (2) 82-12d
Heinzelwinkl 83-12a
Heinzelwinkler Straße 83-8d
Höhenring 102-3c
Hofham 83-8d
Hofmark 102-3b
Huberhof 83-10c
Huchenweg (4) 82-12c
Hüttenfurth 103-5a

Isarstraße 83-8d

Kanalstraße 82-11d
Kapellenacker 102-6a
Karpfenstraße 82-12c
Kirchgasse 102-6d
Kirschenstraße (1) 102-3c
Klosterberg 102-3b
Kornweg 102-3a
Kronwinkl 103-1a

Lerchenstraße 83-10d
Libellenweg (6) 82-12c
Lindenstraße 83-11c

Meisenstraße 83-10d
Mühlenstraße 102-2b
Mühlstetten 102-9b

Neue Bergstraße 102-3c
Neuhof 103-2a

Obere Bergstraße 102-3c
Osterfeld 102-3d

Pfarrstraße 83-10b
Pflaumenweg 102-3c
Plantagenweg 83-7c

Renkenweg 102-2b
Rosenstraße 83-10d

Saiblingstraße (5) 82-12c
Schapolterau 82-11d
Schapolterauer Straße 82-11d + 102-2a
Schirmreuth 102-9a
Schleienweg (3) 82-12c
Schloß Kronwinkl 102-3b
Schloßstraße 102-3b
Schmiedleiten 103-4a
Schreiner 103-4d
Schützenstraße 102-6d
Schwabenweg (2) 83-10d
Schwaiba 103-5d
Schwaiblreuth 103-5d
Sperberweg (3) 83-10d
Sporerauer Straße 102-2c
Stauseestraße 83-10c
Steinzell 103-8b
Strogenweg 102-2c

Tannenstraße 83-10d
Thal 102-5b
Thaler Straße 102-5b
Tulpenstraße (4) 83-10d

Viecht 83-11c + 103-1b

Wagenäcker 82-12c
Waldweg 83-10d
Wallerstraße 82-12c
Wasenweg 83-8d
Wasserbruck 102-2b
Wehrstraße 83-8d
Weiherstraße 102-2d
Weinberg 103-4c
Weixerau 82-11d + 102-2b
Weixerauer Straße 82-12c
Weizenstraße 82-12c
Wiesenstraße 83-11c
Windten 103-7c
Windtener Straße 103-4c

Zanderweg 82-12c
Zum Hartauer 83-11a
Zusserfeldstraße 83-10d

Eching am Ammersee
PLZ 82279

Am Anger 282-6d
Am Gänsfuß 282-6c
Am Gässerl 282-6d
Am Hang 282-6c
Am Lochfeld 282-6c
Am Windachfeld 282-6d
Angerwiesenweg 282-6d
Auf der Höhe 282-9b

Drosselweg 282-9a

Fasanenweg 282-9b
Finkenweg 282-9c

Gartenstraße 282-6b
Gießübl 282-9a
Gießübler Straße 282-9c
Greifenberger Straße 282-6c

Heimgarten 282-6b

Kaagangerstraße 282-9c
Kirchbergstraße 282-6d

Langäckerstraße 282-6b
Lerchenweg 282-9b

Möwenweg 282-9b
Moosstraße 283-4c

Painhofener Straße 282-6c

Ringstraße 282-6d

Schwalbenweg 282-9b
Schwanenweg 282-9b
Seestraße 282-9b
Siedlerhof 1 282-6c
Siedlerhof 2 und 2a 282-6b
Siedlungsstraße 282-6c
Stegener Straße 282-6d
Steinfeldstraße 282-6b

Tannenstraße 282-6d
Thalberg 282-9b

Weidenweg 282-6b
Windachstraße 282-6d

Zankenhauser Straße 282-6b
Zum Eichet 282-6b
Zur Amper 283-4c

Edling
PLZ 83533

Ahornweg 301-5d
Albachinger Straße 301-5b
Allmannsberg 301-11c
Am Gewerbering 301-5b
Amselweg 301-5b
Am Sonnenpoint 301-1d
Anzenberg 301-11d
Attelthal 323-2b
Au 301-8b

Bahnstraße 301-5a
Birkenstraße 301-5d
Blumenstraße 301-5c
Böhmerwaldweg 301-4b
Brandstätt 300-3a
Breitbrunn 301-8c
Breitmoos 278-12c + 300-3a
Bruck 323-2a
Brünnsteinstraße 301-5c
Bürgermeister-Huber-Straße 301-1d
Bürgermeister Spötzl-Weg 301-6a
Bürgermeister-Stephan-Weg 301-5a
Bürgermeister-Wieser-Straße 301-1d

Daburg 301-11c
Drosselweg 301-5b

Ebrachweg 301-5d
Egerländerweg 301-1d
Ehrentraut 301-11d
Enzianstraße 301-5c
Erlenstraße 301-6c
Eschenweg 301-5d

Falkenweg 301-5b
Feldstraße 301-5b + 5a
Feldweg 301-6a
Felling 301-1a
Finkenweg 301-5b
Forellenweg 301-5b
Fuchstal 301-10d
Fürholzen 279-11c

Gansberg 323-3a
Giglberg 301-1c
Gschwendt 301-1d

Hart 301-10b
Harter Straße 301-8a
Hauptstraße 301-5d
Hocheckstraße 301-5d
Hochfellnstraße 301-5d
Hochgernstraße 301-8a
Hochhaus 301-2c
Hochhauser Straße 301-5a
Hochstaufenweg 301-5c

Kardinal-Faulhaber-Straße 301-5a
Karl-Wähmann-Straße 301-5a
Karpfenweg 301-5b
Kesselseestraße 301-2d
Kumpfmühl 301-8d

Lärchenstraße 301-5d
Linden 301-1b
Lindenstraße 301-6c

Mühlthal 301-10d
Münchner Straße 301-2c

Nußbaumstraße 301-5d

Oberhub 278-12d + 300-3b
Obersteppach 301-1b
Oberunterach 278-12d
Ötz 300-3d

Pfaffinger Straße 301-5c
Pfarrer-Huber-Weg 301-5d

Raiffeisenstraße 301-5d
Ramsau 301-1b
Rathausplatz 301-5d
Riesengebirgsweg 301-1d
Römerstraße 301-5a
Rosenstraße 301-5c
Roßhart 301-11a
Roßharter Straße 301-8b
Rotwandstraße 301-5d
Rudering 301-2b

Saiblingweg 301-5b
Samerstraße 301-5c
Schäching 301-6c
Schächinger Straße 301-5d
Schellwies 301-4d
Schellwieser Straße 301-5c
Schwalbenstraße 301-5b
Sonnenstraße 301-5d
Sperberweg 301-5b
Spitzsteinstraße 301-5c
Staudhamer Straße 301-5d
Sudetenweg 301-2c

Tannenstraße 301-5d
Tulpenstraße 301-5d

Unterhub 300-3b
Untersteppach 301-2a
Unterunterach 278-12b

Viehhauser Straße 301-6a

Waldweg 301-5a
Weidachmühle 301-9a
Weiherweg 301-5a
Wiesenweg 301-5a
Wolfrain 300-3d

Zanderweg 301-5b
Zeil 300-3d
Zugspitzweg 301-5c

Egenhofen
PLZ 82281

Alpenstraße 217-3d
Am Anger 195-12b
Am Baderberg 218-4b
Am Gartenfeld 218-4b
Am Hang 218-4b
Am Lindenfeld 196-7d
Am Mühlberg 196-10a
Am Reitersberg 196-7d
Am Schreinerberg 218-4b
Am Selzer 218-4a
Auenstraße 217-3b
Aufkirchen 218-1d

Baarerstraße 217-3b
Bachweg 196-8d
Bäckerweg 217-3b
Benzstraße 195-12d
Bergfeldstraße 195-12b
Bergstraße 217-3d
Biberanger 218-4b
Birkenstraße 217-3b
Birkfeldweg 196-8a
Boschstraße 195-12d
Brandlstraße 217-3b
Brucker Straße 195-6c
Brunnenweg 196-8d
Buchenstraße 195-5d
Bürgermeister-Langwieder-Straße (1) 217-3b
Bürgermeister-Schräfl-Straße 195-6c
Bürgermeister-Wörl-Straße 218-4a
Burgstallstraße 218-4a

Dachauer Straße 195-6c
Dieselstraße 195-12d
Dirlesried 196-4c
Dorfstraße 196-7d
Dürabuch 196-11b

Eichenstraße 195-5d
Englertshofen 218-2c
Enzianstraße 217-3d
Eurastetten 196-10d

Feldstraße 218-1a
Fichtenstraße 195-5d
Fliederstraße 195-8b
Flurstraße 217-3b
Föhrenstraße 195-5d
Forellenstraße 217-3b
Friedberger Straße 195-5d
Fuchsberg 196-9a
Furtmühle 195-6a

Gartenstraße 195-12b
Geisenhofen 218-4d
Gewerbepark 195-9d
Glonnweg (2) 195-6c

Hauptstraße 217-3a
Herrnzell 195-11d + 217-2b
Hochweg 218-4b
Hoffeldstraße (1) 195-5d
Hohenwarter Straße 196-8d
Holunderweg 196-8d
Holzmühl 218-7d

Imkerweg 217-3b

Kahrstraße 217-3b
Kalvarienberg Straße 196-8c
Kapellanger 218-4b
Karlshof 195-6d + 196-4c
Kastanienweg (1) 195-8d
Kirchweg 217-3b
Kornweg 217-3b
Kreisstraße 195-9c
Kreuzstraße 195-9c
Krokusstraße 195-8b
Kumpfmühle 217-3a

Lilienstraße 195-5d
Lindenstraße 217-3d

Maisacher Straße 218-1c
Mammendorfer Straße 218-4d
Mühlstraße 195-8b

Nelkenstraße 195-8b
Nikolausweg 195-8d
Nußbaumstraße 217-3b

Oberweikertshofen 195-12a + 196-10a
Ortsstraße 195-12b
Osterholzen 196-4c
Oststraße 195-6c

Pfarrstraße 218-4a
Pischertshofen 218-4b
Poigern 195-9c

Rammertshofen 218-7a
Rohrbachstraße 196-8c
Rosenstraße 195-5d
Rottenfuß 195-9d

Samweg 195-9c
St.-Michael-Straße (1) 196-8d
Schlossberg 196-8d
Schmiedweg 218-4a
Schulstraße 218-4a
Sonnenstraße 217-3b
Spielberg 217-6a
Sportplatzstraße 195-12d
Sternstraße 218-1c
Stiglfeldweg 218-4b

Tulpenstraße 195-8b

Unterschweinbach 217-3a + 218-1a

Wagnerstraße 195-5d
Waldstraße 195-9c
Waltenhofen 196-7d
Waltershofen 218-1b
Weihermoos 196-8d
Weiherstraße 196-7d
Wenigmünchen 196-8b
Weyern 195-5c
Wiesenstraße 196-10a

Xaver-Hartl-Straße (2) 196-8c

Ziegelei 195-12d + 196-10c
Ziegeleistraße 195-12b

Egling
PLZ 82544

Alpenweg 335-10d
Am Anger 355-6b
Am Anger (Deining) 333-9d
Am Anger (Thanning) 356-5a
Am Bergl 356-8d
Am Bühel 333-12a
Am Giesenanger 333-12a
Am Hochfeld 355-3d
Am Kaltenbach 355-4c
Am Kleinfeld (1) 356-5b
Am Kreuzacker 355-4c
Am Lohberg 333-9b + 6d
Am Moos 333-12b
Am Moosbach 356-4a
Amtmannstrasse (2) 356-5a
Am Weiherbachl 333-12a
Angermühle 355-6d
Angermühlstraße 356-4a
Angerweg 335-10b
Ascholdinger Straße 356-11c + 378-1b
Attenham 356-3a
Aufhofen 356-2a
Aufhofener Feld 356-1c
Aufhofener Straße 356-2c
Aujäger 355-4c
Aumühle 333-8c
Austraße 354-6d

Babenstuber Weg (1) 333-12a
Bergfreundehaus 333-8c
Bergstraße (Deining) 333-12a
Bergstraße (Neufahrn) 355-5c
Birkenweg 333-12a
Bullreuth 356-3c

Deining 333-8d
Dettenhausen 355-3b
Dietramszeller Straße 335-10d
Dorfstraße (Dettenhausen) 355-3b
Dorfstraße (Ergertshausen) 355-2c
Dürnstein 333-5c

Egmating
PLZ 85658

Eichenau
PLZ 82223

Eiselfing
PLZ 83549

Eitensheim
PLZ 85117

Eitting
PLZ 85462

Emmering
PLZ 83550e

Emmering
PLZ 82275

Erding
PLZ 85435

Erdweg
PLZ 85253

Eresing
PLZ 86922

Ergolding
PLZ 84030

Eichfeldstraße 73-7c
Eisengasse 73-4b
Elsterweg 72-9d
Ergoldsbacher Straße 73-1c
Erlenstraße 73-4d
Eschenstraße 73-4c
Espenweg 73-7a
Etzstraße 73-4c

Falkenstraße 72-9d
Feldweg 73-4a
Festplatzstraße 73-7c
Fichtenstraße 73-7a
Finkenweg 72-9d
Fischergasse 72-6d
Fliederstraße 73-4d
Flurstraße 72-6d
Föhrenstraße 73-7a
Friedhofstraße 72-6b
Frühlingstraße 73-4a
Fürstenstraße 72-9b

Gartenstraße 72-12b
Goethestraße 73-4a
Grießerstraße 73-7c
Gustl-Waldau-Straße 73-10a

Hart 72-2c
Heimgartenstraße 73-4d
Heinestraße 73-4a
Herbststraße 73-4a
Höhenweg 72-6d
Hohe Kreuzstraße 72-9d
Holunderstraße 73-10a
Hütwiesstraße 73-4d

Industriegebiet Ergolding 72-9c
Industriestraße 72-9d
Isarweg 73-10a

Jägergasse 73-4a
Johannisweg 73-10a
Johann-Kapfhammer-Weg (6) 73-4c

Kastanienweg 72-12b
Keplerring 72-9a
Kiefernstraße 73-4c
Kirchgasse 73-4a
Kirschenstraße 73-4c
Kleistweg 73-4a
Klosterholz 72-5c
Klosterholzweg 72-5a
Kolpingstraße 73-4b
Konrad-Adenauer-Straße 72-12b
Kopfham 72-2b
Kreuth 72-1d

Längergasse 73-4b
Lärchenstraße (12) 73-7a
Landshuter Straße 72-9b
Lavendelweg 72-12b
Leitenstraße 72-6b
Lena-Christ-Weg (1) 73-4a
Lessingstraße 73-4a
Ligusterstraße 73-10a
Lilienstraße 73-7c
Lindenstraße 72-6d

Magnolienweg (7) 73-4c
Margeritenstraße 72-12b
Martin-Luther-Platz 73-7a
Mattarelloallee 72-9a
Meisenstraße 72-9c
Mendelstraße 72-9b
Michl-Lang-Straße (7) 73-4a
Mitterweg 73-7b
Mohnblumenweg (1) 72-12b
Moosfeldstraße 72-9d
Moosstraße 73-4a
Mühlenstraße 72-9b

Nelkenstraße 73-7c
Neue Regensburger Straße 72-9d
Nußbaumstraße 73-4d

Otfried-Preußler-Ring 73-4d
Otterstraße 72-9b

Pappelstraße 73-4c
Pfarrer-Hiedl-Straße (5) 73-4c
Pfarrer-Kienberger-Straße (2) 72-6d
Pfarrer-Mießlinger-Straße 73-4c
Pfarrer-Pritscher-Straße 72-6d
Pfründestraße 72-9d
Piflas 73-7c
Postwirtstraße (1) 72-6d

Rebenweg (9) 73-4c
Reitberg 72-2b
Rektor-Huber-Straße 73-4c
Ringstraße 73-4d
Roider-Jackl-Weg 73-4a
Rosenweg 73-7c
Rottenburger Straße 73-4a

Schinderstraßl 72-9b
Schlesierstraße 73-4d
Schulgasse 73-4a
Schulrat-Blatner-Straße (4) 73-4c
Schwaigerweg 73-10a
Schwalbenstraße 72-9d
Sonnenstraße 72-9d
Sportplatzstraße 73-4c
Stehberg (Steberlberg) 72-2c
Sternstraße 72-6d
Stocketstraße 72-9b
Sudetenstraße 73-4d

Tannenstraße 73-4c
Therese-Giehse-Straße 72-6b
Traubenweg (10) 73-7a
Tulpenstraße 73-7c

Ulmenstraße 73-4c
Untere-Sonnenstraße 73-7c

Veilchenweg 73-7c

Wacholderstraße 73-4c
Weichselgasse 73-4c
Weidenstraße 73-4c
Weidingerstraße 73-7c
Weiß-Ferdl-Weg 73-4a
Weißkleeweg (2) 72-12b
Werkstraße 72-6b
Wiesenstraße 72-9d

Zedernweg (8) 73-4c
Zettlstraße 73-4b
Zypressenweg (13) 73-7a

Essenbach
PLZ 84051

Adalbert-Stifter-Straße 73-2a
Altheim 73-2a
Am Anger (Altheim) 73-3a
Am Feldbach 73-5a

Bahnhofstraße (Altheim) 73-2d
Bahnweg 73-2a
Bayernwerksiedlung 73-3b
Benzstraße 73-2d
Boschstraße 73-2c

Daimlerstraße 73-2c
Dieselstraße 73-2c
Dingolfinger Straße 73-3c
Dorfstraße (Altheim) 73-2b
Duniwang 73-5b

Ergoldinger Straße 73-2a

Gaden 73-3b
Gartenstraße 73-2d
Gewerbegebiet „Am Bahnhof“ 73-2d
Gewerbegebiet West 73-2a
Gewerbegebiet „Zehnerstraße II“ 73-3a

Haydnweg 73-2c

Industriegebiet Altheim 73-3c
Industriegebiet II 73-2d

Kraftwerkstraße (Altheim) 73-3b

Landshuter Straße (Altheim) 73-2a
Lengermühle 73-5b
Ludwig-Thoma-Straße 73-2b

Moosstraße (Altheim) 73-2d
Mozartweg 73-2a

Ohmstraße 73-2d
Oskar-von-Miller-Straße 73-2d
Ottostraße 73-2c

Schubertweg 73-2a
Siemensstraße 73-3c

Wiesenweg (Altheim) 73-2b

Zehnergarten 73-2b
Zehnerstraße 73-2b
Zeppelinstraße 73-3a

Eurasburg
PLZ 86495

Am Anger 166-7b
Am Bergfeld 166-4c
Am Hang 166-4c
Am Hartfeld 166-4c
Am Kirchberg 166-4d
Am Kreutfeld 166-9b
Am Schmidberg 166-4d
Augsburger Straße 165-6a

Bergstraße 166-7b
Birkenstraße 166-4c
Brand 166-9d
Brugger 167-7b
Buchenstraße 166-4d
Bürgermeister-Völk-Straße 166-4c
Burgstaller Weg 166-8d

Christoph-von-Schmid-Straße 166-4d

Eichenstraße 166-4d
Eismannsberger Straße 166-7b
Eismannsberger Weg 166-8c

Feldstraße 166-4c
Fesenmayrstraße 167-7a
Fichtenstraße 166-4c
Freienried 166-9b
Friedberger Straße 165-6d

Ganswies 166-12a
Gartenstraße 166-4d

Habermühl 165-9b
Hauptstraße 166-4c
Hergertswiesen 166-8b
Hinterholz 166-7b
Holzburger Weg 166-7c

Ignaz-Heckl-Straße 166-4d
Im Tal 166-7a
Im Wiesengrund 165-6a

Jodlhofstraße 166-9b

Kalteneck 166-12b
Kirchstraße 165-6c
Kreuthstraße 165-6a
Küppersstraße 166-4d

Pfandlaich 166-7a
Postweg 166-7b

Rehrosbach 165-6b
Rohrbacher Weg 166-10a
Rosenstraße 166-4d
Sandberg 166-4c
St.-Antonius-Straße 167-7a
St.-Benno-Weg 166-9b
Schulstraße 166-4d
Schweglerstraße 167-7a
Siedlerstraße 166-4c
Starcholtstraße 166-9b

Tannenstraße (1) 166-4c

Ulrichsfeld 167-7a

Waldstraße 166-7b

Eurasburg
PLZ 82547

Achleitenstraße 376-7b
Achmühle 376-2c
Adelsreuth 376-9a
Ahornweg 376-7b
Albert-von-Iring-Straße 376-7d
Alpenblickstraße 398-5a
Am Alpenblick 376-1b
Am Altwasser 376-2a
Am Anger 376-7b
Am Bruckerfeld 398-2a
Am Gasteig 376-7b
Am Kromberg 375-8b
Am Loisachbogen 376-2c
Am Mitterfeld 376-7b
Am Mühlbach 376-10b
Am Pfarranger 398-1d
Am Schloßberg 376-7a
Am Waldrand 376-1b
Am Wasserhäusl 376-1b
An der Leiten 376-7d
Anglberg 398-2a

Babenstuben 376-12d
Bachbauer 398-4d
Bäckergasse 398-2c
Bahnhofstraße 398-1d
Baierlach 376-11a
Berg 375-9b
Bergbauer 398-4b
Beuerberg 398-2c
Beuerberger Straße 376-7d
Bierbichl 398-4d
Birkenallee 376-7b
Blöcken 398-3b
Blombergstraße 398-5a
Boignweg 376-7d
Bräumann 398-2d
Brandstätt 398-4b
Bruggen 398-2a
Burgmannstraße 376-7d

Chorherrenstraße 398-2a

Degerndorfer Straße 376-1b
Dörte-Sambraus-Weg 376-10d

Erlweg 398-1d
Etzweg 398-5a

Faistenberg 397-9a
Filzbuch 397-6a
Fischergassl 376-7d
Forststraße 376-7c
Freiherr-von-Barth-Straße 376-7d
Frettenried 398-1b

Gartenstraße 376-1b
Gasteig 376-7b
Graf-Tattenbach-Weg 376-7c
Grünwinkl 376-7a

Haag 376-12b
Haidach 375-9b
Hainzenau 398-1c
Happerg 375-8b
Happerger Straße 375-9a
Hauptstraße 376-7d
Herrnhauser Straße 398-2c
Herrnleitenweg 398-2c
Herzog-Albrecht-Straße 376-7c
Höhenweg 375-9a
Höhl 398-4a
Hofstätt 398-6a
Hohenleiten 397-9a

Impleiten 397-2d

Jochbergstraße 398-5a

Kapellenweg 375-8b
Kellerweg 375-8b
Kirchstraße 375-6d
Klärwerkstraße 376-7b
Klosterstraße 398-2c
Königsdorfer Straße 398-2c
Krautgarten 376-7d
Kreidestraße 376-1d
Kuglstadtstraße 398-2c

Lengenwies 376-10d
Lindenweg 398-2c
Loh 397-6a
Loisachweg 398-2c
Loisachweide 376-7d

Märzanderl 397-9a
Maierwald 397-6d
Mandl 397-3c
Moosweg 375-9b
Mühlfeldweg 376-7d
Mühlstraße 376-1b

Oberfeld 398-4d
Oberherrnhausen 376-11d
Oberhof 376-7c
Oed 397-6c

Parkstraße 376-7d
Putzlehen 398-4c
Quarzbichl 398-10b

Ringstraße 376-1b
Robert-Koch-Straße 376-7d
Rohr 375-9c

Schaberer 398-2b
Schallenkamer Straße 375-8b
Schmiedberg 375-9b
Schmiedweg 398-2c
Schulstraße 398-2c
Schwaig 398-10c
Schwarzlehen 375-8d
Sonnenstraße 376-1d
Speck 397-5b
Sprengenöd 376-10a
Sprengenöderstraße 376-10b
Steingrub 375-8a
Sterz 398-5b

Thorerstraße 376-7d

Uferweg 398-2a
Unterherrnhausen 376-8d
Unterherrnhauser Straße 376-7d

Waldhauserstraße 398-1b
Waltersteig 376-12c
Wammetsberg 398-4a
Weiherweg 398-2c
Weiherwiese 376-8c
Winkl 398-7c
Wolfratshauser Straße 398-1d

Ziegelstadel 376-8c
Zwitzenlehen 376-10c

Fahrenzhausen
PLZ 85777

Ahornweg (2) 174-3d
Am alten Sportplatz 145-9c
Am Anger 146-11b
Am Fischfeld 174-3c
Am Gabis 146-10c
Am Hölzl 146-11d
Am Kirchfeld 146-12b
Am Mühlbach (1) 174-2b
Amperau 146-12b
Amperstraße 174-3a
Ampertal 174-3a
Am Ried 174-2b
Am Sandberg 175-4b
Am Schloßanger 145-9c
Am Seefeld 174-3d
Am Sportgelände 145-9a
Am Unterfeld 147-7c
Angerstraße 147-8c
Appercha 146-9a
Auweg 174-2b
Auwiesenweg 174-2b

Bachenhausen 146-10b
Bachstraße 146-10d
Bärnau 146-10b
Bergfeld 174-2d
Bergstraße 146-10c
Birkenstraße 174-3c
Bischof-Anno-Straße 146-9d
Blumenstraße 146-11c
Bründlstraße 147-10b
Brunnenstraße 146-10a
Buchenstraße 174-3c
Burgstraße 147-10b

Dachauer Straße 145-9c
Dorfstraße 174-2a
Drosselstraße 174-2b

Eibenweg (1) 174-3d
Eichenstraße 146-10c
Eichet 174-3a
Eschenstraße 174-3a

Feldweg 146-4d
Fellerstraße 147-8c
Fichtenstraße 147-8c
Fischanger 147-7c
Flurweg 146-10a
Forellenweg 146-9a
Frauenbergstraße 146-12b
Freisinger Straße 146-11d

Gabelstraße 175-4a
Gartenstraße 147-8c
Georgshöhe 147-10a
Gesseltshausen 147-8c
Gewerbering (3) 174-3c
Giebinger Straße 146-10a
Großeisenbach 147-10b
Großnöbach 174-3b

Hangweg 175-4b
Hauptstraße 146-11c + 174-2b
Hirtenanger 146-12b
Hörenzhausen 175-4a
Hörgenbacher Straße 145-12d
Holzweg 174-3d

Ingolstädter Straße 174-3a
Isenbachstraße 147-10b

Jarzt 146-11b
Johannesstraße 146-9a
Josef-Hörl-Straße 174-3c

Kammerberg 145-9b
Kammerer Straße 146-4d
Kastanienweg 174-3b
Kirchberg 146-11b
Kirchstraße 145-9a
Kirchweg (1) 146-10c
Kleineisenbach 147-7d
Kleinnöbach 175-1c

Lauterbach 146-4c
Leonbardiweg 147-10b
Lindenstraße 146-11d

Margarethenanger 174-3b
Merowingerstraße 147-7c
Moosanger 146-9d
Moosstraße 146-11d
Mühlanger 174-2b
Mühlhöf 174-2b
Münchner Straße 145-9c

Oberanger 145-9a
Obere Dorfstraße 146-10c
Oberndorfer Straße 174-2a
Ölbergstraße 147-8c
Ostendstraße 145-9b

Perchastraße 146-4d
Petershausener Straße 145-6c
Pfaffenhofener Straße 145-9b
Pfarranger 146-11b
Posthof (3) 174-2b

Ringstraße 146-10c
Römerstraße 174-3c
Rosenstraße 146-11c

Sandweg 174-3b
St.-Anna-Weg 146-12c
St.-Christophorus-Straße (2) 174-2b
St.-Laurentius-Straße 145-12d
St.-Quirin-Straße 147-10d
Saumäckerstraße 146-10a
Saumweg 146-10a
Schloßstraße 146-8d
Schloßweg 145-9c
Schmiedanger 174-2b
Schulstraße 146-11d
Sonnenstraße 146-11d
Stephansweg 146-4c
Straßfeld (4) 174-3c
Sylvesterweg 146-9a

Tannenweg 147-7c
Turmstraße 146-4c

Unteranger 145-9d
Unterbruck 174-2b
Untere Dorfstraße 145-12d

Viehbach 145-12b + 146-10c

Waldhang 146-10a
Waldstraße 145-9d
Waldweg 174-3c
Weideweg 147-8c
Weng 147-10a
Westendstraße 145-9c
Wirtsberg 145-9a
Wirtshof 174-2b

Ziegelbergstraße 147-10b
Ziegelweg 147-8c
Zweigstraße 146-11c

Feldafing
PLZ 82340

Ahornweg 352-1b
Alpspitzstraße 330-10c
Alte Traubinger Straße 352-4a
Am Anger 352-4c
Am Buchenwald 330-10b
Am Gallerberg 330-10b
Am Jägerberg 352-1a
Am Jägerweg 351-3d
Am Kirchplatz 330-10d
Am Starzenbach 351-3b
Angerbichl 352-1a
Ascheringer Straße 330-10c
Aumillerstraße 330-10c

Bahnhofstraße 330-10d
Bergstraße 330-10d
Birkenstraße 330-10c

Dr.-Appelhaus-Weg (2) 330-10b

Eichgrabenstraße 352-1a
Enzianstraße 352-1a
Erlenweg 330-10c
Eugen-Friedl-Straße 330-10c

Fichtenweg 352-1a
Firnhaberstraße 352-1b
Föhrenstraße 352-1a
Franz-Eisele-Allee 352-4d
Friedensweg 330-10b

Garatshausen 352-4b
Georg-Kraft-Weg (1) 330-10d

Haus Seewies 352-1c
Heilig Kreuz 330-10d
Heimgartenstraße 330-10c
Himmelsleiter 330-10d
Höhenbergstraße 352-1b

Im Harl 352-1a

Jahnstraße 330-10c
Johann-Biersack-Straße 330-10d

Kaiserin-Elisabeth-Weg 330-10d
Kalvarienbergstraße 330-10c
Kapellenweg 330-10d
Koempelstraße 351-3b + 352-1a

Lennépark 330-11c
Lennéstraße 352-1a

Maffeistraße 330-10d
Moorweg 330-10c

Neindorffstraße 330-10d

Parkstraße 330-10d
Pfarrer-Clos-Weg 330-10b
Pöckinger Fußweg 330-10b
Pöckinger Straße 330-10b
Possenhofener Straße 330-10d
Pschorrstraße 352-1b

Rat-Jung-Straße 330-10c
Rauhenbergweg 330-10c
Rothwiesstraße 330-10c
Ruffiniallee 330-11c

Schluchtweg 330-10b
Seestraße 330-11a
Seeuferweg 352-4b
Seewies 352-1c
Seewiesstraße 352-1c
Siemensstraße 352-1b
Sprunglweg 352-4c
Stadionstraße 330-10b

Thurn-und-Taxis-Straße 330-10d
Traubinger Moosweg 351-3b
Traubinger Straße 351-3b
Trendelstraße 352-1b
Tutzinger Straße 352-1b

Waldherrstraße 352-1a
Wankstraße 330-10c
Wettersteinstraße 330-10c
Wieling 329-12a
Wielinger Straße 329-12a
Wörth 352-2a

Zellerberg 352-1a
Zugspitzstraße 330-10c

Feldkirchen
PLZ 85622

Alpenstraße 249-12d
Am Heimstettener See 249-9d
Am Kiesgrund 249-9c
Archäologische Fundstätte 249-8d
Aschheimer Straße 249-8d

Bahnhofstraße 249-12a
Beethovenstraße 249-11b
Bodmerstraße 249-12b
Brahmsstraße 249-11b
Breslauer Straße 249-11d
Brucknerstraße (1) 249-11b
Brunnenstraße 249-11d

Clara-Schumann-Straße 249-8d

Danziger Straße 249-11b
Dornacher Straße 249-11b

Egerländer Straße 249-11b
Emeranstraße 249-12b
Eschenweg 249-12c

Falkenstraße 249-12d
Fasanenweg 249-12d
Finkenstraße 249-12d
Flurweg 249-9c
Friedensstraße 249-12a
Friedrich-Schüle-Straße 249-12b
Friedrichsplatz 249-12b

Gewerbegebiet Nord-Ost 249-12a
Gewerbegebiet Nord-West 249-11b
Gewerbegebiet Ost I 250-10c
Gewerbegebiet Ost II 250-10a
Gewerbegebiet Süd 249-12d
Gut Oberndorf 249-12c + 271-3a

Händelstraße 249-12a
Hans-Riedl-Straße (9) 249-12b
Haydnstraße 249-12a
Hindenburgplatz 249-12a
Hölzlhof 250-10c
Hohenlindner Straße 249-12b

Jahnstraße 249-12d
Jakob-Wagner-Straße 249-12c
Johann-Sebastian-Bach-Straße (2) 249-11b

Kapellenstraße 249-12b
Kapserweg (10) 249-12b
Karolinenstraße (6) 249-12a
Kellmerweg 249-12a
Kirchenstraße 249-12a
Königsberger Weg (3) 249-11b
Kreuzstraße 249-12a

Lerchenstraße 249-12d
Ludwigstraße 249-11b
Luitpoldstraße (7) 249-12c

Max-Reger-Straße 249-11b
Meisenweg 249-12c
Mondstraße 249-12b
Mozartstraße 249-11b
Münchner Straße 249-11d

Oberndorfer Straße 249-12c
Olympiastraße 249-11d
Otto-Lilienthal-Ring 271-3b
Ottostraße 249-11b

Parkweg (8) 249-11d
Pfarrer-Axenböck-Straße 249-12c
Philipp-Hauck-Straße 249-12b
Philipp-Holly-Straße 249-11b

Raiffeisenstraße 249-12a
Reichenberger Straße (5) 249-12a
Richthofenstraße 249-12a
Riemer Gangsteig 249-11d
Rübezahlstraße 249-11d

Salzstraße 249-12d
Schubertstraße 249-11b
Schwalbenstraße 249-12d
Seestraße 249-9c
Sonnenstraße 249-12a

Feldkirchen-Westerham
PLZ 83620

Finsing
PLZ 85464

Fischbachau
PLZ 83730

Forstern
PLZ 85659

Forstinning
PLZ 85661

Frasdorf
PLZ 83112

Frauenneuharting
PLZ 83553

Anger 321-6b
Aßlinger Straße 321-2c

Bartlmühle 299-11d
Baumberg 299-7c
Bergstraße 321-2a
Biebing 299-10d
Brunnberg 299-11b
Buch 299-8a
Buchenweg 299-11a

Dorfstraße 299-11a

Eichbichl 321-2a
Eschenloh 321-4a
Eschenloher Straße 321-1d

Geisfeld 298-9c
Gerhardstraße 321-2a
Gersdorf 321-5a
Graben 299-8c
Grafinger Straße 321-2c
Großaschau 321-3a

Hagenberg 321-1b
Haging 299-10c
Haginger Straße 299-11a
Halbeis 321-2b
Hauptstraße 299-11d
Haus 299-11c
Heimgarten 321-5c
Hochholz 321-3a
Höhenberg 299-7c
Hungerberg 299-10b

Jakobneuharting 299-11d + 321-2b

Kirchenstraße 321-2c
Kirchplatz 299-11b
Kleinaschau 321-3c
Knogl 299-10b

Lacke 299-8c
Lauterbach 299-9c
Leitenweg 299-11b
Lettenberg 322-1c
Lindach 299-11d
Lohen 299-8b

Mayer am Haus 298-9d
Moosen 321-2d
Moosmüller 299-10a
Mühlweg 299-11d

Oed 321-1d

Raunstätt 299-8a
Reith 299-8a
Ried 321-5a

Schaurach 299-10d
Siederstraße 321-2a
Spezigraben 321-2d
Stachet 321-2b

Tegernau 321-2c
Tegernauer Straße 321-2a

Wimpersing 321-1b

Zell 322-1a

Fraunberg
PLZ 85447

Am Berg 154-6d
Am Fehlbach 154-7a
Am Geißberg 154-1d
Am Graben (1) 154-4d
Am Hochfeld 154-6d
Am Hollerbusch 154-6d
Am Kindergarten (2) 154-4d
Am Marienbach 154-6d
Am Weiher 153-9b
An der Erdinger Straße (1) 153-11d
Angelsbruck 154-7c
Angerstraße 153-11c
Auenstraße 153-9d

Bachham 154-5c
Bachhamer Straße 154-7b
Baderstraße 153-12c
Baumberger Straße 154-4b
Berg 154-6d
Bergham 155-4c
Bergstraße 153-11b
Birkenhof 153-6a
Birkenweg 153-11b

Christian-Jorhan-Straße (1) 153-9d

Dickenaustraße 154-6d
Dorfstraße 153-12d
Dornreiter 153-5d

Eck 155-7a
Edersberg 154-6a
Egartweg 154-6d
Endham 155-10b
Erdinger Straße 154-4d
Erlenweg 154-4d
Eschbachstraße 154-9b

Felben 153-6d
Feldstraße 181-3a
Fischerstraße 154-4d
Flurstraße 154-4d
Forach 154-8c
Frankendorf 153-12b
Furthmühle 154-4a

Gartenstraße 154-4d
Gerichtsstraße 153-11d
Gewerbegebiet „An der Erdinger Straße" 153-11d
Gigling 154-12d
Grafing 154-10a
Grafinger Straße 153-9d
Großhündlbach 154-11d
Großstürzlham 154-9c
Grub 154-11a
Grucking 153-12c + 181-3a
Grün 154-12a

Hainthal 154-5a
Harham 153-9a
Hatting 154-7a
Hauptstraße 153-9d
Helling 154-7d
Hinterbaumberg 154-3c
Hochstraße 154-4d
Holz 155-7a
Holzstraße 153-9d

Im Tal 153-8d

Jakob-Zeilmeier-Weg (1) 154-6d

Kastulus-Graßl-Straße 154-6d
Keltenstraße 153-9d
Kemoding 155-10d
Kirchfeldstraße 154-1d
Kirchplatz 153-9d
Kirchstraße 153-12d
Klausenstraße 154-6d
Kleinhündlbach 154-12a
Kleinstürzlham 154-8b
Kleinthalheim 154-5d
Kleinthalheimer Straße 154-9a
Kreisstraße 153-12d

Lohkirchen 153-8c
Loodermoos 155-10a

Maria Thalheim 154-9b
Mühlenstraße 154-4b

Niedermühlstraße 153-9d
Nußbaumstraße 154-6d
Nußhölzlweg 154-4b

Oberbierbach 155-7d

Pesenlerner Straße 154-1c
Pillkofen 153-9c

Rappoltskirchen 154-12d
Reichenkirchen 153-9c
Riding 154-1d
Rihhostraße 153-9d
Römerstraße 153-11b

Sandberg 154-4b
Sandfalterstraße 154-6d
St.-Florian-Straße 154-4d
Schloßstraße 154-4c
Schmidfeldstraße (1) 154-4b
Schulstraße 154-4d
Siedlungsstraße 154-4d
Sifridusstraße (3) 154-4d
Singlding 154-7d
Sonnenfeldstraße 153-12d
Spathaweg 153-12d
Stieglweg (2) 154-6d
Strogenstraße 154-7b
Südstraße 153-11d

Thalheimer Straße 154-4b
Tittenkofen 153-11b

Unterbierbach 155-8c
Urtl 154-1d

Vorderbaumberg 154-2d

Walburgaweg 154-4d
Wartenberger Straße 154-4b
Weber 153-6c

Zehmerstraße (2) 153-9d
Ziegelweg 154-4d

Freising

85354 Abelestraße 123-12a
85354 Achering 177-1a
85354 Acheringer Hauptstraße 177-1c
85354 Acheringer Straße 149-10a
85356 Adalbert-Stifter-Straße 150-1a
85354 Adlerstraße 148-2c
85356 Adolf-Kolping-Straße 150-5a
85354 Ahornweg 123-8d
85354 Albert-Sigismund-Straße 123-12a
85354 Alexander-von-Humboldt-Weg 149-2d
85356 Alleestraße 123-12d
85354 Alois-Steinecker-Straße 123-12c
85354 Alpenstraße 123-12c
85354 Alte Akademie (2) 149-2a
85356 Altenhausen 124-7a
85356 Altenhauser Fußweg 124-10a
85356 Altenhauser Straße 124-10a
85356 Alte Poststraße 123-12d
85354 Alter Berg 123-5a
85356 Am Anger 150-5a
85356 Am Angerbach 150-1a
85354 Am Angerl 148-3b
85354 Am Baggersee 149-10a
85354 Am Bahndamm 149-10a
85354 Am Büchl 123-12d
85354 Am Gereuth 123-11c
85354 Am Hochfeld 148-3a
85354 Am Hochrain 148-3a
85354 Am Hofgarten (3) 149-2a
85354 Am Holzfeld 123-5a
85354 Am Isardamm 177-1b
85354 Am Kneippgarten 123-11b
85354 Am Kreuzfeld 148-3b
85354 Am Küchenfeld 123-4b
85356 Am Kuhberg 124-10b
85356 Am Lohmühlbach 150-1c
85354 Am Mitterfeld 149-1b
85354 Am Moosanger 149-7c
85356 Am Neugereuth 150-1d
85356 Amperleite 123-6b
85354 Amperweg 123-2c
85354 Am Schafhof 123-11a
85354 Am Schleiferbach 149-2d
85354 Am Schulweg 149-7a
85356 Am Schwimmbad 149-3b
85356 Amselstraße 150-1c
85356 Am Sonnenbichl 124-7c
85354 Am Sonnenfeld 149-2a
85356 Am Sportplatz 150-4d
85354 Am Staudengarten 123-11d
85354 Am Stengerbach 150-1a
85356 Am Straßfeld 123-6d
85354 Amtsgerichtsgasse 123-12c
85354 Am Vogelsand 148-1d
85354 Am Wald 123-2c
85354 Am Waldrand 123-8d
85356 Am Weiherfeld 123-6d
85354 Am Wörth 38-A2 + 149-3a
85356 An der Goldach 150-8a
85356 An der Moosach 124-10a
85354 An der Mühle 149-2c
85354 Angerbadergasse 123-12d
85356 Angerbrunnenstraße 150-1c
85354 Angererweg 123-12b
85356 Angermaierstraße 123-12b
85354 Angerstraße 149-5b
85354 Annenhofstraße 149-3a
85354 Apothekergasse 38-B2
85356 Aribostraße 123-12b
85354 Arndtstraße 123-12b
85356 Asamstraße 123-12b
85356 Ast 124-8c
85356 Attaching 150-4d
85356 Attachinger Weg 150-1a
85354 Auenstraße 149-3c

85354 Bachinger Moos 149-1c
85354 Bachstraße 149-1b
85354 Badgasse 149-7d
85354 Bahnhofsplatz 38-B3
85354 Bahnhofstraße 123-12c
85354 Bahnstraße 149-7c
85354 Baumgärtnerstraße (2) 149-1b
85354 Bergstraße 148-1d
85354 Biberstraße 123-12c
85354 Biernerstraße 123-11d
85354 Birkenstraße 149-7b
85354 Birknerstraße (3) 149-1b
85356 Bismarckstraße 123-9d
85354 Blumenstraße 123-11d
85356 Böhmerwaldstraße (1) 150-1c
85354 Bourdonstraße 123-9c
85356 Brachvogelweg 124-10d
85354 Brennergasse 38-B2
85356 Brücklangerstraße 149-3d
85356 Brunnenwiesenstraße (4) 149-10a
85354 Brunnhausgasse 38-B3
85356 Buchenweg 123-8d
85356 Bürgermeister-Limmer-Weg 124-10c
85354 Burgrainer Straße 123-11b
85354 Burgstall 148-5c

85354 Camerloherstraße 123-11b
85356 Carl-Orff-Straße 149-6b
85356 Clemensänger-Ring 149-6b
85356 Clemensweg 150-1c

85354 Dammweg 149-3c
85354 Deutingerstraße 123-12c
85354 Dr.-Carl-Kraus-Straße (2) 123-10d
85354 Dr.-Hans-Eisenmann-Straße 123-11c
85354 Dr.-Hans-Raum-Straße 123-10d
85354 Dr.-Holzner-Weg 149-2a
85354 Dr.-Karl-Schuster-Straße (1) 123-10d
85356 Dr.-von-Daller-Straße 123-12d
85354 Domberg 123-12c
85356 Dorfplatz 150-5a
85356 Dorfstraße 150-4b
85356 Drosselweg 150-1b
85356 Dürnast 122-12d
85354 Dürnaster Weg (1) 148-3b
85354 Dürneck 149-8a
85354 Dürnecker Straße 149-7d + 7c
85354 Düwellstraße 123-12a
85354 Dukatenweg 123-5d

85356 Eberhardsweg 123-6d
85356 Eckerstraße 123-12b
85356 Edenhofen 124-4d
85354 Eggertshofen 149-7d
85354 Egilbertstraße 149-1a
85354 Eichendorffstraße 123-11b
85354 Eichenweg 148-1d
85356 Eisvogelweg 124-10d
85354 Emil-Erlenmeyer-Forum (4) 149-2a
85354 Emil-Ramann-Straße (8) 149-2a
85356 Erdinger Straße 123-12d
85356 Erlau 124-1c
85354 Erlauer Straße 123-2c
85354 Erlenweg 123-8d
85354 Eschenhain 149-7d
85354 Eschenweg 149-3c
85356 Eulenweg 124-10d

85354 Fabrikstraße 149-3a
85356 Falkenstraße 124-10d
85356 Fasanenweg 149-3b
85356 Feichtmayrstraße 124-7d
85354 Feldfahrt 149-2a
85354 Feldhof 123-4a
85354 Fellererstraße (2) 123-8d
85354 Ferdinand-Zwack-Straße 123-11d
85354 Fichtenweg 123-8d
85354 Finkengasse 149-7c
85356 Finkenstraße 124-10c
85354 Fischergasse 123-12c
85354 Fliederstraße 149-2d
85354 Fliederweg 149-7a
85354 Flurstraße 149-7c
85356 Franzheimer Straße 150-5c
85356 Franz-Steidl-Straße 150-2c
85356 Freisinger Allee 149-12a
85354 Freisinger Straße 123-2c
85354 Frühlingstraße 149-2d
85354 Fuchswinkel 149-3c
85354 Fürstendamm 149-3a
85354 Furtnergasse 38-A2

85354 Ganzenmüllerstraße 123-11d
85356 Gartelshausen 148-3c
85354 Garten 123-1d
85354 Gartener Straße 123-1d
85354 Gartenstraße 149-3a + 2d
85354 Gaymannstraße 123-11b
85354/85356 General-von-Nagel-Straße 123-12d
85356 General-von-Stein-Straße 123-12b
85354 Gentnerstraße (1) 149-1b
85354 Georg-Däntzel-Straße (7) 149-1b
85356 Gerhart-Hauptmann-Straße 150-1c
85354 Gewerbegebiet „Angerstraße" 149-2c
85356 Gewerbegebiet „Attaching-Nord" 150-5a
85356 Gewerbegebiet „Clemensänger" 149-6b
85356 Gewerbegebiet „Erdinger Straße" 150-1c
85356 Gewerbegebiet „Gute Änger" 150-1c
85356 Gewerbegebiet Süd-Ost 150-1b
85354 Giggenhauser Straße 149-1b
85356 Goethestraße 123-11d
85356 Graf-Moy-Straße 149-3d
85356 Grasmückenweg 124-10d
85354 Gremertshauser Straße 148-1c
85354 Griesbergweg 123-5d
85354 Griesfeldstraße 123-10d + 149-1b
85356 Grottenau (3) 124-10a
85356 Grüne Lohe (2) 124-10a
85356 Gute Änger 150-1c
85354 Gutenbergstraße 149-2d
85354 Gutshof Schlüter 149-5b

85356 Haggertystraße 150-1b
85354 Haindlfing 123-2c
85354 Haindlfinger Straße 123-8d
85356 Hallbergmooser Straße 150-7b
85354 Hans-Carl-von-Carlowitz-Platz (6) 123-10d
85354 Hans-Unterleitner-Weg 123-12a
85356 Haxthausen 148-4d
85354 Haxthauser Weg 148-1d
85354 Haydstraße 123-11d
85354 Heckenstallerstraße 123-11d
85356 Hecknerstraße 124-10a
85356 Heiglstraße 123-11b
85354 Heiliggeistgasse 123-12d
85356 Heinbogenstraße 124-10a
85354 Heinestraße 123-11d
85354 Henkelstraße 149-2d
85354 Herbergweg 123-12a
85356 Herderstraße 149-3b
85356 Hermannstraße 123-12b
85356 Herrenweg 123-12d
85356 Hirtenweg 123-6d
85354 Hirtlederergasse 149-3a
85356 Hittostraße 149-1b
85356 Hochackerstraße 123-12b
85356 Hochackerweg (1) 124-10a
85356 Hofgarten 149-2b
85356 Hofmillerstraße 150-1c
85354 Hohenbachern 122-12c + 148-3a
85354 Hohenbachernstraße 149-2a + 1a
85356 Hollerweg 124-7b
85354 Holzgartenstraße 123-12a
85354 Hummelgasse 38-B2

85354 Ignaz-Günther-Straße 123-12b
85354 Innichner Straße 123-11b
85354 Iochamstraße 123-12a
85354 Isarstraße 123-12d
85356 Ismaninger Straße 149-12c
85354 Itzling 123-2d
85356 Itzlinger Straße 123-6a

85354 Jägersteig 177-1b
85354 Jägerwirtsgasse 38-A2
85356 Jagdstraße 150-1d
85356 Jahnstraße 123-12d
85354 Johann-Baumgartner-Straße 149-7a
85354 Johann-Braun-Straße 123-11b
85354 Johannisstraße 149-3a
85356 Josef-Scheuerl-Straße 150-1b
85356 Joseph-Schlecht-Straße 123-12a

85354 Kammergasse 123-12c
85354 Kammerhof 123-12c
85354 Kammermüllerhof 149-12a
85354 Kantstraße 149-3d
85356 Karwendelring 123-9c
85356 Katharina-Geisler-Straße 150-1b
85356 Katharina-Mair-Straße 150-1c
85356 Kepserstraße 150-1a
85354 Kesselschmiedstraße 149-3a
85356 Kiebitzweg 124-10c
85354 Kirchenpoint 177-1b
85354 Kirchenweg 149-2a
85354 Kirchgasse 38-A2
85354 Klebelstraße 123-12d
85356 Kleiberweg 150-1b
85354 Kleinbachern 148-2b
85354 Kleine Wies 123-8d
85356 Klosterweg 123-6d
85354 Kochbäckergasse 38-A2
85356 Kölblstraße 123-12d
85354 Königsfeldstraße 123-12b
85356 Körnerstraße 123-9d
85356 Korbinianbrücke 149-3b
85356 Korbinianstraße 149-2b
85354 Kreutstraße 123-5d
85356 Kreuzbachstraße 150-1d
85356 Kreuzbreite 123-11a
85354 Kreuzeckstraße 123-11b
85354 Kreuzweg zur Wies 123-9c
85356 Krügelsteinerhof 123-3d + 124-1c
85356 Krumbachstraße 150-1a
85354 Kulischstraße 149-1b
85356 Kulturstraße 150-1a

85354 Ländestraße 149-3c
85354 Lageltshausen 148-5a
85356 Landshuter Straße 123-12d
85354 Lange Point 123-10b
85356 Lankesbergstraße 123-12d
85356 Lantbertstraße 150-1c
85354 Laubenbräugasse 38-B2
85354 Laubenweg 149-7c
85356 Laubsängerweg (5) 124-10c
85356 Laurentiusweg 123-2c
85354 Leberlestraße 123-11d
85356 Lena-Christ-Straße 149-3d
85356 Lena-Christ-Straße (3) 149-6b
85356 Lenaustraße 149-3d
85356 Lerchenfeld 150-1d
85356 Lerchenfeldstraße 150-1a
85356 Lerchenstraße 150-1a
85354 Lernerhof 123-5c
85354 Liebigstraße 149-2d
85354 Liesel-Beckmann-Straße 123-11c
85354 Lindenstraße 123-8d
85354 Lintnerstraße 149-2b
85354 Lise-Meitner-Straße 123-10d
85354 Lohweg 148-2c
85356 Luckengasse 123-12d
85356 Ludwig-Thoma-Straße 149-3b
– Luitpoldbrücke 123-12d
85356 Luitpoldstraße 38-B3 + 149-3b

85354 Mainburger Straße 123-9d
85354 Maistraße 149-10a
85354 Major-Braun-Weg 123-12a
85354 Malvenstraße 149-2d
85354 Margarete-Reichl-Straße (1) 149-7a
85356 Mariabrunner Straße 150-1c
85356 Maria-Wörther-Straße (1) 123-8d
85354 Marienplatz 38-B2
85354 Martin-Luther-Straße 38-A3
85356 Marzlinger Fußweg 124-10a
85356 Marzlinger Straße 124-7b
85354 Mauermayrstraße 123-11b
85356 Mauthstraße 150-5a
85354 Max-Eyth-Straße 149-3a
85354 Maximus-von-Imhof-Straße (5) 149-2a
85354 Max-Lehner-Straße 149-3a
85356 Max-Reger-Straße 149-6b
85356 Meichelbeckstraße 123-12b
85356 Meisenstraße 150-1c
85356 Michaelsweg 123-6d
85356 Michael-Wening-Straße 124-7c
85354 Milanweg 177-1b
85354 Milchstraße 149-5d
85356 Mittlerer Graben 123-12c
85356 Möhlestraße 123-11d
85356 Moltkestraße 124-7c
85356 Moosgasse 148-3b
85356 Moosstraße 150-1a
85356 Mooswiesenstraße 149-7c
85356 Moserweg 124-10a
85356 Mozartstraße 123-11d
85356 Mühlenweg 149-2a
85354 Münchner Straße 149-5b
85356 Murstraße 150-1a

85354 Neulandstraße 149-2d
85356 Neustift 124-7c
85356 Nordallee 150-10a
85354 Nussbaumweg 148-3a

85354 Oberdieckgarten 149-2b
85354 Obere Domberggasse 38-A2
85354 Obere Hauptstraße 149-3a
85356 Obere Pfalzgrafstraße 149-3b
85354 Oberer Graben 123-12c
85354 Oberer Krautgarten 149-3a
85354 Obervellacher Straße 123-11b
85354 Ortsstraße 148-3a
85354 Ottostraße 149-3a

85354 Pallhausen 148-4d
85354 Pallottinerstraße 123-12a
85354 Parkstraße 124-10c
85356 Parkstraße 123-12d
85354 Pellhausen 148-2d
85354 Pettenbrunn 123-4d
85356 Petuelstraße 150-1d
85354 Pfalzgrafstraße 150-1a
85356 Pfarrer-Franz-Weg (6) 150-1a
85354 Pfarrweg 148-1d
85354 Pförrerauweg 149-6b
85356 Pförrerhof 149-6c
85354 Philipp-Dirr-Straße 123-12a
85356 Piesing 124-4c
85354 Pimsfeld 149-7a
85356 Pirolweg 150-1a
85354 Plantage 123-8c
85354 Plantagenweg 123-11b + 8d
85356 Platschkyberg 124-10a
85356 Platschkyweg 124-10a
85354 Prälat-Michael-Höck-Straße 123-12a
85354 Prandtlstraße 149-1b
85354 Prechtlstraße 123-12a
85354 Prinz-Ludwig-Straße 123-12a
85354 Pulling 149-7a
85354 Pullinger Hauptstraße 149-7c

85356 Rabenweg 150-1a
85356 Raiffeisenstraße 150-5a
85356 Reihenweg 123-12b
85356 Rennweg 149-3b
85356 Richard-Strauss-Straße 149-3d
85356 Riegerauer Weg 150-1a
85354 Rindermarkt 38-A2
85354 Ringweg 149-7c
85356 Roider-Jackl-Weg 149-3d
85356 Rosenstraße 149-2d
85354 Rosenweg 149-7c
85354 Rotkreuzstraße 123-12a + 8d
85356 Rudolf-Diesel-Straße 124-10d

85354 Saarstraße 149-3a
85354 Sackgasse 149-3a
85356 St.-Ägidius-Straße (2) 149-7a
85356 St.-Erhard-Straße 150-4d
85354 St.-Georg-Straße 148-1d
85356 St.-Norbert-Straße 124-10a
85354 St.-Ulrich-Straße 149-7a
85354 St.-Ulrich-Straße (3) 149-7a
85356 St.-Valentin-Straße 124-7d
85354 Schafhof 123-11a
85356 Schießstättstraße 123-12d
85356 Schlesierstraße 150-1c
85354 Schlossstraße 123-1d
85354 Schlüterstraße 149-3c
85354 Schneggstraße 123-11d
85356 Schönbichlstraße 149-2b
85356 Schönblick 124-7c
85356 Schönmetzlerstraße 123-11d
85356 Schulstraße 150-4d
85356 Schwalbenweg 150-1b
85356 Seilerbrücklstraße 149-3c
85356 Siedlerweg 123-12b
– Siedlung Eichenfeld 123-8c
85354 Sighartstraße 123-12b
85354 Sommerstraße 149-10a
85354 Sondermüllerweg 149-3b
85354 Sonnenfeldweg 149-2a
85356 Sonnenstraße 123-12d
85354 Sonnenweg 149-7c
85354 Spanngäßchen 38-B2
85356 Spechtweg 150-1a
85356 Sperberstraße 150-1a
85356 Sporrergasse 38-B2
85354 Starenweg 150-1c
85354 Steinbreite 123-11c
85354 Stieglbräugasse 38-A2
85356 Stieglitzweg (6) 150-1a
85356 Sudetenlandstraße (2) 150-1c
85356 Südallee 150-10c
85356 Südring 149-6b + 150-4a
85354 Sünzhausen 148-1d
85354 Sünzhauser Straße 149-7a

85354 Talweg 123-2c
85354 Tannenweg 123-8d
85354 Thalhauser Fußweg 123-11d
85354 Thalhauser Straße 123-10d
85354 Theodor-Scherg-Straße 149-10a
85356 Therese-von-der Vring-Straße 150-1c
85356 Tuching 124-7d
85356 Tuchinger Straße 124-10a
85356 Tüntenhausen 123-6c

85356 Unter den Eichen 123-8d
85354 Untere Domberggasse 123-12c
85354 Untere Hauptstraße 123-12c
85356 Untere Isarau (4) 124-10c
85354 Unterer Graben 123-12c
85356 Untere Schwabenau 124-10d
85354 Untergartelshausen 123-5d
85356 Untergartelshauser Weg 123-6c

85356 Veit-Adam-Straße 123-12a
85354 Veitsmüllerweg 149-2b
85356 Villanystraße 150-1c
85354 Vimystraße 38-A1 + 123-12a
85356 Viscardistraße 124-10b
85354 Vötting 149-1a
85354 Vöttinger Straße 149-2a
85354 Vogelherd 123-10d

85356 Waidhofener Straße 123-9d
85354 Waldsiedlung 123-8d
85354 Waldstraße 123-8d
85354 Waldweg 148-2c
85354 Wallbergstraße 123-8d
85354 Wartungsallee 149-12d
85354 Weihenstephan 149-2a
85354 Weihenstephaner Berg (1) 149-2a
85354 Weihenstephaner Fußweg 149-2b
85354 Weihenstephaner Ring 123-10d
85354 Weihenstephaner Steig 149-2a
85354 Weihenstephaner Straße 149-2b
85354 Weiherstraße 177-1b
85354 Weizengasse 123-12d
85356 Weldenstraße 150-1c
85356 Wendelinstraße 123-12b
85354 Wendelsteinstraße 123-12a
85356 Werdenfelser Straße 123-12b
85354 Wettersteinring 123-11b
85356 Widmannstraße 124-10b
85356 Wies 123-9b
85356 Wiesenthalstraße 124-10a
85354 Wippenhauser Straße 123-11b

85356 Xaverienthal 124-7a

85356 Zeisigweg 150-1b
85356 Zellhausen 123-9b + 124-4c
85356 Zellhauser Straße 123-6d
85356 Zentralallee 149-12d + 150-10c
85356 Ziegelgasse 123-12c
85356 Zimmermannstraße 123-12b
85356 Zollinger Straße 123-6d
85354 Zugspitzstraße 123-12a
85356 Zum Xaverienthal 124-7b
85356 Zur Autobahnmeisterei 150-2c
85354 Zur Isar 177-1b
85356 Zur Mühle 150-7b
85356 Zurnhausen 124-4b
85356 Zur Schwabenau 150-1a
85354 Zweigstraße 123-11d

Friedberg

86316 Ablaßweg 136-4d
86316 Achstraße 164-1b
86316 Adalbert-Stifter-Straße 135-3b
86316 Äußere Industriestraße 135-3b
86316 Affinger Weg 135-2b
86316 Afrastraße 164-4c
86316 Ahornstraße 164-9b
86316 Aichacher Straße 164-2c
86316 Akazienweg (11) 136-8d
86316 Alamannenstraße 164-5a
86316 Albrechtstraße (26) 164-4b
86316 Algunder Weg 136-11d
86316 Alois-Sperrer-Straße 164-2a
86316 Altbayernstraße 163-3b
86316 Altdorfstraße 164-6c
86316 Alte Bergstraße 135-3d
86316 Alter Postweg 193-2b
86316 Alter Schulweg 165-2a
86316 Altostraße 165-4c
86316 Am Achrain 136-1a
86316 Am Ameisenberg (2) 136-4d
86316 Am Anger 136-1c
86316 Am Aufeld (16) 136-8d

86316 Am Bach 136-4d
86316 Am Bahndamm 164-2c
86316 Am Bahnholz 164-3c
86316 Am Bierweg 164-2c
86316 Am Dobelberg (14) 136-8c
86316 Am Dohlenbach 136-4b
86316 Am Eisbach 165-5b
86316 Am Fladerlach 164-4b
86316 Am Flutgraben 38-A1
86316 Am Gerstenfeld 136-11c
86316 Am Griesfeld 164-9a
86316 Am Haferfeld 136-11b
86316 Am Hagenbach 164-7a
86316 Am Hang 165-5b
86316 Am Harfenacker 136-11d
86316 Am Holzgarten 164-2c
86316 Am Hopfengarten 164-2b
86316 Am Kirchenfeld 136-7b
86316 Am Kreuzberg (2) 137-11d
86316 Am Kreuzholz (1) 193-2b
86316 Am Lindenkreuz (3) 164-6c
86316 Am Lueg ins Land 164-6a
86316 Am Mühlberg 165-2a
86316 Am Plattenacker 136-11d
86316 Am Rosengarten 165-5d
86316 Am Schaarfeld 136-8d
86316 Am Schloßberg 165-5b
86316 Am Schmiedgraben 136-4d
86316 Am Schneidacker 136-5a
86316 Am Schulesgarten 164-3b
86316 Amselweg 136-8c
86316 Am Spielberg 165-2b
86316 Am Spinnelberg (4) 165-2a
86316 Am Sportplatz 165-11d
86316 Am Stefananger 164-2c
86316 Am Steinberg 137-11d
86316 Am Strengraben 136-4c
86316 Am Südhang 165-5b
86316 Am Wasserturm 164-2a
86316 Am Weizenfeld 136-11c
86316 Am Zwinger 38-A2
86316 Andechsstraße 163-3b
86316 An der Nußhecke 137-11d
86316 An der Römervilla 164-5a
86316 An der Schießstätte 165-2a
86316 Angerweg 165-4c
86316 Anton-Heinle-Straße 136-11c
86316 Anton-Platner-Straße 136-11c
86316 Arberstraße 164-6a
86316 Aretinstraße 165-5a
86316 Arthur-Piechler-Straße 163-3b
86316 Asamstraße 164-2d
86316 Asbacher Straße 165-11d
86316 Asternweg (8) 136-8a
86316 Attemstettstraße 136-11d
86316 Auenweg 136-8d
86316 Augsburger Straße 163-3d

86316 Bachern 165-11c + 193-2a
86316 Bachernstraße 164-2c
86316 Bachgasse 164-1b
86316 Bahnhofstraße 164-2c
86316 Baindlkircher Straße 164-5b
86316 Balthasar-Neumann-Straße 135-3d
86316 Balthasar-Schaller-Straße 135-12d
86316 Bauernbräustraße 164-1d
86316 Beethovenstraße 163-3d
86316 Beilingerstraße 136-4d
86316 Beim Käser 164-9b
86316 Bergstraße 193-2b
86316 Bestihof 165-5a
86316 Birkenau 164-4c
86316 Birkenstraße 164-9b
86316 Birkhahnweg (15) 136-8c
86316 Blattenweg 164-6c
86316 Bleichstraße 136-4d
86316 Blumenstraße (2) 136-11d
86316 Böhmerwaldstraße 136-1a
86316 Bozener Straße 136-11d
86316 Breitenbergstraße 136-8a
86316 Bressuire-Ring 164-4c
86316 Brixener Straße 164-2b
86316 Brunecker Straße 136-11d
86316 Brunnenweg (22) 164-5a
86316 Buchenstraße 137-11d
86316 Bürgermeister-Ebner-Straße 136-4d
86316 Bürgermeister-Haller-Weg 164-6c
86316 Bürgermeister-Schlickenrieder-Straße 110-10c
86316 Bürgermeister-Schmid-Straße 164-6c
86316 Bürgermeister-Steinhart-Straße (1) 137-11d
86316 Burgfriedenstraße 163-3b
86316 Burgpflegerstraße 163-3b
86316 Burgvogtstraße 163-3b
86316 Burgwallstraße 164-2a

86316 Chippenham-Ring 163-6d + 164-4c
86316 Christophberg 164-6c

86316 Dahlienweg (7) 136-8a
86316 Dasinger Straße 137-11c
– Derching 135-3a
86316 Derchinger Straße 136-4b
86316 Dickelsmoor 135-2b
86316 Dieselstraße 164-2a
86316 Dohlenbachweg 136-4d
86316 Dr.-Balthasar-Hubmaier-Straße 163-3b
86316 Dr.-Wilhelm-Lohmüller-Straße 136-11c
86316 Dominikus-Ringeisen-Straße 163-3b
86316 Dorffeldstraße 136-8a
86316 Dorfstraße 165-12a

86316 Ebereschenweg 136-6c
86316 Eberlestraße 164-2d
86316 Ecknachweg 164-5b
86316 Eckstraße 164-6c
86316 Egerländer Straße 135-3d
86316 Eibenstraße 137-11d
86316 Eichenau 164-7a
86316 Eichenstraße 164-6d
86316 Eisenbahn 38-A2
86316 Eismannsberger Weg (25) 164-5b
86316 Ekherstraße 164-2c
86316 Engelschalkstraße 164-2d

86316 Eppaner Straße 136-12c
86316 Erlenstraße 165-2a
86316 Ernst-Mezger-Straße 136-11c
86316 Eschenweg (10) 136-8c
86316 Eurasburger Weg (20) 164-5a

86316 Falkensteinstraße 136-8a
86316 Fasanenweg 136-8c
86316 Feichtmayrstraße 164-2b
86316 Feldstraße 163-6b
86316 Feuerhausstraße (2) 164-6c
86316 Fischerstraße 164-9b
86316 Flachsstraße (3) 136-11d
86316 Fleckenweg 136-4c
86316 Fliederstraße 164-6c
86316 Flurstraße 136-4d
86316 Föhrenweg (13) 136-8d
86316 Forststraße 136-1a
86316 Frechholzhauser Straße 136-1d
86316 Freienrieder Weg (19) 164-5a
86316 Friedberg 164-3c
86316 Friedberger Berg 164-1b
86316 Friedberger Fußweg 164-5b
86316 Friedberg-West 136-11b + 163-6b + 164-1a
86316 Friedlweg (7) 164-2b
86316 Friedrich-Ebert-Straße 164-2a
86316 Friedrich-Schuck-Straße 163-3d
86316 Fritz-Krug-Weg 164-2b
86316 Fröschweilerstraße 163-3d
86316 Frühlingstraße 164-2c
86316 Frundsbergstraße 163-3b
86316 Fuchsbergerstraße 136-11c
86316 Fuchsloch 136-12c
86316 Fürstenfelderstraße 163-3d

86316 Gabelsbergerstraße 164-2c
86316 Gärtnerweg 163-3b
86316 Gagers 165-5c
86316 Gartenstraße 165-5b
86316 Gassnergasse (7) 38-A2
86316 Gastlstraße 165-11d
86316 Geisbergstraße 136-8a
86316 Geistbeckstraße 164-2d
86316 Geltendorfer Straße 164-5a
86316 Georgstraße 193-2b
86316 Gerberweg 164-1d
86316 Gernbreite 164-6d
86316 Gewerbegebiet „Business-Park Friedberger See“ 135-12d
86316 Girlaner Weg (5) 136-11d
86316 Gladiolenstraße 164-6c
86316 Glonnstraße 164-5b
86316 Glückstraße 164-9a
86316 Goethestraße 163-3d
86316 Goldschmiedegasse (5) 38-A2
86316 Graf-von-Deuring-Straße 136-4c
86316 Gregor-Mendel-Straße 135-3b
86316 Greinerstraße 164-6b
86316 Griesbachmühle 165-1d
86316 Griesbachstraße 165-5b
86316 Griesfeldweg 164-9a
86316 Griesmühlweg 165-1d
86316 Grünbergfeld (17) 136-8d
86316 Grüntenstraße 136-8a
86316 Gutenbergstraße 164-2a

86316 Haagstraße 164-2c
– Haberskirch 136-6a
86316 Haberskircher Straße 136-4d
86316 Hachingerring 164-6c
86316 Hadubertstraße 136-5d
86316 Häcklbreitenweg 136-11d
86316 Haflinger Straße (8) 164-3a
86316 Hagelbach 165-11d
86316 Hagelmühlweg 164-5a
86316 Hainbuchenstraße 164-9b
86316 Hallstattstraße 164-5a
86316 Hans-Böller-Straße 164-1c
86316 Hans-Carossa-Straße (1) 163-3b
86316 Hans-Seemüller-Straße (11) 164-1b
86316 Harthausen 137-11d + 165-1b
86316 Harthauser Straße 165-2d
86316 Hauserweg 165-5b
86316 Heideweg 135-2b
86316 Heilachweg 193-2a
86316 Heimatshausen 137-10c
86316 Heimatshauser Weg 164-2b
86316 Helgemayrstraße 38-B1
86316 Henggigasse (6) 38-A2
86316 Herbststraße 136-4d
86316 Hermann-Löns-Straße 164-2a
86316 Herrenberg 164-9b
86316 Herrgottsruhstraße 164-2c
86316 Herzog-Georg-Straße (12) 164-1d
86316 Herzog-Rudolf-Straße 164-4b
86316 Herzog-Wilhelm-Straße 164-2c
86316 Heuweg 137-11c
86316 Hirschbergstraße (5) 136-8a
86316 Hirtstraße 136-4c
86316 Hirtwiesen 164-3c
86316 Hochbergstraße 136-8a
86316 Hochglasbreiten 164-3a
86316 Hochgrasweg 164-4c
86316 Hochstallerweg 164-6c
86316 Hörmannsberger Weg (15) 164-2d
86316 Hofberg 136-5b
86316 Hofmarkstraße 165-5d
86316 Holunderweg 136-6c
86316 Holzburger Weg (18) 164-5b
86316 Holzstraße 165-5d
86316 Hügelshart 165-4c
86316 Hügelsharter Weg (16) 164-5a
86316 Hugolinstraße 164-9b
86316 Humboldtstraße 135-3d

86316 Iglauer Straße 135-3d
86316 Im Winkl 136-1c
86316 Innere Industriestraße 135-3b

86316 Jägerfeldstraße 136-8c
86316 Jahnstraße 164-2c
86316 Jaisstraße 165-9c
86316 Jesuitengasse 164-1d
86316 Johann-Brandl-Straße (3) 136-5c
86316 Johann-Niggl-Straße 136-11d
86316 Johannweg 164-6a
86316 Josef-Baumann-Straße 136-11c
86316 Josef-Ost-Straße 164-2d

86316 Josef-Schwegler-Straße 164-6c
86316 Josef-Wassermann-Straße 163-3b
86316 Joseph-Baur-Straße 135-12d
86316 Joseph-Hackhl-Straße 164-2a
86316 Joseph-Hohenbleicher-Straße 164-1a
86316 Jungbräustraße 38-A2

86316 Kalterer Weg 164-2b
86316 Kapellenweg (4) 136-4d
86316 Karl-Lindener-Straße 164-5a
86316 Karl-Sommer-Straße 164-2a
86316 Kastanienweg (3) 136-6c
86316 Keilbergstraße (1) 164-6a
86316 Kellerstraße 164-9b
86316 Keltenstraße 164-5a
86316 Kiefernweg 136-6c
86316 Kiesgrubenweg 136-8c
86316 Kiesweg 164-7a
86316 Kirchackerring 164-9a
86316 Kirchstraße 136-8c
86316 Kissinger Straße 164-9b
86316 Kleestraße 136-8d
86316 Klockergasse 38-A2
86316 Köhlstraße 163-3d
86316 Kohlstattweg 110-10c
86316 Kollmannstraße (2) 163-3d
86316 Kolpingstraße 136-11d
86316 Konradinstraße 164-2a
86316 Kornblumenweg 164-6c
86316 Kornstraße 136-11d
86316 Kranzbergstraße (2) 136-8a
86316 Krautgartenweg 136-4d
86316 Kreitmayrgasse (4) 38-A2
86316 Kreuzäcker 164-3a
86316 Kreuzeckstraße (4) 136-8a
86316 Kriststraße 164-6c
86316 Krottentalstraße 136-11d
86316 Kulturstraße 136-8c
86316 Kustos-Trinkl-Straße 136-11d

86316 La-Crosse-Ring 164-1a
86316 Lärchenhof 165-2c
86316 Lanaweg 136-11d
86316 Landrichterstraße 163-3b
86316 Langkofelweg 136-11d
86316 Laubenweg 136-1c
86316 Lechfeldstraße 164-4c
86316 Lechhauser Straße 135-12c
86316 Lechnergasse 38-A2
86316 Lechrainhöhe 136-11c
86316 Lehleweg 164-2a
86316 Leitenweg 164-2a
86316 Lerchenweg 136-4c
86316 Liebfrauenplatz (1) 136-1c
86316 Liebigstraße 164-1d
86316 Lilienstraße (9) 136-8a
86316 Lindenau 164-7a
86316 Lindenauer Straße 163-9b
86316 Lindenauer Straße (Rederzhausen) 164-8b
86316 Lothringer Straße 163-3d
86316 Luberstraße 163-3d
86316 Ludwigstraße 164-2c
86316 Ludwig-Thoma-Straße 163-3b
86316 Luitpoldstraße 164-1d
86316 Lusweg 164-9c

86316 Mährenstraße 136-1a
86316 Magnolienstraße (5) 165-2a
86316 Malzhauser Straße 137-11d
86316 Mandelbergstraße 164-6c
86316 Margit-Blaha-Straße 164-5a
86316 Maria-Alber-Straße 163-3d
86316 Maria-Montessori-Weg 164-6c
86316 Marienplatz (1) 38-A2
86316 Marquardtstraße 164-5b
86316 Martin-Luther-Straße 164-2c
86316 Martinstraße 164-9b
86316 Matthias-Günther-Straße 164-2d
86316 Max-Högg-Straße 164-3c
86316 Max-Josef-Straße 163-3b
86316 Max-Rimmele-Straße 164-2d
86316 Menrathstraße 136-11d
86316 Meraner Straße 136-11d
86316 Merchinger Straße 164-5a
86316 Mergenthauer Weg 164-2c
86316 Metzgerhof 164-7a
86316 Metzstraße 163-3d
86316 Michael-Steinherr-Straße 164-2a
86316 Miederinger Straße 110-10c
86316 Mitterweg 164-6c
86316 Mittlerer Dorfweg 136-8a
86316 Mittlerer Lechfeldweg 163-3d
86316 Mohnstraße 136-11d
86316 Moorweg 135-2b
86316 Moosstraße 136-8c
86316 Mühlstraße 136-1c
86316 Münchner Straße 164-2c

86316 Narzissenweg (1) 136-11d
86316 Nelkenweg (2) 136-5d
86316 Neue Bergstraße 135-3d
86316 Neuer Postweg 165-11c
86316 Neuer Weg 164-9a
86316 Nikolausweg 165-4c
86316 Nordstraße 136-8a

86316 Oberer Dorfweg 136-8c
86316 Oberer Weg 136-4d
86316 Oberfeldstraße 165-5d
86316 Obermoos 135-6c
86316 Oberzeller Straße 136-8d
86316 Oettlstraße 164-2b
86316 Oskar-von-Miller-Straße 163-3d
86316 Osserstraße 164-6a
86316 Otte-von-Stetzlingen-Straße (5) 136-8a
86316 Ottmaring 164-8b
86316 Ottmaringer Straße 164-2c
86316 Ottmarstraße 164-9b
86316 Ottoried 136-12b
86316 Ottorieder Weg (4) 136-11d

86316 Paar 165-2c
86316 Paartalstraße 164-5d
86316 Paarweg 164-6c
86316 Pallottiweg 164-5b

86316 Pappelweg 164-1b
86316 Parkstraße 136-5c
86316 Passeier Weg (10) 164-2b
86316 Pater-Alfred-Maier-Straße (13) 164-2b
86316 Pater-Franz-Reinisch-Straße 164-2b
86316 Paul-Lenz-Straße 135-12d
86316 Peter-Dörfler-Straße 163-3b
86316 Peter-Rosegger-Straße 163-3b
86316 Pettenkoferstraße 164-1d
86316 Pfarrer-Bezler-Straße 136-4d
86316 Pfarrer-Fiegl-Straße 164-9a
86316 Pfarrer-Melcher-Weg 164-2b
86316 Pfarrstraße 38-A2
86316 Phillip-Happacher-Weg 164-2d
86316 Pinienweg 164-9b
86316 Pius-Häusler-Straße 136-11c
86316 Postweg 165-2a
86316 Probststraße 164-2d
86316 Punenstraße 164-5a

86316 Quellenweg 136-4c
86316 Querstraße (3) 137-11d

86316 Radegundisstraße 136-8a
86316 Rederzhausen 164-5d
86316 Rehrosbacher Weg 165-5b
86316 Reisstraße 163-6b
86316 Renatastraße 164-2c
86316 Rettenberg 137-10a
86316 Rettenberger Weg 137-10d
86316 Rieder Straße 164-5a
86316 Ringstraße 137-11c
86316 Rinnenthal 165-5a
86316 Rinnenthaler Weg (17) 164-5a
86316 Robert-Hartl-Straße 136-11d
86316 Robert-Koch-Straße 164-1b
86316 Römerstraße 164-6b
86316 Röntgenstraße 164-1c
86316 Rohrbach 165-8d
86316 Rohrstraße 135-3b
86316 Rosenstraße 136-5d
86316 Rotdornweg (3) 164-6c
86316 Rothenbergstraße 164-2b

86316 Sackgasse 165-11d
86316 Sägmühle 136-10b
86316 Säulingstraße (3) 136-8a
86316 Samfeldweg 136-8d
86316 Sandweg 164-6c
86316 St.-Anton-Straße 136-7a
86316 St.-Benedikt-Straße 164-5a
86316 St.-Jakobs-Platz 38-A2
86316 St.-Johannes-Straße 137-10d
86316 St.-Michaels-Platz (4) 164-9b
86316 St.-Stefan-Straße 136-5d
86316 St.-Thomas-Weg 164-9a
86316 Sattlerweg 164-9b
86316 Schillerstraße 164-2a
86316 Schlehenweg 136-6c
86316 Schlernweg 136-11d
86316 Schlesierstraße 136-1a
86316 Schlößleweg 136-8c
86316 Schloßberg 136-4d
86316 Schloßstraße 164-2a
86316 Schmiechenstraße (21) 164-5a
86316 Schmiedegasse 38-A2
86316 Schönbergstraße 164-6a
86316 Schützenstraße 136-11c
86316 Schulrat-Will-Straße 164-1d
86316 Schulstraße (5) 164-9b
86316 Schwabenstraße 163-3b
86316 Sebastian-Mayr-Straße 135-12d
86316 Sebastianweg 136-1a
86316 Sedanstraße 163-3d
86316 Sedelfeldberg 136-4d
86316 Seestraße 136-10c
86316 Siedlerstraße 136-11c
86316 Simpertstraße 136-11c
86316 Singerstraße 164-2d
86316 Sippenstraße 136-11d
86316 Sonnenstraße 165-2a
86316 Sparkassenplatz 164-2c
86316 Speyerstraße 163-6b
86316 Spitalgasse 164-1d
86316 Stadtgarten 38-A2
86316 Stadtgraben 164-2c
86316 Stadtmauer 164-1b
– Stätzling 136-4a
86316 Steckstraße 193-2b
86316 Stefanstraße 164-2c
86316 Steigerweg 164-5b
86316 Steinacher Weg (23) 164-5a
86316 Steinerner Säulweg 164-5d
86316 Steingasse 136-4d
86316 Steirer Berg 164-1d
86316 Sterzinger Weg (6) 136-11d
86316 Strixnerweg (3) 163-6b
86316 Sudetenstraße 136-1a

86316 Tal 164-2a
86316 Talangerstraße 136-4b
86316 Talstraße 136-4d
86316 Tancherichweg 135-3d
86316 Tannenweg 164-6d
86316 Tegelbergstraße (1) 136-8a
86316 Terlaner Straße (9) 164-2b
86316 Thomas-Dölle-Straße 164-6a
86316 Thomas-Mann-Straße 163-6b
86316 Traminer Straße 164-2b
86316 Trefflerstraße 164-2d
86316 Trienter Straße 136-11d
86316 Tulpenweg (1) 136-5d
86316 Turnhallstraße (8) 38-B2

86316 Uhrmachergasse (2) 38-A2
86316 Ulmenweg (12) 136-8d
86316 Ulrichstraße 136-1d
86316 Unterer Dorfweg (6) 136-8a
86316 Unterm Berg 164-1d
86316 Unterzeller Straße (Haberskirch) 136-5d
86316 Unterzeller Straße (Wulfertshausen) 136-8d

86316 Vinzinz-Pallotti-Straße 164-5b
86316 Völser Straße 136-11d
86316 Vogelherd 164-9c
86316 Vogtstraße 193-2a

86316 Wacholderweg 137-11d
86316 Waldstraße 165-5b
86316 Wallbergstraße 136-8a
86316 Wanderweg 164-9b
86316 Watzmannstraße 136-8a
86316 Webergasse (9) 38-A2
86316 Weidenau 164-4c
86316 Weideweg 136-1c
86316 Weiherbreiten 164-3c
86316 Weiherstraße 165-9c
86316 Weilerweg 164-9a
86316 Weißdornweg 136-6c
86316 Wendelsteinstraße 136-8a
86316 Wenterstraße 165-4c
86316 Wetterspitzstraße 136-8a
86316 Wielandstraße 163-3d
86316 Wiesenstraße 136-4d
86316 Wiffertshausen 164-3a
86316 Wiffertshauser Straße 164-2c
86316 Winifridweg 164-3d
86316 Winterbruckenweg 135-3b
86316 Wintergasse 38-A2
86316 Wittenberg 165-2c
86316 Wittenberger Straße 165-2a
86316 Wulferichstraße 136-8d
– Wulfertshausen 136-7c
86316 Wulfertshauser Straße 136-11c

86316 Zeppelinstraße 164-2a
86316 Zieglergäßchen (3) 38-A1
86316 Zillenberger Weg (24) 164-5b
86316 Zirbenweg 136-6c
86316 Zöllnerstraße 163-3b
86316 Zur Klinge 164-9d

Fürstenfeldbruck

PLZ 82256

Abt-Anselm-Straße 240-9d
Abt-Führer-Straße 241-7c
Abt-Thoma-Straße 240-5b
Adalbert-Stifter-Ring 241-4b
Adolf-Kolping-Straße 241-4d
Ahornstraße 240-12b
Aich 240-4c
Aicher Straße 241-7a
Albert-Schweitzer-Ring 241-5b
Albrecht-Dürer-Straße 241-8a
Alemannenstraße 240-9b
Almuñécarstraße 240-9d
Alpenstraße 240-9b
Alpspitzweg 240-9b
Am Ahrenfeld 241-4b
Am Anger 240-4c
Am Ausjagbogen 240-9b
Am Brunnenhof 38-A1
Am Drudenbogen 240-12b
Am Einfang 240-9d
Am Engelsberg 241-7a + 7d
Am Fohlenhof 241-1d
Am Fuchsbogen 240-12a
Am Hardtanger 241-1d
Am Hart 241-2c
Am Klosterberg 241-7d
Am Kugelfang 241-1b
Am Lindenplatz 241-1d
Am Oberfeld 241-4c
Amperleite 241-5d
Am Pöglschlag 240-9d
Am Rain 241-2c
Am Sulzbogen 240-12b
Am Ziegelstadel 240-8a
An der Ostergrube 240-4c
Apotheker-Gelb-Straße 241-5a
Appianistraße 240-9d
Asambogen 240-9d
Auf der Lände 241-7b
Augsburger Straße 240-6b + 241-4b
Aumillerstraße 241-4d
Aumühle 241-7b

Badorrekstraße 241-2b
Bahnhofstraße 241-8a
Bajuwarenstraße 240-9b
Balduin-Helm-Straße 240-9c
Bartlweg 240-4c
Baumbachstraße 241-2b
Beethovenstraße 241-4c
Birkenstraße 240-12b
Bismarckstraße 241-7a
Bleichanger 240-9d
Blumenstraße 241-5a
Boosstraße 240-9d
Breitenbichl 240-9d
Brucker Straße 240-4c
Buchenau 240-12d
Buchenauer Platz 240-12b
Buchenauer Straße 240-9c
Buchenstraße 240-12b
Bürgermeister-Braumiller-Straße (2) 240-6a
Bürgermeister-Miller-Straße 241-5c
Bullachstraße 241-7b

Cerveteristraße 240-9a

Dachauer Straße 241-5c
Dallmayrstraße 240-9d
Danziger Straße 241-5a
Denkmalstraße 240-6a
Dianastraße 240-9b
Dirnaglstraße 241-5a
Dr.-Blaich-Straße 241-5a
Dr.-Kuhn-Straße 241-2d
Dr.-Lorenz-Lampl-Straße 241-4d
Dorfstraße 240-4c
Drachenweg 240-4d
Druschelweg (4) 241-2b

Ebnerweg 240-7a
Edererstraße (1) 241-2c
Edignaweg 240-6a
Eduard-Friederich-Straße 240-12a
Eibenstraße 241-1d
Eichendorffweg (2) 241-4c
Eichenstraße 240-12b
Eisenhoferstraße 241-5d

Engelsberg 241-7d
Enzianstraße 241-8a
Erlenstraße 240-12b
Eschenauerstraße 241-2c
Eschenstraße 240-12b
Ettenhoferstraße 240-9d
Exuperystraße 241-2d

Falkenstraße 240-9b
Fasanenweg 240-9b
Feldstraße 241-5a
Ferdinand-Feldigl-Straße 241-5a
Ferdinand-Miller-Straße 241-4d
Feuerhausstraße 241-5a
Fichtenstraße 241-4b
Finkenstraße 241-1c
Fliederstraße 240-12c
Flurstraße 241-5a
Föhrenstraße 241-1d
Frankenstraße 241-4b
Fraß Geräumt 240-11a
Fraunhoferstraße 241-1a
Friedrich-Ebert-Straße 241-5a
Fritz-Dönch-Weg 241-2c
Frühlingstraße 241-5c
Fürstenfeld 241-7c
Fürstenfelder Straße 241-7a
Fürstenfelder Weg 240-6c

Ganghoferstraße 241-4d
Gartenstraße 241-5d
Gegenpointstraße 241-5d
Gehagstraße 240-5b
Geisinger Steig 240-9d
Gelbenholzen 241-7d
Gelbenholzener Straße 241-7d
General-Arnold-Straße 241-2d
General-Ritter-von-Mann-Straße 241-2d
General-Wever-Straße 241-2c
Gernlindener Weg (6) 241-5a
Geschwister-Haeusler-Weg 241-5c
Geschwister-Scholl-Platz 240-12a
Gewerbegebiet „Hasenheide“ 241-1d
Gewerbegebiet „Hubertusstraße“ 240-6c
Gewerbegebiet „Industriestraße“ 240-12a
Glockenbecherweg (1) 240-9b
Goethestraße 241-4c
Günther-von-Maltzahn-Straße 241-2c

Habichtstraße 241-4a
Hans-Sachs-Straße 241-8a
Haselnußweg (2) 240-12a
Hasenheide 241-1d
Hauptstraße 241-4d
Heideweg 241-2c
Heimstättenstraße 240-9b
Henrik-Moor-Weg 241-7d
Herrenweg 240-6b
Hindenburgstraße 241-5a
Hochfeldweg 241-4b
Hochrainerstraße 240-9d
Höhenringstraße 241-4c
Holunderweg 240-12c
Holzhausener Straße 241-10b
Holzhofstraße 241-7a
Holzstraße 241-7a
H.-Phillipp-Straße (3) 241-2d
Hubertusstraße 240-9b
Hugo-Junkers-Straße 241-1a

Im Eichgärtl 240-9d
Industriegebiet Hasenheide Nord 241-1b
Industriestraße 240-12c

Jägerstraße 240-9b
Jahnstraße 241-4d
Jakob-Groß-Straße 241-4d
Jexlau 240-6c
Josef-Priller-Straße 241-2c
Josefspitalstraße 241-5c
Julie-Mayr-Straße 241-4d
Jupiterstraße 241-7a

Kaiseranger 240-6a
Kaiser-Ludwig-Straße 240-6c
Kapellenstraße 241-4d
Kapuzinerstraße 241-4d
Karl-Robiczek-Straße 241-5c
Karl-Trautmann-Weg 38-B1
Karwendelstraße (4) 240-9b
Kastanienweg 240-12c
Kellererstraße 241-7a
Keller-Reutlingen-Straße 38-B1
Keltenweg 240-9a
Kiefernstraße (1) 240-12b
Kieswerkstraße 240-9a
Kirchstraße 241-5c
Kirschbaumstraße 240-12b
Klosteranger 240-6a
Klosterstraße 241-7a
Kögelstraße 241-2c
Kohlstatt 240-9d
Konrad-Adenauer-Straße 241-4c
Korbinian-Penzl-Straße (1) 240-6a
Krautgarten 240-7b
Kreuth 241-7d
Kreuzfeldstraße 240-5b
Kronprinz-Rupprecht-Straße 241-4b
Kurt-Huber-Ring 240-12a
Kurt-Schumacher-Straße 241-4c

Lämmerweide 240-9d
Lärchenstraße 240-12c
Landsberger Straße 241-4c
Langbehnstraße 240-3c
Ledererstraße 38-A2
Leitenweg 240-4c
Lena-Christ-Straße 241-4c
Lentestraße 241-2a
Leonhardspfad 241-8a
Lessingstraße 241-4c
Lettow-Vorbeck-Straße 241-8b
Liebigstraße 241-1d
Lilienthalstraße 240-9b
Lindach 240-3b
Lindacher Weg 240-6a
Lindenstraße 240-12c
Livry-Gargan-Straße 240-12a
Lord-Trenchard-Straße 241-2d
Ludwigshöhe 241-8d

Ludwigstraße 241-7b
Ludwig-Thoma-Straße 241-4b
Lützowstraße 241-2c
Luitpoldstraße 241-8a

Maisacher Sommerkeller 241-2a
Maisacher Straße 241-1d + 4d
Malchinger Straße 241-1c
Manfred-von-Richthofen-Straße 241-2d
Margeritenstraße 241-8a
Marseillestraße 241-2d
Marsstraße 240-9b
Marthabräustraße 241-4d
Martin-Luther-Straße 240-9d
Meisenstraße 241-4a
Messerschmittstraße 241-1b
Michael-Kohlhaas-Straße 241-5a
Miedersweg 240-12b
Milchstraße 241-7a
Mölderstraße 241-2b
Mörikestraße 241-4b
Mondstraße 241-7a
Mozartstraße 241-4c
Mühlanger 241-7b
Mühlfeldstraße 241-4c
Münchner Straße 241-8a

Nannhofer Straße 240-4c
Nelkenstraße 241-8b
Neufeldstraße 241-1d
Neu-Lindach 241-1c
Neulindacher Straße 241-4b
Nibelungenstraße 241-4b
Nicolaus-Otto-Straße (6) 241-4a
Niederbronnerplatz 241-5c
Niederbronnerweg 38-A2
Nikolausbergstraße 241-5d
Nimrodstraße 240-6d
Nordendstraße 241-4b
Nußbaumstraße 240-12b

Oberöggerweg 240-9d
Ordenslandstraße 241-5a
Orlando-di-Lasso-Straße 241-5d
Oskar-von-Miller-Straße 241-7b
Ostendstraße 38-B1
Ostermannstraße 241-2a
Otto-Kubel-Straße 241-5a

Pappelweg 240-12b
Parchwitzer Straße 241-7a
Parsevalstraße (3) 241-7a
Paul-Gerhardt-Straße 240-9c
Pellhammerstraße 241-7a
Peter-Rosegger-Straße 241-4b
Pfaffing 241-10b
Pfaffinger Straße 241-8c
Philipp-Weiß-Straße 241-4d
Plonnerstraße 241-5a
Polzstraße 241-5a
Pruggmayrstraße (2) 38-A2
Puch 240-2d
Puchermühlstraße 241-4d
Pucher Straße 241-4d
Pucher Weg 240-4d

Rebhuhnweg 241-4b
Ricarda-Huch-Str. 241-4c
Richard-Higgins-Straße 240-9d
Ringstraße 241-4b
Rißfeldstraße 240-9b
Rodelbahnstraße 241-8b
Römerbogen (2) 240-9b
Röntgenstraße 241-4c
Rosenstraße 241-8b
Rotdornweg 240-12d
Rothschwaig 240-11a
Rothschwaiger Feldweg 240-9b
Rothschwaiger Straße 240-9a
Rudolf-Diesel-Ring 241-1d

Saarstraße 241-4b
St.-Bernhard-Straße 240-9b
St.Sebastian-Straße 240-6a
Schillerstraße 241-4c
Schlehdornweg 240-12c
Schleifweg 240-4c
Schlesierstraße 241-5a
Schloßbergstraße 240-7a
Schnauler Straße (5) 241-2d
Schöngeisinger Straße 240-12c + 241-10a + 7c
Schubertstraße 241-4c
Schulweg 241-5c
Schwabenstraße 241-4b
Schwalbenstraße 241-4a
Schwarzkopfstraße 241-2b
Senserbergstraße 240-12c
Siechfeldstraße 241-8b
Siedlerplatz 240-9b
Siedlerstraße 241-7a
Silbersteg (7) 241-7b
Sinzingerstraße 241-5c
Sommerkellerweg 241-2c
Sonnenplatz 241-5a
Sparkassenweg (1) 38-B3
Spatzenweg (5) 241-4a
Stadelberger Straße 241-5c
Starenweg 241-4a
Sternstraße 241-7a
Stiglmayrstraße 241-4d
Stockmeierweg 241-8a
Sudetenstraße 241-5a

Tannenweg 240-12a
Theodor-Heuss-Straße 241-4c
Theresianumweg 241-5c
Tonwerkstraße 241-9a
Tüfiweg 240-7a
Tulpenstraße 241-8b

Udetstraße 241-2d
Uhlandstraße 241-4c
Ulmenstraße 240-12b
Unfaltstraße 241-4d

Veilchenstraße 241-8b
Veit-Stoß-Straße 241-8a
Viehmarktstraße 241-4d
Viscardistraße 240-9b

Vogelbeerweg 240-12b
Von-Gravenreuth-Straße 241-2c

Waldfriedhofstraße 241-4c
Waldstraße 241-1d
Weichselstraße 241-4b
Weidenstraße 240-12c
Weiherstraße 241-5d
Weilerweg 240-7b
Werftstraße 241-5a
Wernher-von-Braun-Straße 241-7a
Westendstraße 240-12a
Wettersteinstraße 241-7a
Wiesenstraße 241-2c
Wilhelm-Busch-Straße 241-4a
Wilke-Weg (2) 241-2a
Willy-Buchauer-Ring (5) 241-5d
Wittelsbacherplatz 241-8a

Zadarstraße 240-9b
Zeilstraße 240-7a
Zellhofstraße 241-10a
Zenettistraße 241-2c
Zeppelinstraße 241-7a
Zisterzienserweg 241-7b
Zubringerstraße 240-12a
Zugspitzstraße 241-7a
Zur Kaisersäule 240-6c

Furth
PLZ 84095

Abdeck 70-2a
Am Haider Feld 70-2a
Am Kirchberg 71-1c
Am Pfarrfeld (5) 70-1b
Am Rathaus (5) 70-2d
Amselweg 70-1a
Am Südhang 71-1d
Am Weinberg 71-1d
An der Kreppe 71-1d
Arth 71-1d
Attenhauser Straße 70-5a
Auenweg 70-2c

Beim Jägerwirt (1) 70-2c
Berghaus 70-4d
Bergstraße 70-1d
Birkenstraße 70-2c
Birnbaumstraße 70-2a
Brunnenstraße (3) 70-2c

Dorfschmiedweg (1) 71-1d
Dorfstraße 71-1c

Eckenhausen 70-5d
Edlmannsberg 70-5a
Eichenstraße 70-2c
Entwies 70-1c
Erlenweg (4) 70-2c
Eschenweg 70-1d

Falkenweg 70-1a
Fasanenweg 70-1b
Feldmann 70-1b
Finkenweg 70-1b
Fischerstraße 70-2c
Flurstraße 70-2c
Frohnberg 70-1d

Gärtnerring 71-1d
Gangsteig 70-2c

Hauptstraße 70-2c
Hebenstreit 70-6a
Hinterhaid 70-3a
Hochkreut 70-5b
Hochkreuterstraße 70-2c
Höhenweg 70-1b
Höllkreut 70-3c
Hofmarkstraße 70-2a
Holunderstraße (4) 70-2b
Hommerweg 70-2d
Hopfengarten 70-2c
Hornsteinstraße 70-2c

Kärglstraße 70-2a
Kapellenweg 70-2d
Kindsmühle 70-3c
Kirschenstraße 70-2b
Klausenbergstraße 70-2b
Kleinfeldstraße 70-2c
Klosterstraße 70-2d
Kolmhub 71-4a
Kreutbartl 70-4c
Kreutulrich 70-4d

Landshuter Straße 70-1d
Lerchenweg 70-1a
Linden 71-4b
Lippacher Straße 71-4b
Lodronstraße 70-2c

Mainburger Straße 71-1c
Meisenweg 70-1c
Mitterhaid 70-3a
Mühlhof 70-1d
Müllerweg (3) 71-1d

Neuhauser Straße 70-2a
Neumühle 71-4b
Niederarth 70-3d
Nußbaumstraße (3) 70-2b

Oberlippach 71-2a
Oberpisat 70-4d

Prälat-Roderer-Straße 70-2a

Rannertshofen 70-3c
Reisgang 70-2a
Ringstraße 70-2a
Rottenburger Straße 71-1c

Schatzhofen 70-1c
Schatzhofener Straße 70-1c

Schlagmann 70-4a
Schlehenweg 70-2b
Schlosserstraße 71-4b
Schlucking 70-2a
Schusterweg (2) 71-1d
Siedlung Entwies 70-1b
Siedlungsstraße 70-2c
Sonnenstraße 71-1d
Sportplatzstraße 70-2c
Starenweg 70-1d

Unterlippach 71-2c
Unterpisat 70-5c

Vorderhaid 70-2b

Weidenweg (2) 70-2c

Zieglstattstraße 70-2a

Gablingen
PLZ 86456

Am Fliegerhorst 108-1c
Am Flugplatz 108-1d
Am Foret 108-1a
Am Rollfeld 108-1a

Dornierstraße 108-1c

Gablingen-Siedlung 108-1a
Gewerbegebiet „Am Flugplatz“ 108-1c

Industriestraße 108-1a

Paul-Klee-Straße 108-1c

Gachenbach
PLZ 86565

Almweg 89-8a
Alte Dorfstraße 88-6b
Am Brunnenfeld 74-9d
Am Buchberg 74-12a
Am Hang 89-5d
Am Kreuzfeld 74-12a
Am Maxenberg 89-8a
Am Saum (1) 89-7b
Am Schellenberg (2) 89-5d
Am Schierweg (2) 74-11b
Am Schildbachweg 88-3c
Am Weiherberg 74-11b
Andreasstraße 88-3d

Bachstraße 89-4b
Bachweg 88-6a
Bäckergasse 74-11b
Beinbergstraße 88-6a
Bergschneiderweg 74-11b
Bergstraße 89-5c
Birglbach 89-11a
Birkenstraße 74-11d
Breitenwiesen 89-5a

Dorfstraße 89-7c

Eichbergstraße 74-11b
Eichenweg 89-8a
Etzelberg 89-6a

Feldweg 74-9c
Flammensbach 89-2d
Florianstraße 88-3d
Flurstraße 74-11b

Gachenbacher Straße 74-11b
Gassiweg 74-11d
Gewerbering 89-5a

Habertshausen 74-8b
Hardt 89-2c
Hauptstraße 74-11d
Höhenweg 74-11b
Hörzhausener Straße 74-11b
Hoher Weg 89-5c
Hubertusweg (1) 88-3d

Im Heiratswinkel 89-4d
In der Hut 74-12a

Jahnweg 89-7b
Johannesstraße 88-3d

Kapellenweg 88-3d
Kemnather Straße 89-5c
Kirchweg 74-9c
Klausenweg 74-11b
Kleinfeldweg 89-5c

Labersdorf 89-9a
Labersdorfer Straße 89-5c
Lebmeierweg 89-4d
Lerchenstraße 89-4d
Lindlweg 74-9c
Lohweg 88-6a

Maria Beinberg 88-3b
Moosstraße 74-8b
Mühlweg 89-7b

Nußbaumstraße 74-11b

Obere Ortsstraße 88-6a
Oberschönbacher Weg 88-6c
Ortsstraße 89-8a
Osterham 74-9c

Peutenhausen 74-11a
Peutenhausener Straße 74-9c
Pfaffenhofener Straße 89-4b
Pfarrstraße 89-4d
Poststraße 74-11b
Putostraße 74-12a

Ried 89-7d
Riederweg 88-6b
Ringstraße 74-12a
Römerweg 89-4d

St.-Georg-Straße 88-3d
St.-Martin-Straße 88-3d
Sattelberg 89-5d
Sattelberger Straße 89-4d
Schäfflerstraße 89-4d
Schaffergasse 89-5c
Schönbacher Straße 88-6a
Schrobenhausener Straße 74-9a
Schulstraße 74-8d
Sebastianstraße 88-6a
Siedlungsstraße 89-4d
Spitalmühle 89-2a
Sportplatzweg 88-6b
Sportweg 74-11b
Stockensauer Straße 74-11c

Untere Ortsstraße 88-6a

Waldweg 74-8b
Weiherstraße 74-9a
Weilach 89-4d
Weilacher Weg 88-6b
Westerham 74-11c
Westerhamer Straße 74-11d
Wiesenweg 89-5c

Ziegelstraße 88-6a
Zur Kohlbreite (1) 74-11b
Zur Schildwache 88-3c
Zur Seemühle 89-4d

Gaimersheim
PLZ 85080

Adalbert-Stifter-Weg 44-3d
Alte Säge 44-6d
Alte Ziegelei 44-6c
Altvaterstraße 45-4c
Am Anger 44-6a
Am Augraben 44-6d
Am Hochholzer Berg 44-6c
Am Holler 44-6d
Am Kellerbug 44-3d
Amselstraße 44-3c
Am Sportplatz 44-6a
Am Wall 45-4c
Am Wallgraben 44-3c
Angermühle 44-6b
Anton-Günther-Weg 44-3d
Asternweg 44-6d

Bahnhofstraße 44-6d
Bahnweg 44-6d
Beethovenstraße 44-3c
Behringstraße 44-6b
Bert-Brecht-Straße (3) 45-1c
Bimswiesen 44-3b
Birkenweg 44-6a
Blumhof 45-7a
Böhmerwaldstraße 45-4c
Böhmfelder Straße 44-3d
Boschstraße 44-9b
Brachshammerweg 44-3d
Brahmsstraße 44-3c
Brucknerstraße 44-3c
Bürgermeister-Martin-Meier-Straße 44-6c

Carl-Benz-Ring 45-7c
Carl-Orff-Straße 44-3c
Christoph-Scheiner-Straße 44-9c

Daimlerstraße 45-7c
Dieselstraße 44-9d
Dietweg 44-3d
Dohlenstraße 44-3c
Dr.-Ludwig-Kraus-Straße 45-7a
Drosselweg 44-3c
Dürerring 44-6d

Eichendorffstraße 44-6d
Eitensheimer Straße 44-3c
Erich-Kästner-Straße 45-1c
Ernst-Moritz-Arndt-Weg 44-6b
Ettinger Straße 44-3d

Färbergasse 44-3d
Fasanenweg 44-3c
Fichtestraße 45-4c
Finkenweg 44-3c
Fontanestraße 44-3b
Franz-Schubert-Straße 44-3d
Friedensstraße 44-6d
Frühlingstraße 44-6d

Gabel 44-8c
Gabelsbergerstraße 44-6b
Ganghoferstraße 44-3d
Gartenstraße 44-6b
Gerhart-Hauptmann-Straße 44-3d
Gerolfinger Weg 44-9a
Gluckstraße 44-3c
Goethestraße 44-6b
Gutenbergstraße 45-10a

Händelstraße 44-3a
Hanfacker (7) 44-6d
Hans-Böckler-Ring 44-3d
Haydnstraße 44-3c
Hegelstraße 45-4c
Heinrich-Heine-Straße 44-3b
Herderstraße (9) 45-4c
Hermann-Hesse-Straße 44-3d
Hermann-Löns-Straße 44-3d
Hilbertweg 44-6b
Hindemithstraße 44-3c
Hitzhofener Straße 44-3a
Hölderlinstraße (4) 45-1c
Holbeinstraße 44-6d
Holzegart 44-3b
Horchstraße 45-7c

Hotterweg 44-3c
Huberbräugasse 44-3d

Ina-Seidel-Straße 44-3b
Ingolstädter Straße 44-6b

Jahnstraße 44-6a
Johann-Sebastian-Bach-Straße 44-3a

Kammühlweg 44-6b
Kantstraße 45-4c
Kapellenweg 44-3c
Kehlnweg 44-6b
Kellerhalsstraße 44-9d
Keplerstraße 44-9d
Kleiststraße 44-6b
Kopernikusstraße 44-9d
Kraiberg 44-6d
Kraibergstraße 45-7a
Kreppenäcker 44-3d
Kriegsstraße 44-9c
Kusslgasse 44-3c

Landrichtergasse 44-3c
Lehenstraße 44-3d
Leibnitzstraße 45-4c
Lena-Christ-Straße 44-3d
Lenbachweg 44-6d
Leprosenweg 44-6a
Lessingstraße 44-6b
Lilienthalstraße 45-10a
Lippertshofner Weg 44-3a
Lisztstraße 44-3c
Ludwig-Thoma-Straße 44-3d

Magnusweg 44-6b
Mahlerstraße (1) 44-3a
Marieluise-Fleißer-Straße 44-3d
Marktplatz 44-3c
Marsstraße 44-9d
Martin-Ludwig-Straße 44-6a
Martin-Luther-Straße 44-6d
Merkurstraße 44-9c
Messerschmittstraße 45-7c
Mitter Au 44-6d
Mörikeweg 44-6d
Mohrweg 44-6d
Mozartstraße 44-3a
Mühlweg 44-6b

Nelkenweg (6) 44-6d
Neptunstraße 44-9c
Neuhartshöfe 44-9b

Obere Au 44-6d
Obere Marktstraße 44-3d
Obertorweg 44-3d
Ohmstraße 44-9b
Orionstraße 44-9d
Oskar-Maria-Graf-Straße 45-1c
Oskar-Maria-Graf-Straße (2) 45-1c
Ottostraße 45-7c

Paul-Keller-Straße 44-3d
Pebenhauser Straße 44-3d
Pestalozzistraße 44-6b
Peter-Dörfler-Straße 44-3d
Porschestraße 45-7c

Quellengasse 44-6b

Rackertshofener Straße 44-3d
Raiffeisenring 44-6b
Rainer-Maria-Rilke-Straße 44-3d
Regerstraße 44-3a
Richard-Strauss-Straße 44-3a
Richard-Wagner-Straße 44-3c
Robert-Koch-Straße 44-6b
Römerstraße 44-6a
Roseggerstraße (5) 45-1c
Rosenweg 44-6c
Rossinistraße 44-3a

Sachsstraße 45-7a
Sandbreite 44-3d
Saturnstraße 44-9d
Sauerbruchstraße 45-4a
Schaflecker Öläcker 44-3b
Schellingstraße 45-4c
Schießmauer 44-3d
Schillerstraße 44-6b
Schumannstraße 44-3c
Schwalbenstraße 44-3c
Sengerwöhr 44-6b
Siemensstraße 44-9b
Sommerweg 44-6d
Sonnenstraße 44-9d
Staatsstraße 44-7d
Stadtstraße 45-7a
Steinbruck 44-6b
Sternstraße 44-9d
Stocketweg 44-5b
Sudetenstraße 44-3d

Taubenring 44-3c
Thomas-Mann-Straße 45-1a
Triebweg 44-6c
Türmergasse 44-3d

Untere Au 44-6d
Untere Marktstraße 44-6b
Uranusstraße 44-9d

Venusstraße 44-9d
Verdistraße 44-3a
Von-der-Tann-Straße 44-6d

Wallwieserweg 44-3c
Wankelstraße 45-7c
Webergasse 44-3d
Wiesfleck (8) 44-6d
Wintergasse 44-3d

Xaver-Ernst-Siedlung 44-6a

Zeppelinstraße 45-7c
Ziegeleistraße 44-6a
Ziegelhof 44-6d
Zöpfigarten 44-6a

Garching bei München

85748 Adonisröschenweg (26) 204-11a
85748 Ahornstraße 204-9c
85748 Alpspitzweg (10) 204-11a
85748 Am Coulombwall 204-8b
85748 Am Egernfeld 204-10b
85748 Am Mühlbach 226-2a
85748 Am Pfarranger (22) 204-10d
85748 Am See 204-10a
85748 Am Wiesäckerbach 204-11b
85748 Angerlweg 204-11c
85748 Arberweg 204-11a
85748 Auweg 204-10d

85748 Bergasternweg (27) 204-11a
85748 Birkenstraße 204-8d
85748 Blombergweg 204-11c
85748 Blütenstraße 226-1b
85748 Boltzmannstraße 204-8d
– Brauneckweg 204-11a
85748 Breitensteinweg (16) 204-11c
85748 Breslauer Straße 226-1b
85748 Brunnenweg 204-11c
85748 Bürgermeister-Amon-Straße (21) 204-10d
85748 Bürgermeister-Wagner-Straße (20) 204-11c
85748 Bürgerplatz 204-10d
85748 Bunsenweg 204-10b

85748 Carl-von-Linde-Straße 203-11a
85748 Carl-Zeiss-Straße 203-11c

85748 Daimlerstraße 203-12c
85748 Danzerweg 226-1b
85748 Danziger Straße 226-1b
85748 Daxenäckerweg 204-11a
85748 Dieselstraße 203-12a
85748 Dirnismaning 226-4a

85748 Echinger Weg 204-10b
85748 Einsteinstraße 204-10d
85748 Enzianstraße 204-11a
85748 Erdinger Platz 226-2a
85748 Erdinger Weg 226-2a
85748 Eulerweg 204-10b

85748 Falkensteinweg 204-11a
85748 Feldmochinger Weg (24) 226-2a
85748 Flurstraße 204-9c
85748 Föhrenweg (22) 204-10c
85748 Freimanner Weg (25) 226-2a
85748 Freisinger Landstraße 204-10d
85748 Friedenstraße 203-11c
85748 Fröttmaninger Weg (26) 226-2a
85748 Frühlingstraße 226-1b

85748 Gartenstraße 226-1b
85748 Gaußweg (3) 204-10b
85748 Giessenbachstraße 204-8d
85748 Gießenweg 226-1b
85748 Goetheweg 226-1b
85748 Go-Kart-Bahn 203-11b
85748 Gowirichweg 204-10c
85748 Graf-Zeppelin-Platz 203-12c
85748 Gutenbergstraße 225-3a

85748 Hans-Kopfermann-Straße 204-8d
85748 Hardtweg 204-10c
85748 Heidenheimer Straße 225-2b
85748 Heidestraße 204-9c
85748 Heideweg 204-10c
85748 Heimatstraße 203-11d
85748 Heisenbergstraße 204-10b
85748 Hertzweg (2) 204-10b
85748 Hindenburgstraße 203-11d
85748 Hochbrück 203-12a + 225-3a
85748 Hohe-Brücken-Straße 203-11c
85748 Hüterweg 204-11c

85748 Ingolstädter Landstraße 203-10b
85748 Isarauenweg (22) 204-9c
85748 Isarstraße 204-8d
85748 Ismaninger Straße 226-1b

85748 Jägerkampweg (13) 204-11a
85748 Jahnstraße 203-11d
85748 James-Franck-Straße 204-8b
85748 Jennerweg 204-11a
85748 Jochbergweg 204-11a

85748 Kanalhaus 226-1c
85748 Kanalstraße 226-1b
85748 Karl-Schwarzschild-Straße 204-8d
85748 Keltenweg 204-10c
85748 Kiefernweg (23) 204-9c
85748 Kirchstraße 203-11c
85748 Königsberger Straße 226-1b
85748 Kreuzeckweg (19) 204-11c
85748 Kreuzstraße 226-1b

85748 Lehrer-Stieglitz-Straße 204-10b
85748 Lichtenbergstraße 204-8b
85748 Lilienthalstraße 203-12c
85748 Lise-Meitner-Weg (1) 204-10b
85748 Lörenskogstraße (7) 204-10d
85748 Ludwig-Prandtl-Straße 204-8c
85748 Ludwig-Thoma-Weg 204-10d
85748 Lusenweg 204-11a

85748 Maier-Leibnitz-Straße 204-10d
85748 Mallertshofener Straße 203-11d
85748 Max-Born-Weg 204-10b
85748 Max-Planck-Straße 204-10b
85748 Michael-Asam-Weg 203-11d
85748 Mitterweg 204-11a
85748 Mössbauerweg (6) 204-10b
85748 Mozartstraße 204-10c
85748 Mühlenpark 204-11d
85748 Mühlfeldweg 226-2a
85748 Mühlgasse 204-10d
85748 Münchener Straße 204-10d + 226-4c

85748 Neufahrner Straße 204-10b
85748 Niels-Bohr-Straße 204-10d

Gars am Inn

Gauting
PLZ 82131

Geisenfeld
PLZ 85290

Geisenhausen
PLZ 84144

Unterhaselbach 106-7b
Unterrettenbach 107-7b
Unterschneitberg 106-11c

Veitlsöd 107-3c
Viktoriastraße 106-3c
Vils 105-6d
Vilsbiburger Straße 106-6a
Vilsgasse (14) 106-6a

Wagnerstraße 106-3c
Weberstraße 106-3c
Westersbergham 107-4a
Wies 107-7b
Winn 132-3d

Zeil 107-6a
Zellerstraße 106-3c
Ziehrerstraße 106-2d

Geretsried
PLZ 82538

Achenseeweg 377-11b
Adalbert-Stifter-Straße 377-5a
Ahornweg 377-5c
Akeleiweg 377-1b
Alleebüchelweg 354-11d
Alm 377-4a
Alpenblick 354-11d
Alpenstraße 377-5b
Alpspitzweg 377-5a
Altvaterstraße 377-8d
Am Alt-Poigen 376-2a
Am Forst (1) 377-1d
Am Haken 354-11d
Am Hofanger 354-11b
Am Kanal 354-11a
Am Marktfeld 354-11d
Ammerseeweg 377-11b
Am Oberfeld 354-11d
Amselweg 377-1d
Am Stern 377-9a
Arberweg 377-8d
Asternweg 377-2a
Auf der Blaiken 354-11c
Aufeldweg 354-11d

Bahnweg 354-11d
Bayerwaldstraße 377-1b
Beethovenstraße 377-8b
Benzweg 377-9c
Berliner Weg 377-8b
Blombergweg 377-5a
Blumenstraße 377-1b
Böhmerwaldstraße 377-1b
Brahmsweg 377-8d
Brauneckweg 377-5a
Breitenbach 376-6a
Breitenbachstraße 376-3a
Breitenmoos 376-2d
Breslauer Weg 377-9a
Brucknerweg 377-8b
Brunnenfeldweg 376-3b
Buchberg 376-3b
Buchberger Straße 354-11d
Buchenweg 377-5d
Buchfleck 377-12a
Bürgermeister-Graf-Ring 376-3a
Bunsenweg 377-9c

Carl-Maria-von-Weber-Weg 377-8b
Chamalieres Platz 377-8b
Chiemseeweg 377-11b

Daimlerweg 377-9c
Danziger Weg 377-9a
Dieselweg 377-9c
Dompfaffenweg 377-2c
Drosselweg 377-1d

Edelweißweg 377-1b
Egerlandstraße 377-1d
Einöde 378-10b
Elbestraße 377-1b
Enzianweg 377-2a
Erikaweg 377-2a
Erlenweg 377-5d

Fasanenweg 377-5a
Fichtenweg 377-5d
Fliederweg 377-1b
Frauenschuhweg 355-10d

Gartenberg 377-4b
Gelting 354-11d + 376-2b
Geltinger Weg 377-1d
Gewerbegebiet „Gelting" 376-3a
Gewerbegebiet Nord 377-1d
Gewerbegebiet Süd 377-9a
Glocknerweg 377-5a
Graslitzer Straße 377-1d
Griegweg 377-8d
Gustav-Adolf-Straße 377-9d
Gut Schwaigwall 376-6d

Händelstraße (2) 377-8b
Haydnweg 377-8d
Hermann-Löns-Weg 377-1d
Herrnhauser Straße 354-11d
Hirschenweg 377-5d

Isaraustraße 377-5b
Isardamm 355-11c

Jägerweg 377-5d
Jahnstraße 377-5a
Jeschkenstraße 377-8d
Johannisplatz 377-2c
Johann-Sebastian-Bach-Straße 377-8a
Johann-Strauß-Weg 377-8d

Kalmanweg (1) 377-8b
Karl-Lederer-Platz 377-4b
Karlsbader Weg 377-5a
Karwendelstraße 354-11d
Karwendelweg 377-5b
Keplerweg 377-9d
Kirchplatz 377-1d
Kirchweg 377-8b
Kochelseeweg 377-11b
Königsberger Weg 377-9a
Königsdorfer Weg 377-12b
Kranzlstraße 354-11d
Kreuzweg 354-11b
Künnekeweg 377-8b

Lannerweg 377-8d
Lausitzer Straße 377-9a
Lauterbachstraße 376-3a
Leharweg 377-8b
Leitenstraße 354-12c
Lenauweg 377-5a
Lerchenweg 377-5a
Lilienstraße 377-1b
Lisztweg 377-8d
Loisachweg 354-11d

Maiglöckchenweg 377-1b
Malvenweg 377-1b
Marienburgweg 377-9a
Martin-Luther-Weg 377-4b
Max-Reger-Weg 377-8d
Meisenweg 377-2c
Millöckerweg 377-8b
Mitterfeldweg 376-3b
Mozartweg 377-9a

Nebelhornweg 377-5b
Nelkenweg 377-1b
Neuer Platz 377-8b

Ostergartenstraße 354-11d
Osterseeweg 377-11b

Paul-Lincke-Weg 377-8b
Pfaffenriedstraße 354-11d
Prießnitzweg 377-5a
Primelweg 355-10d

Rabenweg 377-2c
Rehsteig 377-5d
Richard-Wagner-Straße 377-8b + 11a
Ringstraße 354-11d
Robert-Schumann-Weg 377-8c
Rosenweg 377-2c
Rosmarinweg 377-2a
Rotes Kreuz (Gut) 355-10c
Rotkehlchenweg 377-2c
Rübezahlstraße 377-5a

St.-Hubertus-Straße 377-5d
Schalmeienweg 377-1d
Schlesische Straße 377-1d
Schlierseeweg 377-11a
Schmidtus 376-3d
Schönlinderstraße 378-7c
Schubertweg 377-8d
Schwalbenweg 377-5a
Seniweg 377-9c
Siebenbürger Straße 377-2c
Siedlungsstraße 354-11d
Sperlingstraße 377-2c
Spreestraße 377-9c
Staffelseeweg (1) 377-11b
Starleiten 377-2c
Stein 377-8c
Steiner Ring 377-11b
Sudetenstraße 377-8b

Tannenweg 377-5d
Tattenkofener Straße 377-8a
Taubenweg 377-2c
Tauernweg 377-5a
Tegernseestraße 377-11a
Thüringerwaldstraße 377-1b
Tillyweg 377-9d
Traubenweg 377-1b
Tulpenstraße 377-1b

Unterfeldweg 354-11b

Veilchenweg 377-2a
Verdiweg 377-8d

Walchenseeweg 377-11b
Waldpark 377-9c
Waldsiedlung 377-8d
Waldstraße 377-5d
Wallensteinstraße 377-9a
Watzmannweg 377-5a
Wiesensteig 377-8a
Wöhlerweg 377-9d
Wolfratshauser Straße 354-11b
Wolfseeweg 354-12d

Zehnerhütte 377-6c
Ziegelei 376-2d
Zugspitzweg 377-5b

Germering
PLZ 82110

Adalbert-Stifter-Straße 265-8a
Ahornstraße 265-5c
Albert-Schweitzer-Straße 265-5d
Alfons-Baumann-Straße 265-7a
Allinger Straße 265-4c
Allinger Weg 264-6c
Almenrauschstraße 265-5b
Alpspitzstraße (3) 265-4c
Alte Kirchstraße 265-4c
Am Bietricher Holz (11) 265-7c
Am Forst 265-8b
Am Handwerkerhof (5) 265-1a
Am Lochholz (10) 265-7a
Amselweg 265-4d
Am Stadion 265-5a
Am Vogelherd 265-7b
An der Biberwiese 265-7a
An der Markung 265-7b
Angerhofstraße 265-4a
Angerstraße 265-4a
Aubinger Weg 265-2c
Auenstraße 265-4a
Augsburger Straße 265-1a

Bärenweg 265-1d
Bahnhofplatz 265-4d
Balatonfüreder Straße (7) 265-4d
Baumstraße 265-7b
Beethovenstraße 265-4b
Berliner Straße 265-2d
Bertha-von-Suttner-Straße 265-7c
Bildäckerweg 265-1d
Birkenweg 265-8a
Birnbaumsteig (1) 265-2d
Birnbaumsteigweg 265-2d
Blütenstraße 265-2d
Blumenstraße 265-5c
Bräunleinstraße 265-5b
Brahmsstraße 265-5a
Breslauer Straße 265-2c
Brückenstraße 265-4c
Buchenweg 265-8a
Burgweg 264-6b

Carl-Orff-Weg 265-2c
Cewe-Straße 265-5a

Dachsweg (13) 265-8b
Dahlienstraße 265-2d
Danziger Straße 265-2c
Defreggerstraße 265-6a
Demmelstraße 265-7b
Dianastraße 265-5b
Domonter Straße 265-4b
Don-Bosco-Straße 265-5c
Dorfstraße 265-4a
Dornierstraße 265-4c
Dresdner Straße 265-2c
Drosselstraße 265-7b

Edelweißstraße 265-5b
Efeustraße 265-4d
Eichendorffplatz 265-7b
Eichenstraße 265-5c
Eisenbahnstraße 265-5b
Emmy-Noether-Straße (4) 265-2c
Enzianstraße 265-5b
Erikastraße 265-4d
Erlenweg 265-1d
Eschenstraße 265-5d
Eugen-Papst-Straße 265-4b
Eulenstraße 265-8c

Fasanweg 265-8a
Feldstraße 265-4d
Fichtenstraße 265-8a
Finkenstraße 265-8a
Fliederstraße 265-2d
Flurstraße 265-5c
Föhrenstraße 265-7d
Försterweg (2) 265-5b
Franz-Schubert-Straße 265-5a
Friedenstraße 265-7b
Friedhofstraße 265-8a
Friedlandstraße 265-7b
Frühlingstraße 265-4d
Fuchsenweg 265-8b

Gabriele-Münter-Straße (2) 265-5a
Ganghoferstraße 265-4b
Gartenstraße 265-7b
Geierstraße 265-7b
Germeringer Weg 264-6b
Gertrude-Blanch-Straße (3) 265-2c
Geschwister-Scholl-Ring 265-5a
Glatzer Straße 265-4d
Glockenstraße 265-5c
Glückstraße 265-5c
Goethestraße 265-4b
Gudrunstraße 265-3c

Hanns-Seidel-Straße 265-7d
Hans-Huber-Straße 265-4b
Hans-Mannhardt-Straße 265-4a
Harthaus 265-6c
Hartstraße 265-5c
Hasenweg 265-4c
Haydnstraße 265-5a
Heimgartenstraße 265-4a
Herbststraße 265-5c
Hermann-Ehlers-Straße 265-7b
Hirschauerstraße 265-4b
Hirschbergstraße 265-5b
Hirtenstraße 265-1d
Hochrainweg 265-1d
Hörwegstraße 265-4b
Hoflacher Straße 265-4a
Hofmarkstraße 265-4d
Holzbachstraße 265-4a
Holzkirchener Straße 265-4a
Holzkirchner Weg 264-5d
Holzstraße 265-7b
Hubertusstraße 265-6a

Im Hart 265-5c
Im Straßbreitl (8) 265-4c
Im Tann 265-7b
Industriestraße 265-5a
Isoldenstraße 265-3c

Jägerweg 265-8b
Jahnstraße 265-7d
Jakob-Huber-Straße 265-6a
Johann-Sebastion-Bach-Straße 265-5a
Josef-Kistler-Straße 265-4b

Karwendelstraße 265-4c
Keltenstraße 265-4a
Kerschensteinerstraße 265-7a
Kiefernstraße 265-7b
Kirchenstraße 265-4a + 4b
Kleinfeldstraße 265-4d
Kleßheimer Weg (9) 265-7a
Köhlerstraße 265-1d
Königsberger Straße 265-2d
Kolbstraße 265-5c
Krautgartenweg 264-6d
Kreuzeckstraße (6) 265-4c
Kreuzlingerstraße 265-7b + 4c
Kriegerstraße 265-4d
Kriemhildenstraße 265-3c
Krippfeldstraße 265-4a
Krokusstraße 265-2d
Kurfürstenstraße 265-5b
Kurt-Schumacher-Straße 265-7b

Landsberger Straße 265-4c + 5a
Leipziger Straße 265-2c
Lerchenstraße 265-4d
Lilienstraße 265-5b
Lindenstraße 265-5c
Lise-Meitner-Straße (2) 265-2c
Lohengrinstraße 265-3c
Ludwigstraße 265-2c
Ludwig-Thoma-Straße 265-4b
Luitpoldstraße 265-5b
Lupinenweg 265-5b

Maffeistraße 265-6a
Maistraße 265-5b
Maria-von-Linden-Straße (1) 265-2c
Marktstraße 265-4d
Marquartweg 265-4b
Marsstraße 265-5c
Masurenweg 265-7a
Maximilianstraße 265-2d
Max-Reger-Straße 265-5a
Meisenweg 265-4d
Milchwegerl (12) 265-6a
Mitterweg 265-4a
Mitterwegstraße 265-4a
Montessoristraße 265-7d
Mozartstraße 265-5a
Münchener Straße 265-2c

Narzissenstraße 265-2d
Nebel 264-8b
Nebeler Straße 265-4c
Nebeler Weg 264-6c
Nelkenstraße 265-5b
Neue Gautinger Straße 265-8b
Neugermering 265-2d
Nibelungenstraße 265-4b
Nimrodstraße 265-6c + 5d

Obere Bahnhofstraße 265-4a
Oberfeldstraße 265-4a
Obermoosweg 265-1c
Odinstraße 265-3c
Oskar-Maria-Graf-Straße (1) 265-4b
Oskar-von-Miller-Straße 265-5a
Otto-Wagner-Straße 265-5c

Pappelstraße 265-7b
Parkstraße 265-4d
Parsbergstraße 265-4a
Parsifalweg 265-3c
Pestalozzistraße 265-7d
Pfarrer-Walleitner-Weg 265-4c
Pfarrstraße 265-5b
Planegger Straße 265-5c

Quirin-Wörl-Straße 265-1d

Rathausplatz 265-4b
Richard-Wagner-Straße 265-2c
Riegerstraße 265-8a
Riesstraße 265-8a
Ringstraße 265-7a
Römerschanzenstraße 265-4a
Rosenstraße 265-2d
Rotkäppchenweg 265-7b

Salzstraße 265-4c
Sandgrubenweg 265-1c
Sandstraße 265-4d
St.-Cäcilia-Straße 265-6a
St.-Jakob-Straße 265-4a
Schellenbergstraße 265-4b
Schillerstraße 265-4b
Schlesierstraße 265-2d
Schmiedstraße 265-1c
Schraystraße 265-5c
Schützenstraße 265-6a
Schulweg 265-1d
Schulweg (1) 265-4b
Schusterhäusl 264-5d
Schwalbenstraße 265-7b
Sembdnerstraße 265-5c
Siedlerweg 265-5d
Siemensstraße 265-4d
Sommerstraße 265-5a
Sonnenleite 265-8a
Sonnenstraße 265-4d
Sonnwendstraße 265-5c
Spitzstraße 265-7b
Spitzwegstraße 265-4d
Starnberger Weg 265-4c
Stegmairstraße 265-6a
Steinbergstraße 265-4a
Sternstraße 265-4d
Stettiner Straße 265-2c
Straße in Nebel 264-8b
Streiflach 265-9a
Streiflacher Straße 265-5a
Sudetenstraße 265-2d
Südendstraße 265-5c

Theodor-Heuss-Straße 265-7d
Therese-Giehse-Platz 265-4b
Triebstraße 265-4a
Tristanstraße 265-3c
Tulpenstraße 265-2d

Ulmenallee 265-5d
Untere Bahnhofstraße 265-1d
Unterpfaffenhofen 265-7c

Venusstraße 265-4d
Volksfestplatz 265-4d

Waldhornstraße 265-5b
Waldstraße 265-5c
Walkürenstraße 265-3c
Wallbergstraße 265-5b
Walter-Kolbenhoff-Straße 265-5d
Wandelheim 264-9d
Wandelheimer Weg 264-8b
Waxensteinstraße (5) 265-4c
Weidenstraße 265-5c
Weite Acker Weg 265-2c
Wendelsteinstraße 265-5b
Westendstraße 265-7a
Wettersteinstr. 265-4c
Widmannstraße 265-5d
Wiesenstraße 265-4d
Wifostraße 265-7b
Wildweg 265-5b
Winterstraße 265-5c
Wittelsbacherstraße 265-5a
Wotanstraße 265-2d

Zentaurstraße 265-6a
Zerberusstraße 265-6a
Zeusstraße 265-5b
Zugspitzstraße (4) 265-4c
Zum Kleinen Muck 265-4d
Zweigstraße 265-4d

Gerolsbach
PLZ 85302

Aichacher Straße 90-6a
Aichmühle 91-4a
Alberzell 90-11d + 116-2a
Alberzeller Straße 90-5d
Am Hang 91-4a
Am Rösfeld 90-5d
Am Sonnleitenhof 90-6a
Ankertshausen 90-1d
Arnsried 90-8c
Asternstraße 90-6a

Baugebiet „Brünnlfeld" 116-3a
Bauhofstraße 91-1c
Bergern 91-1a
Bergernstraße 91-4a
Bergstraße 116-2b
Birkenweg 90-10a
Bockhof 76-12d
Branst 91-10b
Breitsamet 90-12b
Brenntenholz 89-12d

Dallach 90-9c
Dorfstraße 90-10b
Drei-Linden-Straße (1) 90-6b
Duckenried 90-8a
Dürnthal 91-7a
Durchschlacht 91-9c

Eggern 91-7a
Eggerner Feld 91-4c
Eichenrieder Straße 116-2b
Eichenstraße (1) 76-9b
Einsassen 116-3b
Eisenhut 91-1b
Eulenthal 90-11a
Eulenthaler Straße 90-5d

Fasanenweg 116-2b
Felbern 91-7c
Fichtenweg 90-10c
Finkenzell 90-9d
Flachsweg 90-5d
Fliederstraße 90-6a
Flurweg 90-10a
Forstern 91-4d
Forsthof 116-1b
Forstweg 91-4a
Friedlhof 91-1a
Frühlingstraße 90-10a
Fürholzen 91-4d

Garbertshausen 116-3d
Gerenzhausen 91-2c
Gewerbegebiet „Gerolsbach" 91-1c
Gmeind 76-11d
Graham 90-12d
Gröben 76-11b
Großpalmberg 91-5b
Großsommersberg 91-8d
Grub 91-1b
Gütersberg 76-9b

Hanfweg 90-5d
Harreß 77-8c
Harreßer Weg 76-9b
Hasenhof 115-3b
Hauptstraße 76-9a
Herzogstraße 91-4a
Hickern 91-10c
Hilm 91-7d
Hochstraße 116-2b
Hörzell 90-12d
Hof 91-8c
Hofmark 90-10d
Hofmarkstraße 90-6b
Holzbauer 91-5a
Hudlhub 91-8b

Jahnstraße 90-6b
Junkenhofen 90-10c

Kapellenweg 90-5d
Karlstraße (3) 91-1c
Kastanienweg 90-7a
Kirchstraße 90-7c
Kleinfeldstraße 90-10c
Kleinhub 91-7d
Kleinpalmberg 91-5a
Kleinsommersberg 91-9c
Klenau 90-7d
Klenauer Straße 90-5c
Kohlstatt 91-4a
Kreuth 76-12c

Labersberg 90-3a
Labersdorfer Straße 90-7a
Lahnhof 116-1a
Leithen 90-6c
Lichthausen 91-11c
Lindenstraße 76-9a
Ludwigstraße 91-4a

Mammershausen 91-10d
Maria Zell 90-5b
Marienstraße 90-10a
Marsstraße 90-6b
Mitterfeldweg 90-7c
Münchener Straße 91-4a

Narzissenstraße 90-6a
Nelkenstraße 90-6a

Oberbuch 90-9a
Oberwengen 76-12b
Oberzell 90-5a
Orionstraße 90-6b
Ortsstraße 90-7a

Petershausener Straße 116-2b
Pfaffenhofener Straße 91-4a
Pitzlhof 90-5c
Probsteistraße 90-6b

Raiffeisenstraße 90-6b
Riedern 90-3c
Riederner Äcker (2) 90-6b
Ringstraße 116-2b
Ritter-Gerold-Straße 90-6b
Rosenstraße 90-6c
Ruppertszeller Straße 90-10c

Sachenbach 77-10d
St.-Andreas-Straße 90-6b
St.-Leonhard-Straße 76-9a
Sappenberg 91-8c
Saulbach 91-2d
Schachach 91-12a
Schartling 90-2c
Schleichern 91-1c
Schrobenhausener Straße 90-3c
Schulstraße 90-6b
Schulweg 90-11d
Siebeneich 91-7a
Singenbach 90-6c
Singenbacher Straße 90-11d
Singern 91-5d
Sonnenstraße 90-6b
Spielberger Weg 76-9b
Steinleiten 90-6b
Stockhausen 90-2d
Straßäcker 91-1c
Strobenried 76-9a

Thalern 77-10c
Tränk 91-7b
Tulpenstraße (4) 90-6a

Unterwengen 77-10b

Voglhof 90-10d

Waizenrieder Straße 76-9a
Waldweg 90-7c
Weichselbaum 90-1b
Weilerau 90-4d
Wilhelmstraße 91-1c
Wolfertshausen 90-9c
Wüstersberg 90-11a

Zaderfeldstraße 90-6b
Zaderhof 90-6a

Gersthofen
PLZ 86368

Adalbert-Stifter-Siedlung 108-5a
Adelbertstraße 134-2b
Adolf-von-Baeyer-Straße 108-5d
Ahornweg 108-8d
Akazienweg 108-11b
Albstraße 108-8c
Alfred-Eckert-Weg 108-8a
Allgäuer Straße 108-8a
Alpenstraße 108-11d
Altvaterstraße 108-5a
Am Flugplatz 108-5a
Am Hang 134-2b
Am Hochhaus 108-11c
Am Hohlweg 108-11c
Am Lechkanal 108-12a
Am Lechwehr 108-12c
Am Mühlängerle 108-11d
Andreas-Schmid-Straße 108-10d
Angerstraße 108-11b
Annastraße 108-11c
Auenstraße 108-11b
Augsburger Straße 108-11b
Aurikelweg 108-11b

Bahnhofstraße 108-10b
Bauernstraße 108-11b
Beethovenstraße 108-10d
Benatzkystraße 108-11a
Berliner Platz 108-8b
Berliner Straße 108-8c
Birkenweg 108-8d
Blumenstraße 108-11d
Böhmerwaldstraße 108-5a
Brahmsstraße 108-11c
Brandenburger Straße (7) 108-8d
Breslauer Straße (3) 108-5a
Brucknerstraße 108-11a
Brunnenstraße 108-11c
Buchenweg 108-8d
Büchelstraße 108-5a
Bürgermeister-Langhans-Straße 108-11b
Bürgermeister-Wendler-Straße (13) 108-11a

Carl-Orff-Weg 108-11a
Chemnitzer Straße 108-8d
Chiemgaustraße 108-8c

Daimlerstraße 108-10d
Danziger Straße (1) 108-5a
Dessauer Weg 108-8b
Dieselstraße 108-7d
Dietrich-Bonhoeffer-Weg (9) 108-8d
Dr.-Muser-Straße 108-8d
Donauwörther Straße 108-8c
Dresdener Straße 108-8d
Drosselweg (4) 108-11a

Ebnerstraße 108-11b
Eduard-Künneke-Straße 108-11c
Egerländerstraße 108-5a
Eichendorffstraße 108-11d
Eichenlohweg 134-2a
Eifelstraße 108-8a
Einsteinring 108-7a
Eisenacher Weg (12) 108-8d
Emmeramstraße 108-11c
Emslandstraße 108-8c
Erfurter Straße (3) 108-8b
Erlenweg 108-8b
Eschenweg 108-8d

Feldstraße 108-11c
Fichtenweg 108-8b
Finkenweg 108-7d
Flotowstraße 108-10b
Flurstraße 108-11a
Frankfurter Straße 134-1b
Franzensbader Straße 108-5c
Freiburger Straße 134-1a
Friedeberger Straße (4) 108-5a
Friedhofstraße 108-8c
Friedrich-Ebert-Straße 108-8d
Friedrich-Liszt-Straße 108-11a
Frühlingstraße 108-11d
Furtwänglerstraße 108-11a

Gabelsbergerstraße 108-11d
Ganghoferstraße 134-2b
Gartenstraße 108-11b
Georgens-Lenne-Weg 108-11a
Gluckstraße 108-11c
Goethestraße 108-11d
Griesstraße 108-11d
Grüntenstraße 108-11d
Gutenbergstraße 108-7d

Händelstraße 108-8c
Hans-Fischer-Straße 108-5d
Hans-Sachs-Straße 108-11a
Haßlerstraße 108-11c
Haydnstraße 108-11a
Heimstättenweg 108-8d
Heinrich-Heine-Straße 108-11d
Henleinstraße 108-5c
Herbststraße 108-11d
Herry-Park 108-10b
Hirblinger Straße 108-10c
Hochlandstraße 108-8b
Hochvogelstraße 108-11d
Hölderlinstraße 108-11d
Hoffmann-von-Fallersleben-Weg 108-10b
Hugo-Wolf-Straße 108-11a

Industriegebiet Nord 108-5c
Industriegebiet Nord-Ost 108-5a
Industriegebiet Nord-West 108-7d
Industriegebiet Süd-Ost 134-2a
Industriegebiet Süd-West 134-2a
Industriegebiet West 108-10d + 10b

Jahnstraße 108-8d
Jenaer Straße 108-8d
Jesselstraße 108-11a
Johannesstraße 108-11c
Johann-Sebastian-Bach-Straße 108-11a
Johann-Strauß-Straße 108-7d
Jurastraße 108-8a

Kanalstraße 108-11b
Kantstraße 108-11d
Kapellenstraße 108-11d
Karl-Benz-Straße 134-2a
Karlsbader Straße 108-5c
Karlsruher Straße 134-1d
Kastanienweg 108-8d
Kirchplatz 108-11b
Kirchstraße 108-11b
Kleiststraße 108-8d
Klosterweg 108-8d
Koblenzer Straße 134-1d
Königsberger Straße (2) 108-5a
Kolpingstraße 108-11c
Kreuzstraße 108-8c

Langemarckstraße 108-8b
Laubenweg 108-8d
Lechfeldstraße 108-8a
Lechwehrstraße 108-11b
Leharstraße 108-11a
Leimgrubenweg 108-8a
Leipziger Platz 108-8d
Leipziger Straße 108-8b
Leo-Fall-Straße 108-11c
Lessingstraße 108-11d
Lindenstraße 108-8d
Loewestraße 108-11a
Lortzingstraße 108-11a
Ludwig-Hermann-Straße 108-8b
Ludwig-Thoma-Straße 108-11a

Magdeburger Straße 108-8b
Maienstraße 108-11d
Marienstraße 108-11c
Martin-Luther-Weg (10) 108-8d
Max-Hempel-Weg 108-11a
Max-Kunz-Weg 108-11c
Max-Planck-Straße 108-7b
Meissener Straße (5) 108-8d
Mendelssohnstraße 108-8c
Mercedesring 108-7b
Merseburger Straße 108-8d
Messerschmittstraße 108-7b
Millöckerstraße 108-8c
Mittlere Esch 108-11c
Mörikestraße 134-2b
Mozartstraße 108-11c
Mühlweg 134-2d

Neudeker Straße 108-5a

Odenwaldstraße 108-8c
Olmützer Weg 108-5a
Ostendstraße 108-11d
Otto-Hahn-Straße 134-1b

Pappelweg 108-8b
Paul-Gerhardt-Weg (14) 134-2b
Paul-Keller-Weg 134-2b
Paul-Klee-Straße 108-8c
Paul-Linke-Straße 108-11c
Pestalozzistraße 108-11a
Peter-Dörfler-Straße 108-11d
Pfarrer-Zwirg-Weg (11) 108-11b
Porschestraße 134-2c
Potsdamer Weg 108-8d

Quellenstraße 108-11c
Quergäßchen 108-11d

Rathausplatz 108-11a
Reinweileräcker 108-7a
Rhönstraße 108-8a
Richard-Wagner-Straße 108-8c
Rieser Straße 108-8c
Ritter-von-Halt-Straße 108-11b
Robert-Bosch-Straße 108-10d
Robert-Dörflinger-Straße (8) 108-8d
Robert-Koch-Straße 108-11b
Robert-Stolz-Straße 108-11a
Römerstraße 134-2b
Röntgenstraße 108-8a
Roseggerstraße 134-2b
Rosenstraße 108-11d
Rostocker Weg 108-8b
Rothermelstraße 108-8d
Rotkreuzstraße 108-11b
Rudolf-Harbig-Straße 108-11b
Rübezahlstraße 108-5a
Rügener Park 108-8c

Sanddornweg 108-8d
Sauerlandstraße 108-8a
Schellingstraße 108-11d
Schillerstraße 108-11b
Schlesierstraße 108-5a
Schubertstraße 108-11a
Schulstraße 108-11b
Schumannstraße 108-11a
Schwarzwaldstraße (2) 108-8a
Schweriner Weg 108-8b
Senefelderstraße 108-7d
Siedlerstraße 108-8b
Siemensstraße 108-7d
Silcherstraße 108-11a
Sommerstraße 108-11d
Spessartstraße 108-8a
Sportallee 108-11b
Stadtpark 108-11a
Staudenweg 108-8b
Steigerwaldstraße (1) 108-8a
Steltenhofer Straße 108-5c
Stettenhofer Straße 108-5c
Stifterplatz 108-5c
Stormstraße 134-2b
Sudetenstraße 108-5c

Taunusstraße 108-8a
Theresienstraße 108-11c
Thyssenstraße 108-7d
Tiefenbacherstraße 134-2a
Troppauer Straße 108-5c

Uhlandstraße 134-2b
Ulmenweg 108-11b

Verdistraße 108-11c
Via Claudia 108-8d + 8b

Wallensteinstraße 108-5c
Wallerplatz 108-8d
Walter-Kollo-Straße 108-11c
Watzmannstraße 108-11d
Weidenweg 108-8d
Weiherweg 108-8b
Weimarer Straße 108-8d
Welserstraße 108-10d
Wendelsteinstraße 108-11d
Wernher-von-Braun-Straße 134-2a
Westendstraße 108-10a
Westerwaldstraße 108-8a
Wiesenstraße 108-8d
Wilhelm-Busch-Weg 134-2b
Winterstraße 108-11d
Wittenberger Straße 108-8d

Zellerstraße 108-11a
Ziegeleistraße 134-2c
Ziehrerstraße 108-11a
Zugspitzstraße 108-11d
Zwickauer Straße (6) 108-8d

Gessertshausen
PLZ 86459

Ahornstraße 160-7c
Akazienweg 160-7c
Am Dullbach 160-7a
Am Kapellenberg 160-7c
Am Mühlanger 160-7a
Am Sportplatz 160-7c
Auf der Ebene 160-7c
Augsburger Straße 160-7c

Bachwiesenweg 160-7c
Bahnhofsplatz 160-7c
Bahnhofstraße 160-7c
Bei den Linden 160-7c
Birkenstraße 160-7c
Buchenstraße 160-7c

Deubach 160-4c
Deubacher Mühle 160-7a
Deubacher Straße 160-7c

Edelweißweg (4) 160-10a
Eichenstraße 160-7c
Engelshof 188-4b
Enzianweg (5) 160-10a
Erlenstraße 160-7c
Eschenstraße 160-7c

Fichtenstraße 160-7c
Föhrenstraße 160-7c

Gartenstraße 160-7c
Grasweg 160-7d

Hausener Straße 160-4c
Hochstraße 188-1d
Höhenweg 160-7c

Lärchenstraße 160-7c
Langenauerstraße 160-4c
Laugingerstraße (1) 160-4c
Leonhardsberg 160-7c

Mitterfeld 160-7c

Pappelstraße 160-7c

Rehlingenstraße 160-4c

Schloßstraße 160-4c
Schützenweg 160-4c

Tannenstraße 160-7c
Thalwinkel 160-10a

Ulmenstraße 160-7c
Unterfeldstraße (8) 160-7c

Gilching
PLZ 82205

Adolph-Kolping-Weg 263-9b
Ahornstraße 264-8d
Allinger Straße 264-7a
Almersweg 263-9d
Am Anger 264-7a
Am Aubach (1) 264-7c
Am Baderwinkel (13) 263-12d
Am Bahnhof 264-10b
Am Brunnenfeld 264-11b
Am Buchenstock 286-1a
Am Burgstall 264-10b
Am Erdäpfelgarten 263-12d
Am Gassl 263-9d
Am Gemeindeholz 264-10c
Am Grübl 263-12d
Am Hang 264-7c
Am Kesselboschen 286-1a
Am Lacherfeld 264-10c
Am Lehel 286-1a
Am Markt 264-10a
Am Obstgarten 264-7c
Am Rinnerhof 264-8c
Am Römerstein 264-10b
Am Steinberg 264-7d
Am Waldhang 264-11b
Am Zehentstadel 264-7a
Am Ziegelstadel (2) 264-11b
Am Zwinger 264-10b
Andechser Straße 264-10a
Angerfeldstraße 264-8d
Apostelholzweg 286-1a
Argelsried 264-10d
Argelsrieder Weg 286-1a
Arnoldusstraße (8) 264-10b
Auweg 264-7a

Bahnhofstraße 264-11b
Bajuwarenstraße 264-10a
Biburger Weg (14) 264-7a
Birkholzweg 286-1a
Bodenseestraße 264-11b
Bräuhausgasse 264-10a
Brucker-Steigweg 263-9b
Brucker Straße 264-7a

Carl-Benz-Straße 263-12b
Cecinastraße 263-12b

Deichelweg 264-12c
Dorfstraße 264-10d
Dornierstraße 286-2a

Eichenstraße 264-12c
Eichholzweg 264-10c
Erlenweg 264-11b
Escherholzweg 264-10c

Feichtholzweg 286-1a
Fichtenstraße 264-11b
Flugplatzstraße 285-3b
Flurgrenzstraße 264-10c
Frauwiesenweg 263-12d
Friedrichshafener Straße 285-3d
Fuchsgraben 286-1b
Fürstenfelder Weg (6) 264-10a
Furtanger 263-12d

Ganghoferweg (4) 264-10a
Gautinger Straße 264-11d
Geisenbrunn 264-12a
Geisenbrunner Weg 264-7d
Gernholzweg 285-3b
Gewerbegebiet „Gilching-Süd" 286-1b
Gewerbegebiet „Sonderflughafen Oberpfaffenhofen" 285-3d
Gilgener Heide 285-3b
Gletscherweg 264-11b
Görbelmoosweg 264-7c
Goldmacherweg 264-7d
Griesbergstraße 264-12a
Grubenweg 264-7c
Gutenbergstraße 263-12b

Haidwiesenweg (11) 264-10c
Hainweg 286-1a
Hakenholzweg 286-1a
Hauptstraße 264-11b
Herbststraße 264-10d
Herrschinger Weg (9) 264-10b
Hirschbergweg 263-9d
Hirtackerweg 264-11b
Hochsteigerweg 263-12d
Hochstift-Freising-Platz (5) 264-10a
Hochstift-Freising-Weg 264-10a
Hörlholzweg 286-1a
Holzkirchener Weg 264-7a
Hopfenstraße 264-10d

Jägerweg 264-10c
Jahnweg 264-7c
Juliane-Meyer-Weg 264-10d
Jupiterstraße 264-10c

Kapellenweg 264-12a
Karl-Valentin-Weg 264-10a
Karolingerstraße 264-10a
Keltenstraße 264-10a
Kiltrahinger Straße 264-10a
Kirchenweg 264-11a
Kirchgasse 264-7a
Kleinfeldstraße 264-11b
Klingelbergweg (2) 264-7c
Kohlstatt 264-10c
Kosthofstraße 286-1a
Krautgartenweg 264-7c
Kreuzlinger Straße 264-12a

Lärchenweg 285-3b
Läutwiesenweg 264-7c
Landsberger Straße 285-3b
Laubaner Straße 263-12d
Leitenweg 264-7a
Liesl-Karlstadt-Weg 264-10a
Lilienthalstraße 263-12b
Lindenweg 263-9b
Lochackerweg 263-12d
Ludwig-Thoma-Straße 264-10a

Mahdenholzweg 286-1a
Margeritenweg 264-10b
Marsstraße 263-12d
Martin-Luther-Weg (7) 264-10a
Matthias-Stocker-Weg 264-10d
Meginhardstraße 264-10a
Melchior-Fanger-Straße 264-10c
Merkurstraße 264-10c
Münchner Straße 264-11a
Münchner Torweg 263-12d

Nelkenstraße 264-10b
Neptunweg 263-12d
Neubruchweg 285-3b
Neugilching 286-1b

Obermoosweg 264-7c
Ölbergweg 264-7c
Orionstraße 264-10c

Pähler Weg 264-10a
Parsberger 264-8c
Parsbergweg 264-7c
Pentenrieder Weg 264-11c
Pfarrhofgasse 264-7a
Pollinger Straße 264-10a

Queriweg 264-10a

Rahmäckerweg 264-7d
Rathausplatz 264-10a
Rathausstraße 264-10b
Ressweg 264-7c
Ringstraße 264-11b
Römerstraße 263-6c + 264-11c
Rosenstraße 264-10b
Rottenried 263-7b
Rottenrieder Straße 263-9c
Rudolf-Diesel-Straße 263-12b

Sägewerkstraße 264-10b
Sandgrubenweg 263-12d
St.-Egidi-Straße 263-12d
St. Gilgen 263-12c + 285-3a
St.-Gilgener-Straße 285-3b
St.-Vitus-Straße 263-12d
Schäftlarner Weg 264-10b
Schanzenweg 264-10a
Schellenbergstraße 264-8d
Schergenamtsweg 264-10a
Schmidgern 263-12d
Schützenweg (12) 263-12d
Schulstraße 264-7a
Schwedenweg 264-10a
Seefelder Weg (10) 264-10c
Siriusstraße 263-12d
Sommerstraße 264-10d
Sonnenstraße 263-12d
Spitzwiesenweg 285-3b
Stäudlweg 286-1a
Starnberger Weg 264-7c
Steinberg Gut 264-8c
Steinlach 263-5c
Steinlacher Weg 264-7c
Sternstraße 264-10c
Stiehlerweg 264-10a
Strahlaweg (1) 264-12a
Straßlichte 264-10c

Talbauernweg 263-12a
Talhof 263-11b
Talhofstraße 263-12b
Tannenstraße 264-8d
Teggermoosweg (3) 264-7c
Tonwerkstraße 264-11b
Tulpenstraße 264-10b

Unterbrunnen Ring (14) 264-11c
Untere Läng 286-1a
Uranusstraße 263-12d

Venusstraße 263-12d
Von-Kobell-Weg 264-10a
Von-Linde-Straße 263-12b

Waldhof 263-10b
Waldstraße 264-10c
Wallbergweg 263-9d
Watzmannstraße 263-9d
Weichselbaumer Straße 285-3b
Weidenweg 264-11b
Weiherweg 264-10b
Welfenstraße 264-7c
Wendelsteinstraße 263-9d
Weßlinger Straße 263-12c
Wiesmath 263-11a
Wildmoosweg 264-7c
Winklhof 263-12c

Zeppelinstraße 286-2a
Zugspitzstraße 263-9d

Glonn
PLZ 85625

Adling 318-8c
Adlinger Straße 318-8c
Adolf-Kolping-Straße 318-11b
Am Berg 318-10d
Am Hochfeld 318-10d
Am Hochrain 317-9b
Am Kupferbach 318-11c
Am Schmiedberg 318-11c
Am Seestall 318-11a
Arcostraße 318-11a

Bahnhofplatz 318-10d
Bahnhofstraße 318-10b
Balkham 318-10c
Behamstraße 318-11c

Doblberg 318-5c

Eichenweg 340-2b

Feldkirchener Straße 318-11c + 340-1b
Filzen 318-8d
Filzenstraße 318-11a
Finkenhöhe 318-10a
Finkenweg 340-1b
Forellenstraße 318-10b
Frauenbründelstraße 340-3c
Frauenreuth 340-4b
Fuggerstraße 318-11a
Furtmüllerweg 318-11c

Georgenberg 318-12d
Geschwister-Scholl-Straße 318-10d
Glonntalstraße 340-2d
Grottenweg 318-10d
Günter-Bialas-Straße (3) 318-10d

Hafelsberg 340-5a
Hans-Brunner-Straße (2) 318-10d
Haslach 340-2d
Haslacher Straße 318-11c + 340-2b
Hecken 318-11c
Heckenweg 318-11c
Herrmannsdorf 318-9c

Kastenseeon 317-9c
Kastenseestraße 318-10d
Keltenweg 340-2a
Klosterweg 318-10d
Kolomanweg 340-3c
Kreuz 317-12d
Kugelfeldstraße 318-10d

Lena-Christ-Straße 318-11c

Marktplatz 318-10d
Mattenhofen 340-2c
Mattenhofener Straße 340-2a
Mecking 318-11d
Mühlthal 318-10b
Mühlweg 340-1b
Münchener Straße 318-10b

Niederseeoner Straße 317-9b

Ödenhub 318-11d

Pfarrer-Winhart-Straße (5) 318-10d
Pienzenauer Straße 318-11b
Postanger 318-10d
Preysingstraße 318-11b
Prof.-Lebsche-Straße 318-11c

Quellenstraße 318-10b

Reinstorf 318-10c
Reisenthal 340-4a
Reisenthalstraße 340-1b
Rotter Straße 318-11c

St.-Johannes-Straße 318-11c
Schärfl 317-12d
Schießstättenweg 318-11d
Schlacht 317-9a
Schlesienstraße 340-2a
Schwedenstraße 318-10d
Siebenbürgenstraße 340-2a
Sonnenhausen 318-8b
Steinbruchweg 318-10b
Steinhausen 318-10a
Straß 318-11d
Sudetenlandstraße 340-2a

Talstraße 340-3c
Tillystraße 318-10d

Überloh 340-4d
Urbanweg 317-9b
Ursprung 318-10a

Von-Büssing-Straße 318-11b
Von-Scanzoni-Straße 318-11a

Waldstraße 340-1b
Wendelsteinstraße 318-11d
Westerndorf 318-9c
Wetterling 318-12c
Wiesmühle 340-1b
Wiesmühlstraße 318-10d
Wolfgang-Koller-Straße 318-11c
Wolfgang-Wagner-Straße (1) 318-11c

Zinneberg 318-8d
Zinneberger Straße 318-11c

Gmund am Tegernsee
PLZ 83703

Gammerhof 404-10d

Laffenthal 404-11c

Gräfelfing
PLZ 82166

Adalbert-Stifter-Platz 266-5d
Adalbert-Stifter-Straße 266-5d
Adlerstraße 266-8b
Ahornstraße 266-5d
Akilindastraße 266-7b
Alois-Deschler-Straße 266-6c
Alois-Johannes-Lippl-Straße 266-7b
Alte Pasinger Straße 266-6c
Am Anger 266-6c
Am Einfang 266-5d
Am Forst 266-4d
Am Haag 266-6c
Am Kirchenhölzl 266-9a
Amselweg 266-8b
Am Vogelherd 266-5a
Am Wasserbogen 266-5d
An der Dornwiese 266-5b
An der Würmleiten 266-6c
Aribostraße 266-8a
Arnpeckstraße 266-6b
Asamplatz 266-5a
Asamstraße 266-5a
Aubinger Straße 266-2c

Bahnhofplatz 266-8a
Bahnhofstraße 266-8a
Barbaraweg 266-5a
Beethovenstraße 266-2c
Bessere Zukunft 266-6c
Böcklinstraße 266-5d
Bogenstraße 266-8a
Brucknerstraße 266-6b
Buchenstraße 266-5b
Bussardstraße 266-9a

Drosselgasse 266-9a

Egerländer Straße 266-8b
Eichendorffplatz 266-8a
Eichenstraße 266-5b
Erlenstraße 266-5b
Ernst-Wacker-Platz 266-5b
Ettaler Straße 266-8b

Falkenstraße 266-9a
Feldstraße 266-5d
Fichtenstraße 266-5b
Finkenstraße 266-8d
Flurstraße 266-8a
Freihamer Straße 266-4d
Friedemann-Bach-Straße 266-8d
Friedenstraße 266-5b
Frühlingstraße 266-5d

Gabriel-von-Seidl-Straße 266-5a
Geigerstraße 266-7b
Gottfried-Kölwel-Straße 266-5b
Grawolfstraße 266-8c
Grosostraße 266-4d
Großhaderner Straße 266-9a
Gstaller Weg 266-2c

Haberlstraße 266-8b
Hans-Cornelius-Straße 266-7b
Hartnagelstraße 266-8b
Hasenstraße 266-8a
Haydnstraße 266-2c
Heimstättenstraße 266-5d
Herbststraße 266-5d
Hermann-Hummel-Straße 266-2d
Himbselweg (5) 266-5c
Hubert-Reißner-Straße 266-5c
Hügelstraße 266-8a

Igelgarten 266-8d
Ignaz-Günther-Weg 266-5a
Im Birket 266-5b
Im Hain 266-5b
Immelmannstraße 266-8b
Im Tann 266-5c
Irminfriedstraße 266-7d

Jahnplatz 266-5a
Jahnstraße 266-5c
Josef-Schöfer-Straße 266-4d

Kerschensteinerstraße 266-5b
Killerstraße 266-8b
Kirchweg 266-9a
Kleinhaderner Weg 266-6c
Kuckucksweg 266-2d

Lacklbrücke 266-5d
Lacklweg 266-5d
Lärchenstraße 266-5b
Langemarckstraße 266-6c
Langewieschestraße 266-7b
Leharstraße 266-6a
Leiblstraße 266-5a
Lenbachstraße 266-5a
Lichtweg 266-8b
Liebigstraße 266-5b
Lindenbrücke 266-5d
Lindenplatz 266-5b
Lindenstraße 266-5b
Lindenweg 266-5d
Lochham 266-6a
Lochhamer Schlag 266-9b
Lochhamer Straße 266-5b
Lohenstraße 266-9a

Magmannstraße 266-8d
Maria-Eich-Straße 266-7d
Martinsrieder Straße 266-8d
Mathildenstraße 266-5c
Max-Bruch-Straße 266-8d

Meisenstraße 266-8d
Merowingerstraße 266-5c
Mesnerweg (1) 266-6c
Mozartstraße 266-2c
Mühlenweg (4) 266-8d

Neurieder Weg 266-9b

Oelmüllerstraße 266-8b
Otilostraße 266-7b

Pasinger Straße 266-8b
Paul-Diehl-Park 266-6a
Paul-Eipper-Weg 266-6c
Pfitznerstraße 266-2d
Planegger Straße 266-8d
Prof.-Kurt-Huber-Straße 266-8c
Prof.-Max-Diekmann-Platz 266-8c

Radlbäckplatz 266-5d
Radlbäckstraße 266-5d
Regerstraße 266-5a
Reginpertstraße 266-8a
Reichartstraße 266-8c
Richard-Strauss-Straße 266-6b
Riesheimerstraße 266-5d
Rochusstraße 266-8b
Röntgenstraße 266-5a
Rößlweg 266-8a
Rottenbucher Straße 266-8a
Rudolf-Diesel-Straße 266-5d
Rudolfstraße 266-5c
Rudolf-von-Hirsch-Platz 266-2c
Ruffiniallee 266-7d

Saarburgstraße 266-6c
Sämannstraße 266-5a
Scharnitzer Straße 266-8a
Schiffmannstraße 266-7b
Schiltbergerstraße 266-6d
Schlehdorfer Straße 266-5d
Schmidbauerstraße 266-8b
Schulstraße 266-8b
Seeholzenstraße 266-6c
Siedlerstraße 266-6c
Sigi-Segl-Weg (2) 266-8b
Sommerstraße 266-5d
Spitzackerstraße 266-8d
Spitzlbergerstraße 266-7b
Starnberger Straße 266-6d
Stefanusstraße 266-8c
Steinkirchner Straße 266-8a
Steinstraße 266-8a
Steubstraße 266-8a
Sudetenstraße 266-8a

Tassilostraße 266-8c
Turmairstraße 266-6a

Ulmenstraße 266-5b

Waldheimstraße 266-5a
Waldstraße 266-7b
Wallfahrerweg 266-7b
Wandlhamerstraße 266-5d
Watzmannstraße 266-8c
Weberhofstraße 266-8d
Weinbuchweg 266-9a
Wendelsteinstraße 266-8a
Wessobrunner Straße 266-8b
Wildgrubersteg (3) 266-8b
Würmstraße 266-8b
Würmtalstraße 266-8b

Zugspitzstraße 266-8a

Grafing bei München
PLZ 85567

1. Seeschneit 297-6c
2. Seeschneit 297-9b

Adalbert-Stifter-Straße 297-9d
Adolf-Kolping-Straße 298-7d
Aiblinger Straße 297-12b
Aiterndorf 320-2a
Alxinger Straße 319-3d
Am Buchet 298-7b
Am Eiselfeld (6) 297-9b
Am Feld 297-12d
Am Gaschberg 298-10b
Am Goldbergfeld (9) 297-9d
Am Grenzspitz (4) 297-9b
Am Hang (Straußdorf) 320-2d
Am Hofpengarten 298-7d
Am Kreuzberg 319-3d
Am Leonhardsfeld (8) 297-9d
Am Martlfeld (3) 297-9b
Am Mühlthalerfeld (7) 297-9b
Am Schammacher Feld 297-11d
Am Schönblick 298-7d
Am Schredlfeld (5) 297-9b
Am Seeoner Bach 298-7a
Am Seeschneidfeld (2) 297-9b
Am Stadion 298-7a
Am Steig 319-3b
Am Urtelbach 298-7c
Am Weiher 320-4a
Am Wieshamer Bach 298-7a
Angerweg 320-2a
Angerwiese 298-7a
Assinger 298-7b
Assingerstraße 298-7b
Aßlinger Straße 320-2d
Attelstraße 320-2a

Bahnhofplatz 298-7c
Bahnhofstraße 297-12b
Bahnweg 297-8d
Bajuwarenstraße 297-9d
Baumgartenmühle 298-10d
Bergfeld 298-12c
Bergstraße 298-7c
Bernauer Straße 297-9b
Birkenholz 298-7a
Birkenstraße 297-11b
Blumenstraße 320-2b
Blumenweg 298-7c
Brandstraße 298-10b
Breitensteinstraße 297-8d
Brucker Straße 297-11d
Brückenweg 298-10a
Brünnsteinstraße 297-11b
Bürgerlingstraße 297-9d
Bürgermeister-Huber-Straße 298-7d
Bürgermeister-Saißrainer-Straße 298-7d
Bürgermeister-Schlederer-Straße 298-7d
Bürgermeister-Schwaiger-Straße 298-7d
Burgholz 298-10b
Burgholzstraße 298-11c

Deuschlstraße 297-9d
Dichau 298-11c
Dichauer Weg 298-10b
Dietrich-Bonhoeffer-Straße (20) 298-10a
Dobelklause 297-12b
Dobelweg 298-10a
Dr.-Fritz-Preihs-Weg 298-10c
Dorfstraße 297-9b
Dreifaltigkeitsgasse (15) 298-7c
Dürerstraße 297-9d

Ebersberger Straße 297-12a
Eichendorffstraße 297-12b
Eichenweg 297-9c
Eisendorf 320-4b
Elisabethstraße 297-9d
Elkofener Weg 297-12c
Engerlohweg 298-7b
Enthammerstraße 298-10a

Feldstraße 297-12c
Fichtenweg 297-12a
Filzhof 320-3a
Finkenweg 320-1a
Flurweg 297-9c
Forellenstraße 298-7c
Franziska-Zellner-Weg 298-10a
Frühlingsstraße 298-10a

Ganghoferstraße 297-9d
Gartenstraße 298-7c
Gaschberg 298-11c
Gasteig 298-8a
Georg-Baumann-Straße 297-12d
Georgenstraße 298-11c
Georg-Fuchs-Weg 297-11b
Gerhart-Hauptmann-Straße 297-12b
Gindlkofen 297-12a
Giselastraße 297-9d
Glonner Straße 297-12b + 298-10a
Goethering 297-9b
Goldberg 297-9d
Grafing- Bahnhof 297-8d
Grafinger Straße 320-2a
Grandauer Straße 298-7c
Grenzstraße 298-10a
Griesstraße 298-10a
Großottmühle 298-10b
Großottstraße 298-10a
Gustl-Waldau-Straße (1) 297-9b

Haidling 297-12d
Haidlinger Weg 297-12b
Hammerschmiede 297-12b
Hans-Eham-Platz (24) 298-10a
Hauptstraße 297-8d
Heilmannsiedlung 298-7a
Heinzelmayrstraße 298-10a
Henneleiten 320-4b
Herzog-Heinrich-Straße 297-12b
Hesselfurt 297-9b
Hesselfurter Straße 297-9d
Heubergweg (11) 297-11b
Hochfeldstraße 298-11c
Hochreiterweg 319-3d
Hochriesstraße 298-10b
Höllmühle 298-10d
Hopfengarten 298-7c

Ignaz-Fuchs-Weg 297-8d
Impenberg 297-9d
Inntalstraße 298-7d

Jahnstraße 297-12b
Johann-Baptist-Zimmermann-Straße (12) 298-7c

Kapellenstraße 298-7c
Kastenwirt Anger 298-10a
Katzenreuth 298-12d + 321-1a
Kazmairstraße (13) 298-7c
Kellerstraße 298-7c
Kirchenplatz 298-7c
Kirchenstraße 298-7c
Kistlerweg (1) 319-3b
Klausenweg 297-12b
Kleiner Dobel 298-10d + 320-1b
Korbinian-Wild-Straße 298-7c
Kothmühle 298-10b
Kothmüllerweg 298-10a
Kranzhornstraße 297-11b
Kreuzbergweg 319-3d
Kühberg 298-10a

Lacknerstraße 297-9d
Lagerhausstraße 298-7c
Lederergasse 298-10a
Lehelweg 319-3b
Lehrer-Reiter-Straße 297-9d
Leitenstraße 320-1c
Lena-Christ-Straße 297-9b
Leonhardstraße 298-7c
Lerchenstraße 297-12b
Löwengrube 298-10a
Ludwig-Thoma-Straße 297-9b

Marienstraße 297-9d
Marinus-Oswald-Straße (21) 298-10a
Marktplatz 298 7c
Martin-Luther-Straße 298-10a
Max-Wagenbauer-Straße 298-7d
Meisenweg (2) 319-3d
Melakstraße 297-9d
Michael-Wening-Straße (22) 297-12b
Mitterweg 320-4a
Moosacher Weg 297-11b
Moosstraße 320-2d
Mühlenstraße 298-7c
Mühltal 298-10b
Müller-Gutenbrunn-Straße (17) 298-7c
Münchener Straße 297-9b + 298-7c

Nettelkofen 297-8b
Nettelkofener Straße 297-9d
Neudichau 298-11a
Neuhäusl 298-10d
Nockherweg 297-12b

Oberanger 297-12b
Oberelkofen 319-3d + 320-1a
Oberelkofener Straße 319-3d
Oelkofner Feld 298-10a
Oexinger Straße 298-10b
Oskar-Maria-Graf-Straße 297-9b

Pappelweg 297-12a
Pfarrer-Dr.-Rauch-Straße 298-10a
Pfarrer-Dr.-Zeiller-Straße 298-10c
Pflegerbäckstraße 297-12b
Pienzenauer Straße 297-12b
Pierstling 297-11b
Poststraße 297-9d

Raiffeisenstraße (14) 298-7c
Rathausgasse 298-7c
Riemerschmidstraße 297-12b
Rieperdingerstraße 297-12b
Rosenheimer Straße 298-10a
Rotter Straße 298-7c
Rotwandstraße (10) 297-11b

Sanftlring 297-12d
St.-Ägidius-Weg (16) 298-7c
St.-Anna-Straße 320-4a
St.-Martin-Weg 320-1c
Schammach 297-12c
Schauerach 321-1a
Schillerstraße 298-7a
Schlesierstraße 298-10a
Schloss Elkofen 320-1b
Schlosserbreite 298-10a
Schloßstraße 298-10a
Schwarzbäckstraße 298-10a
Seefeldstraße 297-9d
Seeschneider 297-9a
Seeweg 320-4c
Sonnblick 320-2d
Stauffenweg 297-12a
Straußdorf 320-2a
Sudetenstraße 298-10a

Tegernauer Straße 298-7c
Thomas-Mayr-Straße 298-7c

Unteranger 297-12b
Unterelkofen 320-1a

Vazaninistraße 298-7c
Vogelherd 320-3a
Von-Hazzi-Straße 297-12b

Walche 297-12b
Waldweg 297-12c
Wasserburger Straße 297-6d
Webergasse 319-3d
Weißgerbergasse (18) 298-10a
Weißgerberstraße (19) 298-10a
Wendelsteinstraße 297-12b
Wiesenweg 297-12c
Wiesham 297-6d + 298-4c
Wolfschlucht 297-9d

Grafrath
PLZ 82284

Adalmuntstraße 261-9c
Ahornstraße 261-9a
Am Neubruch 261-5d
Am Pechhölzl 261-6c
Amperau 262-4d
Ampersteg 261-9c
Amperstraße 261-9c
Amperterrasse 261-9b
Amselweg 261-9a

Badstraße 261-9c
Bahnhofstraße 261-5d
Bahnhofsweg 261-5d
Birkenweg 261-8b
Botanischer Versuchsgarten 261-5b
Brandenberger 261-3c
Brandweg 261-9b
Bruckerstraße 261-9b
Brunnleitenstraße 261-6a
Buchenweg 261-8b

Carl-Orff-Weg 261-5d

Daxanger 261-6c

Englschalkstraße 261-6c

Feldweg 262-10b
Fichtenstraße 261-8b
Finkenweg (1) 261-5c
Försterstraße 261-6c
Forschnergassl 261-9b

Gärtnerweg 261-6c
Goggelweg 262-10b
Graf-Arbo-Straße 261-8b
Graf-Rasso-Straße 261-5d

Hauptstraße 261-9a
Höfen 261-9a
Höhenweg 261-9b
Hölzlbergstraße 262-10b
Hubertusstraße 261-6c

Inninger Weg 262-10d
Jahrholzweg 261-5d
Jesenwanger Straße 261-6c
Johannishöhe 261-5c

Kirchfeldstraße 261-9a
Kirchstraße 261-9c
Kirchweg 261-9a
Klosterstraße 261-8d
Konradstraße 261-6c
Kornfeldstraße 261-6c
Kottgeiseringer Straße 261-8b
Kreuzstraße 261-8d
Krugstraße 261-9c

Landmanngassl 261-5d
Lerchenstraße 261-9a
Lindenweg 261-5d

Marthashofen 262-7a
Mauern 262-10b
Mauerner Straße 261-9b
Mauerner Straße (Mauern) 262-7c
Michlsberg 261-9b
Moorenweiser Straße 261-5a
Mülleranger 261-9a

Pfarrstraße 261-9c
Probst-Hartwig-Straße 261-8b

Rassosiedlung 261-8d
Römerstraße 262-10b

St.-Georg-Straße 262-10b
Schindwinkelweg 261-9b
Schloßbergstraße 261-9a
Schloss Höhenroth 261-9b
Schulweg 261-9a
Staatlicher Versuchsgarten 261-6c
Sunderburgweg (1) 261-9b

Theresienhöhe 261-9b

Ulrichstraße 261-8b
Ulrichsweg 261-9a
Unteralting 261-9c
Unteraltinger Straße 262-10a

Villenstraße Nord 261-5c
Villenstraße Süd 261-5c
Vogelhausstraße 262-10b

Waldhaus 261-2b
Waldstraße 261-5d
Weiherweg 261-9a
Wildenroth 261-6c

Zur Amperschlucht 261-9b

Grasbrunn
PLZ 85630

Adlerstraße 272-11c
Alter Postweg 272-11c
Am Gänsbuckel 272-10b
Am Gangsteig (4) 294-4a
Am Grünhaus 272-11c
Am Haidhäusl 272-10b
Am Herrnholz 272-11a
Am Hochacker 272-8c
Am Schulgarten 294-8b
Amselstraße 272-11a
Am Treiberweg 272-10b
Am Weichselgarten 272-11a
An der Brennerei (6) 294-1c
Andreas-Häusler-Straße 294-9a
Artenburger Weg (7) 294-1c
Ayinger Weg (2) 294-8b

Bahnhofstraße 272-11a
Beethovenring 272-11c
Beim Feichtmair (1) 294-1c
Beim Forstwirt 294-8c
Birkenstraße 272-10d
Blumenstraße 294-9a
Böhmerwaldstraße 272-10b
Bretonischer Ring 272-8c
Bürgermeister-Georg-Hiltmair-Straße (5) 294-1c
Bürgermeister-Jakob-Karg-Straße (2) 294-8b
Bussardstraße 272-11c

Dianastraße 272-11a
Dorfplatz 294-8b
Dorfstraße (1) 294-8b

Eichenzaunweg (2) 294-1c
Ekkehartstraße 294-1c

Finkenstraße 272-10b
Finkenweg 272-8c
Flak-Häusl 294-8c
Flamingostraße 272-11c
Forstwirt 294-8c
Fritz-Bonnet-Straße 272-11c
Frühlingstraße 272-10b

Gartenstraße (Harthausen) 294-8b
Gartenstraße (Neukeferloh) 272-11c
Geierstraße 272-11c
Glonner Straße 293-6d
Gramanstraße 294-1c
Grasbrunner Stadtweg 293-3a
Grasbrunner Straße 271-12c
Grasbrunner Weg (Harthausen) 294-8b
Grasbrunner Weg (Neukeferloh) 272-10b
Grünlandstraße 272-11a

Haarer Weg 294-1c
Habichtstraße 272-11c
Haflstrassl 272-11c
Hans-Sailer-Straße 272-11d
Harthausen 294-5d
Harthausener Straße 272-11c
Harthauser Weg 294-1c
Hauptstraße 294-8b
Hohenbrunner Weg (Grasbrunn) 294-1c
Hohenbrunner Weg (Harthausen) 294-8a
Hubertusstraße 272-11a

In den Nussstanden (3) 294-1c
Innstraße 272-11c

Jägerweg 294-1c
Johann-Hackl-Ring 272-11d

Keferloh 271-12c
Keferloher Straße (Grasbrunn) 294-1c
Keferloher Straße (Keferloh) 271-12a
Kirchenstraße (Grasbrunn) 293-3d
Kirchenstraße (Harthausen) 294-8b
Kondorstraße 272-11c

Lehnerstraße 294-1d
Leonhard-Stadler-Straße 272-10b
Lerchenstraße 272-11a
Luisenweg 272-10b

Mayr-Häusl 294-4d
Meisenweg (1) 272-11c
Möschenfeld 294-5b
Möschenfelder Straße 294-1c
Mozartstraße 272-11a
Mühlweg 294-5b

Neue Heimat 272-11a
Neukefeloher Weg 294-1c
Neukeferloh 272-10d

Ostring 272-11b

Pfauenstraße (3) 272-11c
Pframmerner Weg 294-8b
Posthalterweg (2) 294-1c

Robert-Bosch-Ring 272-7d

Saarlandstraße 272-10b
St.-Ottilien-Weg 294-2d
St.-Ulrich-Platz 294-1c
Schusterweg 294-1c
Schwabener Weg 272-11c
Schwablweg 294-8b
Sonnenweg 272-8c
Sperberstraße 272-11c
Springerstraße 294-1c
Steffelweg 294-1c
Steinbergerstraße 294-1c
Stettner Straße (1) 294-1c

Technopark I 272-11a
Technopark II 272-10b
Tiroler Straße 272-10d

Waldstraße (Harthausen) 294-9a
Waldstraße (Neukeferloh) 272-11c
Wasserburger Landstraße 272-7d
Wendelsteinstraße 272-11a
Werner-von-Siemens-Ring 272-7d
Wiesenstraße (3) 294-8b
Winklerring 272-11a
Winterstraße 272-11c
Wolfersberger Straße 294-8b

Zehentmeierstraße 294-1c
Zeisigweg (2) 272-11c
Zornedinger Straße 294-8b
Zum Friedhof 272-11c

Greifenberg
PLZ 86926

Alpspitzstraße 282-7b
Am Krautgarten 282-8b
Angerweg 282-4b
Aurikelweg (5) 282-8a

Badstraße 282-8b
Bahnhofstraße 282-7c
Bergstraße 282-8a
Beuern 282-4b
Beurer Straße 282-8a
Bründlstraße 282-4b
Burgholzstraße 282-4b

Dorfstraße 282-4b

Echinger Berg 282-8b
Eichelgarten 282-7c
Erlenweg 282-7c

Feldgereuth 282-7c
Flurstraße 282-8b
Föhrenweg 282-8a

Gässelweg 282-4b
Garnbachstraße (1) 282-4b
Gartenweg 282-8a
Gewerbegebiet „Mitterfeld" 282-8a
Gewerbering 282-8a

Hauptstraße 282-7d
Hechenwanger Straße 282-7c
Herzogstandstraße (3) 282-8a
Hochvogelstraße (1) 282-7b
Hofgereuth 282-7c

Jägersteig 282-7b

Karwendelstraße 282-7d
Kirchstraße 282-4b
Kreitstraße 282-7c
Krottenkopfstraße (4) 282-8a

Landsberger Straße 282-7c

Neugreifenberg 282-7c

Painhofen 282-5d
Pflaumdorfer Straße 282-4b
Postbergweg 282-8a

Rumpelschusterweg (6) 282-8c

Schondorfer Straße 282-8b
Schreinergarten (7) 282-8a

Theresienbad 282-8c

Valloch 282-8c

Wankstraße 282-7b
Wettersteinstraße 282-7d
Windacher Straße 282-7c

Zugspitzstraße (2) 282-7b

Griesstätt
PLZ 83556

Alpenstraße 323-9d
Altenhohenau 323-6b
Am Anger 323-9d
Am Leitenfeld 323-9b
Amselweg 323-9b
Au bei Altenhohenau 323-6b

Bach 324-5a
Baumurn 345-2b
Beichten 324-4a
Berg 323-11b
Berger Straße 323-9c
Bergham 324-8c
Bussardstraße 323-9b

Dr.-Giglinger-Straße 323-9b
Dr.-Mitterwieser-Straße 323-9b

Edenberg 323-8d
Eichenweg 323-9d
Elend 324-4b
Eßbaum 323-6d
Esterer 323-6d

Falkenstraße 323-9b
Feld 345-3a
Finkenweg 323-9b

Geiereck 323-11d
Goßmaning 324-10a
Grünbichel 324-10d + 346-2a

Haid 323-12d + 324-10c
Hans-Brunner-Straße 323-9d
Heubergstraße 323-9d
Hochholz 346-1b
Hochriesstraße 323-9d
Hofmarkstraße 323-9a
Holzhausen 345-3b

Innstraße 323-9a
Innthalstraße 323-9d

Kettenham 324-7a
Kirchmaierstraße 323-9b
Klosterfeld 323-6d
Kolbing 324-10b
Kornau 324-11c
Kreuth 324-4d

Laiming 324-4a
Leiten 323-9a
Leonhardiweg (2) 323-9b
Lerchenweg 323-9b
Lochen 324-5a

Max-Stoll-Straße 323-9d
Moosham 324-5d

Obermühl 345-3c

Rainthalstraße 323-9d
Raming 324-5c
Röthenbach 324-6d
Rosenaustraße 323-9c
Rosenheimer Straße 323-9d

Schmiding 324-10d
Schmiedsteige 323-9d
Schulstraße 323-9d
Sperberweg (1) 323-9b
Spitzweg 323-9d
Staustufe Feldkirchen 345-5b
Steifl 324-5a
Straß 324-7b

Tuntzenstraße 323-9d

Untermühle 345-2d

Viehhausen 346-1b

Wabach 323-11d
Warnbach 323-9a
Warnbachweg 323-9a
Wasserburger Straße 323-9b
Wechselberg 323-11b
Weitmoos 324-8d
Wendelsteinring 323-9d
Weng 323-12d
Wörlham 324-10b

Gröbenzell
PLZ 82194

Ährenfeldstraße 243-2c
Ahornweg 221-10d
Akeleistraße 221-11b
Albert-Meyer-Straße 221-11c
Alpenrosenstraße 243-4b
Alpenstraße 243-1d + 4b
Am Marienheim 243-2c
Ammerseestraße 243-2c
Am Sandberg 243-6a + 5d
Am Schützeneck 243-5c
Amselweg 221-11c
Am Waldeck 221-11d
Am Weidegrund 243-2d
Am Zillerhof 243-5b

Angerstraße 243-2a
Anzengruberstraße 243-5d
Arnikastraße 221-11d
Ascherbachstraße 221-10d
Auenstraße 243-2b
Augsburger Straße 243-1a

Bahnhofstraße 221-11c + 243-2a
Barmseeweg (5) 243-2c
Baumstraße 243-1b
Beethovenstraße 243-2a
Beislerstraße 243-5b
Bergfinkenstraße 243-5b
Bernhard-Rössner-Straße 243-2c
Bienenweg 243-2c
Birkenstraße 243-1b
Blaumeisenstraße 243-5b
Bodenseestraße 243-5a
Brennerstraße 243-1d
Breslauer Straße 243-2d
Brombeerweg 221-10d
Brückenweg 221-12c
Brunnenweg 221-11c
Buchenweg 221-10d
Bürgerpark 243-2d
Bussardstraße 243-5b

Chiemseestraße 243-5c

Dammweg 221-10d
Danziger Straße 243-5b
Defreggerstraße 221-11c
Dianastraße 243-2a
Dohlenweg 243-2b
Dr.-Hammerschmidt-Platz 243-5b
Dr.-Troll-Straße 243-2d
Dr.-Werner-Straße 243-2c
Drosselweg 221-11c

Edelweißstraße 243-1d
Eibenweg 221-11c
Eibseeweg 243-5b
Eichenweg 221-11d
Enzianstraße 243-4b
Erikastraße 221-11c
Erlbachstraße 243-6a
Erlenstraße 221-11d + 243-2b
Eschenrieder Straße 243-2a
Ettaler Straße 243-1d
Eulenweg 243-2b
Exterstraße 221-10d

Falkenstraße 243-2b
Farmerstraße 243-2b
Fasanenweg 221-10d
Felsenstraße 243-4b
Fichtenstraße 221-10d
Finkenstraße 243-2a
Firnstraße 243-4b
Firnstraße (4) 243-1b
Fischerweg 243-1d
Föhrenstraße 221-10d
Forellenweg 243-2c
Freilandstraße 221-10d
Freyastraße 243-2c
Friedenstraße 243-5b
Frühlingstraße 243-1b

Gärtnerstraße 221-11c
Garmischer Straße 243-1d
Gartenstraße 243-1b
Geierstraße 243-2d
Gerhard-Hauptmann-Platz 243-2c
Ginsterstraße 221-11c
Graßlfinger Straße 221-11c
Grasweg 243-2b
Gröbenbachstraße 243-2a
Gröbenhüterstraße 243-2c
Grünfinkenstraße 243-2c

Hainbuchenweg 221-11d
Hans-Kerle-Straße 243-2b
Hans-Sachs-Straße 243-4b
Heidestraße 221-11c
Heinrich-Häberle-Straße 243-5b
Herbststraße 243-1b
Hermann-Löns-Straße 243-1b
Hollerweg 221-11d
Hopfenseeweg (7) 243-5a
Hubertusstraße 243-2a

Industriestraße 243-2d
Innsbrucker Straße 243-1d
Irisstraße 221-11c

Jägerheimstraße 243-5d
Jägerstraße 243-2a

Karwendelstraße 243-2c
Kastanienweg 221-10d
Kiefernstraße 221-10d
Kirchenstraße 243-2c
Klematisstraße 221-11c
Klosterweg 243-2c
Kobellstraße 221-11c
Kochelseestraße 243-5a
Koloniestraße 243-2a
Krähenweg 243-6c
Kreuzbreitlstraße 243-5b
Kreuzeckstraße 243-1d

Leharstraße 243-2a
Leiblstraße 221-11d
Lena-Christ-Straße 243-5c
Lenbachstraße 221-11c
Lenzweg 243-1b
Lerchenstraße 243-2a
Libellenweg 243-2c
Lichtenweg 221-11d
Liegnitzer Straße 243-6a
Ligusterweg 221-11d
Lindenweg 243-2a
Loferweg 243-2b
Ludwig-Thoma-Straße 243-5b
Lupinenweg 221-10d

Maistraße 243-2a
Margaretenweg 221-11c
Mittenwalder Straße 243-1d
Moosstraße 221-11d
Mozartstraße 243-2a

Neandertalstraße 243-2c
Nelkenstraße 243-1b
Nordendstraße 243-4b

Olchinger Straße 243-2c
Oppelner Straße 243-2d
Oskar-Maria-Graf-Straße 243-5b
Osterseestraße 243-2c

Pappelstraße 221-10d
Parkstraße 243-1b
Pfarrer-Thaurer-Straße 243-3c
Pfefferstraße 221-10d
Pilsenseeweg 243-2c
Poststraße 243-2a
Puchheimer Straße 243-2c

Rathausstraße 243-2c
Rauschbergstraße (3) 243-1b
Richard-Strauss-Straße 243-2a
Riegseestraße (6) 243-5a
Rosenstraße 243-2a
Rotwandstraße 243-4b

Salzstraße 243-2c
Schilfweg 221-11d
Schlehenweg (1) 221-10d
Schubertstraße 243-2a
Seidelbastweg (2) 221-10d
Sommerstraße 243-1b
Sonnenweg 221-10d
Spatzenwinkel 221-11d
Spechtweg 243-2d
Sperberweg 243-5b
Spitzingweg 243-1d
Starenweg 221-11c
Sudelfeldstraße 243-1d
Sudetenstraße 243-1d

Tannenfleckstraße 243-2d
Templerstraße 243-1d
Tölzer Straße 243-1d
Tulpenstraße 243-2a
Turmfalkenweg 243-5b

Ulmenweg 221-11c

Valeppweg 243-1d
Von-Branca-Straße 243-5b
Von-Koch-Straße 243-2d

Wacholderweg 221-11d
Wachtelweg 221-10d
Walchenseestraße 243-2c
Waldstraße 221-11c
Wallbergstraße 243-1d
Watzmannstraße 243-1b
Waxensteinstraße 243-2c
Weiherweg 221-11c
Wendelsteinstraße 243-1d
Westendstraße 243-1c
Wettersteinstraße 243-4b
Wiedehopfstraße 243-5b
Wildmoosstraße 243-2a
Winterstraße 243-1b
Wolterstorffstraße 243-2b

Ziegelei Ring (2) 243-5d
Zirbelweg 243-4b
Zirler Straße 243-1b
Zitzstaudenweg 243-1c
Zugspitzstraße 243-1d
Zur Aubinger Lohe (1) 243-5d
Zweigstraße 243-2c

Großkarolinenfeld
PLZ 83109

2. Torfweg 366-10c

Ahornweg 366-10b
Aiblinger Straße 366-10a
Alsterloh 365-2d
Am Anger 366-1a
Am Bartlwald 366-10b
Ametsbichl 365-5b
Am Hang 366-1c
Am Hölzl (4) 366-10a
Arnikaweg 366-8a
Am Kapellenfeld (2) 366-1a
Am Kolberg 366-7c
Am Schwimmbad (1) 366-1b
Amselweg 366-1a
Am Weiher 366-7d
Aschach 365-12c
Aschachweg 365-12d
Asternweg 366-8c
Auberg 344-11c

Bach 365-3c
Baderweg (7) 366-10a
Bahnhofstraße 366-7d
Bichl 365-8b
Birkenweg 366-10b
Blumenstraße 366-7d
Breitensteinstraße 366-11a
Buchenweg 366-10b
Buchrain 365-3c
Bürgermeister-Fischer-Straße 366-7c
Bürgermeister-Füglein-Straße 366-7c
Bürgermeister-Mertl-Straße 366-7b

Dahlienweg 366-7d
Deutlstätt 365-6c
Dimmlingweg 366-7d

Edelweißstraße 366-8a
Efeustraße 366-8a
Egerlandstraße (2) 366-7c
Eichenweg 366-10b
Enzianstraße 366-8a
Erlbachstraße 366-7d
Erlenweg 366-10b
Eschenweg 366-10b
Ester 365-6a

Fasanenweg 366-1a
Fichtenweg 366-10b
Filzenweg 366-8c
Fliederweg 366-7d
Flurstraße 366-1a
Föhrenweg 366-7d
Frauenholz 344-11d

Geranienweg 366-7b
Gewerbegebiet „Linden" 366-1d
Gewerbegebiet Süd 366-8c
Gewerbering Nord 366-5c
Ginsterweg (3) 366-7d
Grafinger Straße 366-1a
Gröben 365-6a
Gutmart 365-6b

Haslau 365-3b
Hauptstraße 366-1a
Heubergstraße 366-11a
Hilperting 365-3a
Hochplattenstraße 366-11a
Hochriesstraße 366-11a
Hohenaich 365-6b
Hollerweg 366-1a
Hub 365-9c

Jarezöd 365-6c
Josef-Baumann-Straße 366-10a

Kampenwandstraße 366-11a
Karolinenplatz 366-7d
Karolinenstraße 366-7d
Kirchsteig 344-10d
Kolberg 366-7c
Kolbergstraße 366-7c
Kolbermoorer Straße 366-10c
Krabichl 365-9c
Kranzhornstraße 366-10b
Krokusweg 366-8a

Lagerhausstraße 366-7d
Lehen 365-9b
Lilienweg 366-7b
Linden 366-1d
Lindenweg 366-10b

Malvenweg 366-8c
Margeritenweg 366-7b
Marienberger Straße 366-8a
Marsstraße 366-7b
Max-Josef-Straße 366-10a
Montgelasstraße 366-10a
Mühlbach 365-3d
Mühlbachstraße 366-1c

Naglstätt 365-6b + 366-4a
Nelkenweg 366-7d

Öd 344-10d + 366-1b
Ödenhub 366-4b
Öllerschlößl 366-11a

Pappelweg 366-10b
Petzenbichl 365-3b
Pfälzerstraße 366-7d
Pfaffenhofener Straße 366-4d

Raiffeisenstraße 366-1a
Rann 365-9b
Ried 365-3d + 366-1c
Riedhof 365-12b
Rosenheimer Straße 366-10a
Rosenweg 366-7d
Rott 366-2a

Salinenweg 366-10d
Schlesierstraße 366-7c
Schlimmerstätt 366-7b
Schmiedgasse 366-1a
Schultheiß-Gipp-Straße 366-10a
Schwaig 366-2a
Sonnenstraße 366-5c
Sportplatzstraße 366-1a
Sternstraße 366-8a
Stolz 366-4b
Sudetenlandstraße 366-7c

Tannenweg 366-10b
Tattenhausen 366-1a
Thann 365-8b
Theodor-Mayer-Straße 366-10c
Thonbichl 366-1c
Tulpenweg 366-7d

Ulmenweg 366-10b

Veilchenweg 366-8a
Vogelbeerstraße 366-8c
Vogl 365-6d
Von-Kling-Straße (5) 366-10a
Von-Schilcher-Straße (6) 366-10a

Wacholderstraße 366-8c
Waldmeisterstraße 366-8c
Webergasse 366-1a
Weiherweg 366-7d
Wendelsteinstraße 366-10b
Wiesenweg 366-1a

Ziegelweg 366-10b
Zweckstätt 365-5d

Großmehring
PLZ 85098

Adalbert-Stifter-Straße 47-11d
Äußere Mühle 47-10a
Ahornstraße 47-12d
Akeleistraße 47-11d
Albrecht-Dürer-Straße 47-12c
Am Bachl 51-2b
Am Doggersbuckel 51-2b
Am Gensberg 51-2a
Am Hanfgarten 47-12d
Am Hang 47-12c
Am Hochrain 47-6b
Am Mehringer Berg 47-11d
Am Sportplatz 51-2b
Am Stadtberg 47-6d
Am Steinbruch 47-12b
Am Weinzierl Weiher 51-3b
Angermühle 51-2a
Asamstraße 51-2b
Asternstraße 47-11d
Auenstraße 47-6a

Bayernwerkstraße 51-1b
Beethovenstraße 47-11d
Berggasse 51-3a
Berghauserstraße 47-8b
Blumenstraße 47-12d
Boschstraße 47-6b
Bräustraße 51-3a
Brahmsstraße 47-11d
Brentanostraße (9) 47-12c

Dahlienstraße 47-11d
Dammweg 51-2b
Demling 47-6b
Demlinger Weg 47-5d
Dieselstraße 47-7b
Dillgasse 47-12d
Donaustraße 51-3a

Edelweißstraße 47-11c
Edisonstraße 47-7d
Eichenstraße 47-12d
Einsteinstraße 47-5c
Enzianstraße 47-11c
Erlachhof 47-8c
Erlenweg 47-12d
Eschenweg (2) 47-12d

Feselenstraße 51-2b
Fichtenstraße (8) 47-12d
Fischergasse 51-3a
Fleißerstraße (5) 47-12c
Fliederstraße 47-11d
Flockstraße 47-11c
Florianstraße 51-2a
Fludermühle 51-2a
Föhrenweg (13) 47-12d
Fontaneweg (4) 47-12c
Fraunhoferstraße (2) 47-6b
Friedhofstraße 47-6b
Frühlingsstraße 47-12c

Ganghoferweg (7) 47-12c
Gewerbeweg 51-2a
Gladiolenstraße 47-11d
Goethestraße 47-11d
Gossgassl 51-3a
Gradhofstraße 47-6a
Großhausergasse 51-3a
Großmehringer Straße 47-6d
Gutenbergstraße 47-7b

Hagenstraße 47-11c
Hauptstraße 47-6b
Holbeinstraße 47-12c
Hopfenstraße 47-12c
Humboldtstraße 47-6a

Ingolstädter Straße 47-11c
Interpark 47-7b

Josefgasse 51-2b
Junkers-Ring 47-7c

Kästnerweg (6) 47-12c
Kantstraße 47-12c
Kapellenplatz 51-2b
Kastanienweg (10) 47-12d
Katharinenberg 47-8b
Kiefernweg (1) 47-12b
Kirchenweg 47-8b
Klärweg 51-3b
Kleinmehring 51-2a
Kleistweg (3) 47-12c
Klinge 51-3a
Knopfmühle 47-10b
Kochstraße 47-12d
Köschinger Straße 47-12a
Kriegsstraße 47-11d
Kriemhildstraße 47-11c

Leharstraße 47-11d
Lenbachstraße 47-12c
Lessingstraße 47-12c
Liebigstraße 47-6b
Lilienstraße 47-11d
Lindenstraße 47-6b
Lortzingstraße 47-11d
Ludwigstraße 51-2b
Ludwig-Thoma-Straße 47-12c

Marienplatz 47-12c
Max-Planck-Straße 47-7b
Mozartstraße 47-11d
Mühlweg 51-2a

Narzissenstraße 47-11d
Nelkenstraße 47-11d
Nibelungenstraße 51-2b + 2a
Nicolaus-Otto-Ring 47-7d
Nobelstraße (1) 47-6b
Nordring 47-6b
Nordstraße 51-1b

Petergasse 51-3a
Pettlinger Straße 47-6b
Piusstraße 51-2b
Preisengasse 47-12c
Prinz-Karl-Straße 47-8b

Raiffeisenstraße 51-3a
Regensburger Straße 47-12c
Richard-Wagner-Straße 47-11d
Ringstraße 47-12c
Röntgen-Allee 47-7d
Rollergasse 47-6d

Schaumühle 47-10a
Schillerstraße 51-2b
Schubertstraße 47-11d
Schützenweg 51-2b
Schulstraße 47-12c
Sebastianstraße 51-2b
Siegfriedstraße 51-2a
Spitzwegstraße 47-12c
Starkstraße 47-12c
Steigweg 51-2b
Steinbergweg 47-6a
Stephanstraße 47-12b
Strasshausener Weg 47-6b
Sudetenstraße 47-12d
Südliche Entlastungsstraße 51-2a
Südring 47-6d
Südstraße 51-1b

Tannenstraße 47-12b
Theodor-Storm-Weg (14) 47-12c
Theresienstraße 51-2b
Tulpenweg 47-6b

Uferstraße 51-2b
Ulmenweg (12) 47-12d

Veilchenstraße 47-11d

Walchenseestraße 51-1b
Weidenweg (11) 47-12d
Weinbergstraße 47-8b
Westring 47-6d
Wolfgangstraße 51-2a

Zeppelinstraße 47-5c
Zieglerweg 47-12c

Grünwald
PLZ 82031

Adalbert-Stifter-Straße 290-11a
Adolf-Fraaß-Straße 290-11c
Akazienallee 290-11c
Alexander-Schmorell-Straße 290-11a
Almrauschstraße 312-2a
Alpenveilchenstraße 290-11c
Alpspitzstraße 312-1c
Am Buchenhang 290-11c
Am Daiacker 312-1c
Am Düllanger 290-10d
Am Fischerwinkel 312-2c
Am Koglerberg 312-1a
Am Mauerberg 312-1a
Am Pfaffengraben 312-1a
Am Unterfeld 290-10d
Am Wildwechsel 312-1d
An den Römerhügeln 312-1d
Anemonenstraße 312-2a
Auf der Eierwiese 312-1a
Aurikelstraße 312-2a

Bavariafilmplatz 290-8b
Bavaria Filmstadt 290-8b
Bavariafilmstraße 290-5d
Bergheimstraße 312-1b
Birkenstraße 312-2c
Bodenschneidstraße 312-1d
Bomhardstraße 290-11c
Breitensteinstraße 312-1d
Brunnhaus 311-3d

Dahlienstraße 312-2a
Derbolfinger Platz 312-1b
Dr.-Engelsperger-Straße 290-10d
Dr.-Hans-Staub-Straße 290-11a
Dr.-Kurt-Huber-Straße 290-10b
Dr.-Lindner-Straße 290-11a
Dr.-Max-Straße 312-1a
Dr.-Peter-Hecker-Straße (4) 312-1c
Dr.-Ried-Straße 312-2a
Dr.-Rosenmeyer-Weg 312-2a

Eberstraße 290-11a + 10b
Edelweißstraße 290-11c
Eibseestraße 312-1c
Eichleite 290-10d
Emil-Geis-Straße 312-1a
Enzianstraße 290-11c
Eugen-Schuhmacher-Platz 290-8d

Firstalmweg 312-1d
Fliederweg 312-1b
Flößersteig 290-10c
Forsthausstraße 290-8d
Forsthaus Wörnbrunn 312-3a
Forstweg 290-11b
Franz-Rieger-Weg (2) 312-1b
Fritz-Kneidl-Straße 312-2a
Frundsbergerstraße 290-11c

Gabriel-von-Seidl-Straße 290-11b
Gartenweg 290-8b
Gasteig 312-1a
Geiselgasteig 290-8d
Georg-Pröbst-Weg 312-1c
Geranienstraße 290-11c
Gereutplatz 290-10b
Gereutstraße 290-10b
Geschwister-Hirsch-Straße 312-2c
Geschwister-Scholl-Straße 290-11a
Gladiolenstraße 312-2a
Graf-Seyssel-Straße 290-8b
Grünwalder Freizeitpark 290-10b

Habermannstraße 290-11b
Hans-Braun-Weg 312-2a
Heckenrosenstraße 290-11c
Heinz-Rühmann-Straße 290-8b
Herrenwiesstraße 290-10b
Hertha-Feiler-Weg 290-8b
Herzog-Christoph-Straße 290-11c
Herzog-Sigmund-Straße 290-11c
Hirschparkstraße 312-2c
Hirtenweg 312-1b
Hochuferweg 290-8c + 10d
Hubert-Hopf-Straße 312-1b
Hubertusstraße 290-11d
Hugo-Junkers-Straße 290-11a

In der Knackenau 312-1a

Jakob-Strobl-Straße 312-2a
Johann-Einhauser-Straße 312-1b
Johann-Lößl-Straße (1) 312-1b
Josef-Brückl-Weg (2) 312-2a
Josef-Kogler-Straße 312-2a
Josef-Sammer-Straße 312-2a
Josef-Würth-Straße 312-2a
Joseph-Keilberth-Straße 312-1b

Kaiser-Ludwig-Straße 290-11c + 312-2a
Kardinal-Faulhaber-Platz 290-11b
Karl-Lasser-Straße 290-8b
Karl-Valentin-Straße 290-10d
Kastanienallee 290-10c
Keltenstraße 290-10d
Kestermannstraße 290-8c
Klessingstraße 290-10b
Klingerstraße 312-2c
Kreuzeckstraße 312-1c

Lacherspitzstraße 312-1d
Laufzorner Straße 312-1b
Leerbichlallee 312-1d
Lena-Christ-Straße 290-10d
Lil-Dagover-Ring 290-9a
Lindenstraße 290-10d
Lohengrinstraße 312-1b
Ludwig-Anzengruber-Straße 290-11a
Ludwig-Ganghofer-Straße 290-10d
Ludwig-Thoma-Platz 290-8d
Ludwig-Thoma-Straße 290-11a
Luise-Ullrich-Straße 290-8b
Luitpoldweg 312-1b

Marktplatz 312-1b
Martin-Haindl-Straße 312-2a
Mechtildenstraße 312-1b
Muffatstraße 290-8d

Neugrünwald 290-10b
Nibelungenstraße 312-1b
Niemöllerplatz 312-2a
Nördliche Münchner Straße 290-8c

Oberdill 312-7a
Oberfeldallee 290-11c
Oberhachinger Straße 312-1b
Otto-Bader-Straße 312-2a
Otto-Heilmann-Straße 312-2a

Painbreitenstraße 312-2a
Parzivalstraße 312-1d
Perlacher Straße 312-1b
Peter-Ostermayr-Straße 290-10d
Philipp-Fauth-Straße 312-2a
Pommernstraße 312-2a
Portenlängerstraße 290-11c
Primelweg 290-11c

Rainholzstraße 290-11a
Ranckhepacherweg 290-8b
Rathausplatz 312-1b
Rathausstraße 312-1a
Rehleitenweg 312-2c
Reinweg 290-11a
Reiterweg 312-1a
Reitzensteinstraße 290-10d
Ricarda-Huch-Straße 290-10d
Robert-Koch-Straße 290-8c
Roßkopfstraße 312-1d
Rotwandstraße 312-1d

Schlehdornstraße 290-11c
Schlesierstraße 312-2a
Schlossleite 290-10c
Schloßstraße 290-10c
Setzbergweg (3) 312-1d
Spitzingweg 312-1d
Stiglweg 312-1c
Stöcklkreuzweg 312-1d
Stümpflingstraße 312-1d
Sudelfeldstraße 312-1d
Sudetenstraße 312-2c
Südliche Münchner Straße 290-10d

Tatzelwurmweg 312-1d
Taubensteinstraße 312-1d
Tobrukstraße 312-1b
Tölzer Straße 312-1b
Tremmlallee 312-1d

Vogelsangstraße 312-1d
Von-Ranke-Straße 312-2a

Waldeckstraße 312-2c
Waldfriedenstraße 290-8d
Waldweg 290-11a
Wallbergstraße 312-1d
Walleitnerstraße 290-11d
Wendelsteinstraße 312-1d
Wilhelm-Humser-Straße 312-2a
Wilhelm-Keim-Straße 290-10d
Willi-Stamer-Straße 312-2a
Wörnbrunn 312-3a
Wörnbrunner Straße 312-2a + 1b

Zeillerstraße 290-10c
Zugspitzstraße 312-1c
Zweigstraße 290-11a

Haag an der Amper
PLZ 85410

Am Bahnhof 99-11a
Am Bräuberg 99-10b
Am Dorfplatz (3) 99-10b
Amperblick 99-10a
Am Weinfeld 99-9d
An der Gärtnerei 99-10a

Bachweg 99-4c
Bergener Straße 99-9a
Bergstraße 99-10b

Dorfstraße 99-9c
Drosselstraße (2) 99-10b

Fischerweg 99-9d
Freisinger Straße 99-10a
Frühlingsstraße (1) 99-10b

Graf-Lodron-Straße 99-10b

Haager Straße 99-9c
Hagenaustraße 99-11a
Haun 98-12d
Hauptstraße 99-4a
Hausmehring 98-6b
Hörhammerstraße 99-10b
Hohlleitenweg 99-10b
Holzbrünnlstraße 99-10a
Holzhäusl 98-6c

In der Leiten 99-8a
In der Mulde 99-10a
In der Stockwiese 99-11a
Inkofen 99-9d
Inkofener Straße 99-10b

Kirchberg 99-4c
Kirchstraße 99-8c
Kreisstraße 99-8a

Lerchenweg 99-11a

Meisenstraße 99-10b
Mittermarchenbach 99-4d
Moosburger Straße 99-9c
Moosstraße 99-10b

Obermarchenbach 99-4c

Pfarrer-Müllritter-Straße 99-10b
Pfarrer-Weingand-Straße 99-10a
Pfarrgarten 99-9c
Plörnbach 98-9b
Plörnbacher Straße 99-7d

Ringstraße 99-10b

Schloßweg 99-9d
Seeberg 99-5a
Seer 99-5a
Sollern 99-9c

Thujenstraße 99-10b

Untermarchenbach 99-8d
Unterschwaig 98-12d

Wälschbuch 99-1c
Waldweg 99-4a
Weihrinnen 98-12b
Wörlhof 98-6a

Haag in Oberbayern
PLZ 83527

Agnesstraße 257-6c
Ahornstraße 257-5d
Aicha 258-7c
Alpenstraße 257-6d
Altdorf 257-9a
Am Hoffeld 257-5b
Am Kleefeld 257-6a
Am Kornfeld 257-6a
Am Schachenwald 257-5b
Am Sonnenfeld 257-6a
Am Wiesenrain 257-6a
An der Wieskapelle (6) 257-6d
Angerweg 257-9a
Anna-Hage-Weg 257-6c

Bachstraße 257-9a
Bahnstraße 257-5b
Benzstraße 257-5d
Berger Straße 257-6a
Bergman 257-12c
Bichl 256-6b
Birkenweg 257-5d
Blumenstraße 257-6a
Bonweg 258-4c
Brauhausplatz (15) 257-6c
Brunnenstraße 257-5b
Buchenstraße 257-5c
Bürgermeister-Jäger-Straße 257-6a
Bürgermeister-Pfanzelt-Straße (1) 257-1c
Bürgermeister-Trautner-Weg (9) 257-6c

Daimlerstraße 257-5b
Daxau 257-8d
Dorfplatz 256-3d
Dorfstraße 257-1c

Eder 257-12a
Eichenstraße 257-5d
Eisenau 257-12d
Enzenspergerstraße (3) 257-6c
Erlenstraße 257-5d

Feldstraße 257-6a
Fichtenstraße (1) 257-5d
Fliederstraße 257-6a
Föhrenstraße 257-8b
Forchöd 258-10a
Frauenbergerweg (10) 257-6c
Freibadstraße 257-8b
Fröschlstraße 257-4a

Gabelsbergerstraße 257-6c
Garser Straße 257-6d
Gartenstraße 257-6a
Gewerbestraße 257-1c
Graf-Ladislaus-Weg (12) 257-6c
Graf-Sigmund-Straße 257-6c

Hankl 258-10b
Hauptstraße 257-6a
Heimgartenstraße 257-6a
Hertzstraße 257-5d
Hofgartenstraße 257-6c
Holzapfel 256-2d
Holzapfelweg 256-3c
Hubfeldstraße 257-5b
Hundsschedel 256-3a

Joppenpoint 257-8b

Kagerer 258-7c
Kaliner 258-7d
Kampenwandweg (8) 257-6d
Kapellenstraße 257-6b
Kiefernweg (2) 257-5d
Kindergartenstraße 257-6a
Kirchdorfer Straße 257-6a
Kirchplatz (11) 257-6c
Königseeweg 257-5d
Kogl 257-12b
Kolbingerstraße 257-4a
Krankenhausstraße 257-6a
Kühlsöd 257-8a
Kuno-Maier-Straße 257-6c

Lärchenstraße 257-5d
Lengmooser Weg 257-6d
Lerchenberg 257-6d + 258-4c
Lerchenberger Straße 257-6d
Lindenstraße 257-5c

Maria-Ward-Straße 257-6c
Marktplatz (13) 257-6c
Mitterfeldstraße 257-1c
Molkereigassl (16) 257-6a
Moos 257-9d
Mühlbachstraße 257-9a
Mühldorfer Straße 257-6b
Mühlstraße 257-5d
Münchener Straße 257-5a

Neuberg 257-12b

Oberholz 256-2b
Oberholzweg 256-3a
Oberndorf 256-3b
Oberndorfer Straße 256-3d
Oberwallnerweg 257-6c
Ottostraße 257-5b

Pappelweg 257-8b
Pater-Herzog-Straße 257-6b
Pfarrer-Gruber-Straße (5) 257-6d
Pfarrer-Kaiser-Ring 256-3d
Pyramooser Straße 256-3d

Radersberg 257-1d
Rain 234-12c
Rainbachstraße 257-5b
Ramsauer Straße 257-6b
Reit 257-8a
Reiter Straße 257-8b
Reitmayer-Platz (2) 256-3d
Ringstraße 257-9a
Robert-Bosch-Straße 257-5b
Röderweg 256-3d
Röhrmoos 258-10b
Rosenberger Straße 257-5d
Rosenweg (14) 257-6a
Rudolf-Diesel-Straße 257-5b
Rute 257-6a

Sandgrub 257-6b
Saubichl 257-12a
Schulstraße 257-5d
Siemensstraße 257-5d
Sinkenbach 256-6a
Starnhöllmühle 257-8b
Stauden 256-3c

Tannenstraße 257-5c

Voglberg 257-8d

Wachtelweg 257-5d
Wasserburger Straße 257-6c
Weihermühle 257-8b
Weinsteigerstraße (7) 257-6d
Wendelsteinstraße (4) 257-6d
Westendstraße 257-5b
Wimmer an der Straß 257-12b
Winden 257-1c

Zeno-Kern-Straße 257-6a
Zweibrückenstraße 257-9a

Haar
PLZ 85540

Adalbert-Stifter-Straße 271-3d
Ahrntaler Platz (4) 271-6d
Am Langhölzl 271-6c
Am See 271-8d
Andreas-Kasperbauer-Straße 271-3d
Annelies-Kupper-Allee 271-6d
Auzingerstraße 271-12a

Bahnhofplatz 271-9a
Bahnhofstraße 271-9c
Bibingerstraße 271-9a
Blumenstraße 271-8b
Böcklhofweg 271-2d
Böhmerwaldstraße 272-7c
Brandstraße 271-9c
Brünnsteinstraße 271-4d
Brunnerstraße 271-9d
Bürkelweg 271-4b

Casinostraße 272-7a

Defreggerstraße 271-9c
Dianastraße 271-8d
Dittmannstraße 271-4b
Dr.-Mach-Straße 271-8a

Egerlandstraße 272-7c
Eglfing 271-6d
Eglfinger Weg 271-9b

Fasanenweg 271-9c
Feinerweg (1) 271-2d
Feldkirchener Straße 271-3d
Ferdinand-Kobell-Straße 271-8d
Fichtenstraße 271-12b
Finkenweg 271-8b
Flurstraße 272-7c
Forsthausstraße 271-9d
Franz-Fürst-Straße 271-9d
Franz-Schubert-Straße 271-9c
Freibadstraße 271-9c
Friedrich-Ebert-Straße 271-9a
Frühlingsweg 271-9a

Gärtnerweg 271-8b
Gartenstraße 271-9b
Georg-Eisenreich-Straße 271-9a
Goethestraße 271-9c
Gramanstraße 271-6d
Grasbrunner Straße 271-12a
Gronsdorf 271-4d
Gronsdorfer Straße 271-9a + 8b

Hans-Pinsel-Straße 271-8b
Hans-Stießberger-Straße 271-8b
Heisenbergweg 271-8b
Herzogstandstraße 271-4d
Hirthplatz 271-9c
Hirthstraße 271-9c
Höglweg 271-9a
Hubertusweg 271-8d

Jagdfeldring 271-8b
Jagdstraße 271-9c
Jahnstraße 271-9b
Johann-Karg-Straße 271-5b
Johann-Sebastian-Bach-Straße 271-9c
Johann-Strauß-Straße 271-9d
Josef-Haydn-Straße 271-9c
Josef-Wiesberger-Straße 271-8b

Karl-Hackl-Straße 271-6c
Katharina-Eberhard-Straße 271-8b
Keferloher Straße 271-8b
Kiebitzweg 271-8b
Kirchenplatz 271-9a
Kirchenstraße 271-9a

Ladehofstraße 271-9a
Lärchenweg 271-12b
Leibstraße 271-9d
Leonhard-Strell-Straße 271-5c
Lindenplatz 271-9b
Lise-Meitner-Weg 271-8a
Lorenz-Huber-Straße 271-5c
Ludwig-Moser-Straße 271-8b
Ludwig-Thoma-Straße 271-9c
Ludwig-van-Beethoven-Straße 271-9c

Maierfeldweg 271-3d
Marieluise-Fleißer-Weg 271-9b
Martin-Edlbauer-Straße 271-3c
Max-Planck-Straße 271-8a
Max-Reger-Straße 271-9c
Mozartstraße 271-9c
Mühlweg 271-2d
Münchner Straße 271-8b

Neithardtstraße (5) 271-6d

Ottendichl 271-3c
Otto-Hahn-Straße 271-8a

Parkstraße 271-9b
Paul-Keller-Weg 271-3d
Peter-Henlein-Straße 271-8b
Peter-Leyerer-Straße 271-8b
Peter-Wolfram-Straße 271-5c

Ratoltweg (1) 271-6d
Rechnerstraße 271-9d
Richard-Reitzer-Allee 271-6c
Richard-Wagner-Straße 271-9d
Riesengebirgstraße 272-7c
Ringstraße 272-4c
Robert-Koch-Straße 271-9a
Rondellstraße 272-7c
Roseggerstraße 271-9c
Rosenstraße 271-9d
Rudolf-Gütlein-Straße 272-4c

Salmdorf 271-2d
Salmdorfer Straße 271-9a
Salzgasse 271-9a
St.-Konrad-Straße 271-9a
St.-Martin-Weg (1) 271-3d
Schillerstraße 271-9c
Schneiderhofstraße 271-4d
Seidlhofstraße 271-2d
Sennesweg 271-6d
Sennesweg (2) 271-6d
Siedlung Am Jagdfeld 271-8d
Sofienstraße 271-4b
Stadlerstraße 271-9b
Sudetenstraße 272-7c

Tannenhofstraße 271-9d
Tassilostraße (3) 271-6d
Trachtlerweg 271-8d

Untere Parkstraße 272-7c

Vaterstettener Straße 272-4a
Vockestraße 271-9d + 272-4c
Von-Braunmühl-Straße 272-7a

Waldluststraße 271-9c
Waldstraße 272-7c
Wasserburger Straße 271-9c
Watzmannstraße 271-4d
Weißenfelder Straße 272-1c
Wendelsteinstraße 271-4d
Wieselweg 271-8d

Zugspitzstraße 271-4b
Zunftstraße 271-9d

Haimhausen
PLZ 85778

Alleestraße 174-11a
Alte Dorfstraße 174-4b
Alte Kreisstraße 173-9b
Am Anger 174-7a
Am Laffgraben 174-7a
Am Malerwinkel (10) 174-11a
Amperpettenbach 174-4c
Amperpettenbacher Straße 174-7b
Am Pfanderling 174-8d
Am Saum 174-10c
Am Schulacker (13) 174-11a
Am Spitzwegwinkel (7) 174-11a
Am Steig 174-8c
Auweg (18) 174-10c

Bayernstraße 174-8d
Birkenweg 202-3a
Brunnenfeldstraße 174-8c

Culmweg 174-11d

Dachauer Straße 174-10c
Defreggerweg (6) 174-8c
Deutenhauser Weg 174-8d
Dolomitenstraße 174-8d
Dorfstraße 174-8c

Eggentaler Straße 174-11b
Elisabeth-Schmidt-Weg (3) 174-8c

Franz-Ferdinand-Straße (13) 174-11b
Fretzstraße 174-10c
Frühlingstraße 174-8c

Gräfin-Monts-Straße 174-8d
Graf-Buttler-Straße 174-8d
Graf-Karl-Straße 174-8d
Graser Weg 174-12c
Grete-Hoffmann-Weg (1) 174-8c
Grundfeld 174-11b
Gut 174-8c

Hahnwiesenweg 202-1a
Haimoweg 174-8d
Hauptstraße 174-8c
Hein-Neufeldt-Straße 174-11a
Hermann-Stockmann-Weg (2) 174-8c
Herrnangerweg 174-10c
Hirschgangweg 174-10b
Hochstraße 174-10d
Hörgenbach 173-3d

Ingolstädter Straße 174-6a
Inhausen 174-11d
Inhauser Moos 202-2b
Inhauser Weg 174-11b

Johann-Albert-Straße 174-11b

Kanalweg 202-3a
Kapellenweg 174-4b
Kellerberg 174-8c
Kirchberg 174-4c
Klaus-Bergmann-Weg (4) 174-8c
Kleinfeldstraße 174-8c
Krautgartenweg (20) 174-10c

Latemarweg (14) 174-8d
Laurinweg (16) 174-11b
Leitenweg 174-10b
Lohweg 174-11a
Ludwig-Thoma-Straße 174-8d

Maisteig 174-12c + 12d
Marienmühle 202-1a
Max-Bergmann-Straße 174-8c
Michael-Schober-Ring 174-8d
Mittlerer Heuweg 174-11c + 202-2a
Moosachstraße 202-3a
Mooshaus 201-3d
Moosweg 174-12c + 202-3a
Mühlbachweg 174-8c
Mühlenstraße 202-1a
Münchner Straße 174-8d

Neufeldweg 174-10c

Oberer Bründlweg 174-8b
Oberer Heuweg 174-10d
Oberndorf 174-1c
Ottershausen 174-10c

Paul-Erbe-Straße 174-8d
Peter-Rosegger-Straße 174-8d
Peter-Trumm-Weg (5) 174-11a
Pfarrstraße 174-8b
Plangger-Popp-Straße (18) 174-8d
Pointweg (21) 174-10c
Prof.-Bock-Weg (9) 174-11a
Prof.-Buttersack-Straße (11) 174-11a
Prof.-Schinnerer-Straße 174-11a

Ringstraße 202-3c
Rosengarten (17) 174-11b
Rosenstraße 174-8d

Schrader-Velgen-Weg (12) 174-11a
Schrammerweg 174-11b
Schwarzerweg 202-1a
Schwebelbachweg (19) 174-10c
Sonneneck 174-8d
Sonnenstraße 174-8d

Tegelfeldstraße 174-11a
Terlaner Weg (15) 174-8d
Theodor-Viepeck-Straße 174-8d

Unterer Bründlweg 174-8c
Unterer Heuweg 174-11c

Valleystraße 174-8d
Viehbacher Weg 174-1d
Von-Haniel-Straße 174-8d
Von-Zügel-Weg (8) 174-11a

Weiherstraße 174-11a
Westerndorf 174-4a
Westerndorfer Straße 174-4b

Halfing
PLZ 83128

Ahornweg 347-6a
Am Berg 347-6a
Am Graben 347-6a
Am Hirschwang (4) 347-5d
Am Höhenrain (3) 347-5d
Angerweg 347-5d

Bachweg 347-5b
Bahnhofstraße 347-6a
Bussardstraße 347-5d

Chiemseestraße 347-6c

Drosselweg 347-5d

Eberloh 347-9c
Egg 346-6d
Erlacherhof 347-4c

Fahrtbichl 347-5a
Falkenstraße 347-5d
Falleronstraße 347-6c
Finkenweg 347-5d
Forchtenegg 347-3d
Freizeitweg 347-5d
Frühlingstraße 347-6c

Gehersberg 347-9d
Geigelsteinstraße 347-5d
Gewerbegebiet „Am Graben" 347-6a
Graben 347-6b
Grafing 347-12a
Gunzenham 347-1a

Hangendobl 347-3d
Hartseestraße 347-6c
Haslach 347-8b
Heubergstraße 347-5d
Hochgernstraße 347-5d
Hochriesstraße 347-5d
Hofbau 347-3d
Holzham 347-4b
Holzhamer Straße 347-5d

Immling 347-11d
Irlach 347-8b
Irlacher Straße 347-8b

Kampenwandstraße 347-5d
Kastanienweg 347-6a
Kirchplatz 347-6a

Lagerhausstraße 347-6a
Leitenweg 347-6c
Lerchenweg 347-5d
Lindenstraße 347-6a
Lungham 346-3d

Meisenweg (5) 347-5d
Moosstraße 347-6a
Mühldorf 347-7b
Mühllandweg 347-5d

Oberholzweg 347-6c
Oberweg 347-6c

Profolstraße 347-5d

Racherting 347-12a
Ringstraße 347-6c
Rosenheimer Straße 347-5d
Rosenstraße 347-6c
Rothmoos 346-6b
Rundorf 347-8c

Samerweg 347-5d
Schulstraße 347-5d
Schwalbenweg (2) 347-5d
Simsseestraße 347-6c
Sonnendorf 347-1c
Sonnenstraße 347-6c

Taubenweg (1) 347-5d

Waldweg 347-6a
Wasserburger Straße 347-5b
Wendelsteinstraße 347-5d
Wölkham 347-2a

Hallbergmoos
PLZ 85399

Ahornweg 177-9d
Airport Park 177-6a
Alte Ludwigstraße 177-3c
Amalienstraße 178-4a
Am Bach 177-12b
Am Gangsteig 177-9d
Am Grillgraben 177-8d
Am Hufeisen 177-9a
Am Ludwigskanal 177-6b
Am Moosfeld 177-9a
Am Söldnermoos 177-6c
Am Süßbach 178-4c
Am Weiher 177-9d
Angerweg 177-9c
Auenstraße 177-9a
Augsburger Hof 149-12c

Beerweg 177-9d
Birkeneck 178-4a
Birkenecker Straße 178-4a
Birkenweg 178-7b
Blumenstraße 177-9c
Brandau 177-2d
Brandstadl 177-7b
Brandstadlweg 177-9a
Buchenweg 177-9c
Bürgermeister-Funk-Straße 177-9b
Bürgermeister-Zeilhofer-Straße (9) 177-8b

Dichtl 177-2d
Dornierstraße 177-5b

Efeuweg 177-9c
Eibenweg 177-9c
Eichenweg 177-9d
Eichnerweg 178-4a
Elisabethweg 177-6b
Enghoferweg 177-6c
Erching 177-10c
Erchinger Weg 177-9c
Erlenweg 178-7c
Eschenweg 177-9c

Fasanenweg 177-6d
Fichtenweg 177-9c
Fischerhof 205-1b
Fliederstraße 177-9c
Föhrenweg 177-9c
Freiherr-von-Hallberg-Platz 177-9b
Freisinger Straße 177-9c
Friedrichstraße 177-6d

Garchinger Weg 177-11b
Georg-Steinhart-Straße 177-9b
Giselastraße 177-6d
Goldach 177-12b + 178-7c
Grünecker Straße 177-11a

Haslauer Weg 177-6d
Hauptstraße 177-9c
Hollerweg 177-9c

Im Jägerfeld 178-4c
Isarstraße 177-7d
Ismaninger Straße 177-2c + 8c

Karlstraße 177-6d
Karolinenweg 177-9b
Kastanienweg 177-9d
Kiebitzweg 177-6d
Kiefernweg (8) 177-9c
Klarweg 177-9d
Kochstraße 177-6c
Kornblumenweg (1) 177-9a

Leopoldstraße 177-6d
Lerchenweg 177-8b
Ligusterweg 178-7c
Lilienthalstraße 177-5b
Lindberghstraße 177-5b
Lindenweg 178-7c
Ludwigstraße 177-5b
Luitpoldstraße 177-6d

Margaretenweg 177-6d
Mariabrunn 178-1c
Marienstraße 177-6d
Mathildenstraße 178-4c
Maximilianstraße 177-6b + 9a
Max-Joseph-Weg 177-9a
Messerschmittstraße (1) 177-5b
Mittermeierweg 177-9d
Mühlbachweg 177-9a

Narzissenweg (5) 177-9c
Nelkenweg (3) 177-9c
Notzinger Straße 178-7a
Nussbaumweg 177-6c

Otl-Aicher-Weg 177-6a
Ottostraße 177-9b

Pappelweg 177-9c
Pfarrer-Weiß-Weg 177-9b
Predazzoallee 177-6c
Preglerweg 177-9b

Rampfweg 177-9b
Rosenweg 177-9a
Rupprechtstraße 177-8d

Schlehenweg 177-9c
Schmidstraße 178-4a
Schönstraße 177-12b
Sedlmeierweg 177-9d
Siegfriedweg 177-9b
Söllnerweg 177-9d
Sonnenblumenweg (4) 177-9c
Stiftwiesenweg 177-8d
Südallee 150-10d

Tannenweg 177-9c
Tassiloweg 178-4c
Theresienstraße 177-6d
Tulpenweg (2) 177-9a

Ulmenstraße 177-9c
Utz-Schneider-Weg (1) 177-9b

Veilchenweg 177-9c

Wacholderweg (6) 177-9c
Wagnerweg 177-9d
Weidenweg 177-9b
Weißdornweg 178-7c
Wiesenweg 177-9a
Wilhelmstraße 177-6d

Zengerstraße 178-10c
Zeppelinstraße 177-6a

Hattenhofen
PLZ 82285

Am Brandfeld 216-9c
Am Krautgarten 216-9c
Am Moos 216-8c
Am Sportfeld 216-8d
Am Weiher (2) 216-9c
Am Weizenfeld 216-9d
An der Bergstraße 216-9d
Angerweg 216-9d

Bäckergasse 216-9d
Bahnhofsplatz 216-8d
Bahnhofstraße 216-8d
Benkerweg 216-8d
Benno-Heinrich-Straße 216-9c
Bergstraße 216-9d
Birkenweg 216-8c
Bürgermeister-Lampl-Straße 216-8d

Dianastraße 216-8b

Eichenstraße 216-9d
Erhardstraße 216-8c

Feldweg 216-9d
Frühlingstraße 216-8d

Gartenweg 216-9d

Haspelmoor 216-8b
Hauptstraße 216-9d
Heckenweg 216-9d
Hörbacher Straße 216-8c

Kettelerstraße 216-8b
Kirchstraße 216-9d

Lindenweg 216-9d
Loitershofen 216-12d
Ludwigseiche (3) 216-9c

Moosangerweg 216-9c
Mühlbergweg (1) 216-9d

Pfeiffergassl 216-9d

Ringstraße 216-8b

Schachtholzweg 216-9c
Schloßgasse 216-9d
Steinbergweg 216-9d

Valesistraße 216-8d

Waldstraße 216-8c
Wiesenweg 216-9c
Winklerstraße 216-8d

Hausham
PLZ 83734

Kalcher 405-12d

Mühlstatt 405-12c

Pichl 405-12c

Straß 405-12d

Hebertshausen
PLZ 85241

Adolf-Lieb-Straße 200-3c
Ahornstraße 200-6b
Akazienring 200-6b
Alte Dorfstraße 201-1c
Alternstraße 173-11c
Am Anger 201-1c
Am Bach (1) 200-6a
Am Bründlfeld 173-10b
Am Eichenberg 200-3d
Am Fasanenacker 173-11c
Am Feldrain 200-3d
Am Höllberg 200-3c
Am Kirchberg (10) 201-1c
Am Kramerberg 200-3d
Am Kühberg (17) 200-3c
Am Lackerfeld (5) 200-3d
Ampermoching 173-11c + 201-1b
Amperstraße 201-1b
Am Rebhuhnfeld 173-11c
Am Riedsam 172-11d
Am Sandberg 200-3d
Amselweg 201-1b
Am Sonnenhang 200-5b
Am Südhang 200-5b
Am Unterfeld 172-12c
Am Weinberg 201-1c
Am Wiesengrund (1) 201-2a
Am Winkelmoos 172-12c
Angerstraße 200-5b
Auwaldring 201-4a

Badersfelder Straße 201-9b
Bahnhofsiedlung 200-3c
Bahnhofstraße 200-3c
Bahnweg 200-6a
Barnergasse 173-10d
Bergstraße 200-3d
Birkenweg 200-6b
Blumenstraße 173-11c
Bründelweg 173-9c
Buchenweg (8) 201-1c
Bürgermeister-Bartel-Straße 201-1d
Bürgermeister-Gasteiger-Straße (2) 173-11c
Bürgermeister-Herzog-Straße 200-6b
Bürgermeister-Rabl-Straße 201-4a
Bürgermeister-Reischl-Weg 201-1c
Bürgermeister-Schall-Weg 172-12c

Dachauer Straße 173-10d + 201-1b
Dahlienweg 173-11c
Deutenhofen 201-1a
Dir.-Knödler-Weg (7) 201-4a
Dorfstraße 200-5b

Eibenweg (11) 200-6b
Erlenstraße 200-6b
Eschenweg (12) 200-6b

Finkenweg (1) 201-1d
Fliederstraße 173-11c
Flurstraße 200-3d
Franz-Schneller-Straße 201-1c
Freisinger Straße 201-1c
Frühlingstraße (1) 200-3d

Gänsstall 173-8a
Garngartenstraße 173-11c
Gartenstraße 200-6a
Georg-Lang-Straße 200-3d
Georg-Queri-Straße 200-6b
Gewerbestraße 201-4b
Goppertshofen 200-2c
Graf-Spreti-Straße 200-2b
Grießlstraße 173-11c
Grubmühlstraße 201-1d

Hackenhof 201-5a
Hackermoos 201-9a
Haimhauser Straße 173-11c + 201-2a
Hallenwöhrstraße 173-11c
Herbststraße (3) 200-3d
Heripertplatz 200-3d
Himmelreichweg (1) 173-11c
Hochstraße 200-3c
Hollerweg (13) 200-6b

Indersdorfer Straße 173-11c

Johann-Hechenberger-Straße 200-3c

Kaistraße 200-5b
Kaltmühle 201-2b
Kirchenstraße 173-10d
Kirchstraße 200-5b
Korbinianweg (9) 201-1c
Kornfeldstraße 173-10d
Krautgartenstraße 201-4a
Kreppenstraße 172-11d
Kreuzackerstraße 173-10d

Lerchenweg (3) 201-1d
Ligsalzstraße 200-6b
Lindenweg 173-11c
Lotzbach 173-8c
Ludwig-Thomas-Ring 201-1d

Mariabrunner Straße 200-3d
Medicusstraße (4) 201-1d
Mitterfeldstraße 200-5b
Mooshäusl 201-6d
Moosstraße 201-2d
Mühlweg 201-1c
Münchner Straße 200-6b

Neufeldstraße 201-4b
Nordendstraße 200-3c

Oberweilbach 172-10d
Ostenstraße 173-11c

Pappelweg (6) 200-6b
Prittlbach 200-2d
Prittlbacher Straße 200-6a
Pütrichstraße (2) 201-1d
Purtlhofer Straße 173-10d

Reipertshofen 172-12a
Röhrmooser Straße 172-11d
Rosenstraße 173-11c
Roßwachtstraße 172-12c
Rotdornweg (14) 200-6b

Schlehenweg (15) 200-6b
Schloßstraße 201-1c
Schulstraße 173-10d
Selackerstraße 173-10d
Siedlerstraße 201-9c
Sommerhaus 172-11b
Sommerhausweg 172-11d
Sommerstraße (2) 200-3d
Südenstraße 173-11c
Sulzrain 173-9c

Taxbergstraße 173-9c
Torstraße 201-1c
Tulpenstraße 173-11c

Ulmenstraße 200-6b
Untere Dorfstraße 173-11c
Unterweilbach 172-12c

Von-Mandl-Straße 201-1c

Waldfriedenstraße 201-1d
Walpertshofen 200-3c + 2d
Walpertshofer Straße 200-6a
Weichselweg (16) 200-6b
Weidenweg (5) 200-3d
Weiherstraße 173-10d
Weilbacher Straße 200-2d
Wiesenweg 201-2a
Winterstraße (4) 200-3d

Zur Amperau 173-11c

Hepberg
PLZ 85120

Am Sportplatz 46-2a

Fortstraße 46-2a

Hauptstraße 46-2a

Kapellenweg 46-2a

Herrsching am Ammersee
PLZ 82211

Abertstraße (3) 328-1a
Adalbert-Stifter-Straße 328-1a
Adolf-Ockert-Weg 328-1c
Adolf-Sturm-Straße 305-12a
Alpspitzstraße 305-2c
Am Ländtbogen 328-1c
Am Pürschling 306-8c
Andechser Straße 306-8c
Andechsstraße 306-10c
An der Sixtwiesn (4) 328-1a
Archäologischer Park 306-10c
Arzbergerstraße 306-10c

Baderstraße 305-12d
Bahnhofsplatz 305-12d
Bahnhofstraße 306-10c
Bichlberg 305-5a
Birkenallee 305-12d
Bodweg 305-5a
Breitbrunn am Ammersee 305-5a
Brünnerlweg (1) 305-4b
Bucher Weg 305-2c
Burgstraße 306-8c

Conrad-Schulz-Weg 305-11d

Dekan-Wenzel-Weg 306-10d
Dillizerstraße 327-3b
Dorfstraße 306-8a

Edelweißstraße 327-6b
Eduard-Kandl-Straße 305-11d
Eichenweg 305-12a
Einfangstraße 305-2c
Ellwang 305-6c
Enzianstraße 327-6b
Erich-Holthaus-Straße 305-11d

Franz-Utz-Weg 305-4b
Franz-Zell-Straße 305-12c
Friedhofweg 305-2c
Friedinger Straße 306-8c

Gachenaustraße 305-12c
Gewerbestraße 306-10c
Goethestraße 306-10c
Gustl-Empfenzeder-Weg 306-10d

Hauptstraße 305-4b
Hechendorfer Straße 305-12b
Heimgartenstraße 305-2c
Hermann-Rainer-Straße 305-12c
Herrschinger Straße 305-5a

Im Neubruch 305-1b

Jahnstraße 305-12d
Jaudesbergstraße 305-5a

Kapellenweg 305-12d
Kapellenweg (Breitenbrunn) 305-5a
Keramikstraße 305-12d
Kienbachstraße 306-10c
Kientalstraße 306-10c
Kirchplatz 306-8a
Kirchstraße 305-5a
Klosterwiese 305-4b
Koebkeweg 305-12d
Köderbichl 305-9d
Kölblweg 328-1a
Krautgarten 305-1d

Ladestraße 305-12d
Lehrstraße 306-10d
Leitenäcker (1) 328-1a
Leitenhöhe 328-1c
Lessingstraße 306-10c
Lochschwab 305-12a
Luitpoldstraße 306-10c

Madeleine-Ruoff-Straße 305-12d
Martinsweg 328-1a
Max-Pfaller-Weg 328-1a
Mitterweg 306-10c
Mühlfeld 327-6b
Mühlfelder Straße 328-1a
Münchener Straße 305-4b

Neuhauserweg 305-12d
Nikolausstraße 328-1a

Oberer Stocketweg 305-12a
Oberer Weinberg 306-7d
Obere Weinbergäcker 306-10a

Panoramastraße 327-6b
Pilsenseestraße 306-7b
Ploetzstraße 305-11b
Prinzehöhe 306-10c

Raunerweg (2) 328-1a
Rausch 305-9c
Rauscher Fußweg 305-12a
Rauscher Straße 305-9c
Rauscher Weg 305-5a
Rehmstraße 306-10d
Reineckestraße 306-10c
Ried 305-11b
Rieder Straße 305-12a
Rudolf-Hanauer-Straße 305-12d + 327-3b

Scheuermannstraße 327-3b
Schillerstraße 306-10c
Schloss Mühlfeld 327-3d
Schloss Rezensried 305-11b
Schmidschneiderstraße 306-10d
Schönbichlstraße 328-1c
Schützenweg 328-1a
Schulstraße 305-5a
Seeäcker (5) 328-1a
Seeblickstraße 305-4b
Seefelder Straße 306-10d
Seeleite 305-1b
Seemoosweg 306-8a
Seepromenade 305-12c
Seestraße 327-3b
Seestraße (Breitbrunn) 305-4b
Seeuferstraße 305-4b
Siglstraße 305-12d
Steindlgasse 306-10c
Steingrabenstraße 305-4d
Strittholzstraße 327-6b
Stürmerweg 305-12d
Summerstraße 327-3b

Unterer Stocketweg (1) 305-12b
Unterer-Weinberg 306-7d
Von-Eichendorff-Straße 328-1a

Waldstraße 328-1b
Wartaweil 327-8d + 9c
Wasach 305-6a
Watzmannstraße 305-1d
Weinberg 306-10d
Weinhartstraße 328-1a
Wendelsteinstraße 305-1d
Widdersberg 306-8d
Winkelweg 305-5c
Wörthseestraße 305-5a

Zugspitzstraße 305-1d
Zum Landungssteg 327-3b
Zur Kohlstatt 328-1c
Zur Weihersenke 328-1c

Hettenshausen
PLZ 85276

Am Hagberg 79-11c
Am Hang 93-2a
Am Rain 93-2a
Am Sportplatz 93-2a
Anger 79-11d
Aventinusstraße 79-11c
Avisgrund 93-2a

Brunnenstraße 93-2c

Carl-Orff-Straße 79-11c

Dr.-Wirzmiller-Straße 79-11b

Eckfeldweg 93-2a
Ehrensberg 94-1a
Entrischenbrunn 94-1c

Feldmühle 93-2a

Gießenbachstraße 93-2d

Harres 80-11d
Hauptstraße 93-2a
Hittostraße 93-2c

Ilmgrund 79-11b
Ilmweg 93-2d

Jahnhöhe 79-10d + 11c

Kreuzberg 93-2a

Leiten 94-1b
Logenweg 93-2c

Maiszell 93-2a
Maurer Feld 94-4b
Mittelweg 93-2a
Mühlweg 79-11a
Münchener Straße 79-11d

Paloweg 93-2c
Posthof 79-11a
Posthofstraße 79-11c
Prambach 93-3a

Reisgang 79-11b

Schaibmaierhof 94-1d
Schaufelstiel 93-2d
Schefflerring 93-2a
Scheyerer Straße 93-1b
Sperlring 79-11b
Streitberg 94-2c
Streitberger Straße 94-4b

Waldweg 79-11b
Washof 79-10d
Washofstraße 79-11c
Webling 93-1c
Weinbergweg 79-11d
Winden 94-2a

Zeughausstraße 79-11b
Zum Waldspielplatz 79-11c

Hilgertshausen-Tandern
PLZ 86567

Adlerstraße 115-9b
Ahornweg 117-7c
Aichacher Straße 116-9a
Am Eichenholz 116-7c
Am Forstfeld 116-6c
Amselweg 116-9d

Bergring 116-10a
Bergstraße 116-9d
Bernhardweg (1) 116-7c
Birkenstraße 116-7c
Birkenweg 117-7c
Bründlweg 116-9b
Buchenweg 117-7a
Buxberg 115-4b

Dachauer Straße 116-7c

Ed 116-9a
Eichenried 116-2b
Eichenstraße 116-9b
Erlenweg 117-7a
Eulenweg 115-9b

Fasanenstraße 115-9b
Fichtenweg 117-7a
Flurstraße 116-9b
Föhrenweg 117-7c
Freisinger Straße 116-9b
Frühlingsstraße 116-9d
Gartelsried 116-7b
Ginsterweg 116-9d
Gumpersdorf 117-7a
Gumpmühle 117-7a

Hangstraße 116-7c
Hangweg 116-9b
Haselnussring 116-9a
Hauptstraße 115-9b
Herbststraße 116-9d
Herrenbergweg 116-9b
Hilgertshausen 116-9a
Hirschenhausener Straße 116-9b
Hochstraße 115-9b
Hollerschlag 116-12a

Ilmweg 117-7a

Jahnstraße 115-9d
Josef-Kreitmeir-Straße 116-7c

Kapellenweg 116-7a
Kiefernstraße 116-7d
Kirchgasse 116-9b

Lerchenstraße 115-9b
Lindenweg 117-7a

Mannried 117-4c
Meisenstraße 115-9b
Michelskirchen 116-8d
Mühlweg 117-7a
Münchener Straße 116-9c

Neßlholz 116-12c
Neurieder Straße 116-9b
Niederdorf 116-4d

Oberdinkelhof 116-1d
Oberdorf 116-4a
Oberdorfer Straße 115-9d
Obertsloh 116-10a
Ottelsburger Straße 116-7c

Parkstraße 116-9a
Pirket 116-6d
Pranst 116-6a

Raiffeisenplatz 116-9b
Raiffeisenstraße 116-7c
Reichel 115-5d
Rosenstraße 116-9b
Rotdornweg 116-9b

St.-Ursula-Weg 117-7a
Schenkenschlag 116-11c
Schloßberg 116-9b
Schloßplatz 116-7c
Schrobenhausener Straße 116-6c
Schulplatz 116-7c
Schulstraße 116-7c
Schwalbenstraße 115-9b
Sommerstraße 116-9b
Stadelham 116-5a

Talstraße 116-7c
Tandern 115-9c + 116-7c
Tannenstraße 116-7c
Thalhof 116-11b
Thalmannsdorf 117-8a
Thonhof 116-3d
Tulpenstraße 116-9b

Unterdinkelhof 116-4b

Von-Lösch-Straße 116-9b

Wacholderweg (2) 116-9b
Waldstraße 116-7c
Weiherhaus 117-7b
Weiherweg 115-9b
Weißdornweg (1) 116-9d
Weitenwinterried 115-5c
Winterried 115-5b
Winterstraße 116-9d

Ziegeleistraße 116-9b
Ziegelweg 116-7c

Höhenkirchen-Siegertsbrunn
PLZ 85635

Ahornring 315-6a
Ahornstraße 315-6a
Altlaufstraße 315-5b
Am Baumgarten 315-6a
Am Ganter 315-6a
Am Grenzweg 315-5b
Am Hart 315-2b
Am Jägereck 315-5a
Am Mitterfeld 315-5b
Amselstraße 315-5d
Am Stiergarten 315-6a
Angerstraße 315-6a
Annette-Kolb-Weg 315-5b
Anwanderstraße 315-5d
Arnikastraße 315-6a
Ayinger Weg 315-6d

Bahnhofplatz 315-6c
Bahnhofstraße 315-5b
Banater Weg 315-2b
Birkenstraße 315-6b
Bogenhauser Straße 315-6b
Brotmannstraße 315-6a
Brunnhofstraße 315-5a
Brunnthaler Straße 315-5c
Buchenstraße 315-3d
Buchner-Straße 293-11d

Chéroypark 315-5d

Diechtlweg 315-5b
Drosselstraße 315-5d
Dürnhaarer Weg 315-6d
Egmatinger Straße 315-6b
Eichbaumstraße 315-3c
Eichenstraße 315-5b
Englwartinger Straße 315-5a
Eppleweg 315-5b
Esterwagnerstraße 315-5d

Faistenhaarer Straße 315-6b
Fasanstraße 315-6b
Finkenstraße 315-5d
Flurstraße 315-6a
Forstenweg 315-5c
Friedrich-Bergius-Straße 315-2b

Gartenstraße 315-5d
Grasbrunner Straße 315-3b

Haringstraße 315-6a
Harthauser Straße 315-6b
Hinterer Altlaufweg 315-2d
Hirschgartenweg (1) 315-6b
Hirschwinkelstraße 315-5a
Hofoldinger Straße 315-6a
Hofoldinger Weg 315-6c
Hofpechlergasse 315-5d
Hohenbrunner Straße 315-2b
Holzapfelstraße 315-5b
Holzstraße 315-5b

Kainzweg (3) 315-5b
Kalkofenweg 315-6c
Kienzlstraße 315-5d
Kirchenweg 315-6c
Kirchstockacher Weg (1) 315-5a
Kistlerstraße 315-5a
Korbinian-Westermair-Straße 315-6a
Kramerstraße 315-5b
Kreuzmeier 316-1a

Lachenmeyerstraße (2) 315-5b
Lachnerstraße 315-5d
Lena-Christ-Straße 315-5b
Leonhardistraße 315-6b
Lerchenstraße 315-6c
Lesererstraße 315-5d
Lilienstraße 315-6a
Lindenstraße 315-5a
Luitpoldstraße 315-1d

Marchwartweg 315-5d
Meisenstraße 315-6c
Mesnerstraße 315-5d
Miesbacher Straße 315-8b + 8c
Molkereiweg 315-6a
Münchner Straße 315-1d

Nelkenstraße 315-6a
Neugrundweg 315-8b
Neuhäuslerstraße 315-5b

Ötzlandstraße 315-5d
Ostersteigstraße 315-6b
Ottobrunner Straße 315-5a

Parkstraße 315-6a
Pframmerner Straße 315-6b
Putzbrunner Straße 315-6b

Riedhauser Weg 315-5d
Rieschbogen 315-5b
Ringstraße 315-5a
Rosenheimer Straße 315-5b
Rosenstraße 315-6a

Saglerstraße 315-6a
Sailerbogen 315-6a
Sattlerstraße 315-5a
Schäfflerstraße 315-5d
Schießstättstraße 315-5d
Schloßangerweg 315-5b
Schloßstraße 315-5d
Schmiedstraße 315-6b
Schulstraße 315-5b
Schwabelstraße 315-5b
Sigohostraße 315-3d
Sportplatzstraße 315-2c
Starenweg 315-5d
Steinerweg 315-5b

Tulpenweg 315-6a

Wächterhof 315-2c
Wächterhofsiedlung 315-2b
Wächterhofstraße 315-2c
Wagerstraße 315-5a
Waldstraße 315-5a
Wallbergstraße 315-5d
Wiesenstraße 315-6a
Wirtsbreite 315-6a

Zaunkönigweg 315-6c
Zaunstraße 315-6b
Zehetmaierstraße 315-3c
Zimmerhansenstraße 315-5d

Höslwang
PLZ 83129

Guntersberg 347-9d

Hohenbrunn
PLZ 85662

Ahornstraße 315-2b
Am Baumgarten 293-10b
Am Gangsteig 293-7c
Am Rothenanger 292-9b
Am Schulgarten 293-11a
Am Sportplatz 293-8c
Andreasstiftstraße 293-10b
Asternstraße 293-7a
Auenstraße 292-9c
Aussiedlerhof 315-2a

Bahnhofstraße 293-11a
Birkenweg 293-10b
Brennereistraße 293-11a
Brunnengasse (3) 293-11a
Brunnthaler Weg 293-11c + 315-1d
Bussardstraße 293-6d

Carl-Zeiss-Straße (1) 292-12a

Dahlienstraße 293-7a
Diesterwegstraße 293-7a
Dorfstraße 293-11a

Eduard-Buchner-Straße 293-11d
Eduard-Spranger-Straße 293-7a
Erikastraße 293-7a
Erlenstraße 315-2a
Ernst-Heinkel-Ring 293-12c

Falkenstraße 293-6c
Fichtenstraße 292-9b
Flößergasse 293-11a
Föhrenweg 292-9b
Forststraße 292-9c
Friedrich-Bergius-Straße 293-12c
Friedrich-Fröbel-Straße 293-7a
Friedrich-Hofmann-Straße 293-4d
Frühlingstraße 292-9b

Georgienstraße 293-7a
Georg-Kerschensteiner-Straße 292-9b
Georg-Knorr-Straße 293-11d
Geranienstraße 293-7a
Gewerbegebiet „Hohenbrunn-Riemerling" 292-9c
Grasbrunner Weg 293-9a + 11a
Grünweg 293-10d

Habichtstraße 293-6d
Hagebuttenweg (1) 315-2a
Harthauser Weg 293-11a
Hasenweg 292-9d
Heckenrosenweg (2) 315-2a
Herbststraße 292-9b
Höhenkirchener Straße 293-11c
Hohenbrunner Straße 292-9b
Holunderweg (4) 315-2a
Hubertusstraße 293-8c

Industrie- und Gewerbegebiet Hohenbrunn 293-11d
Irisstraße 293-7b

Jäger-von-Fall-Straße 293-8c
Jagdstraße 292-9c

Kirchstockacher Straße 293-10d
Kirchstockacher Weg 315-1a
Kistlerstraße 293-11a
Kufsteiner Straße 292-9a

Lilienstraße 293-7a
Lise-Meitner-Straße 293-11d
Luitpoldsiedlung 315-2a

Maiglöckchenweg 293-7a
Mesnerweg (1) 293-11a
Möschenfelder Weg 293-11a
Münchener Straße 292-9c

Nelkenstraße 293-7a
Neulinger Straße 293-11c
Nornenweg 292-9b
Notinger Weg 293-4d

Otto-Hahn-Straße 292-9c
Ottostraße 293-4d

Pfaffen-Geräumt 293-9c
Pfarrer-Siebenhärl-Weg 292-9b
Pfarrer-Wenk-Platz 293-11a
Pframmerner Weg 293-11a
Prinz-Alfons-Straße 292-9c
Putzbrunner Straße 293-11a

Riemerling 293-7c
Riemerlinger Straße 293-10b
Robert-Bosch-Straße 292-12a
Rockersteig 315-1b
Rosenstraße 293-7a
Rudolf-Diesel-Straße 292-9c

Schlehenweg (3) 315-2a
Schmiedweg 293-11a
Schmiedweg (2) 293-11a
Siedlung am Grasbrunner Weg 293-6c
Siegertsbrunner Straße 293-11a
Sommerstraße 292-9b
Sperberstraße 293-6c
Steinstraße 292-9b

Taufkirchner Straße 293-10b
Tulpenweg 293-4d
Turm Geräumt 293-12a

Veilchenweg 293-4c

Wagenberger Straße 293-11a
Waldparkstraße 292-9c
Waldschmidtstraße (5) 292-9b
Weidenstraße 315-2a
Weißdornbogen 315-2a

Zeppelinstraße 292-9a
Zirbelstraße 315-2a

Hohenkammer
PLZ 85411

Ahornstraße 119-9b
Alte Poststraße 119-9d
Am Holzgarten 119-9a
Am Königholz 120-8a
Am Königholz Ost (2) 120-8b
Am Königsholz West (1) 120-8b
Am Kreuzfeld (2) 120-4d
Am Weiher 120-8a
Angerweg 120-4c

Baroneßstraße (1) 119-9b
Bergstraße 120-4c
Birkenstraße 119-9b
Brückenweg 119-9b
Buchenstraße 119-9b

Cottastraße 119-9b

Deutldorf 120-4d
Dörnbach 146-1d
Dorfstraße 120-8a

Eglhausen 120-8a
Eichenstraße 119-9b
Eichethof 119-12b
Eisfeldstraße 119-9b

Freisinger Straße 119-9d + 120-7c

Gartenstraße 120-4c
Glonn-Insel 119-9b
Glonnstraße 120-4c
Glonntalweg 120-4d

Haberhof 146-1b
Haslangstraße 119-9d
Hauptstraße 119-9b
Herschenhofen 119-8d

Jahnstraße 119-9b

Kapellenstraße (1) 120-4d
Keltenweg 119-9d
Kienberger Straße 120-4d
Kiesgrubenstraße 120-4b
Kirchweg 119-9d
Kleinkammerberg 120-10b

Lärchenstraße 119-9b
Lerchenweg 120-8a

Mitterfeldweg 120-8a
Mühlweg 119-9b
Münchner Straße 119-9d

Neuhäusl 120-2a
Niernsdorf 119-3c

Oberwohlbach 119-6d
Ortsstraße 120-4d

Partheneckerstraße (2) 119-9b
Pelka 146-1a
Petershauser Straße 119-8d
Pfarrer-Egger-Straße 119-9b
Pfarrer-Merk-Straße 119-9b
Pfarrstraße 119-9b

Riedhof 120-2a
Römerweg 119-9d

Schlipps 120-5a
Schlipper Straße 120-8a
Schloßstraße 119-9a
Schmiedberg 119-9d
Siedlungsweg 120-8a

Talstraße 120-4c

Unter Kirchweg 120-4d
Untermarbach 119-5d
Unterwohlbach 120-4c

Von-Vequel-Straße (3) 119-9b

Wahl 119-3b
Waldweg 120-8a
Waltenhofen 119-12b
Wiesenweg 120-5c
Wohlbacher Straße 120-4c

Zur Leith 120-4d

Hohenlinden
PLZ 85664

Ahornstraße 254-8c
Alfons-Werndl-Straße 254-8b
Altmühlhausen 254-4d
Altstockach 254-8d
Altstockacher Weg 254-8b
Am Niederfeld 254-8b
Au 254-9d

Berg 254-9a
Birkach 254-9c
Brückenweg 254-8b
Buchenstraße 254-8c

Ebersberger Straße 254-8c
Eichenstraße 254-8a
Erdinger Straße 254-5c

Flurstraße 254-8a

Gewerbegebiet „Am Niederfeld" 254-8b
Gewerbegebiet „Altmühlhausen" 254-7b

Hauptstraße 254-8a
Hochstraße 254-11b
Hohenlindener Sauschütte 254-10c
Hupfauer Anger 254-8a

Isener Straße 254-8b

Josef-Katterloher-Ring 254-8a
Josef-Maurer-Straße 254-8a
Josef-Neumeier-Straße 254-7b

Kanzleiweg 254-8a
Kapellenweg 254-8a
Kastanienweg 254-8c
Kreith 254-12a + 8d
Kreuzstraße 254-8a
Kronacker 254-5b
Kronacker Weg 254-8a

Lagerhausstraße 254-8a
Lindenstraße 254-8a

Mühlenstraße 254-8a
Mühlhauser Feld 254-7b
Münchner Straße 254-7b

Neumühlhausen 254-4a
Neupullach 253-5d
Neustockach 254-11a
Niederkaging 254-8b

Obere Steinstraße (3) 254-8c
Oberkaging 254-9a
Oberlehrer-Stoeckl-Straße (1) 254-8a

Pfarrer-Andrä-Straße (4) 254-8b
Postanger 254-8a

Rathausplatz 254-8a
Reuthweg 254-8a

Steinstraße 254-8c

Untere Steinstraße (2) 254-8c

Weber 254-12c

Hohenpolding
PLZ 84432

Amelgering 129-12b + 130-10a

Bachstraße 156-2d
Berghof 130-4c
Bergwiese 156-2d
Brandstätt 131-7a
Brunnenfeld 156-3a
Buchöd 131-7d
Bürg 131-4c

Dickarting 130-11a
Diemating 130-7b

Eben 156-3a
Erdmannsdorf 156-5a

Fuchsöd 130-5c

Gewerbestraße 156-2b
Großaign 130-8b
Großstockach 156-5b
Gurnhub 131-7a
Gustostraße 156-2d

Harland 156-3b
Harting 156-3d
Hauptstraße 156-2d
Helding 130-7c
Hilg 130-6a
Hof 130-4d
Hofstätt 130-4a
Holzmann 130-9b
Holzner 130-6c
Hut (Klesham) 156-6b
Hut (Loiting) 130-11d + 156-2b

Karbaum 130-8b
Kellerstraße 156-2b
Klausenberg 156-2b
Kleinaign 130-9b
Kleinstadl 130-9a
Klesham 156-6a
Krumbach 130-7c

Loiting 130-11c

Maierhof 131-7a
Marxgrub 130-6d

Oeder Berg 156-4b

Penk 130-7d
Penning 130-12b
Pfauhub 131-7c
Pilstl 130-9d

Quick 130-5b

Ramperting 130-10d
Rechlfing 130-11c
Reinting 156-6b
Reit 156-2a
Reiterstraße 156-2b
Reitgarten 130-4d
Resenöd 130-5d

Schachten 156-2c
Schachtner 130-9a
Schulstraße 156-2b
Schwarzenberg 130-9d
Sinzing 130-12b
Starzell 130-12a
Steckenbühl 130-6d
Sulding 130-9c

Teufelsöd 156-5d

Umkehr 130-11b

Voglstädt 156-2d

Waltersberg 131-7c
Wastlöd 131-4a
Wimm 156-3a
Wimmberg 130-8a

Zeil 131-4c

Hohenwart
PLZ 86558

Adelshausener Straße 58-7c
Ahornstraße 65-8a
Alte Siedlung (3) 65-5a
Am Anger 57-11c
Am Hechtenfeld (1) 66-1c
Am Kerschberg 65-4b
Am Klosterfeld 65-4a
Am Peuernfleck 58-7c
Am Steinberg 65-6c
Am Weiher (2) 65-8a
Am Windsberg 58-7d
An der Allee 65-7a

Bachstraße 65-4d
Bergstraße 65-4b
Beuern 57-12a
Birkenstraße 65-8a
Blütenstraße 64-12a
Brunnerstraße 65-4a
Buchenstraße 65-8b
Burgweg 64-12d

Carl-Benz-Straße 65-8b

Deimhausen 57-10b
Dieselstraße 65-8b
Dorfstraße 65-3d

Eichenstraße 65-4a
Ellenbach 77-4b
Englmannsberg 77-4a
Englmannszell 65-2d
Erlenstraße 65-5c
Eulenried 65-6d

Fischerstraße 65-5c
Fliederstraße 65-8a
Forellenweg 65-4d
Fraunhofer-Straße 65-8b
Freigrabenweg 65-4b
Freinhausen 58-7a
Freinhauser Mühle 58-7d
Freiweg 65-4d

Gabisweg 65-4d
Gartenweg 65-4d
Gewerbegebiet „Ostermoos" 57-12b
Gewerbegebiet „Salvatoräcker" 57-11c
Gewerbepark „Hohenwart" 65-8b
Goethestraße (4) 65-4d
Gut 77-4b
Gutenberg-Straße 65-8b

Häcklstraße 65-4b
Hahnhof 64-12d
Hansastraße 57-12b
Hardt 66-7a
Hochstattmühle 65-5c
Hochstattmühlstraße 65-4b
Hofmarkstraße 66-1c
Hohenrieder Straße 57-11a
Hohenwarter Straße 58-10a
Hopfenstraße 65-3d

Industriestraße 65-5c
Ingolstädter Straße 58-7c

Kapellenstraße 65-4b
Kirchberg 57-11c
Kirchenweg 65-4a
Kirchstraße 65-4d
Klosterberg 65-1c
Koppenbach 64-12c
Kornstraße 65-3d

Lerchenstraße 65-5c
Lessingstraße (6) 65-4d
Lindach 66-7a
Lindacher Straße 66-4a
Lindberg 58-7c
Lindenstraße 65-5c
Loch 76-3b

Marktkreppen Weg (1) 57-11c
Marktmühle 65-4b
Marktmühlstraße 65-4b
Marktplatz 65-4d
Merxmühle 65-5b
Metzgerbräustraße 65-4d
Mühlweg 58-7d

Nagelschmiedstraße (1) 65-4d
Neuburger Straße 56-4d + 65-1c

Ortsstraße 65-6c
Ostendstraße 65-4d

Paarweg 65-3d
Pfaffenhofener Straße 65-4d
Pobenhausener Weg 57-11a
Pörnbacher Straße 65-6b

Regensburger Straße 65-8a
Richildisstraße 65-4a
Ringstraße 65-4d
Rosenstraße 65-4d
Rothof 64-11b

Salvatorweg 57-11c
St.-Anna-Straße (2) 66-1c
St.-Stephan-Straße 65-6c
Schenkenauer Straße 65-4d
Schillstraße 65-4d
Schlehdornstraße 65-8a
Schlossweg 65-7a
Schlott 65-10b
Schlotter Straße 65-7b
Schlotter Weg 65-8a
Schönwaldweg (2) 65-4d
Schulstraße 65-4b
Schwaig 65-3b
Seibersdorf 65-11b
Seibersdorfer Straße 65-8a
Siemensstraße 65-8b
Sonnenstraße 65-4d
Steinerskirchen 57-8b
Steinerskirchener Straße 57-9c
Sternstraße 65-4d

Talstraße 57-11a
Thierham 65-5c
Thomastraße (5) 65-4d
Tulpenstraße 65-4d

Ulmenweg 65-8a
Unterer Markt 65-4d
Untere Talstraße 57-11d

Vormarkt 65-4d

Waldstraße 65-4a
Weichenried 65-3c + 66-4a
Weidenweg (1) 65-5c
Weiherbauer 66-7a
Wiesengrund 65-5c
Wolfshof 64-11c
Wolfshofstraße 64-12a

Zellerstraße 65-3d
Ziegelstraße 65-8a
Zieglerhof 57-8c

Hollenbach
PLZ 86568

Am Anger 86-7b
Am Dümpfelbach 86-4d
Am Oberfeld 86-4c
Am Steigfeld 86-4d
Arnhofer Weg 86-7b

Dieselstraße 86-4d

Flurstraße 86-4d

Hollenbacher Straße 86-7a

Kornfeldstraße 86-4c

Maria-Eich-Straße 86-4c
Motzenhofen 86-4d

Oberer Siedlungsweg 86-7b

St. Georg 111-2a
Schindkuchelweg 86-7b

Unterer Siedlungsweg 86-7b

Walchshofener Straße 86-7b
Weinberg 111-1a
Wiesenstraße 86-4d

Holzkirchen
PLZ 83607

Aberg 359-9a
Abergweg 359-8c
Abt-Kaspar-Straße 381-2d
Adolf-Kolping-Straße 381-2a
Ahornstraße 359-11d
Albrecht-Dürer-Ring 381-1b
Almenrauschweg (4) 359-11a
Alpenblickstraße 359-11d
Am Ackerrain 359-11c
Am Frauenberg 381-8b
Am Gangsteig 381-2a
Am Gschwendfeld (1) 380-9c
Am Hinterfeld 380-12a
Am Hüllfeld (2) 359-10d
Am Ladehof 359-11c
Am Oberfeld 359-11c
Am Olivberg 381-2a
Amselweg 359-10d
Am Sufferloher Weiher (2) 381-8c
An der Kiesgrube 381-7c
Andreas-Mitterfellner-Straße 381-1d
Asberg 380-12a
Asberger Straße 380-9c
Auf der Höh 381-1b
Austraße 381-2b

Babenberg 402-2d
Badgasse 381-2b
Bahnhofplatz 359-11c
Bahnhofweg 381-2a
Baumgarten 380-6b
Baumgartenstraße 381-1d
Beiweg 380-3b
Bergerstraße 360-7a
Bergfeldstraße 359-12b
Bergfriedstraße 381-2c
Birkenstraße 359-11d
Birkrinnstraße (3) 381-1b
Blumenstraße 359-11c
Brauneckstraße 381-2c
Breitensteinstraße 359-11c
Brunauerstraße 359-9b
Buch 380-6c
Buchenstraße 359-11d
Burgstallerstraße 381-2c

Carl-Weinberger-Straße 359-11d

Daisenbergerstraße 381-2d
Dekan-Imminger-Weg 381-2a
Dietramszeller Straße 381-4a
Distelweg 381-2b
Dorfstraße 380-9c
Dorfstraße nach Großhartpenning 380-9c
Drosselweg 359-10d

Edelweißstraße 359-11d
Eichenfeldstraße (6) 359-11d
Eichenweg 359-9c
Enzianstraße 359-11d
Erich-Kästner-Straße 359-11d
Erlenstraße 359-11d
Erlkam 359-11a
Erlkamer Straße 359-11c
Ernst-Vogler-Weg 381-2a
Eschenstraße 359-11d

Feldstraße 381-2b
Fellach 359-9b + 360-7a
Fichtholz Autobahnsiedlung 359-12b
Finkenweg 359-10d
Flachsfeldstraße 359-11c
Flinspachstraße 381-2c
Flurstraße 359-12a
Föching 359-8d
Föchinger Straße 359-11c
Forstbauer 359-6c
Franz-Obermayer-Straße 381-1b
Franz-von-Defregger-Straße 359-11c
Frühlingstraße 381-2b

Ganghoferstraße 359-11a
Gartenstraße 381-2b
Georg-Queri-Straße 381-2b
Gerstacker Straße 359-11a
Gewerbegebiet „Abdecker" 381-3a
Gewerbering 381-3a
Grasberg 402-2b
Großhartpenning 381-7d
Guffertstraße 381-2c

Hackenseestraße 380-8d
Hafnerstraße 381-2a
Haid 359-10d + 381-2a
Haidlandweg 359-11b
Haidstraße 381-1b
Hans-Jennerwein-Straße 381-1b
Hauptstraße 359-12a
Heidenweg 359-12a
Heignkam 359-11a
Heignkamer Straße 359-10d
Herdergarten (8) 381-2b
Herzbergweg 381-7c
Hilpoltsteiner Straße (9) 381-2d
Hirschbergstraße 381-2c
Hochackerweg 381-8a
Holzbauer 359-12c
Holzhäuslerweg (1) 380-3b
Holzstraße 381-2c
Hygin-Kiene-Straße 381-2a

Ignaz-Günther-Straße 359-11d
Im Thalbühel 381-2a
Industriestraße 381-2b
Inselkam 359-10c
Iselweg 380-9c

Jahnstraße 381-2a
Josef-Kammerloher-Straße 381-1b

Kapeuenweg 360-4c
Karl-Stieler-Straße 359-11c
Karwendelstraße 381-2c
Kiem-Pauli-Straße 381-1b
Kiem-Pauli-Straße (5) 381-1b
Kirchbergstraße 381-7c
Kirchfeldstraße 359-9c
Kirchweg (1) 359-12a
Kleinfeldstraße 381-6a
Kleinhartpenning 380-8d
Kleinhartpenninger Straße 381-7c
Kögelsberg 402-2a
Köhlerweg (4) 359-10d
Kohlstattstraße 380-3b
Konrad-Zuse-Straße 359-12b
Krankenhausstraße 381-1b
Kühlechner 359-6b
Kurt-Koch-Straße 381-1b
Kurzenberg 380-12b

Lärchenstraße 359-12c
Leithen 380-11d
Lena-Christ-Straße 359-11d
Lindenstraße 359-11d
Lindlfeldweg 381-2c
Ludwig-Thoma-Straße 359-11c
Lüftiger Hof 381-2d

Maitz 359-10d
Marienstraße 381-2b
Marktfeldweg 380-9c
Marktplatz 381-2a
Marschall 381-6a
Martin-Luther-Straße 359-11d
Martinstraße 381-7c
Marxbauerstraße 359-10d
Max-Heimbucher-Straße 359-11c
Meilerstraße 359-10d
Meisenweg 381-1b
Meßnerstraße 360-7a
Miesbacher Straße 381-2d
Mölgg-Aberg 359-8b
Moosstraße 381-7c
Mühlweg 381-8a
Münchner Straße 359-10a

Nehaider 360-4c
Neuerlkam 359-11a

Ohmstraße 359-10d
Oskar-von-Miller-Platz 381-2a
Otterfinger Weg 359-11c
Otto-Mair-Ring 381-2b

Parkanlage Kogel 381-5b
Pelletsmühl 380-11c
Pfarrweg 381-2a
Piesenkamer Straße 381-10a
Probst-Sigl-Straße 359-11c

Raiffeisenstraße 381-3a
Rat-Müller-Straße 381-1b
Reith 402-2b
Reitschulweg 359-10d
Ried 380-12a
Robert-Bosch-Straße 381-3a
Roggersdorf 380-3b
Roggersdorfer Straße 380-3b
Roseggerstraße 359-11d
Rosenheimer Straße 359-11d + 381-2b
Rosenstraße (5) 359-11c
Roßsteinstraße 381-1a
Rudolf-Diesel-Ring 381-2b

Säggasse 381-2c
Salzgasse 381-2a
St.Bartholomäus (1) 381-8b
St.-Josef-Straße 381-2a
Schinderäckerstraße 381-2b
Schmiedstraße 359-9c
Schönloh 359-12c
Schönlohstraße 381-2b
Schützenstraße 381-2c
Schulstraße 359-12a
Schwarzes Kreuz 402-1a
Schwarzrinnstraße (1) 359-10d
Setzbergstraße 381-2c
Siedlerstraße 359-11c
Sollachen Straße 360-7a
Sommeraustraße 381-7b
Sonnbergstraße 381-1a
Sonnleiten 380-9c
Spatzenweg 359-10d
Spitzwegstraße 381-2a
Steindlweg 381-2d
Stubenbach 402-2c
Sudetenstraße 381-2b
Südstraße 359-11c
Sufferloh 381-8c + 8b
Sufferloher Straße 381-7d

Tannseidl 381-11a
Tegernseer Straße 381-2d
Teufelsgraben 359-10a
Thann 381-5d
Thanner Straße 381-2d
Tölzer Straße 381-10a

Ulmenstraße 359-11d

Valleyer Weg 381-2b
Veilchenweg 359-11d
Victor-Kaluza-Straße 359-11d

Wagnerbreite 381-2d
Wallbergstraße 381-2c
Warngauer Straße 381-7d
Weiherweg 381-7c
Wendelsteinstraße 359-11d
Westermeierstraße 359-9c
Wilhelm-Busch-Straße (7) 359-11c
Wilhelm-Leibl-Straße 381-2c
Wilhelm-Liebhaber-Straße 381-1b
Winkel 380-3d

Zeheterstraße 359-10d

Icking
PLZ 82057

Adlerskron 79-8b
Almweg 332-9c
Alpe 354-1a
Am Bahnhof (1) 332-12a
Am Buchet 332-11b
Am Rauschergraben 354-5c
Am Schatzfeld 332-6a
Am Talfeld 332-11c
Angerl 332-11d
Attenhausen 354-1b
Attenhauser Straße (Attenhausen) 354-1b
Attenhauser Straße (Dorfen) 354-2c
Auf der Sonnenläng 332-11d

Buchenwinkel 354-2d

Dickweg 332-9c
Dorfen 354-4b
Dorfner Weg 332-11c
Dorfstraße 354-1b

Ebenhauser Straße 332-9a
Egartsteig 332-9c
Eggenberg 332-6c
Eichendorffweg 332-11b

Feldstraße 332-10d
Flurweg 332-10d
Fuchsbichl 332-11b

Geheimrat-Heindl-Weg (1) 332-6c
Gerd-Fröbe-Weg 332-11d
Grainwinkel 332-11d

Haiderweg 332-8d
Hauser Weg 332-12a
Hinteres Moos 332-12c
Höhenrainer Straße 354-1a
Höllgraben 354-2b
Holzen 333-7a

Ichoring 332-11b
Im Erlet 332-11b
Irschenhausen 332-6c
Irschenhauser Straße 332-6c
Isarweg 332-12a

Johann-Pischeltsrieder Weg 332-9c

Kaltenbrunn 354-1b
Kammerlbreite 332-11b
Kammerlweg 332-12a
Kapellenweg 332-10d
Kiebergweg 354-5a
Kirchenleite 332-12a
Krautgärten 332-6c

Ludwig-Dürr-Straße 332-11b

Marktfeld 354-1b
Max-Rüttgers-Straße 332-6a
Meilenberg 354-7a
Meilenberger Straße 354-4d
Mittenwalder Straße 332-12a
Mörlbacher Straße 332-8b
Münchner Straße 332-9c
Münchner Straße (Dorfen) 354-5a

Neufahrner Weg 332-5d

Obere Alpe 354-1a

Pfaffenleite 332-6c

Rosenfeldweg 332-11c
Rothengasse 332-6c

Schäftlarner Weg 332-6c
Schlederloh 354-2b
Schleichersteig 332-12a
Schloßbergweg 354-5c
Schmotzenbreite 332-9a
Schützenried 332-9a
Seeleiten 332-8b
Spatzenloh 332-12a
Starnberger Straße 354-4b
Stifterweg 332-11b
Stoßberger 354-2d
Straßfeld 354-5a

Talberg 332-9c

Ulrichhügel 332-9a
Ulrichstraße 332-9c
Untere Alpe 354-1a

Wadlhausen 332-8c
Wadlhauser Straße 332-8d + 8a
Walchstadt 332-10d
Walchstadter Höhe 332-11c
Walchstadter Straße 332-11c
Weideweg 332-10d
Weiße Wand 332-12c
Wenzberg 332-9c
Wieshang 332-8b
Wolfratshauser Straße 354-5a

Zeller Weg 332-6c
Zugspitzweg 332-11d

Iffeldorf
PLZ 82393

Gabelchristhof 396-10c
Gut Staltach 396-12d

Lauterbacher Mühle 396-11c

Marieninsel 396-11d
Moosweg 396-12c

Obereurach 397-10d
Osterseehof 396-11b

Sanimoor 397-7c
Staigerinsel 396-11c

Torfwerk Staltach 396-12c

Unterlauterbach 396-10c

Ilmmünster
PLZ 85304

Abt-Uto-Straße 93-5a
Am Milchwerk 93-8d
Am Sportplatz 93-8b
Angerstraße 93-7a

Bergstraße 93-5a
Birkenweg 93-5c
Blumenstraße 93-5d
Bräustraße 93-5a
Buchenweg 93-5c

Dekan-Faber-Ring 93-5a
Dinkelweg (10) 93-5a
Dorfstraße (Ilmried) 93-7a
Dummeltshauser Straße 93-4d

Eichenweg 93-8a

Flachsweg 93-5a
Fliederweg 93-5d
Freisinger Straße 93-5c

Gartenweg (4) 93-5d
Gerstenstraße 93-5a
Grabengasse (1) 93-7a

Haferweg (11) 93-5a
Herrnrast 93-9a
Hettenshausener Straße 93-5a
Hochstraße 93-5c
Hopfenweg (7) 93-5a

Ilmried 93-7b
Ilmrieder Kirchweg 93-7b
Ilmweg 93-5c

Kapplmeierweg 93-5c
Kirchberg 93-5c
Klosterweg 93-7b
Konradinstraße (2) 93-5a
Kornstraße 93-5a
Kreuzhof 93-6a

Maisweg (8) 93-5a
Mittelweg 93-7b
Mühlberg 93-7b
Münchner Straße 93-8d

Nelkenweg (3) 93-5d

Obere Dorfstraße 93-7b

Pappelweg 93-5c
Peter-Eich-Weg 93-5d
Pfaffenhofener Straße 93-5b
Primelweg (5) 93-5d
Probst-Rifrid-Straße 93-5a

Raiffeisenstraße 93-5c
Rapsweg (9) 93-5a
Riedermühle 93-8b
Riedermühlerstraße 93-5c

Roggenweg 93-5a
Rosenstraße 93-5d

St.-Arsatius-Straße 93-5c
Saselberg 93-7a
Schäfflerstraße (6) 93-5c
Scheyerer Straße 93-5a
Sonnenhang 93-5a
Sonnenstraße 93-4d
Starzenbachstraße 93-5a

Talstraße (1) 93-5a
Tannenweg 93-5c
Tulpenweg 93-5d

Unterdummeltshausen 93-4a

Weiherstraße 93-4b
Weizenstraße 93-4b
Wimmerweg 93-7b

Inchenhofen
PLZ 86570

Ahornstraße 86-3a
Aichacher Straße 86-2b
Am Breitenacker 86-2a
Am Hang 86-2b
Am Sportplatz 86-1a
Am Weiherbach 86-3c
Am Wiesenbach (7) 86-3a
Angerweg 86-2b
Antoniusweg 86-2b
Arnhofen 86-2c
Augsburger Straße 86-1b
Auweg 86-3a

Bachweg 86-1d
Baldaufstraße 86-2b
Bannholzstraße 86-3c
Bergstraße 86-2a
Birkenstraße 86-2c
Blumenstraße 86-2b
Brechstubenweg 86-3a
Brunnenstraße 86-3a
Buchenweg (8) 86-3d

Eichenstraße 86-1b
Erlenweg 86-2a

Fichtenstraße 86-3a
Flurstraße 86-1c
Föhrenstraße 86-3c
Frühlingstraße 86-1d
Fuchsberg 86-3a

Gartenstraße 86-3a
Georgiweg 86-2b
Großhausener Straße 86-3a

Hagenaustraße 86-2b
Hanfgartenstraße 86-3a
Hangstraße 86-1b
Haselnußweg 86-3a
Hauptstraße 86-1b
Herzog-Stephan-Straße (10) 86-3a
Hölzlberg 86-2b
Hopfengartenstraße 86-2b

Jahnstraße 86-2b

Kabisstraße 86-2b
Kirchplatz 86-1b
Klosterberg 86-2b
Kornfeldstraße 86-3a
Krautgartenweg (4) 86-2d

Lärchenweg (9) 86-3d
Lindenstraße 86-3a

Marktplatz 86-2b
Martiniweg 86-2a

Prof.-Hegenauer-Straße 86-2b

Radersdorfer Straße 86-3a
Reifersdorfer Straße 86-2b
Rennfeldstraße 86-3a
Rosenstraße 86-1a

Sägstallstraße (2) 86-3a
Sainbach 86-1b
Sainbacher Straße 86-2a
St.-Josef-Straße (6) 86-3a
St.-Leonhard-Straße 86-2b
Schießmauer (5) 86-2d
Schulstraße 86-2b
Schwerdtfiehrerstraße 86-2b
Schwester-Wiedemann-Straße (3) 86-2d
Sonnenstraße 86-2d

Talstraße 86-1d
Tannenstraße 86-3a
Taxberger Weg 86-3a

Wachshofener Weg 86-3c
Wittelsbacher Weg 86-3c

Zisterzienserplatz (1) 86-2b

Ingolstadt

85051 Adam-Lechner-Straße 53-2b
85049 Adam-Smith-Straße 45-10c
85051 Adlerstraße 49-6a
85055 Adlmannsberger Weg 45-2c
85051 Adlzreiterstraße 49-9a
85049 Adolf-Kolping-Platz (1) 39-A2
85049 Adolf-Kolping-Straße 49-3a
85051 Adolf-Landes-Straße 49-12b
85057 Äußerer Buxheimer Weg 45-11c
85051 Agnes-Bernauer-Straße 49-8c
85055 Agricolastraße 45-9d
85049 Ahornweg 45-10c
85057 Aichingerstraße 45-12d
85049 Akazienstraße 48-2c
85055 Akeleistraße 46-11b
85057 Alban-Berg-Straße 45-11c
85049 Albert-Schweitzer-Straße 49-2d
85049 Albertus-Magnus-Straße 45-10c
85053 Albrecht-Dürer-Straße 50-4d
85051 Aldringenstraße 49-6d
85051 Alemannenstraße 49-8b
85055 Alfons-Riehl-Straße 46-7b
85053 Alfred-Brehm-Straße 50-6c
85053 Alfred-Kubin-Straße 50-4d
85055 Alleeweg 46-7a
85053 Allensteiner Straße 50-1d
85051 Almweg 53-2b
85049 Aloisiweg 49-2a
85055 Alpenrosenstraße 46-12c
85053 Altdorferstraße 50-4d
85051 Alte Mühle 53-2b
85049 Altenhofstraße 45-10a
85055 Altvaterstraße 46-7b
85053 Altwasserweg 50-6a
85053 Am Anger 50-4d
85055 Am Augraben 46-7c
85053 Am Auwaldsee 50-2c
85049 Am Bachl 39-B3
85055 Am Badanger 46-12b
85055 Am Berg 45-2c
85055 Am Bierweg 46-7b
85049 Am Burggraben 48-5a
85049 Am Dachsberg 44-12b
85051 Am Damm 50-10c
85053 Am Eichelanger 50-8b + 8c
85051 Am Euler 49-11c
85057 Am Feldsteig 45-10a
85049 Am Forstweiher 48-6b
85055 Am Fort 45-2b
85053 Am Franziskanerwasser 50-6a
85051 Am Funkturm 53-2d
85051 Am Gangsteig 49-9d
85049 Am Gerstnerweiher 48-6b
85051 Am Gländ 53-5b
85055 Am Güßgraben 45-2d
85049 Am Gwendt 48-2d
85055 Am Hartweg 46-12d
85051 Am Hasenbergl 53-2a
85057 Am Heidgraben 45-10a
85055 Am Himmelreich 46-8d
85049 Am Hirtenfeld 48-5a
85051 Am Hochfeldweg 53-3d
85049 Am Hopfenwehrl 48-6b
85055 Am Katharinengarten 45-12b
85055 Am Kirchenweg 46-4c
85053 Am Konkordiaweiher 50-4a
85051 Am Krautgarten 49-11d
85051 Am Kreuz 50-7c
85051 Am Kühlhaus 53-2b
85051 Am Lohgraben 49-6b
85051 Am Mailinger Bach 47-10c
85055 Am Mailinger Moos 46-12b
85049 Am Marterl 49-4a
85049 Am Moosgraben (12) 49-1a
85053 Am Mühlanger 50-4d
85055 Am Mühlbach 46-7d
85049 Am Münzbergtor 39-B3
85055 Am Neubruch 46-12d
85057 Am Nordbahnhof 45-12d
85049 Am Nordbuckl 48-6b
85051 Am Oberen Anger 53-3a
85053 Am Ochsenanger 50-4d
85049 Am Pfarrgraben 48-5a
85049 Am Pflanzbeet 48-2d
85051 Am Pulverl 49-9a
85055 Am Roding 46-11d
85051 Am Röthenfeld 53-2d
85055 Am Rondell 46-11d
85051 Am Schächer 49-8b
85055 Am Schiffl 45-5b
85055 Am Seitweg 46-12c
85051 Amselweg 50-7c
85053 Am Speiselsaum 50-8a
85051 Am Sportcenter 49-11d
85053 Am Sportpark 50-6d
85053 Am Stadtweg 50-8a
85049 Am Stein 39-B2
85051 Am Sunder 53-3b
85055 Amundsenstraße 45-5a
85049 Am Waag 48-2c
85055 Am Wasserwerk 46-10a
85051 Am Wegfeld 53-3a
85051 Am Weiher 50-10a
85055 Am Weinberg 46-4c
85049 Am Westbuckl 48-6b
85055 Am Westerberg 45-1d
85057 Am Westpark 45-10b
85055 Am Wetterkreuz 46-11b
85051 Am Wiesenrain 53-2d
85051 Am Zwischenwerk 53-2d
85049 Anatomiestraße 49-3a
85049 An der Breite 44-10b
85049 An der Feldschütt 49-4a
85049 An der Kühtränke 44-12b
85051 An der Lagerschanze 49-9a
85055 An der Messe 46-9d
85055 An der Nürnberger Straße (4) 46-10c
85055 Andromedastraße 46-12c
85055 Anemonenstraße 46-12d
85051 Angeräckerweg 49-9c
85051 Anna-Hofmann-Straße (8) 49-9a
85051 Anne-Frank-Straße 49-12a
85055 Annette-Kolb-Straße 46-7c
85049 Antoniusschwaige 49-2a
85055 Anzengruberstraße 46-10b
85051 Apianstraße 49-6b
85055 Arbostraße 46-4c
85055 Archusgasse 45-5a
85051 Argulastraße 49-11b
85055 Arndtstraße 46-10a
85055 Arnikastraße 46-12b
85055 Arnimstraße 46-7c
85053 Arnold-Weber-Straße 50-9c
85055 Arnsbergerstraße 45-2d
85053 Asamstraße 50-1c
85055 Asternstraße 46-12a
85051 Astrid-Lindgren-Straße 49-9b
85055 Attenkoferstraße 46-11c
85051 Aubürgerstraße 50-10a
85057 Audi-Ring 45-10d
85051 Auenstraße 49-6a
85049 Auf der Heide 48-5c
85051 Auf der Höhe 49-9b
85049 Auf der Schanz 49-3a
85051 Aufeldstraße 48-12d
85055 August-Horch-Straße 45-8b
85053 Augustinerweg 50-8a
85055 Aurikelstraße 46-12b
85051 Aventinstraße 49-6b
85055 Ayrerstraße 46-11c

85057 Bachstraße 45-11d
85055 Baderstraße 45-5b
85051 Bärenklaustraße 49-9a
85051 Baggerweg 49-6a
85055 Bahngasse 46-7a
85051 Bahnhofstraße 50-4c
85051 Bajuwarenweg 53-3a
85051 Balbierstraße 50-7a
85055 Baldestraße 46-10c
85049 Ballhausgasse (18) 39-C2
85049 Balthasar-Neumann-Straße 49-1b
85051 Barbarossastraße 49-8a
85049 Barellistraße 49-1a
85053 Barlachstraße 50-7d
85049 Barthlgasserstraße 48-2c
85055 Bauersfeldstraße 46-12c
85049 Bauhofstraße 39-B3
85055 Bayernwerkstraße 46-12d
85055 Bayerstraße 46-12d
85049 Bayerwaldstraße 44-12b
85049 Beckerstraße 49-3b
85057 Beethovenstraße 45-12c
85055 Behaimstraße 45-5a
85049 Behringstraße 49-2d
85053 Bei der Arena 50-1c
85049 Bei der Hollerstaude 45-10d
85049 Bei der Schleifmühle 49-3a
85055 Beilngrieser Straße 46-7c
85057 Beim Orgelacker 45-10a
85051 Beim Pfaffenacker 49-9a
85051 Beim Schmalzbuckel (5) 49-9c
85049 Bergbräustraße 49-3a
85055 Bergengruenstraße 47-10c
85049 Bergfeldweg 44-10a
85055 Bergiusstraße 46-7c
85053 Bergmüllerstraße 50-4d
85051 Berliner Straße 49-8b
85055 Bernd-Rosemeyer-Straße 46-7a
85055 Bert-Brecht-Straße 46-11d
85051 Bertha-Kipfmüller-Straße (1) 49-11d
85055 Beslerstraße 46-8c
85049 Besoldstraße 49-1b
85055 Besselstraße 46-12c
85053 Beuthener Straße 50-1b
85051 Biberweg 50-10b
85049 Bidermannstraße 48-2d
85055 Billingerstraße (6) 46-12d
85049 Birkenweg 45-10a
85051 Bischof-Neumann-Straße 53-2d
85051 Bittlmairstraße 49-6d
85051 Blaufärberstraße 49-7d
85049 Blausternstraße 48-2d
85051 Blücherstraße 50-4c
85049 Blütenweg 48-5b
85051 Bockholtstraße 49-5d
85051 Bodelschwinghstraße (1) 53-2b
85053 Bodenehrstraße 50-4a
85051 Böhmerwaldstraße 49-12d
85051 Boelckestraße 49-6c
85051 Böschensteinstraße 49-6d
85051 Bonhoefferstraße 49-8b
85049 Borcherstraße 48-2d
85053 Borsigstraße 50-4a
85049 Bothostraße 48-5a
85049 Brahmsstraße 49-2d
85053 Brandenburger Weg 50-1b
85055 Brauereiallee 46-7a
85049 Braunbauergassl (3) 48-5b
85055 Brentanostraße 46-7c
85053 Breslauer Straße 50-1b
85055 Brittingstraße 46-11d
85049 Brodmühle 49-2d
85049 Brodmühlweg 49-2d
85057 Brucknerstraße 45-12a
85049 Bruckweg 48-5a
85051 Brückenkopf 49-3d
85051 Brückenweg 50-10a
85055 Brünneläcker 46-12b
85053 Bruhnstraße 50-6a
85055 Brunellenstraße 46-12c
85051 Brunnenreuther Weg 49-6c
85051 Brunnerstraße 53-2a
85049 Brunnhausgasse (2) 39-A2
85049 Buchenweg 45-10c
85053 Buchnerstraße 50-4b
85053 Bunsenstraße 50-9a
85051 Buschlettenstraße 49-7d
85051 Buschlettenweg 49-7c
85051 Buschrosenstraße 53-2d
85049 Bussardstraße 48-2d
85057 Buxheimer Weg 45-11d

85053 Candidstraße 50-7d
85053 Canisiusstraße 50-7b
85053 Carl-Benz-Straße 50-5d
85053 Carl-Hahn-Straße 50-6a
85049 Carl-Ritter-Straße 49-2c
85055 Carl-Zeiss-Straße 45-9d
85051 Carl-Zuckmayr-Straße (9) 49-9d
85049 Carraraplatz 39-C2
85049 Cartesiusstraße 49-1a
85051 Caspar-Schoppe-Straße 49-9a
85051 Celtesstraße 49-6d
85053 Chemnitzer Straße 50-1b
85049 Chiemgaustraße 44-12b
85049 Chistian-Wolff-Straße 49-1a
85053 Christof-Schwarz-Straße 50-7b
85055 Christof-von-Schmid-Straße 46-10d
85057 Clara-Wieck-Straße 45-11c
85055 Claudiusstraße 46-7d
85057 Corelliweg 45-11a
85053 Cranachstraße (11) 50-4d
85049 Cusanusstraße 45-10c
85051 Cysatstraße 53-3b

85051 Dachserstraße 49-11d
85053 Dahlienstraße 50-7b
85051 Dahlmannstraße 49-8b
85051 Danziger Straße 49-12d
85053 Daucherstraße 50-4b
85049 Degenhartstraße 49-1b
85053 Deglerstraße 50-4b
85055 Dehmelstraße 46-7c
85049 Deiglmayrstraße 49-1a
85055 Deisenhofener Straße 46-11d
85053 Deitnloherstraße 50-4d
85055 Deschinger Straße 46-7b
85055 Despagstraße 46-10b
85049 Deub-Ring 44-12b
85049 Dientzenhoferstraße 49-1b
85055 Dieselstraße 45-9d
85053 Dietrichstraße 50-5a
85051 Döblinstraße 49-12d
85055 Dörflerstraße 46-10b
85049 Dohlenweg 48-5b
85055 Dr.-Johann-Götz-Straße 45-2c
85051 Dr.-J.-Reichart-Weg 53-3c
85057 Dr.-Ludwig-Kraus-Straße 45-7d
85051 Dr.-Maier-Straße 50-7a
85049 Dr.-Mauderer-Straße 48-2d
85049 Dollstraße 39-B2
85049 Domagkstraße 49-2d
85051 Dominikanerstraße 50-10b
85053 Dominikus-Schneider-Straße 50-7b
85055 Donaufeldstraße 46-11d
85051 Donaulände 49-3d
85049 Donausteg 49-3b
85049 Donaustraße 49-3b
85049 Dorfbreite 48-5a
85051 Dorfgrabenweg 52-3b
85055 Dorfplatz 46-4c
85051 Dorfstraße 50-7c
85049 Dorothea-Schlözer-Straße (1) 49-1b
85055 Drachensteinstraße 45-5a
85055 Draisstraße 46-7a
85051 Dreiweiherweg 53-4b
85049 Dreizehnerstraße 45-12c
85055 Drosselweg 45-5b
85055 Drostestraße 46-10a
85049 Dünzlau 44-10a
85049 Dünzlauer Mühle 44-10a
85049 Dünzlauer Straße 48-5a
85049 Dürrenseestraße 48-5b

85055 Echenzeller Weg 45-5a
85051 Eckenerstraße (1) 49-6c
85049 Eckiusstraße 39-B2
85057 Eckstallerstraße 45-12d
85055 Edelweißstraße 46-12a
85051 Edith-Stein-Weg 49-8b
85055 Efeustraße 46-12d
85049 Effnerstraße 49-1a
85049 Egelhoferstraße 49-2a
85049 Egelseestraße 39-B3
85053 Egerlandstraße 50-1b
85055 Eibenstraße 46-12c
85055 Eichendorffstraße 46-10c
85049 Eichenwaldstraße 48-5a
85051 Eigenheimstraße 49-6b
85051 Einbogen 49-9c
85051 Einbruckstraße 50-10a
85055 Einhardstraße 46-12b
85057 Einsteinstraße 45-11a
85055 Eintrachtstraße 45-5a
85055 Eisenhutstraße 46-12a
85051 Eisvogelstraße 49-7d
85049 Elias-Holl-Straße 49-2a
85055 Elisabeth-Hamann-Straße 46-10c
85051 Elisabeth-Schwarzhaupt-Straße 49-12b
85051 Elisabethstraße 50-4c
85049 Elisabeth-Winkelmann-Straße (1) 49-2d
85053 Ellen-Amann-Straße 50-9c
85049 Elsterweg 48-5b
85049 Emkenstraße (5) 48-2d
85055 Emmi-Böck-Straße 46-7b
85057 Emmy-Noether-Straße 45-8c
85057 Ensingerstraße 45-11c
85055 Enzianstraße 46-12c
85049 Erasmusstraße (10) 45-10c
85053 Erhartstraße 50-5c
85053 Eriagstraße 50-5d
85049 Erlenweg 45-10a
85053 Erletstraße 50-4d
85051 Erleulerstraße 49-8d
85053 Erni-Singerl-Straße 50-1c
85055 Ernstgasse 46-4c
85049 Eschenweg 45-10a
85049 Esplanade 39-C2 + 45-12c + 49-3b
85051 Etrichstraße 49-6d
85055 Etting 45-2d
85057 Ettinger Straße 45-8a
85051 Eulerfeld 49-10d
85057 Ewald-Kluge-Straße 45-12a

85055 Faberstraße 45-5a
85055 Fabriciusstraße 46-12c
85051 Fahrensbachstraße 49-9a
85049 Falkenstraße 48-2d
85053 Falterstraße 50-4d
85055 Fanderlstraße 46-12d
85055 Fasanenweg 45-5b
85051 Fauststraße 49-9a
85049 Fechtgasse 39-A2
85051 Feenmoosstraße (1) 53-1a
85055 Feldkirchen 46-12c
85055 Feldkirchener Straße 46-10c
85051 Feldstraße 49-5d
85049 Feldschütt 49-4a
85055 Felsenstraße 45-2c
85051 Ferdinand-Maria-Straße 49-5d
85053 Feselenstraße 50-1c
85049 Festplatz 45-12c
85049 Feuchtwangerstraße 48-5b
85051 Feuerweg 53-2b
85055 Fichtestraße 46-7c
85055 Finkenweg 45-2d
85055 Fischerstraße 46-7a
85049 Flemingstraße 48-5b
85055 Flexstraße 50-1b
85053 Fliederstraße 50-7b
85055 Florian-Geyer-Straße 45-5a
85053 Flurweg 50-9b
85049 Föhrenweg 45-10c
85049 Fohlenweide 49-5a
85055 Fontanestraße 46-10a
85051 Forellenweg 49-11c
85057 Forsterstraße 45-12c

85049 Fort Hartmann 44-11d
85049 Fort Haslang Park 49-1b
85055 Fort-Wrede-Straße 46-11a
85049 Frankenstraße 44-12b
85055 Frankstädter Straße 46-8a
85049 Franziskanerstraße (12) 39-B2
85057 Franz-Liszt-Straße 45-11d
85053 Franz-Marc-Straße 50-7b
85051 Franz-Rieder-Straße 49-8c
85053 Franz-Schrank-Straße 50-8a
85055 Franz-Werfel-Straße 46-7c
85051 Frauenlobstraße (5) 53-2c
85049 Frauenschuhstraße 48-5b
85053 Fraunhoferstraße 50-4a
85053 Freisingerstraße 50-4b
85055 Freyberger Straße 45-12b
85055 Freymannstraße 46-7b
85055 Freytagstraße 46-10b
85055 Friedensstraße 46-7d
85049 Friedhofstraße 49-2b
85055 Friedrich-Ebert-Straße 46-10c
85051 Friedrich-Kring-Straße 49-12a
85049 Friedrichshofen 44-12c
85049 Friedrichshofener Straße 44-12a + 45-10a
85053 Frueaufstraße 50-7b
85055 Frühlingstraße 46-10c
85051 Frundsbergstraße 49-9b
85051 Fuchsgrabenweg 48-12d
85049 Fuchsschüttweg 49-4a
85051 Fuchsstraße 49-6b
85057 Fuggerstraße 45-11d
85057 Furtwänglerstraße 45-11a
85055 Furtwiesenstraße 46-7b

85049 **G**abelholzstraße 44-10c
85057 Gabelsbergerstraße 45-11d
85051 Gablerstraße 49-11d
85051 Gabriele-Münter-Straße 49-11d
85057 Gabrielistraße 45-8d
85049 Gärtnerstraße 49-2d
85051 Gagernstraße 49-8b
85057 Gaimersheimer Straße 45-8c
85049 Galileistraße 49-1a
85055 Ganghoferstraße 46-10d
85049 Gartengasse 39-A2
85057 Gaußstraße 45-11a
85055 Geibelstraße 46-10d
85053 Geigerstraße 50-4d
85053 Geisenfelder Straße 50-4c
85053 Geislmayrstraße 50-7a
85051 Gemmingerstraße 49-6a
85053 Gensöderstraße 50-4d
85055 Georg-Heim-Straße 46-12d
85051 Georg-Heiß-Straße 49-12a
85051 Georg-Kneißl-Straße 49-10c
85049 Georg-Oberhäußerstraße (19) 39-B2
85055 Georgstraße 46-7d
85055 Geranienstraße (3) 46-12b
85049 Gerbergasse 39-A2
85055 Gerhart-Hauptmann-Straße 50-1a
85049 Gerolfing 48-5b
85049 Gerolfinger Straße 49-1a
85049 Gerolfstraße 48-5a
85051 Gerstnerstraße 49-6a
– Gewerbegebiet „Am Weiherfeld" 53-3d
– Gewerbegebiet „Westpark" 45-10b
85055 Gewerbepark Nord-Ost 46-9c
85051 Gewoldstraße 50-4c
85051 Gindlstraße 46-12d
85055 Ginsterstraße 46-12d
85049 Glacisbrücke 49-3d
85055 Gladiolenstraße 46-12a
85055 Glätzlstraße 46-11a
85053 Gleiwitzer Straße 50-1b
85051 Glockenbecherweg (4) 53-3c
85055 Glockenstraße 46-12d
85051 Glöckelweg 53-4b
85053 Glogauer Straße 50-1b
85049 Gluckstraße 49-3c
85051 Gneisenaustraße 49-9b
85057 Godramsteiner Straße (3) 45-10a
85051 Goerdelerstraße 49-8b
85053 Görlitzer Straße 50-1b
85051 Görresstraße 49-8b
85055 Goethestraße 46-10c
85051 Goldammerweg 49-10b
85049 Goldknopfgasse 39-B2
85051 Gotenstraße 49-5d
85051 Gottschedstraße 53-2a
85055 Gotzprechtstraße 45-2c
85055 Gozbaldstraße 46-11d
85051 Grasinger Weg 53-2c
85049 Graßlweg 49-2b
85055 Gratzerstraße 46-7c
85055 Greifstraße 46-10b
85051 Griesanger 50-10c
85049 Griesbadgasse 49-3a
85049 Griesmühlstraße 39-A2
85055 Grillparzerstraße 46-10a
85051 Grimmelshausenstraße 53-2a
85051 Grimmingerstraße 49-11b
85055 Grimmstraße 46-10b
85049 Große Rosengasse 39-C2
85049 Große Zellgasse 49-2c
85051 Grotiusstraße 49-8b
85055 Grottenweg 46-7a
85051 Gruberweg 50-10b
85053 Grünewaldstraße 50-7d
85053 Grundelweg 50-9c
85055 Grundnerstraße 46-11a
85053 Güntherstraße 50-1d
85057 Guerickestraße 45-11c
85057 Gumppenbergstraße 45-11d
85057 Gundekarstraße 45-8d
85051 Gustav-Adolf-Straße 49-6a
85057 Gustav-Mahler-Straße 45-11d
85055 Gutenbergstraße 46-11c
85055 Gutsstraße 46-4c
85049 Gymnasiumstraße 49-3a

85051 **H**abichtstraße 50-10a
85051 Habsburgerstraße 49-8b
85051 Hackenschwaige 49-8c
85055 Hackerstraße 46-12b
85055 Hadergasse 46-12b
85051 Häcklesweg 52-3b
85057 Händelstraße 45-12d

85055 Haenlinstraße 46-10d
85051 Härtingerstraße 49-6c
85051 Hagau 48-12d
85051 Hagauer Straße 49-10b
85055 Haideckerstraße 45-5a
85055 Hainbuchenstraße 46-12d
85051 Halbritterstraße 50-10a
85049 Hallstraße 49-3b
85049 Haltmayrstraße 49-2a
85051 Hambacher Straße 49-9a
85049 Hangstraße 48-5a
85049 Hannah-Arendt-Straße (9) 49-1b
85051 Hans-Böckler-Straße 49-11a
85051 Hans-Denck-Straße 49-11d
85051 Hans-Kuhn-Straße 49-11b
85051 Hanslmairstraße 49-9b
85053 Hans-Mielich-Straße 50-4d
85055 Hans-Peter-Müller-Straße 46-11a
85055 Hans-Sachs-Straße 46-10a
85051 Hanssonstraße 49-9a
85057 Hans-Stuck-Straße 45-7d
85057 Hanstraße 45-12c
85051 Harderstraße 45-12c + 49-3a
85049 Hartmannplatz (16) 39-B3
85055 Hartriegelstraße 46-12c
85049 Hasengasse 44-10a
85049 Haslangstraße 49-1b
85057 Haßlerweg 45-11a
85055 Hauenstattplatz 46-7d
85055 Hauffstraße 46-7d
85055 Haunstädter Straße 46-12a
85055 Haunstädter Weg 46-8d
85051 Haunwöhr 49-7b
85051 Haunwöhrer Straße 49-5d
85057 Haydnstraße 45-12a
85055 Hebbelstraße 46-10d
85051 Heckenweg 49-11a
85049 Hedwig-Dohm-Straße (7) 48-2d
85055 Hegnenbergstraße 46-4c
85049 Heidemannstraße 49-2b
85049 Heideweg 44-12b
85049 Heindlmühle 44-11a
85049 Heindlmühlenweg 44-10b
85055 Heinestraße 46-10a
85053 Heinkelstraße 50-5b
85055 Heinrich-Lerch-Straße 46-7c
85051 Helfenzriederstraße (2) 53-2b
85057 Helmholtzstraße 45-11a
85051 Hemmeterstraße 53-3b
85051 Hennenbühl 49-12b
85051 Hennenbühlstraße 50-10a
85049 Henningerstraße 49-2a
85055 Hepberger Straße 45-2c
85057 Heppstraße 45-11d
85055 Herderstraße 46-10d
85055 Herenäusstraße 45-5b
85057 Herkommerstraße 45-11c
85053 Herman-März-Straße 50-8b
85055 Hermann-Hesse-Straße 46-7c
85051 Hermann-Witz-Straße 53-3c
85051 Herrenlettenstraße 49-8c
85051 Herrenschwaige 49-10a
85057 Herschelstraße 45-11c
85049 Hertelstraße 44-12d
85051 Hertlingstraße 49-8b
85051 Hesseloherstraße (7) 49-11b
85055 Heveliusstraße 46-12c
85049 Heydeckplatz 45-12d
85049 Heydeckstraße 45-12d
85055 Heysestraße 46-10d
85049 Hieronymusgasse (11) 39-B2
85057 Hildebrandtstraße 45-11c
85053 Hildegard-Knef-Straße 50-1c
85049 Hildegard-von-Bingen-Straße (8) 49-1b
85057 Hindemithstraße 45-12a
85049 Hindenburgpark 45-12c
85057 Hindenburgstraße 45-12a
85051 Hinterangerstraße 50-7a
85049 Hirtenstraße 44-10c
85051 Hirthausweg 53-5a
85057 Hochbuckelweg 45-7d
85055 Hochweg 45-4d
85055 Hochweg (Unterhaunstadt) 46-7d
85055 Hölderlinstraße 46-7c
85049 Höllbräugasse (8) 39-B2
85053 Hölzlstraße 50-4a
85049 Hofkoflerstraße 39-A1
85051 Hofmannsthalstraße 49-12c
85049 Hofmarkstraße 44-10a
85055 Hofmillerstraße 46-10a
85049 Hofstraße 48-2d
85051 Hohenzollernstraße 49-8b
85049 Hohe-Schul-Straße (6) 39-B2
85051 Hohlweg 53-2b
85053 Holbeinstraße 50-7b
85053 Hollarstraße 50-1c
85049 Holzmarkt 39-B2
85053 Holznerstraße 50-4b
85051 Hopfengartenweg 53-4b
85049 Hopfengasse 49-10c
85051 Hornstraße 49-9a
85051 Hubmaierstraße 49-12b
85057 Hugo-Wolf-Straße 45-11d
85049 Humboldtstraße 49-2c
85051 Hundsbergerstraße 49-11b
85051 Hundszell 49-11a
85051 Hundtstraße 49-9b
85053 Hupfauerstraße 50-8a
85051 Huttenstraße 49-8d

85051 **I**ckstattstraße 49-6b
85053 Ida-Noddack-Straße 50-6d
85051 Ika-Freudenberg-Straße 49-12b
85057 Im Freihöfl 45-11d
85055 Im Fürst 45-2d
85051 Immelmannstraße 49-6c
85049 Immelstraße 45-10a
85055 Im Roding 50-2b
85049 Im Roten Gries 49-1c
85055 Im Schimmel 46-7b
85055 Im Schnabl 45-2d
85051 Im Weiherfeld 53-3c
85055 In der Karm 45-2a
85053 Inge-Meysel-Straße 50-1d
85049 Ingolstädter Straße 44-12b
85053 Irnaustraße 50-5c
85055 Isaak-Newton-Straße 46-9c
85051 Isabellastraße 49-8c
85051 Isidor-Stürber-Straße 49-8c

85049 **J**acob-Rem-Weg 45-10d
85049 Jägergasse (15) 39-C2
85049 Jägerweg 49-4c
85049 Jahnstraße 49-3c + 3a
85055 Jakob-Wurm-Straße 45-2c
85055 Jasminstraße (2) 46-12b
85055 Jean-Paul-Straße 46-10c
85049 Jesuitenstraße 49-3a
85055 Jobststraße 46-11d
85051 Jochen-Klepper-Straße (6) 49-11b
85053 Jörg-Breu-Straße 50-4b
85049 Johannesstraße 39-A2
85051 Johann-Haas-Straße 49-12c
85051 Johanniterstraße 49-9a
85049 Johann-Michael-Sailer-Straße 45-10d
85051 Josef-Eder-Straße 53-2b
85055 Josef-Fleischmann-Straße (10) 45-2b
85049 Josef-Ponschab-Straße (9) 39-B2
85053 Joseph-Baader-Straße 50-8b
85051 Julius-Leber-Straße 49-8b
85055 Junggartenstraße 45-5a
85049 Jupiterstraße 44-12b
85049 Jurastraße 44-12b

85053 **K**älberschüttstraße 50-6a
85055 Käthe-Kruse-Straße 46-12b
85055 Kaltnerstraße 46-12d
85051 Kamillenweg 53-2a
85049 Kanalstraße 39-B2
85055 Kantstraße 45-5a
85049 Kapellenstraße 48-5a
85049 Karlmühle 49-2a
85049 Karlmühlweg 49-2b
85053 Karlsbader Straße 50-2a
85051 Karlshulder Straße 49-12c
85051 Karlskroner Straße 53-2d + 5b
85051 Karl-Theodor-Straße (1) 50-10a
85051 Karolingerstraße 49-8a
85049 Kastanienstraße 48-5b
85051 Kaulbachstraße 49-11c
85055 Kelheimer Straße 50-1a
85049 Kellerstraße 39-B1
85051 Kellerweg (6) 53-2d
85053 Keltenstraße 50-5c
85057 Keplerstraße 45-11b
85055 Kiem-Pauli-Straße 45-5b
85051 Kiesweg 49-11a
85055 Kipfenberger Straße 45-5c
85057 Kirchhoffstraße 45-11a
85051 Kirchplatz 53-2b
85051 Kirchstraße 49-11b
85051 Kistnerstraße 49-11b
85051 Klausenweg 49-8d
85051 Kleiberstraße 50-7c
85049 Kleine Rosengasse 39-C1
85049 Kleine Zellgasse 49-2c
85053 Klein-Salvator-Straße 50-7d
85055 Kleiststraße 46-10a
85051 Klenzepark 49-3d
85049 Klenzestraße 49-2b
85055 Klingensbergerstraße 45-5b
85055 Klingenstraße 45-5b
85051 Knörstraße 49-6c
85051 Knoglersfreude 49-7d
85055 Kobellstraße 45-12b
85055 Köhlerstraße 45-2c
85051 Kölblstraße 49-5d
85055 Köllnerstraße 46-7d
85053 Königsberger Straße 50-1b
85055 Körnerstraße 46-10a
85055 Köschinger Straße 46-12b
85053 Kollwitzstraße 50-7d
85049 Konrad-Adenauer-Brücke 49-3d
85055 Konrad-Dreher-Straße 45-4b
85055 Konradstraße 46-10d
85049 Konviktstraße 49-3a
85057 Kopernikusstraße 45-11b
85051 Kormoranstraße 50-7c
85049 Kornstraße 48-2d
85053 Kothau 50-5a
85053 Kothauer Straße 50-4a
85055 Kraibergstraße 45-4b
85051 Kranichstraße 50-7c
85049 Krautäckerstraße (6) 48-2d
85055 Krautbuckelweg 46-7b
85051 Kreszenz-Lackermeier-Straße (2) 50-10a
85049 Kreuzschmiedgasse (3) 39-A2
85049 Kreuzstraße 49-3a
85055 Kriegelsteinerstraße 46-7a
85055 Kriegsstraße 46-4c
85055 Krokusstraße 46-12a
85049 Kronkorbstraße 44-12b
85051 Kronprinz-Rupprecht-Straße 50-4c
85057 Kroppstraße 45-11b
85049 Krumenauerstraße 49-1a
85053 Krumperstraße 50-4a
85051 Küblerstraße 49-8c
85053 Küferinstraße 50-8c
85051 Kühsteig 53-1a
85049 Kupferstraße 49-3a
85055 Kurt-Huber-Straße 46-10d
85051 Kyrmannstraße 49-6b

85055 **L**aboratoriumstraße 46-11a
85057 Lachnerstraße 45-11b
85049 Lärchenweg 45-10a
85051 Laimgrubenstraße 50-7a
85055 Laimingerstraße 46-7d
85049 Langenbucherstraße 49-1b
85051 Langer Oberfeldweg 53-2c
85049 Langgässerstraße 48-5a
85051 Langgasse 49-9a
85051 Langobardenstraße 49-5d
85057 Lannerstraße 45-12a
85051 Lanzstraße 49-6b
85051 Lassallestraße 49-8b
85051 Laténeweg (3) 53-3c
85049 Lauberfleckstraße (2) 48-2c
85051 Lavendelweg 53-2c
85049 Lebzeitergasse 39-B2
85051 Lechermannstraße 49-8c
85057 Lehárstraße 45-8d
85049 Leibnizstraße 49-1a
85053 Leinbergerstraße 50-4a
85055 Lena-Christ-Straße 46-7c
85055 Lenaustraße 46-7d
85053 Lenbachstraße 50-4d

85055 Lentinger Straße 46-7b
85055 Lentinger Weg 45-1d
85055 Leonhard-Eck-Straße 46-7b
85049 Leonore-Kühn-Straße (7) 49-1b
85055 Lessingstraße 46-10b
85049 Levelingstraße 44-12d + 45-10c
85051 Libellenweg 50-10b
85051 Lichtenauer Straße 52-3d
85051 Lichtenauer Weg 52-3c
85057 Liebigstraße 45-11a
85051 Liebstöckelweg 53-1b
85053 Liegnitzer Straße 50-1c
85055 Ligusterstraße 46-12c
85049 Lilienstraße 48-5b
85051 Lilienthalstraße 49-6c
85049 Lilly-Reich-Straße (2) 49-2d
85055 Limesstraße 46-11d
85051 Lindberghstraße 49-6d
85053 Lindenweg 50-5c
85055 Lindewiesener Straße 46-4c
85051 Lindnerstraße 49-11b
85049 Linnéstraße 49-2d
85055 Lise-Meitner-Straße 46-9b
85051 Locherstraße 49-6b
85055 Lönsstraße 46-10c
85051 Löwenzahnweg 53-2a
85057 Loewestraße 45-8d
85055 Lorenz-Schmidt-Straße 45-2c
85057 Lortzingstraße 45-11b
85053 Loy-Hering-Straße 50-4b
85055 Ludwig-Steub-Straße 46-7a
85049 Ludwigstraße 49-3b
85051 Lützener Straße 49-9b
85049 Luftgasse 39-B2
85051 Luise-Löwenfels-Straße 49-9a
85055 Luise-Rinser-Straße (3) 46-10d
85051 Luitpoldpark 49-3d
85051 Luitpoldstraße 49-6a
85055 Lukasstraße 46-10d
85055 Lupinenstraße 46-12a
85055 Lutzstraße 45-12b

85053 **M**ärzenbecherstraße 50-7b
85053 Maffeistraße 50-4c
85051 Magdalena-Herrle-Straße 49-8c
85049 Maiglöckchenstraße 48-5b
85055 Mailing 47-10c
85053 Mailinger Spitz 50-2c
85055 Mailinger Weg 46-7d
85053 Maisthuberstraße 50-4b
85055 Malvenstraße 46-12a
85053 Manchinger Straße 50-5b + 1c
85055 Manfred-Hochstatter-Straße 45-2c
85049 Manggasse 39-B2
85051 Mangoldstraße 53-3a
85057 Manisa Straße 45-12a
85051 Margarethenweg (4) 49-9b
85051 Maria-Freymüller-Straße 49-8c
85057 Maria-Goeppert-Straße 45-8c
85053 Maria-in-der-Au 50-9b
85051 Maria-Ward-Straße 49-6a
85055 Marie-Curie-Straße 46-8d
85055 Marie-Luise-Fleißer-Straße 46-7c
85053 Marienbader Straße 50-2a
85053 Marienburger Straße 50-1d
85055 Marienplatz 46-11d
85055 Marienstraße 46-12b
85051 Markomannenstraße 49-5d
85057 Markus-Koch-Straße 45-11b
85053 Marlene-Dietrich-Straße 50-1d
85053 Martin-Hemm-Straße 50-4c
85051 Martin-Wöhrl-Straße 50-10a
85051 Massenhauserstraße 49-8c
85053 Mathias-Kraus-Straße 50-8d
85055 Maurerstraße 46-7b
85049 Mauthstraße 49-3b
85055 Max-Born-Straße 46-7a
85051 Max-Emanuel-Straße 49-9b
85051 Maximilianstraße 49-9a
85051 Max-Joseph-Straße 49-6d
85057 Max-Schott-Straße 45-11b
85053 Mecklenburger Weg 50-2c
85051 Medererstraße 49-6d
85055 Mehringer Weg 46-12c
85055 Meier-Helmbrecht-Straße 46-12c
85053 Meinlettenstraße 50-8a
85055 Meisenweg 45-2c
85049 Melbergasse (10) 48-2c
85049 Melissenweg 48-5a
85053 Mellostraße 50-4b
85057 Mendelssohnstraße 45-11b
85051 Mendlstraße 49-6b
85049 Menzelstraße 44-12d
85051 Mercystraße 49-6b
85053 Meranstraße 50-4b
85051 Merowingerstraße 49-8a
85053 Messerschmittstraße 50-5b
85055 Metzgerangerl 46-4c
85049 Michael-Beer-Straße 49-1a
85049 Milanweg 48-2b
85049 Milchstraße 39-B2 + 49-3b
85055 Minucciweg 46-10c
85049 Minzenweg 48-5a
85055 Mirabellstraße 46-12c
85055 Mistelstraße 46-12d
85055 Mitteläckerweg 46-11d
85055 Mitterfeldstraße 46-8a
85049 Mittermühlweg 49-2b
85049 Mitterschüttweg 49-2c
85055 Mitterweg 46-10a
85049 Mittlere Heide 44-12b
85051 Mölderstraße 49-6c
85055 Mörikestraße 46-7d
85053 Mohnstraße 50-7b
85055 Moldaustraße 45-2c
85055 Moltkestraße 46-11d
85055 Moorgasse 45-5a
85051 Moosbichelstraße 53-2d
85049 Mooshäusl 49-2a
85049 Mooshäuslweg 49-2c
85055 Moosmühle 47-10c
85055 Moosmüllerweg 46-12d
85049 Moraschstraße 45-10c
85055 Morgensternstraße 46-7c
85049 Moritzstraße 49-3b
85049 Moshammerstraße (4) 49-1b
85057 Mozartstraße 45-11b
85049 Mühlackerweg 44-10a
85051 Mühlhäuserstraße 49-12d
85049 Mühlweg 49-2b

85055 Mühlwiesenweg 46-7a
85053 Müllersbergerstraße (9) 50-5c
85051 Münchener Straße 49-3d
85049 Münzbergstraße 49-3d
85051 Mulzerstraße 49-6c

85049 **N**achtweidenweg 44-10a
85055 Nansenstraße 45-4b
85055 Narzissenstraße 46-12b
85057 Neidertshofener Straße 45-10a
85053 Nelkenstraße 50-7b
85055 Nelly-Sachs-Straße (2) 46-10d
85049 Nestroystraße 48-5d
85049 Neubaustraße 49-3a
85057/85049 Neuburger Straße 45-10d
85049 Neugasse (4) 39-A2
85055 Nibelungenstraße 46-12c
85057 Nicolaistraße 45-11d
85055 Niederaltaicher Straße 46-11d
85053 Niederfeld 50-9a
85053 Niederfelder Straße 50-8a
85053 Niederstimmer Straße 50-8b
85055 Niemeser Straße 46-10c
85055 Nikolsburger Straße 46-4c
85055 Nobelstraße 46-7c
85057 Nördliche Ringstraße 45-12c
85055 Nordpark 46-11a
85055 Nürnberger Straße 46-10a
85055 Nusserstraße 46-8c

85051 **O**berbrunnenreuth 49-10d
85055 Oberbürgermeister-Kroher-Straße 46-10c
85049 Oberer Graben 49-3a
85055 Oberer Grasweg 46-10a
85055 Oberer Taubentalweg 46-10c
85051 Oberfeldstraße 49-8b
85055 Oberhaunstadt 46-4d
85051 Oberringstraße 49-8b
85049 Oberschüttweg 49-4b
85051 Oberstimmer Straße 53-2a
85049 Ochsenmühle 44-11d
85049 Ochsenmühlstraße 44-12a
85053 Odilostraße 50-5c
85051 Oefelestraße 50-7a
85049 Östliche Ringstraße 45-12d
85049 Onckenweg 45-10d
85051 Orbanstraße 49-6a
85049 Orchideenstraße 48-5b
85057 Orlandostraße 45-8d
85051 Osianderstraße 49-12a
85055 Oskar-von-Miller-Straße 45-9a + 9d
85051 Osnabrücker Straße 49-9b
85055 Ostenbrunnenstraße 45-5b
85051 Ostergasse 53-2b
85051 Ostermairstraße 49-6b
85055 Ostwaldstraße 46-7a
85055 Otto-Hahn-Straße 46-9c
85051 Otto-Heinrich-Straße 50-10b

85049 **P**appelweg 45-10a
85057 Pappenheimstraße 45-11d
85049 Paracelsusstraße 49-2c
85049 Paradeplatz 49-3b
85049 Paradiesgasse (17) 39-C2
85051 Parkstraße 49-3d
85049 Parlerstraße 49-1a
85049 Parreutstraße 44-12d
85057 Pascalstraße 45-8c
85051 Pater-Josef-Schmid-Weg 49-6c
85049 Paul-Ehrlich-Straße 49-2d
85051 Paul-Gerhardt-Straße 49-12c
85053 Paul-Klee-Straße 50-7d
85057 Paul-Lincke-Straße 45-11b
85055 Paul-Rauscher-Straße 45-1d
85053 Paul-Weinzierl-Straße 50-8b
85053 Peisserstraße 50-1b
85055 Peringerstraße 46-10b
85051 Perlenkrautstraße (3) 53-1a
85057 Permoserstraße 45-10d
85055 Pestalozzistraße 46-10a
85055 Peter-und-Paul-Weg 46-7c
85053 Pettenkoferstraße 50-4a
85051 Pfälzer Straße 50-10c
85055 Pfarrer-Dorr-Straße 45-5a
85051 Pfarrer-Knogler-Straße 49-8c
85055 Pfarrer-Rotter-Straße (2) 45-4b
85049 Pfarrer-Warganz-Straße 48-5b
85055 Pfarrer-Zankl-Straße 45-1d
85049 Pfarrgasse 39-B2
85049 Pfauenweg 48-6b
85049 Pfingstäckerring 44-12a
85049 Pfingstäckerweg 44-12a
85055 Pfingstrosenstraße (4) 46-12d
85057 Pfitznerstraße 45-11b
85051 Philipp-Reis-Straße 53-2d
85055 Pionierstraße 46-11d
85051 Pirolweg 50-10a
85051 Plankstraße 49-6d
85051 Plümelstraße 49-6d
85051 Plüschowstraße (2) 49-6c
85053 Plunder 50-9a
85053 Plunderweg 50-9a
85055 Poccistraße 46-7a
85055 Pöllstraße 46-12b
85049 Pointweg 44-10a
85053 Pommernweg 50-1d
85049 Poppenstraße (5) 39-A2
85055 Porschestraße 45-4b
85051 Postweg 53-2b
85051 Prachatitzer Straße 49-12c
85049 Preysingstraße 39-B3
85055 Primelstraße 46-12b
85051 Prinz-Eugen-Straße 49-9b
85051 Prinz-Franz-Straße 50-4c
85051 Prinz-Heinrich-Straße 50-4c
85051 Prinz-Leopold-Straße 50-4c
85049 Probierlweg 49-2d
85051 Probststraße 49-8d
85049 Proviantstraße 49-3b
85049 Prunnthalerstraße 49-2a
85051 Puttgasse 49-5d

85055 **Q**uartanusstraße 45-5b

85049 **R**aimundstraße 48-5b
85051 Rankestraße 49-6a
85057 Rasmussenstraße 45-7d
85049 Rathausplatz 49-3b
85051 Rathenaustraße (3) 49-9a

85057 Rathgeberstraße 45-11b
85055 Rathstraße 45-2d
85049 Rechbergstraße 45-12d
85055 Regensburger Straße 46-10d + 50-1a
85057 Regerstraße 45-11b
85051 Regimentstraße 49-3d
85049 Rehweg 49-4c
85055 Reichenaustraße 46-11d
85055 Reichenstetterstraße 46-12d
85051 Reigersbergstraße 49-8b
85055 Reiherweg 45-2d
85055 Reinlestraße 46-12d
85055 Reisacher Straße 46-7c
85051 Reisserstraße 50-4c
85051 Reitergaßl 53-2b
85049 Reiterkasernstraße 39-C2
85049 Reitschulgasse (14) 39-B2
85055 Retzbachweg 45-5c
85051 Reuchlinstraße 49-6b
85049 Reußstraße 49-2b
85049 Reuthlingerstraße 44-12b
85057 Rheinbergerstraße 45-11b
85049 Rheinpfalzstraße 44-12b
85049 Ricarda-Huch-Straße 48-5b
85057 Richard-Strauss-Straße 45-11c
85057 Richard-Wagner-Straße 45-10d
85055 Richterstraße 46-7d
85051 Richthofenstraße 49-6c
85049 Riebelring 44-12b
85055 Riedmühle 45-5d
85055 Riedmühlweg 45-5c
85055 Riedweg 45-5a
85051 Rieglerstraße 49-12d
85049 Riehlstraße 49-3c
85051 Riezlerstraße 49-6d
85055 Rilkestraße 46-7d
85051 Ringelblumenweg 53-2a
85057/85055 Ringlerstraße 45-12b
85053 Ringsee 50-7b
85053 Ringseestraße 50-4a
85049 Rittersporstraße 48-5b
85053 Robert-Bosch-Straße 50-5d
85051 Robert-Koch-Straße 49-12a
85053 Rodendornweg 50-8a
85055 Roderstraße 45-9d
85055 Römerstraße 46-10b
85055 Röntgenstraße 46-7c
85049 Rohrbachstraße 49-2a
85055 Rohrmühle 45-6c
85049 Rollerstraße 49-2d
85053 Romy-Schneider-Straße 50-1c
85049 Roritzerstraße 49-2b
85051 Rosa-Käfferlein-Straße 49-12a
85055 Roseggerstraße 46-10b
85049 Roseneckstraße (7) 39-B2
85051 Rosenschwaigstraße 52-3b
85053 Rosenstraße 50-7b
85053 Rosenwirth 50-9b
85049 Rosmarinweg 48-5a
85057 Rossinistraße 45-11b
85051 Roßlettenstraße 49-7b
85049 Roßmühlstraße 49-3b
85053 Rothenturm 50-8c
85053 Rothenturmer Straße 50-9a
85051 Rotkehlchenstraße 50-7c
85051 Rotmarstraße 49-6b
85049 Rottalerstraße 49-2a
85053 Rottenhammerstraße (10) 50-4d
85051 Rudolf-Heine-Straße 49-11b
85055 Rückertstraße 46-10d
85055 Ruedererstraße 46-7c
85051 Rundstraße 53-2b
85049 Rupertistraße 48-5a
85053 Rupprecht-Heller-Straße 50-4d
85055 Ruschenweg 45-9d

85053 **S**aazer Straße 50-2a
85049 Sacherstraße 49-1a
85049 Sälzlstraße 49-1a
85051 Saindlhostraße 50-7c
85051 Salamanderweg 53-2a
85051 Salbeistraße 53-2b
85053 Salierstraße 50-5c
85053 Sambergerstraße 50-4a
85049 Samhofer Weg 49-1b
85051 Samholz 49-7c
85049 Sanddornstraße 48-5b
85051 Sandrachweg 50-10b
85053 Sandrartstraße 50-4a
85051 Sandstraße 50-10a
85053 Sandtnerstraße 50-4a
85049 St.-Andreas-Straße 44-10a
85051 St.-Blasius-Straße 53-3a + 3c
85055 St.-Martins-Platz 46-12b
85055 St.-Michael-Straße 45-5a
85051 St.-Nikolaus-Straße 48-12d + 53-1a
85055 Sartoriusstraße 46-11c
85055 Sattlerstraße 48-2c
85049 Sauerstraße 49-3a
85049 Saumweg 44-10a
85051 Savignystraße 49-8b
85055 Schäferstraße 48-2c
85049 Schäffbräustraße 39-B3
85055 Schäfflerstraße 46-7d
85049 Schanzer Weg 49-4a
85051 Scharnhorststraße 49-9b
85049 Schatzgerstraße 45-10d
85049 Schaumühle 48-3a
85053 Scheelestraße 50-6d
85055 Scheffelstraße 46-10a
85051 Scheinerstraße 49-6d
85055 Schellingstraße 46-11d
85055 Schenkendorfstraße 46-10b
85055 Schererstraße 46-11a
85051 Schergweg 49-11a
85057 Scherzerstraße 45-12c
85049 Schießstattweg 49-2d
85053 Schillerbrücke 50-1a
85055 Schillerstraße 46-10a
85053 Schlachthof 50-6d
85049 Schlegelstraße 48-2d
85049 Schlehenweg 48-2c
85049 Schleifmühlgasse 39-B3
85055 Schlichtmühle 45-4b
85055 Schlichtstraße 45-4b
85055 Schloßgasse (3) 45-5a
85049 Schloßlände 49-3b
85049 Schlüsselblumenstraße 48-3c

85057 Schlüterstraße 45-11c
85049 Schmalkaldenstraße 49-2d
85051 Schmalzbuckel 49-9c
85049 Schmalzingergasse 39-B2
85049 Schmellerstraße 39-A3
85055 Schmidtmühle 46-8c
85055 Schmidtmühlweg 46-8c
85051 Schmied 49-9c
85051 Schneiderbauerstraße 50-7a
85049 Schneiderweg (8) 48-2c
85055 Schnellerweg 45-9d
85051 Schnitzlerstraße 49-12d
85055 Schoberstraße 46-10b
85055 Schölnhammerstraße 46-11a
85057 Schönbergstraße 45-11d
85055 Schollstraße 46-8c
85055 Schrammstraße 46-10b
85049 Schrannenstraße 49-3b
85051 Schrobenhausener Straße 49-5d
85053 Schröplerstraße 50-4d
85057 Schubertstraße 45-12a
85053 Schütterlettenweg 50-5b
85057 Schützstraße 45-12c
85049 Schulstraße 49-3a
85049 Schultheißstraße 44-12b
85057 Schumannstraße 45-11b
85049 Schutterstraße 39-C2 + 49-3b
85053 Schwäblstraße 50-1c
85051 Schwalbenweg 50-10a
85049 Schwanenstraße 48-5b
85049 Schwanthalerstraße 49-2a
85055 Schwarzdornstraße (2) 46-11d
85049 Schwarzenbergstraße 49-8b
85051 Schwedenstraße 49-9b
85051 Schwester-Euphemia-Straße 49-9a
85049 Schwester-Sebaldina-Straße (11) 48-5b
85051 Sebastian-Franck-Straße 49-11b
85049 Sebastian-Kneipp-Straße 49-1c
85049 Sebastianstraße 49-3b
85051 Seckendorffstraße 49-6c
85051 Seehof 53-3b
85051 Seehofer Straße 53-2b
85053 Seeholzerstraße 50-4a
85051 Seemillerstraße 49-6d
85051 Seerosenweg 53-1a
85051 Seeweg 53-2b
85051 Seewiesenweg 48-12d
85055 Seidelbaststraße 46-12c
85049 Seidlstraße (1) 45-11c
85051 Seilerstraße 49-12d
85055 Selma-Lagerlöf-Straße (1) 46-10d
85049 Semmelmühlweg 48-2d
85055 Semmerseeweg 46-8a
85057 Senefelderstraße 45-8d
85057 Senflstraße 45-11b
85051 Sickingenstraße 49-8b
85051 Siedlungsstraße 53-2b
85055 Siegertstraße 46-8c
85055 Siemensstraße 45-12b
85055 Silberwurzstraße 46-12c
85051 Silesiusstraße 49-11a
85049 Simone-de-Beauvoir-Straße (5) 49-1b
85049 Simone-Weil-Straße (6) 49-1b
85057 Simon-Mayr-Straße 45-12d
85055 Söhrstraße 46-4c
85057 Sommerhausener Straße (2) 45-10a
85051 Sonnenbruchweg 50-10c
85051 Sonnenbrücke 50-10c
85055 Spathenacker 46-7b
85049 Specklestraße 49-2b
85051 Speckweg 49-9a
85051 Sperberstraße 49-7d
85051 Sperlingstraße 50-7c
85049 Spessartstraße 44-12b
85053 Spielfeldstraße 50-4c
85051 Spielholzstraße 49-11b
85051 Spielpark Peyerlvorwerk 49-8b
85051 Spiesmacherstraße 49-8c
85051 Spitalhof 49-12a
85051 Spitalhofstraße 49-9a + 6a
85049 Spitalstraße (10) 39-B3
85051 Spitalwaldstraße 49-11b
85049 Spitzlmühle 48-3b
85053 Spitzwegstraße 50-7b
85051 Sprengstraße 49-6c
85057 Spretistraße 45-12a
85049 Stabiusstraße 49-1b
85057 Stamitzstraße 45-11d
85055 Starenweg 45-2c
85053 Stargarder Straße 50-1a
85049 Stattlerstraße (3) 49-1b
85051 Stauferstraße 49-8a
85049 Stauseestraße 49-5a
85053 Steckenlohweg 50-3c
85051 Stefan-Weiß-Straße (3) 50-10b
85055 Stegwiesenweg 46-7a
85049 Steigerwaldstraße 44-12a
85051 Steiglehnerstraße 50-10b
85055 Steigstraße 46-4c
85053 Steinheilstraße 50-8b
85055 Steinmarstraße (3) 46-11d
85055 Steinnelkenstraße 46-12c
85051 Steinstraße 49-6d
85053 Stellastraße 50-4d
85049 Sternheimstraße 48-5b
85049 Sternstraße 49-1b
85049 Stettheimerstraße 49-1b
85049 Steuartstraße 39-B3
85051 Steubenstraße 49-9b
85055 Stieglitzweg 45-2c
85055 Stielerstraße 45-12b
85055 Stifterstraße 46-7d
85057 Stinnesstraße 45-11a
85055 Stockermühle 46-12a
85055 Stockermühlstraße 46-12c
85055 Stömmerstraße 46-10b
85053 Stollstraße 50-1d
85055 Stormstraße 46-10b
85053 Straußenlettenstraße 50-6c
85049 Streiterstraße 49-2a
85051 Stresemannstraße 49-9a
85055 Sudermannstraße 50-1b
85051 Sudetenstraße 49-8b
85051/85053 Südliche Ringstraße 49-3d
85049 Sustrisstraße 49-1a

85055 Tannenstraße 46-12c
85055 Tanzerstraße 46-12a
85049 Taschenturmstraße 39-A2
85053 Tassilostraße 50-5c
85051 Taubenstraße 53-2d
85049 Taunusstraße 44-12b
85057 Telemannstraße 45-11d
85055 Tengstraße 46-7d
– Theaterplatz 49-3b
85051 Theodorichstraße 49-8a
85057 Theodor-Heuss-Brücke 45-12b
85055 Theodor-Heuss-Straße 45-12b
85053 Theodostraße (8) 50-5c
85049 Theresienstraße 49-3a
85049 Thiermairstraße 45-10c
85049 Thomas-Morus-Straße (11) 45-10c + 49-1a
85055 Thomastraße 46-10d
85055 Thymianstraße (1) 46-12b
85051 Tiefwiesenweg 49-8d
85051 Tillystraße 50-4c
85053 Tilsiter Straße 50-1b
85055 Tobritschstraße 46-4c
85057 Tonsorstraße 45-12b
85051 Totenweg 49-9d
85049 Tränktorstraße 49-3b
85049 Treylingstraße 45-10c
85055 Türkenbundstraße 46-11d
85053 Tulpenstraße 50-7b
85051 Turm Triva 50-1a
85053 Turnerstraße 50-4c
85051 Tutschekstraße 49-5d

85051 Udetstraße 49-5d
85055 Uhlandstraße 46-10a
85049 Ullmannstraße (1) 48-5a
85049 Ulmenweg 45-10a
85057 Ungernederstraße 45-11b
85051 Ungerstraße 49-12d
85053 Unsernherrner Straße 50-8c
85051 Unteranger 50-10c
85051 Unterbrunnenreuth 49-12c
85049 Unterer Graben 45-12c
85055 Unterer Grasweg 46-10a
85053 Unterer Schinderschüttweg 50-2a
85055 Unterer Taubentalweg 46-10d
85051 Unterfeldstraße 49-9a
85055 Unterhaunstadt 46-8a
85055 Unterhaunstädter Weg 46-10b
85051 Unterlettenweg 50-7d
85049 Unterm Berg 44-10a
85051 Unterringstraße 49-8a
85051 Urnenfelderstraße 53-3c
85051 Ursula-Winter-Straße 49-8c
85053 Utzschneiderstraße 50-8c

85053 Veilchenstraße 50-7b
85049 Vesalstraße 49-2d
85055 Viehmarktplatz 46-10d
85049 Viktualienmarkt (13) 39-B2
85051 Virchowstraße 49-12d
85051 Vogelfeldstraße 49-8d
85051 Vogelweidestraße 53-2c
85055 Vogtstraße 46-11a
85051 Vollmarstraße 49-8b
85051 Von-der-Pfordte-Straße 49-8b
85049 Von-der-Tann-Straße 39-A1
85051 Von-Hünefeld-Straße 49-6c
85049 Vorwaltnerstraße 44-12d
85051 Vorwerkstraße 50-7c

85049 Wacholderweg (4) 48-5b
85051 Wackerstraße 49-6a
85049 Wagnergasse (9) 48-2c
85049 Wagnerwirtsgase 39-B3
85057 Waldeysenstraße 45-11a
85051 Waldstraße 53-2b
85051 Wallensteinstraße 49-9b
85051 Wallererstraße 49-9c
85051 Wallmeisterstraße 53-2a
85053 Wankelstraße 50-6a
85051 Wasserkelchstraße 52-3b
85049 Wassermannstraße 48-5b
85055 Watzlikstraße 46-10d
85055 Webergasse (1) 46-7d
85055 Weckenweg 46-7a
85055 Wegastraße 46-12c
85055 Wegenerstraße 45-4b
85051 Weicheringer Straße 52-3b
85055 Weidenhillerstraße (1) 45-4b
85055 Weigelstraße 46-7d
85051 Weiherstraße 52-3b
85049 Weiherweg 49-4c
85055 Weinbergstraße 45-6d + 46-4c
85053 Weisbergerstraße 50-4d
85049 Weishauptstraße (2) 49-1b
85049 Weismannstraße 49-2c
85055 Weißenhornstraße 46-11c
85051 Welfenstraße 49-8a
85051 Welserstraße 49-8b
85051 Weningstraße 49-3d
85053 Weningstraße 50-1c
85049 Werdenfelser Straße 44-12b
85051 Werkstraße 53-3a
85053 Wertingerstraße 50-1c
85049 Westliche Ringstraße 49-3c + 2b
85055 Wettstettener Straße 46-4c
85049 Wickenstraße 48-2d
85051 Wickstraße 49-6c
85051 Widlstraße 49-11a
85055 Wiechertstraße (5) 50-1b
85055 Wielandstraße 46-10a
85055 Wiesenweg 46-7b
85049 Wilhelm-Busch-Straße 48-2d
85049 Wilhelm-Raabe-Straße 48-2d
85055 Willibald-Schwab-Straße 46-10b
85055 Willibaldstraße 46-7a
85055 Willstätter Straße 46-7a
85053 Windbergerstraße 50-4a
85051 Winden 53-4b
85051 Windener Straße 53-2c
85051 Windthorststraße 49-8b
85055 Winkelweg 46-7b
85049 Winklermühle 49-2a
85049 Winklermühlweg 49-2b
85053 Winkstraße 50-4d
85055 Wirffelstraße 46-11c
85051 Wirtsweg 52-3b
85051 Wittelsbacherstraße 49-8a
85055 Wittmannstraße 45-4b

85055 Wöhlerstraße 45-12b
85051 Wöhrfeldweg 48-12d
85051 Wöhrstraße 49-8c
85051 Wolfgang-Braun-Straße 50-10a
85049 Wolfgang-Höfer-Straße 45-10c
85055 Wolfgangstraße 46-7b
85049 Wolfsgartenstraße 48-5c
85051 Wrangelstraße 49-6c
85055 Wredestraße 46-10c

85051 Yorkstraße 49-9b

85055 Zacherlgasse 46-7a
85051 Zainerstraße 49-6b
85053 Zanderweg 50-9c
85051 Zaunkönigstraße 50-7c
85053 Zecklstraße 50-4b
85055 Zehentstraße 45-5a
85055 Zeisigweg 45-2c
85055 Zellauweg 45-2d
85051 Zeppelinstraße 49-5d
85049 Ziegelbräustraße (20) 39-B2
85055 Ziegeleistraße 46-10b
85055 Zieglerweg (1) 46-11d
85051 Zillenweg 50-10b
85053 Zimmermannstraße 50-4b
85049 Zimmerstraße 48-2c
85055 Zinnienstraße 46-12a
85049 Zipfelgasse 39-B1
– ZOB 45-12c
85049 Zuccallistraße 49-1b
85051 Zuchering 53-2d
85051 Zucheringer Straße 49-11c
85049 Zum Fleckviehhof 44-11c
85049 Zum Steig 48-2c
85051 Zur Ach 52-3b
85051 Zur Kapelle (2) 53-1a
85051 Zur Lohe 49-12b
85055 Zwickerstraße (5) 46-12d
85057 Zwischenäcker (1) 45-10a

Inning am Ammersee
PLZ 82266

Aalstraße 283-12a
Aitelstraße 283-12a
Almweg 283-5d
Alpenstraße 283-8a
Alpenstraße (1) 283-5c
Alte Landsberger Straße 283-5c
Am Anger 283-5d
Am Gartl 305-3d
Am Graben 283-8a
Am Gremberg (2) 305-3b
Am Kastenacker (8) 283-8a
Am Kehlfeld 283-8a
Am Kuchelberg 283-5d
Ammerseestraße 283-11a
Am Ram 305-3b
Am Vorholz 283-11a
Am Wasenfeld 283-8a
An der Leite (7) 283-8b
An der Seeleite 283-10d
Atelierstraße (6) 283-8b

Bachern am Wörthsee 283-8d
Bacherner Weg 283-8b
Bergstraße 283-8a
Birkenweg 283-5c
Bräuhausweg 283-7b
Breitbrunner Straße 283-10d
Brucker Straße 283-5d
Buch am Ammersee 283-11c
Bucher Weg 305-3a

Carl-Benz-Straße 283-5b

Dampfersteg 283-10d
Dorfstraße 305-3c

Enzenhofer Weg 283-8b
Etterschlager Straße 283-5b

Färberweg 283-5d
Fichtenstraße 283-5d
Filmstraße 283-8b
Fischerstraße 283-12c
Föhrenstraße 283-5d
Forellenstraße 283-9c
Fraunhoferweg 283-5d
Fuchsweg 283-10d

Gartenstraße 283-5d
Griesstraße 283-5c
Grünbichl 305-3a
Gut Arzla 283-2b
Gut Seeleiten 305-2a

Hangweg 283-10d
Hauptstraße 283-11c
Hechtstraße 283-12a
Heimgartenweg (4) 283-8a
Herrschinger Straße 283-8b
Hirtenweg 283-5d
Höhenweg 283-8a
Hufschlag 306-1c

In der Senke 283-10d
Inning a. Ammersee 283-6c
Inninger Straße 283-11c

Jupiterstraße 283-8b

Karpfenstraße 283-12a
Kellerberg 283-6c
Kramerweg (3) 283-8a
Kutschenweg 283-11c

Lärchenstraße 283-5d
Landsberger Straße 283-4d
Leitenberg 283-8b
Leitenstraße 283-8b

Marktplatz 283-5d
Marsstraße 283-8b
Martinsberg 283-6b
Mausinsel 283-12b

Moosstraße 283-5d
Mühlstraße 283-8b
Münchner Straße 283-5d

Obere Mühle 283-8b

Panoramastraße 283-8c
Pfarrgasse 283-5d

Quellenstraße 283-8b

Reihenstraße 283-8b
Renkenstraße 283-9c
Rosenstraße 283-5d
Rudolf-Diesel-Ring 283-5c

Salzstraße 283-8b
Schlagenhofen 305-3c
Schleienstraße 283-12a
Schlichtweg 305-3c
Schloßstraße 283-10d
Schmautzer-Büchl-Weg 283-8b
Schmiedanger 305-3b
Schornstraße 283-8a
Seeanger 305-3b
Seeblick 283-11a
Seefelder Straße 283-8b
Seepromenade 283-4d
Seestraße 283-10b
Sonnenstraße 283-8b
Sportweg 283-8b
Stegen 283-4d
Stegner Weg 283-5c
Strandweg 305-1b

Toni-Mang-Ring 283-5d
Triebweg 283-5d

Venusweg (1) 283-8b

Walchstadter Straße 283-8b
Waldstraße 283-11a
Wallerstraße 283-12a
Wankweg (5) 283-8a
Weichstraße (1) 305-3b
Weißer Berg 283-8c
Wörthseestraße 305-3a
Wolfgangstraße 283-8a
Wolfgasse 283-11c

Zanderstraße 283-9c
Zu den Eichen 283-8c
Zugspitzstraße (2) 283-5c
Zweigstraße 283-5d

Inning am Holz
PLZ 84416

Adlberg 183-3b
Ahornstraße 155-11b
Alm 155-11b
Am Anger (1) 155-12a
Am Sommerfeld 155-11b

Bergstraße 155-11b

Eckerstraße 155-11d
Eichenstraße 155-11b

Fichtenstraße 155-11b
Flurstraße 155-11b

Gewerbestraße 155-11d
Gosmehring 183-2b
Großwimpasing 155-8b

Hain 155-11a
Hasenweg 155-12c
Hauptstraße 155-11b
Heldering 155-12d
Hienraching 183-2b
Hofstätt 155-9d

Kapellenstraße 155-12a
Kirchenweg 155-12a
Kleinwimpasing 155-8d

Längenthalerstraße 155-11b

Ottering 183-2b

Reimering 156-10a
Riffenthal 155-11d
Ringstraße 155-12c

Schönbrunnerstraße 155-12a
Sonnendorf 183-1b
Stockingerstraße 155-12c

Tannhauserstraße 155-12a

Irschenberg
PLZ 83737

Ableiten 406-3d
Ahrain 406-6d
Alb 407-2c
Altenwaldeck 407-9b
Am Buchhölzl 385-10b
Am Gasteig (1) 407-11a
Am Sportplatz 385-11a
Angl 407-7d
Anzingerstraße 385-11a
Aschbach 407-9a
Auerschmied 406-3a
Aufham 385-9c
Aussichtsweg 385-11a

Bach 407-10c
Bäckerleiten 385-11a
Bergbauer 384-6c
Berger 406-5a
Bernrain 407-2b
Bichl 407-5d
Binzerhütte 407-4b

Brandl 406-3b
Brandlberg 384-8c
Brandstatt 384-11d
Breitensteinstraße 385-11a
Briefer 407-8d
Brunnmoos 406-1b
Buchbichl 406-3d
Buchfeld 385-11b

Deining 407-10d
Deßl 384-6c

Ehgarten 407-10c
Eichbichl 407-4a
Eyrain 407-4d

Falter 385-11d
Fehleiten 385-9b
Fichtenweg 385-8c
Frauenried 406-8b
Furt 407-8d
Fuß 384-10b
Fußstall 406-12b

Gasteig 385-7c
Gehrer 406-2a
Giglberg 384-10d
Gmoabauer 385-7d
Grainholzer 384-10d
Graßau 384-9c
Großhub 407-4a
Großschönau 407-7d
Großschwaig 406-6a
Grub 407-5c
Grund 407-8a
Grundbach 407-5a

Hackling 384-9b
Harrain 407-5a
Harraß 407-11a
Haslinger Mühle 384-12a
Hatzl 407-4d
Heimatsreut 384-10b
Heimberg 406-5a
Heißkistler 407-9a
Hilgenrain 406-9b
Hinterholz 407-8c
Hinteröd 384-12c
Hochholz 407-1b
Hofer 406-1d
Hofreuth 407-10b
Hollerthal 406-8a
Holzer 384-11a
Huber 406-2c

Imbuchs 385-12a
Immenfeld 385-4d

Jedling 406-6a
Jedlinger Mühle 406-6a
Josef-Atzl-Weg 406-12d

Kalten 407-8b
Karlinger 406-2b
Kasthub 406-2d
Katzenberg 384-11a
Kinderdorf 385-10b
Kindler 384-6d
Kirchsteig 385-10a
Kleinhub 407-4b
Köck 407-9a
Kogel 406-4b
Kolmberg 406-9d
Krinning 385-10c
Kurbialm 407-7b

Lanzing 385-12a
Lehermann 407-7c
Leiten 407-2b
Leitzachstraße 406-12d
Lengfeld 408-7c
Locher 384-11d
Loder 407-8c
Loiderding 385-7c
Loiderdinger Straße 385-10b

Marksteiner 406-5a
Meßner 406-6c
Miesbacher Straße 385-10b
Moos 406-1b
Moosbauer 407-10a
Moosweber 407-10a

Neuhäusel 385-10d
Neuradthal 406-12d
Niederhasling 384-5d
Niklasreuth 407-11a
Nußbaum 384-6a

Oberhasling 384-12b
Oberkretzach 406-9b
Obermoos 407-1c
Obermooserstraße 406-3d
Obholz 385-11d
Oed 385-12b
Offenstätter 407-9c

Pfaffing 385-12d
Pfarrleiten 385-10b
Pfisterer 384-7d
Ponlehen 406-4b
Ponleiten 406-4b
Poschanger 406-6b

Radthal 406-12d
Reichersdorf 383-12b
Reiter 385-7a
Riedberg 384-9a
Riedgasteig 406-5c
Rieding 385-7d
Riedinger Weg 385-11a
Riedl 407-12a

Schlachtham 407-3b
Schlosser 407-11b
Schmidfranzl 407-5c
Schwaig 406-6c
Schwamham 385-8a
Schwamhamer Straße 385-8c
Schwibich 384-10d

Seeried 384-7d
Sinnetsbichl 407-10a
Sonnenhub 385-8a
Sonnenreuther Straße 407-11a
Sperlasberg 406-3b
Sporer 384-9d
Starzberg 407-8b
Staudinger 406-5c
Stegangerstraße 385-11a
Stolzenberg 384-6c
Streitau 406-9b

Thalhamer 406-6d

Unterberg 384-11a
Unterholz 385-12c
Unterkretzach 407-9d
Untermoos 407-1d
Unterschönau 407-7a
Unterwartbichl 406-12d

Waldsiedlung 385-8c
Waldstraße 385-11a
Wartbichl 407-10c
Wendelsteinstraße 385-10b
Wendling 385-10c + 407-1a
Wiedmann 407-10c
Wienbauer 406-2c
Wieser 407-9c
Willenberg 384-11c
Wilparting 407-2a
Winastött 407-3a
Windwart 407-10a
Wöllkam 385-11c

Zieglhaus 407-7a

Isen
PLZ 84424

Adalbert-Stifter-Straße 233-5a
Adolph-Kolping-Straße (1) 233-5c
Ahornweg 254-6b
Aich 255-5c
Almstraße 233-11c
Alpenstraße 255-4c
Altweg 233-8c
Altwegring 233-8b
Am Anger 233-8b
Ambach 233-12d
Am Bühel 233-5b
Am Gries 233-5c
Am Haning 233-8b
Am Isental 233-8a
Am Römerweg 233-8b
Am Sandberg 233-5a
Am Schinderbach 233-5d
Amselweg 233-8b
Angersbach 256-1a
Apothekerberg (10) 233-6c
Aschberg 233-5b

Bachleiten 233-4b
Berging 233-12b + 234-10a
Bergstraße 233-5d
Birkenstraße 255-4a
Bischof-Josef-Straße 233-5d
Bräuanger 233-5d
Buchenweg 255-4a
Buchschachen 255-2d
Bürgermeister-Hallwachs-Straße (11) 233-6c
Burgrain 233-10d
Burgstraße 233-11c

Daxau 255-4b
Deller 233-4c
Dorfner Straße 233-5d
Dorn 255-4d

Eck 233-2c
Erdinger Straße 233-4d
Eschbaum 233-12a
Eschenweg 254-6b

Fahrnbach 255-7b
Feichten 233-8d
Feldstraße 233-5b
Fichtenstraße 255-4a
Fickelmühle 233-2c
Fleck 255-4d
Flecksberg 233-2a

Gänsbach 233-5a
Gaisberg 233-11a
Gallersberg 233-2b
Ganzenöd 233-4d
Gartenstraße 233-8b
General-Moreau-Straße 255-4c
Georg-Escherich-Straße (5) 233-5d
Giesering 255-5a
Giglberg 233-12c + 255-2b
Gmain 233-9a
Gmainweg (8) 233-8b
Göttner 233-8d
Göttnerstraße 233-8a
Grottenau 233-5d

Haager Straße 233-8b
Hauptstraße (Burgrain) 233-11c + 255-1d
Hauptstraße (Mittbach) 254-6d
Hochfeldstraße 233-10d
Hochstraße 233-8a
Höselsthal 233-2b
Hof 255-3a
Hofreit 233-1d
Holzweber 233-4c
Hub 255-3b
Hube 255-2c

Isenweg 233-11a

Jahnstraße 233-5d
Josefsbergstraße 233-5d
Josefsiedlung (6) 233-8b

Kampenwandstraße (1) 255-4c
Kapellenweg 233-5d
Kapfing 233-4d
Kay 233-11a
Kemating 255-4b
Kitzöd 233-9c
Kopfsöd 234-7a
Kothlehen 233-1d
Kreuzstraße 233-5c
Kuglmühle 255-2a
Kuglstadt 233-2d

Lengdorfer Straße 233-5a
Lichtenweg 255-3c
Linden 233-11b
Lindenstraße 255-1c
Lohe 233-8c
Lohmühle 233-5c
Loiperstett 255-3a
Loipfing 233-10c
Ludwig-Heilmaier-Straße (3) 233-5c

Mais 233-4d
Manhartstraße (7) 233-8b
Marktplatz (4) 233-5c
Max-von-Hoessle-Straße 233-8b
Mittbach 255-4c
Moos 233-12d
Mozartstraße 233-8a
Mühlbachstraße 233-5c
Mühlenweg 233-11c
Münchner Straße 233-8a
Mutzenhofstraße 233-10b

Niederöd 233-4d

Öd 233-9c

Pauli 255-6b
Pemmering 255-1c
Pfarrgasse (9) 233-5c

Rabeneck 233-5d
Raiffeisenstraße 233-5d
Ranischberg 233-6c
Ranischbergstraße 233-5d
Reit 254-6b
Rosenberg 233-7b

St.-Zeno-Platz 233-5d
Schafbauer Anger (2) 233-5c
Scheideck 234-10b
Schloßblickstraße 233-11c
Schnaupping 255-3d
Schrollen 255-5b
Schrott 233-12a
Schützenweg 233-8a
Schulstraße 255-4c
Sigismundstraße 233-8a
Söcking 233-12c + 255-3a
Sollach 233-3a
Staudigl 233-9a
Steidelstetten 233-11b
Steinackerweg 233-8a
Steingassen 233-2c
Steinla 233-7d
Steinlandstraße 233-8a
Steinsberg 233-2c
Steinspoint 233-7d
Stetten 255-6a
Stich 233-12b
Stiftsring 233-8a
Stocka 233-9c
Straß 233-8c
Strich 233-11d

Taubrunnenweg 255-4c
Thonbach 234-10a

Ulrichstraße 233-8a
Urtlmühle 233-8c
Urtlmühlweg 233-8a

Voglwohl 233-4b
Von-Eichendorff-Straße 233-8a

Waldstraße 233-11c
Webergasse 233-5c
Weidacherbergstraße 233-5c
Weidacheweg 233-5c
Weiher 255-6a
Wendelsteinstraße 255-4c
Westach 233-7c
Wildenmoos 233-8b
Willmating 234-7c

Zellershub 233-10b
Zeno-Pfest-Straße 233-5d
Ziegelstätterstraße 233-8b
Zieglstadl 233-9a

Ismaning
PLZ 85737

Adalperostraße 226-6d
Adolf-Kolping-Straße 226-6c
Ahornstraße 226-5b
Almfeld 205-9d
Alpspitzweg 226-6d
Amalienstraße 226-6c
Am Auwald 226-8a
Am Englischen Garten 226-5d
Am Föhringer Hang 226-8a
Am Grießacker 226-3c
Am Hang 226-5c
Am Isarberg 226-5d
Am Isarkanal 226-9c
Am Katzengerbl 205-8c
Am Kernbach 226-6d
Am Lenzenfleck 226-3d
Am Mühlanger (9) 226-6c
Am Ring 226-5b
Am Seebachanger (8) 226-6c
An der Erdinger Straße 205-10a
An der Fähre 226-5b
An der Goldach 227-3d
An der Isarau 226-5d
An der Torfbahn 226-6a
Aschheimer Straße 226-6a
Attostraße 226-8b
Aubingerstraße 226-9a
Auenstraße 226-5b
Augustenstraße 226-6d

Bahnhofplatz 226-6c
Bahnhofstraße 226-5d
Bajuwarenstraße 226-6d + 6b
Bayerwaldstraße 226-5c
Benno-Hartl-Straße 226-5d
Bergstraße 226-3c
Bethmannstraße (1) 226-8b
Birkhuhnweg 226-9a
Bleicherfleck 226-3b
Blütenstraße 226-9a
Böhmerwaldstraße 226-8a
Brennermühlstraße 205-9a
Bruckmairstraße 227-2c
Bründlweg 226-3c
Buchenstraße 226-5b
Bürgerpark 226-8b

Camerloherstraße 226-8a
Carl-Zeiss-Ring 226-3c

Deller 227-5b
Dietrich-Bonhoeffer-Weg (17) 226-6b
Dr.-Schmitt-Straße 226-6a
Dorfstraße 226-9a
Durachweg (6) 226-5d
Durchlaß 226-6a

Eckherstraße 226-5b
Egerländer Straße 226-8a
Egerländer Weg (3) 226-5c
Eichenstraße 226-5d
Elisabethweg (16) 226-6d
Emil-Kurz-Straße 226-6a
Emmeramstraße 226-5d
Erchinger Weg (1) 205-10a
Erdinger Straße 205-10a
Erholungspark 226-5b
Erich-Zeitler-Straße 226-6a
Erlenstraße 226-5b
Eschenstraße 226-5b
Eugenstraße 226-6d

Fasanenstraße 226-9a
Fichtenweg 226-5b
Finsinger Weg (4) 205-10a
Fischerfleck 226-3d
Fischerhäuser 205-10a
Fischerstraße 226-6a
Fliederweg 226-9a
Flurstraße 205-10a
Forstweg 226-5b
Fraunhoferstraße 226-6a
Freimanner Straße 226-5d
Freisinger Straße 226-6a
Freisinger Straße (Fischerhäuser) 204-12d
Fröttmaninger Straße 226-5d
Frühlingsstraße 226-9a

Garchinger Straße 226-5b
Geroldstraße 226-6a
Glaslweg 226-8a
Gleissenweg 226-6c
Gleitner 205-5c
Goldachhof 227-3c
Gottfried-Ziegler-Straße (7) 226-6c
Grabenanger 226-6d
Gradlstraße 226-9a
Graf-Stauffenberg-Weg (12) 226-6b
Greimelstraße 226-6a
Grünfleckstraße 226-3b
Gutenbergstraße 226-3d
Gut Peterhof 205-9a

Hainweg 226-6a
Hauptstraße 226-8b
Haushamerstraße 226-5b
Heidestraße 205-10a
Henningweg 226-9a
Herbststraße 226-9a
Hirtgrasstraße 205-10a
Hohenadlstraße 226-6c
Horemansstraße 226-8b
Hortenseweg (15) 226-6d
Hubertusweg 226-3c

Jägerstraße 226-3c
Johann-Theodor-Straße (13) 226-6d

Karlsbader Weg (2) 226-5c
Karlshof 205-10c
Karolinenweg 226-6c
Keltenweg (10) 226-6b
Kiesweg 226-3c
Kirchenstraße 205-10a
Kirchplatz 226-6a
Klenzestraße 226-8b
Kolomanstraße 226-5d
Konradstraße 226-8b
Korbinianplatz 226-5d
Korbinianstraße 226-5d
Kraussstraße 226-8b
Krautgartenstraße 226-9a

Landskroner Weg 226-5d
Leuchtenbergstraße 226-5b
Lichwer Straße 226-5d
Lindenstraße 226-5c
Lise-Meitner-Straße 226-6a
Lyetta-Kurz-Weg 226-2d

Malteserstraße 226-8b
Marienbader Straße (5) 226-5d
Max-Hueber-Straße 226-8b
Max-Joseph-Straße 226-6d
Max-von-Eyth-Straße 226-3c
Mayerbacherstraße 226-6a
Medien- und Gewerbepark 226-8c
Metzgerfeldweg 226-6a
Mitterfeldstraße 226-6a
Moaranger 226-5d
Moarstraße 226-5d
Moosinninger Weg (2) 205-10a
Moosstraße 205-8c
Mühlenstraße 226-6c
Mühlhauser Weg 226-6c
Münchener Straße 226-11a

Neuchinger Weg (3) 205-10a
Notzinger Weg (5) 205-10a

Olmützer Weg 226-5d
Oskar-Messter-Straße 226-6a
Osterfeldstraße 226-6a

Parkstraße 226-5b
Paulstraße 226-3c
Philosophenweg 226-8a
Prinz-Ludwig-Weg (14) 226-6d

Rebhuhnstraße 226-9a
Reichenbachstraße 226-6b
Reisingerstraße 226-8b
Remisstraße 227-7b
Riedererstraße 226-6a
Robert-Bürkle-Straße 226-6b
Rosenstraße 226-9a
Rote-Kreuz-Straße 226-3d
Rupert-Mayer-Weg 226-6c

Sandweg 226-3c
Schäderhofstraße 226-6c
Schafweidstraßl 205-10c
Schlesierweg (4) 226-5c
Schloßfeldstraße 226-5d
Schloßgartenweg (6) 226-6c
Schloßstraße 226-6a
Schweigertstraße 226-6c
Seidl-Kreuz-Weg 226-6d
Senderstraße 205-11d
Sophienstraße 226-6d
Steinheilstraße 226-6a
Steinstraße 226-3c

Tannenweg 226-5b
Tassiloweg 226-6b
Taxetstraße 226-9c
Theodolindenstraße 226-6d
Theresia-Gerhardinger-Straße 226-6c

Unterföhringer Straße 226-8a

Von-Ketteler-Straße 226-6c
Von-Poschinger-Straße 226-8b

Walderdorffring 226-8b
Waldstraße 226-9a
Wallbergweg 226-6d
Wasserturmstraße 226-5d
Weidanger 226-9a
Weidengasse 226-5d
Welfenweg (11) 226-6b
Wendelsteinring 226-9a
Westerfeldstraße 226-5d
Wiesstraße 205-10c

Zacherlstraße 226-6c
Zweigstraße 226-5d

Jesenwang
PLZ 82287

Adelshofener Straße 239-7c
Ahornstraße 239-10a
Am Erlbach 239-4d
Am Hochweg 239-7d
Am Hüllfeld (2) 239-10a
Am Keltenbogen (1) 239-10a
Am Oasogrund 239-7d
Angerweg 239-4d

Bergkirchen 239-7a
Bergkirchner Weg (1) 239-4d
Bergstraße 239-10a
Birkenstraße 239-10a
Buchenweg 239-10b

Dr.-Ottmar-Weiß-Straße 239-10b
Dorfstraße 239-4d

Eichenstraße 239-10a
Erlbachstraße (Jesenwang) 239-7c
Eschenstraße 239-10a

Feldstraße 239-10b
Fichtenweg 239-10a
Fürstenfeldbrucker Straße 239-10b

Gartenweg 239-10b
Grafrather Straße 239-10b

Jahnstraße 239-7d
Jesenwanger Straße 239-4d

Kapellenstraße 239-10b
Kirchstraße 239-7c
Kramerweg (3) 239-7c
Kutscherweg 261-2a

Landsberger Straße 239-10a

Mammendorfer Straße 239-10a

Nassenhausener Straße 239-4d

Pfaffenhofen 239-4d
Poststraße 239-10a
Prof.-Wörl-Straße 239-10a

Römerstraße 239-7c
Römertshofener Straße 239-10a

St.-Georg-Weg 239-4d
St.-Michael-Straße 239-7d

Jetzendorf
PLZ 85305

Aichacher Straße 117-6d
Am Anger 117-1c
Am Blitzberg 117-4b
Am Uhrmacherberg (2) 118-7a
Am Weiher 117-6d

Badershausen 117-1b
Bärnhausener Straße 118-5c
Bergstraße 117-6d
Birkenweg 117-6b
Bischof-Buchberger-Straße 118-7a
Brunnenweg (1) 117-6d
Brunnhof 117-12b
Buchenweg 117-6b

Dr.-Eisenmann-Straße 118-7a
Dorfstraße 117-4a

Eck 117-2d
Ecker Straße 117-6b
Eichenweg 117-6b
Eschenweg 117-1c

Finkenweg 117-1b
Forstweg 92-10c
Frechmühle 118-5c
Friedhofstraße 117-6d

Gabisweg 118-4c
Gerolsbacher Straße 117-2b
Gewerbering (7) 118-7b
Greppmeierstraße 118-7a
Grubhof 117-2d
Gründholmer Straße 118-1a
Grünthal 117-8b

Habertshausen 92-10d + 118-1b
Hanneshof 117-1b
Happertshofen 117-8b
Hauptstraße 118-4c
Hechtweg 117-1c
Hilgertshausener Straße 117-8a
Hirschenhausen 117-1d
Hirschenhausener Straße 117-5d
Hochstraße 118-4c
Holzweg 117-1b

Indersdorfer Straße 118-7a

Jetzendorfer Straße 118-4d
Johannesstraße 117-6b

Kaltenberg 91-12c
Kapellenweg 92-10c
Karl-von-Freyberg-Straße 118-7a
Kemmoden 118-1a
Kirchberg 118-4c
Kirchstraße 118-1a
Kohlstattstraße 118-4a
Kolmhof 118-8a
Kreithof 118-11a
Kremshof 117-6a

Lambertweg (8) 118-5c
Lampertshausen 118-4d
Landrat-Lehmaier-Straße (3) 118-7a
Lindenweg 117-3c
Lindhof 118-8a
Lindhofstraße 118-4d
Lohestraße 117-1d + 1c
Lueg 117-12a

Marienstraße 117-1c
Maxhof 118-7a
Mittlere Prielstraße 117-6d
Mühlenweg (7) 118-4d

Nussweg (1) 117-4a

Ortsstraße 117-1b

Parkweg 117-6d
Pfaffenhofener Straße 118-4c
Pfarrer-Heydner-Straße 118-1a
Pfarrer-Spreng-Straße (4) 118-7a
Poststraße 118-4c
Priel 117-6b + 118-4a
Prielwirtstraße 117-6d
Prof.-Gamperl-Straße (5) 118-7a
Purrbachstraße 118-5c

Rabl 118-4d

Saxau 117-8d
Schacherlstraße 117-6d
Schafflerweg (6) 118-7a
Scheibenergassenweg 118-4d
Scheibenerkreisel (6) 118-4d
Schernberg 117-5a
Scheyrer Straße 117-1c
Schloss Jetzendorf 118-4c
Schrobenhausener Straße 117-6b
Schülerweg 117-6d
Schulstraße 117-6d
Sonnenhang 118-4c

Thalhof 117-5b
Thann 118-10a
Triefinger Straße 92-10c

Volkersdorf 117-5d

Waldherrstraße 118-7a
Waldweg 117-2d
Weiherbauer 117-2b
Weingarten 117-9d

Zeppelinstraße 118-4a

Karlsfeld
PLZ 85757

Ackerstraße 222-9c
Adalbert-Stifter-Straße 223-7a
Ahornweg 222-12a
Akazienweg (24) 223-7b
Allacher Straße 222-9d
Alpspitzstraße (35) 222-9c
Alte Bayernwerkstraße 222-6a
Am Anger 223-1d
Am Burgfrieden 223-5c + 7b
Am Finkenschlag (3) 223-4b
Am Krebsbach 223-4b
Am Obstgarten (13) 223-4b
Amselweg (2) 223-4b
Am Spatzenwinkel (1) 223-4b
Am Tiefen Graben 223-1c
An der Bockwiese (31) 223-4c
An der Steinernen Brücke (27) 223-7b
Augustenfelder Weg 223-1d
Augustestraße 222-9d
Auwaldstraße 222-6a

Bachrainstraße 222-3d
Bachweg 223-1d
Bajuwarenstraße 223-1d + 7b
Ballaufstraße 223-4c
Bayernwerkstraße 222-6d
Berberitzenweg (20) 223-7b
Birkenallee 222-5c
Birkenstraße 222-12a
Blütenstraße 223-4c
Blumenstraße 223-4c
Blumenstraße (30) 223-4c
Boschstraße 223-5c
Brunnenweg 222-3d
Buchenweg 222-9b
Bussardplatz (16) 223-4d
Bussardstraße 223-4d

Dieselstraße 223-4d
Dohlenweg (14) 223-4d
Dr.-Ernst-Zimmermann-Allee 223-4d
Dr.-Johann-Heitzer-Straße 222-9c
Drosselanger (4) 223-4b

Edelweißweg 223-1a
Eibenweg (32) 222-9c
Eichendorffring 223-7a
Eichenweg 222-9d
Einsteinstraße 223-5c
Elsternweg 223-4d
Enzianweg 223-1a
Erich-Strobl-Rundweg 223-4a + 1c
Erlenweg 222-6d
Eschenweg 222-9d
Eulenweg (15) 223-4d

Falkenstraße 223-4d
Farnweg 223-1d
Fasanenstraße 223-4b
Fasanenweg 223-1a
Feldmochinger Weg 223-4b
Feldstraße 223-1d
Fichtenstraße 222-12b
Fliederstraße 223-4a
Fliederweg 223-1a
Flurstraße 222-6b
Föhrenweg 222-12b
Försterweg 222-9d
Franz-Schubert-Straße 223-7a
Franz-von-Assisi-Platz (6) 223-4b
Friedhofsweg 223-4d
Fritz-Scholl-Straße (8) 223-4b
Frühlingsplatz 222-9b
Frühlingsweg 222-9b

Gärtnerweg 223-7a
Gartenstraße 223-4c
Gaußstraße 223-7b
Georg-Queri-Straße 223-4c
Gerhart-Hauptmann-Straße 223-4c
Gewerbegebiet Nord 223-5c
Gewerbegebiet Süd 223-7b
Ginsterweg (25) 223-7b
Gottfried-Keller-Weg 223-7a
Grünlandstraße 222-3c
Grüntenstraße 222-9c
Gündinger Weg 222-8c

Habichtstraße 223-4d
Hadinger Weg 222-11a
Hagebuttenweg (23) 223-7b
Hans-Carossa-Straße 223-7a
Hans-Kudlich-Straße 222-9b
Hartmannsgruberweg 223-7b
Heidestraße 223-4a
Heimgartenweg (40) 222-9c
Herbststraße 223-4c
Hermann-Löns-Straße 223-4c
Hertzstraße 223-4d
Herzogstandweg (38) 222-9c
Heuweg 223-1d
Hochstraße 222-6d + 223-4a
Holunderweg 223-7b

Ignaz-Taschner-Bogen (7) 223-4b

Jägerstraße 222-9d
Jahnstraße 222-6b
Jakob-Schlumpf-Straße (1) 222-9b
Josef-Keller-Weg 223-2a

Karl-Stieler-Straße 223-4b
Karl-Theodor-Straße 223-7b
Karl-Valentin-Straße 223-4b
Kastanienweg 222-9c
Kiefernweg 222-12a
Kiem-Pauli-Weg (9) 223-4d
Kirschenweg (12) 223-4b
Krähenweg 223-4b
Kräuterweg 223-1d
Krenmoosstraße 223-7a
Kreuzeckweg 222-9c

Lärchenweg 222-12a
Langwieder Straße 222-5c
Leinorstraße 222-9b
Lena-Christ-Straße 223-4a
Lessingstraße 223-4c
Liebigstraße 223-5c
Liesl-Karlstadt-Straße 223-4d
Ligusterweg (18) 223-7b
Lilienstraße 223-4a
Lindenstraße 222-3c
Loreleyweg 223-7a
Ludwig-Ganghofer-Straße 223-4b
Ludwigstraße 223-7b
Ludwig-Thoma-Straße 223-4a

Martin-Luther-Straße 222-9b
Max-Joseph-Platz (26) 223-7b
Montgelasweg 223-7b
Moosweg 223-1d
Münchhausenstraße 223-7a
Münchner Straße 222-6b + 6d + 3c

Nelkenstraße 223-4a
Nibelungenstraße 222-6d
Nikolaus-Lenau-Straße 222-9b
Nobelstraße 223-4b
Nordenstraße 222-9b
Nußbaumstraße 223-7b

Obergrashof 201-11c
Oberreintalweg (36) 222-9c
Ohmstraße 223-7b
Ostenstraße 223-4a
Ottostraße 223-5c

Pappelweg 222-9b
Parkstraße 222-9b
Parzivalstraße 223-7a
Peter-Rosegger-Straße (10) 223-4d
Pfarrer-Mühlhauser-Straße 223-4c

Rathausstraße 223-4c
Reschenbachstraße 222-6a
Richard-Strauß-Straße 223-7a
Richard-Wagner-Straße 223-4c
Röntgenstraße 223-5c
Rosenstraße 223-4a
Roßkopfweg (39) 222-9c
Rotdornweg (22) 223-7b
Rothschwaige 222-6b
Rotkehlchenstraße (5) 223-4b

Sanddornweg 223-4d
Schachenweg (34) 222-9c
Schäferweg (29) 223-4c
Schillerstraße 223-4c
Schlehenweg (19) 223-7b
Schorsch-Froschmayer-Platz (1) 223-4a
Schützenstraße 222-9d
Schulstraße 222-9d
Schwaigerbachstraße 222-6a
Schwarzgrabenweg 223-4c
Schwarzhölzlstraße 223-1b
Seekarweg (37) 222-9c
Seerosenweg 222-6b
Seestraße 223-4a
Sesamstraße (28) 223-4d
Sommerstraße 222-9b
Sonnjochweg (41) 222-9c
Sperberweg (11) 223-4d
Südenstraße 222-9c

Tannenweg (33) 222-9d
Theodor-Storm-Straße 223-4c

Ulmenweg 222-9d

Veilchenstraße 223-4a
Veilchenweg 223-1a

Wacholderweg (17) 223-7b
Wachtelweg 223-4b
Waldschwaige 222-8b
Waldschwaigweg 222-8b
Waldstraße 222-6b
Watzmannstraße 222-9c
Wehrstaudenstraße 222-9b
Weidenstraße 222-6a
Weiherweg 222-6b
Weißdornweg (21) 223-7b
Westenstraße 222-9b
Wiesenweg 223-1d
Wildmoosstraße 223-1d
Winterstraße 223-4a
Würmanger 222-9b
Würmstraße 223-7a

Zugspitzstraße 222-12b
Zweigstraße 222-3d

Karlshuld
PLZ 86668

Hohenrieder Weg 52-10d

Kleinhohenried 52-10d + 56-1a

Neuschwetzingen 52-4c

Karlskron
PLZ 85123

Adelshausen 57-2b
Ahornallee 53-12a
Alte Adelshausener Straße 53-11b
Alte Straße 57-3d
Am Bachfeld 57-2a
Am Bachl 57-1a
Am Berg 57-1a
Am Dorfbach 57-2a
Am Kornberg 57-1a
Am Linnerberg 57-2b
Am Waldrand 57-2d
Am Wasserfall 53-11b
Am Wirtsweiher 54-7d
An der alten Schmiede (2) 53-8d
Andreasstraße 53-6d

Kirchberg
PLZ 84434

Kirchdorf
PLZ 83527

Kirchdorf an der Amper
PLZ 85414

Kirchheim bei München
PLZ 85551

Kirchseeon
PLZ 85614

Rodelbahn 296-6c
Rotbuchenstraße 296-2c
Rotkreuzstraße 296-2d
Rotwandstraße 296-3c

St.-Coloman-Straße 296-6b
Schulgasse 296-2d
Siedlerstraße 296-2d
Siriusstraße 296-1a
Sonnenstraße 296-1b
Spannleitenberg 296-3c
Sportplatzweg 296-6a

Talweg 296-6b
Theodor-Haagn-Straße 296-2d

Vogelbergerstraße 297-1c

Waldbahn 296-2d
Wallnerstraße 296-2d
Wasserburger Straße 296-5b
Watzmannstraße 296-6a
Wendelsteinstraße 296-6a
Werkstraße 296-2d
Westendstraße 296-1a
Westring 296-1a
Wiesenstraße 296-1c

Xaver-Hamberger-Weg 296-1a

Zornedinger Straße 295-6d
Zugspitzstraße 296-6a
Zum Ausblick 296-6a

Kissing
PLZ 86438

Ahornstraße 192-1b
Akazienstraße (8) 192-1d
Albert-Einstein-Straße 192-2c
Albert-Schweitzer-Straße 192-1d
Alemannenring 192-1a
Alpenblick (26) 192-3c
Alpspitzweg 192-1d
Am Alten Sportplatz (24) 192-4b
Am Anger 192-2c
Amselweg 192-1b
Am Silberpark 164-10c
Annette-Kolb-Straße (31) 192-1b
Asternstraße 192-1b
Auenstraße 191-3b
Augsburger Straße 192-1b

Bachernstraße 192-5b
Bachgasse 192-5a
Badangerstraße 192-2c
Bahngäßchen 192-2d
Bahnhofsallee 192-1c
Bahnhofstraße 192-1a
Bajuwarenring (4) 192-1b
Banatstraße 192-1d
Beethovenstraße 192-1b
Birkenstraße (7) 192-1b
Blütenstraße 192-1d
Blumenstraße 192-1a
Brandenburger Weg (13) 192-2c
Breslauer Straße 192-1d
Buchenlandstraße (17) 192-2c
Buchenstraße 192-1b
Büchelstraße 192-2d
Bürgermeister-Wohlmuth-Straße 164-10c
Burgstallweg 192-2c

Clara-Schumann-Straße 192-1b

Donauschwabenstraße (16) 192-1d
Drosselweg (5) 192-1b

Edith-Stein-Straße 192-1b
Ehgartenstraße 192-1c
Eichenstraße 192-1b
Eichweidweg 192-2c
Erlenstraße 192-1b
Eschenstraße 192-1b

Feldstraße 192-4b
Fichtenstraße 192-1b
Finkenweg (6) 192-1b
Fliederstraße 192-1d
Flurstraße 192-2c
Frankenweg 192-1a
Friedberger Straße 192-1b
Friedenstraße 192-4a
Friedhofweg 192-5b
Frühlingstraße 192-1c
Füssener Weg (20) 192-1d

Gabriele-Münter-Straße 192-1b
Garmischer Allee 192-1d
Gartenstraße (1) 192-1a
Gebrüder-Frisch-Straße 164-10c
Gerhart-Hauptmann-Straße (12) 192-2c
Germanenstraße 192-1a
Gewerbegebiet Mitte 192-1a
Gewerbegebiet Nord 163-12d
Gewerbegebiet Süd 192-4a
Gewerbering 192-4a
Glochstraße 192-2d
Gotenweg (2) 192-1b
Grüntenstraße 192-1d
Gunzenleestraße 192-1a
Gut Lindenau 164-10a

Hauptstraße 192-5b
Haydnstraße (27) 192-1b
Herderstraße (11) 192-2c
Hochstraße 192-5b
Hörmannsberger Straße 192-5b
Hunnenring (3) 192-1b

Industriestraße 192-1c

Kalkofenstraße 192-4a
Karl-Kreuzer-Weg (23) 192-4b
Karlsbader Straße (21) 192-1d
Karwendelweg 192-1d
Keltenstraße 192-1a
Kemptener Weg 192-1d
Kiesweg 192-4a
Kirchberg 192-5b
Kirchstraße 192-1d
Kochelseestraße 192-4b
Königsberger Straße (22) 192-1d
Kornstraße 192-1a
Krautgartenweg 192-5a

Lange Elle 192-1d
Lechauenstraße 191-6b
Lechfeldstraße 192-2c
Leitenweg 192-5b
Lerchstraße 192-1a
Lessingstraße (9) 192-2c
Lilienstraße 192-1c
Lindenstraße 192-1b
Lohgasse 192-2c

Marie-Juchacz-Straße 192-1b
Max-Planck-Straße 192-1b
Mecklenburger Weg (14) 192-2c
Meisenweg 192-1b
Mergenthau 164-10d
Mergenthauer Weg 192-2a
Meringer Straße 192-5a
Mittlerer Kulturweg 192-4b
Mittlerer Weg 192-1c
Mohnstraße 192-1d
Moosstaudenweg 192-5c
Mozartallee (28) 192-1b
Münchner Straße 164-10c

Nelkenstraße 192-1a

Oberer Anger 192-5c
Oberländer Straße 192-4a
Osterkreuzweg 192-3c
Ottmaringer Straße 192-2d
Ottomühl 192-5c

Paarfeldstraße 192-2c
Paargasse 192-2d
Pestalozzistraße 192-1d
Peterhofstraße 164-10c
Petersberg 192-2d

Rathausplatz 192-2c
Reichenberger Straße 192-1d
Ricarda-Huch-Straße (30) 192-1b
Ringstraße 192-1a
Robinienweg (33) 164-10c
Römerstraße 192-4a
Rosenstraße 192-1c

Sachsener Weg 192-2c
Sackgasse 192-5b
Säulingweg (19) 192-1d
St.-Bernhard-Platz 192-1c
St.-Bernhard-Straße 192-1a
Schlesierstraße 192-1d
Schloß Mergenthau 164-11d
Schloßstraße 192-2c
Schönhauser Weg 192-2d
Schulstraße 192-1d
Schwabenstraße 192-1a
Seewieshof 192-3d
Siebenbürgenstraße (18) 192-1d
Siedlungsstraße 192-1c
Sophie-Scholl-Straße 192-1b
Staffelseestraße 192-4b
Stefansgasse 192-2c
Sudetenstraße 192-1d
Südendring 192-4a

Talweg 192-4b
Tannenstraße 192-1d
Tegernseestraße 192-4b
Thomas-Mann-Straße 192-2c
Thüringer Weg (15) 192-2c
Trathstraße 192-5a
Tulpenstraße 192-1c

VDK-Straße 192-1a
Veilchenstraße 192-1b
Verdistraße (29) 192-1b

Walchenseestraße 192-4b
Waldweg 192-1b
Watzmannweg 192-1d
Wendelsteinweg 192-1d
Werkstraße 192-1c
Wielandstraße (10) 192-2c
Wiesenstraße 192-1a

Zedernstraße 192-1d
Zugspitzstraße 192-1d

Königsbrunn
PLZ 86343

Adalbert-Stifter-Straße 190-9d
Afrastraße 190-8d
Albert-Schweitzer-Straße 190-12d
Alpenstraße 190-12b
Alter Postweg 190-12a
Am Bobinger Bergl 190-11a
Ammerseestraße 190-12a
Amselstraße 190-9d
Angerstraße 190-9b
Augsburger Straße 190-8b
Augustusstraße 190-8d

Bayernstraße 190-12b
Beethovenstraße 190-6d
Bei der Krone (12) 190-12a
Blumenallee 190-12c
Bodenseestraße 190-9c
Boschstraße 190-9b
Brahmsstraße 190-6d
Brandenburger Straße 190-12b
Brunnenbachstraße 190-6d
Bürgermeister-Wohlfarth-Straße 190-12c

Chiemseestraße 190-9c
Cranzahler Straße (4) 191-10c

Dieselstraße 190-9b
Dietrich-Bonhoeffer-Straße 190-12c
Donauwörther Straße 190-9c
Drosselstraße 190-9d

Egerländer Straße 190-12b
Enzianstraße 190-12c

Falkenweg 190-12d
Finkenweg 190-9b
Föllstraße 190-6c
Forggenseestraße (2) 190-9c
Frankenstraße 190-12d
Franz-Schubert-Straße 190-6d
Friedhofstraße 190-12c
Friesenstraße 190-6d
Frühlingstraße 190-12a
Füssener Straße 190-8d
Fuggerstraße 190-12c

Ganghoferstraße 190-9d
Gartenstraße 190-11a
Geigerstraße 190-9c
Georg-Käß-Straße 190-9d
Gerberstraße 190-9a
Germanenstraße 190-9b
Gerstenstraße 190-11b
Geschwister-Scholl-Straße 190-11d
Gewerbegebiet Nord 190-5d
Goethestraße 190-12c
Gotenstraße 190-6d
Graf-von-Stauffenberg-Straße (13) 190-11d
Grüntenstraße 190-12d
Guldenstraße 190-9a
Gutenbergplatz 190-12c
Gutenbergstraße 190-12c

Haferfeldring 190-11b
Haunstetter Straße 190-9b
Heidestraße 190-9d
Heimgartenstraße 190-12a
Herbststraße 190-9c
Hessingstraße 190-12d
Hirseweg 190-11b
Hochgratstraße 190-12d
Hochstiftstraße 190-9c
Höfatsstraße 190-12d
Holbeinstraße 190-12c
Hopfenseestraße (1) 190-9c
Hunnenstraße 190-8b

In der Aue 191-10a

Karlsbader Straße 191-10c
Karwendelstraße 190-12b
Keltenstraße 190-6c
Kemptener Straße 190-9c
Kochelseering 190-9c
Königsallee 190-11b
Kolpingstraße 190-12a
Kornblumenweg 190-12d

Laubenweg 190-12a
Lechfeldgraben 190-11d
Lechfeldgrabenweg 190-11c
Lechstraße 190-9b
Lerchenstraße 190-9d
Lessingstraße 190-12c
Liebenauer Straße 191-10a
Ludwig-Martini-Straße 190-9d

Margeritenstraße 190-12c
Marienbader Straße 191-10c
Marktplatz 190-12b
Marktstraße 190-12a
Martin-Luther-Straße 190-9a
Matthias-Wahl-Straße 190-12d
Meisenweg 190-9d
Meringer Straße 191-10c
Mindelheimer Straße 190-9c
Mozartstraße 190-6d
Mühlstraße 190-11d

Nebelhornstraße 190-12a
Neuhäuserstraße 190-12a
Nibelungenstraße 190-9a
Nördlinger Straße 190-9c
Nordendstraße 190-6d

Obere Kreuzstraße 190-11d

Pater-Alfred-Delp-Straße (14) 190-11d
Pater-Rupert-Mayer-Straße 190-11d
Peter-Dörfler-Straße 190-9d
Pettenkoferstraße 190-12d
Pfänderweg 190-12d
Pfalzstraße 190-12d

Raber Straße 190-12d
Raiffeisenstraße 190-12a
Rathausstraße 190-12a
Reichenberger Straße (3) 191-10c
Richard-Wagner-Straße 190-6d
Robert-Koch-Straße 190-12d
Römerallee 190-11d
Röntgenstraße 190-12d
Roggenstraße 190-11b

Salbeiweg 190-12c
St.-Johannes-Straße 190-12c
St.-Ulrich-Straße 190-11b
Sauerbruchstraße 190-12d
Schäfflerstraße 190-9a
Schlesierstraße 190-12b
Schnitterweg 190-8d
Schulstraße 190-12a
Schwabenstraße 190-12b
Schwalbenweg 190-9d
Siebenbürger Straße (5) 190-12b
Siedlerweg 190-12a
Silcherstraße 190-6d
Simpertstraße 190-11b
Sommerstraße 190-9c
Sperberstraße 190-9b
Steingasse 190-12c
Stuibenstraße 190-12d
Sudetenstraße 190-12b

Tegernseestraße 190-9c
Teutonenstraße 190-9b
Töpferstraße 190-9b

Uhlandstraße 190-9d
Untere Kreuzstraße 190-11b

Von-Eichendorff-Straße 190-12c

Walchenseestraße 190-9c
Wandalenstraße 190-9a
Weberstraße 190-9a
Weizenstraße 190-11b
Welserstraße 190-12c
Wendelsteinstraße 190-12d
Wertachstraße 190-11c
Wettersteinstraße 190-12b
Wiedemannstraße 190-9a
Wiesensteig 190-12c
Wikingerstraße 190-6c
Winterstraße 190-9d
Wörthseestraße 190-9c

Zeissstraße 190-9b
Zugspitzstraße 190-12b

Königsdorf
PLZ 82549

Almweg 399-2d
Alpenblickweg 399-6a
Am Bachfeld 399-5d
Am Krautgarten (2) 399-5d
Am Pfarrerberg (5) 399-5d
Am Steinbruch 399-5d
An der Leismühle 399-5b
Angersteig 399-5b

Badstube 399-5b
Berg 399-3d
Beuerberger Straße 399-5a
Blombergstraße 399-5d
Boschhof 398-8a
Boschstraße 399-5d
Brand 399-2d
Brauneckweg (7) 399-5d

Carossaring (3) 399-5d

Dekan-Zistl-Ring 399-5d
Dorfstraße 399-6a

Enziangasse 399-5b

Gewerbering am Brand 399-2b
Graben 399-11a
Grafing 399-9a
Grundstraße 399-3c

Hans-Schaller-Steig 399-5d
Hauptstraße 399-5d
Höckstraße 399-5d
Höfen 399-10d
Hornberg 399-10d

Jochbergweg (6) 399-6c
Jugendsiedlung Hochland 400-1d

Kapellenweg 399-6a
Kiefernstraße 399-2b
Kreut 399-9c

Laurenziweg (1) 399-5d
Lindenrain 399-1a
Lindenweg (1) 399-6b
Ludwigstraße 399-5d

Malerwinkel 378-10c
Mooseurach 398-9b
Mooseuracher Straße 399-5d

Niederham 399-6c
Niederhamer Straße 399-6a

Obere Wolkenstattstraße 399-6a
Osteranger 399-6a
Osterhofen 399-6b
Osterhofener Straße 399-6c

Paul-Ernst-Straße 399-8b
Pföderl 399-11c

Quellenweg 399-6a

Rauscher 399-11a
Roßmoosweg 399-5b

Sägstraße 399-5b
Schmiedgasse 399-5d
Schösserweg 399-5d
Schulgasse (4) 399-5d
Schuß 400-1a
Sedlmeierstraße 399-5d
Sonnenhofen 399-8b
Steindl 399-11b

Tölzer Straße 399-5d
Torf- 399-1a

Untere Wolkenstattstraße 399-6a

Weidenberg 377-11d
Wiesen 399-2a
Wolfsgrube 399-10d

Zellwies 399-7b
Zum Lindenrain 377-11c
Zwieselweg 399-5d

Kösching
PLZ 85092

Adolf-Berger-Straße 47-1b
Ahornstraße 47-1a
Albert-Schweitzer-Straße (2) 46-3d
Am Anger 47-1a
Am Bahnhof 47-1a
Am Berntal 47-1d
Am Eixelberg 47-1b
Am Gemäueret 47-1d
Am Krautacker 47-1b
Am Lohfinger Bach 47-1b
Am Weinberg 47-1d
An der Bahn 47-1b
An der Hofwiese 47-1a
Anemonenstraße (10) 47-1c
Asamstraße 46-3b
Asternstraße 47-1c
August-Bebel-Straße 46-3d

Badermühle 47-4c
Bahnhofstraße 47-1a
Balestergasse 47-1b
Bei der Marktmühle 47-1c
Bertha-von-Suttner-Straße (3) 46-3d
Birnbaumsteig 46-3a
Blaumühle 47-4a
Brunnhauptenweg 46-3b

Dahlienstraße 46-3d
Demlinger Straße 47-2c
Desching 47-4c
Dollinger Weg 47-2a

Ebertstraße 46-3d
Engweg 47-2a
Erlenstraße 47-1a

Fliederstraße 46-3d
Fortbergstraße 47-1b
Frühlingstraße 46-3d

Gänsackerring 47-2a
Gladiolenstraße (6) 46-3d
Gradhof 47-2c
Großmehringer Straße 47-1d

Haberhackensaum 46-3d
Hans-Sachs-Straße 47-1b
Heinrichsgraben 47-1c
Hepberger Straße 46-3a
Hindenburgstraße 46-3b
Hohlweg 47-1c

Im Bogen 46-3d
In der Schwärz (5) 47-1a
Ingolstädter Straße 46-3c

Josef-Maier-Straße 46-3b

Käthe-Paulus-Straße 47-4d
Kasinger Straße 47-1b
Kastellstraße 47-1c
Kettelerstraße (1) 46-3d
Klosterstraße 47-1c
Kolpingstraße 46-3d
Kopernikusstraße 47-4c
Krankenhausstraße 47-1b
Krokusstraße (7) 46-3d
Kugelstraße 47-1a

Laubenweg 47-1b
Lena-Christ-Straße 47-1b
Lentinger Straße 46-3d
Lilienstraße 46-3d
Lindenstraße 47-1a
Ludwigsgraben 47-1c
Ludwig-Thoma-Ring 47-1b

Margeritenstraße 47-1c
Marienstraße 47-1c
Marktmühle 47-1c
Marktplatz 47-1c
Martinstraße (12) 47-1a
Mühlweg 47-1c

Narzissenstraße (8) 47-1c
Nelkenstraße 46-3d
Neuweg 46-3d
Nordring 47-1a

Obere Marktstraße 47-1c
Oskar-Maria-Graf-Straße 47-1b
Otto-Wels-Straße 46-3d
Ottstraße 47-1a

Pestalozzistraße (4) 46-3d
Petersweg 47-1b
Pfarrgasse (13) 47-1c

Rehmstraße (11) 47-1a
Römerstraße 47-2d
Rosenstraße 46-3d
Ruppertswies 46-3c

Salzgasse 47-1b
Schillerstraße 47-1c
Schlehensteinstraße 47-1b
Schloßstraße 47-1b
Sebastianstraße 47-1d
Simon-Diepold-Straße 47-1b
Sonnenstraße 47-1b
Spitzermühle 47-4c
Stadtweg 47-1c
Sternstraße 47-2a
Stollmühle 46-6b
Sudetenstraße 47-1a
Südring 47-1c

Theresienstraße 47-1a
Töpferstraße 47-1b
Tulpenstraße 47-1c
Turmstraße 47-1c

Untere Marktstraße 47-1b

Veilchenstraße (9) 47-1c

Weidhausstraße 47-1d
Westring 46-3d
Wolfdrossel 46-3d

Zeppelinstraße 47-4d

Kolbermoor
PLZ 83059

Adalbert-Stifter-Straße 387-6d
Aiblinger Au 387-8d
Aiblingerau 387-8a
Aiblinger Au Aiblinger Au 387-8d
Aiblinger Straße 387-5d
Albert-Loher-Straße 387-6d
Albert-Schalper-Straße 387-9c
Albinger Au 387-7a
Am Alpenblick 388-4b
Am Anger 387-9d
Am Brand 387-5c
Am Damm 388-7a
Am Eglsee (11) 388-7a
Am Gangsteig 388-4d
Am Graben 388-4d
Am Groweg 387-9c
Am Kochanger 387-7c
Am Kolberg 388-4a
Am Markholz 387-9d
Ammerseestraße 387-9c
Am Moorgarten 388-1c
Am Oberwöhr 387-4d
Am Quellbach 387-7a
Am Rothbachl (13) 388-7a
Am Schlosspark (1) 387-7a
Amselweg 388-7a
Am Tonwerk 388-4c
Am Waldrand 387-9d
Am Weiher 388-7c
Am Wiesengrund 387-9d
Anemonenstraße 388-4a
Angerbauerstraße (6) 388-4c
Anton-Elsperger-Platz 388-7a
Anton-Fahrner-Straße 387-7a
Anzengruberstraße 387-3d
Asternweg 387-8d
Austraße 387-8d

Bahnhofstraße 388-4c
Baierstraße (7) 388-4c
Balthasar-Bichler-Straße 387-6b
Barbara-Strell-Weg (2) 387-9a
Bergsiedlung 388-4c
Bergstraße 388-4c
Birkenallee 387-7d
Birkenstraße 387-6c
Blumenstraße 387-8d
Bodenseestraße 387-9c
Breitensteinstraße 387-9a
Breslauer Straße 388-4d
Brückenstraße 387-9b
Brünnsteinstraße 388-7a

Carl-Jordan-Straße 388-7a
Chiemseestraße 387-9c
Conradtystraße 387-6c

Dismas-Reheis-Straße 387-6c
Dr.-Christian-Junkenitz-Straße 387-9a
Dr.-Hans-Jakob-Straße (10) 388-7a
Dr.-Max-Hofmann-Straße 388-7a
Dr.-Thann-Straße 387-11a

Edmund-Bergmann-Platz (1) 388-4c
Eibseestraße 387-12a
Eichendorffstraße 387-6a
Eichenstraße 387-6c
Einsteinstraße 388-7c
Eschenweg 387-6c

Fabrikstraße 387-5d
Farrenpointstraße 387-9b
Fasanenweg 387-11b
Feldstraße 387-9b
Filzenstraße 388-4a
Fischerstraße (10) 388-7a
Flurstraße 388-4c
Föhrenweg 387-6c
Försterstraße 387-6d
Forststraße 387-9c
Franz-Hertle-Straße 387-9d
Franz-Sperber-Straße 388-1c
Friedenstraße 387-9a
Friedrich-Ebert-Straße 388-4c
Friedrich-Hebbel-Straße 387-6b
Fürstätter Straße 388-4a

Gärtnerstraße 387-9b
Ganghoferstraße 387-6b
Gehrerstraße 388-7c
Geigelsteinstraße 388-7a
Georg-Müller-Straße 388-7a
Gewerbepark Conradty 387-6c
Glasberg 387-6d
Glückstraße 388-4c
Gottfried-Keller-Straße 387-6d
Grillparzerstraße 387-6d
Grubholz 388-4d
Grubholzer Straße 388-4c

Hans-Ernst-Straße 388-7c
Hans-Lorenz-Straße 387-6c
Hans-Weigl-Straße 387-9d
Harthausener Straße 387-5b
Harthauser Holz 387-5b
Hasslerstraße 387-6d
Hechtseestraße 387-9c
Heideweg 387-5b
Hermann-Löns-Straße 387-3c
Heubergstraße 387-9a
Hochriesstraße 388-7a
Hölderlinstraße 387-6d

Inselbachstraße 387-9b

Jackelbergstraße 387-9b
Jägerkampstraße 387-9a
Jägerstraße 388-7c
Jahnstraße 387-9b
Johann-Wipper-Straße 388-7a
Josef-Hamberger-Straße 387-9c
Josef-Koch-Straße 387-9d
Josef-Legath-Straße 387-9b

Kottgeisering
PLZ 82288

Krailling

Kranzberg
PLZ 85402

Kühbach
PLZ 86556

Kumhausen
PLZ 84036

Landsberied
PLZ 82290

Landshut

84034 Alter Rennweg 84-1c
84028 Altstadt 84-3c
84028 Altvaterweg 73-10c
84036 Am Achdorfer Feld 84-6d
84032 Amalienstraße (29) 72-7d
84028 Am Alten Viehmarkt 39-C1
84030 Am Banngraben 72-8b
84036 Am Birkenberg 84-5d
84036 Am Bründl 85-4a
84036 Am Buchenhang 84-6c
84034 Am Burgfrieden 84-1a
84028 Am Distelgraben (19) 85-1b
84034 Am Eisweiher 83-6a
84036 Am Föhrenanger 73-12c
84028/84036 Am Graben 84-6b
84030 Am Hallstattfeld 72-8a
84032 Am Hascherkeller 72-8c
84034 Am Hessengraben 83-3c
84036 Am Hiendl 84-9b
84028 Am Hinterfeld 85-1b
84030 Am Industriepark 83-4b
84036 Am Kerschacker 84-9a
84034 Am Klostergarten 84-3a
84028 Am Lehel 85-1b
84036 Am Lurzenhof 73-11b
84028 Am Mitterfeld 85-1b
84034 Am Moosgrund 83-2d
84028 Am Prantigarten 39-C3
84032 Am Rosenanger 72-11a
84036 Am Schallermoos 73-10d
84036 Am Schloßanger 84-6b
84028 Am Schmiedlacker 85-1b
84036 Am Schopperfeld 84-6c
84036 Amselweg 84-5d
84032 Am Spitalacker 72-8a
84028 Am Steinberg 85-1b
84036 Am Steinlech 84-6d
84028 Am Tannenburganger 85-1b
84034 Am Überreiter Weiher 83-3c
84028 Am Vogelherd 85-1b
84036 Am Weinberg 84-6b
84036 Am Wirtsanger 84-6b
84036 Am Ziegelfeld 85-1c
84032 An der Flutmulde 84-1a
84032 An der Überführung 72-11d
84034 Andreas-Forster-Weg 39-A2
84036 Annabergweg 84-6a
84032 Annette-von-Droste-Hülshoff-Weg 72-10b
84036 Anstaltsgäßchen 84-6c
84036 Anzengruberweg 84-9a
84032 Apfelweg 72-10b
84034 Apianstraße 72-11c
84028 Apothekergasse 39-B2
84030 Arberstraße 72-11b
84034 Arnimstraße 84-2d
84034 Arnold-Böcklin-Weg 83-5b
84034 Arnoldweg 39-A3
84036 Arnpeckweg 84-6a
84032 Asternweg 72-10b
84036 Attenkofen 85-3d
84030 Auerweg 72-12b
84032 August-Sperl-Straße (20) 72-7d
84028 Auloh 73-9a
84036 Auloh 73-8d
84028 Aussiger Weg (15) 73-10c
84034 Aventinstraße 84-2a

84036 Bachstraße 84-5b
84028 Badstraße 84-3a
84032 Bahnhofplatz 72-11c
84032 Bahnhofstraße 72-11c
84028 Balsgäßchen 39-B3
84034 Bannwallstraße 84-4b
84036 Bartreith 85-2c
84028 Bauhofstraße 84-3b
84030 Bayerwaldplatz 72-11b
84028 Bayerwaldsiedlung 72-8d
84030 Bayerwaldstraße 72-8d
84032 Beatrixstraße 72-8c
84034 Beethovenstraße 84-2c
84032 Benatzkiweg 84-1b
84030 Benzstraße 72-9c
84036 Berggrub 85-5a
– Berliner Brücke 72-11d
84036 Bernbeckweg 85-4a
84036 Bernlochner Schluchtweg 85-1a
84034 Bettinaweg 84-2d
84034 Bienenweg 84-1b
84036 Bierlingweg 84-6c
84028 Bindergasse 84-3d
84032 Birkenstraße 72-11a
84036 Birkhahnweg 84-5c
84028 Bischof-Sailer-Platz 39-C2
84034 Bismarckplatz 39-B1
84032 Blumenstraße 72-10d
84030 Bodenmaiser Straße 72-11b
84034 Böcklerstraße 72-11d
84028 Börmergasse 84-3a
84034 Brauneckweg 84-1d
84034 Brenner-Christl-Weg 84-3a
84034 Breslauer Straße 73-10c
84028 Briegerweg 73-10c
84034 Brucknerstraße 84-2c
84036 Brüder-Grimm-Straße 85-4a
84036 Brühfeldweg 84-6a
84036 Bründlweg 85-4a
84034 Brünnsteinweg (13) 84-2d
84036 Buchberg 84-6c
84028 Buchenlandweg 73-10b
84032 Buchenstraße 72-11c
84034 Buchenthal 83-4c
84036 Buchnerfeldweg 84-6d
84030 Büchlsteinstraße 72-8d
84036 Bürgermeister-Frantz-Straße 84-9a
84036 Bürgermeister-Zeiler-Straße 73-8d
84030 Bunsenstraße 72-12a
84034 Burg Trausnitz 84-3c
84036 Bussardstraße 84-5d

84036 Carl-Wittmann-Weg 84-6d
84028 Carossahöhe 85-1a
84028 Carossaweg 85-1a
84036 Chemnitzer Straße 73-6d
84034 Christian-Jorhan-Straße 72-12d
84028 Christoph-Dorner-Straße 84-3b
84032 Clara-Viebig-Straße (22) 72-10b
84034 Clemens-Brentano-Straße 84-2d
– Compiegnebrücke 39-C1

84030 Daimlerstraße 72-12b
84034 Dammkarweg 84-2c
84034 Dammstraße 84-2d
84030 Dammweg 72-12d
84028 Danziger Straße 73-10c
84036 Dessauer Platz 73-6d
84030 Dieselstraße 72-12a
84036 Dirnitzstraße 84-5b
84036 Dohlenweg 84-5c
84028 Dr.-F.-Lippert-Weg 39-D1
84036 Dr.-Georg-Heim-Allee 73-11a
84032 Dr.-Gerlich-Straße 72-11b
84034 Dr.-Herterich-Allee 84-2c
84036 Dr.-Hiereth-Straße 85-4c
84032 Dr.-Schlittmeier-Straße 72-8c
84028 Dominikanerweg 84-3b
84036 Donaustraße 73-9a
84036 Dräxlmairweg 84-6a
84028 Dreifaltigkeitsplatz 84-3c
84030 Dreisesselstraße 72-11b
84036 Dresdener Straße 73-6d
84036 Drosselweg 84-5d
84036 Duniwang 73-9b

84028 Eberhard-Koller-Straße (5) 73-6d
84032 Ebertstraße 72-11d
84034 Echinger Hof 83-7d
84032 Edelweißstraße 72-10b
84036 Edmund-Jörg-Straße 84-3d
84028 Egerstraße 72-12d
84036 Ehrnstorf 84-9b
84036 Eichendorffstraße 85-1c
84036 Eichengrube 84-9a
84032 Eichenstraße 72-10b
84034 Einselestraße 84-2a
84036 Elbestraße 73-6c
– Elginbrücke 72-12d
84032 Elisabethstraße 72-8c
84034 Ellermühle 82-9b
84036 Elritzenweg (21) 73-11a
84036 Englberg 84-6d
84036 Englbergweg 84-9b
84036 Englmaierweg 84-6c
84032 Enzianstraße 72-10b
84036 Erfurter Weg 73-6d
84030 Ergoldinger Straße 72-11b
84032 Erikastraße 72-11c
84032 Erlenstraße 72-10d
84028 Ermlandweg 73-10b
84032 Eschenweg 72-10b
84034 Ettenkoferweg 84-3a
84036 Eulenweg 84-5d

84030 Falkensteinstraße 72-8d
84036 Falkenstraße 84-5d
84028 Fallmeisterweg 85-1b
84034 Falterweg 84-1b
84036 Fasanenweg 84-5d
84034 Feichtmaier 82-6c
84034 Feilerweg 84-2b
84032 Felix-Dahn-Straße (19) 72-7d
84036 Felix-Meindl-Weg 84-6a
84034 Ferdinand-Anton-Hiernle-Straße 72-12d
84034 Ferdinand-Neumaier-Weg (7) 84-2c
84028 Feuerbachstraße (3) 72-12c
84032 Fichtenweg 72-11a
84036 Filsermayrstraße 85-1c
84036 Finkenweg 84-5c
84028 Fischergasse 39-B1
84034 Fischweiherweg 84-1c
84028 Fleischbankgasse 39-B2
84032 Fliederstraße 72-11a
84036 Florastraße 73-11a
84034 Flugplatzstraße 82-9b
84032 Flurstraße 72-11a
84032 Föhrenweg 72-11a
84032 Födererstraße 73-10c
84036 Forellenweg 73-11a
84034 Fragnerstraße 84-1d
84034 Franz-Geiger-Straße 72-12d
84034 Franz-Högner-Weg 39-B2
84034 Franz-Lenbach-Straße 83-6a
84034 Franz-Liszt-Weg (6) 84-1b
84034 Franz-Marc-Straße 83-3c
84036 Franz-Naager-Straße (4) 73-6d
84034 Franz-Seiff-Straße 72-12c
84032 Franz-von-Kobell-Straße (27) 72-10b
84032 Franz-Xaver-Lehner-Weg (3) 84-1b
84030 Fraunhoferstraße 72-12a
84028 Freyung 84-3d
84028 Fridolin-Kastl-Straße (3) 73-6d
84028 Friedhofstraße 84-3b
84036 Friedrich-Ludwig-Jahn-Platz 84-6c
84036 Fritz-Forster-Weg 73-10d
84034 Frühlingstraße 72-12d
84028 Fürstentreppe 39-B3
84032 Füttererstraße 72-11a
84034 Fuggerstraße 84-1a

84036 Gabelgasse 84-6b
84034 Gabelsbergerstraße 84-2d
84032 Gallmeierstraße 72-8c
84036 Ganghoferstraße 84-9b
84030 Gaußstraße 72-12c
84028 Gehringstraße 85-1a
84028 Georg-Zeller-Straße (6) 73-6d
84036 Gerhart-Hauptmann-Straße 85-4a
84032 Geschwister-Scholl-Straße 72-11b
84028 Gestütstraße 84-3b
84034 Gewerbegebiet West 84-1b
84034 Glockengießerweg 72-12c
84034 Göllweg (14) 84-2d
84032 Goethestraße 72-10b
84036 Goldinger Straße 84-5c
– Grätzberg 39-B3
84034 Graf-Pocci-Weg 84-2d
84028 Grasgasse 39-B2
84036 Grillparzerstraße 85-1c
84036 Grillweg 85-1c
84036 Groppenweg (26) 73-10b
84028 Grünlandstraße 85-1b
84034 Grüntenweg 84-4b
84034 Gündlkoferau 82-9a
84034 Gutenbergweg 84-5a
84032 Gutsmüthlstraße 72-11a

84036 Haag 85-2a
84028 Haager Weg 85-1b
84036 Habichtstraße 84-5b
84036 Hackerweg 84-9b
84034 Händelstraße 84-2c
84036 Händlbauerngasse 84-6a
84036 Hagebuttenweg 84-9a
84036 Hagengasse 84-5d
84036 Hagrain 85-1d
84028/84036 Hagrainer Straße 85-1a
84034 Hammerbachweg 84-2d
84028 Hammerinsel 39-B2
84034 Hammerstraße 39-A1
84036 Hanns-Vetter-Weg 84-6c
84036 Hans-Bleibrunner-Weg 73-8c
84034 Hans-Leinberger-Straße 72-12d
84032 Hans-Moratscheck-Straße 72-8c
84036 Hans-Schmid-Weg 84-6b
84034 Hans-Wertinger-Straße 72-12c
84034 Hans-Wurm-Straße 72-12d
84028 Harnischgasse 39-B3
84036 Haselweg 84-9a
84028 Hauptwachgasse 39-B2
84036 Havelweg 73-6c
84034 Haydnstraße 84-2c
84028 Hedwigstraße 73-10c
84036 Heilig-Blut-Weg 85-1c
– Heilig-Geist-Brücke 39-B1
84028 Heilig-Geist-Gasse 84-3b
84028 Heißgäßchen 39-B2
84036 Hermann-Löns-Weg 39-D2
84028 Herrngasse 84-3a
84030 Hertzstraße 72-12b
84034 Herzog-Albrecht-Straße 84-2a
84028 Herzog-Georg-Platz 73-10c
84034 Herzogstandweg 84-2c
84034 Herzog-Wilhelm-Straße 72-11d
84032 Heubergerstraße 72-10d
84034 Heuweg 72-11d
84028 Hirschstetterweg 85-1b
84034 Hochgernweg 84-2d
84034 Hochgratstraße 84-4a
84034 Hochkalterweg 84-2c
84034 Hochstaufenweg (11) 84-2c
84034 Hochvogelweg 84-4b
84034 Höfatsweg 84-4b
84028 Höglberg 85-1a
84036 Höhenfeldstraße 84-6c
84034 Hofangerweg 84-2b
84028 Hofberg 85-4a
– Hofbergtunnel 84-3d
– Hofgarten 84-3d
84036 Hofgartenweg 84-3d
84030 Hofmark Aich 72-12d
84030 Hofmark-Aich-Straße 72-12c
84028 Holzfeilerweg 83-5c
84028 Holzgasse 85-1b
84032 Hopfenstraße 72-11a
84036 Hubertusstraße 73-11a
84036 Huchenweg 73-11a
84034 Hummelweg 84-1b

84034 Ida-Hilgärtner-Weg 84-1b
84028 Iglauer Weg 73-10b
84036 Illerweg 73-6c
84036 Illoher Weg 85-4a
84036 Ilzstraße 73-8b
84034 Im Moos 83-3b
84032 Im Spitalfeld 72-8a
84032 Ina-Seidel-Straße (21) 72-7d
84034 In den Schwaigen 84-2c
84030 Industriegebiet Nord 72-9c
84032 Ingbert-Naab-Straße 72-11b
84028 Inge-Sedlmaier-Straße (2) 73-6d
84030 Ingolstädter Straße 72-8d
84028/84036 Innere Münchener Straße 84-6a
84034 Innere Regensburger Straße 84-3a
84036 Innstraße 73-9a
84028 Isargestade 84-3a
84028 Isarpromenade 84-3c
84028 Isarweg 73-10c
84036 Isenstraße 73-8b
84032 Isolde-Kurz-Straße 72-10b

84034 Jakob-Mieslinger-Straße 83-3c
84034 Jenaer Straße 84-1a
84034 Jennerstraße 84-2c
84028 Jodoksgasse 39-C2
84034 Jörg-Breu-Straße 72-12d
84028 Johann-Hengl-Straße (1) 73-6d
84034 Johannisstraße 84-3a
84032 Johann-Schmeller-Straße (23) 72-7d
84028 Johann-Weiß-Weg 84-3b
84034 John-F.-Kennedy-Platz 72-12c
84034 Josef-Bergler-Straße (2) 83-3d
84034 Josef-Götz-Straße (1) 84-2b
84032 Joseph-Schlicht-Straße (24) 72-10b
84032 Judithstraße 72-8c
84034 Jürgen-Schumann-Straße 84-1b

84030 Kaitersbergstraße 72-8d
84036 Kalcherstraße 84-6b
84034 Kampenwandweg 84-2c
84036 Kanalstraße 73-8b
84028 Kapuzinerweg 39-C1
84036 Karauschenweg (20) 73-11a
84034 Karl-Eisenreich-Platz 72-12d
84032 Karl-Holzer-Straße 72-8c
84028 Karlsbader Straße 73-10c
84034 Karl-Stadler-Weg 73-10d
84034 Karlstraße 84-3a
84036 Karl-Valentin-Weg 73-11a
84028 Karpatenweg 73-10b
84034 Karwendelweg (9) 84-2c
84036 Kasernenstraße 73-10d
84036 Kaspar-Brummer-Weg 84-6d
84032 Kastanienweg 72-11a
84028 Katholikenweg 84-3c
84028 Kattowitzer Straße 73-10c
84030/84032 Kellerbergstraße 72-8a
84036 Kellerstraße 84-6a
84030 Keltenweg 72-8a
84034 Kesselbergweg 84-2c
84036 Kiem-Pauli-Straße 73-11a
84028 Kirchenweg 73-10d
84028 Kirchgasse 84-3c
84032 Kirschenstraße 72-11b

84036 Klausenberg 84-5a
84036 Klausenbergweg 84-5a
84036 Klausenfeldweg 73-11b
84036 Klausental 84-5b
– Kleiner Isarsteg 39-B2
84036 Kleistweg 85-1c
84028/84036 Klöpflgraben 84-3c
84034 Klötzlmüllerstraße 84-4b
84034 Klötzlmüllerviertel 84-1d
84030 Klosterholzweg 72-5c
84028 Königsberger Straße 73-10a
84028 Königsfeldergasse 84-3d
84036 Königsweg 84-6b
84030 Kötztinger Straße 72-8d
84028 Kolpingstraße 39-C2
84028 Konrad-Adenauer-Brücke 73-10d
84028/84036 Konrad-Adenauer-Straße 73-10a
84034 Konradweg 72-12c
84028 Kramergasse 39-C2
84036 Kranzed 73-12a
84034 Krenklstraße 84-2b
84034 Kreuzeckweg 84-1d
84028 Kronstädter Weg (14) 73-10c
84036 Kumhausener Straße 84-6c
84034 Kurt-Schumacher-Straße 84-1b
84034 Kutschenreutherweg 84-2a

84030 Ladehofplatz 72-11d
84028 Ländgasse 84-3c
– Ländsteg 39-B2
84028 Ländtor 39-B2
84028 Ländtorplatz 84-3c
84032 Lärchenstraße 72-10d
84028 Laimgrubenweg 85-1b
84036 Lainerbuckl 84-9a
84032 Lannerweg 72-10d
84036 Lechstraße 73-9a
84032 Leharweg 84-1b
84034 Lehbühlstraße 72-12c
84034 Leinfelderstraße 84-2b
84036 Leipziger Straße 73-6d
84028 Leitgebweg 72-12d
84036 Lena-Christ-Straße (10) 84-9b
84036 Lenauweg 85-1c
84028 Leukstraße 84-3a
84034 Libellenweg 84-1b
84030 Liebigstraße 72-12a
84028 Liegnitzer Straße 73-10b
84036 Liesl-Karstadt-Weg 73-10d
84032 Linckeweg 84-1b
84032 Lindenstraße 72-11c
84028 Linnbrunnenweg 73-10c
84028 Litschengasse 84-3a
84028 Loderstraße 72-12d
84028 Löschenbrand 72-10c + 84-1a
84032 Löschenbrander Straße 72-10b
84034 Löschenbrandstraße 84-1b
84036 Lohreiglgasse 85-4a
84036 Loisachweg (3) 73-9a
84028 Lorberweg 85-1a
84028 Lorettoweg 84-3d
84034 Lortzingweg 84-2c
84034 Ludmillastraße 72-11d
84028 Ludwig-Bachmeier-Platz 73-10c
84034 Ludwig-Erhard-Straße 83-3b
84028 Ludwigstraße 84-3b
84036 Ludwig-Thoma-Straße 84-9b
84036 Ludwig-Walter-Weg 73-11c
– Luitpoldbrücke 39-B2
84034 Luitpoldstraße 84-2b
84036 Lurzenhof 73-8d
84030 Lusenstraße 72-11b

84030 Maffeiweg 72-9c
84036 Magdeburger Weg 73-6d
– Mainburger Brücke 72-11d
84034 Maistraße 84-3c
84032 Malvenweg 72-10b
84032 Margarethenstraße (30) 72-7d
84034 Maria-Hierlwimmer-Weg 84-1b
84034 Maria-Juchacz-Weg 72-11d
84034 Maria-Probst-Weg 84-1b
84028 Marienburger Straße 72-12d
84038/84036 Marienplatz 84-3b
84028 Marienstraße 39-D2
– Marschallsteg 73-10c
84028 Marschallstraße 73-10c
– Martin-Luther-Platz 39-A2
84028 Martinsfriedhof 39-B3
84028 Masurenweg 73-10d
84036 Mathes-Deutsch-Weg 84-6b
84034 Mathias-Hösl-Straße 84-2b
84034 Matthias-Grünewald-Weg 83-2d
84034 Max-Bruch-Weg 84-2c
84036 Max-Dingler-Weg (9) 84-6d
84028 Maximilianstraße 84-3b
84034 Max-Reger-Straße 84-2c
84034 Max-Slevogt-Weg 83-6a
84028 Max-von-Oppenheim-Weg 73-8c
– Maxwehr 84-3b
84030 Maybachstraße 72-9d
84034 Mayergasse 84-3c
84028 Meidingerstraße 73-10d
84036 Meisenweg (5) 84-5d
84036 Meißener Weg 73-6d
84036 Memelstraße 73-6c
84028 Mesner-Ott-Gäßchen (1) 39-B3
– Messepark 73-11a
84036 Metzental 84-9a
84036 Michael-Pacher-Weg (1) 83-5b
84036 Milanstraße 84-5d
84036 Mitterweg 84-5d
84028 Mitterwöhr 73-10a
84036 Mörikeweg 85-1c
84036 Möwenweg 84-5b
84036 Moldaustraße 73-9a
84028 Moniberg 85-1b + 1a
84034 Mooswiesenweg 84-2a
84036 Mornauerweg 84-6c
84034 Mozartstraße 84-2c
84034 Mühlbachstraße 83-5b
84028 Mühlenstraße 84-3a
84036 Mühlhof 85-2c
84034 Müller-Armack-Straße 83-3a
84028 Münchnerau 83-6a
84034 Münchnerau 83-5a

84028 Nahensteig 84-3c
84032 Narzissenweg 72-10b

84034 Nebelhornstraße (8) 84-4b
84030 Neidenburger Straße 72-9c
84036 Neißestraße 73-9a
84032 Nelkenstraße 72-11c
84028 Neubau 83-4d
84036 Neue Bergstraße 84-5b
84028 Neustadt 84-3d
84028/84036 Niedermayerstraße 85-1a
84028 Nikola 72-12c
84034 Nikolastraße 72-11d
84034 Nikolaus-Alex-Mair-Straße 72-12d
84034 Noimergasse 83-5b

84030 Oberbreitenauer Straße 72-8d
84034 Obere Wöhrstraße 84-3c
84028 Oberhoferweg (18) 73-10d
84034 Oberjochweg 84-4b
84032 Oberndorfer Straße 72-10d
84034 Oberthweg 84-1b
84028 Ochsenauweg 73-8d
84036 Oderstraße 73-6c
84032 Offenbachstraße 72-10c
84030 Ohmstraße 72-9c
84028 Orbankai 84-3b
84036 Orgelmachergasse 84-3d
84030 Osserstraße 72-8d
84030 Ottostraße 72-12a

84028 Pätzingerstraße 84-3b
84034 Papiererstraße 84-3a
84032 Parkstraße 72-11c
84028 Pater-Rupert-Mayer-Weg 39-C2
84034 Paul-Heinrich-Weg 83-3c
84032 Paul-Heyse-Straße (26) 72-10b
84034 Paul-Klee-Straße 83-5b
84028 Paul-Pausinger-Weg 85-1b
84030 Peinkoferstraße 72-8d
84034 Peterreuth 83-7a
84028 Peter und Paul 73-10c
84036 Pettenkoferstraße 84-5b
84036 Pexenfelderweg (8) 84-6d
84034 Pfarrer-Kneipp-Weg 84-2b
84036 Pfarrfeldstraße 84-6c
84036 Pfarrgasse 85-4a
84036 Pfauenweg 84-5b
84036 Pfeifergorigasse 84-6b
84034 Pfettrachgasse 39-B1
84032 Pflaumenweg 72-10b
84036 Philipp-Heim-Platz 84-6c
84028 Piflaser Brücke 73-10a
84034 Piflaser Weg 72-12d
84036 Plankweg (2) 84-5b
84034 Plantagenweg 84-4b
84032 Platanenweg 72-11a
84036 Plieningenweg 84-6d
84028/84034 Podewilsstraße 72-12d
84036 Pönaiergasse 85-4a
84028 Pollingerstraße (17) 73-10d
84030 Porschestraße 72-12b
84028 Postplatz 39-B2
84036 Potsdamer Weg 73-6d
84032 Prälat-Schweiger-Weg (28) 72-8c
84036 Pregelweg 73-6c
84036 Preßgasse 84-6a
84028 Preysingallee 84-3c
84036 Prielhofweg 84-6b
84032 Primelweg 72-10b
84034 Prof.-Buchner-Straße 84-2b
84036 Prof.-Dietl-Weg 85-4a
84036 Prof.-Kurt-Huber-Straße 85-1c
84028 Prof.-Ludwig-Renner-Weg 39-C1
84034 Prof.-Schmidtmüller-Straße (15) 84-2a
84034 Professor-Schott-Straße 83-3a
84028 Pulverturmstraße 85-1a

84034 Querstraße 84-2a

84034 Rabenauer Weg 84-1d
84036 Rabenkopfweg 84-6d
84030 Rachelstraße 72-11b
84028 Rainer-Christlein-Weg 73-11a
84028 Rakocziweg 73-11c
84036 Rauschergasse 85-4a
84036 Rebhuhnweg 84-5d
– Regensburger Brücke 72-12d
84036 Regenstraße 73-6c
84028 Regierungsplatz 39-C2
84028 Regierungsstraße 84-3b
84034 Reichardtstraße 39-B1
84028 Reichenberger Straße 73-10c
84034 Reiteralpeweg 84-1d
84028 Reithoferstraße 73-10d
84034 Renatastraße 72-12c
84034 Rennweg 84-1a
84032 Ricarda-Huch-Straße (25) 72-10b
84028 Richard-Schirrmann-Weg 39-B3
84034 Richard-Strauß-Straße 84-1b
– Rieder Brücke 84-1a
84034 Ringseisstraße (2) 84-2a
84036 Ritter-von-Schoch-Straße 73-10d
84030 Robert-Bosch-Straße 72-12a
84034 Robert-Koch-Straße 84-2b
84032 Robert-Stolz-Weg (2) 72-10d
84028 Rochusgasse 39-C1
84036 Rödlstraße 84-5b
84030 Röntgenstraße 72-12c
84034 Röschlaubstraße 84-2a
84036 Roider-Jackl-Straße 73-11a
84028 Rorerstraße 72-12d
84036 Roseggerstraße 84-6c
84028 Rosengasse 84-3a
84036 Rosental 84-5d
84036 Rostocker Straße 73-6d
84036 Rotfederweg (27) 73-10b
– Rottenburger Brücke 84-1a
84034 Rotwandweg 84-2c
84028 Rübezahlweg 73-10b
84036 Ruffinstraße 84-5b
84034 Rupprechtstraße 84-2a
84030 Ruselstraße 72-8d

84036 Saaleweg 73-6c
84034 Salamanderweg (4) 84-1b
84032 Salbeistraße 72-10d
84036 Sallmannsberg 85-4a
84036 Salzachstraße 73-8b
84036 Salzdorf 85-4d
84028 Samlandweg 73-10a
84034 Sandnerstraße 84-2d

84036 Sandstraße 73-11a
84034 St. Pius-Platz 84-2d
84034 St.-Pius-Weg 84-2d
84036 St.-Vinzenz-Platz (1) 73-9a
84028 St.-Wolfgang-Siedlung 72-7d
84032 St.-Wolfgangs-Platz 72-11a
– Sausteg 39-B2
84034 Savignystraße 84-2d
84036 Schaberlgasse 85-4a
84034 Schillerstraße 72-12c
84036 Schimplweg 84-6d
– Schio-Brücke 84-1b
84028 Schirmgasse 84-3c
84034 Schlachthofstraße 72-12c
84036 Schlehental 84-9a
84036 Schloßgasse 84-3c
84036 Schmerlenweg (25) 73-11a
84034 Schmiedwiesenweg 83-6a
84028 Schneekoppenweg (16) 73-10c
84034 Schochenweg 84-4a
84032 Schöffmannplatz 72-11a
84036 Schönaustraße 73-10d
84028 Schönbrunn 73-8c
84028/84036 Schönbrunner Straße 84-3b
84036 Schönfeldstraße 73-10b
84036 Schönfüßlgasse 85-4a
84036 Schöplergasse 84-6a
84036 Schopperhof 85-4b
84034 Schubertstraße 84-2c
84028 Schützenstraße 84-3b
84036 Schulstraße 73-11c
84034 Schwaigen 84-1c
84034 Schwaigerstraße 84-1c
84036 Schwalbenweg 84-5d
84036 Schwanenstraße 84-5c
84036 Schwedenfeldweg 73-11d
84036 Schweinbach 73-12c
84028 Schwerreiterplatz 39-C1
84034 Schwestergasse 72-12c
84034 Schwimmschulstraße 84-2d
84034 Sebastianiweg 39-B1
84036 Seepointweg 84-6c
84036 Seethal 85-3b
– Seligenthaler Brücke 39-B1
84034 Seligenthaler Straße 84-3a
84032 Seligerstraße 72-8c
84034 Siebenbrückenweg 72-11d
84034 Siebensee 83-3d
84030 Siemensstraße 72-12a
84028 Sigmund-Schwarz-Straße 85-1a
84036 Simmerbauer Weg 85-4a
84034 Sonnblickweg 84-2d
84034 Sophie-Ressl-Weg 84-1b
84036 Sparkassen-Arena 73-11a
84036 Spechtweg 84-5d
84036 Sperberweg 84-6c
84036 Sperlingweg 84-5d
84028 Spiegelgasse 84-3c
84032 Spitzwegstraße 72-10b
84028 Sport- und Erholungspark Mitterwöhr 73-10b
84036 Spreeweg 73-6c
84034 Stadionweg 84-2d
84036 Stadtblick 84-3d
84036 Starenweg 84-5d
84034 Staudenraussstraße 39-A2
84036 Stauseestraße 73-6c
84036 Steckenbillerweg (6) 84-6c
84036 Steckengasse 84-3c
84036 Steffi-Graf-Straße 73-6d
84034 Stephan-Rottaler-Straße 72-12d
84036 Stephan-Schleich-Straße (1) 84-5b
84036 Steppachweg 85-4a
84036 Sterletweg (23) 73-11a
84034 Stethaimer Straße 72-12c
84028 Stettiner Straße 72-12d
84034 Straßweiherweg 83-3d
84030 Straubinger Straße 72-8d
84036 Strömerweg (22) 73-11a
84028 Sudetenweg 73-10b
84034 Sylvensteinstraße 84-2c

84036 Tal-Josaphat-Weg 85-4a
84032 Tannenweg 72-11a
84036 Tannhäuserweg 84-6b
84028 Taubengäßchen 39-B2
84036 Taubenweg (2) 73-9a
84028 Theaterstraße 39-B2
84034 Theodor-Heuss-Straße 83-2c
– Theo-Herzog-Weg 39-A2
84028 Tippelweg 73-10c
84034 Töginger Straße 72-10c
84036 Trautlergasse 84-6b
84028 Troppauer Straße 73-10d
84034 Tuchwalkerstraße 84-1d
84032 Tulpenstraße 72-10d

84036 Uhlandstraße 85-1c
84032 Ulmenstraße 72-11a
84036 Untere Auenstraße 73-10b
84034 Untere Schwimmschulstraße 84-3a
84034 Untersbergweg 84-2c
84036 Unterschönbach 85-2d
84028 Ursulinengäßchen 84-3b

84028 Veichtedergasse (7) 85-4a
84036 Veichtederpointweg 84-6d
84036 Veldener Straße 84-2a
– Verkehrslandeplatz Ellermühle 82-9c
84028 Vogelherd 85-1d
84034 Volksstraße 39-B1
84028 Von-Arco-Weg (3) 84-5b
84034 Von-Behring-Weg 84-2a
84036 Von-Doderer-Straße 84-6d
84028 Von-Hohenhausen-Straße 73-6d
84034 Von-Walther-Straße 84-2a
84034 Von-Zabuesing-Straße 83-3c

84034 Waas 83-7a
84032 Wacholderweg 72-10d
84034 Wagnergasse 39-B1
84030 Waldkirchener Straße 72-8d
84030 Waldschmidtstraße 72-11b
84034 Wallbergweg 84-2c
84028 Walther-Gagg-Weg 73-10d
– Wampelmühle 83-3c
84034 Wampelmühle 83-3c
84030 Wankelweg 72-9c
84036 Wartheweg 73-6c

84030 Watzlikweg 72-11b
84034 Watzmannstraße 84-1d
84028 Weberstraße 73-10d
84032 Weichselstraße 72-11a
84036 Weickmannshöhe 85-4a
84032 Weidenweg 72-10b
84034 Weiherbachstraße 83-2d
84032 Weilerstraße 72-11a
84036 Weimarer Weg 73-6d
84036 Weingartenweg 84-6d
84036 Weinzierlstraße 84-6b
84036 Weißdornweg 84-6c
84034 Weißenauer Weg (5) 84-2a
84034 Weißenbergersteg 73-10c
84034 Weißenbergerstraße 72-12d
84034 Wendelsteinstraße (12) 84-2c
84034 Weningstraße 84-2a
84028 Werner-Hübner-Weg 73-11a
84036 Wernstorfer Straße 84-6c
84036 Werraweg 73-9a
08267 West 84-2a
84032 Wickenstraße 72-11c
84032 Wiesenweg 72-10d
84036 Wildbachstraße 73-11b
84032 Wilhelm-Dieß-Straße (1) 72-10d
84036 Wilhelm-Hauff-Straße 85-4a
84034 Wilhelm-Kaulbach-Weg 83-2d
84034 Wilhelm-Leibl-Weg 83-6a
84034 Wittelsbacherstraße 84-2b
84036 Wittenberger Weg 73-6d
84028/84036 Wittstraße 84-3c
84036 Wolfsbacher Weg 73-11b

84036 Zanderweg 73-11a
84036 Zehntnerhofweg 84-6b
84036 Zeisigweg (4) 84-5d
84032 Zellerweg 72-10d
84034 Zeppelinring 84-1b
84032 Ziehrerweg 72-10d
84034 Zikadenweg 84-1b
84036 Zingelweg (24) 73-11a
84028 Zipserweg 73-10b
84028 Zobtenweg 73-10d
84036 Zuckerbacherweg 84-6c
84034 Zugspitzstraße 84-2c
84028 Zweibrückenstraße 84-3a
84028 Zwerggasse 39-B2
84030 Zwieseler Straße (2) 72-8d

Langenbach
PLZ 85416

Ahornweg 125-2d
Alfred-Kühne-Straße 125-6a
Alte Bundesstraße 125-3c
Am Fuchsberg 125-2d
Am Gries 125-6d
Am Logistik Park 125-3d
Amperhof 125-1b
Am Rastberg 125-3a
An der Mühle 125-6d
Angerstraße 126-1d
Asenkofen 125-6c
Asternweg 125-2d
Auenstraße 125-6d

Bahnhofstraße 125-2d
Bergstraße 125-6d
Birkenstraße 125-2d
Blütenweg 125-5b
Buchenstraße 125-2d

Dobelstraße 126-4a
Dorfstraße 125-2d
Drosselstraße 125-3c

Eibenstraße 126-4a
Eichenstraße 125-2d
Eichlbrunnstraße 125-5a
Erlenstraße 125-2d
Eschenstraße 125-2d

Fichtenstraße 125-2d
Finkenstraße 125-3c
Fliederstraße 126-4a
Freisinger Straße 125-5a

Gartenstraße 125-3a
Großenviecht 125-4a

Hagenaustraße 125-2b
Hangstraße 126-4a
Hummler Straße 126-4b

In der Lohe 125-3b
Inkofener Straße 125-2b
Isarstraße 126-4c

Kaltenbachweg 126-4c
Kastanienstraße 125-2c
Kiefernstraße (2) 125-2b
Kirchenweg 126-4b
Kirchstraße 126-4c
Kleinviecht 125-1c
Kreuthstraße 126-1d

Lerchenstraße 125-3c
Lindenstraße 125-5b

Meisenstraße 125-3c
Mitterweg 126-4a
Moosburger Straße 125-3c
Moosstraße 125-2b
Mühlbachstraße 125-6d

Nelkenweg 125-5b
Niederhummel 126-1c
Nußbaumstraße (3) 125-2d

Oberbach 125-5c
Oberbacher Straße 125-5b
Oberhummel 125-6b + 126-4c
Ochsenstraße 125-5a
Oftlfing 124-3d
Oftlfinger Straße 125-2b
Ortsstraße 126-4b

Pfannenstielstraße 125-3c
Pfarrstraße 125-2d
Pfarrweg 125-6d

Raster Straße 126-1d
Rosenstraße 125-2d

Schmidhausen 125-4d
Schulstraße 125-6d
Spechtstraße 125-3c

Tannenstraße (1) 125-2b
Tulpenstraße (4) 125-5b

Ulmenstraße 125-5b

Waldstraße 126-4b
Weidenstraße 126-4b
Wiesenstraße 125-3a
Windham 125-6d
Wirtsanger 126-1d

Langenmosen
PLZ 86571

Aitlingweg 62-1d
Am Anger 62-2c
Am Brucksaum 62-1b
Am Höhenberg 62-2c
Am Saum 62-1a
Amselweg 62-1d
An der Fretz 62-4a

Bauhofstraße 62-1a
Berg-im-Gauer-Straße 62-1c
Blumenstraße 62-1b
Burgstraße 62-1d

Columbusstraße 62-1d

Dantestraße 62-4b
Dekan-Singer-Straße 62-1c

Eichenweg 62-4b

Finkenweg 62-1d
Flurstraße 62-4a

Gartenstraße 62-1d
Gewerbestraße 62-5a
Goethestraße (2) 62-1d

Hochfeldstraße 62-1b

Industriestraße 62-5a

Kapellenweg (3) 62-5a
Kastanienweg 62-4b
Kirchgasse 62-1d
Kirchweg 62-1c

Lindener Straße 62-5a
Lindenstraße 62-4b

Neuburger Straße 62-1c

Ostendstraße 62-1b

Pfarrer-Utz-Straße 62-2c
Pfarrstraße 62-1c

Raiffeisenstraße 62-1d
Römerstraße 62-4a

St.-Andreas-Straße 62-1c
St.-Ulrich-Straße 62-1c
Schillerstraße 62-1c
Schneidergasse (1) 62-1c
Schrobenhausener Straße 62-1d
Schulgasse 62-1d
Sonnenstraße 62-1d

Tannenweg 62-1b

Von-Mergenthal-Straße 62-1d

Webergasse 62-1d
Winkelhausen 62-4a

Zur Naba 62-5a

Langenpreising
PLZ 85465

Am Anger 127-7a
Am Holz 128-8c
Am Isarkanal 127-6b
Am Jägersteg (16) 127-6c
Am Katzbach 127-6a
Am Semptablaß 127-7a
Am Söllgraben 127-5b
Am Strogenflutkanal 127-6a
Am Strogensteg (14) 127-6b
Am Wasserstuhl 127-6b
Angerstraße 127-7b
Anton-Fackler-Ring (3) 127-6b
Appolding 127-9d
Auweg 127-6a

Brawaweg (7) 127-6b

Christian-Jorhan-Straße 127-6b

Deutlmoos 127-5b
Deutlmooser Platz 127-5d
Deutlmooser Straße 127-5b

Einseestraße 127-8a

Feldstraße 127-7d
Fischerwinkel (2) 127-6c
Frauenstraße 127-5d
Fürnsbach 128-1c

Gröppenstraße (8) 127-6a
Gröppenweg (9) 127-6a

Hardter Weg 127-7d
Herzogstraße 127-6a
Hinterholzhausen 128-8a
Hof 128-4c

In der Au 127-6a

Johann-Baptist-Lethner-Straße (4) 127-6b

Kanalstraße 127-9c
Kapellenweg (12) 127-6c
Kirchenweg 127-7b
Klein-Sellmair-Weg 127-6b
Kreuzstraße 127-5d

Landshuter Straße 127-6a
Linnerweg (18) 127-6c
Linnerwegstraße 127-6c

Malerwinkel 127-6c
Moosburger Straße 127-3c
Mooshäuseln 127-4c
Myrth 128-8b

Obere Römerstraße 127-7c

Pfarrer-de-la-Haye-Straße (20) 127-6a
Pfarrer-Grzondziel-Straße (19) 127-6a
Pfarrgasse (17) 127-6c
Pfarrweg 127-7b
Plattachmühlstraße 127-6c
Platterweg 127-7b
Pottenau 127-3c
Preysingstraße 127-6c
Prisostraße 127-6c
Prof.-Deutinger-Straße 127-6b

Rosenau 127-1c

St. Martinsplatz (11) 127-6c
St.-Martins-Straße 127-6a
St. Stephansplatz 127-7b
Schachtmühle 127-3a
Scheideck 128-4a
Scheidecker Ring 127-6b
Scherangerweg (5) 127-6d
Schlottweg (15) 127-6d
Seidl 101-12c
Steingrub 127-3b
Steingruber Ring 127-6b
Stocketweg (6) 127-6d
Strogenstraße 127-6a

Talstraße 127-7a
Thenner-See-Straße 127-6c
Thenner Straße 127-7b

Untere Römerstraße 127-7b

Vorderholzhausen 128-4d

Wambachstraße (13) 127-6c
Wartenberger Weg 127-8a
Wehrbach 128-5b
Weipersdorf 128-4b
Wolfsgrube 128-5d

Zehentweg (1) 127-6c
Zellstraße 127-7d
Zuoltestraße 127-7a
Zustorf 127-7a

Langweid am Lech
PLZ 86462

Am Breitenbach 108-2a

Bayernstraße 108-1b
Blumenstraße 108-2a
Böhmerwaldstraße 108-2a
Brünner Straße 108-1b

Donauwörther Straße 108-1b

Erlenstraße 108-1b

Feldstraße 108-1b
Forchachstraße 108-1a
Friedensstraße 108-1b
Frühlingstraße 108-1b

Gablinger Straße 108-1a
Georgenstraße 108-1b

Herbststraße 108-1b
Herrenholzanger 108-2a

Kapellenstraße 108-1b
Karlstraße 108-1b
Kirchstraße 108-1b
Kolpingstraße 108-1b
Kreisstraße 108-1d

Langenmantelstraße 108-1b
Langweider Straße 108-1b
Lechstraße 108-2a
Lehenholzweg 108-2c
Ludwigstraße 108-1b

Montessoriplatz (4) 108-1b
Mühlstraße 108-2a

Paul-Klee-Straße (2) 108-1b
Pestalozzistraße (3) 108-1b

Sommerstraße 108-1b
Steinstraße (1) 108-1b
Stettenhofen 108-2a

Ulmenstraße 108-1b
Ulrichstraße 108-1b

Wiesenstraße 108-2a
Winterstraße 108-1b

Lengdorf
PLZ 84435

Ahornweg 211-7b
Aichmühle 211-10c
Am Anger 211-5c
Am Bahnhof 211-7b
Am Eschbaum 211-7d
Am Hafnerring 211-7b
Am Isenknie 211-8a
Am Mühlanger 211-7b
Am Sportplatz (3) 211-7b
An der Hammerstatt (10) 211-8a
An der Isen (11) 211-8c
Au 211-9a
Außerbittlbach 211-10a

Badberg 211-12b
Badberger Straße 211-12b
Bahnhofstraße 211-7b
Bahnweg 211-7b
Bergfeldstraße 211-7d
Biberg 210-3c
Birkenstraße 211-7b
Bischof-Arn-Platz (13) 211-8c
Bräugassl (6) 211-7b
Brandlengdorf 211-5c
Bruck 211-8b
Brückenstraße (2) 211-8a

Daigelspoint 210-12c
Dorfener Straße 211-8c

Erhard-Stangl-Ring 211-7b
Erlstraße 211-5c
Eschbaumweg (5) 211-7d

Faganaweg (12) 211-8c
Fichtenstraße 211-7b
Furtarn 211-7c
Furtarner Weg (4) 211-7d

Gaigel 210-9c
Gewerbefeld 211-7d
Gmaind 211-8d
Göttenbach 211-11c + 233-2a
Graben 211-1d
Graß 210-12c
Grub 211-2c

Hammerstadt 211-8a
Hans-Maurer-Straße (8) 211-7b
Harnisch 211-11d
Hauptstraße 211-8a
Hauzenöd 211-7a
Höhenberg 211-8d
Hönning 210-6c
Hofmarkstraße 211-9d
Holnburg 211-5d
Holz 211-3c
Holzen 211-12b + 212-10a
Hundsöd 211-11d + 233-2b

Im Moos 211-8a
Isener Straße 211-7d

Kirchenplatz (14) 211-8c
Kirchgasse 211-7d
Kohlwies 212-10c
Kopfsburg 211-9d
Krinning 210-3d
Kühberg 233-1c

Lacken 211-12d + 233-3a
Lärchenstraße 211-7b
Langprenning 211-6c
Liedling 210-3d
Lindenweg 211-7b
Linding 211-12d

Mairhof 210-9c
Matzbach 211-1d
Matzbacher Straße (1) 211-8a
Mehnbach 210-9b
Mitteröd 210-9b
Moosfeldweg 211-4d

Niedergeislbach 211-5a
Nodering 183-11d
Nußrain 211-2b

Obergeislbach 210-6a
Obernumberg 211-4a
Oberöd 210-9a

Penzing 233-1b

Reithal 211-10a
Reithaler Weg 211-7d

Schachtenseeon 183-10a
Schäfflerstraße (7) 211-7b
Schaftlding 183-11d
Schlairdorf 210-3c
Schloßstraße 211-9d
Schröding 211-1b
Seeon 183-10d
Sollach 233-3b

Tannenstraße 211-7b
Thann 211-4c
Thanner Weg 211-7b
Thann-Matzbacher Straße 211-7b

Unternumberg 211-4a

Von-Preysing-Straße 211-9c

Wachner 210-6d
Waidach 211-8b
Waldweg 211-4d
Weg 211-10c
Weinhackl 211-10a
Wenshof 211-10d
Wimpasing 211-10b
Wimpasinger Feld (9) 211-8c

Zufanger 211-12d

Lenting
PLZ 85101

Alte Landstraße 46-2c
Am Bergfürst 46-2a
Am Esper 46-2a
Am Gstocket 46-1d
Am Güßgraben 46-1b
Am Hang 46-1d
Am Hartsaum 46-6c
Am Kalkbrenner 46-1b
Am Lesermantel 46-2a
Am Pfannenstiel 46-2a
Am Schanzl 46-2a
Am Vogelherd 46-1b
Antoniusweg 46-2c
Argula-von-Grumbach-Straße (1) 46-2c
Asternstraße 46-4b
Auto-Union-Ring 46-1d

Bahnhofstraße 46-2c
Beethovenstraße 46-1b
Berggasse 46-2c
Bernd-Rosemeyer-Straße 46-2a
Bichel 46-2a
Blumenstraße 46-5a
Brunnengasse 46-2c
Buchtnerbarthl 46-1b

Einsiedlerweg 46-1b
Ellenbrunnerstraße (2) 46-2c
Ernst-Rauwolf-Straße 46-1d

Fasanenpfad 46-1b
Felix-Wankel-Ring 46-2d
Fliederstraße 46-1d
Froschauweg 46-1d
Fuchsbau 46-1b
Fürstäcker 46-2a

Gänsberg 46-5a
Ganghoferstraße 46-2c
Gewerbegebiet „Lenting-Ost" 46-2d
Goethering 46-2c
Guttenbergerstraße 46-1d

Hasenpfad 46-1a
Hepberger Weg 46-2d
Hirschbergstraße 46-2c
Hofmark 46-2c

Im Hacken 46-1c
Industriestraße 46-2d
Ingolstädter Straße 46-4d

Jurafestplatz 46-2c
Jurastraße 46-2a

Kapellenweg 46-2c
Kastenholzstraße 46-1b
Klausnerweg 46-1b

Leharstraße 46-1b
Lehenbuckl 46-1b
Lentinger Mühle 46-2d
Lessingstraße 46-2c
Lilienstraße 46-5a
Lindenhof 46-5a
Lodronstraße 46-2a
Lommelstraße 46-5a
Lortzingstraße 46-1b

Mailinger Weg 46-5a
Mozartstraße 46-1b
Mühlweg 46-2c

Nelkenweg 46-5a
Nürnberger Straße 46-2c

Pechmannstraße 46-2c
Pfarrgasse 46-2c
Purchhauserstraße 46-2a

Rathausplatz (3) 46-2c
Rehsteig 46-1a
Richard-Strauss-Straße 46-1b
Richard-Wagner-Straße 46-1b
Rosenweg 46-1d
Rudolf-Diesel-Straße 46-2d

Schillerstraße 46-2c
Schlickhstraße 46-2c
Schönfeld 46-2a
Schubertstraße 46-1b
Siedlung Desching 46-6c
Simon-Mayr-Straße 46-1b
Steigweg 46-5a
Steinbuckel 46-1b
Stubenrauchstraße 46-2c
Sudetenstraße 46-2d

Tulpenweg 46-5a

Veilchenstraße 46-4b

Wasserschloss 46-2c
Wettstettener Straße 46-1d

Ziegelei 46-2c

Maisach
PLZ 82216

Ackermannstraße 219-7d
Adalbert-Stifter-Straße 220-7c
Ahornstraße 219-8c
Almrauschstraße 219-8d
Alpenrosenstraße (7) 219-8d
Alpspitzweg 220-7c
Alte Brucker Straße 219-11a
Am Bad 219-8c
Am Bahnhof 218-12a
Am Bauhof 219-8d
Am Brand 218-6b
Ameisenschlag 218-9b
Am Fischberg 218-8d
Am Gresfeld 219-2d
Am Gut 220-7c
Am Lindenhof (12) 220-10a
Am Oberfeld 218-8d
Am Sandberg (1) 218-9b
Amselweg 219-12b
Am Steinacker 218-12a
Am Unterfeld 218-9a
Am Wiegenfeld 219-1a
Angerstraße 219-1a
Antonie-Wörner-Straße 219-12b
Anzengruberstraße (16) 220-10a
Anzhofen 219-5c
Arnikastraße 219-8c
Aufkirchner Straße 219-7d
Aumüllerstraße 219-3c

Bachfeldweg (1) 219-8a
Bahnhofstraße (Maisach) 219-11a
Bartholohäusstraße 219-2d
Bergstraße 219-2d
Berlepschstraße 219-12b
Bert-Brecht-Weg 220-10a
Birkenstraße 219-8c
Blumenstraße 219-8c
Bräuhausstraße 219-11a
Brauneckstraße (10) 220-7c
Breitensteinweg 220-7c
Breitenweg 218-6b
Brucker Straße 220-10c
Bruder-Konrad-Straße 219-12d
Bruggweg 218-6a
Buchenstraße 219-8c
Bürgermeister-Bals-Straße 218-12a
Bürgermeister-Mösl-Straße 219-1a
Bürgermeister-Müller-Straße 218-12a
Bürgermeister-Popfinger-Straße (2) 219-5b
Bürgermeister-Schlatter-Straße (1) 218-9a
Bürgermeister-Schwarzmann-Straße (1) 219-5b
Bürgermeister-Sommer-Straße 219-5b
Buschingstraße 220-10a

Dahlienstraße 219-8a
Deisenhofen 218-3a
Deisenhofener Straße 219-1a
Dellingerweg 219-5b
Diepoltshofen 219-7b
Dinkelweg 218-11b
Dr.-Josef-Thiel-Weg (5) 219-10b
Dorfstraße (Malching) 218-12a

Edelweißstraße 219-8d
Efeuweg 220-10a
Eibenweg 220-10a
Eichenstraße (Überacker) 219-2d
Einsbacher Straße 219-2d
Emmeringer Straße 219-8c
Emmy-Noether-Straße 219-10a
Enzianstraße 219-8c
Estinger Straße 219-8c

Feldenstraße 219-11a
Feldstraße 219-11a
Feuerhausweg 219-11a
Fichtenstraße 219-12b
Finkenweg 219-12b
Fliederstraße 219-8a
Flurstraße 218-6c
Frauenberg 218-6d
Frauenberger Straße 218-9a
Frauenstraße 219-10b
Friedenstraße (15) 220-10a
Friedhofstraße 219-8c
Friedhofweg 220-10a
Fritz-Reuter-Straße 220-7c
Frühlingstraße (Gernlinden) 219-12b
Fußberg 219-3d
Fußberger Straße 219-3c
Fußbergmoos 220-4d

Gärtnerstraße 219-6a
Galgen 218-11c
Ganghoferstraße (Gernlinden) 219-12a
Gebrüder-Grimm-Weg (13) 220-7c
Geigelsteinweg (6) 220-7c
Germerswang 218-8a
Gernlinden 219-9c + 220-7a
Gernlindener Straße 219-8c
Gernlinden-Ost 220-5c
Goethestraße 219-12b
Göttlerstraße 219-7d
Graf-Toerring-Straße 219-12b + 220-10a
Grubenstraße 219-10b
Gut 220-7c

Hakenstraße 219-12b
Hans-Wegmann-Straße 220-10a
Hauptstraße (Maisach) 219-8c
Hauserstraße 219-1a
Heinestraße 220-10a
Heinzingerstraße 220-10a
Herbststraße (Gernlinden) 219-12b
Hermann-Löns-Straße 220-10a
Herrnstraße 219-10b
Heuweg 220-8a
Hochgstattweg 219-3c
Hochriesweg (5) 220-7c
Hüttenloherweg 219-11a
Hufschmiedstraße 218-12a
Hugo-Brunninger-Straße 220-10a

Im Krautgarten 219-5b

Jahnstraße 219-11a
Jennerweg (9) 220-7c
Josef-Bauer-Straße 219-5b
Josef-Sedlmayr-Straße 219-7d

Kandlerstraße 219-8c
Karlstraße 219-7d
Kehlsteinweg 220-7c
Kellerstraße 219-11a
Keltenstraße 218-9c
Kermarstraße 218-8d
Kiesweg 220-8b
Kirchbergstraße 218-6c
Kirchenstraße 219-8c
Kirchenweg 218-8d

Maitenbeth
PLZ 83558

Mammendorf
PLZ 82291

Manching
PLZ 85077

Markt Indersdorf
PLZ 85229

Neuried 117-10c
Neusreuth 142-10a
Niederroth 171-8c
Nussergarten (5) 143-11a

Oberainried 142-8a
Obergeiersberg 116-12d
Obermoosmühle 171-1c
Ostenstraße 171-8b
Ottmarshart 171-4b

Pasenbacher Straße 143-12c
Pfarrer-Müller-Straße 142-9c
Philosophenweg 143-11c
Prälat-Nißl-Straße 171-2b
Propst-Morhardt-Straße 143-11c
Puch 117-9c

Raiffeisenstraße 171-2a
Ried 171-5a
Riedhof 142-10a
Riedhofer Straße 142-8c
Ringstraße 171-8b
Römerstraße 171-2b
Rothweg 171-2a

Sandberg 142-6d
Sankt-Korbinian-Weg 142-11b
St.-Valtenin-Straße (1) 170-2a
Schleienweg 143-11c
Schloßerg 171-6b
Schönberg 142-1b
Schrobenhauser Straße 142-6d
Schützenstraße 170-2a
Schulmeisterberg 171-8b
Schulstraße 171-8b
Schwedenhang 143-10b
Senkenschlag 142-2a
Siechhäusern 143-11d
Sigmertshauser Straße 171-8d
Simon-Rabl-Straße 143-10b
Simon-Reichlmair-Straße (4) 143-8c
Sonnenstraße 171-2a
Sportplatzweg 143-10d
Stachusried 117-11b
Stangenried 142-3d
Straßbach 171-3d

Tafern 117-11c
Tiefenlachen 142-7a
Titzostraße 171-8b

Unterainried 142-8b
Unteranger 142-6d
Untere Straße 142-6d
Untergeiersberg 116-12d
Untermoosmühle 171-1b

Wagenried 142-1d
Waldstraße 143-10d
Wasserschlag 143-2a
Wasserturmweg 143-11c
Weiherweg 171-2b
Weiherweg (Niederroth) 171-8a
Weil 141-9a
Wengenhausen 143-4a
Westenstraße 171-8b
Westerholzhausen 142-9c
Weyhern 171-5c
Wiesenweg 142-6c
Wildmoos 143-7a
Wirtsanger (1) 142-7d
Wittelsbacherring 143-10b
Wöhr 171-1a
Wöhrer Straße 143-10d

Ziegelstadel 142-5b
Zweigstraße 171-8d

Markt Schwaben
PLZ 85570

Adalbert-Stifter-Weg 229-12d
Alte Bräuhausgasse 38-A2
Am Erlberg 251-3c
Am Fischergries 230-10d
Am Galgenhölzl 229-12a
Am Hennigbach 230-10c
Am Kupferschmiedberg 38-B1
Am Postanger 230-10c
Am Rittermannslehen 230-10d
Am Roßacker 229-12b
Am Wiegenberg 252-1a
An der Bachleiten 252-1a
Anzinger Straße 252-1c

Badhausweg 252-1a
Bahnhofallee 230-10c
Bahnhofstraße 230-10c
Barmbichlerstraße 230-10c
Böhmerwaldstraße 251-3b
Breitensteinweg 252-1a
Breslauer Straße 252-1a
Brünsteinweg 252-1a
Bürgermeister-Haas-Weg 38-A2
Bürgermeister-Haller-Weg 252-1b
Bürgermeister-Strobl-Straße 229-12d
Burgerfeld 229-12d

Dianaweg 252-1d
Dr.-Brenner-Straße 38-B1
Dr.-Hartlaub-Ring 230-10c
Drechslergasse 38-B2
Drei Raine 252-1a

Ebersberger Straße 230-10d
Eisvogelweg (4) 230-10c
Emerenz-Meier-Straße 229-12d
Enzensbergerstraße 230-10c
Erdinger Straße 230-10d

Färbergasse 230-10c
Falkenring (1) 229-12d
Feichten 230-10a
Fichtenring 230-10d
Finsinger Straße 229-12a
Föhrenring 252-1b
Friedhofallee 230-10d

Geltinger Straße 229-11d
Gerhart-Hauptmann-Weg 230-10a
Gerstlacherweg 230-10c
Gewerbegebiet „Burgerfeld" 229-12d
Gewerbegebiet Nord 229-12b
Gewerbegebiet Süd 251-3b
Gigginger Straße 229-12c
Goethering 230-10a
Gräfin-Richlind-Weg 38-B3
Grafen-von-Sempt-Straße 252-1b
Graf-Rasso-Weg 38-B3
Graf-Rathold-Weg 252-1b
Graf-Sieghart-Weg 252-1b
Graf-Ulrich-Weg 252-1b
Gschmeidmachergasse 38-B2
Gutenbergstraße 229-12d

Habererweg 251-3b
Hafnerweg 252-1a
Hans-Carossa-Weg 230-10a
Hanslmühle 230-11a
Hanslmüllerweg 230-10d
Hans-Watzlik-Weg 230-10c
Haus 230-10b
Hauser Weg 230-10d
Hechtl 229-9c
Heilmaierstraße 230-10b
Henleinstraße 229-12d
Herzog-Ludwig-Straße 230-10c
Heubergweg 252-1a
Hochriesweg 252-1a
Höhenrainerweg 252-1b
Hubertusstraße 252-2c
Hugo-Hartung-Weg 230-10a

Im Angerl 38-A2
Im Wiegenfeld 251-3a
Isener Straße 230-10b

Kampenwandweg 252-1b
Karlsbader Straße 251-3b
Kettelerweg 252-1a
Kistlerweg 230-10c
Königsberger Straße 251-3b
Kolpingweg 252-1a
Kranzhornweg 252-1a

Landgerichtgasse 38-A2
Lilienthalstraße 229-12d
Lindenstraße 252-1b
Lippertstraße 230-10b
Loderergasse 230-10d
Ludwig-Thoma-Straße 230-10a

Maria-Adelberger-Straße (1) 252-1a
Maria-Wagenhäuser-Straße 230-10d
Markgrafeneg 252-1b
Marktplatz 230-10d
Martin-Luther-Straße 230-10d
Marzell 251-3b
Maurerweg 38-A2
Melanchthonweg 230-10d
Moosäcker 230-10d
Münterstraße 230-10c

Nagelschmiedgasse 230-10c
Neusatzer Straße 230-10c + 252-1a
Nikolaus-Lenau-Weg 230-10a

Ödenburger Straße 230-10c

Paulimühle 230-11a
Paul-Keller-Weg 229-12b
Paul-Klee-Straße 229-12d
Pfarrer-Hochmaier-Ring 230-10b
Pfarrer-Hueber-Weg 38-B2
Pfarrer-Kressierer-Weg 38-B2
Pfarrer-Ostermayr-Straße 230-10b
Poinger Straße 251-3a
Postangerweg 38-A2

Rabenweg (3) 229-12d
Rechenmachergasse 38-B2
Rektor-Haushofer-Straße 252-1a
Richardisweg 252-1b
Rieder Straße 251-3d
Rotkreuzstraße 230-10c
Rotwandweg 252-1b

Sägmühle 230-8c
Sägmühlenweg 230-11a
Schießstättenweg 230-10d + 252-1b
Schloßplatz 230-10c
Schützenstraße 230-10d
Schulgasse 230-10c
Schwabner Au 229-12a
Schweigerweg 38-A1 + 230-10c
Seifensiedergasse 38-A2
Seilergasse Weg 252-1a
Seywerdweg 230-10d
Spitzingweg 252-1b
Staudham 229-9d
Staudhamer Straße 230-7c
Storchenring (2) 229-12d

Textorstraße 230-10d
Trappentreustraße 230-10c

Von-Eichendorff-Straße 230-10a
Von-Kobell-Straße 230-10c
Von-Suttner-Straße (5) 230-10c

Walkhäusl 230-11d
Walkstraße 230-10d
Wallbergstraße 252-1a
Webergasse 252-1b
Weißgerberweg 230-10d
Wendelsteinweg 252-1b
Widderweg 230-10c
Wiegenfeldring 251-3b
Wittelsbacherhöhe 252-1a
Wittelsbacherweg 252-1a
Wittenbergstraße 38-B1

Zeppelinstraße 229-12d
Zinngießergasse 230-10d
Zugspitzweg 252-1b

Marzling
PLZ 85417

Akazienweg 124-8d
Am Bachwinkel 124-9c
Am Bäckeranger (3) 124-11b
Am Sportplatz 124-11b
Am Wiesengrund (10) 124-9c
An der Straßenmeisterei 124-9c
Angerweg 124-11b
Attoweg (7) 124-9c
Auenweg 124-11b

Bahnhofstraße 124-12a
Bahnweg 124-12a
Bergstraße 124-12a
Blumenstraße 124-8d
Brunnhofen 124-9a
Buchenweg 124-12a

Eichelsberg (11) 124-9d
Eichenweg 124-12a
Eixendorf 124-6d

Fliederweg 124-8d
Forstweg 124-11b
Freisinger Straße 124-8d

Gartenstraße 124-12a
Goldshausen 124-8b
Goldshausener Straße 124-8d

Hangenham 125-8c
Hirschau 125-11c + 151-2a
Hofmarkstraße (8) 124-9c

Isarstraße 124-11b

Jaibling 124-5c

Kirchstraße 124-11b
Kreuzstraße 124-12a
Kulturstraße 150-2d

Lauberg 124-8d
Lehreranger (5) 124-12a
Ludwig-Daxl-Straße (4) 124-11b
Lüsse 150-6a

Marzlinger Straße 150-5c
Mitterweg 124-9d
Moosachweg 124-11b

Nordring (6) 124-9c
Nordstraße 124-9c

Pfarrgasse 124-12a

Riedhof 125-10c + 151-1b
Riegerau 151-1a
Rosenstraße (1) 124-8d
Rudlfing 125-10a
Rudlfinger Straße 124-11b

Schulweg 124-11b
Senator-Ernst-Straße (9) 124-9c
Steinberger Hof 150-5c
Stoibermühle 150-2d
Straßfeld 124-9c
Süßgraben 150-6b

Talhoferweg (2) 124-8d
Tuchinger Weg 124-8d
Tulpenstraße 124-8d

Ulmenstraße 124-12a
Unterberghausen 124-3c

Waldweg 124-9c

Mauern
PLZ 85419

Hörgersdorf 100-2a

Mering
PLZ 86415

Adalbert-Stifter-Ring 192-7b
Adolf-Kolping-Straße 192-11b
Afrastraße 192-7b
Ahornweg (20) 192-11c
Altvaterring (22) 192-8c
Amberieustraße 192-11a
Am Forsthaus 192-12c
Am Graben 193-7c
Am Kirchberg 193-10a
Am Krautgarten 192-11c
Am Mitterfeld 192-12c
Am Mühlanger 192-11a
Am Paarbogen (21) 192-11c
Am Sommerkeller 192-11b
Am Spielberg 193-10a
Amtmannberg 192-11b
Am Unterfeld 192-8d
An der Leite 192-10d
Annastraße 192-12c
Anton-Günter-Straße 192-7b
Arnikaweg 192-8d
Augsburger Straße 192-8c

Bachstraße 192-11a
Bahnhofring 192-11d
Bahnhofstraße 192-11d
Bahnhofweg (11) 192-11d
Baierberg 193-11b
Bayerlstraße (1) 192-11b
Beethovenstraße 192-11b
Birkenweg 192-11d
Bogenfeldstraße (3) 192-8d
Bouttevillestraße 192-11a
Breslauer Straße 192-7d
Brunnenweg 192-11a
Buchenweg (19) 192-11a
Bürgermeister-Wohlgeschaffen-Straße (8) 192-11b

Dr.-Rothermehl-Straße 192-8d
Donauschwabenring 192-7b
Dorfstraße 192-12b
Dudenstraße 192-11a

Eckenerstraße 192-11b
Egerländerstraße 192-7b
Eichendorffstraße 192-7b
Eichenweg 192-11c
Elly-Beinhorn Strasse 192-11b

Färberberg (3) 192-11b
Färbergasse 192-11a
Feldweg 192-11c
Flößerstraße 192-11a
Franz-Schubert-Straße 192-11c
Frauenberg 192-11b
Freimannstraße (2) 192-11b
Friedenau 191-12d
Friedenaustraße 192-10b
Friedrich-Ebert-Straße 192-11b
Friedrichstraße 192-12c
Fröbelstraße 192-11a
Fuchsberg 192-11d
Fuchsgasse (10) 192-11d

Gabelsbergerstraße 192-11b
Gärtnerstraße 192-11b
Ganghoferstraße (13) 192-11c
Gaußring 192-7d
Geßweinstraße 192-8d
Gidiweg 192-12b
Glückstraße 192-8c
Goethestraße 192-11c
Guttenbrunnstraße 192-7b

Habersetzerstraße (4) 192-11b
Händelstraße 192-11c
Hafnerberg 192-11d
Hagenbuchstraße (5) 192-8d
Hans-Sachs-Weg 192-8d
Haydnstraße 192-10d
Herbststraße 192-11d
Hermann-Köhl-Straße 192-11b
Hermann-Löns-Straße 192-10d
Hertzstraße 192-8c
Herzog-Wilhelm-Straße (5) 192-11b
Hintersgrabenweg 192-11b
Hochweg 192-12c
Hölzlstraße 192-11b
Hörmannsberger Straße 192-8d
Holzgartenstraße 192-7d
Holzweg 192-11c

Idlerstraße 192-8d

Jägerberg 192-11b
Jahnstraße 192-11b
Josef-Scherer-Straße 192-11a

Kanalstraße 192-11c
Kapellenberg 192-8d
Karlsbader Weg 192-7d
Karlstraße 192-12c
Kerschensteinerstraße 192-11a
Kirchplatz (7) 192-11b
Kirchstraße 192-8d
Kissinger Straße 192-8a
Klostergasse 192-11b
Konrad-Adenauer-Straße 192-11b
Kornblumenring 192-8d
Kreberweg 192-12a
Kreuzackerweg (4) 192-8d
Kudlichstraße 192-7b

Langwiedweg 192-11c
Lavendelweg 192-8d
Lechfeldstraße 191-12a
Lechstraße 192-11a
Lenbachstraße 192-11c
Leonhardstraße 192-11d
Lessingstraße 192-11b
Liebigring 192-8d
Lilienthalstraße 192-8d
Lindenweg 192-11c
Lisztstraße 192-11c
Ludwigstraße 192-11d
Ludwig-Thoma-Straße 192-11c
Luisenstraße 192-12c
Luitpoldstraße 192-11b

Malvenweg (2) 192-8d
Marienplatz 192-7b
Marienstraße 192-11b
Marktplatz (6) 192-11b
Martin-Luther-Straße 192-11d
Mendelstraße 192-8d
Meringerzell 193-10b
Meringerzeller Straße 192-11b
Messerschmittstraße 192-8d
Mohnblumenweg (1) 192-8d
Mozartstraße 192-11c
Mühlweg 192-11d
Münchener Straße 192-11b

Nikolaistraße 192-7b
Nordendstraße 192-8d

Ohmstraße 192-8c
Oskar-von-Miller-Straße 192-11c
Ostendstraße 192-8d

Paarangerweg 192-11c
Paarstraße 192-11d
Parsevalstraße 192-11b
Pestalozzistraße 192-11a
Peter-Dörfler-Straße 192-11c
Peter-Rosegger-Straße (14) 192-11c
Pfeilschifterstraße 192-8d

Rabusmühle 192-8b
Raiffeisenring 192-8d
Reifersbrunn 193-10c
Reifersbrunner Straße 192-11d
Richard-Wagner-Straße 192-11c
Röntgenstraße 192-11c
Rosengasse 192-11c
Rudolf-Diesel-Straße 192-11c
Rumfordstraße 192-8d

Sachsengäßchen 192-11b
Salbeiweg 192-8d
Sankt Afra 192-7b
St. Johannis Weg 193-10a
Schäfflerberg 192-11a
Schießhäuslweg 192-11a
Schillerstraße 192-11b
Schlesierring 192-7b
Schloßmühlstraße 192-8c
Schmiedberg 192-11b
Schützenaustraße 192-11d
Schulstraße 192-11c
Schwägerlstraße 192-11c
Sebastian-Kneipp-Weg 192-10d
Sommerstraße 192-11d
Sonnenblumenring 192-8d
Sportanger 192-10d
Steingasse 192-11c
Sudetenring 192-7b

Theodor-Heuss-Straße (9) 192-11b
Theresienstraße 192-11d
Tratteilstraße 192-10d
Troppauer Weg 192-7d
Tunnelstraße 192-11a

Uferweg 192-11a
Ulrichstraße 192-12c
Unterberger Straße 192-11c

Watzmannstraße 192-11d
Webergasse 192-11b
Westendstraße 192-8c
Wiesenstraße 192-11b
Wilhelm-Busch-Straße 192-7b
Willi-Erlbeck-Ring 192-7d
Wintergasse 192-11b

Zeppelinstraße 192-11b
Zettlerstraße 192-11d
Zugspitzstraße 192-11d

Miesbach
PLZ 83714

Aberg 406-10c
Ableitnerstraße 405-12a
Adalbert-Stifter-Straße 405-12a
Äußere Münchner Straße 406-7a
Ahornweg (25) 406-10c
Aigner 405-8d
Albert-Schweitzer-Straße 405-9c
Am Bichl 406-11b
Am Burgfeld (11) 405-9c
Am Eichenhag 406-10c
Am Geiger 406-8c
Am Gschwendt 405-9c
Am Hang 406-10a
Am Hochwald 406-10c
Am Ries (A) 405-9d
Am Sonnenhang 406-8c
Am Windfeld 405-9b
An der Leitzach 406-12a
Anger 405-12c
Anton-Gillhuber-Straße (10) 405-12a
Au 406-7d
Auf der Grün 405-9c

Bach 405-12c
Badstraße 405-12b
Bahnhofplatz 405-9d
Bahnhofstraße (B) 405-9d
Baumer 405-10d
Baumgartner 405-10b
Baumstingl 405-8b
Bayrischzeller Straße 405-12d
Bergbauer 406-11b
Bergfeldstraße 406-11a
Berghalde 405-9b + 9a
Bergham 406-8c
Bergwerkstraße 405-9d
Birkenhäusl 405-11c
Birkenstraße 405-12b
Birkner 405-12a
Blütenweg 406-11a
Blumenstraße 405-12b
Bodenschneidstraße 406-10a
Böberg 406-10c
Brecherspitzstraße 406-10a
Breitensteinstraße 406-7c
Briefer 406-10b
Buchenweg 406-10d
Bucher 405-10b
Buchermann 406-11c
Bucherstraße 405-10b
Burgweg 406-11b

Carl-Feichtner-Ring (5) 405-9b
Carl-Fohr-Straße 405-12b
Christian-Schad-Bogen 405-12a

Dirnbergerweg 406-7c
Dorfstraße 406-7c
Düllstraße 405-9c

Eberl 405-5c
Ed 405-11c
Edelweißstraße (1) 405-9b
Enzianstraße (2) 405-9b
Erlerholz 405-12a
Eschenweg 406-10a

Fellerbachstraße 406-10b
Fendland 406-11c
Fichtenweg 406-10a
Fliederweg 406-10c
Floigerweg 406-10c
Forellenweg 406-7a
Franz-und-Johann-Wallach-Straße (21) 406-7c
Frauenschulstraße 405-9d
Fraunhoferstraße (14) 405-12b
Fritz-von-Weidenbach-Straße 405-11b
Frühlingstraße 405-9d

Gartenweg (2) 406-11a
Gasteig 405-5c
Grießer 405-12a
Gugg 406-4d
Gunetzrainerstraße 405-12a

Habererplatz 405-12b
Händl 406-4d
Haidmühl 405-12d
Haidmühlstraße 405-12d
Halmer 405-8a
Harzberg 406-10a
Harztal 406-10a
Harztalstraße 406-10a
Haselsteig 405-8a
Heckenweg 406-10a
Heimbucherwinkl (13) 405-12b
Hilmer 406-10c
Hinterloher 405-8a
Hirschbergstraße (1) 405-10b
Höger 405-5d
Hof 405-5b
Hofweg 406-12a
Hofwies 406-4c

Immanuel-Kant-Straße 405-12a
Ischenberger Straße 406-7b

Jägerbauer 406-7a
Jahnweg 405-12b
Johann-Baptist-Zimmermann-Straße (17) 405-9d
Johann-Georg-Maier-Straße 405-9c

Kaiser 406-4c
Kalchöd 406-8d
Karlingerstraße 405-9c
Kerndlweg (26) 406-10a
Kirchgasse (19) 405-12b
Kirschenhof 405-7d
Klafflehen 405-5d
Kleinköpferl 405-9b
Kleinthal 406-10c
Kleinthalstraße 405-12d
Köpferl 405-6d
Kolpingstraße 405-9d
Krauthof 405-5d
Kreuzberg 405-12c
Kreuzfeldweg 406-10b

Laurenziweg (4) 406-11b
Lebzelterberg (20) 405-12b
Ledererstraße 405-12b
Leitzach 406-12a
Leitzachstraße 406-11b
Lichtenau 405-8c
Lichtenauer Straße 405-11b
Lindenplatz 405-12b
Lindenweg 406-12a
Litzlauer Straße 406-11b
Locher 406-4d
Loferer 405-5d
Ludwig-Thoma-Straße 405-12a

Manhardtwinkl (12) 405-9d
Marcel-Deprez-Straße (16) 405-9d
Marienplatz 405-12b
Marktplatz 405-12b
Marktwinkl 405-12b
Marsstraße 405-9d
Maxlrainerstraße 405-9b
Miesbacher Straße 406-10b
Miesingstraße 406-7c
Millauerweg (24) 405-12b
Mösl 406-4d
Mühlau 406-12b
Mühlenweg 406-12c
Müller 405-10c
Münchner Straße 405-9d

Nelkenweg 406-10c
Neureuthstraße 405-10b
Nordgraben 405-9d

Oberhof 405-11a
Oberlinner 405-8a
Oskar-von-Miller-Straße 405-9b
Ottl 406-7a

Panoramaweg 406-11a
Parsberg 406-11b
Parsberger Höhe 406-11b
Paul-Heyse-Straße (22) 406-10a
Pfarrgasse (18) 405-9d
Plutzer 405-11b
Plutzerweg 405-11b
Potzenberg 406-7a

Rain 405-5c + 406-10d
Ramsenthal 406-4c
Rathausplatz (C) 405-12b
Rathausstraße 405-12b
Rauscher 405-8d
Reinsberger 405-8b
Reisach 405-2d
Rhonbergstraße (1) 406-11a
Rietzlerstraße 406-7c
Rosenheimer Straße 405-12b
Rosenweg 406-10c
Rotwandstraße 406-7c

Salzweg 405-12b
Schießstattstraße 406-10b
Schlachthofstraße (8) 405-12b
Schlierachweg (7) 405-12b
Schlierseer Straße 405-12b
Schloßleite (15) 405-12b
Schmiedgasse 405-12b
Schopf 405-9a
Schopfgraben 405-9a
Schubartstraße 405-9c
Schützenstraße 405-9d
Schulberg 405-9d
Schulhausplatz (3) 406-11b
Schwarzenbergstraße 406-7c

Schweinthal 405-11d
Schweinthaler Straße 405-11b
Seestaller 406-8d
Segenhaus 405-10c
Sepp-Sontheim-Straße 406-10b
Siebzger 405-6d
Siedlerstraße 406-10b
Simon-Schmid-Straße (9) 405-12b
Sonnenstraße (4) 405-9d
Stadlbergstraße 405-12d
Stadtplatz 405-12b
Steigerweg 405-9d
Stöger-Ostin-Straße 405-12b
Stoib 405-12c
Straß 405-12d

Talweg 406-12a
Tannenweg (3) 405-9d
Taubenbergstraße 405-9b
Thalhamer Straße 405-9a
Thalhammer 405-11d
Tölzer Straße 405-12a
Tulpenweg 406-10c

Unterhöger 405-11c
Unterlinner 405-6c
Unterschopf 405-9a

Vogelsang 405-11c
Von-Eichendorff-Straße 405-12c
Von-Gumppenberg-Straße (6) 405-9c
Von-Vollmar-Straße 405-9c

Waagstraße 405-12b
Wachlehen 405-10b
Walch 405-5b
Waldeck 406-10c
Waldecker Höhe 405-12b
Waldecker Steig 405-9c
Waldstraße 406-11c
Wallbergstraße 405-10b
Wallenburg 405-6c
Wallenburger Berg 405-9b
Wallenburger Straße 405-9d
Wendelsteinstraße 406-10a
Wessingerweg (23) 406-10a
Wiedmoos 406-10d
Wiesenweg 406-11a
Winkl 405-6a

Zwergerweg 406-10a

Mittelstetten
PLZ 82293

Ahornstraße 194-7c
Althegnenberger Straße 216-1c
Am Katzenbach 216-2b
Am Moosfeld (1) 216-1a
Amselstraße (5) 216-2c
Am Steinschlag 216-3d
An der Linde (3) 194-10a
Angerweg 216-2a
Aumoosstraße 194-12c

Bachweg 216-2a
Baierberger Straße 216-1a
Baierbergstraße 193-12b
Baindlkirchener Straße 194-10a
Berggasse 216-2a
Bergstraße 194-10a
Birkenweg 216-1a
Bräuweg 194-7c
Buchenstraße 216-2b
Burgholzweg (Mittelstetten) 194-11c
Burgholzweg (Tegernbach) 194-7d

Dr.-Hudler-Straße (2) 216-2a
Dorfstraße 216-3d

Eibenstraße 216-2b
Eichwiesweg 216-3d
Erlenstraße 216-2b

Fasanenstraße 216-2c
Feldstraße 194-12b
Feuerhausstraße 216-2a
Finkenstraße 216-2c

Gartenweg 216-3d
Glasersiedlung Ziegelstadel 216-2c
Glonnstraße 194-11d
Glonnweg (6) 216-2a
Grubstraße 216-2a
Günzlhofener Straße 217-1a

Hanshofen 217-1a
Hanshofener Straße 216-3d
Hauptstraße 216-2a
Heckelbergweg 194-7c
Hofmarkstraße 194-12b
Hufbreitenweg 194-10a

Kapellenweg 194-10a
Kirchstraße 216-2a
Kreisstraße 216-2d

Längenmoos 216-3d
Längenmooser Straße 217-1c
Lerchenstraße 216-2a
Lindenweg 216-2b
Lindestraße 194-12b

Mehlbachstraße 216-1a
Meisenstraße 216-2c
Mittelstettener Straße 194-10a
Moosgasse 216-2a
Mühlstraße 216-2b
Mühlweg 216-2b
Muthilostraße 216-2c

Oberdorf 216-1c
Oberdorfer Straße 216-2a

Postweg 194-10a

Quellenweg 216-2b

Raiffeisenstraße (1) 216-2a
Reisnerweg 216-2a
Rieder Straße 194-7c
Ringstraße 217-1a

St.-Johannes-Straße 194-12b
St.-Stephan-Straße (2) 194-10a
Schäfflerstraße 194-12a
Scheibenfeldweg 216-2a
Schloßstraße 194-12b
Schmiedstraße 194-12b
Schulstraße 216-2a
Schusterweg (1) 194-7c
Schwalbenstraße (4) 216-2c
Schwedenweg 216-3d
Straucherweg (3) 216-2a

Tegernbach 193-12b + 194-7c

Vogach 194-12b
Vogacher Straße 216-3d

Waldstraße 216-1c
Waldweg 216-3d
Weiherweg 194-11c
Weiherweg (Tegernbach) 193-12b
Wirtstraße 194-10a

Ziegeleistraße 216-1d
Ziegelstadelweg 216-5a
Zum Röhrersbach (2) 216-1a

Moorenweis
PLZ 82272

Ahornstraße 238-10d
Albertshofen 238-10b
Albertshofener Straße 238-10b
Am Föhrenweg 260-1b
Ammerseestraße 260-1a
Am Moosgraben 238-10d
Am Oberfeld 238-10c
Amselstraße (2) 238-10d
Am Stiegelfeld 260-1a
Angerstraße 238-10d
Anwand 238-4b

Bergstraße 238-10c
Birkenstraße 238-10a
Blumenstraße 260-1b
Brandenberg 260-5d
Buchenstraße 238-10d
Bussardstraße 238-10d

Denkmalstraße 238-10d

Eichbühlstraße 238-4b
Eichweg 238-10d
Eismerszeller Straße 238-10d
Erlenstraße 238-10d

Falkenstraße 238-10d
Feldstraße 238-4b
Fichtenweg (5) 260-1b
Finkenstraße 238-10d
Flurstraße 238-4b
Forellenweg (2) 238-5c
Franzbauer 238-8c
Fürstenfeldbrucker Straße 260-1b

Gewerbering 238-11c
Grottenstraße 238-5a
Grunertshofen 238-4b

Hauptstraße 238-4d
Hohenzell 260-4c

Jahnstraße 238-10d
Jesenwanger Straße 260-1b

Kalkofenstraße 260-1b
Kirchstraße 238-10d

Lärchenstraße 238-5a
Landsberger Straße 260-1b
Langwied 238-5c
Lerchenstraße 238-10d
Lindenstraße 238-10d

Meisenstraße 238-10d
Möwenstraße 238-10d
Mühlstraße 238-5a

Pappelstraße 238-10d
Pfalzstraße 238-10c
Pfarrer-Friedl-Straße (4) 238-10d
Purk 238-7b

Ringstraße 238-10d
Römerstraße 238-10d
Römertshofen 238-8a
Rosenstraße 260-1b

St.-Margareth-Straße 238-10c
St.-Sixtus-Straße 260-1b
St.-Ulrich-Straße (3) 238-10d
Schleifwiesen (1) 238-10d
Sonnenstraße 260-1b
Südring 260-1b

Tannenweg 260-1b
Tulpenstraße 260-1b

Ulmenstraße 238-10d
Untere Dorfstraße 238-5c

Veilchenstraße 260-1b
Von-Pfetten-Füll-Straße (1) 238-5c

Weidenstraße 238-10d
Windach 238-10a

Moosach
PLZ 85665

Altenburg 296-10c
Am Hang 296-11c
Am Steinerberg (1) 296-12c

Bahnhofstraße 318-2b
Baumhau 296-12c
Berghofen 296-9d
Blumenweg (3) 318-2a
Burgweg 296-12c

Dachsberg 296-10d
Deinhofen 296-11b
Doblbach 318-2b
Doblbachstraße 318-2a

Falkenberg 296-11d
Finkenstraße 318-2a
Forststraße 296-10d
Fürmoosen 296-9a

Gartenstraße 318-2a
Gertrud-van-Calker-Straße 318-2a
Glonner Straße 318-2c
Grafinger Straße 318-2b
Gutterstätt 318-2b

Heublumenweg 296-12c
Höglsteig 318-2b

Kirchenweg (4) 318-2a
Kirchplatz 318-2a

Lerchenstraße (5) 318-2a

Maximilians-Eiche 296-10b
Moosacher Bad 318-4b
Mühlweg 296-11b
Münchner Straße 318-2a

Niederseeon 318-4a
Nordendstraße 296-11c

Oberseeon 318-4b
Ortsstraße (2) 318-2a
Oskar-Stalf-Straße 318-2b
Osteranger 318-2a

Quellenweg 296-11d

Rathausstraße 318-2a
Reit 296-11a
Reiterweg 296-12c

Sägewerk Waldbach 296-11d
Schartlhof 296-10b
Schattenhofen 296-10c

Taubenstraße (1) 318-2a

Westermaier 317-6b
Winkelmühle 296-10d

Moosburg
PLZ 85368

Aich 101-9d + 102-7c

Bonau 101-7c

Feldkirchen 100-5a

Grünseiboldsdorf 126-2b

Industrie- und Gewerbegebiet Degernpoint 101-8b

Kirchamper 100-7b

Michaelivorstadt 101-7a

Neustadtstraße 101-4c
Niederambach 100-8a

Oberambach 100-4c
Oberpolln 101-12a

Pfrombach 128-2a

Siedlung 101-5d
Stießberg 128-2a

Thonstetten 100-11c
Troll 101-12d

Uppenborn 101-5c

Westerberg 100-9a

Moosburg a. d. Isar

85368 Abensberger Weg (8) 101-4c
85368 Ahornstraße (1) 101-7c
85368 Albinstraße 101-4c
85368 Altvaterstraße 101-4c
85368 Altweg 102-10a
85368 Am Kapellenacker 100-9d
85368 Am Mühlbachbogen 101-7c
85368 Amperstraße 100-9a
85368 Amperwehrstraße (6) 100-6d
85368 Amselstraße 100-12b
85368 Am Stadion 100-9b
85368 An der Mühle 100-12b
85368 Angerweg 101-7b
85368 Anton-Nagel-Straße 100-9d
85368 Apianweg (25) 100-9d
85368 Asternstraße 101-7b
85368 Auenstraße 101-10a
85368 Auerhahnstraße 101-10a
85368 Auf dem Gries 41-B2
85368 Auf dem Plan 41-A2
85368 Bachstraße 128-1b
85368 Bahnhofstraße 101-7a
85368 Ballauf 101-9d
85368 Banatstraße 101-4c
85368 Batschkastraße (14) 101-1c
85368 Beethovenstraße 100-9d
85368 Berg 102-11c
85368 Bergstraße (2) 102-10d
85368 Berliner Straße 101-4a
85368 Birkenstraße 101-4a
85368 Birkhahnstraße 101-10a
85368 Blütenstraße 101-7b
85368 Böhmerwaldstraße 101-4c
85368 Bonaustraße 100-9d
85368 Breitenbergstraße 101-7c
85368 Breslauer Straße 101-4c
85368 Bruckner Straße 100-9d
85368 Buchenlandstraße 101-4a
85368 Büchlweg 101-9d
85368 Burgermühlstraße 101-7c

85368 Damm 101-8a
85368 Degernpoint 101-8b
85368 Dr.-Schels-Straße 101-7c
85368 Dresdener Straße 101-4c
85368 Driescherstraße 101-4c
85368 Drosselweg 100-12b

85368 Eck 128-2c
85368 Egerlandstraße 101-4a
85368 Egilbertstraße 41-A3
85368 Ehrenstorferweg 100-9d
85368 Eichendorffstraße (2) 101-4a
85368 Erdinger Straße 101-8c
85368 Erikastraße 101-7b
85368 Erzgebirgstraße 101-4d

85368 Falkenstraße 100-6b
85368 Fasanenstraße 101-4d
85368 Fingergäßl (5) 41-B2
85368 Finkenstraße 100-9d
85368 Fischerstraße 101-7d
85368 Fliederstraße 101-7b
85368 Flurweg 101-4c
85368 Forellenstraße 101-10a
85368 Forststraße 101-10a
85368 Fritilostraße 102-10a
85368 Fronängerstraße 101-7a
85368 Frühlingstraße 100-9b
85368 Fürnsbach 128-1d

85368 Gabelsbergerstraße 101-4c
85368 Gärtnerstraße 101-7c
85368 Geibitzstraße 101-4c
85368 Georg-Hummel-Straße (2) 41-A2
85368 Georginestraße 100-9a
85368 Georg-Schweiger-Straße 100-9a
85368 Gerichtsgäßl (6) 41-B2
85368 Glatzer Weg (5) 101-4b
85368 Goethestraße 101-4c
85368 Grabensepperlweg 101-7a
85368 Graf-Konrad-Straße 101-4c
85368 Grünweg 100-12b
85368 Gutenbergerstraße 101-4c

85368 Habichtweg 101-7c
85368 Haertlmayergasse (1) 41-A2
85368 Hans-Baierlein-Straße 100-9d
85368 Hans-Sachs-Straße (1) 101-4a
85368 Haydnstraße 100-9d
85368 Hechtstraße 101-10a
85368 Herbststraße 100-9a
85368 Herrnstraße 101-7a
85368 Hochwasserdamm 101-7b
85368 Hodschager Straße 101-4b
85368 Holzlandstraße 101-8a
85368 Hopfenstraße 100-9b

85368 Industriestraße 101-4c
85368 Isarmoosstraße 101-7d
85368 Isarstraße 101-7b

85368 Jägerstraße 101-7c
85368 Jahnstraße 101-7a
85368 Josef-Seliger-Platz 101-4b
85368 Jupiterstraße 100-9b

85368 Kanalstraße 100-12b
85368 Karpfenstraße 101-10a
85368 Keplerplatz 100-9b
85368 Kirchengässchen (3) 41-B2
85368 Kirchfeldstraße 101-12b
85368 Kleiberstraße (23) 100-9d
85368 Kleidorferstraße 100-9d
85368 Königsberger Straße 101-4d
85368 Kolpingstraße 101-7c
85368 Kometstraße 100-9b
85368 Kornstraße 100-9b
85368 Krankenhausweg 101-7a
85368 Kreuzstraße 100-12b
85368 Kulturgrabenstraße 101-7d
85368 Kurlandstraße (15) 101-1c

85368 Lände 101-7b
85368 Landshuter Straße 101-7a
85368 Langer Weg 101-4a
85368 Lausitzstraße 101-4a
85368 Leinbergerstraße 101-7a
85368 Leipziger Straße 101-4d
85368 Lerchenstraße 100-12b
85368 Lilienstraße 101-4d

85368 Mainburger Straße 101-4a
85368 Marsstraße 100-9b
85368 Martlbräuschwaig 100-6c
85368 Masurenstraße 101-4a
85368 Meisenstraße 100-9d
85368 Memellandstraße (3) 101-4a
85368 Merianstraße 100-9d
85368 Merkurstraße 100-9b
85368 Molkereistraße 101-4a
85368 Mondweg 100-9b
85368 Moos 101-12b
85368 Moosgrundstraße 101-8c
85368 Moocham 100-10d
85368 Moosstraße 102-10a
85368 Mozartstraße 100-9c
85368 Mühlbachstraße 101-7a
85368 Münchener Straße 101-7c
85368 Murr 100-4a
85368 Nandlstädter Straße 101-4a
85368 Naustraße 128-1b
85368 Nelkenstraße 101-7b
85368 Neptunstraße 100-9b
85368 Neue Industriestraße 101-4d
85368 Neumühl 100-9c
85368 Neustadt 101-4b
88422 Neustadtstraße 101-4c

85368 Oberpollner Weg 101-12a
85368 Oberreit 100-12a
85368 Orionstraße 100-9b
85368 Ostenrieder Straße 101-7b

85368 Pfarrer-Schweigart-Straße 128-1b
85368 Pflugstraße 101-10a
85368 Pfrombeck 128-2c
85368 Pilgrinstraße 100-9d
85368 Pillhofen 100-6a
85368 Pommernstraße 101-4a
85368 Poststraße 101-7a
85368 Preisingerlohweg 101-9b
85368 Probst-Mayr-Straße 100-9d

85368 Regerstraße 100-9d
85368 Reischelbräuschwaig 100-9a
85368 Reiteraustraße 100-9c
85368 Rektor-Weh-Straße 101-7c
85368 Rennweg 101-7a
85368 Rentamtstraße 41-A2
85368 Resedenstraße 101-7b
85368 Rhenobotstraße 101-4c
85368 Richard-Strauß-Straße 100-9d
85368 Riesengebirgstraße (13) 101-4b
85368 Rosenhofweg 41-A2
85368 Rosenstraße 101-7b

85368 Saliterstraße 101-4c
85368 St.-Georg-Straße 101-9d
85368 St.-Margarethen-Straße 128-1b
85368 Saturnstraße 100-9b
85368 Schäfflerstraße 101-7a
85368 Schillerstraße 101-4c
85368 Schleienstraße 101-10a
85368 Schleifferbachweg 41-B2
85368 Schlesierstraße 101-4c
85368 Schloß Asch 101-7a
85368 Schwalbenstraße (22) 100-9d
85368 Schweiger Gewerbegebiet 101-4a
85368 Seifensiedergäschen (4) 41-B2
85368 Seilerweg 101-7a
85368 Siebenbürgenstraße 101-4b
85368 Sonnenstraße 100-9b
85368 Sperberstraße 101-7c
85368 Stadtbadstraße 100-12b
85368 Stadtgraben 101-7a
85368 Stadtplatz 101-7a
85368 Stadtwaldstraße 101-7a
85368 Starenweg 100-12b
85368 Statzenbachstraße 101-4c
85368 Steinbockstraße 101-7a
85368 Steinweg 41-B1
85368 Stellwerkstraße 101-4c
85368 Stephan-Rotthaler-Straße 100-9d
85368 Sternstraße 100-9b
85368 Sudetenlandstraße 101-4a
85368 Südmährerweg (4) 101-4a

85368 Taubenstraße 100-12b
85368 Thalbacher Straße 101-4a
85368 Tiefenbachstraße 101-8a
85368 Tonsilweg 101-7b
85368 Tulpenstraße 101-4d

85368 Unterreit 100-12a
85368 Unterreiter Weg 100-9d
85368 Uppenbornstraße 101-5d

85368 Venusstraße 100-9b
85368 Viehmarktgasse 41-B2
85368 Viehmarktstraße 101-7b
85368 Vitztumstraße 101-7c

85368 Waldmeisterstraße (24) 101-10a
85368 Waldstraße (1) 102-10d
85368 Wartenberger Straße 101-8c
85368 Wasserwerkstraße 100-12b
85368 Weidenstraße (2) 101-7d
85368 Weiglschwaig 100-9a
85368 Weihmühlstraße 101-7a
85368 Weinberger 128-2a
85368 Weinbergstraße 128-2a
85368 Weingraben 101-7a
85368 Weizenstraße 100-9b
85368 Weningstraße 100-9d
85368 Westerbergstraße 100-9a
85368 Westerpointweg (1) 101-9d
85368 Wiesenstraße 101-7d
85368 Winterstraße 100-9a
85368 Wolnzacher Weg (7) 101-4c

85368 Zacherl 101-6b
85368 Zanderstraße 100-12b

Moosinning
PLZ 85452

Adelbergstraße 207-6a
Ahornweg 207-6a
Almweg 207-5a
Am Anger (4) 207-6c
Am Baggersee 207-5c
Am Bleichbach 207-2d
Am Gfängbach 207-7c + 4d
Am Pfarrhof 206-5b
Amselweg 206-6a
Am Steinberg 207-6c
Am Vierergraben 206-5b
Andreas-Kaiser-Straße 207-6c
Anemonenweg 206-5b
Auweg 207-6a

Baderweg (3) 207-6c
Bergstraße 207-6c
Birkenallee 207-5b
Birkenstraße 206-6a
Blumenstraße 207-5b
Brennermühlstraße 206-8b
Brunnenweg 207-6c
Buchenweg (2) 207-6a
Buchholzer Weg 207-6d
Burgholz 207-9b + 208-7a

Dahlienstraße (6) 207-5b
Dr.-Burgholzer-Weg (8) 207-6c
Dorfstraße 207-5b

Eching 207-3c
Eder am Holz 208-7d
Eichenried 206-2d
Eichenweg 206-6a
Eicherloher Straße 206-6c
Einfangstraße 207-5a
Erdinger Straße 207-5b
Erlenweg 206-6a

Fasanenweg 207-5a
Fehlbachstraße 207-5a
Fichtenstraße 206-9b + 207-4d
Finkenstraße 206-6a
Flurstraße 207-5c
Franzheimer Ring 205-6d
Freieneck 205-9b
Freisinger Straße 207-6a

Gartenweg 207-5d
Gfällachstraße 206-6b
Glockenbecherweg 207-6a
Goldacher Straße 206-4c
Greißlstraße 206-3d
Grünbacher Straße 206-5a

Hauptstraße 206-6a
Herdegenstraße 207-6c

Ismaninger Straße 207-5a

Josef-Gammel-Straße 207-6c

Kanalweg 207-6c
Kempfing 207-3a
Kirchenstraße 207-6c
Kurze Gasse 206-6a

Lerchenstraße 206-6a
Lilienstraße (5) 207-5a
Lindenstraße 207-6a
Lohfeldstraße 207-6c
Lohweg 206-5b

Mohnweg (7) 207-5b
Moosinninger Mooshäuseln 206-9d
Moosstraße 206-3a
Münchner Straße 206-4c

Narzissenweg (8) 207-5b
Nelkenstraße (9) 207-5b
Neuchinger Straße 207-6a
Notzinger Weg 207-5b

Pfarrer-Forster-Straße 206-5b

Reiherweg 206-5b
Riexing 207-12b + 208-7c
Rosenstraße 207-5b

St.-Emmeram-Weg 207-6c
Schnabelmoos 207-2c
Schönstraße 206-4b
Schulstraße 206-5b
Sebastianstraße (1) 207-6a
Sollnberg 208-7d
Sonnenstraße 207-5b
Stammham 180-10c
Steinberger 207-9a
Sternstraße 207-5b

Torfstraße 206-4b
Tulpenstraße 207-5a

Untere Point 207-5b
Urtelweg 207-5d

Waldstraße 206-4b
Weidenstraße 206-6a
Wiesenstraße 207-6c

Zeisigweg 206-6a
Zengermoos 205-6d
Zengerstraße 206-5a
Zum Schloßloh 207-6d
Zur Alm 207-5a
Zur Dorfen 207-5d

München

80804 Aachener Straße 247-7a
81929 Aarőstraße 248-5c
81925 Abacostraße 247-9c
80992 Abbachstraße 246-4a
80999 Abbestraße 244-3d
80993 Abensbergstraße 245-3a
81671 Abenthumstraße 269-9a
81371 Aberlestraße 268-8b
80807 Abtstraße 247-4a
80995 Achatstraße 223-8c
81825 Achenseeplatz 270-8a
81671 Achentalstraße 269-6c
81545 Achleitnerstraße 290-3a
80999 Achwaldstraße 222-12c
80939 Ackerlweg (16) 225-11b
80797 Ackermannstraße 246-8d
81541 Ackerstraße 269-4b
81925 Adalbert-Stifter-Straße 247-11b
80799/80798 Adalbertstraße 246-12b
80995 Adaloweg 224-4c
81735 Adam-Berg-Straße 269-9d + 9b
80802 Adam-Erminger-Platz 247-7d
81739 Adam-Riese-Straße 292-3d
80797 Adams-Lehmann-Straße 246-9c
80636 Adamsstraße 246-11d
81377 Adele-Hartmann-Straße 267 10b
80538 Adelgundenstraße 269-1d
80798/80796 Adelheidstraße 246-12b

81669 Adelholzener Straße 269-8d
81827 Adelmannstraße 271-8a
81247 Adelsbergstraße 245-4d
81737 Adenauerring 270-10b
81737 Adilostraße 269-9c
81373 Adi-Maislinger-Straße 268-4b
80935 Adlerfarnstraße 224-11d
81827 Adlerstraße 271-4d
80995 Adlschalkweg 223-12a
80337 Adlzreiterstraße 268-6c
80939 Admiralbogen 225-11b
81827 Admonter Straße 270-9d
81735 Adolf-Baeyer-Damm 270-7c
81737 Adolf-Hackenberg-Straße 269-12a
81925 Adolf-Hieber-Weg 248-4c
80336 Adolf-Kolping-Straße 268-3c
80999 Adolf-Mathes-Weg (8) 245-4c
81927 Adolf-Oberländer-Weg (15) 248-10c
81243 Adolf-Sandberger-Straße 266-2b
80997 Adornoweg (5) 245-5b
81369 Adunistraße 268-8c
81827 Afrastraße 271-7a
81547 Agatharieder Straße 269-10d
81827 Agathenstraße 271-7a
81545 Aggensteinstraße 268-12d
81543 Agilolfingerplatz 268-9b
81543 Agilolfingerstraße 268-9b
80687 Agnes-Bernauer-Platz 267-2b
80687/81241 Agnes-Bernauer-Straße 267-3b + 1b
81739 Agnes-Fink-Weg 292-2d
80933 Agnes-Kunze-Platz (1) 224-8a
81927 Agnes-Miegel-Straße (9) 248-10a
80797 Agnes-Neuhaus-Straße 246-8b
80992 Agnes-Pockels-Bogen 246-4d
80801/80798/80797 Agnesstraße 246-9c
80687 Agricolaplatz 267-2b
80687/80686/80689 Agricolastraße 267-5b
81739 Agrippastraße 292-3a
81547 Ahornstraße 269-10a
80639 Aiblingerstraße 246-10a
81379 Aichacher Platz 268-7c
81379 Aichacher Straße 268-7c
81241 Aicherstraße 267-1b
81379/81479 Aidenbachstraße 290-1c
81541 Aignerstraße 269-7a
80686/80689 Aindorferstraße 267-5b
80801 Ainmillerstraße 247-7c
81825 Aitelstraße 270-5b
80799 Akademiestraße 247-10a
81547 Akazienstraße 269-10a
81547 Akeleistraße 269-10c
80638 Alarichstraße 246-7a
80939 Alban-Berg-Weg (10) 225-11b
81541 Albanistraße 269-4c
81379 Albert-Bayerle-Platz 268-10b
80331 Albert-Camus-Straße 266-1a
80333 Albertgasse 40-B4
81245 Albert-Langen-Straße 244-12b
80997 Albert-Pfretzschner-Weg 245-4d
81369 Albert-Roßhaupter-Straße 268-7a
81735 Albert-Schweitzer-Straße 270-7d
80939 Albertus-Magnus-Platz (21) 247-3a
80939 Albertus-Magnus-Straße 225-12c
80689 Albstraße 267-2c
81543 Albrecht-Dürer-Straße 268-9d
80636 Albrechtstraße 246-11a
80687 Aldegreverstraße 267-3b
80634 Aldrianstraße 246-10c
80639 Aldringenstraße 246-10b
81543 Alemannenstraße 268-12a
80538 Alexandrastraße 269-1b
81735 Alexisweg 270-11b
80539 Alfons-Goppel-Straße 269-1a
80636 Alfonsstraße 246-11c
80993 Alfred-Andersch-Weg (2) 245-3c
80807 Alfred-Arndt-Straße 247-5a
81737 Alfred-Döblin-Straße 270-11d
80992 Alfred-Drexel-Straße 246-4c
81927 Alfred-Jentzsch-Weg 248-10b
81477 Alfred-Kubin-Weg 289-6b
81477 Alfred-Ludwig-Weg 267-6d
81737 Alfred-Neumann-Anger 270-11c
81739 Alfred-Pongratz-Weg (5) 270-10d
81379 Alfred-Schmidt-Straße 268-11a
80999 Allach 222-12c + 244-3a
80992/80997/80999 Allacher Straße 244-6b + 245-6c
80997 Allach-Untermenzing 245-1b
81929 Allensteiner Straße 248-10b
81479 Allescherstraße 290-4a
81475 Allgäuer Straße 289-5a
81249 Allinger Straße 244-7a
81379 Allmannshausener Straße 290-1a
80997 Alma-Siedhoff-Buscher-Weg (2) 245-6a
81379 Almbachstraße 267-12b
81373 Alois-Gilg-Weg 268-5c
81735 Alois-Hahn-Weg (1) 270-8d
81371 Alois-Johannes-Lippl-Weg 268-11a
81545 Alois-Wohlmuth-Straße 290-3c
80939 Alois-Wolfmüller-Straße 247-2b
81241 Alois-Wunder-Straße 267-1a
81541 Alpenplatz 269-7b
81541 Alpenrosenstraße (4) 269-4c
81541 Alpenstraße 269-7b
80689 Alpenveilchenstraße 267-5b
81249 Alprichstraße 244-4a
81377 Alpseestraße 267-9a
81373 Alpspitzstraße 268-4d
81371 Alramstraße 268-5c
81929 Alsenweg 248-8b
80686 Altdorferstraße 268-4a
81245 Alte Allee 244-9c
80805 Alte Heide 247-5a
81375 Altenastraße 267-8a
81243 Altenburgstraße 244-11c
80331 Altenhofstraße 40-C3
– Alter Botanischer Garten 268-3a
80339 Alter Messeplatz 268-2d
80809 Alter St.-Georgs-Platz 246-3c
81545 Altersheimerstraße 290-3b
80331 Altheimer Eck 268-3d
80686 Altmannstraße 267-6b
80638 Altmühlstraße 246-7a
81673 Altöttinger Straße 269-6a
80997 Altomünsterstraße 245-3c
81245/81249 Altostraße 244-7a
80538 Altstadt-Lehel 247-10d
81249 Alzenauer Straße 244-10d
80993 Alzeyer Straße 246-1c
81549 Alzstraße 269-10b
81375 Am Ährenfeld 267-8a
81249 Amalie-Nacken-Straße (2) 266-1a
80638 Amalienburg 245-12a
81247 Amalienburgstraße 245-8c
80333/80799 Amalienstraße 247-10c
80689 Amarellenweg (4) 267-5c
81245 Am Aubinger Feld 244-8a
81249 Am Aubinger Wasserturm 244-10d
81735 Am Bach 270-7a
81476 Ambacher Straße 267-12c
81249 Am Bahnsportplatz 266-1d
81739 Am Bauernwald 292-3b
80339 Am Bavariapark 268-2c
81679 Amberger Straße 247-12a
81541 Am Bergsteig 269-7a
81547 Am Bienenkorb (1) 269-10c
81827 Am Birkicht 271-7d
81549 Am Blankstadl 269-9c
80995 Am Blütenanger 223-11d
80939 Am Blütenring 247-3b
81547 Am Blumengarten 269-10c
80997 Ambossstraße 245-5d
81375 Am Brombeerschlag 267-8c
80995 Am Burgfrieden 223-5d
80995 Am Dratfeld 223-9b
81247 Am Durchblick 245-7d
81929 Am Eicherhof 270-2a
80469 Am Einlaß 40-C4
80538 Am Eisbach 247-11a
81249 Amelbrechtweg 243-6b
80634 Amelungenstraße 246-10c
80935 Am Erdbeerschlag (5) 246-2a
81549 Amerstorfferstraße 269-10d
81929 Am Eschbichl 248-8a
81827 Am Eulenhorst 271-7c
80999 Am Fesenacker 244-6b
81541 Am Feuerbächl (1) 269-4c
81247 Am Gänsebühel 244-9b
81667 Am Gasteig 269-1d
80999 Am Gemeindewald 244-3a
81541 Am Giesinger Feld 269-5c
81243 Am Gleisdreieck 266-2a
80469 Am Glockenbach 268-6b
80995 Am Gottesackerweg 224-7a
81735 Am Graben 270-7c
80538 Am Gries 269-2a
80937 Am Haag 225-10a
81241 Am Hackelanger 266-6b
81739 Am Hain 292-3d
81373 Am Harras 268-8a
80997 Am Hartmannshofer Bächl (6) 245-2d
80935 Am Haselnußstrauch 246-2a
81547 Am Heckenweg 269-10c
81375 Am Hedernfeld 267-4d
81375 Am Heidebruch 267-7b
81669 Am Herrgottseck 269-4b
81929 Am Hierlbach 248-5b
80935 Am Himbeerschlag (6) 246-2a
81827 Am Hochacker 270-9c
81827 Am Hochstand 271-7b
81547 Am Hohen Weg 269-10c
81547 Am Hollerbusch 269-10c
81829 Am Hüllgraben 270-3a
80638 Amigonistraße 245-9c
80333 Amiraplatz 269-1a
81379 Am Isarkanal 268-8d + 11b
81549 Am Jagdweg 269-11b
80992 Am Kapuzinerhölzl 245-9a
80939 Am Kiefernwald 225-11b
81241 Am Klostergarten 266-3b
81241 Am Knie 267-1b
81375 Am Kornacker 267-7a
80331 Am Kosttor 40-B3
81243 Am Krautgarten 266-3a
81245/81249 Am Langwieder Bach 244-7d
81476 Am Lehwinkel 289-2d
81669 Am Lilienberg 269-4b
81245 Am Lochfeld 244-8a
81245 Am Lochfeld 244-8c
81249 Am Lochhauser Hügel 244-4a
80999/81249 Am Lochholz 244-2b
81249 Am Loferfeld 244-7a
81827 Am Lüßl 271-4c
81377 Ammergaustraße 267-9d
81476 Ammerlandstraße 267-12c
80689 Ammerseestraße 267-4c
81479 Ammerstraße 290-1d
81829 Am Messefreigelände 271-2c
81829 Am Messesee 271-1a
81829 Am Messeturm 271-1b
81829 Am Mitterfeld 270-3b
81829 Am Moosfeld 270-2d
81543 Am Mühlbach (7) 269-7a
80999 Am Münchfeld 245-1a
80805 Am Münchner Tor (1) 247-4d
80997 Am Neubruch 245-2b
81541 Am Neudeck 269-4d
81829 Am Neufeld 270-3b
81541 Am Nockherberg 269-4d
80807 Am Nordring 247-1d
81245 Am Nymphenbad 245-10b
81829 Am Oberfeld 248-12d
80809 Am Oberwiesenfeld 246-2c
80809 Am Olympiapark (1) 246-6a
80639 Amortstraße 246-10b
81545 Am Perlacher Forst 290-3d
80638 Amperstraße 246-7a
80995 Am Pfaffensteig 223-6d
81671 Ampfingstraße 269-6a
– Amphionpark 245-6d
81369 Am Radenhölzl 268-10b
81547 Am Rosengarten 269-10a
81827 Am Schloßacker 271-7a
80995 Am Schnepfenweg 223-12c
81241 Am Schützeneck 245-10c
81929 Am Schwarzfeld 248-5c
81735 Amselweg 270-7a
80992 Amslerstraße 245-6c
81375 Am Sommerfeld 267-7b
81243 Am Stadtpark 266-6a
81547 Am Staudengarten 269-10c
80805 Amsterdamer Straße 247-5c
81375 Am Stoppelfeld 267-7b
80538 Am Tucherpark 247-11a
81476 Am Vogelherd 289-2b
81827 Am Vogelsang 271-7c
81669 Am Wageck (10) 269-4b
81377 Am Waldrand 267-11a
81375 Am Waldspitz 267-7b
81241 Am Wasserschloß 266-3b
81243 Am Westkreuz 244-11d
81373 Am Westpark 268-4d
81375 Am Wiesenbach 267-8a
81377 Am Wiesenhang 267-8c
80939 Am Wiesrain 225-11a
81249 Am Zillerhof 243-3c
80369 Andechser Straße 268-7b
81929 An der Griesbreite (9) 248-8a
80331 An der Hauptfeuerwache (10) 40-D5
81667 An der Kreppe 269-2c
81929 An der Kreuzbreite (8) 248-8a
81245 An der Langwieder Haide 244-8d
80993 Andernacher Straße 246-1c
81829 An der Point 248-12d
81375 An der Rehwiese 267-7b
81925 An der Salzbrücke 247-9b
81245 An der Schäferwiese 244-8d
81925 An der Schanze 247-6d
– An der Schloßmauer 245-11a
81829 An der Seidlbreite 270-3b
81925 Andersenweg 247-9c
81373 An der Stemmerwiese 268-5c
81929 An der Streicherbreiten (4) 248-8a
81927 An der Tuchbleiche 248-7a
81247 An der Würm 244-9b
81547 Andreas-Hofer-Straße 269-10a
81241 Andreas-Sengl-Weg 244-12c
81377 Andreas-Vöst-Straße 267-6c
80634 Andréestraße 246-10b
81827 Anechostraße 271-8d
81547 Anemonenstraße (7) 269-10a
81245 Angela-Molitoris-Platz 245-11c
80796 Angererstraße 246-9b
80997 Angerlohstraße 245-4b
80469 Angertorstraße 40-D4
81735 Angerweg 270-7a
80339 Anglerstraße 268-2c
80809 Anhalter Platz 246-3c
80809 Anhalter Straße 246-3c
80637 Anita-Augspurg-Allee 246-8c
81825 Ankoglstraße 270-8b
81673 Annabrunner Straße 269-6a
81247 Anna-Dandler-Straße 245-8c
81673 Anna-Strohmaier-Weg 270-1c
81673 Anne-Frank-Anger 270-4b
81737 Anneliese-Fleyenschmidt-Straße 269-12a
81245 Annelies-Kupper-Allee (19) 244-9c
81249 Annemarie-Renger-Straße 265-3b
81737 Annette-Kolb-Anger 270-11a
81737 Annette-von-Aretin-Straße 269-12a
80807 Anni-Albers-Straße 247-4b
80796 Ansbacher Straße 246-9d
81677 Anschütz-Kaempfe-Straße 270-1c
80803 Ansprengerstraße 247-7a
81245 Anton-Barth-Weg 244-9c
81249 Anton-Böck-Straße 266-1c
81737 Anton-Braith-Straße 270-10c
80939 Anton-Ditt-Bogen 247-1a
80999 Anton-Fehr-Straße 245-4a
81825 Anton-Geiselhofer-Straße 270-5d
80687 Anton-Hammel-Straße 268-1a
80802 Antonienstraße (6) 247-7b
81245 Anton-Meindl-Straße 245-10a
81241 Anton-Pichler-Straße 267-1a
80939 Anton-Webern-Weg (11) 225-11b
81739 Anton-Weiß-Weg (11) 292-1a
80937 Anton-Will-Straße 225-10a
80805 Antwerpener Straße 247-5c
81477 Anzengruberstraße 289-3b
81671 Anzinger Straße 269-5d
81735 Anzlgutstraße 269-9b
81929 Apenrader Straße 248-8a
81245 Apfelallee 244-12a
81241 Apfelkammerstraße 267-1c
80796 Apianstraße 246-9d
81247 Apolloweg 245-8c
81475 Appenzeller Straße 289-1b
81925 Arabellapark 247-12b
81925 Arabellastraße 247-12a
81476 Arader Straße 267-12c
81679 Arberstraße 247-12c
80333/80799/80801 Arcisstraße 246-12d
80333 Arcostraße 268-3b
81739 Ardinggaustraße (16) 292-2b
81545 Aretinstraße 268-12c + 290-3a
81475 Argelsrieder Straße 289-1d
81925 Ariadneweg 247-12b
81669 Aribonenstraße 269-9a
81673 Ariboweg 270-4b
81545 Armanspergstraße 290-3b
81543 Arminiusstraße 268-9b
80937 Arnauer Straße 247-1a
80469 Arndtstraße 268-6b
81377 Arnikaweg 267-8d
81369 Arnimstraße 268-7d
81739 Arno-Assmann-Straße 270-10d
81929 Arno-Holz-Weg 248-10b
80939 Arnold-Schönberg-Weg (9) 225-11b
81739 Arnold-Sommerfeld-Straße 292-2c
80999 Arnoldstraße 222-12c
81545 Arnpeckstraße 268-12d
81477 Arnrieder Straße 289-3b
– Arnulfpark 268-2a
80335/80636/80634/80639 Arnulfstraße 246-11c + 268-3a
81673 Arnweg (2) 270-4a
80935 Aronstabstraße 246-2a
80939 Arthur-Honegger-Weg (13) 225-11b
80636 Artilleriestraße 246-11a
80802 Artur-Kutscher-Platz 247-7b
80939 Arvenweg 225-11b
81371 Arzbacher Straße 268-8b
81549 Arzberger Straße 269-11d
81541 Asamstraße 269-4c
81243 Aschaffenburger Straße 244-11c
81549 Aschauer Straße 269-8d
80933 Aschenbrennerstraße 224-8b
81739 Aschenbrödelstraße 292-3c
81671 Aschheimer Straße 269-6c
81479 Ascholdinger Straße 290-1d
80995 Asenprunerstraße 224-8c
81739 Asenweg 292-3b
81925 Asgardstraße 247-12a
81827 Askaripfad 271-8a
81249 Asmarstraße 244-7a
81369 Asperstraße 268-7c
81671 Aßlinger Straße 269-6c
80339 Astallerstraße 268-1d
80689 Asternstraße 267-5a
81829 Astrid-Lindgren-Straße 271-2c
81545 Athener Platz 290-3b
81545 Athener Straße 290-3b
81545 Athosstraße 290-3b
81369 Attenkoferstraße 268-7d
81241 Atterseestraße 267-1b
81245 Aubing 244-10a
81249 Aubinger Allee 266-1a
81243 Aubinger Straße 244-11d + 10b + 266-3a
– Aubinger Tunnel 244-7c
81249 Aubing-Lochhausen-Langwied 243-12a
81245 Aubing Ost 244-11a
81245 Aubing-Ost-Straße 244-10b
80999 Auenbruggerstraße 244-5d
80939 Auensiedlung 226-7c
80469 Auenstraße 268-6d
81547 Auerbergstraße 269-10d
81541 Auerfeldstraße 269-4d
80997 Auerhahnweg 245-2c
81549 Auerspitzstraße 291-3a
81825 Auf dem Wasen 270-5a
80995 Auf den Schrederwiesen 223-11a
81249 Auf der Allmende 222-11c
81476 Auf der Falkenbeiz 289-2b
– Auf der Insel 269-1d
81927 Auf der Lehmzunge 248-7a
81375 Auf der Vogelwiese 267-7b
81477 Aufkirchener Straße 290-1a
81735 Auflegerstraße 269-9b
81249 Aufseßer Platz 266-1b
81249 Aufseßer Straße 266-1b
80337 Augsburgerstraße 268-3d
81547 August-Bebel-Straße 291-1a
81249 Auguste-Halbmeier-Straße (4) 266-1a
80999 Augustenfelder Straße 222-11d
80333/80798 Augustenstraße 246-12c
81245 August-Exter-Straße 245-10c
80999 August-Föppl-Straße 244-3d
80999 August-Horch-Straße 245-4a
80331 Augustinerstraße 268-3d
80935 Augustin-Rösch-Straße 224-12c
80339 August-Kühn-Straße 268-5a
81477 August-Macke-Weg 289-3c
81379 August-Zeune-Weg 268-11c
81669 Au-Haidhausen 269-4a
80805 Aumeister 247-3c
80805 Aumeisterweg 247-3c
81541 Aurbacherstraße 269-4d
80997 Aurel-Voß-Straße 245-4d
81377 Aurikelstraße 267-8c
80937 Aussiger Platz 224-12d
81545 Authariplatz 290-3a
81545 Autharistraße 290-3b
80939 Auwaldgasse 225-11a
80995 Auwasserweg 223-6c
80939 Auwiesenweg 225-11b
81243 Avenariusplatz 266-3a
81243 Avenariusstraße 266-3a
80469 Aventinstraße 269-1c
81371 Axel-von-Ambesser-Straße 268-8c
81671 Ayinger Straße 269-6c
80935 Azaleenstraße 246-2b

80469 **B**aaderplatz 269-1c
80469 Baaderstraße 269-1c
81671 Babenhausener Weg 269-6d
81241 Bachbauernstraße 244-12d
81539 Bacherstraße 269-7d
81243 Bachmairstraße 266-3a
80937 Bachstelzenweg 225-10a
81675 Bad Brunnthal 247-11c
81549 Bad-Berneck-Straße 291-3a
81539 Bad-Dürkheimer-Straße 269-8a
80635 Badenburg 245-11b
81247 Badenburgstraße 245-8c
81373 Baderseestraße 268-7a
81373 Badgasteiner Straße 268-4c
81373 Bad-Ischler-Straße 267-2a
81671 Bad-Kissingen-Straße 270-4c
81671 Bad-Kreuther-Straße 269-6d
80807 Bad-Kreuznacher-Straße 247-1c
80807 Bad-Nauheimer-Weg 246-3d
81671 Bad-Schachener-Straße 269-6c
80807 Bad-Soden-Straße 247-1c
81243 Bad-Stebener-Weg 244-11a
81379 Badstraße 268-11a
81547 Bad-Wiessee-Straße 269-10a
81475 Bad-Wörishofener-Straße 289-5b
81241 Bäckerbauerstraße 267-1c
81241 Bäckerstraße 267-1a
81737 Bärenwaldstraße 269-9c
80997 Bärlauchweg 245-2d
81245 Bärmannstraße 245-10b
80638 Bäumlstraße 245-9c
80335 Bahnhofplatz 268-3a
81827 Bahnstraße 271-4d
81379 Baierbrunner Straße 268-10d
81545 Bairawieser Weg 290-5b
81825 Bajuwarenstraße 270-8a
81669/81541/81539/81549 Balanstraße 269-5c + 5a
80469 Baldeplatz 268-6d
80469 Baldestraße 268-6b
81671 Baldhamer Straße 269-6c
81377 Baldrianstraße 267-8c
80637/80638 Baldurstraße 245-9b
80997 Baldusweg 245-4d
81735 Ballaufstraße 269-9b
80995 Ballerstedtstraße (4) 246-1a
80939 Ballesweg (1) 226-7c
81249 Bally-Prell-Straße (2) 243-6b
80634 Balmungstraße 246-10d
80935 Balsaminenstraße 246-2a
81927 Baltenstraße 248-10b
81243 Balticusstraße 266-3c
80804 Bamberger Straße 246-6c
81377 Banatstraße 267-6d
80638 Bandelstraße 246-7d
81379 Bannwaldseestraße 267-12b
81549 Bantingstraße 291-2b
81243 Banzweg 244-11c
80797 Barbarastraße 246-8d
81677 Barbarossastraße 269-3a
81825 Barbenweg 270-5b
81375 Barbierstraße 267-9a
80995 Barbinger Weg 223-12c
80638 Barellistraße 245-9d
80333/80799 Barer Straße 268-3b
80804 Barlachstraße 246-6b
81927 Barlowstraße 248-7b
80686 Barmer Straße 268-4a
81477 Barmseestraße 289-3a
81669 Barnabasstraße 269-5a
81825 Barschweg 270-5b
81825 Bartholomäer Straße 270-9a
80339 Barthstraße 268-1d
81245 Barystraße 244-12b
81476 Basler Straße 289-2b
81245 Bassermannstraße 244-12b
81477 Bastian-Schmid-Platz 289-3d
80937 Bastianweg (2) 224-12b
81825 Batschkastraße 270-9a
80992 Batzenhoferstraße 246-4a
81375 Batzerstraße 267-5c
80995 Baubergerstraße 245-6c
80689 Baudererstraße 267-2c
81669 Bauelementestraße 269-8b
81369 Bauernbräuweg 268-8c
80939 Bauernfeindstraße 225-12a
81476 Bauernwagnerstraße 289-3c
80796 Bauerstraße 246-9d
80807 Bauhausplatz 247-1d
81245 Baumbachstraße 245-10d
81477 Baumeisterstraße 289-3d
81373 Baumgartnerstraße 268-5c
81673 Baumkirchen 270-1c
81673 Baumkirchner Platz 269-3d
81673 Baumkirchner Straße 270-4a
81539 Baumplatz 269-7c
80999 Baumschulweg 222-12a
80999 Baumstänglstraße 244-3b
80469 Baumstraße 268-6b
80997 Bauschingerstraße 223-7c
81241 Bauschneiderstraße 267-1c
80999 Bauschweg 244-3c
81247/80999 Bauseweinallee 245-4c
80997 Bautzener Straße 245-5b
81476 Bauweberstraße 289-2d
– Bavariabrücke 268-5b
– Bavariapark 268-5a
80336 Bavariaring 268-5b
80336 Bavariastraße 268-5d
80796 Bayernplatz 246-9b
80637 Bayersdorferstraße 246-8a
80335 Bayerstraße 268-2b
81737 Bayerwaldstraße 292-1a
81925 Bayreuther Straße 247-9d
81539 Bayrischzeller Straße 269-7d
81669 Bazeillesstraße 269-5a
81677 Beblostraße 247-12c
80686 Becherstraße 267-6b
80804 Bechsteinstraße 246-9b
80999 Bechtolsheimstraße 245-4c
81479 Becker-Gundahl-Straße 290-1c
81927 Beckmesserstraße 247-9d
81247 Beer-Walbrunn-Straße 245-7d
81369 Beerweg (6) 268-7c
80336 Beethovenplatz 268-3c
80336 Beethovenstraße 268-3c
81679 Beetzstraße 269-2b
81479/81477 Begasweg 289-6b
80939 Begonienstraße 247-3c
80687 Behamstraße 267-3b
80999 Behringstraße 244-3b
80802 Beichstraße 247-7d
81545 Bei den Tannen 290-3c
81247 Beinhoferstraße 245-7b
81827 Bekassinenweg 271-7d
81245 Belandwiesenweg (1) 244-10a
81377 Belastraße 267-9b
81829 Belfaststraße 270-3d
81667 Belfortstraße 269-5b
80796/80804 Belgradstraße 246-6d
81475 Bellinzonastraße 289-2a
80805 Beltweg (9) 247-8a
80339 Ben-Chorin-Straße 268-5a
81247 Benderstraße 245-7a
81379 Benediktbeuerer Straße 268-11d
81545 Benediktenwandstraße 290-5b
81241 Benediktenstraße 267-1a
80689 Benedikt-Hagn-Straße 267-2c
81929 Bennigsenstraße 270-1a
80997 Benzstraße 245-6a
81739 Beowulfstraße 292-3b
81245 Berberichweg (12) 244-10b
80935 Berberitzenstraße 246-2a
81927 Berberstraße 248-10a
80995 Berchardweg 223-6d
80686 Berchemstraße 267-3c
81547 Berchtesgadener Straße 269-7c
81245 Berduxstraße 245-10d
81541 Bereiteranger 269-4a
81927 Berenter Straße 248-10c
81673 Berg am Laim 269-6b
81673 Berg-am-Laim-Straße 269-3c
81245 Bergengruenweg (1) 244-12d
81929 Bergerbreite (1) 248-8a
81735 Berger-Kreuz-Straße 269-9b
81825 Bergerwaldstraße 270-8b
80997 Bergetstraße 222-9d
81737 Berghamer Straße 292-1a
81547 Berg-Isel-Straße 268-12b
80939 Bergkieferweg 225-11b
81245/81249 Berglwiesenstraße 244-4d
80339 Bergmannstraße 268-5a
81245 Bergsonstraße 244-10b
80997 Bergsträßerstraße 245-4d
81539 Bergstraße 269-7a
80995 Bergwachtstraße 224-7c
81373 Berlepschstraße 268-5c
80805 Berliner Straße 247-4d
81673 Berlingerweg 270-4a
81375 Berlstraße 267-8a
80639 Bernabeistraße 246-10a
81827 Bernadottestraße 270-6d
81829 Bernatzikstraße 248-10d
81669 Bernauer Straße 269-9a
80937 Bernaysstraße 225-10c
80333 Bernd-Eichinger-Platz (15) 40-A5
81476 Berner Straße 267-11d
80637 Bernhard-Borst-Straße 246-7b
81245 Bernhard-Koehler-Weg (5) 244-10b
81929 Bernhard-Lichtenberg-Weg (7) 248-8a
81825 Bernhard-Mayer-Straße (8) 270-5d
80995 Bernhardstraße 224-8c
80636 Bernhard-Wicki-Straße 268-2b
81925 Bernheimerstraße 247-6d
81377 Bernrieder Straße 267-9b
80939 Bernsteinweg 225-11d
81927 Bernt-Notke-Weg 248-10a
81245 Berrschestraße 245-10a
80997 Berta-Hummel-Straße (4) 245-6a
81737 Bert-Brecht-Allee 270-11a
81479 Bertelestraße 290-4c
81249 Bertha-Kipfmüller-Straße 266-1d
81245 Bertha-von-Suttner-Weg (1) 244-9d
81247 Berthold-Hirsch-Straße 244-6d
80995 Berthold-Litzmann-Straße 223-8a
80809 Bertholdstraße 246-3c
81673 Bertschstraße 270-4a
80939 Berzeliusstraße (24) 247-2b
81679 Besselstraße 247-11d
81477 Bestelmeyerstraße 289-3d
81243 Betschartstraße 266-3a
81739 Bettinastraße 292-3c
81245 Betzensteinstraße 244-10a
81247 Betzenweg 244-9b
81479 Beuerberger Straße 290-1d
81929 Beuthener Straße 248-11c
81545 Bezoldstraße 290-3b
81249 Biburger Straße 244-7c
81479 Bichler Straße 290-1d
81927 Bichlhofweg 248-4c
80805 Biederstein 247-8a
80805 Biederstein (7) 247-8a
80802 Biedersteiner Straße 247-7d
80997 Bielefelder Straße 245-6a
81377 Bielitzer Straße 267-6d
81249 Bienenheimstraße 243-9a
81243 Bierbaumstraße 266-3c
80999 Bifangweg 244-3c
80634 Bildackerstraße (7) 246-10c
81369 Billrothstraße 268-10b
80993 Bingener Straße 246-4a
81543 Birkenau 268-9b
80804 Birkenfeldstraße (2) 247-7a
81377 Birkenhainstraße 267-11b
81543 Birkenleiten 268-9d
81249 Birkenried 243-3b
81249 Birkenrieder Straße 221-12d
80636 Birkerstraße 246-11c
81827 Birkhahnweg 271-7c
81671 Birkkarspitzstraße 269-6c
80937 Birnauer Straße 246-6c
81829 Birthälmer Straße 270-5b
80939 Birtlinger Zeile 225-12c
80809 Bischof-Adalbert-Straße 246-3c
80937 Bischoffstraße 246-3b
81737 Bischof-Ketteler-Straße 270-10a
80803 Bismarckstraße 247-7c
81829 Bistritzer Weg 270-2c
80634 Biterolfstraße 246-10c
81476 Blaichacher Straße 289-2d
81825 Blanckertzweg 270-5b
81739 Blankbauerstraße 270-11c
80995 Blaukissenweg 246-1a
80937 Blaumeisenweg (9) 225-10a
80995 Blausternweg 223-12d
81479 Bleibtreuplatz 290-4a
81479 Bleibtreustraße 289-6d
81476 Bleicherhornstraße 289-2d
80999 Bleisteinstraße 244-3a
81827 Bleßhuhnweg 271-11a
81371 Bleyerstraße 268-8d
80933 Blodigstraße 224-8b
81825 Blombergstraße 270-4d
80634 Blücherstraße 246-10d
80799 Blütenstraße 247-10a
80689 Blumenau 267-4c
80689/81241 Blumenauer Straße 266-3d
80999 Blumenbachstraße 245-1a
80331 Blumenstraße 268-3d
81247 Blutenburg 244-9d
80636/80634 Blutenburgstraße 246-10d
81929 Boberweg (23) 248-11a
80469 Bob-van-Benthem-Platz (15) 40-D3
80992 Bockmeyrstraße (11) 245-6b
80935 Bocksdornstraße 246-2a
81539 Bodelschwinghstraße 269-10b
80992 Bodenbreitenstraße 246-4c
81373 Bodenehrstraße 268-8a
81549 Bodenschneidstraße 269-11b
81241/81243/81249 Bodenseestraße 266-3b
81241/81243/81249 Bodenseestraße 266-2a
81241 Bodenstedtstraße 266-3b
81825 Böcklerweg 270-5c
80638 Böcklinstraße 246-7c
80687/81241 Böcksteiner Straße 267-1b
81737 Böglstraße 270-10a
81247 Böhlaustraße 245-7a
81679 Böhmerwaldplatz 247-12c
81737 Böhmstraße 270-10a
80796 Böttingerstraße 246-9b
81679 Bogenhausen 247-11d + 248-10c
81675 Bogenhauser Kirchplatz 247-11c
81675 Bogenstraße (7) 269-2c
81825 Bognerhofweg 270-6c
80634 Bolivarstraße 246-10c
80935 Bonhoefferstraße (1) 224-11d
80803 Bonner Platz 247-7a
80804 Bonner Straße 247-7a
81925 Bonselsstraße 247-9a
81547 Bonteweg 269-10d
81541 Boosstraße 269-4a
81667 Bordeauxplatz 269-5a
81243 Borinskistraße (2) 266-2b
80939 Boris-Blacher-Straße (4) 225-11a
81245 Borodinstraße (9) 244-8d
80804 Borschtallee 246-9b
80995 Borsigstraße 246-1a
80992 Borstei 246-4d
81375 Bortenhofstraße 267-8b
– Boschbrücke 40-D2
81379 Boschetsrieder Straße 267-12a + 268-10d
81247 Bosettistraße 245-7a
– Botanischer Garten 245-8d
81675 Bothestraße 269-3c
80634 Bothmerstraße 246-10b

80939 Boxberger Straße 225-12c
81547 Bozener Straße 268-12d
81545 Bozzarisstraße 290-3b
80805 Brabanter Straße 247-5c
81825 Brachsenstraße 270-5d
81243 Brachvogelplatz (3) 266-2b
81243 Brachvogelstraße 266-2b
81827 Brändströmstraße 270-6d
80331 Bräuhausstraße 40-C3
81479 Bräutigamstraße 290-4a
80637 Braganzastraße 246-7d
81677 Brahmsstraße 269-3a
81375 Bramburgstraße 267-8b
80805 Brandenburger Straße 247-5c
80804 Brangänestraße (1) 247-7a
80687 Brantstraße 267-3d
– Braunauer Eisenbahnbrücke 268-9a
80939 Braunaugenstraße 225-8d
81735 Braunmillerweg (9) 270-8d
80997 Braunschweiger Straße 245-3c
81545 Braunstraße 290-2b
81677 Braystraße 269-3c
81541 Brecherspitzstraße 269-7b
80809 Bregenzer Straße (3) 246-6c
81543 Brehmstraße 268-12a
81667 Breisacher Straße 269-5b
80686 Breitachstraße 268-4a
81379 Breitbrunner Straße 267-12b
81247 Breiter Weg 244-8b
– Breites Geräumt 270-12b
81825 Breithornstraße 270-8b
81479 Breitschwertstraße 290-4a
80807 Bremer Straße 246-3d
81375 Brennereistraße 267-8a
81547 Brennerpaßstraße 268-12b
80807 Brentanostraße 247-4a
80992 Breslauer Straße 245-6a
80939 Brettener Straße 225-12c
80997 Brieger Straße 245-5b
80333 Brienner Straße 246-12c
81737 Brittingweg 270-11a
81547 Brixener Weg 268-12b
81739 Brockesstraße 292-3c
81929 Brodersenstraße 248-7d
81829 Brodstraße 270-6a
81929 Bromberger Straße 248-10d
80687 Brosamerstraße 267-3a
81825 Bruchwegerl 270-6d
81547 Bruckenfischerstraße 269-10d
80638 Bruckmannstraße 245-9d
81677 Brucknerstraße 269-3a
81371 Bruderhofstraße 268-8d
– Brudermühlbrücke 268-9a
81371 Brudermühlstraße 268-8d
– Brudermühltunnel 268-8c
80538 Bruderstraße 269-1b
80999 Brückestraße 244-6a
80935 Brücklmeierstraße 224-11b
81541 Brünnsteinstraße 269-8a
81249 Brünnwiesenweg 243-3b
80805 Brüsseler Straße 247-5c
81545 Bruggspergerstraße 290-3d
81829 Brukenthalstraße 270-2b
80809 Brundageplatz 246-5b
81373 Brunecker Straße 268-7b
80689 Brunellenweg 267-4b
81249 Brunhamstraße 266-2a
80639 Brunhildenstraße 245-12a
81925 Brunnbachleite 247-12a
81547 Brunnenweg 269-10b
80804 Brunnerstraße 246-9b
80331 Brunnstraße 40-C5
80995 Bruno-Frank-Weg 246-1b
80937 Bruno-Hofer-Platz 224-12d
81245 Bruno-Paul-Straße (15) 244-11a
81927 Bruno-Walter-Ring 248-7b
81479 Buchauerstraße 290-4a
81671 Buchbacher Straße 269-6a
81547 Buchecknerweg (2) 269-10c
81475 Buchendorfer Straße 289-1d
80997 Buchenweg 245-1d
80937 Buchfinkenweg (8) 225-10a
81479 Buchhierlstraße 290-4a
80939 Buchhorner Straße 225-12c
81475 Buchloer Straße 289-5a
81735 Buchnerstraße 269-9b
81673 Buchsteinstraße 270-4b
81669 Budapester Straße 269-8b
81825 Büchmannstraße 270-6c
81475 Bühler Weg 289-5a
81679 Bülowstraße 247-11b
81829 Bürgermeister-Keller-Straße 270-6a
81925 Bürgerstraße 247-9a
81477 Bürkelstraße 289-3d
80538 Bürkleinstraße 269-1b
80804 Bummstraße 246-6d
81735 Bunsenstraße 270-7c
80997 Buntspechtweg 245-2c
80992 Bunzlauer Platz 245-6a
80992 Bunzlauer Straße 245-6a
81929 Burgauerstraße 270-2a
81375 Burg-Eltz-Weg 267-8b
80687 Burgerplatz 267-3d
81671 Burggrafenstraße 269-6a
80634 Burghausener Straße 246-10d
80686 Burgkmairstraße 267-6b
80331 Burgstraße 269-1c
80804 Burgunderstraße 246-6d
81245 Burkheimer Straße 244-11a
80939 Burmesterstraße 225-11d
81677 Buschingstraße 247-12c
81377 Buschrosenweg 267-8c
81827 Bussardweg 271-4d
80638 Bustellistraße 246-7c
81377 Butenandtstraße 267-7c
81671 Butlerstraße 269-6c
80689 Butterblumenweg (2) 267-5a
80469 Buttermelcherstraße 269-1c
80689 Byecherstraße 267-2c

81241 **C**alderonweg (7) 267-1a
80686/80689 Camerloherstraße 267-2d + 2c
80638 Canalettostraße 246-7c
81543 Candidplatz 268-9d
81543 Candidstraße 268-9a
81377 Canisiusplatz 267-8c
81377 Canisiusstraße 267-8c
81543 Cannabichstraße 269-7a
80935 Caracciolastraße 224-11b
80339 Carlamaria-Heim-Straße 268-5a
81739 Carl-Baierl-Bogen 270-10d
81247 Carl-Hanser-Straße 244-6d
80939 Carl-Orff-Bogen 225-11a
81739 Carlo-Schmid-Straße 292-1a
81927 Carl-Sternheim-Weg (4) 248-10a
81739 Carl-Wery-Straße 270-10d + 292-1b
81927 Carl-Zuckmayer-Straße (6) 248-10a
81379 Carola-Neher-Straße 290-1b
81829 Caroline-Herschel-Straße 271-1c
81245 Carossastraße (3) 245-10c
80999 Carrierestraße 222-12d
81925 Carry-Brachvogel-Straße 247-6d
81479 Carusoweg 290-4b
80993 Caubstraße 246-1c
81249 Centa-Hafenbrädl-Straße 266-1c
80797 Centa-Herker-Bogen 246-8b
80992 Cerebotanistraße (2) 245-6c
81241 Cervantesstraße 267-1a
81479 Chamissostraße 247-9a
81827 Chammünsterstraße 270-9c
81737 Charles-de-Gaulle-Straße 270-10b
80992 Chemnitzer Platz 246-4a
80803 Cherubinistraße 247-7a
81549 Chiemgaustraße 269-10b
81245 Chopinstraße 245-10c
81667 Chorherrstraße (6) 269-2c
81249 Christel-Sembach-Krone-Straße 244-10c
80805 Christoph-Probst-Straße 247-2d
80639 Christoph-Rapparini-Bogen 245-12c
80807 Christoph-Schmid-Straße 247-4a
80538 Christophstraße 269-1b
80807 Christoph-von-Gluck-Platz 247-4a
81377 Christrosenweg 267-8c
81377 Chrysanthemenstraße 267-8d
81377 Cimbernstraße 267-12a
81549 Cincinnatistraße 269-11c
80639 Claire-Watson-Straße 245-12c
81249 Clarita-Bernhard-Straße 266-1c
81543 Claude-Lorrain-Straße 268-6d
81669 Claudius-Keller-Straße 269-8b
80992 Claudiusplatz 246-4a
80992 Claudiusstraße 246-4a
81673 Clemens-August-Straße 270-4a
81377 Clemens-Bolz-Weg 267-9c
81247 Clemens-Krauß-Straße 245-10a
80803/80796/80797 Clemensstraße 246-9b
81375 Cochemstraße 267-8a
81379 Colmarer Straße 268-11c
81249 Colmdorfstraße 244-10b
81667 Comeniusstraße 269-5a
80809 Connollystraße 246-5b
81477 Constanze-Hallgarten-Straße 267-12d
81479 Conwentzstraße 290-5a
81735 Corinthstraße 270-8a
– Corneliusbrücke 269-4a
81469 Corneliusstraße 269-1c
– Cosimapark 248-10a
81925/81927 Cosimastraße 247-6b
81735 Cottaweg (7) 270-8d
80809 Coubertinplatz 246-5d
81739 Coudenhove-Kalergi-Weg 292-1d
80805 Crailsheimstraße 247-5b
80797 Cranachstraße 246-12a
81243 Croissant-Rust-Straße 266-3c
80538 Crusiusstraße (2) 269-2a
81739 Curd-Jürgens-Straße 292-1b
80999 Curiestraße 222-12c
– Curt-Mezger-Platz 246-3d
81679 Cuvilliésstraße 269-2b

80335/80636/80637/80992/80993/80995 **D**achauer Straße 246-12c
81249 Dachshofstraße 244-7a
81825 Dachsteinstraße 270-8d
81243 Dachstraße 266-2d
81739 Däumlingstraße 292-3c
81929 Daglfing 248-11b
81929 Daglfinger Platz 248-11a
81929 Daglfinger Straße 248-10d
80935 Dahlienstraße 246-2b
80798 Daimlerstraße 246-12b
81371 Daiserstraße 268-8b
81927 Dalandstraße 248-7c
80638 Dall'Armistraße 245-9d
81825 Damaschkestraße 270-8a
80331 Damenstiftstraße 268-3d
81371 Danklstraße 268-5d
80634 Dankwartstraße 246-10c
81539 Dannenfelsstraße 269-8a
– Dantepark 246-7b
80637 Dantestraße 246-7a
80805 Danziger Straße 247-7b
81925 Daphnestraße 247-12d
81827 Dar-es-Salaam-Straße 271-7b
80992 Darmstädter Straße 246-4c
81245 Daudetstraße 244-9c
81373 Daumillerweg 268-5c
81377 Dauthendeystraße 267-12a
81927 Davidstraße 248-7c
81373 Daxenbergerstraße 268-8a
80995 Daxetstraße 246-1d
80939 Debussyweg (3) 225-11a
81545 Defreggerstraße 290-3a
81829 De-Gasperi-Bogen 271-2c
80803 Degenfeldstraße 247-7a
81673 Deggendorfer Straße (1) 269-3c
81925 Dehmelstraße 247-8d
80797 Deidesheimer Straße 246-9a
81829 Deikestraße 270-3c
81539 Deisenhofener Straße 269-7a
80639 De-la-Paz-Straße 245-12d
81737 Dellauerweg 269-9c
81679 Delpstraße 247-12c
81549 Demblerstraße 269-8d
81371 Demleitnerstraße 268-8b
80638 Demollstraße 246-7c
81829 Den-Haag-Straße (1) 271-1c
80335 Denisstraße 246-12c
81249 Denkenhofstraße 244-4c
81927 Dennerleinstraße 248-7c
81927 Denning 248-10a
81925 Denninger Anger 247-12c
81679/81925/81927 Denninger Straße 247-11b
81476 Derfflingerstraße 289-5b
80995 Deroystraße 246-11c
80997 Descartesstraße (2) 223-10c
80686 Desingweg 267-3d
80992 Dessauerstraße 246-4b
80803/80796 Destouchesstraße 246-9b
80935 Detmoldstraße 246-3a
80469 Deutingerstraße (2) 269-4a
81549 Deutstraße 269-12a
80807 Dewetstraße 246-6b
81737 Diakon-Kerolt-Weg 269-9c
80995 Diamantstraße 223-8c
80538 Dianastraße 247-11c
80689 Dichtlstraße 267-2c
81243 Dickensstraße 266-2b
81479 Diefenbachstraße 290-4a
81477 Diemendorfer Straße 289-3b
80331 Dienerstraße 269-1c
80937 Dientzenhoferstraße 225-10c
81373 Diepoldstraße 268-8a
80993 Dieselstraße 246-1d
80638 Dießener Straße 245-9b
80686 Diesterwegstraße 267-3d
81737 Dieter-Hildebrandt-Straße 269-12b
80805 Dietersheimer Straße 247-5a
80634 Dietleibstraße 246-10c
80802 Dietlindenstraße 247-7b
81249 Dietmar-Keese-Bogen 266-4a
81371 Dietramszeller Platz 268-8d
81371 Dietramszeller Straße 268-8d
81249 Dietrichsteinstraße 266-1b
80637 Dietrichstraße 246-7b
81739 Dietzfelbingerplatz 292-1b
81477 Diezweg 289-6b
80997 Dillinger Straße 245-5b
81829 Dillisstraße (16) 247-7d
80686 Dillwächterstraße 268-4b
81245 Dilsberger Straße 244-11b
81245 Diltheyweg (6) 244-8d
81925 Dingelstedtweg (3) 247-9c
81673 Dingolfinger Straße 269-3c
81243 Dinkelsbühler Straße 244-11c
80997 Dirrstraße 245-5c
81927/81929 Dirschauer Straße 248-10a
81249 Distelfinkweg 243-6c
81369 Distlhofweg 268-8c
80999 Dittmannweg 244-3a
80993 Dobmannstraße 246-1c
80997 Docenstraße 245-1b
81247 Döbereinerstraße 245-7b
80937 Doeberlstraße 224-12d
81549 Döbrastraße 269-11d
81369 Döderleinstraße 268-7d
80639 Döllingerstraße 245-12b
81379 Dönnigesstraße 290-1a
80937 Dohlenweg 225-10c
81245 Dr.-Blaich-Straße 244-9c
81245 Dr.-Böttcher-Straße 245-10b
81479 Dr.-Carl-von-Linde-Straße 290-4b
81377 Dr.-Ruder-Weg 267-11a
80807 Dr.-Schweninger-Straße (1) 247-4a
81739 Dr.-Walther-von-Miller-Straße 270-11c
80937 Dolleschelstraße 224-12a
81541 Dollmannstraße 269-4c
81829 Dollwiesenweg 270-5b
81547 Dolomitenstraße 268-12b
80807/80805 Domagkstraße 247-1d
81479 Dominik-Brunner-Weg (1) 290-1c
81929 Dominikstraße 270-1b
– Dominikusplatz 224-9d
80637 Dom-Pedro-Platz 246-7d
80637 Dom-Pedro-Straße 246-7d
81827 Dompfaffweg 271-4d
81739 Donarweg 292-3b
80993 Donaustaufer Straße 245-3b
81679 Donaustraße 247-11d
80997 Donauwörther Straße 245-5b
81247 Donizettiweg 245-8c
80636 Donnersbergerbrücke 268-1b
80634 Donnersbergerstraße 246-10b
80939 Dorfgrabenweg 225-10b
81247 Dorfstraße 244-9b
81929 Dornacher Weg 248-11b
81673 Dornbergstraße 269-6a
81739 Dornröschenstraße 292-3c
81825 Dorotheenstraße 270-6c
81927 Dorpater Straße 248-10a
81737 Doschweg 270-10a
80809 Dostlerstraße 246-6a
81825 Drachenfelsstraße 245-4b
81373 Drachenseestraße 268-7b
81371 Drächslstraße 269-4d
80331 Dreifaltigkeitsplatz 40-C3
81245 Dreilingsweg 244-8d
80469/81371 Dreimühlenstraße 268-6c
81549 Dreiseesselbergstraße 291-2b
80805 Dreschstraße 247-7b
80993 Dresdner Straße 245-3d
81827 Dresselstraße 271-8c
80689 Dreyerstraße 267-2d
80999 Drieschstraße 244-5d
81739 Drosselbartstraße (2) 292-3d
81827 Drosselweg 271-4c
80686 Droste-Hülshoff-Straße 267-6b
81375 Drozzaweg 267-4d
80995 Drudhardstraße 224-11a
80333 Drückeberger-Gassl (Viscardigasse) Viscardigasse (Drückeberger-Gassl) 40-B3
81547 Drumberg 269-7c
81477 Drygalski-Allee 289-6a
81827 Dualastraße 271-10b
81829 Dublinstraße 270-3d
80369 Dudenstraße 268-8a
81737 Dudweilerweg 269-12b
80933/80995 Dülferstraße 224-7d
81929 Düppeler Straße 248-8a
80331 Dürnbräugasse 40-C3
81241 Dürnsteiner Weg 267-2a
80992 Dürrstraße 246-4b
80804 Düsseldorfer Straße 247-7a
81825 Dukatenweg 270-5c
80331 Dultstraße 40-C4
81241 Dumasstraße 267-2a
80805 Dunantstraße 247-8a
81247 Durasweg 244-9b
81245 Dussekstraße 244-8d
80999 Dyroffstraße 244-6a

80637 **E**benau 246-8c
80637 Ebenauer Straße 246-8c
81241 Ebenböckstraße 266-3b
80935 Ebereschenstraße 224-11c
80995 Eberhartstraße 224-7d
81477 Eberlestraße 289-6b
81369 Ebermayerstraße 268-10b
81375 Ebernburgstraße 267-8d
81679 Ebersberger Straße 247-11d
80935 Eberwurzstraße 224-11d
81243 Ebracher Straße 244-11d
81673 Echarding 270-4c
81673/81671 Echardinger Straße 269-9a
81373 Echelsbacher Straße 268-7a
80805 Echinger Straße 247-5a
81479 Echterstraße 290-4c
80993 Eckehartstraße 245-3c
80689 Eckermannstraße 267-2d
81825 Ecksteinstraße 270-5a
80939 Eddastraße 245-12b
80686 Edelsbergstraße 268-4c
81827 Edeltraudstraße 270-9b
81541 Edelweißstraße 269-4d
80939 Edenkobener Weg 225-12c
81829 Edinburghplatz 270-3d
80939 Edisonstraße 247-2b
80935 Edith-Stein-Weg 224-11b
81543 Edlingerplatz 269-4c
81543 Edlingerstraße 269-4c
81245 Edmund-Husserl-Straße (2) 244-8d
80939 Edmund-Rumpler-Straße 247-2b
81247 Eduard-Fentsch-Weg 245-10b
80807 Eduard-Schenk-Straße 247-4a
81927 Eduard-Schleich-Weg (11) 248-10c
81541 Eduard-Schmid-Straße 269-4c
80997 Eduard-Schwartz-Straße 245-4b
80935 Eduard-Spranger-Straße 224-11b
80686 Eduard-Stadler-Winkel 267-6b
81477 Eduard-Thöny-Straße 289-6b
80689 Efeustraße 267-5a
81679 Effnerplatz 247-12a
81925 Effnerstraße 247-12a
81739 Egenbergerweg 292-1b
81243 Egenhoferstraße 266-3c
80937 Egerlandstraße 247-1a
80689 Egetterstraße 267-2c
80995 Eggartenstraße 246-1d
81929 Eggenfeldener Straße 270-1a
81667 Eggernstraße 269-2c
80993 Eggmühler Straße 245-3c
81247 Eglofstraße 245-7c
81671 Egmatinger Weg 269-6d
80809 Egmontstraße (5) 246-6c
81547 Ehlersstraße 269-10c
80993 Ehrenbreitsteiner Straße 246-1d
81249 Ehrenbürgstraße 266-1b
81375 Ehrenfelsstraße 267-9a
80469 Ehrengutstraße 268-6c
80689 Ehrenpreisstraße 267-5d
81377 Ehrwalder Straße 267-9a
81377 Eibengrund 267-11a
81825 Eibenstockstraße 270-5a
81377 Eibseestraße 267-9d
81249 Eichelhäherstraße 243-6c
81245/81249 Eichenauer Straße 243-8d
81369 Eichendorffplatz 268-7a
81369 Eichendorffstraße 268-7a
81375 Eichenstraße 267-7b
80997 Eichenweg 245-4a
81377 Eichhornstraße 267-8c
80686 Eichstätter Straße 268-4a
81547 Eichthalstraße 269-10c
81677 Eifelstraße 270-1a
81673 Eigenhausstraße 270-4a
81825 Eigerstraße 270-8b
81377 Einhornallee 267-12a
80993 Eininger Straße 245-3c
81377 Einseleweg 267-6d
81675 Einsteinstraße 269-2c
81541 Eintrachtstraße 269-7b
80804 Eisenacher Straße 247-4c
81245 Eisenhartstraße 244-9c
80689 Eisenhutstraße 267-4b
80331 Eisenmannstraße 268-3d
81679 Eisensteinstraße 247-12c
81829 Eisgrubenstraße 270-2d
80995 Eishüttenweg 224-4c
80993 Eislebener Weg (8) 245-3d
80639 Eisnergutbogen 245-12d
80999 Eisolzrieder Straße 222-12b
81827 Eisvogelweg 271-7c
81549 Elbacher Straße 269-9b
81677 Elbestraße 247-12d
81929 Elbinger Straße 248-10b
81925 Elektrastraße 247-12b
81379 Eleonore-Romberg- Straße 267-12d
81739 Elfenstraße 292-3c
81827 Elfriedenstraße 270-9b
81547 Elilandstraße 269-7c
81829 Elisabeth-Dane-Straße 271-1d
81245 Elisabeth-Jost-Straße 244-10b
80797 Elisabeth-Kohn-Straße 246-8b
81829 Elisabeth-Mann-Borgese-Straße 271-1d
80796 Elisabethplatz 246-9d
80939 Elisabeth-Selbert-Straße 247-1b
80796/80797 Elisabethstraße 246-9c
81829 Elisabeth-zu-Guttenberg-Straße 270-3a
81739 Elise-Aulinger-Straße 270-10c
80335 Elisenstraße 268-3a
80689 Ellen-Ammann-Weg 267-5a
81673 Ellingerweg 270-4a
80331 Ellis-Kaut-Straße 266-1a
81245 Elly-Ney-Weg 244-8d
80999 Elly-Staegmeyr-Straße 245-1c
81377 Elmauer Straße 267-9d
81825 Elritzenstraße 270-5d
81667 Elsässer Straße 269-2d
81925 Elsastraße 247-9d
81925 Else-Lasker-Schüler-Straße 247-6d
80687 Elsenheimerstraße 268-1a
81673 Else-Rosenfeld-Straße 270-4a
80937 Elsterweg 225-10a
80809 El-Thouni-Weg 246-5a
80636 Elvirastraße 246-11c
80796 Emanuelstraße 246-9d
81735 Emdenstraße 269-9d
81549 Emersonstraße 269-10d
81479 Emil-Dittler-Straße 290-1c
81249 Emile-Maurer-Straße (3) 266-1a
81379 Emil-Geis-Straße 268-11b
80337 Emil-Muhler-Torweg 268-6a
81241 Emil-Neuburger-Straße (5) 244-12d
81735 Emil-Nolde-Straße 270-8a
80538 Emil-Riedel-Straße 247-11c
81929 Emin-Pascha-Straße 270-1a
80637 Emma-Ihrer-Straße 246-8d
81825 Emmastraße 270-6c
80939 Emmerigweg 247-3b
81249 Emmeringer Straße 244-7a
80992 Emmy-Noether-Straße 246-4d
81829 Emplstraße 270-6a
80686 Endelhauserstraße 267-6b
81243 Endeweg 266-3d
81549 Endorfer Straße 269-9c
81475 Engadiner Straße 289-2a
80639 Engasserbogen 245-12b
81241 Engelbertstraße 266-3b
81369 Engelhardstraße 268-8c
81477 Engelstraße 289-3d
81245 Englburgstraße 244-11b
– Englischer Garten 40-A2
– Englischer Garten 247-11a
80538 Englischer Garten 247-10a
81673 Englmannstraße 269-3d
81927 Englschalking 248-7d
81925/81927 Englschalkinger Straße 247-12a
80333 Enhuberstraße 246-12d
81927 Ennemoserstraße 247-12b
81241 Ennslandstraße 267-2a
81541 Entenbachstraße 269-4c
80999 Enterstraße 222-12a
81669 Enzenspergerstraße 269-5a
80689 Enzianstraße 267-5a
81739 Erasmusstraße 292-3a
81929 Erchanbertstraße 248-11b
81829 Erdinger Straße 270-3b
81247 Erdmannsdörferstraße 245-7b
80993 Erfurter Straße (9) 245-3d
80637 Erhard-Auer-Straße 246-8c
80469/80331 Erhardtstraße 269-4a
– Erholungspark (Bogenhausen) 269-2d
– Erholungspark (Neuhausen) 246-7d
81829 Erich-Giese-Straße 248-12d
80796 Erich-Kästner-Straße 246-9d
80937 Erich-Kaiser-Weg (13) 224-12c
80803 Erich-Mühsam-Platz 247-7a
81739 Eric-Voegelin-Weg (8) 292-1a
81829 Erika-Cremer-Straße 271-1c
80636 Erika-Mann-Straße 268-2a
80939 Erikastraße 247-3c
80689 Eringerstraße 267-5a
81927 Erkweg 248-7c
81249 Erlbachstraße 243-6c
81249 Erlbachwiesenweg 243-3b
80995 Erlenplatz 223-12d
81739 Erlkönigstraße 292-3c
81735 Erminoldstraße 269-9b
81929 Ermlandstraße 248-10d
81245 Erna-Eckstein-Straße 245-10d
81827 Ernastraße 270-9b
81249 Erni-Singerl-Straße (3) 243-6b
81241 Ernsbergerstraße 244-12d
81245 Ernst-Bloch-Straße (8) 244-8d
81247 Ernst-Buchner-Weg 245-7a
80809 Ernst-Curtius-Weg 246-8a
80999 Ernst-Haeckel-Straße 244-5b
80636 Ernst-Henle-Straße 246-11b
81825 Ernst-Hochholzer-Straße (10) 270-5d
80999 Ernst-Kuhn-Straße 244-3d
80805 Ernst-Penzoldt-Weg 247-8b
80992 Ernst-Platz-Straße 245-6d
81675 Ernst-Reuter-Straße 269-2d
80937 Ernst-Schneider-Weg 225-7c
80803 Ernst-Toller-Platz (5) 247-7a
80997 Ernst-von-Beling-Straße 245-5a
80997 Ernst-von-Romberg-Straße 245-5c
81249 Ertelhofweg 244-5a
80999 Ertelstraße 245-1c
81249 Erwin-Hielscher-Straße 266-1c
80803 Erwin-Planck-Weg 247-7b
80807 Erwin-von-Kreibig-Straße 247-4b
80937 Erwin-von-Steinbach-Weg 224-12a
80335 Erzgießereistraße 246-11d
81549 Eschenbachstraße 269-11a
81377 Eschenloher Straße 267-9d
81249 Eschenrieder Straße 222-10c + 244-1a
81547 Eschenstraße 269-10c
80637 Esebeckstraße 246-7b
81549 Eslarner Straße 269-12c
80999 Esmarchstraße 244-6b
80935 Espenstraße 224-11c
80336 Esperantoplatz 268-5b
80939 Esplanade 225-9a
81371 Esswurmstraße 268-8d
81377 Esterbergstraße 267-9b
81249 Estinger Straße 244-7c
80805 Etschweg (10) 247-8a
81377 Ettalstraße 267-9b
81375 Ettenhoferstraße 267-5c
80687 Ettenhueberstraße 267-2b
80333 Ettstraße 268-3b
81735 Etzwiesenstraße 270-8b
81369 Euckenstraße 268-7b
81247 Eugen-Gura-Straße 245-7c
81927 Eugen-Jochum-Straße 248-7c
81929 Eugen-Kalkschmidt-Weg 248-10a
81245 Eugen-Loher-Straße 244-11a
81247 Eugen-Papst-Straße 245-10a
81739 Eulenspiegelstraße 292-3c
80937 Eulerstraße 225-10c
– Euro-Industriepark 247-1a
81675 Europaplatz 269-2a
81927 Evastraße 247-9d
81245 Eva-Vaitl-Weg 244-11a
81825 Evereststraße 270-8b
80999 Eversbuschstraße 222-12b
81929 Eylauer Straße 248-10d
81373 **F**aberstraße 268-4d
81829 Fabinistraße 270-2d
81245 Fabrikstraße 244-10b
80686 Fachnerstraße 267-6b
81827 Fährtwegl 271-4c
80331 Färbergraben 268-3d
80339 Fäustlestraße 268-2c
80639 Fafnerstraße 245-12c
80995 Faganastraße 224-10b
81545 Faistenbergerstraße 290-2d
81247 Faistenlohestraße 244-9b
80331 Falckenbergstraße 40-B3
81476 Falkenhorstweg 289-5b
81539 Falkensteinstraße 269-8c
81541 Falkenstraße 269-4c
80331 Falkenturmstraße 40-B3
81243 Falkweg 266-3c
80796 Fallmerayerstraße 246-9b
81369 Fallstraße 268-8c
81377 Farchanter Straße 267-9b
80796 Farinellistraße (4) 246-9d
81377 Farnweg 267-8c
81247 Fasanenstraße 245-7b
80995 Fasanerie 223-12d + 245-3a
80636 Fasaneriestraße 246-8c
81549 Fasangarten 269-12c + 291-2a
81737/81549 Fasangartenstraße 291-2a
81737 Fasanjägerstraße 269-12b
80639 Fasoltstraße 245-12c
80999 Fastlingerstraße 244-3c
81476 Fastlstraße 289-2d
81476 Fatimastraße 289-3a
81249 Faulweisenweg 243-3a
81479 Faustnerweg 290-4c
81827 Fauststraße 270-12a
81249 Federseestraße 243-9a
81241 Fehlnerweg 267-1c
81673 Fehwiesenstraße 269-6d + 6b
81247 Feichthofstraße 244-12b
80992 Feichtmayrstraße 246-4c
81735 Feichtstraße 270-7b
80999 Feigstraße 244-3b
80802 Feilitzschstraße 247-7d
81247 Feinhalsstraße 245-7a
81477 Feldafinger Platz 290-1a
81477 Feldafinger Straße 290-1a
80939 Feldanger 225-7d
80995 Feldbahnstraße 246-2c
81825 Feldbergstraße 270-8d
81249 Feldhüterweg 244-5c
81929 Feldkirchener Straße 248-11d
81245 Feldmeierbogen (3) 244-10b
80995 Feldmoching 224-7b
80995 Feldmochinger Seeweg 223-9d
80992/80993/80995 Feldmochinger Straße 224-10c + 246-4c
80995 Feldmoching-Hasenbergl 223-12a
81827 Felicitas-Füss-Straße 270-9b
80997 Felix-Buttersack-Weg (2) 245-4b
81925 Felix-Dahn-Straße 247-8d
80797 Felix-Fechenbach-Bogen (1) 246-9a
81479 Fellererplatz 290-4a
80634 Fellstraße 246-10d
80937 Felsennelkenanger 224-9c
80802 Fendstraße 247-7d
81377 Feodor-Lynen-Straße 267-7c
80995 Ferchenbachstraße 223-11d
81379 Ferchenseestraße 267-12d
81927 Ferdinand-Kobell-Weg (14) 248-10c
80639 Ferdinand-Maria-Straße 245-12b
80335 Ferdinand-Miller-Platz 246-11b
81373 Fernpaßstraße 268-4c
81477 Fertigstraße 289-3d
81479 Festingstraße 290-4a
80937 Feuchtwangerstraße 224-12a
81549 Feuerbachstraße 269-11c
81245 Feuerhausstraße 244-10b
81927 Feuersteinstraße 248-7d
81735 Feulnerweg 269-9d
81249 Fichtenhof 244-7a
80939 Fichtenweg 225-11d
– Fideliopark 248-7d
81925 Fideliostraße 248-7b
81477 Fiedlerstraße 289-3d
81476 Filchnerstraße 289-3a
80333 Filserbräugasse (6) 40-B4
80805 Finauerstraße 247-5b
80937 Fingerkrautanger 224-9c
81735 Finsingstraße 269-9a
80997 Finsterwalderstraße 245-4d
81737 Firlestraße 270-10c
81539 Firstalmstraße 269-7d
80686 Fischartstraße 267-6a
81539 Fischbachauer Straße 269-7d
81249 Fischbachwiesenweg 244-1c
80689 Fischer-von-Erlach-Straße 267-2c
81669 Fischerweg 269-4b
80995 Fischlstraße 224-8c
80689 Flantinstraße 267-6a
81927 Flaschenträgerstraße 248-7d
– Flauchersteg 268-9c
80689 Fleckhammerstraße 267-6a
80939 Flecklanger 225-10b
80337 Fleischerstraße 268-5d
81479 Fleischmannstraße 290-4c
81925 Flemingstraße 247-11b
80689 Flemischweg 267-4b
81929 Flensburger Straße 248-8a
81545 Fliederweg 290-3a
80337 Fliegenstraße 268-3d
80686 Flintsbachestraße (4) 267-6b
81369 Flößergasse 268-11a
81479 Flötnerweg 290-4a
81827 Florastraße 270-6d
81377 Florian-Geyer-Straße 267-9a
80939 Floriansmühle 247-3b
80939 Floriansmühlstraße 247-3a
81549 Flossenbürger Straße 291-3a
81245 Floßmannstraße 245-10c
80686 Flotowstraße 267-6a
80639 Flüggenstraße 246-10a
– Flughafen München („Franz-Josef-Strauß") 150-12a + 178-1a
81829 Flughafen-Riem-Straße 271-4a
81245 Flunkgasse 244-7d
81675 Flurstraße 269-2d
81825 Flußaalweg 270-5b

81539 Fockensteinstraße 269-7d
80993 Fodermayrstraße 246-4a
81549 Föhrenweg 291-2a
80805 Föhringer Ring 247-2d
81925 Fontanestraße 247-9a
81825 Forellenstraße 270-5c
81539 Forggenseestraße 269-8c
81476 Forstenried 289-3c
81476 Forstenrieder Allee 289-5b
– Forstenrieder Park 289-3c
81539 Forster Straße 269-8b
81475 Forst-Kasten-Allee 267-10d
80997 Forststraße 245-8a
80933 Fortnerstraße 224-6c
81241 Fouquestraße 267-1a
80638 Fraasstraße 245-9d
80997 Francéstraße 245-4b
81243 Franckensteinstraße 266-2b
80995 Frankaustraße 224-7b
81539 Frankenthaler Straße 269-8c
81549 Frankenwaldstraße 269-11d
80807 Frankfurter Ring 246-3d
80939 Frankplatz 247-2b
81479 Frans-Hals-Straße 290-4a
80999 Franz-Albert-Straße 244-3b
81739 Franz-Behringer-Weg (14) 292-1a
81539 Franz-Eigl-Weg 269-10b
80995 Franz-Fackler-Straße 224-10d
81739 Franz-Fendt-Weg (13) 292-1a
80992 Franz-Fihl-Straße 245-6b
81677 Franz-Fischer-Straße 269-3b
81735 Franz-Gruber-Straße 270-7a
81247 Franz-Hauser-Weg 245-10a
80339 Franziska-Bilek-Weg 268-2c
81669 Franziskanerstraße 269-4b
81379 Franziska-Reindl-Platz 268-11b
80634 Franziska-Schmitz-Straße (5) 246-10d
81249 Franz-Josef-Delonge-Straße (2) 266-4a
80539 Franz-Josef-Strauß-Ring 269-1b
80801 Franz-Joseph-Straße 247-7c
81479 Franz-Kaim-Straße 290-1d
81377 Franz-Kendler-Straße 267-7d
80995 Franz-Kötterl-Straße 224-8c
80331 Franz-Langinger-Straße 245-10d
80992 Franz-Mader-Straße 245-9a
80637 Franz-Marc-Straße 246-7b
80937 Franz-Metzner-Straße 225-10c
80999 Franz-Nißl-Straße 244-3b
81669 Franz-Prüller-Straße 269-4b
81479 Franz-Reber-Weg 290-1c
80638 Franz-Schrank-Straße 245-9c
81377 Franz-Senn-Straße 267-9d
80995 Franz-Sperr-Weg 224-10b
81245 Franz-Stenzer-Straße (4) 245-10c
80802 Franzstraße 247-7d
80999 Franz-Töpsl-Weg 222-12c
81379 Franz-von-Rinecker-Straße 268-11b
80995 Franz-Weigl-Weg 224-10d
81927 Franz-Werfel-Straße (3) 248-10a
81925 Franz-Wolter-Straße 247-6d
81247 Franz-Wüllner-Straße 245-7c
81549 Frasdorfer Straße 269-11a
81825 Frauenalpweg 270-6c
81669 Frauenchiemseestraße 269-9c
81247 Frauendorferstraße 245-7d
81737 Frauendreißigerstraße (3) 269-9d
80833 Frauenholz 224-9a
80337 Frauenlobstraße 268-6b
80937 Frauenmantelanger 224-9d
80331 Frauenplatz 268-3b
80995 Frauenschuhstraße 223-12c
80807 Frauenstädtstraße 246-6b
80469 Frauenstraße 269-1c
80638 Frauenwörther Straße 245-9b
81739 Frau-Holle-Straße 292-3c
81379 Fraunbergplatz 268-11d
81379 Fraunbergstraße 268-11b
80469 Fraunhoferstraße 268-3d
81829 Frau-von-Uta-Straße 270-6b
81929 Freda-Wuesthoff-Weg 270-1a
81543 Freibadstraße 269-4c
81379 Freibergseestraße 268-10a
80686 Freiburger Platz 267-3c
81739 Freidankstraße 292-3c
81249 Freienfelsstraße 244-10d
81249 Freihamer Allee 265-3d
81249 Freihamer Weg 244-10a
81249 Freiham Gut 265-3d
81249 Freiland 243-3d
81245 Freilandstraße 244-7b
81825 Freilassinger Straße 270-5c
80807 Freiligrathstraße 247-4a
80939 Freimann 225-11d + 247-2b
80807 Freimanner Bahnhofstraße 247-2d
80939 Freimanner Heide 225-11a
81927 Freischützstraße 248-7d
80939 Freisinger Landstraße 225-12d + 247-3a
81673 Freisinger Straße 269-6b
– Freizeitpark (Giesing) 269-7d
– Freizeitpark (Neuaubing) 266-2a
– Freizeitpark Biederstein 247-8a
81247 Freseniusstraße 245-4d
81669 Freudenbergerweg 269-4b
80935 Freudstraße 224-12a
80997 Freybergweg 245-5a
80802 Freystraße 247-7b
81549 Freyunger Straße (1) 291-3a
81547 Friauler Straße 269-7c
80639 Frickastraße 245-12c
80997 Frickhingerweg (5) 245-1c
81479 Friedastraße 290-1d
80689 Friedberger Straße 267-5b
80686 Friedenheim 267-3d
80639 Friedenheimer Brücke 268-1a
80687/80686 Friedenheimer Straße 267-3d + 6b
81827 Friedenspromenade 270-9c
81671 Friedenstraße 269-5d
80999 Friedhofgasse 222-12d
81479 Friedhofweg 290-4a
80937 Friedlandweg (19) 225-10c
81735 Friedrich-Beck-Straße (8) 270-11b
81739 Friedrich-Berber-Weg (12) 292-1a
81377 Friedrich-Brugger-Weg 267-6c
81827 Friedrich-Creuzer-Straße 270-11b
81739 Friedrich-Domin-Weg 270-10d

81547 Friedrich-Ebert-Straße 269-10c
81929 Friedrich-Eckart-Straße 270-1a
81735 Friedrich-Engels-Bogen 270-8c
81369 Friedrich-Hebbel-Straße 268-7d
81679 Friedrich-Herschel-Straße 247-11d
81247 Friedrich-König-Weg 245-7a
81377 Friedrich-List-Straße 267-9a
80796 Friedrich-Loy-Straße 246-9d
81739 Friedrich-Panzer-Weg 292-3b
81247 Friedrich-Rein-Weg 245-10b
81243 Friedrichshafener Straße 244-11d
80801 Friedrichstraße 247-10a
80687 Friedrich-von-Pauli-Straße 268-1a
80999 Friedrich-Zahn-Straße 245-4a
81825 Friesenstraße 270-5d
81827 Friesplatz 270-12a
80939 Frietingerweg (19) 225-11b
81247 Frihindorfstraße 245-7a
81379 Frillenseestraße 268-10a
81925 Frithjofstraße 247-9c
81476 Fritz-Baer-Straße 289-2b
81241 Fritz-Berne-Straße 267-1b
81373 Fritz-Endres-Straße 268-5a
81737 Fritz-Erler-Straße 270-11c
80805 Fritz-Hommel-Weg 247-5c
81739 Fritz-Kortner-Bogen 270-10d
81547 Fritz-Lange-Straße 269-7c
81929 Fritz-Lutz-Straße 248-10d
81925 Fritz-Meyer-Weg 248-4c
81245 Fritz-Reuter-Straße 245-10c
81737 Fritz-Schäffer-Straße 270-10b
80807 Fritz-Winter-Straße 247-2c
81243 Fritz-Wunderlich-Platz 266-3a
81827 Frobeniusweg 271-8a
81929 Frobenstraße 248-12c
80686 Fröbelplatz 267-3d
81479 Fröhlichstraße 290-1c
80939 Fröttmaning 225-9b
80939 Fröttmaninger Heide 225-10b
80805 Fröttmaninger Straße 247-5a
80939 Frötzweg 225-10b
81475 Frohnloher Straße 289-2c
80807 Frohschammerstraße 246-6b
81547 Fromundstraße 269-7c
81739 Froschkönigweg 292-3c
80999 Frühaufstraße 244-6a
81476 Frühholzstraße (3) 289-3a
80933 Frühlingsanger 224-8d
81543 Frühlingsanlage 268-6d
80634/80637 Frundsbergstraße 246-7d
80935 Fuchsienstraße 224-2b
80802 Fuchsstraße 247-7b
81671 Führichstraße 269-6c
81545 Füllstraße 290-2b
81927 Fürkhofstraße 248-7a
81477 Fürstenackerstraße 290-1c
80809 Fürstenbergstraße 246-6c
80331 Fürstenfelderstraße 40-C4
80687/80686/81377 Fürstenrieder Straße 267-12a
81476 Fürstenried-Ost 267-11d + 289-2b
81475 Fürstenried-West 267-10d
80333 Fürstenstraße 247-10c
81476 Füssener Straße 289-5b
80637 Fuetererstraße 246-8c
81247 Fugelstraße 245-7d
81373 Fuggerstraße 268-5c
80636 Funkerstraße 246-11b
81825 Funtenseestraße 270-9a
– Furtgeräumt 226-7b
80638 Furtwänglerstraße 246-7c
80638 Fuststraße 245-9b

80333 Gabelsbergerstraße 246-12c
81377 Gaberlstraße 267-8c
80937 Gablonzer Straße 225-10c
81477 Gabriele-Münter-Straße 289-3c
80636 Gabrielenstraße 246-11c
81545 Gabriel-Max-Straße 290-2d
81739 Gänselieselstraße 292-3d
80469 Gärtnerplatz 269-1c
80992 Gärtnerstraße 246-4a
80992 Gaggenaustraße 245-6d
80335 Gaiglstraße 246-11b
81243 Gailenreuther Straße 244-10d
81247 Gailkircherstraße (3) 245-8c
81675 Gaisbergstraße 269-2d
80689 Gaishoferstraße 267-6a
81371 Gaißacher Straße 268-8b
80539 Galeriestraße 269-1a
81679 Galileiplatz 247-11d
81669 Gallmayerstraße 269-4b
81829 Galopperstraße 248-12d
– Galopprennbahn Riem 248-12a
81671 Gammelsdorfer Straße 269-6a
– Ganghofer Brücke 268-5a
80339/81373 Ganghoferstraße 268-5c
– Gangsteig 270-12d
80999 Ganzenmüllerstraße 245-4a + 4c
81479 Garatshausener Straße 290-1a
80805 Garchinger Straße 247-5a
80937 Gareisstraße 224-12d
80339/81377/80686 Garmischer Straße 268-4c
81825 Gartenstadtstraße 270-6c
81827 Gartenstadt Trudering 270-9c
80809 Gartenstraße 246-6c
81479 Gasparistraße 290-4b
80939 Gassenfleckl 225-10b
80639 Gaßnerstraße 245-12a
81667 Gasteig 269-5a
80689 Gatterburgstraße 267-2c
81679 Gaußstraße (5) 247-11d
81475 Gautinger Straße 289-2c
81679 Gebelestraße 247-11b
81247 Gebhardweg 245-7d
81241 Gebrüder-Ott-Weg 266-6b
– Gebsattelbrücke 269-4b
81541 Gebsattelstraße 269-4b
81249 Gedingweg 222-11c
80802 Gedonstraße 247-10b
81249 Gehrenäckerweg 222-10c
81545 Gehwolfweg 268-12d
81679 Geibelstraße 269-2b
81671 Geigelsteinstraße 270-4c
81477 Geigenbergerstraße 289-6b
80689 Geigerstraße 267-5b
81545 Geiselgasteigstraße 290-5d
81475 Geisenbrunner Straße 289-1d
80689 Geisenfelder Straße 267-5b

81379 Geisenhausenerstraße 268-10c
80935 Geißblattstraße 246-2b
81379 Geitauer Straße 268-11d
81825 Geitnerweg 270-9a
81375 Gelbhofstraße 267-4d
80634 Gelfratstraße 246-10d
81925 Gellertstraße 247-9a
81379 Geltinger Straße 268-10d
81929 Gemingstraße 248-11d
81549 General-Kalb-Weg 269-11d + 291-2b
81476 Genfer Platz 289-2b
81667 Genoveva-Schauer-Platz 269-2c
80689 Genovevaweg 267-2c
80805 Genter Straße 247-5c
80796 Gentzstraße 246-9d
81245 Georg-Angermair-Straße 244-9c
80797 Georg-Birk-Straße 246-9a
81245 Georg-Böhmer-Weg 244-10a
80992 Georg-Brauchle-Ring 246-4c
81245 Georg-Deschler-Platz 245-10c
80799 Georg-Elser-Platz 247-10c
80804 Georgenschwaige 246-6d
80807 Georgenschwaigstraße 246-6b
81479 Georgensteinstraße 290-1d
80799/80798/80797 Georgenstraße 246-12a
80339 Georg-Freundorfer-Platz 268-2c
81245 Georg-Gradel-Weg (1) 245-10c
81241 Georg-Habel-Straße 267-1a
81369 Georg-Hager-Straße 268-7d
81369 Georg-Hallmaier-Straße 268-8c
81247 Georg-Hann-Straße 245-7a
80336 Georg-Hirth-Platz 268-3c
80689 Georginenstraße 267-5a
81241 Georg-Jais-Straße 267-1a
80993 Georg-Kainz-Straße 245-3c
81829 Georg-Kerschensteiner-Straße 271-1d
81249 Georg-Kirmair-Gasse 244-7a
80634 Georg-Lindau-Straße (4) 246-10c
80687 Georg-Lotter-Weg 268-1c
80995 Georg-Mauerer-Weg 246-1b
81249 Georg-Maurer-Straße (3) 266-4a
81549 Georg-Meisenbach-Straße 269-11a
80807 Georg-Muche-Straße 247-5a
80995 Georg-Pickl-Weg 246-1a
80999 Georg-Reismüller-Straße 244-3b
80335 Georg-Schätzel-Straße 268-2b
81479 Georg-Strebl-Straße 290-4b
81829 Georg-Thiele-Straße 270-3b
80937 Georg-von-Mayr-Straße 246-3b
81241 Georg-Wachinger-Weg (5) 244-12d
80995 Georg-Winkler-Straße 224-7d
80939 Georg-Wopfner-Straße 247-2b
80995 Georg-Zech-Allee 224-10a
81377 Geranienstraße 267-8c
80993 Gerastraße 245-6b
80997 Gerberau 222-12b + 223-10a
81479 Gerblstraße 290-2c
81479 Gerblweg 290-2c
81379 Geretrieder Straße 268-10d
81827 Gerhardingerweg 271-7a
81543 Gerhardstraße 268-9b
81245 Gerhard-Winkler-Weg (23) 244-12a
81737 Gerhart-Hauptmann-Ring 270-11a
80999 Gerlachweg 244-5b
81245 Gerlichstraße 244-9c
81671 Gerlosstraße 270-4d
80802/80805 Germaniastraße 247-7b
81245/81249 Germeringer Weg 243-12c + 244-10a
81541 Germersheimer Straße 269-8a
80992 Gern 245-9d
– Gerner Brücke 246-7c
80638 Gerner Straße 246-7c
80804 Gernotstraße 246-6d
81369 Gerokstraße 268-7a
81375 Geroldseckstraße 267-8b
80339 Geroltstraße 268-2c
81827 Gerstäckerstraße 270-12a
81827 Gertraudenstraße 271-7a
80637 Gertrud-Bäumer-Straße 246-8c
80807 Gertrud-Grunow-Straße 247-2c
81739 Gertrud-Kückelmann-Weg 270-10c
81927 Gertrud-von-Le-Fort-Weg (8) 248-10a
80935 Geschwister-Löb-Straße 224-11d
80539 Geschwister-Scholl-Platz 247-10c
80689 Geßlerstraße 267-5b
– Gewerbegebiet „Freiham-Süd" 266-1d
– Gewerbegebiet Nordost 271-2a
– Gewerbegebiet Nordwest 270-3b
– Gewerbegebiet „Rappenweg" 271-4a
– Gewerbepark München-Nord 247-2b
80538 Gewürzmühlstraße 269-1b
80689 Geyerspergerstraße 267-2d
80469 Geyerstraße 268-6d
81249 Giechstraße 266-1b + 1a
81669 Giesebrechtstraße 269-5a
81539 Giesing 269-7b
81539 Giesinger Bahnhofplatz 269-8c
81539 Giesinger Bahnhofstraße 269-8c
81543 Giesinger Berg 269-7a
80339 Gießerweg 268-1d
81541 Gietlstraße 269-7a
81249 Giggenbacherstraße 244-4c
81245 Giglweg 244-10b
81245 Gilchinger Straße 244-7c
81477 Gilgstraße 289-3d
80997 Gilmer Schloss 223-7c
81377 Gilmstraße 267-9b
81547 Gindelalmstraße 269-10d
80639 Ginhardtstraße 245-12c
81377 Ginsterweg 267-8d
80802 Giselastraße 247-10b
80804 Giselherstraße 246-6d
80689 Gladiolenstraße 267-5c
81475 Glarusstraße 289-2a
81245 Glasenbartlstraße 244-12b
80995 Glasstraße 224-4c
81247 Glasunowstraße (2) 245-7c
81241 Gleichmannstraße 244-12d
80999 Gleichplatz 244-3c
80999 Gleichweg 244-3a
81677 Gleimstraße 269-3b
81929 Gleißenbachstraße 248-5c

80992 Gleißmüllerstraße 245-6d
81735 Gleißnerstraße 269-9d
81379 Gleisweilerstraße 290-1b
81929 Gleiwitzer Straße 248-11c
80935 Glockenbecherstraße 224-11b
80935 Glockenblumenstraße 224-11c
81476 Glockengießerweg (2) 289-3a
81477 Glötzleweg 289-3d
80997 Glogauer Platz 245-5b
80997 Glogauer Straße 245-2d
81929 Glücksburger Straße 248-11b
80333 Glückstraße 247-10c
80807 Gluthstraße 247-4a
80935 Glyzinenstraße 224-11d
81379 Gmunder Straße 268-10d
81476 Gnadenthaler Straße 267-12c
81825 Gnadenwaldplatz 270-5c
80992 Gneisenaustraße 246-4b
81929 Gnesener Straße 248-10b
81671 Gögginger Straße 269-6d
80997 Gögglstraße 245-6a + 5b
81241 Göllheimer Straße 267-4b
81249 Görbelmoosstraße 243-9a
80995 Goerdelerstraße 246-1b
80993 Görlitzer Straße 245-3d
80798/80797 Görresstraße 246-12a
81669/81549 Görzer Straße 269-8b
81249 Gößweinsteinplatz 266-1b
80337 Goetheplatz 268-6a
80336 Goethestraße 268-6a
80995 Göttnerstraße 224-7a
80809 Götzstraße 246-6c
80802 Gohrenstraße 247-7d
80937 Goldammerweg 225-10a
81479 Goldbergstraße 290-4b
80937 Golddistelanger 224-9c
81476 Goldhoferstraße 289-3a
80935 Goldlackplatz 224-11d
80937 Goldmarkstraße 224-12d
80997 Goldnesselweg 245-2d
81547 Goldrautenweg (3) 269-10c
81377 Goldregenstraße 267-11a
81735 Goldschaggbogen 270-8d
80933 Goldschmiedplatz 224-9a
80339 Gollierplatz 268-2c
80339 Gollierstraße 268-1d
81249 Golo-Mann-Weg 266-1a
80939 Gondershauser Straße 225-12d
80689 Gondrellplatz 267-5d
81827 Gorch-Fock-Straße 271-8c
81245 Goßwinstraße 245-10b
80999/81247/81249 Goteboldstraße 244-1d
80634 Gotelindenstraße 246-10c
81925 Gotenstraße 247-12b
80993 Gothaer Weg (7) 245-3d
81671 Gotteszeller Straße 269-6a
81927 Gottfried-Benn-Straße (1) 248-10a
81369 Gottfried-Böhm-Ring 268-7d
81245 Gottfried-Keller-Straße 245-10c
80686 Gottfried-Koelwel-Weg (1) 267-3d
80686/80689 Gotthardstraße 267-2d + 2c
81677 Gotthelfstraße 269-3b
81675 Gottschalkstraße 270-6c
81371 Gotzinger Platz 268-8b
81371 Gotzinger Straße 268-5d
81245 Gotzmannstraße 244-7c
81479 Goyastraße 290-4d
81547 Gozbertstraße 269-7c
81369 Grabbeweg 268-7d
81249 Grabenfleckstraße 244-7a
81249 Grabenstraße 244-7a
81476 Grabmannstraße 289-2b
81375 Gräfelfinger Straße 267-7a
81241 Gräfstraße 266-3b
81671 Grafinger Straße 269-5b
80809 Graf-Konrad-Straße 246-6a
81829/81679 Graf-Lehndorff-Straße 248-12c
81829 Graf-Ottenburg-Straße 270-6b
81245 Grafrather Straße 244-10a
81827 Graf-Spee-Platz 271-7b
81829 Graf-zu-Castell-Straße 271-1c
81377 Grainauer Weg 268-7c
81925 Gralstraße 247-9d
80805 Grammstraße 247-8a
80995 Granatstraße 223-8c
80997 Grandauerstraße 245-4a
81247/81245 Grandlstraße 245-10a
81677 Grasbrunner Straße 270-2a
81249 Grasgartenweg 243-6a
80995 Grashofstraße 224-4c
80937 Graslilienanger 224-9c
80805 Grasmeierstraße 247-2d
80937 Grasmückenweg 225-10c
80939 Grasrainweg 225-11a
81827 Graßdorferweg 270-6d
80339 Grasserstraße 268-2b
81249 Graßlfinger Straße 244-7a
81377 Graswanger Straße 267-9a
81373 Grasweg 268-4c
81825 Gratlspitzstraße 270-4d
81475 Graubündener Straße 289-2a
81927 Graudenzer Straße 248-10c
81545 Grauertstraße 268-12d
81667 Gravelottestraße 269-5a
80937 Gregor-Mendel-Straße 225-10c
81545 Greifensteinstraße 268-12d
81379 Greineckerstraße 268-11b
81371 Greinerberg 268-11a
81245 Greinzstraße 244-9d
81245 Greithweg 244-12a
81929 Grellstraße 248-8c
81549 Grenzstraße 291-3a
80636 Grete-Mosheim-Straße 268-2b
81245 Gret-Palucca-Weg 244-11a
81545 Griechenplatz 268-12d
81545 Griechenstraße 268-12d
80807 Griegstraße 247-4a
80995 Grieserstraße 246-1b
81677 Griesfeldstraße 270-1b
81675 Grillparzerstraße 269-2b
81927 Grimmeisenstraße 248-7b
81677 Grimmelshausenstraße (18) 269-3b
80336 Grimmstraße 268-5b
81929 Gröbenstraße 270-1b
80997 Gröbenzeller Straße 245-6a
81547 Grödner Straße 268-12b
80638 Groffstraße 245-9d

80933 Grohmannstraße 224-8b
80939 Grohplatz 247-3a
81825 Gronsdorfer Straße 270-4b
81825 Groschenweg 270-5c
81925 Grosjeanstraße 247-12a
80992 Großbeerenstraße 245-6a
81827 Großfriedrichsburger Straße 271-4d
81671 Großgmainer Straße 269-6d
81377 Großhadern 267-11b
81375 Großhaderner Straße 267-8a
81479 Großhesseloher Straße 290-1d
80939 Großlappen 225-12b
81827 Groß-Nabas-Straße 271-8a
81671 Großvenedigerstraße 270-4d
81549 Grotiusweg 269-10b
80997 Grovestraße 245-4d
81479 Grünbauerstraße 290-4a
80805 Grünecker Straße 247-5a
80937 Grünfinkenweg (10) 225-10a
80997 Grünspechtstraße 245-8a
81539 Grünstadter Platz 269-8c
81369 Grünstraße 268-7d
81925 Grüntal 247-9a
80686 Grüntenstraße 267-6b
81547/81545 Grünwalder Straße 269-7c
– Grünwaldpark 246-10b
80999 Grünwedelstraße 244-6a
81667 Grütznerstraße 269-2c
80997 Gruithuisenstraße 245-5a
81825 Grundelstraße 270-5b
80939 Grusonstraße 225-10b
81375 Guardinistraße 267-8b + 8a
80992 Gubestraße 245-6b
80807 Guddenstraße 247-4a
80634 Gudrunstraße 246-10b
80336 Güllstraße 268-5b
80636 Gümbelstraße 246-11c
81827 Günderodestraße 270-12a
81249 Gündinger Straße 244-4a
81927 Günter-Eich-Straße 248-10a
80993 Günzburger Platz 245-3c
80993 Günzburger Straße 245-3c
80805 Guerickestraße 247-5c
81377 Güßfeldtweg 267-9d
81825 Guffertstraße 270-4d
81547 Gufidauner Straße 269-10a
80689 Guido-Schneble-Straße 267-5b
81477 Gulbranssonstraße 289-3c
80339 Guldeinstraße 268-1d
81929 Gumbinnenstraße 248-10b
81679 Gumppenbergstraße 247-11b
80995 Gundelindenstraße 247-8a
80939 Gundelkoferstraße 225-10c
80935 Gundermannstraße 224-11a
80802 Gunezrainerstraße (12) 247-7d
80807 Gunta-Stölzl-Straße 247-4b
80639 Guntherstraße 245-12d
80689 Gunzenlehstraße 267-6a
81925 Gurnemanzstraße 247-9d
80689 Gustav-Adolf-Straße 267-2a
81925 Gustav-Freytag-Straße 247-8d
81739 Gustav-Heinemann-Ring 292-1a
80797 Gustav-Landauer-Bogen 246-9a
81825 Gustav-Lindner-Weg 270-8b
80939 Gustav-Mahler-Straße 225-11c
81245 Gustav-Meyrink-Straße 244-12a
80997 Gustav-Otto-Bogen 222-9d
80995 Gustav-Schiefer-Straße 224-10d
81673 Gustav-Schwab-Straße 270-4a
81679 Gustl-Waldau-Steig (3) 247-11b
80638 Gutenbergstraße 246-7c
80995 Gutmannstraße 224-10c
81829 Gut Riem 270-3a
81829 Guttenbrunner Weg 270-2d
80686 Gutzkowstraße 267-6a
81379 Gysisstraße 268-10c
80805 Gyßlingstraße 247-8d

81671 Haager Straße 269-5b
81377 Habacher Straße 267-9d
80939 Haberkernstraße 225-12c
81241 Haberlandstraße 244-12c
80638 Habermannstraße 245-9d
80999 Haberstraße 245-4c
81827 Habichtstraße 271-7b
80801 Habsburgerplatz 247-7c
80801 Habsburgerstraße 247-10a
81671 Hachinger-Bach-Straße 270-4c
80331 Hackenstraße 268-3d
– Hackerbrücke 268-2b
81677 Hackländerstraße 269-2b
80939 Hackmahdgasse 225-11a
80689 Hadern 267-4c
80689 Haderner Steg 267-5c
81375 Haderunstraße 267-7b
81475 Hadorfer Straße 289-1d
80337 Häberlstraße 268-6a
81827 Häherweg 271-7b
81825 Hälblingweg 270-8a
81825 Händelstraße 247-11d
80937 Hänflingweg 225-10a
81247 Häringerstraße 245-7d
81929 Häusserstraße 248-8c
81825 Hafelhofweg 270-6a
81929 Haferweg 248-8a
81825 Haffstraße 270-8b
81929 Hagebuttenplatz 248-5c
80804 Hagedornstraße 246-6b
81925 Hagelstangestraße 248-4a
81479 Hagenauerstraße 290-4d
81243 Hagenbacher Straße 244-11c
80809 Haggenmillerstraße 246-3c
81377 Hahndorfer Straße 267-6d
80999 Hahnemannstraße 245-4c
80539 Hahnenstraße 247-10c
81241 Haidelweg 266-3d
81667 Haidenauplatz 269-2d
81675 Haidhauser Straße 269-2d
80802 Haimhauserstraße 247-7d
81925 Haimonstraße 247-6d
80935 Hainbuchenstraße 246-2b
81543 Halbigstraße 268-9d
81669 Halbleiterstraße 269-5d
81479 Halbreiterstraße 290-4a
80997 Haldenbergerstraße 245-5c
81671 Haldenseestraße 269-6d
81825 Halfinger Straße 270-5a
81825 Halleiner Straße 270-9c
80993 Hallescher Weg (10) 245-6b

81375 Hallgartenstraße 267-9a
81825 Halligenplatz 270-5d
81249 Hallstätter Straße 243-5d
81739 Hallsteinweg 292-1b
81369 Halmstraße 268-10b
81673 Halserspitzstraße 270-4a
81379 Halskestraße 268-10a
80939 Halterstraße 225-12c
81739 Hamannstraße 292-2b
80809/80807 Hamburger Straße 246-3c
81377 Hammersbacher Straße 267-9b
80995 Hammerschmiedstraße 224-7c
80935 Hammstraße 224-12a
80992/80993 Hanauer Straße 246-4d
80637 Hanebergstraße 246-7d
81475 Hanfelder Strraße 289-1d
81249 Hanfgartenstrstraße 244-5d
80638 Hanfstaenglstraße 245-9b
81829 Haniklstraße 270-6a
80997 Hannah-Arendt-Weg (4) 245-5b
81375 Hanna-Kirchner-Weg (2) 267-7b
80807 Hannes-Meyer-Straße (2) 247-5a
80997 Hannoverstraße 245-3c
80809 Hanns-Braun-Brücke 246-5d
81829 Hanns-Schwindt-Straße 271-1c
81737 Hanns-Seidel-Platz 270-10b
– Hansapark 268-4b
80686/81373 Hansastraße 268-7b + 1c
81545 Hans-Bartels-Straße 290-2b
80993 Hans-Beimler-Straße (1) 245-3c
80999 Hans-Bieringer-Weg (2) 244-3c
80995 Hans-Böckler-Straße 224-10d
80992 Hans-Bunte-Straße 246-4d
80807 Hans-Denzinger-Straße 247-4a
81249 Hans-Dietrich-Genscher-Straße 265-3b
80807 Hans-Döllgast-Straße 247-4b
80339 Hans-Dürrmeier-Weg 268-5a
81737 Hans-Ehard-Straße 270-10a
80809 Hanselmannstraße 246-6a
80339 Hans-Fischer-Straße 268-5a
81476 Hans-Fitz-Weg 289-2b
81737 Hans-Fried-Weg 270-10b
81247 Hans-Goltz-Weg 244-6d
81375 Hans-Gräsel-Weg 267-8d
81927 Hans-Heiling-Straße 248-7c
81673/81825 Hansjakobstraße 270-1c
80939 Hans-Jensen-Weg 225-9c
80939 Hans-Jensen-Weg (1) 225-9c
81373 Hans-Klein-Straße 268-5a
81377 Hans-Koch-Weg 267-9b
81825 Hanslbauerstraße (9) 270-5d
80805 Hans-Leipelt-Straße 247-2d
81735 Hans-Lohr-Weg 270-8d
81543 Hans-Mielich-Platz 268-9b
81543 Hans-Mielich-Straße 268-9b
81825 Hans-Pfann-Straße 270-8b
81739 Hans-Pössenbacher-Weg (6) 270-10c
81379 Hans-Preißinger-Straße 268-8d
80469 Hans-Sachs-Straße 268-6b
81739 Hans-Schweikart-Straße 270-10c
81249 Hans-Steinkohl-Straße 266-1c
81249 Hans-Stützle-Straße 266-1c
80687/80686 Hans-Thonauer-Straße 267-6b
80995 Harald-Dohrn-Straße 224-11b
81245 Harburger Straße 244-8c
80992 Hardenbergstraße 246-4a
80935 Hardenstraße 224-12a
81825 Haringerweg 270-5a
80939 Harkortweg (22) 247-3a
81379 Harlaching 268-11d + 290-2b
81545 Harlachinger Berg 268-12c
81547 Harlachinger Straße 268-12c
81377 Harmatinger Straße 267-9c
80939 Harnierplatz 247-2b
80933 Harpprechtstraße 224-9a
80939 Harrisfeldweg 225-11b
81669 Harsdörferstraße 269-8b
80689 Hartelstraße 267-2c
81545 Harthauser Straße 290-5b
80937 Harthof 224-12a
81241 Hartlebenstraße 266-3d
80637 Hartliebstraße 246-8c
80997 Hartmannshofen 245-5c
– Hartmannshofer Park 245-5d
80997 Hartmannshofer Straße 245-5d
80333 Hartmannstraße 40-B4
81377 Hartwaldstraße 267-8c
80939 Hartweg 225-10b
81545 Haselburgstraße 268-12c
80997 Haselwurzweg 245-2d
80995 Hasenbergl 224-8a
80935/80933 Hasenberglstraße 224-9c
80377 Haseneystraße 267-7d
80995 Hasenstraße 246-1b
81369 Hasenthalweg 268-7d
80689 Haslangstraße 267-5b
81243 Haßfurter Straße 244-11c
81476 Hatzelweg 289-3a
81476 Hatzfelder Weg 267-12c
80937 Haubenlerchenweg (7) 225-10a
81545 Hauberrißerstraße 290-3b
81545 Hauensteinstraße 268-12d
81369 Hauffstraße 268-7a
80689 Haunerstraße 267-5b
81477 Hauschildstraße 289-3b
80999 Hauseggerstraße 244-3a
81547 Haushamer Straße 269-10d
81925 Haushoferstraße 247-9c
80997 Hausmannstraße 223-10c
80937 Hauttmannweg (3) 224-12b
80687 Hauzenberger Straße 268-1c
81677 Havelstraße 269-3b
80634 Hawartstraße 246-10a
80336 Haydnstraße 268-6a
80993 Haylerstraße 245-3c
81543 Hebenstreitstraße (6) 269-7a
81477 Hechendorfer Straße 289-3b
80686 Hechenwanger Weg (1) 267-6b
81671 Hechtseestraße 269-9a
81825 Hechtstraße 270-5d
80939 Heckenacker 225-11a
81249 Heckenhofer Straße 266-1b
81377 Heckenrosenstraße 267-8c
81369 Heckenstallerstraße 268-7d
– Heckenstaller Tunnel 268-7d
80804 Heckscherstraße 247-4c
80935 Hederichstraße 224-11d

– Kleingartenanlage Land in Sonne 268-4a
80689 Kleinhadern 267-5b
80689 Kleinhaderner Straße 267-5c
80539 Kleinhesselohe 247-11a
80802 Kleinhesselohe 247-8c
80939 Kleinlappen 225-12d
80939 Kleinlappener Straße 247-3a
80937 Kleinschmidtstraße 225-10a
81379 Kleinstraße 268-11c
81543 Kleiststraße 269-7a
80689 Klematisstraße 267-5a
80805 Klementinenstraße 247-8a
80469 Klenzestraße 269-1c
80999 Kleselstraße 244-2b
80997 Klessingweg 245-5a
80935 Kletterrosenweg 246-2b
81369 Klingerstraße 268-7b
81927 Klingsorstraße 247-12b
81477 Klingweg 289-6b
81547/81545 Klobensteiner Straße 268-12d
80804 Klopstockstraße 247-4c
81677 Klosestraße 269-3b
80331 Klosterhofstraße 40-C4
81827 Kloster-Innichen-Straße 270-9c
81476 Kloster-Seeon-Straße 289-2d
81827 Klothildenstraße 270-6d
80638/80637 Klugstraße 246-7c
81927 Knappertsbuschstraße 248-7b
81735 Kneippstraße 270-8d
81739 Kniggestraße 292-3d
80538 Knöbelstraße 269-1d
81476 Knöpflerstraße 267-12c
80802 Knollerstraße (13) 247-7d
80807/80937 Knorrstraße 224-12d
80995 Knospenstraße 224-7d
81479 Knotestraße 290-4b
80336 Kobellstraße 268-6a
80993 Koblenzer Straße 246-1c
81739 Koboldstraße 292-2d
81371 Kochelseestraße 268-8b
81249 Köferinger Straße 266-2c
81369 Köglspergerweg (12) 268-7c
81671 Kölblstraße 269-6c
80804 Kölner Platz 247-7a
80639 Königbauerstraße 245-12d
81476 Königgrätzer Straße 289-5b
81925 König-Heinrich-Straße 247-9d
80539/80802 Königinstraße 247-10d
80804 König-Marke-Straße 247-4c
81927 Königsberger Straße 248-10a
81371 Königsdorfer Straße 268-8b
80333 Königsplatz 246-12d
81825 Königsseestraße 270-6c
80807 Königsteinstraße 246-3d
81545 Königswarterstraße 268-12d
81475 Königswieser Straße 289-2c + 1d
80469 Körnerstraße 268-6b
81373 Kössener Straße 268-7b
81929 Kohlbrennerstraße 248-11a
81377 Kohlgruber Straße (1) 267-9b
81249 Kohlmeisenstraße 243-8b
80805 Kohlrauschstraße (4) 247-5a
81243 Kohlsteiner Straße 244-10d
80469 Kohlstraße 269-1c
81679 Kolbergerstraße 247-11b
80809 Kolehmainenweg 246-5b
80939 Kollwitzstraße 225-10d
80935 Kolonie Eggarten 246-2a
81245 Kolonie I (Obermenzing) 245-10d
81249 Kolonie II (Lochhausen) 243-6c
81245 Kolonie II (Obermenzing) 244-9c
81249 Kolonie III 243-9a
81827 Kolonie Waldfrieden 271-10b
80469 Kolosseumstraße 40-D4
81543 Kolumbusplatz 269-4c
81543 Kolumbusstraße 269-4c
81927 Konitzer Straße 248-10c
80999 Konrad-Beyerle-Straße 245-4a
81369 Konrad-Celtis-Straße 268-7c
80689 Konrad-Dreher-Straße 267-5b
81543 Konradinstraße 268-9b
81245 Konrad-Michl-Weg (7) 244-10b
81373 Konrad-Peutinger-Straße 268-5c
80801 Konradstraße 247-10a
80992 Konrad-Weiss-Weg (15) 246-4c
81479 Konrad-Witz-Straße 290-4c
81829 Konrad-Zuse-Platz 271-1a
80809 Konstanzer Straße 246-3c
81245 Konstanze-Vernon-Straße 244-11a
81829 Kopenhagenstraße 271-1c
81679 Kopernikusstraße 269-2b
81549 Kopischstraße 269-11b
81379 Koppstraße 268-11c
80637 Korbinianstraße 246-6b
80997 Korbinian-Beer-Straße 245-4b
80807 Korbinianplatz 246-3d
80807 Korbinianstraße 246-3d
81245 Korfiz-Holm-Straße 244-9c
81375 Korianderweg (5) 267-7b
81827 Kormoranweg (2) 271-11a
81247 Kornbergerweg 244-12b
81545 Kornblumenweg 290-3a
81375 Kornwegerstraße 267-8d
81739 Kosegartenplatz 292-3a
81825 Kothieringerstraße 270-6d
81245 Kräheneckstraße 244-11a
81249 Krähenweg 243-8b
81373 Kraelerstraße 268-5c
80804 Kraepelinstraße 246-6d
80673 Kraiburger Straße 269-6a
81241 Kraillinger Weg 266-3d
81827 Kranichweg 271-7c
81825 Kranzhornstraße 270-7b
80638 Kratzerstraße 246-7c
80997 Krauss-Maffei-Straße 245-1a
81929 Kraussstraße 248-11c
80995 Krautackerweg 224-4c
81245 Krautgartenweg 244-7b
80997 Krautheimstraße 245-4b
80939 Krautwieselweg (1) 225-11a
81249 Kravogelstraße 266-2c
80999 Krayweg 244-3c
80997 Kreckestraße 245-4d
81737 Krehlebogen 270-10a
81673/81825 Kreillerstraße 270-4a
80335 Kreittmayrstraße 246-11b
80935 Krempelhuberplatz 246-2a
81929 Kremplsetzerstraße 248-11b
81241 Kremser Straße 267-1b
81929 Krenklstraße 248-11d
81479 Krennerweg 290-4d
81379 Kreppeberg 268-11c
81549 Kreuzbichlweg 291-2b
81547 Kreuzdornweg 269-10b
80686 Kreuzeckstraße 267-6d
81825 Kreuzerweg 270-5c
81476 Kreuzhof 267-11d
81476 Kreuzhofstraße 267-12c
81825 Kreuzjochstraße 270-4d
81249 Kreuzkapellenstraße 244-1a
81825 Kreuzkopfstraße 270-8b
81669 Kreuzplätzchen (9) 269-4b
80937 Kreuzschnabelweg (6) 225-10a
80331 Kreuzstraße 268-3d
81476 Kriegelsteinerstraße 289-3a
81377 Kriegerheimstraße 267-11b
81369 Kriegersiedlung 268-7b
81545 Kriegerstraße 290-3b
80639 Kriemhildenstraße 245-12d
80995 Kristallstraße 223-8c
81243 Krögelsteiner Straße 244-11d
80689 Krokusstraße 267-5c
81549 Kronacher Straße 269-12c
81825 Kronenweg 270-5b
81677 Kronstadter Straße 270-1b
81245 Kronwinkler Straße 244-7d
81377 Krottenkopfstraße 268-7a
81669 Krottenmühlstraße 269-9a
81375 Kruckenburgstraße 267-8a
81377 Krüner Platz 267-9b
81373/81377 Krüner Straße 267-9b
80798 Krumbacherstraße 246-9d
81671 Krumbadstraße 269-6d
80937 Krumenauerstraße 225-10c
80639 Krumpenhofweg 245-12d
81543 Krumpterstraße 268-9b
81249 Kuchenmeisterstraße 243-3b
80995 Kuckucksblumenstraße 224-10c
80331 Küchelbäckerstraße (13) 40-C3
81375 Küchelstraße 267-8b
81927 Küfnerstraße 248-4c
81543 Kühbachstraße 269-7a
81249 Kühlenfelser Straße 266-1b
81735 Kuenstraße 269-9b
81369 Kürnbergstraße 268-7d
81929 Küstnerstraße 248-11b
81679 Kufsteiner Platz 247-11b
81679 Kufsteiner Straße 247-11d
81675 Kuglerstraße 269-2d
80638 Kugmüllerstraße 245-9d
80933 Kugystraße 224-9a
81379 Kuhfluchtstraße 268-7c
81549 Kulmbacher Platz 291-3a
81927 Kulmer Straße 248-10c
80939 Kulturheim 225-12d
80939 Kulturheimstraße 225-12c
81927 Kundriewег 248-7c
80802/80805 Kunigundenstraße 247-7b
81929 Kunihohstraße 248-11a
81249 Kunreuthstraße 244-10c
80997 Kunstmannstraße 245-4d
81545 Kuntersweg 268-12d
81243 Kunzweg 266-3c
81543 Kupferhammerstraße (8) 269-7a
80999 Kupfferstraße 244-3b
80939 Kurbelwiesgasse 225-10b
80796 Kurfürstenplatz 246-9d
80799/80801 Kurfürstenstraße 247-7c
81375 Kurparksiedlung 267-5d
81375 Kurparkstraße 267-8b
81735 Kurt-Eisner-Straße 270-8c
81249 Kurt-Floericke-Straße 243-6d
80339 Kurt-Haertel-Passage 268-2b
80939 Kurt-Landauer-Platz 225-9a
80939 Kurt-Landauer-Weg 225-9d
81739 Kurt-Stieler-Weg 270-10d
80939 Kurt-Weill-Weg (12) 225-11b
80804 Kurwenalstraße 247-4c
81479 Kurzbauerstraße 290-4c
81825 Kurzhuberstraße 270-5d
81925 Kurzmannweg (1) 247-9a
81547 Kurzstraße 268-12b
80809 Kusocinskidamm 246-4b
– Kustermannpark 269-5c
80933 Kuttnerstraße 224-8d
81371 Kyreinstraße 268-5d

81377 Laberstraße 267-9b
81737 Lachenhofstraße 270-10c
81827 Lachenmeyrstraße 271-8c
80634 Lachmannstraße 246-10a
80639 Lachnerstraße 246-10a
81241 Lackerbauerstraße 267-1c
80939 Ladenburger Straße (2) 225-12d
80335 Lämmerstraße 268-3a
80538 Ländstraße 269-1d
80939 Längsweg 225-10b
81825 Lafatscherjochstraße 270-5c
81371 Lagerhausstraße 268-6c
80995 Lahntalstraße 246-1a
81669 Laibacher Straße 269-8b
80689 Laim 267-6a
80686 Laimer Kirchweg 267-3c
80689 Laimer Platz 267-3c
80639 Laimer Straße 245-12a
– Laimer Unterführung 267-3a
81671 Lalidererstraße 269-6c
81679 Lamontstraße 269-2b
80637 Lampadiusstraße 246-7b
81241 Lampertstraße 266-3d
81827 Lamprechtstraße 270-12a
81245 Landecker Straße 244-11b
81547 Landfriedstraße 269-10a
81539 Landlstraße 269-7b
81549 Landrichterstraße 291-3a
80339/80687/81241 Landsberger Straße 268-2a
80333 Landschaftstraße 40-B3
81929 Landshamer Straße 270-2b
81247 Landshoffstraße 245-10b
80637 Landshuter Allee 246-5a + 11c
80336 Landwehrstraße 268-3c
80939 Langackerweg 225-10b
80689 Langbehnstraße 267-5c
81549 Langbürgener Straße 269-9c
81245 Langenburgstraße 244-11a
80995 Langenpreisinger Straße 224-8c
80807 Langensalzastraße 247-1c
80999 Langerhansstraße 245-1c
81675 Langerstraße (9) 269-2c
80939 Langfeldstraße 247-2b
81671 Langkofelstraße 270-4c
81737 Langkostraße 270-10c
81545 Langobardenstraße 290-3b
81249 Langwied 244-4d
81249 Langwieder Hauptstraße 244-4c
80638 Lannerstraße 245-9d
81739 Lanzenstielweg 292-1b
81247 Lanzlottstraße 245-7a
80689 Lanzstraße 267-5b
81679 Laplacestraße 247-11d
80939 Lappenweg 225-11b
80995 Lassallestraße 246-1d
81547 Latemarstraße 268-12b
81929 Laubaner Straße (27) 248-11c
80807 Lauchstädter Straße 246-3d
81549 Lauensteinstraße 269-11d
81545 Laufzorner Straße 268-12d
80997 Lauinger Straße 245-2d
81545 Laurinplatz 290-3b
80687 Lautensackstraße 268-1c
80999 Lautenschlägerstraße 245-1c
80997 Lauterbachstraße 245-8b
81545 Lautereerstraße 268-12c + 290-3a
81379 Lauterseestraße 267-12d
80999 Lauthstraße 244-3a
81479 Lauweg 290-4a
81739 Lavaterstraße 292-3c
81547 Lavendelweg (4) 269-10c
80636 Lazarettstraße 246-11c
80995 Leberblümchenstraße 246-1a
80995 Leberlestraße 224-8c
81929 Lebermoosweg 248-5d
81543 Lebscheestraße 268-9d
81827 Lebzelterstraße 271-8c
81476 Lechbrucker Straße 289-2b
80997 Lechelstraße 245-5c
80689 Lechfeldstraße 267-6a
81379 Lechnerstraße 268-11b
80638 Lechstraße 246-7a
80331 Ledererstraße 269-1c
81477 Leebstraße 289-6a
80935 Leerfeldstraße 246-2a
81243 Lehárstraße 266-3a
81737 Lehenweg 269-12a
81825 Lehrer-Götz-Weg 270-6a
81829 Lehrer-Wirth-Straße 271-1c
81829 Leibengerstraße 248-12d
80686 Leibnizstraße 267-6a
81679 Leibweg 247-12c
80992 Leidingerplatz 245-6d
81243 Leienfelsstraße 244-11a
81549 Leifstraße 291-2a
81477 Leimbachstraße 289-6b
81735 Leinbergerstraße 269-9d
– Leinthalerbrücke 247-3d
80939 Leinthalerstraße 247-3c
81369 Leipartstraße 268-8c
80997 Leipheimer Weg 245-5b
80992/80993 Leipziger Straße 245-3d
81249 Leisaustraße 266-2c
80933 Leisewitzstraße 224-8d
81929 Leissnerweg (6) 248-8a
80937 Leitmeritzer Weg (16) 224-12d
81547 Leitzachstraße 269-10d
80937 Lemckestraße 225-10a
80935 Lemgostraße 246-2b
80807 Lena-Christ-Straße 247-4a
81373 Lenaustraße 268-5c
80333 Lenbachplatz 268-3b
81371 Lenggrieser Straße 268-8d
81547 Lengmoosstraße 268-12b
81927 Lentnerweg 248-7d
80637 Lenzfrieder Straße 246-7d
81379 Leo-Graetz-Straße 268-10a
81545 Leonburgstraße 268-12c
80995 Leonhard-Bugl-Straße 224-10c
80796 Leonhard-Frank-Straße 246-9b
81829 Leonhardiweg 270-6a
81373 Leonhard-Moll-Bogen 268-4b
81667 Leonhardstraße (4) 269-2d
81476 Leonistraße 267-12c
80636 Leonrodplatz 246-8d
80634/80636 Leonrodstraße 246-10b
– Leopoldpark 247-10a
80802/80804/80807 Leopoldstraße 247-10a
81739 Leoprechtingstraße 292-3a
81375 Leostraße 267-6c
80935 Lerchenau 224-12c + 246-2b
80809/80935/80995 Lerchenauer Straße 224-7d + 246-5b
80538 Lerchenfeldstraße 269-1b
80995 Lerchenstraße 224-7b
80686 Lermooser Weg 267-6d
81829 Leschkircher Straße 270-2c
80336 Lessingstraße 268-3c
80995 Leuchsstraße 224-7a
81677 Leuchtenbergring 269-3a
80935 Leuschnerstraße 224-12a
81373 Leutascher Straße 268-7a
81476 Leuthener Straße 289-5b
81739 Leutholdstraße 292-3a
80939 Leutkircher Straße 225-12c
81477 Leutstettener Straße 289-3b
81929 Leutweinstraße 248-10d
81673 Levelingstraße 269-3d
80689 Levkojenplatz 267-5c
80689 Levkojenstraße 267-5a
80999 Lewaldstraße 244-3d
81927 Libauer Straße 248-7d
80939 Libellenstraße 247-3c
81479 Lichtenbergerweg 290-4c
81245 Lichteneckstraße 244-8c
81243 Lichtenfelser Straße 244-11c
81375 Lichtensteinstraße 267-9c
81243 Lichtingerstraße 266-3c
80939 Lichtweg 225-10b
81245 Lidelstraße 244-10b
81243 Liebensteinstraße 244-10d
80802 Liebergesellstraße 247-8c
80937 Lieberweg 224-12b
80331 Liebfrauenstraße (4) 40-B4
80538 Liebherrstraße 269-1d
80538 Liebigstraße 269-1b
80993 Liegnitzer Straße 245-3d
81929 Liendlweg (16) 248-10d
80639 Lierstraße 245-12b
81369 Liesel-Beckmann-Straße 268-7d
81476 Liesl-Karlstadt-Straße 289-2d
80339 Ligsalzstraße 268-2c
80939 Ligusterstraße 247-3a
81669 Lilienstraße 269-4b
80939 Lilienthalallee 247-2a
80809 Lillian-Board-Weg 246-5d
80636 Lilli-Palmer-Straße 268-2a
80939 Lillweg 226-7c
80807 Lilly-Reich-Straße 247-4b
80637 Lily-Braun-Weg 246-8c
81539 Limburgstraße 269-8d
81243 Limesstraße 244-10b
81476 Limmatstraße 289-3a
80997 Lina-Hähnle-Straße 245-1d
80689 Lina-Meittinger-Straße 267-6a
81479 Linastraße 290-4b
81549 Lincolnstraße 269-10d
81249 Lindacher Straße 244-7a
81735 Lindauerstraße 269-9b
80939 Lindberghstraße 247-2a
80997 Lindemannstraße 245-4b
80939 Lindenfelser Straße 225-12c
81371 Lindenschmitstraße 268-8a
81545 Lindenstraße 290-3a
81377 Linderhofstraße 267-9c
81247 Lindpaintnerstraße 245-7c
80337 Lindwurmstraße 268-5c
80933 Linkstraße 224-9a
81829 Linnenbrüggerstraße 270-3c
80335 Linprunstraße 246-11b
80937 Lintnerweg (17) 225-10c
80995 Linus-Funke-Weg 246-1b
80339 Linus-Pauling-Straße (1) 268-5a
81241 Linzer Straße 267-1b
81373 Lipowskystraße 268-5c
81245 Lipperheidestraße 244-9d
80997 Lippertstraße 223-10c
80999 Lippweg 222-11c
81249 Lisbergstraße 266-2c
81739 Liscowstraße 292-2d
81825 Liselottstraße 270-6c
81739 Lise-Meitner-Weg 292-2a
80797 Lissi-Kaeser-Straße 246-8d
80997 Listerstraße (1) 223-10c
81379 Listseeweg 267-12d
81677 Lisztstraße 269-3a
81477 Littmannstraße 289-6a
80689 Lobelienweg 267-4b
81477 Lochhamer Straße 289-3b + 290-1a
81249 Lochhausen 243-6b + 244-4a
81247/81249 Lochhausener Straße 244-6c
81247/81249 Lochhausener Straße 243-6a
81825 Lödenseestraße (6) 270-4b
80999 Löfflerstraße 245-1c
80637 Löfftzstraße 246-8a
80997 Löherweg 245-5a
81671 Loehleplatz (1) 269-9a
80333 Löwengrube 268-3b
80935 Löwenzahnweg 246-2a
80803 Löwithstraße 247-7a
81671 Loferer Straße 270-4c
81925 Lohengrinstraße 247-9b
81241 Lohensteinstraße 267-2a
81827 Loherhofstraße 270-8d
81245 Lohmeierweg (4) 244-10b
81829 Lohnrößlerweg 270-3c
81543 Lohstraße 269-7a
81245 Loichingerstraße 244-12b
81377 Loisachstraße 267-9c
80331 Lokweg 269-5d
81827 Lomeweg 271-8c
81479 Lommelstraße 290-1d
81829 Londonstraße 270-3d
81247 Longinusstraße 244-9b
81737 Lorenz-Hagen-Weg 270-10a
81735 Lorenz-Huber-Weg (13) 270-8d
81545 Lorenzonistraße 290-3a
81737 Lorenzstraße 270-10c
81377 Lorettoplatz 267-11b
80335 Loristraße 246-11d
80634 Lorschstraße 246-10d
81241 Lortzingstraße 244-12d
80999 Lossenstraße 244-3c
81667 Lothringer Straße 269-5a
80335/80797 Lothstraße 246-11d
80939 Lotte-Branz-Straße 247-1b
80939 Lottlisa-Behling-Weg 225-9c
80809 Lovelockweg 246-5d
81929 Lublinitzer Straße 248-11c
81245 Lucia-Popp-Bogen 244-8d
81675 Lucile-Grahn-Straße 269-2b
80689 Ludlstraße 267-5d
81543 Ludmillastraße 268-9d
81735 Ludwig-Anderl-Weg (12) 270-8d
81379 Ludwig-Braille-Straße 268-11c
81929 Ludwig-Brück-Straße 248-11c
81737 Ludwig-Dill-Weg 270-10c
81739 Ludwig-Erhard-Allee 292-1b
– Ludwig-Ferdinand-Brücke 245-9d
80638 Ludwig-Ferdinand-Platz 245-9d
80995 Ludwig-Gramminger-Straße 224-7d
80807 Ludwig-Hilberseimer-Straße (1) 247-5a
81375 Ludwig-Hunger-Straße 267-7a
81249 Ludwig-Koch-Straße 266-4b
81371 Ludwig-Krafft-Straße 268-8d
81739 Ludwig-Linsert-Straße 292-1a
80805 Ludwig-Merk-Straße 247-5b
80997 Ludwig-Radlkofer-Straße 245-1d
80687 Ludwig-Richter-Straße 267-3d
– Ludwigsbrücke 269-1d
81249 Ludwig-Schmid-Straße (4) 266-4a
80995 Ludwigsfeld 223-11b
80999/80997 Ludwigsfelder Straße 244-3b
80686 Ludwigshafener Straße 268-4a
81479 Ludwigshöher Straße 290-2c
80539 Ludwigstraße 247-10c
80336 Ludwigsvorstadt-Isarvorstadt 268-2d
81245 Ludwig-Thoma-Straße 244-12d
81479 Ludwig-Werder-Weg 290-4d
81375 Ludwig-Wörl-Weg 267-7b
81929 Lübecker Straße 248-8b
81929 Lüderitzstraße 270-1b
81737 Lüdersstraße 270-10b
80331 Lueg ins Land 40-C3
80809 Lüneburger Straße 246-6a
80939 Lützelsteiner Straße 247-3a
81929 Lützenkirchenstraße 248-8c
81245 Lützowstraße 244-12a
81475 Luganoweg 289-1b
81377 Luise-Kiesselbach-Platz 268-7c
80333/80798 Luisenstraße 268-3a
80636 Luise-Ullrich-Straße 268-2a
80995 Luitfriedstraße 224-8c
– Luitpoldbrücke (Prinzregentenbrücke) Prinzregentenbrücke (Luitpoldbrücke) 269-2a
80804 Luitpoldhügel 246-6d
80335 Luitpoldstraße 268-3a
81735 Lukasstraße 269-9b
81549 Lungstraße 269-10d
81377 Lupinenweg 267-8c
81679 Lusenstraße 269-3a
– Lußweg 244-1b
81247 Lustheimstraße 245-8c
80687 Lutzstraße 267-3a
80805 Luxemburger Straße 247-5c
80689/81241 Luzernenweg 267-4a
80809 Luz-Long-Ufer 246-5d
80807 Lyonel-Feininger-Straße 247-4b

80805 **M**aasweg (8) 247-8a
81379 Machtlfinger Straße 267-12d
81735 Madelsederstraße 269-9b
80331 Maderbräustraße 40-C3
80995 Maduschkastraße 224-7d
81825 Mädelegabelstraße 270-8d
80937 Mährische Straße 225-10c
81929 Mäleßkircherstraße 248-11a
81249 Mälzereistraße 244-5d
81375 Maenherstraße 267-5d
81739 Märchenweg 292-3d
81375 Mäuselweg 267-9a
80333 Maffeistraße 269-1a
81249 Maganusweg 244-7b
80993 Magdalena-Bräu-Weg 245-3d
81829 Magdalena-Schwarz-Straße 271-2c
80638 Magdalenenstraße 246-7c
81377 Magnolienweg 267-8d
80331 Mahatma-Gandhi-Platz 266-1c
81925 Mahirstraße 247-12a
81241 Maierhofstraße 267-1a
80939 Maiglöckchenstraße 225-12d
81539 Maikammerer Straße 269-8d
81545 Mailänder Straße 290-3b
80636 Maillingerstraße 246-11c
81243 Mainaustraße 244-11d
81369 Mainburger Straße 268-7c
81243 Maintalstraße 244-11c
80803/80804 Mainzer Straße 247-7a
80997 Maisacher Straße 245-6a
81447 Maisinger Platz 268-10c
80337 Maistraße 268-6a
81479 Makartstraße 290-1c
81479 Malerwinkel 290-4a
80638 Mallersdorfer Straße (6) 245-9b
80687 Mallnitzer Straße 267-2a
81379 Malmedystraße 268-11c
81475 Malojaweg 289-2c
80638 Malsenstraße 246-7c
80995 Malvenweg 224-11a
81829 Manchester Platz 270-6b
80802 Mandlstraße 247-7d
81547 Mangfallplatz 269-10d
81547 Mangfallstraße 269-10d
80997 Mangstraße 245-4b
80997 Mannertstraße 222-9d
80538 Mannhardtstraße 269-1d
80803 Mannheimer Straße 247-7b
80805 Mannlichstraße 247-8a
81247/80999 Manresastraße 244-6a
81241 Manzingerweg 244-12d
80997 Manzostraße 245-4b
81369 Marbachstraße 268-8c
80807 Marcel-Breuer-Straße 247-5a
80805 Marchgrabenplatz 247-5a
80805 Marchgrabenweg (3) 247-5a
81377 Marchioninistraße 267-7d
80995 Marderstraße 246-1d
80638 Mareesstraße 245-9c
81245 Margarete-Kliemann-Weg (9) 244-10b
81373 Margaretenplatz 268-5c
81373 Margaretenstraße 268-5c
80807 Margarete-Schütte-Lihotzky-Straße 247-2c
80997 Margarete-Steiff-Straße (1) 245-6a
80639 Margarethe-Danzi-Straße 245-11d
81737 Margarethe-Selenka-Straße 269-12b
80639 Margit-Schramm-Straße 245-12c
80939 Margot-Kalinke-Straße 247-2a
80686 Maria-Birnbaum-Straße 267-3d
81245 Mariabrunner Straße 244-10b + 7d
81825 Maria-Eck-Platz 270-5a
81243/81241 Maria-Eich-Straße 266-2d
81379 Maria Einsiedel 268-11d + 290-2b
81379 Maria-Einsiedel-Berg 268-11c
81379 Maria-Einsiedel-Straße 268-11d
80939 Maria-Goeppert-Mayer-Straße 225-9c
81541 Mariahilfplatz 269-4c
81541 Mariahilfstraße 269-4a
81245 Maria-Ivogün-Allee (20) 244-8d
80802 Maria-Josepha-Straße 247-7d
81671 Maria-Lehner-Straße 269-9a
81829 Maria-Montessori-Straße 271-1c
81739 Maria-Nicklisch-Straße 292-2b
80807 Marianne-Brandt-Straße 247-4b
– Mariannenbrücke 40-C2
80538 Mariannenplatz 269-1d
80538 Mariannenstraße 40-C2
81825 Marianne-Plehn-Straße 270-5c
80333 Marianne-von-Werefkin-Weg 246-12d
80939 Maria-Probst-Straße 247-1b
81373 Maria-Reisinger-Weg 268-5c
81735 Mariathalstraße 270-7a
81675 Maria-Theresia-Straße 269-2c
80638 Maria-Ward-Straße 245-9c
81739 Maria-Wimmer-Straße 292-2b
81737 Marieluise-Fleißer-Bogen 270-11b
81249 Marie-Luise-Jahn-Straße 244-10c
81925 Marie-Luise-Kaschnitz-Straße 247-6d
80937 Marienbader Straße 247-1a
81929 Marienburger Straße 248-10d
81543 Marienklause 290-2b
– Marienklausenbrücke 290-2b
80331 Marienplatz 40-C4
80331 Marienstraße 269-1c
80939 Marienwerderstraße 248-10d
81827 Markgrafenstraße 270-9a
81549 Marklandstraße 291-2b
81377 Markomannenstraße 267-9c
80802 Marktstraße 247-7d
81245 Mark-Twain-Straße 244-12b
80636 Marlene-Dietrich-Straße 268-2a
81825 Marmolatastraße 270-8b
81373 Maronstraße 268-5c
81549 Marquartsteiner Straße 269-10b
80802 Marschallstraße 247-7b
81245 Marschnerstraße 244-12a
81245 Marsopstraße 245-10a
80335 Marsplatz 246-11d
80335 Marsstraße 246-11c + 268-3a
80539 Marstallplatz 269-1a
80539 Marstallstraße 269-1a
81825 Marthastraße 270-6d
81373 Martin-Behaim-Straße 268-5c
81245 Martin-Buber-Weg (1) 244-8d
81829 Martin-Empl-Ring 270-3b
80336 Martin-Greif-Straße 268-2d
81245 Martin-Heidegger-Straße (7) 244-8d
81829 Martin-Kollar-Straße 270-2b
80809 Martin-Luther-King-Weg 246-8b
81539 Martin-Luther-Straße 269-7a
80802 Martiusstraße 247-7d
81245 Marzellgasse 244-10b
80935 Maßliebchenstraße 224-12c
80335 Maßmannstraße 246-12a
81929 Masurenstraße 248-10d
81737 Mathias-Schmid-Weg 270-10c
80939 Mathilde-Boyen-Straße 225-10d
80336 Mathildenstraße 268-3c
80686 Mathunistraße 267-3c
81825 Matterhornstraße 270-8a
81379 Matthias-Mayer-Straße 268-11b
80336 Matthias-Pschorr-Straße 268-5b
81739 Matthissonstraße 292-2d
80939 Mattighofer Straße 225-12c
81827 Mattseestraße 270-9c
81679/81925 Mauerkircherstraße 247-11c
81827 Mauerseglerstraße (1) 271-4c
81545 Maukestraße 291-1a
81549 Maurerstraße 269-11c
80939 Maurice-Ravel-Weg (2) 225-11a
81379 Mauthäuslstraße 267-12d
81735 Max-Beckmann-Straße 270-8a
80807 Max-Bill-Straße 247-1d
80993 Max-Born-Straße 245-3a + 246-1c
80939 Max-Bruch-Straße 225-11a
80333 Maxburgstraße 268-3b
80937 Max-Diamand-Straße 246-3b
80339 Max-Friedlaender-Bogen 268-2a
81925 Max-Halbe-Weg 247-9a
80339 Max-Hirschberg-Weg 268-5a
81475 Maxhof 289-1d
81475 Maxhofstraße 289-1d
– Maximiliananlagen 269-2a
81739 Maximilian-Kolbe-Allee 292-1b
– Maximiliansbrücke 269-1d
80333 Maximiliansplatz 268-3b
80539/80538 Maximilianstraße 269-1a
80636 Maximilian-Wetzger-Straße 246-8c
80997 Max-Jansen-Straße 245-5c
81679 Max-Joseph-Brücke 247-11c
80539 Max-Joseph-Platz 269-1a
80333 Max-Joseph-Straße 268-3b
80933 Max-Kolmsperger-Straße 270-8c
81377 Max-Lebsche-Platz 267-7d
80937 Max-Liebermann-Straße 224-12b
81541 Maxlrainstraße 269-8a
80933 Max-Müllner-Straße 224-9c
81929 Max-Nadler-Straße 248-8c
81675 Max-Planck-Straße 269-2c
81929 Max-Proebstl-Straße 248-11a
81739 Max-Reinhardt-Weg 270-10d
81825 Max-Rothschild-Straße 270-6c
81245 Max-Scheler-Straße (3) 244-8d
81369 Max-Seidl-Weg 268-7c
80689 Maxstadtstraße 267-6a
80939 Max-Valier-Straße 247-2b
80804 Max-von-Gruber-Straße 247-4c
80937 Max-von-Laue-Straße 224-12a
80636 Maxvorstadt 246-11d
81675 Max-Weber-Platz 269-2c
80995 Max-Wönner-Straße 224-10d
81377 Max-Zenger-Straße 269-3b
80634 Mayrfelsstraße 246-10b
80997 Mayrstraße 223-10c
80331 Mazaristraße (5) 40-C4
80639 Mechthildenstraße 245-12c
81929 Medeaplatz 248-8c
80997 Medererstraße 245-5c
80997 Megerlestraße 245-4d
80992/80993 Meggendorferstraße 246-4c
81477 Meglingerstraße 289-3b
80995 Mehlprimelweg (6) 223-12d
81545 Meichelbeckstraße 290-5b
81377 Meier-Helmbrecht-Straße 267-9a
81667 Meillerweg 269-1d
81373 Meindlstraße 268-8a
80995 Meineckestraße 246-1b
81827 Meisenstraße 271-7d
80992 Meißener Straße (12) 245-6b
80686 Meister-Mathis-Weg 267-6b
81927 Meistersingerstraße 247-9d
81739 Melanchthonstraße 292-2d
81479 Melchiorstraße 289-6d + 290-4c
80997 Melitta-Bentz-Straße 245-5d
81247 Meßlheimerstraße 245-8a
81671 Melusinenstraße 269-6c
81927/81929 Memeler Straße 248-10b + 10a
81479 Memlingstraße 290-4c
80997 Memminger Platz 245-6a
80689 Menaristraße 267-5d
81245 Mendelssohnstraße 245-10c
80634 Menradstraße 246-10d
81545 Menterschwaige 290-3c
81545 Menterschwaigstraße 290-2d
81247 Menterstraße 245-7c
81679 Menzelstraße (4) 247-11b

81249 Sigererstraße 244-7a
80995 Sighartstraße 224-8c
– Sigi-Sommer-Platz 268-8d
80686 Siglstraße 267-3d
81829 Sigmund-Riefler-Bogen 271-2a
80538 Sigmundstraße 269-1b
81377 Silberblattstraße 267-8c
80689 Silberdistelstraße 267-5a + 1c
81539 Silberhornstraße 269-7a
81673 Silberkopfstraße (4) 270-1d
80935 Silberpappelstraße 224-11d
80807 Silcherstraße 247-1c
81927 Silvanastraße 248-4d
81475 Silvrettaweg 289-2a
81673 Simbacher Straße 269-6b
80637 Simeoniplatz 246-7d
80637 Simeonistraße 246-7d
80992 Simmerleinplatz 245-6c
80804 Simmernstraße 247-7a
81679 Simmsteig (2) 247-11b
81669 Simon-Knoll-Platz 269-5a
80997 Simonsfeldstraße 245-4b
81825 Simplonstraße 270-8b
80997 Simrockstraße 245-2d
81549 Simsseestraße 269-10b
80639 Sindoldstraße (1) 246-10a
80331 Singlspielerstraße 268-3d
80339 Sinti-Roma-Platz 268-5a
81539 Sintpertstraße 269-7d
81479 Sintzenichstraße 290-4c
81243 Sipplinger Straße 244-11c
81475 Sittener Weg 289-2a
80939 Situlistraße 247-3a
80995 Skabiosenplatz 223-12c
80995 Skabiosenstraße (1) 223-12c
80992 Skagerrakstraße 245-6c
81379 Slevogtstraße 268-10a
81247 Slezakstraße 245-4c
80995 Smaragdstraße 223-8c
81245 Smetanastraße 244-8d
80995 Söllereckstraße 269-10c
81545 Söltlstraße 268-12d
81477 Sörgelstraße 289-6b
81829 Sofiastraße 271-1c
81479 Sohnckestraße 290-4b
81825/81827 Solalindenstraße 270-6c
81927 Soldauer Straße 248-10c
81245 Soldhofstraße 244-7d
81679 Soldnerweg 247-11d
81241 Sollerbauerweg (8) 267-1a
81477 Solln 289-6c
81479 Sollner Straße 290-4b
81249 Solnhofener Straße 243-8b
81475 Solothurner Straße 289-2a
81543 Sommerstraße 268-9b
80995 Sommerweide 223-9b
80939 Sondermeierstraße 247-3c
81673 Sonnbergstraße 270-1d
81377 Sonnblickstraße 267-8d
81377 Sonnenblumenstraße 267-8d
81369 Sonnenlängstraße 268-11a
81825 Sonnenspitzstraße 270-9a
80331 Sonnenstraße 268-3b
80995 Sonnentaustraße 223-12d
80939 Sonnleitnerstraße (17) 225-11b
81825 Sonnwendjochstraße 270-7b
81475 Sonthofener Straße 289-5b
80333 Sophienstraße 268-3a
80639 Sophie-Stehle-Straße 246-10a
80805 Soxhletstraße (18) 247-4d
81547 Soyerhofstraße 269-10b
81739 Spalatinstraße 292-2b
81739 Spaldingstraße 292-2d
80331 Sparkassenstraße 269-1c
80335 Spatenstraße 246-11d
81249 Spatzenwinkel 243-6c
81377 Specklinplatz 267-6d
81737 Specklstraße 269-12b
80331 Speicherstr. 269-5d
80937 Spengelplatz 225-10a
81827 Sperberstraße 271-7a
80937 Sperlingweg 225-10a
81476 Sperlstraße 289-5b
81825 Spertentalstraße 270-6c
81925 Spervogelstraße 247-6b
81677 Spessartstraße 270-1a
80804 Speyerer Straße 247-7a
81667 Spicherenstraße 269-2d
80999 Spiegelbergstraße 223-10c
81241 Spiegelstraße 244-12d
81825 Spieljochstraße 270-8a
81476 Spielmannsauer Straße 289-2d
81245 Spielträngergasse 244-10a
81927 Spilhofstraße 248-7a
81477 Spindlerplatz 289-3b
81477 Spindlerstraße 290-1a
80809 Spiridon-Louis-Ring 246-5c
81476 Spitzelbergstraße 289-5b
80939 Spitzerstraße 225-10d + 247-1b
81539 Spitzingplatz 269-8a
81373 Spitzwegstraße 268-5c
81539 Spixstraße 269-7c
81245 Sponeckplatz 244-11b
81245 Sponeckstraße 244-11b
80333 Sporerstraße 40-B4
81249 Sportlerweg 266-1d
80939 Sportpark Freimann 225-12d
81677 Spreestraße 269-3b
81927 Spretistraße 248-7d
81477 Springerstraße 289-6a
80637 Sprunerstraße 246-8c
80933 Stabelerstraße 224-9c
80335 Stachus = Karlsplatz Karlsplatz (Stachus) 268-3b
81547 Stadelbergstraße 269-10d
81549 Stadelheim 269-11a
81549 Stadelheimer Straße 269-11a
81737 Stademannstraße 270-10c
81929 Stadeweg 270-1b
80997 Stadlerweg 245-1d
80687 Stadtlohner Straße 267-3a
81477/81476 Stäblistraße 289-3c
81549 Ständlerstraße 269-11a + 270-7c
81477 Staffelseestraße 289-3b
81375 Stahleckplatz 267-9a
81375 Stahleckstraße 267-8b
81829 Stahlgruberring 270-2d
81247 Stahlstraße 244-6d
81377 Staltacher Straße 267-7a
80933 Stanigplatz 224-8b

81243 Stapferstraße 266-3c
80937 Starenweg 225-10c
81927 Stargarder Straße 248-10c
81476 Starnberger Straße 267-12c
81825 Staudacher Straße 270-4b
81249 Staudenäckerweg 244-5d
80939 Staudenrauchstraße 247-1b
81735 Staudingerstraße 270-7a
81245 Staufener Straße 244-11a
80797 Stauffenbergstraße 246-9a
81929 Stefan-George-Ring 270-1b
81377 Stefan-Zweig-Weg 267-12a
81247 Steffanistraße 245-8c
81829 Steffelhofstraße 270-6a
81249 Steffelweg 244-5c
80686 Stegener Weg 267-6c
81929 Stegmühlstraße 248-7b
81241 Steiermarkstraße 267-2a
81549 Steinachtalweg 269-11d
81675 Steinbacherstraße 247-11c
80686 Steinbeisplatz 267-6b
80995 Steinbergerstraße 224-8a
80689 Steinbrechweg 267-5a
80935 Steindlstraße 224-12a
81639 Steinerstraße 268-11a
81241 Steinerweg 266-3b
81547 Steingadener Straße 269-10c
81677 Steinhausen 269-3c
81677 Steinhauser Straße 269-3a
80995 Steinheide 246-1a
80333 Steinheilstraße 246-12c
80798 Steinickeweg 246-12b
81475 Steinkirchner Straße 289-1d
80935 Steinkleeweg 246-2b
81379 Steinmetzstraße 268-10a
81377 Steinpilzweg 267-8d
80538 Steinsdorfstraße 269-1d
81671 Steinseestraße 269-6d
81667 Steinstraße 269-5a
81247 Steirerstraße 244-9b
81479 Stelznerstraße 290-4c
81737 Stemplingeranger (14) 270-11b
80805 Stengelstraße 247-8a
80686 Stephan-Lochner-Straße 268-4a
81669 Stephanskirchener Straße 269-9a
80337 Stephansplatz 40-D5
80337 Stephanstraße 40-D5
81737 Stephensonplatz 270-10c
80331 Sterneckerstraße 40-C3
81739 Sternfeldstraße 292-3a
80538 Sternstraße 269-1d
81739 Sterntalerstraße 292-2d
81679 Sternwartstraße 247-11d
81247 Sterrhubenweg 245-7b
81543 Sterzingerstraße 268-9d
81735 Stethaimerstraße 269-9d
81549 Stettnerstraße 269-10d
80639 Steubenplatz 246-10c
81925 Steubstraße 247-8d
81827 Stieglitzweg 271-4c
80999 Stieglstraße 244-3b
80336 Stielerstraße 268-5b
81243 Stierberger Straße 244-10d
80638 Stievestraße 245-9d
81375 Stiftsbogen 267-8a
80333 Stiglmaierplatz 246-12c
81547 Stilfser-Joch-Straße 269-10a
81243 Stockacher Straße 244-12c
81475 Stockdorfer Straße 289-5a
81829 Stockerweg 270-3b
81829 Stockholmstraße 271-1c
81477 Stockmannstraße 289-3c
80687/80686 Stöberlstraße 267-2d
81247 Stöcklstraße 245-7b
80687 Stögerstraße 267-2b
81477 Stöhrstraße 289-6b
80933 Stösserstraße 224-8b
80539 Stollbergstraße 269-1d
81245 Stolzeneckstraße 244-11b
81375 Stolzenfelsstraße 267-9a
81825 Stolzhofstraße 270-6d
81927 Stolzingstraße 248-10a
80997 Storchenweg 245-2a
81927 Stradellastraße 248-7c
81479 Strähuberstraße 290-4c
81243 Strahlenfelser Straße 266-1b
80809 Straßbergerstraße 246-2c
80939 Straßfeldweg 225-11a
81479 Straßlacher Straße 290-1d
81829 Straßl ins Holz 270-6b
81825 Straßtrudering 270-5d
80687 Straubinger Straße 268-1c
80997 Streberstraße 223-10c
81735 Strehleranger 270-7c
81477 Streiflacher Straße 290-1a
80933 Streißelweg 224-8b
81249 Streitbergstraße 244-10d
81673 Streitfeldstraße 269-3c
80809 Strelitzer Straße 246-3c
81547 Stresemannstraße 269-10c
81479 Stridbeckstraße 290-4c
81241 Strindbergstraße 267-1a
80686/80689 Stroblstraße 267-5b
81547 Strohblumenweg (6) 269-10c
80999 Stromeyerstraße 244-6a
81739 Struwelpeterstraße 292-3d
81739 Stubaier Straße 270-11c
81667 Stubenvollstraße 40-D1
80638 Stuberstraße 245-9b
81677 Stuckstraße 269-2b
80805 Studentenstadt 247-2d
81247 Stücklenstraße 245-7a
80995 Stüdlstraße 224-8a
81549 Stümpflingstraße 269-11b
80689 Stürzerstraße 267-6c
80999 Stuhlbergerstraße 244-3b
80999 Stummerstraße 244-3a
81677 Stuntzstraße 269-3a
80634 Stupfstraße 246-10c
81673 Sturmiusweg (3) 270-4a
80687 Sturmstraße 267-3a
80803 Sturystraße 247-7b
80807 Stuttgarter Straße 247-1d
81549 Sudelfeldstraße 291-3a
81737 Sudermannallee 270-11a
80937 Sudetendeutschestraße 224-12d
81379 Südendstraße 268-11c
80639 Südliche Auffahrtsallee 245-12b
80638 Südliches Schloßrondell 245-12b
81379 Südparkallee 267-12b

81547 Südtiroler Straße 268-12b
81829 Süskindstraße (1) 270-1b
81247 Süssenguthstraße 245-8a
81477 Sulenstraße 290-1c
80803 Sulzbacher Straße 247-7b
80689 Sulzbeckstraße 267-2c
81245 Sulzemooser Straße 244-7d
81825 Sulzer-Belchen-Weg 270-9a
81739 Sulzkogelstraße 270-11c
81827 Sulzweg 271-4c
81249 Sumpfmeisenweg (1) 243-6d
81739 Sundergaustraße 292-2b
81379 Surheimer Weg 268-10a
80639 Sustrisstraße 245-12d
81545 Sutnerstraße 290-5b
81827 Swakopmunder Straße 271-7b
81929 Syltweg 248-5c
81369 Sylvensteinstraße 268-8c

81375 **T**aeutterstraße 267-6c
80935 Tagetesstraße 224-11a
81927 Taimerhofstraße 248-7a
81827 Taku-Fort-Straße 271-8c
80331 Tal 269-1c
81825 Talerweg 270-5c
81827 Tangastraße 271-7b
81249 Tannenfleckweg 243-3b
81375 Tannenwaldstraße 267-7b
80992 Tannenweg 245-8b
81927 Tannhäuserplatz 248-7c
81929 Tarnowitzer Straße 248-11c
80638 Taschnerstraße 245-9d
81541 Tassiloplatz 269-5c
80538 Tattenbachstraße 269-1b
81369 Taubenhofweg 268-10b
81541 Taubenstraße 269-4c
81243 Taubertalstraße 244-11c
81547 Tauernstraße 268-12d
81739 Taulerstraße 292-2d
80807 Taunusstraße 247-1c
80637 Taxisstraße 246-7b
81245 Teckstraße 244-11a
81545 Tegelbergstraße 268-12d
81541/81539/81549 Tegernseer Landstraße 269-7c
81541 Tegernseer Platz 269-7a
81825 Teisendorfer Straße (5) 270-5a
81925 Telramundstraße 247-9d
80992 Templestraße 245-6d
80798/80796 Tengstraße 246-12b
80997 Teplitzer Weg 245-2b
81545 Terhallestraße 268-12d + 290-3b
81547 Terlaner Straße 269-10a
80689 Terofalstraße 267-4d
81476 Teschener Straße 267-12d
81475 Tessiner Straße 289-2a
81243 Tettnanger Straße 244-11d
81829 Teuchertstraße 270-6a
81249 Teufelsbergstraße 244-7a
81543 Teutoburger Straße 268-9b
81925 Teutonenstraße 247-12b
81247 Thaddäus-Eck-Straße 245-7d
80935 Thaddäus-Robl-Straße 246-2b
81247 Thalanderlstraße 245-7a
80937 Thalhoferstraße 225-10c
81379 Thalkirchen 268-11b
81379 Thalkirchen-Obersendling-Forstenried-Fürstenried-Solln 290-1b
– Thalkirchner Brücke 268-11b
81379 Thalkirchner Platz 268-11b
80337/81371 Thalkirchner Straße 268-6a
81545 Thannkirchener Weg 290-5b
80333 Theatinerstraße 269-1a
80469 Theklastraße 40-D4
81545 Thelemannstraße 290-3b
80933 Thelottstraße 224-6c
81545 Theodolindenplatz 290-3a
81545 Theodolindenstraße 290-3a
81737 Theodor-Alt-Straße 270-10c
80805 Theodor-Dombart-Straße (19) 247-4d
80999 Theodor-Fischer-Straße 244-5b
81737 Theodor-Heuss-Platz 270-10b
80999 Theodor-Kitt-Straße 245-4a
81829 Theodor-Kober-Straße 248-12d
80997 Theodor-Lipps-Straße 245-5a
80538 Theodorparkstraße 247-11c
81245 Theodor-Storm-Straße 244-12d
80797 Theo-Prosel-Weg 246-9c
80636 Therese-Danner-Platz 246-11c
81739 Therese-Giehse-Allee 270-10d
80797 Therese-Studer-Straße 246-9a
81737 Therese-von-Bayern-Straße 269-12b
80339 Theresienhöhe 268-5b
80333 Theresienstraße 246-12a
– Theresienwiese 268-5b
80802 Thiemestraße 247-10b
80333 Thiereckstraße 40-B4
81243 Thierlsteiner Straße 244-11c
80538 Thierschplatz 40-B2
80538 Thierschstraße 269-1d
81735 Thierseestraße 269-9b
81737 Thomas-Dehler-Straße 270-10d
81829 Thomas-Hauser-Straße 270-2c
81541 Thomasiusplatz 269-8b
81679 Thomas-Mann-Allee 247-11c
81929 Thomaßstraße 248-8c
80935 Thomas-Theodor-Heine-Weg (2) 224-12c
81476 Thomas-von-Kempen-Weg 289-2b
80539/80538 Thomas-Wimmer-Ring 269-1d
80993 Thorner Straße 245-3d
80335 Thorwaldsenstraße 246-11b
80992 Thürmerstraße 245-6d
81247 Thuillestraße 245-4c
81243 Thuisbrunner Straße 266-2a
80939 Thujaweg 225-11b
81475 Thurgaustraße 289-2a
80687 Thurneyssenstraße 267-3a
80933 Thurwieserstraße 224-9c
81543 Thusneldastraße 268-9b
81375 Thymianweg (3) 267-7b
80638 Tiepolostraße 246-7c
81379/81543 Tierparkstraße 268-12a
81479 Tillmannweg 290-1d
80335 Tillystraße 268-2b
81929 Tilsiter Straße 248-10d
80638 Tintorettostraße 245-9d

81545 Tiroler Platz 268-12d
81549 Tirschenreuther Straße 291-2b
81475 Tischlerstraße 267-10b
80937 Tittastraße 225-10c
81679 Tittmoninger Straße 247-12c
81925 Titurelstraße 247-9c
80538 Tivoli 247-11a
80538 Tivolistraße 247-11a
80638 Tizianplatz 245-9d
80636/80638 Tizianstraße 245-9d
81825 Todtnauer Weg 270-9a
81379 Tölzer Straße 268-11c
81375 Toemlingerstraße 267-9a
81675 Törringstraße 247-11d
81669 Törwanger Straße 269-9a
81827 Togostraße 271-7d
81673 Tomannweg 269-6b
81249 Toni-Berger-Straße (1) 243-6b
80809 Toni-Merkens-Weg 246-8a
80995 Toni-Pfülf-Straße 224-10c
81825 Toni-Schmid-Straße 270-8a
80993 Torgauer Straße 245-3d
80807 Torquato-Tasso-Straße 247-4a
81247 Torriweg 245-10a
81929 Traberstraße 248-11d
81669 Trafostraße 269-8b
81825 Trainsjochstraße 270-4d
81929 Trakehner Platz 248-10d
81547 Traminer Straße 268-12d
80339 Trappentreustraße 268-1d
80339 Trappentreutunnel 268-1d
81375 Tratzbergstraße 267-8b
80805 Traubestraße 247-4d
81477 Traubinger Straße 268-10c
81539 Trauchbergstraße 269-8c
81549 Traunreuter Straße 269-11b
81241 Traunseestraße 267-1b
81549 Traunsteiner Straße 269-10b
81825 Traunstraße (7) 270-5c
81671 Trausnitzstraße 269-6a
80802 Trautenwolfstraße 247-7d
81373 Trautmannstraße 268-8a
81243 Trautnerstraße 266-3a
81377 Trautweinstraße 267-9d
81373 Treffauerstraße 268-7a
80992 Treitschkestraße 246-4c
80937 Trenkleweg 224-12b
81739 Tribulaunstraße 270-11c
80993 Triebstraße 246-1c
81669 Triester Straße 269-8b
81539 Trifelsstraße 269-8a
80538 Triftstraße 269-1b
81249 Trimburgstraße 266-2c
80997 Trinkl-Siedlung 245-2c
81369 Trischbergerweg (11) 268-7c
80804 Tristanstraße 247-4d
80637 Trivastraße 246-8c
80999 Trixlweg 244-3b
81927 Trockenstädelweg 248-7b
81675 Trogerstraße 269-2b
80639 Trojanostraße 245-12b
80995 Trollblumenstraße 223-12c
80937 Troppauer Straße 246-3b
81671 Trostberger Straße 269-6c
81829 Truchthari-Anger 270-3c
81827 Truderinger Grenzkolonie 270-12a
81677/81673/81825 Truderinger Straße 269-3d
81829 Trudering-Riem 270-3c
80997 Trumppstraße 245-4d
81245 Tschaikowskystraße 244-8d
81827 Tsingtauer Straße 271-10a
80997 Tubeufstraße 245-1d
81927 Tucheler-Heide-Straße (10) 248-10a
81737 Tucholskystraße 270-11c
80686 Tübinger Straße 268-1c
80939 Tüllesamstraße 225-10d
80689 Türkenbundweg 267-5a
80333/80799 Türkenstraße 268-3b
80339 Tulbeckstraße 268-2c
80939 Tullingerstraße 225-10d
81379 Tulpenweg 268-10a
80337 Tumblingerstraße 268-6c
81929 Turfstraße 270-2b
80997 Turmfalkenweg 245-8a
81827 Turnerstraße 271-7a + 7c
80686 Tuttlinger Straße 267-3c
81369 Tutzinger Straße 268-7b

81245 **U**bostraße 244-7c
80933 Udalrichstraße 224-8d
81545 Über der Klause 290-3a
81243 Überlinger Weg 266-2a
81247 Überreiterstraße 245-8c
81825 Überseeplatz 270-4d
81477 Uffinger Straße 289-3b
81477 Uhdestraße 289-6b
80336 Uhlandstraße 268-2d
81739 Ulfilasstraße 292-2d
81545 Ulmenstraße 290-3a
81249 Ulrich-Corti-Straße 243-6d
81241 Ulrich-Kortler-Weg 244-12d
81673 Ulrichsbergerstraße 269-6a
81739 Ulrich-von-Hutten-Straße 292-2b
81927 Undinestraße 248-7c
80803/80796 Unertlstraße 247-7a
80802/80805 Ungererstraße 247-7b
81539 Ungsteiner Straße 269-8a
81825 Unnützstraße 270-5c
80538 Unsöldstraße 269-1b
81737 Unterbiberger Straße 292-1a
81475 Unterbrunner Straße 289-2c
80939 Unter der Linde 247-3a
81476 Unterdill 289-5d
80997 Untere Angerlohe 245-2c
81675 Untere Feldstraße (8) 269-2c
81541 Untere Grasstraße 269-7a
80939 Untere Hausbreite 225-11b
81667 Untere Johannisstraße (1) 269-2c
80993 Untere Krautstraße 245-6b
80939 Untere Länge 225-10b
80999 Untere Mühlstraße 244-3d
80331 Unterer Anger 268-3d
81543 Untere Weidenstraße 268-6d
81543 Untergiesing-Harlaching 268-12a
81737 Unterhachinger Straße 269-12d + 291-3b
80999 Untermenzing 244-6c
80997 Untermenzinger Straße 245-5d

80995 Untermoching 224-4c
80995 Untermühlanger 224-7a
81539 Untersbergstraße 269-7d
81373 Untersendling 268-4c
81475 Unterwaldenstraße 289-1b
81735 Uppenbornstraße 269-9a
81371 Urbanstraße 268-8d
81475 Uriweg 289-2c
81673 Ursberger Straße 270-4b
81739 Ursula-Herking-Weg (3) 270-10d
80802 Ursulastraße 247-7d
81827 Usambarastraße 271-7b
80809 Usedomer Straße 246-3c
81249 Ute-Strittmatter-Straße 244-10c
81379 Uttinger Straße 268-7c
80469 Utzschneiderstraße 40-C4

81545 **V**ahrner Straße 268-12d
81829 Valentin-Linhof-Straße 270-2b
81539 Valeppstraße 269-7d
81829 Vallettastraße 270-3d
81371 Valleyplatz 268-8b
81371 Valleystraße 268-8a
80686/80689 Valpichlerstraße 267-2d
81925 Vandalenstraße 247-12a
81735 Van-Eyck-Straße (1) 270-7c
81479 Van-Gogh-Straße 290-4d
81241 Varnhagenstraße 244-12c
80689 Veilchenstraße 267-5a
81927 Veit-Pogner-Straße 248-7c
81243 Veitshöchheimer Weg (19) 244-10d
80687 Veit-Stoß-Straße 267-3a
81241/80687 Veldener Straße 267-2a
81249 Veldensteinstraße 266-2c
81247 Verdistraße 244-9d
81739 Verhoevenstraße 270-10d
81547 Veroneser Straße 268-12b
81827 Veronikastraße 271-7a
81677 Versailler Straße 269-2d
80999 Vesaliusstraße 244-3d
81249 Vestastraße 243-6d
80539 Veterinärstraße 247-10c
80686 Viebigplatz 267-6b
81545 Vierheiligstraße 290-5d
80803 Viktoriaplatz 247-7a
80803 Viktoriastraße 247-7a
80803 Viktor-Scheffel-Straße 247-7c
80331 Viktualienmarkt 269-1c
80687 Villacher Straße 267-2a
80992 Vilniusstraße (1) 245-6c
81679 Vilshofener Straße 247-11b
81375 Vingerstraße 267-9a
81547 Vinschgauer Straße 268-12b
81475 Vinzenz-Schüpfer-Straße 289-5a
81671 Vinzenz-von-Paul-Straße 270-4c
80689 Violenstraße 267-5d
80805 Virchowstraße 247-7b
81673 Virgilstraße 270-4a
80333 Viscardigasse 40-B3
80939 Völckerstraße 247-2b
80804 Voelderndorffstraße 246-6d
81477 Vogelanger 289-6b
80807 Vogelhartstraße 247-1c
80997 Vogelloh 222-9d
81677 Vogelweideplatz 269-3a
81677 Vogelweidestraße 269-3a
81825 Vogesenstraße 270-9a
81249 Voglerstraße 266-2c
81375 Voglmaierstraße 267-9a
80687 Vohburger Straße 267-2b
81249 Voitlweg 244-5a
80637 Voitstraße 246-7b
81547 Volckmerstraße 269-7c
80634/80636 Volkartstraße 246-10b
80639 Volksgartenstraße 245-12b
81925/81927 Vollmannstraße 247-12d
– Vollmarpark 269-10c
81547 Vollmarstraße 269-10c
81241 Volmstraße 244-12c
80638 Volpinistraße 245-9d
81479 Voltzweg 290-4d
80687/80686 Von-der-Pfordten-Straße 267-2d
80539 Von-der-Tann-Straße 247-10c
81929 Von-der-Vring-Straße 248-10d
81827 Von-Erckert-Platz 271-8a
81827 Von-Erckert-Straße 271-8c
81245 Von-Frays-Straße 245-10d
80638 Von-Goebel-Platz 245-9d
81827 Von-Gravenreuth-Straße 271-8c
80999 Von-Haller-Straße 244-6a
81827 Von-Heydebreck-Straße 271-8a
80997/80999 Von-Kahr-Straße 244-6d
81737 Von-Knoeringen-Straße 270-10b
80997 Von-Reuter-Straße 245-1d
81825 Vorderrißstraße 270-8a
80999 Vorherstraße 223-10c
81477 Vorhoelzerstraße 289-3d
80689 Vosslerstraße 267-3c
81543 Voßstraße 269-7a
81739 Vulpiusstraße 292-2d

81379 **W**aakirchner Straße 268-11a
81539 Wachenheimer Straße 269-8d
81929 Wacholderweg 248-7b
81827 Wachtelweg 271-8a
80939 Wachterstraße 225-10c + 247-1a
81739 Wackenroderstraße 292-2d
81371 Wackersberger Straße 268-8a
81375 Wadlerstraße 267-9a
80634 Wälsungenstraße 246-10c
81927 Waffenschmiedstraße 248-7d
81677 Wagenbauerstraße 269-3a
81669 Wageneggerstraße 269-9a
81549 Waginger Straße 269-10b
80538 Wagmüllerstraße 269-1b
80802 Wagnerstraße (14) 247-7d
80939 Wagrainweg 226-4c
81925 Wahnfriedallee 247-9c
81249 Waidachanger 244-4d
81249 Waidachwiesenweg 244-4a
81547 Waidbrucker Straße 269-10a
80637 Waisenhausstraße 246-7b
81539 Walchenseeplatz 269-7b
81377 Walchstadter Straße 268-7a
81543 Waldeckstraße 269-7a
80638 Walderbachweg (1) 245-9b
81377 Waldeslust 267-11a
81377 Waldesruhe 267-11a
81377 Waldfriedhofstraße 267-9c

81377 Waldfriedhofviertel 267-8d
81377 Waldgartenstraße 267-8c
81739 Waldheimplatz 292-3c
80997 Waldhornstraße 245-8a
81375 Waldhüterstraße 267-7a
81377 Waldklausenweg 267-8c
80997 Waldkolonie 223-10c
80935 Waldmeisterstraße 224-11a
81479 Waldmüllerstraße 290-4c
81549 Waldmünchener Straße 269-11d
81739 Waldperlach 292-3a
81739 Waldperlacher Straße 292-3c
80935 Waldrebenstraße 246-2a
81549 Waldsassener Straße 291-3a
81377 Waldsaumstraße 267-11a
81545 Waldschmidtstraße 290-2d
81827 Waldschulstraße 271-7a
81825 Waldstraße 270-4d
81827 Waldtrudering 271-7d
81827 Waldtruderinger Straße 271-7c
80995 Waldvögeleinstraße 245-3b
81375 Waldwiesenstraße 267-7b
80639 Walhallastraße 245-12c
81539 Wallbergstraße 269-8c
80807 Wallensteinplatz 246-3d
80807 Wallensteinstraße 246-6b
81475 Walliser Straße 289-2a
81369 Wallmenichstraße (3) 268-7c
80939 Wallnerstraße 226-7c
80331 Wallstraße 40-D5
81677 Walpurgisstraße 269-3a
81667 Walserstraße (3) 269-2c
81476 Walsertalstraße 289-2d
80999 Waltenbergerstraße 244-3d
81243 Walter-Brecht-Straße 266-2b
80637 Walter-Flex-Straße 246-7b
80807 Walter-Gropius-Straße 247-4b
81675 Walter-Heerde-Weg 269-2d
81375 Walter-Hopf-Weg 267-5d
80539 Walter-Klingenbeck-Weg 247-10c
81929 Walter-Meckauer-Weg 248-11c
80997 Walter-Otto-Straße 245-4d
81245 Walter-Schnackenberg-Weg (16) 244-11a
80687 Walter-Scott-Straße 267-3d
81245 Walter-Sedlmayr-Platz 224-7d
80997 Walter-von-Cube-Weg 245-4b
80809 Walther-Bathe-Weg 246-5d
81369 Walther-Meißner-Straße 268-7d
80337 Waltherstraße 268-6a
81547 Waltramstraße 269-7c
81829 Wamslerstraße 270-2d
80805 Wandletstraße 247-5a
81475 Wangener Straße 289-2c
81377 Wankstraße 267-9c
81825 Wardeinstraße 270-5a
81479 Warnberg 289-9b
81479 Warnbergstraße 289-6d
81539 Warngauer Straße 269-7b
80992 Warschauer Straße 245-6c
80804 Wartburgplatz 247-4c
81927 Warthestraße 248-10c
81549 Warthofstraße 269-10b
80639 Washingtonstraße 246-10a
80634 Waskestraße 246-10a
81825/81827 Wasserburger Landstraße 270-5d
81827 Wasserturmstraße 271-7b
81247 Wastelbauerstraße 245-8a
80689 Wastl-Witt-Straße 267-4d
81827 Waterbergstraße 271-8a
81476 Waterloostraße 289-5d
81479 Watteaustraße 290-4c
81249 Wattplatz 265-3d
81541 Watzmannstraße 269-7b
81377 Waxensteinstraße 267-9c
81675 Weberstraße 247-11d
80999 Weckerweg 222-12b
81737 Weddigenstraße 269-12b
80802 Wedekindplatz 247-7d
80937 Wegenerstraße 224-12b
81549 Wegscheider Straße (2) 291-3a
81243 Wehnerstraße 266-3c
81679 Wehrlestraße 247-11d
80331 Wehrsteg 269-1d
80686 Weichselbaumerstraße 267-3c
81477 Weichselgartenstraße 290-1a
81677 Weichselstraße 247-12d
81737 Weidener Straße 269-12d
80997 Weidmannstraße 245-5c
80636 Weiglstraße 246-11c
81673 Weihenstephaner Straße 269-6b
80997 Weiherweg 245-2d
81541 Weilerstraße 269-4d
81373 Weilheimer Straße 268-7a
80807 Weimarer Straße 247-1d
81539 Weinbauernstraße 269-7a
81241 Weinbergerstraße 266-3d
81243 Weingartnerstraße 266-3c
80999 Weinschenkstraße 245-4c
80333 Weinstraße 269-1c
80805 Weisgerberstraße 247-8a
80992 Weishauptstraße 245-6c
81671 Weiskopfstraße 269-6c
80995 Weißdornstraße 224-10c
80933 Weißenböckstraße 246-4a
81667 Weißenburger Platz 269-5a
81667 Weißenburger Straße 269-5a
80686 Weißenfelderplatz 267-6b
80686 Weißenfelderstraße (3) 267-6b
81539 Weißenseestraße 269-7c
81249 Weißensteinstraße 244-10c
80689 Weiß-Ferdl-Straße 267-5a
81476 Weißkirchner Straße 267-12c
81825 Weißpfennigweg 270-5c
80939 Weißtannenweg 225-11d
80935/80995 Weitlstraße 224-11a
80805 Weizenfeldstraße 247-8a
81541 Welfenstraße 269-4d
80933 Wellenkampstraße 224-8d
81929 Welschstraße 248-11d
81373 Welserstraße 268-4d
81677 Weltenburger Straße 269-3b
81477 Weltistraße 289-3d
80992 Welzenbachstraße 245-6d
81671 Wemdinger Straße 269-6d
81541 Wendelsteinstraße 269-7b
80634 Wendl-Dietrich-Straße 246-10c
81477 Wengleinstraße 289-6b
81547 Weningstraße 269-7c

81245 Wensauerplatz 245-10c
80937 Wenzelstraße 225-10c
81377 Werdenfelsstraße 267-9b
81541 Werinherstraße 269-7b
81479 Werlingstraße 290-4c
80802 Werneckstraße 247-7d
81829 Werner-Eckert-Straße 270-3d
80939 Werner-Egk-Bogen 225-11c
81739 Werner-Finck-Weg (1) 270-10b
80993 Werner-Friedmann-Bogen (13) 246-1d
80939 Werner-Heisenberg-Allee 225-6c
81539 Werner-Schlierf-Straße 269-7c
80809 Werner-Seelenbinder-Weg 246-5a
81929 Wernerstraße (22) 248-8c
80638 Wertachplatz 246-7a
81243 Wertheimer Straße 244-11c
80809 Wertherstraße 246-6c
81925 Wesendonkstraße 247-9b
80935 Wesselystraße 224-12a
80689 Weßlinger Straße 267-6c
81377 Wessobrunner Platz 267-9a
81377 Wessobrunner Straße 267-9b
80339 Westend 268-1d
80339/80686/81377 Westendstraße 267-6d
80331 Westenriederstraße 269-1c
81671 Westerhamer Straße 269-6c
81245 Westerholzstraße 244-12b
81929 Westerlandanger 248-8b
81829 Westermeierstraße 270-5b
80469 Westermühlstraße 268-6b
80805 Westfalenstraße (2) 247-5b
– Westpark (Ost) 268-4c
– Westpark (West) 267-6d
81927 Westpreußenstraße 248-10c
81547 Wettersteinplatz 269-7c
81547 Wettersteinstraße 269-7c
81479 Wetzelstraße 290-4a
81547 Weyarner Straße 269-10d
80937 Weyprechtstraße 224-12a
81479 Whistlerweg 290-4d
81737 Wichernweg 270-10c
80993 Wichertstraße 245-3d
81249 Wichnantstraße 243-3d + 6b
80935 Wickenstraße 246-2b
80689 Widarkisstraße 267-2c
81545 Widdersteinstraße 269-10c
81679 Widderstraße 247-12c
80538 Widenmayerstraße 269-1b
81829 Widmannstraße 248-12d
81247 Widweg 244-9b
80995 Wiebekingstraße 245-1d
81249 Wiedehopfweg (2) 243-6d
80937 Wiegandweg 224-12b
81667 Wiener Platz 269-2c
81825 Wiesbachhornstraße 270-8a
81243 Wiesbadener Straße (21) 244-11c
81243 Wiesengrund 266-3c
80993 Wiesenstraße 245-6b
81249 Wiesentfelser Straße 266-1b
81249 Wiesenthauer Straße 266-1b
81539 Wieskirchstraße 269-8c
80939 Wieslocher Straße 225-12c
81247 Wiguläus-Hundt-Weg 244-9d
81549 Wikingerstraße 269-11c
81477 Wilbrechtstraße 289-3d + 290-1c
81825 Wildalpjochstraße 270-7b
81375 Wildanger 267-7b
81245 Wildenburgstraße 244-11a
81249 Wildenfelser Straße 266-1b
81671 Wildenholzener Straße 269-9b
81245 Wildenrother Straße 244-10a
81825 Wildenwarter Straße 270-5a
80634 Wilderich-Lang-Straße 246-10d
80993 Wildermuthstraße 245-3c
81929 Wildrosenweg 248-5c
81375 Wildtaubenweg 267-4d
81477 Wilhelm-Busch-Straße 289-6b
81927 Wilhelm-Dieß-Weg 248-10a
80809 Wilhelm-Dörpfeld-Weg 246-8a
80638 Wilhelm-Düll-Straße 246-7c
80639 Wilhelm-Hale-Straße 246-10c
81675 Wilhelm-Hausenstein-Weg 247-11c
81669 Wilhelm-Herbert-Weg (11) 269-4b
80805 Wilhelm-Hertz-Straße 247-4d
81243 Wilhelm-Hey-Straße 266-3c
81737 Wilhelm-Hoegner-Straße 292-1a
80935 Wilhelmine-Reichard-Straße 246-1b
81543 Wilhelm-Kuhnert-Straße 268-12a
81479 Wilhelm-Leibl-Platz 290-4c
81479 Wilhelm-Leibl-Straße 290-4c
80689 Wilhelm-Mayr-Straße 267-2c
80809 Wilhelm-Meister-Straße (4) 246-6c
80805 Wilhelm-Ostwald-Straße 247-8a
80807 Wilhelm-Raabe-Straße 247-4a
80687 Wilhelm-Riehl-Straße 267-3d
80997 Wilhelmshavener Straße 245-2d
80801 Wilhelmstraße 247-7c
81677 Wilhelm-Tell-Straße 269-2b
80807 Wilhelm-Wagenfeld-Straße 247-1d
81925 Wilhelm-Weigand-Straße 248-4c
81377 Wilhelm-Weitling-Straße 267-8c
80997 Wilhelm-Zwölfer-Straße 222-12b
81739 Will-Dohm-Weg 270-10d
80689/80687 Willibaldplatz 267-2a
80687/80689 Willibaldstraße 267-5a
80809 Willi-Daume-Platz 246-6c
80809 Willi-Gebhardt-Ufer 246-8a
80805 Willi-Graf-Straße 247-5b
81671 Willinger Weg 269-6d
80999 Willi-Wien-Straße 245-4a
81545 Willroiderstraße 290-2b
80999 Willstätterstraße 244-3d
81829 Willy-Brandt-Allee 271-1c
81829 Willy-Brandt-Platz 271-1c
81669 Wilramstraße 269-8b
80805 Wiltrudenstraße 247-7b
81825 Wimbachtalstraße 270-9a
81927 Wimmerstraße 247-12b
80686 Wimpfener Straße 267-3c
80937 Winckelmannweg (1) 224-12b
80337 Winckelstraße 268-6b
81825 Windbauerstraße 270-6d
81375 Windeckstraße 267-8a
81245 Windelbandweg (2) 244-12d
80333 Windenmacherstraße 40-B4
81827 Windhuker Straße 271-7d
80995 Windröschenstraße 246-1a
80639 Winfriedstraße 245-11d + 11a
81825 Winkelmooser Straße 270-5a
81373 Winkstraße 268-5c
81549 Winlandstraße 291-2b
81737 Winninger Straße 292-1a
81476 Winsauerstraße 289-2b
81479 Winterhalterstraße 289-6b
81737 Winternitzstraße 270-10c
80933 Wintersteinstraße 224-5d
81543 Winterstraße 268-9b
81476 Winterthurer Straße 267-11d
80639 Winthirplatz 246-10b
80639 Winthirstraße 246-10b
80992 Wintrichring 245-9c
80797 Winzererstraße 246-9a + 12a
80939 Wirtsbreite 225-11b
81249 Wirtshofweg 244-2c
81539 Wirtstraße 269-7a
81929 Wißmannstraße 270-1b
– Wittelsbachbrücke 268-6d
80469 Wittelsbacherstraße 268-6c
80993 Wittenberger Straße 245-3d
80995 Witzlebenstraße 246-1b
81247 Wöhlerstraße 245-7c
81929 Wölzlstraße 248-8c
81547 Wörnbrunner Platz 269-10d
81241 Wörnzhoferstraße 267-1a
81667 Wörthstraße 269-2c
81737 Woferlstraße 269-9c
80939 Wohlfahrtstraße 247-3a
– Wohncenter West 268-1c
80939 Wolf-Ferrari-Weg (14) 225-11b
81927 Wolfgang-Borchert-Weg 248-4c
80634 Wolfgang-Früchtl-Straße 246-10d
81667 Wolfgangstraße 269-2c
81735 Wolf-Huber-Weg 269-9b
80935 Wolfoltstraße 224-11b
81737 Wolframstraße 270-10c
81379/81479 Wolfratshauser Straße 290-7a
81243 Wolfsberger Straße 244-11c
81677 Wolfskehlstraße 269-3b
81543 Wolgemutstraße 268-9d
81545 Wolkensteinstraße 290-3a
81375 Wolkerweg 267-5d
81671 Wollanistraße 269-9a
80997 Wollnystraße 245-5c
81925 Wopfnerweg 247-6d
80797 Wormser Straße (5) 246-9c
80639 Wotanstraße 245-12c
80335 Wredestraße 268-2b
80939 Wünscherstraße (23) 247-2b
80995 Würmhölzlstraße 223-8b
81476 Würmseeplatz 267-12c
81476 Würmseestraße 267-12c
80997 Würmstraße 245-6a
81375 Würmtalstraße 267-7a
80686 Würzburger Straße 268-1c
81371 Würzstraße 268-8b
81243 Wüsteinsteiner Straße 244-10d
80339 Wugg-Retzer-Straße (3) 268-5a
81545 Wunderhornstraße 290-5d
81243 Wunderlichstraße 266-3c
80939 Wundtstraße 225-10d
80539 Wurzerstraße 269-1b
80939 Wurzgartenweg 225-11a

81829 Xaver-Weismor-Straße 270-2c

80637 Yorckstraße 246-7d
80634 Ysenburgstraße 246-10b

81379 Zaberner Straße 268-11c
81241 Zacharias-Werner-Straße 267-1a
81541 Zacherlweg (3) 269-4d
81735 Zänglweg 269-9d
81929 Zahnbrecherweg 248-8a
80638 Zamboninistraße 245-9d
81929 Zamdorf 270-1b
81677 Zamdorfer Straße 269-3b + 270-1a
81677 Zamilastraße 270-1c
80809 Zanderstraße (2) 246-6b
81241 Zapfweg 266-6b
81547 Zasingerstraße 269-7c
81825 Zauberwaldstraße 270-9a
81677 Zaubzerstraße 269-2b
80937 Zauneidechsenweg 224-9c
80997 Zaunerstraße 245-4d
81827 Zaunkönigweg 271-4d
80805 Zaunweg 247-5a
81245 Zauserweg 244-11a
81375 Zavelsteinstraße 267-8a
81369 Zechstraße 268-8c
80939 Zedernweg 225-11b
81369 Zegginstraße 268-10b
81539 Zehentbauernstraße 269-7a
81247 Zehentstadelweg 244-9d
80939 Zehetmeierstraße 247-3b
81825 Zehntfeldstraße 270-8a + 7b
81827 Zeisigweg 271-7c
81477 Zeismeringer Straße 290-1a
80999 Zeißstraße 244-3c
81735 Zeitblomstraße 270-7c
80995 Zeitlerstraße 224-8c
81549 Zellerhornstraße 269-8d
81667 Zellstraße 269-1d
80337 Zenettiplatz 268-6c
80337 Zenettistraße 268-5b
– Zenneckbrücke 40-D2
81379 Zennerstraße 268-11a
80638 Zeno-Diemer-Straße (10) 245-9b
80798/80796 Zentnerstraße 246-12a
81379 Zentralländstraße 290-2c
81541/81669 Zeppelinstraße 269-4a
80992 Zettlerstraße 245-6d
80937 Zickweg 247-1a
80799/80798 Zieblandstraße 246-12b
81249 Ziegeleistraße 243-6d
81247 Ziegelhofstraße 245-7c
81735 Zieglerstraße 269-9d
81477 Ziehrerstraße 289-3d
81379 Zielstattstraße 268-10a
80336 Ziemssenstraße 268-3c
80807 Zietenstraße 246-6b
81373 Zillertalstraße 268-7b
81927 Zimmermannweg 248-10c
81377 Zinckgrafstraße 267-7b
81671 Zinnebergstraße 269-9b
80939 Zinnienstraße 247-3a
80939 Zirbelweg 225-11b
80335 Zirkus-Krone-Straße 268-2b
81377 Zirler Straße 267-9d
81541 Zita-Zehner-Platz 269-4d
80997 Zittauer Straße 245-5a
80796 Zittelstraße 246-9d
81476 Zitzelsbergerstraße 289-2b
81377 Zöllerstraße 267-11a
80335 Zollstraße 268-2b
81927 Zoppoter Straße 248-10a
81671 Zornedinger Straße 269-9a
80687/80686 Zschokkestraße 267-3d
80639 Zuccalistraße 245-12a
81739 Zuckerhütlstraße 270-11c
80992 Zügelstraße 245-6c
80689 Zündterstraße 267-2a
81476 Züricher Straße 289-2b
81475 Zuger Straße 289-1b
81541 Zugspitzstraße 269-7b
80686 Zumbuschweg (2) 267-6b
81929 Zum Hirtengütl (3) 248-8a
80634 Zum Künstlerhof 246-10c
81675 Zumpestraße 269-2b
80997 Zum Schwabenbächl 222-9d
81929 Zum Stefflacker (5) 248-8a
80999 Zur Allacher Mühle (1) 222-12d
81925 Zur Alten Ziegelei 247-6d
81929 Zur Deutschen Einheit 248-10b
80997 Zur Grünen Eiche 245-6a
81929 Zur Hängbreite (2) 248-8a
80331 Zweibrückenstraße 269-1d
80336 Zweigstraße 268-3a
81479 Zwengauerweg 290-4d
80939 Zwergackerweg (18) 225-11b
81369 Zwergerweg (9) 268-7c
81243 Zwernitzer Straße 244-11c
81245 Zwicklgasse 244-10a
80999 Zwiedineckstraße 245-4a
81825 Zwieselbergweg 270-4d
81679 Zwieseler Straße 269-3a
81245 Zwillergasse 244-7d
80807 Zwillingstraße 246-6b
81245 Zwingenberger Straße 244-11a
80331 Zwingerstraße (14) 40-C3
81377 Zypressenweg 267-8d

Münsing
PLZ 82541

Alte Wolfratshauser Straße 354-7c
Am Anger (2) 375-3c
Ambach 375-4c
Ambacher Straße 375-4a
Am Buchberg 375-6b
Am Griesbichl 353-9c
Am Hacken 353-11b
Am Kirchberg 353-11b
Am Labbach 353-11b
Ammerland 353-7c
Ammerlander Straße 353-8c
Ammerlander Straße (1) 353-8c
Am Schlichtfeld 353-9c
Am Schwaiblbach 375-7c
Am Waldweg 374-3d
Am Wallgraben 353-10a
Am Weiher 375-3c
Angerbreite 375-3c
Angerweg 353-8d
Attenkam 375-2c
Attenkamer Straße 353-11b

Bachstraße 353-8d
Bachweg 375-3c
Beuerberger Straße 397-4a
Biberweg 353-9c
Birklkam 375-5c
Bolzwang 376-1c
Bolzwanger Straße 375-3d
Breitangerweg 375-1d
Bruckmaier 354-10b
Brunnenstraße 375-1d
Buchbergweg 375-1d
Buchscharn 375-10c
Buchscharnstraße 397-4a
Buchsee 353-6c

Dammfeld (1) 375-3c
Degerndorf 375-3c
Degerndorfer Straße 353-11b
Dörfel 375-4b
Dorfstraße 375-3c

Eichenweg 397-4a
Elzerberg 352-12b
Erlenweg 397-4a

Fasanerieweg 353-8c
Fichtenhöh 353-10a

Graf-Pocci-Weg 353-7a
Grondlergasse 353-12a

Hacklgasse 353-11b
Hartlweg 353-11a
Hauptstraße 353-11b
Hauserweg 353-11b
Hochbreite 375-3c
Höhenbühlstraße 375-3c
Höhenrainer Straße 353-8d
Höhenweg 353-10a
Hoffischerweg 353-7c
Holzbergstraße 374-6d
Holzhausen am Starnberger See 375-1d
Holzhausener Straße 353-11b

Kahlberg 375-6a
Kapellenweg 352-12b
Keibichlstraße 375-1d
Kellererberg 353-8d
Kellerweg 353-8c
Kirchberg 375-3c
Kirchbergstraße 375-4b
Kleinfeld 375-3d
Kloiberweg 353-7c
Kugelmühle 375-4c
Kugelmühlweg 375-4a

Lasseweg 375-7a
Leitenweg 375-6a
Lerchenweg 353-7c
Lindenstraße 375-3d
Lindenweg 353-9c
Lothgasse 353-12a
Luigenkam 375-7a
Luigenkamer Weg 375-7a

Madeggerweg 353-10a
Mandl am See 397-1a
Mühljörg 375-8a
Münsinger Straße 353-10a

Nördliche Seestraße 352-12b
Nudlbergweg 375-1d

Oberambach 375-4a
Oberer Kammerloh 353-8d

Pachmayrweg 352-12b
Petersberg 375-3c
Pfaffenkamer Straße 374-3d
Pilotyweg 374-6b
Pischetsried 397-1a

Reichenkam 375-1b
Reichenkamer Straße 375-1b
Ried 353-7d
Riedweg 352-9d

St. Heinrich 397-4a
St.-Heinricher-Straße 375-4d
Schallenkam 375-7d
Schechen 397-7a
Schechener Straße 396-6d
Schmiedgasse (2) 353-11b
Schulstraße 375-3c
Schwabbruck 353-5b
Schwabbrucker Straße 353-8d
Seeburg 352-3d
Seeheim 375-1c
Seeleitn 374-6b
Seeshaupter Straße 397-4a
Seeuferstraße 374-6d
Seitz 353-7b
Siegleweg 353-10a
Simetsbergweg 375-4a
Sonderham 375-6a
Sonderhamer Weg 375-3c
Staudach 353-10a
Sterzenweg 353-10a
Stroblmühle 375-8a
Südliche Seestraße 352-12b

Unterer Kammerloh 353-8d

Von-Riezler-Weg 375-7a

Waldemar-Bonsels-Weg 375-7a
Waldschmidtweg 374-6b
Weidenkam 375-4d
Weilbachweg 353-9c
Weipertshausen 353-5a
Weipertshausener Straße 353-8c
Wimpasing 353-7c
Windberg 375-3c

Neubeuern
PLZ 83115

Ahornweg 411-11c
Altenbeuern 411-11b
Altenmarkt am Inn 411-7d
Althaus 411-12b
Am Bauhof 411-11a
Am Birbet 411-8d
Am Bürgl 411-11b
Am Gasteig 411-11a
Am Gereut 411-11c
Am Graspoint 411-11b
Am Rain (1) 411-8c
Am Schloßberg 411-11a
Am Sportplatz 411-11a
Am Weinberg 411-11c
Anger 411-8b
Angl 411-8d
Aribostraße 411-8d
Arnostraße 411-8d
Auerstraße 411-11a

Baderstraße 411-8a
Birkenstraße 411-11c
Breitensteinstraße (1) 411-7d
Brünnsteinstraße 411-7d
Buchenweg 411-11c
Bürgl 411-11b

Dandlbergweg 412-10c
Degenfeldstraße 411-8c
Dorfstraße 411-11b

Eckbichl 411-11b
Eggerweg 411-11a
Eichendorffstraße 411-11b
Eichenstraße 411-11c
Elandstraße 411-8c
Entleiten 412-7c
Erlenweg 411-11a

Fadingerweg (11) 411-11b
Färberstraße 411-11c
Feldhüterstraße 411-11a
Findlingstraße 411-8c
Freibichl 411-12c
Fröschenthal 411-8d
Frühlingstraße 411-11d
Fuchsweberstraße 411-11a

Gartenstraße 411-10b
Gasteig 411-11a
Geigerstraße 411-11b
Georg-Wiesböck-Ring 411-8d
Gewerbegebiet „Heft" 411-8d
Grießerweg 411-11b
Grobergerstraße 411-8c

Haimgartenstraße 411-11b
Heft 411-8d
Hepfengrabenstraße 411-11a
Herbststraße 411-11d
Heubergstraße 411-7d
Hinterhör 411-12a
Hinterhörer Straße 411-11b
Hirerweg (10) 411-11b
Hofangerweg 411-8d
Hohenaustraße 411-11a
Holzham 411-11d

In der Grube 411-11d
Innlände 411-10b
Innstraße 411-10b

Kundlerweg 411-8d

Landerstraße 411-11b
Langweid 411-11b
Lichtfeld 411-5c
Lippnstraße 411-8c

Marktfeldstraße 411-8c
Marktplatz 411-11c
Mitterstraße 411-7d
Mutzenweg (6) 411-11a

Neuwöhr 411-8a

Petersbergstraße (2) 411-7d
Pfaffensteinstraße 411-11d
Pinswang 411-9d
Plättenweg (7) 411-11a
Preysingstraße 411-11a

Rassnweg 411-8c
Rauwöhrstraße 411-8c
Reiserfeldstraße 411-8c
Rosenheimer Straße 411-11a
Roßwöhrstraße 411-8c
Rupertistraße (9) 411-11b

Sailerbachstraße 411-11a
Samerstraße 411-11d
Saxenkam 412-7c
Scheuern 411-12c
Schloßstraße 411-11a
Schopperstraße 411-10b
Schwarzenbergstraße 411-7d
Schwemmerweg (12) 411-11a
Sesslweg 411-8a
Soinweg (3) 411-7d
Sonnwendstraße 411-11c
Steinbrennerstraße 411-8c
Steinmühlenweg 411-11c
Sulzbergstraße 411-8c

Thansauer Straße 411-8a
Thurner Weg (5) 411-11a
Traithenstraße 411-10b

Ulmenstraße 411-11c

Virgilstraße 411-11b
Von-Wendelstadt-Straße 411-11a

Wendelsteinstraße (4) 411-7d
Werkstraße 411-10b
Wieslering 411-12b
Winkl 411-5d

Zillenweg (8) 411-11b
Zur Schanz 411-11a

Neubiberg
PLZ 85579

Abloner Garten 292-6a
Äußere Hauptstraße 292-2c
Albrecht-Dürer-Straße 292-3d
Am Campeon 291-3c
Am Hachinger Bach 291-3d
Amselstraße 293-4a
Angerweg (6) 292-1c
Anton-Bruckner-Straße 292-5b
Anzengruberstraße 293-4a
Arastraße 292-6a
Auf der Heid 292-5a

Bahnhofsplatz 292-5b
Bahnhofstraße 292-5b
Bahnweg 292-6a
Bajuwarenweg (4) 292-1c
Bamerstraße 292-2c
Barbarossastraße 292-6a
Bergfeldpark 251-4a
Berghammerweg 292-1a
Blumenweg 292-1c
Bodenschneidstraße (1) 292-5b
Brunhildenstraße 292-3d
Buchenstraße 292-6d
Bürgermeister-Schneider-Weg 292-5a

Campeonpark 291-3c
Campusweg (1) 292-1d
Cramer-Klett-Straße 292-3d

Eichenstraße 292-6b
Elsa-Brändström-Platz 292-6c
Eschbaumweg 292-6a

Fliegerhorststraße 292-4a
Floriansanger (2) 292-2d
Frauenfeld (3) 292-5a
Freiherr-von-Stengel-Straße 292-5b
Friedenstraße (1) 292-5d

Hallstattfeld (2) 292-1c
Hauptstraße 292-5b
Hermannstraße 292-6b
Hirtenstraße 292-6c
Hofbergerstraße 292-6b
Hohenbrunner Straße 292-6a

Ilmstraße 292-2c
Isarstraße 292-2c

Josef-Kyrein-Straße 292-6b

Kaiserstraße 292-6a
Kameterstraße 292-6a
Kanzlerstraße 291-3d
Karl-Huber-Straße 293-1c
Keltenhof (5) 292-1c
Kiem-Pauli-Weg 293-4a
Kräutleinhof 292-1c
Kufsteiner Straße 292-6c
Kyffhäuserstraße 292-6b

Lechstraße 292-5b
Leiblstraße 292-6a
Lena-Christ-Straße 293-4a
Lersnerstraße 292-6c
Lilienthalstraße 292-1c
Lindenallee 292-5b
Lorenz-Bauer-Straße 292-6a

Mainstraße 292-2d
Mangfallstraße 292-2c
Marktplatz (3) 292-1c
Max-Löw-Straße 292-6a
Mozartstraße 292-6c

Nibelungenstraße 293-4a

Pappelstraße 292-6b
Pfarrer-Sickinger-Weg 292-5a
Prof.-Berberich-Straße 292-6a
Prof.-Göttsberger-Straße 292-6a
Prof.-Messerschmitt-Straße 292-5a
Promenadenstraße 292-6c

Raffaelstraße 292-6d
Ramsmeierstraße 292-1c
Ranftlstraße 292-1c
Rathausplatz 292-5b
Rheingoldstraße 292-6b
Römerfeld 292-1c

Schönswetterstraße 291-6b
Schopenhauerstraße 292-6a
Schulzstraße 292-6b
Siedlerweg (1) 292-1c
Siegfriedstraße 292-6b
Sonnenweg 292-1a
Spechtstraße 292-6a

Tannenstraße 292-5b
Theodor-Körner-Straße 292-6a
Tizianstraße 292-6c

Ulfilasstraße (4) 292-2d
Universitätsstraße 292-1d + 1c
Unterbiberg 292-1c
Unterbiberger Straße 292-1a
Unterhachinger Straße 291-3d

Waldschmidtstraße 293-4a
Waldstraße 293-4a
Walkürenstraße 292-6b
Weiherweg 292-1c
Wendelsteinstraße 292-2d
Werner-Heisenberg-Weg 292-1c
Wiesenweg (7) 292-1c
Wittelsbacherstraße 292-6a
Wotanstraße 292-6b

Zillestraße 292-6c
Zwergerstraße 291-3d + 292-1d
Zwergerweg 291-3d

Neuching

85467 Am Bergacker (4) 229-3b
85467 Am Bründl 229-3b
85467 Am Feldrain 229-3b
85467 Am Mühlbach 207-11b
85467 Am Rosengarten 229-1a
85467 Am Straßfeld 207-9c
85467 Angerweg 207-11b

85467 Bergfeldstraße 207-12d
85467 Birkenstraße 207-11a
85467 Blumenstraße 207-12a
85467 Bruckbergstraße (1) 229-3a
85467 Brunnenweg 207-12d

85467 Dorfenweg 207-11a

85467 Eicherloher Straße 207-10d
85467 Erlenweg 207-12a

85467 Fasanenweg 229-3b
85467 Finkenweg 229-3b
85467 Fliederweg (1) 207-12d
85467 Forellenweg 207-9c
85467 Friedhofweg 207-9c
85467 Fuchsstraße 207-12d
85467 Fuxleben 229-2b

85467 Gartenweg (3) 229-3b
85467 Gewerbegebiet „Tratmoos" 207-11a
85467 Gfängbachstraße 206-12c
85467 Großfeldstraße 229-3b

85467 Harlachen 230-1d
85467 Hauptstraße 207-12d
85467 Höhenring 229-3b
85467 Hollerweg 207-12d
85467 Holzhausen 229-3d
85467 Hubergasse 229-3b

85467 Kanalstraße 207-12a
85467 Kiesweiherstraße 207-11a
85467 Kirchenstraße 207-12a
85467 Kreuzbergstraße 207-12d

85467 Lagerhausstraße 207-12c
85467 Lausbach 229-6a
85467 Lilienweg 207-12a
85467 Lößweg 207-12d
85467 Lüß 207-10d
85467 Lupperger Straße 229-3b

Neufahrn bei Freising

Neufraunhofen
PLZ 84181

Neuried
PLZ 82061

Neusäß
PLZ 86356

Oberding
PLZ 85445

Obergriesbach
PLZ 86573

Oberhaching

82041 Bergstraße 313-5c
82041 Birkenstraße 313-8a
82041 Blumenweg 313-5a
82041 Bolzweg 313-5c
82041 Brachfeld 313-2b
82041 Brandweg 313-7b
82041 Bruckmeierweg 313-5c
82041 Buchenstraße 313-8a
82041 Büchlweg 313-5b

82041 Deisenhofen 313-4c
82041 Deisenhofener Weg 313-5d
82041 Dietramszeller Straße 313-7d + 335-1c

82041 Edmund-Müller-Straße 313-5a
82041 Erich-Stegmann-Weg (7) 313-2c
82041 Ertlweg 313-2d

82041 Falkenweg 313-7b
82041 Feichterlweg 313-8b
82041 Fichtenstraße 313-8a
82041 Fischhaberweg 335-4a
82041 Flößerweg 313-4a
82041 Flurstraße 313-2d
82041 Försterstraße 313-5c
82041 Forstweg 313-1c
82041 Franz-Josef-Strauß-Straße 313-4a
82041 Fritz-König-Weg 313-4b
82041 Furth 313-2b
82041 Further-Bahnhof-Straße 313-2d
82041 Further Weg 313-2a + 1b

82041 Gänslerweg 313-2d
82041 Gärtnerweg 313-2c
82041 Ganghoferstraße 313-4d
82041 Gartenstraße 313-4d
82041 Gaugrafenstraße 313-4b
82041 Gebrüder-Batscheider-Straße 313-4b
82041 Gerblinghausen 334-6d
82041 Gerstäckerstraße 313-5c
82041 Glasbauerweg 335-4c
82041 Gleißentalstraße 313-4d
82041 Gorihaus 312-9b
82041 Grünwalder Weg 313-1d + 1c

82041 Hahilingastraße 313-2d + 5b
82041 Helfrichstraße 313-4b
82041 Hinteres Gleißental 313-5c
82041 Hirtenweg 313-7b
82041 Hochäckerstraße 313-4d
82041 Hofmarkstraße (1) 313-4b
82041 Hohenwaldstraße 313-1c
82041 Holzstraße 313-2d
82041 Holzwiesenweg 313-8d
82041 Hopfengartenweg 313-7a
82041 Hubertusplatz 313-5c
82041 Hubertusstraße 313-5c

82041 Im Loh 313-1b
82041 Im Winkel 313-2d
82041 In der Elch 335-1d
82041 Innerer Stockweg 313-4b

82041 Jägerstraße 313-7b
82041 Jagdweg 313-7b
82064 Jettenhausen 334-6a
82041 Jettenhauser Straße 335-1c
82041 Josef-Filser-Weg (2) 313-5c
82041 Josefstraße 313-8a
82041 Josef-Weigl-Straße 313-8a

82041 Kapellensteig (6) 313-2c
82041 Karlstraße 313-5c
82041 Karwendelstraße 335-4b
82041 Kastanienallee 313-5c
82041 Keltenring 313-2c
82041 Kettnerweg (3) 313-4b
82041 Kiefernstraße 313-5c
82041 Kirchplatz 313-5b
82041 Kirchweg 313-5c
82041 Köhlerweg 313-5b
82041 Kohlstattstraße 313-5b
82041 Kolpingring 313-1d
82041 Kolpingweg 313-1d
82041 Kreuzenstraße 313-2a
82041 Kreuzpullach 312-12d
82041 Kreuzpullacher Weg 335-1a
82041 Kugler Alm 313-1a
82041 Kugler Alm Weg 313-1a
82041 Kybergstraße 313-5a + 4b

82041 Lärchenstraße 313-8a
82041 Landweg 313-4b
82041 Lanzenhaarer Straße 313-5b
82041 Laufzorn 312-8b
82041 Laufzorner Straße 312-6d + 313-4c
82041 Leitenweg 313-2c
82041 Leonhardiweg 313-5b
82041 Lindenallee 313-5c
82041 Linienstraße 313-1c + 1a
82041 Ludwig-Thoma-Straße 313-5c

82041 Marienplatz (Oberbiberg) 335-1c
82041 Meilerweg 313-5b
82041 Münchner Straße 313-5b

82041 Oberanger 313-2d
82041 Oberbiberg 335-1c
82064 Oberbiberger Straße 334-5b
82041 Ödenpullach 312-12c
82041 Ödenpullacher Straße 313-4d

82041 Pestalozzistraße 313-5a
82041 Pfaffensteig 335-1c
82041 Pfarrer-Hobmair-Weg 313-4a
82041 Pfarrer-Socher-Straße 313-5a
82041 Pfarrweg 313-5b
82041 Pöttinger Straße 313-2d
82041 Puppenspielerweg (1) 313-1c

82041 Raiffeisenallee 313-1d
82041 Ringstraße 313-4c
82041 Rodung 313-1c
82041 Rotwandstraße 313-4c

82041 Sägewerksweg 313-4d
82041 St.-Rita-Weg 313-4b
82041 St.-Stephan-Weg 313-4b
82041 Sauerlacher Straße 313-4d
82041 Schäftlarner Weg 313-4a
82041 Schanzenweg 313-5d
82041 Schmidweg 313-1d
82041 Schmiedbauernweg (1) 335-1c
82041 Schrannenweg 313-8b
82041 Schulstraße 313-4d
82041 Schwaigerweg 335-1c
82041 Simerbauernweg 313-2d
82041 Sommerfeld 313-2a
82041 Sonnenläng 313-2d
82041 Stauchartinger Weg 335-1c
82041 Stefanienstraße 313-7b
82041 Stiegelweg 313-5d
82041 Streicherweg 334-6b

82041 Talanger 313-5a
82041 Tannenstraße 313-8a
82041 Taufkirchner Weg 313-1d
82041 Tegernseer Weg 313-4a
82041 Thalerweg 313-4a
82041 Thingstraße 313-4a
82041 Tisinstraße 313-5c
82041 Tölzer Straße 313-5d

82041 Unteranger 313-2d
82041 Unterfeld 313-8a

82041 Vogelanger 313-4a
82041 Vogelherdweg 313-4d
82041 Vorderes Gleißental 313-5c

82041 Wagnerweg 313-2d
82041 Waldsiedlung 313-8c
82041 Waldstraße 313-7b
82041 Wallbergstraße 313-4c
82041 Wendelsteinstraße 313-4a
82041 Wendenstraße 313-5a
82041 Winterfeld 313-2b
82041 Wörnbrunner Straße 313-4a
82041 Wolfzorner Straße 313-4a

82041 Ziegelstadel 312-12a
82041 Zugspitzstraße (Oberbiberg) 335-1c

Oberpframmern
PLZ 85667

Aich 295-11c
Alpspitzstraße 317-4b
Am Anger 317-1d
Am Hoffeld 317-2c
Amselweg 317-4a
Am Stierberg 317-4b

Bergstraße 317-4b
Birkenstraße 317-4b
Buchenweg 317-2c

Dorfstraße 317-2c
Drosselweg 317-4b

Egmatinger Straße 317-4b
Eichenweg 317-2c
Esterndorf 317-3a

Finkenweg 317-4a

Glonner Straße 317-5a

Jägerweg 317-4b

Lerchenweg 317-4b
Lindenstraße 317-4b

Mittelweg 317-2c
Mühlweg 317-2c
Münchner Straße 317-1d

Niederpframmern 317-2c

Pframmener Weg 294-12b

Raiffeisenstraße 317-4b

St.-Andreas-Weg 317-2c
St.-Georgstraße 317-2c
St.-Leonhard-Straße (2) 317-2c
St.-Ulrich-Straße (1) 317-2c
Schlag 294-12d
Seiherweg 317-5a
Siegertsbrunner Straße 317-4b
Steinseestraße 317-2c

Tal 317-4b

Waldstraße 317-4a
Wallbergweg 317-5a
Wendelsteinstraße 317-5a
Wolfersberg 295-8c

Zornedinger Straße 317-5a
Zugspitzstraße 317-4b

Oberschleißheim
PLZ 85764

Altes-Schloß 202-11d
Am Birkenschlag (19) 202-11c
Am Fohlengarten 202-11b
Am Frauenfeld 202-11a
Am Gänsbach 202-11c
Am Glasanger 202-11a
Am Hofgarten 202-12d
Amigonistraße 224-2b
Am Isarbach 202-11c
Am Jägerviertel (18) 202-11c
Amlingweg (8) 202-11c
Am Margarethenanger 202-11c
Am Michaelianger 202-11a
Am Ried 202-11a
Am Schäferanger 202-11a
Amselweg (1) 203-10c
Am Stichgartl 202-12a
Am Stutenanger 202-11a
Angelwiese 202-11a
August-Graßl-Weg (5) 202-11a
August-Schmauß-Straße 224-2b

Badersfeld 201-12a + 202-10a
Baderstraße 201-12d
Bahnhofsplatz (2) 202-11d
Bahnhofstraße 202-11d
Bergl 202-12a
Bernd-Isemann-Weg (15) 202-11c
Birkhahnstraße 202-8d
Blumenstraße 202-11d
Bonselsweg (10) 202-11c
Bruckmannring 202-8d

Dachauer Straße 201-12d
Dr.-Hofmeister-Straße 202-12a

Effnerstraße 202-11d
Eichenstraße 202-12a
Eigenheimstraße 202-11d
Elsternweg 203-10c
Erlenweg (17) 202-11c
Ernst-Schneider-Weg (14) 202-11c
Ernst-Udet-Straße 224-2b

Fasanerie 224-2c
Feierabendstraße 202-11d
Ferdinand-Schulz-Allee 224-2d
Finkenweg (2) 203-10c
Fliederweg 202-11d
Föhrenstraße 202-12a
Fohlengartenweg 202-11b
Frank-Behrens-Straße 202-11a
Freisinger Straße 202-11d

Gartenstraße 202-11d
Georg-Neuhäusler-Weg (1) 202-11a
Gertrud-Weinhold-Weg (3) 202-11a

Hackerstraße 201-9c
Haselsbergerstraße 202-12c
Haymannstraße 202-11b
Hein-Neufeld-Straße 202-11b
Heinz-Katzenberger Straße 202-11b
Heuweg 202-11a
Hirschplanallee 202-11a
Hirtwiese 202-11a
Hochmutting 224-3d
Hochmuttinger Straße 202-12d
Hofkurat-Diehl-Straße 202-11d
Holzhackerstraße 202-12c

Ignaz-Günter-Weg (13) 202-11c
Ingolstädter Landstraße 225-4d

Jacob-Gollwitzer-Weg (2) 202-11a
Jägerstraße 224-2d
Jahnstraße 202-12c
Jakobsklause 224-6b
Julius-Kugler Straße 202-11c

Kalterbachweg 201-12c
Kalthauserweg (11) 202-11c
Kapellenweg 203-10c
Keltenweg 202-11c
Klosterwiese 202-11a
Königstraße 224-6b
Kreuzstraße 203-10c

Lehrer-Wittmann-Straße 202-11b
Lerchenweg 203-10c
Lilienthalstraße 224-2b
Lindenstraße 202-12c
Lodershamweg (6) 202-11a
Ludwig-Thoma-Straße 202-11d
Lustheim 203-10c

Mallertshofen 203-8a
Max-Emanuel-Platz 202-12c
Max-Gaul-Weg (4) 202-11a
Maximilianshof (1) 202-11d
Meisenweg (3) 203-10c
Mittenheim 202-8d
Mittenheimer Straße 202-11b
Moosachweg 202-11a
Moosweg 202-11a
Münchner Allee 224-3a

Neues Schloss 202-12c
Neuherberg 225-7b

Olympia-Regattastrecke 223-3b

Pappelweg (20) 202-11c
Pfarrer-Kranz-Straße 202-11c
Prinzenweg 225-4b
Prof.-Otto-Hupp-Straße 202-11a

Quidenusweg (7) 202-11c

Raiffeisenweg (12) 202-11c
Ringstraße 202-11c
Ritter-von-Müller-Straße 202-11d
Robert-Raudner-Straße 202-11b
Rotdornstraße 202-11b
Ruffinistraße 202-11d

Sandgrube 202-11a
St.-Hubertus-Straße 224-2a
St.-Margarethen-Straße 202-11c
Schloss Lustheim 202-12d
Schlosspark 202-12c
Schnepfenweg 201-12c
Schönleutnerstraße 202-11d
Schwabmayrstraße 202-11b
Sonnenstraße 224-2c
Sportflugplatz Oberschleißheim 224-3c

Tannenstraße 202-12a
Theodor-Heuss-Straße 202-11c
Theodor-Körner-Straße 202-12c

Veterinärstraße 202-11c

Wagneranger (16) 202-11c
Weidenweg (9) 202-11c
Wilhelmshof 202-11d

Zeppelinstraße 224-2b

Oberschweinbach
PLZ 82294

Ahornweg 217-5d
Am Anger 217-5b
Am Bogen 217-5b
Am Eichenschlag 217-5d
Am Hang 217-4b
Am Kleinfeld (1) 217-1d
Am Klosteranger (3) 217-6a
Am Kühberg (2) 217-4b
Am Rain 217-5d
Am Schloss Spielberg 217-6a
Am Sportfeld 217-5a

Bachstraße 217-4b
Baumstraße 217-6c
Birkenweg 217-5d
Brunnenstraße 217-5d
Buchenweg 217-5d
Bürgermeister-Funk-Ring 217-2c

Eichenweg 217-4b

Feldstraße 217-4b
Fichtenweg 217-5b
Flurstraße 217-5a
Forstweg 217-5d

Gartenstraße 217-5a
Günzlhofen 217-1d
Günzlhofener Straße 217-5a

Hanshofener Straße 217-1d
Hauptstraße 217-5b
Herrnzeller Straße 217-2c
Hochfeldstraße 217-5b
Höhenweg 217-5b

Imhoffstraße 217-1d

Jahnstraße 217-2c

Kajetanweg 217-5b
Kastanienweg 217-5b
Kirchstraße 217-1d
Klosterstraße 217-5b
Krebsfeldstraße 217-5d
Kreisstraße 217-5b
Kreuthofstraße 217-5b

Lerchenfeldstraße 217-5b
Lindenweg 217-2c

Margaretenweg 217-1d
Mühlstraße 217-5b

Neubruchstraße 217-5d
Neufeldstraße 217-5b

Pelheimerstraße 217-5b

Ramweg 217-5d

Schloßfeldstraße 217-5b
Schulstraße 217-2c
Schwaigweg 217-5b
Siedlerstraße 217-5b
Spielberg 217-5b

Tannenweg 217-5d
Turmstraße 217-2c

Waldstraße 217-1d
Weidenweg 217-5b
Weiherstraße (1) 217-5b

Obertaufkirchen
PLZ 84419

Aign 215-8d
Am Sportplatz 215-5c
Am Unterfeld 236-3c
An der Rast 215-5c
Angermühle 236-3d
Annabrunn 237-1d

Birkenstraße 215-5a
Bogenberg 236-5b
Brandstätt 214-11c
Breitenau 236-3b
Brunn 214-11a
Bürgermeister-Bauer-Straße 215-5c

Daimlerstraße 215-5c
Deutenheim 215-8b
Dieselstraße 215-5c
Distlberg 214-12b
Dornmühle 236-3d

Ebering 215-6c
Eichenstraße 215-5c
Etz 237-7a

Forsthub 215-10d
Frauenornau 215-7d
Friedlrimbach 214-9b

Gaßlhub 237-4c
Grüngiebing 214-11a
Grünwald 237-4c

Haager Straße 215-5a
Haindlschuster 236-9a
Haslberg 236-6c
Hauptstraße 236-6a
Hiller 214-11b
Hillermaurer 214-11a
Hirschstätt 214-12c
Hitzling 215-4b
Höllhof 215-10c
Hofgiebing 214-11c
Hohenpoint 237-2b
Hohenthann 215-5a
Hohenthanner Straße 215-4b
Holzen 237-1c
Holzland 237-1a
Hütt 236-9b

Jakob-Engl-Straße 215-5a

Karwies 237-4a
Kaserweg 236-6a
Kielöd 214-11b
Kirchkagen 237-2b
Kirchplatz 215-4b
Kirchstraße 215-4d

Lacken 214-11d
Lentfelden 236-5d
Linden 237-5b
Lindenstraße 215-5c

Mais 236-2b
Manhartsberg 236-5b
Marx am Holz 214-11c
Mesmering 215-4d
Mesmeringer Straße 215-4d
Mimmelheim 215-8b
Mittermairstraße 215-5a
Mitterrimbach 214-9d
Mühlwinkel 236-6a

Neuhausen 214-12d
Niederham 236-3a
Niedermühle 236-3b

Oberbergham 236-9a
Oberöd 236-2d
Oberornau 236-3d
Oberrimbach 214-9d
Oberschwarzenbach 237-1c
Oberthalham 236-8b
Oberweinberg 214-11d
Oed 215-11a

Paunzenhofen 237-2b
Pfaffenkirchen 215-7b
Pfarrer-Egerer-Straße (2) 215-5c
Pfarrer-Götz-Straße (1) 215-5c
Pfarrweg 236-6a
Poststraße 236-6a

Rabeneck 237-1c
Rampoldsheim 215-5a
Ratzenberg 236-3c
Reinthal 214-11d
Reuth 214-12b
Rimbachau 214-9d
Rundum 237-1d

St.-Magdalena-Straße 215-4b
St.-Martin-Straße 215-4d
Schönbrunner Straße 236-6a
Schulstraße 215-4b
Schwarzenbach 215-11d + 237-2b
Steinkirchen 215-10a
Stelln 236-6b
Stierberg 215-11b
Stift 236-2b
Stockenreit 237-2c
Stockweb 237-1d
Straß 215-5d

Thalham 215-6a

Unteröd 236-3a

Vogldorn 236-9b

Weiher 215-11b
Weinberg 215-10c
Weitermühle 214-12a
Wendenheim 215-5d
Wies 215-2c
Wiesreit 237-1c
Winharting 215-11c

Odelzhausen
PLZ 85235

Ahornweg 168-8a
Am Anger 168-10d
Am Bach 168-9a
Am Brand (4) 196-1b
Am Gartenfeld 168-10a
Am Greit (5) 196-1b
Am Hagnfeld (6) 196-1b
Am Hang 168-9a
Am Hinterberg 168-6d
Am Klosterfeld 168-11a
Am Rohrbach 196-5b
Am Saum 168-8c
Am Schloßberg 168-10d
Am Sportplatz 196-1a
Am Steg 168-10c
Am Vogelsang 168-6c
Am Wegacker 196-1c
Am Weikertshofer Feld 168-9b
Am Winkelgraben 196-1c
An der Baumschule 196-1c
An der Glonn 195-3d
An der Hochbreite (3) 196-1b
An der Schwemm 168-8d
Angerweg 196-1c
Augsburger Straße 168-10a
Augustinerweg 168-11b

Bachbreite 196-2d
Bachwiesenweg 168-10c
Benefiziumsweg 168-10d
Bergstraße 168-10d
Birkenstraße 168-10d
Blumenstraße 168-10d
Brunnenweg 196-1b
Buchbinderweg (1) 168-10d
Buchenweg 168-4d
Burgfeldstraße 168-10d

Carl-Benz-Straße 196-2a
Carl-von-Linde-Straße 196-2a
Chorfeldweg 168-8d

Dietenhausen 195-3d + 196-1c
Dietenhausener Straße 168-10c
Dirlesrieder Straße 196-5c
Dorfstraße 168-11a

Ebertshausen 196-5b
Ebertshausener Straße 196-2c
Eichenstraße 168-10d
Erlenweg 168-5c
Eschenstraße (2) 196-1b
Essenbach 168-12a
Essenbacher Weg 168-8d

Färberweg 168-11b
Feldstraße 167-12d
Fichtenweg (1) 168-5c
Flurweg 168-9b
Föhrenweg 168-8a

Gaggers 169-4c
Gaggersstraße 169-4c
Gartenstraße 168-10d
Geiselwieser Berg 168-5b
Geiselwieser Straße 168-6c
Gernerstraße 169-4a
Glonnstraße 168-10d

Hadersried 167-9b
Hafnerweg 168-10c
Hartweg 196-5b
Hauptstraße 168-10c
Hochfeldstraße 168-9b
Hochstraße 196-1a
Hollergreppenstraße 168-10d

Jägerweg 169-4c

Kirchstraße 168-9a
Kirchwiesenweg 168-9a
Kohlstattstraße 196-1b
Konrad-Kreppold-Platz (1) 167-9c
Kräuterweg 168-10c
Kreuzstraße 196-2c

Lärchenweg 168-5c
Lerchenstraße 196-1a
Lilienweg 168-9a
Lindenstraße 196-1b
Lugaufstraße 168-10d
Lukka 196-2c
Lukkaer Straße 168-10d + 196-1b

Marktstraße 168-10d
Miegersbach 168-7c
Miegersbacher Weg 168-10c
Mitterfeldstraße 168-9a
Mühlweg 168-10c

Nelkenweg 168-9a

Oberfeld 196-5b
Odelzhausener Straße 196-5b
Oskar-von-Miller-Straße 196-2a

Postweg 168-10d
Primelweg 168-6c

Riedhof 196-5a
Riedhofstraße 196-5a
Robert-Bosch-Straße 196-1b
Rosenweg 168-9a
Roßbach 168-8d
Roßbachstraße 168-8c
Rudolf-Diesel-Straße 196-2a

Sandstraße 168-10c
St.-Benedikt-Straße 196-5b
St.-Lantpert-Straße 196-1c
St.-Michael-Straße 196-5d
Schloßallee 168-10d
Schloßstraße 168-10d
Schulanger (3) 195-2d
Schulstraße 168-10d
Seestraße 196-2c
Sittenbach 168-8b
Sittenbachstraße 168-9a
Sixtnitgern 168-5c
Spindlhufner 168-11a
Steinfeldstraße 168-10d
Sternstraße 168-10d
Straßfeldstraße 167-12d

Tannenweg 168-5c
Taxa 168-11a
Todtenried 196-1d
Todtenrieder Straße 196-1a
Tulpenstraße 168-9a

Veilchenweg (1) 168-9a

Waldstraße 168-5c
Weiherweg 168-10d
Wiesenweg 169-4c

Ziegler 168-6b

Olching

82140 Abt-Anselm-Straße 220-12b
82140 Adalbert-Stifter-Weg 220-12a
82140 Adam-Geisler-Straße 220-8b
82140 Adelgundenweg (9) 220-12b
82140 Adlerweg 220-9a
82140 Adolph-Kolping-Weg (2) 220-12a
82140 Albert-Leiss-Weg (4) 221-10a
82140 Albrecht-Dürer-Straße 220-12c
82140 Allacher Straße 221-8c
82140 Almenrauschweg (9) 242-2d
82140 Alpenveilchenweg (10) 242-2d
82140 Alpspitzstraße 242-2b

82140 Alter Bahndamm 242-3c
82140 Amalienstraße 221-7c
82140 Am Gröbenbach 221-12d
82140 Ammerweg 220-9c
82140 Amperau 220-11b
82140 Amperweg 220-11a
82140 Amselweg 220-8d
82140 Am Sonneneck 220-12b
82140 Am Vogelherd 242-2a
82140 Ancilla-Schwarz-Weg (21) 220-12c
82140 Andre-Delorme-Straße 220-12b
82140 Anemonenweg (2) 220-8c
82140 Angerweg 242-1b
82140 Anzengruberstraße 220-12b
82140 Arnulfweg (2) 220-12b
82140 Ascherbachstraße 221-10a
82140 Asternweg (8) 220-8c
82140 Auf der Insel 220-11d
82140 Augustenweg (1) 220-12b
82140 August-Exter-Straße 242-3b
82140 Aurikelweg (8) 242-2d

82140 **B**ahnhofstraße 220-12a
82140 Bahnweg 221-11b
82140 Baltenweg (14) 242-2b
82140 Barbarastraße (32) 220-11a
82140 Beethovenstraße 220-11b
82140 Beim Himmelreich 221-9c
82140 Berta-Höchendorfer-Straße 220-12b
82140 Birkenhofstraße 221-8d
82140 Birkenweg 220-8d
82140 Blaumeisenstraße 220-11d
82140 Blütenstraße 220-12a
82140 Blumenstraße 220-12a
82140 Böhmerwaldweg (13) 242-2b
82140 Brachvogelweg (30) 220-9a
82140 Brahmsstraße 220-12b
82140 Breslauer Straße (23) 242-2b
82140 Bromberger Weg (17) 220-12c
82140 Buchfinkenstraße 220-11d
82140 Buchhoferstraße 220-12a
82140 Bürgermeister-Drey-Straße 220-9b
82140 Bürgermeister-Elfinger-Weg (22) 220-8d
82140 Bürgermeister-Grässmann-Straße 220-8b
82140 Bürgermeister-Haidacher-Straße 220-12b
82140 Bürgermeister-Huber-Weg (11) 220-12b
82140 Bürgermeister-März-Weg 220-10d
82140 Bürgermeister-Schmölz-Weg (13) 220-12b
82140 Bürgermeister-Waibel-Weg (12) 220-12b
82140 Bürgermeister-Zeitler-Weg (6) 221-10a

82140 **C**harlottenstraße 221-7c
82140 Cronenbergstraße 220-12b

82140 **D**achauer Straße 220-11a
82140 Dahlienweg (6) 220-8c
82140 Danziger Straße 242-2b
82140 Daxerstraße 220-12a
82140 Dietschweg 221-11b
82140 Donaustraße 220-12a
82140 Dora-Heigenmooser-Straße 220-9c
82140 Dora-Heigenmooser-Straße (26) 220-9c
82140 Drosselweg 220-8d

82140 **E**delweißweg (5) 220-8c
82140 Edisonweg 220-11a
82140 Egerländer Weg 220-11d
82140 Eichendorffstraße 220-8c
82140 Eisvogelweg (25) 220-9c
82140 Elisabethstraße 220-11a
82140 Emmeringer Straße 242-2a
82140 Enzianweg 242-2d
82140 Ernst-Raadts-Weg 220-9b
82140 Eschenrieder Straße 221-12c
82140 Escherweg 242-1b
82140 Esting 220-10d + 242-1a
82140 Estinger Straße 242-2a
82140 Estostraße 220-8c
82140 Eulenweg (29) 220-9a

82140 **F**alkenweg 220-9a
82140 Fasanenweg 220-9c
82140 Feldgedinger Straße 221-5a
82140 Feldstraße 220-12c
82140 Ferdinandstraße (2) 220-9d
82140 Feursstraße 220-12a
82140 Fichtenweg 221-10c
82140 Finkenweg 220-8d
82140 Fliederstraße 220-12a
82140 Florianstraße 220-6d
82140 Föhrenweg 221-10d
82140 Fontaneweg (12) 220-8c
82140 Forellenweg 221-8c
82140 Forstweg 221-11a
82140 Franz-Hagn-Straße 220-10d
82140 Franzstraße 221-7c
82140 Fritz-Endreß-Weg 220-8d
82140 Fritzstraße 220-11b
82140 Frühlingstraße 242-2d
82140 Fürstenfeldbrucker Straße 220-11d + 242-2a
82140 Futapaßstraße 220-12c

82140 **G**anghoferstraße 220-12b
82140 Gartenstraße 242-2b
82140 Geiselbullach 220-6d
82140 Geiselbullacher Straße 220-9a
82140 Georgenstraße 220-9d
82140 Gerhart-Hauptmann-Straße 220-12c
82140 Gernlindener Weg 220-9a
82140 Geschwister-Scholl-Weg 220-12a
82140 Gewerbering 220-6c
82140 Gleiserstraße 220-8d
82140 Goethestraße 220-12c
82140 Gottlieb-Daimler-Straße 242-2b
82140 Graf-Spreti-Straße (1) 220-8c
82140 Grasmückenstraße 220-11d
82140 Graßlfing 221-8a
82140 Grasweg 220-11a
82140 Gröbenzeller Straße 221-7a

82140 **H**aderecker 221-9c
82140 Hans-Holbein-Straße 220-12c
– Hauptstraße 220-11b
82140 Hauptstraße 220-11d
82140 Hechtweg 221-11b
82140 Heckenstraße 220-11d
82140 Heideweg 221-10a
82140 Heimgartenstraße 242-2b
82140 Heinrich-Heine-Weg (15) 220-8c
82140 Heinrich-Kaspar-Schmid-Straße 220-12d
82140 Heinrich-Nicolaus-Straße 220-9c
82140 Heinrichweg (3) 221-10a
82140 Herbststraße 242-2d
82140 Hermann-Böcker-Straße 220-8b
82140 Herzog-Max-Straße 220-12b
82140 Herzogstandstraße 242-2b
82140 Hildegardweg (8) 220-12b
82140 Hirschbergweg (5) 242-2b
82140 Hochfellnweg (1) 242-2b
82140 Hochgernweg (2) 242-2d
82140 Hochholzweg 221-11a
82140 Hochriesweg 242-2b
82140 Hofmarkstraße 220-8c
82140 Hubertusstraße 220-11a

82140 **I**llerweg 220-12a
82140 Ilzweg 220-12a
82140 Im Schwaigfeld 220-12b
82140 Industriestraße 220-9a
82140 Innweg 220-9c
82140 Irisweg (3) 220-8c
82140 Isabellastraße (1) 220-9d
82140 Isarweg 220-12a

82140 **J**ägersteig 220-11c
82140 Jahnstraße 220-12a
82140 Jakobusstraße 220-11a
82140 Jeisstraße 220-8d
82140 Johann-G.-Gutenberg-Straße 242-2b
82140 Johann-Sebastian-Bach-Straße 220-12c
82140 Josef-Bergmann-Weg 220-12c
82140 Josef-Bergmann-Weg (22) 220-12c
82140 Josef-Kistler-Weg 221-4a
82140 Josef-Tauscheck-Straße 242-2a
82140 Josef-Wechselberger-Weg (3) 220-12a
82140 Josephinenstraße 221-7c

82140 **K**äthe-Zeitler-Weg (7) 221-10a
82140 Kampenwandstraße 242-2a
82140 Kapellenweg 220-6c
82140 Karlstraße (3) 220-9d
82140 Karl-Theodor-Straße 220-12b
82140 Karwendelstraße 242-2a
82140 Katharinastraße (31) 220-11a
82140 Keltenweg 242-2b
82140 Kemeterstraße 220-8d
82140 Kiesweg 220-8a
82140 Kirchenweg 242-1b
82140 Königsberger Weg (15) 242-2b
82140 Kollerweg 242-1b
82140 Konradstraße 220-8d
82140 Krähenweg 220-9a
82140 Krautgartenweg 220-10d
82140 Kreutstraße 220-12c
82140 Kreuzstraße (Esting) 220-10d
82140 Krokusweg (9) 220-8c
82140 Krottenkopfweg (6) 242-2b

82140 **L**echweg 220-12a
82140 Leiblweg 220-12b
82140 Lena-Christ-Weg (11) 220-8c
82140 Lenauweg 220-8c
82140 Lenzstraße 220-8c
82140 Leopoldstraße 221-7c
82140 Lerchenstraße 220-12c
82140 Lessingstraße 220-12c
82140 Lichtenstraße 221-11b
82140 Liebigweg (20) 220-8c
82140 Lilienstraße 220-12a
82140 Loferer Weg 220-11d
82140 Ludovikastraße 221-7c
82140 Ludwigstraße 220-12b
82140 Ludwig-Thoma-Straße 220-12a
82140 Luitpoldstraße 220-12b

82140 **M**aria-Stieren-Weg (10) 221-10a
82140 Marienweg 221-4d + 7a
82140 Martinstraße 220-11d
82140 Mathias-Duschl-Straße 221-10a
82140 Mathildenweg 220-12b
82140 Maximilianstraße 220-12b
82140 Max-Reger-Straße 220-12b
82140 Max-Reischl-Weg (21) 220-8c
82140 Mitterweg 220-12b
82140 Mörikeweg (13) 220-8c
82140 Möslstraße 242-2d + 2a
82140 Mondstraße 220-10d
82140 Mozartstraße 220-12b
82140 Münchner Straße 220-11d + 242-3b + 3c

82140 **N**arzissenweg (7) 220-8c
82140 Nebelhornstraße 242-2b
82140 Nelkenweg 220-12a
82140 Neu-Esting 220-11b
82140 Neu-Estinger Straße 220-11b
82140 Neufeldstraße 220-12b
82140 Nietzscheweg (17) 220-8c
82140 Nikolaus-Otto-Straße 242-2b
82140 Nöscherplatz 220-11d
82140 Nöscherstraße 220-11b

82140 **O**beranger 220-6d
82140 Olchinger Straße 220-8d
82140 Ordenslandstraße 242-2b
82140 Ostpreußenstraße 242-2b
82140 Ottostraße 220-12b

82140 **P**alweiser Straße 220-8c
82140 Paul-Keller-Weg (16) 220-8c
82140 Pestalozzistraße 220-11a
82140 Peter-Henlein-Straße (19) 242-2b
82140 Pfanzeltstraße 220-11b
82140 Pfarrer-Bendert-Straße 220-8d
82140 Pfarrer-Bohmer-Weg 220-12b
82140 Pfarrer-Handwerker-Straße 220-11d
82140 Pfarrer-Rosenhuber-Weg (5) 221-10a
82140 Pfarrstraße 220-11d
82140 Philipp-Helmer-Straße 220-8b
82140 Pointweg 220-10d
82140 Pommernstraße 220-11d
82140 Poststraße 220-11d
82140 Prof.-Schmid-Straße 220-6c

82140 **R**auschbergweg (4) 242-2b
82140 Rauschweg 243-1c
82140 Rebhuhnstraße 220-11d
82140 Reiherweg (28) 220-9a
82140 Reiterstraße 221-10b
82140 Richard-Wagner-Straße 220-11b
82140 Riedlstraße 220-12a
82140 Riesengebirgsweg (12) 242-2b
82140 Ringstraße 220-11a
82140 Robert-Koch-Weg (19) 220-11a
82140 Rodelberg 220-11a
82140 Römerstraße 242-1b
82140 Röntgenweg (18) 220-8c
82140 Roggensteiner Straße 220-11c
82140 Roseggerweg 220-12b
82140 Rosenstraße 220-12a
82140 Roßhaupter Platz 220-11d
82140 Rotwandstraße 242-2d
82140 Rudolf-Bögel-Weg 220-9d
82140 Rupprechtstraße 220-12b

82140 **S**ägmühlstraße 220-9b
82140 Salzachweg 220-9c
82140 St.-Annaberg-Weg (11) 242-2b
82140 Schillerstraße 220-12a
82140 Schlesierstraße 220-11d
82140 Schloßstraße 220-11a + 242-1a
82140 Schubertstraße 220-12c
82140 Schulstraße 220-9b
82140 Schwaigfeld 220-12b
82140 Schwalbeneck 220-12c
82140 Schweizerweg (1) 220-11b
82140 Schwojerstraße 220-11d
82140 Seestraße 221-4d
82140 Senserstraße 220-8c
82140 Siebenbürgenweg (18) 220-11d
82140 Siedlerstraße 242-2a
82140 Sighartstraße 220-8d
82140 Sommerstraße 242-2d
82140 Sonnenstraße 220-10d
82140 Sophienstraße 221-7c
82140 Spatzenwinkel (23) 220-9c
82140 Sperberweg (27) 220-9a
82140 Starenweg 220-8d
82140 Stauffenweg (7) 242-2d
82140 Stephanweg 242-1b
82140 Sternenstraße 242-1b
82140 Stifterstraße 220-8c
82140 Storcheneck (24) 220-9c
82140 Sudetenstraße 242-2b

82140 **T**annenweg 221-10d
82140 Theresienweg 221-7c
82140 Toni-März-Straße 220-11c
82140 Tucholastraße 221-7a
82140 Tulpenweg 220-8c

82140 **U**hlandweg (10) 220-8c
82140 Ulmenweg 221-10a
82140 Unteranger 220-6d

82140 **V**eilchenweg (4) 220-8c
82140 Vetter 221-9a
82140 Virchoweg 220-11a
82140 Vogelpark 220-11a
82140 Von-Kleist-Weg (14) 220-8c
82140 von-Schöpf-Weg (31) 220-9b

82140 **W**achtweg 242-1b
82140 Wallbergweg (3) 242-2d
82140 Warthegaustraße (16) 242-2b
82140 Watzmannstraße 242-2a
82140 Waxensteinstraße 242-2a
82140 Wehrstraße 221-4d
82140 Weiherweg 221-11d
82140 Weinstraße 220-8c
82140 Wendelsteinstraße 220-11d + 242-2b
82140 Werner-von-Siemens-Straße 242-2b
82140 Wettersteinstraße 242-2b
82140 Wiesenweg 221-7d
82140 Wilhelmstraße 221-7c
82140 Winterstraße 242-2d
82140 Wittelsbacher Allee 220-9d
82140 Wolfganghof 242-3d
82140 Wolfstraße 220-12a

82140 **Z**aunkönigstraße (20) 220-11d
82140 Zeisigweg 220-9c
82140 Zugspitzstraße 242-2a
82140 Zum Stanglhof 242-3a
82140 Zur Heupresse 220-12a
82140 Zweigstraße (1) 242-1b

Ottenhofen
PLZ 85570

Ahamstraße 230-7b
Am Anger 230-4d
Am Erlbach 230-11b
Am Fehlbach 230-11b
Am Kirchberg 230-11b
Am Loh 230-9c
Am Mitterfeld 230-4d
Am Schloßberg 230-8a
Am Tainger Feld (2) 230-6d
Am Vogelherd 230-8d
Am Ziegelberg 230-4d
An der Schwillach 230-6b
Auweg 230-6d

Blumenweg 230-4d
Brunnenstraße 230-7b

Dorfstraße 230-6d

Eichenweg 230-5c
Erdinger Straße 230-7d

Fichtenstraße 230-11a
Flurstraße 230-5c
Friedrich-Esswurm-Straße 230-7b

Gartenstraße 230-7b
Grashausen 230-7a
Grashauser Straße 230-4d
Grund 230-6c
Grunder Straße 230-6d

Herdweg 230-11b
Herdweger Straße 230-5c
Hochstraße 230-5c
Hofmühle (1) 230-6d

Isener Straße 230-11a

Keckmühle 230-6a + 6b
Kirchplatz 230-5c

Lieberharting 230-5a
Loher 230-4d

Meillerweg 230-5c
Moosweg 230-11b

Neuhauser 230-4b

Oberschwillacher Straße 230-6d

Perusastraße 230-8a
Pfarrweg 230-5c

Quellenweg 230-11d

Raiffeisenstraße 230-5c
Ritterland 230-4d
Römerstraße 230-8d

Schlehbachweg 230-4d
Schwillacher Straße 230-5c
Semptweg 230-8a
Siggenhofen 230-9c
Steiler 230-4c
Stocker 230-4c

Unterschwillach 230-6c

Vogelherd 230-8c

Waldstraße 230-7b
Wimpasing 230-9a
Wimpasinger Weg 230-9c

Otterfing
PLZ 83624

Adalbert-Stifter-Ring (5) 359-4d
Ahornstraße 359-4c
Alois-Ebert-Straße 359-4c
Alter Stadtweg 358-9b
Am Haid 358-9b
Am Steigacker 359-4c
Andraweg 359-4c
Arberstein 358-9d
Auf dem Hochrain 358-6d

Bäckeranger 358-6d
Bäckerleiten 358-6d
Bahnhofstraße 359-7a
Beim Arberstein 358-9d
Bergham 358-9a + 9b
Berghamer Straße 358-9b
Birkenstraße (6) 359-4c
Bitzenweg 359-7a

Christerweg 358-9b

Dietramszeller Straße 358-9b
Dislweg 359-7a

Eduard-Moser-Straße 359-7a
Erlacher Weg 358-9c
Erlenweg 359-4c

Fohlenweide 358-5b

Gambsweg 358-12b
Gasserweg 359-7a
Georg-Hardt-Straße 359-4a
Georg-Kaindl-Straße 359-4a
Gewerbering 359-4a

Haidfeldstraße 358-9b
Haidgasse 358-9d
Heigenkam 358-2d
Heigenkamer Weg 358-5b
Heimerweg 358-9b
Hienlohestraße 358-6d
Hirschbergstraße 358-9d
Holzham 359-7a
Holzhamer Bogen 359-7a

Im Kirchenwinkel (2) 359-4c

Jahnsteig 359-4c
Jupiterstraße 359-4c

Keltenschanz 359-4a
Kernthaler Straße 358-9d
Killerweg 359-4c
Kleinfeldstraße 359-7c
Kölblanger 359-7a
Kölblweg (3) 359-7a
Kreuzstraße 359-7a

Landkramerweg 359-7a
Lehrer-Holl-Straße 359-4c
Lena-Christ-Ring 359-4c
Lipizzanerstraße 358-9b
Ludwig-Ganghofer-Straße 359-4a
Ludwig-Thoma-Straße 359-4c

Markweg 359-4c
Marsstraße (1) 359-4c

Nordring 358-6d
Nordsiedlung 359-4c

Orionstraße 359-4c

Palnkam 358-9c
Palnkamer Straße 358-9d
Pfarrer-Böhm-Weg 359-4c
Pitzarweg 359-7a
Pöttingerweg 359-4c
Ponyhof 358-6d
Ponystraße 359-7a
Prügweg 358-12a
Puslweg 358-9b

Riegerweg 359-7c

St.-Georgs-Platz 359-7a
Schimmelgasse 359-7a
Schmiedweg 358-9b
Schulstraße 358-9b
Setzbergstraße 358-9d
Sonnenweg 359-4c
Staudenfeldweg 359-4c
Sternstraße 359-4c
Stifterweg 359-4d
Stitzweg (7) 359-7a
Stützenfeldweg 359-7a

Tegernseer Straße 359-7a
Thalhamer Weg 358-12a

Von-Eichendorff-Straße (4) 359-4d

Wallbergstraße 358-9d
Weberweg 358-9b
Wendelsteinring 358-9d
Wettlkam 358-5d

Ziegelstadel Einöde 358-4d

Ottobrunn
PLZ 85521

Adalbert-Stifter-Straße 292-6d
Äußerer Ranhazweg 292-8a
Ahornstraße 292-8b
Akazienweg (7) 292-8b
Albert-Schweitzer-Straße 292-9c
Albertus-Magnus-Weg 292-8d
Almenrauschstraße 292-8b
Alpenrosenstraße 292-8b
Alte Landstraße 292-5a
Amalienweg 292-5b
Am Bogen 292-8b
Am Brunneck 292-6d
Amperweg 292-8d
Amselweg (20) 292-8d
An der Ottosäule 292-9c
Anton-Günther-Straße 293-4c
Anton-Ripfel-Weg 292-6c
Arnikaweg 292-8b
Aurikelstraße 292-8b
Aventinusweg 292-6c

Bahnhofsplatz 292-9b
Bahnhofstraße 292-5d
Bahnweg 292-6d
Beethovenstraße 292-6c
Beiserstraße 292-6c
Benzstraße 292-8a
Bergstraße 292-9a
Bozaunweg 292-5c
Bozener Straße 292-8b
Brennerstraße 292-8b
Brucknerstraße 292-9a
Buchenstraße 292-6d
Bürgermeister-Wild-Straße 292-5b
Bunsenweg (23) 292-9c
Burgmaierstraße 292-5d

Christa-McAuliffe-Straße 292-8c
Clemens-Schöps-Straße 292-5c
Cramer-Klett-Straße (6) 292-6d

Daimlerstraße 292-8a
Defreggerstraße 292-6c
Denkmalsplatz 292-9a
Dianastraße 292-9a
Dr.-Klaus-Kopfermann-Weg (27) 292-9c
Dr.-Otto-Bößner-Weg 292-5d
Drosselstraße 292-8b
Dunantstraße 292-8d

Edelweißstraße 292-8b
Edgar-Klas-Weg 292-6c
Egerweg 292-8d
Eibenstraße 292-8b
Eichendorffstraße 292-9a
Einsteinstraße 292-8d
Elbeweg 292-8b
Enzianstraße 292-8b
Erlenstraße 292-6d
Eschenweg 292-8b
Etschweg 292-8b
Eulenweg (21) 292-8d

Falkenstraße 292-8b
Farnweg (15) 292-8b
Feldstraße 292-5d
Fennbergweg (2) 292-9a
Finkenstraße 292-8d
Finsinger Feld 292-5c
Fliederweg (8) 292-8b
Franz-Liszt-Straße 292-6c
Friedenstraße 292-5d
Friedrich-Ebert-Platz 292-9a
Friedrich-Ebert-Straße 292-5a
Friedrich-Rückert-Straße 292-9b
Fritz-Straßner-Weg 292-6c

Gabriele-Münter-Weg 293-4c
Ganghoferstraße 292-6d
Gartenstraße 292-5d
Ginsterweg (14) 292-8b
Goethestraße 292-6d
Gottfried-Keller-Straße 293-4c
Grasmückenstraße 292-9c
Grasweg 292-5b
Grillparzerstraße 292-6d
Gustav-Freytag-Straße 293-4c
Gutenbergstraße 292-8b

Habichtweg 292-8d
Händelstraße 292-6c
Haidgraben 292-5c
Haidgrabenweg 292-8a
Hans-Kandler-Weg 292-9b
Hans-Kreß-Straße 292-5d
Hans-Sachs-Straße 293-4c
Hans-Watzlik-Straße (3) 293-4c
Haselweg (17) 292-8b
Haydnstraße 292-9a
Hermann-Löns-Straße 292-6d
Hirtenstraße 292-5d
Hochackerstraße 292-9a
Holunderweg (16) 292-8b
Horst-Bienek-Weg (1B) 292-5d
Hubertusstraße 292-9a

Innweg 292-8d
Isarweg 292-8c

Jägerweg 292-5a
Jahnstraße 292-5d
Johann-Sebastian-Bach-Straße 292-6c
Johann-Strauß-Straße 292-6c
Josef-Seliger-Straße 292-6d

Käthe-Kollwitz-Straße (4) 293-4c
Käuzchenweg (19) 292-8d
Kantstraße 293-4c
Karl-Birzer-Straße 292-9a
Karl-Mager-Weg 292-8c
Karl-Stieler-Straße 292-9b
Karl-Valentin-Weg 292-6d
Kastanienweg (9) 292-8b
Kathi-Weidner-Weg 292-5c
Kaulbachstraße (2) 293-4c
Kiefernweg (11) 292-8b
Kleiststraße 293-4c
Kobellweg 293-4c
Kreckeweg (26) 292-9c

Latschenweg (5) 292-8a
Laurinweg (3) 292-9a
Leharweg 292-6c
Leibnizstraße 292-8d
Leitzachweg (28) 292-8b
Lenbachallee 293-4c
Liebigweg 292-12a
Lindenstraße 292-8b
Lise-Meitner-Straße 292-8d
Ludwig-Thoma-Straße 292-6d

Mangfallweg 292-8d
Margreider Platz 292-8b
Maria-Merian-Straße 292-8d
Maria-Schreiner-Weg 292-5d
Marie-Curie-Straße 292-8d
Martin-Auer-Straße 292-5d
Masurenweg 292-8d
Max-Reger-Straße 292-6c
Meisenstraße 292-8d
Memelweg 292-8d
Meraner Straße 292-8b
Mozartstraße 292-6d

Naupliaallee 292-8b
Neißeweg 292-8d
Nimrodstraße 292-9a
Norbert-Wiener-Straße 292-8d
Nußbaumweg 292-9c

Oderweg 292-8d
Osserweg 292-8d
Ostpreußenstraße 292-8c
Ottostraße 292-9a

Pestalozzistraße 292-9a
Pettenkoferweg (22) 292-9c
Pfarrer-Krempl-Weg 292-8a
Pommernstraße 292-8b
Prinz-Otto-Straße 292-5d
Promenadestraße 292-5d
Putzbrunner Straße 292-6d + 5d

Rabenweg (18) 292-8d
Ranhazweg 292-8b
Rathausplatz 292-6c
Rathausstraße 292-6c
Rembrandtstraße 293-4c
Resselweg 292-5c
Ricarda-Huch-Weg (5) 292-6d
Richard-Wagner-Straße 292-9a
Riemenschneiderstraße 293-4c
Ringelnatzweg 292-6c
Robert-Hetz-Weg 293-4c
Robert-Koch-Straße 292-9c
Röntgenstraße 292-12a
Roseggerstraße 292-6d
Rosenheimer Landstraße 292-5d
Rotdornweg (10) 292-8b
Rotkehlchenweg (29) 292-8d
Rubensstraße 293-4c

Salbeiweg (13) 292-8b
St.-Otto-Platz 292-5d
Sauerbruchweg (25) 292-9c
Schillerstraße 293-4c
Schlernweg (4) 292-9a
Schützenstraße 292-9a
Schwalbenstraße 292-8d
Sebastian-Pöttinger-Weg (1A) 292-5d
Seebauerstraße 292-9a
Siemensstraße 292-8a
Spatzenweg 292-8d
Spitzwegstraße 293-4a
Starenweg 292-8d
Stieglitzweg 292-8d
Sudetenstraße 292-8d

Theodor-Körner-Straße 292-6d

Uhlandstraße 292-6d
Ulmenstraße 292-8b
Unter den Lauben (1) 292-9a
Unterhachinger Straße 292-8a
Uwe-Glock-Platz (30) 292-8d

Valierweg (24) 292-9c
Van-Gogh-Straße 293-4c
Virchowstraße 292-9c
Von-Gluck-Straße 292-6c

Wacholderweg (6) 292-8b
Waldhornstraße 292-9a
Wilhelm-Busch-Straße 292-6c
Wolf-Ferrari-Weg (5) 292-6c
Würmweg 292-8d

Zaunkönigstraße 292-8b
Zeisigstraße 292-8d
Zirbelweg (12) 292-8b

Pähl
PLZ 82396

Aidenried 349-3a
Alpspitzstraße (3) 350-10b
Alte Hirschbergstraße (4) 350-11c
Am Anger 349-6a
Am Eschgatter 350-10b
Am Feldgraben 327-12c
Am Gasteig 350-7d
Am Hallerhof 349-3b
Am Hörnbachl 350-10d
Ammerseestraße 350-10a
Ammerweg 349-5b
Am Osatgarten 350-10a
Am Römerhügel 349-3c
Am Schloßpark 350-10a
Am Sinkbachl 349-6a
Am Weidach 350-10a
Am Weißbach 349-6a
Am Wiesenhang 349-3a
Andechser Weg 349-3a
An der Ammer 349-9a

Bachäcker 349-6b
Bachstraße 350-10b
Berndorferstraße 350-7c
Brunnwiesstraße 349-6a
Buchenstraße 349-6b

Dießener Straße 349-6a

Eichbergstraße 350-7c
Eichenstraße 349-6c
Eichhof 349-6d
Erlaich 349-1b
Erlinger Straße 349-6a

Feldgrabenstraße 327-12c
Fischen am Ammersee 349-6a
Fischerstraße 349-2b
Floßmannstraße 349-3c

Gartenstraße 349-6a
Geißbichlweg 349-3c
Gut Kerschlach 350-5d

Hartschimmelhof 350-1c
Herrschinger Straße 349-3c
Hesselohnerstraße 350-7d
Hirschbergalm 350-8c
Hochschloss 350-7d
Hohe Rainäckerstraße 349-3a

Karwendelstraße 349-3a
Kirchenweg 349-3c
Kirchstraße 350-10a
Kramerstraße 349-6a
Kremsstraße 350-10a
Kreuzeckstraße (2) 350-10b

Mitterfischen 349-3c
Monatshausener Straße 350-10b
Moosstraße (1) 350-10a

Neuseeheim 350-11c

Obere Burgleite 350-7d
Oberer Ammerhof 349-11d
Oberhirschberg 350-11b

Pähler Feld 349-6c
Pähler Schlucht 350-8c
Pfaffenbichelweg 349-3c

Raistinger Straße 349-12b
Rauchäckerstraße 349-3a

Schalkenbergstraße 350-7c
Schloßpark 350-10a
Schulhausstraße 349-6a
Seestraße 349-3a
Sonnenweg 349-3c
Sternstraße 350-10b

Tassilostraße 350-10b
Türkenstraße 350-10a
Tutzinger Straße 350-10b

Unterer Ammerhof 349-8d
Unterhirschberg 350-10d
Urtlanger Straße 350-10a

Vorderfischen 349-5d

Waldstraße 349-3c
Wamamt 350-6d
Wankstraße 350-10b
Weilheimer Straße 349-6a
Westendstraße 349-12b
Wettersteinstraße 349-6a

Zahlfeldstraße 350-10a
Zugspitzstraße 350-10b

Pastetten
PLZ 85669

Ahornweg 231-11b
Am Freibad 231-8c
Am Kühbrunnen 231-10b
Am Schmidberg 231-9d
Amselweg (1) 231-7c
Am Spielplatz 231-11a
Am Weiher 231-9d
An der Säge 231-9d
An der Weide (1) 231-9d
Anger 231-11a
Auerhäuseln 230-12b

Bergstraße 231-11a
Birkeln 253-2b
Birkenstraße 231-8c
Buchrainstraße 231-9d

Dürnberg 230-6b

Eiblweg 231-9c
Erdinger Straße 231-9a
Erlbach 230-12d
Erlenweg 231-11a
Eschenweg 231-11b
Eulenweg 231-7a

Falkenweg 231-7a
Fasanenweg 231-7c
Feldstraße 231-9d
Fendsbach 231-5b
Fichtenstraße 231-11a
Flurstraße 231-11b
Fröbelweg 231-8d

Haidberger Straße 231-9d
Harrain 231-6a
Harthofen 231-9a
Harthofener Straße 231-8d
Hauptstraße 231-11a
Hohenlindener Straße 231-9d

Isener Straße 231-9a

Karlsdorfer Straße 231-11a
Katterloh 231-4a
Kreuzstraße 231-8d

Lindacher Weg 231-12d
Lindenstraße 231-11b
Lohfeld 231-9a

Moosanger 231-9c
Mooshäuseln 231-8d
Moosstetten 231-8b
Moosstraße 231-8d
Mühlenweg 231-7d

Oberschwillach 231-4c
Ötz 231-6d

Pappelallee 231-9c
Pastettener Straße 231-9c
Poigenberg 231-5c
Poigenberger Straße 231-8c

Raiffeisenstraße 231-11a
Rebhuhnweg 231-7a
Reithofen 231-9d
Ringstraße 231-11a
Rotmühle 231-7b

Schützenstraße 231-9d
Schulstraße 231-8d
Spatenweg 231-11b
Steidler-Ring 231-8d
Steinfeldstraße 231-11b

Tadinger Straße 231-12b
Taing 230-9b
Tainger Straße 231-7c

Waldstraße 231-7c
Wendelsteinstraße 231-12b
Westendstraße 231-11a

Zeilern 231-7a
Zeilerner Straße 231-7c

Paunzhausen
PLZ 85307

Am Anger 94-8b
Am Grabenberg 94-12b
Am Kirchberg 94-8b
Am Maibaum (9) 94-8b
Am Rain 94-8b
Am Schönblick 94-8a
Angerhöfe 94-11a

Bajuwarenweg (7) 94-8b
Birkenweg (1) 94-8b
Bussardstraße (5) 94-8b

Dorfstraße 94-12b

Eichenweg (4) 94-8b

Falkenstraße (10) 94-8b
Fasanenweg 94-8d
Finkenweg (11) 94-8b
Fraunenholzstraße (6) 94-8b
Freisinger Straße 94-8b

Hafnerweg 94-8b
Hauptstraße 94-8b
Hohenbuch 95-10a

Im Tal 94-12b

Johanneck 94-9a
Johannecker Straße 94-8b
Johannisweg (8) 94-8b

Kreuth 94-5b

Lärchenweg 94-12b
Letten 94-8a
Lindenstraße 94-12a

Nordumgehung 94-8b

Parkstraße 94-8b
Pfaffenhofener Straße 94-8b
Pfarrer-Häusler-Weg (3) 94-8b

Reichertshausener Straße 94-8a

Schernbuch 94-12a
Schucklbergstraße 94-8a
Schulstraße 94-8d
Schwaiblweg (2) 94-8b
Sportplatzstraße 94-8d

Walterskirchen 94-11a
Walterskirchener Straße 94-8b
Wehrbach 94-6d
Wehrbacher Straße 94-8b

Zur Kreppe 94-12b

Peißenberg
PLZ 82380

Aich 392-8d
Aichstraße 392-8c
Aitranger Weg (1) 392-10a
Alte Kohlenwäsche 392-10c
Alter Bahnhof 392-8a
Am Buchaugraben 392-10a
Am Mühlpointfeld 392-10b
Amselweg 392-10a
Am Talfeld 392-10a
Auf der Leite 392-7d

Bachstraße 392-10b
Baudräxlweg 392-11a
Berghof 393-10c
Bergstraße 392-10d
Bergwerkstraße 392-10c
Burgweg 392-7c

Carl-von-Ossietzky-Straße 392-10b

Dornbichlweg 392-8a
Dotschenfeldweg 392-10b
Drosselweg 392-10b

Ebertstraße 392-10b

Fendter Straße 392-7d
Ficht 392-12c
Fichterweg 392-11a
Finkenweg 392-10b
Forster Straße 392-7c
Frankenstraße 392-11a
Freizeitgelände „Neue Bergehalde" 392-10d
Fritz-Beyerlein-Weg (2) 392-10d

Gartenstraße 392-10d
Genossenschaftsstraße (6) 392-11a
Gögerlstraße 392-8c
Güntherweg (7) 392-10b
Guggenberg 392-10d

Habergasse 392-11a
Hans-Glück-Straße 392-11a
Hauptstraße 392-10d
Holzerstraße 392-11a
Hubertusweg 392-7c
Hurgstall 392-7b

Iblherstraße 392-8c
Im Winkl 392-11a

Jahnstraße 392-10b
Johann-Hirsch-Straße 392-10b
Johannisweg (5) 392-11a
Josefsweg 392-10c

Karl-Stieler-Weg (9) 392-11a
Kirnbergl 392-10a
Kranebitterstraße 392-10b

Landesweg 392-11a
Lausangerweg 392-8c
Leitenweg 392-10b
Lengenlocherweg (4) 392-11a
Liebhardtstraße 392-10b
Ludwigstraße 392-11a

Maistraße 392-10b
Maximiliansweg 392-10d
Meisenweg 392-10b
Merklweg (3) 392-11a
Moosleite 392-10d

Neue Bergehalde 392-11c

Ober-Fendt 392-4a
Obermühle Aich 392-8d
Oskar-Dietlmeier-Straße (8) 392-11a

Pollinger Straße 392-11b

Richthofenstraße 392-10b
Robert-Koch-Straße 392-10d

Salzstadelweg 392-11a
St.-Michels-Weg 392-10a
Schellhammergasse 392-11a
Schlag 392-7c
Schulweg 392-11a
Schwabenweg 392-8d
Schwalbenweg 392-10b
Schweitzerweg 392-11a
Spitzwegstraße 392-10a
Staltmayrweg 392-10b
Stammelestraße 392-10b
Stammerstraße 392-8c
Starenweg 392-10b
Stieglitzweg 392-10b
Suiterweg 392-11a
Sulz 392-10a
Sulzer Straße 392-10c

Thalacker 392-7c
Thalackerstraße 392-10a
Therese-Bauer-Straße 392-10a
Tiefstollen 392-10c

Unter-Fendt 392-4a
Untermühle 392-9c

Weilheimer Straße 392-11b
Weinbauer 392-10c
Weinhartstraße 392-10d

Zur Alten Bergehalde 392-10c

Penzberg
PLZ 82377

Oberhof 397-12d

Promberg 397-12d + 398-10c

Petershausen
PLZ 85238

Ahornweg 119-10c
Akazienweg 119-10c
Alte Sollerner Straße 118-12c
Am Anger 145-2c
Am Kirchberg 119-7a
Am Maurerberg 145-3b
Amselweg 118-12d
Asbach 144-3c
Asbacher Weg 144-3b
Auenweg 144-3c

Bachfeldstraße 145-1d
Bahnhofstraße 118-12b + 12d
Beethovenplatz (5) 118-12b
Beim Wendelstein 145-1a
Berghanerl 119-11c
Bergstraße 144-2b
Birkenweg 119-10c
Blumenstraße 118-12d
Bruckweg 144-3c
Brunnenstraße 144-2b
Buchangerweg 145-1d
Buchenweg 119-10c
Bürgermeister-Rädler-Straße (13) 118-12d

Carl-Orff-Weg (4) 118-12b

Dachauer Straße 145-1c
Dr.-Hörmann-Straße 118-12d
Dorfstraße 144-3c
Drosselweg 118-12d

Edelweißstraße (8) 119-10a
Eichenweg 119-10c
Enzianstraße 118-12b
Erlenweg 119-10c
Eulenweg 118-12c

Falkenweg 118-12c
Fasanenweg 118-12c
Feldweg 119-7a
Finkenweg 118-12c
Fliederstraße 119-10a
Flurstraße 118-12d
Forstweg 145-3d
Franz-Schubert-Weg 118-12b
Freisinger Straße 119-10c
Freymann 118-6d
Frühlingstraße 118-12d

Gartenstraße 119-10a
Georg-Friedrich-Händel-Weg (6) 118-12b
Geranienweg (7) 119-10a
Gewerbering 119-10a
Glonnbercha 119-11c
Glonnweg 118-12d
Göppertshausen 119-10a
Göppertshausener Weg 119-7a

Hauptstraße 119-7a
Heimweg 119-10c
Hochweg 145-3b
Höckhof 145-1a
Hubertusweg 118-12d

Indersdorfer Straße 118-12d + 144-3a
Industriering 119-10a

Jägerstraße 145-1c
Jahnstraße 118-12d
Jetzendorfer Straße 118-12a
Johann-Sebastian-Bach-Weg (1) 118-12b

Kammerberger Straße 145-3b
Kastanienweg (11) 119-10c
Kirchstraße 118-12d
Kollbach 145-4b
Kollbacher Straße 145-2b
Kottmairstraße (10) 118-12d
Kräuterweg 144-6a

Lagerhausstraße 118-12d
Lerchenweg 118-12c
Lilienstraße 118-12b
Lindach 118-11c + 144-1b
Lindenweg (12) 119-10c
Ludwig-Götz-Weg (14) 119-10c
Ludwig-Thoma-Weg 118-12d

Marbacher Straße 118-12b
Margeritenweg 118-12b
Marienweg 119-10d
Marktplatz 118-12d
Meisenweg 118-12c
Mitterfeldstraße 118-12c
Mittermarbach 119-7b
Mittlerer Hang 145-3b
Moosfeldstraße 119-10a
Moosweg 144-3c
Mooswiesenring 119-10c
Mozartring 118-12b
Mühldorf 119-11a
Münchner Straße 118-12d

Oberer Hang 145-3d
Oberhausen 118-6d
Obermarbach 119-7b
Ortsstraße 119-8a
Ostenstraße 145-2c

Petrichplatz 118-12d
Pfarrangerweg 118-12d
Piflitz 145-5c

Rettenbacher Straße 145-1d
Richard-Strauss-Weg (3) 118-12b
Richard-Wagner-Weg (2) 118-12a
Rosenstraße 118-12b

Sattlerweg 145-1c
Schmiedstraße 145-2c
Schulstraße 145-1d
Schwalbenweg 118-12c
Siedlung Mitterfeld 118-12c
Siedlung Sonnenhang 118-12a
Siedlung Westring 144-3a
Sollern 118-11c
Sonnenhang 118-12a
Spatzenweg 118-12c
Speckhof 118-8b
Starenweg 118-12c
Staudenweg 144-6a
Steilhang 145-3b
Steinbergstraße 145-1c
Südenstraße 145-4b

Talstraße 118-11c
Taubenweg 118-12c
Thanner Straße 118-10d
Tulpenweg (9) 119-10a
Turmstraße 145-1d

Über der Glonn 119-10c
Unterer Hang 145-3b
Unterfeldstraße 118-12b

Varenner Straße 118-12d
Vierkirchner Straße 144-6a

Waldstraße 119-10d
Wasenhof 144-3a
Weidenweg 119-10c
Weiherweg 144-2b
Weinbergstraße 145-1d
Weißling 145-3a
Weißlinger Straße 145-2c
Wendelsteinweg 119-10c
Westenstraße 144-3d
Westring 118-11d
Wiesenweg 144-6a

Ziegelberg 144-2a
Ziegeleistraße 118-12b
Ziegelerweg 144-2b
Zum Kollbach 145-1d

Pfaffenhofen an der Glonn
PLZ 85235

Am Anger 195-5a
Am Blütenanger 167-11d
Am Hang 167-11c
Am Mühlrain 195-3c
Am Sonnenhang (1) 167-12a
An der Leiten 195-5a
Auf der Wiese 167-11c

Bachstraße 167-11d
Bäckerstraße 195-2d
Bayerzell 195-7a
Bayerzeller Straße 195-7b
Bergstraße 167-11b

Dorfstraße 167-11d

Ebersried 195-4d
Egenburg 195-5a
Egenburger Straße 195-4d
Eginostraße 195-5a
Eichenweg 195-5a

Friedberger Straße 167-11c

Gartenweg 195-2d
Gerberstraße (2) 195-2d
Gerda-Hasselfeldt-Ring 195-3b
Gernstraße 195-8a
Glonntalstraße 195-5a

Hauptstraße 195-5a
Hirtenweg (1) 195-5c
Holzstraße 167-11b
Hüterweg 195-3c

Kaltenbach 195-4d
Kirchplatz 195-2d

Läutenring 195-5b
Landstraße 195-3a
Ligsalzstraße 167-11b

Miesberg 167-10c
Moosweg 167-11c
Mühlstraße 195-5a

Nußbaumstraße 167-11b

Oberumbach 167-11c

Pfarrstraße 195-2d

Raiffeisenplatz 195-5b
Rathausstraße 195-5a
Reisererstraße 167-11d

St.-Florian-Weg 167-12a
Schloßweg 195-8a
Schusterberg 195-5a
Sportplatzweg 195-5b
Stockach 195-1a

Umbacher Straße 195-3a
Unterumbach 167-11b

Wachostraße 195-3c
Wagenhofen 195-3c
Wagenhofener Straße 167-12c
Weberstraße (1) 195-2d
Weiherweg 195-5a
Weilerweg 167-10d
Weitenried 195-4a
Wiesenweg 167-12c
Wildmoosstraße 195-5a

Ziegelstatt 167-11b

Pfaffenhofen an der Ilm
PLZ 85276

Adlerskorn 79-8b
Adolf-Rebl-Straße 79-7d
Äußere Moosburger Straße 79-9c
Äußere Quellengasse 79-7b
Affalterbach 67-12a
Ahornring 79-10a
Alexander-von-Humboldt-Straße (23) 79-9a
Alte Dorfstraße (5) 66-10c
Altenstadt 79-5d
Alter Mühlweg (1) 67-8b
Altkaslehen 80-6c
Am Bach 66-10a
Am Berg 67-12a
Am Dorfplatz 79-9a
Am Gerlet 79-9a
Am Hang 79-6d
Am Hügel 79-10a
Am Kirendl (4) 66-10a
Am Kreuzberg (1) 66-12a
Am Längfeld 67-12b
Am Mitterfeld 79-6a
Am Rain 41-B3 + 79-8d
Am Schmiedberg 66-12a
Am Schwarzbach 41-A2
Amselweg 67-12c
Am Stieglacker 79-9b
Am Teich (22) 79-9a
Am Temmelacker (20) 79-9b
Am Wald 79-2c
Am Wehr 79-8d
Am Weiherfeld 66-7c
Am Weinberg (1) 68-11a
Am Weingarten 79-2c
Am Windsteig (22) 79-6a
Am Wirtsanger (7) 66-10a
Am Ziegelstadl (2) 79-5c
An der Rennbahn 79-4d
An der Weiberrast 79-4a
Angerweg 67-11c
Angkofen 67-10c
Annabergweg (4) 79-7b
Anton-Bruckner-Straße 79-4c
Anton-Schranz-Straße 79-7c
Auenstraße 41-A2
Auf der Höhe 79-6a
Auf der Leiten 66-10d
Augustin-Schwarz-Straße (3) 41-B1
Aussiger Straße 79-7a

Bachappen 67-11a
Bachgrund 79-7d
Bahnhofstraße 79-8d
Bahnstraße 67-12d
Balthasar-Kraft-Straße (15) 79-8c
Banater Straße 79-7b
Beethovenstraße 78-6d
Berghof 80-1b
Berghofstraße 80-1a
Bergleite (1) 66-7c
Bergstraße 79-5c
Bergweg 66-10b
Bertholt-Brecht-Straße (7) 79-7b
Birkengrund 79-9c
Birkenstraße 79-10a
Bischof-Buchberger-Platz 79-4d
Bischof-Meiser-Straße 79-5a
Bistumerweg 79-4c
Blumenstraße 79-10b
Breslauer Straße 79-7a
Brunnhof 78-6b
Brunnhuberweg (16) 79-9a
Buchenstraße 79-10a
Buchhof 78-6a
Buchscharnweg 66-10d
Bürgermeister-Stocker-Straße (14) 79-7d
Bugscharrn 79-8b
Burgbergweg 80-1a
Burgfriedenstraße 79-8b

Christoph-Probst-Straße 79-5a
Crammerstraße 79-5c

Danziger Straße 79-7a
Dekan-Auer-Straße (1) 68-10c
Derbystraße 79-4d
Dieselstraße 79-5a
Dinkelweg 79-9a
Doderhof 78-6b
Dr.-Bergmeister-Straße 79-8c
Dr.-Hans-Eisenmann-Straße (19) 79-6c
Doktor-Hans-Müller-Ring 79-9a
Doktor-Hans-Müller-Ring (24) 79-9a
Dr.-Ludwig-Zamenhof-Straße 79-8b
Dr.-Scharl-Straße 79-4d
Dorfstraße 65-12c
Draht 79-8a

Ebenhof 78-6b
Eberstetten 79-9b + 80-7a
Eberstettener Straße 79-9a
Eberstettener Weg (21) 79-6d
Eckersberg 67-10b
Egerländerstraße (5) 79-7b
Ehrenberg 66-12a
Ehrenberger Straße 66-10b
Eichendorffstraße 79-4d
Eichengrund 66-12a
Eichenweg 79-6a
Einkornweg 79-9a
Einödshof 65-12a
Eja 67-6c
Emmerweg 79-9a
Enthofstraße 66-10c
Erlenstraße 79-7d
Erlmühlweg (2) 66-10a
Eutenhofen 66-12c
Eutenhofener Weg 66-12a

Fabrikweg 79-7d
Fällhofstraße 79-7b
Färberstraße 80-7c
Fasanenweg 79-10b
Fichtelstraße 79-4d
Fichtenstraße 78-12b
Finkenweg 79-8d
Flachsbogen 79-9a
Föhrenstraße 79-10b
Förnbach 79-6a
Förnbachstraße 79-6c
Forlesbrunnweg 66-10c
Frauenstraße 79-8b
Frechmühle 79-3a
Fuchsberg 79-4d
Fünfkirchner-Straße 79-7b
Fürholzen 78-8a

Gabis 79-8d
Ganghoferstraße 79-5c
Gartenstraße (12) 79-10a
Geisenfelderstraße 67-12d
Geisenhausener Straße 68-11a
Georg-Hipp-Straße 79-8d
Georgshöhe 79-11b
Gerhart-Hauptmann-Straße 79-7c
Gerstenstraße 79-10a
Geschwister-Scholl-Straße 79-5a
Geschwister-Scholl-Straße (1) 79-5c
Gittenbach 66-12c
Gleiwitzer Straße 79-7a
Glogauer Straße 79-7a
Gnesener Straße 79-7a
Göbelsbach 65-12c + 77-3a
Göbelsbacher Straße 65-12b + 66-10a
Görlitzer Straße 79-7a
Goetheallee 79-7a
Grabengasse 79-8a
Grabmeirstraße 79-8b
Griesbach 68-10d
Gritschstraße 79-4d
Grubhof 67-10a
Grünwies 66-10c
Gumpersdorf 65-11d
Gundamsried 67-8b
Gutenbergstraße 79-5a

Haimpertshofen 67-11c + 79-2b
Hans-Demmelmeier-Straße 79-4d
Hans-Kohlmann-Straße (18) 79-6c
Harderweg 79-4d
Harrerberg (3) 66-10a
Hauptplatz 79-8a
Haydnring 79-4c
Heimgärten 79-5c
Heimgartenweg 79-5c
Heindlstraße 79-4d
Heinrich-Böll-Straße 79-7a
Heinrich-Streidl-Straße 79-8c
Heinrich-von-Kleist-Straße 79-7a
Heißmanning 79-1d
Hermann-Hesse-Straße (8) 79-7d
Herzog-Albrecht-Straße 79-7b
Herzog-Ernst-Straße 79-7d
Herzog-Ludwig-Straße 79-7b
Herzog-Maximilian-Straße 79-7b
Herzog-Wilhelm-Straße 79-7b
Hinterer Bergweg 67-8b
Hirseweg (25) 79-9a
Hochstraße 79-8d
Höflmaier 78-9b
Höhenstraße 79-10a
Hörlstraße 79-8a
Hofbergasse 41-A2
Hohenwarter Straße 79-4a
Hoher Weg 80-1a
Hohlweg 79-6a
Holunderweg 79-8d
Holzmannnstraße 79-9c
Holzried 78-8b
Hopfenstraße 79-5c
Hopfenweg 79-6a
Hoppenbichlweg 79-5c

Ilmgrund 79-6a
Ilmsiedlung 67-12d
Ilmstraße 79-8b
Ingolstädter Straße 79-8a
Insel 41-A2
Inselweg 79-5b

Jahnstraße 79-8c
Jakob-Sanwald-Straße (17) 79-6c
Josef-Brückl-Straße 79-8b
Josef-Fraunhofer-Straße 79-2d
Joseph-Hipp-Straße 79-9c
Joseph-Maria-Lutz-Straße 79-8b

Kapellenweg 79-8c
Karl-Schwaiger-Straße 79-8c
Kellerstraße 79-8a
Kienhöfe 78-5b
Kirchberg 68-11a
Kirchengasse (1) 41-A2
Kirchengasse (Affalterbach) 67-12d
Kirchenweg (13) 79-10a
Kirchplatz (2) 66-12a
Kirchsteigweg 68-10c
Kirchweg 66-10a
Kirschbaumweg 79-9a
Kleineberhof 78-6a
Kleinreichertshofen 67-9d
Köglhaus 68-10c
Köhlerstraße 79-7b
Köhlhof 78-3c
König-Ludwig-Straße 79-7b
Königsberger Straße 79-7c
Kohlstattweg 79-6c
Kohnlestraße 79-8a
Kolpingstraße 79-4d
Kornstraße 79-10a
Krankenhausstraße 79-8c
Kreppe 79-5c
Kreutweg 79-2a
Kreuzleite 67-12d
Kreuzloh 79-5c
Kreuzmühle 68-10a
Kuglhof 79-9d
Kuglweg 79-9c
Kurz 78-1b

Lärchenstraße 79-10a
Langenwiesen 77-2b
Lebzelterstraße 79-9d
Lederer Straße 79-9d
Leichtelhäuser 78-8c
Leindotterweg 79-9a
Leitenbauer 66-10d
Leitenweg 66-10d
Leopoldstraße 79-10b
Lerchenhöhe 79-8d
Lerchenweg 79-6a
Lessingstraße 79-7c
Lettnerstraße 79-8a
Liegnitzer Straße 79-7a
Lindacher Straße 66-10a
Lindenweg 79-2a
Linsenweg (26) 79-9a
Löwenstraße 41-A1
Lohfeldstraße 79-7b
Lohmühle 79-8d
Luckhausstraße 79-8c
Ludwig-Hirschberger-Allee 79-9a
Ludwig-Thoma-Straße 79-8a
Luitpoldstraße 79-5a

Marienstraße 79-10b
Martin-Binder-Ring 79-7d
Max-Grabmair-Straße 79-10a
Max-Weinberger-Straße 79-9b
Menzenbach 77-6a
Menzenpriel 77-6d
Mesnergasse 68-11a
Mitterscheyern 78-12a
Moosburger Straße 79-8b
Mozartstraße 78-6d
Mühlbachweg 66-10c
Mühlweg 79-8d
Mühlweg (Förnbach) 79-3c
Müllerweg 79-2a
Münchener Straße 79-8b
Münchener Vormarkt 79-8b
Murhammerstraße 79-8a

Nagelstraße 79-4d
Neuer Mühlweg 67-8b
Niederscheyerer Straße 78-12b
Niederscheyern 79-10c
Nikolaistraße 79-8d
Nussergäßchen 41-A1

Obere Stadtmauer 41-A2
Obere Wiesen 79-10a
Oberfeldweg 79-8d
Oberhofstraße 66-10c
Obermühlweg 79-5b
Oskar-Maria-Graf-Straße (3) 79-5c
Otto-Hahn-Straße 79-5b

Pallertshausen 79-1c
Pappelweg (10) 79-10a
Pechleite 79-7b
Pernzhof 78-5d
Pettenkoferstraße 79-5b
Pfarrer-Frommeld-Straße (6) 66-10d
Platzl 79-8a
Pörnbacher Straße 67-11c + 79-2a
Portenschlagerweg 79-5c
Posener Straße 79-7a
Posthofstraße 79-11a
Poststraße 79-8b
Prof.-Stock-Straße 79-8b

Quellengasse 79-8a

Radlberg 79-7b
Radlhöfe 79-7c
Radlweg (11) 79-10a
Raiffeisenstraße 79-5b
Raitbacher Weg 66-12a
Reichenberger Straße 79-7a
Reindlstraße 79-8b
Richard-Strauss-Straße 79-4c
Richard-Wagner-Straße 79-4c
Riebergweg 79-6a
Riederweg 79-8b
Riedhof 80-2d
Riegelstraße 79-7b
Riesengebirgsweg 79-4c
Ringstraße 67-12d
Robert-Schumann-Straße 79-4c
Rohrer Weg 67-8b
Rosenstraße 79-10b
Rosenweg 79-6a
Rot-Kreuz-Straße 79-8c

Saazerstraße 79-5c
Sägmühle 79-8d
Saigenwiese 67-12b
Saliterstraße 79-7b
Samhofstraße 79-8c
St.-Andreas-Straße 79-5c
St.-Barbara-Straße 79-4d
St.-Wendelin-Straße 79-5c
Schabenberg 78-7b
Schäfflerstraße 80-7c
Schallerweg 79-2a
Scheyerer Straße 41-A2 + 79-7c
Scheyerer Weg 79-10a
Schießstätte 79-5c
Schillerring 79-7c
Schindelhauser Weg 79-8b
Schirmbeckstraße 79-4d
Schlachthofstraße 79-8b
Schlehenhag 79-9c
Schleiferberg 79-7b
Schleiferbergsiedlung 79-7b
Schleiferweg 79-8a
Schlichtstraße 79-8b
Schloßstraße (2) 68-10c
Schmädelstraße 68-10c
Schmellerstraße 79-4d
Schöllberg 79-10b
Schönblick 79-8d
Schrenkstraße 79-8a
Schrobenhausener Straße 79-10b
Schubertstraße 78-6d
Schützenstraße 79-8a
Schulstraße 79-8a
Schwalbenweg 67-12c
Schweitenkirchener Straße 79-9b
Seitzweg 79-10a
Senefelder Straße 79-5a
Seugen 80-4b
Siebenecken 80-8a
Siebeneichmühle 67-12c
Siedlung 79-5b
Sonnenhang 79-10a
Sonnenstraße 41-A2
Sparkassenplatz 41-B2
Spitalstraße 79-8b
Stadtgraben 79-8b
Stettbergstraße 79-9c
Stettiner Straße 79-7a
Straßhof 67-8a
Straßhofer Straße 67-8a
Straßleite 79-2c
Streitdorf 79-6d + 80-4c
Streitdorfer Straße 79-6a
Sudetenstraße 79-7a
Sulkystraße 79-4d
Sulzbach 78-6d + 6c
Sulzbacher Straße (6) 79-7b

Tafelmayrstraße (23) 79-2c
Tal 79-7d
Tannenstraße 79-10a
Tegernbach 66-10a
Tegernbacher Straße 66-12a
Thalhof 80-5b
Thallerstraße 79-8a
Theresienstraße 79-10b
Thomas-Mann-Straße (9) 79-7d
Tilsiterstraße 79-7b
Troppauer Straße 79-7b
Türltorstraße 79-5d

Untere Stadtmauer (2) 41-A2
Unterfeldweg 79-9b
Unthofstraße 65-9d + 66-7c
Uttenhofen 68-10c + 80-1a
Uttenhofener Straße 67-12a

Vogelleite 79-9c

Wagnerweg 79-7d
Waldring 79-10b
Waldweg 66-10d
Walkersbach 68-11a
Wallnerstraße 79-4d
Wannerspergerstraße 79-4d
Wasenstatt 65-12a
Weidenstraße 66-10a
Weiherer Straße 79-8b
Weihern 79-9a
Weinbergweg 79-5a
Weingarten 79-1d
Weinstraße 79-2c
Weißdornweg 79-9c
Weite Gasse 68-10b
Wendenstraße 79-5c
Weyern 77-2b
Wimmerweg (1) 79-2a
Wittelsbacherstraße 79-7b
Wolfgang-Borchert-Straße 79-7c
Wolfsberg 78-4b
Wolfstraße 79-7b
Wolsberger Straße 66-10d

Ziegelkreppenweg 79-4c
Ziegelstadel 80-1b
Ziegelstraße 79-4d
Zierlmühle 68-7c
Zu Ledererstraße 79-9d
Zum Annesberg 79-9a
Zum Staberl 79-4a
Zur Mühle 79-7c
Zweckhof 80-7d

Pfaffing
PLZ 83539

Ahornweg 300-8b
Albachinger Straße 278-10d
Am Anger 300-8b
Am Bogen 300-5d
Am Mittelfeld 322-1b
Am Sportplatz 300-1b
Am Steinberg 322-1b
Angersberg 301-7b
Angersbergweg 301-7d
Attelstraße 322-2a

Bach 322-2a
Bachleiten 322-3a
Bahnweg 278-10d
Bichl 322-3a
Birkenstraße 300-5d
Boing 322-1c
Bräubogen (1) 278-10d
Breitensteinstraße 300-5d
Buch 322-2d
Buchenring 300-8b
Buchleiten 300-2d
Buchsbaum 300-11d
Buchwald 300-9c
Bürgermeister-Bodmeier-Straße 300-5d

Dirnhart 301-7b
Dorfplatz 301-8a
Dorfstraße 301-4d

Ebrach 278-7c
Edelweißstraße 300-5d
Edlinger Straße 301-8a
Eglsee 300-11d
Eichenweg 300-8b
Eiswieherweg 278-10d + 300-1b
Englmannstett 322-2b
Enzianstraße 300-5d
Erbracher Straße 278-10c
Erlenstraße 300-5d
Eschlbach 301-7c
Etz 300-12c

Faßrain 300-10b
Faßrainer Straße 300-11c
Filzen 300-7b
Forstinger Straße 278-10c
Forstweg 301-4d
Fudersöd 300-11b
Fürstenstraße 278-10d

Gänsreit 300-7d
Garnöd 300-11c
Geigelsteinstraße 300-8b
Gewerbering 300-2a
Giglberg 277-12b
Gmain 300-7c
Graben 300-12d
Grafa 300-11d
Grill am Berg 278-10a
Gunzenrain 322-5a

Hart 322-2b
Hauptstraße 300-5d
Heubergweg 300-8b
Heumooser Weg 322-2c
Hilgen 300-5c
Hilgener Straße 300-5d
Hintergraben 301-10c
Hochfellnstraße 300-8b
Hochgernstraße 300-8b
Hochriesstraße 300-8a
Hof 322-2a
Holzmann 300-12a
Holzmannstett 322-2a
Hopfenweg 300-1b
Hutwiesenweg 301-7b

Jakobtal 300-5a

Kampenwandstraße 300-8b
Kampenwandstraße (1) 300-5d
Kellerberg 278-10c
Kirchenweg 300-5d
Kirchplatz 300-5d
Knogl 322-3c
Koblöd 278-10d
Köckmühle 300-8d
Krut 322-2c

Lärchenweg (3) 300-5d
Lederholzweg 300-8b
Lehen 322-2b
Lehener Straße 322-2a
Lindenstraße 300-5d
Lutzhäusl 300-5a

Münchner Straße 278-10c

Nederndorf 300-6a
Neuhäusl 300-7d
Neuhaus 300-8d
Nodern 300-2c

Obere Dorfstraße 322-2a
Oberfarrach 300-12c
Oberfeldweg 278-10c
Obermoos 300-1c
Oberndorf 300-10d
Oberndorfer Straße 322-1b
Oberöd 300-12a
Oberübermoos 301-7a
Oed 300-3c

Pardieß 278-10a
Perach 300-10b
Petersbergstraße 300-5c
Peter und Paul Weg (1) 322-1b
Potzmühle 300-11c
Potzmühlenweg 300-11c
Primelweg 300-5d

Rattenbach 322-1b
Reischlhilgen 301-7d
Reith 277-9d
Rektor-Ludwig-Weg 300-5d
Rettenbach 322-2a
Ried 300-5b
Rotter Straße 300-8b
Rotwandstraße (2) 300-5d

Schachaweber 300-12c
Schalldorfer Straße 322-2c
Scheidsöd 300-6c
Schellwieser Straße 301-8a
Schlosserberg 322-2c
Schrödlreit 300-11b
Schulstraße 300-5d
Sonnenstraße 322-1b
Spitzsteinstraße 300-5d
Springlbach 300-1a
Springlbacher Straße 278-10c
Stauden 278-7c
Steinbuchstraße 278-10d
Steinhart 300-9c
Steinlingweg 300-8b
Sudhausweg 300-1b

Tullinger Straße 278-10c

Ulmenstraße 300-5d
Untere Dorfstraße 322-2a
Unterfarrach 322-3a
Untermoos 300-1c
Unterübermoos 300-9a

Voglsang 300-11d

Watzmannstraße 300-5c
Wendelsteinstraße 300-5c
Werfling 300-8a
Werflinger Straße 300-8b

Zellbach 322-1a

Planegg
PLZ 82152

Adolf-Butenandt-Straße (8) 266-11b
Albert-Schweitzer-Straße 266-12b
Alexander-Flemming-Straße 266-12a
Am Klopferspitz 266-12b
Am Marktplatz 266-10b
Amtmannstraße 266-10d
Angerbauerstraße 266-12b
Anton-Schneller-Straße (3) 266-11a

Bahnhofstraße 266-10b
Behringstraße 266-8d
Benefiziat-Bach-Straße 266-12b
Bertha-von-Suttner-Weg 266-9d
Bräuhausstraße 266-11c
Bunsenstraße 266-12a

Dompfaffweg 266-11b

Egenhofenstraße 266-7d
Einsteinstraße 266-12a
Elisabethenweg (2) 266-11a
Enzianweg 266-11d

Feodor-Lynen-Straße 266-11b
Franz-Brugger-Straße 266-11b
Fraunhoferstraße 266-9c
Fürstenrieder Straße 266-11d

Galileistraße 266-12a
Georgenstraße 266-11a
Germeringer Straße 265-9c
Glockenblumenweg 266-11d
Großhaderner Straße 266-9d
Gumstraße 266-10b
Gustl-Waldau-Straße 266-11a

Heimgartenstraße 266-10b
Heimstättenallee 266-10b
Heinrich-Heine-Straße 266-9d
Herzog-Wilhelm-Straße 266-8c
Hörwarthstraße 266-7d
Hofmarkstraße 266-10b
Hubertusstraße 266-10b
Hutfeldstraße 266-7d

Im Grund 266-11d

Jahnstraße 266-10b
Jakob-Lenz-Straße 266-12b
Jörg-Tömlinger-Straße 266-7d
Josef-Beyerl-Straße 266-11a
Josef-Danzer-Straße 266-11a
Josef-Gerstner-Straße 266-12b
Joseph-von-Hirsch-Straße 266-11a

Käthe-Kollwitz-Straße 266-9d
Kaplan-Wehrle-Weg 266-10a
Kardinal-Faulhaber-Straße 266-11a
Karl-Leisner-Weg 266-10a
Karlstraße 266-7d
Karl-Valentin-Straße 266-11a
Keplerweg 266-12a
Kettelerstraße 266-11b
Kiem-Pauli-Straße 266-11a
Kirchplatz 266-12b
Kleiberweg 266-11b
Kopernikusweg 266-12a
Kraillinger Straße 266-10b
Kreuzwinkelstraße 266-10b

Lena-Christ-Straße 266-9d
Lichtweg (7) 266-11b
Liesl-Karlstadt-Straße 266-11a
Lochhamer Straße 266-9d
Luisenstraße 266-7d

Magdalenenweg 266-8c
Margeritenweg (5) 266-11d
Maria-Günzl-Weg 266-11a
Martinsplatz (1) 266-9d
Martinsried 266-9d
Mathildenstraße 266-10b
Meisenweg 266-11b
Mozartstraße 266-11a
Mühlfeldstraße 266-10b
Münchener Straße 266-11c

Neurieder Straße 266-12d
Nikolaus-Müller-Straße 266-8c
Noackstraße 266-10b

Otto-Pippel-Straße 266-11a

Pasinger Straße 266-11a
Pasteurstraße 266-12b
Planegger Straße 288-1d
Poststraße 266-10b

Richard-Strauss-Straße 266-11a
Richard-Wagner-Straße 266-11a
Robert-Koch-Straße 266-11b
Rodanaweg (4) 266-11a
Röntgenstraße 266-12a
Rotkehlchenweg (6) 266-11b
Rudolfstraße 266-11a
Ruffiniallee 266-7d

Schloss Planegg 266-11c
Schubertstraße 266-11a
Schulangerweg 266-11a
Schulweg 266-11a
Seitzstraße 266-7d
Semmelweisstraße 266-8d
Steinkirchen 266-8d
Steinnelkenweg 266-11d

Tandlerschlucht 266-11a
Theodor-Körner-Straße 266-11a
Thomas-Diewald-Straße 266-11a
Thürheimstraße 266-7d

Veit-Lung-Straße 266-8c
Vertingerstraße 266-8c

Wallfahrerweg 266-7c
Walter-Sartorius-Straße 266-8c
Wilhelm-Mayer-Straße 266-11b
Würmtalstraße 266-9d

Zeppelinstraße 266-10b
Zu Maria Eich 266-10a
Zur Bergwiese 266-8c
Zweigstraße 266-8c

Pliening
PLZ 85652

Ackerweg 251-1c
Alemannenstraße 229-10c
Alpenweg 228-12d
Am Bründlerfeld (8) 228-12d
Am Einfang 228-12b
Am Gfüll 250-2b
Am Heckenacker 229-10c
Am Karnerberg 229-10c
Am Kerferloher Weg 228-12b
Am Moosrain 250-2b
Am Schmiedanger (11) 228-12d
Am Seelkopf 228-12d
Am Tanzfleckl 229-10a
Am Urtel 229-10d
An der Chaussee 250-2b
An der Landstraße 228-12d
An der Leiten 251-1a
An der Römerstraße 250-2d

Bajuwarenstraße 229-10c
Beim Sellmair (6) 228-12d
Benediktbeuernstraße (3) 228-12d
Beyhartinger Straße (10) 228-12d
Bischof-Hitto-Straße 228-12b
Brennhausstraße 250-2b
Brunnenweg 228-12d

Cundhartstraße 229-10c

Doniweg 228-12d
Dornbichlweg 228-12b
Drei-Mühlen-Weg 250-2a

Erdinger Straße 228-11d + 250-2b
Erlmühle 228-7d

Fasanenweg 250-2a
Finsinger Straße 229-10b
Flurstraße 250-2b
Fraundienststraße 229-10b
Friedhofsallee 229-10c
Frühlingsweg 250-2c

Gänsbrunnenweg 228-12b
Gangsteig 250-2c
Gartenweg 250-2b
Gelting 229-10b
Geltinger Au 229-11c
Geltinger Straße 228-12b
Geltoweg 229-10b
Gerharding 250-1b
Gewerbestraße 250-2c
Gigging 229-12c
Gotenstraße 229-10c
Griesfeldstraße 228-12d
Gruber Straße 250-2d

Hallstattweg (12) 228-12d
Hartl 229-8d
Haweg 229-10a
Herdweg 228-12d
Heribertstraße 250-2b
Hofanger 229-10a

Jahnstraße 250-2b

Kastanienweg (5) 228-12d
Kirchheimer Straße 250-2b
Kirchplatz 250-2b
Kirchweg 228-12d
Köpmeststraße 228-12b
Kordongasse (1) 228-12b
Kranichweg 250-2a
Kratzerweg 250-2d
Kreuzgasse 228-12b

Landsham 228-11d + 250-2b
Landsham Moos 228-11a
Landshuter Straße 228-12b
Lindenstraße 228-12d
Lohfeldweg 228-12d
Ludwigstraße 228-12b

Maerkelweg 228-12b
Markt Schwabener Straße 229-10b
Melchior-Huber-Straße 251-1a
Melchweg 228-12b
Merowingerweg (4) 229-10c
Mesnergasse 229-10c
Mitterweg 228-12b
Mövenstraße 250-2a
Münchener Straße 228-12d

Nandostraße 250-2d
Neufarner Straße 229-10c

Ottersberg 251-1b
Ottersberger Weg 250-2b

Pankrazweg 251-1c
Petriweg 228-12b
Pfarrer-Kressierer-Straße 229-10c

Pleonstraße (1) 228-12d
Poinger Straße 229-10c
Prinzregentenlinde 229-10d

Rämpistraße (2) 228-12b
Raiffeisenstraße 228-12d
Rottstraße 228-12d

St.-Leonhard-Straße 228-12d
St.-Quirin-Straße 229-10b
Schlosserstraße 250-2c
Schmalzmaier 229-10d
Schulstraße 250-2a
Schwanenweg 250-2a
Sigweg 228-12d
Sommerhausstraße 229-10a
Speicherseestraße 250-2b
Stefaniweg 228-11d
Steinbergweg 228-12b
Steinmetzstraße 250-2c

Tratmoosstraße 228-12a
Trischbergerweg 229-10d

Ulrich-Nansheimer-Straße 250-2d
Ulrich-Pucher-Straße 229-7d
Unterspann 229-11c + 251-2a

Viertelbachstraße (9) 228-12d

Weidachmaier 228-8d
Weidachweg 228-12b
Widenanger (7) 228-12d
Wittelsbacherstraße 229-10b
Wolframstraße 229-10c

Ziegler 229-11a
Zirlweg 250-2b

Pöcking
PLZ 82343

Ahornweg 330-7b
Alm 330-4a
Alpenblick 329-8b
Alte Bahnhofstraße 330-8a
Am Bach 330-1c
Am Bründl 330-5c
Am Mühlbach 330-1d
Am See 330-11c
Am Wiesengrund 330-1c
Andechser Weg 329-8a
Aschering 329-8b
Ascheringer Weg 330-7b

Bachweg 329-8a
Barbaraweg 330-8c
Beccostraße 330-8c
Birkensiedlung 330-7b
Birkenstraße 330-7b
Brunthaler Weg 330-7d
Buchenweg 330-6a
Bürgermeister-Grenzebach-Straße 330-4d

Curt-Zechbauer-Weg 330-6a

Dorfmoos 330-5c

Eichenstraße 330-7d
Enzianweg 330-5c
Eschenweg 329-8b

Feichtetstraße 330-7d
Feldafinger Straße 330-10b
Feldweg 330-5c
Ferdinand-von-Miller-Straße 330-8b
Fischmeisterstraße 330-8c
Franziska-Günther-Straße 330-8a
Franz-von-Reber-Straße 330-8c
Friedinger Weg 329-8a

Garibaldiweg 330-6a
Gartenstraße 330-8c
Gotenstraße 330-7d
Gut Schmalzhof 330-2d

Hauptstraße 330-7b
Heinrich-Knote-Straße 330-7d
Hindenburgstraße 330-8a
Hochfeld 330-7d
Hohe Wurz 330-7d

Kalvarienberg 330-8c
Karl-Theodor-Straße 330-8c
Keferwegl 330-8a
Keltenstraße 330-7d
Kirchenweg 330-7b
Kirchenweg (Maising) 330-1c
Königinstraße 330-11a
Kurt-Stieler-Straße 330-8c

Lärchenweg 330-7b
Landstettener Weg 329-3d
Lindenberg 330-7a
Lindenbergsiedlung 330-7a

Maising 330-1c
Maisinger Seeweg 329-8b
Maisinger Straße 330-4d
Maisinger Weg 330-4d
Maxhof 330-5a
Maxhofstraße 330-2c
Michael-Ruhdorfer-Straße 330-5c
Ministerhügel 330-7b
Moritz-von-Schwind-Weg 330-6a
Mühlleitenweg 330-1d

Neumaising 329-6d + 330-4c
Niederpöcking 330-6a
Niederpöckinger Weg 330-8a

Oberer Seeweg 330-2d
Ortsstraße 330-1c

Parkstraße 330-8a
Pixisstraße 330-8a
Pöckinger Fußweg 330-10b
Pöckinger Weg 329-8b
Possenhofen 330-8c
Prinzenweg 330-5c

Raiffeisenplatz 330-7b
Römerstraße 330-7d

Sandgrubenweg 330-7d
St.-Sebastian-Straße 329-8a
Schafflergraben 330-8c
Schloßberg 330-8c
Schloss Rossenhofen 330-8d
Schluchtweg 330-1d
Schulweg 330-7b
Seestraße 330-1c
Seeuferweg 330-11a
Seeweg 330-11a
Seewiesen 329-4d
Söckinger Straße 330-1c
Starnberger Straße 330-8a
Starnberger Weg 330-5c

Ulrichstraße 330-7d

Von-Ostini-Straße 330-7d

Waldhaus 330-5d
Waldstraße 330-8a
Weiherhaus 329-6b
Weilheimer Straße 330-7c
Weinbischhof-Defregger-Weg 330-7b

Zum Brunnenhof 329-8a
Zum Landesteg 330-8d
Zum Ministerhügel 330-7b

Pörnbach
PLZ 85309

Am Anger 58-11d
Am Feller 58-9a
Am Geißberg 58-12c
Am Gießbach 66-3a
Am Mitterweg 66-3a
Am Weiher 58-11d
Am Wiesengrund 58-9c
Augsburger Straße 58-11c

Bachstraße 58-9d
Bergring 58-9c
Bergstraße 58-11d
Birkweg 58-11d
Blumenstraße 58-11d

Dorfstraße 58-11d

Ehrenberger Straße 66-6a
Erlenstraße 66-3a

Graf-Toerring-Straße 66-3a

Hans-Lackner-Straße 58-11d
Hauptstraße 58-9a
Hohe Berg 58-12c
Hoheweg 58-12c
Hopfenstraße 58-12c

Ingolstädter Straße 58-11d

Kapellenweg 58-9d
Kirchplatz 58-11d
Kirchstraße 66-6a
Kollberg (1) 58-11d

Lärchenstraße 58-12c
Langenbrucker Straße 58-12b
Lindenstraße 58-11d

Maushof 66-2a
Maushofallee 58-11d
Münchner Straße 58-11d

Nussbaumstraße 58-12b

Oberkreut 66-1b
Ortsstraße 66-6a

Puch 58-9d
Pucher Weg 58-11b

Quellengasse 58-12c

Raiffeisenstraße 58-11d
Raitbach 66-6a
Regensburger Straße 58-11d
Ringstraße (2) 66-2b
Rosenstraße 58-11d

Schloßplatz 58-11d
Schulweg 58-11d
Sonnenstraße 58-12c
Straße zum Sportplatz 58-9c

Tulpenstraße 58-11d

Unterkreut 58-10c

Westhang 58-12c

Poing
PLZ 85586

Aalweg (67) 250-6b
Ahornweg 251-4d
Alemannenstraße 251-4d
Alpenblickstraße 250-5c
Alpenrosenweg (10) 251-1c
Alpspitzstraße (10) 251-5c
Alte Gruber Straße 251-4c
Am Hanselbrunn 251-4b
Am Römerbrunnen (35) 250-6b
An der Römervilla (31) 250-6b
Anemonenweg (9) 251-1c
Angelbrechting 251-7a
Anton-Zwengauer-Weg (28) 250-6b
Anzinger Straße 251-4d
Arnikaweg (17) 251-1c
Asternweg (14) 251-1c
Augustusring (29) 250-6b
Aurikelweg (19) 251-4a
Aussiedlerhof 251-7b
Auweg 251-5a

Bahnhofstraße 251-4c
Bajuwarenstraße 251-4c
Bergfeldstraße 250-3d + 6a
Berghäusl 251-8c
Bergstraße 251-7d
Bieberstraße (61) 250-3d
Birkenallee 251-4d
Blumenstraße 251-1c
Böhmerwaldstraße 250-6b
Buchenweg 251-4d
Bürgermeister-Ametsbichler-Ring 251-5c
Bürgermeister-Deffner-Straße 251-4c
Bürgermeister-Germeier-Straße 251-5c
Bürgerstraße 251-4a
Burgunderweg (3) 251-4d

Carl-Spitzweg-Platz (27) 251-4a
Carl-Spitzweg-Straße (26) 251-4a
Cheruskerweg (2) 251-4d
Claudiusstraße (37) 250-6b

Dahlienstraße 251-1c
Dorfstraße 251-7d
Dornröschenstraße (44) 251-1c
Drosselbartweg (42) 250-3d

Eckartstraße 251-4b
Edelweißstraße (1) 251-1c
Eichenweg 251-4d
Elfenweg (49) 251-1c
Endbacher Feldweg 251-4b
Endbachweg 251-4b
Entenweg (55) 250-3d
Enziangasse (2) 251-1c
Eponaweg (33) 250-6a
Erikaweg (13) 251-4a
Eschenweg 250-5d
Eulenspiegelweg (52) 251-4a

Feenweg (50) 251-1c
Forumweg (38) 250-6b
Frankenweg (4) 251-4d
Franz-Marc-Weg (25) 250-6b
Franz-von-Defregger-Straße 251-4a
Franz-von-Lenbach-Weg 251-4a
Fresiengasse (23) 251-4a
Friedensstraße 251-4b
Friesenweg (5) 251-4d
Froschweg (60) 250-3d
Frühlingstraße 251-4d
Funkturmweg 251-4b

Gebrüder-Grimm-Straße 250-3d
Geranienweg (20) 251-4a
Gladiolenstraße 251-1c
Glockenblumenweg (15) 251-4a
Goldmarieweg (45) 250-3d
Goldnesselweg (18) 251-1c
Gotenweg (1) 251-4d
Grauganssträße (59) 250-3d
Grazweg 251-5a
Grub 250-5d
Gruber Straße 250-6d
Gruber-Taxet-Weg 250-6d
Gutshof (1) 250-5d

Hauptstraße 251-4d
Herbststraße 251-4d
Hiasl-Maier-Weg (24) 250-6b
Hirschbergstraße 251-5c
Hochfeldweg 251-7d
Hochfellnstraße 251-5c
Höhenweg 251-4b
Hofstattweg 251-1d
Hohenstaufenring 251-7a
Hohenzollernstraße 251-7b

Im Technologiepark 250-6d
Irisweg (21) 251-4a

Jasminweg (22) 251-4a
Junoweg (30) 250-6b
Jupiterweg (40) 250-6b

Kampenwandstraße 251-5a
Karl-Sittler-Straße 251-4d
Karpfenweg (62) 250-3d
Keltenstraße 251-4c
Kirchheimer Allee 250-6b
Kirchheimer Straße 250-5a
Kornblumenweg (12) 251-4a
Kurzer Weg 251-5a

Leitenfeldweg 251-4d
Libellenweg (56) 250-3d
Lilienweg (8) 251-4a
Lindacher Straße 251-5c
Lindacher Weg 251-5b

Margeritenstraße 251-4a
Markomannenstraße 251-4d
Marktplatz 251-4a
Marktstraße 251-4a
Merlinweg (47) 251-1c
Michael-Ende-Straße 250-6b
Minervaweg (32) 250-6b
Mitterfeldring 251-4a
Mitterfeldweg 250-6a
Mohnblumenweg (11) 251-1c
Münchener Straße 250-6d

Narzissenweg (6) 251-1c
Nelkenweg (7) 251-1c
Neufarner Straße 251-4d
Nibelungenweg (6) 251-4d

Osterfeldweg 251-5a

Parksiedlung 251-4d
Parkweg 251-4d
Parsdorfer Straße 250-2d + 9a
Parsdorfer Weg 250-9b
Petunienweg (16) 251-4a
Pfarrhofweg 251-5c
Plieninger Straße 251-4b
Poinger Weg (Angelbrechting) 251-7a
Poinger Weg (Grub) 250-5a
Poststraße 251-4d
Prielmayrstraße 251-5c
Primelweg (3) 251-1c
Prof.-Dürrwaechter-Platz (2) 250-5d
Prof.-Zorn-Straße 250-5b

Rathausstraße 251-4d
Renkenweg (66) 250-6b
Reuterpark 251-4d
Riesengebirgsstraße 250-6b
Ringstraße 251-4d
Römerstraße 251-4c
Rosenstraße 251-1c
Rotkäppchenstraße (48) 251-1c
Rübezahlweg (43) 251-1c

Saiblingstraße (63) 250-3d
Schildkrötenweg (58) 250-3d
Schlesierweg 251-4b
Schneewittchenweg (51) 251-1c
Schulstraße 251-4d
Schwabener Straße 251-5a + 4b
Schwedenweg 251-4d
Seerosenstraße 251-4a
Senator-Gerauer-Straße 250-8b
Siemensallee 251-4c
Silvanusweg (41) 250-6b
Sommerholzerfeldweg 251-5c
Sommerstraße 251-4d
Stahlgruber Wohnpark 251-5c
Sterntalerweg (46) 251-1c
Storchenweg (54) 250-3d
Sudetenstraße 250-6b
Südmährenstraße 250-6b
Sultenstraße 251-5a

Tacitusstraße (34) 250-6b
Teichhuhnstraße (53) 250-3d
Töpferofen (36) 250-6b
Tulpenweg (4) 251-1c

Veilchenweg (5) 251-1c
Vulkanusweg (39) 250-6b

Waldstraße 251-4d
Wallbergstraße (9) 251-5c
Wallerweg (65) 250-6b
Wasserläuferweg (57) 250-3d
Watzmannstraße 251-5a
Welfenstraße 251-4d
Wendelsteinstraße (8) 251-5c
Westring 251-1c
Wiesenweg 251-8a
Wikingerstraße 251-4c
Wildpark Poing 251-5b
Wilhelm-Hauff-Straße 251-1c
Wittelsbacherstraße 251-7a

Zanderweg (64) 250-3d
Zugspitzstraße 251-5a

Polling
PLZ 82398

Am Brunnenbichl (7) 393-8c
Ammerbergweg 393-7d
Am Schafberg 394-10a
Am Schafbichl 393-7d
Am Sportplatz 393-12d
Am Steinbruch 393-8d

Bachstraße 394-10c
Bahnhofstraße 393-7b
Bergstraße 394-10c
Bischof-Egilbert-Weg 393-8b
Blenkstraße 394-10a
Brunnlachenweg 393-8a
Butterberg 393-9a

Deutenhausener Straße 394-10a
Dr.-Wallner-Straße 393-8b
Dorfstraße 393-7a
Dunzingerweg 393-8c

Eberfinger Straße 394-10c
Eichbergstraße 393-7a
Eisenschmiedweg 393-8b
Etting 394-10c
Eusebius-Amort-Straße (2) 393-8a

Feichtlstraße (1) 394-10a
Fronauweg 393-7a

Georg-Rückert-Straße 393-8c
Grasla 392-6a
Griesbreitlweg 393-8d

Hammerschmiede 393-12a
Hans-Leinberger-Straße (4) 393-7d
Hardtstraße 394-10c
Hofmarkstraße 393-8c
Huglfinger Straße 393-7d
Hungerwies 392-3d

Jacobfeldweg 393-8d
Jörg-Ganghofer-Straße 393-8c
Johann-Baader-Straße 393-8a
Johann-Michael-Fischer-Straße 393-8d
Johann-Vogl-Weg (5) 393-8c

Kaiser-Heinrich-Straße 393-7d
Kirchplatz 393-8a
Kirchstraße 393-7a
Kugelsbühl 392-2d
Kunigundenstraße (3) 393-8c

Längenlaich 393-9a
Längenlaicher Straße 393-8c
Lindenstraße 393-8a
Luitpoldstraße 393-8d
Mühlweg 393-12b + 394-10a

Obermühle 393-11b
Obermühlstraße 393-11b
Oderding 393-4c
Otostraße 393-12b

Pfarrpfründenweg 393-8c
Prälatenweg 393-8a
Prälat-Töpsl-Straße 393-8d
Probst-Gerhoh-Straße (6) 393-8c
Probst-Hartl-Straße 393-8c
Puitweg 394-10a

Rochus-Dedler-Straße (1) 393-8a
Römerstraße 393-8d
Roßlaich 393-10a

St. Andrä 394-10d
St.-Andrä-Straße 394-10c
St. Jakob 393-8b
St.-Jakob-Straße 393-8d
St.-Martins-Weg 393-7a
St.-Michael-Straße 394-10c
St. Wolfgang 393-10a
Spitzwegstraße 393-9a
Steinbruchstraße 393-8d

Tassilostraße 393-8a
Thomas-Mann-Straße 393-8d

Unterdorfstraße 393-4c
Untermühle 393-11b

Weidachweg 393-4c
Weilheimer Straße 393-8a

Ziegelbreite 393-8a
Ziegeleiweg 392-9b + 393-7a

Prien am Chiemsee
PLZ 83209

Siegharting 391-9b

Prutting
PLZ 83134

Äußere Zeil 368-7d
Aich 368-4d
Alte Landstraße 368-8a
Altstein 368-8d
Am Esbaum 368-8a
Am Gangsteig 368-7d
Am Mesnerberg (1) 368-8a
Am Riegel 368-8a
Amselweg 368-10a
Am Sportplatz 368-8d
Angerfeldstraße (1) 368-12a

Bamham 368-7d
Birkenstraße 368-7b
Breitensteinstraße (1) 368-7d
Buchenweg (3) 368-7b
Bussardstraße 368-10a

Dobl 367-8a
Dorfstraße 368-7b

Edling 368-12a
Edlinger Straße 368-12a + 8a
Eichenstraße 368-7b
Elisabeth-Block-Straße 367-8b
Esbaumweg (2) 368-8a
Eschenweg 368-7b

Falkenweg 368-10a
Feichten 368-4c
Finkenweg 368-10a
Fliederweg 367-8b
Forst am See 367-6d
Forststraße 368-7b

Gartenweg 368-8a
Gewerbering 368-5c

Haberspoint 368-7a
Haidanger 368-12a
Haidbichl 367-8c
Haidbichler Straße 367-8c
Haidham 368-9c
Haidhamer Straße 368-8d
Halfinger Straße 368-8a
Handwerkerstraße (4) 368-5c
Heubergstraße 368-7d
Hochfellnstraße 368-7d
Hochfellnstraße (2) 368-7d
Hochriesstraße 368-7d
Högeringer Straße 368-10a
Hub 368-4b

Inzenham 368-12b
Inzenhamer Straße 368-12a
Irlach 368-4d

Kampenwandstraße 368-7d
Kirchenholzstraße 368-8a
Kirchstraße 368-8a
Köbl 367-12a
Königsberg 368-4c
Kroneckweg 368-8a

Langhausen 368-8c
Langhauser Straße 368-8a
Libellenweg (1) 367-12b

Meisenweg 368-10a
Mitterhaidstraße 368-9c
Moosen 367-8a
Mühltal 367-8a

Nendlberg 368-5a
Niedernburg 367-8a
Niedernburger Straße 367-8b
Obernburg 367-8c
Obernburger Straße 367-8d
Osterlehen 368-4c

Rauch im Holz 367-12a
Ried 367-12d
Riedackerstraße 367-12d
Rosenheimer Straße 368-7d
Rosenstraße 367-8d
Rotterstetten 368-8c

Salmering 368-9d
Salzburger Straße 368-8a
St.-Leonhard-Weg 367-8d
Schwalbenweg 368-10a
Seestraße 368-12d
Sonnen 367-12b
Spieln 367-12c
Straßwend 368-2c

Technikstraße 368-5c

Untere Dorfstraße 368-8a

Vogtareuther Straße 368-4d

Wachtelweg 368-10a
Wallbergstraße 368-7d
Weißdornweg 367-8b
Wendelsteinstraße 368-7d
Winkelstraße 368-8a
Wolkering 368-10a
Wolkeringer Straße 368-10a

Zeilweg 368-7b

Puchheim
PLZ 82178

Adenauerstraße 243-7a
Äckerweg 242-12c
Ahornstraße 243-4c
Allinger Straße 242-12a
Alois-Harbeck-Platz 243-7a
Alpenstraße 243-4b
Alte Bahnhofstraße 242-12d
Alte Bergstraße 265-1a
Am Feld 243-10a
Am Griesfeld 242-12d
Am Grünen Markt 243-7a
Am Heißenanger 242-12d
Am Kleinen Ascherbach 243-4d
Am Mühlanger 242-12d
Am Mühlstetter Graben 243-7a
Anzengruberstraße 243-5a
Arbiostraße 242-12a
Aubinger Weg 243-7a
Auf der Lichtung (10) 242-9d
Augsburger Straße 264-3b

Bachstraße 243-5c
Bäumlstraße 243-4d
Bahnhofstraße 243-7a
Bahnweg 243-7a
Beethovenweg (3) 242-9c
Benzstraße 243-7b
Bienenweg (1) 243-7a
Birkenstraße 243-4c
Blütenstraße 242-9b
Blumenstraße 242-9b
Boschstraße 243-7b
Buchenstraße 243-7a
Büchlweg 242-12a
Bürgermeister-Ertl-Straße 243-4c
Bürgermeister-Koch-Straße 243-4c
Bürgermeister-Müller-Straße 243-4c

Carl-Spitzweg-Ring (4) 242-9b
Christine-Zeiske-Weg (5) 265-1a

Dieselstraße 243-7b
Distelweg 243-7c
Dorfstraße 242-12d
Dornierstraße (8) 242-12b
Drischlweg 242-12a

Edelweißstraße 242-9d + 9b
Egenhoferstraße 242-12a
Eichbühlweg 242-9c
Eichenauer Straße 242-12a
Eichweg 242-9a
Emil-Sollinger-Weg (6) 265-1a
Enzianstraße 242-9d
Ersterlängweg 264-3b

Fichtenstraße 243-7a
Flurweg 242-12d
Föhrenweg 243-4c
Forellenweg 265-1a
Franz-Mark-Straße (2) 243-7a
Freilandstraße 243-4d
Friedenstraße 243-4b
Friedhofstraße (1) 243-7a
Fröbelweg 243-7a
Frühlingstraße 243-4d

Gabriel-Münter-Weg (3) 243-7a
Ganghoferstraße 243-5a
Gartenweg 265-1a
Gemeindeteilweg 243-10c
Gerner Platz 243-4d
Gewerbegebiet Nord 243-7b
Gewerbegebiet Süd 242-9c
Gottschalkstraße 242-12a
Grasweg 242-9c
Grieswandweg 242-12c
Griesweg 242-12a
Grillenweg 243-7b
Gröbenbachweg 243-7d + 10c
Gröbentalweg 243-8a
Gröbenzeller Straße 243-5c
Grünhackenweg 243-10c
Gutenbergstraße 243-7b

Hangbüchlweg 242-12a
Haydnweg 242-9c

Pullach im Isartal
PLZ 82049

Putzbrunn
PLZ 85640

Raisting
PLZ 82399

Ramerberg
PLZ 83561

Rattenkirchen
PLZ 84431

Raubling
PLZ 83064

Rechtmehring
PLZ 83562

Ahornstraße 279-2a
Ahornweg 280-5c
Allmannsau 258-10d
Altrosenberg 257-10b
Am Dannergarten (1) 279-2a
Am Dannergarten (3) 279-2c
Am Kornfeld 279-2c
Am Waldring 279-1b
Andreasweg (2) 279-1d
Angerweg 279-4d
Antenau 279-5a
Antenauer Straße 279-4b
Au 279-3d
Auenstraße 279-2a

Bartmühle 257-11b
Berg 279-5c
Bergstraße 279-4b
Birkenweg 279-1d
Blümöd 257-11a
Bramer 257-11a
Brandmeier 279-8a
Brunnthal 279-6a
Buchenstraße 279-1d

Dachsberg 257-8d
Dorfstraße 279-4b
Dunsern 279-4d
Dunsernstraße 279-4b

Eichenweg 279-1b
Erlenstraße (2) 279-2c

Fachenliehen 279-6c
Feichten 256-12c
Ferchensee 279-3c
Fislarn 257-10d
Flecklhäusl 279-11a
Freimehring 279-1d
Frenau 279-7b

Gewerbegebiet „Soyen" 280-5a
Gipfmehring 279-2b
Grill 257-12c + 279-3a
Grub 257-10a

Hacklthal 257-11b
Haunolden 279-3c
Hauptstraße 279-2c
Heimbuch 257-11c
Hintersberg 257-12c
Hinterschleefeld 279-10b
Hochhaus 257-11a
Höller 257-10d
Hohlweg 257-10c
Holzham 279-2d
Holzkling 256-12d
Holzkram 279-1d
Homberg 279-1c
Homberger Straße 279-1d

Kirchenweg 279-2a
Kling 257-7c
Korbiniansweg 279-2a
Kornfeldstraße 279-2c
Kumpfmühle 279-2d

Lechner 257-12d
Leiten 279-2b
Lindenstraße 279-1d
Linnern 279-5d
Lungenstett 279-5d

Maitenbethener Straße 279-1b
Mammerstätt 279-8b

Nasenbachstraße 279-4b
Nelkenstraße 279-2a
Nußbaum 279-1a

Pappelstraße 279-2a
Postweg 279-2c
Puß an der Straß 256-12d

Raiffeisenstraße 279-2a
Reit 257-8c
Rosenstraße 279-2a

Schleifmühle 257-11d
Schratzlsee 279-6a
Schreiern 279-7c
Schulstraße 279-2a
Schwarzöd 279-8b
Seiding 257-12d + 258-10c
Stechlring 279-2a
Steinweg 279-7b
Steinweger Straße 279-4d
Strandweg 280-4d

Thonbach 257-7d
Tiefenmoos 256-12b

Ulmenweg 279-1d

Voglberg 257-8d
Vorderschleefeld 279-8c

Waldstraße 279-2a
Waldweg 279-1d
Weidholz 279-5a
Wies 257-11b
Willerstett 279-7d
Wolfau 257-12d

Reichersbeuern
PLZ 83677

Allgau 402-10d

Reichertshausen
PLZ 85293

Am Anger 118-3b
Am Bahnhof 119-4b
Am Gänsberg 119-4b
Am Hofberg 93-11a
Am Hummelberg (1) 92-11d
Am Ilmgrund (1) 93-8d
Am Kirchberg 118-3b
Am Kleinfeld 92-11d
Am Nöbach 93-11a
Am Nordhang 93-11a
Am Oberfeld 118-6a
Am Rain 93-11a
Am Riedfeld 118-5d
Am Sattlerberg 119-1c
Am Schönblick 93-11a
Amselweg 118-3c
Am Tonfeld 119-4a
Am Wald 93-8d
Angerhofstraße 93-11b
Angerweg 93-11b
Auenstraße 93-11b

Bachweg 118-3b
Bärnhausen 118-1d
Bärnhausener Straße 118-2c
Bahnhofstraße 119-1c
Beethovenstraße 93-8c
Bergstraße 118-3b
Bergweg 93-11b
Birkenstraße 119-1d
Birkenweg 119-1b
Bischof-Müller-Straße 118-2c
Blumenweg (1) 118-6a
Buchenweg 119-1d

Dorfstraße 119-1b

Edersberger Weg 92-11c
Eichenweg 92-11d
Erlenstraße 93-11d

Feldweg 119-1d
Fischerweg 93-11c
Flurstraße 118-6b
Flurweg 118-3b
Föhrenweg 118-3d
Frühlingstraße 93-11d
Furtackergasse (1) 119-4a

Gartenstraße 118-6b
Georg-Grahammer-Straße 118-3d
Grafing 93-11c
Grafinger Ring 93-11c
Gründholm 118-2c
Gurnöbach 92-12b

Händelstraße 93-11a
Haselhof 118-3a
Haunstetten 118-3b
Hauptstraße 118-5d
Haus der Sonne 93-11a
Haydnstraße 93-11a
Holunderweg (2) 119-4a
Holzhof 93-10d

Ilmberg 93-10c + 119-1a
Ilmstraße 118-6a
Ilmtalstraße 93-11a
Ilmweg 118-6b
Inselweg 93-11b

Joseph-Maria-Lutz-Straße (4) 93-12a

Kammerer Berg 93-11b
Kapellenweg 118-2c
Kemmodener Straße 118-1d
Kerum 92-12d
Kirchenweg 93-11b
Kirchgasse 119-1b
Kleingurnöbach 92-12c
Kohlmühle 119-1b
Kornackerstraße 118-3c
Kreut 92-12b
Kreuter Straße 93-10b

Langwaid 92-11d
Langwaider Straße 119-1c
Lausham 119-1a
Laushamer Straße 119-1c
Leitlweg 118-6a
Lena-Christ-Straße (6) 93-12a
Lenbachstraße (8) 93-12a
Ludwig-Ganghofer-Straße (5) 93-12a
Ludwig-Thoma-Straße (3) 93-11b

Maibaumstraße 93-12c
Maistraße 119-4a
Mitterfeld 93-11b
Mozartring 93-11a
Mühlweg 119-1b
Münchener Straße 93-11b

Nelkenweg 118-6a
Nußweg 93-11c

Oberhausener Straße 119-4a
Oberpaindorf 119-1c

Paindorf 119-1b
Paindorfer Straße 93-11d
Pappelweg 119-1c
Pater-Stephan-Weg 92-11d
Peter-Rosegger-Straße 93-12a
Petershausener Straße 118-6c
Pfaffenhofener Straße 93-11b
Pfarrer-Kißlinger-Straße 118-6b
Pischelsdorf 118-6b
Pütrichstraße 93-11d

Raiffeisenstraße 93-11b
Reichertshausener Straße 119-1c
Riederweg 93-11a
Ringstraße 119-1c
Rosenstraße 118-6a

Sägmühlstraße 93-11c
Salmading 93-12c
Salmadinger Straße 93-11b
Samhofstraße 93-11c
St. Leonhard 93-12b
St.-Michael-Weg 118-6b
St.-Stephanus-Straße (2) 93-11b
Scheyerer Straße 92-11d
Schloßstraße 93-11a
Schmiedleiten 92-12a
Schyrenstraße 118-6a
Sonnenweg 93-11b
Spitzwegstraße (7) 93-11b
Steinkirchen 118-5b

Talstraße 92-11d
Triefinger Straße 92-9c

Unterfeldstraße 118-6a

Waldstraße 93-11b
Weidenstraße 93-11c

Ziegler 118-3c
Zum Nebel 118-2d

Reichertsheim
PLZ 84437

Achleiten 259-4a
Aign 236-11a
Albanstett 237-9b
Allram 237-11d
Am Baumgarten (1) 258-2b
Amselgraben 259-4a
Am Wald 237-8b
Anfelden 258-5c
Angerweg (1) 237-8b
Anzenberg 237-6c
Aumann 236-8c

Bergham 237-8a
Berghamer Straße 237-8a
Birkmaier 259-1d
Bletzenberg 237-5c
Blümreit 236-11a
Blümstatt 237-9d
Bräustraße 237-8b
Brandstett 237-9a
Braungasse 237-8b
Brunnenweg (3) 237-8b

Dachbergstraße 258-2d
Danzern 236-12a
Demelmoos 236-11c + 258-2a
Dobl 236-11d

Ebner 259-1d
Eitlberg 236-8c
Erlach 237-10a

Florianstraße 237-8c
Furth 258-2c

Gartenstraße 237-8b
Gelf 259-4a
Gewaig 237-11b
Glaslthan 236-12c
Goldbrunn 236-12b
Graben 237-10b
Grund 237-12a
Guggenstätt 236-11c

Heberding 237-7a
Hermannsöd 237-5c
Herrenweg (1) 258-2d
Hingerszell 237-9d
Hodering 237-5c
Höck 258-5a
Höhenberg 237-11d
Hub 237-4d
Hütter 258-3b
Hundsöd 236-11b
Huttenstätt 259-1b

Irling 237-9b

Kagen 237-5d
Katzbach 236-8b
Klosterfeldstraße (3) 258-2b
Kötzerstätt 236-10d
Kreuzbachstraße 258-2b
Kronbergstraße 258-2b
Kübelsbach 258-2b
Künstätt 236-12b

Langrain 258-2a
Laufersöd 236-12a
Lechen 236-10d
Lexenbergstraße 237-8c
Limberg 258-5c
Linner 258-3d
Lorettostraße 258-2d
Lorettoweg 258-2d

Manhart 258-3d
Manholding 237-8a
Mißstedt 236-9c
Mistbichl 236-10a
Mühlhub 236-8a

Neuhäusl 237-11a
Neumeier 237-8d
Neustadtstraße 258-2d

Oberbichl 237-5a
Oberlinner 236-11c
Ödgassen 237-12a

Pfaffenberg 237-9c
Pfarrer-Huber-Straße (2) 258-2b
Pfaschenstätt 236-7d
Pfeilstett 237-12c

Raiffeisenstraße 237-8b
Ram 259-1c
Ramsau 258-2b
Ranhör 258-3b
Reichwimmer 236-10d
Reisach 236-10b
Reithof 236-12b
Reitmair 237-7c
Renner 259-1a
Richeribogen (2) 237-8b
Riedbach 237-4b
Robeis 258-6b
Rosenweg 258-2d
Roßwang 236-9c
Rottenstätt 259-1a

Sachsenstätt 237-10d
Salmannsbichl 237-11a
Saueröd 237-12b
Schachen 237-5c
Schlicht 258-6a
Schoberstätt 237-10c
Schulstraße 258-2b
Sonnen 237-8d
Sonnenstraße 237-8b
Stadler 259-4b
Steffelthan 236-8d
Steinberg 236-11d
Steingrub 258-6b
Stocket 237-7d
Stöckl 237-11b

Thalham 236-8b
Thambach 237-10a
Thanhub 236-8d
Tiefenstätt 236-11d + 258-3a
Tieföd 259-1c
Tolamini 237-11a

Unterbichl 237-5b
Unter Holzner 237-11b

Wagenspeck 237-12a
Warzenstätt 236-12c
Weberstett 258-5a
Weger 236-11d
Weichslgarten 258-3b
Weidach 258-3c
Weiher 237-7d
Wies 237-7a
Winhart 258-5a
Wirtsweg (2) 258-2b
Wolfgrub 237-7d
Wollmaier 259-1c
Worneding 237-4b

Zacherlöd 258-5b
Zeil 236-8b
Zeiler 237-5a
Zulehen 258-3b

Reichertshofen
PLZ 85084

Adelbert-Stifter-Straße 58-2b
Adelshausener Straße 58-2a
Agelsberg 59-4a
Am Dorfplatz 59-5a
Am Dorfweiher (1) 59-4b
Am Gellert 59-2c
Am Hang 58-2d
Am Hölzl 59-4a
Am Sandberg 59-8b
Am Schirfeld 59-8a
Am Sportplatz 59-8a
Am Steig 59-5a
Am Weiher 59-2c
Angerstraße 59-4b
Anzengruberstraße 58-2b
Asamstraße 58-2d
Au am Aign 59-2b
Auenweg 59-6c

Baarer Straße 58-3a
Bachäcker 58-3c
Bachstraße 59-5a
Bahnhofstraße 59-6c
Beethovenstraße 58-2d
Bergweg 59-5c
Birkenweg 59-6b
Bognerweg 58-2b
Boschstraße 58-3d
Bussardstraße (1) 59-5c

Defreggerstraße 58-2d
Dieselstraße 58-3d
Dörfl 59-3c
Dorfstraße 59-5c
Dürerstraße 58-2d

Eichäckerstraße 59-5d
Eichenstraße 59-4d
Erlenweg 59-4b

Fahlenbacher Straße 59-6a
Falkenweg 59-5c
Fasanenweg 59-5c
Feldstraße 59-6c
Fichtenstraße 59-4b
Försterberg 59-3d
Forststraße 59-3d
Freiherr-von-Mayr-Straße 58-3a

Gabisweg 59-6b
Gärtnerweg 59-5d
Gambacher Straße 59-8a
Ganghoferstraße 58-2b
Gartenstraße 58-3a
Gewerbegebiet „Ronnweg" 59-5d
Giselastraße (6) 58-2c
Gluckstraße 58-3c
Goethestraße 58-2b
Gotteshofen 58-5b
Gotteshofener Straße 58-3a
Griebelstraße 58-3a
Grillparzerstraße 58-2b
Gumpenbergstraße 58-3c

Händelstraße 58-2d
Hauptstraße 59-1d
Haydnstraße 58-2d
Heckenstraße 59-5c
Herrnfleck 58-3d
Herrnstraße 58-3a
Herr-von-Koch-Straße 59-4a
Herzog-Heinrich-Platz 58-2b
Hildegardstraße (7) 58-2c
Hochweg 59-5d
Höfenstraße 59-5c
Hög 59-3d
Högermühle 59-3a
Höger Straße 59-2d
Hölderlinstraße 58-2b
Holbeinstraße 58-2d
Hopfenstraße 59-2c
Hueberstraße 58-2b
Hummelberg 59-8a

Ingolstädter Straße 58-2b
Irläckerstraße 59-5c

Jahnstraße 58-2c
Johannisstraße 58-3a
Johann-Sebastian-Bach-Straße (3) 58-2d

Kapellenweg 59-2c
Kellerweg 58-2b
Klarastraße 58-3a
Kleiststraße 54-11d
Koschelbergweg 59-5c
Kreuzstraße 59-4b

Langenbruck 59-4d
Langenbrucker Weg 59-5d
Langwiedstraße 59-4a
Lenbachstraße 58-2d
Lerchenweg 59-5c
Lessingstraße 58-2b
Lindenstraße 59-4b
Lönsstraße 58-2b
Logistikring (8) 59-5b
Ludwig-Thoma-Straße 58-2b

Margarethenstraße 58-3a
Marktmühle (4) 58-3a
Marktstraße 58-3a
Mitterweg 59-6c
Mozartstraße 58-2d
Müllerweg 59-4b
Münchner Straße 58-3a

Neuburger Straße 54-11d

Obere Hauptstraße 59-5a
Oberer Graben 58-3a
Österreichstraße 58-3a
Ostendstraße 59-5a

Paarstraße 58-3a
Pestalozzistraße 58-2b
Peter-Seidel-Straße (5) 58-3b
Pettenkoferstraße 58-2a
Pfarrer-Höfler-Straße 59-5c
Pfarrer-Otto-Burger-Straße 59-6b
Pörnbacher Straße 59-5c
Postweg (2) 58-2b

Richard-Strauß-Straße 58-2d
Richard-Wagner-Straße 58-2d
Ringstraße 59-8a
Römerweg 58-2d
Ronnweg 59-6a
Rosenstraße 59-2c
Runenweg 59-5d

Sandrartstraße 58-2b
Sandstraße 59-5d
St.-Kastl-Straße 59-8a
Schafberg 58-2c
Schillerstraße 58-2b
Schloßgasse 58-3a
Schönblick 59-8a
Schubertstraße 58-2d
Schulstraße 59-5c
Sonnenweg 59-5a
Sophie-Scholl-Straße 58-2c
Spitzwegstraße 58-2d
Starkertshofen 58-4d
Starkertshofener Straße 58-2d
Steinstraße 59-5c
Stockau 58-3a
Stöffel 59-8d
Südhang 59-5d
Summererweg (1) 59-6c

Talstraße 59-5a
Tannenstraße 59-4c
Taubenweg 58-3b
Thannbergstraße 58-3a
Tulpenstraße 59-2c

Uferweg 58-3a
Unterer Graben 58-3a
Unterfeldstraße 58-3a

Wackerstraße 58-3d
Waldinger Straße 58-2b
Waldstraße 59-4b
Weinbergstraße 58-2d
Welschstraße 58-3c
Wendenstraße 59-2c
Westendstraße 59-1d
Winden am Aign 59-1d
Wolnhofen 58-5d

Xaveristraße 58-2b

Ziegelstraße 59-4b
Ziegelwöhr 58-3a

Ried
PLZ 86510

Ackerstraße 194-8c
Ahornstraße 193-5c
Alter Schulweg 194-1b
Am Dorfplatz 193-6b
Am Forsthaus 193-5b
Am Manndlacker 194-8c
Am Rosenacker 194-8c
Am Winkel 194-4a
Am Zeilbaum 193-5b
Angerstraße 193-5c
Asbach 193-3b
Asbacher Straße 193-5b

Bachernstraße 193-5a
Baierberger Straße 193-9a
Baindlkirch 194-8c
Bergstraße 193-5b
Birkenstraße 194-8c
Birkhahnstraße 193-7b
Brunnenweg 193-5b
Burgstall 194-3a
Burgstallstraße 194-2a

Castullusstraße 194-2c

Dekan-Alberstötter-Straße 194-8c
Dorfstraße 194-2a

Eichenweg 193-7b
Eismannsberg 194-2c
Erlenweg 193-5c
Eurasburger Straße 194-2c

Fasanenweg 194-2c
Feldstraße 193-4c
Fichtenstraße 193-5c

Gartenstraße 194-8c
Gewerbering 193-5c
Glon 194-11b
Glonstraße 194-8c
Goldwiesenstraße 193-5c

Hardweg 193-7a
Hauptstraße 193-5d
Heilachweg 193-4c
Heimgartenstraße 193-5c
Herioltstraße 193-7a
Högelweg 193-5b
Hörmannsberg 193-7a
Hörmannsberger Straße 193-5c
Holzburg 194-1b
Hütwiesstraße 193-5c

Kappelstraße 193-6b
Katharinenweg 193-6b
Kirchbergstraße 193-8b
Kirchweg 193-4d
Kissinger Straße 193-4c
Klostergut Rettenbach 194-5d

Leitenweg 193-5b
Leonhardstraße 193-9a
Lilienstraße 193-5d
Lindenberg 193-7a
Lindlstraße 193-5c

Maria-Zell-Straße 193-5b
Marienhof 193-4c
Meringer Straße 193-7a

Nelkenring 193-5d
Neuried 193-3c

Osterholzstraße 194-8c

Pappelweg 193-7a
Postweg 193-5b

Raiffeisenstraße 193-5c
Rettenbachstraße 194-8a
Rieder Straße 193-7a
Riedhof 194-5d
Riedhofstraße 194-8a
Ringstraße 193-5c

St.-Martin-Straße 194-8c
Schmiedberg 194-8c
Schmiedgasse 193-7b
Schulstraße 194-8c
Sirchenried 193-9a
Sirchenrieder Straße 193-5d
Sportheimstraße 193-5b

Tannenholzweg (2) 193-5c
Tannenstraße 193-5c
Tulpenstraße 193-5d

Walburgastraße 193-5c
Waldstraße 194-8a
Wasserfurchweg (1) 193-5c
Weberberg 193-9a
Weiherstraße 193-5c
Wiesenstraße 194-8d
Wirtstraße 194-2a

Zeller Straße 193-7a
Zillenberg 193-6b + 194-4a
Zillenberger Straße 193-5b

Riedering
PLZ 83083

Abersdorf 391-4b
Achenweg 390-8a
Ackersdorf 391-1d
Aign 390-9c
Aignstraße 390-8d
Albersberg 391-8b
Am Kirchberg 390-8d
Am See 390-3d
Am Waldhof 391-11a
Angerstraße 391-8c
Angerweg 390-8b
Anisag 391-6b
Austraße 390-8b

Baunigl 413-1d
Bergham 391-7b
Berghamer Weg 391-4c
Bergstraße 391-11a

Beuerberg 391-4a
Bichlweg 390-4c
Birkenweg 390-7c
Brand 390-11a
Brechstubenstraße 391-11c
Brunnhaus 390-6b
Brunnhausstraße 390-6d
Buchenweg 390-8d

Daxlberg 390-9a
Daxlbergstraße 390-8b
Dorfstraße 391-5d

Ecking 390-6b
Eckinger Straße 390-8b
Eichenstraße 390-7c
Endorfer Straße 391-8c
Enzianweg 391-9a
Erlach 391-1d
Erlachmühle 391-1d
Erlenweg 390-8b
Esbaum 391-7c
Eschenweg 390-7c

Falkensteinstraße 390-7c
Farnach 391-6c
Feldstraße 391-11a
Fellbachstraße 391-1a
Fichtenweg 391-11a
Frasdorfer Straße 391-8c

Gewerbegebiet „Niedermoosen“ 390-7c
Gögging 390-11a
Gögginger Straße 390-8c
Grabenfeldstraße 390-6d

Haring 391-7d
Heft 390-12d
Heubergstraße 390-8a
Hochfeldstraße 391-8c
Hochriesstraße 390-8d
Höhenmooser Straße 391-11c
Holzen 390-10c
Holzrothweg (1) 390-7c

Irnkam 369-12c

Kampenwandstraße 390-8d
Kapellenstraße 391-8c
Kiefernweg (2) 390-10a
Kinten 391-2d
Kirchbachlweg 390-8b
Kirchenweg 390-8d
Kirschweg 391-11b
Kleinfeldstraße 390-6b
Knogelstraße 390-8a
Kohlstatt 391-10d + 413-1b
Kohlstattberg 391-11c
Kranzbichlstraße 391-2a
Kreut 391-9a

Lärchenstraße 391-8c
Latschenweg 389-12b
Lauterbacher Straße 389-9d
Lindenstraße 391-8c

Mangolding 391-5b
Maria-Stern-Straße 390-6d
Meilerweg 391-11c
Mitterfeld 390-8d
Mitterfeld Straße 390-8d
Mitterweg 389-9d
Moosen 391-2a
Mühlenweg 391-1c
Mühlham 391-5a
Mühlhammer Straße 391-5d

Nelkenweg 390-8b
Neukirchen am Simssee 390-6d
Neukirchener Straße 390-6d
Niedermoosen 390-10a
Niedermoosener Straße 390-8c
Niederwall 391-11b

Oberachthal 391-2b
Obermoosen 390-8c
Obermühl 391-5a
Oberputting 390-9c
Ofenwinkl 391-6b
Ostgattern 391-2a
Ostgatternstraße 391-2a

Parnsberg 391-9a
Patting 391-10c
Persdorf 390-9d
Petzgersdorf 390-9d
Pfaffenbichl 391-11b
Pietzenberg 391-3c
Pietzenkirchen 391-1b
Pietzing 391-1a

Reitl 391-8d
Reitler Straße 391-11a
Ried 390-4d
Riederinger Straße 391-7d
Rögling 391-5d
Rosenheimer Straße 390-8a
Rosenweg 390-8b

Salinweg 390-8b
Schäfflerweg 391-8c
Schaidering 391-7b
Schaideringer Straße 391-8a
Schlierholz 390-6c
Schlierholzstraße 390-6c
Schlipfing 390-11d
Schmidham 391-7c
Schralling 369-11c
Schulstraße 391-8c
Schwaigerfeldstraße 390-8a
Schwemmreit 391-8d
Sechll 390-12a
Siedlerweg 390-7c
Siegharting 391-7c
Simsseestraße 390-8b
Söllhuben 391-8a
Söllhubener Straße 390-8d
Spreng 412-2b
Stadl 391-2d
Stauden Kistler 391-5a
Stetten 391-11a
Stuhlrain 391-10d
Stuhlrainer Straße 391-10d

Tannenweg 389-12b
Thalham 391-7a
Tiefenthal 391-9a
Tiefenthal am Wald 390-11d + 412-2b
Tinning 390-12a
Tinninger Straße 390-8d
Tulpenweg 391-8c

Unterachthal 369-12c
Untermoosen 390-7d
Unterputting 390-9c

Waldweg 390-7c
Wall 391-8d
Weiherweg 390-6b
Wendelsteinstraße 390-8a
Wieden 391-4c
Wiedenstraße 391-4c
Wiesenweg 390-7c
Winklstraße 391-11c
Wolferkam 391-4d
Wurmsdorf 391-5d

Rimsting
PLZ 83253

Haimling 391-3d

Stiedering 391-3b

Röhrmoos
PLZ 85244

Ahornstraße 172-7a
Alleestraße (2) 172-7c
Am Anger (5) 172-4b
Am Bergfeld 172-7c
Am Giglberg 172-6c
Am Jägerfeld 173-7b
Am Kindergarten 172-5d
Am Kirchplatz 172-9b
Am Kreuzberg 173-2c
Am Sandberg 172-6c
Amselweg (7) 172-4b
Am Stögnfeld 172-6c
An der Leiten 172-5d
Angerweg 172-11a
Arbeoweg (3) 172-4b
Arthur-Korn-Straße (5) 172-5a
Arzbach 172-10b
Arzbacher Straße 172-5c
Auenstraße 172-5d

Bäckerstraße 172-9b
Bahnhofstraße 172-5b
Bergstraße 172-6c
Biberbach 173-2b
Birkenweg 172-4b
Birketstraße 173-4b
Blumenstraße 172-5d
Brandfeldweg 172-7c
Bründlfeldweg 172-9a
Buchenstraße 172-5b
Bürgermeister-Haller-Straße 172-6c
Bürgermeister-Lederer-Weg (8) 171-9d
Bürgermeister-Reichlmayr-Straße 173-2a
Bürgermeister-Schöll-Weg (6) 172-4b

Dachauer Straße 173-2a
Dorfplatz 173-4c
Dorfstraße 173-1c
Durchsamsried 173-5d

Eichenstraße 172-5b
Eschenstraße 172-5b

Feldweg 172-4b
Fichtenweg (1) 172-5d
Finkenweg 172-5a
Fliederstraße 172-11c
Flurstraße 172-5d
Frauenhofner Straße 172-4a
Frühlingstraße 172-5d

Gärtnerstraße 172-11c
Gartenweg 172-5d
Grafstraße 173-2c
Gregor-Märkl-Weg 172-9b
Greppenweg 172-5b
Großinzemoos 172-4b

Häuserner Straße 172-4b
Hauptstraße 171-12b
Herbststraße 172-5d
Hirtenweg 172-5b
Hochstraße 173-2a
Hofmarkweg (7) 173-4c
Hofwirthstraße 172-7a
Hohlweg 172-5a
Holzbauernweg (1) 172-4b

Indersdorfer Straße 172-4b
Inzemooser Straße 172-5c

Johann-Michael-Fischer-Straße 172-7a
Josephsplatz (6) 173-4c

Kaiserstraße 173-4d
Kiefernweg 172-4b
Kieningweg 172-4b
Kirchenanger 173-2a
Kirchenstraße 172-7c
Kirchweg 173-4c
Kleininzemoos 172-5c
Konrad-Zuse-Straße (6) 172-5a
Kräuterweg 173-4c
Kramerfeld 172-5a

Lagerhausstraße 172-5d
Lammerweg 173-2a
Lilienstraße 172-5d
Lindenhof 173-2d
Lindenstraße 172-7c

Mariabrunn 173-10a
Maria-Geyer-Weg (4) 172-5c
Marienplatz 173-4c
Meginoltweg (4) 172-4b
Monsignore-Seidinger-Straße 173-4c

Niederrother Straße 171-9d
Nußbaumstraße (1) 172-7a

Oberanger 172-4b

Pappelweg 171-9d
Pasenbacher Straße 172-4b
Pellheimer Straße (4) 172-7c
Pfarrer-Gauler-Weg 172-5d
Pfarrer-Schmalz-Weg 172-6d
Pfundmairweg (5) 173-4c
Philipp-Reis-Straße (7) 172-5c
Plattenfeld 172-5d
Pointstraße 172-6c
Postweg 172-4b
Purtlhof 172-12b

Raphaelweg 173-4c
Rathausplatz 172-5d
Reindlstraße 172-5c
Rennweg 172-4d
Riedenzhofen 172-3c
Riedstraße 172-5b
Ringstraße 172-5d
Römerstraße 172-11a
Rosenstraße (2) 172-5d
Rothstraße 172-7a
Rudelzhofen 173-4b
Ruffiniweg (7) 171-9d

Sandstraße 172-5d
St.-Margareth-Straße (3) 172-5c
St.-Martin-Weg (1) 173-2a
St.-Vitalis-Weg 172-7c
Sattlerweg 173-2a
Scharlhof 172-6d
Schillhofen 172-8a
Schillhofener Straße 172-5d
Schlammerstraße 172-5c
Schneiderweg 172-9a
Schönbrunn 173-4c
Schönbrunner Straße 172-5d
Schützenstraße 172-5d
Schulstraße 173-2a
Schusterweg 172-4b
Sigmertshausen 171-9a + 172-7c
Sigmertshauser Straße 172-4b
Sommerhausstraße 172-11a
Sommerstraße 172-8b
Sonnenstraße 172-5d
Sternstraße 172-5d
Stidlhof 172-6c
Stögnstraße 172-8b
Sulzberg (2) 172-4b

Tannenweg (3) 172-7c
Taradeauer Straße 172-6c

Undeoweg 172-4b
Unertlstraße 173-4a
Unteranger 172-4b
Unterweilbacher Straße 172-9c

Viehbacher Straße 173-2a
Viktoria-von-Butler-Straße 173-4c

Waldostraße 173-2c
Waldstraße 172-7c
Weiherweg 172-4b
Weinbergstraße 172-7c
Werkstättenweg 173-4c
Westerndorfer Straße 173-2c
Wiedenhofener Straße 173-2a
Wiesenweg 172-5c

Zieglberg 173-7b

Rohrbach
PLZ 85296

Ahornstraße 68-2a
Akazienweg 68-2a
Altwasserweg (6) 68-2a
Am Bahndamm 60-11d + 68-2b
Am Gangsteig 60-11c
Am Gießgraben 60-11c
Am Pfannenstiel (1) 60-10d
Am Sportplatz 60-8b
Amtmannweg 60-11c
Am Wasserwerk 60-11c
Auf der Peunt (9) 60-10d

Bahnhofstraße 68-2a
Bergstraße 60-8a
Bergweg 68-2a
Buchersried 60-5b
Buchersriedner Straße 60-8b
Bürgermeister-Schönauer-Straße (12) 60-10d
Burgweg 68-2a

Carl-Benz-Straße 60-11d

Dürschweg 68-2a

Edenthalweg 68-2d
Ehaftstraße (13) 60-10d
Eichenstraße 68-2a
Etzwiesen 60-8b

Fahlenbach 60-8b
Fahlenbacher Straße 60-11c
Fürholzen 60-7a
Fürholzener Straße 60-8a

Gambach 59-12c
Gewerbegebiet „Burgstaller Straße“ 60-11d

Hans-Windsinger-Straße (11) 60-10d
Hauptstraße 60-8b
Hochmoos 68-2b
Hochweg 68-1b
Hofmarkstraße 60-11c
Hopfenweg 68-1b
Hopfenweg (8) 68-2a

Ilmstraße 68-2c
Im Frauental 60-11c
Im Gabis 68-2b
Im Gellert 68-2a

Kaisermühle 68-2b
Kernbauernleite 60-11c
Kirchberg 60-8b
Kirchenweg 60-11c
Klosterstraße (2) 60-5d

Ladehofstraße 68-2b
Landrat-von-Koch-Straße 68-1b
Lehrer-Schlegel-Ring (2) 60-11c
Lilienthalstraße 60-12c
Lindenstraße 68-2a

Martergasse 60-10d
Mautanger 68-2a
Messerschmittstraße 60-12c
Mißbergstraße (4) 60-11c
Moorweg 68-2b
Moosäcker 68-2b
Mühlweg 60-11c

Obermühle 68-2a
Ossenzhausen 68-4a
Ottersried 59-12b + 60-10a
Ottersrieder Straße 60-10d

Pabostraße 60-8b
Paulinusring (1) 60-5d
Peretkundstraße 60-11c
Perusastraße 68-2a
Pfarrer-Ernst-Straße 60-8a
Pfarrer-Fehrenbacher-Straße (10) 60-10d

Raiffeisenstraße 60-11d
Rinnberg 67-2d
Robert-Bosch-Straße 68-2b
Rohr 67-3a
Rohrbacher Straße 60-8b
Rudolf-Diesel-Straße 60-11d

Salvatorstraße 60-11d
St.-Kastulus-Straße 60-10b
Schelmengrund 60-10d
Schloßweg 60-11c
Schönhiesl 68-2b
Schönweg 68-2b
Semptstraße 60-8b
Siedlung 60-9a
Sportweg 68-2b
Straßhöfe 68-3c
Straßhofweg 68-2d

Turmbergweg 68-2a

Waal 68-1c
Waaler Straße 68-2c
Werner-von-Siemens-Straße 68-2b
Wiesenweg 68-2a
Wilhelm-von-Münster-Straße 60-8b
Wittelsbacherweg (7) 68-2a

Zur Viehweide (3) 60-11d

Rohrdorf
PLZ 83101

Achenmühle 413-4c
Achentalstraße 411-6b
Achenweg 412-6d
Adlerstraße 389-11b
Ahornstraße 389-11b
Aichen 412-3b
Am Aubach (3) 413-4c
Ammerseestraße 412-1d
Amselhof 412-4c
Amselstraße 389-12c
Am Weiher 413-4c
Angermühlstraße 411-6c
Anzengruberstraße 411-6a
Asternstraße 411-2d
Austraße 412-6d

Bahnhofstraße 412-4c
Biedererstraße 411-3c
Birkenstraße 389-11d
Bräuhausstraße 412-4c
Breitensteinstraße 412-6a
Buch 412-9b
Bucher Straße 412-6d
Bürgermeister-Hollinger-Platz 411-6d
Bussardstraße 389-12c

Chiemseestraße 412-1d

Dahlienweg 411-2b
Dohlenstraße 389-11b
Dorfplatz 411-6d
Drosselstraße (5) 411-3a
Dürneggerstraße 411-6d

Eibseestraße 412-2c
Eichenstraße 389-11b
Eichwiese 412-6c
Entbuch 412-6c
Enzianweg 411-3a
Erlenstraße 389-11d
Esbaum 413-4c
Esbaumweg 412-6d
Eschenstraße 389-11d
Eßbaum 412-2a
Eulenstraße 411-3a

Fabrikstraße 389-11d
Falkensteinstraße 411-6d
Fasanenstraße 389-11d
Feichteckweg (1) 412-6b
Finkenstraße 411-3a
Fliederstraße 411-3c
Floriansplatz 411-6d
Florianstraße 411-6b
Franziska-Hager-Straße (2) 411-6a
Frasdorfer Straße 413-4c
Friesinger Straße 411-6d

Ganghoferstraße 411-6a
Geiging 412-4d
Georgstraße 411-6b
Georg-Wiesböck-Platz 411-6d
Gewerbegebiet „Griesenholz“ 389-9c
Gmein 411-6b
Gmein-West 411-6a
Guggenbichl 412-6a

Hans-Carossa-Straße (4) 411-6b
Hartseestraße 412-2c
Haslach 412-6a
Heiglmühle 412-6c
Hetzenbichl 413-1d
Heubergstraße 412-6a
Hochgernstraße 412-6b
Hochriesstraße (2) 412-6b
Höhenmoos 412-6b
Höhenmooser Straße 412-6b
Hofmillerstraße (1) 411-6a
Hofmühle 412-6d
Holling 413-4c
Hollinger Straße 413-4c
Hubertusstraße 411-6b

Ignaz-Gris-Straße 411-6d
Immelberg 412-2a
Ingenieur-Anton-Kathrein-Straße (2) 389-9c
Innstraße 389-11c

Johannesweg (1) 412-4c

Kampenwandstraße 412-6b
Karl-Stieler-Straße 411-6a
Katharinenhof 412-2c
Kochelseestraße 412-1d
Königsseestraße 412-2a
Krokusweg 411-3a

Lauterbach 412-1c
Leitner am Berg 412-8b
Leitzachstraße (4) 389-11c
Lerchenstraße (3) 411-3a
Lilienstraße 411-2b
Loch 412-6d
Loisachstraße 389-11c
Ludwigstraße 412-4c
Ludwig-Thoma-Straße 411-6c
Luise-Rinser-Straße 411-6b

Mangfallstraße (2) 389-11d
Markfeldstraße (5) 411-6c
Markusstraße 412-4c
Martinstraße 412-4c
Medi-Globe-Straße 413-4c
Meisenstraße 389-11b
Michaelstraße (2) 412-4a
Mitterweg 389-9d
Mozartstraße 389-11d

Narzissenweg 411-2b
Nelkenstraße 411-2b
Neubeuerer Straße 411-2d

Oberapfelkam 412-5a
Obere Dorfstraße 411-6d
Osterkam 413-1c

Paul-Dax-Straße 411-9a
Pfauenstraße 389-12c
Preysingstraße 411-6d
Pschachelstraße (6) 411-6d

Ranhartstetten 413-4d
Riesenbergstraße 412-6a
Rinser-See-Straße 412-1b
Rohrdorfer Straße 412-6d
Roseggerstraße (3) 411-6a
Rosenheimer Straße 389-11d
Rosenstraße 411-2b
Rupertistraße (3) 412-4c

Sachsenkam 412-7c
Sailerbachstraße (3) 389-11c
Saliterstraße 411-6c
Salzachstraße 389-11c
Sanddornstraße 411-3a
St.-Jakobus-Platz 411-6d
Schaurain 412-5a
Schlierseestraße 412-2c
Schubertstraße 411-2b
Schwalbenstraße 389-11b
Schwanenstraße 389-12c
Sebastian-Tiefenthaler-Straße (1) 389-9c
Sebastian-Werdath-Straße (3) 389-9c
Simsseestraße 412-1b
Sinning 412-4d
Sonnenleiten 412-5b
Spechtstraße (2) 411-3a
Speckbach 413-7a
Speckbacher Leiten 413-4c
Sperberstraße 389-12a
Sperlingstraße (1) 411-3a
Staffelseestraße 412-1d
Stieglitzstraße (4) 411-3a
Stockerweg 413-4c

Taffenreuth 412-9b
Taubenstraße 389-11d
Tegernseestraße 412-2c
Thalham 412-3b
Thalmann 412-8a
Thansau 389-12c + 411-2b
Thurnstraße 411-6d
Tinninger-See-Straße 412-2a
Törwanger Straße 413-4c
Tulpenstraße 411-2b

Ulmenstraße 389-11d
Unterapfelkam 412-5d
Untere Dorfstraße 411-6a
Unterimmelberg 390-10d
Urbanstraße 412-4c

Veilchenstraße 411-2b
Viehweidstraße 411-6c

Wacholderstraße 411-3c
Walchenseestraße 412-1d
Weidenstraße (1) 389-11d
Weißbachweg 413-4c
Weißdornstraße 411-3a
Wendelsteinstraße 412-6a
Wöhrstraße 411-2b
Wolfsgrubenstraße 411-6b
Wolfspoint 412-5d

Zeisigstraße 411-3a
Ziehen 412-6d
Ziehenweg 412-6d

Rosenheim

83024 Adlerweg 388-2b
83022 Adlzreiterstraße 41-B1
83026 Äußere Münchener Straße 388-7b
83026 Äußere Oberaustraße 388-4d
83026 Agilolfingerstraße 388-9b
83022 Ahornweg 389-8a
83026 Aising 388-12d
83026 Aisinger Landstraße 388-9b
83026 Aisinger Mühle 388-12a
83026 Aisinger Straße 388-12c
83026 Aisingerwies 388-9b
83026 Albrecht-Dürer-Straße 389-7c
83024 Alfred-Berchtold-Weg 388-3c
83026 Alfred-Heurich-Straße 388-6d
83026 Alpenblickstraße 388-11d
83026 Alpenweg 389-7a
83026 Altdorferstraße 389-7c
83026 Alte Landstraße 388-8a
83026 Alzstraße 389-7b
83026 Am Aisinger Moos 388-12b
83022 Am Anger 41-A2
83026 Am Bach 388-10d
83024 Am Breitenfeld 388-3b
83024 Am Buckelfeld 388-5b
83026 Am Damm 388-8a
83022 Am Esbaum 389-4a
83024 Am Gangsteig 388-5c
83026 Am Ganslbach (1) 388-12a
83024 Am Gern 388-3a
83026 Am Gittersbach 410-3b
83026 Am Graspoint 388-6c
83026 Am Gries 388-5d
83022 Am Hammer 389-4c
83026 Am Hirschbichl 388-9a
83026 Am Hochgarten 388-11d
83022 Am Innreit 41-B2
83022 Am Innzipfel 389-4b
83026 Am Kobel 389-7b
83022 Am Ledererbach 389-1c
83026 Am Liss 388-12b
83026 Am Moorbach (3) 388-12b
83022 Am Neubau 41-A1
83022 Am Nörreut 389-4b
83026 Amperstraße 389-7b
83024 Am Peterfeld 366-12d
83022 Am Pfarrhof (2) 41-B2
83026 Am Rackermoos 388-8a
83026 Am Rehwinkel 388-9a
83022 Am Roßacker 388-6b
83022 Am Salzstadel 41-A1
83026 Amselweg 388-8b
83026 Am Sennfeld 388-11d
83022 Am Stadtbach 41-A2
83022 Am Stocket 388-3d
83026 Am Stöckl 389-7d
83022 Am Stöttenfeld (2) 388-3d
83022 Am Umspannwerk 389-7b
83026 Am Unterfeld (2) 388-12b
83026 Am Ursprung 388-12a
83026 Am Wasen 388-11c
83026 Am Weiderfeld 388-12b
83022 An der Burgermühle 41-B1
83022 An der Mangfall (1) 388-8a
83024 Angerbachstraße 366-12c
83026 Anton-Braith-Straße (5) 388-11d
83024 Anton-Bruckner-Straße 389-1a
83024 Antoniusstraße 367-10c
83026 Anton-Jakob-Straße 388-5c
83022 Anton-Kathrein-Straße 389-4c
83026 Anzengruberweg 388-11d
83022 Apianstraße 388-6b
83026 Argonnenstraße 388-8a
83024 Arndtstraße 388-3b
83026 Arnulfstraße 388-9a
83026 Asamstraße 388-12b
83022 Asternweg 389-1c
83026 Au 411-1b
83026 Auerbachweg 388-9a
83022/83024 Austraße 389-1a
83022 Aventinstraße 388-6b

83022 Bäckerweg 389-1c
83022 Bahnhofstraße 389-4c
83024 Bahnweg 388-3a
83022 Bayerstraße 389-4b
83024 Beethovenstraße 389-1a
83026 Bergblick 388-11a
83026 Bergfeldstraße 366-12c
83026 Biberweg 388-12a
83022 Binderweg 389-4b
83026 Birkenallee 388-12a
83026 Birkenweg 389-5c
83022 Bismarckstraße 389-4a
83026 Blumenweg 388-9b
83026 Böhmerwaldstraße 388-12a
83024 Bogenstraße 388-3a
83026 Bonauweg 389-7c
83024 Bozener Straße 388-5b
83024 Brahmsstraße 389-1a
83026 Brannenburger Straße 388-12c
83026 Breitensteinstraße 388-6c
83024 Brenner Straße 388-2d
83024 Breslauer Straße 366-12d
83024 Brianconstraße 389-4c
83022 Brixstraße 389-4a

83024 Bromberger Straße 388-3b
83026 Brucklach 388-8c
83026 Brucklacher Straße (1) 388-8c
83022 Brückenstraße 389-5c
83026 Bründelweg 410-2b
83026 Brünnsteinstraße 388-6c
83024 Brunecker Straße 388-2d
83024 Brunnholzstraße 388-2c
83022 Buchenweg 389-5c
83024 Burgenlandweg 388-3c
83026 Burgfeldstraße 388-12a
83024 Burgfriedstraße 388-3a
83026 Burgweg 388-9a
83024 Bussardweg 388-3a

83024 Carl-Orff-Straße 389-1a
83026 Carossastraße 388-9d
83026 Caspar-Filser-Straße 388-8b
83022 Chiemseestraße 389-4d
83026 Christian-Mali-Weg (4) 388-11d

83024 Dachsweg 389-1d
83024 Danziger Straße 388-3b
83022 David-Eisenmann-Straße 389-4c
83026 Dientzenhoferstraße (4) 388-12b
83024 Dohlenweg 388-3a
83022 Dr.-Geiger-Straße 41-B2
83022 Dr.-Hefner-Straße 388-6b
83026 Doktor-Steinbeißer-Straße 388-8a
83026 Doppelmayrstraße 388-3d
83026 Dorfstraße 388-11d
83026 Drosselweg 388-8b
83024 Droste-Hülshoff-Straße 388-3b

83022/83024 Ebersberger Straße 388-3b
83024 Egarten 366-11d + 388-3a
83024 Egerlandweg 388-3c
83024 Eichendorffstraße 388-3d
83026 Eichenholzstraße 389-7d
83022 Eichenweg 389-5c
83026 Eichfeldstraße 389-10b
83022 Eidstraße 388-6b
83024 Eisfeldstraße 366-12c
83022 Ellmaierstraße 389-4a
83024 Elsternweg 388-3a
83026 Endorfer-Au-Straße 388-8a
83026 Enzenspergerstraße 388-6c
83024 Eppaner Straße (1) 388-2c
83022 Erlenau 389-1b
83022 Erlenaustraße 389-1a
83022 Erlenweg 389-5c
83026 Erler Straße 388-11d
83024 Ertelfeldstraße 366-12c
83022 Eschenweg 389-8a
83026 Esterfeld 388-11d

83022 Fabrikstraße 389-4c
83022 Färberstraße 389-4b
83026 Faganastraße 388-9a
83026 Falkensteinstraße 388-12b
83026 Falkenweg 388-8b
83026 Farrenpointstraße 388-12a
83024 Fasanenweg 388-2b
83026 Feichteckstraße 410-2b
83024 Ferdinand-Schlögl-Weg 388-5a
83022 Fichtenweg 389-5c
83026 Filzenweg 410-1b
83026 Finkenweg 388-8a
83026 Finsterwalderstraße 388-5d
83024 Fischerweg 389-1b
83026 Flandernstraße 388-8a
83024 Florianstraße 367-10a
83022 Floßweg 389-5a
83026 Flurweg 388-12c
83022 Föhrenweg 389-8a
83026 Forellenweg 388-7b
83026 Forststraße 388-9b
83026 Fraunhoferstraße 388-3d
83022 Freiherr-vom-Stein-Straße 389-1c
83022 Friedhofsweg 389-1c
83022 Friedhofweg 388-3d
83026 Friedrich-Hutter-Weg 388-6d
83022 Frühlingstraße 389-4a
83026 Fuchsbichlweg 388-8b
83026 Fuchsweg 389-1a
83024 Fürstätt 388-5b

83022 Gabelsbergerstraße 388-6b
83026 Gärtnerstraße 388-12a
83026 Gamsweg 389-1a
83026 Ganghoferstraße 388-9d
83026 Gartenstraße 388-12a
83024 Geierweg 388-3a
83026 Geigelsteinweg 388-5d
83026 Georg-Aicher-Straße 388-5c
83026 Georg-Hegenauer-Ring (2) 388-9a
83024 Georg-Queri-Weg 388-3c
83022 Georg-Schauer-Weg 389-1c
83022 Georg-Staber-Ring 389-1c
83026 Gerhardingerweg 388-8b
83022 Gertraud-Stumbeck-Weg 389-4b
– Gewerbegebiet Ost I 389-7b
83022 Gewerbegebiet Ost II 389-5c
– Gewerbegebiet „Schwaig Nord“ 388-7b
– Gewerbegebiet West 388-5c
83022 Gießenbachstraße 389-4d
83022 Gießereistraße 389-4c
83022 Gillitzerstraße 389-4a
83024 Gleiwitzer Straße 388-3b
83024 Gluckstraße 389-1a
83024 Goethestraße 388-3b
83026 Götschweg 389-7c
83026 Gottfried-Keller-Straße 388-9c
83026 Gotthelfstraße 388-11d
83024 Gräfin-Dönnhoff-Straße (1) 366-12d
83026 Graf-Lamberg-Weg 388-11d
83022 Greidererstraße 389-4b
83024 Grillparzerstraße (4) 388-3b
83024 Großholzstraße 388-4b
83026 Grubholzer Straße 388-5c
83022 Grüner Markt 41-B2
83026 Grünfeldstraße 388-12b
83026 Grünthalweg 388-11d

83024 Habichtweg 388-3a
83024 Händelstraße 389-1a
83022 Hafnerstraße 41-A2
83024 Hailerstraße 388-3a
83022 Hainholzstraße 389-5c
83026 Hainzenmühlstraße 388-11c
83022 Hammerweg 389-4c
83024 Hanserfeldstraße 366-12a
83026 Happing 389-10c
83026 Happinger-Au-Straße 389-7b
83026 Happinger Straße 389-7a
83026 Hasenweg 388-12a
83024 Haustätter Höhe 388-3d
83026 Hechtelweg 388-11a
83022 Hechtseestraße 389-4d
83024 Hedwigweg 367-10c
83026 Heilig Blut 388-12b
83026 Heilig-Blut-Straße 389-7c
83022 Heilig-Geist-Straße 388-6b
83026 Heimstraße 389-7d
83026 Heinrich-Heidner-Straße 388-9a
83024 Heinrich-Heine-Straße 388-3b
83022 Herbststraße 389-4a
83024 Herderbachstraße 389-1a
83024 Herderstraße 388-3d
83022 Herrmann-Gröber-Weg 41-B3
83022 Herzog-Heinrich-Straße 389-4a
83022 Herzog-Otto-Straße 389-4a
83026 Heubergstraße 388-5d
83026 Hirschgartenstraße 388-12b
83026 Hocheckstraße (2) 410-2b
83026 Hochfellnstraße 388-6c
83026 Hochgernstraße 388-5d
83024 Hochholzweg 388-2b
83026 Hochplattenstraße 388-9d
83026 Hochriesstraße 388-11d
83024 Hochschulstraße 388-3a
83026 Hochstraßer Weg (3) 388-11d
83026 Hochwaldstraße 389-7d
83026 Höhenbergweg 388-11d
83022 Höttingerstraße 389-1c
83022 Hofmannstraße 389-4b
83026 Hofmillerstraße 388-3d
83026 Hohenofen 388-11b
83026 Hohenofener Straße 388-8c
83022 Hohenzollernstraße 388-3d
83026 Holbeinstraße (2) 389-7c
83024 Holzwiesenweg 388-2d
83022/83024 Hoppenbichlerstraße 388-3d
83024 Hubertusstraße 388-6a
83022 Hubert-Weinberger-Weg (3) 41-A2
83024 Hugo-Wolf-Straße 367-10c

83022 Ichikawa-Platz 389-4b
83024 Ihlaustraße 389-1a
83026 Illerstraße 389-7a
83022 In der Schmucken 389-4b
83026 Innaustraße 389-10a
83024 Inndamm 367-10d
83026 Innfeldstraße 388-12c
83022 Innlände 389-5a
83022 Innsbrucker Straße 389-4d
83022 Innstraße 389-4b
83026 Inntalstraße 389-10c
83026 Isarstraße 389-7a

83024 Jägerstraße 388-6a
83022 Jahnstraße 389-4c
83026 Jenbachweg 389-7a
83026 Johannesweg 410-1b
83024 Johann-Sebastian-Bach-Straße 389-1a
83024 Joseph-Haydn-Straße 389-1a
83022 Justus-von-Liebig-Straße 388-3d

83024 Kärntner Weg 388-3c
83024 Käthe-Kollwitz-Straße (2) 366-12d
83022 Kaiserstraße 389-1c
83026 Kaltenstraße 389-7c
83026 Kaltmühl 389-7c
83026 Kaltmühlweg 389-9d
83026 Kaltwies 389-7a
83026 Kaltwiesstraße 389-7c
83026 Kampenwandstraße 388-5d
83024 Kapellenweg 388-2b
83022 Kapuzinerweg 389-1c
83026 Kardinal-Döpfner-Straße 388-8b
83026 Kardinal-Faulhaber-Platz 388-6b
83026 Karkopfstraße 388-12c
83024 Karlsbader Straße 388-3b
83022 Kastenau 389-8a
83022 Kastenauer Straße 389-5c
83026 Kehlweg 410-1b
83022 Kellerstraße 388-6b
83026 Kerschbaumerstraße 388-9a
83026 Kerschensteiner Straße (1) 388-11c
83024 Kiebitzweg 366-12c
83022 Kiefernweg 389-5c
83024 Kirchbachstraße 388-5b
83026 Kirchenweg 389-7c
83026 Kirchhofstraße (1) 389-10a
83026 Kirnsteinstraße 388-12b
83026 Klausenbergstraße 388-6d
83026 Kleinfeldstraße 388-5d
83026 Kleiststraße 388-9c
83026 Klepperstraße 388-6d
83022 Kloeckelstraße 388-3d
83022 Klosterweg 41-A1
83024 Kobellstraße 388-3b
83024 Königsberger Straße 388-3b
83022 Königsseestraße 389-5c
83022 Königstraße 389-4a
83026 Kolbermoorer Straße 388-5c
83024 Korbinianstraße 367-10a
83024 Krähenweg 388-3a
83026 Krainstraße 388-8a
83026 Kranzhornstraße 388-5d
83026 Künstmühle 388-6d
83022/83024 Küpferlingstraße 388-6b
83022/83026 Kufsteiner Straße 389-4a
83026 Kunstmühlstraße 388-6d
83022 Kurt-Huber-Straße (3) 388-3d

83022 Lärchenweg 389-8a
83024 Landsberger Straße 388-3b
83022 Landwehrstraße 389-4a
83026 Langbehnstraße 388-6b
83022 Langenpfunzen 367-10c
83026 Laubensteinstraße 388-11c
83024 Laurentiusweg 367-10a
83022 Lazise-Platz (1) 41-B3
83026 Lechstraße 389-7a
83024 Leiblstraße 388-3d
83026 Leitenweg 389-7c
83026 Leitzachstraße 389-7a
83024 Lena-Christ-Straße 388-3c
83024 Leonhardstraße 367-10a + 10c
83024 Lessingstraße 388-3c
83022 Lilienweg 389-1d
83022 Lindenweg 389-4d
83024 Lisztstraße 389-1a
83026 Loisachstraße 389-7a
83024 Lortzingstraße 389-1b
83024 Lorzingstraße 367-10c
83022 Ludwigsplatz 389-4a
83026 Ludwig-Thoma-Straße 388-11d
83026 Ludwig-Toma-Straße 388-11d
83024 Lug ins Land 388-5b
83022 Luitpoldpark 388-6b
83022 Luitpoldstraße 388-6d

83026 Mackertallee 388-9a
83026 Madronstraße 388-12a
83024 Maierfeldstraße 366-12a
83022 Malvenweg 389-1d
83026 Mangfallstraße 388-9b
83024 Marienberger Straße 388-3c
83024 Martinstraße 367-10a
83022 Max-Bram-Platz 389-4d
83026 Max-Hickl-Straße 388-12a
83022 Max-Josefs-Platz 389-4a
83024 Mayerbachstraße 389-1a
83024 Meraner Straße 388-2c
83022 Merianstraße 388-6b
83024 Michaelweg 367-10c
83026 Miesbacher Straße 389-7a
83024 Millauerstraße 389-1a
83026 Mitteralmweg 388-11c
83024 Mitterfeld 366-12d
83022 Mittertor 41-A2
83024 Mitterweg 388-3b
83022 Mörikestraße 388-3d
83024 Möslstraße 366-12c
83026 Moosbachstraße 389-11a
83024 Mozartstraße 389-1a
83022 Mühlbachbogen 389-4b
83024 Mühlbachstraße 389-1a
83026 Mühlenstraße 388-12a
83022 Münchener Straße 388-6b

83026 Naabstraße 389-7b
– Naherholungsgebiet „Floriansee“ 389-11a
83024 Nelkenweg 389-1c
83026 Neubeuerer Straße 389-4c
83024 Neue Heimat 389-1a
83026 Niederdonauweg 388-3c
83024 Niederschlesienstraße 388-6a
83022 Nikolaistraße 389-4a
83026 Nördliche Grubholzer Straße 388-5c
83024 Notburgastraße 367-10c
83026 Nußbaumstraße 388-12a
83026 Nußdorfer Straße 389-7a

83026 Oberaustraße 388-5c
83024 Oberdonauweg 388-3c
83026 Obere Lohe 389-10c
83026 Oberer Gernauweg 389-7d
83026 Oberkaltbrunn 388-10d
83026 Obermayerweg 389-7b
83024 Oberschlesienstraße 388-6a
83026 Oberwöhr 388-8b
83026 Oberwöhrstraße 388-8b
83026 Odilostraße 388-9a
83024 Oskar-Maria-Graf-Straße 388-3c
83026 Ottonenstraße 388-9a

83026 Pang 388-11b
83026 Panger Kaltenweg 388-11a
83026 Panger Straße 388-11b
83026 Panger Töpferweg (1) 388-11d
83022 Papinstraße 388-6d
83024 Pater-Petrus-Straße 388-6a
83024 Perlhuhnweg 388-3a
83024 Pernauerstraße 389-1c
83026 Pestalozzistraße 388-11c
83026 Petersbergstraße 388-6d
83022 Pettenkoferstraße 389-1d
83024 Pfaffenhofener Straße 388-3c
83022 Pfandlstraße 388-3d
83024 Pfauenweg 388-3a
83026 Pfeifergasse 388-11d
83026 Pfraundorfer Weg 388-11d
83024 Pichlmayrstraße 388-6a
83026 Pösling 388-11a
83024 Posener Straße 388-3b
83022/83024 Prinzregentenstraße 388-3c
83024 Pürstlingstraße 388-2b

83024 Quirinstraße 388-5b

83024 Rapertweg 388-5b
83022 Rathausstraße 389-4a
83026 Raublinger Straße 388-12c
83024 Rebhuhnweg 388-3a
83022 Rechenauerstraße 389-1a
83024 Regerstraße (1) 389-1a
83024 Regina-Protmann-Straße (3) 388-3b
83026 Rehleitenweg 388-11c
83022 Reichenbachstraße 389-4c
83022 Reifenstuelstraße 389-4c
83026 Renkenweg 388-7b
83024 Richard-Strauß-Straße 389-1a
83024 Richard-Wagner-Straße 389-1a
83022 Riederstraße 389-4a
83026 Riesenbergstraße 388-6c
83026 Riesenkopfstraße 410-2b
83026 Rilkestraße 388-9c
83026 Ringstraße 388-8d
83024 Ritter-von-Lex-Weg 388-6a
83024 Römerstraße 366-12d
83026 Roseggerweg 388-11d
83026 Rosengassenweg 388-11c
83026 Rosenweg 388-9b
83022 Rosl-Brandmayer-Weg (4) 389-1c
83024 Roßbichlstraße 366-12a
83022 Rotdornweg 389-5c
83026 Rotwandstraße 388-12c
83026 Rubensstraße 389-7c
83026 Ruedorfferau 388-8a
83022 Ruedorfferstraße 41-B1
83026 Rundsweg 410-2b

83024 Säbener Straße 388-2d
83022 Salinplatz 389-4c
83022 Salinstraße 389-4a
83024 Salurner Straße 388-5b
83026 Salzachring (1) 389-7a
83024 Salzburger Weg 388-6a
83026 Samerbergstraße 388-9d
83022 Samerstraße 389-4a
83026 Sandackerweg (6) 410-3a
83022 Sandstraße 388-6b
83024 St.-Georg-Straße 366-12b
83026 St.-Stephan-Straße 388-12c
83022/83024 Scheuchenstulstraße 389-1a
83024 Schießstattstraße 388-3c
83024 Schillerstraße 388-3b
83024 Schillingsweg 388-6a
83022 Schirmbeckstraße 389-1c
83022 Schlierseestraße 389-4d
83026 Schlipfham 388-10c
83024 Schlößlstraße 366-12c
83022 Schmellerstraße 388-6b
83022 Schmettererstraße 388-6b
83026 Schmiedgasse 388-11d
83026 Schönau 388-12d
83026 Schönauweg 388-12c
83022 Schönfeldstraße 389-4b
83022 Schopperstraße 389-1d
83026 Schrofenstraße 389-7a
83024 Schubertstraße 389-1a
83024 Schützenstraße 388-6a
83026 Schullerstraße 388-11b
83026 Schulweg 388-11d
83024 Schumannweg (1) 389-1a
83026 Schwaig 388-7b
83026 Schwaiger Weg 388-7d
83026 Schwalbenweg 388-8b
83026 Schwarzenbergstraße 388-11c
83024 Sebastianweg 366-12b
83022 Sedanstraße 389-4b
83026 Seefeldstraße 388-12c
83026 Seestraße 389-10a
83026 Sepp-Heindl-Straße 388-8a
83024 Sepp-Sebald-Siedlung 388-3d
83026 Severinstraße 388-9c
83026 Siedlerweg 388-8b
83022 Simsseestraße 389-4d
83022 Sixtstraße 389-1c
83026 Sommerstraße 388-8a
83022 Sonnenstraße 389-4b
83024 Sperberweg 366-12c
83026 Spielbergstraße 388-6d
83024 Spielhahnstraße 388-2b
83022 Spitalstraße 41-B2
83026 Spitzsteinweg 388-12d
83026 Spitzwegstraße 389-7c
83026 Stauffenstraße 388-9d
83024 Steiermarkweg 388-3c
83022 Steinbökstraße 41-A1
83024 Steinweg 388-2b
83022 Stemplingerstraße 388-6b
83022 Sternstraße 389-4a
83024 Sterzinger Straße 388-5b
83024 Stettiner Straße 366-12d
83026 Stiegelstraße 410-2b
83026 Stifterstraße 388-9c
83026 Stocka 410-1a
83022 Stollstraße 389-4a
83026 Sudelfeldstraße 388-12a
83024 Sudetenlandstraße 388-3c
83026 Südliche Grubholzer Straße 388-5c
83022 Südtiroler Platz 388-6d
83026 Sulzbergstraße 388-12a

83024 Talholzstraße 366-12c
83026 Talweg 388-11a
83026 Tannenbergstraße 388-8a
83022 Tannenweg 389-5c
83026 Tassilostraße 388-9a
83026 Taubenweg 388-9a
83024 Taxisstraße 388-6a
83022 Tegernseestraße 389-4d
83026 Theodor-Gietl-Straße 389-7b
83026 Thomas-Maier-Weg 389-10a
83024 Thomastraße 366-12b
83022 Tillystraße 388-6b
83024 Tiroler Weg 388-3c
83026 Tizianstraße 389-7c
83024 Töpferstraße 366-12d
83026 Traberhofstraße 389-7c
83026 Trainsjochweg 388-9d
83026 Traithenstraße 388-6c
83024 Traminerweg 388-6a
83026 Traunstraße 389-7a
83024 Troppauer Straße 366-12d
83024 Truthahnweg 388-3a
83022 Tulpenweg 389-1c
83026 Turnerweg 388-8b

83024 Uhlandstraße 388-3b
83022 Ulmenweg 389-8a
83026 Unterer Gernauweg 389-7d
83026 Unterkaltbrunn 388-11c
83026 Unterkaltbrunner Straße 388-11c

83026 Verdunstraße 388-8a
83022 Von-der-Tann-Straße 388-6b
83024 Vorarlbergweg 388-3c

83024 Wachtelweg 388-2b
83026 Waldeckweg 388-9a
83024 Waldenburger Straße 388-3b
83024 Waldfriedstraße 366-12c
83024 Waldmeisterstraße 366-11b
83026 Waldstraße 389-10b
83026 Wallbergstraße 389-7a
83024 Wasserweg 388-3b
83026 Watzmannstraße 388-9d
83024 Wehrfleck 367-10c
83026 Weidenweg 388-9b
83024 Weidestraße 367-10a
83026 Weiher-Winkl-Weg 388-9c
83022 Weinlände 389-1c
83022 Weinstraße 389-4a
83026 Welfenstraße 388-9b
83026 Wendelsteinstraße 388-6c
83024 Wernhardsberg 366-12a
83024 Wernhardsberger Straße 388-3c
83022 Westermayerstraße 389-4a
83026 Westerndorf 388-11c + 410-2a
83024 Westerndorfer Straße 388-3a
83024 Westerndorf St. Peter 366-11d
83026 Widden 388-11c
83022/83024 Widerstraße 389-1a
83026 Wiesenweg 389-10b
83026 Wildbarrenstraße 388-6c
83026 Winterweg 410-2b
83026 Wirtstraße 388-11d
83022 Wittelsbacherstraße 388-6a
83026 Wolfswinkel 389-7b
83022 Wredestraße 388-6b
83022 Wüststraße 388-6b

83026 Zeisigweg 388-8b
83026 Zellerhornstraße 388-9d
83026 Zinnkopfstraße 388-5d
83024 Zürnstraße 389-1a
83026 Zugspitzstraße 388-9d

Rott am Inn
PLZ 83543

Aemilian-Öttlinger-Straße 323-7c
Aiblinger Straße 322-12d
Aitermoos 322-5d
Am Anger 323-10c
Am Brunnfeld 322-12c
Am Eckfeld 323-10a
Am Langacker 322-12b
Am Priel (4) 323-10a
Am Rottberg 322-12d
Arbing 322-12c
Arnikaweg 322-12d
Asamweg (3) 322-12b
Au 322-9b
Auseestraße 323-10d

Bahnhofstraße 323-10a
Benedikt-Lutz-Straße 323-7c
Benedikt-Stumpf-Straße 323-10a
Brandlweg 323-10d

Daschlweg 323-10d
Dinding 322-5d
Dobl 344-3b
Dorfstraße 323-10c

Edelweißstraße 322-12b
Eggerweg 323-10d
Eich 323-4d
Eichmühle 323-4d
Enzianstraße 322-12d
Eschenweg 323-7c
Eugen-Roth-Straße 323-7c

Feldkirchen 345-1c
Feldweg 322-12b
Ferchen 322-12a
Franz-Josef-Strauß-Weg (5) 323-10a
Frauenöd 344-3c

Gartenweg 323-10a
Gewerbegebiet „Am Eckfeld“ 323-10a
Gregor-Mack-Straße 323-10a

Haager Straße 322-9d
Häuslerweg 323-10d
Hagenrain 322-9a
Heinrich-Varcher-Straße 323-10a
Heubergstraße 323-10c
Hochfellnstraße (11) 323-10c
Hochriesstraße 323-10c
Höhenrain 322-6c

Ignatz-Günther-Straße (10) 323-10c
Innstraße 323-10a
Innstufe 345-2c

Johann-Bauer-Straße (1) 323-7c
Johann-Michael-Fischer-Straße 323-10c
Joseph-Götsch-Straße (8) 323-10c

Kaiserhof (6) 323-10a
Kammer Weg (7) 323-10c
Kampenwandstraße 323-10c
Katzbach 323-4d
Kirchweg 323-10a
Korbinian-Grätz-Straße (2) 323-10a
Kranzhornstraße 323-10c
Krokusweg 322-12d

Latschenweg 322-12d
Leiten 323-7a
Leitenweg 323-10a
Lena-Christ-Weg 323-7c
Lengdorf 323-10d
Lengdorfer Straße 323-10c
Ludwig-Ganghofer-Straße 323-7c
Ludwig-Thoma-Weg 323-7c

Maierbach 322-6a
Manglham 344-3a
Marktplatz 322-12b
Matthäus-Günther-Straße (9) 323-10c
Meiling 322-9d
Mitterfeld 323-10a
Mitterweg 323-10a
Münchener Straße 322-12b

Neuried 322-8a

Oberlohen 323-7a
Obersaurain 322-6c

Pfarrer-Gruber-Straße 322-12b

Rabenbach 344-2b
Reischlstraße 323-10c
Ritzmehring 344-3a
Roman-Stöger-Weg 323-10a
Rottmoos 322-11b
Rottmooser Straße 322-12b
Ruthweg (12) 323-10d
Sägewerk 323-4d
Sargau 344-3a
Schiffpoint 323-5c
Schulweg 323-10a
Schweizer Weg 323-10d
Stöbersberg 344-6a
Stögerfeld 323-10a

Unterlohen 323-7a
Untersaurain 322-6c
Unterwöhrn 345-1d

Vogelberg 323-10a
Vogelbergweg 323-10a

Wasserburger Straße 323-10a
Weinberg 322-12d
Wendelsteinstraße 323-10c
Wurzach 322-9c

Zainach 323-7d

Sachsenkam
PLZ 83679

Ahornstraße 402-5d
Alpenblickstraße 402-8b
Am Eisenberg 402-9a
Am Feiglbichl 402-5d
Am Mühlweiher 402-5c
Andreas-Lettner-Straße 402-8b

Bergstraße 402-8b
Birkenstraße 402-5d

Erlenstraße (2) 402-5d

Florianstraße 402-8b

Gewerbegebiet „Sachsenkam“ 402-6c
Grünbichlstraße 402-5d

Hirschbergstraße 402-9a
Holzkirchner Straße 402-8b
Holzweg 402-8c

Kirchbichler Straße 402-8a
Kirchseemoor 401-9d
Kirchstraße 402-8a

Lindenstraße 402-5d

Moaralm 402-6c
Mönchstraße 402-5d

Piesenkamer Straße 402-5d

Raiffeisenstraße 402-8b
Rauchenbergstraße 402-8b
Rechelkopfstraße (3) 402-8b
Reutberg 402-5a
Reutbergstraße 402-5c

Schaftlacher Straße 402-6c
Schulweg (1) 402-5d
Setzbergstraße 402-8b

Tegernseer Weg 402-9a
Tölzer Straße 402-8b

Waakirchner Straße 402-8b
Wagleitenstraße (4) 402-9a
Wallbergstraße 402-8b
Wampen Moos 402-1b
Winzererstraße 402-8b

Samerberg
PLZ 83122

Altmühl 413-7b
Am Anger 412-9c
Am Steig 412-9c

Bichl 413-7d
Birkenweg 412-11b
Bogenhausen 412-11c
Brenkenweg 413-10a

Dorfen 412-11c
Dorfplatz 412-9c

Ebenweg 413-10a
Egernbach 413-7d
Eichenweg 412-12a
Eiding 413-7a
Entgrub 413-7b

Fading 412-9a
Feichteckstraße 413-10a
Fichtenweg 412-11b

Gartenweg 413-10a
Geisenkam 412-11b
Grainbach 413-10b

Hartbichl 413-10b
Haus 412-9d
Heubergstraße 413-10c
Hochriesstraße 413-10a

Kapellenweg 413-10b
Kirchplatz 413-10a
Kräuterstraße 413-10a

Laberg 412-8c
Lindenweg 412-11b
Lochen 413-10b
Lochen-Alm 413-11a
Lues 412-9d
Luitpoldeiche 412-8d

Marchwies 413-8c
Marchwies-Alm 413-11a
Mühltalweg 413-10b

St. Wolfgang

Sauerlach
PLZ 82054

Schäftlarn

Schechen
PLZ 83135

Scheyern
PLZ 85298

Schiltberg
PLZ 86576

Schöngeising
PLZ 82296

Schondorf am Ammersee
PLZ 86938

Schonstett
PLZ 83137

Schrobenhausen
PLZ 86529

Schwabhausen
PLZ 85247

Am Krautgarten 170-6c
Am Kühberg 170-6a
Am Mitterberg 170-11c
Am Pfarranger 170-6d
Am Sand 199-2a
Am Sandberg 170-11d
Am Schmiedberg 170-6d
Amselweg 199-2a
Am Sonnenhang 198-5a
Am Sportplatz 170-5d
Am Steffelberg 170-6d
Am Steinacker 170-6c
Am Uhrackerl 170-6c
Am Vogelberg 170-6c
An der Fuchslohe 170-6b
An der Siegelau 170-6a
Andreas-Vöst-Straße 198-6b
Anemonenring 198-3b
Angerstraße 170-12d
Armetshofen 170-12c
Arnbach 170-6d
Arnbacher Straße 170-12d
Auf der Ebene 199-2a
Augsburger Straße 170-12d
Aurikelweg (4) 199-1a

Bacherner Straße 198-6b
Bahnweg 199-1a
Bayerwegerl 198-3b
Bechlergasse 199-2a
Begonienweg (3) 199-1a
Berghofer Straße 170-6c
Bergstraße 171-10c
Birkenstraße 199-1a
Blütenanger 170-11d
Blumenstraße 199-1a
Brunnenstraße 198-3b
Buchenstraße 199-1a
Buchfeldstraße 198-6d

Carl-Zeiss-Straße 199-1b

Dachauer Straße 199-1b
Dahlienstraße (2) 199-1a
Dorfstraße 199-2a + 1d

Edelweißstraße 199-1a
Edenholzhausen 170-9b
Eichenstraße 199-2b
Enzianstraße 199-1a
Erdweger Straße 170-6a
Erlenstraße 199-1a

Feldstraße 199-1b
Fichtenring (5) 199-1b
Filserweg (2) 198-6b
Fliederstraße 199-1a
Flurstraße 170-11d
Friedberger Straße 170-11c
Frühlingstraße 198-3b

Gartenstraße 170-11d
Geranienweg (1) 199-1a
Grub 198-4c
Grubhofstraße 170-6c
Grunfeldstraße 170-6c

Hardtstraße 199-1a
Hauptstraße 198-6c
Herbststraße 170-12d
Hochstraße 170-12d
Höhenweg 170-11d

Indersdorfer Straße 170-6c

Jahnstraße 170-12d
Josef-Freiherr-von-Fraunhofer-Straße 199-1b
Justus-v.-Liebig-Straße 199-1b

Kapellenweg 170-11d
Kappelhof 170-10d
Karl-Feulner-Straße 170-12d
Kirchenstraße 170-12d
Klosterweg 170-6a
Kohlstattweg 170-6d
Kornblumenstraße 199-1a
Kreuthstraße 170-11d
Kreuzstraße 170-6d

Lärchenweg 170-11d
Lilienstraße 199-1a
Lindach 170-10d
Lindenstraße 199-1b
Lodergasse (1) 198-6b
Ludwig-Thoma-Straße 199-1a

Machtenstein 198-4b
Machtensteiner Straße 198-6a
Margeritenstraße 198-3b
Mohnblumenstraße 199-1a
Münchener Straße 199-1a

Nelkenstraße 198-3b
Niederrother Straße 170-6a

Oberroth 170-11c
Ortsstraße 198-4b

Pfarrer-Schroll-Straße 170-11d
Puchschlagen 198-6a

Raiffeisenstraße 199-1a
Rienshofen 170-8d
Ringstraße 199-2c
Römerstraße 170-12d
Rosenstraße 199-1a
Rothbachstraße 199-1a
Rothfeldstraße 198-6b
Rothhof 198-3a
Rothstraße 198-4b
Ruhbeetstraße 170-6c
Rumeltshausen 199-2b

St.-Kastulus-Straße 198-6a
Sattlergasse (1) 170-11d
Schafflerweg 170-6c
Schloßstraße 170-6a
Schulweg 170-12d
Sickertshofen 198-3b

Sonnenstraße 170-12d
Stetten 199-2c

Tulpenstraße 198-3b

Überreiterweg 199-2a
Unterhandenzhofen 171-11b

Veilchenring 198-3b
Veit-von-Geböck-Straße 170-6c

Waldweg 199-2b
Weidenstraße 199-1a
Weiherstraße 170-11d
Westergasse 170-11c
Weyherner Straße 170-6d
Wiesenweg 199-1d

Schweitenkirchen
PLZ 85301

Aign 81-4c
Am Anger 81-6c
Am Asbach 81-5d
Am Bachfeld 95-8d
Am Berg 81-6c
Am Kessel 81-10b
Am Kindergarten (1) 81-10d
Am Klärwerk 95-1b
Ampertshausen 95-6a
Am Ried 95-8c
Am Seeberg 95-4d
Am Sportplatz 81-10c
Am Tiefen Graben 95-4b
Am Waldrand 95-8d
Am Weingrund 95-5c
Am Zieglstadl 95-8c
An der Linde 81-10b
Angerstraße 95-8c
Ansheristraße 80-6b
Asamweg 95-1b
Auer Straße 81-6c
Aufham 95-8c
Auhof 95-3c

Bachgrund 80-3b
Bergfeld 95-5c
Bergstraße 81-10d
Bettermacher 81-7b
Birkenloh 81-5d
Birkenweg 81-1c
Birketbaur 81-4c
Blasl 81-8a
Blumenstraße 95-4d
Bründlweg 95-4d
Buchfeld 81-4d

Dieselstraße 95-1b
Dietersdorf 95-5a
Dr.-Hans-Eisenmann-Straße 95-1b
Dürnzhausen 81-6c
Dürnzhauser Straße 81-10d

Eichelberg 81-9a
Eichenweg 81-4c

Feldhof 81-2a
Finkenweg (1) 80-9d
Fleckerlgasse (1) 81-6a
Flurstraße 95-1b
Fraunhoferstraße (3) 80-12c
Frickendorf 80-9d
Frühlingstraße 95-1b
Fuchsweg 80-9d

Gälmäcker 80-12d
Ganghofer Straße 95-2a
Geisenhausen 81-1a
Geisenhausener Straße 81-4b
Gewerbegebiet Süd 95-1b
Giegenhausen 80-12d
Giegenhausener Straße 80-12d
Großarreshausen 80-3c
Güntersdorf 95-8a
Gundelshausen 81-3c
Gundharstraße 95-5c
Gundolfstraße 81-6a

Hallertauer Straße 80-6b
Hareß 80-11d
Hauptstraße 95-1a
Heideweg 95-5c
Hirschhausen 81-11b
Hochfeldstraße 95-8c
Hochstraße 80-3b
Hochweg (2) 81-10d
Höhenweg 95-5c
Holledaustraße 80-3b
Hollweckstraße 95-1b
Holzhäuseln 81-12a
Holzhausen 96-1a
Hopfenstraße 81-10d
Hueb 81-7a

Ilmberg 81-10b
Im Tal 95-1a

Jetzelmaierhöfe 81-12d

Kapellenweg 81-1a
Karlweg 81-10d
Kastanienweg 80-12d
Kastlweg 80-6a
Kerschhof 94-3d
Kirchberg (1) 81-6c
Kirchenweg 81-10d
Kleinarreshausen 80-6a
Kochweg 81-10d
Kolpingstraße 95-1a
Korbinianstraße 95-1a
Kysostraße 80-3b

Lantoldstraße 95-1a
Leitlhöhe 81-10c
Lenbachstraße 95-1b
Liebigstraße 80-12c

Lindenstraße 80-3d
Loipersdorf 81-12c
Ludwig-Thoma-Straße 95-1a

Mandlberg 69-10c
Max-Böhnel-Weg (3) 95-1b
Meisenweg 80-6b
Mitterfeld 95-5c

Neckerschhof 95-1c
Neuenberg 80-9d
Neukaslehen 80-6c
Neukershof 94-3d
Niederthann 94-3c
Nürnberger Straße 80-3b
Nußbaumstraße 81-10b

Oberfeld 95-5c
Oberthann 80-12c + 94-3a
Ödhof 94-6c
Ohmstraße 95-1b
Otterbachstraße 95-8a
Otto-Hahn-Ring 80-12c

Peiglmühle 81-1b
Pfarrer-Bichler-Straße 95-1b
Pfarrer-Straßer-Weg 81-10d
Pfarrstraße 95-5c
Preinersdorf 95-3a
Preinerszell 81-4c
Preinerszeller Straße 81-5d

Quellberg 81-6c

Raffenstetten 95-1a
Raffenstettener Straße 95-1a
Raffoltstraße 95-1a
Raiffeisenstraße 81-10d
Reisdorf 81-10d
Riedstraße 80-3c
Robert-Koch-Straße 80-12c
Römerstraße 80-9d
Rosenweg 95-5c

St.-Josef-Straße 95-8a
St.-Kastulus-Straße 81-10d
St.-Margareten-Weg (2) 80-9d
St.-Marien-Weg 80-12d
St.-Martin-Straße 81-6a
St.-Stefan-Weg 81-4d
Schaching 95-1c
Schachinger Weg 95-1b
Schellneck 94-6b
Schellnecker Straße 95-4d
Schloßberg 95-5c
Schmellerstraße 95-1a
Schmiedhausen 81-10b
Schmiedhauser Straße 81-10d
Schmiedweg 81-6c
Schönblick 95-8a
Schulberg 81-1a
Schulstraße 81-10c
Schulweg 95-5c
Seefeldstraße 95-8c
Smidostraße 81-10b
Spitzwegstraße 95-1b
Steizenberg 80-6d
Südliche Entlastungsstraße 94-3b
Südring 95-1a
Swidmutstraße 95-1b

Tannenweg 81-10b
Teorunistraße 81-6c
Thomashecke 95-2a

Waldstraße 81-10d
Weikenhausen 81-6b
Weikenhausener Straße 81-3c
Westing 80-2b
Wiesengrund 81-6c
Woelkestraße 95-1b
Wolnzacher Straße 81-6c

Zum Grund 81-4d

Schwindegg
PLZ 84419

Aichmehring 187-11b
Allersheim 215-1d
Alpspitzstraße (10) 214-3c
Am Ebernhölzl 214-3c
Am Hügel 214-3c
Am Schloß 214-3d
Angering 187-12c
Au 215-1c
Au bei Wörth 215-1b
Auenstraße 215-1c
Austraß 214-5d

Bahnhofstraße 214-3c
Berg 187-11c
Bergstraße 214-3d
Bichl 187-10c
Bruck 214-6a
Buchbacher Straße 215-1a

Dorfener Straße 214-6b

Ebernhölzlstraße 214-3c
Endsberg 186-12c
Erb 187-10d
Etzstraße 214-3d

Fischerstraße 215-4a
Fischmühle 215-1c
Flurstraße 214-3d
Forn 187-12a
Frauenhofenerstraße 215-1c
Freiherrstraße (1) 215-1c
Fürfang 187-12d
Fuggerstraße 215-1c

Goldachring 215-1c
Grafengasse 215-1c
Grapolding 215-4a
Grimmelbach 214-8b

Grub 186-12b
Gumpenbau 187-10d

Haager Straße 215-1c
Häcklgasse 215-1c
Hassenham 215-3b
Haunspergstraße 215-1c
Herzog-Albrecht-Straße 215-1c
Hirzlheimstraße (9) 214-3c
Hochriesstraße 214-2d
Höningerstraße (7) 214-3c
Hörwarthstraße (2) 215-1c
Hof 214-3b
Hofmarkstraße 214-3c
Hofmühle 215-4a
Hufschmiedstraße (5) 215-1c

Innolidochstraße 215-1c
Isen 186-12c
Isenstraße 214-3d

Jennerstraße 214-2d

Kirchenstraße (12) 214-3d
Kirchplatz 214-3d
Kothbach 187-10c
Kothingdorfen 187-11d + 215-2b
Kurzmühle 214-5d

Loinbruck 187-10c

Marketsmühle 215-2b
Marschalkstraße (14) 215-1c
Maximilianweg (4) 215-4a
Mitterhub 187-10c
Mooshäusl 215-2d
Moosmühle 215-3d
Moreaustraße 215-4a
Mühldorfer Straße 214-3d

Niederloh 214-5c

Oberhub 187-10a
Ornauring 215-4a

Pappenhaimstraße 215-4a
Petzenham 187-11b
Pienzenauerplatz 215-4a
Pointvogl 214-6a

Reibersdorf 214-6c
Reith 187-11d
Rimbach 215-4c
Rimbachstraße 214-3d
Rohrmühle 214-6b
Rottenbuch 214-5b

Sattlerstraße 215-1c
Schäfflerstraße 215-1c
Schafdorn 187-12b
Schiederberg 214-2d
Schloß 214-3d
Schönbach 214-5a
Schulstraße 214-3d
Schwindach 214-5c
Spanbruck 187-10d
Stetten 186-12c + 214-3a
Sudetenstraße (3) 215-1c

Tattenbachplatz (13) 215-4a
Tattenbachstraße 215-1c
Tegernbachstraße 214-3c

Ursulinenring 215-1c

Viehweid 215-1b

Wagmühle 215-1a
Wagnergasse (6) 215-1c
Walkersaich 215-3a
Watzmannstraße 214-3c
Wehrstraße 215-1c
Weidestraße 214-3d
Wendelsteinstraße (11) 214-3c
Wienhardtstraße (8) 214-3c
Wörth 215-2a

Zugspitzstraße 214-3c
Zurmühle 187-10c

Seefeld
PLZ 82229

Ahornweg 306-5b
Am Bergl 284-12d
Am Gassl 306-4b
Am Hart 306-2d
Am Höhacker 306-2a
Am Kaiserbichl 306-9b
Am Ödenbühel 306-2b
Am Osterfeld 307-5a
Am Pilsensee 306-5a
Am Riedfeld 306-5b
Am Weiher (1) 307-5a
Am Ziegelstadel 284-12d
Andechser Straße 307-4d
An den Meisterwiesen 306-3c
An den Weihern 306-5a
An der Beermahd 306-2b
An der Breite 306-6a
An der Eichenallee 306-3a
An der Feichten (3) 306-4a
An der Hartmühle 306-2d
Anger 306-3c
Anton-Ettmayr-Straße 306-3c
Aubachstraße 306-3c
Aubachweg 306-2d + 2c
Auinger Straße 306-2a

Bachlaich 306-4a
Badeweg 306-4b
Bahnhofstraße 306-2c
Bahnweg 306-4b
Bergstraße 306-6a
Birkenallee 306-5b
Blumenweg 306-3c
Breitbrunner Straße 306-4a

Brunnenweg 306-1b
Buchenhain 306-5b

Dammweg 306-4b
Delling 285-10a
Dellinger Weg 284-12b
Dr.-Ehrengut-Weg 306-6a
Dr.-Seitner-Weg 306-2a
Dorfstraße 284-12b
Drößling 306-9a
Drößlinger Straße 306-3c
Drozzastraße 306-6d

Eichtalweg 306-9b
Einödhof 306-1b
Einödweg 306-1c
Enterbichl 306-2b
Erlinger Straße 306-9b
ESPE-Platz 307-1c
Ettenhofen 285-7d
Ettenhofener Straße 285-11a + 10a

Franz-Krämer-Straße 306-5b
Friedinger Straße 306-6a
Fritz-Müller-Straße 306-6a

Ganghoferstraße 306-6a
Georg-Queri-Weg (9) 306-6a
Gewerbepark 306-3c
Graf-Toerring-Straße 306-5b
Graf-Toerring-Straße (Güntering) 306-2a
Grubäckerweg 306-2a
Grundberg 306-1d
Güntering 306-1b
Günteringer Straße 306-1d

Hadorfer Straße 307-5a
Hartstraße 306-3c
Hasenau 306-6d
Hauptstraße 306-5b
Hauptstraße (Hechendorf) 306-4a
Hechendorf am Pilsensee 306-4a
Hedwigstraße 306-3c
Herrschinger Straße 306-5b
Herrschinger Straße (Hechendorf) 305-6d
Heuweg 306-1d
Hirtenweg 306-1d
Hochleiten 306-2c
Hochstadter Straße 307-5a
Höhenbergstraße 307-7a
Höhenstraße 306-6a
Höhenweg 306-4d
Horst-Wolfram-Geißler-Weg (7) 306-5b
Hubertusstraße 306-5b

In der Au 306-1d
Inninger Straße 306-1d

Jahnweg 306-3c
Johannes-Michael-Fischer-Weg 307-5a
Josef-Peter-Weg (8) 306-5b

Kastanienweg (5) 306-5b
Kirchenstraße 306-3c
Koppangerweg 284-12d

Landstettener Weg 307-7a
Leitenhöhe 306-2c
Leitenweg 307-4c
Leo-Putz-Weg (6) 306-5b
Lindenweg 306-5b
Linderbergweg 307-5c
Ludwig-Thoma-Straße 306-5b
Luierweg 284-12d

Marienplatz 306-3c
Martin-Hebel-Weg 306-4b
Mayrhofer Ring 306-2c
Meiling 284-12c
Meilinger Weg 306-3c
Mittelfeld 306-1d
Moosdorfstraße 306-3d
Moosweg 306-2c
Mühlbachstraße 306-3a
Mühlstraße 285-10a
Münchner Straße 306-5b

Neuhoffweg 306-4b

Oberalting 306-3c
Oberaltinger Straße 307-4b
Oberfeld 306-4a
Ödenbühel 306-2b
Oskar-Maria-Graf-Straße 306-5b

Perchtinger Straße 307-5a
Pilsenseestraße 306-5b
Pointweg 306-4b

Rainweg 306-1d
Rassoweg 306-6a
Reisbichlweg 307-5c
Reisbrünndl (2) 306-4a
Reiswiese 306-4a
Riegelackerweg 307-7a
Roseggerstraße 306-2d
Rosenweg 284-12d

Saganger (4) 306-3a
Schlagenhofener Weg 306-4b
Schloßpark 306-5d
Schloss Seefeld 306-5b
Schluchtweg 306-1d
Schmiedweg 306-4b
Schönblickstraße 306-1d
Schreyeggstraße 306-6a
Schröderweg 306-4d
Schützenstraße 306-3c
Schulweg 306-6a
Seefeld 306-6a
Seefelder Straße 306-2c
Seeleite 306-4d
Seestraße 306-4d
Sonneckweg 306-4b
Spitzstraße 306-4b
Stampfgasse 306-3c
Starnberger Straße 306-6d
Steebstraße 306-5b
Steig 306-4b
Steinebacher Straße 306-2b

Steinebacher Weg 306-2a
Stocketweg 284-12d

Tiefenbrunn 307-2d
Turmfeldweg 285-10a

Ulrich-Haid-Straße 306-2d
Unering 307-4b
Uneringer Straße 306-3c
Unterfeldweg (1) 306-1d

Wasserweg 306-1d
Weg an der Breiten 306-1d
Wörthseestraße 306-1a

Zollschuster 284-12d

Seeshaupt
PLZ 82402

Alter Postplatz (8) 396-5a
Am Buchenhain (9) 396-4b
Am Großsteig 396-4c
Am Grundwassersee 396-4d
An der Ach 396-5d
An der Säge (5) 396-5a
Andreas-Seitz-Weg 396-1b
Anried 396-1d

Bahnhofplatz 396-4b
Bahnhofstraße 396-4b
Baumschulenstraße 396-5b
Benediktenwandstraße 396-5c
Bodenbachweg 396-6c
Buchenstraße 396-4b
Buchwiesenstraße 396-6c
Bürgermeister-Konrad-Weg 396-4b
Bürgermeister-Schallenkammer-Weg (7) 396-5a

Dall Armi-Straße 396-5a
Dollstraße 396-4b

Eichenstraße 396-4a
Eisenrain 395-3d
Ellmann 395-9d + 396-7c

Fichtenstraße 396-4b
Flurweg 396-4a
Föhrenstraße 396-4b
Frechenseeweg 396-4d
Friedhofweg (2) 396-4b

Gartenseeweg 396-5c
Gröbenseeweg 396-5c

Hauptstraße 396-5a
Heimgartenstraße 396-5a
Herzogstandstraße 396-5c
Höhenweg 396-5c
Hohenberg 395-9c
Hohenberger Straße 396-4c
Holzmühle 373-10c
Hübschmühle 395-2c

Jägerstraße 396-4c
Jenhausen 395-2a

Kreutberg 395-6a
Kronleiten 395-6c

Lerchenmoosstraße 396-4c
Lindenallee 396-5a
Lustseeweg 396-5c

Magnetsried 395-4d
Moorweg 396-6c

Nußberg 373-12c

Oppenried 395-3c
Osterseenstraße 396-4b

Penzberger Straße 396-4d
Pettenkoferallee 396-4b
Pfarrer-Behr-Weg 396-5a
Pfarrer-Wiedemann-Weg (4) 396-5a
Pollingsried 395-12d

Rosenstraße 396-5b

Salzsteinstraße 396-4a
Sanitätsrat-Jeggle-Straße 396-5a
St.-Heinricher-Straße 396-5b
Schechener Straße 396-6c
Schmitten 395-3a
Schönegertstraße (1) 396-4b
Schulgasse (6) 396-5a
Seepromenade 396-5a
Seeseiten 396-1a
Seeseitener Straße 396-4b
Sonnenweg 396-5d
Spitzwegstraße 396-4b

Tannenstraße 396-4b
Tiefentalweg 396-5c
Tratbergstraße 396-4c
Tutzinger Straße 396-1a

Ulrichsau 396-4c
Ulrichs-Au-Straße 396-4c
Ungertsried 394-3d
Unterer Flurweg 396-4d

Von-Simolin-Straße 396-4b

Waldweg 396-4a
Weilheimer Straße 396-4a
Wolfetsried 395-8b

Sielenbach
PLZ 86577

Aichacher Straße 139-2b
Am Anger 139-8a

Am Baumgarten 139-2d
Am Burgstall (1) 139-2b
Am Hang 139-8d
Am Hürlberg (2) 139-8c
Am Schauchen 139-8d
Amselweg 139-2d
Am Weiherbach 139-2d
An der Klostermauer (5) 139-5b
Angerweg 139-2b

Bäckerfeldweg 139-2d
Bergstraße 139-6a
Blumenweg 139-8d
Breitenwiesweg 139-2c
Brunnenstraße (6) 139-2d
Buchenweg 139-3a

Dorfstraße 139-8d
Drosselweg 139-2d

Ecknachstraße 139-8a
Eichenweg 139-3a
Erlenweg 139-2b

Filastraße 139-8c
Finkenweg 139-2d
Flurstraße 139-2c
Frühlingstraße 139-6a

Gartenstraße 139-2d
Gollenhof 138-6a

Haslacher Weg 139-5b
Hauptstraße 139-8c
Heilbach 139-7d
Hinterm Herrn (1) 139-8d
Hochstraße 139-2b
Holzgrub 139-12b
Holzgruber Straße 139-8d

Josef-Veit-Straße 139-2d

Kapellenstraße 139-2c
Kiesweg 139-8c
Klosterweg (4) 139-5b
Kreutmeierstraße 139-2c

Lichtstraße 139-2c

Maria-Birnbaum-Straße 139-5b
Martinshöhe 139-5b
Martinstraße 139-5b
Morabach 139-8b
Mühlweg 139-2d

Oberhaslach 139-9a
Ostergasse 139-2b

Pfarrweg 139-8d
Plattenweg (3) 139-2c
Postweg 139-8b

Raderstetten 139-6b + 140-4a
Reutgasse 139-3a
Riedener Straße 139-8a
Ringstraße (2) 139-2c
Rosenweg 139-8d

Samweg 139-2c
Schafhausen 139-5a
Schönberg 139-4a
Schönberger Straße 139-4b
Schwaigstraße 139-2c
Sonnleiten 139-2b
Stunzbergstraße 139-5c

Tödtenried 139-8b

Unterhaslach 139-6c

Weinbergstraße 139-5b

Ziegelberg 139-9c
Ziegelweg 139-5c

Söchtenau
PLZ 83139

Achenweg 346-12b
Ahornweg 346-12b
Alte Römerstraße 346-12a
Am Bergfeld 368-6b
Am Dorfbach 346-12b
Am Mühlfeld 369-7b
Aschau 346-11c

Bahnhofstraße 369-7a
Barweg 346-12b
Berg 346-8d
Birkenweg 346-12b
Brand 369-4c
Burg 369-4c

Dingbuch 347-7c
Dorfplatz 346-12b
Dorfstraße 368-6b

Egger Straße 346-9d
Eichen am Simssee 369-8a
Eichenweg 369-7c
Endorfer Straße 346-12b
Erlenweg (1) 369-7c
Esbaum 346-12a

Furtmühle 346-12a

Gartenweg 369-7b
Georg-Dietl-Straße 346-12b
Gewerbegebiet „Schwabering" 368-6a
Grölking 369-4c

Hafendorf 369-4b
Haid 346-9d + 9b
Halfinger Straße 346-12b
Hauptstraße 369-7a
Hayng 346-9c
Heubergstraße 368-6b
Heumühle 346-8b
Hochgernstraße 346-9d
Hochriesstraße 368-6b

Innthal 369-4d
Innthaler Straße 369-7a

Klingmoosweg 346-12b
Könbarn 346-6a
Krottenmühl 369-7a
Krottenmühle 369-7b

Lärchenweg (1) 346-12b
Lagerhausstraße 346-12b
Lampersberg 368-2b
Lindenweg (2) 369-4a
Lohen 368-6d

Mühlbachweg 346-12a
Mühlenstraße 369-7a

Nußbaumweg 369-4a

Oberthal 346-6c
Osterfing 369-1c
Osterfinger Straße 369-4a

Rachelsberg 346-8a
Reischach 368-6c
Rins 368-2d
Rosenheimer Straße 346-12a
Rosenweg 346-12a

Salmeringer Weg 369-7a
Schürfmühle 346-5d
Schulstraße 346-12b
Schwabering 368-6b
Seeblick 369-7b
Seestraße 369-7c
Siferling 368-5b
Spitzholzweg 346-12a
Spöck 368-2a
Stetten 347-10c
Straß 346-11b
Stucksdorf 368-3a

Ullerting 368-9b
Untershofen 369-7a
Unterthal 346-8b

Vogtareuther Straße 346-12a

Waldhof 368-5b
Wendelsteinstraße (1) 368-6b
Wiesenweg 369-7a
Wilperting 346-11b

Soyen
PLZ 83564

Aichmeier 281-1c
Alleestraße 280-4b
Altensee 279-9d + 280-7c
Am Bahndamm 280-4d
Am Berg 280-4d
Am Wald 280-5a

Bachmühle 258-11a
Baumgarten 281-1d
Berg 280-10a
Bergstraße 280-4b
Birkenweg 280-4d
Brandstett 280-6a
Buchenstraße 280-5c
Buchenthal 280-6a
Buchsee 279-12b
Burreit 258-10b

Daim 280-5d
Demoos 280-3b
Dorfstraße 280-4b

Edlwagen 280-3b
Edmühle 258-12c
Eichbergstraße 280-4d
Eichenweg 280-4d
Essbaumstraße 280-4d

Fichtenstraße 280-5a
Fischbach 279-9b
Förchen 280-6a
Frauenholzen 280-3d
Freiberg 281-1d
Fußstätt 279-11d

Gartenstraße 280-5c
Gewerbegebiet 280-5a
Graben 280-11c
Grasweg 279-12d + 280-10c
Greißl 281-1d
Gröben 280-11a
Grub 280-2b
Gschwendt 280-11c + 302-2a

Halmberg 280-7d
Hannstätt 280-10a
Heckenstraße 280-4d
Hinterleiten 281-1a
Hirschpoint 279-12c
Hörgen 280-2c
Hofstett 280-6b
Hohenburg 280-9a
Hoswaschen 279-9a
Hub 280-3c
Hundsham 280-1c

Kafflberg 280-4d
Karrer 279-6d
Kasten 280-3a
Kirchenstraße 280-4b
Kirchreit 280-10b
Kitzberg 280-7b
Kitzbergstraße 280-7b
Kobel 280-3c
Koblberg 302-2c
Köbing 258-11c
Königswart 259-10c
Kraimoos 280-5b
Krautthal 258-11a

Lärchenweg 280-5a
Lampstätt 258-11d
Lamsöd 280-8a
Lehen 280-6c
Lettmoos 280-7b
Lindenweg (1) 280-5c
Loderstätt 280-7b

Maierhof 280-8b
Marienberg 280-5a
Mühlthal 280-2a

Nußbaumstraße 280-5c

Oberkraimoos 280-2d
Oed 279-9d
Oedsberg 280-3a

Pichl 281-1a
Polln 280-1d

Reiching 280-2a
Reiten 279-12d
Richterstett 258-11d
Rieden 280-8d
Riedener Straße 280-4d
Röhrmoos 280-10c
Rottenhub 280-1a

Schabau 280-2a
Schleifmühle 280-4a
Schlicht 280-3d
Schweigstätt 280-2b
Seeblick 280-7b
Seeburg 280-7a
Seestraße 280-4d
Sieghart 281-1c
Sonnenholzen 280-10d
Sonnleiten 280-7b
Stauden 281-1c
Steghäuslstraße 280-5a
Steinberg 280-8b
Straßinderl 280-10d
Strohreit 280-8c

Taubmoos 280-1b
Teufelsbruck 281-4b
Thal 280-7d
Trautbach 280-10b

Ulmenweg 280-5a
Urfahrn 280-9c

Vorderleiten 280-6c
Vordersberg 258-11a

Wagenstätt 280-5a
Wagenstätter Straße 280-5c
Weidgarten 280-4a
Weiher 280-5d
Wendling 279-9d + 280-7c
Wetterstett 280-8c
Wiesenweg 280-4b

Zuhr 280-8b

Stadtbergen
PLZ 86391

Ackerweg 162-4a
Ährenhof 162-1a
Aggensteinweg 161-2b
Albert-Leimer-Platz 161-6b
Albert-Schweitzer-Straße 161-3b
Alemannenweg 161-3c
Allgäuer Straße 161-2b
Almweg 161-6a
Alpenstraße (3) 162-4a
Alte Gasse (1) 161-6a
Am Almberg 161-6a
Am Eulenhorst 134-10c
Am Höllgraben 161-2a
Am Kellerberg 161-3b
Am Lauschberg 161-3b
Am Nervenheil 161-3c
Am Sportplatz 162-1a
Am Uneben 134-10c
Am Vehicle-Park 162-1c
Am Weiher 161-2a
Am Wiesle 134-10c
Anhauser Weg 161-6a
Argonstraße 134-10c
Auenweg 161-6b
Augsburger Straße 161-6b
August-Abenstein-Weg 161-3b

Bauernstraße 161-3b
Beethovenstraße 162-1a
Beim Hallenbad 162-1a
Beim Schlaugraben 161-3b
Beim Ziegelstadel 161-3a
Bergstraße 161-6a
Birkenstraße 161-3b
Blumenstraße 161-2a
Brauneckstraße (4) 162-4a
Breitenbergweg 161-2b
Brunnenplatz 161-6a
Buchenweg 161-6b

Dayton-Ring 134-10c
Deuringen 161-1b
Deuringer Straße 161-3a
Dr.-Frank-Straße 162-1a
Dossenbergerweg 162-1c
Drosselweg 134-10c

Ebereschenweg 161-3b
Eibenweg 161-3a
Eichenweg 161-6b
Elmer-Fryar-Ring 162-1c
Erlenweg 161-6b
Eugen-Rauner-Weg 161-3a
Feuerhausstraße 161-6b
Finkenweg 134-10c
Flandernstraße 134-10c
Fliederweg 161-6b
Flurstraße 161-6b
Föhrenkegel 161-2a
Friedenstraße 134-10c
Fritz-Reim-Straße 161-2a
Frühlingstraße 162-4a
Fryar-Circle 162-1c
Fuggerstraße 162-4a

Gartenstraße 161-6b
Georgenschlaue 161-3c
Gögginger Straße 161-6b
Goethestraße 134-10c
Gotenstraße 161-3c
Grenzstraße 161-6b
Grüntenstraße 162-4a

Haldenweg 161-6a
Hauptstraße 161-6a
Haydnstraße 162-1a
Heinrich-Gerlach-Straße 162-1a
Herrgottsberg 161-6a
Hilda-Sandtner-Straße 162-1c
Hochgratstraße 161-2a
Hochvogelstraße 161-2a
Höfatsweg (1) 161-2a
Höhenweg 161-6c
Hubertusstraße 161-6c

Ifenstraße 161-2a
Ilsungstraße 134-10c
Imbergweg (2) 161-2b
Im Gäßle 161-6a

Jahnstraße 161-3b

Kapellenstraße 161-2a
Kappbergstraße 161-3c
Karl-Kraft-Straße 161-6b
Keltenweg 161-3c
Kiefernweg 161-6b
Kirchberg 161-6a
Kirchenweg 161-3b
Kornstraße 161-6b
Krautgartenweg 161-6b
Krippackerstraße 161-6a

Lärchenweg 161-6a
Laubenweg 161-6b
Leibnizstraße 161-3b
Leitershofen 161-5b + 162-4a
Leitershofer Straße 161-3d
Lindenmahdstraße 161-6b
Lindenstraße 161-3b
Löschweg 161-3d
Lohfeldstraße 162-4a

Maria-Hilf-Straße 134-10c
Meisenweg 134-10c
Mozartstraße 134-10c

Nebelhornstraße 162-4a
Nestackerweg 162-1a
Neudeker Weg 161-2a
Nordenstraße 161-6b

Oberer Stadtweg 162-1a
Ochsengasse 161-3a
Olbernhauplatz 161-3d

Panoramaweg 161-3c
Panzerstraße 161-3d
Pappelweg 161-3b
Parkstraße 161-6a

Radegundisstraße 161-6c
Radmüllerweg 161-3d
Regerstraße 162-1a
Rehlingenstraße 161-2a
Richard-Wagner-Straße 134-10c
Riedstraße 161-6b
Robert-Koch-Straße 161-3b
Römerweg 161-3d
Rotspitzweg 161-2b
Rudolf-Diesel-Straße 161-2a

Säulingstraße 162-4a
Sandbergstraße 161-2a
St.-Afra-Straße 161-6b
St.-Florian-Straße 161-3b
St.-Oswald-Straße (2) 161-3d
St.-Ulrichs-Siedlung 134-10c
Schattbergweg (3) 161-2b
Schillerstraße 134-10c
Schloßstraße 161-3c
Schnurbeinstraße 161-2a
Schubertstraße 162-1a
Schützenweg 161-6c
Schulstraße 161-3b
Schumannstraße 134-10c
Schwarzer Weg 161-6a
Sebastian-Kneipp-Straße 161-3b
Sonnenstraße 134-10c
Spitalweg 161-2a
Stadtberger-Straße 161-6b
Steibisweg 161-2a
Steinackerstraße 162-4a
Stuibenstraße 161-2a
Südstraße 134-10c

Tegelbergstraße 161-2a
Tournelystraße 161-3c
Trettachstraße 161-2a
Turnerweg 161-6b

Ulrichsberg 161-6a
Unterer Stadtweg 134-10c

Volkweinstraße 162-4a
Von-Steuben-Ring 162-1c

Waldstraße 161-2a
Weidachstraße 162-4a
Weidenstraße 161-6b
Wellenburger Weg 161-6c
Welserstraße 162-4a
Wertachstraße 162-4a
Wiesenweg 161-6b
Winkelmahdstraße 161-6b

Starnberg
PLZ 82319

Abt-Hörl-Weg 308-6c
Achheimstraße 308-12d
Adalbert-Stifter-Straße 308-11d
Ahornweg 308-10d
Albertshöhe 309-9b
Alersbergstraße 308-11b
Almeidaweg 330-3d
Almweg 308-5d
Alpenstraße 308-11d
Alpspitzstraße 308-9c
Alter Berg 308-12a
Altostraße 309-5a
Am Fuchsengraben 308-12b
Am Georgenbach (2) 309-10c
Am Hang 308-9d
Am Hochwald 308-9d
Am Hofbuchet 308-9b
Am Hügel 309-11c
Am Kreuth 308-9d
Am Laichholz 307-12a
Am Langenberg 308-11c
Am Mühlberg 309-11c
Am Mühlbergschlößl 308-12c
Am Mühleich 308-12c
Am Rudolf-Widmann-Bogers 308-9b
Am Schloßhölzl 309-7a
Am Schwarzgraben 308-12a
Am Sonnenhof 308-9d
Am Weiher 307-12d
Am Wiesengrund 330-5b
Andechser Straße 307-12c
An der Bohle 308-12c
An der Hintermühle (4) 308-12d
An der Karlsburg 309-5a
An der Linde 308-11d
Angerstraße 310-7c
Angerweg 307-9b
Angerweidestraße 308-9d
Armin-Commichau-Straße (4) 309-7c
Ascheringer Straße 329-2c
Asternweg (3) 309-7c
Auersberg 308-12a
Auf der Alm 308-8d
Augustenstraße 308-12b

Bachweg 309-10d
Bahnhofplatz 309-10c
Bahnhofstraße 308-12d
Beethovenstraße 330-2b
Beim Kapeller 309-4b
Berger Straße 309-11c
Birkenleite 308-11d
Birkenweg 309-11a
Bismarckstraße 330-2b
Blumenau 307-12d
Blumensiedlung 309-7a
Blumenstraße 309-7c
Bozener Straße 308-12b
Brandleitenweg 310-7c
Brandweg 308-12d
Bründlwiese 308-11c
Brunnangerstraße 309-10a
Buchendorfer Straße 310-7a
Buchenweg 308-11c
Buchhof 309-12a
Buchhofstraße 309-11c
Buzentaurweg 309-11c

Carolinenstraße 308-11b

Dahlienweg (1) 309-7c
Dall-Armi-Weg 309-10c
Dampfschiffstraße 309-10c
Defreggerstraße 308-11d
Dietrichweide 308-11d
Dinardstraße 308-12d + 330-3b
Doktor-Paulus-Weg 308-12d
Dr.-Penzl-Weg 308-12d
Dr.-Sauermann-Weg 309-7c
Dr.-Zimmermann-Weg 330-3b
Dorfstraße 307-9d
Drosselweg 309-7c

Eduard-Süskind-Weg 330-3a
Egerer Straße 308-9d
Eibenweg 330-3c
Eichenweg 308-12a
Einbettl 309-5d
Einbettl-West 309-5c
Emslanderstraße 330-3b
Enzianstraße 309-11a
Erlenweg 308-11c
Ernst-Heimeran-Weg 330-3c
Eschenweg 309-11a
Esterbergstraße 308-8d
Eugen-Roth-Straße 308-11c

Falkenweg 309-7b
Fasanenweg 309-7b
Felixweg 307-9d
Feodor-Lynen-Steig (1) 308-12d
Fercha 310-10b
Ferchastraße 310-10b
Ferdinand-Maria-Straße 309-10a
Fernbergweg 308-12c
Fichtenweg 308-11c
Finkenstraße 309-7c
Fliederweg 308-9d
Forststraße 331-3b
Franz-Heidinger-Straße 330-3c
Franziskusweg 309-7c
Friedhofstraße 308-11b
Fritz-Gartz-Weg 308-12b
Frühlingstraße 309-11a

Gartenstraße 307-12c
Gautinger Straße 309-7c
Georg-Bader-Straße 308-11d
Georgenbachweg 309-10c
Georg-Queri-Weg 309-10a
Gestütsweg 309-11a
Giselastraße 308-12b
Glatzer Straße 308-9c
Gradstraße 309-10a
Großglocknerstraße 308-8d
Grubenstraße 330-3a
Gustav-Meyrink-Straße (5) 309-7c

Hadorf 307-9d + 308-7a
Hadorfer Straße (Söcking) 308-11a
Hanfeld 308-5d + 9a
Hanfelder Straße 308-9c
Hans-Zellner-Weg 309-10a
Harkirchner Straße 309-11c
Hauptstraße 308-12d
Hausener Straße 308-6c
Heimathshausen 309-11a
Heimathshausener Straße 309-11a
Heimgartenstraße 308-9c
Heimstätten Weg 330-3a
Heinrich-Wieland-Straße 308-12b
Himbselweg 309-10a
Hirschanger 309-10a
Hirtwiesweg 308-6c
Höhenweg 308-11a
Hörnleweg 308-9c
Hofbuchetstraße 308-9d
Hubertusweg 308-9d
Huberweg (1) 307-9b

Ignaz-Günther-Steig (3) 308-12d
Ina-Seidel-Weg 330-3c

Jägersbrunn 329-2d
Jägersbrunner Straße 307-12c
Jägerweg 308-5d
Jagdhütte 309-9c
Jahnstraße 330-3c
Jakl-Jordan-Weg 308-12c + 330-3a
Jakob-Tresch-Straße 330-3a
Josef-Fischhaber-Straße 308-12c
Josef-Sigl-Straße 309-7c

Kaiser-Wilhelm-Straße 309-10c
Karwendelstraße 308-8d
Kastanienweg 310-7a
Keltenweg 307-12c
Kempterstraße 308-11d
Kiefernweg 308-10d
Kiem-Pauli-Weg 308-11b
Kirchenweg (Wangen) 310-7c
Kirchplatz 309-10c
Klenzestraße 308-11d
Klosterholzweg 329-1d
Königsberger Straße 308-9c
Kramerbergweg 310-7a
Kreuzstraße 309-11c
Kreuzweg 307-12a
Kühtal 308-11c

Lärchenweg 308-11c
Landstetten 329-2c
Lenbachstraße 308-12b
Leopoldstraße 308-12b
Leutstetten 309-5a
Leutstettner Straße 309-10a
Lilienweg 308-9d
Lindenweg 308-12d
Ludwigstraße 309-10c
Ludwig-Thoma-Weg 309-10a
Lüderitzstraße 309-10a
Lüßbachweg 309-10d
Luitpoldstraße 308-11b

Maisinger-Schlucht-Straße 308-12c
Maisinger Straße 307-12d
Maisinger Weg 308-11c
Malvenweg 310-7a
Mamhofen 308-5a
Mamhofener Straße 308-5b
Mamhofener Weg 308-8d
Mathildenstraße 308-12d
Maurerberg 308-7c
Maurusstraße 307-12c
Max-Emanuel-Straße 308-12b
Maximilianstraße 309-10c
Maximilian-von-Dziembowski-Straße 308-12a
Max-Josef-Höhe 308-9c
Max-Josef-Park 308-12a
Max-Josefs-Höhe 308-9c
Max-Zimmermann-Straße 308-12d
Mayda-Nehr-Weg 308-9d
Meisenweg 309-7c
Mesnerstraße 310-7c
Moosanger 309-11a
Moosbichlstraße 309-7a
Moosstraße 309-10b
Moosweg 309-5c
Moritz-von-Schwind-Straße 308-12c
Mozartstraße 330-2b
Mühlbergstraße 308-12b
Mühlthal 309-1d
Mühlthaler Straße 308-6c
Münchener Straße 309-10c
Museumsweg 330-3b

Nelkenweg 308-9d
Nepomukweg 309-10d + 10c
Neufahrner Straße 310-7d
Neusöcking 330-2b
Nibelungenweg 308-12c
Nixenweg 330-3a
Normanstraße 308-12a
Nußbaumstraße 310-7a

Oberbrunner Straße 308-5b
Oberdill 310-5b
Oberer Seeweg 330-3c
Oberfeld 330-3c
Oberholzstraße 308-9d
Olympiastraße 310-7c
Oskar-von-Miller-Straße 330-3c
Oßwaldstraße 308-12b
Ostheimerweg 308-12d
Otto-Gaßner-Straße 309-10a
Ottostraße 308-12c

Parkstraße 308-11d
Paul-Thiem-Weg 309-11c
Percha 309-11c

Steinhöring
PLZ 85643

Steinkirchen
PLZ 84439

Stephanskirchen
PLZ 83071

Straßlach-Dingharting
PLZ 82064

Kleindingharting 334-4b
Kleindinghartinger Straße 334-4a
Kreuzweg 312-10a
Kurzstraße (3) 312-10a

Laufzorner Weg 312-7c
Linderlgarten (1) 334-4d
Lohstraße 334-4c
Ludwigshöhe 334-4c
Ludwig-Thoma-Straße 312-7c

Marienweg (1) 312-7c
Mittelweg 312-7c
Mitterstraßweg 311-9d
Mühlstraße 311-12b
Mühltal 311-11d

Oberbiberger Straße 334-8b
Oberfeldweg 312-10a
Ölschlagerweg 334-4a

Plattenweg 334-8d
Prinz-Alfons-Allee 312-7a

Riedweg 312-7a
Römerstraße 312-7c

Schäftlarner Straße 334-4a
Schmiedland 312-7c
Schützenweg 312-7a
Schulstraße 312-7c
Straßlach 311-12b + 312-7c
Stubenweg 334-1d

Talfeld 334-1d
Tölzer Straße 311-12d + 333-3b

Unterfeld 334-8a
Urbanweg 334-1d
Urspringerstraße 312-7c

Vorderfeld 334-4c

Waldstraße 311-12d
Weg im Esterholz 311-9c

Sulzemoos
PLZ 85254

Ahornweg 168-12d
Aichacher Straße 197-8d
Am Bachfeld 168-12d
Am Berg 168-12d
Am Buchwald 197-1a
Am Krautgarten 196-3b
Am Mühlberg 197-5a
Am Murfeld 197-1a
Am Säganger 197-1a
Am Sammerfeld 197-8c
An der Pfenniglohe 197-8d
Angerweg (1) 196-3d
Austraße 197-8d

Bachstraße 168-12d
Bergstraße (Sulzemoos) 197-5a
Bergstraße (Wiedenzhausen) 197-1a
Blumenstraße 197-5a
Bogenrieder Straße 197-1d
Brucker Straße 197-8c
Brunnenweg (1) 197-5a
Buchenweg 197-2c

Dachauer Straße 197-8d
Dr.-Baumgartner Straße 197-5a
Dorfstraße 196-3d
Dornbergstraße 197-8d

Eichenstraße 197-2c
Einsbach 197-8d
Eschenweg 197-2c

Feldstraße 196-3b
Frühlingstraße 196-3d

Gartenstraße 197-8c

Haidhof 197-8a
Hartstraße 196-3d
Hauptstraße (Sulzemoos) 197-4b
Hauptstraße (Wiedenzhausen) 196-3b
Hilpertsried 197-7a
Hirschbergstraße 197-5a
Hochstraße 197-1c
Hopfenstraße 197-8d

Justus-von-Liebig-Straße (6) 197-5c

Kapellenstraße 197-8c
Keltenstraße 197-8d
Kirchstraße (Sulzemoos) 197-5c
Kirchstraße (Wiedenzhausen) 196-3d
Kohlstattstraße 197-2c

Lederhof 197-4d
Lerchenstraße 196-3d
Lindenstraße (Sulzemoos) 197-5a

Maffei Straße (5) 197-5c
Mörtlstraße 197-4b
Moosweg (4) 197-2c

Nelkenweg (2) 196-3d

Oberwinden 196-9b
Ohmstraße 197-5c
Orthofen 168-12d
Orthofener Straße 196-3b
Oskar-von-Miller-Ring (2) 197-5c

Ringstraße (Orthofen) 168-12c
Römerstraße 197-8c
Rohrbachstraße 196-3d
Rosenstraße 196-3d

St.-Florians-Weg 197-1d
St.-Helena-Straße 168-12c

Schloßallee 197-4b
Schulstraße 197-8c
Schulweg 197-5a
Seelacher Weg 197-8c
Steindlbachstraße 197-5a
Steinmetzstraße 197-8c
Sulzemooser Straße 197-1a

Tannenweg 197-8d
Tulpenweg (3) 196-3d

Unterwinden 196-6d

Waldstraße 197-2c
Waldweg 196-3d
Weiherweg 197-11a
Wiedenzhausen 197-1a
Wiedenzhausener Straße 168-12c
Wiesenweg 197-8c
Windener Straße 197-8c

Ziegelstadel 197-4d
Zweigstraße 196-3d

Taufkirchen
PLZ 82024

Ahornring 291-11d
Akazienstraße 291-11b
Akeleistraße 292-10c
Alpspitzweg (1) 313-3c
Am Bahnsteig 291-12a
Am Birkengarten 292-12a
Am Heimgarten 291-12b
Amselweg 291-11c
Am Wald 291-11b
An der Mangmühle 313-3a
Angermüllerweg 292-10a
Angerweg 291-12b
Aspenstraße 291-11c
Aufhüttenweg 314-1a
Aurikelstraße 292-10c

Bahnhofstraße 291-12a
Banater Straße 291-12a
Bergham 292-10c
Bergstraße 313-3b
Birkenstraße 291-11d
Buchenlandstraße 291-12a
Bussardstraße 291-11c

Caroline-Herschel-Straße 292-11a

Dammerbauerweg 292-10c
Dorfstraße 291-12d

Edelweißstraße 291-12d
Egerländer Straße 291-12a
Eichenstraße 291-8d
Einsteinstraße 292-12a
Elsterweg 291-11c
Emil-Weiland-Straße 292-11b
Englwartinger Weg 314-1b
Enzianring 292-10c
Erich-Prier-Straße 292-11b
Erlenweg 291-11d
Eschenstraße 291-12a
Eulenstraße 291-11c

Falkenstraße 291-11c
Fichtenweg (4) 291-11b
Finkenstraße 291-12b
Flurweg 291-12d
Forstweg 291-11c
Friedensweg 291-12a

Hagweg 313-3c
Hainbuchenstraße 291-11b
Hans-Kalb-Weg 313-3b
Haselweg 291-11b
Helmut-Langfelder-Straße 292-11d
Herbstring 292-11d
Hildegard-von-Bingen-Straße 292-8c
Hinterm Hofanger 291-12b
Hirtenweg 291-12b
Hochstraße 313-3b
Hohenbrunner Weg 291-12d
Hugo-Junkers-Straße 292-11d

Im Mitterfeld 291-12d

Jägerstraße 291-11c

Karwendelstraße 313-3d + 3c
Kastanienweg 291-11d
Keltenring 291-12c
Kiefernweg 291-11d
Kirschenstraße 291-11b
Kleines-Geräumt 314-7b
Köglweg 291-12c + 11d

Lackenschusterweg 291-11a
Lärchenweg 291-11b
Lanzenhaarer Weg 313-3d
Lilienthalstraße 292-11b
Limmerweg 291-12a
Lindenpassage 291-11b
Lindenring 291-11d
Lindenschusterweg (1) 291-12a
Ludwig-Bölkow-Allee 292-8c

Marklweg 291-11d
Marktplatz 291-12a
Max-Plank-Straße 292-11b
Mehlbeerenstraße 291-9c
Meisenweg 291-11c
Meulanstraße 291-12c
Mühlweg 313-3a
Münchener Straße 291-12b

Nelkenweg 292-10c
Nußbaumweg 291-11d

Oberhachinger Weg 313-2b
Oberweg 291-12c
Otto-E.-Pabst-Straße 292-11b

Pappelstraße 291-11b
Pater-Rupert-Mayer-Weg (2) 291-12a
Peter-Nauschütz-Straße 292-8c
Pfarrer-Weidenauer-Straße 291-12d
Platanenstraße 291-11b
Pötting 313-2b
Pöttinger Weg 313-3a
Postweg 291-12d
Potzham 313-3b

Rathausplatz 291-12c
Rathausstraße 291-12c
Riegerweg 292-10a
Ritter-Hilprand-Straße 291-12d
Römerring 291-12c
Rosenheimer Landstraße 292-12b
Rosenstraße 292-10c
Rotdornweg 291-11d
Rotwandweg 313-3d

Saxhuberweg 291-12a
Schlesierstraße 291-12b
Siebenbürgener Straße 291-12a
Siegfried-Hoffmann-Straße 292-11b
Straßhäuser 292-10c
Straßweg 313-3d
Sudetenstraße 291-12a
Südstraße 291-12a

Tegernseer Landstraße 292-10c
Tölzer Straße 313-3c
Tulpenstraße 292-10c

Ulmenstraße 291-11b

Veilchenweg 292-10c
Vogelbeerstraße 291-11b

Waldstraße 291-8d
Waldweg 314-2a
Wallbergstraße 313-3c
Walleitnerweg 291-12a
Weidenweg 291-11a
Wendelsteinweg 313-3a
Westerham 291-9c
Westerhammer Weg 291-12c
Wettersteinstraße 313-3c
Wildapfelstraße 291-11b
Willy-Messerschmidt-Straße 292-11b
Winning 291-12b
Winninger Weg 291-12b
Wolfgang-Herbst-Ring 292-11d
Wolfschneiderweg 291-12b

Zacherlhof 292-10b
Zacherlweg 292-10a
Zaunmüllerweg (3) 291-12c
Zugspitzstraße 313-3c

Taufkirchen (Vils)
PLZ 84416

Abholz 184-1d
Achatsberg 186-2c
Aham 157-7c
Ahornstraße 157-11b
Aich 157-10c
Altbach 186-1d
Altmannstädt 157-5d
Am Bürgerpark 156-11b
Am Gerstenfeld (1) 157-11a
Am Kornfeld (3) 157-11a
Am Maisfeld (2) 157-11a
Am Ziegelfeld 156-10b
Angerskirchen 184-4d
Anzengruberstraße 156-8b
Arbeostraße 157-11d
Atting 156-8c
Attinger Straße 156-7d
Attinger Weg 156-11b

Babing 184-5c
Bach (Geislbach) 157-4a
Bach (Jettenstetten) 157-9b
Bachreit 157-3a
Baderweg (5) 156-11b
Bahnhofplatz (7) 157-11b
Bahnhofstraße 156-11d
Bahnhofstraße (Moosen(Vils) 157-11b
Bahnweg 156-12c
Bartlmühle 158-7c
Bauhofstraße 156-8d
Baum 185-2c
Baureis 157-6c
Bergplatz (17) 156-11a
Bergstraße 156-11a
Birka 158-10d
Birken 157-7a
Birkenstraße 157-11b
Bischof-Sailer-Straße (30) 156-11d
Blainöd 157-12c
Blainthal 183-5c
Blumenstraße 156-11a
Bogenstorf 157-7d
Bräuhausstraße 156-12a
Brandhub 157-12d + 158-10c
Brandstätt 157-6a
Brauneckstraße 156-11c
Breitenweiher 184-1b
Brügelsöd 185-1c
Brunnholzring 156-9c
Buchenstraße 157-11a
Bürgerpark 156-11b

Dachsteinstraße (23) 156-11c
Don-Bosco-Straße (33) 156-11d
Dorfener Straße 156-11d

Edith-Stein-Straße (3) 156-8d
Efeuweg (14) 156-11a
Egerstraße 156-11d
Eibenweg (8) 156-11a
Eichendorffstraße 156-8d
Eichenstraße 157-11b
Eitelsberg 185-3a
Elsenauer Straße (28) 156-11d
Elsenberg 184-4b

Emling 156-9a
Emlinger Straße 156-8d
Englschulding 157-2c
Erdinger Straße 156-10d
Erlenstraße 157-11a
Eschenstraße (16) 156-11a

Feldstraße 156-11a
Fenkenöd 183-8a
Fichtenstraße 156-11a
Fischerstraße 157-11b
Flaring 184-3a
Flaringer Berg 156-12c
Flurstraße 156-11a
Föhrenstraße 157-11b
Forach 185-3b
Frauenberg 185-3d
Frauenvils 184-2d
Fraunbergerstraße 156-12c
Fürstbach 185-3c
Fuggerstraße 156-12c

Gänsöd 183-8a
Ganghoferstraße 156-8b
Gartenweg 156-11a
Gebensbach 158-11c
Geiering 185-3b
Geislbach 157-4d
Geistlicher-Rat-Bachmaier-Straße 156-11a
Geistlicher-Rat-Gruber-Weg (2) 156-11b
Geratsberg 158-10b
Gewerbegebiet „Kirchlern" 156-11c
Gewerbegebiet „Oberes Schloßfeld" 156-8d
Gewerbegebiet „Roßmais" 156-9c
Gewerbering 156-8d
Ginsterweg (15) 156-11a
Glockshub 186-1b
Granting 157-8c
Gröttelsberg 157-2a
Großköchlham 183-5a
Großschaffhausen 156-9a
Grub 158-10a
Grund 157-12d + 158-10c

Haidstetten 183-6b
Hainbuchenweg (5) 156-11a
Hainöd 156-12d
Hammerweg 157-11b
Hauptstraße 157-11d
Hauseck 158-10c + 186-1a
Hauslehen 185-6b
Hepfenau 183-8c
Hiendlhub 157-12d
Hienfurth 186-1d
Hierlhof 156-11b
Hilpolding 156-12b
Hinterwimm 157-8b
Hochfellnstraße (20) 156-11c
Hochgernstraße 156-11c
Hochöd 185-3a
Hochöder Straße 157-11b
Hochplattenstraße (26) 156-11c
Hochrießstraße 156-11c
Hochstraße 156-11a
Höch 157-1a
Höck 157-1d
Hörgersdorf 183-8c
Hof 185-3d
Hofstätt 157-4c
Holreis 157-2d
Holunderweg (9) 156-11a
Holzhäusl 157-8a
Holzheu 157-11d + 185-2b
Holzlehen 183-6d
Holzmann 184-7d
Holzmann hinterm Holz 157-9a
Hubenstein 157-8d
Hudlberg 185-2b
Hungerau 157-1c

Jadwigastraße 156-11b
Jennerweg (22) 156-11c
Jettenstetten 157-9b + 158-7a
Johannesstraße 156-11a
Johannrettenbach 185-1a

Käthe-Kruse-Straße (1) 156-8d
Kalmhub 157-12c
Kalmhuber 186-1c
Kammerlehen 158-10d
Kampenwandstraße (21) 156-11c
Karwendelstraße (18) 156-11a
Kastanienstraße (13) 156-11a
Kellerberg 156-12c
Kellerstraße 156-12c
Kiefernweg (11) 156-11a
Kienraching 184-5b
Kirchlern 156-11c
Kirchlerner Mühle 156-11c
Kirchlerner Weg 156-11d
Kleinköchlham 183-5b
Kleinschaffhausen 157-4c
Kleinstockach 156-5c
Köglreit 157-5b
Kolpingstraße 156-11d
Korbinianstraße 156-11d
Kronberg 185-3a
Kronsöd 184-7c
Krottenthal 157-8a
Krummenauer Straße (29) 156-11d

Lärchenstraße 156-11a
Lain 186-2d
Landshuter Straße 156-8b
Laushub 157-12d
Lederstätt 186-1a
Lehen 157-2c
Lena-Christ-Straße 156-8d
Lindenstraße 156-11a
Lohmeier 183-12a
Ludwig-Thoma-Straße 156-8b

Maierhof 157-5d
Maiselsberg 157-11a
Maiselsberger Straße 157-11a
Marktplatz 156-11d
Mitterfeldstraße (4) 157-11d
Mögling 156-5c
Molkereiweg (8) 156-12c

Moos 157-8d
Moosen 157-11b
Moosknappen 183-11a
Mühlberg 184-7b
Mühlhof 157-2b

Nelkenstraße 156-11a
Neuhub 158-10d
Nikolaus-von-der-Flüe-Straße (32) 156-11d
Numberg 157-4b
Nußbaumstraße 156-11a

Oberhofkirchen 183-8b
Oberriesbach 183-6d
Oberwambach 131-10c + 157-1a
Öd am Holz 157-11c
Olaf-Gulbransson-Straße 156-11a
Osen 157-10b
Oststraße 157-11b

Pater-Aupert-Mayer-Siedlung (27) 156-11b
Paulusweg 156-11d
Permering 184-7a
Pfaffing 183-12b
Pfarranger 156-11b
Pfarrer-Brunner-Weg (4) 156-11b
Pfarrer-Schlaipfer-Weg (3) 156-11a
Pfarrer-Sedlmair-Weg (1) 156-11b
Pfarrweg 156-11b
Polzham 184-2b
Prälat-Pfanzelt-Weg (6) 157-11b

Rathausweg 156-11b
Ratzing 157-10a
Reckenbach 156-9a
Reckenbacher Straße 156-9c
Reichennehaid 186-2c
Reichvils 157-12b
Ringstraße 156-11b
Rosenstraße 156-11a
Roßmais 156-12a
Rottberg 186-1a
Rotwandstraße (24) 156-11c

Schabl am Moos 156-9a
Schlehenweg (6) 156-11a
Schloßfeldstraße 156-8d
Schnappberg 157-12d
Schnaupping 184-5d
Schnircklaich 183-6b
Schönau 131-10b
Schrafstetten 183-12a
Schulgasse (34) 156-11b
Schusterweg (8) 157-11d
Schweinhub 157-10a
Seilerweg (6) 156-11b
Seilstorf 185-2c
Seinsheimstraße 156-12c
Seisenberg 186-2a
Siebmühle 157-12b
Solching 184-3a
Sonnenstraße 156-11b
Sophie-Scholl-Straße (2) 156-8d
Stadl 156-10d
Staudhausen 131-10c
Stiglgrub 157-6c
Stimmer 183-5d
Straß 157-9c

Tannenweg (10) 156-11a
Tassilostraße 157-11d
Tauernstraße (25) 156-11c
Tegernbach 184-4a
Tulpenstraße 156-11a

Überkam 157-7b
Ulmenstraße (5) 157-11d
Unterhofkirchen 183-9c
Unterriesbach 184-4c
Ursostraße 157-11d
Uttenberg 183-9b

Valtlstraß 158-10b
Veilchenstraße 156-11a
Veldener Straße 156-12a
Vieth 185-2b
Vötting 156-11b
Vöttinger Straße 156-11b
Von-Ketteler-Straße (31) 156-11d
Von-Moreau-Straße 156-12c
Von-Puech-Straße (7) 156-12c

Wacholderweg (7) 156-11a
Wagnerweg (9) 157-11b
Wallbergstraße 156-11c
Wambach 131-10d + 157-2a
Wanding 158-10a
Watzmannstraße (19) 156-11c
Waxenberg 183-5b
Weg 156-10d
Weidenstraße (12) 156-11a
Weinberg 186-2d
Wendelsteinstraße 156-11c
Weststraße 157-11a
Wetzling 185-1a
Wicheling 185-1c
Wies 158-11a
Wieshof 156-11d
Wieshofstraße 156-11d
Wilhelm-Busch-Straße (4) 156-8b
Winkl 158-11a

Zeil 185-3a
Zeilding 157-10d
Ziegelstraße 156-11b
Zieglhub 185-3d
Zugspitzstraße 156-11c
Zweigstraße 157-11b

Tiefenbach
PLZ 84184

Achdorfer Weg 84-8d
Äußere Münchener Straße 84-4d
Alte Dorfstraße 103-3a
Am Bergacker 83-12a
Am Hang 83-9d
Am Hohen Bogen 83-9d
Am Holzacker 83-12b
Am Keilberg 84-10a
Amselstraße 103-3b
Am Sportplatz 83-9c
Am Weinberg 104-2a
Am Winkl 83-12a
Am Wirtsanger 83-12b
Am Wirtsgarten (1) 103-3d
An der Hofmark 103-3a
An der Kreisstraße 84-7c
Appersdorf 104-1b
Arberstraße 83-9c
Ast 103-3d
Aster Straße 103-3a
Auberg 83-9d

Bachleite 83-9d
Bachstraße 83-9d
Badhaus Ast 103-9a
Bäckerweg 103-3c
Bayerwaldstraße 83-9c
Berghub 104-2d
Bergstraße 83-9d
Binsham 84-11d
Blelerfeld 103-3b
Blumenau 103-3b
Brückenstraße 83-12b
Brunnenstraße 84-10a

Dorfstraße 104-2d

Ehrnsdorf 104-5a
Eichenstraße 83-9d
Einfeldstraße 103-3b
Eschenstraße 84-8d

Feldweg 84-7c
Finkenweg 103-3a
Fliederstraße 83-9d
Flurstraße 83-12b
Forellenweg 83-9d

Gartenstraße 103-3c
Gleißenbach 103-6c
Goldingerstraße 84-10a
Gütersdorf 104-4a
Gutenbergstraße 84-10c

Hachelstuhler Straße 104-2c
Hangleite 83-12b
Hauptstraße 83-9d
Hauptstraße (Ast) 103-3c
Heidenkam 83-12c + 103-3a
Heidenkamer Straße 83-12d
Heinzelwinklstraße 83-12b
Hochfeld 103-3a
Hochstraße 103-3a
Holzmann 103-2b
Hopfenfeld 104-2c

Im Bodenklang 83-12d
Im Mohrfeld 103-3d
In der Point 83-12b

Kastanienweg 103-3a
Kirchenstraße 83-12b
Kumpfmühle 84-9a

Landshuter Straße 104-2d
Lehnergasse 84-8c
Lindenstraße 84-11b
Linsengraben 84-10b

Meisenweg 103-3b
Mittergolding 84-11a
Mühlweg 83-12b

Oberbachham 104-1d
Oberfroschham 104-7b
Obergolding 84-7d
Ortsstraße 84-8c

Pfennenstiel 83-12b
Preisenbergerweg 104-2b

Rauhpfann 84-10b
Rosenweg 103-3d

Schießeneck 103-2a
Schloßberg 84-7a
Schloßstraße 103-3c
Schraham 103-6d
Schulstraße 103-3c
Seepoint 84-9c
Siegersdorf 104-4b
Siemens-Ring 84-10c
Sonnenringstraße 83-12b
Sportplatzstraße 103-3a
Stachersdorf 104-5d
Steffing 83-12c
Steffinger Weg 103-3a
Straßer 103-6b

Thalham 103-6d + 104-4c

Unterbachham 104-1c
Unterfeld 83-12b
Untergolding 84-8d

Waldweg 83-9d
Weidenweg 84-11b
Weiherhäuser 103-2b

Zacherlmühle 103-2c
Zottenberg 103-5b
Zweikirchner Straße 84-12a

Türkenfeld
PLZ 82299

Am Brand 282-1b
Am Engelsgraben 282-3a
Am Härtl 282-2a
Am Malerwinkel 282-3a
Ammerseestraße 260-10d
Am Schmittenberg (1) 260-11a

Tuntenhausen
PLZ 83104

Tutzing
PLZ 82327

Unterföhring
PLZ 85774

Unterhaching
PLZ 82008

Pfarrer-Schmid-Weg 291-9d
Pittingerplatz 291-6c
Pittingerstraße 291-5d
Postweg 291-9d
Prager Straße 291-6c
Prof.-Huber-Straße 291-5d

Queristraße 292-7a

Rathausplatz (4) 291-9a
Rathausstraße 291-6c
Reichweinstraße (7) 291-6d
Riemenschneiderstraße 291-9a
Robert-Koch-Straße 291-5b
Römerweg 292-4c

Säulenstraße 291-6d
St.-Alto-Straße 291-5d
Schäftlarnstraße 291-9a
Schallmoserweg 292-7a
Scheilweg 291-8b
Schmorellstraße 291-9b
Schrenkstraße 291-9b
Schulstraße 291-9a
Sommerstraße 291-5b
Sonnenlängweg (2) 291-8d
Sperberweg 291-2d + 2b
Sternstraße 292-7c
Stiftsweg (5) 291-9a
Straßfeldweg 291-6d
Stresemanstraße 291-5d
Stumpfwiesenweg (2) 291-6d
Südstraße 291-9d

Tegernseer Landstraße 291-9d
Ter-Meer-Straße 291-2d
Tölzer Straße 291-9d
Truderinger Straße 291-9b
Turnerweg 291-9b

Urnenfeldweg 292-4c
Utzweg 291-9a

Veilchenweg 291-5d
Volkmar-Gabert-Weg (1) 291-2d
Von-Stauffenberg-Straße 291-9b
Von-Vollmar-Straße 291-5d
Vorlandstraße 292-7a
Vorlandweg 292-7b

Waldstraße 291-5b
Wallbergstraße 291-8b
Walter-Paetzmann-Straße 291-6c
Willy-Abt-Weg 291-2d
Wilmannstraße 291-2d
Winterstraße 291-6a
Wirtsweg 291-9c
Witneystraße 291-6c
Wolfratshauser Weg 291-6c

Zeppelinstraße 291-5d
Ziegelweg 291-9d
Ziehrerstraße 291-6c
Zugspitzstraße 291-6c
Zwergerstraße 291-2d
Zywiecstraße (1) 291-6d

Unterreit
PLZ 83567

Amering 259-11d
Au im Wald 259-10d

Beim Goldbrunnen 281-1b
Bergmann 259-11c
Bernstatt 259-10b
Brandstätt 259-11d
Burgstall 259-8d

Dirnberg 281-2b

Eckstall 259-11d + 281-2b
Eder 259-10d
Eichberg 281-2d

Ganggaller 281-2a
Gruber 281-2a

Hochleiten 281-2a
Hochreit 281-3d
Holling 281-3a
Hub 259-12d

Kasten 281-2a
Krötzing 281-2b

Moos 281-6b
Mukl 281-1b

Reineck 281-3b

Schick 259-11c
Steinbichl 281-3a

Tausend 259-10d

Wagenstatt 259-11a
Wang 281-3b
Westen 281-3c

Unterschleißheim
PLZ 85716

Adalbert-Stifter-Straße 202-6d
Ahornstraße 203-4c
Alexander-Pachmann-Straße 202-6b
Alleestraße 202-6b
Am Klösterlmoos 202-7a
Amselweg (18) 203-1d
Am Weiher 202-5d
An der Burg 202-5b
An der Mühle 202-5b
An der Schmiede 202-5b
Andreas-Danzer-Weg 202-5b
Anemonenweg 202-6d
Anna-Wimschneider-Straße 202-5b
August-Engelen-Straße 203-4a

Badersfelder Straße 203-7c
Bahnstraße 202-6b
Baron-von-Kotz-Straße 203-4c
Beim Pfarracker 202-6a
Berglstraße 202-6c
Bertha-von-Suttner-Straße (5) 202-6d
Bezirksstraße 202-6b
Birkenstraße 203-4c
Birkhahnstraße 202-7b
Buchenstraße 203-4a
Buchfinkenweg (17) 203-1d
Bussardstraße (4) 203-4a

Carl-Meuth-Straße (1) 202-3d
Carl-von-Linde-Straße 202-6c

Daimlerstraße 202-3d
Dieselstraße 202-6b
Dietersheimer Straße 203-7c

Echinger Straße 203-7c
Edisonstraße 202-6a
Edith-Stein-Straße 202-6d
Eichenstraße 203-4a
Einsteinstraße 202-6a
Elisabethstraße 203-7a
Erich-Kästner-Weg 202-9b
Eschenstraße 202-9b

Falkenstraße 203-4a
Fasanenweg (3) 203-4a
Fastlingerring 202-5d
Feldstraße 203-4c
Fichtenstraße 203-4c
Finkenweg 203-4a
Fliederweg 202-6d
Föhrenstraße 203-4c
Franz-Lehner-Straße 203-7d
Freimanner Straße (15) 203-10a
Freisinger Straße 203-1c
Friedhofstraße 202-6b
Friedrich-Kanzler-Straße 202-3d
Fritz-Lochmann-Straße 203-4a
Fröttmaninger Straße (14) 203-7c
Frühlingstraße 202-6b
Furtweg 202-2c

Ganghoferstraße 202-6c
Garchinger Straße 203-7c
Georg-Elser-Straße (15) 202-6c
Gerhart-Hauptmann-Straße 202-6d
Giselastraße 203-4d
Gutenbergstraße 202-3c

Habichtstraße 203-4a
Haimhauser Straße 203-7c
Hans-Carossa-Straße 202-6c
Hans-Fallada-Straße (7) 202-6d
Hartmut-Hermann-Weg 203-7a
Hauptstraße 202-9a
Hedwigstraße 203-4c
Heidestraße 202-6d
Heimgartenstraße 202-6b
Hildegardstraße 203-4c
Hollerner Weg 203-1c

Im Klosterfeld 202-9a
Im Maxfeld (1) 202-6b
Im Ried 202-5d
Im Schilf 202-5d

Johann-Bauer-Weg 203-4c
Johann-Kotschwara-Straße 202-3d
Johann-Schmid-Straße 202-6d
Johann-Schmuck-Weg 203-4c
Josefastraße (11) 203-7a

Käthe-Kollwitz-Straße 202-9b
Kanalweg 202-3b
Kastanienweg (12) 203-4c
Katharinenweg (8) 203-7a
Keltenschanze 202-6c
Keplerstraße 202-6a
Kiebitzstraße 203-4a
Kiefernstraße 203-4c
Konrad-Zuse-Straße 202-3d
Kreuzstraße 203-7d
Krügersteig (9) 203-7a
Krügerstraße 203-7a

Lärchenstraße 203-4c
Landshuter Straße 202-9a
Le-Crés-Brücke 202-9a
Lena-Christ-Straße 202-6c
Lilienstraße 202-6d
Lindenstraße 202-6b
Lise-Meitner-Straße 202-6a
Lohhof 203-4c
Lohhof-Süd 203-7c
Lohwaldstraße 203-4a
Ludwig-Pettinger-Straße 203-7a
Ludwig-Thoma-Straße 202-6c
Lustheimer Straße 203-7c

Maiglöckchenstraße 202-6d
Mallertshofener Straße 203-7c
Margaretenanger 203-4c
Mariannenweg 203-7a
Maxfeldhof 203-4a
Max-Halbe-Straße (6) 202-6d
Max-Planck-Straße 202-6a
Meschendörferweg 202-9b
Mistralstraße 202-9b
Mittenheimer Straße 203-7c
Moosachstraße 202-3b
Morsestraße 202-3d
Müller-Guttenbrunn-Weg (13) 202-9b
Münchner Ring 202-6c

Nelkenstraße 202-6d
Neufahrner Straße 203-7c
Neuhofweg 203-1c
Nördliche Ingolstädter Strasse 202-3b

Ohmstraße 202-3c
Orionstraße 202-9a
Oskar-Maria-Graf-Straße 202-6a
Ottenburger Straße 203-7c

Pappelgasse 203-4c
Pater-Kolbe-Straße 202-6c
Pater-Setzer-Platz 202-6d
Paul-Kulisch-Straße 203-1c
Pegasusstraße 202-9a
Peter-Schuster-Weg 202-6c

Raiffeisenstraße 202-6d
Rathausplatz 202-9a
Rebhuhnweg 202-8a
Riedmoos 202-4d
Ringhofferstraße 202-9a
Robert-Bosch-Straße 202-6a
Robert-Koch-Weg 202-6c
Robert-Schumann-Straße 202-9a
Röntgenstraße 202-6a
Rosenstraße 202-6d

St.-Benedikt-Straße 202-6c
St.-Korbinian-Straße 202-6d
St.-Martinus-Straße 202-6c
St.-Rochus-Straße 202-9b
St.-Ulrich-Straße 202-6c
Schwalbenstraße 203-4a
Siedlerstraße 202-6b
Siegmundstraße 203-4a
Siemensstraße 202-3d
Siriusstraße 202-9a
Sophienweg (10) 203-7a
Sperberweg (2) 203-4a
Sportplatzstraße 202-6d
Sportplatzweg 203-4a
Stadionstraße 203-7a
Starenweg 203-4a
Südliche Ingolstädter Straße 203-4a

Tannenstraße 203-4c
Thomas-Mann-Straße 202-6a
Torfstecherweg 202-7c
Tulpenstraße 202-6d

Untere Grabenwiese 202-3b

Valentinspark 203-7a
Valerystraße 202-9a
Veilchenstraße 202-6d
Von-Eichendorff-Straße 202-6d

Walter-Eucken-Straße (16) 203-1d
Weidenweg 203-4a
Weihenstephaner Straße 203-1c
Wiesenweg 202-3d
Wilhelm-Busch-Straße 202-6c
Wolfram-Stronk-Weg (14) 202-9b
Würmbachstraße 202-4c

Zum Hirschdamm 202-7d
Zwerchwiesenweg 202-7b

Utting am Ammersee
PLZ 86919

Achselschwanger Straße 304-4d
Adolf-Münzer-Straße 304-11a
Am Bachacker 304-11b
Am Bernrieder Holz 304-8d
Am Breitenberg 304-5c
Am Dampfersteg 304-11b
Am Dorfbrunnen 304-5c
Am Hottenbach 304-4b
Am Kittenbach 304-11b
Am Kriegerdenkmal (2) 304-5c
Ammerseestraße 304-11b
Am Moosgraben 304-5c
Am Sulzfeld 304-8a
Am Weitlesberg 304-11a
Andechser Straße 304-8d
Annafeldstraße 304-5c
Auray Straße 304-7b

Bahnhofplatz 304-8b
Bahnhofstraße 304-8a
Bei den Selzam Weiden (5) 304-8d
Beim Elisabethheim (4) 304-8a
Bertolt-Brecht-Weg 304-5d
Buchenweg 304-8b

Clara-Ewald-Straße 304-11b

Dießener Straße 304-8a
Dr.-Kersten-Weg (6) 304-8b
Dyckerhoffstraße 304-8d

Eduard-Thöny-Straße 304-8d
Elisabethweg 304-8a
Entrachinger Straße 304-8a
Ernst-Wolf-Straße 304-8d

Fahrmannsbachstraße 304-5b
Flechtner Weg 304-8a
Franz-Siegele-Weg 304-8c
Fritz-Erler-Straße 304-11c

Gartenweg 304-8a
Gasteigerweg 304-11b
Georg-Keil-Straße 304-8a

Hechelleite 304-8a
Hechelwiesenweg 304-8a
Hechenwanger Straße 304-5c
Hofstattstraße 304-8a
Holzhausen 304-11a
Holzhauser Straße 304-8a

Im Freizeitgelände 304-5d
Im Gries 304-5d
Im Streichergarten (3) 304-8a
Industriestraße 304-5c

Jahnstraße 304-5d
Johann-Keller-Weg 304-8b
Johann-Sedlmeier-Straße 304-5d

Kapellenweg 304-11d
Kellersgartenstraße 304-8b
Kirchberg (1) 304-5c
Kittenalm 304-10c
Klosterhof 304-8a
Kreutweg 304-11b

Lachergarten 304-11a
Laibnerstraße 304-8a
Landsberger Straße 304-4d
Lenaustraße 304-8b
Lindenweg 304-5d
Ludwigshöhe 304-5c + 5a
Ludwigstraße 304-5c

Maria-Theresia-Straße 304-8b
Michel-Sirch-Weg 304-8b
Mittlerer Weg 304-8c
Mühlbachstraße 304-5d
Mühlstraße 304-8b

Oelgartenweg 304-8a

Panoramastraße 304-8c
Pfarrer-Ludwig-Weg (7) 304-8a

Ringstraße 304-5c
Rotkreuzstraße 304-5d

St.-Kastulus-Weg 304-8a
Sankt Leonhard 304-7b
St.-Ulrich-Straße 304-11b
Schlesierstraße 304-8d
Schmiedberg 304-11b
Schönbachstraße 304-8c
Schorndorfer Straße 304-5c
Schulstraße 304-5c
Schulweg 304-5d
Seefelderhofberg 304-5c
Seeholzstraße 304-11b
Seestraße 304-8b
Seibold 304-11d
Stefan-Dietrich-Straße 304-8a
Steinreiß 304-11b
Sudetenstraße 304-8b

Tal des Lebens 304-8a
Talweg 304-11c
Tannenweg 304-8b
Triebweg 304-7b

Waldaweg 304-8d
Walter-Georgi-Straße 304-11a

Zur Aussichtswarte 304-8d
Zur Ludwigshöhe 304-5d

Valley
PLZ 83626

Ahornweg (4) 360-11d
Alleeweg 382-1d
Almweg 382-3c
Alpenblickstraße 360-11d
Am Anger 382-3c
Am Eckfeld 382-3c
Am Hollerweg 382-3d
Am Kaltenbach 382-6c
Am Marschallfeld 382-1a
Am Palmsteig 382-6d
Am Sportzentrum 382-2b
Am Wiesengrund 360-11b
Anderlmühle 360-9b
Aumühle 360-9d
Aumühler Weg 360-9d

Bahnhofstraße 382-6a
Bergstraße 382-6a
Binder 360-12b
Birkenweg (1) 360-11d
Bruckmühle 382-6b
Brunnenweg 360-11b
Buchenweg 360-12a

Dilchinger Straße 360-12a
Dorfstraße 360-3d

Eckmann 360-9d
Eichenstraße 360-11d

Feldweg 382-3a
Fellacher Straße 360-11b
Fentberg 383-10b
Fentbergweg 382-6d
Fichtweg (Mitterdarching) 382-3c
Fichtweg (Unterdarching) 360-12c
Fraunhoferstraße 382-1c

Graf-Arco-Straße 360-12a
Grub 360-3d
Gruber Straße 360-5a
Grubmühle 360-3d

Hafnerstraße 360-12a
Haid 382-2c
Heckenweg 382-1c
Heerder Weg 360-11b
Heerdgaßweg 382-5b
Helfendorfer Straße 360-3b
Hohendilching 360-6c
Holzkirchner Straße (Unterdarching) 360-11d
Holzkirchner Straße (Unterlaindern) 382-1b

Kapellenweg 360-11d
Kastanienweg 382-2b
Kiefernweg (2) 360-11d
Kirchenweg 360-12c
Kirchfeldweg 360-3a
Kistlerweg 382-3c
Kleinschwaig 360-2c
Kreuzstraße 360-5a

Lärchenstraße 360-11d
Lindenstraße 360-11d
Lindmayrstraße 382-3c

Martinshof 382-1a
Maxlmühler Straße 383-1a
Miesbacher Straße 382-1a
Mitterdarching 382-2d
Mühlfeldstraße 360-11d
Mühlthal 383-4a
Münchner Straße 360-12a

Neustadl 382-9d
Neustadlweg 382-6c

Oberdarching 382-5b
Oberlaindern 382-1c
Osterwarngauer Weg 382-2d
Otterfinger Straße 360-4b

Peißer Straße 360-2c
Pfarrweg 360-12a
Postweg (1) 360-5b

Quellenweg 382-3b

Raiffeisenstraße 382-3c
Römerstraße 360-5a
Rosenheimer Straße 360-3c
Rothbergweg 382-3d

St. Korbinian-Straße 382-1d
Schäfflerweg 382-1a
Schloßberg 360-9d
Schmidham 382-8a
Singerweg 382-3c
Sollach 360-5d
Spitzweg 360-5b
Sporer 360-2d
Stahuberweg 360-11d

Talweg 360-12b
Tannenweg (3) 360-11d
Teufelsgrabenweg 360-3c

Ulmenweg 360-11d
Unterdarching 360-12c
Unterlaindern 382-2a

Valleyer Straßl 360-12b

Waldhausweg 382-1a
Waldweg 360-12b
Wasserschloss 382-3b
Weidmoosweg 382-6a
Weiglmühle 383-1c
Wendelsteinstraße 382-6a
Weyarner Mühle (Maxlmühle) 382-3b
Wieser 382-3b
Wildschwaiger 382-8d
Wildschwaiger Weg 382-6c

Vaterstetten

85622 Ackerweg 272-2c
85598 Adolf-Lehne-Weg 272-12b
85598 Ahornweg 272-12a
85598 Akazienweg 273-10a
85598 Allauchplatz 272-12b
85591 Alpenrosenstraße 272-12c
85591 Alpspitzstraße 272-8c
85598/85591 Alte Poststraße 272-11b
85598 Am Anger (Baldham) 272-6d
85646 Am Anger (Purfing) 273-2d
85598 Am Brunnen 272-9d
85599 Am Haselweg 250-12d
85599 Am Hollerbusch 250-12d
85599 Am Lechfeld 250-12c
85622 Ammerthaler Weg 272-2a
85622 Am Mitterfeld 272-2a
85622 Am Rain 272-2c
85591 Amselweg 272-8c
85622 Am Sommerfeld 272-2c
85598 Andreas-Herz-Straße 272-12b
85591 Anemonenstraße 272-8c
85646 Angerweg 251-10b
85591 Anton-Bruckner-Straße 272-9c
85646 Anzinger Straße (Neufarn) 251-11b
85646 Anzinger Straße (Purfing) 273-2d
85591 Arnikastraße 272-11b
85591 Asternweg 272-11a
85591 Aurikelstraße 272-11b

85598 Bahnhofplatz 272-12a
85591 Bahnhofstraße 272-8c
85598 Bahnhofstraße (Baldham) 272-9b
85598 Baldham 273-4c
85591 Baldhamer Straße 272-8b
85591 Beethovenstraße 272-8d
85646 Berglackerweg 251-11a
85598 Biberweg 272-12b
85591 Birkenweg 272-8b
85599 Birkenweg (Parsdorf) 250-12c
85591 Birkhahnweg 272-8c
85591 Birnen-Anger 272-8a
85598 Blombergstraße 272-12b
85598 Blumenstraße 272-12c
85591 Brahmsstraße 272-8b
85598 Brauneckstraße 272-12d
85598 Breitensteinstraße 272-12d
85598 Brombeerweg 273-10a
85591 Brünnsteinstraße 272-8d
85598 Brunnenstraße 272-12b
85598 Buchenstraße 272-12a
85599 Buchenweg 250-12c

85591 Carl-Orff-Straße 272-8b
85591 Carl-Zeller-Straße 272-8d

85598 Dachsweg 272-9d
85591 Dahlienstraße 272-12a
85591 Dohlenweg 272-8b
85591 Dompfaffweg 272-8c
85646 Dorffeldweg 251-10b
85599 Dorfplatz 250-12c
85591 Dorfstraße 272-5d
85591 Dreitorspitzstraße 272-8d
85591 Drosselweg 272-8a

85598 Eberweg 272-9d
85591 Edelweißstraße 272-11b
85622 Eglfinger Weg 272-1d
85598 Eichenstraße 272-12c
85598 Eichhörnchenweg 272-9d
85591 Elsterweg 272-8b
85591 Enzianstraße 272-11b
85598 Erika-Köth-Straße 272-12c
85598 Erikastraße 273-10a
85599 Erlenweg 250-12c
85591 Ernst-Mach-Straße 272-11b
85599 Eschenweg 250-12d
85591 Eulenweg 272-8a

85598 Farnweg 273-10a
85591 Fasanenstraße 272-8c
85599 Feldkirchener Straße (Hergolding) 272-6a
85599 Feldkirchener Straße (Parsdorf) 250-12c
85622 Feldkirchener Straße (Weißenfeld) 272-1b
85646 Feldkreuzweg 251-10b
85598 Fichtenstraße 272-12a
85599 Fichtenweg 250-12c
85598 Finkenstraße 272-9c
85591 Fliederstraße 272-11b
85598 Flurweg 272-6d
85598 Föhrenstraße 272-12c
85591 Föhrenweg 272-5d
85646 Forstweg 273-2d
85598 Franz-Kamerseder-Straße 272-12a
85598/85591 Franz-Léhar-Straße 272-9c
85591 Franz-Liszt-Straße 272-8d
85591 Frauenschuhstraße 272-11b
85598 Freundorferstraße 272-9c
85591 Friedenstraße 272-8b
85646 Friedhofweg 273-2d
85598 Frühlingstraße 272-12b
85598 Fuchsweg 272-9d

85646 Gangsteigweg 273-2d
85598 Gartenstraße 272-12c
85646 Gartenweg 251-11a
85598 Geigelsteinstraße 272-12d
85598 Geranienweg 272-12c
85591 Gerda-Penzel-Straße 272-8b
85598 Ginsterweg 272-12b
85598 Gluckstraße 272-9c
85591 Goldregenweg 272-8c
85646 Grasweg 251-10b
85599 Gruber Straße 250-12a
85598 Gustav-Mahler-Weg 272-9c
85622 Gut Ammerthal 250-11c

85598 Hamsterweg 272-9d
85599 Hartholzweg 250-12c
85646 Hartweg 251-10b
85598 Hasenweg 272-9d
85591 Haydnstraße 272-9c
85598 Heideweg 273-10a
85591 Heimgartenstraße 272-8d
85599 Heimstettener Straße 250-11b
85591 Heinrich-Laberger-Ring 272-8d
85598/85591 Heinrich-Marschner-Straße 272-9a
85598 Heinrich-Schütz-Straße 272-9d
85598 Herbststraße 272-12b
85599 Hergolding 272-6b
85599 Hergoldinger Straße 250-12c
85598 Heubergstraße 272-12d
85646 Heuweg 251-11a
85598 Hirschweg 272-9d
85646 Hochfeldweg 251-10b
85598 Hochkalterstraße 272-12d
85598 Hochrißstraße 272-12d
85598 Hochwaldstraße 272-12d
85598 Holunderweg 273-10a
85598 Holzwiesenweg 273-10a

85598 Igelweg 272-9d
85598 Iltisweg 272-12b
85598 Ingelsberger Weg (Baldham) 273-10a
85646 Ingelsberger Weg (Neufarn) 251-10d
85591 Irisstraße 272-11b

85591 Johann-Sebastian-Bach-Straße 272-8d
85598/85591 Johann-Strauß-Straße 272-8d
85598 Josef-Hiller-Weg 272-9d

85598 Kampenwandstraße 272-12b
85646 Kapellenweg 251-10b
85598 Karl-Böhm-Straße 272-12c
85598 Karwendelplatz 272-12d
85598 Kastanienweg 272-12a
85591 Kiebitzweg 272-8a
85598 Kiefernweg 272-12a
85598 Kirchenweg 272-12a
85646 Kirchenweg (Neufarn) (1) 251-10b
85599 Kirchenweg (Parsdorf) 250-12c
85591 Kleiberstraße 272-8c + 8a
85598 Kornweg 272-6d
85598 Kreuzeckstraße 273-10a

85591 Lannerweg 272-8b
85591 Lerchenweg 272-8a
85598 Ligusterweg 273-10a
85591 Lilienstraße 272-8c
85591 Lindenstraße 272-11b
85591 Lortzingstraße 272-9c
85591 Ludwig-Plötz-Weg 272-8b
85591 Luitpoldring 272-8c
85646 Lukasfeldweg 251-11a
85591 Lukasfeldweg (2) 251-11a

85646 Madlsteigweg 251-10d
85598 Magnolienweg 273-10a
85591 Malvenweg 272-11a
85598 Marderstraße 272-9d
85591 Martin-Luther-Ring 272-12a
85598 Max-Loidl-Weg 272-12b
85591 Max-Reger-Straße 272-8d
85591 Meisenweg 272-8a
85598 Mendelssohnstraße 272-9b
85591 Millöckerstraße 272-8b
85598 Mistelweg 273-10a
85591 Möschenfelder Straße 272-11b
85591 Mohnstraße 272-11b

85598 Mondstraße 272-12b
85598 Mozartring 272-12d
85591 Mozartstraße 272-9c
85646 Münchener Straße (Neufarn) 251-10b
85599 Münchener Straße (Parsdorf) 250-12d

85591 Nelkenstraße 272-11b
85598 Neue Poststraße 272-12b
85591 Neufarn 251-10b
85599 Neufarner Straße (Parsdorf) 250-12d
85646 Neufarner Straße (Purfing) 273-2b
85622 Neustift 272-2a
85591 Nuss-Anger 272-8a

85598 Offenbachstraße 272-9d
85591 Ottendichler Straße 272-5c
85622 Ottendichler Straße (Weißenfeld) 272-1d
85598 Otterweg 272-12b

85598 Palestrinastraße 272-9d
85646 Parkstraße 273-2d
85599 Parostraße 250-12a
85591 Parsdorf 250-11d + 272-3a
85591 Parsdorfen Straße 273-2d
85598 Parsdorfer Straße (Baldham) 272-6d
85599 Parsdorfer Straße (Hergolding) 272-3d
85622 Parsdorfer Straße (Weißenfeld) 272-2a
85591 Parsdorfer Weg 272-8b
85591 Pfarrer-Aigner-Allee 272-8a
85622 Pfarrer-Kastner-Weg 272-2c
85591 Philipp-Maas-Weg 272-8b
85646 Poinger Straße 251-7d
85599 Posthalterring 250-12c
85591 Primelstraße 272-11a
85646 Purfing 273-2c
85598 Purfinger Straße (Baldham) 273-4c
85646 Purfinger Straße (Neufarn) 251-11a
85599 Purfinger Straße (Parsdorf) 250-12d

85591 Ramsauer Weg 272-8b
85598 Rauschbergstraße 272-12d
85598 Rehweg 272-9d
85591 Richard-Wagner-Straße 272-8d
85646 Ringweg 251-11a
85591 Robert-Stolz-Straße 272-8b
85622 Roggenweg 272-2a
85591 Rosengasse 272-11b
85598 Rosengasse 272-11b
85598 Rossinistraße 272-9d
85591 Rotkehlchenweg 272-8a
85598 Rotwandstraße 272-12d

85598 Sanddornweg 272-12b
85598 Schlehdornweg 272-12b
85591 Schubertstraße 272-8d
85646 Schulstraße 251-10b
85598 Schumannstraße 272-9c
85591 Schwalbenstraße 272-8c
85598 Schwalbenstraße (Baldham) 272-12a
85646 Schwammerlweg 273-2d
85598 Seidelbastweg 273-10a
85591 Smetanastraße 272-9b
85598 Smetanastraße 272-9d
85598 Sommerstraße 272-12b
85646 Sonnenlandweg 251-11a
85591 Spechtweg 272-8c
85598 Spitzingstraße 272-12d
85591 Starenweg 272-8b
85591 Steinröschenstraße 272-11b
85598 Steinweg 273-10a
85591 Sternweg 272-12b
85591 Stieglitzweg 272-8a
85598 Stümpflingstraße 272-12d
85646 Stürzer Weg 273-2d

85598 Tannenstraße 272-12a
85599 Tannenweg 250-12c
85591 Taubenstraße 272-8c
85599 Taxetstraße 250-12a
85591 Tulpenstraße 272-11b

85598 Ulmenstraße 272-12a
85646 Unterfeldweg 273-2d

85591 Vaterstettener Straße 272-9a
85622 Vaterstettener Straße (Weißenfeld) 272-5a
85599 Vaterstettener Weg 272-3c
85591 Veilchenweg 272-8c
85591/85598 Verdistraße 272-9a
85599 Von-Myra-Straße 250-12d

85646 Wachenmeisterweg 251-11b
85591 Wachtelweg 272-8a
85598/85591 Waldstraße 272-11b
85599 Waldstraße (Hergolding) 272-6b
85598 Wallbergstraße 272-12d
85598 Wankstraße 272-12d
85591/85598 Wasserburger Landstraße 272-11b
85598 Watzmannstraße 272-12d
85598 Weidenstraße 273-10a
85598 Weißdornweg 273-10a
85622 Weißenfeld 272-2b
85599 Weißenfelder Straße 272-2b
85591 Wendelsteinstraße 272-8c
85591 Werner-Eck-Straße 272-8b
85598 Wieselweg 272-9d
85598 Wiesenweg 272-6d
85598 Winterstraße 273-10a
85646 Wolfesinger Straße 273-5b

85591 Zaunkönigweg 272-8c
85591 Zeisigstraße 272-8c
85591 Zornedinger Weg 272-9a
85598 Zornedinger Weg 273-4c
85591 Zugspitzstraße 272-8c

Velden
PLZ 84149

Ahornstraße 158-6d
Ahornstraße (Eberspoint) 159-3a
Aichelsberg 132-9b
Aign 158-4b
Akazienweg (3) 159-3a
Alteberspoint 133-12d
Alteberspointer Straße 133-12c
Am Anger 158-6c
Am Birkenberg 133-10c
Am Doppl 158-6b
Am Forsteracker 132-12d
Am Hochfeld 133-10c
Amselweg 159-3a
Am Wasserwerk (2) 158-5d
Arberstraße 158-6c
Asching 159-2d
Atzmannsdorf 158-2d
Auenstraße 158-3b

Babing 158-8b
Babinger Straße 158-5d
Bach 132-9d
Bachmühle 133-11d
Bachstraße 132-12d + 158-3b
Baderstraße 158-3d
Bahnhofstraße 158-6c
Baueröd 186-2b
Bayernwaldring 158-6c
Biedenbach 159-1c
Biedersdorf 158-5a
Bindergasse (2) 159-4a
Birkenstraße 158-6d
Birkenweg (6) 159-3a
Birnkam 133-12a
Blumenweg 133-12c
Bogenbergstraße 158-9a
Brandstätt 187-1b
Brauerstraße 158-6b
Bruck 158-5a
Buchbacher Straße 158-6d
Burg 159-4d
Burghab 158-3a

Daimerweg 158-6b
Dekan-Maier-Straße 158-6c
Dr.-Sturm-Straße 158-6c
Dorfstraße 133-10c
Drechslerstraße 158-6b
Dreisesselstraße (5) 158-6c

Eberlsöd 186-2b
Eggersgrub 158-11a
Eglso 159-10c + 187-1a
Eichenweg 158-6d
Eichten 158-8d
Einäuglmühle 158-5d
Elling 133-11d
Erlach 158-12a
Erlenweg 159-4c
Erzmannsdorf 158-6d
Eschenweg 158-6d
Esterbergring 158-6b
Exenberg 159-10a

Färberanger (8) 158-6b
Falkensteinstraße 158-6c
Feuchten 158-12b
Fichtenweg 158-6d
Finkenstraße 159-3a
Finkenweg 133-10c
Fischbach 159-10c
Fliederstraße (10) 158-6d
Fliederstraße (Eberspoint) (2) 159-3a
Flurstraße 133-10c
Friedhofstraße 133-12c
Futteröd 158-11d + 186-2b
Muttersöd 186-2b

Gartenweg 158-6d
Georg-Brenninger-Straße 158-6c
Georg-Ehrenthaler-Straße 158-6d
Geratsfurth 159-4c
Gewerbegebiet „Biedenbach" 159-1c
Gewerbering 158-5b
Giglberg (Obervilslern) 132-12c
Giglberg (Schlegelstreit) 158-11a
Glaserstraße (4) 159-4a
Glocksberg 159-7c
Goldschmiedstraße 158-3d
Graf-Eberhard-Straße 159-3a
Grünzing 159-4b
Gumpersberg 159-4d
Guntersberg 186-3b

Hackelsberg 158-7a
Hackenkam 159-1b
Hafnerstraße 159-1c
Haid 158-2b
Haideck 132-11d + 158-2b
Haldenweber 158-9a
Haselbach 133-12a
Hauptstraße 158-6c
Hauptstraße (Eberspoint) 133-11d + 159-2b
Heinhub 132-6a
Herrneck 186-3c
Hintelsberg 158-4d
Hinterkobl 159-10b
Hinteröd 158-12c
Hirschhof 159-7c
Hochstraße 158-6d
Höhenberg 187-2b
Hofbruck 158-3b
Hofmarkstraße 159-3a
Hohensteinweg 158-6d
Holzen (Eberspoint) 159-2b
Holzen (Obervilsern) 133-10a
Holzhäuseln 133-8c
Hub 133-7a
Hufschmiedstraße 158-6b

Industriestraße 158-6c
Irreck 158-12a
Irrthal 186-3b

Jahnstraße 158-6c
Johann-Weger-Straße 158-6b
Josef-Böckl-Straße 158-6c

Kellerbergstraße 133-12c
Kirchenweg 159-1a
Kirchfeldweg 158-6c
Kirchplatz 158-6c
Kirchstraße 158-6a
Kleinhaid 158-2a
Kleinvelden 158-5b
Koralden 158-4a
Kornstraße 158-6d
Kothlehen 186-3b
Kremshub 187-1d
Kreuz 158-7b
Kreuzbergstraße 158-6d
Krokusweg 159-3a
Kronwinkel 158-4c
Kühloh 159-7b

Lahn 158-11d
Landshuter Straße 158-5b
Lebzelterweg (1) 159-4a
Lehen 187-2b
Leiten 187-2a
Lerchenweg (5) 159-3a
Lernbachtaler Straße 132-12d
Lilienstraße 158-6b
Lindenstraße 158-6d
Lindenweg 159-3a
Ludwig-List-Straße 159-2b
Lug 133-12c
Lusenstraße 158-6c

Maierhof 159-11d
Maiersdorf 158-9d
Mariaberg 133-11c
Marktplatz 158-6a
Marsberg 132-12b
Martinsberg 133-11d
Martinsberger Straße 133-12c
Metzgergasse 158-6b
Miethal 186-3a
Mitterschweibach 132-6d
Mölling 133-7c
Moosing 158-12d
Mühlweg 158-6a

Nattenbergstraße 158-9a
Nehaid 186-3a
Nelkenstraße 158-6b
Nelkenstraße (Eberspoint) 133-12c
Neunehaid 186-3a
Nußbaumstraße 133-12c

Oberbabing 158-8a
Oberensbach 159-11c
Oberschweibach 132-6d
Ofen 133-10a
Osserstraße (6) 158-6c

Pasbergstraße 159-3a
Pastor-Seichter-Weg (9) 158-6d
Paulusberg 159-10c
Pfarrer-Maier-Straße 158-6a
Pfenningsöd 133-7c
Pflastererstraße 159-4a
Posthaltergasse 158-6c
Pretzkobl 159-10d
Preysing-Allee 159-1c
Prof.-Sedlmeier-Weg (5) 158-6b
Putzenberg 158-8d

Rachelstraße 158-6c
Raffelberg 159-3c
Raffelberger Straße 159-2b
Reitstraße 159-3a
Riegergasse 158-6a
Riemerweg (4) 158-6b
Rimberg 158-11d
Ringofen 158-2c
Rosenstraße 158-6b
Rosenstraße (Eberspoint) 159-3a
Rotgerberstraße (1) 158-6b
Rothenwald 159-7a
Rothweg 187-1b
Rundthal 159-7c
Ruprechtsberg 159-2a
Ruselstraße 158-9a

St.-Emmeran-Straße 159-3a
St.-Ulrich-Straße 133-10d
Sattelstatt 133-10a
Sattlergaßl 158-6a
Schäfflerstraße 158-6a
Schafhausen 159-7b
Schapfthal 133-7c
Schlegelsreit 158-11b
Schlesierring 158-6b
Schlesierweg (11) 158-6b
Schloßbergstraße 159-3a
Schmidten 158-9b
Schmitten 159-11d + 187-2b
Schöllamühle 158-5d
Schuberteck (4) 158-6c
Schulstraße 158-6b
Schurfsöd 159-11a
Schwalbenweg (4) 159-3a
Schwarzeck 187-2a
Schwarzmoos 187-2a
Schwellergasse (1) 158-6c
See 159-7a
Seidlthal 187-2c
Seilerstraße 159-4a
Silberbergstraße (7) 158-6c
Spindlhäusl 158-8d
Spirkavilsweg (12) 158-6a
Spitzbergstraße 158-9b
Spitzlbach 158-9c
Sportplatzstraße 159-2b
Steinbergstraße 158-6d
Stietenöd 158-12c
Stiftstraße 158-6c
Stockham 133-11a
Straß 159-8a
Strohhof 159-7d
Sudetenstraße 158-6b

Tannenweg 158-6d
Theodor-Triebenbacher-Straße 158-5b
Trappentreustraße 159-2b
Tulpenstraße 158-6b
Tulpenstraße (Eberspoint) 133-12c

Ulmenstraße 158-6d
Unterensbach 159-11c
Untervilslern 133-10d
Untschweibach 133-7a

Velichenweg (1) 159-3a
Venusbergstraße 159-3a
Viehweide 158-6a + 3c
Vils 158-5d
Vilsbiburger Straße 158-6d
Vilssöhl 133-8d
Vilssteg 158-5d
Vilsstraße 158-6c
Vilsweg 158-6a
Vitzhumgaßl (3) 158-6a
Vogelsangstraße 158-6d

Wagensberg 159-10a
Wagnerweg 132-12d
Walding 158-9a
Waldstraße 158-6c
Walln 159-7a
Weberstraße (3) 159-4a
Weiher 133-4d
Wiesenweg 158-6a
Wiesenweg (Eberspoint) 133-12c
Wildberg 158-9c
Willgrub 158-9c

Ziegeleistraße 158-6c
Zum Vilssteg 158-5b
Zweifurth 187-1a

Vierkirchen
PLZ 85256

Adolf-Hölzl-Straße 144-11b
Alter Wirtsweg (9) 144-11c
Am Anger 144-11b
Am Bauhof 144-8d
Am Bergl 145-7d
Am Branden 144-11c
Am Grasweg 144-12a
Am Hart 144-11a
Am Mühlfeld (8) 144-9c
Am Rain 145-10a
Am Schleiferberg 144-11b
Am Spielplatz 144-11a
Am Torfstich (12) 144-9c
Am Wirtsberg 144-11b
An der Furch 144-8a
Asbacher Straße 144-9c

Bahnhofstraße 144-11b
Bahnweg 144-11c
Barthstraße 144-11c
Bergstraße 144-11a
Bergweg 145-8d
Bichlfeld 144-9d
Birkenstraße 145-8d
Birkenweg 144-11a
Buchenweg (5) 144-12a
Bügermeister-Bestle-Straße 144-9d
Bügermeister-Zeiner-Ring 144-11c

Carl-Thiemann-Straße 144-11b

Dachauer Straße 144-12c
Dorfstraße 145-7c

Eichenstraße 144-8a
Erlenweg (6) 144-12a
Eschenweg (7) 144-12a
Esterhofen 144-11d

Fichtenstraße 144-12a
Flurstraße 144-12a
Freisinger Straße 144-12a
Frühlingstraße 144-11b

Ganghoferstraße 144-11b
Giebing 145-8d
Glonntalstraße 144-8d
Gramling 145-12a
Gramlinger Straße 145-8d
Gröbmaierstraße 144-9c
Gröbmaierstraße (10) 144-9c
Guttenbrunnstraße 144-11b

Hafnergasse (1) 145-8d
Hauptstraße 145-8d
Herbststraße 144-11b
Hermann-Stockmann-Straße 144-11b
Hochstraße 144-12a
Hochwaldstraße 145-8d
Hortstraße 144-11a
Hutbergstraße 144-11a

Ignatz-Taschner-Weg 144-11b
Indersdorfer Straße 144-11a

Jedenhofen 144-8a
Jedenhofener Straße 144-11a

Kapellenweg 145-8d
Keltenstraße 145-8d
Kirchenstraße 144-8a
Kollbacher Straße 145-7c
Kramerweg (4) 144-12a

Lindenweg 144-12a
Lohstraße 144-12a
Ludwig-Dill-Straße (2) 144-11b
Ludwig-Thoma-Straße 144-12a

Martin-Huber-Weg (3) 144-11b
Milbertshofen 145-11a
Mitterwiedenhof 145-10d
Mühlbergstraße 144-9c

Oberwiedenhof 145-10d

Pappelweg (1) 144-8a
Pasenbach 144-10d
Pfarrer-Lanzinger-Ring 144-9c
Pfarrer-Schmitter-Straße 144-11c
Polzbergstraße 144-9c

Ramelsbach 144-9c
Rechthalerweg 144-11a
Redelbergstraße 144-9c
Rettenbach 145-7d
Riegelstraße 144-12a
Rita-Mayr-Straße 144-11c
Röhrmooser Straße 144-11c

Samfeldstraße 144-12a
Sandbergstraße 144-12a
Schloßstraße 144-11c
Schulweg 144-12a
Schusterweg (13) 144-9c
Seefeldstraße 144-12a
Sommerweg 144-12a
Sonnenstraße 144-11c

Trattangerring (11) 144-9c

Unteranger (2) 145-8d
Unterfeldring 144-11c
Unterwiedenhof 145-10d

Vierkirchener Straße 145-8d

Wallnstraße 144-12a
Weichser Straße 144-11a
Wiesenfeldstraße 144-11c
Wiesenweg (1) 144-11a

Zum Badanger 144-9c
Zur Au 144-12b

Vilsbiburg
PLZ 84137

Adlhub 133-5b
Aim 133-3a
Am Anger 133-3c
Ammersöd 133-2d

Bachstraße 133-3c
Baumgarten 107-9d
Blamberg 107-11d
Blashub 133-2a
Brandlmaierbach 133-4b
Bründl 133-9d
Bürg 107-11b

Dasching 107-6c

Eck 107-12c
Ellersberg 133-3a

Falkenberg 107-9a
Flurweg 133-3a
Frauenau 107-6d
Friesing 133-5a

Giersdorf 107-3d
Goldbrunn 107-9b

Hackelsberg 133-9a
Heid unterm Tannet 107-12d
Hofmarkstraße 133-3a
Hofstetten 133-3c

Kalteneck 107-12c
Kapellenweg 133-3a
Karwill 107-3b
Kurzbach 133-5d

Lernbuch 107-6d
Lofeneck 107-9b
Loh 107-12c + 133-3a

Maierbach 133-5b
Motting 133-6a
Mühlweg 133-3a

Niedermühle 133-6d

Oberlanding 133-6b
Oed 107-6a
Ödwimm 133-3a

Pfaffenbach 107-11a

Reichenöd 133-2d
Reisach 133-3c
Rieberseck 107-9a

Schaidham 107-12a
Schloßstraße 133-2b
Schnabing 107-9b
Schnedenhaarbach 133-2c
Schulstraße 133-3a
Seidlhub 107-11b
Spitzenberg 107-3d
Sportplatzstraße 133-3a
Stadel 107-9c
Stadelöd 107-6d
Stadl 133-9d

Tattendorf 133-6c
Tattendorfer Straße 133-3a
Thalham 107-3b
Thal I 133-12b
Thal II 133-9d

Unterlanding 133-6b

Wald 107-9c
Wiethal 133-3c
Wölflau 107-11a

Vilsheim
PLZ 84186

Ahornstraße 104-10a
Almweg 103-12b
Altenburg 130-1b
Altfraunhofener Straße 104-12a
Am Brunnenhof 104-10a
Am Hausberg 104-11b
Am Hölzl 104-10d
Amselstraße 104-10c
Am Stillbach 104-10c
Am Weinberg 104-9c
Aster Straße 104-7c
Aufeldweg 104-11c
Auholz 130-3a

Bachstraße 104-12a
Bergstraße 104-10d
Birkenweg 104-10a
Buchenweg 104-10b

Damm 103-11d
Deutschmühle 104-8d

Eibenweg 104-9c
Eichenweg 104-9d
Eschenweg 104-9c

Falkenweg 103-12b
Fichtenweg 104-10a
Finkenweg 103-12b
Föhrenweg 104-9d
Freiing 130-6a
Froschhamer Straße 104-8d
Funkweg 103-12b

Gartenweg 104-11c
Gessendorf 104-8b
Gewerbegebiet „Am Stillbach" 104-10c
Gundihausen 104-12a

Hauptstraße 104-10c
Heckenweg 104-9d
Herrngasse 104-12a
Holzhub 130-5b
Holzkarbaum 130-1d
Hupferding 130-6a

Jägersteig 104-12b
Jägerweg 104-7c

Kaltenbrunn 130-3c
Kapfing 104-7c
Karl-Graf-von-Spreti-Straße (1) 104-10b
Kastanienweg 104-10a
Kellerweg 104-11c
Kemoden 103-12b
Kemodener Straße 103-12b
Kerschreuth 130-4b
Kesselbach 104-9a
Kiefernweg 104-9d
Kirchring 104-11b
Kirchweg 103-12a
Kreuzfeld 104-11c

Lärchenweg 104-10a
Landshuter Straße 104-10a
Langenvils 104-11c
Lechau 104-7d
Lechauer Weg 104-10b
Lilienweg 104-10a
Lindenweg 104-9d

Matzenau 130-2a
Meisenweg 103-12d
Moosweg 104-10a
Mühlenweg 104-10c
Münchsdorf 104-9c

Nelkenstraße 104-10a

Obersteppach 130-3a

Pfarrweg (2) 104-10b

Rauhleite 104-10a
Reichersdorf 130-2c
Rosenstraße 104-10a

St.-Leonhard-Straße 103-12a
Schellenberg 103-11b
Schloßgärtnerei (1) 104-7c
Schloß Kapfing 104-7c
Schloßstraße 104-7c
Schmiedweg 104-12a
Schulstraße 104-10a
Schweiberg 103-11d
Siglweg 104-11b
Sportplatzweg (1) 104-10c
Stadl 104-9a
Steimerberg 104-12c

Tannenstraße 104-9c
Thannlohe 103-9d
Triststraße 103-12b
Tulpenstraße 104-10a

Ulmenweg 104-9d
Ulrich-von-Pusch-Straße (3) 104-10c
Unterfroschham 104-8a

Veilchenweg 104-10a
Viehhausen 103-8d
Vilstalstraße 104-11c
Von-Plankh-Straße 104-12a

Wiesenweg 103-12b
Wieskatzing 103-9c

Ziegelbergweg 104-10d
Zum Weiher 104-9b

Vogtareuth
PLZ 83569

Ahornweg (1) 346-4c
Aign 367-5d
Alpenblick 345-9b
Am Eisertfeld (2) 367-5a
Am Graben 367-5a
Am Kapellenfeld 346-7c
Am Kirchsteig 345-9b
Asternweg 346-7a
Austraße 345-6d

Bäckerwiese (1) 367-5a
Benning 346-7d
Bergstraße 345-6d
Birkenweg 346-4c
Blumenstraße 345-9b
Buch 367-2b
Bürgermeister-Joseph-Maier-Weg 346-4c

Dahlienweg 346-7a

Eglham 345-9a
Eglhamer Straße 345-9b
Egllack 367-3a
Eichbichl 368-1b
Entberg 368-4b
Entfelden 367-2c
Entmoos 368-1b

Farmach 368-4b
Forst 368-1a

Gaffl 345-12d
Gassner 367-2d
Gmain 367-5a
Gmainer Straße 367-5a

Haid 346-7c
Hauptstraße 367-5a
Heubergstraße 367-5d
Hochfellnstraße 367-5c
Hochriesstraße 367-5c
Hölking 346-11a
Hofstätt 367-8b
Holzleiten 367-3d

Innstraße 345-9b

Kalkgrub 367-6b
Kampenwandstraße 367-5c
Kapellenweg 346-7c
Kirchenweg 367-5c
Kirchplatz 345-6d
Knogl 368-1b
Krankenhausstraße 346-4c
Kranzhornstraße 367-5c
Kreuzstraße 345-9d

Leiten 368-1c
Lochen 367-5d
Lueg 346-4d

Mangfallstraße 345-9b
Moosweg 346-7a
Mühltalstraße 346-7a

Oberwindering 346-3c
Oed 367-5b

Pirach 346-5b
Propststraße 346-7a

Rackerting 346-10d
Reipersberg 346-10d
Reuther Feld 345-9b
Ried 346-4d
Ringstraße 346-4c
Rosenheimer Straße 345-9b
Rosenweg 345-9b

Schneiderwies 367-3d
Seehub 368-1d
Seeleiten 368-1d
Seppl im Holz 367-3a
Sonnenstraße 345-9b
Straßkirchen 346-10b
Straßöd 367-3a
Sulmaring 345-12c
Sunkenroth 345-5b
Sunkenrother Straße 345-6d

Tödtenberg 345-12d + 346-10c

Untersee 368-4a
Unterwindering 346-3a

Vettl 367-6c
Viehhausen 346-5d
Vogleiten 367-3b
Vogtareuther Straße 367-5c

Waldweg 346-4c
Wall 368-1a
Wasserburger Straße 345-6b
Weidach 367-5a
Weikering 345-12b
Wendelsteinstraße 367-5c
Wiesenweg 367-5d
Winkl 345-6b

Zaisering 367-5c
Zaiseringer Straße 367-5d
Zaißberg 367-2c
Ziellechen 367-5b

Waakirchen
PLZ 83666

Alex-Gugler-Straße 403-7d
Allerer 403-9a
Am Kapellenfeld 403-11c
Am Kramerberg 403-11a
Am Kühberg 403-10b
An der Bahn 403-10c

Bahnhofstraße 403-7d
Bahnweg 403-10c
Berg 403-12b
Blombergweg 403-7d
Brauneckweg 403-7d
Breitensteinstraße 403-7d
Buchkogelstraße 403-10b
Bürgermeister-Erl-Straße 403-11a

Daxerstraße 403-11a
Dr.-Josef-Huber-Straße 403-10b

Fockensteinstraße 403-7d
Fuchsbichel 403-11d

Hartpenninger Weg 403-4c
Hinterholz 403-12b
Hirschbergstraße 403-7d
Hirschstätt 403-11b
Hochholz 403-11d

Johann-Schmidl-Straße (1) 403-10b

Kappelschhuster 403-12b
Krottenhaler Straße 403-11a
Krottenthal 403-9c
Krottenthaler Alm 403-9d

Marold 403-11d
Molkereiweg 402-6d
Moosstraße 402-6b

Norbertkunkel Straße (2) 403-7d

Pfarrweg (Schaftlach) 403-11a
Piesenkam 403-4c
Piesenkamer Straße 403-7d
Prof.-Schlösser-Weg 403-4a

Raßhof 403-11a
Reutbergstraße 403-7c
Rieder 403-11c
Ringbergstraße 403-7c

Sachsenkamer Straße 402-6d
Säggasse 403-7d
Schaftlach 403-8c
Sonnenweg 403-4c
Staudach 403-12a
Stelzerhof 403-12c

Taubenbergweg 403-7d

Veihweg 403-11a

Waakirchener Weg 403-4c
Warngauer Straße 403-4c
Weiherfeldstraße 403-10b
Wendelsteinstraße 403-7d
Westerpoltweg 403-10b
Wiesseer Straße 403-11a

Zwieselweg 403-7c

Wackersberg
PLZ 83646

Aug 400-4d

Fiecht 400-11b

Heimkreit 400-7b
Huppenberg 400-5c

Leitzing 400-11b
Leitzingerau 400-12c
Lochen 400-8b

Nodern 400-11d

Ochsenwöhr 400-12c

Rimslrain 400-9c
Rothenrain 400-7d
Rothmühle 400-1d

Thal 400-11c

Wolfsöd 400-10c

Waidhofen
PLZ 86579

Altenburg 76-2d
Am Bach 64-8c
Am Graben 64-11a
Am Hang 64-11a
Am Hirschfeld 64-8d
Am Lillberg 64-10b
Ammersberg 76-5a
Am Mühlfeld (2) 64-8c
Am Schlagacker 64-10b
Amselweg 64-8c
Am Wald 76-1b
Am Wall 64-11a
Am Wiesenrain 76-1b
Am Wolfshofer Weg 64-11a
An der Breiten 76-2a
Angerweg 76-2b

Bachstraße 64-11a
Bergstraße 76-2a
Birkenweg 64-8d
Blumenstraße 64-8c
Brosiweg 64-8c
Brunnener Straße 64-4b

Diepoltshofen 76-2c

Eichenweg 76-5b
Eybergstraße 64-4b

Feldweg 64-10b
Frühlingstraße 64-8c

Gabisweg 64-8a
Gartenstraße 64-8c
Gewerbegebiet „Waidhofen-Ost" 64-8b
Goriweg 64-8c
Gröbern 64-4b
Gröberner Straße 64-8d
Grundäcker 64-11a

Haid am Rain 63-9b + 64-7a
Heckenweg 76-2d
Herbstweg 64-8c
Hickerbachstraße 76-1b
Hirtweg 76-2a
Hofmarkstraße 64-11a
Hohenwarter Straße 64-5d
Hubertusweg 64-11a

Kaifeck 64-7b
Kapellenweg 64-11a
Kiesgrubenweg 76-1b
Koppenbacher Straße 64-8d
Kotmühle 64-7d
Kramerberg 64-11a

Laag 64-7b
Lerchenweg (1) 64-8c
Lindenstraße 64-8d

Mergertsmühle 64-8a
Mesnerweg 64-8c
Mittelfeldstraße 64-6c
Mittelweg 64-8c
Mitterbreiten 76-2a
Mühlgasse 64-6c
Mühlweg 64-10b

Oberfeldstraße 64-6c
Ostendstraße 64-8d

Paarweg 64-6c
Postbauernweg 64-8c
Postweberweg 64-6c
Prielweg 64-8d

Rachelsbach 64-10b
Raiffeisenstraße 64-8c
Ringstraße 64-8c
Römerweg 64-4b

St.-Wendelin-Straße 64-8c
Schenkenau 65-7a
Schenkengrub 65-10c
Schulstraße 64-8c
Seelhof 64-12b
Sonnenstraße 64-8c
Stadel 64-12b
Sternstraße 64-8c
Strobenrieder Straße 64-10b
Sudetenstraße (3) 64-8c

Waizenried 76-5b
Wangen 64-5d
Weberweg 64-8c
Weiherweg 64-8c
Westerbach 76-1a
Westerbacher Weg 64-10b
Wilbergstraße 64-6c

Walpertskirchen
PLZ 85469

Ahornstraße (3) 209-9b
Alte Dorfstraße 210-7a
Am Alten Pfarrhof 210-7a
Am Bahndamm 209-9b
Am Hof 209-9b
Angerstraße 209-9b
Au bei Walpertskirchen 210-10c
Auer Straße 210-7c

Bahnhofstraße 209-9b
Birkenweg (1) 209-9b
Blumthal 209-9a
Blumthaler Straße (6) 209-9a
Buchenstraße 209-6d
Bürgermeister-Renner-Straße 209-6d

Deuting 209-12b

Eichenstraße 209-9b
Erhardsweg (4) 209-9b

Feldstraße 209-9b
Fichtenweg 209-9b

Graß am Holz 210-11b
Graß beim Bartl 209-8c

Hallnberg 210-7d
Hallnberger Straße 210-7c
Hammerbachstraße 209-9b
Hauptstraße 209-9b
Heigweg 209-9b
Hof am Hammer 209-6d
Hollerweg (2) 209-9b
Holzstrogn 209-9c

Kapfing 209-12a
Kastanienweg 209-9b
Kirchenplatz 209-9b
Kirchenstraße 209-9b
Kolbing 210-8a
Kreuzstraße 209-9b
Kuglern 210-5d

Lärchenstraße 209-6d
Lindenstraße 209-6d

Neufahrn 210-7b
Niederhof 209-6c

Oberhof 209-6c
Oberhofer Straße 209-6d
Operding 209-6b

Pappelstraße (7) 209-9b
Pfarrer-Schmid-Weg (5) 209-9b

Radlding 210-7d
Ringelsdorf 209-5d

Schulstraße 209-9b
Schwabersberg 210-4c
Strogenweg 209-9b
Südliche Dorfstraße 210-7c

Urtl 209-6d + 210-7a

Wattendorf 209-5b
Wiesenweg 209-9b
Windshub 210-4a

Wang
PLZ 85368

Angerstraße (3) 99-3b
Aselmühle 101-1a

Bergen 99-6a
Brandfeld (1) 99-6a
Burgschlag 99-3c

Dornhaselbach 100-2d

Einhausen 99-2a
Eschenweg (4) 99-3b

Fassartenweg 100-3b
Fischerstraße 100-3b

Grub 99-3d

Holzdobl 99-2a
Hopfenstraße (6) 99-3b

Inkofener Straße 99-6a
Inzkofen 100-1b
Inzkofener Straße 99-3b

Kirchenweg 99-3b
Kirchenweg (2) 99-3b
Kirchgasse (2) 99-6a
Kleinfeldstraße 101-1a
Kreuzerweg (5) 99-3b

Ländl 100-3b
Landl 100-3b

Moosburger Straße 99-6a

Normstahlstraße 100-3d

Obere Hauptstraße 100-3b

Schöneck 99-3a
Schutzenstraße 101-1a
Scloßbreiten 101-1a
Sempt 102-1d
Sixthaselbach 99-3a
Spörerauer Straße 102-1b
Sporerbauer 102-1b

Tapesinggraben 100-3a
Thalbach 100-3d
Tulpenstraße 101-1a

Volkmannsdorferau 101-2a

Weghausen 99-2b
Wittibsmühle 100-6a

Ziegelbergstraße 100-3b
Zieglberg 100-3b

Warngau
PLZ 83627

Ableitner 405-10a
Ahornallee 381-12d
Allerheiligen 403-3c
Allerheiligenweg 403-3b
Allgau 403-1d
Allhöfe 404-6b
Am Anger 382-10a
Am Bergfeld 382-10c
Am Dorfbach (5) 381-12d
Am Einfang 381-12c
Am Hag 404-1a
Am Moos 382-10b
Am Quirinfeld 404-12b
Am Rain 404-12b
Am Rehwinkel 381-11d
Angerer 404-9d
Angerweg 381-12d
Aning 404-7c
Auf der Leiten 404-12a
Austraße 404-1a

Bäck am Haid 404-8d
Bahnhofstraße 381-12c
Bajuwarenweg (3) 381-12c
Bergham 404-1c
Bergweg 382-10a
Bernloh 404-7d
Bichlbauer 404-11d
Birkenweg 382-10a
Birkerfeld 381-6d
Böttberg 404-4c
Brandweg 381-11d
Bürg 404-11a
Bürgtal 404-10b
Burgstraße 381-12d
Burgweg 404-7d

Christoph 404-2b

Daxer 404-6c
Dickl 404-11a
Dorfstraße 382-10a
Drahtzieher 404-12c
Draxler 404-10b
Draxlham 382-7b

Egartenweg 404-12b
Einhaus 404-7b
Eschenweg (7) 403-3b

Feldschuster 404-7b

Georg-Faustner-Weg 404-12a
Gewerbegebiet „Warngau Birkerfeld" 381-6b
Glaser am Rain 403-9b
Gschwendtner 404-6a
Guffertstraße 403-3a

Haidhub 404-6a
Hainz 404-3c
Hairer 404-9b
Hartpenninger Straße 381-12c
Heckenweg 381-11d
Heigenkam 404-8c
Heigenland 404-12b
Heissn 404-7d
Hinterhöher 404-5b
Hinterloh 404-12b
Hinterthalham 405-4c
Hinterweidenau 405-7c
Hirschbergstraße 381-12c
Hochleiten 405-7a
Höhenstein 405-4c
Hörndl 404-9a
Hössenthal 404-6c
Holzkirchner Straße 382-7c
Holzmann 404-10a
Hufnagel 405-7a
Hummelsberg 404-11b
Hummelsberger Straße 404-12a

Im Winkl (6) 403-3b

Jehl 404-6a

Kaiserbichl 381-12c
Kaishof 404-9c
Kirchbichl 404-12b
Kirchlehen 404-6c
Kirchweg 381-12d + 404-9d
Kleinlehen 404-8b

Lagerhausstraße 403-3a
Lecherbauer 404-12c
Lechner 404-12a
Lindenstraße 403-3b
Lochham 381-6c
Loherweg 404-12b
Ludwiger 404-5d

Markhaus 404-9c
Marold 404-3b
Meister 404-9a
Miesbacher Straße 404-12b
Mühlweg 404-11a

Neuhäusler 405-7a
Neuhaus 404-9a
Nüchternbrunnweg 382-10a

Oberdickl 404-11b
Obere Schleif 405-10c
Oberstadl 404-12d
Oberwarngau 381-11d + 403-2b
Osterwarngau 382-10c

Pinkeneis 404-9d
Plankenhofer 404-3d
Polz 404-6a

Rainer 404-9d
Rainerweg 404-12b
Ranhartweg (4) 381-12d
Raucher 404-11d
Rechtal 404-9b
Reitham 403-6b
Reutweg 403-2b
Riedstraße 403-3b
Rinnentrad 404-8a

Sägstraße 403-3a
Sakra 404-9d
St.-Margarethenweg (1) 404-12b
Schäfflerhof 404-8c
Schmerold 404-11d
Schmidhamer Straße 382-7d
Schulweg 403-3b
Schusterhäusl 405-7a
Schwarz 404-2b
Setzbergstraße (8) 403-3a
Steiner 405-4d
Steingräber 404-5b
Stielner 404-11b
Still 404-10b
Stuttlehen 404-5d

Tannried 403-2d
Taubenberg 404-3a
Taubenbergstraße 381-12d
Tempel 404-7d
Tonibauer 404-12d
Trost 405-4c

Unterdickl 404-11d
Unterstadl 404-12d
Urthal 404-1a

Valleyer Straße 381-6d
Vorderhöher 404-5d
Vorderloh 404-12b
Vorderthalham 405-4c
Vorderweidenau 405-7c

Waldweg 404-12b
Wall 404-12b
Wallbergstraße (1) 381-12c
Wendelsteinstraße (2) 381-12c
Wieser 404-5a
Wirtsbreite 403-3b
Wölfl 404-6a

Wartenberg
PLZ 85456

Altweg 128-10c
Am Bründlhof 128-10b
Am Burggraben 128-7c
Amerhof 153-2c
Am Kleinfeld 127-12b
Am Spatzenberg 128-10b
Am Steyrerfeld 127-12b
An der Kammerstatt (2) 128-7c
Auerbach 128-11c
Aufham 127-9d
Aufhamer Straße 127-9d

Badstraße 128-10a
Birkenstraße 128-10b
Bründlhof 128-11a
Bürgmeister-Stuhlberger-Straße 127-9d

Dr.-Selmair-Ring 128-10b

Eichenstraße 128-10b
Emil-Amer-Straße 128-10b
Erdinger Straße 128-10a

Färberstraße 127-9d
Fendsbach 154-1b
Fichtenstraße 128-10b

Gartenstraße 128-10b
Gewerbegebiet „Aufham" 127-9c

Hardt 153-2d
Heimstraße 128-10a
Hermann-Gröber-Straße 128-7c
Herzog-Ferdinand-Straße 127-12b
Herzog-Otto-Straße 127-12b
Hinterauerbach 128-11c
Höhenring 128-7c
Höhenstraße 128-7a

Klinggraben 127-12c
Klingstraße 128-10a

Lindenstraße 128-10b

Manhartsdorf 153-2a
Manhartshof 153-2b
Marktplatz 128-10a
Martin-von-Deutinger-Straße (1) 128-7c
Maurer 153-3d
Moosburger Straße 128-7a

Nikolaibergstraße 128-10a
Norbert-Kellnberger-Straße (3) 128-10a

Obere Hauptstraße 128-10a

Pesenlern 153-3a
Pesenlerner Straße 127-12d
Pfarrer-Huber-Straße 127-12b
Pfarrer-Rotter-Straße 127-12b
Pfründeplatz 128-10b

Robert-Weise-Straße 128-7a
Rockelfing 128-10a
Rosenstraße 128-7a

Schachtelberg 128-12a
Schrader-Velgen-Ring 128-7c
Schuster 128-10d
Sellmayerhof 153-2d
Settelestraße 127-12b
Stöhr 128-7b
Straß 128-10d
Strogenstraße 127-9d

Thenn 127-11d
Thenner Straße 127-12b

Untere Bergstraße 128-7c
Untere Hauptstraße 128-7c

Vorderauerbach 154-1b

Weg 154-2c
Weiherfeld 127-12b
Wirth 153-3d

Zaglmühle 154-1b
Zeiglerweg 128-10b
Zur Römerschanze 128-10d
Zustorfer Straße 127-9d

Wasserburg am Inn
PLZ 83512

Abraham-Kern-Straße (1) 302-5b
Abraham-Megerle-Straße 302-5a
Achatzstraße 302-6c
Äußere Lohe 303-1c
Äußerer Dobl 302-9a
Ahornstraße 301-6d
Alkorstraße 302-8b
Am Aussichtsturm 302-6d
Am Bräuwinkelberg 42-B3
Am Burgfrieden 302-8d
Am Fröschlanger 302-5d
Am Gerblanger 302-5d
Am Glasberg 301-6d
Am Gries 42-B1
Am Herder 302-8a
Am Pulverturm 302-5b
Am Wuhrbach 302-6c
Am Ziegler 302-5a
An der Stadtmauer 302-6a
Anton-Dempf-Straße 302-5a
Antoniusstraße 301-6c
Anton-Woger-Straße 302-4b
Attel 301-12d + 323-3b
Attlerau 301-12d
Au 301-9d
Auf der Burg 302-5b

Weichering
PLZ 86706

Weichs
PLZ 85258

Weihmichl
PLZ 84107

Weilheim i. OB
PLZ 82362

Weßling
PLZ 82234

Am Karpfenwinkel 285-7b
Am Katzenstein 285-4d
Am Kreuzberg 285-7b
Am Lehmberg 285-7a
Am Reisert 285-7d
Am Seefeld 285-8a
Am Siehsnichtgern 285-8b
Am Taschenbaum 285-12a
Am Wasserberg 285-5c
Am Wiesmahtweg 285-11b
An den Gruben 285-2d
An der Grundbreite 285-4d
Angerweg 285-11b
Anton-Ferstl-Straße 285-7d
Argelsrieder Feld 285-5b
Argelsrieder Straße 285-5d
Asternweg 285-5c
Auweg 285-5d

Bacheläcker 285-5c
Bahnhofstraße 285-4d
Bischof-Josef-Weg 285-5c
Bognerweg 285-4c
Breite Eiche 285-7b
Brucker Feldweg 285-5c
Buchenweg 285-5c

Claude-Dornier-Straße 285-3d

Dellinger Weg 285-7d
Dorfstraße 285-11b

Eichenweg 285-8a
Ettenhofener Straße 285-8c
Etterschlager Straße 285-4d

Fabergstraße 285-4d
Fischerweg 285-5c
Flugplatz Oberpfaffenhofen 285-6b + 286-4a
Flurweg 285-11b

Gänzerberg 285-4d
Gartenstraße 285-7b
Gautinger Straße 285-5c
Georg-Schmid-Weg 285-5d
Gewerbegebiet „Hochstadt" 285-8d
Gewerbegebiet „Weßling" 285-6a
Gilchinger Weg 285-5c
Gladiolenweg 285-5c
Grünsink 285-4a
Grünsinker Straße 285-4d

Hans-Schottenhamel-Gasserl (4) 285-4d
Hartfeld 285-5a
Hauptstraße 285-7b
Heinrich-Brüne-Weg (1) 285-8b
Herbststraße 285-4d
Hirtackerweg 285-8b
Hirtwiesen 285-5a
Hochstadt 285-11b
Hochstadter Straße 285-8b
Hochweg 285-5d
Höhenrainäcker 285-7b

Im Höllbichl 285-8d
Im Kesselboden 285-8a
Im Leitgarten 285-8b

Kirchenstraße 285-12a
Kolpingstraße 285-7b
Kreutweg 285-8a

Lilienweg 285-5c

Mariengaßl 285-4d
Martin-Erhard-Weg (2) 285-8b
Max-Doerner-Weg 285-7b
Meilinger Weg 285-7b
Mischenried 285-2c
Mischenrieder Weg 285-5c
Münchner Straße 285-5b

Narzissenweg 285-5c
Nelkenweg 285-5c
Neuhochstadt 285-8d
Neuhochstadter Straße 285-8d

Obere Seefeldstraße 285-5c
Oberpfaffenhofen 285-9a
Oberried 285-12a

Prinz-Alfons-Weg 285-8a

Riedbergweg 285-12a
Riedgasse 285-5d
Ringstraße 285-4d
Rosenstraße 285-5d

Sandbergstraße 285-5a
St. Laurentius-Kapelle 286-8a
Sauwiese 285-7b
Schießstätte 285-8a
Schulstraße 285-7b
Seeweg 285-7b
Sollachweg 285-8b
Sommerstraße 285-7b
Starnberger Feldweg 285-12a
Steinebacher Weg 285-7a

Tannenbergstraße 285-5c
Taxleitenweg 285-4c
Tulpenweg 285-5c

Uferweg 285-7b
Untere Seefeldstraße 285-5c

Veilchenweg 285-5c
Viehrutenweg 285-11b

Walchstadter Weg 285-4d
Waldsiedlung 285-8d
Webergaßl 285-12a
Weichselbaum 285-3c
Weßlinger Straße 285-11d + 307-2b
Wiesenweg 285-11b
Winterweg 285-4c

Wessobrunn
PLZ 82405

Moosmühle 370-10a

Zellsee 370-4c

Wettstetten
PLZ 85139

Adlmannsberg 45-3a
Am Adlmannsberg 45-2b
Am Fort 45-2b
Am Lohsaum 45-3a

Birkenstraße (1) 45-2b
Blumenstraße 45-3a

Christian-Faber-Straße 45-2b

Eichenstraße (2) 45-2b
Erlenweg 45-2b

Ingolstädter Straße 45-2b

Jahnstraße 45-2b
Johann-Wittmann-Straße (9) 45-2b
Josef-Fleischmann-Straße (10) 45-2b

Max-Emanuel-Straße 45-2b

Nelkenstraße 45-2b

Sudetenstraße 45-3a
Südring 45-2b

Tulpenstraße 45-2b

Ulmenstraße 45-2b

Veilchenstraße 45-2b
Vorwerkstraße 45-2b

Ziegelberg 45-2b

Weyarn
PLZ 83629

Abdecker 361-12c
Adam 405-4a
Aigner 405-4a
Aiplspitzweg 383-5c
Allacherfeld 383-12d
Altenburger Straße 361-4c
Alte Straße 383-9b
Am Anger 383-9c
Am Aussichtsberg 383-4d
Am Buchholz 383-8c
Am Hirschberg 383-5c
Am Kögelberg 383-3c
Am Kugelanger 383-5c
Am Lindl 383-1d
Am Mühlberg 361-12c
Am Schmiedberg 383-5c
Am Waldeck 383-12d
Am Weigfeld 383-4a
Am Windbichl (1) 383-8a
Arnhofen 361-11d
Arnhofer Weg 361-12c
Auerweg 384-5c

Bach 383-6a
Baderer 383-10c
Berg 383-1a
Berger 384-4a
Bergerhof 384-4a
Bergweg 383-4d
Bernecker 405-2a
Birkenweg 361-12c
Blombergweg 383-5c
Brechspitzweg (4) 383-5c
Breitmoos 360-6b
Bruck 383-6d
Brucker Straße 383-9b
Bürgermeister-Panzer-Straße 383-4d
Burgstallweg (1) 384-4d
Burgstraße 383-12c

Distelweg 383-4d
Dorfstraße 405-3b

Edelweißweg 383-4d
Ehgart 383-12c
Einhaus 383-8d
Enzianweg 383-4d
Erb 361-12a
Erlach 383-1c
Erlacher Weg 383-4a
Esterndorf 383-3d + 384-1c
Esterndorfer Straße 383-3c

Fastweg 384-4d
Feldweg (2) 383-9c
Feller 406-1d
Fentbach 361-10c + 383-1a
Fentbacher Straße 383-1d
Ferdinand 405-1c
Fichtenweg 383-8d
Filzenweg 383-5d
Filzer 384-10c
Fischerweg 361-12c

Gansbergstraße 383-9b
Gotzing 405-2a
Gotzinger Straße 383-11d
Grabenstoffl 361-7c
Großpienzenau 383-12c + 405-3a
Großseeham 384-7b
Gruber Straße 361-4c
Günderer 405-1a

Hauptstraße 384-4d
Haus 383-2b

Hochhaus 405-4b
Hochlandweg (1) 383-9a
Holzkirchener Straße 383-4a
Holzolling 383-3c
Holzollinger Straße 383-9b
Hoppstockweg 406-1a
Huber 405-4b

Ignaz-Günther-Straße 383-4d
Im Goldenen Tal 383-3a
Im Tal 405-6b

Johann-Baptist-Zimmermann-Straße 383-4d

Kapellenweg 384-4d
Keltenschanze 361-10d
Kilian 405-2a
Kirchbergweg 383-8b
Kirchenweg (1) 383-3c
Kleinhöhenkirchen 361-4a
Kleinpienzenau 405-3d + 406-1a
Kleinseeham 383-9b
Klosterweg 383-4d
Kramerweg (3) 383-9c

Langenegger 383-10d
Leitzachweg 383-3a
Leonhardweg 361-4c
Lindenweg 383-5d
Linnerer 405-1d

Mangfallweg 383-4d
Maxlrainer Weg 383-5d
Meßnerweg (1) 406-1a
Miesbacher Straße 383-4b
Mittenkirchen 361-10b
Mittenkirchner Straße 361-10d + 383-1b
Moosweg 383-9b
Münchener Straße 383-4b

Naring 361-12c + 383-3a
Naringer Straße 383-3c
Neukirchen 383-8d
Neukirchner Straße 383-8a
Niederaltenburg 361-4b
Nudler 405-1d

Obermüllerweg (5) 383-5d
Öd 383-6a
Ötz 361-11b
Osterseestraße (2) 384-4d

Pienzenauer Straße 383-9c
Pointel 383-6a

Raiffeisenstraße 383-9c
Reichersdorfer Straße 383-9c
Reinthal 383-9a
Reinthaler Straße 383-9a
Reisachstraße 383-11c
Ried 384-4a
Riedler 406-1c
Riedstraße 384-4d
Rotwandweg 383-5c
Rudolf-Groeschel-Weg 383-1b
Rupert-Sigl-Straße (1) 383-4d

Saliterweg 383-11d
Schlierseer Straße 383-11b
Schliershofer 405-1c
Schloßstraße 383-5d
Schmiedstraße 383-8a
Schneiderberg 406-1a
Schulweg 383-9c
Schwarzöd 406-1d
Schwindsbachweg 405-3b
Seehamer Straße 383-6d
Seestraße 384-4d
Seiding 383-5c
Seidinger Straße 383-4b
Sonderdilching 361-7b
Sonnleiten 383-8d
Spätkeltisches Oppidum 361-10c
Stadlweg 383-1c
Standkirchen 383-1d
Still 405-4b
Stürzlham 383-8a
Stürzlhamer Straße 383-8b

Talblick (2) 383-3c
Tannenweg 383-8d
Thalham 383-11b

Von-Barth-Weg 383-5d

Wallbergweg (3) 383-5c
Wattersdorf 383-5d
Wattersdorfer Straße 383-4d
Wendelsteinweg (2) 383-5c
Westerhamer Straße 383-3c
Westin 383-10d
Weyarner Linde 383-1b
Weyarner Straße 383-5d
Wiesengrund 383-6d
Wirtweg 383-8a

Zehenthofer 405-1c
Ziegelstraße 383-5c
Zieglerweg 383-1b
Zur Obermühle 383-3a

Wielenbach
PLZ 82407

Albert-Geiger-Straße (4) 372-6b
Alpspitzstraße 371-9b
Alte Münchner Straße 372-4c
Am Anger (2) 373-7c
Am Burgstall (1) 372-4b
Am Eschbaum 373-4c
Am Fisselberg 372-6b
Am Hardt 372-4c
Am Hinterfeld 372-4b
Ammerhof 371-5c
Am Mitterfeld 371-6d
Am Rain 371-6a

Am Schlechtenberg 373-4c
Am Schlehenring 371-6d
Am Seebichl 372-4b
Amselweg 371-6b
Am Spatzenberg 372-1d
Am Sportplatz (3) 372-6d
Am Westend 372-4b
Am Winkel 372-4b
Auenweg 371-6a

Bachstraße 372-4b
Bahnhofsallee 372-4b
Bahnhofstraße 372-6b
Bauerbach 373-7c
Bergknapp 373-11a
Bergknappstraße 373-7d
Bergweg (1) 372-6b
Blütenweg (6) 371-6d
Blumenstraße 371-6b
Brunnenbachstraße 371-6a
Buchenweg 372-4c

Demollstraße 371-6b
Dr.-Edith-Ebers-Straße (2) 372-6b
Dorfstraße 373-7c

Edelweißstraße 371-6d
Eichenweg 372-7a
Enzianweg (7) 371-6d

Fasanenweg 371-6b
Fichtenstraße 372-7a
Fischerweg (1) 371-6b
Flacht 373-5c
Fliederweg (13) 371-6d
Föhrenstraße 373-7c
Forellenweg 371-6b
Forster Straße 371-6c
Friedhofsweg 372-6b

Gärtnereiweg 371-6b
Gallusstraße 372-6b
Gartenstraße 372-4b
Goppeltsriederstraße 371-6a
Gorigasse 371-6d
Grünbachstraße 371-6b

Hardt 372-12b
Hardtstraße 372-4c
Haunshofen 372-6c
Haunshofer Weg 372-4b
Hauptstraße 372-6b
Heimgartenstraße (5) 371-6d
Herzogstandstraße (9) 371-9b
Hirschbergstraße 371-6b
Hirtenweg 371-6a
Hörnlestraße (10) 371-9b
Hoferstraße 371-6b
Hollerberg 372-4b
Hollerbergstraße 372-4b

Immenweg 371-6d

Karpfenweg 371-6b
Karwendelstraße 372-6d
Kirchstraße 371-6d
Kirchweg 373-7c
Kreuzbergstraße 372-6b
Kreuzeckstraße 371-9b

Laberstraße 371-6d
Lilienweg (8) 371-6d

Merowinger Ring 371-6b
Moosschwaige 372-9c
Mühlenstraße 372-4b
Mühlenweg 371-6c
Mühlrainstraße 372-6b

Nelkenstraße 371-6d

Ostendstraße 371-6b

Pähler Straße 371-6b
Peter-Kaufinger-Straße 371-6d
Primelstraße 371-6d

Raistinger Straße 371-6a
Rauchmoos 372-8d
Rochusgasse (4) 371-6d
Römerstraße 371-6b
Rosenstraße 371-6d
Rudolf-Seeberger-Allee 371-6b

Schlottweg 371-6c
Schmuzerstraße (3) 371-6d
Schörghof 372-10b
Schützenstraße 372-4b
Schulgasse 371-6d
Schulstraße 372-6d
Schwalbenweg 371-6b
Steinberg 372-11b

Tannenstraße 372-7a
Tassilostraße 371-6d
Teichweg (12) 371-6b
Thalfeldstraße 372-6d
Tulpenstraße 371-6d

Waldstraße 373-4c
Wankstraße 371-6d
Waxensteinweg (11) 371-6d
Weilheimer Straße 371-6d
Wessobrunner Weg (2) 371-6c
Wettersteinstraße 372-6d
Wieser 373-10a
Wilzhofen 372-4b
Wilzhofener Straße 371-6d

Zugspitzstraße 371-6d

Windach
PLZ 86949

Am Wald 282-10a
An der Schnaidt 282-10a
An der Schweinach 282-10c

Birkenallee 282-10c

Hechenwang 304-1a

Wörth
PLZ 85457

Ahornstraße 209-11c
Am Anger 208-12c
Am Bahnsteig 230-2c
Am Fehlbach 208-11d
Am Heckenacker 208-12a
Am Hof 208-10b
Am Pfründeweg 208-12c
An der Wasserfurche 208-12a

Bahnhofstraße 209-11c
Berg 208-9c
Bergfeld 208-12c
Birkenweg 209-11c
Brand 209-10b
Breitötting 230-3a
Breitöttinger Straße 208-12c
Buchenstraße 209-11c

Dr.-Fiege-Weg (6) 208-12c

Eichenstraße 209-11c
Erdinger Straße 209-10b
Erlenweg 209-11c

Feldstraße 209-11a

Georgenweg 208-12c
Grafenwerderstraße 208-12c

Hanns-Nansheimer-Straße 209-10d
Harlachener Straße 230-2c
Hauptstraße 230-2a
Hörlkofen 209-10d
Hörlkofener Straße 208-12c
Hofsingelding 208-11a
Hohenlindener Straße 209-11c
Holzfeldstraße 209-10d

Im Krückel 230-2a

Jorhanstraße 208-12a

Kalteis 230-4b
Kapellenweg 209-10d
Kastanienweg (4) 209-11c
Keltenschanze 230-5a
Kirchenweg 208-12c
Kirchötting 208-12d
Kleinfeld 231-1a
Korbinianweg 208-10b
Kranerberg 230-2c
Kronbergstraße 209-10d

Lethnerweg (2) 208-12a
Lindenstraße 209-11c
Lupperg 208-10d
Lupperger Straße 208-11c

Magdalenenweg 208-10b
Maiszagl 230-3c
Mohrenweg (5) 208-12c
Moos 208-11c
Moosweg 208-12a

Niederwörth 208-9a
Nordring 208-10b

Oberau 231-1b
Oberauer Straße 231-1b
Ötzstraße 230-2c
Osterfeldweg 209-11c
Otkerstraße 208-12c

Petersweg (4) 208-12c
Pfarrer-Elfinger-Straße (1) 209-11c
Pfarrer-Ostermayr-Straße 208-12c
Pollacher Weg 209-11c
Pretzener Straße 208-12c

Quellenweg 230-2b

Raiffeisenstraße (3) 209-11c
Rauch 230-2c
Riexinger Straße 208-10b
Ritter-Örterer-Straße 208-12c
Römerstraße 209-10d
Rottmann 209-12c
Rottmanner Straße 209-11d

St.-Bartholomäus-Weg (2) 209-11c
St. Koloman 208-10d
St.-Koloman-Straße 208-10b
St.-Urban-Straße 230-2a
Schmiedweg (1) 208-12a
Schulstraße 209-11c
Schwillachstraße 208-11d
Seidl 230-2c
Semptstraße 230-2a
Sonnendorf 230-3b
Stallering 231-2a
Stalleringer Straße 209-11c
Südring 208-10d

Tassiloweg 208-10d
Teufstetten 208-9d
Teufstettener Straße 209-10d

Ulmenweg 209-11a
Unteranger 208-12a

Waldstraße 208-10b
Welfenstraße 208-10d
Westerfelder Ring 209-10d
Wifling 230-2d
Wildgraben 230-1d
Wildmoser 230-2a
Willgruber 231-1a

Wörther Straße 209-10d
Wolfswinkel 231-3a

Ziegeleistraße 209-11a

Wörthsee
PLZ 82237

Ahornstraße 284-8d
Alpenblick 284-7b
Alte Hauptstraße 284-7a
Am Anger (4) 284-5a
Am Bacherl (2) 284-8c
Am Bichlberg 284-4d
Am Hochanger (2) 284-5a
Am Oberfeld 284-4d
Am Pfeifenberg 284-4c
Am Schererberg 284-7b
Amselweg 284-11a
Am Steinberg 284-8d
Am Teilsrain 284-8a
Am Weiher 284-5a
Auing 284-11b
Auinger Straße 284-11a

Bacherner Straße 283-9b
Bahnhofstraße 284-11b
Birkenweg 284-8c
Blumenweg 284-8a
Brückenweg 284-8c
Buchenweg 284-8a
Buchteil 284-8b
Bullachstraße 284-4d
Burgselberg 284-8c

Dahlienweg 284-8d
Dettmarweg 284-8c
Dorfstraße 284-11a
Drosselgasse 284-11a

Eichenweg 284-5a
Enzianweg 284-8d
Erlenweg 284-8a
Etterschlag 284-2c
Etterschlager Straße 284-8c

Fasanenweg 284-5a
Fichtenstraße 284-8d
Finkenweg 284-5a
Fliederstraße 284-8d

Graf-Toerring-Straße 284-4d
Grünlandstraße 284-5a
Günteringer Straße 284-8c
Gut Schluifeld 284-6a

Hauptstraße 284-8c
Herbergstraße 284-5c
Hintere Seestraße 284-7c
Hochstaudenweg 284-11a
Hochweg 284-2c
Holzmüller 284-2a

Im Grund 284-2c
Inninger Straße 284-5a

Jägerstraße 284-9c
Joachim-Königbauer-Weg 284-5a

Karpfenweg 284-5c
Karpfhofweg (3) 284-5a
Kiebitzstraße 284-11a
Kirchweg 284-4d
Kuckuckstraße 284-8a

Lerchenstraße 284-5a
Lindenweg 284-5c

Maistraße 284-8a
Mauerner Straße 284-2c
Meilinger Straße 284-11b
Meisenweg 284-8c
Moosbichlweg 284-8c
Müllerbauer 284-1d
Münchner Straße 284-5a
Muldenstraße 284-8d

Neusiedlungsstraße 284-4d

Obere Dorfstraße 284-7b
Obere Seeleite 284-10b
Osterholzweg 283-9b

Panoramaweg 284-8a

Rehsteig 284-8a
Rosengasse 284-8a

St. Florian Weg 284-5b
Schlangenhofener Straße 284-10d
Schluifelder Straße 284-8a
Schluisee 284-5d
Schulstraße 284-5c
Schwalbenweg (1) 284-5a
Seeblick 284-8a
Seeleite 284-10d
Seepromenade 284-10b
Seestraße 284-8a
Seeuferweg 284-7b
Seewiese (1) 284-7b
Seglerweg 284-8c
Sonnenwinkel 284-8d
Steige 284-8d
Steinebach am Wörthsee 284-7d
Sylvester-Hörndl-Straße 284-5c

Taubenweg 284-11a
Tulpenweg 284-8d

Vordere Seestraße 284-7a

Walchstadt 284-7a
Waldbrunn 284-5d
Waldstraße 284-8b
Weßlinger Straße 284-8d
Wörthseestraße 284-7b

Wolfersdorf
PLZ 85395

Am Hölzl 96-6c
Am Kindergarten 97-4c

Bäckergasse (2) 97-4c
Berghaselbach 97-5a
Berghaselbacher Straße 97-4c
Billingsdorf 96-6a
Birkenweg 97-7a
Blumenstraße 97-4c
Buchenstraße 97-4c

Dr. Radlmaier-Straße (4) 97-4c

Ebersdorf 97-4a
Ebersdorfer Straße 97-4c
Eichenstraße 96-6c
Eschenweg (1) 97-4c

Fichtenweg 97-5d
Flurweg 96-6b

Gartenstraße 97-4c

Haidhofstraße 97-5d
Hallertau 97-2a
Hartinger Straße 97-4c
Hartshauser Straße 97-5d
Haselbacher Feld (5) 97-4d
Hauptstraße 97-4c

Im Schloßgutfeld 97-4c

Jägersdorf 96-6c
Jägersdorfer Straße 96-6d

Kaltenberg 97-1b
Kastenhofen 97-6c
Kirchanger (3) 97-4c
Kirchstraße 97-4c
Kolomanstraße 97-5d

Leonhardstraße 96-6c
Lindenstraße 97-4c

Ringstraße 97-4c
Rosenstraße 97-4c
Ruhpalzing 96-3b
Ruhpalzinger Straße 97-4a

Seel 97-2a
Sörzen 97-2d

Thonhausen 97-5c
Tulpenstraße 97-7a

Wölfing 96-9b
Wölfinger Straße 97-4c
Wolframstraße 96-6d

Zum Fürst 97-7d

Wolfratshausen
PLZ 82515

Äußere Beuerberger Straße 354-8c
Äußere Münchner Straße 354-5c
Äußere Sauerlacher Straße 354-9a
Ahornstraße 354-9a
Alpenstraße 354-9a
Am Bach 354-8a
Am Burgholz (4) 354-8a
Am Floßkanal 354-8b
Am Föhrenwald 354-12b
Am Gries 354-8c
Am Hang (1) 354-5b
Am Kalkacker 354-5d
Am Loisachbogen 354-8a
Am Poign 354-8c
Am Waldrand 354-9a
Am Wasen 354-8a
An der Loisach 354-5d
Andreasbrücke 354-5c
Andreasstraße 354-12b
Anemonenstraße 354-9c
Angerstraße 354-5d
Asternweg 354-9a
Auenstraße 354-5d
Auf der Haid 354-5d
Aurikelstraße 354-9d

Baaderstraße (15) 354-12b
Badstraße 354-8a
Bahnhofstraße 354-8b
Barbezieuxstraße 354-8a
Berggasse 354-8a
Bergkramer 354-7c
Bettingerstraße 354-12b
Beuerberger Straße 354-8c
Birkenstraße 354-9a
Birkenweg 354-9a
Blombergstraße 354-9c
Blumenstraße 354-9b
Breitenbachstraße 354-9d
Buchenweg 354-9b
Bürgermeister-Finsterwalder-Ring 354-11a
Bürgermeister-Grünwald-Weg 354-8b
Bürgermeister-Schweiger-Straße 354-8a
Bürgermeister-Seidl-Straße 354-8d

Dekan-Weiß-Straße 354-12b
Dr.-Happ-Gassl 354-8a

Edelweißstraße 354-9c
Eichenweg 354-9a
Eichheimweg 354-8a
Enzianstraße 354-9c
Erikastraße 354-9c
Erlenweg 354-9b
Ernst-Wiechert-Weg 354-7d

Faulhaberstraße 354-12b
Feldstraße 354-6c
Fichtenweg 354-9a
Flößerweg 354-5d
Florastraße 354-9b
Floßlände 354-5b
Flurstraße 354-5d
Föhrenwaldstraße 354-12b
Föhrenweg 354-9b
Franz-Geiger-Straße 354-6c
Franz-Kölbl-Weg 354-8b
Frauenschuhstraße 354-9d

Galenstraße 354-12b
Gartenstraße 354-5d
Gasteigweg 354-7d
Gebeckstraße 354-12b
Gebhardtstraße 354-9a
Gebsattelstraße 354-9d
Geltinger Straße 354-8b
Gewerbepark An der Loisach 354-11a
Gipsenweg 354-5d
Grubigsteinstraße 354-9c + 9a

Hammerschmiedweg 354-8a
Hans-Urmiller-Ring 354-8d
Heidestraße 354-9c
Heideweg 354-5d
Heiglstraße 354-8b
Heimgartenstraße 354-8b
Hofmarkstraße 354-8b
Holunderstraße 354-9b
Holzstraße 354-9b
Humplgassl 354-8a

Im Tal 354-6c
Isarring 354-9d
Isarspitz 354-5d
Isarstraße 354-6c

Jochbergstraße 354-8d
Johannisbrücke 354-8a
Johannisgasse 354-8a
Jordanstraße 354-6c
Josef-Bromberger-Weg 354-8a
Josef-Gabriel-Weg 354-5d
Josef-Schnellrieder-Weg 354-8a

Kallerstraße (16) 354-12b
Kanalstraße 354-9c
Kardinal-Wendel-Straße 354-12b
Karwendelstraße 354-8b
Kastanienstraße 354-9a
Kastanienweg 354-9a
Kathi-Kobus-Steig 354-8c
Kettelerstraße 354-12b
Kiefernweg 354-9a
Königsdorfer Straße 354-8a
Kolpingplatz 354-12b
Korbinianstraße 354-12b
Kräuterstraße 354-9c
Krokusstraße 354-9c

Lärchenstraße 354-9b
Lauterbachstraße (12) 354-9d
Leitenweg 354-5d
Lilienweg 354-9a
Lindenstraße 354-9a
Lindenweg (3) 354-5d
Loisachbogen 354-8a
Loisachufer 354-8a
Loisachwehr 354-5c
Ludwig-Thoma-Straße 354-8b
Lußbachstraße 354-12b

Märchenwald 354-9a
Margeritenstraße 354-9c
Marienbrücke 354-6d
Marienplatz 354-8a
Mathias-Kern-Straße 354-12b
Meßnergassl 354-9a
Mitterweg 354-8b
Moosbauerweg 354-8b
Moraschgassl 354-8a
Mühlbachstraße (11) 354-9d
Mühlpointweg 354-5d
Münchner Straße 354-5c
Münsinger Straße 354-11a

Nantwein 354-6c
Nelkenweg 354-6c
Neuhaussteig 354-7b

Obermarkt 354-8a
Obermühlstraße (6) 354-8c
Ochsenbräugassl 354-5c
Ostpreußenstraße (9) 354-12a

Paradiesweg 354-8c
Pfaffenrieder Straße 354-11b
Poignring 354-8c
Pommernstraße (8) 354-12a
Prälat-Maier-Platz (14) 354-12b
Primelstraße 354-9c

Rainer-Maria-Rilke-Weg (5) 354-8c
Remigerstraße 354-9d
Rosenweg 354-6c
Rothbachstraße 354-9d
Rotkreuzweg 355-10a
Rupertstraße 354-12b

Sauerlacher-Straße 354-8a
Scherrstraße 354-12b
Schießstättstraße 354-9c
Schlederleiten (2) 354-5b
Schlesierstraße 354-12b
Schwaiblbachstraße (13) 354-9d
Sebastiansteg (1) 42-A1
Seilergasse 354-8a
Seminarplatz 354-12b
Siebenbürger Straße (10) 354-12a
Stegerwaldstraße (18) 354-12b
Steghiaslweg 354-8b
Steichelestraße 354-12b
Steinstraße 354-12b
Stobäusstraße 354-9c
Sudetenstraße 354-9c

Talweg 354-8c
Tannenweg 354-9a
Thannhof 354-10b
Thomastraße 354-12b
Tiroler 354-5d
Törringstraße 354-12b
Tulpenweg 354-9a

Ulmenweg 354-9a
Unter den Föhren 354-9d
Untermarkt 354-8a

Wacholderstraße 354-6c
Waldeckstraße 354-9b
Waldram 354-12c
Waldstraße 354-9b
Wallbergstraße 354-8d
Wasenweg 354-5d
Weidach 354-5b
Weidacher Hauptstraße 354-5d
Weidachmühle 354-5c
Weldenstraße 354-9d
Wettersteinstraße 354-8b
Wiesenstraße 354-5d
Windthorststraße (17) 354-12b
Winibaldstraße 354-5d
Wolframstraße 354-12b

Zellerbachstraße 354-9d
Zugspitzstraße 354-8b

Wolnzach
PLZ 85283

Abeltshausen 69-10a
Adolf-Kolping-Straße 68-3b
Ahornallee 69-2b
Am Anger 68-5c
Am Bachl 69-2a
Am Brunnen 61-11c
Am Einlaß (1) 60-12a
Am Feldrain 69-2b
Am Heuweg 61-7c
Am Hochweg 61-11c
Am Lederer Hölzel 69-2c
Am Mühlsteig 60-9a
Amselweg 69-6a
Am Starzenbach (9) 69-2b
Am Wasserschloß 61-7c
Am Wiesenhang 61-10d
Am Wiesenrain 69-6b
Am Winkl (2) 69-2a
Angerweg 68-3d
Auenstraße 69-2b
Auerbergstraße 69-6a
Auhöfe 60-6b
Aventinstraße 69-2c
Axelbachstraße 61-9a

Bäckernandlgasse (10) 69-2b
Bahnerberg 69-1a
Bahnstraße 60-12b
Baldwinstraße 60-12b
Beigelwinden 68-6d
Bergstraße 61-10d
Bergweg 61-6c
Berlauterbacherstraße 61-6c
Birkenstraße 69-12c
Birkenweg 61-10d
Blütenstraße 69-2b
Blumenstraße 61-11d
Bodenfeldstraße 69-6a
Brahmsstraße 69-2c
Bratzhof 68-5a
Bratzmühle 68-5a
Breitenwiese 69-11c
Bruckbach 68-5b
Buchenweg 69-3a
Burg 61-6c
Burgstall 60-9d
Burgstaller Straße 61-10a
Burgweg (2) 60-12b

Dr.-Hans-Eisenmann-Straße 69-2a
Dr.-Schlittenbauer-Straße (15) 69-2c
Don-Bosco-Straße 68-8b
Dorfstraße 68-9a

Edenthal 69-1c
Eglseeweg 61-10b
Eichenstraße 69-3a
Elsenheimerstraße 61-11c
Emmeramstraße 68-8b
Erlenstraße 69-2b
Eschelbach a. d. Ilm 68-9a
Eschenweg 69-3a

Fahlenbacher Straße 60-9a
Feierabendmühle 69-5b
Festlweg 68-3d
Fichtensteig 61-10a
Finkenweg 69-5b
Fliederweg 61-10d
Flitzerberg 69-5b
Flurstraße 68-9a
Forsterring 60-9a
Forststraße 61-5d
Freisinger Straße 69-5b
Fuchsberg 61-8c

Gabelsbergerstraße 69-2c
Gabes 69-2c
Galgenberg 69-5a
Gartenstraße 69-2d
Geisenfelder Straße 61-5b
Geisenfelder Weg 61-7c
Geroldshausen in der Hallertau 69-10b
Glandergasse 61-11d
Glasmühlstraße (5) 69-2a
Goiglmühlweg 69-5b
Gosseltshausen 61-10c
Gottesackerweg 61-11c
Gozzoltstraße 61-10d
Gscheiderberg 69-11a
Gschwend 81-3b
Gschwender Straße 69-12c
Gumppenbergstraße 60-12a

Hanfkolm 69-4c
Hans-Felsl-Straße 69-2a
Hansmühlweg 69-2d
Haunerhof 69-4d
Hauptstraße 69-11a
Hauserbauerstraße 60-6c
Haushausen 69-8c
Hausnerstraße 60-12b
Herrnstraße 69-2a
Herzogring 61-11c
Hochstatt 69-5b
Hochstraße 61-6c
Hochweg 61-10d
Hofmarkstraße 61-7c
Hoholt-Pilgrim-Straße 69-2b
Hopfenstraße 61-11c
Hopfenweg 69-11d
Hubensteinerstraße 61-10d

Ilmgrund 60-6c
Im Mühlgrund 61-10c
Im Reichental 69-2d
Im Straßergrund (14) 69-1d
Im Tal 60-12b
In der Au 60-6c
Ingolstädter Straße 61-11c
Iprechtstraße 69-6a
Irisstraße 69-2b
Irlmühle 60-9c

Jägerberg 69-2d
Jägerstraße 69-2d
Jebertshausen 69-6a
Johannesstraße 68-3d
Josef-Aichbichler-Straße 69-1b
Josef-Alberstötter-Ring 69-1b
Josef-Reindl-Straße 69-2a
Josef-Schlicht-Straße 69-11d
Joseph-Maria-Lutz-Straße (13) 69-2c

Kalvarienweg 69-11a
Kapellenweg 69-3c
Kapuzinerstraße 69-2b
Kastanienberg 61-8a
Kastanienweg 69-3a
Kellerstraße 69-2b
Kemnathen 69-7c
Kemnather Weg 69-11a
Kiefernweg 69-2b
Kirchberg 69-11c
Kirchenweg 60-9a
Kirchweg 69-11a
Klingerstraße 61-6c
Klosterstraße 69-2b
Königsfeld 60-9b
Koppleiten (3) 60-12b
Kothausstraße 69-6a
Krankenhausstraße 69-2b
Kreithof 68-6a
Kreut 69-10a
Kronmühle 61-10b

Ledererweg 69-2b
Lehen 61-5a
Leitenweg 69-2b
Lerchenweg 69-2d
Lilienstraße 69-2b
Lindenstraße 61-11c
Lisztstraße 69-2c
Lohwinden 68-3c
Lohwindener Straße 61-10c
Ludwig-Thoma-Straße 69-2c
Lug ins Land 69-2b

Marienplatz 69-2a
Marktplatz (8) 69-2b
Max-Eder-Ring 69-2c
Mechthild-Vieracker-Straße 69-2a
Meisenweg 69-6a
Mitterweg 60-12b
Mozartstraße 69-2c
Mühlfeldstraße 69-5b
Mühlgasse (12) 69-2d
Mühlweg 60-9a

Nelkenweg 69-2b
Neusiedlerstraße 60-12a
Niederlauterbach 61-5c

Obere Lindenstraße 61-11c
Oberlauterbacher Straße 61-6c

Paulinus-Fröhlich-Straße 69-2c
Pfaffenhofener Straße 69-11a
Pfaffenhofener Weg 69-2c
Pfarrer-Meier-Straße 61-6c
Poperinger Platz (11) 69-2b
Poststraße 61-6c
Preysingstraße 69-2d

Quellenweg 69-2a

Richard-Wagner-Straße 69-2d
Ringstraße 61-10d
Rosenstraße 69-2b
Rottenegger Straße 61-6c
Rufhof 97-6b

Schermbach 69-4a
Schießstättweg 69-2b
Schlacht 69-4b
Schlachter Straße 69-2c
Schlagenhausermühle 61-10d + 11a
Schleifmühlstraße 69-2a
Schloßhof (7) 69-2b
Schloßstraße 69-2a
Schmädelstraße 60-9c
Schmellerstraße 69-2a
Schmidgasse (16) 69-2b
Schönblick 69-11a
Schreinmühle 69-5c
Schulstraße 68-8b
Schwaig 60-9c
Schwarzengasse (6) 69-2b
Siegelhof 69-5c
Siegertszell 69-8a
Sonnenstraße 61-10d
Sportweg 69-5b
Stadelhof 61-1d
Stanglmühle 61-10b
Starzhausen 61-7d
Starzhausener Straße 60-9c
Stehackerweg 61-6c
Sternstraße 60-12a
Stieglberg 69-2b

Tannenweg 69-3a
Thongräben 69-5a
Thongräbener Weg 69-2c
Törringstraße 60-12b
Tulpenweg (1) 69-2b
Turmstraße 68-9a

Uhlandstraße 69-2a

Wacholderweg 69-11d
Waldweg 68-9a
Walther-de-Sagher-Straße 69-1b
Weinzierlstraße 61-6a
Wendenstraße 69-2a
Wiesensteig 69-2c
Wiesenstraße 69-11a
Wiesenweg 69-6a
Wilhelm 69-9d
Wolnzacher Straße 61-10d
Wolnzacher Straße (Niederlauterbach) 61-9a
Wolnzacher Weg 60-9b

Ziegelstraße 69-2d
Zur Ebene 69-6a

Wurmsham
PLZ 84189

Am Eggersdorfener Feld (3) 159-5b
Am Wirtsacker 159-6a
Antholzen 159-9c
Asang 159-6d
Auburg 159-12c

Bergstraße 159-6a
Bichlhaag 159-5d
Burm 159-8d

Eberspointer Straße 159-6a
Eggersdorfen 159-5b

Faltern 187-3c

Geiern 159-8a
Gifthal 159-6b
Gifthaler Feld 159-6a
Gutthät 159-9b

Hangersmühle 187-3c
Harham 187-3b
Hinterhaag 159-8b
Hub 159-9a
Hublohe 187-3a

Kasbach 159-6c
Kining 187-3d
Krugsöd 159-12b
Kupferstatt 159-12b

Lehrhub 187-3b
Loh 159-5a
Lohbichl 159-6d

Maurell 159-9a
Metzen 159-12b
Münsterer Straße 159-6c
Münzloh 159-11a

Niklashaag 159-5d

Oberbreitenau 159-3c
Oberrammelsberg 159-9d

Pauluszell 159-6a
Pretzhof 159-12c

Reit 159-5c
Ried 159-12a
Riedberg 159-11d
Ring Straße 159-6a

Scheuern 159-9a
Schleichwies 159-8d
Schmidreit 159-12d
Schulweg (1) 159-6a
Söllastock 159-5c
Stadl (Schleichwies) 159-11b
Stockham 159-12a

Unterrammelsberg 159-9d

Veldener Straße 159-5b
Vohburg 159-12c + 187-3a

Weibering 187-3a
Weiher 159-2d
Weiherer Straße 159-6a
Wurmshamer Straße 159-6c

Zellbach 159-9b
Zellbachstraße (2) 159-6a
Zieglgrub 159-5d

Zolling
PLZ 85406

Abersberg 98-12a
Abersberger Straße 98-11d
Abt-Danner-Straße 98-2b
Ahornweg 98-10d
Am Amperkanal 124-1b
Am Fischerberg 97-10a
Am Gänsbach 98-11c
Am Hang 98-8b
Ampertalstraße 97-10a
Am Pfannensteil 98-3a
Am Sägewerk 124-1a
Am Schlott 98-11c
Angerstraße 98-2b
Anglberg 98-11c
Appersdorfer Straße 98-5b
August-Deller-Straße 97-10a

Bachlohe 98-3a
Bachstraße 98-11c
Bahnhofstraße 98-10d
Bahnweg (8) 98-11c
Bergstraße 97-10a
Birkenweg 98-10c
Boschenlohweg (1) 98-5b
Bründlweg 98-10c
Brünnlstraße 98-3a
Brunnlohweg 98-5b
Buchenweg 98-10c

Deutsche Hopfenstraße 97-6d
Dr.-Georg-Völkl-Straße (3) 97-10a

Eichenhof 124-2c
Eichenweg 98-10c
Erlenstraße 98-10c

Fichtenweg (1) 96-12b
Flitzing 98-7c
Flitzinger Straße 98-10d
Forellenweg (6) 98-10d
Freisinger Straße 124-1a
Fuchsfeld 98-11b

Gartenstraße 98-10d
Gartenweg (5) 98-10d
Gerlhausen 98-5b
Gerlhausener Straße 98-2b
Grießfeldweg 98-5b

Hacklschwaig 98-12c
Haidhof 97-6d
Haindlfinger Straße 97-10a
Hartshausen 97-12a
Hauptstraße 98-2b
Heckenweg 98-8a
Heilmaierstraße 98-10d
Hochfeldstraße 98-2b
Hofmarkstraße 98-7d
Holzen 97-8c

Jahnstraße 98-10d
Josef-Brückl-Straße 98-10d

Kapellenstraße 97-10a
Kastelruhweg (2) 98-5b
Kirchenfeld 98-8a
Kirchstraße 97-10a
Kratzerimbach 98-7c
Kurzstraße (9) 98-10d

Leininger Straße 98-11b
Lindenstraße 98-10d
Lodroustraße (1) 98-7d

Marchenbacher Straße 98-5b
Mauer Berg (2) 98-3a
Mitterfeldweg 98-7d
Moos 97-11d
Moosburger Straße 98-10d
Moosmühle 124-3a
Moosstraße 97-10a
Mühlbachstraße 97-10a
Muggenthalerstraße (4) 98-11c + 10d

Nandlstädter Straße 98-3a

Oberappersdorf 98-3a
Obere Dorfstraße 98-2b
Oberzolling 97-12d
Ölpersberg 98-4d
Osterimbach 98-4c

Palzing 97-10a
Palzinger Straße 98-10c
Pfarrer-Kneidinger-Straße 98-10d
Pfarrer-Kneidinger-Straße (7) 98-10d
Pfarrheim 124-1a
Plörnbacher Straße 98-8d

Rathausplatz (2) 98-10d
Rebenweg 98-10d
Roiderstraße 98-10d
Rombeck Straße 124-1b

St.-Jakob-Straße 98-10c
St.-Ulrich-Straße 98-8a
Sattlerweg 98-10c
Schloßstraße 98-7d
Schulstraße 98-3a
Schulweg (3) 98-10d
Sebastianstraße (1) 98-8a
Siechendorf 97-8d
Sonnenstraße (1) 98-10d
Sonnenweg 98-5b
Stettnerstraße 98-8c
Stockmaier 98-3b

Tannenweg 98-10d
Thann 98-8a
Thanner Straße 98-11b

Viepöckstraße (2) 97-10a

Wagneranger (1) 98-2b
Waldrand 98-7d
Waldstraße 96-12b
Walkertshausen 98-4b
Weingartenweg 98-10d
Weinkreppe 98-10a
Weinmoos 98-10c
Wiesenweg 98-11d
Willertshausen 97-8a
Winzerweg 98-10d
Wirtsbergstraße 97-7c

Ziegelei 97-6d

Zorneding
PLZ 85604

→ 2024 © 2020 MAIRDUMONT, D-73751 Ostfildern (10.)

Anzeigenvermarktung:
MAIRDUMONT MEDIA
fon +49.711.4502.0
media@mairdumont.com
media.mairdumont.com

Titelbild: München, Marienplatz (istock/Rudy Balasko)
Seite 1: Shutterstock/g-stockstudio
Shutterstock/4 PM production
Shutterstock/Gorodenkoff
Shutterstock/Song_about_summer

Printed in Poland